1945년 이후

미국 보수주의의

지적 운동

1945년 이후　미국 보수주의의 지적 운동

1945　1955　1965　1975　1985　1995　2005

조지 H. 내쉬 지음
George H. Nash

서세동 옮김

The Conservative
Intellectual Movement
in America Since 1945

30주년
기념판

회화나무

나의 여동생에게
그리고 부모님을 기리며

30주년 기념판 서문

이 책의 초판이 출간된 지 30년이 지났다. 우리 모두의 삶에서는 물론이고 출판 주기에서도 30년이라는 시간은 한 시대로 간주될 수 있다.

그러므로 이번 판본에는 당연히 이 시대를 다룬 장이 추가되었다. 『1945년 이후 미국 보수주의의 지적 운동』이 처음 출간되었을 당시 로널드 레이건은 정치적 미래가 불확실한 전직 캘리포니아 주지사였고, 조지 W. 부시는 텍사스의 젊은 석유업자였다. 『퍼스트띵스First Things』·『새로운기준New Criterion』·『위클리스탠다드Weekly Standard』 같은 저널은 존재하지도 않았다. 1970년대에 지적 보수주의는 분명 상승세를 타고 있었지만, 특히 학계에서는 여전히 보기 드문 현상이었다. 해외에서도 레흐 바웬사Lech Walesa는 무명의 폴란드 전기기사였고, 바츨라프 하벨Vaclav Havel은 박해받는 체코의 극작가였으며, 마거릿 대처는 권력을 잃은 영국 보수당의 새로운 지도자였다. 교황 요한 바오로 2세는 아직 즉위하지 않았고, 베를린 장벽은 굳건히 서 있었다. 냉전은 극히 현실적이었다.

그렇지만 대부분 대학원에서 쓴 이 책을 다시 읽으면서 나는 당시의 논제들이 지금과 별반 다르지 않아 보인다는 데 놀랐다. 모든 것을 갉아먹는 시간의 흐름과 수많은 대중적 담론의 덧없음에도 불구하고, 이 책에 기록된 보수주의의 지적 운동은 현재와 무관한 옛것으로 퇴색하지 않았다. 그것은 역사가 되지 않았다. 반대로 그것은 역사를 만들었고, 그 어느 때보다 우리 국민—지지자든 비판자든 모두에게—의 삶과 밀접한 관련이 있다는 점에서 여전히 역사를 만들어나가고 있다.

이러한 이유만으로도 최근 몇 년간의 발전을 반영한 새로운 판본을 독자들이 접할 수 있도록 하는 것이 적절하다고 생각한다. 여기에는 또 다른 이유도 있다. 1990년대 초부터, 특히 2001년 이후 보수주의운동은 자기성찰과 분열—1960년대 초반 이래로 보지 못했던 날카로운 형태의—의 시기에 접어들었다. 정치적 승리에 기뻐하면서도 그 결실에는 실망한 많은 우파가 냉전 이후, 9·11 이후의 세계에서 보수주의의 사명을 재설정하고 심지어 재정의하고자 하고 있다. 이러한 혼란스러운 상황에서는 일반적으로 "우리가 누구인지" 혹은 어떤 모습이었는지를 "기억하는 것"이 도움이 된다. 사려 깊은 보수주의자들이 자신들의 제1 원칙을 재검토해야 한다고 느끼고 있는 지금, 현대 미국 보수주의의 지적 역사를 다룬 이 연구가 약간의 교훈적 관점을 제공해줄 수 있을 것이다.

윈스턴 처칠은 언젠가 "세상에서 유일하게 새로운 것은 여러분이 알지 못하는 역사입니다"라고 말한 바 있다. 온갖 신념을 지닌 학생들, 특히 스스로를 보수주의자라고 부르는 학생들이 자기 주변에서 벌어지고 있는 국가적 논쟁을 진정으로 이해하고자 한다면, 그들이 "모르지만" 알고 싶어 할 역사를 이 책에서 발견하게 되기를 바란다.

이 30주년 기념판에는 기본적으로 1976년에 출간된 초판이 그대로 실려 있다. 이 판본의 12장은 제2판(1996년 출간)의 에필로그를 일부 수정한 것이다. 1996년의 참고문헌 목록은 지난 10년간 급증한 보수주의 관련 학문을 포함해 개정·확장되었다. 결론("보수주의는 어디로 향하고 있는가")은 새로 추가되었는데, 이는 『미국 보수주의의 미래The Future of American Conservatism』(찰스 W. 던Charles William Dunn 편, 2007)에 실릴 에세이에서 일부 발췌한 것이다.

많은 사람이 이 책의 후속 판본을 준비하는 데 영향을 미치고 도움을 주었다. 초판의 연구와 성찰 과정에 도움을 주신 분들은 감사의 말을 전하는 페이지에서 밝히도록 하겠다. 이 서문에서는 기쁜 마음으로 제2판―지금은 제3판―을 가능하게 해준 분들에게 감사를 전한다. 10년 전 재출간 프로젝트를 통해 이 책의 제2판을 출간할 수 있도록 해준 대학연합연구소ISI의 제프리 O. 넬슨에게 감사드린다. 이 책이 출간될 때까지 능숙하게 인도해준 넬슨 씨와 그의 전 조교 브룩 데일리(현재 부룩 하스)에게 다시 한번 감사를 전한다. 안드레아 그랄렌스키·캐서린 룰베스 핸콕·마이클 핸콕·메리 슬레이튼·진 내시·G. 할란 내시는 성실하고 유능하게 교정을 도와주었다. 이들 모두에게 감사드린다.

ISI가 30주년 기념판을 출간하려 한다는 반가운 소식을 전해준 사람은 ISI 출판부 편집장 제레미 비어였다. 그와 제니퍼 코널리를 비롯해 그들의 동료와 함께 이 작업을 수행하게 된 것은 나에게 기쁨이었다. 이번 판본의 교정과 교열을 도와준 제니퍼 코널리·엠마 키퍼스·낸시 내시에게 감사드린다. 찾아보기를 작성해준 메건 먼시에게도 고마움을 전한다. 이 새 판본을 준비하는 데 적합한 환경을 제공해준 마운트홀리요크대학교의 헌신적인 사서들에게도 신세를 졌다. 이 프로젝트와 다른 많은 프로젝트에서도 기꺼이 타이핑과 컴퓨터 지원을 해준, 특히 항상 훌륭한 성과를 보여준 엠마 퀴퍼스에게 감사드린다.

마지막으로 역사를 다루는 학문의 세계에서 출판 이후에도 생명을 유지하는 출판물은 그 수가 비교적 많지 않다. 이 책이 예외가 되었다면 이는 전적으로 ISI 출판부의 훌륭한 사람들 덕분이다. 내가 ISI와 관계를 맺기 시작한 이래로 그들은 내 책을 팔아야 할 상품 이상의 것으로 대우해주었다. 그들은 성장하고 있는 대학생과 대학원생 세대에게 이 책이 필요하며, 그들 사이에 독자가 있음을 간파하고 있었다. 어떤 저자도 이보다 더 열정적인 출판사를 기대할 수는 없을 것이다.

이 책의 수명이 연장된 데에는 책에서 다룬 대상들에게도 기꺼이 감사를 표해야 한다. 비판과 배척에도 불구하고 자신들의 소명을 추구했고, 깃발을 들고 소위 역사의 뒤안길로 사라지기 거부한 보수주의 지식인들. 어떤 학자에게도 이보다 더 연구에 협조적인 집단은 없을 것이다. 30년이 지난 지금도 그들과 그들의 지적 상속인들은 여전히 미국의 담론을 형성하고 있다. 그들이 참고 견뎌온 것처럼, 그들에 대해 논하고자 하는 사람 역시 참고 견뎌야 한다. 그래서 지금 이 책이 여러분 손에 있는 것이다.

매사추세츠 사우스해들리에서

2006년 6월 29일

감사의 말

학술 연구에 몸담고 있는 역사학자라면 누구든 자기 연구의 이중적 성격을 이내 간파하게 될 것이다. 연구는 대개 고독하지만, 다른 한편으로는 자신의 연구를 다루는 더 큰 공동체의 존재를 일깨워주는 사람들의 도움을 통해 뒷받침되고 심지어 의존하기까지 한다. 이 프로젝트가 한 학자의 연구에서 대중의 눈앞에 모습을 드러내게 된 지금, 매 단계마다 직간접적으로 도움을 준 사람들이 떠오르는 건 당연한 일이다.

변함없는 격려와 현명한 조언, 학문적 본보기가 되어준 하버드대학교의 도널드 플레밍에게 감사드린다. 하버드대학교의 프랭크 프라이델은 유용한 조언과 내 연구 진행에 지속적인 관심을 가져주었다. 그에게 감사드린다. 이 책에서 빛을 발하게 된 전문적인 교육 과정을 이끌어준 버나드 베일린과 오스카 핸들린, 그리고 하버드대학교의 다른 교수들에게도 기쁜 마음으로 감사를 전한다.

또한 나와 서신을 주고받고, 인터뷰에 응해준 많은 보수주의 지식인들(명단은 부록에 첨부)에게도 신세를 졌다. 그들의 협조는 매우 귀중했으며, 그들의 도움을 받는 건 이 프로젝트 전체에서 가장 즐거운 일 중 하나였다. 여기에서 그들이 베풀어준 친절과 지원을 일일이 언급하기란 불가능하지만, 윌리엄 F. 버클리 주니어에게는 특별한 감사를 표하지 않을 수 없다. 감사하게도 버클리 주니어는 예일대학교에 있는 그의 글들을 제한 없이 볼 수 있게 해주었다. 관대하고 사려 깊은 배려에 감사드린다. 남편이 러셀 커크에게 보낸 미공개 편지 세 통을 인용할 수 있도록 허락해준 T. S. 엘리엇 부인에게도 감사를 전한다. 맥스웰 앤더스 부인과 브란트앤드브란트 에이전시는 앤더슨의 시 「처칠」(copyright © 1965, Gilda Oakleaf Anderson)을 인용할 수 있도록 허락해주었고, 홀트라인하트앤드윈스턴 출판사는 프로스트의 시 「망설임」의 한 구절을 이 책에 실을 수 있게 허락해주었다. 역시 감사드린다. 또한 이 연구에 꼭 필요한 편지와 인터뷰를 비롯해 자료들을 인용할 수 있도록 허락해준 모든 분들과 기관에 감사를 전한다.

이들 외에도 친구, 동료, 지인들 덕분에 나는 내 연구 경험을 대단히 만족스럽게 누릴 수 있었고, 그들은 크든 작든 이 책을 준비하는 데 영향을 미쳤다. 베이직북스의 폴 노이탈러·케리 그레스텐펠트·제프리 혼, 하버드대학교의 교수들·동료 대학원생들·찰스워렌센터의 동료들·로웰하우스 시니어커먼룸의 회원들·내 제자들과 호기심 많은 학부생들, 그리고 타이피스트들과 참고문헌 목록에 있는 아카이브의 사서들. 긴 명단을 작성하다 누군가를 누락시킬 위험을 감수하기보다 여기에서 모두에게 고마움을 전한다. 이렇게 많은 사람들에게 감사를 표하는 나의 마음이 진심으로 전해지길 바란다. 이들 중 누구라도 이 책을 읽는다면 이 프로젝트가 나에게 그토록 보람된 일이 되도록, 그리고 바라건대 가치 있는 일이 되도록 도와준 모든 이들에게 감사를 전하는 나의 마음을 알아주리라 믿는다.

그리고 그 이유를 모조리 설명할 수는 없지만, 사려 깊은 비평가이자 비범한 교정자, 그리고 지치지 않고 나를 응원해준 우리 가족들에게 이 책을 바친다.

차례

서론

일러두기

1. 이 책은 George H. Nash의 *The Conservative Intellectual Movement in America Since 1945*(Inter-collegiate Studies Institute, Inc., 2006)를 우리말로 옮긴 것이다.

2. 외국어의 우리말 표기는 국립국어원의 외래어 표기법을 따랐다.

3. 본문에 나오는 주요 인물과 저작의 원어 표기는 원서에 따라 병기했다.

4. 저작의 원주는 원서 그대로 번호를 달아 각 장의 후주로 처리하고, 독자의 이해를 돕기 위해 편집자가 삽입한 주는 본문에 •로 표시했다.

5. 본문의 괄호( )와 대괄호[ ]는 원서를 그대로 따른 것이다.

6. 단행본과 잡지, 신문 등은 『 』로 표시하고, 법률과 논문 등은 「 」로 표시했다.

이 책은 보수주의 지식인·이념의 전달자·학자·언론인, 그리고 그들이 몰두했던 연구와 성찰, 사색에 관한 책이다. 이 책은 정치 캠페인을 시대순으로 기술한 연대기도, 로버트 태프트Robert Taft·배리 골드워터Barry Goldwater·로널드 레이건 같은 정치인들─주로 소란스러운 일상의 정치에 관여해온 사람들─의 이력을 조사한 책도 아니다. 1960년대에 특별한 관심을 받았던 유명한 "급진 우파" 조직들 역시 관심의 대상이 아니다. 이 책에서 다루고 있는 기간에 우파의 극단주의자들이 정력적으로 활동하기는 했지만, 그들이 지적 세력으로서 보수주의에 기여한 바는 미미했다.

이 책은 "운동", 이념의 운동에 중점을 두고 있다. 하지만 이는 확실히 정치적 열망을 지닌, 학술적이지 않은 운동이었다. 제2차 세계대전 이후 미국의 보수주의는 골방에 틀어박힌 철학이거나 혹은 난해한 분파─적어도 한때 그랬다 하더라도─가 아니었다. 그것은 분명 그 추진력이 20세기 중반의 불편한 미국을 향해 있던 활동가 세력이었다. 좁은 의미에서 미국의 보수주의는 지적 운동임이 분명했지만, 그 목적은 단순히 세상을 이해하는 것이 아니라 세상을 변화·회복·보존하는 것이었다.

이 책은 전후 "보수주의"─내가 명명한─를 고찰하고 있기 때문에 독자들은 어쩌면 보수주의란 무엇인가, 그 정의를 기대할지 모르겠다. 이 주제를 탐구하는 사람들에게 이는 영원한 과제이다. 많은 저자들이 규정하기 어려운 답을 찾으려 노력해왔다. 나의 결론에 따르면 그러한 선험적 노력들은 잘못된 방향을 향해 있다. 나는 시간과 장소에 따라 그 내용이 엄청나게 달라지는 보수주의라는 이 복잡한 현상을, 단일하고 만족스럽게 규정할 수 있는 포괄적인 정의가 과연 존재하는지 의문스럽다. 보수주의는 선천적으로 엄밀한 정의를 거부한다는 말은 진실일지 모른다. 실제로 많은 우익 인사들이 보수주의란 본질적으로 결코 정교한 이데올로기가 아니라고 주장해왔다.

확실히 상당수의 정의는 부적절하고 편향적이다. 따라서 보수주의는 때때로 현상 유지, 현재의 상태를 무분별하게 지키려는 경향과 동일시되곤 한다. 이러한 어법에 따르면 스탈린주의 러시아·마오주의 중국 또는 어떤 형태의 혁명 국가도 혁명가들이 자신들을 견고하게 유지하고 있는 한 "보수적"이라고 부를 수 있다. 때때로 보수주의는 "변화"를 대하는 태도라고 단조롭게 정의되기도 한다. 이러한 용법하에서는 "점진적 이행의 필연성"을 믿는 페이비언 사회주의자들조차 보수주의자로 분류할 수 있다. 그러한 정의는 피상적이고 무차별적으로 보인다. 반면에 어떤 정의는 지나치게 한정적이다. 이 때문에 지적 보수주의는 종종 급진적 우파와 혼동되어왔다. 그것은 대개 봉건제·귀족·중세와 같은 유럽의 경험과 결부되었고, 보수주의를 멀리하는 이유를 변명하는 장치로 자주 이용되어왔다(아무개 씨는 보수주의자가 아니라 "정말로" 유별난 사람이다. 미국에 보수주의자는 없다. 우리 모두는 "실제로" 자유주의자이다). 보수주의를 추상적이고 보편적으로, 또는 역사적 상황에서 등장한 하나의 독특한 집합이라는 관점에서 정의하려는 시도는 많은 저자들을 복잡하게 뒤얽힌 용어의 덤불 속에 빠뜨렸다.

어떻게 하면 벗어날 수 있을 것인가? 나만의 양식을 구성하고 싶다는 유혹도 적지 않았지만, 나는 미심쩍다고 생각되는 기획을 의식적으로 자제해왔다. 이 책의 주제는 특정 시기에 미국에 존재했던 지적 운동으로서의 보수주의이다. 모든 보수주의가 아니다. 봉건제나 중세에 관한 연구에서 도출된 원형을 방증해주는 보수주의도 아니다. 정확하게 말하자면 특정 시기에, 그리고 특정 장소에 존재했던 보수주의. 이는 당시 보수주의자들이 소중히 여기고 옹호하며, 아마도 목숨을 바칠 가치가 있다고 생각했던 것들을 좌파적·혁명적·근본적으로 전복하려 했던 특정 세력에 맞선 저항이라고 규정할 수 있는 보수주의다.

하지만 완고한 독자라면 내가 "보수주의자"라는 용어를 사용하는 방식에 대해 어느 지점에서 여전히 이의를 제기할지 모른다. 19세기에 "실제로" 자유주의자였던 사람을 어떻게 보수주의자로 분류할 수 있는가? 어떻게 유럽의 왕당파 망명자를 미국 우파에 대한 연구에 포함시킬 수 있는가? 자신을 보수주의자가 아니라고, 혹은 심지어 지식인이 아니라고 부인하는 사람들까지 어떻게 논의의 대상으로 삼을 수 있는가? 이런 의문들이 제기될 수도 있을 것이다. 이 질문들에 대한 답변은 (바라건대) 하나로 충분할 것이다. 내가 보수주의자로 지명한 사람들은 스스로 보수주의자임을 자청했거나, 다른 사람들—자신을 보수주의자라고 불렀던 사람들—이 보수주의 지적 운동의 일원이라고 인정한 다양한 사람들이다. 연구에 따르면 이들은 전후 시기에 실제로 미국 보수주의 분파에 속해 있었고, 따라서 나는 이 다양한 사람들을 보수주의 진영에 포함시켰다. 이렇게 묶는 것이 타당한지에 대해 우리가—혹은 그들이—어떻게 생각하든 간에 그게 어쩔 수 없는 현실이다. 현실은 온갖 유형의 사람들이 1945년 이후 미국 보수주의의 지적 운동을 형성했다는 것이다. 그리고 이것이 내가 그리려고 한 현실이다.

그러므로 이 책에는 보수주의에 대한 간명한 정의가 제시되어 있지 않다. 실제로 미국 보수주의자들에게는 그러한 합의된 정의가 존재하지 않았다. 도리어 제2차 세계대전 이후 보수주의 사상에서 가장 주목할 만한 모티브 가운데 하나는 자기정의에 대한 탐구였다. 이러한 이유로 이 운동의 흥미로운 복잡성을 그 자체로 검토하고, 보수주의 의식의 다양한 흐름을 밝혀야만 한다. 또한 이는 "진정한" 보수주의란 무엇인가를 정의하지 않고, 제2차 세계대전 이후 미국의 의식적인 보수주의가 무엇인지를 설명하는 작업을 수행해야 하는 이유이기도 하다.

  1945년 당시 미국에는 명확하고 조직적이며, 자의식을 가진 보수주의 지적 세력이 존재하지 않았다. 기껏해야 자신들 조국의 미래를 대단히 비관적으로 바라보며 항의하는 목소리가 산재해 있을 뿐이었다. 전후 첫 10년 동안 이러한 목소리가 점차 커져 청중을 확보하게 되면서 지적 운동이 일어나기 시작했다. 처음에 우익의 부흥은 하나가 아니라 세 가지 형태―이 책의 전반부에서 다루고 있는―를 띠었다. 첫 번째로 자유·민간기업·개인주의를 위협하는 국가의 팽창에 저항하는 "고전적 자유주의자" 혹은 "자유지상주의자들libertarians"이 있었다. 미국이 급격하게 국가주의(사회주의)를 향해 나아가고 있다고 확신한 이 지식인들은 대안을 제시했고, 이는 1950년대 중반 무렵 일정 정도 학문적·대중적 영향력을 획득하게 되었다. 이와 동시에, 그리고 독립적으로 두 번째 학파가 등장하고 있었다. 리처드 위버Richard Weaver·피터 비에렉Peter Viereck·러셀 커크Russel Kirk·로버트 니스벳Robert Nisbet 같은 사람들로 이루어진 "신보수주의new conservative" 혹은 "전통주의traditionalism"이다. 1930년대와 1940년대에 전체주의, 전면전, 세속적이고 뿌리 없는 대중사회의 발전에 충격을 받은 "신보수주의자들"은 전통적인 종교와 절대적 윤리로의 회귀를 촉구하고, 서구의 가치를 좀먹고 용납할 수 없는 진공 상태를 만들어낸 "상대주의"—사악한 이데올로기로 가득 찬—를 거부할 것을 요구했다. 세 번째로 등장한 것은 휘태커 체임버스Whittaker Chambers·제임스 번햄James Burnham·프랭크 메이어Frank Meyer 등 1930년대의 영향력 있는 수많은 과거 급진주의자들에 의해 형성된 전투적이고 열성적인 반공산주의였다. 한때 좌파에 속했던 이들은 서구가 세계 정복이 유일한 목표인 무자비한 적—공산주의—과 거대한 투쟁을 벌이고 있다는 깊은 확신을 전후 우파에 심어주었다.

지적 우파를 구성하는 이 세 요소 사이에는 극복할 수 없는 간극이 존재하지 않았고, 각각은 20세기 자유주의에 대한 깊은 반감을 공유하고 있었지만, 1950년대 중반 보수주의 진영을 통합해야 할 필요성이 절실해졌다. 이 과제는 다양한 저널과 조직들을 매개로 점진적으로 달성되었다. 그렇지만 극도로 다양한 재료들로 하나의 운동을 단조하면서 우파는 1960년대 초반 무렵 특정한 이론적 문제들에 직면하게 되었다. 공동의 적 외에 이들을 하나로 결집시킨 것은 무엇이었나? 그들은 어떤 원칙과 열망을 가지고 연합할 수 있었는가? 보수주의운동의 지적 정당성은 무엇이었나? 게다가 보수주의자들은 두 번째 중요한 지적 도전과 마주했다. 그것은 진정한 미국 보수주의의 유산을 찾는 일이었다. 미국의 보수주의란 무엇인가? 미국은 실제로 "자유주의" 국가이기 때문에 보수주의는 "미국적이지 않다"는 거듭되는 비판을 우파는 어떻게 논박해야 하는가? 이러한 근본적인 질문들에 대해 보수주의자들은 다양한 답변을 내놓았다. 그들의 대응, 그리고 자기이해와 일관성을 달성하려는 그들의 지속적인 노력이 이 책의 5장에서부터 8장까지의 주제이다.

하지만 보수주의자들이 줄곧 내적·이론적 문제와 논쟁에만 몰두했던 건 결코 아니었다. 미국 정치와 문화에서 소수의 지위를 차지하던 우파가 다수로 변모할 수 있는 중대한 변화가 1960년대에 일어나기 시작했다. 이때가 미국 보수주의자들에게는 준비의 시간이었다. 보수주의자들이 지적으로 진지하고 실제적인 대안을 개발하기 위해 노력하면서, 자유주의적인 국내외 정책에 대한 우익의 비판은 더욱 정교하고 효과적으로 설명되었다. 1960년대의 양극화가 보수주의 공동체 내부에 긴장을 야기하기는 했지만, 보수주의를 강력한 지적·정치적 세력으로 등장할 수 있게 해준 새로운 동맹이 창출되기도 했다. 저널·서적·조직·정치적 동맹의 네트워크가 확장되면서 지적 우파는 꾸준히 성장하고 인정받았으며, 마침내 1960년대 말과 1970년대 초 오랫동안 모색해오던 돌파구를 마련했다. 25년 전에는 거의 보이지 않던 현상이었다. 1972년 무렵 보수주의자들은 전국적인 청중을 갖게 되었고, 국가적 지도력을 발휘할 기회를 얻었다.

이 책에서 살펴보게 될 기간 동안 보수주의 지식인들은 많은—그리고 이 시기가 끝나갈 무렵에는 더욱 방대한—양의 문헌을 생산해냈다. 1945년 이후 모든 보수주의 지식인들이 쓴 크고 작은 책과 에세이를 여기에서 전부 분석하기란 불가능하다. 또한 정치에서 문학, 그리고 과학에서 예술에 이르기까지 각 분야에서 "보수주의자"로 분류할 수 있는 모든 사람의 생각을 검토하는 것 역시 가능하지 않다. 나는 조직된 지적 세력—그리고 궁극적으로는 정치 세력—으로서 전후 보수주의의 부활에 기여한 사람들의 저작을 선별하고 거기에 집중해야 할 필요가 있다고 판단했다. 1945년 당시 "보수주의"는 미국에서 인기 있는 용어가 아니었고, 그 대변인들은 자신들의 조국에서 큰 영향력을 행사하지 못했다. 한때 홀로 울려 퍼질 뿐이었던 목소리가 한 세대가 지난 후 합창이 되어 국가의 운명을 좌우할 기회를 가진 중요한 지적·정치적 운동이 되었다. 이러한 변화와 이의 설계자들이 다음 페이지에서 보게 될 주제이다.

1장

자유지상주의자들의 반란

서구 문명의 존립과 가치를 믿어 의심치 않던 많은 미국인들에게 1945년
은 승리의 해이자 동시에 불길한 전조의 해였다. 유럽은 해방되었지만 곧
바로 고꾸라졌다. 사람들이 한때 기독교 세계라 불렀던 세상은 히틀러의
인종청소로 산산조각이 났다. 아시아 저편의 떠오르는 태양Rising Sun*은
원자폭탄의 미래를 보여준 뒤 지고 말았다. 그리고 전쟁의 희생을 모두
치른 후, 유럽 중부와 동부를 가로지른 그곳에 동양의 거상이 불길하고
불가사의하게 세워졌다. 프랑스혁명을 겪었던 아베 시에예스Abbé Sieyès**
처럼 역사를 마음에 새긴 미국인들은 그저 서로에게 이렇게 말했을지 모
른다. '우리는 살아남았다'고.

구식의 고전적인 19세기 자유주의적 개인주의를 신념으로 품고 있
던 미국인들에게 1945년은 특히 외롭고 절망적이며 암울했다. 오랫동안

---

* 떠오르는 태양은 일본 군대의 군기에 그려진 욱일—아침에 떠오르는 밝은 해—을 의미한다.
욱일기는 1870년부터 제2차 세계대전까지 사용되어 일본 군국주의의 상징으로 여겨지지만 현재 일본
자위대 군기로 사용되고 있다.

** 에마뉘엘 조제프 시에예스Emmanuel Joseph Sieyès(1748~1836). 프랑스혁명 당시 국민회의를 이끈
헌법 이론가이자 정치가이다. 1788년 발표한 유명한 저서 『제3신분이란 무엇인가』에서 그는 특권이
없는 제3신분만이 헌법을 제정할 권한이 있다고 주장했다. 이 책으로 엄청난 인기를 얻은 시에예스는
1789년 제3계급의 대표로 선출되어 국민의회를 입법 권한을 가진 국회라고 선언하고, 봉건제 폐지와
왕실의 특권을 제한하는 법령을 통과시켰다. 1799년 나폴레옹이 쿠데타를 조직하는 데 중요한 역할을
했지만, 나폴레옹이 헌법을 개정해 스스로를 프랑스 최고 통치자라 선언하면서 그의 정치적 영향력은
약화되었다.

정부를 이끌어왔고, 사람들이 납득해온 것은 자유시장·사적 소유·제한된 정부·자립성·자유방임 같은 원칙들이었다. 1930년대는 어떠했는가? 해외에서는 행진하는 대중의 발걸음, 노동자들의 유토피아, 신질서New Orders*라는 불편한 시간이 흐르고 있었고, 국내에서는 푸른 독수리Blue Eagles**와 공공사업진흥국Works Progress Administration, WPA,*** 그리고 경제 규제가 강화되고 있었다. 전쟁―자유의 십자군 인민전선Popular Front**** 전쟁―은 구식의 자유주의 신념을 고수해온 사려 깊은 사람들에게 작은 위안도 되지 못했다. 루스벨트 대통령은 '뉴딜 박사Dr. New Deal'는 '승전 박사Dr. WIn-the-War'에게 길을 양보하고 물러난다고 발표했지만, 수많은 그의 정적들에게 국내 개혁의 종료는 좀처럼 환영받지 못했다.

전쟁과 승리가 가져다준 것은 무엇이었나? 국내에서는 초국가super-

• 나치 독일이 유럽 지역에 수립하고자 했던 정치 질서. 독일어로는 Neuordnung이다. 1941년 히틀러는 범독일 인종 국가를 창건해 유럽의 나머지 지역들을 독일에 정치적·경제적으로 예속시키고, 열등한 인종을 제거·추방한다는 '신질서'를 공식적으로 선언했다. 일본의 '대동아공영권'과 비슷한 개념이다.

•• 공정한 경쟁·최저임금 및 최대노동시간 규정·노동권 보장·상품의 최저가격 책정 등 산업 전반의 법률을 제정할 권한을 대통령에게 부여한 「국가산업부흥법National Industrial Recovery Act」에 근거해 1933년 루스벨트가 설립한 국가부흥국National Recovery Administration, NRA을 말한다. NRA의 활동은 노동자들의 지지를 받은 반면, 보수주의자들로부터는 많은 비난을 받았다. 푸른 독수리는 NRA를 상징하는 문양이다.

••• 1935년 루스벨트 대통령이 실업자들을 위해 만든 일종의 고용 프로그램. WPA는 8년 동안 약 110억 달러의 연방기금을 지원받아 도로와 공공건물 등의 건설 프로젝트와 문화 프로그램에 850여만 명의 노동자와 예술가를 고용했다. 비판자들은 WPA를 민주당에 충성하는 거대한 후원군을 만들려는 장치라고 불렀다.

•••• 1935년 코민테른―정식 명칭은 공산주의 인터내셔널. 제3인터내셔널이라 불리기도 한다―제7차 회의는 공산주의자와 사회주의자의 '통일전선' 개념을 넘어 파시즘에 반대하는 비공산주의자들―자유주의자·온건주의자·심지어 보수주의자들도 포함―과 대중전선을 형성한다는 새로운 정책을 선포했다. 이후 스페인과 프랑스에서는 인민전선을 형성하고 새 정부를 구성했으나 모두 실패했다.

state와 부분적으로 통제된 경제, 수백만 명의 징집병들, 그리고 동원이 해제되면 곧바로 불황이 도래할 것이라는 공포가 광범위하게 퍼졌다. 뿐만 아니라 "세금 또 세금, 지출 또 지출, 선거 또 선거"라는 철학이 성공을 누렸다.[1] 이처럼 불안에 휩싸인 "개인주의자들"은 위안이나 혹은 전망을 찾기 위해 황폐해진 유럽으로 눈을 돌렸지만, 더 낙담할 수밖에 없었다. 1945년 여름, 미국인들은 영국이 사회주의자에게 투표했다는 사실을 알고 충격을 받았다. 영국은 존 로크, 애덤 스미스, 허버트 스펜서Herbert Spencer,* 그리고 존 스튜어트 밀 등 수 많은 고전적 자유주의 전통의 요람이었다. 유권자들에게 사회주의의 위험성에 대해 경고한 용감한 토리To-ry,** 처칠의 조국은 냉담하게 돌아섰다. 노동당의 어느 하원의원은 "이제 우리가 주인이다"라며 으스댔다. 의기양양해진 사회주의자들은 1945년 8월 1일 의회에서 스페인 내전 이후 처음으로 〈적기가Red Flag〉***를 불렀다.[2]

•   1820~1903. 영국의 철학자·사회학자. 찰스 다윈의 『종의 기원』을 읽은 후 저서 『생물학 원리Principles of Biology』(1864)에서 "적자생존"이라는 개념을 제시하고, 진화론을 물리적·생물학적 세계뿐 아니라 인간의 정신과 문화에도 적용했다. 오늘날 그의 이론은 주로 자유지상주의자들에 의해 인용되고 있다.

••   1679년 설립된 영국의 보수주의 정당. 1678~1681년 영국에서는 가톨릭 신자라는 이유로—당시 영국의 국교는 성공회였다—요크 공작 제임스 2세—찰스 2세의 동생—를 스코틀랜드·잉글랜드·아일랜드 왕위 계승에서 배제하는 법안을 둘러싸고 격렬한 투쟁이 벌어졌다. 이때 토리는 출생에 기초한 상속이 안정적인 사회의 기초라는 믿음에서 제임스 2세의 왕위 계승을 지지했다. 토리는 아일랜드 말로 '무법자', '도둑'이라는 뜻이다.

•••   아일랜드 정치가 짐 코넬Jim Connell이 당시 영국에서 잘 알려져 있던 노래〈오 소나무여O Tannenbaum〉에 가사를 붙여 만든 노래. 〈적기가〉는 1889년 영국의 사회주의 출판사 저스티스Justice에서 악보를 출간하자마자 사회주의자들과 공산주의자들에게 폭발적인 인기를 끌게 되었고, 공산주의자들의 대표적인 투쟁가가 되어 전 세계에 보급되었다. 후에 이 노래는 영국 노동당의 송가頌歌가 되어 오랫동안 불렸는데, 이 때문에 영국노동당의 공식 당가黨歌라는 오해를 사기도 했다.

서구 세계가 모조리 좌익화되고 있었는가? 미국의 오랜 자유주의자들 다수가 그렇다며 두려워했다. 승전의 해에 얄타회담이 열리고 3일 뒤 발표된 역사학자 모티머 스미스Mortimer Smith의 글에는 그들의 실의가 선명하게 반영되어 있었다. 그는 지난 75년간 일어난 일들 중 "가장 중요한 사실"은 인류가 집단주의를 향해 줄지어 나아간 것이라고 단언했다. 이 추세가 전쟁으로부터 "엄청난 추진력"을 얻은 것은 확실했다.

전후 설계자들이 내는 불협화음 사이로 하나의 조화로운 테마가 실행되고 있다. 개인은 자신의 권리를 국가에 점점 더 많이 양도해야만 하며, 국가는 그 대가로 완곡하게 표현하면, 안전이라는 것을 보장할 것이다.

스미스에 따르면 그들의 이념이 무엇이든 간에 이 대동맹Grand Alliance*의 지도자들은 전쟁 이후 "국가 권력의 강화"라는 한 가지 목표에 합의했다. "현재 우리 세계에서 구식의 자유주의는 (…) 죽은 것이나 다름없다"는 사실은 부인할 수 없었다.[3]

그래도 아직은, 아직은 아니었다. 우리가 자유지상주의적 보수주의자라고 부를 수 있는 많은 사람들에게 이런 상황은 암울해 보였겠지만, 상황이 절망적이지는 않았다. 사실 역사에는 희망이 없는 경우가 드물다. 왜냐하면 역사란 곧 가능성이기 때문이다. T. S. 엘리엇Thomas Stearns Eliot**이 말했듯 획득한 대의gained cause란 존재하지 않으며, 따라서 잃어버

---

* 제2차 세계대전 당시 독일·일본·이탈리아가 이끄는 추축국에 대항하기 위해 결성된 국제군사연합. 처칠은 연합국 중 전쟁을 수행하는 데 가장 큰 역할을 한 영국·미국·소련을 '대동맹'이라고 불렀다.

린 대의lost cause••• 역시 존재하지 않는다. 1945년에 고전적 자유주의는 죽지도, 죽어가고 있지도 않았다. 모티머 스미스가 그의 기사에서 인정한 것처럼 그 당시에도 땅에는 "미세한 흔들림과 움직임"이 있었다.⁴

자만심에 가득 찬 국가주의, 견고한 관료주의, 그리고 큰 승리를 거둔 것처럼 보이는 좌파 철학의 세상에서 "개인주의"라는 미국의 오랜 토착 전통은 이제 막 예상치 못한 부활을 만끽하려 하고 있었다. 이것이 전후 보수주의 지적 운동의 한 갈래가 되었다.

이러한 사상의 흐름이 아무리 오래되고 토착적이었을지라도, 보수주의의 부흥을 위한 최초의 원동력은 대부분 미국이 아니라 유럽에서 생겨났다. 사실 천년제국Thousand Year Reich••••이라는 악몽 같은 세계에서 망명 온 두 학자의 기여가 없었더라면, 과연 되살아난 이 자유지상주의가 존경과 영향력—결국 이루어낸—을 가질 수 있었을지 의심스럽다. 전후 미국 보수주의의 뿌리는 우선 유럽에서, 독재와의 전쟁에 대한 혐오에서 찾

•• 　토머스 스턴스 엘리엇Thomas Stearns Eliot, 1988~1965. 영국의 유명한 시인·극작가·문학비평가. 1920년대부터 영국과 미국의 문학계에 막대한 영향력을 행사했지만, 엘리트주의와 인종·전통에 대한 배타적 개념—예컨대 반유대주의—으로 비판을 받기도 했다. 그는 스스로를 문학에서는 고전주의자, 정치에서는 왕당파라고 불렀다.

••• 　1929년 엘리엇은 미국의 인본주의를 비판한 책『랜슬롯 앤드루스: 스타일과 질서에 대한 에세이For Lancelot Andrewes: Essays on style and order』에서 "대의를 가장 포괄적이고 현명하게 이해한다면, 획득한 대의 같은 건 존재하지 않으므로 잃어버린 대의 또한 존재하지 않는다. 우리는 (…) 우리의 패배와 좌절이 우리 자손들의 승리의 서막이 될 수 있음을 알고 있기 때문에 (…) 승리할 것이라는 기대가 아니라 살아 있는 무언가를 지키기 위해 싸운다"고 썼다. 이후 미국에서 '획득한 대의'와 '잃어버린 대의'는 남북전쟁에서 패배한 남부연합의 명예를 지키는 데 사용되었으며, 보수주의자들에 의해 많이 인용되었다.

•••• 　나치 독일을 말한다. 히틀러는 나치 정권을 독일제국의 역사적 후계자라고 주장하면서 나치 정권하의 독일을 제3제국—제1제국은 신성로마제국, 제2제국은 독일제국—이라고 불렀다. 일설에 의하면 히틀러는 제3제국이 1000년 동안 유지될 것이라는 의미에서, 또는 근 1000년 동안 유지되었던 신성로마제국의 계승자임을 공언하기 위해 '천년 제국'이라는 표현을 사용했다고 한다.

아야만 한다.

═ ★★★ ═

1944년 봄 『노예의 길 The Rod to Serfdom』이라는 작은 책이 영국에 등장해 큰 돌풍을 일으켰다. 흥미롭게도 이 책은 영국인이 아니라 오스트리아 출신의 런던정치경제대학교 교수 프리드리히 A. 하이에크Friedrich August von Hayek가 쓴 책이었다. 1899년 빈에서 태어나 그곳에서 대학 교육을 받은 하이에크는 1920년대 내내 오스트리아에서 경제학자이자 강사로 활동하다 1931년 런던정치경제대학교의 경제학 교수가 되었다. 1930년대 중부 유럽의 위기가 깊어지는 것을 멀리서 지켜보던 하이에크는 1938년 영국 시민이 되었다. 제2차 세계대전이 유럽을 뒤덮자, 그는 정부가 경제 계획을 수립하려는 경향과 이러한 경향으로 인해 개인의 자유에 발생하게 될 결과를 점점 더 우려하게 되었다. 그는 학문적인 글을 쓰기로 결심했고, 이를 "모든 정당의 사회주의자들"에게 헌정했다.[5]

하이에크 책의 주제는 간단했다. "계획은 독재로 귀결된다", 그리고 "경제 활동을 지시"하는 데에는 필연적으로 "자유의 억압"이 요구된다.[6] 하이에크가 말하는 "계획"은 개인이나 정부가 미래를 위해 어떤 준비를 한다는 의미가 아니었다. 그가 의미하는 것은 오직 "단일 계획에 따라 모든 경제 활동을 중앙에서 지시"하거나 "경쟁에 반하는 계획"이었다.[7] 그는 그러한 포괄적인 통제는 필연적으로 자의적이고 변덕스러우며, 궁극적으로 자유를 파괴한다고 주장했다.

경제적 통제란 인간 삶의 나머지 영역과 분리할 수 있는 어떤 한 영역을 통제하는 것이 아니다. 이는 우리의 모든 목표를 달성하기 위한 수단을 통제하는 것이다. 따라서 어떤 목표를 달성해야 하는지, 어떤 가치를 더 높게, 그리고 더 낮게 평가해야 하는지, 한마디로 사람들이 무엇을 믿고 무엇을 위해 노력해야 하는지는 그 수단에 대한 유일한 통제권을 가진 사람에 의해 결정된다.[8]

요컨대 집단주의—모든 집단주의—는 본질적으로 전체주의였다. "민주사회주의democratic socialism"는 환상이며, "실현 불가능한" 것이었다.[9] 하이에크는 자신이 가진 공포를 체현한 화신으로 나치 독일을 지목하면서 "파시즘과 나치즘의 발흥은 이전 시대 사회주의적 경향에 대한 반발이 아니라, 그 경향의 필연적 결과"라고 주장했다.[10] 한마디로 그의 책은 학문적인 문제만을 다루고 있지 않았다. 영국이 택한 사회주의로 나아가는 길은 독일이 이미 선택한 그 길, 노예의 길이었다.

하이에크는 이 망령에 맞서 개인주의와 고전적 자유주의를 "버려진 길"로 두기를 거부했다. 이 신념의 "근본 원리"는 "가능한 사회의 자연발생적 힘을 최대한 이용하고, 가능한 최소한의 강제력에 의존해 문제를 풀어야 한다"는 것이었다.[11] 하이에크는 이것이 정부가 아무런 역할도 하지 않아야 한다는 뜻은 아니라고 강조했다.[12] 그는 자유주의라는 자신의 브랜드가 자유방임과 동일시되는 것에 강력하게 반발했다.[13] 대신 그는 "정부가 행하는 모든 행동이 미리 선포되고 고착된 규칙들에 의해 제약되는" 법의 지배라는 개념을 제시했다.[14] 이러한 원리는 경쟁을 촉진하고, 자유사회가 지속적으로 기능할 수 있도록 설계된 적극적인 정부 조치를 종종 필요로 할 것이다. 그런 체제하에서는 사실상 노동시간의 제한, 위생 규제, 최저임금법, 사회보장제도도 허용될 것이다.[15] 그러나 이러한 개입은 항상 경쟁과 민간의 주도성, 그리고 사적 소유를 보존하기 위해 설계되어야 하며, 게임의 규칙은 동등하게 적용되어야 한다. 그는 중앙집권적이고 변덕스러우며, 특권을 부여하는 집단주의 국가—권력의 확장과 "경쟁에 반하는 계획"—와 자유주의 국가 사이에는 엄청난 차이가 존재한다고 주장했다.[16]

영국에서 하이에크 저작에 대한 반응은 즉각적이었다. "영국의 사회주의 지식인들에게 경고"할 목적으로 쓰인 『노예의 길』은 많은 독자들로부터 열렬한 반응을 얻었다.[17] 그것은 책 분량만큼의 반박 글이 두 개나—그중 하나는 노동당의 저명한 하원의원이 쓴 글이었다—등장할 정도로 중대한 도전이었다.[18] 1945년 클레멘트 애틀리Clement Richard Attlee*가 반동적이라고 의심되는 오스트리아 경제학자의 원리를 채택했다며 보수당을 비난했을 때, 하이에크는 잠시 선거 쟁점이 되기도 했다.[19]

그러나 하이에크의 책을 반긴 영국인들의 반응은 1944년 9월 18일에 출간된 후 미국에서 맞게 된 책의 운명에 비하면 온건하고 절제된 것이었다. 그 책은 누구도 예측하지 못한 큰 반향을 불러일으켰다. 사실 하이에크의 책은 세 군데의 출판사—적어도 그중 한 곳은 하이에크를 정치적으로 반대한다는 분명한 이유에서—에서 거부를 당했었다.[20] 마침내 시카고대학교 출판부에서 그 책을 출간했을 때 출판 부수는 고작 2000부에 불과했다.[21] 훗날 하이에크가 회상했듯이 이 책은 확실히 "대중을 대상으로 한 책이 아니"었다.[22]

• 클레멘트 리처드 애틀리Clement Richard Attlee, 1883~1967. 영국 노동당을 이끈 주요 정치인. 1945년 총선에서 노동당이 승리한 뒤 총리로 취임해 1951년까지 영국 총리를 지냈다. 그는 재임 기간 동안 석탄·철도·가스 등 주요 산업 및 공공시설을 국유화하고, 국민 의료보험 체계를 수립했으며, 인도의 독립을 승인했다.

하이에크의 예상은 빗나갔다. 그의 책은 곧바로 학술적인 논쟁으로서 뿐만 아니라 시대를 위한 열정적인 소책자라는 인정을 받았다. 일주일 만에 5000부가 재인쇄되었다.[23] 몇 달 후『리더스다이제스트Reader's Digest』는 독자들을 위해 책을 열심히 요약해 실었고, 그 뒤 이달의 북클럽Book-of the-Month Club*은 100만 부 이상의 재판본을 배포했다. 스스로를 광야에서 외치는 자**라고 생각했던 하이에크는 곧 미국 전역에서 강연을 하게 되었다. 한 비평가는 "소설이 아닌 책과 경제학자가 그렇게 짧은 시간 안에 그런 인기를 얻는다는 건 대단히 흔치 않은 일"이라고 말했다.[24]

많은 평론가들이 자극적이고 때로는 과장된 발언으로 논란을 키우는 데 일조했다. 베테랑 저널리스트 헨리 해즐릿Henry Hazlitt은『뉴욕타임스 북리뷰The New York Times Book Review』1면 기사에서『노예의 길』은 "우리 세대에서 가장 중요한 책 중 하나"이며, "추론의 힘과 엄격함"이 존 스튜어트 밀의『자유론』에 버금간다고 선언했다.[25] 존 데이븐포트John Davenport는『포춘Fortune』에서 이 책은 "우리 시대의 위대한 자유주의 선언문 중 하나"이자 "개인주의에 대한 믿음을 효과적으로 재천명한 글"이라고 평가했다.[26] 모티머 스미스는 하이에크의 저작이 토머스 페인Thomas Paine***의『인권』처럼 "위태로운 시대의 이정표가 될 것"이라고 예측했다.[27] 한편 하이에크에 적대적이었던『뉴리퍼블릭New Republic』은 하이에

• 1926년 설립된 '이달의 북클럽'은 미국 출판계에 가장 큰 영향력을 행사하는 단체 중 하나였다. 미국 전역에 수백만 명의 회원을 보유하고 있었고, 저명한 사람들에 의해 이 달의 책으로 선정된 서적은 많은 인기를 누렸다.

•• 성경에서 광야는 하나님의 목소리에 귀를 기울이며 절망을 극복하고 새로운 시대를 준비하는 매우 특별한 장소이다. 세례자 요한은 '하나님의 길을 예비하는 자'로서 스스로를 '광야에서 외치는 자의 소리'라고 말했다. "이르되 나는 선지자 이사야의 말과 같이 주의 길을 곧게 하라고 광야에서 외치는 자의 소리로라 하니라"(요한복음 1:23).

크의 저작이 학술적인 영향력을 거의 행사하지 못했으며, 단지 반동적인 기업가들의 이해관계에 따라 이용되고 있을 뿐이라는 사설을 실었다.[28] 스튜어트 체이스Stuart Chase••••는 이 책이 "50세가 넘은 우리 중 일부가 보살피고 키워온 근본주의 교리"에 대한 "미국인들의 깊은 영적 욕구"를 충족시켜주고 있다고 주장했다.[29] 국가자원기획위원회National Resources Planning Board의 전시 부위원장이었던 찰스 메리엄Charles Merriam 교수는 1946년 초 하이에크의 책이 "과대평가 되었고" "형편없으며", "냉소적"일 뿐만 아니라 "현대까지 살아남은 기묘한 반계몽주의 중 하나"라고 일축했다.[30] 학계에서도 논쟁이 격렬해지자 『미국경제학리뷰American Economic Review』의 편집자는 이례적으로 이 책에 대한 두 개의 비평을 실었다. 말할 필요도 없이 이 두 글의 견해는 같지 않았다.[31]

이런 엄청난 논란에 누구보다 경악한—그리고 당연히 당황한—사람은 학구적인 하이에크 교수 자신이었다.[32] 훗날 그가 말한 것처럼 그 책이 불러일으킨 정서들이 그를 깜짝 놀라게 만들었다.[33] 런던에 사는 오스트리아 이민자가 전문가를 대상으로 쓴 책이 미국인들의 열정을 자극했던 이유는 무엇일까? 상공회의소와 광고업계, 그리고 여타의 기업들이 대량 주문을 통해 책의 수요를 끌어올리고 있었고, 그렇게 함으로써 실제

•••   1737~1809. 미국의 정치가이자 철학자. 미국 식민지 개척자들과 영국 사이의 갈등이 절정에 달했을 때 『상식』(1776)을 발표해 미국의 독립을 주장했고, 그의 주장은 미국이 독립을 선언하는 데 커다란 기여를 했다. 또한 그는 에드먼드 버크가 프랑스혁명을 비판하자 이에 대한 반박글 『인권』(1791)을 서둘러 출판해 유럽 사회—군주제—의 폐해를 비판하고, 프랑스혁명과 공화주의를 옹호했으며, 교육과 빈민·실업자를 위한 공공사업 등을 제안했다. 이 책으로 페인은 프랑스에서 반역죄로 기소되었으며, 『인권』은 출판 금지되었다.

••••   1888~1985. 미국의 경제학자. 정부의 계획 및 경제 개입을 적극적으로 옹호하고, 뉴딜 정책 수립에 기여했다.

대중들이 갖고 있는 관심을 은폐하고 있다는 『뉴리퍼블릭』의 비난은 아마도 진실일지 모른다.[34]

하지만 그들이 굳이 그럴 필요가 있었을까? 그리고 한 비평가가 혐의를 제기한 것처럼 하이에크가 단지 "오래된 처방을 예쁘게 포장해" 제시한 것에 불과했다면,[35] 어째서 많은 자유주의자들—새로운 형태의—이 그토록 화를 내고 심지어 아연실색했겠는가? 어째서 스스로를 중도좌파라고 부른 한 평론가가 그 책이 자신을 "흔들리게" 만들었고, "몇 년 사이 나온 책 중에 가장 동요하게 만드는 책"임이 증명되었다고 고백했겠는가?[36]

좌파가 불안해한 이유는 1956년 하이에크가 쓴 회고록에 부분적으로 설명되어 있다. 1954년 무렵 영국에서는 자유인가 계획인가라는 문제가 익숙한 쟁점이 되어 있었지만, 미국은 여전히 이 문제에 열광하는 단계에 있었다. 많은 미국 지식인들에게 "합리적으로 건설된 새로운 사회"라는 이상은 여전히 신선하고 활력 넘치며, "실제 경험에 의해 거의 더럽혀지지 않은" 것처럼 보였다. 그러한 의기양양한 신념을 비판하는 일은 신성한 무언가—하이에크가 보기에는 환상에 불과했을지라도—를 공격하는 것이나 마찬가지였다.[37]

오스트리아 경제학자의 분석은 자신의 책에 대해 좌파가 보인 반응과 관련해 또 다른 이유를 짐작할 수 있게 해준다. 현대 자유주의—비판자들에게는 국가주의—가 미국에서 권력을 잡은 건 그리 오래되지 않았다. 교수와 법률가 등 많은 이들이 워싱턴 D.C.와 루스벨트 대통령에게 리더십과 뉴딜 정책을 요구한 이래 끔찍하게 긴 시간—1945년 당시에는 12년—이 지난 건 아니었다. 누군가 의심하듯 1945년에는 그 시절의 기쁨과 과실이 이들 중 많은 이들에게 그다지 확실하지 않았다. 그들의 승리는 아직 시간과 합의를 통해 비준받지 못한 불확실한 승리였다. 따라서 하이에크와 같은 대담한 도전이 등장했을 때—그리고 그의 능력과 논쟁을 불러일으키는 힘을 부정하는 사람은 거의 없었다—이는 대수롭지 않게 무시될 수 없었다. 그것은 하나의 위협이었고, 맹렬하게 격퇴되어야만 했다. 1948년과 1949년에 미국의 일부 자유주의자들은 전후 시대를 형성하는 데 중요한 역할을 했던 또 다른 논쟁, 히스-체임버스Hiss - Chambers 재판*에 유사하지만 보다 격렬한 방식으로 대응했다. 1945년에 미래에 대한 그들의 불안감은 이미 확연했다.

그러나 전쟁이 끝났을 때 많은 자칭 진보주의자들이 자신들의 권력과 명성에도 불구하고 여전히 불안감을 느끼고 있었다면, 우파는 그런 일을 겪지 않았다. 우파에게는 상당히 다른 정서가 팽배해 있었다. 수적으로 열세이고 사면초가에 몰려 있던 우파는 자신들의 상황을 설득력 있게 해명해주는 진술이 등장하자 기뻐할 수밖에 없었다. 스튜어트 체이스는 이를 두고 "우리가 잃어버린 진정한 믿음"[38]이라고 조롱했을지 모르지만, 존 데이븐포트는 똑같은 이유로 환호성을 질렀을 것이다. 하지만 양측 모두 오래된 전통이 다시 또렷한 목소리를 얻게 되었다는 사실에는 동의했

• 1948년 8월 3일, 『타임』 편집자 휘태커 체임버스Whittaker Chambers —과거 미국 공산당 당원이었지만, 탈당한 뒤 공산주의 활동에 관한 정보를 수집하는 FBI 정보원으로 활동했다—는 하원 비미非美활동조사위원회House Committee on Un - American Activities, HUAC에서 전 국무부 관리 앨저 히스Alger Hiss가 1930년대 공산당의 비밀 조직원이었고, 소련의 스파이 활동에 연루되었다고 증언했다. 제2차 세계대전 당시 히스는 얄타·포츠담회담에 참석하는 등 미국 외교에 깊이 관여했던 인물이었기 때문에 체임버스의 증언은 미국 사회에 커다란 충격을 안겨주었다. 히스는 자신의 혐의를 전면 부인했지만, 휘태커 체임버스는 히스가 자신에게 1930년대 국무부 기밀이 담긴 마이크로필름 사본을 주었고, 이를 자신이 농장의 빈 호박 속에 감추어두었다며 증거로 제시했다. 히스는 공소시효가 만료되어 스파이 혐의로 기소되지는 않았지만, 공산당 이력에 대해 거짓 증언을 했다는 이유로 기소되어 실형을 선고받고 복역했다. 히스는 체임버스를 명예훼손으로 고소했지만, 체임버스는 아무런 처벌도 받지 않았다. 4장 참조.

다. 의심할 여지없이, 그리고 많은 비판자들이 열을 올려 말했듯 하이에크의 옹호자들은 하이에크가 자유방임과 기업에 대해 얼마나 비판적이었는지를 늘 인식하지 못했다. 그렇지만 그들이 받은 자극은 정확했다. 하이에크는 그들 편에 서 있었다. 그리고 이 점이 바로 하이에크가 가진 중요성의 일부였다. 그는 완패했다고 느낀 사람들이 전선을 긋고, 다시 한번 자기들 편을 자신 있게 두둔할 수 있게 해주었다. 마침내 그들은 적을 당혹스럽게 만드는 투사를 얻은 것이다. 그들이 리더십을 갖기 위해 오스트리아 교수에게 의존할 수밖에 없었다는 사실은 이 시기 그들이 겪은 패배와 자유지상주의 사상의 결핍을 가늠할 수 있게 해준다.

하이에크는 1940년대 중반 미국 우파에게 지적 자양분을 제공해준 유일한 유럽 지식인이 아니었다. 하이에크만큼 극적이지는 않지만 똑같이 주목할 만한 사람은, 영향력이 확대되고 있던 또 다른 오스트리아인, 하이에크의 멘토, 불굴의 루트비히 폰 미제스Ludwig von Mises다. 1881년 오스트리아 – 헝가리 제국에서 태어난 미제스는 빈대학교에서 법학과 경제학을 공부한 뒤 1906년 박사학위를 받았다. 그 당시 빈에서 젊은 경제학자는 19세기 후반 거대한 방법론 논쟁Methodenstreit — 방법을 둘러싼 충돌 — 이 지배하는 환경에서 살아가야 할 운명이었다.

오스트리아의 저명한 "고전적 자유주의" 경제학자였던 카를 멩거Carl Menger는 1883년 구스타브 슈몰러Gustav Schmoller*와 독일의 역사학파** 경제학자들을 공격하면서 포문을 열었다. 멩거와 그의 동맹자들 — 머지않아 오스트리아학파로 알려진 — 이 보기에, 역사라는 이름으로 보편적 경제 법칙을 부정하는 역사학파의 상대주의는 과학에 대한 위험한 거부이자 정부의 개입과 사회주의를 정당화하는 것이었다. 어쨌거나 불변의 경제 법칙이 존재하지 않는다면 정부가 자신이 원하는 방향으로 일을 처리

해선 안 될 이유가 무엇인가? 이 논쟁은 빠르게 진화되지 않았다. 훗날 미제스가 말한 것처럼 오히려 각 진영마다 제자들이 배출되었다. 루트비히 폰 미제스는 멩거와 오이겐 폰 뵘바베르크Eugen Böhm von Bawerk — 또 다른 오스트리아 경제학자—의 뒤를 이어 오스트리아학파의 직계가 되었다. 1920년대에 그는 국제적으로 유명한 경제 이론가이자 사회주의를 신랄하게 비판하는 저자가 되었다.[39] 하이에크와 마찬가지로 그 역시 나치즘—또는 고전적 자유주의 비판자들이 신중하게 살펴본 바에 따르면 국가사회주의—에 대한 반대를 멈출 줄 모르는 사람이었다. 1934년 빈 대학교를 떠나 제네바에 있는 국제연구대학원Graduate Institute of International Studies으로 간 미제스는 그곳에서 난민이 되었다. 1940년 "현대 오스트리아학파의 대주교"[40]는 미국으로 이주했다.[41]

그의 학파 중에서 미제스만이 유일하게 떠난 사람은 아니었다. 유럽에 있는 동안 고트프리트 하벌러Gottfried Haberler,[***] 프리츠 매클럽Fritz Machlup[****], 하이에크 같은 사람들은 미제스와 함께 공부했거나 그에게서 깊은 영향을 받았다. 유럽이 재앙을 향해 위태롭게 달려가자 이 세 명의 제자와 다른 이들이 해외로 거처를 옮겼고, 그중 몇몇은 미국으로 건너갔

• 구스타프 폰 슈몰러Gustav von Schmoller, 1838~1917. 독일 후기 역사경제학파를 대표하는 경제학자. 고전경제학의 공리적·연역적 방법을 거부하고, 칼 멩거를 비롯한 오스트리아 학파를 비판했다. 급속한 산업화와 도시화로 인해 발생하는 문제를 해결하기 위한 사회 개혁의 일환으로 '자유주의 국가의 이념과 의회주의의 요소'를 도입해 프로이센의 군주제와 관료제를 보완하고자 했다.

•• 19세기 후반 독일에서 주로 발전한 경제사상의 한 분파. 연역적으로 추론된 고전경제학의 법칙에 반대해 경제를 역사적 경험의 맥락에서 총체적으로 이해하고자 했다. 역사학파는 정부가 경제에 개입하는 것을 긍정적이고 필요한 힘으로 여겼다. 역사학파는 독일에서 가장 영향력이 컸지만, 유럽과 특히 미국의 제도주의 경제학—인간이 만든 제도가 경제 행위에 미치는 영향을 중점적으로 다루는 경제학—에도 영향을 미쳤다. 그러나 이들은 경제이론을 거부했기 때문에 이론 발전에는 거의 아무런 영향도 미치지 못했다.

다.[42] 오늘날 공히 인정되고 있다시피 1930년대 중부 유럽 지식인들의 "대이주"가 우리 시대의 지적 역사에서 결정적 사건이었다면, 영국과 미국으로 떠난 오스트리아학파의 디아스포라 또한 마찬가지로 현대 미국 보수주의 역사에서 중요한 전환점이 되었다.

1944년 미제스는 두 권의 책을 출간해 미국의 "고전적 자유주의자" 또는 "자유지상주의자들"이 유럽 난민들에게 진 부채를 증가시켰다. 『전능한 정부Omnipotent Government』와 『관료제Bureaucracy』[43]의 주제는 똑같이 모든 형태의 정부 간섭이었다. 미제스는 그의 반대자들조차 존경을 표한 탁월한 분석력과 박식함, 그리고 심지어 그의 친구들조차 때때로 과도하다고 생각한 극도의 논리적 엄격함[44]을 가지고 계속해서 싸워나갔다. 그는 타협하지 않았다. 한 비평가는 그를 "카토Cato***** 같은 사람"이라고 불렀다.[45] 그의 제자 하이에크보다 더 철저하게 순수한 자유방임에 헌신했던 미제스는 자본주의인가 국가주의인가, 자본주의인가 "혼돈"인가 그 선택은 명백하다고 주장했다.[46]

자유주의의 본질적인 가르침은 사회적 협력과 노동 분업이 생산수단의 사

••• 고트프리드 폰 하벌러Gottfried von Haberler, 1900~1995. 오스트리아 출신의 미국 경제학자. 리카도의 비교우위론을 재구성한 국제무역 이론으로 명성을 얻었다.

•••• 1902~1983. 오스트리아 출신의 미국 경제학자. 외환의 수요와 공급에 관한 이론으로 유명하다. 국제 통화 문제를 해결할 방법으로 금본위제 폐지를 주장했고, 이로 인해 미제스와 잠시 결별하기도 했지만 미제스가 『인간행동론Human Action』을 출간해줄 출판사를 찾고 있을 때 예일대학교 출판부를 소개시켜줘 이 책이 세상에 나오는 데 결정적인 역할을 했다.

••••• 마르쿠스 포르키우스 카토Marcus Porcius Cato, 기원전 234~49. 대카토라고도 한다. 로마의 정치가. 헬레니즘에 반대하고, 로마의 전통을 엄격하게 지키고자 했다. 그는 제2차 포에니전쟁—한니발이 이끄는 카르타고와 로마와의 전쟁—에 참전한 뒤, 원로원에서 발언할 기회가 있을 때면 언제나 "카르타고는 반드시 멸망시켜야 한다"는 말로 끝맺었다고 한다.

적 소유 체제에서만, 다시 말해 시장사회 혹은 자본주의에서만 이루어질 수 있다는 것이다. 자유주의의 다른 모든 원칙―민주주의, 개인의 인격적 자유, 언론과 출판의 자유, 종교적 관용, 국가 간의 평화―은 이 근본 전제의 결과이다. 그것들은 오직 사적 소유에 기반한 사회에서만 실현 가능하다.[47]

실제로 미제스는 "사적 소유와 문명은 불가분의 관계"에 있으며, 항구적인 평화는 "지금까지, 그리고 어디에서도 결코 완전히 시도되거나 달성된 적 없는 완벽한 자본주의하에서만 가능하다"고 확신했다.[48] 한 비평가에 따르면 미제스에게 국가주의는 "현대 세계에 만연해 있는 거대한 악"이었다.[49] 또 다른 비평가는 다음과 같이 물었다. "맨체스터는 사실 오스트리아에 있는 도시가 아닐까?"[50]

하이에크와 마찬가지로 미제스도 암울한 전쟁 시기에 글을 썼고, 그의 제자처럼 20세기의 재앙은 19세기의 자유주의를 포기한 결과로 초래되었다고 확신했다. 나치즘이 자본주의의 산물이라는 주장을 일축하면서 미제스는 전체주의가 국가사회주의의 이데올로기임을 밝혀냈다. 나치즘은 그 변종 중 하나였다. 국가사회주의―"정부가 기업을 통제하려는 경향"[51]―가 경제민족주의와의 전쟁을 낳았다. 그가 강력하게 주장했듯 나치즘은 반자본주의적이고 사회주의적이며, 따라서 필연적으로 반민주적이다.[52] 우리 시대의 진정한 교훈은 자유시장의 실패가 아니라, 그 적들이 행사하고 있는 예사롭지 않은 영향력에 있었다. 사회주의라는 만병통치약이 부상하면서 동시에 나치와 소비에트 전체주의가 발흥하고, 전면전이 발발하게 된 것은 우연이 아니었다. 미제스와 하이에크, 그리고 그들의 제자들에게 이런 현상은 깊게 연관되어 있었다. 하이에크와 마찬가지로 미제스는 중앙집권적 계획과 자유의 보존은 결코 양립할 수 없다고 거듭 강조했다. 그는 "주요 쟁점은 인간이 자유와 민간의 주도성, 그리고 개인의 책임을 저버리고 거대한 강압과 강제의 장치를 수호하는 파수꾼, 사회주의 국가에 굴복해야 하는가 그렇지 않은가이다"라고 말했다.[53] 사회주의란 필연적으로 이를 의미하는 것이었다.

그들은 스스로를 민주주의자라고 부르지만 독재를 갈망한다. 그들은 스스로를 혁명가라고 부르지만, 정부를 전능하게 만들고자 한다. 그들은 에덴동산의 축복을 약속하지만, 세계를 거대한 우체국으로 탈바꿈시킬 계획을 하고 있다. 이 우체국에서 단 한 사람만 빼고 모든 사람이 부하직원이라니, 이 얼마나 매력적인 유토피아인가! 얼마나 고귀한 투쟁의 명분이란 말인가![54]

미제스의 글은 하이에크 책만큼의 반향을 불러일으키지는 못했지만, 대의를 위해 헌신한 그의 공로는 주목을 받았다. 헨리 해즐릿은 『노예의 길』이 출간된 바로 다음 날 『관료제』가 출판되었다고 지적하면서, "이제 이 두 명의 오스트리아 망명자가 영국의 자유주의와 미국에서 최고로 발달한 자유기업 제도를 수호하는 가장 탁월한 (…) 옹호자가 될 것이라"는 사실이 얼마나 "아이러니"한 일인지에 대해 말했다.[55] 뉴욕에서 멀리 떨어진 화학전 부대에서 군 복무를 하고 있던 무명의 병장 러셀 커크도 『관료제』와 『노예의 길』을 발견하고는 기뻐했다. 그는 친구에게 보낸 편지에 "프로이트의 빈에도 매우 독특하고 건전한 정신을 가진 위대한 경제학자들의 학파가 있다네"라고 썼다.[56] 1945년 존경스럽고 감사한 미제스의 미국 친구들은 그가 뉴욕대학교 경영대학원의 경제학과 객원교수가 될 수 있도록 주선해주었고, 그는 그곳에서 20년 넘게 재직했다.[57]

일찍이 고전적 자유주의의 부활에 기여한 미제스의 공헌은 1949년 예일대학교 출판부에서 방대한 분량의 그의 저서 『인간행동론Human Action』이 출간되었을 때 절정에 달했다.[58] 거의 1000페이지에 달하는 이 엄청난 노고의 산물은 미제스의 "인간행동학praxeology" 체계를 종합한 것이었다. 많은 비평가들은 이 책이 교조적이고 "위협적"이라고 생각했다. 어떤 사람은 이 책을 접하는 독자는 "존재하는 상태에서 벗어나라는 주장을 끊임없이 듣는 듯한 느낌을 받게 된다"고 불평했다.[59] 그러나 모든 사람이 68세의 경제학자가 "자유방임을 진정으로 순수하게 무조건적으로 옹호"[60]하는 "자본주의 선언문"[61]을 썼다는 데 동의했다. 헨리 해즐릿은 또다시 미국 우파의 지적 역사에서 이 책이 갖는 중요성에 대해 다음과 같이 시사했다.

> 요컨대 『인간행동론』은 지금까지 등장한 자본주의의 사례를 가장 단호하고, 가장 엄격하게 추론한 진술이다. 만약 최근 몇 년간 국가주의, 사회주의, 전체주의를 향해 거세게 치달아온 이데올로기의 흐름을 되돌릴 수 있는 책이 있다면, 그것이 바로 『인간행동론』이다.[62]

보통 한 권의 책이 이데올로기의 흐름을 즉각적으로 바꾸기란 불가능하다. 그럼에도 제2차 세계대전이 종전될 무렵, 미국 개인주의의 지적 재건에 기여한 프리드리히 하이에크와 루트비히 폰 미제스의 공로를 과장이라고 하기는 어려울 것이다. 우파 저널리스트 윌리엄 헨리 체임벌린William Henry Chamberlin은 경외하는 미제스—자신과 개인적으로 친분이 있던—를 "집단주의라는 용과 싸우는 진실한 성 조지St. George*"라고 불렀다.[63] 뉴딜 정책과 전시의 정부 확장에 여전히 당혹해하고 있던 미국인들에게 자신들을 이끌어줄 "성자"를 발견하게 된 것은 하나의 기쁨이었다.

═ ★★★ ═

당시까지 런던에 체류하고 있던 하이에크가 1944년이나 1945년의 미국 상황을 주시했더라도 그의 암울함과 절망감은 그다지 약해지지 않았을 것이다. 그의 책이 불러일으킨 열광적인 반응이 보여주었듯이 자유지상주의는 여전히 미국에 살아 있었지만, 미래의 물결이 될 가망은 없었다. 물론 지배적인 정통성에 반대하는 사람은 곳곳에서 발견할 수 있었다. 거기에는 헨리 해즐릿, 『노예의 길』 미국판 서문을 쓴 존 체임벌린John Chamberlain, 『기계의 신The God of the Machine』(1943)을 써서 집단주의를 공격하고, 기술사회에서 개인의 자유의 필요성을 역설한 이사벨 페터슨Isabel Paterson, 『혁명이었다The Revolution Was』(1944)의 저자이자 뉴딜 정책을 맹렬하게 비난한 개럿 개럿Garet Garrett, 그리고 복지주의에 빠진 미국이 이탈리아와 독일이 이미 건너간 재앙의 길을 뒤따르고 있다고 주장한 『우리가 행진하고 있을 때As We Go Marching』(1945)의 저자 존 T. 플린John Thomas Flynn 같은 저널리스트들이 있었다. 1944년 초 『휴먼이벤츠Human Events』를 창간한 펠릭스 몰리Felix Morley, 윌리엄 헨리 체임벌린William Henry Chamberlain, 프랭크 해니건Frank Hanighen도 마찬가지였다. 머지않아 이 잡지는 자유지상주의 저널리즘의 중요한 기관이 되었지만, 1945년에는 여전히 대외 정책을 주로 다루는 발행 부수가 많지 않은 주간지에 불과했다. 다양한 고전적 자유주의 학자들 가운데 아마도 가장 주목할 만한 사람은 초기 시카고학파의 핵심 인물이었던 시카고대학교 경제학과의 헨리 C. 시몬스Henry Calvert Simons와 프랭크 H. 나이트Frank Hyneman Knight

교수일 것이다.

그러나 1945년에는 이런 모든 저항의 목소리가 하나의 운동으로 형성되기 어려웠다. 훗날 보수주의의 지도자가 된 프랭크 메이어는 초기 시절을 되돌아보며 자유지상주의자들이 처해 있던 상황에 대해 "루스벨트의 1932년 혁명 이후 (…) 남아 있던 반대파는 뿔뿔이 흩어졌다"고 정확하게 분석했다.[64] 시카고의 보수적인 출판업자 헨리 레그너리Henry Regnery의 견해도 다르지 않았다.

> [새로운 형태의] 자유주의가 최고의 자리에 군림했다는 사실에는 의문의 여지가 없다. 실제로 자유주의자들은 다른 지위는 상상할 수 없다고 믿었을 것이다. 악에 대한 선의 승리를 상징하는 전쟁은 승리를 거뒀다. 파시즘, 군국주의, 식민주의는 지상에서 추방되었다. 샌프란시스코에 모여 영원히 연대하기로 한 '평화를 사랑하는 국가들'이 평화를 유지하고, 약자를 보호하며, 민주주의의 지배를 보장할 것이었다. 미래는 보장된 것처럼 보였다. 아름다운 그림이었고, 현실에 적합한지에 관한 의문은 환영받지 못했다.[65]

"1939년부터 1945년까지의 전쟁 기간은 미국의 개인주의적 제퍼슨주의Jeffersonian* 사상에 최악의 순간이었다"는 로버트 크런든Robert Crunden** 의 말에 동의할 수밖에 없다.[66]

이 시기 자유지상주의가 쓸쓸한 소수자 지위에 있었음을 보여주는 한 가지 증거는 앨버트 제이 녹Albert Jay Nock의 글들이 미래의 많은 보수주의 지식인들에 의해 슬그머니 발견되었다는 사실이다. 아마도 오늘날에는 1920년대에 『프리맨The Freeman』을 창간한 사람이자 『잉여인간의 회고록Memoirs of Superfluous Man』의 저자로 가장 잘 알려져 있을, 대단히 교양 있는 괴짜였던 녹은 전후 우파에 중요한 영향을 미치게 되었다. 말년에 점점 더 비관적이고 엘리트주의자가 된 녹은 국가의 확장을 맹렬히 비난하면서 거의 무정부주의자가 되었다.[67] 그는 자신의 글 중 하나에 "우리의 적, 국가Our Enemy, the State"라는 제목을 달기도 했다.[68] 랄프 애덤스 크램Ralph Adams Cram ···에게 깊은 영향을 받은 녹은 희망이 없고 교화 불가능한 대중들에게 혐오감을 느끼고, 초기 제퍼슨주의적 이상주의를 저버렸다. 교양 있는 사람, 고전주의자 녹은 대중은 결코 구원될 수 없다고 확신하게 되었다. 그러나 남은자Remnant ····는 구원받을 수 있었다―그리고 후대의 많은 보수주의자들이 이 점에 마음이 끌렸다. 어느 시대에나 진정한 지적 인간들 중에는 소수의 남은자들이 존재했다. 타락과 임박한 종말을 두려워한, 이사야Isaiah가 될 사람들의 임무는 그저 전파하는 것이었다. 남은자의 구성원들이 결국 녹을 찾게 될 것이었다. 그들은 올 것이었다.[69]

녹은 1945년에 사망했다. 그러나 남은자와 같은 사람들이 이미 그에게 당도해 있었다. 전쟁 중 남태평양에서 복무 중이던 젊은 군인 로버트 니스벳은 녹의 『잉여인간의 회고록』을 읽고 "거의 암기를 했다".[70] 그레이

•   제퍼슨주의는 개인의 자유와 권리·주의 자치권을 우선시하고, 연방정부의 규모를 축소하고 그 권한을 제한하는 것을 특징으로 한다.

••   로버트 모스 크런든Robert Morse Crunden, 1940~1999. 미국의 역사학자. 주로 미국 보수주의의 전통과 남부의 역사와 문화, 그리고 미국의 문화적 패러다임을 연구했다.

•••   1863~1942. 미국의 건축가·작가. 기술문명의 폐해를 교정하는 장치로 영적 가치를 전달하는 건물을 짓고자 했으며, 이를 위해 교육·종교기관의 건물은 고딕 양식이 되어야 한다고 생각했다. 그는 1913년 프린스턴대학교의 대학원 건물과 예배당을 고딕 양식으로 건축했고, 이후 그의 영향으로 고딕 양식은 미국 대학 건물의 표준 양식이 되었다.

••••   성경에 등장하는 용어로 '남은자'란 인간이 죄악과 불순종으로 인해 하나님의 심판을 받게 될 때, 하나님이 심판으로부터 보호하고 남겨둔 소수의 의인들을 말한다. 이들은 하나님 언약의 전달자로 기독교에서는 이들을 통해 구원의 역사가 진행된다.

트솔트레이크 사막의 황량한 불모지에 주둔 중이던 러셀 커크는 녹의 책을 읽은 뒤 그와 편지를 주고받았다.[71] 에드먼드 오피츠Edmund Opitz라는 매사추세츠주의 유니테리언교Unitarian* 목사는 제2차 세계대전 직전에 녹의 글을 발견했고 『우리의 적, 국가』를 읽었다.[72] 오피츠는 훗날 녹의 영향에 대해 다음과 같이 회고했다.

> 녹은 한 사람의 삶에서 하나의 사건이 되기 마련이다. (…) 제2차 세계대전 이후 나는 『회고록』을 중고로 샀고 (…) 대륙을 가로지르는 긴 기차 여행을 하는 동안 늦게까지 잠도 자지 않고 그 책을 읽었다. 동부 해안에 도착할 무렵 나는 어느 편에 설지 결정했다. 그렇지만 나는 녹의 사람이 아니었다. 녹의 친절한 격려의 결과, 나는 내가 그 어느 때보다 독립적인 인간이 되었다고 느꼈다.[73]

다른 사람들 역시 자신들이 진 빚을 인정했다. 예컨대 저널리스트 존 체임벌린은 『우리의 적, 국가』에 대해 "30대에 내가 그 책을 읽었을 때 나는 강한 충격을 받았다"고 고백했다.[74] 윌리엄 F. 버클리 주니어William F. Buckley Jr.의 경우—한 가지 중요한 사례로—에는 녹의 영향이 직접적이었다. 녹은 버클리 가족과 아는 사이였고, 코네티컷에 있는 그들의 집에서 자주 점심을 먹었기 때문에 젊은 버클리가 1940년대에 녹에게서 직접 영향을 받았다는 사실은 놀라운 일이 아니었다. 실제로 미래의 『내셔널 리뷰National Review』 편집자에게 최초로 보수주의의 영향을 미친 것은 녹

---

* 예수는 인류의 구세주이지만 성자聖子는 아니라고 믿는, 삼위일체 교리를 부정하는 기독교의 한 분파. 이들은 원죄의 교리 역시 인정하지 않는다.

의 자유지상주의였다.[75]

앨버트 제이 녹이 전후 보수주의의 르네상스를 이끌게 될 많은 이들의 마음을 그토록 강렬하게 사로잡았던 이유는 무엇일까? 물론 한 가지 이유는 그가 그들의 생각을 아주 상세하게 잘 표현했기 때문이었다. 그의 열정적인 반국가주의, 그의 엄격한 교육 전통주의—"진보적"교육에 대한 그의 경멸—, 대중에 대한 그의 멸시, 그리고 전쟁 이전 그의 고립주의가 프랭클린 루스벨트와 존 듀이John Dewey[*], 혹은 헨리 월리스Henry Wallace[**]와는 다른 미래를 꿈꾸는 사람들을 매료시켰을 가능성이 있다. 똑같이 중요한—특히 1940년대에—두 번째 이유는 녹의 독특한 입장과 스타일이었다. "보통사람"의 세기, 그리고 복지국가의 시대에 녹은 마치 정치적 희망을 주기라도 하듯 꾸며대지 않았다. 대신에 그는 금욕적이고 귀족적인 태도를 취하면서 스스로를 장엄하게 잉여인간이라고 표현했다. 누군가 추정하듯 바로 이 잉여라는 개념이 녹이 가진 매력의 일부였다(천박함을 멀리하는 그의 귀족적 초연함은 분명 버클리에게도 영향을 미쳤을 것이다). 1945년에 철학적 개인주의자가 된 사람들은 외로움과 어쩌면 잉여가 되었다고 느꼈을지 모른다. 적어도 녹과 다른 우익 지식인들은 그렇게 생각

[*]   1859~1952. 미국의 철학자·교육자. 인간의 행동을 평가할 수 있는 '절대선'이란 존재하지 않으며, 인간은 성장에 필요한 조건과 지식을 통해 다양한 방식으로 발전할 수 있다고 주장했다. 또한 민주주의란 도덕적 가치의 원천이지만 종교적 전통이나 정치적 이데올로기와 달리 절대적인 것도 상대적인 것도 아니며, 공통의 문제를 식별하고 해결하기 위해 서로 협의해나가는 의식적 과정이라고 주장했다.

[**]   헨리 어거드 월리스Henry Agard Wallace, 1888~1965. 루스벨트 행정부에서 부통령과 상무장관을 지냈다. 남부의 인종차별을 공개적으로 비난하고, 임금과 고용을 늘리기 위해 고안된 자유주의 정책을 지지했으며, 소련과의 긴밀한 협력을 주장했다. 이로 인해 그는 보수주의자들뿐만 아니라 민주당 내의 보수파로부터도 반발을 샀다. 1948년 그는 민주당을 탈당하고 진보당 대선 후보로 출마해 100만 표 이상을 얻기도 했다.

하는 듯 보였다. 하지만 반대로 이러한 삶에는 군중을 기쁘게 하는 것보다 좋은 게 있었다. 소수에게 이롭고 위안이 되는 교훈과 녹이 가르쳐준 교훈이었다. 아마도 역사와 대중은 이것을 그냥 지나쳐버렸을 것이다. 더 나빠진 건 역사와 대중 때문이었다.

만약 앨버트 제이 녹이 살아 있었다면, 그는 전후 미국 자유지상주의의 "위대한 지도자"가 되었을지 모른다. 그러나 그의 죽음과 함께 그 역할은 그의 주요 제자에게 넘어갔다. 녹의 사상을 더 많은 사람들에게 전파하는 임무는 뉴욕의 가난한 러시아계 유대인 이민자 행상인의 아들, 비범한 개인주의자 프랭크 초도로프Frank Chodorov에 의해 수행되었다. 1887년 뉴욕의 로어이스트사이드에서 태어난 초도로프는 컬럼비아대학교를 졸업한 뒤 교사로 일을 시작했다. 관료들처럼 하찮게 순응해야 하는 데 불만을 가진 그는 곧 교사직을 관두고 몇 년간 의류 공장의 관리자와 홍보 담당자로 근무했다. 일찍이 『진보와 빈곤』을 접한 초도로프는 헨리 조지Henry George를 선지자라고 굳게 믿고 있었다. 얼마 지나지 않아 그는 헨리조지사회과학대학교Henry George School of Social Science의 학장이 되었다. 1936년 앨버트 제이 녹을 만났을 때 초도로프는 이미 미국의 자유지상주의적 전통─소로Thoreau,* 섬너Sumner,** 멘켄Mencken,*** 그리고 (그가 믿는) 조지와 같은 사람들─에 깊이 빠져 있었다. 그 후 거의 10년 동안 그가 맺은 녹과의 돈독한 우정은 그의 신념을 강화시켰다.[76]

•　헨리 데이비드 소로Henry David Thoreau, 1817~1862. 미국의 철학자·시인. 부당한 국가에 맞선 시민불복종과 시민의 자유를 적극적으로 옹호한 저서 『시민불복종Civil Disobedience』(1849)과 자연 환경에서의 단순한 생활을 통해 개인의 독립적 삶을 촉구한 『월든Walden』(1854)은 후대의 정치가와 문학가들에게 많은 영향을 미쳤다. 그는 '통치하지 않는 정부가 가장 좋은 정부'라는 말을 남겨 무정부주의자로 평가받기도 한다.

1930년대 후반 초도로프는 헨리조지대학교의 후원을 받아 『프리맨』을 부활시켰다. 오래지 않아 그는 자신이 쓴 신랄한 글로 인해 곤경에 빠졌다. 당당한 반전주의자이자 고립주의자였던 초도로프는 신중하고 정치적으로 민감한 이사들을 당혹스럽게 만들었다. 어느 날 그는 해고되었다. 이 호전적인 개인주의자는 이제 완전히 독립적인 인간이 되었다.[77]

이때부터 프랭크 초도로프는 전후 우파의 지적 발전을 직접적으로 빚어내는 일을 하기 시작했다. 역경에 굴하지 않고 전파하고 인도하려 애썼던 그는 1944년 11월 『분석analysis』이라는 4페이지짜리 월간지를 창간했다.[78] 이 잡지는 이 시기 "고전적 자유주의" 운동의 사실상 지하운동적 성격과 이 작은 신문의 등장을 도운 헌신적인 추종자들의 인내를 생생하게 보여주는 실례였다. 프랭크 초도로프는 실천적인 개인주의자였다. 그는 맨해튼에 있는 소박한 건물의 방 안에서 자신만의 잡지를 만들었다.[79]

『분석』의 독자들에게 보낸 홍보 편지에서 초도로프는 자신의 "개인 저널리즘 사업"에 대해 설명했다.[80] 그에 따르면 『분석』은 "미국에서 유일한 개인적 출판물"이었고, 허버트 스펜서·애덤 스미스·소로 조지, 그리고 녹의 전통을 지지하는 간행물이었다. 그는 "저는 (…) 녹의 철학적 관

•• 찰스 섬너Charles Sumner, 1811~1874. 미국의 정치인. 1852년부터 1874년까지 매사추세츠주 상원의원을 지냈다. 남북전쟁 당시 노예제에 반대하고, 전쟁 이후 남부연합을 무력화하기 위해 노력한 공화당 내 급진파 지도자이다. 그는 전쟁에서 패배한 남부는 헌법의 보호를 받지 못하는 정복된 주이며, 연방에 재가입하기 전에 흑인들에게도 헌법에 보장된 동등한 투표권을 부여해야 한다고 주장해 많은 논란을 일으켰다.

••• 헨리 루이스 멩켄Henry Louis Mencken, 1880~1956. 미국의 언론인·비평가. 미국의 제1·2차 세계대전 참전을 반대하고, 미국의 위선·지역주의·기업·중산층 등을 조롱하는 글을 썼다. 1914년부터 1923년까지 조지 진 나단George Jean Nathan과 함께 미국 문학이 성장하는 데 지대한 영향을 미친 잡지 『스마트셋The Smart Set』을 공동 편집했으며, 1924년에는 나단과 공동으로 『아메리칸머큐리American Mercury』를 창간했다. 멩켄은 1920년대 미국에서 가장 영향력 있던 문학평론가로 평가받고 있다.

점에서 사건과 동향을 해석하려 노력했습니다"라고 덧붙였다.[81] 그와 비슷한 다른 편지에서 초로도르는 더욱 분명하게 말했다.

『분석』은 (…) 자유무역과 자유토지, 그리고 조금도 제한받지 않는 자본과 노동의 사용을 지지합니다. 이는 애덤 스미스와 헨리 조지의 경제학에 그 뿌리를 두고 있습니다. (…)

『분석』은 국가는 우리의 적이며, 국가의 행정가와 수혜자들을 '전문적인 범죄자계급'이라고 주장한 앨버트 제이 녹의 견해에 동의하며, 그에 따라 사태를 해석합니다. 이는 급진적인 것이지 개혁적인 것이 아닙니다.

요컨대 『분석』은 역사적 자유주의라는 안경을 통해 현 상황을 바라보며, 자연권의 교리를 한 점 부끄럼 없이 받아들이고, 개인의 존엄성을 선포하며, 모든 형태의 국가주의를 인간 노예제라고 고발합니다.[82]

이 편지의 뒷면에는 초도로프의 노력을 지지하는 녹의 글이 수록되어 있었다. 녹은 『분석』이 "공적 사안을 다루는 몇 안 되는 문헌 가운데 단연코 가장 큰 기여"를 했다고 선언했다.[83]

초도로프가 온건한 개혁주의를 의도하는 것이 아니라는 사실은 곧 몇 천 명의 독자들에게 명백해졌다. 그는 하이에크의 『노예의 길』이 자신에게 "실망"을 안겨주었다고 불평했다. "그는 [노예제로 가는] 이 길이 계획으로 포장되어 있다는 것"을 증명한 후 "탈출구로 '경쟁을 위한 계획'을 제안한다. 이 얼마나 어리석은가!"[84] 이 시대의 다른 많은 "개인주의자"와 마찬가지로 초도로프도 자신의 입장을 광범위하고 열성적으로 웅변했다. 그리고 그들처럼 그 역시 정력과 의지로 가득 차 있었다. 예컨대 1947년 초 『분석』의 책 가게가 뉴욕에 문을 열었다. 그곳에서 추천한 책 중에는 헨리 조지와 녹의 책들, 버논 루이스 패링턴Vernon Louis Parrington의 『미국 사상의 주요 흐름Main Currents in American Thought』, 찰스 비어드Charles Beard의 『미국 헌법의 경제적 해석An Economic Interpretation of the Constitution of the United States』, 소로의 『월든Walden』, 아인 랜드Ayn Rand의 소설 『성가An-them』가 있었다.[85]

1946년 10월까지 『분석』의 구독자는 2786명에 불과했다.[86] 1951년 『휴먼이벤츠』와 합병할 때까지도 최대 발행 부수는 고작해야 4000부에 지나지 않았다.[87] 십자군운동을 수행하는 자유지상주의자에게 재정적으로 쉽지 않은 시간들이었다.[88] 하지만 그가 원했던 건 돈이나 일반 대중이 아니었다. 그가 원한 건 남은자였다. 그리고 아니나 다를까, 어떤 경로를 통해서든 남은자들이 그를 찾아냈다. 『분석』이 창간된 지 약 1년 후 윌리엄 F. 버클리 주니어가 『분석』을 발견했다. 그는 초도로프가 쓴 이런저런 글들에 깊은 감명을 받았다.[89] 에드먼드 오피츠는 수필가 친구인 헨리 베스턴Henry Beston을 통해 잡지를 알게 되었고, 자신의 친구들에게 이 잡지를 열정적으로 권했다.[90] 장차 수정주의 역사학자가 될 제임스 J. 마틴 James J. Martin은 『분석』을 통해 해리 엘머 반스Harry Elmer Barnes와 존 T. 플린 같은 사람들이 쓴 제2차 세계대전에 대한 수정주의 저서들을 처음 알

• 1871~1929. 미국의 문학사가. 민주주의적 이상을 미국의 특징적 사상으로 여기고, 이 관점에서 미국 문학사를 해석했다.

•• 찰스 오스틴 비어드Charles Austin Beard, 1874~1948. 미국의 역사학자. 미국의 정치 기관, 사회·경제적 갈등과 변화의 역동성, 제도 설립의 동기—예컨대 헌법은 정치적 동기만큼이나 경제적 동기를 가진 이익집단에 의해 만들어졌다—를 분석해 당대 가장 영향력 있는 역사학자이자 미국 자유주의와 진보운동의 지적 지도자 중 한 사람으로 인정받았다.

••• 1889~1968. 미국 역사수정주의의 선구자. 미국 좌파의 지적 지도자로 여겨졌으나, 뉴딜 정책과 미국의 제2차 세계대전 참전에 반대하면서 우파와 연합했다.

게 되었다. 마틴에게 플린은 "재야에 있는 지적 자유지상주의자"의 "목소리"였다.[91] 장차 선도적인 자유지상주의자가 될 컬럼비아대학교 대학원생 머레이 로스바드Murray Rothbard는 1946년 『분석』을 발견했고, 초도로프·녹·멘켄 등의 글을 "열정적으로 흡수했다". 초도로프의 에세이 「과세는 강도다Taxation Is Robbery」[92]는 그에게 "커다란 충격"을 주었다.[93]

초도로프가 자유지상주의의 남은자들이 자의식과 지적 일관성을 갖추는 데 도움을 주었던 이 시기에 예리하고 정교한 고전적 자유주의 문헌들이 점차 등장하기 시작했다. 1946년 헨리 해즐릿은 눈에 띄게 친자본주의적인 저서 『보이는 경제학 안 보이는 경제학Economics in One Lesson』을 출간했고, 이 책은 상당한 발행 부수를 기록했다. 그가 서문에서 칭찬한 사람 중에는 자신의 원고를 검토해준 루트비히 폰 미제스가 있었다.[94] 1947년 시카고학파의 프랭크 나이트는 다소 하이에크적인 자유주의적 입장을 강력하게 주장한 에세이 모음집 『자유와 개혁Freedom and Reform』을 출간했다.[95] 1년 후 시카고학파의 주장은 영향력 있는 또 다른 에세이에서 다시금 언급됐다. 『자유사회를 위한 경제 정책Economic Policy for a Free Society』이라는 제목의 이 책은 나이트의 동료인 고故 헨리 C. 시몬스의 중요한 성과 대부분을 대변하고 있었다. 1946년 사망 당시 겨우 46세였던 시몬스는 어느새 "미국 경제학계에서 독보적인 지위"를 차지하게 되었고, "그 스스로 서서히 학파의 수장으로 자리매김하고 있었다". 케인스John Maynard Keynes 경이 집단주의 지지자들에게 훌륭한 토대를 마련해준 것처럼, 시몬스 역시 자유와 평등이라는 오랜 신념에 훌륭한 토대를 마련해주었다.[96] 유명한 1934년 에세이 『자유방임을 위한 적극적 프로그램A Positive Program for Laissez-Faire』의 저자인 시몬스는 그의 친구 나이트와 함께 자신들의 뛰어난 제자 밀턴 프리드먼Milton Friedman을 통해 미국 우파에

지대한 영향을 미치게 되었다.[97]

1948년 시카고대학교는 프리드리히 하이에크가 쓴 『개인주의와 경제 질서Individualism and Economic Order』라는 제목의 에세이 모음집을 출판했다. 이 책은 더 나은 사회를 의식적으로 설계하려는 "합리주의적" 시도에 대한 그의 엄청난 불신을 반영하고 있었다.[98] 하이에크는 인간 사회는 전적으로 이해 가능하며, 의식적인 인간의 이성을 통해 조정할 수 있다는 관념—그는 데카르트 등 대륙의 사상들로까지 거슬러 올라갔다—을 공격했다. "실천적인 집단주의로 귀결되는" 이러한 "합리주의적 유사-개인주의"[99]에 반대하는 것은 본래 애덤 스미스, 애덤 퍼거슨Adam Ferguson,* 버크Edmund Burke, 토크빌Tocqueville**, 액턴Acton***이 자세하게 설명한 "진정한 개인주의"라는 영국의 전통이었다. 하이에크는 이 전통은 반합리주의적이며, 이성의 한계와 개인의 오류 가능성에 대한 굳은 확신을 가지고 있다고 말했다. 인간은 사회 전체를 의식적으로 지휘할 수 있다고 추정할 수 있을 만큼 충분히 알 수 없다. "참된 개인주의의 근본적 태도는 어느 한 개인이 설계하거나 이해한 것들이 아닌, 진실로 개인의 정신보다 위대

• 　　　1723~1816. 영국의 역사학자 · 철학자. 스코틀랜드의 전통—용기와 충성심 등—을 옹호하고, 상업 사회가 남성을 나약하고 불명예스럽게 만들며, 지역사회에 무관심하게 만든다고 비판했다. 사회적 상호작용을 강조한 '현대 사회학의 아버지'라 불리고 있다.

•• 　　　알렉시스 드 토크빌Alexis de Tocqueville, 1805~1859. 프랑스의 정치가 · 역사학자. 의회 정치를 옹호하고, 극단적 민주주의에 대해 회의적인 고전적 자유주의자였다. 자신의 유명한 저작 『미국의 민주주의』(1835 · 1840)에서 토크빌은 미국 민주주의의 활력 · 과도함 · 잠재력을 분석하고, 잘 조직된 사회는 민주주의적 사회 질서에서 자유를 유지할 수 있다고 주장했다.

••• 　　　제1대 액턴 남작, 존 에머리치 에드워드 달버그 액턴John Emerich Edward Dahlberg Acton, 1834~1902. 영국의 가톨릭 역사학자이자 정치가. 미국 남북전쟁 당시 주의 권리를 옹호한 남부연합을 지지했고, 노예제는 본질적으로 사악하는 것이 아니므로 사례별로 평가해야 한다고 말했다. "권력은 부패하는 경향이 있고, 절대권력은 절대적으로 부패한다"는 말로 유명하다.

한 일들을 인류가 이루어낸 과정에 대해 갖는 일종의 겸손함이다."[100] 하이에크는 남성과 여성의 자발적 행위가 근본적으로 유익하다고 확신했다. "자유롭게 둔다면 인간은 대개 개별 이성이 설계하거나 예측할 수 있는 것보다 더 많은 일을 이루어낼 것이다."[101] 나이트·시몬스·제이콥 바이너Jacob Viner*의 우호적인 시카고학파와 마치 자신의 힘을 합치기라도 하려는 듯 하이에크는 1950년대에 시카고대학교 교수가 되었다. 루트비히 폰 미제스와 마찬가지로 하이에크 역시 보조금을 내줄 사적 재원에 의지해 미국 학계에 진입할 수밖에 없었다는 사실은 당시의 시대상을 보여주는 일면이었다.[102]

부활의 다른 징후들도 서서히 등장하고 있었다. 예컨대 1945년에는 펠릭스 몰리의 『군중의 힘The Power in the People』과 존 F. 플린의 『미래로 가는 길The Road Ahead』이 출간되었다. 이 두 책은 모두 자유지상주의적이고 개인주의적인 미국을 위태롭게 하는 사회주의적 또는 국가주의적 위협—저자들이 보기에—에 대한 대응이었다.[103] 1947년 헨리 레그너리는 "특히 실질적인 검열 형식을 수립할 정도로 출판계를 지배해온 자유주의 이데올로기에 꼭 들어맞는 건 아닌 책들"을 출판할 의도—훗날 그가 말한 바에 따르면—로 자신의 이름을 딴 출판사를 설립했다.[104] 뉴욕의 데빈-아데어Devin-Adair와 아이다호주의 콜드웰캑스턴Caxton Printers of Cald-well 출판사도 우익 출판물을 보태고 있었다.[105] 그러나 책만으로는 일관된 지적 운동을 형성할 수 없다. 책이 한 개인의 정신적 삶과 궁극적으로 한 세대의 세계관을 변화시킬 수 있을지는 모른다. 하지만 정치적 영향력

• 1892~1970. 캐나다 출신의 미국 경제학자. 국제무역·비용 등에 관한 이론으로 유명하다. 1930년대 초기 시카고학파에게 영감을 준 '멘토' 중 한 명으로 평가된다.

을 행사할 힘을 가진 네트워크는 활자만으로 구축할 수 없다. 자신들의 아이디어가 즉각적이고 가시적인 결과를 낳을 수 있도록 하려면 남은자의 구성원들은 서로를 찾아내 함께해야만 했다. 만약 윌리엄 F. 버클리 주니어가 사업가가 되었다면, 만약 프랭크 초도로프가 광고업에 계속 종사했다면, 만약 에드먼드 오피츠가 매사추세츠주 힝햄에서 목사로 남아 있었다면, 만약 헨리 레그너리가 출판사를 설립하지 않았다면, 그리고 수많은 다른 자유지상주의자·개인주의자·고전적 자유주의자들이 뿔뿔이 흩어진 채 숨어 있는 남은자로 있기를 선택했다면, 그들은 여전히 개인적인 영향력만을 행사할 수 있었을 것이다. 1940년대에 개종시키고 조직화하려는 그들의 열망이 없었다면, 이 개인들은 더 광범위한 지적 의의를 거두지 못했을 것이다. 자신에 관한 황혼의 투쟁twilight struggles*에 무관심해 보였던, 고상하면서도 소극적인 앨버트 제이 녹은 하나의 본보기로서, 특히 외로움과 절망의 순간에 영감을 준 것이 분명했다. 그러나 이것은 당장의 흐름을 뒤집을 수 있는 공식이 아니었다.

그리고 대부분의 개인주의자들이 정말로 하고자 했던 건 바로 그것이었다. 하이에크와 미제스를 비롯한 많은 사람들이 알아차렸듯 1945년은 늦은 때였다. 무엇을 해야 하는가? 전후 자유지상주의의 지적 운동은 **행동하는** 이념의 운동이었다는 사실을 인정해야 한다. 가장 저명하고 영향력 있는 지도자의 다수가 학계에 있었지만, 이 운동은 학술지·강연·세미나라는 양상으로 국한되지 않았다. 그것은 정치적 운동이 되었

• 1961년 대통령 취임사에서 존 F. 케네디가 한 말이다. "비록 우리가 전투 태세는 갖추고 있지만 그것은 전투 명령이 아닙니다. 그것은 희망을 갖고 고난을 견뎌내는 기나긴 황혼의 투쟁—독재, 빈궁, 질병 및 전쟁 그 자체와 같은 인류 공통의 적들에 맞선 투쟁—의 짐을 연년세세 짊어지라는 명령입니다."

던 것의 지적 측면, 혹은 달리 말하자면 정치적 함의를 지닌 지적 운동이었다. 목표는 전통적인 권력이나 명성이 아닌 이념의 실현이었다. 좌파에서는 페이비언Fabian˙ 사회주의자들과 민주적행동을위한미국인Americans for Democratic Action, ADA˙˙이 이와 유사했다.

그러나 페이비언 사회주의자들과 ADA의 경우처럼 우파의 개인주의자들 역시 영향력을 발휘하려면 남은자를 동원해야 했다. 개인들이 이곳저곳에서 시대정신에 저항하는 것만으로는 부족했다. 몇 권의 책을 쓰는 것만으로는 충분하지 않았다. 정치운동과 마찬가지로 지적 운동에도 정신뿐 아니라 형식이 요구된다. 1945년 이후 몇 년 동안 이러한 필요성을 충족시키기 위해 여러 개의 단체가 결성되었다.

$$=== ★★★ ===$$

"제도란 인간의 길어진 그림자에 불과하다." 1952년 『프리맨』의 기사에서 존 체임벌린은 에머슨의 격언을 인용해 경제교육재단Foundation for Economic Education, FEE(이하 FEE)이라는 작은 조직과 이 조직의 정력적인 설립

• 1884년 런던에서 설립된 페이비언협회의 사회주의운동 및 이론. 이들은 프롤레타리아 독재와 계급혁명을 거부하고 사회주의 사회로의 점진적 이행을 주장했다. 대표적인 이론가로는 조지 버나드 쇼George Bernard Shaw와 그레이엄 월라스Graham Wallas 등이 있다. 페이비언이라는 명칭은 제2차 포에니전쟁 당시 지연 전술로 유명한 로마 장군 퀸투스 파비우스 막시무스Quintus Fabius Maximus(기원전 275~203)의 이름에서 유래했다.

•• 자유주의·국제주의·반공산주의를 신념으로 하는 노동·시민·정치계 지도자들과 학자들이 1947년 결성한 정치 단체. 자유주의 사상의 전파, 자유주의적인 공직자 선출 및 입법을 주요 목표로 활동했다. 존 F. 케네디가 대통령으로 선출된 후 다수의 지도자와 회원들이 행정부의 핵심 직책에 임명되기도 했다.

자 레너드 리드Leonard Read를 묘사했다.[106] 에머슨의 지혜를 이보다 더 적합하게 적용할 수 있는 사례는 없었다. 전후 자유지상주의적 보수주의의 은밀하고 거의 알려지지 않은, 고도로 개인주의적인 기원들이 다시 한번 분명하게 드러났다.

1989년에 태어난 레너드 리드는 1945년 무렵 이미 고전적 자유주의의 전도사라는 경력을 오래도록 쌓아오고 있었다. 그가 늘 자유지상주의자였던 건 아니었다. 1932년 당시 미국 상공회의소 서부지부 회장이었던 그는 국가 지도자인 헨리 해리먼Henry Harriman—1년 후 국가부흥청의 토대가 된 개입주의 사상의 옹호자—의 생각을 단순히 따르고 있었다. 그러던 1932년 어느 날, 그는 이념적으로 반대편에 서 있던 W. C. 멀렌도어William Clinton Mullendore—서던캘리포니아에디슨Southern California Edison 사의 부사장이자 훗날 우익의 많은 조직들을 후원한—를 만나러 갔다. 한 시간 만에 리드의 마음은 완전히 바뀌었다. 멀렌도어에 의해 그는 자유시장, 제한된 정부라는 철학으로 전향했다. 리드 인생의 전환점이었다.[107]

자유지상주의적 관점을 새롭게 얻게 된 리드가 캘리포니아의 정치판을 둘러보았을 때, 그곳에는 위험한 급진적 처방과 만병통치약이 도처에 널려 있는 것처럼 보였다. 그중에서 가장 유혹적인 건 캘리포니아빈곤퇴치End Poverty in California, EPIC,* 햄앤드에그Ham-and-Eggs,** 사용을위한

---

* 사회주의·언론의 자유·노동권 등을 옹호하는 글을 쓴 작가 업턴 싱클레어Upton Sinclair가 1934년 주지사 선거운동 당시 추진했던 정치 캠페인. 대규모 공공사업 프로그램과 전면적인 세금 개혁, 연금 보장 등을 요구하면서 대중의 지지를 얻었다. 그는 당선되지 못했지만, 루스벨트 대통령의 뉴딜 정책에 영향을 미친 것으로 평가된다.

생산Production for Use,*** 타운센트주의Townsendism****였다. 그는 곧 교육 방향을 완전히 재설정해야만 쉴 새 없이 끓고 있는 잘못된 교리의 도가니를 식힐 수 있다고 확신하게 되었다. 1935년 그는 이 논지를 구체화한 책을 썼다. 리드는 점차 교육 방법을 헌신적으로 신봉하는 사람으로 유명해졌다. 1938년 그는 전국적인 규모의 기관을 떠나 세계에서 가장 큰 도시 가운데 하나인 로스앤젤레스 상공회의소 회장이 되었다. 그의 임무는 뚜렷했다. 교육 캠페인을 통해 캘리포니아의 급진주의와 싸우는 것이었다.[108]

제2차 세계대전기에 리드는 자신의 복음을 전파하기 위해 정력적으로 활동했다. 그중 하나의 활동으로 그는 3000명의 주소록을 가지고 팸플릿티어스Pamphleteers, Inc.라는 작은 회사를 설립했다. 1935년 리드는 하버드대학교 교수 토마스 닉슨 카버Thomas Nixon Carver로부터 프랑스의 경제학자이자 정치가이며, 고전적 자유주의 논객인 프레데릭 바스티아

** 1930년대 캘리포니아 전역에서 벌어진 노령연금운동. 이들은 50세 이상의 실업자 1인당 매주 30달러를 지급할 것을 제안했다. 이 운동은 한때 회원 수가 거의 100만 명에 달할 만큼 광범위한 지지를 얻었고, 이를 통해 미국 노인층은 미국 주류 정치에서 무시할 수 없는 유권자로 부상했다. 정식 명칭은 캘리포니아퇴직연금협회California Retirement Life Payments Association이다.

*** 이윤이 아닌 인간과 경제의 필요에 따른 생산을 의미한다. 1934년 업튼 싱클레어가 주지사 선거운동 당시 벌였던 EPIC 캠페인의 핵심 내용이기도 하다.

**** 의사이자 정치 활동가인 프랜시스 에버렛 타운센드Francis Everett Townsend(1867~1960)는 1933년 미국의 노인 빈곤 문제를 해결하기 위한 방안으로 60세 이상의 노인에게 매달 20달러를 지불할 것을 제안한 '타운센드 계획'을 캘리포니아 언론에 발표했다. 타운센드는 루스벨트가 자신의 계획을 지지할 것이라 기대했지만, 루스벨트는 이를 무책임하고 실행 불가능한 것으로 생각했다. 그러나 이 계획이 대중의 엄청난 지지를 받으면서 의회는 사회보장제도—금액은 이보다 적었지만—를 실행하게 되었다.

Frédéric Bastiat(1801~1850)*의 글을 소개받았다. 바스티아의 훌륭한 에세이 『법The Law』을 읽고 환희에 찬 리드는 1943년 구독자들에게 이 책을 우편으로 보냈다. 그가 자신의 구독자들에게 열정적으로 소개한 또 다른 19세기 인물은 윌리엄 그레이엄 섬너William Graham Sumner**였다.[109]

이 모든 활동에도 불구하고 1945년 리드는 자신이 이룬 결실에 만족하지 못했다. 국가주의를 부정적으로 비판하는 것만으로는 충분하지 않았다. 긍정적인 철학, "자유 철학freedom philosophy"이 필요했다.

나는 몇 가지 흥미로운 발견을 했다. (…) 첫째, 이것은 지구상의 어떤 곳에서도 공표되지 않았다. 둘째, 우리의 글을 실어주는 잡지가 이 나라에는 없었다. 셋째, 우리의 책을 받아주는 출판사가 없었다. 넷째, 불과 26년 전[1945년]에는 이 철학을 현대 미국의 언어로 일관되게 기술한 문헌이 존재하지 않았다. 그로 인해 이 철학은 과거의 것이 되었다.

로스앤젤레스 상공회의소를 그만둔 리드는 지배적인 정통성에 도전할 준비를 하기 위해 뉴욕으로 갔다. 그는 사회주의·국가주의·공산주의·계획경제·복지국가—"모두 같은 것이다"—는 "사회주의의 반대인

---

* 　자유시장과 자유무역을 옹호한 프랑스 경제학자. 오스트리아학파에 영향을 미쳤다. 자신의 가장 유명한 저작 『법』(1850)에서 그는 법 체계를 정의하고, 법은 다른 사람의 재산을 약탈—보호관세, 복지제도, 공교육, 보장된 일자리 등—하는 것이 아니라 사유재산 같은 권리를 보호해야 한다고 주장했다.

** 　1840~1910. 미국의 대표적인 고전적 자유주의자이자 사회학자. 자유방임·개인의 자유·인간의 타고난 불평등을 확고하게 믿었고, 개신교 중산층의 근면·검소·절제의 윤리를 옹호했다. 그는 중산층에게 과도한 경제적 부담을 지우는 모든 개혁안에 반대하면서 오늘날에도 미국 보수주의자들에 의해 많이 사용되고 있는 '잊힌 사람'이라는 용어를 만들어냈다.

자유시장, 사적 소유, 제한된 정부라는 철학을 이해하고 설명할 수 있는 사람이 이 세상에 너무나 적기 때문"에 성공했다고 확신했다.[110]

1946년 3월 리드는 여러 명의 저명한 동료들[111]과 함께 뉴욕 어빙턴에 FEE를 설립했다. 그는 코넬대학교 출신의 경제학자 3명―W. M. 커티스William Marshall Curtiss, F. A. 하퍼Floyd Arthur Harper, 폴 포와로Paul Poirot[112]―과 루트비히 폰 미제스―리드가 일찌감치 급여대상자 명단에 이름을 올린[113]―를 포함해 서서히 스태프들을 모아나갔다. FEE의 초기 동료 중에는 프리드리히 하이에크도 있었다. 하이에크는 때때로 FEE를 위해 강연했고, FEE의 활동을 지원했다.[114]

비정치 재단인 FEE는 초기에 홍보를 하려 하지 않았다. 자발성에 대한 믿음이 너무나도 확고해 FEE는 한결같이 자발적인 기부에 의존했고,[115] 요청하는 사람에게는 누구에게나 자신들의 글을 무료로 보내주었다. 처음에 리드는 치료해야 할 주요 질병이 "경제적 문맹"이라고 믿었다. 하지만 그는 곧 문제가 그것보다 더 심각하다는 사실을 깨달았다. 문제는 도덕이었다.[116]

결국 FEE 문헌의 대부분은 강론의 성격을 띠게 되었다. 또 다른 스태프가 회고한 바에 따르면 FEE에게 지적으로 핵심적인 질문은 "정부의 적절한 기능이란 무엇인가?"였다.[117] FEE의 답변은 정부의 기능은 "공격적인 세력"을 막는 것으로 엄격하게 제한된다는 것이었다.

리드의 재단은 설립 초기부터 남은자라는 녹의 개념에 영향을 받은 것이 분명했다. 어느 호의적인 비평가는 FEE를 일종의 세속적인 수도원이라고 비유하기까지 했다.[118] 하지만 FEE의 중요성은 논란을 철저하게 방지한다는 것―아마도 간접적으로 표현되었을―이상이었다. 1952년 여름 FEE의 주소록 명단은 28,712명으로 늘어났고,[119] FEE는 이들에게

"자유 철학"에 대한 문헌들을 점점 더 다양하게 제공했다. 1950년에는 바스티아의 『법』을 새로 번역해 재출간했고, 이 책은 재단의 역대 베스트셀러―1971년까지 50만 부 이상이 팔렸다―가 되었다. 헨리 해즐릿의 『보이는 경제학 안 보이는 경제학』 역시 FEE에서 보급했다. 이 책 또한 1971년까지 50만 부 이상이 배포되었다.[120] 1952년 재단은 최고의 글들을 모아 『자유에 관한 에세이 Essays on Liberty』라는 제목의 책을 출판했다. 기고자 중에는 초도로프·해즐릿·미제스·윌리엄 그레이엄 섬너·프랑스의 베르트랑 드 주브넬Bertrand de Jouvenel* 등이 있었다.[121]

경제교육재단이 초기에 수행한 주된 역할은 한마디로 전통의 회복과 이념의 보급을 촉진하는 것이었다. "자유 철학"의 고전들이 쌓인 먼지를 털어내고 다시 출판되었다. 잊힌 작가들이 이제는 자유지상주의의 르네상스를 위한 마중물이 되고 있었다. 살아 있는 많은 개인주의 저자들―잘 알려져 있든 거의 알려지지 않았든―이 자신들의 노력을 표출할 출구를 찾고 있었다. 게다가 FEE의 스태프들은 "사회주의의 진부함"에 관한 목록을 확장하고 부지런히 작성했으며, 짧은 반박글들을 써 대량으로 배포하고 있었다. 이러한 "잡아당기기와 동요시키기"는 단번에 대서특필되거나 사태에 영향을 미칠 수 있는 그런 게 아니었다.

허드슨강변에 위치해 있는 FEE의 위풍당당한 고택古宅을 눈여겨본 사람 중 누구도 자신이 미래의 물결―아직은 아니지만―을 감지했다고 생각하지는 않았을 것이다. 그럼에도 불구하고 이러한 활동의 중요성을

---

* 1903~1987. 프랑스의 철학자. 여성을 쾌락주의와 동일시하고 유럽의 여성화가 유럽 몰락의 원인이라고 생각했으며, 유럽 최초의 정복자인 프랑크족을 남성다움의 상징으로 칭송했다. 1940년 프랑스가 독일에 패하자 히틀러의 신질서에 가입할 것을 촉구하는 글을 발표하기도 했다.

과소평가해서는 안 된다. 아마도 1951년에 이 현상을 가장 현명하게 평가한 사람은 리드 자신이었을 것이다.

> 엄정한 20세기 혁명을 위한 실체가 (…) 만들어지고 있다. 이러한 [개인주의] 정신이 지금은 단지 소수의 사람들 사이에서만 분명하게 드러난다는 사실 때문에 자유의 신봉자들이 낙담할 필요는 없다. 모든 것은 소수에서 시작해 몇몇으로, 그리고 다수로 확장되기 마련이다.[122]

이 시기 경제교육재단은 고전적 자유주의에 대한 자신들의 해설을 소수에서 다수로 한 사람 한 사람 확장해나가고 있었다.

FEE가 조용히 작업을 진행하고 있던 그때, 수천 마일 떨어진 곳에서 1947년 설립된 또 다른 단체가 미국과 서유럽에서 조만간 신자유주의neo-liberalism운동이라고 불리게 될 자기의식이 성장하고, 상호 밀접한 관계를 형성하는 데 실질적으로 기여하고 있었다. 이러한 양상의 부활을 촉발한 최초의 자극은 1937년 월터 리프먼Walter Lippmann이 『좋은 사회Good Society』를 출판했을 때 미국에 등장했다. 이 책의 중요성을 재빨리 알아차린 사람 중 한 명인 프리드리히 하이에크는 이를 "고전적 자유주의의 근본적인 이상을 훌륭하게 재진술"한 책이라고 평가했다.[123] 파리대학교의 루이 루지에Louis Rougier 교수도 하이에크와 마찬가지로 기뻐하며 자유주의 성향의 학자들이 모여 "가장 중요한 책, 비법서 (…) 우리 시대의 악을 해명해주는 최고의 해설서"에 대해 토론할 수 있는 국제적인 학회를 요청했다.[124] 1938년 8월 리프먼 본인과 하이에크, 미제스, 레몽 아롱Raymond Aron,˙ 에티엔 망투Étienne Mantoux,˙˙ 마이클 폴라니Michael Polanyi,˙˙˙ 빌헬름 뢰프케Wilhelm Röpke,˙˙˙˙ 자크 뤼에프Jacques Rueff˙˙˙˙˙ 등 다수의 저명한 유럽 학자들이 학회에 참석했다. 며칠간의 진지한 토론 끝에 학회는 자유주의혁신국제연구센터Centre International d'études pour la Rénovation du libéralisme를 설립했다. 이 조직이 형태를 갖추기도 전에 유럽에 물리적 충돌이 발생했고, 자유주의의 "복원"은 전쟁의 요구에 무릎을 꿇었다. 그러나 전쟁이 끝난 직후 복원 노력은 하이에크에 의해 부활되었다. 그는 당시 전쟁으로 인해 뿔뿔이 흩어지고 "홀로 연구"하던 학자들—전통적 자유주의라는 공통된 신념으로 결속된 사람들—을 하나로 모으고, 의견을 교류하며, 세력을 굳건히 해야 할 필요성을 확신하게 되었다. 하이에크가 자신의 바람을 숨김없이 말한 사람 중에는 영국의 저명한 경제사학자 존 클래펌John Clapham 경과 시카고의 헨리 시몬스 교수가 있었다. 마침내 1947년 4월 1일 거의 40명의 미국과 유럽의 저명한 학자들이 10일간의 회의를 위해 스위스의 몽펠르랭에 모였다. 참석자의 거의 절반이 미국인

• 1905~1983. 프랑스의 사회학자·역사학자. 20세기를 대표하는 자유주의 우파 지식인이다. 그는 합리주의적 인본주의를 옹호하고, 미국에 대한 프랑스 좌파의 적대감을 비판했다. 대표적인 저서로는 좌익 순응주의와 전체주의적 경향을 비판한 『지식인의 아편L'Opium des intellectuels』(1955)이 있다.

•• 1913~1945. 프랑스의 경제학자. 케인스의 『평화의 경제적 결과The Economic Consequences of the Peace』를 비판한 책 『카르타고의 평화, 혹은 케인스 씨의 경제적 결과The Carthaginian Peace, or the Economic Consequences of Mr. Keynes』로 유명하다.

••• 1891~1976. 헝가리계 영국인으로 물리화학·경제학·철학 등의 이론에 기여했다. 그는 어떤 관찰자도 완벽하게 공정할 수 없기 때문에 실증주의는 불완전한 지식만을 제공하며, 자유시장 경제는 완전히 자체 조정되도록 내버려 두어야 한다고 주장했다. 또한 공공의 자유가 객관적 이상을 추구하는 데 도움이 된다는 이유에서 자유사회와 자발적 질서를 강조했다.

•••• 1899~1966. 독일의 경제학자. 국가의 통제·정치적 중앙집권화·복지 등이 사회의 부패 원인이라 주장하고, 자유시장을 옹호하며 시장 기반 사회 질서의 윤리적 토대를 탐구했다. 전후 미국 보수주의운동, 특히 '융합주의' 분파를 형성한 주요한 지적 세력 가운데 한 명이었으며, 개인주의 사상가의 원형으로 미제스에 비견되기도 한다.

••••• 자크 레옹 뤼에프Jacques Léon Rueff, 1896~1978. 프랑스의 대표적인 보수주의 경제학자. 케인스 경제 이론에 대한 확고한 비판자였다.

이거나 미국에 거주하는 유럽인이었다.[125]

이 회의의 분위기는 침울했다. 스위스의 알프스 고지대에 모인 참가자들은 자신들이 수적으로 열세이며, 서구 세계의 정책결정자들에게 영향을 미칠 만한 힘이 없다는 사실을 지나치게 예민하게 받아들이고 있었다. 유럽 전역에서는 사회주의와 계획이 번성하고 있는 것처럼 보였다. 이 회의의 폐막 선언에는 두려움이 드러나 있었다.

문명의 핵심적인 가치들이 위험에 처해 있다. 인간의 존엄성과 자유의 본질적 조건은 지구 표면의 넓은 지역들에서 이미 사라졌다. 다른 곳에서는 현재의 정책 경향이 발전함에 따라 이 본질적 조건이 지속적인 위협을 받고 있다. 소수의 지위에 있으면서 관용이라는 특권을 요구하고, 자신들의 견해를 제외한 모든 견해를 억압하고 말살할 수 있는 권력의 지위만을 확립하려는 신념의 확산으로 인해, 개인과 자발적 집단의 지위는 점점 더 위태로워지고 있다.

우리는 새로이 전개된 이러한 사태들이 모든 절대적 도덕 규준을 부정하는 역사관과 법의 지배의 타당성에 의문을 제기하는 이론의 성장으로 인해 조장되었다고 주장한다. 더 나아가 사유재산과 경쟁시장에 대한 믿음의 쇠퇴가 이러한 사태를 촉발시켰다고 주장한다. 분산된 권력과 이러한 제도들에 어울리는 자발성 없이 자유를 실질적으로 보존할 수 있는 사회를 상상하기란 어렵다.[126]

모든 당파적 줄세우기와 단순한 선전적 동기를 멀리한 이 그룹은 "자유사회의 보존과 개선"이라는 그들의 핵심 목표와 관련된 몇 가지 문제들을 연구할 것을 요청했다.[127] 약간의 토론 끝에 회의는 자신들을 몽펠르랭소사이어티Mont Pélerin Society라 부르기로 결정했다.[128] 소사이어티의 즉각적인 영향을 가장 잘 표현한 사람은 아마도 회원 중 한 명인 밀턴 프리드먼일 것이다. "그 모임의 중요성은 우리가 혼자가 아니라는 사실을 우리에게 보여주었다는 데 있다."[129] 녹록치 않던 시절에 이는 그 자체만으로도 결코 작은 성과가 아니었다. 프리드먼이 나중에 말했듯 학회는 수적으로 열세인 군대를 결집시키는 "집결지" 역할을 했다.[130] 그러나 머지않아 협력의 이점은 역경 속에서 전우애를 재확인하는 것 이상이 되었다. 1949년 이후 거의 매년 모인 몽펠르랭소사이어티는 점차 고전적 자유주의와 신자유주의 지식인들에 관한 일종의 국제적인 "인명사전"이 되었다.[131] 학회에서는 논문—대개는 종내 출판된—을 발표하고,[132] 아이디어를 교류했으며, 우애가 형성되었다. 1940년대 내내 회생에 도움을 준 유럽인들에게 이미 빚을 지고 있던 미국 우파에게는 더욱 폭넓은 흐름을 접할 수 있는 이러한 경험이 특히나 중요했다. 이 학회는 영향력의 그물을 확장하고, 미국 보수주의 사상을 범세계적인 것으로 만드는 데 기여했다. 이 시기 미국 보수주의의 "풀뿌리"는 어떠했든 간에 그 지적 지도자들에게는 외국인 혐오가 없었다. 범세계주의의 성장과 유럽 동포들에 대한 이러한 의식 때문에라도 몽펠르랭소사이어티—그리고 이 학회가 형성한 네트워크—는 그 공로를 일부 인정받아 마땅했다. 1952년 설립자인 프리드리히 하이에크가 다음과 같이 자랑스럽게 보고한 것은 당연했다.

소수의 낡은 자유주의자들이 젊은이들로부터 외면받고 조롱당하며 외롭게 자신의 길을 걷던 시대는 끝났다. (…)
신자유주의를 지지하는 사람들 간에는 적어도 개인적인 만남이 이루어졌다. (…)

그러므로 가뭄의 시기는 (…) 끝난 듯 보인다.[133]

1950년 10월 2일 『프리맨』의 등장으로 가뭄이 정말로 끝나가고 있다는 사실이 명백해졌다. 아이작 돈 레빈Isaac Don Levine˙의 반공산주의 저널 『플레인토크Plain Talk』와 통합하면서 이 새 저널은 "전통적인 자유주의와 개인의 자유"에 헌신할 것을 노골적으로 선언하고, 다음과 같은 원칙을 준수하겠다고 맹세했다.

자유시장에서 구현되는 경제적 자유는 자유주의 사회의 근본적인 제도이다. (…)

자유시장 경제는 최대한의 경제적 자유를 제공할 뿐만 아니라 최대한의 생산도 보장한다. (…)

진정한 자유주의는 불문법과 명확하고 확실한 성문법, 그리고 제한된 권력을 가진 정부를 기초로 한다. (…)

그리고 진정한 자유주의는 지방자치와 정치권력의 분권화를 의미한다.[134]

두 명의 노련한 고전적 자유주의 저널리스트인 존 체임벌린과 헨리 해즐릿이 수잔 라 폴레트Suzanne La Follette —과거 앨버트 제이 녹의 『프리맨』 직원이었던—의 도움을 받아 편집한 이 잡지는 레이먼드 몰리Raymond Moley,˙˙ 조지 소콜스키George Sokolsky,˙˙˙ 존 T. 플린 같이 구식 자유주의를 위해 투쟁했던 베테랑들을 창간호 기고자로 맞이했다.[135]

˙ 1892~1981. 러시아 출신의 미국 언론인. 반공산주의 작가로 유명하다. 1939년 휘태커 체임버스와 함께 미국 정부에 공산주의자들이 침투해 있다고 주장했다.

발행 첫해에 『프리맨』의 발행 부수는 약 12,000부로 그다지 대단하지 않았다.[136] 그러나 이 다소 저조한 수치에는 1950년대 초 이 잡지의 영향력이나 중요성이 제대로 반영되어 있지 않다. 드디어 지금까지 뿔뿔이 흩어져 있던 작가들에게 정기적인 마당을 제공해주는 훌륭한 저널―"개인주의자들을 위한 격주간지"[137]―이 등장했다. 마침내 자유지상주의 이론을 일상적인 현실에 적용하는 정기간행물이 나온 것이다. 전문 언론인들뿐만 아니라 하이에크, 미제스, 그리고 독일의 신자유주의 경제학자 빌헬름 뢰프케 같은 학자들도 지면에 모습을 보였다. 상원의원 해리 버드Harry Byrd와 존 브리커John Bricker, 존 더스 패서스John Dos Passos, 로스코 파운드Roscoe Pound, 그리고 앨버트 웨더마이어Albert Wedemeyer 장군 등 다양한 사람들이 이 잡지의 가치를 극찬했다.[138]

　　1950년과 1954년 사이에 그 명성이 절정에 이른 『프리맨』의 중대한 역할이 무엇을 의미하는지를 전달하기란 쉽지 않다. 이 시기 미국 좌파에는 그들이 선택할 수 있는 유명하고 평판 좋은 저널리스트들이 많이 있었고, 미국 우파에는 거의 없었다. 반대 견해에 초점을 맞추고 병력을 집결시키며, 적들의 망상과 계략에 맞서 실질적인 대안을 분명히 표명해야 할 책임이 『프리맨』―대중적인 잡지 중에서 홀로―에게 주어졌다. 『프리맨』은 인정받은 기량과 성과를 가지고 그 책임을 수행해나갔다. 길은 여전히 오르막이었다. 1954년 중반까지 잡지는 40만 달러의 손실을 입었고, 재정적으로 완전히 실패했다. 1954년 7월 『프리맨』은 어빙턴프레스Irvington Press — 자본은 경제교육재단이 소유 — 에 인수된 뒤 월간지가 되었다. 레너드 리드는 프랭크 초도로프를 편집자로 고용했고, 그의 지도 하에 잡지는 점점 더 경제학에 집중했다. 18개월 후 그 사업에서 90,000달러를 잃은 리드는 잡지가 다루는 영역과 형식을 바꿀 수밖에 없었다.[139]

경제교육재단과 몽펠르랭소사이어티, 그리고 『프리맨』은 1940년대 후반과 1950년대 초 보수주의운동의 자유지상주의 분파에 지도력과 제도적 틀을 제공한 유일한 그룹과 조직이 아니었다. 여러모로 지적·정치적 존경을 받을 만한 다른 조직들 역시 활동을 하고 있었다. 1950년대 일부 보수주의 지식인들에게 유용한 표출 수단 역할을 했던 『아메리칸머큐리American Mercury』도 그중 하나였다.[140] "국가주의라는 이교도 풍조를 저지하기 위해 미국 내 모든 목사들을 각성시키고자" 1935년 창립된 정신총동원Spiritual Mobilization의 기관으로 1950년 설립된 『믿음과자유Faith and Freedom』 또한 그중 하나였다.[141] 이 월간지의 기고자 중에는 해즐릿·미제스·몰리·리드 등이 있었다. 1953년 4월과 5월에는 에드먼드 오피츠와 그의 스승인 유니언신학교의 존 C. 베넷John Cook Bennett 박사가 정부와 경제에 관해 주고받은 유명한 서신을 특집 기사로 싣기도 했다.[142] 오피츠는 친구인 프랭크 초도로프를 통해 이 잡지를 알게 되었다. 그 후 얼마 지나지 않아 그는 정신총동원의 콘퍼런스 책임자가 되었고, 1955년까지 그곳에 남아 있었다.[143] 이 두 정기간행물은 모두 지적 우파를 재건하는 데 있어 『프리맨』만큼 중심적인 역할을 수행하지는 않았지만, 형성기에 대의에 기여한 그들의 공로는 무시할 수 없다.[144]

한편 1950년대 초 또 다른 조직이 항해를 하고 있었다. 이는 그 시작부터가 지칠 줄 모르는 프랭크 초도로프의 "길어진 그림자"였다. 『분석』

의 편집자는 서서히 명성을 얻고 있었다. 그의 친구 데빈 개리티Devin Gar-rity는 초도로프의 책 『한 사람이 곧 군중이다One Is a Crowd』와 『소득세: 만악의 근원The Income Tax: Root of All Evil』을 각각 1952년과 1954년에 출판했다.[145] 자신의 자유지상주의를 "절대로 양보하지 않는"[146] 그는 자신보다 오른쪽에 서 있는 사람은 아무도 없다고 자랑하기를 즐겼다. 아마도 이런 이유로 그는 대학 캠퍼스에서 추종자를 얻기 시작했을 것이다.[147]

학계의 동향을 살필수록 초도로프는 자신이 목도한 것들로 인해 점점 더 불안해졌다. 1950년 『분석』의 기사에서 그는 20세기 전반부에 새롭게 전개된 가장 중요한 사건은 "미국의 특성이 개인주의에서 집단주의로 변모한 것"이라고 단언했다. 어째서 이런 혁명이 일어났는가? 부분적으로는 "40년 전 여리고 풍요로운 학생들의 마음에 집단주의의 씨앗이 심어졌기" 때문이었다. 초도로프는 추정컨대 사회주의 사상이 캠퍼스에 침투해 수많은 뛰어난 젊은이들의 마음을 사로잡고 뉴딜의 토대를 닦게 된, 그 완만하고 긴 과정을 추적했다. 그러나 이러한 경향이 불가피한 결과였던 건 아니었다. 그것은 의식적인 노력과 현상에서 명백하게 드러나는 부당함, 자연권과 자본주의를 옹호하는 사람들의 지적 태만, 그리고 활력 넘치는 사회주의 사상에 의해 만들어진 산물이었다. 그는 캠퍼스에서 유사한 노력을 기울이면 개인주의라는 대의가 결국 승리를 거둘 수 있게 되리라 믿었다.

우리는 사상을 가지고 태어나지 않는다. 우리는 사상을 배운다. 사회주의가 지난 세대의 마음에 심어졌기 때문에 미국에 들어오게 된 것이라면, 그 반대의 사상을 새로운 세대에게 가르칠 수 없다고 가정할 이유는 없다. 의지만 있다면 사회주의자들이 해왔던 일들을 원래의 상태로 되돌릴 수 있다.

그렇지만 반전은 곧바로 일어나지 않을 것이다. "그 대의가 승리하는 데 50년이 걸릴지도 모른다."[148]

1950년대 "캠퍼스의 집단주의"에 경악한 자유지상주의자는 초도로프만이 아니었다. 1951년 예일대학교를 졸업한 젊은 윌리엄 F. 버클리 주니어는 몇 년 전 『노예의 길』에 쏟아졌던 반응이 왜소해 보일 정도로 커다란 돌풍을 일으킨 책을 출판했다. 종종 분노에 찬 평가를 광범위하게 받았던 『예일에서의 신과 인간God and Man at Yale』은 아마도 1945년 이후 보수주의 역사에서 가장 논쟁적인 책일 것이며, 보수주의운동과 관련해 다양한 측면에서 중요성을 갖는다. 여기에서는 지금 한 가지 측면에만 주목한다. 버클리는 개인주의―자유기업, 사유재산, 그리고 제한된 정부라는 철학―가 "예일대학교에서 아무런 투쟁 없이 죽어가고 있다"고 주장했다.[149] 버클리는 편향적이라고 추정되는 경제학 교과과정과 교재를 분석하면서 "예일대학교의 경제학이 미치는 실질적인 영향이 철저하게 집단주의적임"을 입증하고자 했다.[150] 존 체임벌린은 이 책의 서문에서 버클리의 불만을 되풀이했다. 그는 정말로 공정한 요금의 일환이라면 학생들을 좌파의 경제적 관점에 노출시키는 일을 허용할 수 있을지도 모른다고 말했다 "그렇다면 뢰프케, 폰 미제스, 하이에크, 프랭크 나이트, 『좋은 사회』의 월터 리프먼, 그리고 자유로운 소비자 선택이라는 경제학을 믿는 여타의 신봉자들이 이에 반대해 언급했던 어록들은 [예일대학교] 어디에 있단 말인가?"[151]

이러한 움직임의 결과 중 하나가 초도로프가 1953년 윌리엄 F. 버클리 주니어―초대 회장을 역임했다―와 함께 설립한 개인주의자대학연합Intercollegiate Society of Individualists, ISI(이하 ISI)이었다.[152] 이전 세대의 사회주의자대학연합Intercollegiate Society of Socialists에 대한 해독제로 설립된 ISI

는 초도로프의 성격과 관심사를 반영했다. 조직도, 상술商術도, 대대적인 광고도 거의 없었다. 요청을 하면 모든 자료를 무료로 제공했고, 모든 회원은 자발적으로 참여했다. 초도로프의 말을 빌리자면 ISI는 실제로 "사상의 단체"였고, 남은자들이 자신을 찾아올 것이라는 그의 기대가 반영된 곳이었다.[153] 1956년까지 총 10,000명의 사람이 그를 찾아냈고, 이들에게는 50만 개 이상의 자유지상주의 문헌—급성장하고 있던—이 제공되었다.[154]

말년에 ISI는 보수주의 출판물의 교환소이자 보수주의 지적 운동의 조직가로서 상당한 영향력을 행사하게 되었다.[155] 그러나 1950년대 중반에도 ISI의 중요성은 이미 분명하게 나타났다. 첫째, ISI는 다른 단체들이 성인들을 대상으로 하던 활동을 보수적인 젊은 지식인들을 대상으로 하고 있었다. ISI는 이들에게 지적 고향과 이질적인 에너지들을 한 곳으로 집중시킬 수 있는 중심점을 제공했다. 초도로프가 인정했듯 ISI의 목적 중 하나는 "반골들에게 그들과 함께하는 사람들이 있다는 사실을 알려주는 것"이었다.[156] 이는 확실히 필요한 일이었다. 한 대학 졸업생은 "젊은 자유지상주의자들은 완전히 적대적인 환경에 처해 있다. (…) 자유지상주의자가 된다는 건 외롭고 때로는 가슴 아픈 일이다"라고 썼다.[157]

ISI는 두 번째 이유로도 주목을 받았다. ISI의 성공은 고전적 자유주의의 부활이 점점 더 자기의식적이고 명백해지고 있음을 보여주었다. ISI의 메시지가 담긴 훌륭한 책들이 이미 나와 있지 않았다면 ISI의 성장은 불가능했을 것이다. 열정적인 젊은 "남은자들"에게 배포된 책 중에는 초도로프의 『한 사람이 곧 군중이다』와 해즐릿의 『보이는 경제학 안 보이는 경제학』, 바스티아의 『법』, 버클리의 『예일에서의 신과 인간』, 하이에크의 『노예의 길』, 그리고 윌리엄 그레이엄 섬너의 『사회 계급이 서로에게 빚지고 있는 것What Social Classes Owe to Each Other』이 있었다.[158] 따라서 1950년대 ISI의 활동은 1940년대에 시작된 지적 기초 작업을 입증해주는 증거가 되었다. 실제로 누군가 고전적 자유주의의 전통이 부활하지 않았다면 윌리엄 F. 버클리의 『예일에서의 신과 인간』은 집필될 수 없었을 것이라고 말할 수 있을 정도였다. 케인스와 마르크스에 대한 학문적 대안이 이미 발전하고 있지 않았다면, 어떻게 그가 예일대학교의 획일적인 "집단주의"를 비판할 수 있었겠는가?

지적 운동을 형성하고 유지하는 활동을 수행하면서 ISI는 자유지상주의를 재건하는 주요 건설자로 FEE와 몽펠르랭소사이어티, 그리고 『프리맨』과 함께 행동했다.[159] 운동으로서 초기에 "고전적 자유주의"에 일관성을 부여한 공로의 대부분은 이 네 단체에 있었다. 각각은 광범위하게 흩어져 있던 반대자들에게 너무나 절실했던 영향력과 개인적 접촉이 가능한 인맥을 공고히 해주었다.

"모든 것은 소수에서 시작해 몇몇으로, 그리고 다수로 확장되기 마련이다."

$$=== \bigstar\bigstar\bigstar ===$$

1955년—『내셔널리뷰』가 창간된 해—미국에서 자유지상주의의 부활은 새로운 고지에 올라섰다. 고전적 자유주의자들과 개인주의자들은 자신들이 지적 게토라고 여긴 곳에서 탈출하지는 못했지만, 적어도 폭풍 대피용 지하실에서는 빠져나와 있었다.[160] 다행히도 그들의 지적 지도자 중 다수는 자신들의 지위가 변하고 있음을 알아차렸다. 프리드리히 하이에크는 1952년에 일찍이 대서양 양편에서 일어난 자유주의의 "재탄생"을 축하했다.[161] 유럽의 지적 흐름을 관찰하던 오스트리아의 보수주의 작가이자 학자인 에릭 폰 쿠에넬트-레딘Erik von Kuehnelt-Leddihn은 1년 후 자유주의의 "부활"에 환호했다.[162] 1954년 하이에크는 도발적인 책 『자본주의와 역사가들Capitalism and the Historians』을 편집했다. 영국 경제사학의 최근 동향을 따른 이 책은 "'자본주의'의 부상으로 노동계급의 지위가 약화되었다는 전설 (…)"을 신중하면서도 직설적으로 공격했다.[163] 이 책의 기고자들은 초기 산업혁명은 "자본주의"에 의한 착취와 고통의 시대가 아니었다고 주장했다. 중요한 것은 하이에크의 책이 몽펠르랭소사이어티의 직접 심의를 거친 결과물이었다는 점이다. 빠른 결과를 기대하지 않는 사람인 프랭크 초도로프조차 1954년 무렵 기분 좋은 징후를 감지했다.

> 10년 전만 해도 자유라는 상품을 가지고 할 수 있는 일은 많지 않았다. (…) 그래서 질적으로는 아닐지라도 1944년의 메마른 사막에서 그러한 분량의 문헌들이 탄생했다는 것은 감사해야 할 일이다. 상황이 좋아지고 있다. (…) 지적인 영역에서 (…) 사회주의자들은 점점 더 많은 반대에 부딪히고 있다.[164]

그러나 구식의 자유주의자들은 자신들의 고난이 끝났다는 환상을 품을 수 없었다. 이를 보여주는 적절한 사례가 『자본주의와 역사가들』에 대해 많은 중도좌파 사람들이 보인 반응이었다. 한 적대적인 평론가는 하이에크가 "산업혁명을 미화했다"고 비난했다.[165] 또 다른 이는 "책의 관점에 무조건 동의할 것을" 호소하는 책이라며 반감을 드러냈다.[166] 그 누구보다 비판적이었던 사람은 아서 슐레진저 주니어Arthur Schlesinger Jr. 교수였다. 슐레진저는 하이에크를 "맹렬한 교조주의자"라고 비판하면서 이 책을 "마녀사냥을 위한 소환장"이라고 고발했다. "그 과정에 학문적 광채를 더하기 위해 빈의 교수들을 수입하지 않아도, 조국에서 자란 매카시즘만으로도 미국인들은 충분히 고달프다고 생각할 것이다."[167] "고전적 자유주의"가 1955년 무렵 독자 생존이 가능하고 중요한 지적 세력으로 자리매김했다고 하더라도, 분명 반대편을 물리치지는 못했을 것이다. 이들은 여전히 교육받은 미국인들 사이에서 극소수에 불과했다.

게다가 자유지상주의운동은 다소간 분열되어 있었다. 사회주의와 케인스주의 경제학, 그리고 복지국가를 공통적으로 반대했음에도 불구하고 자유지상주의 지식인들은 정부의 활동이 개인의 자유 및 시장 제도와 어느 정도 양립 가능한지에 대해서는 의견을 달리했다. 초도로프와 미제스의 격렬한 반국가주의와 보다 온건한 하이에크의 견해―순수한 자유방임주의와 분명한 거리를 두었으며, "법의 지배"를 확립하고 자유시장의 "설계"를 유지하기 위해 강력한 정부 조치가 필요하다고 주장한―사이에는 명백히 상당한 간극이 존재했다. 경제교육재단에게 허용 가능한 정부의 범위는 시카고학파의 헨리 시몬스가 제시한 것보다 훨씬 협소해 보였다. 시몬스는 1934년 『자유방임을 위한 적극적 프로그램』에서 실제로 경쟁의 틀 안에서는 운영될 수 없다고 간주되는 기업의 국유화를 요구했다.[168] 단지 자본주의가 기능하도록 만들기 위해 얼마나 많은 정부가 필요했는가? 엄격한 금본위제를 고수해야 하는가 아니면 변동환율제를 채택해야 하는가?[169] 이러한 질문들에 대한 자유지상주의자들의 답변은 다양했다. 더욱이 일부는 보다 큰 사회적 · 철학적 문제에 비교적 무관심했던 반면, 다른 일부―특히 영향력이 점점 커지고 있던 독일 경제학자 빌헬름 뢰프케를 따르는―는 "자유의 윤리는 유대-기독교 전통에 내재한 종교적 가치로부터만 도출될 수 있다"고 주장했다.[170] 최근 유럽에서 전개된 국면을 분석한 어느 비평가는 뢰프케의 "신자유주의" 그룹을 19세기의 "고古자유주의Paleo-Liberalism"와 구분했다.[171] 향후 몇 년간 벌어질 논란이 보여주게 되듯 미국인들 사이에도 비슷한 긴장이 존재했다.

좌파의 회의적인 반응과 자체의 내부적 차이에도 불구하고, 고전적 자유주의·자유지상주의·개인주의운동은 1950년대 중반까지 어느 정도 영향을 미치고 있었다. 그렇다면 다음과 같은 의문이 제기된다. 이 운동이 조금이라도 영향을 미치고 있었던 이유는 무엇인가? "유물"이라는 혐의를 받던 이 "반계몽주의"—찰스 메리엄의 말을 빌리자면—가 전후 10년 동안 사라지지 않은 이유는 무엇인가? 두 가지 요인에 가장 큰 책임이 있는 듯하다. 첫째, 이 시대의 여러 상황이 결부되어 이 신념에 지속적으로 타당성이 부여되고 존중을 받았다. 국내에서 뉴딜의 시대는 "겨우 하루가 지났을 뿐"이었고, 선거 결과가 시사하듯 상당수의 미국인들은 뉴딜의 영속성을 받아들이지 않았다. 균형예산 대 케인스주의라는, 정부와 경제에 관한 문제가 여전히 정치적 전선을 규정했다. 1951년 상원의원 로버트 태프트는 국가를 위해 자유를 선택할 것인가 아니면 사회주의를 선택할 것인가라고 말했다.[172] 하이에크나 초도로프, 혹은 버클리도 이보다 더 간명하게 말할 수는 없었다. 『노예의 길』과 『예일에서의 신과 인간』 같은 책의 성공은 국가의 불확실한 상황과 우익 출판물의 독자들이 존재하다는 사실을 입증해주었다.

해외에서도 특정한 정치적 국면이 자유지상주의의 주장에 공감을 불러일으키고 있었다. 1950년대 초 스탈린주의 러시아가 "실패한 신The God That Failed"이라는 사실은 거의 모든 사람에게 분명했다. 이 전체주의 국가에 맞선 긴박한 냉전 속에서 많은 미국인들이 국가의 이상을 재천명해야 할 필요성을 느꼈다는 건 놀라운 일이 아니다. 이러한 환경에서 미국의 오랜 전통—개인주의를 포함해—은 더 이상 쓸모없는 것으로 보이지 않았다.[173] 또한 우익들은 사회주의 영국의 사례가 교훈적이라고 생각했다. 그들은 1945년 영국 노동당의 승리는 처칠이 1951년 재집권할 무렵 참담한 실패로 바뀌어 있었다고 주장했다. 1956년 하이에크는 영국의 "실험"은 사회주의에 내재해 있는 전체주의적 압박에 대한 "나의 우려를 확고하게 해주었을 뿐이다"라고 썼다.[174] 다른 자유지상주의자들도 그의 목소리를 따라했다. 합리주의적이고 강압적인 국가주의는 실패하지 않았는가? 관료와 비밀경찰의 눈에 쉽게 띄는 손보다 "보이지 않는 손"이 더 낫지 않은가? 유럽과 미국에서 1950년대 초반은 많은 지식인들에게 맥스 이스트먼Max Eastman이 말한 "사회주의의 실패를 성찰"하는 시기였다.[175] 해외에서 실추된 유토피아와 비교할 때 "자본주의" 미국은 더 이상 그렇게 나쁘거나 후진적으로 보이지 않았다.

미국의 자유지상주의자들은 소련·영국과는 극명하게 대조되는 서독의 놀라운 경제 회복을 의기양양하게 인용했다. 특히 그들은 독일의 "기적"을 반겼는데, 이것이 유럽인 멘토 중 한 명인 빌헬름 뢰프케의 이론 덕분이라고 생각했기 때문이다. 1933년 나치에 의해 해임된 최초의 독일인 교수 중 한 명인 뢰프케는 터키와 스위스에서 수년간 망명 생활을 견뎠다. 제2차 세계대전이 끝난 후 고국으로 돌아온 뢰프게는 얼마 지나지 않아 신자유주의 경제학파의 창시자 중 한 명이 되었고, 몽펠르랭소사이어티의 저명한 회원이자 서독 정부의 유력한 고문이 되었다.[176] 실제로 루

• 1949년 영국 노동당 의원 리처드 크로스만Richard Crossman이 구상하고 편집한 에세이 모음집의 제목이다. 에세이의 공통 주제는 공산주의에 대한 환멸과 포기였다. 이후 책의 제목은 많은 보수주의자들에 의해 인용되었다.

트비히 에르하르트Ludwig Erhard*의 경제 정책에 미친 영향이 너무나 지대해 뢰프케는 미국 우파로부터 독일 재건의 아버지라는 찬사를 받았다. 에르하르트 자신도 이에 동의했다. "자유사회에 도달하기 위해 내가 해온 봉사는 나의 지위와 활동에 커다란 영향을 미친 그에게 감사를 표하기엔 턱없이 부족하다."[177] 1950년대 초반 내내 미국 우파에 대한 뢰프케의 영향력은 당연히 커졌다. 1954년까지 그는 『프리맨』에 여러 기사를 기고했다.[178] 자유지상주의자들은 자유시장의 우월성과 자신들의 생각이 타당하다는 증거를 독일에서 발견했다고 주장했다. 신이 난 그들은 독일인들이 미국 케인스주의자들의 조언을 무시하고 뢰프케의 "신자유주의적" 권고를 수용했기 때문에 독일이 다시 번영을 맞이하게 되었다고 지적했다.

그러나 외부의 사건과 동향만으로는 1945년 이후 첫 10년 동안 미국에서 고전적 자유주의가 지적 세력으로 부활하게 된 이유를 충분히 설명할 수 없다. 돌이켜보면 이 초기 운동의 지도자들에게서 가장 주목할 만한 점은 주로 적대적인 환경에 직면해 있었음에도 불구하고 그들이 보여준 끈기였다. 올림포스산의 녹, 전쟁으로 폐허가 된 런던의 하이에크, 하루에 한 끼를 먹으며 생활하는 초도로프, 뉴욕시 외곽에 있는 "수도원"의 리드, 예일대학교에서 외로워 보이는 버클리, 이들뿐 아니라 다른 사람들 역시 종종 불행한 운명을 맞은 처지처럼 보였던 것을 포기하기 거부했다는 사실을 특히 눈여겨봄직하다. 그들은 안락한 안전에 대한 숭배,

---

*   루트비히 빌헬름 에르하르트Ludwig Wilhelm Erhard, 1897~1977. 독일 기독교민주연합Christlich Demokratische Union Deutschland, CDU 소속의 독일 정치가. 1949년부터 1963년까지 콘라드 아데나워Konrad Adenauer 총리 밑에서 경제부 장관을 지내면서 독일 전후의 경제 개혁과 경제 회복—독일의 기적—을 이끈 것으로 유명하다.

수동적인 순응, "고독한 군중The Lonely Crowd"*의 인정을 경멸하면서 동시대의 많은 사람들이 사라져가고 있다고 믿은 "내부지향형"을 보여주었다. 만약 "인간은 환경의 피조물이 아니다. 환경이 인간의 피조물이다"라는 디즈레일리Disraeli**의 말이 옳다면, 그의 격언은 지적 망명 생활을 하던 자유지상주의적 보수주의자들에게 적용해야 마땅하다.

1954년 하버드대학교의 H. 스튜어트 휴스Henry Stuart Hughes 교수는 자신들의 변화된 환경을 되돌아보았다.

10년 전 F. A. 하이에크의 『노예의 길』 출판은 미국 지성사에서 중대한 사건이었다. (…) [이는] 정서―학계와 일반 대중 모두의―가 자본주의 체제를 보다 긍정적으로 평가하는 방향으로 서서히 바뀌기 시작했음을 보여주었다. 이것이 지난 10년이 남긴 흔적이다.[179]

몇 년 후 밀턴 프리드먼 역시 지난날을 돌아보며 동의했다. 그는 『노예의 길』이 많은 사람에게 결정적인 영향을 미친 "매우 통찰력 있고 선견

• 　1950년 미국의 사회학자 데이비드 리스먼David Riesman이 쓴 책의 제목이다. 이 책에서 리스먼은 미국의 사회의식이 어떻게 형성되고 나타나는지를 분석했다. 또한 인류의 역사적 · 사회적 유형을 전통지향형 · 내부지향형 · 외부지향형으로 구분하고, 사회는 이 순서에 따라 발전한다고 주장했다. 그에 따르면 전통지향형 인간은 전통과 과거의 행위 모형을 주요 기준으로 삼으며, 내부지향형 인간은 가족에 의해 학습된 도덕과 가치를 행위 기준으로 삼는다. 이와 달리 외부지향형 시대의 인간은 외부 집단의 기준에 따라 행동하면서 타자로부터 소외되지 않으려 노력하지만 항상 고립감에 불안해한다. 그는 이러한 외부지향형 인간을 '고독한 군중'으로 파악했다.

•• 　벤저민 디즈레일리Benjamin Disraeli, 1804~1881. 영국의 정치인. 영국 보수당을 이끈 정치인으로 총리를 두 차례 역임했다. 급진적 자유주의 정책에 맞서 군주제와 교회를 옹호하고, 곡물법 폐지 반대 등 보호무역을 주장했다. 노동시간 단축과 공중보건 개선을 위한 일련의 법률을 제정하고, 선거권을 확대하는 등 사회 개선 조치를 취해 '토리 민주주의자'라고 불리기도 한다.

지명을 갖춘 책"이라고 말했다. 무엇보다 자유시장을 옹호하는 사람들은 필연적으로 "이익의 도구"이며, 모든 바람직한 인간은 사회주의자가 되어야 한다는 "고정관념"을 이 책이 무너뜨렸다.[180] 그리고 자유지상주의와 자본주의를 다시 지적으로 방어할 수 있게 되었다.

"서서히 바뀐 정서", 그 기원의 대부분은 얼마나 모호하고 소박했는가, 그 승리는 또 얼마나 불완전했는가. 하지만 1955년 무렵 고전적 자유주의자들—미국 보수주의의 한 분파—에게는 T. S. 엘리엇이 옳았다고 생각할 이유가 상당했다. 정말로 잃어버린 대의 같은 건 없었다.

주

1 　이 구절은 해리 홉킨스Harry Hopkins에게서 빌려왔다.

2 　해럴드 맥밀런Harold Macmillan, 『행운의 물결Tides of Fortune』(뉴욕, 1969), 36쪽; 『뉴욕타임스New York Times』, 1945년 8월 2일, 1쪽, 9쪽

3 　모티머 스미스, 「개인주의의 대답Individualism Talks Back」, 『기독교세기Christian Century』 62, 1945년 2월 14일, 202쪽

4 　같은 책, 203쪽

5 　프리드리히 하이에크, 『노예의 길』(시카고, 1944), 36쪽. 1956년에 출판된 책(시카고, 1956)에는 새로운 서문이 실려 있다. 인용문은 나중에 출판된 판본에서 따온 것들이다. 이 중요한 서문은 새로운 책의 15장으로 따로 출판되기도 했다[프리드리히 하이에크, 『철학·정치학·경제학 연구Studies in Philosophy, Politics, and Economics』(시카고, 1967)]. 하이에크의 일대기에 관한 자료는 매리 젠홀츠Marry Sennholz가 편집한 『자유와 자유기업에 대하여On Freedom and Free Enterprise』(프린스턴, 1956)의 3~4쪽을 참조할 것.

6 　하이에크, 『노예의 길』, 70쪽

7 　같은 책, 35, 42쪽

8 　같은 책, 92쪽

9 　같은 책, 31쪽

10 　같은 책, 3~4쪽

11 　같은 책, 17쪽

12 　"합리적으로 옹호될 수 있는 시스템에서라면 국가는 아무것도 하지 않는다"(같은 책, 39쪽).

13 　예를 들어 같은 책 17쪽과 36쪽을 참조할 것. 36쪽에서 그는 자유방임적 태도를 "교조적"이라고 지적했다.

14 　같은 책, 72쪽

15 　같은 책, 36~37, 120~121쪽. 하지만 이러한 조치들이 언제나 현명한 정책은 아닐 것이다.

16 　같은 책, 42쪽. 하이에크의 독특함에 대해 간략한 설명이 필요하다면 하이에크가 1945년 4월 22일 시카고대학교의 라디오 프로그램 《시카고대학교 원탁회의University of Chicago Round Table》에서 찰스 메리엄Charles Merriam 교수·메이너드 크루거Maynard Kreuger 교수와 벌인 논쟁 '노예의 길'(370회)을 참조할 것.

17 　예컨대 1944년 4월 9일 『옵저버Observer』에 실린 조지 오웰의 논평을 참조할 것. 이 논평은 『1943년부터 1945년까지 마음 가는 대로As I Please, 1943 - 1945』(뉴욕, 1968)라는 제목으로 출판되었다. 이 책의 117~119쪽을 참조할 것. 하이에크에게 보내는 1944년 6월 28일 자 편지에서 케인스 경이 쓴 놀라울 정도로 호의적인 논평에 따르면 "제 생각에 이 책은 대단한 책입니다. 누군가 응당 말해야 했던 것을 당신이 아주 잘 말해준 것에 대해 우리 모두 당신에게 감사해야 합니다. 물론 당신은 제가 그 책에 담긴 경제학적 경구들을 받아들일 것이라고 생각하진 않을 겁니다. 하지만 도덕적, 그리고 철학적인 관점에서 저는 그 책의 모든 것에 동의합니다. 그저 동의할 뿐만 아니라 깊은 감동을 받았습니다". R. F. 해럴드R. F. Harrod, 『존 메이너드 케인스의 삶The Life of John Maynard Keynes』(뉴욕, 1951), 436쪽에서 인용.

18 　하원의원 바바라 우튼Barbara Wootton의 『계획하의 자유Freedom Under Planning』(런던, 1945)와 헤르만 파이너Herman Finer의 『반동의 길The Road to Reaction』(보스턴, 1945)

19 『뉴욕타임스』, 1945년 6월 6일, 4쪽. 해럴드 맥밀런의 기억에 따르면 처칠은 1945년 유명한 라디오 선거 유세에서 사회주의를 영국 자유에 대한 위협이라고 맹비난하기 전에 『노예의 길』을 읽었다고 한다(맥밀런, 『행운의 물결』, 32쪽). 자신의 책이 대영제국에서 거둔 성공을 하이에크가 후향적으로 분석한 내용은 1956년에 출간된 판본의 서문 iv~v쪽을 참조할 것.

20 하이에크, 『노예의 길』, v쪽. 이 책에 대한 출판사의 반응—적어도 하나의 특별한 반응—에 대해서는 윌리엄 밀러William Miller의 『서적 출판업The Book Industry』(뉴욕, 1949) 12쪽을 참조할 것. 그리고 코흐W. T. Couch의 「성스러운 책의 화형자들The Sainted Book Burners」, 『프리맨』 5(1955년 4월), 423쪽도 참조할 것.

21 C. 하틀리 그래턴C. Hartely Grattan, 「하이에크의 승승장구: 요즘 읽어볼 만한 좋은 책 없나Hayek's Hayride: Or, Have You Read a Good Book Lately?」, 『하퍼스Harper's』 191(1945년 7월), 48쪽

22 하이에크, 『노예의 길』, v쪽

23 그래턴, 「하이에크의 승승장구」, 48쪽

24 로렌스 K. 프랭크Lawrence K. Frank, 「하이에크 박사의 주가 상승The Rising Stock of Dr. Hayek」, 『새터데이리뷰Saturday Review』 28(1945년 5월 12일), 5쪽

25 헨리 해즐릿, 「'계획'에 대한 어느 경제학자의 관점An Economist's View of 'Planning'」, 『뉴욕타임스 북리뷰』 (1944년 9월 24일), 1쪽. 해즐릿은 전국적인 주요 신문 중 하나의 1면에 실린 이 논평이 하이에크의 책을 베스트셀러로 만들었다고 보았다(전화 인터뷰, 1973년 8월 30일).

26 존 데븐포트John Devinport의 하이에크 책 서평, 『포춘』 30(1944년 11월), 218~221쪽

27 스미스, 「개인주의의 대답」, 203쪽

28 「가련한 하이에크 씨Poor Mr. Hayek」, 『뉴리퍼블릭New Republic』 112(1945년 4월 23일), 543쪽; 「하이에크 씨에 대한 공정한 평가In Justice to Mr. Hayek」, 『뉴리퍼블릭』 112(1945년 3월 21일), 695쪽

29 스튜어트 체이스, 「할아버지로 돌아가기Back to Grandfather」, 『네이션Nation』 160(1945년 3월 19일), 565쪽

30 찰스 메리엄, 『미국정치학리뷰American Political Science Review』 40(1946년 2월), 135쪽

31 아론 디렉터Aaron Director · 에릭 롤Eric Roll, 『미국경제학리뷰American Economic Review』 35(1945년 3월), 173~180쪽. 이 논평들을 소개하면서 편집자는 하이에크 책의 "이념적 성격"에 대해 언급했다.

32 『시카고선Chicago Sun』에 실린 하이에크의 반응은 그래턴의 「하이에크의 승승장구」 50쪽에서 인용했다.

33 하이에크, 『노예의 길』, v~vi쪽

34 「하이에크 씨에 대한 공정한 평가」, 695쪽

35 그래턴, 「하이에크의 승승장구」, 45쪽

36 폴 허치슨Paul Hutchison, 「계획 경제는 노예제인가?Is a Planned Economy Slavery?」, 『기독교세기』 62(1945년 1월 3일), 18쪽

37 하이에크, 『노예의 길』, vi~vii쪽

38 체이스, 「할아버지로 돌아가기」, 565쪽

39 미제스의 전기에 대한 자료가 필요하다면 젠홀츠가 편집한 『자유에 대하여On Freedom』, ix~xii쪽을 참조할 것. 그의 지적 계보에 관해서는 자신이 쓴 『오스트리아 경제학파의 역사적 배경The Historical Setting of the Austrian School of Economics』(뉴로셸, 뉴욕, 1969년)을 참조할 것.

40 헨리 C. 시몬스, 『미국정치학 · 사회학연보Annals of the American Academy of Political and Social Science』 236(1944년 11월), 192쪽

41 젠홀츠 편, 『자유에 대하여』, x~xi쪽을 참조할 것.

42 프리드리히 하이에크, 「자유주의의 재탄생A Rebirth of Liberalism」, 『프리맨』 2(1952년 7월 28일), 730쪽

43 루트비히 폰 미제스, 『전능한 정부』(뉴헤이븐, 1944년); 『관료제』(뉴헤이븐, 1944년) 두 책 모두 예일대학교 출판부에서 출간했다.

44 예를 들어 시카고대학교의 헨리 C. 시몬스 교수는 미제스를 일컬어 "경제학의 위대한 살아있는 스승"이자 "가장 강인한 구식의 자유주의자 혹은 우리 시대의 맨체스터주의자"라고 불렀다. 그렇지만 그는 다음

과 같이 덧붙였다. "그는 아마도 그 자신의 자유지상주의적 대의에 대적하는 최악의 적이기도 할 것이다"(『연보』, 192쪽).

45 안토닌 바슈Antonin Basch, 『미국경제학리뷰』 34(1944년 12월), 903쪽

46 미제스, 『전능한 정부』, 55쪽

47 같은 책, 48쪽

48 같은 책, 58, 284쪽

49 시몬스, 『연보』, 192쪽

50 존 코트John Cort, 「이 주의 책More Books of the Week」, 『커먼윌Commonweal』(1944년 11월 3일), 78쪽. 이 글은 관료제에 대한 분석을 담고 있다. 국내의 평화와 시장을 보존하는 데 필요한 최소한의 수준을 넘어서는 정부 권력에 순수하게 반대하는 미제스의 입장은 레너드 리드가 그에 대해 이야기해준 일화에서도 엿볼 수 있다. 1940년 미국에 도착한 직후 미제스는 당시 로스앤젤레스 상공회의소 소장이던 리드의 초대를 받았다. 어느 저녁 파티에서 누군가 미제스 교수에게 물었다. "바람직하다고 생각하는 변화를 강요할 수 있다면, 무엇을 하시겠습니까?" 미제스는 곧바로 답했다. "자리에서 물러날 것이오!"

51 미제스, 『전능한 정부』, 6쪽

52 같은 책과 그 외 여러 책 참조. 루트비히 폰 미제스, 『계획된 혼란Planned Chaos』(뉴욕, 어빙턴온허드슨, 1947)

53 미제스, 『관료제』, iii쪽

54 같은 책, 125쪽

55 헨리 해즐릿, 『뉴욕타임스 북리뷰』, 1944년 10월 1일, 5쪽

56 W. C. 맥캔W. C. MacCann에게 보낸 러셀 커크의 편지, 1944년 11월 3일, 러셀 커크 페이퍼스Russell Kirk Papers, 센트럴미시간대학교 클라크역사도서관, 마운트플레전트, 미시간

57 젠홀츠 편, 『자유에 대하여』, xi쪽. 『프리맨』의 편집장 폴 프와로Paul Poirot와 언론인 헨리 해즐릿은 미제스를 고용하기 위해 뉴욕대학교에 돈을 지불해야 했다고 회상했다. 뉴욕대학교가 오스트리아 경제학자를 임용하기 꺼렸기 때문에 해즐릿과 레너드 리드, 로렌스 페릭Lawrence Fertig(뉴욕대학교 이사) 같은 다수의 미국인 친구들이 그를 돕기 위해 학교에 자금을 전달해야만 했다[폴 프와로와의 인터뷰, 뉴욕, 어빙턴온허드슨, 1971년 11월 16일; 헨리 해즐릿과의 (전화) 인터뷰, 1973년 8월 30일].

58 루트비히 폰 미제스, 『인간행동론』(뉴헤이븐, 1949). 레너드 리드는 자신이 750부를 인쇄하기 위해 7500달러를 출판부에 지급하지 않았다면 예일대학교 출판부가 결코 이 책을 출판하지 않았을 것이라고 말했다. 그는 이 책을 미국 전역의 대학교에 배포했다(인터뷰, 1971년 11월 17일).

59 알프레드 셰러드Alfred Sherrard, 「자유로운 사람의 구속복The Free Man's Straitjacket」, 『뉴리퍼블릭』 122(1950년 1월 9일), 18~19쪽

60 존 케네스 갈브레이스John Kenneth Galbraith, 「자유방임을 위하여In Defense of Laissez - Faire」, 『뉴욕타임스 북리뷰』, 1949년 10월 30일, 45쪽

61 세이무어 E. 해리스Seymour E. Harris, 「자본주의자 선언Capitalist Menifesto」, 『새터데이리뷰』 32(1949년 9월 24일), 31쪽

62 헨리 해즐릿, 「자본주의를 위한 변론The Case for Capitalism」, 『뉴스위크Newsweek』 34(1949년 9월 19일), 70쪽

63 체임벌린 부인에게 보내는 윌리엄 헨리 체임벌린의 편지, 1949년 7월 5~6일, 윌리엄 헨리 체임벌린 페이퍼, 프로비덴스대학교, 프로비덴스, 로드아일랜드

64 프랭크 S. 메이어, 「리처드 M. 위버: 평론Richard M. Weaver: An Appreciation」 『모던에이지Modern Age』 14(1970년 여름~가을), 243쪽

65 헨리 레그너리, 「자유주의 세상의 어느 보수 출판사A Conservative Publisher in an Liberal World」 『얼터너티브The Alternatives』 5(1971년 10월), 15쪽

66 로버트 M. 크룬덴, 『앨버트제이 녹의 정신과 기술The Mind and Art of Albert Jay Nock』(시카고, 1964), 179쪽

67 녹은 평화를 보존하는 제한적이고 소극적인 기능을 맡는 정부와 항상 포식자와 착취자의 모습을 띠는

68 앨버트 제이 녹, 『우리의 적, 국가』(뉴욕, 1935)

69 중요한 점은 윌리엄 F. 버클리가 녹의 에세이 「이사야의 책무Isaiah's Job」를 자신의 문집 『20세기 미국 보수주의 사상American Conservative Thought in the Twentieth Century』(인디애나폴리스, 1970, 509~522쪽)에 실어 재출판 했다는 사실이다. 최근에 녹을 다룬 전기로는 위에서 인용한 로버트 M. 크룬덴의 글과 마이클 브레진Michael Wreszin의 『잉여 무정부주의자: 앨버트 제이 녹The Superfluous Anarchist: Albert Jay Nock』(프로비던스, 1972)이 있다.

70 로버트 니스벳과의 인터뷰, 노샘프턴, 매사추세츠, 1971년 11월 29일

71 러셀 커크는 W. C. 맥캔에게 1945년 5월 14일, 1945년 7월 19일, 1945년 9월 4일에 보낸 편지에서 녹을 언급했다. 이 마지막 편지에서 커크는 최근에 유명을 달리한 녹에 대해 "그의 흔적이 거의 남지 않았다"고 말했다(러셀 커크 페이퍼스).

72 에드먼드 오피츠 목사와의 인터뷰, 경제교육재단, 어빙턴온허드슨, 뉴욕, 1971년 11월 17일

73 에드먼드 오피츠, 「자유의 촉매Catalyst of Liberty」, 『내셔널리뷰』 17(1965년 1월 12일), 26쪽. 오피츠는 결국 녹학회Nockian Society의 설립을 도왔다.

74 존 체임벌린, 「우리 편 사람들: 1. 프랭크 초도로프People on Our Side: 1. Frank Chodorov」, 『프리맨』 2(1952년 5월 5일), 504쪽. 『한 사람이 곧 군중이다: 어느 개인주의자에 대한 고찰』(뉴욕, 1952)에 프랭크 초도로프를 소개하는 글로 재출판되었다(vii~ xii쪽). 1930년대 초반 급진주의자였던 체임벌린은 윌리엄 그레이엄 섬너의 『민속Folkways』을 읽고 전향했다. 말콤 카울리Malcolm Cowley · 버나드 스미스Bernard Smith 편, 『우리의 마음을 바꾼 책들Books that Changed Our Minds』(뉴욕, 1938), 75~87쪽을 참조할 것. 체임벌린에 대한 최근의 연구로는 프랭크 안눈치아타Frank Annunziata의 「존 체임벌린의 정치사상: 연속과 전향The Political Thought of John Chamberlain: Continuity and Conversion」, 『계간남대서양South Atlantic Quarterly』 74(1975년 겨울), 52~71쪽을 참조할 것.

75 윌리엄 F. 버클리 주니어와의 인터뷰, 스탬포드, 코네티컷, 1971년 11월 26일

76 윌리엄 F. 버클리의 추도문은 초도로프에 대한 탁월하고 감동적인 에세이다. 버클리, 『보석상의 눈: 거부할 수 없는 정치사상에 관한 책The Jeweler's Eye: A Book of Irresistible Political Reflections』(뉴욕, 1968), 343~349쪽. 또한 초도로프, 『엇나가기: 어느 개인주의자의 자서전Out of Step: The Autobiography of an Individualist』(뉴욕, 1962), 특히 7장과 13장을 참조할 것. (1966년에 사망한) 초도로프에 대한 다른 평가에 관해서는 오스카 B. 요한센Oscar B. Johannsen 외, 『단편Fragments』 5(1967년 1~3월), 1~16쪽을 참조할 것.

77 초도로프, 『어긋난 발걸음Out of Step』, 79쪽

78 같은 책, 79~82쪽

79 같은 책, 80쪽. 또한 에드먼드 A. 오피츠, 「진리에 대한 증언Witness to the Truth」, 『단편』 4(1966년 10~12월), 2쪽을 참조할 것.

80 초도로프, 『엇나가기』, 80쪽

81 초도로프, 『분석』 독자들에게 보낸 홍보 편지(일자 미상). 오피츠가 가지고 있던 복사본, 경제교육재단, 허빙턴온허드슨, 뉴욕

82 초도로프, 『분석』 독자들에게 보낸 홍보 편지(일자 미상, 대략 1945년 4월 즈음). 오피츠가 가지고 있던 복사본. 1912년 그가 대통령 선거에서 시어도어 루스벨트에게 투표했다는 사실은 초도로프의 정치적 관점이 무엇이었는지를 보여준다. 그리고 그는 대통령 선거에서 다시는 투표하지 않았다(초도로프, 『엇나가기』, 36쪽).

83 초도로프는 초기에 보낸 홍보 편지 중 하나에서 녹이 『분석』의 객원 편집자를 맡아주기로 했다는 사실을 밝혔다. 물론 녹의 죽음이 이를 가로막았다.

84 초도로프, 「이 나라에 필요한 것은 배짱이다What This Country Needs Is Guts」, 『분석』 2(1946년 2월), 3쪽

85 『분석』 3(1947년 2월), 4쪽

86 『분석』 2(1946년 10월), 4쪽

87 초도로프, 『엇나가기』, 80쪽

88 오피츠는 사업을 위한 돈이 없고, 하루에 한 끼로 생활한다는 말을 초도로프에게서 들었다고 회상했다 (인터뷰, 1971년 11월 17일).

89 1971년 11월 26일. 저자와의 인터뷰에서 버클리는 녹과 함께 초도로프를 "1940년대에 자신에게 영향을 끼친 주요한 자유지상주의자"로 꼽았다.

90 오피츠, 「진리에 대한 증언」, 2쪽

91 제임스 J. 마틴, 「프랭크 초도로프: 언론인 Frank Chodorov: Journalist」, 『단편』 4(1966년 10~12월), 7쪽

92 초도로프, 「과세는 강도다」, 『엇나가기』, 216~239쪽

93 저자에게 보낸 머레이 로스바드의 편지, 1971년 12월 14일

94 헨리 해즐릿, 『보이는 경제학 안 보이는 경제학』(뉴욕, 1946), ix쪽

95 프랭크 나이트, 『자유와 개혁: 경제학 및 사회철학 에세이 Freedom and Reform: Essays in Economics and Social Philosophy』(시카고, 1947)

96 아론 디렉터, 「헨리 C 시몬스에 관한 서언 Prefactory note to Henry C. Simons」, 『자유사회를 위한 경제 정책 Economic Policy for a Free Society』(시카고, 1948), v쪽. 하이에크는 시몬스의 관점에 전적으로 동의하지는 않았지만, 그의 책을 탁월하고 중요한 저서라고 인정했다. 하이에크, 「지식인들과 사회주의 The Intellectuals and Socialism」, 『시카고대학교 법리뷰 University of Chicago Law Review』 16(1949년 봄), 417~433쪽 참조. 이 글은 하이에크의 『연구』 178~194쪽에 수록되어 다시 출판되었다.

97 시몬스에 관한 평가는 존 데이븐포트의 「헨리 시몬스의 유언 The Testament of Henry Simons」, 『포춘』 24(1946년 9월), 116~119쪽과 찰스 오스카 하디 Charles Oscar Hardy의 「근대 국가에서의 자유주의: 헨리 시몬스의 철학 Liberalism in the Modern State: The Philosophy of Henry Simons」, 『정치경제학저널 Journal of Political Economy』 56(1948년 8월), 305~314쪽을 참조할 것. 나이트와 시몬스 모두에 대해서는 윌리엄 브라이트 William Breit 와 로저 L. 랜섬 Roger L. Ransom의 『끄적이는 학자들 The Academic Scribblers』(뉴욕, 1971), 12장과 13장을 참조할 것. 시몬스에 대한 최근의 글로는 조지 J. 스티글러 George J. Stigler의 「헨리 캘버트 시몬스 Henry Calvert Simons」, 『법·경제학리뷰 Journal of Law and Economics』 17(1974년 4월), 1~5쪽을 참조할 것.

98 프리드리히 하이에크, 『개인주의와 경제 질서』(시카고, 1948)

99 같은 책, 6쪽

100 같은 책, 32쪽

101 같은 책, 11쪽

102 밀턴 프리드먼에 따르면 시카고대학교 교수 세 명—존 U. 네프 John U. Nef·아론 디렉터·헨리 시몬스—이 보수적인 볼커기금 Volker Fund을 설득해 하이에크가 학교에서 받을 급여의 일부를 오랫동안 지원받았다고 한다(밀턴 프리드먼 녹음 인터뷰, 1972년 3월). 그렇지 않았더라면 추정컨대 이 오스트리아 경제학자는 교수가 되지 못했을 것이다. 하이에크는 시카고대학교의 유명한 사회사상위원회 Committee on Social Thought 회원이 되었다. 프리드먼은 경제학과가 그를 고용하기 꺼렸다는 이야기를 들었다고 전했다.

103 펠릭스 몰리, 『군중의 힘』(뉴욕, 1949); 존 T. 플린, 『미래로 가는 길』(뉴욕, 1949)

104 레그너리, 「보수 출판사 Conservative Publisher」, 14쪽

105 데빈-아데어 회사의 회장은 1930년대에 헨리조지대학교에서 프랭크 초도로프를 만난 뒤 그 후로도 계속해서 그에게 좋은 인상을 받아왔던 데빈 A. 개리티였다. 데빈-아데어는 초도로프의 책을 모두 4권 출판했다. 데빈 A. 개리티, 「프랭크 초도로프: 예언가 Frank Chodorov: Prophet」, 『단편』 4(1966년 10~12월), 5쪽을 참조할 것. 캑스턴 출판사는 1907년에 유명한 역사가 로렌스 헨리 깁슨 Lawrence Henry Gipson의 형제인 제임스 헤릭 깁슨 James Herrick Gipson이 설립한 출판사다. 이 개인주의자 출판가에 관한 짧은 회상은 로렌스 헨리 깁슨, 「제임스 헤릭 깁슨, 삼가 명복을 빌며 James Herrick Gipson, RIP」, 『내셔널리뷰』 17(1965년 6월 15일), 508쪽을 참조할 것.

106 존 체임벌린, 「어느 논평가의 노트 A Reviewer's Notebook」, 『프리맨』 2(1952년 7월 14일) 702~703쪽

107 리드와의 인터뷰, 1971년 11월 17일

108 같은 인터뷰

109 같은 인터뷰. 체임벌린, 「어느 논평가의 노트」, 703쪽. 리드의 자유지상주의가 단지 이론적이기만 했던 건 아니었다. 그는 전쟁 동안 서부 해안에 있는 일본계 미국인들을 그들의 보금자리에서 쫓아낸 일에 대해 열성적으로 항의했다.

110 리드와의 인터뷰, 1971년 11월 17일

111 가령 제너럴모터스 부회장 도널드선 브라운Donaldson Brown, 예일대학교 교수 프레드 로저스 페어차일드Fred Rogers Fairchild, B. F. 굿리치 회장 데이비드 M. 굿리치David M. Goodrich, 『뉴욕타임스』의 헨리 해즐릿, 오피니언리서치 회장 클로드 로빈슨Claude Robinson, 컬럼비아대학교 교수 레오 월먼Leo Wolman이 있었다 (같은 인터뷰).

112 포아로와의 인터뷰, 1971년 11월 16일; W. M. 커티스와의 인터뷰, 어빙턴온허드슨, 뉴욕, 1971년 11월 18일

113 리드와의 인터뷰, 1971년 11월 17일

114 포와로와의 인터뷰, 1971년 11월 16일

115 1947년 10월 1일 이 재단은 거의 파산할 뻔했다. 12만 달러의 대출을 받았고, 7만 달러에 달하는 체납 영수증이 있었으며, 은행 통장에도 돈이 없었다. 리드에 따르면 두 개의 작은 보수 재단—렘재단Relm Foundation과 볼커기금—이 대출을 상환할 수 있도록 돈을 내놓았다. 3년도 되지 않아 탁월한 기금 모금 자인 리드가 이 빚을 청산해주었고, 경제교육재단의 재정 문제를 해결했다(인터뷰, 1971년 11월 17일). 볼커 기금과 렘재단의 경우 지적 보수주의의 대의를 재정적으로 지원하는 데 있어 야단스럽지는 않았지만 대개는 중요한 역할을 했다.

116 같은 인터뷰

117 커티스와의 인터뷰, 1971년 11월 18일. 리드는 무정부주의자가 아니었다. 그의 『정부―이상적 개념Government—An Ideal Concept』(어빙턴온허드슨, 뉴욕, 1954)을 참조할 것. 이 책은 W. C. 멀렌도어에게 헌정되었다.

118 체임벌린, 「어느 논평가의 노트」, 『프리맨』 5(1954년 10월), 144쪽

119 체임벌린, 「어느 논평가의 노트」, 『프리맨』 2(1952년 7월 14일), 702쪽. 1950년대 후반 이 명단에 적힌 사람의 수는 50,000명에 달하게 된다. 그 이후 계속해서 그 수치 주변을 맴돌았다(프와로와의 인터뷰, 1971년 11월 16일).

120 리드와의 인터뷰, 1971년 11월 17일. 아마도 미국 우파가 프레데릭 바스티아에 대해 지대한 관심을 가지게 된 데에는 리드의 역할이 가장 컸을 것이다. 『보이는 경제학 안 보이는 경제학』의 서문에서 헨리 해즐릿은 바스티아의 글에 가장 큰 빛을 졌다고 말했다.

121 『자유에 관한 에세이』(어빙턴온허드슨, 뉴욕, 1952)

122 레너드 리드, 『자유의 전망Outlook for Liberty』(어빙턴온허드슨, 뉴욕, 1951); 헨리 해즐릿, 『어느 자유인의 도서관A Free Man's Library』(뉴욕, 1956), 137쪽에서 재인용. 리드에 관한 그 이상의 논평이 필요하다면 윌리엄 F. 버클리 주니어의 『통치자는 듣는다: 영성에 찬 정치적 계시에 관한 책The Governor Listeth: A Book of Inspired Political Revelations』(뉴욕, 1970), 408~411쪽을 참조할 것.

123 하이에크, 『연구』, 199쪽 각주

124 『월터 리프먼 토론회Le colloque Walter Lippmann』(파리, 1939), 13쪽에서 인용. 이 책은 5일에 걸친 토론회에서 발표된 글들을 모아 출간한 것이다.

125 모임에 대한 정보는 하이에크의 개회사에서 찾아볼 수 있다. 이 개회사는 그의 『연구』 148~159쪽에 실렸다. 미국에서 온 참가자로는 칼 브란트Karl Brandt · 존 데이븐포트 · 아론 디렉터 · 밀턴 프리드먼 · 해리 기드온스Harry Gideonse · 프랭크 그레이엄Frank Graham · F. A. 하퍼F. A. Harper · 헨리 해즐릿 · 프랭크 H. 나이트 · 프리츠 매클럽Fritz Machlup · L. B. 밀러L. B. Miller · 루트비히 폰 미제스 · 펠릭스 몰리 · 레너드 리드 · 조지 스티글러 · V. O. 와츠V. O. Watts가 있었다. 이는 사실상 미국 자유지상주의 우파 지식인들에 대한 소개 목록이나 마찬가지였다. 볼커기금이 이 학자 개인의 "참여를 가능하게 했다"는 사실은 특기할만하다 (하이에크, 『연구』, 159쪽). 유럽의 참석자 중에는 하이에크 · 베르트랑 드 주브넬 · 존 주키스John Jewkes · 마이클 폴라니 · 칼 포퍼 · 라이오넬 로빈슨Lionel Robinson · 빌헬름 뢰프케가 있었다. 전체 목록에 관해서는 하

이에크의 『연구』, 148쪽의 각주를 참조할 것.

126 1947년 4월 8일에 채택된 몽펠르랭소사이어티의 「목표 선언문Statement of Aims」에서 따왔다. 저자 복사본

127 같은 글

128 하이에크는 액턴 경이나 알렉시스 드 토크빌의 이름을 따서 이름을 정할 생각이었지만, 그보다 중립적인 이름을 선택했다(하이에크, 『연구』, 158쪽).

129 존 데이븐포트, 「밀턴 프리드먼의 급진적 경제학The Radical Economics of Milton Friedman」, 『포춘』 75(1967년 6월 1일), 147쪽에서 인용.

130 프리드먼과의 인터뷰, 1972년 3월

131 몽펠르랭소사이어티에 참석할 수는 없었지만, 나중에 합류한 미국인들 중에는 윌리엄 헨리 체임벌린·맥스 이스트먼·한스 콘Hans Kohn·월터 리프먼·헨리 리스턴Henry Wriston이 있었다. 유럽인 중에는 루이지 에이나우디Luigi Einaudi·살바도르 데 마다리아가Salvador de Madariaga·자크 뤼에프Jacques Rueff·G. M. 영G. M. Young이 있었다(하이에크, 『연구』, 152쪽 각주).

132 예를 들어 학회에서 발표된 논문들이 프리드리히 하이에크의 핵심 원리를 형성했다. 하이에크 편, 『자본 주의와 역사가들』(시카고, 1954)

133 하이에크, 「자유주의의 재탄생Rebirth of Liberalism」, 731쪽

134 「프리맨의 신념The Faith of the Freeman」, 『프리맨』 1(1950년 10월 2일), 5쪽

135 『프리맨』은 첫해의 마지막에 소유주로 체임벌린, 해즐릿, 라폴레트, 미제스, 리드, 로스코 파운드Roscoe Pound의 이름을 올렸다[『프리맨』 2(1951년 10월 22일), 34쪽].

136 같은 글

137 이는 이 잡지가 1952년 4월 7일 발행한 호에서 채택한 부제였다.

138 이 사람들은 『프리맨』의 두 번째 창간기념일에 축하 인사를 보냈다. 「창립기념일 축하Birthday Greetings」, 『프리맨』 3(1952년 10월 20일), 43~45쪽

139 리드와의 인터뷰, 1971년 11월 17일. 잡지의 이름은 유지했으나 『리더스다이제스트』와 비슷한 형식을 갖춘 소논문 및 설교 모음집인 『자유에 대한 메모Notes on Liberty』—경제교육재단이 월간으로 발행하는—로 이전되었다.

140 『아메리칸머큐리』는 1950년대 후반에 편집을 맡았던 로렌스 스피박Lawrence Spivack의 자리를 윌리엄 브래드포드 휴이William Bradford Huie가 이어받으면서 훨씬 더 왼쪽으로 이동했다.

141 에카르드 V. 토이Eckard V. Toy, 「영적 동원: 1950년대 극단적 보수주의 이상의 실패Spiritual Mobilization: The Failure of an Ultra-conservative Ideal in the 1950's」, 『계간북서태평양Pacific Northwest Quarterly』 61(1970년 4월), 78쪽

142 「친애하는 베넷 씨: 친애하는 오피츠 씨Dear Mr. Bennett: Dear Mr. Opitz」, 『믿음과자유』 4(1953년 4월), 3~6쪽 과 5(1953년 5월), 10~15쪽

143 오피츠와의 인터뷰, 1971년 11월 17일. 1955년 이후 오피츠는 경제교육재단의 스태프로 근무했다.

144 예컨대 H. L. 멘켄의 시절 이래로 『아메리칸머큐리』는 상당한 명망을 누려왔다. 『믿음과자유』는 문해력 있는 전문직 독자들(성직자들)이 읽었고, 정신총동원 단체는 1940년대와 1950년대에 일부 성공한 후원자들을 끌어모았다. 토이Toy, 「정신총동원」, 77~86쪽을 참조할 것.

145 두 책 모두 개리티가 운영하는 데빈-아데어에서 출판되었다.

146 버클리와의 인터뷰, 1971년 11월 26일. 『한 사람이 곧 군중이다』에서 초도로프는 정부의 우편 업무 독점의 폐지를 주장했다. 이는 그가 얼마나 비타협적인 사람이었는가를 보여주는 한 징표이다.

147 데빈 개리티가 회상하기를 초도로프는 자신이 어느 누구보다 우파적이라는 이야기를 하면서 즐거워했다고 한다(인터뷰, 사우스해들리, 매사추세츠, 1972년 8월 5일). 초도로프의 영향력과 그 영향력이 조용히 퍼져 나간 행보가 왜 중요한지는 나중에 중요한 보수주의 작가이자 활동가가 되는 M. 스탠턴 에반스Medford Stanton Evans가 들려준 일화를 통해 알 수 있다. 1950년대 에반스는 예일대학교 학부생이었을 때 『한 사람이 곧 군중이다』를 발견했다. 그것은 그가 처음으로 읽어본 자유지상주의 서적이었고, 그에게 "예일대학

교의 전체 교육정보다 더욱더 지적인 시야를 열어주었다". 에반스는 초도로프야말로 "나의 정치철학에 의식적인 형태를 부여하는 데 있어 누구보다 깊게 관련된" 사람이라고 생각하게 되었다[「프랭크 초도로프: 편집자」, 『단편』 4(1966년 10~12월), 5쪽]

148 프랭크 초도로프, 「캠퍼스에서 사회주의를 격퇴하기 위한 50년 계획A Fifty - Year Project to Combat Socialism on the Campus」, 『분석』 6(1950년 10월), 1~3쪽. 버클리의 회상에 따르면 초도로프는 항상 먼 미래의 관점에서 생각했다고 한다. 실제로 초도로프는 30~40명의 독자를 끌어들일 것만으로도 굉장히 기뻐했다. 그가 생각하기에는 이 인원도 "거의 엄청난" 수였기 때문이다(버클리와의 인터뷰, 1971년 11월 26일).

149 윌리엄 F. 버클리 주니어, 『예일에서의 신과 인간: "학문의 자유"라는 미신God and Man at Yale: The Superstitions of "Academic Freedom"』(시카고, 1951), 113쪽. 이 책은 헨리 레그너리 회사에 의해 출판되었다.

150 같은 책, 46쪽

151 같은 책, v쪽

152 버클리는 회장직을 오래 맡지 않았다. 버클리에게 보낸 유쾌한 편지에서 초도로프는 다음과 같이 썼다. "당신을 회장직에서 해고하고 나를 회장으로 만들려고 합니다. 유대인이 회장이 되어야 돈을 벌기 더 쉬우니까요. 당신은 부회장을 해도 됩니다. 사랑을 담아 프랭크." 버클리는 이 편지에 기뻐했다고 한다(버클리, 『보석상의 눈Jeweler's Eye』, 347~348쪽).

153 F. R. 버클리, 「계급의 반란Revolt of the Classes」, 『프리맨』 5(1955년 9월), 653~656쪽

154 프랭크 초도로프, 「선배들이 오고 있다The Sophomores Are Coming」, 『휴먼이벤츠』 13(1956년 9월 26일). ISI는 600명으로 시작했다.

155 ISI의 업적에 관한 훌륭한 연구로는 M. 스탠턴 에반스의 『캠퍼스에서의 반란Revolts on the Campus』(시카고, 1961), 57~73쪽을 참조할 것.

156 프랭크 초도로프, 「7000명의 괴짜들The Seven Thousand Unequals」, 『휴먼이벤츠』 14(1957년 9월 14일)

157 F. R. 버클리, 「계급의 반란」, 655쪽

158 같은 책, 654쪽; 초도로프, 「선배들이 오고 있다」

159 ISI의 창립으로 윌리엄 F. 버클리 주니어는 초도로프가 "전후 보수주의운동에 깊은 영향을 미쳤다"는 결론에 다시 한번 이르게 되었다. 윌리엄 F. 버클리 주니어, 「권력에 굶주린 자들에게 '아니오'라고 말하는 사람Nay - Sayer to the Power - Hungry」, 『내셔널리뷰』 13(1962년 12월 4일), 446~447쪽 참조

160 그러나 전혀 그렇지 않았다. 『혁명이었다』와 그 외에 다른 반뉴딜 책자들을 썼던 언론인 개럿 개럿이 이 나라의 실정을 보고 분노하고 실망했던 것은 분명하다. 그로 인해 실제로 그는 뉴저지의 터커호 어딘가의 동굴에서 지내기를 그만두게 된다. 그는 1954년에 눈을 감았다. 개럿 개럿, 『사람들의 그릇The People's Pottage』(보스턴, 1965), 140쪽

161 하이에크, 「자유주의의 재탄생」, 729~731쪽

162 에릭 폰 쿠에넬트-레딘, 「자유주의의 부활Resurgence of Liberalism」, 『프리맨』 3(1953년 2월 9일), 337~339쪽

163 하이에크 편, 『자본주의와 역사가들』, 10쪽. 이 책은 단순히 학술적인 목적하에 쓰인 것이 아니었다. 이 책은 J. L. 해먼드J. L. Hammond와 바바라 해먼드Barbara Hammond의 연구와 산업혁명에 대한 그들의 "염세적" 해석이 이데올로기적으로 사용되는 것에 맞서 의식적으로 전쟁을 선포한 것이었다. 이 논쟁에 대한 최근의 논의는 브라이언 잉글리스Brian Inglis의 「우리와 함께했던 비참한 자들The Poor Who Were with Us」, 『인카운터Encounter』 37(1971년 9월), 44~55쪽을 참조할 것.

164 프랭크 초도로프, 「상황이 좋아지고 있다Things Are Looking Up」, 『프리맨』 5(1954년 10월), 117쪽

165 키스 허친슨Keith Hutchinson, 「눈가림을 위한 연구A Study in Whitewash」, 『네이션』 178(1954년 6월 12일), 508쪽

166 에릭 램파드Eric Lampard, 『미국역사학리뷰American Historical Review』 60(1954년 10월), 65쪽

167 아서 슐레진저 주니어, 『미국정치학·사회학연보』 293(1954년 5월), 177~178쪽

168 헨리 시몬스, 『자유사회를 위한 경제 정책Economic Policy for a Free Society』, 51쪽

169 밀턴 프리드먼은 이 문제가 반복해서 몽펠르랭소사이어티를 분열시켰다고 회상했다(인터뷰, 1972년 3월).

170 에릭 폰 쿠에넬트-레딘, 「대륙에서 온 편지Letter from the Continent」, 『내셔널리뷰』 1(1956년 4월 4일), 19쪽

171 같은 글. 또한 칼 프리드리히Carl Friedrich의 「신자유주의의 정치사상The Political Thought of New-Liberalism」, 『미국정치학리뷰』 49(1955년 6월), 509~525쪽도 참조할 것.

172 로버트 태프트, 『미국인을 위한 대외 정책A Foreign Policy for Americans』(가든시티, 뉴욕, 1951), 117쪽 참조

173 미국을 보다 긍정적으로 평가한 사례는 토론회 「우리나라와 그 문화Our Contry and Its Culture」, 『파르티잔리뷰Partisan Review』 19(1952), 282~326, 419~450, 562~597쪽을 참조할 것. 새로운 분위기를 감지할 수 있는 또 다른 단서는 역사 기술에서 일어나고 있던 변화였다. "벼락부자"에 대한 공격이 "자유기업"과 그 영웅들을 호의적인 대우하는 쪽으로 바뀌고 있었기 때문이다.

174 하이에크, 『노예의 길』, xiii쪽

175 맥스 이스트먼, 『사회주의 실패에 대한 성찰Reflections on the Failure of Socialism』(뉴욕, 1955)

176 칼 브란트, 「자유와 인간 존엄을 위한 삶-빌헬름 뢰프케(1899~1966)A Life for Freedom and Human Dignitiy-Wilhelm Röpke(1899~1966)」, 『모던에이지Modern Age』 10(1966년 여름), 246~250쪽을 참조할 것. 그의 자전적 에세이는 빌헬름 뢰프케, 「자유의 경제적 필연성The Economic Necessity of Freedom」, 『모던에이지』 3(1959년 여름), 227~236쪽을 참조할 것. 1953년 서독 정부는 뢰프케에게 독일 경제 회복에 기여한 공로를 기리며 이를 치하하는 대십자훈장을 수여했다. 뢰프케에 대해 보수주의자들이 표한 존경의 한 사례로 브란트의 다음과 같은 진술을 들 수 있다. "빌헬름 뢰프케가 설립한 '사회적으로책임있는시장경제를위한실무단Working Party for the Socially Responsible Market Economy'이 없었다면 1950년대와 1960년대 독일 경제의 놀라운 부흥은 불가능했을 것이다"(249쪽).

177 『모던에이지』 10(1966년 봄), 221쪽에서 인용. 에르하르트가 작성한 더 긴 분량의 찬양문은 브란트, 「자유를 위한 삶Life for Freedom」, 249쪽에서 인용했다.

178 예를 들어 빌헬름 뢰프케, 「진보주의의 폐해The Malady of Progressivism」, 『프리맨』 1(1951년 7월 30일), 678~691쪽; 「독일의 경제 '기적'Economic 'Miracle' in Germany」, 『프리맨』 3(1953년 8월 24일), 843~846쪽 참조

179 H. 스튜어트 휴스, 「자본주의와 역사Capitalism and History」, 『코멘터리Commentary』 17(1954년 4월), 407쪽

180 프리드먼과의 인터뷰, 1972년 3월

2장

대중에 맞선 반란[1]

제2차 세계대전이 끝나갈 무렵 세계적 분쟁의 "기념물"을 바라보던 고전적 자유주의자 혹은 자유지상주의자들은 국가에서 노예제로 가는 길 위에 놓인 상징물을 날카로운 시선으로 간파했다. 미국과 다른 수십 개의 국가들이 이제 막 참여한 파괴의 악몽에서 의미를 찾고자 한 건 그들만이 아니었다. 다른 사람들—자유지상주의자들처럼 뿔뿔이 흩어져 있고, 아직은 서로의 존재를 모르던—은 전쟁이 촉발한 위기를 분석하고, 전쟁으로 인해 위태로워진 문명을 재건하기 시작했다. 이러한 노력 속에서 전후 미국 보수주의 지적 운동의 "신보수주의" 또는 전통주의 세력이 등장했다.

대표적인 인물들을 살펴보자. 1945년 어느 가을날 아침, 시카고대학교의 무명의 영어영문학과 교수가 자신의 사무실에 앉아 최근 전쟁으로 인해 황폐해진 세상에 대해 골똘히 생각하고 있었다. 리처드 M. 위버Richard Malcolm Weaver 교수는 최근 몇 년간 "점진적 환멸"을 경험했다. 전쟁이 지속될수록 전쟁은 그 어느 때보다 "전면적"인 것이 되었다. 낡은 규제는 악을 따르려는 인간의 성향을 통제하는 데 실패했다. 위버는 핀란드가 "늑대에게 내던져졌을 때", 얄타의 "정치적 광기"가 자행되었을 때, 자신이 "우리 주장의 공명정대함"을 점점 더 믿지 못하게 되었다고 생각했다.[2]

그는 "이 대학살을 낳은 현대의 삶과 사고의 오류를 근본 원인으로부터 추론하는 것이 불가능한지, 그리고 이것이 다른 사람들의 안전을 보장해줄 것인지"에 대해 숙고하기 시작했다. 흥미롭게도 그는 훗날 "지나간 기사도정신이라는 이상"이 자신의 생각에 결정적인 영향을 미쳤다고 인정했다. 그는 기사도정신이 "문명이 전쟁을 억제하고 문명으로 계속 존재할 수 있게 해줄 계획을 제시했다"고 생각했다. 전쟁은 근절할 수 없지만 어쩌면 통제 가능할지 모를 일이었다. 기사도정신은 적어도 "전쟁 자체를 초월하고, 어떤 갈등에서든 양측을 포괄하는 영적인 무언가에 대한 개념"을 수립했다.[3]

중세의 윤리 규범과 "전쟁 자체를 초월하는 영적인 것"에 대한 이러한 관심이 그저 엉뚱한 것만은 아니었다. 위버는 빛나는 지적 여정을 통해 자신의 견해에 도달했다. 1910년 노스캐롤라이나에서 태어난 그는 1927년 켄터키대학교에 입학했다. 그곳에서 그는 "미래는 과학, 자유주의, 평등주의와 함께할 것"이라고 확신하게 되었다.[4] 1932년 졸업과 동시에 노스캐롤라이나 출신의 청년은 노먼 토머스Norman Thomas의 미국 사회당에 입당해 2년 동안 지역 총무로 활동했다. 좌파에 공감하고 있던 위버는 곧 당황스러운 도전을 맞게 되었다. 1933년부터 1936년까지 밴더빌트대학교 대학원에서 문학을 전공한 그는 몇몇 유력한 남부 농본주의자들Southern Agrarians*을 알게 되었다. 그는 "얄팍한 목표"를 가진 "메마르고 고집 센" 사회주의의자들보다 그들을 더 좋아하게 되었다.[5] 존 크로 랜섬John Crowe Ransom**의 제자였던 위버는 『성내지 않는 신God Without Thun-

---

* 처음에는 밴더빌트대학교 영문학과 교수 몇몇이 모여 문학 토론을 하던 모임이었으나, 점차 남부의 전통과 문화를 옹호하고, 현대 자본주의와 산업주의, 과학을 비판하는 집단으로 확대되었다. 이들은 소농이 자립과 도덕적 고결함이라는 덕목의 보고이자, 보수적·안정적·공화주의적 사회의 기반이라고 믿었다. 이들의 전통주의는 많은 보수주의자들에게 영향을 미쳤지만, 정치운동으로 현실화되지는 못했다.

** 1888~1974. 미국의 수필가·문학평론가. 남부 농본주의의 대표적인 인물이었지만, 1930년대 후반부터 이 운동과 거리를 두었고, 1945년에는 공개적으로 비판하기까지 했다.

der』에서 전개된 "정통성에 대한 비정통적 옹호"라는 스승의 개념에 특히 매료되었다. 그는 나중에 "나는 우리 세계의 많은 전통적 견해들이 내재적 결함 때문에 고통받는 것이 아니라, 이러저러한 이유로 그것들을 옹호할 책임이 있다고 추정되는 사람들의 지적 태만과 어리석음, 무능함으로 인해 고통을 겪고 있다는 사실을 깨닫기 시작했다"고 썼다.[6]

위버는 벤더빌트를 떠난 1936년에도 여전히 사회주의와 농본주의 사이에서 "아슬아슬한 줄타기를 하고 있었다".[7] 그러나 그의 사고의 방향은 곧 명백해졌다. 1930년대 후반 텍사스에이앤드엠대학교Texas A&M University 교수가 된 그는 "성공을 인생의 목표로 여기는 자기만족적 태도, 대규모 조직, 기술에 의해 조장된 속물주의의 창궐"에 소름이 돋았다. 그는 훗날 자신의 "시적이고 윤리적인 삶의 전망"은 이러한 경험에서 비롯되었다고 말했다.[8] 최종적인 전환은 "자유주의의 상투적인 표현"이 자신에게 "무의미하다"는 사실을 깨달은 1939년 말에 일어났다. 1940년 그는 직장을 그만두고 "나의 배움을 다시 시작하기 위해 떠났다". 그의 나이 30세였다.[9]

그 후 3년 동안 전쟁이 온 세상을 에워싸고 있을 때 리처드 위버는 미국의 남북전쟁을 연구했다. 그것은 단순히 지식에 대한 탐구가 아니라, 자기인식과 "사람을 어리석게 만드는" 휘그 사관*에서 탈피하는 일이었다. 그는 세상의 불가해성과 순수한 소여성所與性에 감명받기 시작했고, 세상을 개혁하려는 "이기적이고 오만한" 시도에서 빠져나왔다. 위버에게

---

*   역사를 억압적이고 황폐한 과거에서 '영광스러운 현재'로 가는 여정으로 제시하는 역사관을 말한다. 원래는 영국의 입헌군주제 채택을 역사적 발전이라고 찬양하는 경향을 풍자하는 용어였지만, 현재는 과학사 등 여러 분야에서 광범위하게 사용되고 있다.

남부 역사에 대한 연구는 우파로 가는 길이었다.

위버는 "패배한 쪽"의 이야기에 몰두하면서 1943년 루이지애나주립
대학교에서 박사학위 논문을 썼다. 오르테가 이 가세트Ortega y Gasset*의
『대중의 반란The Revolt of the Masses』에서 영향을 받은 이 논문을 그는 존 크
로 랜섬에게 헌정했다.[10] 위버에 따르면 남북전쟁 이전의 남부는 달랐다.
남부는 결연했고, 남북전쟁으로 승리를 거뒀던 문명보다 많은 면에서 우
월했다. 남부의 전통에는 봉건적 사회 조직과 이론, 기사도 규범, 신사라
는 개념, 그리고 지식에 기반하지 않은 독특한 "오랜" 종교성이라는 네 가
지 뚜렷한 특징이 있었다. 미국의 다른 어떤 지역보다 유럽과 유사했던
이 문명은 1860년대에 "근대적" 북부라는 고삐 풀린 힘에게 패배했다. 그
러나 옛날의 남부는 영적으로 말살되지 않았다―그리고 이것이 그의 주
요 주제였다. 대신에 1865년 이후 수십 년 동안 전쟁 이전의 관습과 전쟁
당시의 태도를 끈질기게 옹호해왔다. 외계의 문화에 패배했음에도 불구
하고 정치인·군인·일기작가diarist·소설가 등 거의 모든 사람이 과거의
정당성을 주장하기 위해 단결했다.

위버의 논문은 단순한 역사 연구서가 아니었다. 그것은 변론서였다.
그는 남부에는 "문명의 명령이라는 측면에서만 설명될 수 있는 윤리적
권리"가 있다고 주장했다.[11] 예를 들어 "지역들 중 유일하게 남부만이 계
속해서 과학을 거짓 메시아로 간주해왔다".[12] 남부의 봉건제는 "긍정적

• 　호세 오르테가 이 가세트José Ortega y Gasset, 1883~1955. 스페인의 철학자이자 인문주의자. 공산
주의와 우익 포퓰리즘을 비판하고 자유주의의 가치를 옹호했다. 대표 저작 『대중의 반란』에서 그는 '다
수의 폭정'과 '대중의 집단적 평범함'이 자유로운 사고와 소수를 위협한다고 주장했다. 오르테가는 자
유주의를 '관대함'의 정치라고 정의했다.

가치를 위한 필수 조건인 안정성을 갖추고 있었다. (…) 그것은 도시인들의 사회적 무관심과 익명성을 끔찍하게 생각하는 뿌리 깊은 문화였다".[13] 위버는 때때로 자신이 태어난 지역을 비판하기도 했지만, 그곳에 대한 충성심은 최상이었다. 그는 남부가 "그 정당성의 근거를 깨닫지 못한 채 옳았다"고 주장했다.[14] 옛 남부는 "서구 세계 최후의 비물질주의 문명"이었다.[15] 1934년 무렵 리처드 위버는 헌신적인 농본주의자가 되었다.[16]

많은 농본주의 선배들처럼 위버도 곧 남부를 떠났다. 1945년 그는 시카고대학교에서 현대성이라는 대재앙을 냉정하게 성찰하고 있었다. 어쩌면 그는 그 가을날 사무실에 앉아 자신이 논문에서 인용한 오르테가 이 가세트의 말을 떠올렸을지 모른다. 오르테가는 "우리의 현재 문명을 보존하는 단순한 과정에는 매우 복잡하고 셀 수 없을 정도로 많은 미묘한 힘들이 필요하다"고 말했다.[17] 리처드 위버는 시도를 해보고 싶었다. 1947년 말 그는 "끔찍한 내리막"이라는 제목을 달고자 했던 책을 완성했다.[18] 그러나 출판사는 다른 제목을 선택했고, 1948년 초 마침내 『이념에는 결과가 따른다Ideas Have Consequences』가 등장했다. 그것은 많은 사람들의 말처럼 "현대 미국 보수주의운동의 원천이자 기원"이 되는 책이었다.[19]

위버 책의 주제는 다름 아닌 "서구의 해체"였다.[20] 문화로서 서구의 쇠퇴는 14세기 후반의 지적 실패에서 유래했다. 그는 오컴의 윌리엄William of Ockham*(1349년 사망)이 장황하게 설명한 유명론 철학의 꼬임에 빠져

• 1285/7년경~1349. 영국의 프란체스코회 신학자·철학자. 보편이 실재한다는 실재론을 반박한 유명론의 창시자로 여겨진다. 그는 보편이란 우리가 세상의 사물들 사이의 실질적인 유사성을 인식할 때 우리의 정신에서 야기되는 개념이며, 인간은 어떤 보편의 도움 없이 직관적 인식을 통해 사물을 직접 지각한다고 주장했다.

초월적 가치 또는 "보편"에 대한 믿음을 저버리고 "(…) 인간보다 높고, 인간으로부터 독립한 진리의 근원이 있다"는 입장을 포기했을 때, 서구인들은 "사악한 결정"을 내렸다고 주장했다.[21] 요컨대 "위대한 중세의 논쟁에서 [유명론에 의한] 논리적 실재론의 패배는 (…) 서구의 문화사에서 결정적인 사건이었다".[22]

위버는 이념에 내재해 있는 이러한 혁명의 "결과"가 냉혹하고 처참했다고 믿었다. 그는 "경험을 초월한 모든 것에 대한 부정은 필연적으로 (…) 진리의 거부를 의미한다. 객관적 진리를 부정한다면 '인간이 만물의 척도'라는 상대주의에서 벗어날 수 없다"고 단언했다.[23] 이것은 시작에 불과했다. 자연은 더 이상 "불완전한 실재"로 여겨지지 않게 되었고, 그 대신 독립적 실체로 인식되었다. 원죄의 교리는 폐기되었고, "인간의 선함"이 그 자리를 대신했다. 감각적인 물리적 세계만이 실재한다고 여겨진 이래로 종교는 쇠퇴하고 합리주의가 발흥했으며, 유물론적 과학이 점차 인간을 탐구하는 가장 권위 있는 방법이 되었다. 감각적 경험에 한정된 지식을 가진 인간은 결국 "무한한 귀납"과 "다중성"에 빠지고 말았다. 요컨대 인간은 수 세기 동안 제1 원리로부터, 정의定義로부터, 그리고 참된 지식, 즉 보편에 대한 지식으로부터 멀어져왔다.[24]

타락한 현대 세계라는 자신의 역사적 관점을 확립한 후 위버는 현대 서구의 병폐에 집중했다. 그는 문명은 전망·원칙·위계·구조·거리감·규제에 기초해야 한다고 거듭 주장했다. 현대 세계는 그의 이상과 매우 동떨어져 있었다. 위버의 정의에 따르면 문화는 "지성에 의해 정제되고 평가된 정서"였다.[25] 1948년에 문화는 침해받지 않을 권리에 대한 공격, 걷잡을 수 없이 밀려드는 원초적 경험, "즉시성에 대한 욕망"에 맞서고 있었다.[26]

위버는 문명은 "구별과 위계"에 의존한다고 말했다. 1948년에 문명은 만연해 있는 평등주의와 대중 숭배에 직면해 있었다. 위버가 말했듯 "사회와 대중은 모순되는 용어다".[27] 자기수양, 사유와 삶에서의 순종, 반성적 겸손함이라는 그의 윤리는 사방에서 포위당해 있었다. 경험주의와 특수화가 만들어내는 "파편성과 집착"에, 재즈 음악과 인상주의 예술 같은 그러한 "자기중심적" 움직임에, "거대한 입체경 Great Stereopticon"—대중매체에 대한 위버의 묘사—에 의해 생성된 무질서한 경험에 몰두하는 것에, 그리고 "노력과 보상 사이의 관계를 이해하지 못하게 만든" 현대인들의 제멋대로인 아동심리학에 문명은 포위당해 있었다.[28] 위버는 다시 한번 현대인이 통합된 세계상, "형이상학적 꿈"을 실현하지 못한 데서 이러한 무분별함의 광란이 비롯되었다고 주장했다. 그리고 그는 "인간이 파멸에 가까워질수록 인간의 깨달음은 흐릿해진다"고 경고했다. 신전의 벽은 영적 존재가 소멸된 후에야 파괴된다.[29]

그러나 위버는 단순히 긴 탄식jeremiad*을 쓰려던 의도가 아니었다. 마지막 세 개의 장에서 그는 개혁에 관한 의견을 제시했다.

첫 번째 적극적인 조치는 마땅히 (⋯) 물질적인 것과 초월적인 것 사이에 쐐기를 새로 박아 넣는 것이어야 한다. 당위의 세계가 존재한다는 것, 눈에 보이는 것이 실재하는 것을 없애지는 못한다는 것, 이러한 것들은 개선이라는 바로 그 개념에 매우 본질적이므로 언급할 필요조차 없는 것이 되어야 한다. (⋯) 이원론을 세상에 돌려주고, 경험주의가 낳은 도덕적 무능함을 꾸짖

• 긴 탄식(예레미야드)은 구약성경 예레미야서에 등장하는 산문 형태의 글이다. 일반적으로 국가나 사회의 도덕적 타락을 통탄하고, 임박한 몰락을 예언하는 내용의 글을 예레미야드라고 한다.

는 것이 우리 목표의 일반적 성격이다.[30]

하지만 어떻게? 우리는 먼저 사유재산에 대한 권리, "우리에게 남아 있는 마지막 형이상학적 권리"를 지켜야 한다.[31] 위버가 의미하는 것은 비인격적 기업의 재산이 아니라 "소규모 재산의 분산적 소유"였다.[32] 여기서 개인은 균형감과 사생활을 유지할 수 있으며, 국가의 침해로부터 피난처를 찾을 수 있고, "현대의 야만성에 맞서 로고스logos"를 지킬 수 있었다.[33]

다음으로 위버는 당시 유명론적 의미론운동에서 나타난 "모든 것을 감각으로 분해하려는 충동"[34]에서 언어를 구해내고 정제할 것을 제안했다. 언어는 함정이 아니라 "보편적 기억의 위대한 보고"[35]이자 "형이상학적 공동체"[36]이며, 본질적으로 가치를 부여하는 힘이었다. 따라서 그는 시와 변증론, 그리고 외국어를 통한 언어의 훈련을 주장했다. 위버는 아마도 자신의 농본주의 선배들의 사상을 반영해 "시는 잃어버린 우리 정신의 통일성을 되찾을 수 있다는 가장 아름다운 희망을 준다"고 단언했다.[37] 그는 우리가 "말을 사물로 존중하는 태도"를 회복해야 한다는 독특한 문구로 결론을 맺었다.[38]

마지막으로 위버는 자연과 타인, 그리고 과거에 대한 경건한 태도를 간구했다. 그는 이것이 현대인의 이기주의, "신경증적 낙관주의", "실체와의" 공격적 "전쟁"을 극복할 수 있는 부분적 해법이 될 것이라 믿었다.[39]

위버의 대담한 책에 대한 반응은 다양했고, 때때로 가혹했다. 그는 도널드 데이비슨Donald Davidson*에게 보낸 편지에서 "사람들은 이 책에 열광적으로 찬성하거나 반대하는 것 같습니다"라고 썼다.[40] 폴 틸리히Paul Tillich, 라인홀드 니부어Reinhold Niebuhr, 존 크로 랜섬은 이 책을 높이 평가했다.[41] 반자연주의 철학자 엘리세오 비바스Eliseo Vivas는 위버를 "탁월한 도덕주의자"라고 칭했고,[42] 보수적인 예일대학교 정치학자 윌무어 켄달Willmoore Kendall은 그를 "반자유주의 집단의 수장"으로 임명했다.[43] 다른 사람들은 그다지 좋게 평가하지 않았다. 결국 『현대인을 위한 변론The Case for Modern Man』을 쓰게 된 찰스 프랭클Charles Frankel**은 인본주의 전통에 대한 위버의 "절대주의적" 옹호를 비판했다.[44] 하워드 멈포드 존스Howard Mumford Jones***는 그를 무책임하다고 비난했다.[45] 다른 평론가는 그에게 "중세 교황의 시대로 돌아가자고 설파하는 선전가"라는 꼬리표를 달아주었다.[46] 아마도 가장 냉혹했을 평론에서 한 비판자는 이 책을 "오만한 사기"이자 "본질적으로 사악"하고 "악명 높은" 책이며, 한스 모겐소Hans Morgenthau****와 프리드리히 하이에크가 포함되어 있는 시카고대학교 출판부 "반동의 사슬"의 일부라고 매도했다.[47] 위버가 자신의 하찮은 작품이 "채찍질당하고 있다"고 말한 것도 무리는 아니었다.[48]

왜 그랬을까? 『이념에는 결과가 따른다』에 대한 극단적인 반응은 몇

• 도널드 그래디 데이비슨Donald Grady Davidson, 1893~1968. 미국의 시인·문학평론가. 주의 권리와 인종분리 정책을 노골적으로 옹호한 남부 농본주의자 중 한 명이다. 농본주의 그룹이 해체된 후에도 그는 여전히 농본주의 입장을 주장하는 정치적 글들을 썼다.

•• 1917~1979. 미국의 철학자이자 미국인문학센터National Humanities Center 창립 이사. 그는 『현대인을 위한 변론』에서 이성과 진보라는 자유주의적 이상을 공격하면서 냉소주의와 적개심을 낳게 만든 이념을 추적·비판하고, 자유주의가 인간의 상태를 실질적으로 개선시킬 수 있다고 주장했다.

••• 1892~1980. 미국의 영문학자·문학평론가. 미국 문화사 연구를 발전시킨 인물로 평가받고 있다.

•••• 한스 요아힘 모겐소Hans Joachim Morgenthau, 1904~1980. 독일계 미국인 법학자·정치학자. 그는 국가의 모든 행위는 자국의 이익을 위해 권력을 유지·확대하는 것을 목표로 해야 하지만, 주권 국가 사이에서는 타협 등의 전통적인 외교 방법을 통해 권력의 균형과 안정을 유지해야 한다고 주장했다. 국제법과 국제관계 이론에 기여한, 제2차 세계대전 이후 가장 영향력 있는 현실주의 정치학자로 평가되고 있다.

년 전 『노예의 길』을 반겼던 격앙된 분위기와 비교된다. 두 저자 모두 대중의 찬사에는 거의 관심 없는 근엄한 지식인이었다. 위버가 얻은 성공과 악명도 예상치 못한 것이었다.[49] 실제로 위버는 자신의 책을 너무나 조용히 준비하고 있었기 때문에 그의 가족이나 동료들 모두 그가 책을 쓰고 있다는 사실조차 모르고 있었다.[50] 게다가 하이에크와 위버는 각자 다른 영역에서 사악한 사상의 승리로 인한 서구의 쇠퇴라는 동일한 현상을 인지했다. 두 사람은 제2차 세계대전의 경험에 충격을 받았다.[51] 각각의 책은 부분적으로 긴 탄식이었고, 각각의 책은 불안정한 국가라는 아픈 곳을 건드렸다.

그러나 위버의 역작은 서구의 쇠퇴를 애통해하는 문헌에 단지 또 한 편의 글을 추가한 것이 아니었다. 위버의 책을 둘러싸고 나타난 격렬한 분노는 이 책의 진정한 의미를 시사한다. 『이념에는 결과가 따른다』는 전후 초기의 어떤 책보다 지적 우파와 좌파를 가르는 깊은 간극을 극명하게 드러냈다. 1949년의 한 비평에서 허버트 J. 멀러Herbert J. Muller˙는 이 간극에 거듭 주목했다. 그는 위버의 문제는 "절대적이고 영원한 불변의" 진리를 믿는다는 데 있다고 썼다. 그러나 위버는 그러한 진리의 존재를 입증하지 못했을 뿐만 아니라 "절대적 편협성"에 기반을 둔 "기묘한" 신봉건적 기획을 시행하려고 했다. 멀러는 "위버 씨의 형이상학적 확신의 정치적 등가물"은 권위주의라고 주장했다. 실제로 "우리 문제의 근원"은 관

용적인 "상대주의적" 자유주의가 아니라 "확실성에 대한 환상"이었다.[52]

멀러와 위버 사이의 심오한 차이는 자유주의와 소위 전후 "신보수주의" 사이에서 전개된 지적 분열을 이례적으로 명확하게 반영하고 있었다. 쟁점은 전체주의의 진정한 의미였다. 히틀러의 가스실 학살, 스탈린의 대숙청, 오웰의 1984년 전망, 이 새로운 야만주의는 어떻게 생겨났는가? 전체주의의 근원과 이를 막는 최선의 방어책은 무엇인가? 어떻게 하면 역사가 되풀이되지 않도록 할 것인가? 어느 길이 독재·노예의 길인가? 우리를 좀먹는 회의주의적 상대주의인가 아니면 전통을 "절대적인 것"으로 적극적으로 재확인하는 것인가?[53] 우리는 어떤 기반 위에 "민주주의를 위한 도덕적 토대"를 구축할 수 있는가?[54] 세속적·실용적·과학적 지성—존 듀이가 전형적으로 보여준—을 통해, 아니면 종교적 믿음과 서구 철학의 "위대한 전통"을 통해? 민주주의는 "도덕적 토대"를 필요로 한다는 관념이 등장했다는 것 자체가 시대의 징조였다. 이는 1948년 위버의 책에서 제기된 질문 중 일부였고, 비평가들의 다양한 답변은 향후 몇 년간 지적 세력의 경계를 분명하게 보여주었다.

위버는 전후 많은 보수주의자들의 우려를 효과적으로 표명했지만, 이 시대 자유주의적 정통성에 반대한 유일한 사람은 아니었다. 곳곳에서 저항의 목소리들이 멀러가 칭한 "절대적인 것의 부활"에 기여하고 있었다. 그들 중 한 명이 『뉴욕헤럴드트리뷴New York Herald Tribune』의 수석 논설위원 어거스트 헥셔August Heckscher였다. 그는 1947년 자신의 책 『정치의 유형A Pattern of Politics』을 출간했다.[55] 그는 자신의 책이 "어떤 도덕적 내용, 어떤 타당한 의미와 목적을 우리의 사회생활에 복원할 필요성"을 가정하고 있다고 분명하게 언급했다.[56] 위버와 마찬가지로 헥셔 역시 전쟁의 영향에 대해 숙고해왔으며, 위버처럼 우리 불만의 원천을 이념으로 귀착시켰다. 헥셔는 특히 제2차 세계대전 직전 자신이 대학생들에게서 보았던 도덕적 무관심에 당혹스러워했다. 그는 학생 세대가 진리와 이상에 냉소적이어야 한다고 배웠다고 주장했다.

> 한 세대가 인간다움을 확언하고, 인격을 선언하는 모든 자질이 고갈된 창백한 세상에 살게 되었다. 인간의 본성과 인간이 건설하는 공동체를 해명하려했던 연구에서 충성심, 의지, 희망이 아무런 역할도 하지 못하는 것처럼 보였기 때문에, 그들은 이러한 것들이 존재하는지 의심했다. 그들은 유령과 함께 살았다. 그들은 진리의 메마른 껍데기에 만족했다. (…) 자유는 탐욕스러운 귀족들이 러니메드Runnymede*에서 왕에게 강탈해간 소수의 특권이었고, 그 후 필라델피아의 55명의 부자들**에 의해 정교해졌다. 진리는 가장 큰 소음을 만들어내는 선전이었다. 정의는 가장 강력한 측에 의해 성립된 합의였다.[57]

이러한 상대주의와 환원주의에 대한 책임은 누구에게 있는가? 헥셔는 정치를 가르치는 선생들을 비난했다. 정치학자들은 정치와 윤리를 떼어놓고, 과학적 가설을 가치판단과 분리시킴으로써 학생들을 잘못된 길로 이끌었다. 그들은 진리에 굶주린 학생들이 과학자들의 조심스럽고 냉정한 방법을 일상세계에 대한 약동하는 진리라고 오해하기 쉽게 만들었

* 1215년 잉글랜드 존 왕이 반란을 일으킨 귀족들을 만나 대헌장에 서명한 장소이다.
** 1787년 미국 헌법 초안을 작성하기 위해 필라델피아에 모인 55명의 대표단—12개 주에서 파견된—을 말한다. 이들은 모두 백인 남성이었고, 대부분 부유한 사람들—변호사 32명, 대학 총장 2명, 농장주 5명, 상인 8명, 의사 3명—이었다. 토머스 제퍼슨은 이 모임을 '반신들의 모임'이라고 불렀다고 한다.

다. 학생들은 윤리적 판단을 추구했지만, 그들이 얻은 것은 잠정적이고 추상적인 일반화였다. 헥셔의 해결책은 플라톤에서 시작된 위대한 전통을 재천명하고, 확신을 가지고 그 전통을 가르치는 것이었다.

헥셔의 불만 중 일부는 몇 년 후 케니언대학교의 고든 키스 차머스Gordon Keith Chalmers' 총장이 집필한 영향력 있는 책 『공화국과 인격Republic and Person』에서 반복되었다.[58] 차머스는 1920년대와 1930년대 미국의 역사는 실질적으로 "붕괴된" 감상적 자유주의의 역사였다고 썼다. 진정한 자유주의는 개인의 존엄성·도덕적 책임·법 아래 정의와 같은 가치들에 대한 굳건한 믿음을 특징으로 해왔다. 그러나 전쟁 이전의 자유주의는 독재, 특히 러시아의 독재 정권을 기꺼이 용서하려는 의지와 더불어 인간의 합리성과 선함, "사회적" 병폐를 손쉽게 근절할 가능성에 대한 어리석은 루소주의적 관념으로 충만해 있었다. 게다가 전쟁 이전에 유행했던 의미론에 너무 많은 지식인들이 무릎을 꿇었다. 『이념에는 결과가 따른다』의 위버와 마찬가지로 차머스 역시 알프레드 코집스키Alfred Korzybski''와 S. I. 하야카와Samuel Ichiye Hayakawa가 개발한 이 새로운 학문을 비판했다. 그는 "새로운 의미론은 유명론이다"라고 선언했다.[59] 이것의 유해한 인기는 전쟁 직전에 우리가 어느 편을 지지해야 하는지와 관련해 미국인들을 혼란스럽게 만드는 데 일조했다. 차머스는 차이를 단호하게

• 1904~1956. 미국의 영문학자이자 교육 운동가. 교양과목 교육을 통해 입헌주의·개인주의·보편적 도덕이라는 미국의 유산을 모든 학생들에게 전달해야 한다고 주장했다.

•• 알프레드 하브단크 스카르베크 코집스키Alfred Habdank Skarbek Korzybski, 1879~1950. 폴란드 출신의 미국 철학자. 언어철학 체계인 일반의미론의 창시자이다. 그는 세계에 대한 인간의 지식은 인간의 신경계와 인간이 발달시킨 언어에 의해 제한되며, 우리가 알 수 있는 지식의 대부분은 뇌의 반응을 통해 걸러진 것이므로 누구도 현실에 직접 접근할 수 없다고 주장했다.

지적했다. 의미론은 "명예"·"용기"·"민주주의"·"자유"와 같은 단어들에 회의적이었지만, 제2차 세계대전에 참전했던 미국인들은 아마도 이런 단어들을 위해 싸웠을 것이다.

또 다른 악은 상대주의였다. 대법원장 프레드 M. 빈슨Frederick Moore Vinson이 최근에 발표한 성명서가 특히 차머스를 실망시켰다. 데니스 등 대 연방정부 재판Dennis et al. vs. U.S.(1951)*에서 빈슨은 공산당 지도자 11명의 유죄 판결을 확정하며 다음과 같이 말했다.

현대 사회에서 절대적인 것이란 없다는 원칙보다 더 명징한 것은 없다. 이름, 문구, 규범은 그 명명법을 탄생시킨 사항들과 관련이 있을 때만 의미를 갖는다. 모든 개념은 상대적이다.[60]

차머스에게 존 듀이와 홈스Holmes** 판사 시대의 학계에서 비롯된 그러한 관점은 거짓일 뿐 아니라 위험했다. "개인의 자유를 진정으로 가능하게 한 것은 진리에 뿌리를 두고 있을 뿐만 아니라 옳고 그름, 선과 악,

---

• 1948년 유진 데니스Eugene Dennis를 포함한 11명의 공산당 지도자들은 정부의 폭력적 전복을 옹호하거나 그러한 조직에 가입하는 것을 불법으로 규정한 「외국인 등록법Alien Registration Act」—일명 스미스법—을 위반했다는 혐의로 기소되어 유죄 판결을 받았다. 이 사건에서 데니스 측의 변호인은 스미스법이 수정헌법 제1조의 권리—표현·집회·결사의 자유와 정부에 대한 청원권 보장 등—를 침해한다고 주장했다. 1951년 연방대법원은 이들에 대한 유죄 판결을 확정하고, 스미스법의 합헌성을 인정했지만, 빈슨과 로버트 H. 잭슨Robert H. Jackson 판사는 특별성명서를 작성해 '의회가 표현의 자유를 보호하는 것과 위협하는 것 사이에서 균형을 잡을 필요가 있다'고 주장했다. 이 사건 이후 미국에서는 공산주의에 의한 국가 장악이라는 두려움이 커졌다.

•• 올리버 웬델 홈스 주니어Oliver Wendell Holmes, Jr., 1841~1935. 미국의 법학자이자 연방대법원 판사. 표현의 자유를 폭넓게 해석하고, '명백하고 현존하는 위협'만이 표현의 자유를 제한하는 유일한 근거라고 주장했다.

인간과 하나님의 관계에 대해 인간이 변함없이 유지해온 합의였다. 자유주의는 문학·철학·법률에서 이러한 관계에 본질적인 요소들의 비일관성과 실제적인 불확실성을 강조함으로써 붕괴되었다."[61]

듀크대학교의 정치학자 존 할로웰John Hallowell은 전통적 가치를 해체시키는 수단의 목록—점점 늘어나는—에 상대주의·의미론·도덕주의 외에 또 한 가지, 실증주의를 추가했다. 1944년 세계대전이 지지부진하게 이어지자 할로웰은 자신의 직분에서 자연과학의 영향을 맹렬하게 비난하는 논쟁적인 글을 썼다.[62] 그는 "모든 윤리적 고려와 분리된 '과학적' 초연함으로 정치학 연구에 접근할 수 있거나 접근해야 한다고 믿는 것이 과연 옳은가? 우리는 역사, 철학, 법, 윤리로부터 우리 자신을 '해방'시키기 위해 올바른 길을 가고 있는가?"[63]라고 물었다. 할로웰의 대답은 확실히 부정적이었지만, 그는 추세가 자신에게 불리하다고 느꼈다. 19세기 후반에 과학과 기술이라는 신을 섬기는 "경험주의적·실증주의적" 관점이 생겨났고, 대단한 성공을 거두었기 때문이다. 형이상학과 질적 서술은 곧 의심을 받았다. "가치판단은 객관적 진리가 아니라 주관적 선호의 표현으로 간주되었다. 옳고 그름, 좋은 것과 나쁜 것, 정의와 불의에 대한 최상의 판단은 효용이나 편의에 근거한다고 여겨졌다."[64] 할로웰은 실증주의 이론의 다양한 오류를 증명한 후 그 오류의 사회적·지적 함의를 논했다. 실증주의는 가치에 대해 짐짓 무관심한 척하면서 "사상에서는 허무주의를, 실천에서는 무정부주의"를 낳았다.[65]

만약 실증주의가 주장하듯 어떠한 합리적 정당성도 결코 참되지도 진실하지도 실재적이지도 않다면, 정치적 견해 차이는 결국 힘의 대결장에서만 결정될 수 있으며, 정치는 일종의 전쟁으로 간주될 것이다. (…) 실증주의에 내포되어 있는 허무주의는 파시즘의 정신을 만들어낸 냉소주의와 절망의 복음과 동일하지는 않더라도 매우 유사하다.[66]

후속 글에서 할로웰은 실증주의와 자유주의, 그리고 20세기 전체주의 사이의 연관성에 대해 자세하게 설명했다. 실증주의의 공격을 받은 자유주의자들은 점차 정의와 같은 개념들을 시대에 뒤떨어지고 검증할 수 없으며, "형이상학적인 것"으로 버려두었다. 그러나 이 "과학적" 충동의 결과는 파시즘과 나치즘에 앞에서 무력했다. "여러분의 사전에서 정의라는 단어를 지워버렸는데 어떻게 폭군을 부당하다고 비난할 수 있겠는가? 실제로 폭정을 어떻게 알아볼 수 있겠는가?"[67] 할로웰은 자유주의자들이 인간의 양도할 수 없는 권리라는 이념을 거부함으로써 리디체Lidice•와 다하우Dachau••로 가는 길을 닦았다고 말했다. 헥셔·차머스와 마찬가지로 할로웰 역시 전쟁 전 자유주의가 지적·도덕적으로 파산했음을 발견했다.

두려움으로 인해, 그리고 자신들 교리의 진리를 확신하지 못해 타락한 현대 자유주의자들은 확신에서 비롯된 용기도, 독재를 비난할 언어도 가지고 있지 않다. 그것이 1933년의 진실이었고, 1947년의 진실이다. 현대 자유주의

• 1942년 5월 체코 레지스탕스의 폭탄 공격으로 라인하르트 하이드리히Reinhard Heydric ─ 보헤미아와 모라비아 보호령의 총독 직무 대행 ─ 가 사망하자, 나치는 이에 대한 보복으로 같은 해 6월 공격 현장에서 가까운 리디체 마을 주민들을 배후로 지목하고 이들을 집단 학살했다.

•• 1933년 3월 나치가 독일에 건설한 최초의 집단 수용소. 이곳에서 나치 의사들은 수감자들을 대상으로 말라리아·결핵·저체온증 등 의학적 실험을 자행했다. 1945년 다하우 수용소를 해방시킨 미군은 수용소 근처에서 시체로 가득 찬 열차 30여 대를 발견했다.

는 자살을 청하는 초대장이다.[68]

이념에는 결과가 따른다. 이는 자유주의를 둘러싸고 전후 초기에 급속하게 증가한 비판적 메시지였다. 유예된 판단을 추종하는 자유주의는 무기력하고 혼란스러웠다. 자유주의는 전체주의 이데올로기의 유혹에 빠져 심지어 유린당하기까지 너무 오랫동안 스스로를 방치해왔다. 자유주의는 상대주의적·역행적·세속적·과학적·실용적인 방식으로—비판자들이 한 목소리로 점점 더 크게 말했듯—자신들이 더 이상 믿지 않는 문명을 훼손하고 있었다. 그렇지만 우리는 절대주의를 경계해야 하지 않느냐고 자유주의자들이 물었다. 할로웰은 다음과 같이 답했다. "겸손으로 위장한 절망과 관용으로 가장한 무관심이 현대 정신병의 징후다."[69]

보수주의 지식인들은 자유주의 사상의 열매를 검토하면서 대중사회의 극적인 성장과 보통사람에 대한 숭배를 특히 혐오스럽게 바라보았다. 그들은 자유주의자인 헨리 월리스가 20세기를 보통사람의 세기로 선언했다는 사실을 간과하지 않았다. 버나드 이딩스 벨Bernard Iddings Bell은 이것이 진실이라고 인정했지만, 그렇다고 우리가 그 사실을 축하해야 한다는 결론에 도달한 것은 아니었다.[70] 성공회 성직자이자 세인트스테판칼리지—현재의 바드대학교—의 전임 총장, 그리고 앨버트 제이 녹의 절친한 친구였던 벨에게 1950년대 초반의 미국은 "군중문화"의 시대였다. "보통사람"에게 헌정된 같은 제목의 소책자에서 벨은 자신을 둘러싸고 있는 소위 문명이라는 것을 가차 없이 비난했다.[71] "미국을 위험에 빠뜨리는 주된 위험은 미국 내부에서 나온다."[72] 그것은 자기만족적이고 저속하며, 무분별하고 균질적이며, 편안함을 추구하는 보통사람의 졸부 문화였다. 이러한 관점은 비민주적인가? 물론 그렇다고 벨은 흔쾌히 인정했다. 우리 시대의 가장 위험한 추정 중 하나는 보통사람에게 "(…) 맡기면 숙련되고 비판적인 지도력 없이도 자신과 사회를 안전하게 운영할 수 있다"는 것이다.[73] 도리어 대중에게는 탁월함과 "보다 도시적이고 인간적인 삶의 방식"을 전형적으로 보여줄 "엘리트, 민주적 엘리트"가 필요하다.[74]

1940년대와 1950년대에는 자유주의 교리와 대중문화를 비판하기 쉬웠다. 그러나 이 둘 사이에는 어떤 관계가 있는가? 1950년대 초반 보수적인 젊은 시인이자 저널리스트가 그 해답을 제시하고자 했다. 1925년 뉴욕에서 태어난 앤서니 해리건Anthony Harrigan은 버나드 이딩스 벨이 한때 총장을 지냈고, 앨버트 제이 녹이 교수로 있던 바드대학교를 졸업했다. 해리건은 그 후 사우스캐롤라이나주 찰스턴으로 가서 『뉴스앤드쿠리어News and Courier』의 연로한 편집자 윌리엄 왓츠 볼William Watts Ball ― 신경질적인 극단적 보수주의자 ― 의 조수가 되었다. 해리건은 대중사회의 인간에 대한 귀족적 경멸의 원천들에 깊이 빠져들면서 서구인의 도덕적·윤리적 기질을 잠식하는 자유주의·실증주의·집단주의를 맹렬히 비난했다. 해리건에 따르면 이러한 타락의 과정은 "부도덕"이라는 규범을 발전시키고 있는, "사납고 교묘한" 현대주의자들의 정통주의에 의해 조장되었다. 그는 "현대주의자들은 단호하다"고 주장했다.

> 포르노를 의학으로, 쓰레기를 예술적 사실주의로, 그리고 비정상을 단순한 의견 차이로 받아들이라고 강요한다. (…) 국가의 삶은 근본적으로 품위가 있지만, 미국인들은 우리 문명의 인간적 요소들을 파괴함으로써 우리를 파멸로 이끄는 문화적 지배계급의 손아귀에 있다.[75]

이렇게 병든 자유주의 문화의 기관 중 하나가 "가치를 경멸하는" "거만하고 자기만족에 빠진 환심성 저널"『뉴요커New Yorker』였다.[76] 그렇다면 목적은 무엇인가? "파괴적 충동"에 의해 동기를 부여받고, "전통적 가치와 규제를 통해 억제할 수 없는" "자유롭게 자란 야만인"을 증가시키는 것이었다.[77]

물론 1940년대와 1950년대에 나타난 오랜 가치와 태도의 쇠퇴를 『뉴요커』같은 저널 때문이라고만은 할 수 없다. 새롭게 등장한 대중사회의 인간과 자유주의 이데올로기의 관계는 그보다 한층 복잡했다. 어떻게 자유주의적 오류가 그토록 만연하게 되었는가? 전후 10년 동안 "신보수주의" 지식인들에게 이 수수께끼에 대한 한 가지 해답은 존 듀이가 옹호한 진보적 교육의 교리가 미국 학교 시스템에 광범위하게 침투해 있다는 것이었다.

1950년대 사회 비판의 작은 갈래가 된 초기 사례 중 하나는 벨의 『교육 위기Crisis in Education』였다. 1949년에 출판된 이 책에는 보통사람—그러나 적절한 교육을 통해 도움을 받을 수 있는—을 경멸하고, 우리의 "유치"하고 저속한 문화를 거부하며, 우리 문명의 도덕적·종교적 전통 안에서 "재능 있는 소수"를 포함해 모든 아이들을 교육해야 한다는 우려 등 후기 저작에서 되풀이되는 동일한 주제가 담겨 있었다. 그는 "도덕철학을 다시 교육의 핵심으로 삼아야 한다"고 촉구했다.[78] 벨은 자신의 책에서 존 듀이를 거의 언급하지 않았지만, 듀이의 사상에 대한 그의 반감은 노골적이었다. 예컨대 그는 종교의 필요성과 학교에서 종교 교육의 필요성을 거듭 강조했다. "만약 하나님이 존재하지 않는다면 (…) 자유연애는 완전히 옹호될 것이며, 힘에 기반한 정치를 피할 수 없게 될 것이다."[79] 벨은 또한 과학을 감탄스럽게 바라보며 종교를 비웃고 조롱하며, "규준과 제재에서 자유로워지기만 해도" 진리를 더 쉽게 추구할 수 있다

고 생각하는 세속적 "지식계급"을 맹비난했다.[80]

평등주의·세속적 교육·정부의 통제에 반대하고, 규율과 전통적인 교육 과정을 강조한 벨은 당시의 "진보적 교육" 기풍과 거리가 멀었다. 벨처럼 오르테가 이 가세트의 『대중의 반란』과 앨버트 제이 녹의 『우리의 적, 국가』를 칭송하는 "진보주의자"는 없었을 것이다. 벨은 자신의 논점을 명확하게 알리기라도 하려는 듯 자신의 책을 녹의 아들에게 헌정했다.

1949년 이후 몇 년 동안 듀이를 비판하는 다른 목소리들—특히 아서 베스토Arthur Bestor,[*] 모티머 스미스,[**] 고든 키스 차머스—도 들려오기 시작했다.[81] 1950년대 중반 듀이와 "컬럼비아대학교 사범대학 후원 조직"—러셀 커크가 칭한—에 반대하는 격렬한 반응이 명백하게 드러나고 있었다. 듀이를 가장 신랄하게 비판한 사람 중에는 당시 오하이오주립대학교의 철학자 엘리세오 비바스가 있었다. 한때 자연주의 철학운동의 선도적인 젊은 빛이었던 비바스는 제2차 세계대전의 악폐에 깊은 충격을 받아[82] "시대정신의 세속적 목표"를 수용한 순진하고 낙관적인 자연주의에 점점 등을 돌렸다.[83] 1950년 무렵 그는 "가치론적 실재주의자"가 되었고, "가치는 실재하며, (…) 우리의 발견에 선행한다"고 확신했다. 즉 가치는 그것을 인식하는 인간으로부터 독립된 실재로서 "존재의 지위"를 갖는다.[84]

1950년 비바스는 듀이를 포함해 자연주의 철학을 혹독하게 비판하

• 　아서 유진 베스토 주니어Arthur Eugene Bestor Jr., 1908~1994. 미국의 역사학자. 1950년대 미국 공교육의 진보주의 이념을 비판하면서 명성을 얻었다.

•• 　1906~1981. 1956년 설립된 기본교육협회Council for Basic Education의 공동 창립자. 기본교육협회는 모든 학생에게 사회에 대한 지식이 아니라 영어·수학·역사 등 기본적인 교육과 학습을 제공·강화해야 한다고 주장했다.

는 글을 발표했다. 도구주의에 대한 그의 다양한 비판 가운데 하나는 그것이 완전히 세속적인 세계관을 고수하고 있다는 것이었다. 듀이는 그 시대의 무시무시한 경향에 반대하기는커녕 그것들에 순응할 것을 장려했다.

> 듀이는 스스로를 자신의 세계와 그 세계의 가치를 비판하는 사람이라고 생각한다. 그러나 그는 오웰과 헉슬리의 악몽으로 우리를 이끄는 (…) 가장 사악한 세력 뒤에서 거들먹거리며 영향력을 행사하고 있을 뿐이다. 듀이 철학의 결과는 (…) 인간의 존엄성을 희미하고 하찮게 만드는 것이다. (…)
> 그는 자신도 모르게 공산주의의 압박에 대한 우리의 경계심을 누그러지게 만드는 임무를 수행했다. 그는 '멋진 신세계'를 내세운 최고의 주창자들 중에서도 가장 거물급의 인물이다. 그가 결코 이해하지 못한 것은 역사적 과정에 의해 약화된 모든 가치를 서둘러 제거하기 위해 기본적으로 우리의 인간성을 구성하는 모든 가치의 파괴를 자신이 옹호했다는 사실이다. (…)
> 그가 왜 전체주의보다 민주주의를 선호하는지, 어떤 듀이주의자도 편의적인 것이 아닌 훌륭하고 근본적인 이론적 이유를 제시하지 못한다.[85]

보수주의자들의 불만은 여러 면에서 중요했다. 1930년대와 1940년대는 그들에게 파시즘·공산주의·전면전이라는 대재앙 이전에 자유주의적 퇴보와 포기의 시대였다. 버나드 이딩스 벨은 "야수와도 같은 인간들"이 거의 모든 현대의 삶을 지배했다고 한탄했다.[86] 자유주의는 비바스가 모든 인간에게 존재한다고 말한 "잔인함 (…) 격정과 욕망"을 억제하는 데 실패한 것만이 아니었다.[87] 우익 비판자들에 따르면 자유주의는 서구 문명의 도덕적 타락을 조장하고 일부 야기하기까지 했다. 엘리세오 비바스 같은 보수주의자들에게 "오늘날 품위를 보여주는 중요한 표식 중 하나는 20세기의 인간이라는 사실을 부끄러워하는 것이다".[88]

그러나 단순히 동시대에 나타난 서구 병폐의 징후를 찾아내고 비난하는 것만으로는 충분하지 않았다. 오랜 전통을 되찾고자 하는 사람들은 특히 주목할 만한 일련의 의문들을 반복적으로 제기했다. 우리는 어떻게 현재의 불행에 도달하게 되었는가? 과거는 어떻게 전복되었는가? 서구는 어째서 몰락했는가? 무엇보다 20세기가 전체주의와 대량 학살, 그리고 전면전이라는 기괴한 기록을 남기게 된 이유는 무엇인가?

새롭게 부상한 보수주의 지적 운동의 특징 가운데 하나가 사상의 역사를 통해 퇴보를 추적하는 지적 계보학에 매료되었던 것이라는 사실은 우연이 아니었다. 리처드 위버는 14세기의 오컴부터 이어져 내려온 "끔찍한 계보"를 묘사하면서 웅장한 방식으로 그러한 시도를 했다. 1940년대 후반과 1950년대 초반에 다른 사람들도 이와 비슷한 활동을 수행했다.

== ★★★ ==

위버는 중세에서 서구 타락의 근원을 발견한 유일한 보수주의 지식인이 아니었다. 나치즘에서 탈출한 중부 유럽 출신의 망명자 에릭 푀겔린Eric Voegelin도 그러했다. 1901년 독일에서 태어나 빈대학교에서 교육을 받은 푀겔린은 1938년 나치에 의해 교수직에서 해임되었다. 푀겔린은 하버드대학교의 윌리엄 Y. 엘리엇William Yandell Elliott 교수의 도움으로 미국으로 탈출한 뒤 마침내 루이지애나주립대학교에 몇 년간 정착할 수 있었다.[89] 이 박식한 정치학자는 전후 우파 지식인들에게 가장 중요한 책 중 하나가 된 『새로운 정치과학New Science of Politics』을 1952년 출간했다. 이 책에

서 그는 "현대성의 본질은 영지주의의 성장"이라는 논제를 내세웠다.[90]

영지주의란 무엇인가? 물론 어떤 의미에서 그것은 초기 수 세기 동안 기독교를 위협했던 고대의 이단이었다.[91] 그러나 푀겔린이 이 용어를 사용하면서 영지주의는 더 이상 난해하거나 멀리 있는 어떤 것이 아니게 되었다. 영지주의는 기독교의 희망과 상징을 내세적 지향에서 "현세의 행동 범위"로 옮기기 위해 "기독교의 종말론을 내재화"하려는 서구 사상의 뿌리 깊고 지속적인 경향이었다. 로마제국의 기독교는 "권력의 현세적 영역을 탈신격화"했다. 그러나 영지주의는 현세에서만 "사회를 재신격화"하고 "종말론적 성취"를 추구했다. 그는 영지주의적 혁명은 "그 목적을 위해 인간의 본성을 변화시키고, 변형된 사회를 건설한다"고 주장했다.[92]

푀겔린은 9세기 스코투스 에리우게나Scotus Eriugena*의 저작에서 영지주의적 사변의 부활이 일어났다고 믿었다. 더 중요한 것은 12세기와 13세기라는 "광범위한" 기간에 걸쳐 영지주의적 사고가 고조되었다는 사실이다. 그때까지 "사회를 재신격화하려는 열망"은 "명확한 상징성"과 "포괄적인 표현"이 부족했다.[93] 이러한 결핍은 삼위일체를 기초로 역사의 시대를 구분한 피오레의 요아킴Joachim of Fiore**의 사변에 의해 보완되었다. 성부의 시대가 열렸고, 성자의 시대는 끝나가고 있으며, 성령의 시대가 막 시작되려 하고 있었다. 푀겔린에 따르면 요아킴의 "사변은 역사의 내

• 　요하네스 스코투스 에리우게나John Scotus Erigena, 810~877. 아일랜드 출신의 신학자. 기독교 신앙과 그리스 및 신플라톤주의 철학의 조화를 추구했다. 범신론적 경향으로 인해 교회의 비난을 받았지만, 서구 신비주의와 13세기 스콜라 철학에 커다란 영향을 미쳤다.

•• 　1130~1201. 이탈리아의 신비주의 신학자이자 성서 주석가. 그는 역사를 성부·성자·성령의 시대로 구분하고, 마지막 성령의 시대에 인간을 새로운 영적 차원으로 인도하는 중재자가 등장해 새로운 종교적 질서가 생겨날 것이라고 예언했다. 단테는 그의 사상에서 영감을 받아 『신곡』을 썼다고 한다.

재적 과정에 의미를 부여하려는 시도였다". 이는 성 아우구스티누스St. Au-
gustine의 기독교적 역사철학에서는 제시되지 않은 사상이었다. 더욱이 요
아킴의 이론은 "현대 정치 구조"에 "결정적인" 영향을 미쳤다. 그는 "오늘
날까지 현대 정치사회에 대한 자기해석을 지배하는 상징의 집합체를 창
조해냈다".[94]

그러나 요아킴에서 진정한 현대 세계에 이르기까지, 그 길은 아직 멀
리 있었다. 푀겔린은 16세기에 "혁명이 분출되기" 전까지 영지주의적 충
동은 여전히 "미미"했다고 주장했다. 실제로 종교개혁은 "영지주의운동에
의한 서구 제도의 성공적 침탈"이라고 정의할 수 있다.[95] 점점 더 영지주
의의 지배를 받게 된 사회 안에서 영국의 청교도를 혁명적 영지주의에
대한 사례연구로 활용하고, 『리바이어던』에서 질서의 본질을 정의하려던
홉스의 시도를 분석하면서 푀겔린은 이 "반실존적 망상"의 오류를 검토
했다.[96] 이 모든 분석이 세기 중반의 미국과 동떨어져 보이지는 않았을
까? 푀겔린은 관련성을 명확히 하는 데 주의를 기울였다. 공산주의·자유
주의·나치즘·프랑스혁명·실증주의·과학주의, 이 모든 현대 운동이 천
상과 지상을 통합하려는 이단적 노력의 변종들로 확인되었다. 그는 때때
로 상당히 구체적이었다. "영지주의 정치인들은 소련군을 엘베강에 배치
하고, 중국을 공산주의자들에게 넘겨주는 동시에 독일과 일본을 비무장
화했으며, 게다가 우리 군대를 해산시켰다."[97] 요아킴에서 해리 트루
먼Harry Truman까지, 결국 그 거리는 그렇게 멀지 않았다. 이 모든 것의 최
종 종착지는 어디인가? "영지주의 활동가들의 실존적 지배로 정의되는
전체주의는 진보적 문명의 최후 형태이다."[98]

1930년대 나치 유럽에서 온 또 다른 망명자 레오 스트라우스Leo
Strauss에게도 16세기와 17세기의 격변은 서구인의 퇴락에 결정적 역할을

한 것처럼 보였다. 1899년 독일의 정통 유대교 가정에서 태어난 스트라우스는 제1차 세계대전에 독일군 병사로 참전했으며, 1921년 함부르크대학교에서 박사학위를 받았다. 1925년부터 1932년까지 그는 베를린의 유대교학술원Academy of Jewish Research에서 근무했다. 전후 미국 보수주의에 지대한 영향을 미친 몇몇 다른 유럽인들처럼 스트라우스도 청년 시절 바이마르 공화국의 지속적 붕괴와 아돌프 히틀러의 섬뜩한 부상을 목격했다. 그 역시 미국으로 건너가 뉴스쿨New School for Social Research에서 10년간 강의를 했다. 1949년 그는 시카고대학교의 정치철학 교수가 되었고, 거의 20년 동안 그 자리를 지켰다.[99]

스트라우스는 결국 마키아벨리를 자신의 지적 계보에서 최고의 악당으로 지목하게 될 것이었지만, 1950년대 초 그에게 근대 정치철학의 아버지로 보였던 사람은 토머스 홉스였다. 고대 또는 고전적 가르침과 혁명적으로 단절하기 시작한 사람이 바로 홉스였다. 홉스는 자연적 "권리"를 위해 자연법의 전통을 부정했다.

> 홉스는 위대한 전통이 그랬던 것처럼 자연적 '법칙', 즉 객관적 질서에서 시작하는 것이 아니라 자연적 '권리', 즉 이전의 법칙, 질서, 또는 의무에 의존하지 않고 그 자체로 모든 법칙, 질서, 또는 의무의 기원이 되는, 절대적으로 정당화된 주관적 권리에서 출발하고 있음이 분명하다.[100]

스트라우스는 홉스와 보다 건전한 고대 전통 사이의 차이를 여러 차례 강조했다. "국가보다 개인을 절대적 우위에 놓고, 개인을 반사회적이라고 정의하며, 자연 상태와 국가의 관계를 절대적으로 대립시키고, 그리고 마침내 국가 자체를 리바이어던으로 규정한다."[101] 홉스는 이 모든 이론에서 과거와 단절했다. 스트라우스는 또한 홉스가 자신의 철학을 논하면서 이성을 거부하고 있다는 데 주목했다.

(…) 이성은 [홉스의 관점에서] 무력하기 때문에 이성적인 '자연법' 또한 위엄을 상실한다. 그 대신 우리는 실제로 이성에 따른 것이지만 이성이 아니라 죽음에 대한 공포에 의해 지배되는 '자연권'을 갖는다. 그러므로 합리주의와의 단절은 (…) 의무의 우선권을 권리의 우선권으로 대체하는 (…) 결정적 전제이다. 따라서 합리주의와의 이러한 단절은 현대 정치철학 일반의 근본 전제이다. 홉스의 저작에서 찾을 수 있는 이러한 단절의 가장 예리한 표현은 그가 주권을 이성이 아닌 (…) 의지로 간주한다는 것이다. 그러므로 합리주의와의 명백한 단절은 근대 정치사상이 고전적 (…)과 대립하는 이유이다.[102]

『자연권과 역사Natural Right and History』(1953)에서 스트라우스는 홉스에서 로크를 거쳐 루소와 버크에 이르는 근대 자연권 이론의 발전을 추적했다. 스트라우스가 보기에 그들 중 누구도 고대인의 지혜에 필적하는 사람은 없었다. 게다가 19세기는 두 가지 새로운 도전—실증주의와 역사주의—의 탄생을 목격했고, 스트라우스는 각각을 강력하게 공격해야 할 의무가 있다고 느꼈다. 푀겔린과 위버처럼 스트라우스도 자신이 다루는 주제가 학문적인 문제가 아니라고 생각했다. "자연권[즉 자연법]에 대한 현대의 거부는 허무주의로 치우치는 경향이 있다. 아니 허무주의와 동일하다."[103] 그리고 할로웰이나 다른 사람들과 마찬가지로 그 역시 상대주의·회의주의·자유주의적 의심의 결과에 대해 진지하게 경고했다.

우리 행동의 원칙이 맹목적 선택 외에는 아무런 도움도 되지 않는다는 사실을 깨닫고 나면 우리는 실제로 더 이상 그 원칙을 믿지 않는다. 우리는 전적으로 더 이상 그것들에 의거해 행동할 수 없다. 우리는 더 이상 책임 있는 존재로 살 수 없다. 생존을 위해 우리는 우리의 원칙이 그 자체로 다른 원칙만큼 좋거나 나쁘다고 말해주는, 쉽게 금지된 이성의 목소리를 침묵시켜야 한다. 우리가 이성을 배양할수록 우리는 허무주의도 배양한다. 그럴수록 우리는 충성스러운 사회 구성원이 될 수 없다. 허무주의의 필연적인 실제적 결과는 광신적 몽매주의이다.[104]

홉스와 그의 추종자들이 우리를 이 심연으로 이끌었다.

홉스에 대한 스트라우스의 비난은 사회학자 로버트 니스벳이 『공동체에 대한 탐구The Quest for Community』에서 제시한 또 다른 지적 계보에서 뒷받침되었다.[105] 니스벳의 논지—그가 동경했던 토크빌을 연상시키는—는 "중앙집권화된 영토국가"의 등장이 "서구 사회 조직에 작용을 가한 단 하나의 가장 결정적 영향"이라는 것이었다.[106] 중세 말기 이후 서구의 역사는 개인과 국가 사이에 존재하는 중간 집단의 쇠퇴에 관한 이야기였다. 가족·교회·길드·마을과 같은 집단의 약화와 해체는 많은 사람들의 기대와 달리 인간을 해방시키지 못했다. 대신에 그것은 소외·고립·영적 황폐화, 그리고 대중사회 인간의 성장을 초래했다. 그러나 인간은 홉스식의 고립에서는 살아갈 수 없으며, 따라서 자신의 갈망을 충족시키기 위해 공동체의 대용품을 추구하고, 결국 전체주의 국가에서 이를 발견한다.

서구인의 이러한 해체와 "재통합"에서 나타난 한 가지 현상이 전체 국가 이론의 발전이었다. 보댕Bodin*에서 홉스와 루소에 이르기까지 니스벳은 전능한 정부와 벌거벗은 개인 사이의 중간 권력 구조에 대해 점증하는 이론적 반감을 추적했다. 실제로 니스벳은 보댕에서 버크까지 "사회 사상의 전반적 경향"은 "자연법이나 국가의 의지에 의해 합리화될 수 없는 모든 형태의 집단을 반대하거나 심지어 해체시키는 것"이라고 말했다.[107] 이 사악한 경향은 사회란 국가에 의해 "단단히 결합된 원자들의 결합체"가 되어야 한다는 루소의 전체주의적 사고에서 정점에 달했다.[108] 다원주의자 니스벳은 루소의 이상, "인간을 구원할 수 있는 주권국가의 힘"이 그와 함께 죽지 않았다고 주장했다.[109] 오히려 이는 벤담이나 마르크스 같은 사람들에 의해 명료하게 설명되었다. 19세기는 자유와 진보의 위대한 시대였을지 모르지만, 또한 대중이 부상한 시대이기도 했다. 이러한 대중이 없었다면 전체주의는 가능하지 않았을 것이다. 요컨대 니스벳은 전체주의가 만들어내는 "진공vacuum"이라는 이론—많은 보수주의자들 사이에서 인기가 있는—을 내세우고 있었다.[110] 원자론적인 자유주의적 개인주의는 인간의 요구를 충족시킬 수도, 1930년대의 거세게 짓밟는 발을 억누를 수도 없었다. 이러한 개인주의는 **공동체**가 아니면 자신들의 이상을 달성할 수 없다는 근본적인 사실을 간과해왔다. 그리고 자신들이 폄하해온 공동체란 바로 이런 것이었다. 니스벳은 자유주의자들이 "관습, 전통, 사회적 관계의 미묘하고 무한히 복잡한 선들"과 자신들 사상의 상관성을 인식하지 못했다고 말했다.[111]

• 　장 보댕Jean Bodin, 1530~1596. 프랑스의 정치철학자. 정치사상에 주권 개념을 도입한 그는 주권이 누구에게 있느냐에 따라 정체 체제를 군주제·귀족정·민주주의로 구분했다. 또한 그는 국가 권력은 신성한 자연법에 기초하며, 시간이나 능력의 제한이 없다는 점에서 절대적이고, 신민의 의무는 지배자에게 복종하는 것이라고 주장했다. 보댕은 국민의 요구를 대리하는 의회가 있는 군주제를 선호했다.

이 지점에서 니스벳의 분석은 존 할로웰의 분석과 뚜렷하게 융화되었다. 스트라우스·뵈겔린·니스벳처럼 할로웰도 르네상스와 종교개혁에서 "근대성이라는 산성 물질"이 흘러나오기 시작한 위기의 시대를 보았다. 이것은 분명히 자유주의라는 새로운 신조의 시대였다. 이 새로운 체제의 참신함은 놀라웠다. 자유주의는 "이성의 자율성"과 "인간의 본질적 선함"을 강조하면서 고전적 전통에서 실질적으로 벗어났다.[112] 그러나 모든 인간이 그렇게 합리적이고 선하고 자율적이라면, 그들은 어째서 혹은 어떻게 권위에 복종하게 되는가? 할로웰에 따르면 자유주의의 "중추"는 양심이었다. "양심만이 개인에게 이익이 아닌 이성의 명령을 따르도록 요구하고, 개인의 양심만이 질서인지 무정부 상태인지를 선택할 수 있게 한다."[113] 오직 양심만이 제멋대로인 개인을 억제했다. 할로웰은 이러한 이상과 관련된 문제의 일부는 역사의 시험대에서 살아남지 못했다고 주장했다. 수 세기가 지나면서 자유주의―기독교 모체에서 형성된―는 자신들이 의존했던 물려받은 문화자본을 당연시하거나 심지어 경멸하게 되었다. "양심"은 전통이 전해준 지침을 잃어버렸다. 예컨대 실증주의는 그 기초 자체를 부식시켰다.[114] 여기에서 할로웰은 전후 시대에 되풀이된 보수주의의 주장 가운데 하나를 간략하게 제시했다. 자유주의는 기생충 같은 철학이며, 문화유산으로부터 점점 더 멀어지면서 표류하게 되었다. 자기 의심에 사로잡혀 고상한 부정으로 전락한 자유주의를 보수주의자들은 "서구 자살의 이데올로기"라고 말할 것이다.[115]

모두가 16세기와 17세기에서 현대성의 "오류"의 기원을 찾은 것은 아니었다. 전통주의적 보수주의자들 사이에서 인기 있던 몇몇 저술가들은 격변의 프랑스혁명과 그 여파만 고찰하면 된다고 생각했다. 일례로 유대계 학자 J. L. 탈몬Jacob Leib Talmon은 모든 형태의 민주주의가 해로운 것은 아니라고 보았다. 정치에 대한 실용적이고 비교리적인 접근방식을 가진 "경험적 자유민주주의"는 수용 가능했다. 그러나 로베스피에르와 바뵈프Babeuf 같은 프랑스 혁명가들의 사상과 행동에서 비롯된, 근본적으로 새로운 "전체주의적인 메시아주의적 민주주의"는 그렇지 않았다. 강압적이고 국민투표식이며, 전체주의적이고 완벽주의적인 이 민주주의는 전능한 정부를 통한 완전한 평등을 추구했다. "인간과 국가 사이에 설 수 있는 것은 아무것도 남아 있지 않았다[않을 것이었다]."[116] (또다시 토크빌을 상기시킨다.) 퍼시 경Lord Percy of Newcastle은 탈몬에 동의했다. 『민주주의의 이단The Heresy of Democracy』에서 그는 새로운 형태의 민주주의—사실상 종교—가 프랑스혁명과 함께 탄생했으며, 이것이 루소에서 마르크스와 레닌으로 이어졌다고 주장했다.[117] 중부 유럽 출신의 또 다른 망명자 알버트 살로몬Albert Salomon도 자신의 계보를 추가했다. 생시몽Saint-Simon과 콩트Comte를 비롯한 초기 사회학자들이 전체주의의 길을 닦았다. 헤겔과 콩트는 "사회의 총체적 내재성이라는 관념을 서구 철학에 도입"했다.[118] 그들의 유토피아에서 사회는 "전지전능"할 것이며, "신적 의미를 갖는 집단적 대리물"이 될 것이었다.[119] 게다가 이들은 또 다른 오류를 저질렀다. 그들은 자연과학의 방법을 급진적 개혁의 수단으로 칭송했다. 이 모든 것에서 위버나 푀겔린이 떠오르지 않는가? 실제로 그랬다. 그리고 이는 1950년대 좌파에 대한 우파의 지적 비판이 어느 정도 수렴되고 있었음을 암시한다.[120]

이러한 보수주의자들 일부가 결과라고 여겼던 것을 다른 일부는 다음에 등장한 악의 원인이라고 보았다. 예를 들어 니스벳 같은 사람에게 19세기 민족주의·사회주의·인종주의는 원자론적 자유주의가 남긴 진공을 메우려는 시도였다. 푀겔린 같은 사람에게 그것은 영지주의의 한 형태였다. 젊은 역사학자 피터 비에렉에게 이는 "인류 역사상 유일무이한 최악의 재앙", 제1차 세계대전의 본질적 요소였다.[121] 19세기는 "철과 피*"의 가치가 상승하는 것을 보여주었다고 비에렉은 말했다. 이것이 현대 유럽의 "윤리 혁명"이었다.[122] "철과 피의 민족주의"와 "철과 피의 사회주의", 그리고 국가주의의 결합은 윤리적 보편주의와 개인에 대한 존중이라는 유럽 전통에 반기를 든 것이었다. 제1차 세계대전의 혼란이 그들을 승리할 수 있게 해주었다. 이 세계 분쟁의 상속자가 레닌과 히틀러였다.[123]

전후 몇 년 동안 이러한 모험들을 연구한 보수주의 역사학에는 몇 가지 눈에 띄는 특징들이 있었다. 첫째, 용어·강조점·기준이 되는 시작점은 달랐지만, 계보는 서로 일치하는 듯 보인다. 이 보수주의 분석가들은 모두 낙관적인 역사 이론을 암묵적으로 거부했다. 이들 모두 전체주의가 자유주의의 자손이거나 자유주의의 실패가 낳은 결과물이라는 데 동의하는 것 같았다. 이것이 우파의 유일한 성과는 아니었으며, 분명히 신보수주의와 혼동되지도 않았다. 이들 모두 르네상스-종교개혁 시대와 프랑스혁명이라는 두 개의 중요한 전환점을 강조하는 경향이 있었다. 이들 모두 19세기—이른바 자유주의의 세기라고 불리는—에 20세기 광기의 싹이 트고 있었다는 데 동의했다. 아, 진보라는 아름다운 환상과 시장에서 진리가 항상 승리할 것이라는, 자신감 넘쳤던 밝고 평온한 세기. 만약 그렇다면 나치는 왜 문해율이 높은 독일에서 승리했을까? 어째서? 이

• 프로이센 왕국의 총리 오토 폰 비스마르크Otto von Bismarck(1815~1898)가 1862년 의회에서 한 연설의 제목이다. 1862년 프로이센 주의회가 빌헬름 1세의 군비 확장 법안 승인을 거부하자 비스마르크는 의회에서 군비 확장의 필요성을 웅변했다. 그는 "작금의 거대한 문제 앞에서 내려야 할 결단은 (…) 철과 피로써 이루어져야 할 것이오"라는 말로 연설을 마무리했고, 이 연설이 유명해지면서 '철혈재상'이라는 별명을 얻었다.

질문에 대한 절박한 집착이 이들의 글에서 몇 번이고 계속해서 분명하게 등장했다.

　무엇보다 이 사상의 본체에서 가장 주목할 만한 특징은 이것이 대대적인 지적 역사였다는 단순한 사실이다. 서구의 쇠퇴를 다루는 거의 모든 설명에서 "물질적" 또는 "사회적" 힘에 대한 관심은 상대적으로 거의 나타나지 않았다. 대신 이념이 결정적이었다고 주장했다. 이념에는 결과가 따랐다. 악한 생각이 악한 행동을 낳았다. 현대성의 뿌리에는 지적 오류가 있었다.

　이러한 해석방식이 그렇게 두드러지게 나타난 이유는 무엇일까? 어째서 이 저자들은 사상이 현대사에서 대단히 중요하다고 믿게 되었는가? 아마도 그들은 이렇게 말할 것이다. 왜냐하면 증거가 그러한 믿음을 강요했기 때문이라고. 그러나 또 다른 요인이 그들의 전망에 영향을 미쳤을 수도 있다. 그들은 반란을 일으켰던 저속하고 뿌리 없는 대중을 경멸하긴 했지만, "신보수주의자들"은 실제로 대중을 현재 위기의 주요 원인으로 여기지 않았다. 병폐는 다른 곳―예컨대 홉스·루소·생시몽―에서 기인했고, 대중이라는 현대적 현상을 만들어냈다. 어떤 의미에서 사상을 역사의 주된 동력으로 만드는 설명은 희망을 주는 설명이었다. 산업주의·세속주의·도시화라는 비인격적 무게가 현재를 짓누르고 있다고 생각한다면 아마도 사건의 방향과 싸우기 어려울 것이다. 어쩌면 "힘"이 아닌 "오직" 이념만을 적으로 삼는다면 현 시대에 저항하기 더 쉬워질지 모를 일이다. 이념은 바뀔 수 있기 때문이다. 나쁜 생각에 결과가 따른다면, 좋은 생각에도 결과가 따를 수 있다. 사회주의 이데올로기의 지배력을 뒤집기 위한 프랭크 초도로프의 "50개년 프로젝트"와 자발적 수단을 통해 자유지상주의적 복음을 전파하려는 래너드 리드의 끈질긴 노력을 생각해보라. "이성주의"의 피비린내 나는 결과에 대한 프리드리히 하이에크의 공격과 "국가사회주의"에 대한 루트비히 폰 미제스의 맹렬한 비난을 생각해보라. 1940년대와 1950년대 의회에서 벌였던 공산주의 조사 활동을 생각해보라. 한 사람이 믿었던 것이 변화를 가져왔다. 사상의 힘에 대한 이러한 믿음은 전후 미국 우파의 모든 분파에 퍼져 있었다.[124]

그러나 단순히 현대성의 오류를 연대순으로 기록하는 것만으로는 분명 충분치 않았다. 우리는 무엇을 위해 싸웠는가? "붕괴된 자유주의" 앞에서 신보수주의자들은 그들 중 일부가 위대한 전통이라고 부른 것을 회복하려 노력했다. 위버가 보편자에 대해, 스트라우스가 자연권에 대해, 할로웰이 자연법에 대해 기술했지만 공통된 열망은 분명했다. 접근방식과 용어는 다양했지만 통일된 가닥이 존재했다. 그것은 "거짓말이 넘쳐흐른다 / 그것은 인간의 발밑에서 산酸처럼 먹어치운다"에 맞서 이념·전통·진리의 보루를 찾는 것이었다.[125]

주

1   이 제목은 윌리엄 F. 버클리 주니어가 몇 년 전에 쓰기 시작했지만 잠정적으로 묵혀둔 책의 제목이다(버클리와의 인터뷰, 스탬포드, 코네티컷, 1971년 11월 26일).

2   리처드 M. 위버, 「자유주의로부터 깨어나다Up from Liberalism」, 『모던에이지』 3(1958~9년 겨울), 29~30쪽. 이글은 자전적인 에세이다. 이 장의 다음 몇 구절은 이 에세이를 참조해 썼다. 또한 켄달 비튼Kendall Beaton의 미출간 추도문, 「리처드 M. 위버: 혼란의 시대를 정화하는 목소리Richard M. Weaver: A Clear Voice in an Addled World」도 매우 유용하다. 저자 복사본을 활용했다. 비튼은 위버의 매형이었다. 이 글의 복사본을 제공해준 조지 코어George Core에게 감사한다.

3   같은 글, 30쪽

4   같은 글, 22쪽

5   같은 글

6   같은 글, 23쪽

7   같은 글

8   같은 글, 24쪽

9   같은 글

10 같은 글, 25~28쪽. 박사학위 논문의 제목은 「남부연합, 1865~1910: 살아남은 정신과 문화에 대한 연구The Confederate South, 1865-1910: A Study in the Survival of a Mind and Culture」였다. 이 논문은 위버가 사망하고 5년 후인 1968년에 『궁지에 몰린 남부의 전통: 남북전쟁 이후 사상의 역사The Southern Tradition at Bay: A History of Postbellum Thought』, 조지 코어 및 M E. 브래드포드 편(뉴로셸, 뉴욕, 1968)으로 출간되었다. 이 책은 위버의 박사논문과 내용이 거의 같았고, 다만 위버가 조금 뒤에 쓴 도입부와 맺음말만 추가되었다. 인용하는 쪽수는 출판된 책에 따른 것이다. 출판된 책에는 주요 농본주의자인 도널드 데이비슨의 교훈적인 서문이 포함되어 있다. 위버의 들어가는 말 「버릇없는 아이」(33쪽)는 심리학이라는 오르테가의 개념을 다루고 있다. 44쪽에는 1930년에 처음 출판된 오르테가의 『대중의 반란』에서 따온 인용구가 있다.

11 위버, 『남부 전통』, 29쪽

12 같은 책, 30~31쪽

13 같은 책, 59쪽

14 같은 책, 388쪽

15 같은 책, 391쪽

16 위버의 지적 뿌리에 대한 통찰력 있는 분석은, M. E. 브래드포드, 「리처드 위버의 농본주의: 시작과 완성The Agrarianism of Richard Weaver: Beginnings and Completions」, 『모던에이지』 14(1970년 여름~가을), 249~256쪽을 참조할 것.

17 오르테가 이 가세트, 『대중의 반란』(뉴욕, 1932), 73쪽; 위버, 『남부 전통』, 44쪽에서 재인용.

18 저자에게 폴리 위버 비튼이 보낸 편지, 1972년 2월 3일. 비튼 부인은 리처드 위버의 누이다.

19 프랭크 S. 메이어, 「리처드 M. 위버: 감사Richard M. Weaver: An Appreciation」, 『모던에이지』 14(1970년 여름~가을), 243쪽

20 리처드 M. 위버, 『이념에는 결과가 따른다』(시카고, 1948), 1쪽

21 같은 책, 2~3쪽

22 같은 책, 3쪽

23 같은 책, 4쪽

24 같은 책, 3~17쪽. 앞에서 언급한 것은 이 도입부를 개략적으로 요약한 것이다.

25 같은 책, 23쪽

26 같은 책, 24쪽

27 같은 책, 25쪽

28 같은 책, 113쪽

29 같은 책, 103쪽

30 같은 책, 130~131쪽

31 같은 책, 131쪽

32 같은 책, 133쪽

33 같은 책, 147쪽. 그의 전체 주장에 대해서는 그 책의 7장을 참조할 것.

34 같은 책, 148쪽

35 같은 책, 158쪽

36 같은 책, 165쪽

37 같은 책, 166쪽

38 같은 책, 169쪽

39 같은 책, 7장

40 도널드 데이비슨에게 보낸 위버의 편지, 1948년 2월 28일. 도널드 데이비슨 페이퍼스, 조인트대학교 도서관, 내슈빌, 테네시

41 이들의 논평은 이 책의 겉표지와 시카고대학교 출판부가 1959년에 출간한 문고판의 뒤표지에 적혀 있다.

42 엘리세오 비바스, 「역사가와 도덕주의자 Historian and Moralist」, 『케니언리뷰 Kenyon Review』 10(1948년 봄), 346쪽

43 윌무어 켄달, 『정치학저널 Journal of Politics』 11(1949년 2월), 261쪽

44 찰스 프랭클, 「재산, 언어, 그리고 경건함 Property, Language, and Piety」, 『네이션』 166(1948년 5월 29일), 609~610쪽

45 하워드 멈퍼드 존스, 「인류가 저지른 '잘못된 전환점들' Listing Mankind's 'Wrong Turnings'」, 『뉴욕타임스 북리뷰』, 1948년 2월 22일, 4, 25쪽. 존스는 위버의 책이 무책임하고 근거 없는 일반화를 저질렀으며, 관용이나 재치도 전혀 없이 인류의 5분의 4를 무시했다고 주장했다. 그는 "아무런 이해도 없이 금욕적인 주지주의라는 명목으로 우리 시대의 삶 전체를 비난하는 지식인들의 무책임함"을 한탄했다. 몇 주 후 위버는 존스의 비판에 답했다. 그는 자신이 책임질 수 있는 말만 했다고 주장했다. 그는 자신의 전제들을 상당히 명확하게 밝혔으며, 그 전제의 원리들은 다른 "플라톤-기독교 전통에 있는 사상가들" 역시 받아들이고 있다는 것이다. "오직 인류 중 소수에만 관심을 갖고 있다"는 혐의에 대해 위버는 "사실 이 책은 지구상의 수백만 명을, 최저 수준의 소득을 받는 사람들, 폭격 피해를 받은 집에 사는 사람들, 정치범 수용소에 있는 사람들, 다시 말해, 존스가 지독하게도 과시하는 일종의 실용주의가 원인이라고 할 수 있는 물질적·정신적 고통에 처한 사람들을 염두에 두고 쓴 것"이라고 대응했다(위버, 「저자에게 보낸 편지」, 『뉴욕타임스 북리뷰』 1948년 3월 21일, 29쪽).

46 W. E. 개리슨 W. E. Garrison, 「위버 씨 파헤치기 Unraveling Mr. Weaver」, 『기독교세기』 65(1948년 5월 5일), 416쪽

47 조지 R. 가이거 George R. Geiger, 「우리는…어떤 생각이 낳은 결과에 주목한다 We Note……the Consequences of Some Ideas」, 『안티오크리뷰 Antioch Review』 8(1948년 봄), 251쪽

48 데이비슨에게 보낸 위버의 편지, 1948년 2월 28일, 데이비슨 페이퍼스

49 위버는 몇 년 후 자신의 책이 "기대 이상의 반응을 얻었음"을 인정했다(첫 문고판 서문. 시카고: 피닉스 북스, 1959, v쪽).

50 비튼, 「리처드 M. 위버」, 3쪽. 위버의 누이는 뉴욕시의 서점에서 위버의 책을 발견할 때까지 위버의 저작 활동을 알지 못했다(저자에게 보낸 폴리 위버 비튼의 편지, 1972년 2월 3일).

51 나중에 위버는 1959년 판 서문에 다음과 같이 썼다. "이 책은 제2차 세계대전 직후에, 그리고 그 전쟁에 대한 일종의 대답으로서, 그러니까 전쟁의 강렬한 파괴성, 이 전쟁이 윤리적 원칙들에 남긴 부담과 겉으로만 부르짖던 평화와 질서에 남긴 긴장에 대한 답변으로서 집필되었다"(『이념에는 결과가 따른다』, v쪽).

52 허버트 J. 멀러, 「절대적인 것의 부활The Revival of the Absolute」, 『안티오크리뷰』 9(1949년 3월), 99~110쪽

53 펠릭스 오펜하임Felix Oppenheim, 「상대주의, 절대주의, 그리고 민주주의Relativism, Absolutism, and Democracy」, 『미국정치학리뷰』 44(1950년 12월), 950~959쪽을 참조할 것. 이 글은 검토 대상인 철학적·정치적 관점들 사이에 필연적 상관관계가 없다고 주장한다. 예컨대 철학적 "절대주의자"가 반드시 정치적 절대주의의 지지자는 아니라는 것이다.

54 존 할로웰, 『민주주의의 도덕적 토대The Moral Foundation of Democracy』(시카고, 1954)를 참조할 것.

55 어거스트 헥셔, 『정치의 유형』(뉴욕, 1947)

56 같은 책, 223쪽

57 같은 책, 229~230쪽

58 고든 키스 차머스, 『공화국과 인격』(시카고, 1952)

59 같은 책, 22쪽

60 같은 책에서 인용.

61 같은 책, 23쪽

62 존 할로웰, 「정치학과 윤리학Politics and Ethics」, 『미국정치학리뷰』 38(1944년 8월), 639~655쪽. 이 글은 윌리엄 F. 화이트William F. Whyte의 반대 논문과 함께 정치학자들 사이에서 주목할 만한 논쟁을 야기했다. 가브리엘 아몬드Gabriel Almond·루이스 덱스터Lewis Dexter·윌리엄 F. 화이트·존 할로웰, 「정치학과 윤리학-토론Politics and Ethics - A Symposium」, 『미국정치학리뷰』 40(1946년 4월), 283~312쪽을 참조할 것.

63 할로웰, 「정치학과 윤리학」, 641쪽

64 같은 글, 643쪽

65 같은 글, 650쪽

66 같은 글, 621~622, 653쪽

67 존 할로웰, 「근대 자유주의: 자살로의 초대 Modern Liberalism: An Invitation to Suicide」, 『계간남대서양』 46(1947년 10월), 459쪽. 또한 존 할로웰, 『자유주의 이념의 몰락The Decline of Liberalism as an Ideology』(버클리, 1943)을 참조할 것. 이 책은 원래 할로웰이 프린스턴대학교에서 쓴 박사학위 논문이었다. 제2차 세계대전 이후 주요 보수주의 지식인이었던 독일 망명 학자 게르하르트 니에메예르Gerhart Niemeyer가 그의 지도교수 중 한 명이었다.

68 할로웰, 「근대 자유주의」, 460쪽

69 같은 글, 462쪽

70 버나드 이딩스 벨, 『교육 위기』(뉴욕, 1949), 25쪽

71 버나드 이딩스 벨, 『군중문화Crowd Culture』(뉴욕, 1952). 1956년 헨리레그너리 출판사가 이 책에 러셀 커크의 귀중한 소개문을 덧붙여 재출판했다. 인용 쪽수는 1956년 판을 기준으로 했다.

72 같은 책, 1쪽

73 같은 책, 83쪽

74 같은 책, 91쪽

75 앤서니 해리건, 「미국 문학의 새로운 타락The New Depravity in American Literature」, 『시사평론Contemporary Review』 183(1953 2월), 106쪽과 108쪽. 해리건은 윌리엄 와트 볼William Watts Ball과 그가 마침내 출간한 저작들에 매우 감명을 받았다. 앤서니 해리건 편, 『편집자와 공화국The Editor and the Republic』(채플힐, 노스캐롤라이나, 1954)을 참조할 것.

76 앤서니 해리건, 「뉴요커The New Yorker」, 『가톨릭세계Catholic World』 174(1952년 3월), 444, 447쪽

77 앤서니 해리건, 「현대적 기질The Modern Temper」, 『달하우지리뷰Dalhousie Review』 33(1953년 여름), 134쪽. 또한 해리건, 「우리의 자유주의 선조들Our Liberal Elders」, 『계간남대서양』 50(1951년 10월), 514~518쪽과 「관리자계급에 대한 고찰Thoughts on the Managerial Class」, 『플레리스쿠너Prairie Schooner』 27(1953년 여름), 145~150쪽을 참조할 것.

78 벨, 『교육 위기』, 229쪽

79 같은 책, 145쪽

80 같은 책, 124쪽

81 모티머 스미스의 『그러면 미친 듯이 가르쳐라And Madly Teach』(시카고, 1949)와 『쪼그라든 정신The Diminished Mind』(시카고, 1954)을 참조할 것. 아서 베스토르의 『교육의 황무지Educational Wastelands』(어배너, 일리노이, 1953)와 『가르침의 복원The Restoration of Learning』(뉴욕, 1955), 그리고 고든 키스 차머스의 『공화국과 인격』(시카고, 1952)을 참조할 것.

82 비바스는 수년 후 출판된 자서전 격의 글에서 1930년대 말에 "내가 그때까지 종사해왔던 일이 내가 속한 문화를 여하튼 파괴하려는 의식적 노력이었다"는 사실을 "깨닫기 시작했다"고" 말했다. 비바스는 전쟁의 도래와 특히 파리의 함락에 충격을 받았다. "어느 민족, 프랑스인들이 자유주의적 기풍에 잠식된 결과 내적으로 붕괴해버렸다는 사실이야말로 하나의 재앙이었다." 비바스 자신도 프랑스의 퇴락에 일말의 책임감을 느꼈다. "물론 직접적으로는 아니지만, 프랑스를 몰락시킨 것이 내가 교사이자 작가로서 열심히 협력해온 그 운동이었기 때문에, 나는 내 양심을 걸고 죄를 고백한다. 자유주의자였던 나에게 내가 속한 문화의 붕괴에 대한 책임이 있다"[「나의 신앙을 위한 변론Apologia Pro Fide Mea」, 『대학연합리뷰Intercollegiate Review』 2(1965년 10월), 131쪽].

83 엘리세오 비바스, 『도덕적 삶과 윤리적 삶』(시카고, 1950), ix쪽

84 같은 책, viii쪽. 비바스의 지적 발전 경로에 관한 또 다른 설명으로는 A. 캠벨 가넷Campbell Garnett, 「보상받은 탐구A Search Rewarded」 『기독교세기』 68(1951년 2월 7일), 175쪽을 참조할 것.

85 비바스, 『도덕적 삶』, 127~128쪽

86 벨, 『교육 위기』, 166쪽

87 비바스, 『도덕적 삶』, 133쪽. 비바스는 그의 책 다른 곳(175쪽)에서 "자연주의적 도덕철학"은 "끔찍한 실천적 여파로 이어지는 급진적 이론의 오류에 감염되어 있다"고 말했다.

88 같은 책, x쪽

89 『미국 인명사전』, 37번째 편집본, 1972~1973(시카고, 1972), 3271쪽 푀겔린에 관한 항목을 참조할 것. 푀겔린은 하버드대학교에 이어서 배닝턴대학교와 앨라배마대학교, 루이지애나주립대학교에서 학생들을 가르쳤다. 프랜시스 월슨에게 1957년 3월 31일에 보낸 편지에서 푀겔린은 1938년에 엘리엇의 도움으로 오스트리아를 탈출할 수 있었음을 암시했다(프랜시스 월슨 페이퍼스, 일리노이대학교, 어배너, 일리노이).

90 에릭 푀겔린, 『새로운 정치과학』(시카고, 1952), 126쪽

91 같은 책

92 같은 책, 121, 129, 107, 124, 129, 152쪽, 그리고 4장 전체를 참조할 것.

93 같은 책, 110쪽

94 같은 책, 117, 119, 111쪽. 이러한 상징들에는 "세 개의 시대 계열로 이루어진 역사 개념", "지도자", "새로운 시대의 예언가", 그리고 "자율적 개인들의 형제애"가 포함되어 있었다(111~112쪽).

95 같은 책, 134쪽

96 같은 책, 167쪽

97 같은 책, 172쪽

98 같은 책, 132쪽. 푀겔린의 책에 대한 신보수주의자들의 평가는 존 할로웰, 「루이지애나 법리뷰Louisiana Law Review」 13(1953년 3월), 525~530쪽을 참조할 것.

99 『미국 인명사전』 37번째 편집본, 1972~1973(시카고, 1972), 3077쪽의 레오 스트라우스 항목을 참조할 것. 또한 조셉 크럽시Joseph Cropsey 편, 『고대인과 현대인』(뉴욕, 1964), v~vi쪽을 참조할 것.

100 레오 스트라우스, 『홉스의 정치철학The Political Philosophy of Hobbes』(시카고, 1952), viii쪽. 이 책은 1936년 영국에서 출판되었는데, 적절하게도 미국에서는 초기 신보수주의의 부활이 정점에 달했던 1952년에 출판되었다.

101 같은 책, 2~3쪽을 참조할 것.

102 같은 책, 159~160쪽

103 레오 스트라우스, 『자연권과 역사』(시카고, 1953), 5쪽

104 같은 책, 6쪽. 실증주의와 역사주의에 대한 스트라우스의 시각은 1장과 2장을 참조할 것. 또한 레오 스트라우스, 「정치철학과 역사Political Philosophy and History」, 『사상사저널Journal of History of Ideas』 10(1949년 1월), 30~50쪽[스트라우스, 『정치철학이란 무엇인가? 그리고 기타 연구들What Is Political Philosophy? and Other Studies』(글렌코, 일리노이, 1959)로 재출간]을 참조할 것.

105 로버트 니스벳, 『공동체에 대한 탐구』(뉴욕, 1953); 『공동체와 권력Community and Power』(뉴욕, 1962)으로 재출간.

106 같은 책, 98쪽

107 같은 책, 126쪽

108 같은 책, 147쪽

109 같은 책, 154쪽

110 실제로 그는 203쪽에서 "진공"이라는 단어를 사용했다.

111 같은 책, 222쪽

112 존 할로웰, 『현대 정치사상의 주류Main Currents in Modern Political Thought』(뉴욕, 1950), 84쪽. 또한 할로웰, 「근대 자유주의Modern Liberalism」, 453~466쪽을 참조할 것.

113 할로웰, 『주류』, 91쪽

114 할로웰, 「근대 자유주의」, 455쪽

115 제임스 번햄, 『서구의 자살Suicide of the West』(뉴욕, 1964), 297쪽

116 J. L. 탈몬, 『전체주의적 민주주의의 부상The Rise of Totalitarian Democracy』(보스턴, 1952), 250쪽. 또한 전반적으로 도입부와 결론을 참조할 것.

117 퍼시 경, 『민주주의의 이단』(시카고, 1955), 16쪽

118 알버트 살로몬, 『진보의 횡포: 프랑스 사회학의 역사에 대한 고찰The Tyranny of Progress: Reflections on the History of French Sociology』(뉴욕, 1955), 97쪽

119 같은 책. 헤겔·생시몽·콩트가 미친 해로운 영향에 대해 언급한 또 다른 학자로는 프리드리히 하이에크가 있었다. 하이에크, 『과학의 반혁명The Counter-Revolution of Science』(글렌코, 일리노이, 1952). 그는 19세기의 이런저런 지성들을 사로잡았던 "과학주의"가 20세기의 전체주의를 잉태시켰다고 말했다. 자연과학의 방법을 도덕적·사회적 학문에 잘못 적용한 결과인 과학주의는 사회를 설계하고, 의식적으로 통제하려는 시도의 토대가 되었다. 예를 들어 "경제적 계획"이 근래 유행하게 된 책임은 "과학적 오만"과 공학적 정신에 있었다. 사회에 대한 "과학적 접근법"은 본질적으로 집단주의적이다.

120 지금까지 다룬 모든 지식인들이 이 시기에 스스로를 보수주의자로 여겼던 것은 아니다. 그렇지만 스스로가 보수주의자임을 천명했던 사람들은 이들의 기여를 인정했고 또 찬사를 보냈다.

121 피터 비에렉, 『지식인들의 수치와 영광』(보스턴, 1953), 84쪽

122 같은 책, 87쪽

123 같은 책, 78~91쪽. 또한 피터 비에렉, 『메타정치학: 낭만주의에서 히틀러까지Metapolitics: From the Romantics to Hitler』(뉴욕, 1941)을 참조할 것.

124 사상을 강조하는 것에 반대하는 사람들이 없는 것은 아니다. 해리 엘머 반스는 살로몬의 『진보의 횡포Tyranny of Progress』에 대한 서평에서 "현대의 전체주의를 실무적인 산물이라기보다는 이념적 산물"로 해석하려는 경향성이 커져가는 것을 비판했다. 반스가 보기에 "전체주의의 사회적 의미를 지나치게 강조하는 것과 그것의 기원을 과거 사회사상에 소급시키는 기상천외한 탐구방식"은 현대 지식인들이 "저질화" 되어간다는 징후였다. 생시몽과 콩트를 "직접적이고 실제적인 의미에서 현대 전체주의의 선조"로 보는 것은 "전적으로 불합리"하다는 것이다. 그는 "근대의 전면전"이 "대중매체와 감정동학(체계적 선전)의 부상"에 따른 결과라고 주장했다. 반스의 주장에 따르면 전체주의를 이해하려면 살로몬의 책보다는 제임스 번햄의 『경영자혁명The Managerial Revolution』, 존 T. 플린의 『우리가 행진할 때As We Go Marching』, 조지 오웰의 『1984』를 봐야 한다. 해리 엘머 반스, 『미국정치학·사회학연보』302(1955년 11월), 178~179쪽

125 맥스웰 앤더슨의 『처칠Churchil』에 수록된 시(© 길다 오크리프 앤더슨Gilda Oakleaf Anderson, 『뉴욕타임스』, 1965년 1월 31일, 35쪽)

3장

전통과 가치의 회복

전통을 수호하거나 개선하려면 그에 앞서 먼저 전통을 찾아야만 한다. 이 것이 1945년 이후 미국의 전통주의적 보수주의자들이 직면한 과제였다.

전쟁이 끝나갈 무렵 전통주의자들의 상황은—적어도 표면적으로— 자유주의자들만큼 열악하지 않았다. 전통주의적 보수주의자들은 T. S. 엘 리엇, C. S. 루이스C. S. Lewis,* 오르테가 이 가세트—사실 어느 비판자가 "대항계몽주의Counter-Enlightenment"라는 별명을 붙인 일군의 저명한 비자 유주의 사상가들—같은 저명한 인사들을 해외에서 발견할 수 있었다.¹ 국내에서는 1930년대 초반 어빙 배빗Irving Babbitt과 폴 엘머 모어Paul El- mer More가 이끌던 신인본주의New Humanism 운동**이 기억에서 사라질 만 큼 오래된 일이 아니었다. 비록 뿔뿔이 흩어지긴 했지만 여전히 활동적인 남부의 농본주의자들도 마찬가지였다. 실제로 전쟁이 끝난 지 얼마 되지 않아 한 자유주의 지식인은 한창 활발하게 벌어지고 있던 신비평New Crit- icism운동—어느 정도 농본주의의 산물이기도 한—에서 19세기 프랑스 의 반혁명가 조제프 드 메스트르Joseph de Maistre의 사상을 전달하는 주요

• 　 클라이브 스테이플스 루이스Clive Staples Lewis, 1898~1963. 영국의 영문학자·작가. 대표 저서로 는 교파를 초월해 기독교 교리를 설명한 『순전한 기독교Mere Christianity』와 소설 『나니아 연대기』가 있다.

•• 　 1920년대와 1930년대 영향력 있는 미국 비평가 그룹의 슬로건. 이들은 문화적·사회적 이론을 바탕으로 산업화·물질주의·상대주의를 비판하고, 과거 문명의 도덕적 질서를 복원하고자 했다. 문화 적 엘리트주의, 사회적·미학적 보수주의의 옹호자들로 평가된다.

지적 세력과 강력한 수단을 보았다고 주장했다.

지난 20년간 신비평 저널들에서 권위·위계·가톨릭·귀족·전통·절대적인 것·교의·진리는 명예를 뜻하는 단어가 되었고, 자유주의·자연주의·과학주의·개인주의·평등주의·진보·개신교·실용주의·인격은 경멸을 나타내는 단어가 되었다. 강령적 사회운동으로서의 신인본주의와 농본주의는 그 수명이 짧은 듯했다. (…) 그러나 스탈린주의에 대한 격렬한 반발과 함께 인본주의-농본주의운동에 의해 확립되었던 수용과 거부의 사회-역사적 양식은 1940년대에 더 높은 문학적 차원에서 조용히 승리를 거두었다.[2]

그러므로 1940년대 중반 비자유주의의 지적 부활을 위한 재원이 존재했다는 데에는 의심의 여지가 없다. 그러나 1945년에 명백하게 일관된 보수주의운동이 미국에서 활발하게 일어났다고 주장하는 건 잘못이다. 1950년 어느 비평가가 "미국의 보수주의자들은 아직 보수주의를 발견하지 못했다"고 주장했을 만큼 그 시대의 많은 이들에게 지적 지형의 오른쪽은 너무나 황량해 보였다.[3] 그리고 1950년 유명한 논평에서 라이오넬 트릴링Lionel Trilling은 미국인들의 지적 삶에는 보수주의를 안정적으로 지탱해줄 수 있는 장치가 부재하다고 불만을 토로했다.

현재 미국에는 자유주의가 지배적일 뿐만 아니라 유일한 지적 전통이기도 하다. 오늘날 일반적으로 유포되고 있는 보수주의적 또는 반동적 사상이 없다는 것은 명백한 사실이다. 물론 이것이 보수주의나 반동에 대한 열망이 존재하지 않는다는 뜻은 아니다. 그러한 열망은 확실히 매우 강력하며, 아마도 우리 대부분이 알고 있는 것보다 더 강력할 것이다. 그러나 보수주의적 열망과 반동적 열망은 일부 고립된, 그리고 일부 기독교의 경우를 제외하면 사상으로 표현되지 않고, 사상을 닮은 것처럼 보이는 과민한 정신적 몸짓이나 행동으로만 표현된다.[4]

물론 트릴링은 너무 가혹했다. 더욱이 그가 이 논평을 썼던 바로 그 순간에 보수주의 사상은 등장하기 시작하고 있었다. 그러나 엘리엇과 오르테가, 배빗과 모어, 체스터튼Chesterton[*]과 벨럭Belloc[**], 랜섬과 데이비슨 같은 이전 세대의 개척자들에게 무한정 기댈 수 있으리라 바랄 수는 없었다. 이들에게 빚을 지긴 했지만, "새로운" 혹은 부활한 보수주의운동은 스스로 발전해야 했다.

히로시마 이후 10년 동안 다양한 측면에서 전개된 전통의 회복 가운데 가장 널리 전파된 것 중 하나가 기독교의 정통성에 대한 관심과 믿음의 쇄신이었다. 대중적 차원에서 이러한 "종교로의 귀의"를 보여주는 징후는 도처에 널려 있었다.[5] 어떤 사람들은 그 진실함이나 절박함을 의심했을 수 있고, 어떤 사람은 "종교적 피난처"라고 비웃었을 수 있다. 하지만 적어도 종교성에 대한 호감이 되살아났음을 의심하는 사람은 아무도 없었다. 1940년에는 미국인의 50퍼센트 미만이 교회 신도였다. 1955년에는 60퍼센트가 교회에 다녔다. 이 몇 년 사이에 빌리 그레이엄Billy Gra-

●   길버트 키스 체스터튼Gilbert Keith Chesterton, 1874~1936. 영국의 작가·비평가. 20세기의 물질주의·과학적 결정론·도덕적 상대주의를 비판하고, 사회주의와 자본주의 모두 자유와 정의의 적이라며 반대했다. 성공회에서 가톨릭으로 개종한 후 가톨릭을 옹호하는 글들을 썼다.

●●   힐레어 벨럭Hilaire Belloc, 1870~1953. 프랑스 출신의 영국 작가·정치가. 그는 유럽이 가톨릭으로 통합되어 있고, 소규모 지주들이 개인의 필요와 교회를 위해 생산하던 중세를 물질적·정신적 성취의 시대라고 생각해 자본주의와 사회주의의 대안으로 분배주의라는 정치적·경제적 프로그램을 제안했다.

ham*이 극적인 성장을 했고, "충성 서약"에 "하나님의 가호 아래"라는 문구가 추가되었으며, 일부 우표에는 "우리는 신을 믿는다"라는 문장이 인쇄되기도 했다. 아이젠하워 대통령은 이례적으로 기도로 취임사를 시작했고, 내셔널장로교회 신도—예배에 자주 참석하는—가 되었으며, 전국으로 방영되는 방송에서 종교적 믿음의 필요성에 대해 연설했고, 미국 재향군인회American Legion의 "하나님에게로 돌아가자" 캠페인을 후원했다.[6] 로마 가톨릭 주교 풀턴 J. 신Fulton John Sheen이 연예인 밀턴 베를Milton Berle을 시청률로 앞섰을 때 많은 사람들이 깜짝 놀랐다. 1953년과 1954년에 미국에서 가장 많이 팔린 책은 노먼 빈센트 필Norman Vincent Peale 목사의 『긍정적 사고의 힘Power of positive thinking』이었다. 키르케고르Kierkegaard, 폴 틸리히, 라인홀드 니부어 같은 신학자들이 유행하면서 새로운 열망은 지식인들에게로까지 확대되었다. 해외의 동향에도 관심을 기울였다. C. S. 루이스의 뛰어난 기독교 변증론이 미국에서 인기를 얻었다. 그리고 1948년 영국의 철학자이자 그 당시까지 철저한 불가지론자였던 C. E. M. 조드Cyril Edwin Mitchinson Joad가 기독교를 옹호하는 글을 썼을 때『타임』은 재빨리 이 글에 주목했다. 조드는 제2차 세계대전의 끔찍한 해악들이 "내 얼굴을 강타했다. (…) 인간의 진보는 가능하지만 이를 실현할 가능성은 희박하다"고 말했다.『타임』은 또한 "나는 이제 악이란 인간에게 고질적인 것이며, 원죄라는 기독교 교리가 인간 본성에 대한 본질적이고 심오한 통찰을 표현하고 있다는 것을 알게 되었다"는 조드의 말을 인용하기도

• 윌리엄 프랭클린 그레이엄 주니어William Franklin Graham Jr., 1918~2018. 미국의 유명한 복음주의 기독교 목사. 라디오와 텔레비전 방송, 대규모 집회를 통해 기독교 교리를 설파하면서 유명세를 얻었다.

했다.[7]

　종교적 신정통주의에 대한 공감이 반드시 신앙을 의미하는 것은 아니었다. 세속적 자유주의자인 아서 슐레진저 주니어는 라인홀드 니부어를 존경하는 사람 중 한 명이었다.[8] 다른 사람들 역시 종교가 유용한 기능을 수행할 수 있다고 믿었다. 무솔리니의 이탈리아에서 망명 온 사회학자이자 뉴스쿨에서 학생들을 가르치던 어니스트 반 덴 하그Ernest van den Haag는 1950년 『파르티잔리뷰Partisan Review』에서 종교적 믿음은 "논리적으로 정당화될 수 없다"고 인정했다. 그렇지만

> 전체주의적이지 않으면서 안정을 바라는 모든 사회에는 종교적 제재—경찰력과 마찬가지로—가 필요하다. (…)
> 종교는 유용하고 또 필수적인 아편이다. 종교는 지나친 불안과 동요로부터, 그리고 마르크스처럼 소요 위에서 흥하고, 그래서 진정제를 혐오해 이를 살인자의 대마초로 대체하려는 사람들로부터 우리를 보호해주는 진정제이다.[9]

　일부 사람들은 가톨릭교회에 대해서도 비슷한 태도를 취했다. 일례로 반공산주의자이자 저널리스트인 제임스 로티James Rorty는 "가톨릭 신앙"을 "오늘날 믿음과 힘의 사악한 결합인 공산주의에 대항하는 가장 강력한 힘" 중 하나라고 칭송했다. 로티는 한때 영국의 공산주의자였지만 기독교로 개종한 더글라스 하이드Douglas Hyde에게 동의하며 그의 말을 인용했다. "지상에서 가장 온전한 것은 반동적이고 비과학적이며 외설적이라는 혐의를 받고 있는 교회가 옹호하고, 전투를 벌이고 있는 것들이다."[10]

일부 보수주의자들은 기독교의 부활이 유리했기 때문에 환영한 것이 분명했지만, 많은 보수주의자들은 그것이 진리라고 확신했다. 필요한 것은 기독교의 진리를 재천명하는 일이었다. 1951년 윌리엄 F. 버클리 주니어는 "나는 기독교와 무신론 사이의 투쟁이 세상에서 가장 중요하다고 믿는다"고 썼다.[11] 존 할로웰은 1950년 "기독교는 우리가 알고 있는 하나님의 본성과 인간에 대한 하나님의 의지를 가장 완전하고 완벽하게 보여주는 계시"라고 썼다.[12] 실제로 기독교에 대한 할로웰의 단언은 특히나 대담했다. 이는 현대 정치철학에 대한 그의 해석에서 일관되게 나타나는 주제였다.

기독교 신앙의 근본적인 통찰은 우리가 처해 있는 위기와 인간의 본성에 대해 최고의 통찰을 제공해준다. 그 위기는 초월적 혹은 영적 실재를 부정하려는 현대인의 꾸준한 시도와 현실에 널리 퍼져 있는 개념에서 의미와 구원을 찾으려 한 현대인의 지속적인 실패가 도달할 수 있는 최고의 상태다. (…) 하나님께서 예수 그리스도 안에서 인간에게 자신을 드러내셨듯이, 오직 하나님에 대한 믿음으로 귀의해야만 현대인과 그 사회는 악의 폭정으로부터 구원받을 수 있다.[13]

할로웰·버클리 등이 옹호했던 기독교는 사회복음주의Social Gospel*

---

* 1870년대부터 1920년대까지 주로 미국과 캐나다에서 일어난 개신교 내 사회운동. 이들은 기독교 윤리와 구원을 경제적 불평등·빈곤·범죄·아동 노동·노동시간 단축 등과 같은 사회적 문제에 적용·해석하면서 산업화된 사회를 개선하고자 했다. 이 운동의 지도자들은 대부분 신학적으로는 자유주의적이었지만, 일부 사회 문제와 관련해서는 보수주의적 견해를 표방했다.

기독교도, 자유주의적인 개신교도 아니었다. 많은 네오보수주의자들neo‑conservatives에게 그것은 제2차 세계대전의 가장 강렬한 교훈인 악과 원죄에 대한 가르침에 기초한 기독교였다. 할로웰은 "오래전에 버려졌던 단어, 즉 죄라는 단어를 우리의 어휘로 되찾아와야 한다"고 주장했다.[14] 리처드 위버에게 원죄보다 "인간이라는 수수께끼를 더 깊이 들여다볼 수 있게 해주는" 개념은 없었다.[15] 악은 단지 "악몽", "역사의 우연", "소수의 반사회적 인간들이 만들어낸 창조물"이 아니었다. 그것은 "교묘하고, 구석구석에 배어 있는 변화무쌍한 힘"이었고, 원죄는 "옳은 것을 알면서도 그릇된 일을 행하려는 인간의 태곳적 성향"을 "우화적으로 표현한 것"이었다.[16] 엘리세오 비바스도 여기에 동의했다. 그는 모든 인간의 내면에는 "잔인함"과 "자신의 이익에 따라 가치를 정의"하려는 "선천적 경향"이 있다고 말했다.[17] 버나드 이딩스 벨은 "인간에 대한 지나친 낙관주의"가 "우리가 타락하게 된 주된 요인"이라고 주장했다.[18] 원죄의 사회적 함의는 보수주의자들에게 명백했다. 그것은 거트루드 힘멜파브Gertrude Himmelfarb*가 칭한 "건방진 대중사회의 인간"을 확인시켜주는 것일 수 있었다.[19] 위버의 말에 따르면 그것은 "민주주의를 엄격하게 제한하는 것"일 수 있었다.[20] 그것은 무분별한 사회 혁신의 위험성을 암시하고, 인간의 사유를 그 자체보다 더 위대한 것으로 만드는 것일 수 있었다.

신보수주의자들의 기독교는 대체로 확실히 가톨릭적이었고, 심지어

---

* 1922~2019. 미국의 역사학자. 영국 빅토리아 시대의 덕성—신중함·절제·근면함 등—을 현대 미국의 정치와 정책에 재도입해야 한다고 주장한 대표적인 보수주의 역사학자이다. 네오보수주의의 대부라고 불리는 어빙 크리스톨—힘멜파브의 남편—과 함께 1970년대와 1980년대에 '공화당 정치의 중심을 오른쪽으로 이동시키기 위해 누구보다 많은 일'을 한 인물로 평가받고 있다.

중세적이기까지 했다. 기사도를 존중하고, 오컴의 윌리엄에게 근본적 오류를 전가하면서 리처드 위버는 사실상 중세를 보다 긍정적으로 바라보는 관점을 조장했다. 할로웰도 마찬가지였다. 다만 그는 "인간 중심이 아니라 지적·영적으로 하나님 중심이었던 사회로 영적 복귀한다는 의미에서만 중세로 돌아가야 한다"고 조심스럽게 촉구했다.[21] 힐레어 벨럭의 전기 작가이자 산타클라라대학교의 젊은 철학 교수 프레더릭 빌헬름센Frederick Wilhelmsen은 여기서 한 발짝 더 나아갔다. 그는 현대 보수주의를 이해하려면 중세 기독교로 돌아가야 한다고 단언했다. "중세인은 존재 전체를 성사화聖事化했다." "존재하는 만물의 통일"이라는 "중세적 꿈"은 보수주의적 전망의 "신화적 토대"였다. 아아, 중세의 전통은 칼뱅주의와 맨체스터주의Manchesterianism*에 의해 "영원히 산산조각 났다". 현실은 보존되어야 하는 것이 아니라 조작되어야 하는 것이 되었다. 그는 침울해하며 보수주의자들이 현대 세계를 변화시키고 구제하기엔 너무 약하다는 사실을 인정했다. "우리 보수주의자들은 왕과 기사도를 잃어버렸다. 우리의 장인들은 사라졌고, 우리의 농민들도 빠르게 사라지고 있다. (…) 우리가 세상에 내놓을 건 우리의 전망밖에 없다."[22] 중세는 기독교 문화를 주었지만, "복음을 성육신화하지 못하는" 현대의 "반인본주의" 시대에는 그것이 결여되어 있었다.[23]

이러한 전통적 기독교의 부활과 『타임』이 칭한 "세계에 대한 전前영 지주의적 관점"이 1950년대에 분명히 지적 영향을 미치고 있었다. 바람의 변화를 감지한 『타임』은 1953년 에릭 푀겔린Eric Voegelin의 『새로운 정

---

* 19세기 영국 맨체스터에서 시작된 정치·경제·사회운동. 자유무역과 자유방임 자본주의를 옹호하고, 곡물법·노예제 폐지, 언론의 자유, 국가와 교회의 분리를 주장했다.

치과학』 서평에 이례적으로 과도하게 다섯 페이지를 할애했다.[24] 트로츠키주의 좌파와 오랫동안 관계를 맺어온 『파르티잔리뷰』의 편집자들도—덜 대중적인 차원에서—새로운 현상에 놀랐다.

특히 이 10년 사이에 우리 시대에 나타난 가장 중요한 경향 중 하나는 지식인들 사이에서 종교로의 전환이 새롭게 일어나고, 문화에 대한 주도권을 주장하는 적지 않은 수의 집단에서 현재 세속적인 태도와 관점이라고 간주되는 것들에 대한 혐오가 점점 더 커지고 있다는 점이다. 의심의 여지없이 종교적 공감, 믿음 또는 교리를 내세우는 지식인의 수가 10년 혹은 20년 전보다 지금이 더 많고, 이 숫자는 계속해서 증가하고 있거나 보다 분명하게 드러나고 있다. 만약 우리가 우리 시대를 최근의 과거와 연관 지어 이해하려한다면, 금세기의 첫 10년은 의기양양한 자연주의처럼 보이기 시작할 것이다. 그리고 현재의 경향이 지속된다면 세기의 중반은 개종과 귀의의 시대로 역사에 기록될지 모른다.[25]

『파르티잔리뷰』는 이 글과 함께 "종교와 지식인"이라는 공개 심포지엄을 소개했다. 1년 후 H. 스튜어트 휴스도 비슷한 결론에 도달했다.

10년 또는 15년 전만 해도 자존심 강한 '계몽된' 지식인은 어떠한 것에 대해서도 절대로 종교적 해석을 하지 않았다. 오직 가톨릭 신자들만—그리고 우리가 무해한 괴짜들이라고 일축한 드문드문 흩어져 있던 개신교 신자들—이 이런 방식의 사고를 했다. 우리는 '이상주의적인' 사회주의-급진주의자이거나 혹은 회의적인 비정한 프로이트-파레트주의자였다. 이 외의 어떤 태도도 아방가르드에 대한 배신으로 여겨졌을 것이다. 지금 할로웰 씨는 우리가 마주하고 있는 학생들로부터 우리에게로 떠내려온 의혹들이 사실임을 확인시켜주고 있다. 아방가르드는 구식이 되었다. 이제는 종교가 가장 새로운 것이다.[26]

　　한편 또 다른 측면에서의 위대한 전통, 고대 또는 고전 정치철학이 부활하고 있었다. 전후 고전 정치철학의 가장 해박하고 대단한 옹호자 중 한 명이 레오 스트라우스였다. 스트라우스의 사상을 몇 문장으로 요약하기란 불가능하다. 그러나 그의 관점에서 핵심은 그가 고대와 근대 사이에서 인지한 많은 차이였다. 최고의 고대 정치철학—특히 플라톤·아리스토텔레스·키케로—은 이성적 자연법에 기초해 인간의 의무를 강조했다. 홉스와 근대인들은 갈수록 점점 더 자연법을 강조했다. 고대인들은 최상의 체제를 발견하고자 노력했다. 자신들의 시야를 낮춘 근대인들은 그렇지 않았고, 점점 더 공허한 방법론에 몰두했다. 고대인들은 덕성에 깊은 관심을 가졌다. 근대인들은 "개체성"에 너무 많은 관심을 기울였다. 고전 정치철학은 진리를 추구했고, "가치판단"을 두려워하지 않았다. 근대 정치철학은 보편적 진리가 존재하는지 확신하지 못했고, 온통 실증주의와 역사주의 같은 해로운 교리로 물들어 있었다.[27]

　　학식을 통해 고대인의 사상을 정력적으로 보여주면서 스트라우스는 1950년대의 지적 삶에 많은 기여를 했다. 일례로 거트루드 힘멜파브가 지적했듯이 그는 고대와 근대 사이의 새로운 "책들의 전쟁Battle of the Books"*을 자극하고 있었고, 자신의 지난한 문헌 분석 방법을 통해 엄청난 "교육학적" 영향을 미치고 있었다.[28] 새롭게 부상한 "신보수주의"운동에서 스트라우스의 중요성은 특히 주목할 만하다. 실제로 윌리엄 F. 버클리 주니어는 스트라우스가 상식과 자연법 사이에는 관련이 있으며, "인식론에 대한 과학적 접근"이 "끔찍하게 오도되고 있다"는 두 가지 잊어서는 안될 교훈을 가르쳐주었다는 점에서 "절대적으로 중요하다"고 말했다.[29] 앞으로 몇 년 동안 보수주의 지식인들에 대한 스트라우스의 영향력은 더욱 커질 것이었다.

1950년대의 많은 저술가들에게 고전 정치철학은 무엇보다 자연법을 의미했다. 『민주주의의 도덕적 기반The Moral Foundation of Democracy』에서 존 할로웰은 자연법의 원리를 분명하게 제시했다. 할로웰은 자신을 "고전적 실재론자"라고 부르면서 세 가지 원리를 선언했다. 첫째, 인식하는 자와 독립적으로 존재하는 "질서 정연한 우주", "유의미한 실재"가 존재한다. 둘째, 인간은 자신의 이성을 이용해 실재의 본성을 식별할 수 있다. 그리고 셋째, "인간의 본성을 충족시키기 위해 인간이 무엇을 해야 하는지에 관한 지식은 전통적으로 '자연법' 또는 '도덕법'이라고 하는 것에 구현되어 있다".[30] 할로웰은 "보편적으로 타당한 원리"에 대한 믿음을 회복해야 한다고 촉구했다.[31] 그것이 없다면 민주주의는 존재할 수 없었다. 민주주의에는 "도덕적 기반"이 필요했다. 자기억제에 기초하고 공동선을 지향하지 않는 한 민주주의는 퇴보할 것이다. 할로웰은 인간은 "자율적 존재가 아니라 하나님의 피조물"이라고 말했다.[32] 이러한 최고의 충성과 그에 따른 "도덕법에 순종할 의무"를 인식하는 것 속에 전체주의를 막아줄 방

• 조너선 스위프트Jonathan Swift가 1704년에 쓴 짧은 소설의 제목이다. 스위프트는 제임스 왕의 궁전 도서관에 있는 책들의 전투를 통해 당시 영국에서 격렬하게 벌어졌던 지적 논쟁―르네상스 이후 많은 분야에서 일어난 지적 진보와 고대의 지적 성취를 둘러싼―을 풍자했다. 당시 근대의 옹호자들은 과학과 이성의 근대가 미신적이고 제한된 그리스와 로마보다 우월하다고 주장한 반면, 고대의 옹호자들은 근대가 고대의 사상을 반영하고 있을 뿐이라고 반박했다. 이후 이 말은 '고대의 가치와 현대의 가치 사이의 대립'을 일컫는 용어로 사용되고 있다.

벽이 있었다.

근대 이전의 정치철학에 대한 관심을 보여주는 다른 징후들도 있었다. 1930년대와 1940년대 초 플라톤은 특히 칼 포퍼의 『열린사회와 그 적들The Open Society and Its Enemies』에서 전체주의의 아버지라는 맹렬한 공격을 받았다. 그러나 1950년대 초 고대 철학자를 옹호하는 사람들이 반격을 가하면서 학계에 상당한 동요를 불러일으켰다. 하버드대학교의 할로웰과 존 와일드John Wild 등이 선도했던 이 옹호자들은 플라톤은 전체주의자가 아니라 민주주의자이며, 상대주의자가 아닌 자연법 민주주의자라고 주장했다.[33] 또 다른 전선에서는 리처드 위버가 『수사학의 윤리The Ethics of Rhetoric』에서 고대 수사학의 전통을 이용해 지적으로 무력하고 세계개선론적인 "사회과학"을 비판했다.[34] 1955년 월터 리프먼은 『공공철학에 관한 에세이Essays in the Public Philosophy』에서 자연법의 부활을 요구하는 주장에 동참했다. 리프먼이 말하는 "문제의 근원"은 다음과 같았다. "마치 신이라도 되는 양 행동하는 인간들에게 지상에 천국을 건설하라는 임무를 맡길 수 있겠는가?" 히틀러주의와 레닌주의 같은 악마적 이데올로기의 위협을 억제하기 위해 우리의 제도는 자연법—"공공철학" 또는 시민성의 철학—의 부활을 통해 강화되어야만 한다. 그렇지 않다면 서구 사회는 살아남지 못할 것이었다.[35]

신정통주의 기독교와 고전 정치철학의 부활은 광범위하고 다면적이었지만, "보수주의적" 과거를 복원하려는 열망은 사그러들지 않았다. 보수주의의 "판테온"을 완성하려면 보다 현대적이고 세속적인 영웅이 필요했다. 가장 먼저 소환된 사람 중 한 명이 알렉시스 드 토크빌이었다.

대학 과정 등에서 19세기 위대한 프랑스 사상가의 통찰을 접해본 세대라면, 1930년대와 1940년대 초 미국에서는 토크빌이 거의 읽히지도 논의되지도 않았다는 사실을 이해하기란 아마도 어려울 것이다. 이러한 무관심의 사례를 단적으로 보여준 사람이 역사사회학자 로버트 니스벳이었다. 1930년대 후반 캘리포니아대학교 버클리캠퍼스 대학원생이던 니스벳은 에드먼드 버크와 보날드Bonald,* 드 메스트르de Maistre,** 폰 할러von Haller***를 비롯해 프랑스혁명에 적대적이었던 다양한 19세기 사상가들의 글을 발견했다.[36] 그러나 놀랍게도 그는 대학원 시절 내내 토크빌이라는 이름을 단 한 번도 들어본 적이 없었다![37] 대대적으로 재검토된 『미국의 민주주의Democracy in America』신판이 1945년 출판되면서 마침내 토크빌에 대한 관심이 되살아났다.[38] 그해 말 포드햄대학교의 여러 학자들이 이 책에 대한 심포지엄을 개최한 것이 이를 보여주는 작은 징후였다.[39] 또 다른 징후는 전후 몇 년 사이에 니스벳·리프먼·러셀 커크·에릭 폰 쿠에넬트-레딘과 같은 사람들에 의해 토크빌이 민주주의와 대중사회의 인간을 비판한 사람으로 인용되는 빈도가 증가했다는 사실이다. 훗날 한 역사학자가 진술했듯 "(…) 토크빌은 아마도 [미국인들에게] 최초로 민주주의를 비판한 존경스러운 현대 사상가의 모범을 제시해주었을 것

•   루이 가브리엘 앙브루아즈 드 보날드Louis Gabriel Ambroise de Bonald, 1754~1840. 프랑스의 철학자·정치사상가. 계몽주의와 프랑스혁명을 비난하며 인간의 타락과 악함을 억제하기 위해 강력한 정부가 필요하다고 주장했다. 또한 민주주의와 마찬가지로 권력의 공유는 무정부 상태를 야기하며, 경제적 자유주의는 프랑스 국민의 기독교성을 약화시킬 것이라고 비판했다. 그는 인간의 이성이 아니라 신의 계시를 통해서만 진리를 알 수 있으며, 모든 도덕적 진리는 성경에 성문화되어 있다고 주장했다.

••   조제프 드 메스트르Joseph de Maistre, 1753~1821. 프랑스의 철학자·정치사상가. 프랑스혁명을 격렬하게 비판하고, 군주제만이 신이 유일하게 승인한 안정적 정부 형태라고 주장했으며, 자유주의적 신념과 경험적 방법론에 반대하고, 기독교의 우월성과 절대주의를 옹호했다.

••• 카를 루트비히 폰 할러Karl Ludwig von Haller, 1768~1854. 스위스의 법학자·정치철학자. 왕조의 정통성과 영토적 주권에 기초한 군주제를 옹호하고, 사회계약·국가 주권·공법 등 근대 정치철학의 개념을 일관되게 비판했다.

이다".[40]

쿠에넬트-레딘은 유럽 대륙의 보수주의 전통과 전후 10년 동안 동요하고 있던 미국의 보수주의를 이어주는 연결고리였다. 오스트리아 출신의 귀족적 가톨릭 군국주의자이자 몰타기사단Knights of Malta*의 일원이었던 쿠에넬트 레딘은 1929년 부다페스트대학교에서 정치학 박사학위를 받은 뒤, 1930년대 중반 고국을 떠나 영국에서 학생들을 가르친 후 미국의 조지타운·세인트피터·포드햄·체스넛힐대학교—모두 가톨릭 계열의 학교들—에서 강의했다. 1943년 『군중의 위협The Menace of the The Herd』을 쓴 쿠에넬트-레딘은 제2차 세계대전 이후 오스트리아로 돌아가 정착했다. 그러나 그는 미국과의 접촉을 광범위하게 유지했다. 역사학자·소설가·세계여행가·강사·많은 글을 발표한 저널리스트·언어 천재—그는 8개 국어에 능통했고, 19개의 외국어를 읽을 수 있었다—인 그는 1945년 이후 보수주의의 부흥에 기여한 가장 다재다능하고 세계시민주의적인 공헌자 중 한 명이었다.[41]

1952년 제임스 H. 깁슨James Herrick Gipson의 캑스턴 출판사는 민주주의에 대한 반대를 노골적으로 드러낸 쿠에넬트-레딘의 책 『자유냐 평등이냐Liberty or Equality』를 출간했다.[42] 이 책에는 영국과 미국의 저술가들뿐만 아니라 도노소 코르테스Donoso Cortés,** 부르크하르트Burckhardt,*** 베르다예프Berdyaev,**** 도스토예프스키, 오르테가, 토크빌 같은 대륙의 사상가들에 대한 학술적 인용구가 가득 담겨 있었다. 이 오스트리아인의 주장은

---

* 병든 순례자들을 돌보기 위해 7세기에 설립된 종교 단체. 1113년 교황 파스칼 2세의 승인을 받았다. 십자군전쟁의 주요 부대였으며, 오늘날에는 인도주의적·종교적 조직으로 전 세계에서 의료 봉사활동을 하고 있다.

아마도 많은 미국 독자들을 숨 막히게 했을 것이다. 그는 "자유와 평등은 본질적으로 모순된다"고 주장했다.[43]

(…) 민주주의와 자유주의는 완전히 다른 두 가지 문제와 관련이 있다. 전자는 누가 통치권을 부여받아야 하는지에 대한 문제에 관심이 있는 반면, 후자는 누가 통치를 하느냐와 상관없이 개인의 자유를 다룬다. 민주주의는 자유를 대단히 제한할 수 있다. 상당히 민주적으로 통과된 볼스테드법Volstead Act ***** 이 수백만 시민의 저녁 메뉴를 방해하고 있다.[44]

쿠에넬트-레딘은 여기서 더 나아가 "현대 전체주의는 (…) 자유주의-자유지상주의 원리가 아니라 민주주의 원리(국민투표, 다수제, 평등주의)에 그 뿌리를 두고 있다"고 썼다.[45] 균일론적 대중민주주의에서 폭정의 씨앗을 분별해내는 것 외에 쿠에넬트-레딘은 개신교의 종교개혁에서 나

•• 　후안 도노소 코르테스Juan Donoso Cortés, 1809~1853. 스페인의 가톨릭 정치신학자이자 정치가. 18세기 계몽주의와 프랑스혁명에 반대하고, 현대의 독재 이론에 많은 영향을 미쳤다. 그는 인간은 본질적으로 사악하고 몽매하며, 자유주의는 결단을 내려야할 때 토론을 함으로써 결정을 회피하고, 따라서 혁명을 저지할 수 없다고 주장하면서 정치적 독재 체제에서 반혁명의 해답을 찾았다.

••• 　카를 야코프 크리스토프 부크하르트Carl Jacob Christoph Burckhardt, 1818~1897. 스위스의 역사학자. 르네상스 시대의 이탈리아를 광범위하게 분석하면서 피렌체에서 대중을 통제하는 정밀한 도구인 근대 국가가 시작되었다고 주장하고, 20세기 전체주의 국가의 등장을 예언했다.

•••• 　니콜라이 알렉산드로비치 베르댜예프Nikolai Alexandrovich Berdyaev, 1874~1948. 러시아의 종교·정치철학자. 자유란 다른 모든 것의 기초가 되는 근본적인 형이상학적 실재이며, 이는 객관적 이성이 아니라 개인의 내면적 주관성을 통해 획득할 수 있다고 주장했다. 따라서 그는 개인의 창조적인 정신적 삶을 강력하게 옹호했다.

••••• 　1919년 제정된 주류의 제조 및 판매를 금지한 법안이다. 우드로 윌슨 대통령은 거부했지만, 의회에서 통과되었고, 거의 모든 주에서 시행 법안을 제정했다. 정식 명칭은 「국가금주법National Prohibition Act」이며, 1933년 폐지되었다.

치즘의 지적 뿌리를 찾고자 노력했다. 독일의 국가사회주의는 프랑스혁명[46], 그리고 그 보다 과거에 존재했던 후스Hus*의 종교개혁의 대척점에 있는 것이 아니라 그것들의 결실이었다.

> 국가사회주의는 (…) 보수주의운동도 반동적 운동도 아니며, 단지 지난 160년간 지배적이었던 거의 모든 사상을 종합해놓은 것에 불과하다. 이러한 사상의 뿌리가 프랑스혁명에 선행한다는 것은 자명한 사실이다.[47]

쿠에넬트-레딘은 지적 계보를 강조함으로써, 종교개혁 시대에서 악의 근원을 발견함으로써, 전체주의를 민주주의운동으로 묘사함으로써 자신이 지적 우파에 속해 있음을 분명하게 드러냈다.[48] 그는 비교적 생소한 대륙의 자료들을 이용하면서 오르테가가 위버에게 미친 영향 속에서, 그리고 드 메스트르가 샤를 모라스Charles Maurras**와 T. S. 엘리엇을 통해 미국 문예비평들에게 미친 영향 속에서 이미 명백하게 드러나고 있던 경향을 확고하게 만들었다.

의심할 여지없이 유럽 대륙의 전통을 활용하려는 가장 극적이고 대담한 시도는 피터 비에렉의 『보수주의 재고찰-반란에 맞선 반란Conserva-

---

* 얀 후스Jan Hus, 1370~1415. 체코의 신학자·철학자. 루터보다 한 세기 앞서 종교개혁운동을 했다. 그는 가톨릭교회의 타락을 비판하고 성경적 권위의 우월성을 옹호했다. 1414년 콘스탄츠 공의회에서 이단으로 유죄 판결을 받고 화형당했다.

** 샤를 마리 포티우스 모라스Charles-Marie-Photius Maurras, 1868~1952. 프랑스의 작가·비평가. 부르봉 왕가의 복귀를 목표로 한 반공화주의 단체 악시옹프랑세즈L'Action française —프랑스의 행동이라는 뜻— 의 주요 활동가였다. 그는 19세기 말 프랑스 사회의 병폐는 프랑스혁명에서 비롯되었으며, 프랑스 민족 공동체의 위대한 시기는 군주의 절대적 권위 아래 종교와 정치가 통합되었던 루이 14세 시대였다고 주장했다. 그는 반공산주의·반개신교·반유대주의자였다.

tism Revisited: The Revolt Against Revolt』이었다.[49] 시인이자 마운트홀리요크대
학교 교수인 비에렉은 1940년대의 비극에 깊이 공감했다. 제1차 세계대
전 당시 논란 많던 독일계 미국인 작가이자 독일 황제의 선전가였던 조
지 실베스터 비에렉George Sylvester Viereck[50]의 아들인 어린 비에렉은 일찍
부터 아버지의 강한 충성심을 보고 자랐다. 심지어 어린 시절 비에렉은
네덜란드에 망명 중인 황제를 방문하기도 했다.[51] 그러나 아버지와 아들
은 일찌감치 서로 다른 길을 갔고, 피터 비에렉의 보수주의에서도 그가
자기 아버지가 옹호했던 모든 것을 거부하고 있음을 확인할 수 있다. 하
버드와 옥스퍼드대학교에서 교육을 받은 젊은 비에렉은 아버지의 견해
와 자신은 관련이 없음을 분명히 하기 위해 행동에 나섰다. 1940년 그의
아버지가 히틀러의 독일을 공개적으로 옹호하고, 고립주의운동을 장려하
는 동안 23세의 피터는 잡지에 쓴 글에서 공산주의·파시즘·인민전선 좌
파·자유연맹Liberty League* 우파에 대한 혐오를 드러냈다. 비에렉은 "코뮤
나치communazis**"에 대한 방어막으로 "절대적 행위 규범 및 법의 필요성
과 우월성"에 기초한 윤리적인 개혁보수주의를 호소했다.[52] 이것이 미국
에서 "신보수주의"를 요구한 최초의 주장이었다. 뒤이어 경험한 제2차 세
계대전은 비에렉에게 문명을 보존하고 극단주의를 물리치기 위해 치러
야 할 대가를 뼈저리게 일깨워주었다. 그의 아버지가 친나치 활동으로 감
옥에 수감되어 있는 동안 그의 형제 조지George Viereck는 미군에 입대해

---

*   1934년 결성된 미국의 정치 조직. 회원 대부분은 부유한 엘리트와 유명 정치인이었다. 이들은
루스벨트의 뉴딜에 반대하고, 사유재산과 개인의 자유를 옹호했다. 루스벨트가 압도적인 표 차로 재당
선된 후 활동이 급격히 줄어들었고, 1940년 완전히 해산했다.

**   1939년 소련과 독일이 맺은 불가침조약을 다룬 『타임』 기사에서 처음 등장한 용어. 기사는 이
신조어를 통해 공산주의와 나치즘은 본질적으로 전체주의적이기 때문에 동질하다는 것을 암시했다.

전투에 참전했다. 조지 비에렉은 안치오Anzio에서 전사했다.[53]

이러한 개인적 경험을 바탕으로 비에렉은 1949년 보수주의를 "재고찰했다". 그의 책에는 당시 보수주의적 우려를 웅변하는 진술이 담겨 있었다. 이 책에서 그는 "오늘날 내부의 침공―아래로부터의 야만적 침공"을 규탄했다.

> 우리에게 필요한 건 '보통사람의 세기'가 아니다. 우리는 이미 그런 세기를 살고 있고, 그것은 가장 평범한 사람, 비인격적이고 무책임하며 뿌리 뽑힌 대중사회의 대중을 생산해냈을 뿐이다.

여기에서 그는 부르크하르트와 오르테가를 인용하고, 법에 대한 존중을 호소했으며, "자연인"에 대한 루소주의적 "찬양"을 비판했다. 또한 여기에서도 원죄에 대한 믿음과 진보적 교육에 대한 암묵적 거부를 찾아볼 수 있었다. "선천적 본성에 의하면 현대의 모든 아기들은 여전히 동굴인의 아기로 태어난다. 오늘날의 아기가 동굴인으로 남지 않도록 막아주는 것이 법과 전통이라는 보수주의의 힘이다."[54]

이러한 엄청난 혼동과 오류에 맞서 비에렉은 자신이 구상하는 보수주의를 제시했다. 비에렉이 바랐던 보수주의는 자유방임적 자본주의가 아니었다. 그것은 "파시스트나 스탈린주의적 집단주의와 양립할 수 없는", "개인 영혼의 존엄성에 대한 인본주의적 존중"으로 충만한 보수주의였다. 그것은 "비례와 척도", "자기억제를 통한 자기표현", "인본주의와 고전주의적 균형", 역사적 연속성 등의 가치로 가득 찬 보수주의였다. 무엇보다 비에렉에게 보수주의는 기독교와 "서구인의 4대 혈통"을 기반으로 해야 했다. 그것은 "유대교의 엄격한 도덕 계명과 사회 정의, 자유로운 헬

레니즘 정신의 지적 사색과 미美에 대한 사랑, 로마제국의 보편주의와 법에 대한 찬미, 그리고 중세에 속하는 아리스토텔레스주의와 토마스주의Thomism, 반유명론"이었다. 비에렉은 더 나아가 그의 많은 경구들 중 하나에서 보수주의를 "원죄라는 교리의 정치적 세속화"라고 정의했다.[55]

비에렉은 자신이 요구한 가치를 가장 잘 보여주는 전형으로 반동의 오랜 상징인 클레멘스 폰 메테르니히Klemens von Metternich를 선택했다. 비에렉은 일정 정도 최근의 수정주의적 학문을 기반으로 하고 있었다. 그러나 그의 책의 의도는 역사적일 뿐만 아니라 명백히 강론적이고 논쟁적이었다. 비에렉은 메테르니히가 종종 이상적인 행위에서 이탈했음을 인정했다. 그럼에도 불구하고 이 오스트리아 외교관은 냉전 초기 미국과 관련된 많은 것들을 상징적으로 보여주었다. 19세기의 극렬한 민족주의—그리고 비에렉의 아버지—와 대조적으로 메테르니히는 세계시민적이고 인종적으로 관대한 국제주의를 표방했다. 현실 정치와는 반대로 이 오스트리아인의 좌우명은 "법 안에서의 힘"이었다. 그의 모든 실패에도 불구하고, 그리고 그가 섬긴 황제들의 비타협적 태도에도 불구하고 메테르니히는 온건한 개혁과 당대의 적갈색* 극단주의자들을 억제하기 위해 칭찬받을 만한 노력을 했다. 그는 한때 스스로를 "보수적 사회주의자"라고 칭하기도 했다. "안정은 부동의 상태가 아니다"가 그의 슬로건이었다. 20세기의 국제주의자·반파시스트·반−"국가주의 볼셰비키"인 비에렉에게 메테르니히는 우리 시대의 비이성적 극단주의를 피해 "중도"로 가는 길을 밝혀주는 등불이었다.

• 　적색은 사회주의, 갈색은 나치를 상징한다.

『보수주의 재고찰』의 중요성은 이 책이 메테르니히에 대한 관심을 새롭게 자극했다는 것 이상으로 훨씬 대단했다.[56] 이 책은 전후 초기의 다른 그 무엇보다 신보수주의를 자의식을 가진 지적 세력으로 만들어냈다. 비에렉의 생각과 정서가 완전히 새로운 건 아니었다. 다른 많은 사람들도 비슷한 견해를 표명하고 있었다. 사실 비에렉은 그 분야에서 자유주의를 가장 신랄하게 비판한 사람도 아니었다. 여러 비평가들이 지적했듯이 그의 주요 표적은 자유주의자들─온갖 죄를 저질렀지만─이 아니라 전체주의자들이었다.[57] 이들에게 맞서려면 자유주의자들과 보수주의자들의 연합이 필요했다(몇 년 후 비에렉 자신도 이것이 자신의 진정한 목표였음을 인정했다).[58] 그럼에도 불구하고 이 책은 "보수주의"라는 단어를 과감하게 제목으로 사용한 책─1945년 이후 최초로─이었다. 피터 비에렉은 동시대 사람들 중 어느 누구 못지않게 "보수주의"라는 용어를 대중화시켰고, 초기 운동에 그 이름표를 달아주었다.

　메테르니히·토크빌, 그리고 다른 19세기의 인물들이 1945년 이후 갑자기 미국 정치와 놀라울 정도로 관련이 있는 것처럼 등장했지만, 프랑스혁명의 극렬한 반대자인 에드먼드 버크만큼 보수주의 지혜의 원천으로 칭송을 받은 유럽인은 없었다. 로버트 니스벳에 따르면 버크는 1930년대 미국 학계에서 그다지 높은 평가를 받지 못했다. 그는 "유명했지만 잘 알지는 못하던 사람"이었다. 그러나 혁명과 세계대전이라는 도가니 속에서 버크에 대한 관심이 되살아났다.[59] 이것은 1949년 영국에서 개인이 소장하고 있던 막대한 분량의 버크 글들이 일반에 공개된 덕분에 형성된 어느 정도 학문적 현상이기도 했다.[60] 그러나 훨씬 더 중요한 것은 제2차 세계대전 이후 변화하고 있던 정치 환경이었다. 최초의 작은 조짐 중 하나는 프랭클린 루스벨트가 사망한 당일인 1945년 4월 12일, 포드햄대학교에서 버크협회가 창립되었다는 것이다.[61] 이 학회의 목적은 버크가 많은 보수주의자들에게 매력적이었던 이유를 잘 보여준다. 그것은 "정치적·국제적 기독교 공동체의 유산인 가치·원칙·전통을 소생"시키는 것이었다.[62] 에드먼드 버크는 이를 위해 자신의 일생을 바쳤다. 1949년 버크 선집에서 두 명의 포드햄대학교 교수 로스 J. S. 호프먼Ross John Swartz Hoffman과 폴 르박Paul Levack은 그의 교훈을 열성적으로 설명했다.

> 파국을 초래한 지난 반세기처럼 그의 위대한 격언들이 경멸에 가까운 무시를 당했던 적은 없었다. 이 시대만큼 '형이상학적 궤변'이 넘쳐났던 시대도 없었다. (…) 이 시대는 교조적 '계획'의 시대였고, 아마도 버크는 '책략'의 시대라고 말했을 것이다. 정치 지도자들은 자연법을 망각했다. (…) 루소와 페인 시대의 모든 합리주의적 오류들이 사회주의, 공산주의, 파시즘의 부상과 함께 흘러 되돌아왔다. 이성이라는 이름으로 불합리를 강요하려는 비이성적 의지의 광기 어린 노력은 필연적인 것이었다. (…) 일부 피상적인 관찰자들에게 놀라움을 안기며 우리는 보수주의의 대의, 전체주의적 독재에 맞서 법과 자유를 수호한다는 대의의 투사로 제2차 세계대전에서 등장했다. 이것이 바로 버크가 옹호했던 대의이다.[63]

다른 사람들도 버크의 현재적 가치를 발견하고 있었다. 호프먼-르박의 책을 검토하면서 크레인 브린톤Crane Brinton은 버크를 18세기 계몽주의에 의해 세상에 풀려난 "독"을 제거해줄 "훌륭한 해독제"라고 극찬했다.[64] 피터 비에렉은 『보수주의 재고찰』에서 버크를 자주 언급했다. 그리고 또 다른 젊은 학자 러셀 커크는 1951년 출간한 『로아노크의 랜돌프Randolph of Roanoke』에서 존 랜돌프John Randolph*를 "미국의 버크"라고

부르며 이 영국 정치가가 버지니아 사람에게 미친 심대한 영향을 강조했다.[65]

버크를 수용할 수 있는 토대는 1953년 커크의 『보수의 정신The Conservative Mind』이 등장해 보수주의 지적 운동의 출현을 극적으로 촉진시켰을 때 훌륭하게 마련되었다. 커크는 미국 우파의 사고에 익숙했다. 1918년 철도기술자의 아들로 태어난 커크는 미시간주 플리머스와 메코스타의 작은 마을에서 자랐다.[66] 태생적으로 낭만적 전통주의자였던 커크는 헨리 포드의 지원하에 이미 미시간주에 널리 퍼져 있던 "조립라인 문명"[67]에 대한 아버지의 편견을 일찍부터 공유하고 있었다. 1936년 고등학교를 졸업한 후 커크는 미시간대학교에 입학했다. 같은 시기 리처드 위버가 텍사스에이앤드엠대학교에서 그랬던 것처럼 미시간대학교의 "순응" 정신, 공리주의, "교양교육에 대한 막연한 반감"[68]이 커크의 감수성을 불쾌하게 자극했다. 혼자서 폭넓은 독서—그리고 대공황으로 인해 주로 땅콩버터와 크래커로 끼니를 때워야 했던 검약한 생활—를 한 덕분에 커크는 학업을 계속할 수 있었고, 1940년에 졸업했다.

이듬해 커크는 듀크대학교 역사학과 대학원에 입학했다. 그곳에서 그는 훗날 "로아노크의 랜돌프"라는 제목으로 출간된 석사학위 논문을 썼다. 그 책에서 커크는 주州의 권리를 옹호하는 이 버지니아인의 귀족적이고 엄격한 구성주의적 농본주의에 분명한 공감을 표했다. 이 해에 미시간 시골 출신의 젊은 학자는 "보수적인 사회"인 남부에 대해 알기 시작했다.[69] 훗날 그는 "80년 전에 무시무시한 충격을 받았고, 여전히 (…) 명한

• 1773~1833. 버지니아 출신의 미국 정치인. 주는 연방정부의 법률을 위헌으로 간주해 그 집행을 거부할 수 있으며, 연방정부는 주의 내정에 간섭해서는 안 된다고 주장했다.

상태였다"고 회상했다. 그는 농본주의 선언문『나는 내 입장을 취하겠소 I'll Take My Stand』를 흡족하게 읽었고,[70] 도널드 데이비슨의 『리바이어던에 대한 공격The Attack on Leviathan』—"남부 농본주의의 거의 최고봉"[71]—을 읽었다. 남북전쟁 이전의 많은 남부인들처럼 커크도 스콧Walter Scott*의 소설에 열광했다. "월터 경은 내가 언제든 다시 읽을 수 있는 유일한 소설가다."[72] 동시에 대학원생으로서 그의 삶은 이미 진보적 교육에 대한 그의 깊은 의심을 한층 더 깊어지게 만들었다. 그는 "이 나라에는 대학원을 채울 수 있는 진짜 두뇌들이 충분하지 않다"고 불평했다. "우리에게 필요한 건 더 많은 고등학교와 대학이 아니다. 우리는 고등학교와 대학의 수를 줄여야 한다."[73] 1941년에 발표한 첫 글에서 그는 "발전하고 있는 자신의 보수주의"를 드러냈다. 그는 말했다. "우리는 반드시

제퍼슨주의의 원칙을 발전시켜야 한다. 우리는 느리지만 민주적인 결정, 건전한 지방정부, 재산 소유의 확대, 최대한 직접 과세, 시민의 자유 보존, 부채를 초래한 세대의 부채 상환, 계급적 반감의 유발 방지, 안정적인 조방농업, 정부에 의한 통치의 최소화, 그리고 무엇보다 자립을 독려해야 한다."[74]

이것은 일반적으로 로버트 태프트의 중서부스러운 "개인주의적" 보수주의였다.

1941년 여름 "제퍼슨주의자" 커크는 헨리 포드의 그린필드빌리지Greenfield Villag**에서 일하고 있었다. 몇 달 후 그는 거대한 루즈Rouge 공

---

* 1771~1832. 영국 스코틀랜드의 작가. 스코틀랜드의 역사를 낭만적으로 그린 소설 등을 썼다.

장으로 발령받았는데, 그곳의 "공포스러우면서도 경이로운 광경"은 그를 "전율"하게 만들었다.[75] 포드에서 일하기 전에 커크는 대기업·거대 노조·큰 정부에 대한 혐오를 키워왔고, 친구에게 노동조합은 종종 "영혼 없는 기업보다 더 제한적이고 이기적"이라고 말했다.[76] 그는 독점파괴자 서먼 아놀드Thurman Arnold를 칭찬하며 그가 대통령에 출마하기를 바랐다.[77] 포드에서의 1년이 커크의 입장을 바꾸지는 못했다. 이 기간에 그가 쓴 편지들에는 노동조합, 경영진, 그리고 연방정부의 "기생충들"에 대한 경멸이 표현되어 있었다.[78] 실제로 관료주의에 대한 그의 혐오는 오히려 커지고 있었다. 그는 징병제를 "노예제"라고 비난했다.[79] 그는 진주만 직후 서해안에 거주하던 일본계 미국인들을 자신들의 집에서 쫓아낸 정부에 분노했다.[80] 한때 그는 농부가 되는 꿈을 꿨다. 아마도 그것은 리바이어던 국가를 피하기 위한 도피처였을 것이다.[81] 또 언젠가는 일종의 방랑시인, 미시간의 "바첼 린지Vachel Lindsay"가 될까도 고민했었다.[82] 몇 년 후 그는 이 시기를 되돌아보며 "때가 오기를 기다리던 시기" 중 하나였다고 말했다. 그는 "현대 산업 체제가 (…) 야기한 냉담함"의 희생양이 되었다.[83]

커크의 방황은 1942년 8월 그가 군대에 징집되면서 갑작스럽게 끝났다. 거의 4년 동안 그는 유타주의 황량한 황무지—그리고 나중에는 플로리다주 기지—에서 화학전부대 병장으로 복무했다. 커크는 군대에 가고 싶지 않았다. 그는 연합국에 우호적이었지만(그는 이탈리아-에티오피아 전선을 면밀하게 주시했다), 미국이 제2차 세계대전에 개입하는 것에는 반대

•• 1933년 헨리 포드가 미국 전역에서 100여 채의 유서 깊은 건물을 이전하거나 재건축해 미시간주 디어본에 조성한 일종의 민속촌이다. 미국 역사에서 중요한 유산과 기념품 등을 전시한 박물관 등이 있다.

했으며, 루스벨트 대통령이 의도적으로 미국을 전쟁에 끌어들이려 한다고 믿었다.[84] 심지어 그는 진주만 이전에 사회당의 노먼 토머스가 제국주의에 반대하는 연설을 한 보답으로 1944년 대통령 선거에서 그에게 투표하기까지 했다.[85] 전시에 쓴 커크의 편지들에는 징병제, 군대의 비효율성, 정부의 관료주의, "후견주의", 사회주의 경제학에 대한 혐오가 가득 차 있었다. 그는 국제 사회의 문제에 관한 자유주의적 "헛소리"[86]를 비난하고, 미국이 집단주의 경제에서 살아가야 할 운명에 처해 있다고 두려워했다.[87]

전쟁이 끝나갈 무렵 민간인의 삶으로 돌아가고 싶어 안달하던 커크는 필요 이상으로 러시아를 두려워한 군대가 징집을 영속시키려 하지 않을까 점점 더 우려하게 되었다.[88] 한번은 뉴딜 정책 관료들이 희소성을 유지하면서 번영을 증진시킬 방법을 모색하고 있다고 비난하기까지 했다. 전후 예상되는 불황을 피하기 위해 적대 행위가 종료되어도 행정부는 전쟁 상태를 연장할 것이다. 이런 방식으로 정부는 남자들의 군 복무를 유지해 고용시장에서의 공급 과잉을 막을 수 있다. 그런 다음 그는 뉴딜 관료들이 의도적으로 해외에서 적을 만들어낼 것이라고 예측했다. 그 적은 오직 소련밖에 없었다.[89] 평시 징병에 맹렬하게 반대한 커크 병장은 1946년 그 논제에 대한 격렬한 글을 썼다. 그는 "추상적 인도주의는 노역―국가에 관한 한―을 특권으로 간주하게 되었다"고 비난했다. 하지만 "(…) 군 생활보다 더 힘든 폭정은 없다".[90]

그러나 어떤 면에서 커크의 전시 경험은 대단히 귀중했다. 그는 주로 일상적인 업무를 수행하는 행정병이었기 때문에 책을 읽을 수 있는 시간이 많았다. 그는 녹의 『회고록』, 체스터튼의 『정통성Orthodoxy』, 어빙 배빗의 『민주주의와 지도력Democracy and Leadership』, 조지 기싱George Gissing의 소설, 배젓Bagehot*의 정치사상, 그리고 수많은 영국과 고대의 고전 문학들을 읽었다. 커크가 1945년『계간남대서양South Atlantic Quarterly』—일종의 보수주의 전초기지—에 기고한 비판적인 글은 "인문"교육을 사적으로 접했던 그의 특별한 경험의 산물 중 하나였다.

> 우리는 안락한 삶을 위한 모든 것과 물질적 지위의 격상에 집착해 고전을 버리고 공작기계에 의존해왔다. (…)
> 우리는 지도력 교육에 대해 말하지만 실제로는 평범함을 가르친다.[91]

당혹스러울 정도로 "고전적"이고 귀족적인 관점에서 커크는 공교육의 네 가지 "죄", 평등주의·기술주의·진보주의·이기주의를 비난했다.[92] 진보적 교육에서부터 캠퍼스의 스포츠 정신, 공리주의적 직업교육 중시, 현대 심리학—생리학과 형이상학이 뒤죽박죽 섞여 있는—에 이르기까지 모든 것을 거침없이 공격하면서 커크는 고등교육의 병폐를 해결하기 위해 연방정부의 지원을 기대해서는 안 된다고 경고했다.[93] 1945년 폭발한 그의 맹렬한 비난은 여전히 대중에 맞서는 반란의 또 다른 징후였다. 의미심장하게도 그의 에세이를 아주 흐뭇해하며 읽은 독자 중 한 명이 버나드 이딩스 벨이었다. 그는 커크에게 편지를 보내 10년 이상 지속된 우정의 시작을 알렸다.[94]

• 월터 배젓Walter Bagehot, 1826~1877. 영국의 언론인.『이코노미스트』의 편집자로 빅토리아 시대에 가장 영향력 있는 언론인으로 평가받고 있다. 그는 영국의 급속한 산업화와 도시화가 사회 문제를 야기하고 있다고 생각했고, 미국 남북전쟁 당시 남부연합에 우호적이었다. 그는 스스로를 보수적 자유주의자라고 불렀다.

군 복무를 마친 후 커크는 미시간주립대학교에서 문명사를 가르치면서 시간을 쪼개 스코틀랜드의 세인트루이스대학교에서 박사학위를 취득했다. 시골과 선조들의 삶의 방식, 그리고 "다양함, 비의秘儀, 전통, 덕망, 경외감"을 소중히 여기는 "고딕 정신Gothic mind"[95]의 소유자들에게 깊은 애착을 느끼는 커크는 스코틀랜드와 잉글랜드를 곧바로 사랑하게 되었다. 그곳에서 그는 "가시적 실재에게 주어진 연속성이라는 형이상적 원리"를 목격했다.[96] 커크는 대학 교수라는 자신의 직업이 보수주의적인 직업이라고 굳게 믿고 있었다.[97] 그는 제2차 세계대전 동안 피셔 에임스Fisher Ames,[*] 존 랜돌프, 헨리 애덤스Henry Adams[**]처럼 자기 시대에 맞서 싸운 미국인들에 대한 책을 쓰기로 계획했다.[98] 분명히 일부 이러한 이유에서 커크는 영미권 또는 버크의 보수주의 전통을 논문 주제로 택했다. 사실 여기에는 시대에 역행하는 것처럼 보이는 사상들이 가득했다.

현대 세계에서 이러한 학파의 사상이 종말을 고하는 듯 보이는 것에 대단히 비관했던 커크는 자신의 책에 처음에는 "보수주의의 완패The Conservatives' Rout"라는 제목을 붙이려고 했었다.[99] 그러나 1953년 초 『보수의 정신』이라는 제목으로 책이 출판되었을 때 절망감은 사라지고 없었다. 대신에 독자들은 보수주의에 대한 웅변적이고 도전적이며, 열정적이고 진심어린 호소cri de coeur를 발견했다. 이 철학의 본질은 6개의 "계율"에 있었다.

•   1758~1808. 미국의 정치가. 강력한 중앙정부가 있어야 국가가 생존할 수 있다고 확신했으며, 연방주의자들에게 주정부에 대한 통제권을 가져야 한다고 촉구했다.

••   헨리 브룩스 애덤스Henry Brooks Adams, 1838~1918. 미국의 역사학자·언론인. 미국 민주주의의 본질을 연구하면서 권력의 강화가 지배적인 경향인 정치가 평등주의 사회를 통치한다는 딜레마를 탐구했다. 그는 정치적 부패와 경제적 독점을 비판하고, 선동적인 정치가들을 혐오했다.

(1) 신성한 의도가 양심과 더불어 사회를 지배한다는 믿음. (…) 정치적 문제는 근본적으로 (…) 종교적이고 도덕적인 문제이다.

(2) (…) 대부분의 급진적 체제가 추구하는 협소한 획일성과 평등주의, 공리주의적 목표와는 구별되는 전통적 삶의 방대한 다양성과 비의에 대한 애정.

(3) 문명사회에는 (…) 질서와 계급이 필요하다는 신념. (…) 사회는 지도력을 갈망한다.

(4) 재산과 자유는 불가분의 관계에 있으며, 경제적 평준화는 (…) 경제적 진보가 아니라는 신조.

(5) '궤변론자들과 이해타산적인 인간들'에 대한 불신과 처방에 대한 믿음. 인간은 (…) 자신의 의지와 욕구를 통제해야만 한다. 전통과 건전한 편견이 인간의 무정부적 충동을 억제한다.

(6) 변화와 개혁은 (…) 같지 않다는 인식.[100]

커크가 그렇게 열정적으로 분석한 보수주의자들은 누구였을까? 단연 "진정한 보수주의 학파"의 "창시자" 에드먼드 버크가 그 누구보다 우선이었다. 독보적인 버크로부터 영국의 스콧, 콜리지Coleridge,* 디즈레일리, 뉴먼Newman,** 그리고 미국의 애덤스 가문, 칼훈Calhoun,*** 호손Haw-thorne,**** 브라운슨Brownson,***** 배빗 같은 사람들을 거쳐 여전히 활기 넘치는 전통—심한 공격을 받기는 했지만—이 계속 이어져왔다. 1789년 이래로 보수주의자들은 "완패"해왔지만 "그들은 단 한 번도 항복한 적이 없었다"고 커크는 확신했다. 실제로 커크는 여러 상서로운 경향들을 포착했다고 주장했다. 보수주의 사상은 현재 "(…) 미국에서 우위를 차지하기 위해 고군분투하고 있다".[101]

커크의 책은 단순히 150년간 이어져온 지적 우파의 사상을 450페이지에 달하는 엄청난 분량으로 정제해놓은 것이 아니었다. 그것은 모든 좌파적 만병통치약과 상상할 수 있는 오류에 대한 가차 없는 공격이었다. 커크가 보기에 1789년 이후 사회 질서에 대한 공격에서 가장 두드러졌던 것은 인간의 완전성, 전통에 대한 경멸, 정치적·경제적 평준화 같은 것들이었다.[102] 자유주의·집단주의·공리주의·실증주의·원자론적 개인주의·평준화 인본주의·실용주의·사회주의·이데올로기—존 애덤스John Adams가 "백치의 학문"이라고 말했던—, 이러한 것들이 커크의 표적이었다. 더욱이 그는 때때로 자본주의와 산업주의를 비판하기도 했다. 예를 들어 그는 자동차에 "기계로 된 자코뱅"이라는 꼬리표를 달아주었다.[103] 한마디로 커크는 온갖 수단을 동원했다. 이것은 현대성에 대한 전면적인 도전이었다.

출판사의 말을 빌자면 방대한 분량의 커크 저작에 대한 반응은 "예상을 훌쩍 뛰어넘었다".[104] 보수주의자들은 환호했다. 일례로 로버트 니스벳은 커크에게 미국 지식인들을 교화하는 데 이보다 적합한 책은 없다고

• 새뮤얼 테일러 콜리지Samuel Taylor Coleridge, 1772~1834. 영국의 시인·철학자·평론가. 프랑스 혁명을 비판하고, 기독교의 전통을 옹호했으며, 독일 관념론을 영국에 도입하는 데 일조했다.

•• 존 헨리 뉴먼John Henry Newman, 1801~1890. 영국의 신학자·철학자. 처음에는 성공회 사제였으나, 옥스퍼드운동을 이끈 뒤 로마 가톨릭으로 개종해 추기경이 되었다. 옥스퍼드운동은 19세기 영국 옥스퍼드 대학을 중심으로 일어난 가톨릭 쇄신운동으로, 이들은 개신교에 반대하고 성공회가 가톨릭의 교리와 전통 안에 있는 진정한 가톨릭교회라고 주장했다.

••• 존 콜드웰 칼훈John Caldwell Calhoun, 1782~1850. 미국의 정치인이자 제7대 부통령. 노예제와 백인 남부의 이익, 주의 권리를 강력하게 옹호했다. 옛 남부의 상징으로 여겨진다.간주된다.

•••• 나다니엘 호손Nathaniel Hawthorne, 1804~1864. 미국의 소설가. 주로 인간의 죄악을 선천적이고 자연적 특성으로 묘사하고, 이에 대해 경고하는 소설을 썼다. 대표작으로 『주홍 글씨』(1850)가 있다.

••••• 오레스테스 아우구스투스 브라운슨Orestes Augustus Brownson, 1803~1876. 미국의 비평가. 장로교 신자였으나 가톨릭으로 개종했다. 그는 국가란 도덕적이며 신정적 실체이고, 국민주권에 의존하지 않는다고 주장했다.

썼다. 니스벳은 커크가 불가능한 일을 해냈다고 말했다. 그는 "미국 보수주의 전통에 반하는 지적인 틀"을 깨뜨렸다.[105] T. S. 엘리엇은 자신이 『보수의 정신』에 매우 깊은 감명을 받았다고 전했고,[106] 이 책은 영국에서도 곧바로 출간되었다. 커크 역시 기뻐했다. 그는 엘리엇에게 처음 받은 50개의 서평 중 47개가 우호적이었다고 썼다.[107] 훗날 헨리 레그너리는 그 책의 영향력은 "상상하기 어려울 정도였다"고 회상했다.[108]

커크의 놀라운 성공은 이례적인 일련의 사건들 덕분이기도 했다. 1951년 『로아노크의 랜돌프』가 등장했을 때, 한 친구가 『뉴욕콤파스New York Compas』—커크에 따르면 당시 공산주의에 동조했던 극좌파 신문—에 호의적인 서평을 썼다. 커크는 그 신문을 통한 친구의 예상치 못한 지원이 좌파 지식인의 일부로부터 『보수의 정신』에 공감하는 반응을 이끌어냈다고 믿었다. 더욱 중요한 것은 커크가 『뉴욕타임스』에서 호의적인 평가를 받았다는 사실이다. 다시 한번 그에게 행운이 찾아왔다. 고든 키스 차머스의 『공화국과 인격Republic and Person』이 출판되었을 때 커크는 『리빙처치맨Living Churchman』에서 이 책을 칭찬했었다. 커크의 책이 나오자 호의에 답례를 하고 싶었던 차머스는 『뉴욕타임스』에 그 책을 검토할 수 있게 해달라고 요청했다. 『뉴욕타임스』는 요청을 받아들였고, 1953년 5월 차머스는 커크의 책을 예찬하는 비평가 대열에 합류했다.[109]

이제 영향력이 상당한 『뉴욕타임스』의 인정을 받게 되자—커크가 이야기한 대로—그의 책의 명성은 바깥으로 퍼져나갔다. 그 책의 대중적 영향력에 크게 기여한 사람들 중에는 『타임』의 편집자들도 있었는데, 그들은 『뉴욕타임스』가 커크의 책을 "인정"한 후 관심을 갖게 된 것이 분명했다. 『타임』의 선임 편집자들은 서평 편집자가 커크의 책을 검토하기를 완강하게 거부하고 있다는 사실을 알게 되었을 때, 과거 동료이자 공산주의자였던 휘태커 체임버스에게 조언을 구했다. 체임버스는『보수의 정신』은 20세기의 가장 중요한 책이라고 단도직입적으로 말했다. 그것으로 문제는 해결되었다.『타임스』는 재빨리 맥스 웨이즈Max Ways를 서평자로 선정하고 1953년 7월 6일 책 소개 코너 전체를 커크의 저서에 할애했다.[110]

우연한 사건만으로는 1953년『보수의 정신』이 미친 영향력을 설명할 수 없다. 보다 심오한 경향이 그 책의 성공을 뒷받침했다. 우선 커크 자신이 나중에 언급했듯[111] 이 시기는 명백히 보수적인 아이젠하워 행정부의 집권 초기였다. 아마도 커크의 책이 되살아나고 있던 우파의 열망을 풀어나갈 실마리를 제공해줄 수 있었을 것이다. 책이 출판된 시기보다 중요한 것은 책의 내용이었다. 한 권의 두꺼운 책 속에 전후 몇 년간 보수주의가 좌파에게 가했던 많은 비판들이 치열하게 망라되어 있었다. 이 책은 단지 한 사람의 사상이 아니라 거의 2세기에 걸친 저명한 인물들의 사상을 알려주는 안내서였다. 다른 전통주의자들이 사악한 인물들과 유해한 사상의 계보를 작성하고 오랜 시간이 흐른 뒤, 마침내 선량한 사람들과 가치 있는 사상의 계보가 등장했다. 어느 누구도 존 스튜어트 밀이 한때 비꼬았던 것처럼 보수주의자들을 더 이상 "바보 무리"라고 말할 수 없게 되었다. 러셀 커크 덕분에 그들은 지적으로 만만치 않은 존경할 만한 조상을 주장할 수 있게 되었다. 커크는 보수주의를 진지하게 받아들여야 한다는 사실을 입증했다. 훗날 한 친구가 말했듯 커크는 보수주의의 "품격을 높여"주었다.[112] 프리드리히 하이에크가 그랬던 것처럼 커크 또한 우파가 된다는 것을 다시 한번 부끄럽지 않은 일로 만들었다. 그는 훨씬 더 많은 일을 했다. 피터 비에렉의『보수주의 재고찰』이 전후 보수주의의 열망에 이름표를 달아주었다면,『보수의 정신』은 자의식적이고 당당한 보수주의운동을 결정적으로 촉발시켰다. 헨리 레그너리의 말에 따르면 커크는 자유주의에 "모호하고 산발적인 반대"라는 "정체성"을 부여했다.[113]

커크는 또 다른 방식—눈에 덜 띄는 방식—으로 미국 보수주의에 기여했다. 『보수의 정신』의 절반은 미국 사상가들에게 헌정되었다. 커크를 전후 시대 에드먼드 버크의 주요 제자로 지목하는 것이 관례이다—그리고 정확하다. 물론 커크는 그러한 탐구를 한 최초의 사람도, 유일한 사람도 아니었다. 1940년대에 리처드 위버는 몇 편의 글에서 남부의 보수주의적 전통에 대해 기술했고,[114] 커크 자신도 『로아노크의 랜돌프』에서 같은 작업을 수행했다. 일리노이대학교의 정치학자 프랜시스 윌슨Francis Wilson은 『보수주의를 위한 변론The Case for Conservatism』에서 연방주의자와 폴 엘머 모어를 포함해 "우리의 지적 보수주의자들 가운데 가장 위대한" 미국 보수주의의 전통에 한 장을 할애했다.[115] 이 시기 다른 곳에서는 때때로 네오보수주의자로 여겨졌던 다니엘 부어스틴Daniel Boorstin이 『미국 정치의 귀재들The Genius of American Politics』에서 미국의 전통을 재해석하고, 국제주의 십자군운동에 제동을 거는 장치라는 고유하고 이념적이지 않으며, 독창적인 성격을 지목했다.[116] 커크의 책은 미국의 유용한 보수주의적 과거를 공개함으로써 이러한 "미국화" 충동을 강화시켰다.[117] 그럼에도 불구하고 『보수의 정신』—그리고 2년 후 클린턴 로시터Clinton Rossiter의 『미국의 보수주의Conservatism in America』—이전 신보수주의의 지배적인 추진력은 미국이 아니라 유럽에 있었다. 커크의 책을 이해할 수 있는 주요 관점은 유럽과 버크였다. 실제로 미국의 전통은 근본적으로 버크적이라는 것이 커크의 주장이었다.

부활한 미국 우파의 신보수주의 또는 전통주의 분파는 러셀 커크의 등장과 함께 활짝 꽃피었다. 이에 관한 에세이의 수가 증가하고 있다는 사실이 입증해주듯 분명 이는 어떤 상황과 중요성을 보여주는 현상이었다.[118] 이 운동의 본질은 무엇이었나? 그것의 의미는 무엇이었나?

≡ ★★★ ≡

어느 정도 "신보수주의"라는 용어는 확실히 저널리즘의 표어에 불과했다. 그러나 상당 부분 이 문구는 피터 비에렉의 창작물이었다. 그는 1940년에 쓴 글에서 이 문구를 처음 만들어냈다.[119] 비에렉에게 이것은 가치에 대한 자신의 "윤리적" 보수주의를 자신이 혐오하는 "극우파Old Guard", "맨체스터-자유주의", "매킨리McKinley*식" 공화주의와 구별하려는 대표적인 시도였다.[120] 그는 나중에 "신"보수주의는 "비공화주의, 비상업주의, 비순응주의"를 의미한다고 분명하게 언급했다.[121] 모두가 이 이름표를 선뜻 받아들인 것은 아니었다. 특히 커크는 은연중에 새로움이 강조되고 있는 것에 대해 고민하고 있었다.

"보수주의 사상의 가장 기본적인 원리는 새로운 제도와 구조가 (…) 추정되는 방향으로 위험하게 기울어지고 있다는 확신이다."[122] 신보수주의라는 문구는 때때로 편향적이고 당파적으로 사용되었지만, 그럼에도 여전히 광범위하고 일반적인 범주이기도 했다. 실제로 한 비평가는 1955년에 쓴 글에서 그 10년은 "신보수주의의 시대"로 기억될 것이라고 예측했다.[123]

• 윌리엄 매킨리William McKinley, 1843~1901. 미국의 제25대 대통령. 금본위제와 높은 보호관세를 옹호했다. 1898년 스페인과의 전쟁에서 승리해 푸에르토리코·괌·필리핀 등을 스페인으로부터 양도받았고, 이로 인해 미국에서는 미국을 세계 강국으로 이끈 대통령으로 평가받고 있다.

1940년대 후반과 1950년대 초반의 이러한 강렬한 열망은 동시대 자유지상주의 또는 고전적 자유주의의 부활—1장에서 다룬—과 여러 면에서 달랐다. 첫째, 신보수주의운동은 대학과 강력하게 연결되어 있었다. 더욱이 기원 자체도 "지하"운동에 있지 않았다. 실제로 거의 모든 대표자들이 학계에서 한 자리를 차지하고 있었다. 자유지상주의자들은 『분석』이나 『프리맨』 같은 저널들에 글을 기고한 반면, 전통주의자들은 학술지에 논문을 발표했다.

사실 자유지상주의가 부활하는 데는 언론을 통한 활동이 어느 정도 중요했다. 신보수주의는 그렇지 않았다. 부분적으로 이것은 단순한 사실에서 비롯되었다. 엘리엇·농본주의자·신비평주의자 같은 사람들의 "대항계몽주의" 덕분에 1930년대와 1940년대의 대학에서 전통의 영향은 결코 사라지지 않았다. 한 관찰자의 말에 따르면 그것은 단지 "멋진 신세계 Brave New World"*를 건설할 때 수반되는 소동과 혼란에 의해 유실되었을 뿐이었다.[124] 지적·정치적 풍토가 바뀌기 시작한 1945년 이후 더 젊은 목소리들은 여전히 살아 있는 전통에 호소할 수 있었다. 아마도 이것이 신보수주의자들의 또 다른 특징을 설명해줄 것이다. 현대성에 대한 그들의 비관주의에도 불구하고, 그들은 한때 많은 자유지상주의자들이 그랬던 것처럼 그렇게 낙담하거나 고립되어 있어 보이지 않았다.

전통주의 그룹의 두 번째 눈에 띄는 특징은 유럽을 향한 그들의 범상치 않은 지향이었다. 구체적으로 말하자면 우리가 이미 살펴본 대로 그

• 1932년 영국 작가 올더스 헉슬리Aldous Huxley가 발표한 소설의 제목이다. 과학과 산업이 발전해 인간의 출생—인간은 인공 수정되어 지배계급과 피지배계급으로 생산된다—과 생각, 자유까지 통제하는 미래 세계를 비판한 소설이다.

들은 미국의 과거에 대한 관심이 상대적으로 부족했었다. 하지만 이를 과장하지 않도록 주의해야 한다. 복원을 위한 초기의 주요 활동은 미국인이 아닌 유럽의 보수주의자들—예를 들어 버크와 메테르니히 같은—에 의해 행해졌다. 기독교의 정통성과 고전적 자연법 철학의 부활 또한 미국을 더 큰 서구 문명의 관점에서 보려는 경향을 강화했다. 사실 신보수주의자들의 저작에서 겉으로 드러나지 않은 강력한 흐름 중 하나는 미국이 혼자가 아니라는 주제였다. 이는 좋든 싫든 동구의 공산주의에 대항해 서구 전체를 보호하는 주요 방벽이 되었다.

이러한 지역주의의 결여는 두 가지 요인에 의해 강화되었다. 첫째, 현대의 "군중문화"와 여기에 잠재해 있는 전체주의를 노골적으로 반대한 미국의 신정통주의자들은 조국에서 승리를 거둔 세력과 자신들이 분리되어 있다고 믿었다. 자유주의와 민주주의, 그리고 보통사람을 직설적으로 비판한 그들은 자신들이 현대의 우상을 비난하고 있다고 생각했다. 그들은 자신들이 현대적 삶의 주류가 아니라는 것도 알고 있었다. 규범과 지도력을 믿는 이들은 주변에서 목격한 퇴폐적인 규범과 선동적인 지도자들에 경악했다. 그렇다면 관점과 영감을 얻기 위해 유럽으로 고개를 돌리지 않을 이유가 어디 있겠는가?

그러나 커크·위버·벨·해리건 같은 보수주의자들의 글에서 나타난 이러한 거리감을 표현하기에 "소외"는 너무나 거친 단어일 것이다. 그들은 자신들이 소수라는 것을 알고 있었지만 적의를 품고 있는 소수는 아니었다. 일례로 『보수의 정신』의 논조는 인간에 대한 혐오가 아니라 일종의 저항이었다. 더욱이 1950년대의 보수주의자들은 1920년대의 망명 학자들처럼 조국을 떠나지도 않았다. 커크와 비에렉처럼 해외에서 공부한 사람들도 있었지만, 그들은 유럽으로 도피하지 않았다. 대신 그들은 유럽의 통찰을 가져와 국내에서 자신들의 견해를 분명하게 드러냈다.

신보수주의자들의 의식이 단순히 미국적이 아니라 "서구적"이었던 두 번째 이유는 그들의 대의에 기여한 놀라운 수의 유럽 망명자들에게 있었다. 레오 스트라우스·에릭 푀겔린·에릭 폰 쿠에넬트-레딘·존 루카치John Lukacs,[125] 이들과 다른 망명자들, 그리고 방문자들은 당연히 미국의 범위 이상의 것들을 사고하는 데 익숙했다. 같은 시기 곤경에 처한 자유지상주의자들에게 하이에크와 미제스가 그랬던 것처럼, 이들도 전통주의자들에게 없어서는 안 될 존재였는지는 의심스럽다. 커크와 비에렉혹은 위버는 틀림없이 망명자들의 도움과 상관없이 인내심을 가지고 버텨냈을 것이다. 그럼에도 불구하고 이 망명자들은 지옥의 끝에 있었고, 그들의 경험은 잊힐 수 없는 것이었다. 미국의 고립주의와 지역주의를 반박하는 살아 있는 증거인 이들은 해외의 문제에 한층 더 주의를 기울일 수 있었고, 따라서 미국 보수주의 지식인들의 유럽 지향성을 고양시킬 수 있었다.

그런 망명자 중 한 명인 토마스 몰나르Thomas Molnar의 사례는 특히 극적이었다. 1921년 헝가리에서 태어난 몰나르는 실제로 제2차 세계대전 당시 가톨릭 저항단체의 일원으로 다하우에 있는 나치 강제수용소에 수감되었다. 그러나 한 폭정으로부터의 해방은 그를 다른 폭정에 노출시켰을 뿐이었다. 전쟁이 끝난 후 공산주의자들이 그의 조국에 대한 지배력을 강화하자 몰나르는 벨기에로 탈출했다. 몰나르는 브뤼셀대학교에서

• 　존 아달베르트 루카치John Adalbert Lukacs, 1924~2019. 헝가리 출신의 미국 역사학자. 역사는 인간의 본성과 자유의지에 의해 결정되며, 도덕성의 타락이 세계를 암흑으로 몰아넣고 있다고 주장했다. 그는 로마 가톨릭 신자였으며, 스스로를 반동주의자라고 불렀다. 주석 125 참조.

철학과 프랑스 문학으로 석사학위를 받은 후 미국으로 이주해 1952년 컬럼비아대학교에서 박사학위를 취득했다. 이 당시 젊은 학자는 여전히 막연하게 자신을 정치적 중도좌파라고 생각하고 있었다. 그러나 그는 점차 오른쪽으로 이동하기 시작했다. 유럽인인 그는 "미국의 민주주의 과잉"에 놀랐다. 그는 정치에서 민주주의는 수용 가능하다고 생각했지만, 미국이 문화·대학·가족관계에까지 이를 광범위하게 적용하는 데에는 반감을 가졌다. 그는 민주주의가 파괴적인 힘이 될 수 있다고 믿었다. 이미 반공산주의자였던 몰나르는 유토피아주의와 이를 조장하는 지식인의 위험한 역할을 학문적으로 고찰했고, 그 결과 오른쪽으로 또다시 이동하게 되었다. 품위·위계·통합의 상징과 같은 건강한 사회의 구성 요소들이 그의 주변에서 약해지고 있는 듯 보였다. 오래된 책들─도스토예프스키의 책처럼─이 점차 그에게 새로운 의미를 갖게 되었고, 새로운 책들─특히 러셀 커크의 『보수의 정신』 같은─도 그에게 영향을 미쳤다. 1950년대 중반 몰나르는 러셀 커크와 다른 보수주의 지도자들과 친분을 맺게 되었다. 역사학 교수이자 프랑스 문학 교수인 몰나르는 보수주의 간행물과 가톨릭 기관지─특히 『커먼윌Commonweal』과 『가톨릭세계Catholic World』─에 점점 더 많은 기고를 하고, 보수주의 저술가들과 마음을 터놓고 지내는 사이가 되었다. 1950년대 후반 무렵 몰나르─전체주의의 희생자이자 유토피아주의와 미국의 "민주주의"를 공격하는 비판자─는 우파의 일원이 되었다.[126]

많은 신보수주의자들과 그들을 둘러싼 사회적 환경 사이의 거리는 다른 방식으로도 분명하게 드러났다. 이 운동의 가장 두드러진 특징 중 하나는 실질적인 개신교 신자의 나라에서 그 운동의 지도자들은 여전히 주로 로마 가톨릭 신자이거나 앵글로 가톨릭 신자 또는 개신교 기독교에 비판적인 사람들이었다는 사실이다. 에릭 폰 쿠에넬트-레딘·토마스 몰나르·프랜시스 윌슨·프레더릭 빌헬름센·윌리엄 F. 버클리 주니어, 이들은 모두 가톨릭 신자였다. 에릭 푀겔린은 자신을 "종교개혁 이전의 기독교인"이라고 불렀다.[127] 버나드 이딩스 벨은 성공회 성직자였다. 존 할로웰과 앤서니 해리건은 성공회 신자였다. 한때 무신론자였던 러셀 커크는 1953년 무렵 로마 가톨릭으로 가는 길 위에 있었다.[128] 개신교 신자인 피터 비에렉은 프랜시스 윌슨에게 자신을 "여러 면에서 (전부는 아니지만) 가톨릭교회의 동반자"라고 생각한다고 썼다.[129] 비에렉은 유명한 경구에서 "가톨릭을 박해하는 건 자유주의자들의 반유대주의다"라고 말했다.[130]

어떤 의미에서는 비에렉이 옳았다. 신보수주의운동의 초창기에는 미국의 가톨릭 신자들과 다른 종교집단 사이에 상당한 긴장이 존재했었다. 이 시기는 프랜시스 스펠만Francis Spellman 추기경과 엘리너 루스벨트Eleanor Roosevelt가 정부의 교구학교 지원을 둘러싸고 격렬한 논쟁을 벌이고, 하버드대학교의 제임스 B. 코넌트James Bryant Conant 총장이 사립학교의 폐지를 촉구하던 시기였다. 이 시기는 시드니 훅Sidney Hook*이 "(…) 가톨릭 대학에는 학문의 자유가 없다"고 주장하던 시대였다.[131] 이 시기에 트루먼 대통령은 마크 클라크Mark Clark 장군을 교황청 대사로 임명했지만, 격렬한 항의를 받은 후—클라크의 요청에 따라—지명을 철회했다. 이 시기는 폴 블랜샤드Paul Blanshard**의 폭로 글『미국의 자유와 가톨릭 권력American Freedom and Catholic Power』이 베스트셀러가 된 시대였다. 이 시기

• 1902~1989. 미국의 철학자. 한때 공산주의자였으나 나중에는 마르크스-레닌주의를 비판하고, 민주 정부의 폭력적 전복을 옹호하는 공산주의자가 공직을 맡는 건 윤리적으로 금지해야 한다고 주장했다.

에 가톨릭 신자가 된다는 것은 미국인들의 지적 삶에서 불안정한 지위에 놓이는 것이었다. 보수적인 가톨릭 신자가 된다는 것은 그보다 훨씬 더 무거운 짐을 짊어지는 것이었다. 그러므로 구성이라는 측면에서 신보수주의의 많은 부분이 가톨릭처럼 보였다는 것은 그리 놀라운 일이 아닐 것이다. 가톨릭 신자와 보수주의자들은 모두 아웃사이더였다. 혹자는 신보수주의가 전후 소수의 미국 가톨릭 신도들이 "성장하는" 데 있어 어느 정도 지적 활력소가 되었다고 말하고 싶어 했을 정도였다. 정치적으로 나타난 한 가지 징후는 아웃사이더이자 외톨이, 많은 보수주의자들의 영웅이자 가톨릭 신자들 사이에서 엄청난 지지를 누렸던 조셉 매카시 상원의원의 부상이었다. 또 다른 징후는 1950년대 초 젊은 가톨릭 정치인, 존 F. 케네디의 등장이었다. 그의 초기 견해—예컨대 "누가 중국을 잃어버렸는가"에 관한—는 대개 보수적이었다. 요컨대 많은 전통주의적 보수주의자들의 "가톨릭적" 기질은 그 운동이 "공식적인" 세속적 자유주의 미국에 대한 근본적 도전이었다—그리고 그런 의도가 있었다—는 인식을 굳어지게 만든다.

전후 10년 동안 전통주의적 보수주의자들과 자유지상주의적 보수주의자들 사이에 상당한 거리가 존재했다는 사실도 놀라운 건 아니다. 두 집단이 서로를 몰랐던 것은 아니었다.[132] 윌리엄 F. 버클리 주니어는 『예일에서의 신과 인간』에서 정통 기독교와 자유방임 자본주의를 옹호하며 양쪽 진영에 발을 들였다. 주목할 만한 점은 접촉과 교류가 부족했다는

●● 폴 비처 블랜샤드Paul Beecher Blanshard, 1892~1980. 미국의 작가·법률가. 가톨릭을 신랄하게 비판한 사람으로 유명하다. 그는 공립학교에서의 기도 시간과 교구학교에 대한 연방정부의 지원을 금지하는 데 기여했다.

것이다. 실제로 거의 모든 선도적인 신보수주의자들은 우파에서 새로 유행하고 있던 "19세기 자유주의"와 자신들을 분리하기 위해 애썼다. 가장 열성적인 사람은 비에렉이었다. 그는 자신의 보수주의는 근본 없는 "금전적 유대", 이기적이고 자유방임적인 개인주의와 전혀 관련이 없다고 말했다.[133] 러셀 커크 역시 자신의 전통주의는 물질주의적인 기업가들이나 "맨체스터주의 경제 이론의 교리"를 옹호하는 것이 아니라고 강조했다. "보수주의는 많은 소득에 대한 배려 그 이상의 것이다."[134] 오스트리아학파의 수장인 루트비히 폰 미제스를 비판하는 장문의 글에서 커크는 합리론적·원자론적 자본주의와 공리주의의 위험성에 대해 경고했다. "(…) 초자연적이고 전통적인 제재가 해제된다면, 경제적 이기심은 경제 체제를 결속시키기에 터무니없이 부적절하며, 질서를 유지하는 데는 더욱더 적합하지 않게 된다."[135] 한 번은 『프리맨』을 질책하기도 했다.

> 『프리맨』은 일종의 경화된 벤담주의를 (…) 지지하고, 콥든Cobden과 브라이트Bright*를 성서로 설파하고 있으며, 정부는 불필요한 악이며 급진파는 세상의 소금이라고 선언하는 철학적 무정부주의자[초도로프]에 의해 편집되고 있다.[136]

커크는 "영혼 없는 기업"에서 일했었고, 음울한 산업도시에서 살았었다. 그는 자유기업을 이상화할 의향이 전혀 없었다. 로버트 니스벳 또한 19세기의 부패하고 반사회적인 자유방임주의에 비판적이었다. 그것은

---

* 리처드 콥든Richard Cobden(1804~1865)과 존 브라이트John Bright(1811~1889)는 맨체스터학파의 지도자로 정부 개입에 반대하고, 곡물법 폐지와 자유무역을 옹호했다.

사회적 유대를 약화하고, "전능한 국가"의 확대를 "가속화"했다. 그 대신 니스벳은 "자율적 집단들"을 위한 자유방임을 원했다.[137] 다른 전통주의적 보수주의자들의 글에서도 비슷한 정서를 발견할 수 있었다.[138]

그럼에도 불구하고 어떤 유대감이 보수주의 부활의 독자적인 두 날개를 하나로 이어주었다. 양쪽 모두 전체주의 국가와 집단주의를 혐오했다. 양쪽 모두 사유재산과 지방 분권, 그리고 자유경제 체제를—적어도 일반적으로—지지하는 경향이 있었다. 양쪽 모두 유사한 소수자 의식을 나타냈다—신보수주의들은 일반적으로 "군중문화"를 경멸했고, 자유지상주의자들에게는 남은자라는 개념이 있었다. 일례로 그들은 공통의 조상—앨버트 제이 녹—을 공유하고 있었다. 니스벳과 커크, 그리고 벨은 그 "잉여인간"에게 분명한 감사를 표했다. 그러나 전통주의자들이 의지한 녹은 국가를 경멸하는 자유지상주의자가 아니라, 대중을 교화 불가능한 존재라고 멸시하고 선천적 귀족, 남은자들에게 호소하는 인본주의자이자 엘리트주의자인 녹이었다는 것이 드러나고 있었다.

일부 공통적 지반에도 불구하고, 다시 말하자면 두 사고의 흐름 사이의 간극은 실제로 현실이었다. 자유지상주의자들은 국가에 반대하는 경제적 논거를 강조하는 경향이 있는 반면, 신보수주의자들은 자신들이 생각하는 리바이어던의 윤리적·영적 기원과 결과에 더 많은 관심을 기울였다. 전반적으로 신보수주의자들은 경제학, 특히 자신들이 추상적이고 교조적이라고 간주했던 경제학에 거의 관심이 없었다. 대신에 그들은 근본적으로 사회적·문화적 비평가였고, 그들에게 보수주의는 물질적 이익의 보존이 아니라 가치의 복원을 의미했다. 비에렉은 한 친구에게 "서로 경쟁관계에 있는" 애덤 스미스와 카를 마르크스의 "유물론" 사이에는 영적 가치의 측면에서 거의 아무런 차이도 없다고 말했다.[139] 그 기원에서 신보수주의는 주로 철학적·종교적·문학적·탐미적 ― 경제적이 아니라 ― 현상이었다. 자유지상주의자들은 국가에 대항해 개인의 자유를 강조한 반면, 전통주의자들은 "주인 없는 인간"에게서 위협을 목격했다. 자유지상주의자들은 개인이 자유로울 권리, 그 자신이 될 권리를 주장한 반면, 전통주의자들은 개인이 마땅히 어떠해야 하는지에 관심을 가졌다. 아마도 이를 가장 잘 표현한 사람이 리처드 위버일 것이다.

> 감상적인 인도주의는 명백히 의무의 언어가 아니라 관용의 언어를 사용한다. 의무는 폭정이고, 버리는 것이 아니라 원하는 것이 자신이 얻은 것의 척도가 되어야 한다는 관념은 지금까지 그 파괴력을 입증해왔다. 우리는 마땅히 권리를 획득해야 한다는 불변의 진리를 무시하는 경향이 있다. (…) 그러고 나서 인간은 규율을 통해 자신을 온전케 하고, 규율의 중심에 금욕을 놓는다.[140]

위버는 인도주의에 대해 자신이 한 말을 어쩌면 자유지상주의에도 적용했을지 모른다. 자유지상주의자들은 개인의 권리를 강조하고 국가를 공격할 때, 자신을 위해 행동하는 개인이 사회적으로 유익한 방식으로 행동할 것이라 가정하는 경향이 있었다. 전통주의자들에게 20세기의 역사는 그러한 가정을 유지해줄 수 없었다.

1950년대 중반까지 신보수주의자들은 거의 유행에 가까운 문화 세력으로 인정받았다. 루이스 필러Louis Filler는 신보수주의를 "오늘날의 역동적인 지적 운동"이라고 말했다.[141] 물론 주목을 받았다는 것이 동의를 의미하지는 않으며, 레이먼드 잉글리시Raymond English가 보수주의를 "금지된 믿음"[142] ― 클린턴 로시터는 "달갑지 않은 신념"이라고 불렀다.[143] — 이라고 말한 것에도 이유가 없는 건 아니었다. 더욱이 전통주의자들은 이후의 사건들이 보여주듯이 모든 문제에 의견이 일치하지도 않았다. 한 비판자는 그들이 "서로 다른 방향에서 윙윙대는 바람개비" 같다고 비난했다.[144] 그러나 그들의 약점이 무엇이든 간에 한때 그들은 적어도 한 가지 결과를 이루어냈다. 로시터의 말에 따르면 그들은 보수주의의 부활을 "우리 시대의 가장 주목할 만한 사실 중 하나"로 만들었다.[145]

주

1 윌리엄 바렛William Barrett, 「예술, 귀족제, 그리고 이성Art, Aristocracy, and Reason」, 『파르티잔리뷰』 16(1949년 6월), 664쪽

2 로버트 골햄 데이비스Robert Gorham Davis, 「신비평과 민주주의 전통The New Criticism and the Democratic Tradition」, 『아메리칸스콜라American Scholar』 19(1949~1950년 겨울), 10쪽

3 클린턴 로시터, 「지명수배: 미국의 보수주의Wanted: An American Conservatism」, 『포춘』 41(1950년 3월), 95쪽

4 라이오넬 트릴링, 『자유주의적 상상력』(뉴욕, 1950), ix쪽

5 이 문장에 소개된 사례 대부분은 윌리엄 L. 밀러, 「'종교적 부활'과 미국 정치The 'Religious Revival' and Aermican Politics」, 『컨플루언스Confluence』 4(1955년 4월), 44~56쪽에서 따왔다. 또한 사라 윈게이트 테일러Sarah Wingate Taylor, 「유물론으로부터의 후퇴The Retreat from Materialism」, 『가톨릭세계』 167(1948년 7월), 298~305쪽과 월 허버그, 「대학가에서의 종교적 움직임The Religious Stirring on the Campus」, 『코멘터리』 13(1952년 3월), 242~248쪽을 참조할 것.

6 아이젠하워 대통령 취임 연설 기도문은 『뉴욕타임스』 1953년 1월 21일, 19쪽을 참조할 것. 미 재향군인회의 신앙고백은 『뉴욕타임스』, 1954년 2월 8일, 1쪽을 참조할 것. 이 시기 아이젠하워 대통령의 종교 활동은 주로 『뉴욕타임스』를 통해 보도되었다.

7 「새로 태어난 소년The New Boy」, 『타임』 51(1948년 3월 14일), 56, 58쪽

8 아서 M. 슐레진저 주니어, 「미국 정치사상과 정치적 삶에서 라인홀드 니부어의 역할Reinhold Niebuhr's Role in American Political Thought and Life」, 『라인홀드 니부어: 그의 종교적·사회적·정치적 사상Reinhold Niebuhr: His Religious, Social, and Political Thought』, 찰스 케글리Charles Kegley 및 로버트 브레탈Robert Bretall 편(뉴욕, 1956), 2권, 125~150쪽을 참조할 것.

9 어니스트 반 덴 하그, 「시드니 훅에 보내는 공개 서한An Open Letter to Sidney Hook」, 『파르티잔리뷰』 17(1950년 7~8월), 607~608쪽

10 제임스 로티, 「신앙과 힘Faith and Force」, 『프리맨』 1(1951년 1월 8일), 253쪽에서 인용.

11 윌리엄 F. 버클리 주니어, 『예일에서의 신과 인간: "학문의 자유"라는 미신』(시카고, 1951), xii쪽

12 존 할로웰, 『현대 정치사상의 주류Main Currents in Modern Political Thought』(뉴욕, 1950), 655쪽

13 같은 책, 651쪽. 흥미롭게도 1948년 미국역사학회에서 케네스 스콧 라투레트Kenneth Scott Latourette 학회장은 기독교적 역사 접근법을 옹호하는 연설을 했다. 라투레트, 「역사에 대한 기독교적 이해The Christian Understanding of History」, 『미국역사학리뷰』 54(1949년 1월), 259~276쪽 참조.

14 할로웰, 「현대 자유주의: 자살로의 초대Modern Liberalism: An Invitation to Suicide」, 『계간남대서양』 46(1947년 10월), 462쪽

15 리처드 M. 위버, 「자유주의로부터 깨어나다Up from Liberalism」, 『모던에이지』 3(1958~1959년 겨울), 29쪽

16 같은 글

17 엘리세오 비바스, 『도덕적 삶과 윤리적 삶The Moral Life and the Ethical Life』(시카고, 1950), 133쪽

18 버나드 이딩스 벨, 『군중문화』(뉴욕, 1952), 71쪽

19 거트루드 힘멜파브, 「신보수주의의 선지자들The Prophets of the New Conservatism」, 『코멘터리』 9(1950년 1월), 78쪽

20 위버, 「자유주의로부터 깨어나다」, 29쪽

21 할로웰, 『주류』, 652쪽

22 프레더릭 빌헬름센, 「보수주의적 전망The Conservative Vision」, 『커먼윌』 62(1955년 6월 24일), 295~299쪽. 빌헬름센의 중세에 대한 변론, 산업혁명과 같은 현상에 대한 비판, 그리고 기독교 문화에 대한 열망에 관해서는 빌헬름센, 「보수주의적 가톨릭The Conservative Catholic」, 『커먼윌』 57(1953년 2월 20일), 491~493쪽을 참조할 것. 1953년에 빌헬름센은 30세였다. 그는 샌프란시스코대학교를 졸업한 뒤 노터데임대학교에서 석사학위를 받고 마드리드대학교에서 박사학위를 취득했다.

23 프레더릭 빌헬름센이 편집자에게 보낸 편지, 『커먼윌』 57 (1953년 4월 2일), 651쪽. 이 편지는 「'자유주의' 대 '보수주의'('Liberal' vs. 'Conservative')」(사설), 『커먼윌』 57(1953년 2월 20일), 488쪽에 대한 답장이었다.

24 「저널리즘과 요하임의 아이들Journalism and Joachim's Children」, 『타임』 61(1953년 3월 9일), 57~61쪽

25 「종교와 지식인들: 편집진 성명서Religion and the Intellectuals: Editorial Statement」, 『파르티잔리뷰』 17(1950년 2월), 103쪽

26 H. 스튜어트 휴스, 「우리의 사회적 구원Our Social Salvation」 『새터데이리뷰』 34(1951년 3월 3일), 14쪽

27 레오 스트라우스, 『자연권과 역사』(시카고, 1953); 「고전 정치철학에 대하여On Classical Political Philosophy」, 『정치철학이란 무엇인가?』(글렌코, 일리오니, 1959) 3장을 참조할 것.

28 거트루드 힘멜파브, 「정치적 사유: 고대인 대 현대인Political Thinking: Ancients vs. Moderns」, 『코멘터리』 12(1951년 7월), 76~83쪽

29 윌리엄 F. 버클리 주니어와의 인터뷰, 스탬포드, 코네티컷, 1971년 11월 26일

30 존 할로웰, 『민주주의의 도덕적 토대』(시카고, 1954), 24~25쪽

31 같은 책, 83쪽

32 같은 책, 128쪽

33 이 논쟁을 다룬 탁월한 문집으로는 토마스 L. 토슨Thomas L. Thorson, 『플라톤: 전체주의자인가 민주주의자인가Plato: Totalitarian of Democrat?』(잉글우드클리프, 뉴저지, 1963)를 참조할 것. 또한 존 와일드, 「플라톤과 그 비판자들Plato and His Critics」, 『정치학저널』 27(1965년 5월), 273~289쪽을 참조할 것.

34 리처드 M. 위버, 『수사학의 윤리』(시카고, 1953). 위버는 수사가 가치를 보존하는 역할을 한다는 것에 관심을 보였고, 이는 그 생애 내내, 그리고 그의 직업과 전문성에 심대한 영향을 미쳤다. 리처드 L. 요한센Richard L. Johannesen 외 편, 『언어가 곧 설교다: 수사의 본성에 관한 리처드 M. 위버의 생각Language Is Sermonic: Richard M. Weaver on the Nature of Rhetoric』(배턴루지, 루이지애나, 1970)을 참조할 것.

35 월터 리프먼, 『공공철학에 관한 에세이』(보스턴, 1955), 69, 79, 123쪽. 자연법에 대한 관심은 여러 방면에 걸쳐 있었다. "지난 수십 년 동안 점점 더 탄력을 받아온 (…) 자연법 사상의 부활은 인간 행동의 규범적 측면과 윤리학에 대한 새로운 관심으로 이어졌다."[에드가 보덴하이머Edgar Bodenheimer, 「미국 법학의 시대: 1946~1956A Decade of Jurisprudence in the United States of America: 1946-1956」, 『자연법포럼Natural Law Forum』 3 (1958), 45쪽]

36 로버트 니스벳, 『전통과 반란Tradition and Revolt』(뉴욕, 1968), 4쪽

37 로버트 니스벳과의 인터뷰, 노샘프턴, 매사추세츠, 1971년 11월 29일

38 알렉시스 드 토크빌, 『미국의 민주주의』(필립스 브래들리 편, 뉴욕, 1945)

39 윌리엄 J. 슐레어스William J. Schlaerth, 예수회 편, 『알렉시스 드 토크빌의 미국의 민주주의 토론회』(뉴욕, 1945). 이는 버크학회가 설립된 포드햄대학교에서 처음 열린 토론회였다.

40 존 루카치, 『역사의식Historical Consciousness』(뉴욕, 1968), 321쪽

41 이 구절은 「에릭 리터 폰 쿠에넬트-레딘: 이력과 강의 주제들Erik Ritter von Kuehnelt-Leddihn: Curriculum Vitae and lecture topics」(1972)을 참조했다. 저자 복사본. 쿠에넬트-레딘은 『군중의 위협』(밀워키, 1943)을 프랜시스 스튜어트 캠벨Francis Stuart Campbell이라는 필명으로 출간했다.

42 에릭 폰 쿠에넬트-레딘, 『자유냐 평등이냐: 우리 시대가 직면한 도전』(콜드웰, 아이다호, 1952)

43 같은 책, 3쪽

44 같은 책, 9쪽

45 같은 책, 21쪽. 물론 쿠에넬트-레딘은 "자유주의적liberal"이라는 용어를 20세기의 (사회-민주주의적) 의미가 아니라 "고전적" 자유주의를 뜻하는 용어로 사용하고 있다.

46 같은 책, 247쪽

47 같은 책, 268쪽

48 쿠에넬트-레딘도 자유주의를 신랄하게 비판했다. 1946년 그는 모리스 코헨Morris Cohen의 『어느 자유주의자의 신념The Faith of a Liberal』을 격정적으로 논평하면서 듀이와 홈스 판사 같은 그의 "영웅들" 중 어느 누구도 우리 시대의 "악마 숭배"를 해결할 답을 갖고 있지 않다고 주장했다. 쿠에넬트-레딘은 코헨의 "과학적"이고 불가지론적인 준-상대주의는 나치즘과 공산주의의 악몽을 해결할 수 없다고 말했다. 결국 "반동주의로 전등갓을 만들지 말아야 할 과학적 이유는 그 어디에도 없다". 그 대신 쿠에넬트-레딘은 허무주의에 대한 유일한 해독제로 "기독교적 혁명"을 촉구했다. 에릭 폰 쿠에넬트-레딘, 「어느 자유주의자의 신념'에 대한 고찰Thoughts on 'The Faith of a Liberal'」, 『가톨릭세계』163(1946년 7월), 310~318쪽을 참조할 것.

49 피터 비에렉, 『보수주의 재고찰: 반란에 맞선 반란』(뉴욕, 1949)

50 니엘 M. 존슨Niel M. Johnson, 『조지 실베스터 비에렉』(어배너, 일리노이, 1972)을 참조할 것.

51 피터 비에렉과의 인터뷰, 사우스해들리, 매사추세츠, 1972년 9월 20일

52 피터 비에렉, 「그럼에도 나는 보수주의자다! But-I'am a Conservative!」, 『월간대서양Atlantic Monthly』 165(1940년 4월), 539쪽

53 『보수주의 재고찰』은 그의 형제 조지 비에렉에게 헌정되었다.

54 비에렉, 『보수주의 재고찰』, 31, 9, 10~11쪽(인용). 전반적으로 1장을 참조할 것.

55 같은 책, 6, 28, 30쪽

56 예를 들어 메테르니히에 대한 호의적 관점을 드러낸 연구로는 헨리 키신저, 『회복된 세계A World Restored』 (보스턴, 1957)가 있다.

57 어윈 로스Irwin Ross, 「자유주의와 논쟁하지 마라No Quarrel With Liberalism」, 『뉴리더New Leader』 32(1949년 10월 15일), 8쪽과 드와이트 맥도날드Dwight Macdonald, 「메테르니히로 돌아가자Back to Metternich」, 『뉴리퍼블릭』 121(1949년 11월 14일), 34~35쪽을 참조할 것. 맥도날드는 "그의[비에렉의] 보수주의적인 늑대 가죽 아래에서 당황해하는 다수의 순한 양 같은 자유주의"를 발견했다고 주장했다(35쪽).

58 피터 비에렉, 『보수주의 재고찰』 개정판(뉴욕, 1962), 16쪽

59 니스벳과의 인터뷰, 1971년 11월 29일

60 학자들 사이에서 일어난 버크의 부활에 관한 연구는 「버크뉴스레터의 기회와 필요The Occasion and Need of a Burke Newsletter」, 『모던에이지』 3(1959년 여름), 321~324쪽을 참조할 것. 이 글은 『버크뉴스레터 Burke Newsletter』의 첫 호였다.

61 로스 J. S. 호프먼이 러셀 커크에게 보낸 편지, 1960년 9월 20일, 러셀 커크 페이퍼스, 센트럴미시간대학교 클라크역사도서관, 마운트플레전트, 미시간

62 슐레어스 편, 『토크빌의 미국의 민주주의』, 5쪽

63 로스 J. S. 호프먼과 폴 레백 편, 『버크의 정치학Burke's Politics』(뉴욕, 1949), xxxiv ~ xxxv쪽

64 크레인 브린턴Crane Brinton, 「버크와 현재 우리의 불만Burke and Our Present Discontents」, 『사상Thought』 24(1949년 6월), 199쪽

65 러셀 커크, 『로아노크의 랜돌프: 보수주의 사상에 대한 연구』(시카고, 1951), 18~19쪽

66 이어지는 이야기는 러셀 커크『어느 보헤미안 토리의 고백Confessions of a Bohemian Tory』(뉴욕, 1963), 3~30쪽 (우리의 이해를 돕는 자서전적 글)과 커크 페이퍼스에 수집되어 있는 방대한 양의 편지들에 근거했다.

67 커크, 『고백』, 6쪽

68 같은 책, 16쪽

69 같은 책, 18쪽

70 W. C. 맥캔에게 보낸 커크의 편지, 1941년 2월 5일, 커크 페이퍼스. 커크가 실제 전쟁 중에 맥캔과 주고 받은 편지에는 그의 정치적·지적 관심사를 알려주는 흥미롭고 귀중한 세부 자료들이 포함되어 있다.

71 맥캔에게 보낸 커크의 편지, 1941년 3월 3일, 커크 페이퍼스

72 맥캔에게 보낸 커크의 편지, 1941년 1월 26일, 커크 페이퍼스

73 맥캔에게 보낸 커크의 편지, 1941년 1월 25일, 커크 페이퍼스

74 러셀 커크, 「제퍼슨과 신실하지 못한 자들Jefferson and the Faithless」, 『계간남대서양』 40(1941년 7월). 226~227쪽

75 맥캔에게 보낸 커크의 편지, 1942년 1월 18일, 커크 페이퍼스

76 맥캔에게 보낸 커크의 편지, 날짜 미상(아마도 1941년 4월), 커크 페이퍼스

77 같은 곳; 맥캔에게 보낸 커크의 편지, 1941년 10월 31일, 커크 페이퍼스.

78 예를 들어 맥캔에게 보낸 커크의 편지(1942년 2월 2일, 커크 페이퍼스)를 참조할 것.

79 맥캔에게 보낸 커크의 편지, 1942년 3월 13일, 커크 페이퍼스

80 맥캔에게 보낸 커크의 편지, 1942년 3월 4일, 커크 페이퍼스

81 맥캔에게 보낸 커크의 편지, 1941년 9월 10일, 커크 페이퍼스

82 맥캔에게 보낸 커크의 편지, 1941년 10월 31일, 커크 페이퍼스

83 커크, 『고백』, 19~20쪽

84 맥캔에게 보낸 커크의 편지, 1941년 4월 2일, 커크 페이퍼스

85 맥캔에게 보낸 커크의 편지, 1942년 9월 10일, 커크 페이퍼스

86 맥캔에게 보낸 커크의 편지, 1943년 11월 19일, 커크 페이퍼스

87 맥캔에게 보낸 커크의 편지, 1943년 12월 12일, 커크 페이퍼스

88 예컨대 맥캔에게 보낸 커크의 편지(1945년 7월 19일, 커크 페이퍼스)를 참조할 것.

89 맥캔에게 보낸 커크의 편지, 1944년 6월 1일, 커크 페이퍼스.

90 러셀 커크, 「끝없는 징병 Conscription Ad Infinitum」, 『계간남대서양』 45(1946년 7월), 315, 319쪽

91 러셀 커크, 「교육에서의 징집A Conscript on Education」, 『계간남대서양』 44(1945년 1월), 87, 88쪽

92 같은 글, 88쪽

93 같은 글, 98쪽

94 러셀 커크에게 보낸 버나드 이딩스 벨의 편지, 1945년 4월 26일, 커크 페이퍼스

95 커크, 『고백』, 23쪽

96 같은 책, 27쪽

97 같은 책, 26쪽

98 맥캔에게 보낸 커크의 편지, 1943년 6월 28일, 커크 페이퍼스

99 『정치학리뷰』 13(1951년 10월), 398쪽

100 러셀 커크, 『보수의 정신: 버크부터 산타야나까지』(시카고, 1953), 7~8쪽

101 같은 책, 6, 5, 399, 428쪽

102 같은 책, 9, 24~25쪽을 참조할 것.

103 같은 책, 325쪽. 1944년 커크는 자신이 "철저하게 반-기계적인" 사람이라고 말했다(그는 이 당시 자동차도 타지 않았다). 그는 자신이 사용하는 유일한 기계는 타자기뿐이라고 말했다(맥캔에게 보낸 커크의 편지, 1944년 9월 22일, 커크 페이퍼스).

104 헨리 레그너리, 「자유주의 세상의 어느 보수 출판사A Conservative Publisher in a Liberal World」, 『얼터너티브』 5(1971년 10월), 15쪽. 1년 만에 커크의 책은 4쇄에 들어갔다. 러셀 커크, 「미국 보수주의 특징 The American

Conservative Character」, 『조지아리뷰Georgia Review』 9(1954 가을), 249쪽을 참조할 것.

105 로버트 니스벳이 커크에게 보낸 편지, 1953년 5월 27일과 1953년 9월 10일, 커크 페이퍼스

106 T. S. 엘리엇이 커크에게 보낸 편지, 1953년 8월 6일, 커크 페이퍼스

107 커크가 엘리엇에게 보낸 편지, 1953년 10월 21일, 커크 페이퍼스. 신보수주의자들 혹은 전통주의자들의 또 다른 (모두 일반적으로 호의적인) 반응에 대해서는 피터 비에렉, 「보수주의 대 우쭐대기Conservatism vs. Smugness」, 『새터데이리뷰』 36 (1953년 10월 3일), 38~89쪽; 어거스트 헥셔August Heckscher, 「진정한 창의적 보수주의를 향하여Toward a True, Creative Conservatism」, 『뉴욕헤럴드트리뷴 북리뷰』 1953년 8월 2일, 4쪽; 존 할로웰, 『정치학리뷰』 16 (1954년 2월), 150~152쪽을 참조할 것. 버크보다는 흄의 전통에 서 있는 어느 저명한 영국 보수주의자가 커크에 대해 제기한 흥미로운 비판에 대해서는 마이클 오크숏Michael Oakeshott, 「보수주의적 정치사상Conservative Political Thought」, 『스펙테이터Spectator』 193(1954년 10월 15일), 472, 474쪽을 참조할 것. 보수주의 스펙트럼 가운데 자유지상주의의 끝자락에서 나온 후한 평가에 관해서는 에드먼드 오피츠, 『신앙과 자유』 5(1954년 3월), 22쪽을 참조할 것.

108 레그너리, 「어느 보수 출판사」, 16쪽. 레그너리는 또 언젠가 『보수의 정신』이 등장한 것에 대해 "전후 시기 지적 역사의 이정표"라고 말하기도 했다[「어느 진실한 사람들Some Men of Integrity」, 『임프리미스Imprimis』 2(1973년 7월), 5쪽].

109 고든 키스 차머스, 「선의로는 충분치 않다Goodwill Is Not Enough」, 『뉴욕타임스 북리뷰』, 1953년 5월 17일, 7, 28쪽

110 이어지는 이야기는 러셀 커크와 인터뷰했던 날(케임브리지, 매사추세츠, 1971년 4월 21일) 있었던 커크의 하버드대학교 강의와 커크가 저자에게 보낸 편지(1974년 1월 7일)에 근거했다. 『타임』의 반응에 관해서는 맥스 웨이즈, 「세대를 건너서Generation to Generation」, 『타임』 6 (1953년 7월 6일), 88쪽과 90~92쪽을 참조할 것.

111 커크, 하버드대학교 강의, 1971년 4월 21일

112 제프리 하트와의 인터뷰, 하노버, 뉴햄프셔, 1971년 9월 10일

113 레그너리, 「어느 보수 출판사」, 16쪽

114 예를 들어 리처드 위버, 「남부의 더 오래된 종교적 독실함The Older Religiousness in the South」, 『스와니리뷰Sewanee Review』 53(1943년 4월), 237~249쪽; 「남부의 기사도정신과 총력전Southern Chivalry and Total War」, 『스와니리뷰』 53(1945년 4월): 267~278쪽; 「철학자 리Lee the Philosopher」, 『조지아리뷰』 2(1948년 가을), 297~303쪽; 「추방당한 농본주의Agrarianism in Exile」, 『스와니리뷰』 58(1950년 가을), 586~606쪽을 참조할 것.

115 프랜시스 윌슨, 『보수주의를 위한 변론The Case for Conservatism』(시애틀, 1951) 72쪽. 윌슨은 오랫동안 보수주의 정치 이론을 연구하고 발전시켜왔다. 예를 들어 그의 「보수주의 이론A Theory of Conservatism」, 『미국정치학리뷰』 35(1941년 2월), 29~43쪽과 「정치적 보수주의의 윤리학The Ethics of Political Conservatism」, 『윤리학Ethics』 53(1942년 10월), 35~45쪽을 참조할 것.

116 다니엘 부어스틴, 『미국 정치의 귀재들』(시카고, 1953)

117 로버트 니스벳은 훗날 자신은 비에렉과 커크의 책을 읽기 전부터 항상, 미국에 널리 퍼져 있는 반-뉴딜 "보수주의"라는 거대한 사업과 상관없이, 보수주의가 유럽의 지적 전통에 속한다고 생각해왔다고 회상했다. 그런 그의 생각을 비에렉과 커크가 바꿔놓았다(니스벳과의 인터뷰, 1971년 11월 29일).

118 예를 들어 다음의 문헌들을 참조할 것. 다니엘 아론, 「신구 보수주의Conservatism, Old and New」, 『계간아메리칸American Quarterly』 6(1954년 여름), 99~110쪽; 노엘 아난Noel Annan, 「우파에 대한 거부감Revulsion to the Right」, 『계간정치Political Quarterly』 26(1955년 7월~9월), 211~219쪽; 스튜어트 게리 브라운Stuart Gerry Brown, 「미국의 민주주의, 새로운 보수주의, 그리고 자유주의 전통」, 『윤리학』 66(1955년 10월), 1~9쪽; 필립 C. 채프먼Phillip C. Chapman, 「새로운 보수주의: 문화적 비평인가 정치철학인가The New Conservatism: Cultural Criticism v. Political Philosophy」, 『계간정치』 75(1960년 3월), 17~34쪽; 프랜시스 W. 코커Francis W. Coker, 「오늘날의 자유주의 비판 몇 가지Some Present-Day Critics of Liberalism」, 『미국정치학리뷰』 47(1953년 3월), 1~27쪽; 버나드 크릭Bernard Crick, 「미국 보수주의의 이상한 임무The Strange Quest for an American Conservatism」, 『정치학리뷰』 17 (1955년 7월), 359~376쪽; 루트비히 프로인드Ludwig Freund, 「새로운 미국 보수주의와 유럽 보수주

의『The New American Conservatism and European Conservatism』,『윤리학』66(1955년 10월), 10~17쪽; 프랭클린 S. 하이만Franklyn S. Haiman,「신보수주의에 대한 새로운 관점A New Look at the New Conservatism」,『미국대학교수협회 회보Bulletin of the American Association of University Professors』41(1955년 가을), 444~453쪽; 채드윅 홀Chadwick Hall,「미국의 보수주의 혁명America's Conservative Revolution」,『안티오크리뷰』15(1955년 6월), 204~216쪽; 랠프 L. 케참Ralph L. Ketcham,「미국에서 전통과 보수주의의 부활The Revival of Tradition and Conservatism in America」,『미국대학교수협회 회보』41(1955년 가을), 425~443쪽; 고든 K. 루이스,「보수주의의 형이상학The Metaphysics of Conservatism」,『계간서구정치Western Political Quarterly』6(1953년 12월), 728~741쪽; H. 말콤 맥도날드,「보수주의 사상의 부활The Revival of Conservative Thought」,『정치학저널』19(1957년 2월), 66~80쪽; 에릭 맥키트릭Eric McKittrick,「오늘날의 '보수주의'('Conservatism' Today)」,『아메리칸스콜라』27(1957~1958년 겨울), 49~61쪽; C. 라이트 밀스C. Wright Mills,「보수주의적 분위기The Conservative Mood」,『디센트Dissent』1(1954년 겨울), 22~31쪽; 랠프 길버트 로스,「자유주의에 대항하는 운동The Campaign Against Liberalism」,『파르티잔리뷰』20(1953년 9~10월), 568~575쪽; E. V. 월터,「되돌아오는 보수주의: 비판Conservatism Recrudescent: A Critique」,『파르티잔리뷰』21(1954년 9~10월), 512~523쪽; 하비 휠러Harvey Wheeler,「러셀 커크와 새로운 보수주의Russell Kirk and the New Conservatism」,『셰넌도어Shenandoah』7(1956년 봄), 20~34쪽; 에스먼드 라이트Esmond Wright,「우파의 급진주의자들Radicals of the Right」,『계간정치』27(1956년 10월~12월), 366~377쪽

119 비에렉,「그럼에도-나는 보수주의자다!」, 543쪽

120 예를 들어 비에렉,『수치와 영광』(보스턴, 1953), 251~255쪽을 참조할 것.

121 비에렉,『보수주의 재고찰』, 개정판(1962), 123쪽

122 커크,「미국 보수주의의 특징」, 249쪽

123 하이만,「새로운 보수주의에 대한 새로운 관점」, 444쪽. 윌리엄 F. 버클리 주니어는 저자와의 인터뷰(1971년 11월 26일)에서 "신보수주의"라는 용어는 "자유주의자들이 그들이 생각하기에 존중할 만한 사람들을 가려내는 방식"이었다고 말했다. 즉 그 용어는 "적"이『내셔널리뷰』근처에 운집해 있는 사람들로부터 "받아들일 만한" 보수주의자들(비에렉·로시터)을 분리해내는 수단이었다.

124 H. 말콤 맥도날드,「보수 사상의 부활」, 67쪽

125 1923년 부다페스트에서 태어나 케임브리지대학교와 부다페스트대학교에서 교육을 받은 루카치는 1947년 체스넛힐대학교 역사학과 교수가 되었다. 외교사와 현대 유럽 전기문가인 그는 1950년대『코먼윌』과 기타 정기간행물들에 자주 글을 기고했다. 그는 1957년 창간된 러셀 커크의 명백한 보수주의 저널『모던에이지』의 첫 편집 고문 중 한 명이었다. 커크와 비에렉 같은 활동가는 아니었지만, 루카치는 제2차 세계대전 이후 부활한 전통주의적 보수주의의 일원으로 간주해야 한다(주 138 참조). 그의 전기에 관한 정보는『미국학자 인명사전Directory of American Scholars』5판(뉴욕, 1969) 1권, 316쪽의 루카치 항목을 참조할 것.

126 토마스 몰나르와의 인터뷰, 체스터넛 힐, 매사추세츠, 1972년 11월 4일; 몰나르가 저자에게 보낸 편지, 1974년 12월 11일. 그가 도나우에서 겪은 일에 대한 스스로의 설명에 관해서는, 토마스 몰나르,「도나우에서의 마지막 날들Last Days at Dachau」,『커먼윌』65(1956년 11월 16일): 169~172쪽을 참조할 것. 그의 일생에 대한 기초적인 정보는 토마스 몰나르의『교육의 미래The Future of Education』(뉴욕, 1961), 10쪽에 러셀 커크가 쓴 서문과『인물 일람Who's Who』, 37번째 편집본, 1972~1973 시카고, 1972), 2218쪽의 몰나르에 관한 항목을 참조할 것.

127 러셀 커크,『영구적인 것의 적들Enemies of the Permanent Things』(뉴로셸, 뉴욕, 1969), 254쪽

128 커크는 종교에 깊은 관심도 없고 아무도 교회에 다니지 않는 가정에서 자랐다. 젊었을 때의 커크는 무신론자였다(커크,『고백』, 14~15쪽). 1942년에 그는 한 친구에게 자신은 기독교인이 아니라 "미시간의 기번Gibbon"이라고 말했다(커크가 맥캔에게 보낸 편지, 1942년 6월 1일, 커크 페이퍼스). 1953년 무렵 커크는『보수의 정신』에서 (예컨대 버크와 뉴먼에게서 보이는 바와 같은) 영국 국교회와 가톨릭에 호의적인 태도를 뚜렷하게 보여주었다. 물론 커크는『학문의 자유Academic Freedom』(시카고, 1955)에서 여전히 자신의 "이단성"을 공언했지만, "종교가 가르침의, 그리고 자유의 샘"이라는 사실만은 확신했다(30~31쪽). 1964년 커크는 로마 가톨릭 신자가 되었다. 조지 스콧 몬크리프George Scott Moncrieff가 커크에게 보낸 편지(1964년 5월 4일, 커크 페이퍼스)를 참조할 것.

129 피터 비에렉이 프랜시스 윌슨에게 보낸 편지, 1951년 2월 23일, 프랜시스 윌슨 페이퍼스, 일리노이대학교, 어배너. 그런데 비에렉은 그 이상으로 나아갈 것 같지는 않다고 덧붙였다. 그는 로마의 주교가 다른 주교들보다 더 우월한 지위에 있다는 사실을 받아들일 수 없었던 것이다. 1975년 비에렉은 다음과 같이 부연했다. "가톨릭은 스탈린주의뿐만 아니라 가령 포르투갈의 신스탈린주의에도 거의 영향을 받지 않은 전 세계적 세력입니다. 그리고 브라질에서 스페인까지 뻗어 있는 준파시스트 국가 벨트에서도 (초기 성직자의 권위주의와는 대조적으로) 오늘날의 가톨릭 이상주의자들은 가난한 자들의 권리를 지키기 위한 도덕적 압력은 물론이고, 정치적 압력 역시 점점 더 효과적으로 행사하고 있습니다. (…) 나는 마이클 노박Michael Novak식의 가톨릭과 라인홀드 니부어 식의 개신교 모두에게 완전한 숭배의 감정을 느낍니다"(비에렉이 저자에게 보낸 편지, 1975년 8월 8일).

130 비에렉, 『수치와 영광』, 45쪽. "그러나 1970년대는"(비에렉이 나중에 수정한 경구에 따르면) "반유대주의, 그것도 자유주의자들의 반유대주의 시대였습니다." 이는 "국제 진보주의자들 사이에 퍼져 있던 아랍 테러리스트들에 대한 새로운 존경심"을 암시하는 문장이었다(비에렉이 저자에게 보낸 편지, 1975년 8월 8일). 비에렉의 최근 글, 『뉴욕타임스 북리뷰』, 1971년 10월 31일, 56~57쪽을 참조할 것.

131 시드니 훅, 『이단은 맞지만 음모는 아니다Heresy, Yes; Conspiracy, No』(뉴욕, 1953), 220쪽

132 반국가주의의 거두인 프랭크 초도로프는 실제로 비에렉의 『보수주의 재고찰』을 칭찬했다. 『분석』 6(150년1950년 8월), 4쪽에 실린 초도로프의 서평을 참조할 것. 이 글은 「그저 뜬소문이 아니다: 『휴먼이벤츠』에 대한 보충Not Merely Gossip: A Supplement to Human Events」, 『휴먼이벤츠』 7(1950년 8월 2일에 다시 실렸다.

133 비에렉, 『수치와 영광』, 248, 251~255쪽을 참조할 것.

134 커크, 「미국 보수주의의 특징」, 254쪽(또한 249~260쪽을 참조할 것); 러셀 커크, 『보수주의자들을 위한 강령A Program for Conservatives』(시카고, 1954), 23쪽

135 커크, 『보수주의자들을 위한 강령』, 147쪽

136 러셀 커크, 「토론의 시대The Age of Discussion」, 『커먼윌』 63(1955년 11월 11일), 138쪽. 또한 커크는 초도로프의 『프리맨』이 "사악하다"고 말했다. 커크가 피터 비에렉에게 보낸 편지, 1954년 7월 20일, 저자 복사본

137 로버트 니스벳, 『공동체를 위한 임무The Quest for Community』(뉴욕, 1953), 278쪽

138 프레더릭 빌헬름센도 "보수주의"라는 단어는 19세기 자유방임주의에 적용할 수 없다고 보았다. "(…) 진정한 의미에서 가톨릭 우익들은 노팅엄에서 찰스 1세의 기치를 드높이는 것에서부터 베르사유의 비극에 이르기까지 그 질서와 싸워왔다"(『보수 가톨릭Conservative Catholic』, 491쪽). 이와 비슷하게 에릭 폰 쿠에넬트-레딘도 "진짜 자유주의"는 "맨체스터학파의 무제한적 자본주의와 양립하기 어렵다"고 주장했다(『자유나 평등이냐』, 5쪽). 유럽 망명자인 존 루카치도 공화당을 보수주의라고 부르는 "혼란스럽고 한심한 자유주의의 용법"을 비판했다. 루카치가 보기에 보수주의는 애덤스·칼훈·토크빌을 의미하지 "중부와 서부 지역의 광고주나 중고차 판매상"을 뜻하는 것이 아니었다. 루카치가 편집자에게 보낸 편지, 『커먼윌』 61(1954년 11월 12일), 168~169쪽

139 비에렉이 윌슨에게 보낸 편지, 1951년 2월 23일, 윌슨 페이퍼스

140 위버, 「철학자 리Lee the Philosopher」, 301쪽

141 루이스 필러가 편집자에게 보낸 편지, 『모던에이지』 2(1957~1958), 102쪽

142 레이먼드 잉글리시, 「보수주의: 금지된 믿음Conservatism: The Forbidden Faith」, 『아메리칸스콜라』 21(1952년 가을), 393~412쪽. 영국의 정치학자 잉글리시 교수의 미국 보수주의에 대한 평가는 그가 편집자에게 보낸 편지, 『더리스너The Listener』 55(1956년 3월 29일), 319쪽을 참조할 것.

143 클린턴 로시터, 『미국 보수주의: 달갑지 않은 신념Conservatism in America: The Thankless Persuasion』 2판 개정판 (뉴욕, 1962)

144 쿠싱 스트라우트Cushing Strout, 「자유주의, 보수주의, 그리고 세치 혀로 세운 바벨탑Liberalism, Conservatism, and the Babel of Tongues」, 『파르티잔리뷰』 25(1958년 겨울), 102쪽

145 클린턴 로시터, 「미국 보수주의의 거인들The Giants of American Conservatism」, 『미국의 유산American Heritage』 6(1955년 10월), 56쪽

4장

붉은 악몽[1]

1966년 보수주의 학자 제프리 하트Jeffrey Hart는 20세기에 전쟁의 "양상"이 극적으로 변했다고 주장했다. 국민국가 간의 전통적인 갈등의 시대는 막을 내리고 "국제화된 내전"의 시대가 도래했다. 하트는 1936년 프랑코Francisco Franco 장군의 군대가 공화국에 반란을 일으켰을 때, 스페인에서 그 최초의 전쟁이 시작되었다고 말했다. 스페인뿐만 아니라 유럽과 미국도 분열시킨 투쟁이었다. 독일·이탈리아·프랑스·영국·러시아에서 이베리아의 전장으로 사람들이 찾아왔다. 하트의 견해에 따르면 스페인 내전은 좌파와 우파 사이에 벌어진 초국가적 이념 전쟁의 "원형"이었다. 그 이후 "유고슬라비아·그리스·쿠바·베트남"에서도 똑같은 "의견 분열"이 반복되었다.[2] 앨런 거트만Allen Guttmann의 말을 빌자면 스페인은 "마음에 입은 상처"를 벌어지게 만들었다.[3] 제프리 하트는 그 상처는 결코 치유될 수 없다고 생각했다.

1960년대 내적으로 분열된 문명—"내부의 시민전쟁"으로 인해 고통받는 서구의—이라는 의식은 하트만의 독특한 생각이 아니었다. 쉴 새 없이 북을 두드리는 것—때로는 멀리서 낮은 소리로, 때로는 바로 코앞에서 둥둥 울리며—같은 긴박함과 위기의 선율이 1945년 이후 10년 동안 미국 보수주의의 지적 운동을 끊임없이 괴롭혔다. 불안감의 근원은 다양했지만, 결정적인 것은 공산주의와 냉전의 경험이었다. 이것이 제2차 세계대전 이후 미국 우익이 형성되는 데 영향을 미친 힘 중 하나였다.

베르사유에서 얄타까지 외교 문제를 대하는 저명한 미국 보수주의자들의 태도를 떠올려보면 "우파의 변화"[4]가 어느 정도였는지 명백하게 드러난다. 1919년 상원의원 로지Henry Cabot Lodge부터 1940년 상원의원 태프트에 이르기까지 많은 보수파 대변인들은 대대적인 대외 개입과 "자유주의적" 간섭주의에 극도로 회의적이었다. 그러나 1945년 이후 10년 동안 적어도 우파 지식인들 사이에서는 이러한 냉담함이 줄어들었다. 국제화된 내전의 시대에 "고립주의"는 폐기되었다. 이러한 변화는 단번에 일어난 일이 아니었다. 루스벨트 대통령의 대외 정책과 그 결과에 대한 보수주의자들의 냉소가 여전했다는 징후 중 하나는 제2차 세계대전 이후 수정주의 역사학이 꽃피었다는 사실이다. 찰스 비어드·해리 엘머 반스·찰스 탄실Charles Tansill·조지 모겐스턴George Morgenstern·윌리엄 헨리 체임벌린이 선도하는 수정주의자들[5]은 루스벨트가 여론과 개인적 약속을 저버리고 기만적으로 미국을 전쟁으로 이끌어 처참하게 만들었다고 주장했다. 일부 비판자들은 루스벨트가 고의적으로 진주만 참사를 일으켰다—최소한 방조했다—고 주장했다. 다른 이들은 독일을 상대로 한 "무조건 항복" 정책, 얄타에서의 "유화적인 태도", 폴란드에 대한 "배신"을 비난했다. 불굴의 반스에게 전후 세계는 "전 세계적 간섭에 대한 비통한 기록"—1950년대 초반에 쓴 글에서—의 증거였다.[6] 나치 독일과 공산주의 러시아가 균형을 유지하거나 서로를 파괴하기를 바랐던 체임벌린에게 우리의 "두 번째 십자군"은 "환상의 산물"이었다.

미국이 언제든 나치 독일의 침공을 받을 위험에 처해 있다는 것은 환상이었다. 히틀러가 대영제국을 파괴하는 데 혈안이 되어 있다는 것은 착각이었다. 무력하고 피폐해진 유라시아에서 강력한 소비에트연방이 평화와 화해, 안정과 국제 협력의 동력이 되리라는 것은 망상이었다. 다른 전체주의에 반대해 전체주의의 한 형태를 무조건 지원함으로써 전체주의와 관련된 위험과 간악함을 제거할 수 있다는 것은 공상이었다. 회유와 개인적 매력을 겸비하면 러시아의 역사와 공산주의 철학에 깊이 박혀 있는 정복과 지배의 의도를 사라지게 할 수 있다는 것은 망상이었다.

망상의 씨앗에서 수확한 열매는 언제나 쓰다.[7]

전쟁의 한복판에서 징집병 러셀 커크는 수정주의자의 정서를 드러냈다. 그는 이 전쟁을 "러시아는 러시아의 영토를 확장하기 위해, 미국은 간섭하려는 국가적 열망을 만족시키기 위해 싸우는 흔하디흔한 전쟁"이라고 말했다.[8] 전쟁은 자유주의적인 국제주의자들의 십자군전쟁이었고, "평화" 또한 자유주의자들의 창작물이었다. 승리 후 실망스러운 세월이 지나는 동안 애초에 미국의 개입을 전반적으로 반대했던 수정주의자들은 자신들의 정당성이 입증되었다고 생각했다.

수정주의는 학문적 차원에서 제2차 세계대전의 연장이었고, 바로 그 이유 때문에 장기적인 영향은 제한적이었다. 대부분의 수정주의는 본질적으로 회고적이었고, 고립주의 최후의 숨결—아무리 타당하다고 하더라도—이었다. 그 중요성을 부정하려는 것이 아니다. 수정주의는 대외정책의 냄비를 부글부글 끓게 만들었다. 수정주의는 국가 밖에서 행해지는 자유주의적 활동에 대해 (논란의 여지가 있는 경우) 그럴듯한 의심을 불러일으켰고, 따라서 그러한 정책을 설계한 사람들의 명성을 무너뜨렸다. 그럼에도 불구하고 윌리엄 헨리 체임벌린이 인정했듯 우리의 외교는 "완전히 중단될 수 없다. 미국인들은 끔찍한 환멸 속에서 개탄만 하고 있어서는 안 된다".[9] 전쟁 전과 전쟁 중에도 논쟁은 계속되었지만, 미국의 지적 우파가 부활하는 데 있어 그들의 역할은 보조적이었을 뿐 결정적이지 못했다.

지난 전쟁의 어리석은 행동들로 인해 얄타 이후의 긴박하고 불길한 시대에 미래의 홀로코스트라는 공포가 필연적으로 야기되었다. 처칠이 경고했듯 "발트해의 슈체친에서 아드리아해의 트리에스테까지" 새로운 거인이 유럽을 지배했다. 공산주의를 전 세계적 위협이라고 여기는 이러한 인식이 미국 우파를 장악했다. 보수주의의 지적 운동은 공산주의에 대한 그들의 전망과 그것이 개입된 무자비한 "내부의 시민전쟁"에 의해 주조되었다.

═══ ★★★ ═══

미국 우파의 다른 지적 전통들과 마찬가지로 1945년 이후 반공 보수주의의 지적 뿌리는 1930년대를 바라보는 태도에 있었다. 다양한 성격을 지닌 이 운동의 분파 중 고전적 자유주의자들에게 1930년대는 집단주의와 큰 정부의 시대였다. 전통주의자들에게 그 시대는 철학적 허무주의와 전체주의, 그리고 대중사회의 인간이 불길함을 내뿜으며 출연한 시대였다. 옛 공산주의자들과 그 지지자들의 작지만 대단히 중요한 그룹에게 1930년대는 붉은 10년Red Decade이었다.

"붉은 10년"이라는 용어는 언론인 유진 라이온스Eugene Lyons의 창작물이었다. 1920년대에 급진주의자였던 라이온스는 사코Sacco와 반제티Vanzetti*를 열정적으로 옹호하는 기사를 썼고, 1927년부터 1933년까지 특파원 자격으로 모스크바에 갔다. 그곳에서 그는 "미래"를 보았고, 자신의 환상에서 벗어났다. 미국으로 돌아온 라이온스는 스탈린주의 러시아를 맹렬하게 비난하는 비판자가 되었고, 상당수의 저명한 미국 자유주의자들이 반파시스트 인민전선에서 공산주의자들과 손을 잡자 격분했다. 1941년에 그는 『붉은 10년』으로 앙갚음했다.[10]

다니엘 아론Daniel Aaron의 말에 따르면 이 격렬한 책은 "자기기만과 훨씬 더 치욕스러운 인간의 실패에 대한 음울한 기록"이었다.[11] "공산주의자를 공격하는 도깨비"[12]가 될 것을 대담하게 요구한 후 라이온스는 "복잡한 공산주의의 통일전선이 (…) 유지되는 사이에 이것이 미국인들 일상의 모든 부문을 도색했다"는 자신의 주장을 입증했다.[13] 그는 공산주의 자석은 진짜이며, 당혹스러울 정도로 많은 자유주의자들이 그것에 이끌려갔다고 주장했다. 라이온스는 자유주의자들의 죄목을 가차 없이 나열했다. 그들은 인위적 기근, 괴기스러운 숙청 재판, 공화국 스페인의 전복과 같은 러시아의 끔찍한 행동들을 너무나 자주 무시하거나 심지어 변명하기까지 했다. 그들은 크렘린의 이익을 위해 수십 개의 "전선"을 교묘하게 조종하는 영리한 공산주의자들에게 번번이 속아 넘어갔다. 존 듀이 같이 소련을 비판한 사람들은 모욕을 당했다. 반공산주의 서적들은 종종 의도적인 "공격을 받았다". 냉혹한 라이온스에게 "최후의 괴상한 장면"은 1939년 8월 10일에 발표된 유명한 공개장이었다. "소련과 전체주의 국가가 기본적으로 비슷하다는 기상천외한 거짓말"을 규탄하는 성명서에 미

• 1927년 4월 매사추세츠주 법원은 강도살인 혐의로 체포된 이탈리아계 이민자 니콜라 사코Nicola Sacco와 바르톨로메오 반제티Bartolomeo Vanzetti에게 사형을 선고한다. 재판 내내 이들은 무죄를 주장했지만 받아들여지지 않았고, 비판자들은 이들이 이민자이고 무정부주의자—이 둘은 모두 스페인 무정부주의 단체 회원이었다—라는 이유로 부당한 판결을 받았다고 재판부를 비난했다. 미국과 전 세계에서 사형에 반대하는 대규모 집회와 폭동이 벌어졌지만, 같은 해 8월 사형이 집행되었다. 1997년 사망 50주기에 매사추세츠 주지사 마이클 S. 두카키스Michael Stanley Dukakis는 그들이 정당한 대우를 받지 못했다고 공식 발표했다.

국에서 가장 저명한 지식인 400명이 서명했다. 이 400인은 그러한 어리석은 짓을 저지른 범인들은 "진보 세력 사이에 불화를 일으키는 데" 안달난 "파시스트와 그들의 동맹자들"이라고 선언했다. 서명자들은, 소련은 "전쟁과 침략을 막아주는 방벽"이며, "평화적인 국제 질서"를 확고하게 지지한다고 주장했다. 이러한 정책은 파시스트들의 정책과 "정반대"였다. 2주도 채 지나지 않아 러시아와 독일은 불가침조약에 서명했다. 라이온스는 자유주의적 위선과 자기기만의 추악한 10년이 추악함의 절정에 달했다고 느꼈다.[14]

라이온스가 인민전선의 힘을 과대평가했을 수도 있지만,[15] 그는 1930년대를 붉은 10년이라고 부른 자신의 핵심적인 이미지에 타당성을 부여해줄 충분한 증거를 제시했다. 시대에 반항한 사람은 그 혼자만이 아니었다. 제2차 세계대전이 끝나갈 무렵 공산주의를 환멸하는 문헌들이 이미 등장해 있었다. 라이온스의 『모스크바의 회전목마Moscow Carousel』와 『유토피아에서의 임무Assignment in Utopia』[16]는 초기에 제시된 두 가지 견해였다. 다른 저서로는 프레다 유틀리Freda Utley* 의 『우리가 잃어버린 꿈The Dream We Lost』, 맥스 이스트먼** 의 『제복을 입은 예술가들Artists in

---

• 1898~1978. 영국의 작가. 유틀리는 1928년 러시아 경제학자 아르카디아 베르디체프스키Arcadi Berdichevsky와 결혼해 1930~1936년까지 모스크바에서 살았다. 그러나 1936년 남편이 체포되어 시베리아로 추방되자—1938년 처형되었다—공산주의에 환멸을 느끼고 영국으로 탈출한 뒤 미국으로 건너가 대표적인 반공산주의 작가가 되었다. 그녀는 매카시 청문회에서 증언을 하는 등 미국의 반공산주의 활동에 적극적으로 참여했다.

•• 맥스 포레스터 이스트먼Max Forrester Eastman, 1883~1969. 미국의 작가. 한때 사회주의를 지지했으나 1922~1924년 소련에 거주하는 동안 스탈린의 대숙청을 목격한 뒤 러시아의 10월 혁명(1917)이 부패한 지도자들에 의해 변질되었다고 생각했고, 이후 공산주의와 사회주의를 비판하는 반공산주의자가 되었다.

Uniform』과 『스탈린의 러시아와 사회주의의 위기Stalin's Russia and the Crisis in Socialism』, 그리고 윌리엄 헨리 체임벌린의 『집단주의: 거짓 유토피아Collectivism: A False Utopia』와 『어느 개인주의자의 고백The Confessions of an Individualist』이 있었다.[17] 모두가 소련을 목격했고, 모두가 "실패한 신"에 대해 권위 있는 말을 할 수 있었다. 이스트먼은 추방된 레온 트로츠키Leon Trotsky의 숭배자이자 전기 작가였다. 과거 영국 공산당 당원이었던 유틀리는 러시아인―1930년대 중반 숙청으로 영원히 사라진―과 결혼했다. 라이온스와 체임벌린은 모스크바에서 특파원으로 근무했고, 1930년대 초 인위적인 기근과 같은 잔혹 행위에 대해 알게 되었다. 그 영향은 매우 컸다. 체임벌린은 "소련 집단주의라는 도전 아래에서 나는 나의 본능적인 개인주의 신념을 열 배로 확신하며 재발견했다"고 말했다.[18] 얄타 이후 10년 동안 라이온스와 이스트먼·유틀리·체임벌린은 보수주의의 지적 운동을 형성하는 데 기여할 것이었다.

1945년 이전에 반공산주의를 드러낸 또 다른 글들이 있었다. 월터 크리비츠키Walter Krivitsky,[•] 벤자민 기틀로Benjamin Gitlow,[••] 얀 발틴Jan Valtin[•••]과 같은 과거 공산주의자들의 책이 그랬다.[19] 『파르티잔리뷰』―트로츠키주의자들과 관련이 있는―와 『뉴리더New Leader』―과거 멘셰비키

[•]   1899년~1941. 소련 정보국 요원이었으나 1937년 프랑스로 망명한 뒤 미국으로 이주했다. 소련에 비판적인 글을 썼으며, 1939년 하원 비미활동조사위원회에서 증언을 하기도 했다.

[••]   1891~1965. 미국 공산당 창립자 중 한 명이었지만, 1930년대 말 보수주의자로 전향해 반공산주의 활동에 앞장섰다.

[•••]   리처드 율리우스 헤르만 크렙스Richard Julius Hermann Krebs, 1905~1951. 독일의 작가. 청년 시절 독일 공산주의운동에 적극적으로 참여했지만, 1938년 미국으로 이주해 소련을 비판하는 글들을 썼다. 1941년 하원 비미활동조사위원회에서 자신이 소련 스파이였다고 증언했다. 얀 발틴은 가명이다.

였던 사람들이 주도하는—는 스탈린의 러시아를 비판하는 글들을 빈번하게 찍어냈다. 공산주의에 대한 환멸은 1930년대에 이미 생겨났지만, 붉은 10년에 맞선 이 초기 반란의 지적 영향은 1945년에 확실히 미미했다. 예를 들어 『뉴리더』는 미국에서 가장 중요한 반공산주의 잡지—제임스 번햄이 믿었던 것처럼—였을지 모르지만,[20] 그 영향력은 여전히 제한적이었다. 유진 라이온스는 얄타회담을 처음으로 비판한 사람 중 한 명이었지만,[21] 당시 대부분의 미국인들의 생각은 분명히 달랐다. 한 역사학자가 목격한 바와 같이 "1945년 미국의 정치적 분위기는 소련에 대한 데탕트 정책에 분명히 호의적이었다".[22] 자유지상주의자들과 전통주의자들에게 1945년은 상서로운 해가 아니었다.

전쟁이 막바지에 이르자 공산주의에 대한 지적 혐오는 한풀 꺾였지만, 그럼에도 불구하고 미래를 위한 토대가 마련되었다. "미숙한" 반공산주의자들과 과거 공산주의자들은 이때까지도 여론이나 미국 우파에 대단한 영향력을 행사하지 못하고 있었다고 주장할 수도 있지만, 그들은 여전히 전문 지식이라는 이점을 가지고 있었다. 마침내 그들은 혁명을 목격했다. 1945년 이후 사건들이 "그들" 쪽으로 방향을 튼다면, 하나의 세계가 두 개의 세계가 된다면, 환멸의 문학을 쓰는 작가들은 독자를 얻을 수 있을 것이었다.

철의 장막이 내려지고 냉전이 발발하자, 1930년대 "내부의 시민전쟁"에 참전했던 베테랑들이 앞장서 보수주의자들의 군대를 이끌었다.

═══ ★★★ ═══

공산주의와 냉전이 보수주의에 미친 영향은 외부 위협에 대한 대응과 내부 위협에 대한 대응이라는 두 개의 범주로 나눌 수 있다.

전후 초기에 외부의 위협은 너무나 명백해 보였다. 우파가 유럽에서 보았듯이 폴란드는 배신당했고,[23] 철의 장막의 나머지 국가들은 버려졌다. 체코슬로바키아는 쿠데타로 무너졌고, 베를린은 계속해서 위협을 받았다. 당시 프랑스의 원자력 프로그램 책임자는 공산당의 프레데리크 졸리오-퀴리Frédéric Joliot-Curie였고, 그러는 동안 프랑스와 이탈리아는 강력한 국내 공산당에 의해 약화되었다.[24] 아시아에서는 중국이 몰락하고, 한국이 어느 쪽도 승리를 거두지 못한 전쟁에 몸부림치면서 상황은 점점더 절망적으로 보였다. 유고슬라비아 반공산주의 체트니크Chetnik*의 지도자 미하일로비치Mikhailovich의 처형, 체코 외무장관 얀 마사리크Jan Masaryk의 죽음, 장제스의 대만 도주, 급작스러운 남한 침공, 중국의 대대적인 한국 개입은 보수주의자들, 그리고 사실상 모든 미국인들에게 충격이었다. 그리하여 비통에 찬 외침이 자연스럽게 터져 나왔다. 왜? 어째서 우리는 행진하는 공산주의 앞에서 비틀대고 있는가? 어째서 얄타의 환희는 범지구적 전쟁을 날마다 두려워하게 된 공포로 대체되었는가? 누가 중국을 빼앗겼는가? 누가 우리의 대외 정책을 이리도 명백하게 잘못 다루었는가?

분노와 비통함이 커진 우익 비판자들은 자유주의자들—1933년 이래 워싱턴에서 권력을 쥐고 있던 자유주의자들—에게 책임이 있다고 비난했다. 자유주의자들은 좋게 말해 무능했고, 나쁘게 말하면 공산주의자

---

*   공식적으로는 제2차 세계대전 당시 추축국에 맞서기 위해 결성된 부대—공식적으로는 유고슬리비아 육군 체트니크 분견대—였지만, 사실상 유고슬라비아 공산주의자들과 내전을 벌인 세르비아 왕당파 민족주의 게릴라 부대였다.

들에게 속았거나 흡수당했다. 특히 공격의 선봉에 선 것은 1946년 아이 작 돈 레빈과 랄프 드 톨레다노Ralph de Toledano가 설립하고, 발행인인 "중국 로비스트" 알프레드 콜버그Alfred Kohlberg [25]가 막대한 자금을 지원했던 『플레인토크』와 1950년 『플레인토크』와 합병된 『프리맨』, 그리고 1950년 후반 윌리엄 브래드포드 휴이William Bradford Huie가 편집장을 맡고 있던 당시의 『아메리칸머큐리』 등 세 개의 저널이었다. 이 저널들과 프레다 유틀리의 『중국 이야기The China Story』, 존 T. 플린의 『당신이 잠든 사이While You Slept』[26] 같은 책에서 보수주의 주장이 분명하게 설명되었다. 비판을 주도했던 사람들은 라이온스와 체임벌린·유틀리·이스트먼·톨레다노, 그리고 번햄과 같이 과거 좌파에 동조했던 이들이었다.

특정 정책에 대한 보수주의자들의 상세한 비판 내용은 다른 곳에서 검토된 바 있으므로 여기에서는 논할 필요가 없다.[27] 그러나 그들의 분석에서 눈에 띄는 일반적인 특징에 대해서는 주목할 필요가 있다. 첫째, 보수주의자들은 미국이 해외에서 좌절을 겪게 된 주된 요인은 국내의 자유주의자들이 본질적으로 혁명적이고 팽창적이며 집요한 공산주의의 성격을 이해하지 못한 데 있다고 주장했다. 공산주의에 대한 자유주의자들의 무지는 루스벨트의 근시안적인 "무조건 항복" 정책에서 기인했을 수 있다. 이 정책은 공백을 만들었고, 스탈린은 그 공백을 열심히 채웠다. "조 삼촌Uncle Joe"* 스탈린을 상대로 한 유화 정책과 중국에 연립정부의 수립

---

* 제2차 세계대전 당시 미국과 소련은 히틀러를 물리치는 것뿐만 아니라 전후 질서를 설계하는 데 있어서도 서로의 협력을 필요로 했다. 서로에 대한 대중의 반감을 완화시키고, 동맹을 정당화하기 위해 미국 언론은 스탈린을 '조 삼촌'이라 불렀고, 소련도 반자본·반제국주의 수사를 다소 누그러뜨렸다. 전쟁이 끝난 뒤 미국과 소련의 동맹을 우호적으로 묘사한 언론인들은 매카시 청문회에서 공산주의 동조자라는 혐의를 받았다.

을 강요하려는 터무니없는 시도에 대한 책임은 얼빠진 자유주의자들에게 있었다. 붉은 10년의 죄악은 1939년에도 멈추지 않았다. 둘째, 우파 비판자들은 태평양관계연구소Institute of Pacific Relations, IPR*와 『아메라시아Amerasia』 사건** 등 그러한 문제들을 다룬 의회 조사를 과도하게 신뢰해 (자신들이 보기에) 수상쩍은 판단을 하고, 충성심이 의심되는 사람들—미국의 대외 정책에 치명적인 영향을 미친—을 지목함으로써 논란을 개인적인 문제로 만들었다. 앨저 히스Alger Hiss, 오언 래티모어Owen Lattimore,*** 해리 덱스터 화이트Harry Dexter White, 존 스튜어트 서비스John Stewart Service, 존 카터 빈센트John Carter Vincent를 포함해 수십 명의 정부 관리와 자문관이 우파로부터 비판의 표적이 되었다.

보수 반공산주의가 발전하는 데 있어 또 다른 중요한 측면은 망명 학자들이 끼친 영향이었다. 자유지상주의자들과 전통주의자들처럼 반공산주의자들 역시 유럽에 큰 빚을 졌다. 1950년대 초 게르하르트 니에메예르Gerhart Niemeyer, 스테판 포소니Stefan Possony, 로버트 스트라우스-후

---

* 제1차 세계대전 이후 강대국으로서 미국의 새로운 역할을 모색하고, 자유주의를 전 세계적으로 전파할 목적으로 설립된 단체. 제2차 세계대전이 끝난 후 하원 비미활동조사위원회에서 IPR 회원들은 공산주의자이거나 소련에 동조했다는 혐의로 비난을 받았다.

** 1945년 6월 『아메라시아』—동아시아 문제를 다룬 잡지—의 관계자 6명이 중국 공산당 간첩 혐의로 기소된 사건. 그러나 이 중 편집자와 직원 2명만이 정부 문서를 무단 소지한 혐의로 유죄 판결을 받았다. 전후 최초의 간첩 사건으로 보수주의자들은 이 사건을 이용해 정부에 공산주의자들이 침투해 있다고 주장하기 시작했고, 1950년 매카시 상원의원은 청문회에서 이 사건이 은폐·축소되었다고 주장했다.

*** 1900~1989. 중국과 중앙아시아를 전문적으로 연구한 미국의 학자. 태평양관계연구소에서 발행하는 잡지의 편집자였으며, 제2차 세계대전 당시 전쟁정보국에서 근무했다. 전쟁이 끝난 뒤 그는 소련 간첩이라는 혐의를 받았고, 1950년 매카시 상원의원은 청문회에서 그를 '미국 최고의 러시아 간첩'이라고 비난했다.

페Robert Strausz-Hupé —모두 중부유럽 출신의 이민자들인—와 같은 사람들은 강경한 반공산주의 학자로 유명해졌다.[28] 시간이 지나면 이들 모두가 미국 우파를 이끄는 냉전 전략가가 될 것이었다.[29] 동유럽 망명자들이 루스벨트 행정부와 트루먼 행정부의 대외 정책에 분노하게 된 경위는 티토 집권 당시 유고슬라비아 정보부 외신국 국장을 지낸 보그단 라디차Bogdan Raditsa에 의해 충분히 설명되었다. 1951년에 쓴 글에서 라디차는 철의 장막 국가에서 온 정치적 난민들이 미국 동료들의 태도를 보고 우려를 금치 못했다고 주장했다. 유럽인들은 공산주의를 회유할 수 없다는 사실을 잘 알고 있었지만, 이를 모르는 미국인들이 너무나 많았다. 미국인들은 특히 월터 리프먼과 조지 캐넌George Kennan,* 바바라 와드Barbara Ward**에 의해 자세하게 소개된 신중하고 상대주의적이며 속물적인 "마키아벨리적 자유주의"의 희생자였다. 이 철학의 문제는 "독재자와 독재에 대해 양가적 태도"를 취한다는 것이었다. 이는 민주주의와 전체주의가 양립할 수 없다는 사실을 깨닫지 못했고, 서유럽을 침략하지 않는 한 공산주의를 너무나도 흔쾌히 내버려 두었으며, 힘의 균형 외교와 "객관적"이 되고자 하는 열망에 빠져 반공 히스테리를 우려했다. 라디차는 "마키아벨리적 자유주의자들"이 포로가 된 국가들에서 일어난 인민 봉기의 정당성을 의심하고, 공산주의를 가장 반대하는 미국인들과 망명자들을 반소련 활동에서 의도적으로 몰아냈다고 비난했다. 망명자들은 공산주의에 대해

---

* 조지 프로스트 케넌George Frost Kennan, 1904~2005. 미국의 외교관·역사학자. 제2차 세계대전 이후 소련의 확장을 억제하는 봉쇄 정책을 강력하게 옹호했고, 이는 소련에 대한 미국 정책의 핵심이 되었다.

** 1914~1981. 영국의 경제학자. 개발도상국의 문제에 주목하고 부유한 서구가 나머지 세계와 그 부를 공유해야 한다고 촉구했다. 지속가능한 개발이라는 개념을 최초로 정의한 것으로 평가된다.

지나치게 "감정적"이며, "편견"을 가지고 있는 사람들로 여겨졌다. 라디차는 "스스로 이데올로기적으로 준비되어 있지 않은 한 이데올로기적 적을 파괴할 수 없다"고 경고했다. 그래서 그는 "자유를 보편적으로 확립"하기 위해 이상주의적인 국제 십자군을 주창했다.[30]

그러나 분명한 점은 보수주의자들이 자유주의적 대외 정책과 그 정책입안자들을 질책하는 것만으로는 충분치 않다는 것이었다. 자유주의자들이 무지 혹은 친공산주의에 오염되어 있다고 한다면, 그들의 비판자들이 제시한 대안은 무엇이었나? 라디차가 쓴 글의 제목 "봉쇄를 넘어 해방으로Beyond Containment to Liberation"에 합리적 답변이 제시되어 있었다. 이는 전후 많은 보수주의 지식인들이 요구해왔던 바로 그것이었다. 1953년 윌리엄 헨리 체임벌린은 냉전의 역사인 『봉쇄를 넘어』를 출판했다. 이 책은 "서구 문명에 가장 큰 위협이 되는 소련제국을 쇠퇴와 몰락의 길로 접어들게 할" 프로그램의 채택을 촉구했다.[31] 또한 1953년 신보수주의자 피터 비에렉은 "스탈린 테러"의 "타도"를 주창했다. 비에렉에게 해방이 아닌 "봉쇄"를 택하는 건 "비정한 일"이었고, 그는 라디차의 글을 인용해 자신을 옹호했다. 비에렉은 "철의 장막 뒤에 있는 수백만 명의 노예들에게 '평화로운' 공존은 평화가 아니라 고문과 살인의 연속을 의미한다"고 부르짖었다. 그는 "미국 자유의 밑바탕이 되는 기독교-유대교적 윤리의 기반이 소련 노예수용소의 참상 (…) '봉쇄'—해방에 반대되는—를 통해 우리가 묵인해온 것들을 얼마나 오래 견뎌낼 수 있을 것인지" 알고 싶어 했다.[32]

단순히 공산주의 영토의 해방을 제안하는 것과 이를 달성하기 위한 이론적 근거와 전략을 강구하는 건 완전히 다른 문제였다. 이 임무는 1945년 이후 자유주의적 대외 정책을 비판한 우파 비판자 중 아마도 가장 영향력이 컸을 사람인 제임스 번햄에 의해 수행되었다. 보수주의 지적 운동에 냉전 승리를 위한 이론적 틀을 제공한 사람은 다른 누구도 아닌 번햄이었다.

1905년에 태어나 프린스턴대학교와 옥스퍼드대학교에서 교육을 받은 번햄은 1929년부터 1935년까지 뉴욕대학교 교수로 재직했다. 결국 우익에서 자신의 고향을 발견한 다른 많은 사람들처럼 번햄 역시 1930년 대에는 극좌파의 일원이었다. 공산주의자들이 이끄는 디트로이트 노동조합과 함께 일하면서 번햄은 마침내 A. J. 머스티A. J. Muste˙와 인연을 맺게 되었고, 1934년에는 레온 트로츠키의 제4인터내셔널과 관계를 맺게 되었다. 번햄은 훗날 자신은 결코 완전한 이데올로기적 마르크스주의자였던 적이 없었다고 말했지만, 그는 몇 년 동안 적극적인 트로츠키주의자이자 『뉴인터내셔널New International』의 편집자로 활동했다. 다른 많은 사람들이 그랬던 것처럼 그에게도 점차적으로 환멸이 자리 잡기 시작했다. 번햄은 스탈린의 "일탈"에도 불구하고 소련은 여전히 본질적으로 진보적인 "노동자 국가"이며, 어떤 희생을 치르더라도 지켜내야 한다는 트로츠키의 주장을 더 이상 받아들일 수 없음을 깨달았다. 번햄은 도리어 소련은 대단히 "착취적이고 제국주의적인" 체제라고 주장했다. 그는 이 가설이 1939년 나치-소련 불가침조약과 러시아-핀란드 전쟁에 의해 입증되었다고 믿었다. 1940년 3월 번햄은 트로츠키주의자들과의 모든 관계를 단절했다.[33]

˙   에이브러햄 요하네스 머스티Abraham Johannes Muste, 1885~1967. 네덜란드 출신의 미국 개신교 성직자. 미국 노동운동과 민권운동에 상당한 영향력을 미쳤다. 1929년 진보적노동행동협회Conference for Progressive Labor Action를 설립한 뒤 1933년 트로츠키주의자들과 연합해 미국노동자당American Workers Party을 창당했다. 전쟁 후에는 냉전에 반대하고, 매카시 상원의원의 청문회를 비판했으며, 핵 확산 방지와 베트남전쟁 반대 등 평화운동을 이끌었다.

1년 후 번햄은 자신의 도발적인 책『경영자혁명The Managerial Revolution』을 출간했고, 곧이어『마키아벨리주의자들The Machiavellians』을 출간했다. 나중에 번햄은 이 몇 년의 기간 동안 자신이 "재교육" 과정을 겪었다고 회상했다.

볼셰비즘의 거대 이데올로기에 대해 무언가 알게 되면서 나는 자유주의, 사회민주주의, 새롭게 단장한 자유방임주의, 혹은 '파시즘'이라고 하는 전도顚倒된 싸구려 볼셰비즘의 하찮은 이데올로기에 안주할 수 없다는 사실을 깨달았다. 나는 마키아벨리주의자들을 통해 내가 오랫동안 느껴왔던 것, 즉 모든 이데올로기를 버려야만 세상과 인간을 이해하기 시작할 수 있다는 것을 보다 철저하게 자각하기 시작했다.[34]

좌파에게 등을 돌린 번햄은 강경한 입장을 발전시켜나갔다. 그는 어리석고 도덕적인 진부함이나 어려운 현실을 언어로 위장하는 일에 기만당하려 하지 않았다. 그는 권력을 탐구하는 냉철한 학자, 현실정치가—그런 의미에서 "마키아벨리주의자"—가 되기로 결심했다.

1945년 이후 10년간 번햄은 점차 세계정치의 문제로 눈을 돌렸다. 이내 그는 정력적이고 명쾌한 자기 확신을 가지고 세계와 공산주의와의 충돌에 대한 글을 쓰는 강력한 논객이 되었다. 그의 영향력 있는 책 가운데 첫 번째 저서인『세계를 위한 투쟁The Struggle for the World』은 1947년 출판되었는데, 그중 일부는 전략사무국Office of Strategic Services, OSS을 위해 수행한 연구를 바탕으로 쓰인 글이었다.[35] 그가 자주 인용한 아놀드 토인비Arnold Toynbee의『역사 연구A Study of History』와 핼퍼드 매킨더Halford Mackinder 경*의 지정학 이론에 깊은 영향을 받은 번햄은 세계가 참을 수 없는 위기에 봉착했다고 주장했다.

핵무기의 발견으로 핵무기에 대한 통제권을 절대적으로 독점해야만 서구
문명과 어쩌면 인간 사회 전반이 존속할 수 있게 될 상황이 초래되었다. 이
러한 독점은 오직 세계제국을 통해서만 획득되고 행사될 수 있다. (…) 현재
세계제국에서 지도력을 발휘할 수 있는 후보는 오직 소련과 미국뿐이다.[36]

번햄은 세계를 지배하기 위한 공산주의의 움직임이 이미 시작되었
다고 주장했다. "제3차 세계대전"은 현실이었다. 그는 공산주의의 목표는
"철회될 수 없는 것"이라고 단호하게 주장했다. 공산주의자들은 완전한
권력, 지구 정복을 원했다. 그 결과는 서구 문명의 가장 "소중한" 가치들
이 "파괴될 것"임을 의미했다. 위험이 임박했고, 투쟁은 "막을 수 없다".[37]

그렇다면 무엇을 해야 하는가? 오직 미국만이 공산주의의 승리를 저
지할 수 있었다. 회유와 우유부단함은 패배를 의미했다. "(…) 공산주의와
잘 지낼 수 있는 유일한 방법은 공산주의에 굴복하는 것뿐이다."[38] 번햄
은 방어라는 측면에서 유라시아 세계섬 Eurasian World Island ― 매킨더의 용
어 ― 이 공산주의로 통합되는 것을 막고, 공산주의가 침투하지 못하도록
하는 조치를 제안했다. 예컨대 미국은 세계의 목표는 평화이며, 모든 국
가는 "평등"하다는 개념을 포기해야만 한다. 미국은 "다른 나라에 대한 내
정불간섭"이라는 "말의 껍데기"를 버려야만 한다.[39] 미래에는 개입이 줄

• 핼퍼드 존 매킨더 Halford John Mackinder, 1861~1947. 영국의 지리학자. 지정학이라는 개념을 창
시한 것으로 알려져 있다. 그는 아시아 내륙과 동유럽이 '전략적 중심지'가 되었다고 생각했고, 미국과 영
국의 역할은 중심지의 지배권을 놓고 경쟁하는 강대국들 사이의 균형을 유지하는 것이라고 주장했다.

어드는 게 아니라 더 많이 필요할 수 있다. 전 세계적으로 대대적인 선전을 펼치고, 동맹국에 필요한 모든 원조를 제공하며, 소련과의 협력을 거부해야만 한다. 미국은 자국 내 공산주의운동을 불법화하고 탄압해야 한다. 미국은 반드시 "비공산주의 세계연맹"을 공격적으로 창설해야만 한다.

> 현실은 공산주의 세계제국에 대한 유일한 대안이, 문자 그대로 공식적인 경계 안의 전 세계는 아니더라도, 세계에 대해 결정적인 통제권을 행사할 수 있는 미국제국이 되리라는 것이다. 미국은 제국을 건설하지 않을 수 없다.[40]

=== ★★★ ===

번햄은 첫 번째 단계로 대영제국 및 영연방 자치령들과의 "공통 시민권과 완전한 정치 연합"을 제안했다.[41]

번햄의 정력적인 글 뒤에는 깊은 비관주의가 숨어 있었다. 그는 엄밀히 말해 전면전을 피할 수 없을 것이라 생각하지는 않았지만, 그럴 "가능성이 매우 높다"고 확신했다. 어쩌면 자신의 책이 인쇄되기도 전에 일어날지 모를 일이었다.[42] 번햄은 자신의 제안이 전쟁을 일으켜야 한다는 건 아니라고 생각했다. 그러나 그는 "이러한 전쟁의 위험성은 현재의 소련 체제가 전복되고, 전 세계 공산주의가 전체적으로 무력해질 때까지 사라지지 않을 것"이라고 주장했다.[43] 미국의 목표는 반드시 이것이어야만 했다. 문제는 번햄이 그러한 미국의 결의를 알아차릴 수 없다는 것이었다. 1946년 번햄은 "강인함"이라는 새로운 공식적 수사에도 불구하고, 미국이 대외 정책을 수행할 때 발견되는 것은 "우유부단한 정책"뿐이라고 썼다. 이러한 상황이 계속된다면 (그가 예상한 대로) "미국은 패배하고 전멸할

것이었다".[44]

1950년 번햄은 또 다른 격렬한 논쟁의 대상이 된 『다가올 공산주의의 패배The Coming Defeat of Communism』를 발표했다. 여러 면에서 이 책은 『세계를 위한 투쟁』의 요약본이자 "확장본"이었다.[45] 여기에서도 우리는 이미 호전적인 공산주의와 전쟁을 벌이고 있으며, 타협과 중립은 불가능하고 미국은 당장 결집해야 한다는, 긴장감을 고조시키는 주장이 위기의 분위기를 조성하고 있었다. 모순되고 협소하며, 방어적이고 목표가 결여된 나약하고 혼란스러운 미국 외교가 또다시 폭발하려는 힘을 약화시키고 있었다. 다시 한번 "소련을 주축으로 한 공산주의 세력의 분쇄"라는 단일한 목표가 촉구되었다.[46]

번햄의 분석에는 새로운 요소들도 있었다. 첫째, 그는 위성국들의 반발, 경제적 혼란, 경직된 관료주의 등 현재 공산주의 진영의 "취약함"을 드러내는 징후들을 강조했다. 심지어 번햄은 "엄밀한 군사적 의미에서" 미국은 몇 년간 러시아를 두려워할 이유가 거의 없다고 인정하기까지 했다.[47] 그럼에도 불구하고 지금이 바로 행동할 때였다. 공산주의자들이 아무런 방해도 받지 않고 전후에 얻은 그들의 이득을 공고히 하고—매킨더에게서 영향을 받은 것이 분명했다—, 미국인들이 제3차 세계대전은 아직 시작되지 않았다는 듯 여전히 수동적으로 행동한다면 전면전은 불가피할 것이기 때문이다. 그러나 공산주의의 약점을 즉각적으로 이용하면 "자유세계"는 전면적인 전쟁 없이도 적을 물리칠 수 있을 것이었다. 번햄은 "정치적-전복적 전쟁" 차원에서 우리는 승리할 수 있다고 주장했다. 이것이 진정으로 소련에 대한 "즉각적인 무력 공격을 대신할 수 있는 유일한 합리적 대안"이었다.[48]

둘째, 다소 평소답지 않게 1950년에 번햄은 그의 책 제목에서 알 수 있듯이 자신에게 작은 희망을 허락했다. 그가 관찰한 바에 따르면 1946년과 1949년 사이에 공산주의자들은 엄청난 이득을 보았지만, "순수한 경향"은 그들에게 불리하게 돌아섰다. 과거와 현재 미국 정책의 온갖 부적절함에도 불구하고, 미국은 적어도 어느 정도 위험을 인지하고 공산주의의 진격 속도를 늦추었다. 번햄은 공산주의의 패배가 "필연적"이라고 믿었다. 왜냐하면 미국인들에게는 생존의 의지가 있기 때문이다. 물론 이것은 날마다 모든 면에서 나아지고 있다는 쿠에Coué*식의 슬로건을 우리가 그럭저럭 실행에 옮길 수 있다는 그런 의미가 아니었다. 번햄의 책은 종종 자신이 "전통적이지 않은 방법"이라고 이름 붙인 것들을 포함해 실천적인 제안들로 가득 차 있었다." 공산주의 엘리트를 대상으로 직접 선전할 것. 세계 노동운동에 대한 공산주의의 지배력을 약화시킬 것. "바티칸과의 통일전선"에 착수할 것. 동유럽연구소를 설립할 것. 철의 장막 뒤에 있는 난민들과 저항운동을 활용할 것. "변칙적인" 작전을 지도하고 수행할 기관을 설립할 것. 알바니아를 전복할 것. 전쟁의 위험을 무릅쓰고라도 모스크바가 유고슬라비아를 재점령하지 못하도록 막을 것. 이것들은 번햄의 구체적인 아이디어 중 일부에 불과했다. 이 모든 것은 생존의 의지와 지적인 리더십의 개발에 달려 있었다. 이 책의 말미에서 번햄은 적어도 미국이 그 도전 과제들을 감당할 수 있다고 여겼다.

『다가올 공산주의의 패배』에서의 낙관론은 전쟁 이후 1953년 출판된 번햄의 다음 주저 『봉쇄냐 해방이냐Containment or Liberation?』에서 사라졌다. 번햄은 결국 미국 정부가 조지 캐넌이 주로 고안해낸 봉쇄 정책을

• 　　에밀 쿠에Emile Coué, 1857~1926. 프랑스 심리학자. '모든 면에서 점점 더 좋아지고 있다'는 자기암시를 통해 긍정적인 유기적 변화를 일으킬 수 있다고 주장했다.

전개해왔다는 사실을 인정했다. 불행하게도 그것은 완전히 부적절한 정책이었다. 번햄은 "봉쇄" 정책은 순전히 방어적이고, 거대한 소련에는 적용이 불가능하며, 근본적으로 "공산주의 사업의 혁명적 본질을 이해하지 못했다"고 주장했다.[50] 더욱이 그것은 정신적으로 결핍되어 있었다. "누가 봉쇄를 위해 기꺼이 고통을 감내하고 희생하며 목숨을 바칠 것인가?"[51] 그것은 그저 "우유부단한 정책"이었고, "역사에 내맡기는 것"이 그것의 "내적 법칙"이었다.[52] 하지만 번햄은 역사에 의존해 우리를 구제할 수는 없다고 호소했다.

> 공산주의자들이 이미 정복한 것을 공고히 하는 데 성공한다면, 그들의 완전한 전 세계적 승리는 확실하다. (⋯)
> 이것은 해방만이 소련의 전 세계적 승리를 막아내는 유일한 방어책임을 의미한다.[53]

해방은 어떻게 달성 가능한가? 번햄은 봉쇄일 뿐인 "서유럽 전략"에는 "희망이 없다"고 일축했다. 우선 서유럽은 동유럽 없이 생존할 수 없었다. 서방은 결국 모스크바에 항복하거나 그렇지 않다면 모스크바의 위성국들을 해방시켜야 할 것이었다.[54] 태프트 상원의원이 제안한 "아시아-미국 전략"도 마찬가지였다. 미국에 대한 즉각적인 위협은 극동이 아니라 유럽에 있었다. 번햄은 명백히 매킨더의 지정학적 관점을 드러내며 아시아에 집착한다는 건 "적들이 자신들의 주요하고 결정적인 과업, 즉 심장부와 주변 제국들을 자유롭게 통합하도록 내버려 두는 격"이라고 선언했다.[55] 대신 그는 제3의 대안을 제시했다. 이는 공세를 취하고, 물리적 충돌을 적들의 본거지로 몰아간다는 "동유럽 전략"이었다. 이러한 접근법만이 공산주의의 위협을 격퇴할 수 있었다. 그는 자신의 책 마지막 부분에서 포로가 된 국가들을 위한 해방 수단으로 망명 정부의 승인과 망명 군인들의 부대 창설 같은 계획들을 촉구했다.[56]

1953년 무렵 대외 정책을 둘러싼 논쟁이 얼마나 개인과 관련된 문제로 다루어지고 있었는지는 번햄의 책에서도 분명하게 나타났다. 「정치적 전쟁은 가능한가Is Political Warfare Possible?」라는 제목의 장에서 그는 냉전을 수행하는 이 중대한 방식을 미국이 과연 효과적으로 활용할 수 있을지 의문을 표했다. 그는 이러한 미국의 약점을 "1930년대의 경제 불황과 히틀러 및 나치즘에 맞선 정치적 투쟁의 맥락에서" 세계관을 형성한 "이념화된 소수"의 정부 관리 탓으로 돌렸다.[57] 그들은 붉은 10년의 산물—번햄이 사용한 용어는 아니지만—이었다. 열성적인 반파시스트인 이들이 공산주의에 대해서는 단 한 번도 같은 생각을 해본 적이 없었다고 번햄은 말했다.

공산주의는 파시즘과 달랐다. 파시즘처럼 완전히 악하지도 않았다. 왜냐하면—그들은 자신들이 가르침을 받고 있는지도 모르고 배웠다—공산주의는 '방법은 다를지라도 우리와 같은 이상을 가지고 있기' 때문이다. (…) 그들은 나치즘에 대해서만 확고한 생각을 가지고 있었다.[58]

그런 사람들은 "강경한 반공산주의자"를 불편하게 여겼다. 이 사람들은 누구였을까? 번햄은 1940년대에 미국의 국익을 완전히 무시하거나 반역이 의심됐던 앨저 히스·오언 래티모어·존 스튜어트 서비스 같은 사람들을 옹호했던 딘 애치슨Dean Acheson·찰스 볼렌Charles Bohlen·존 패튼 데이비스 주니어John Paton Davies Jr 등 국무부 관리들과 자문관들을 예로

들었다.[59]

　냉전을 대하는 미국의 태도에 번햄의 책들이 미친 영향은 상당했던 듯하다. 확실히 그는 정부 안팎에서 존경을 표하는 말들을 들을 수 있었다. 1947년 『세계를 위한 투쟁』이 등장했을 때 『기독교세기Christian Century』는 번햄의 책이 트루먼 대통령의 새로운 그리스·터키 정책과 정확히 일치한다고 주장했다. 이 잡지는 트루먼 독트린과 번햄의 책이 같은 주에 발표된 것이 우연이 아닐 수 있다고 지적했다.[60] 번햄이 제1차 냉전 시기에 정부와 특별한 관계를 구축했다는 사실은 부인할 수 없다. 1950년대 초 그는 국방참모대학교National War College, 공군참모대학교Air War College, 해군참모대학교Naval War College, 고등국제대학원School of Advanced International Studies에서 "정기적으로" 강의했다.[61]

　『다가올 공산주의의 패배』에서 그는 동유럽연구소 혹은 대학의 설립을 주장했었다.[62] 1951년 7월 22일 제임스 번햄이 이사 중 한 명으로 망명자유유럽대학교Free Europe University in Exile의 설립을 공표한 것은 그저 우연이었을 것이다.[63] 1950년 초에 『뉴욕타임스』는 뉴욕대학교의 발언을 인용해 번햄이 "연구를 위해 공식적으로 미국 수도를 떠났다"고 전했다.[64] 그의 연구에는 번햄이 자문관으로 있는 CIA를 위한 작업도 포함되어 있었을 것이다.[65] 그는 또한 CIA로부터 재정적 지원을 받는 문화적자유를위한미국위원회American committee for Cultural Freedom에서도 매우 적극적으로 활동했다.[66]

　정부 밖에서도 번햄의 글은 주의 깊은 관심을 받았다. 그의 책들은 광범위하게, 때로는 격렬하게 비평되고 논의되었다. 『파르티잔리뷰』의 편집자이자 『뉴리더』의 기고자였던 번햄은 명쾌한 중도좌파 독자들을 접할 수 있었다. 그의 후기 연대활동에서 더 중요한 사실은 우파에서 그의 위상이 커지고 있다는 것이었다. 1950년대 초반 그는 『아메리칸머큐리』와 『프리맨』에 점점 더 많은 글을 기고했다. 대외 정책에 관한 그의 저서 세 권을 발췌한 상당한 분량의 요약글이 1947년과 1950년, 그리고 1952년에 『아메리칸머큐리』에 실렸다.[67] 『봉쇄냐 해방이냐』가 등장했을 때, 한때 공산주의자였던 프랭크 메이어는 『아메리칸머큐리』에서 이 책을 높이 평가했고, 『붉은 10년』으로 유명한 유진 라이온스는 『프리맨』에서 이 책을 극찬했다.[68] 보수주의 집단에서 그를 인정하고, 그 집단 내에서 그의 명성을 보여주는 또 다른 징후는 『뉴스위크Newsweek』의 칼럼니스트이자 루스벨트 대통령의 전임 고문이었던 레이먼드 몰리가 1952년에 쓴 논평이었다. 몰리는 『세계를 위한 투쟁』이 "트루먼-애치슨 외교를 비난하는 공화당 비판자들의 사고가 형성되는 데 적지 않은 영향을 미쳤다"고 주장했다.[69]

그렇다면 냉전 초기 자유주의적 대외 정책에 대한 보수주의적 비판의 이론적 틀을 제공한 사람이 바로 제임스 번햄이었다고 말해도 과언은 아닐 것이다. 그는 전투적이고 전 세계적인 반공산주의를 전후 지적 우파의 특징으로 만들었다. 그러나 물론 번햄 혼자 한 일은 아니었다. 국내의 사건들과 이와 반대되는 국외의 사건들이 결부되어 좌파와 우파 사이의 "내부의 시민전쟁"을 조성하고 악화시켰다.

═ ★★★ ═

1940년대 후반과 1950년대 초반 공산당과 결별한 점점 더 많은 수의 사람들이 전국 무대—주로 의도된 의회 위원회 앞—에 나타났다. 이미 논한 바와 같이 공산주의의 영향을 받았지만 1930년대 스탈린주의에는 온전히 헌신하지 못했던 많은 지식인들과 달리, 이 새로운 집단은 대개 당기구에 깊이 관여하고 있었다. 유진 라이온스가 어리석음과 위선의 시대라고 묘사한 붉은 10년에 반역이라는 놀랍고 새로운 양상이 추가되었다.

이 과거 공산주의자들이 대중 앞에 모습을 드러내자 지적 우파는 그들에게 점점 더 많은 관심을 갖게 되었다. 루이스 부덴츠Louis Budenz, 벨라 도드Bella Dodd, 엘리자베스 벤틀리Elizabeth Bentley, 헤데 매싱Hede Massing, 나다니엘 바일Nathaniel Weyl 등 과거 공산주의자였던 증인들의 이름이 전국적으로 널리 알려졌다. 이들이 자신들의 경험을 책으로 쓰기만 하면─부덴츠와 매싱, 그리고 다른 사람들처럼[70]─, 이는 대개 『아메리칸머큐리』나 『프리맨』에서 언급되었다. 그들의 증언은 『실패한 신』과 『30년의 판결Verdict of Three Decades』[71] 같은 강렬한 환멸의 표현과 결합되어 우파에게 엄청난 교육적 영향을 미쳤다.

과거 공산주의자였던 사람들과 보수주의의 지적 부활 사이의 관계는 때때로 매우 직접적이었다. 프랭크 메이어가 이를 보여주는 좋은 사례이다.[72] 1909년 뉴저지주 뉴어크에서 태어난 메이어는 프린스턴대학교를 다니다 옥스퍼드대학교로 편입해 그곳에서 대공황 기간에 학사학위를 받았다. 1931년 메이어는 옥스퍼드에서 영국 공산당에 입당해 중앙위원회 위원과 학생국 국장이 되었다. 런던정치경제대학교 대학원에서 공부를 하는 동안 그는 크리슈나 메논Krishna Menon─훗날 네루 집권기에 열정적인 인도 국방장관이 된─이 이끄는 인도 학생들의 도움으로 당당한 공산주의자로서 학생회 회장이 되었다. 1934년 미국으로 돌아온 메이어는 그의 말대로 1945년까지 여전히 "헌신적인 공산주의자"였다. 그는 당에서 여러 요직을 맡았다.[73]

1945년 얼 브라우더Earl Browder*가 미국 공산당 지도자 자리에서 쫓겨나자 메이어는 운동을 그만두었다. 그는 공산주의자였던 시절에 프리드리히 하이에크의『노예의 길』을 읽었고, 이에 깊은 영향을 받았다.[74] 좌파에서 탈출하는 과정은 서서히 진행되었다. 처음에 그는 단지 자신을 비공산주의자라고 불렀다. 그러나 냉전의 압박이 거세지고,[75] 스스로를 꾸준히 개인적으로 재교육하면서—그는 또한 리처드 위버의『이념에는 결과가 따른다』에도 지대한 영향을 받았다[76]—메이어는 우파로 이동했다. 그의 친구 윌리엄 러셔William Rusher에 따르면 메이어는 처음에는 "교조적 사회주의자"였고, 1948년에는 트루먼 지지자였으며, 1952년에는 공화당 당원이 되었다.[77] 이때부터 그는『아메리칸머큐리』와『프리맨』에 기고하기 시작했다.[78]

메이어와 과거 공산주의자 대열에서 넘어온 다른 신병들 덕분에 전후 미국 우파는 실패한 신에 대한 생생한 지식을 얻는 데 어려움을 겪지 않았다. 그러나 휘태커 체임버스라는 사람과 앨저 히스의 재판이 없었다면, 공산주의에 대한 경험이 보수주의적 의식을 돌이킬 수 없을 정도로 뜨겁게 달굴 수 있었을지 의심스럽다.

1948년 8월『타임』의 선임 편집자 휘태커 체임버스는 하원 비미활동조사위원회House Un-American Activities Committee에서 자신이 1930년대에 지하 공산주의자였으며, 앨저 히스라는 젊은 국무부 관리가 공산주의자라는 사실을 알고 있었다고 증언했다. 그 후 10년 사이에 히스는 국무부 고위 관리가 되었고, 미국 대표단의 믿음직한 일원으로 얄타회담에 참석했으며, 많은 사람들에게 젊고 똑똑하고 성공한 뉴딜 지지자의 상징이 되었다. 이제는 카네기국제평화재단Carnegie Endowment for International Peace의

• 얼 러셀 브라우더Earl Russell Browder, 1891~1973. 약 25년간 미국 공산당을 이끈 지도자였지만, 1944년 자본주의와 사회주의는 평화롭게 공존할 수 있다고 선언해 1946년 공산당에서 제명되었다.

총재가 된 히스가 체임버스의 이야기를 부인하고 그를 명예훼손으로 고소하자, 체임버스는 1930년대의 공산주의 간첩조직에 히스와 체임버스가 연루되어 있다는 정부 기밀문서를 공개해 국민들에게 큰 충격을 안겼다. 1년이 넘는 격렬한 소송 끝에 1950년 히스는 위증죄 ― 그리고 암묵적으로 간첩죄 ― 로 유죄 판결을 받고 감옥에 수감되었다.[79]

그러나 눈에 보이는 사실만으로는 이 사건이 1945년 이후 보수주의의 지적 부흥에 지속적으로 미친 영향을 표현할 수 없다. 다른 사건들 못지않게 히스 사건 역시 되살아난 보수주의에 반공산주의적 요소를 형성해주었다. 아서 슐레진저 주니어와 같은 많은 좌파 인사들이 체임버스가 진실하다고 믿었지만,[80] 사건의 전모는 좌우 대립으로 흘러갔다. "한 세대가 시험대에 올랐다"는 말처럼 뉴딜 세대가 시험대에 올랐다. 어떤 사람들에게 히스는 사회정의를 위한 순교자였고, 체임버스는 리처드 닉슨 하원의원이 이끄는 반동적인 공화당 당원들과 손잡은 악랄하고 병적인 거짓말쟁이였다. 다른 사람들에게 체임버스는, 부끄러운 줄 모르는 배신자 앨저 히스로 상징되는 공산주의의 위험성을 국민들에게 일깨우기 위해 기꺼이 자기 자신을 내던진, 매우 섬세하고 재능 있는 사람이었다. 1948년 트루먼 대통령이 이 사건을 "물타기"라고 묵살하고, 히스가 유죄 판결을 받은 직후 애치슨 국무장관이 "나는 앨저 히스에게 등 돌릴 생각이 없다"고 말해 분쟁을 당파적 관점에서 보는 경향이 강화되었다 ― 애치슨은 오랫동안 히스를 알고 지냈고, 히스의 동생 도널드는 그의 법률 회사 파트너였다.

당시 많은 저명한 자유주의자들 ― 애치슨, 프랑크푸르터Frankfurter*와 리드Reed** 판사, 애들레이 스티븐슨Adlai Stevenson,*** 엘리너 루스벨트, 그리고 유명 대학의 명망 있는 교수들 ― 이 히스를 변호했을 때, 적어도 처음에는 경계가 더 촘촘하게 그어져 있었다. 존 더스 패서스John Dos Passos****는 사코-반제티 재판에 대해 "그래, 우리는 두 개의 나라다"라고 썼었다. 그는 어쩌면 히스와 체임버스 재판에 대해서도 같을 말을 했을지 모른다. 이 사건은 명백히 1927년 두 이탈리아 무정부주의자가 처형된 이래 가장 이데올로기적으로 분열을 초래한 사건이었기 때문이다.

논쟁은 참으로 믿기 힘들 정도로 난폭했다. 아서 슐레진저 주니어는 "체임버스 반대를 속삭이는 캠페인은 현대사에서 가장 혐오스러운 운동 중 하나였다"고 말했다.[81] 제임스 번햄의 분노는 이보다 컸다. "국무부와 정보 당국의 관리들이 개최하거나 참석하는 워싱턴 만찬과 칵테일파티에서 앨저 히스에 대한 경멸이나 비난은 표출된 적이 없었다. 같은 자리에서 휘태커 체임버스에 대한 비열하고 파렴치한 비방은 빠진 적이 없었다."[82]

• 펠릭스 프랑크푸르터Felix Frankfurter, 1882~1965. 미국 연방대법원 판사. 선출된 정부 기관에는 헌법을 해석할 자유가 있으며, 국민의 의지는 사법부가 아니라 입법부를 통해 행사되어야 한다고 주장했다. 그는 뉴딜 정책의 합헌성과 인종차별 금지, 언론·사상의 자유 등 민권을 옹호하는 판결을 내렸으며, 특히 사코와 반제티에 대한 사형 판결을 강력하게 비판했다. 앨저 히스를 루스벨트에게 추천한 사람으로 히스-체임버스 사건 당시 히스 측 증인으로 소환되어 히스에게 유리한 증언을 하기도 했다.

•• 스탠리 포먼 리드Stanley Forman Reed, 1884~1980. 미국 연방대법원 판사. 언론의 자유를 옹호했지만, 종교와 관련된 일련의 재판에서 수정헌법 제1조를 '모든 사람이 언제 어디서나 자신의 의견이나 신념을 표현할 수 있다는 것'으로 해석해서는 안 된다고 주장했다. 히스-체임버스 사건 당시 히스 측 증인으로 소환되어 '이런 문제가 제기되기 전까지 히스에 대해 의문을 제기하는 이야기를 들어본 적이 없다'고 증언했다.

••• 애들레이 유잉 스티븐슨Adlai Ewing Stevenson, 1900~1965. 미국의 정치인. 1952년과 1956년 민주당 대통령 후보였으나 두 선거 모두에서 아이젠하워에게 패배했다. 그는 매카시와 같은 애국심은 불명예스러운 것이라며 매카시즘을 강력하게 비판했고, 루스벨트의 뉴딜과 트루먼의 페어딜 정책을 이어나가야 한다고 주장했으며, 냉전 완화·유엔UN을 통한 저개발국 지원 증대 등을 옹호했다.

•••• 1896~1970. 미국의 작가. 사코와 반제티 사면운동에 참가했으나 1927년 이들이 처형되자 큰 충격을 받았다. 이 사건을 계기로 그는 미국 내부에 '두 개의 국가', 즉 부자와 특권층의 국가와 가난하고 힘없는 자의 국가가 공존한다고 생각하게 되었다. 그의 대표적인 소설 『미합중국USA』은 바로 이러한 두 국가의 모습을 그린 작품이다.

체임버스는 보수주의자들이 진심으로 받아들인 논제를 진전시켰다.

> 히스 사건의 특징은 한 나라의 평범한 남녀와 그들을 위해 행동하고, 생각
> 하고, 말하는 척했던 사람들 사이에 들쭉날쭉하게 벌어져 있는 틈—드러난
> 것만큼 많이 벌어져 있지는 않았던—보다 뻔한 건 아니지만, 역사만큼이나
> 어려운 것도 아니다. 늘 그런 건 아니었지만 대체적으로 앨저 히스를 위하
> 고, 그를 보호하고 변호하기 위해 어떤 수고도 마다하지 않을 준비가 된 '훌
> 륭한 사람들'이 있었다. 열린 마음과 보통사람을 큰 소리로 지지했던, 계몽
> 되고 영향력 있는 동조자들이 친-히스라는 정신병에 사로잡혀 그들의 마음
> 을 닫았다. 한 나라에서 (…) 이는 종말을 알리는 경고와도 같다.[83]

보수주의자이거나 보수주의자가 될 많은 사람들에게 이 사건이 미
친 영향을 생생하게 보여주는 전형적인 사례는 랄프 드 톨레다노라는 젊
은 저널리스트의 반응이었다. 1916년에 태어나 매우 자유주의적인 환경
에서 자란 톨레다노는 1930년대에 컬럼비아대학교에 입학해 좌익적 대
의를 위해 운동하는 활동가가 되었다. 그는 결코 공산주의자가 아니었지
만, 당의 "안락한 변방"에서 "같은 붉은 안개"에 휩싸여 살았다.[84] 모스크
바의 숙청 재판과 1939년 히틀러-스탈린 조약 같은 사건들에 환멸을 느
낀 톨레다노는 1940년대에 확고한 반공산주의자가 되었다. 그는 『뉴리
더』에서 일했고, 1946년에는 아이작 돈 레빈을 도와 『플레인토크』를 창
간했다. (참고로 레빈은 1939년 휘태커 체임버스와 아돌프 A. 베를Adolf A. Berle*의 집

---

* 아돌프 어거스터 베를 주니어Adolf Augustus Berle Jr., 1895~1971. 체임버스-히스 사건 당시 국무
부 차관보였다.

까지 동행해 당시 국무부 보안 책임자에게 미국 정부 내 공산주의자들의 간첩망을 알려 주었다.) 전쟁 기간 동안 『뉴리더』에 있으면서 톨레다노는 이탈리아에서 망명 온 무정부주의자 카를로 트레스카Carlo Tresca ─ 그는 자신이 공산주의자들의 암살 대상이라고 믿고 있었다 ─ 와 친구가 되었다. 1943년 트레스카가 의문의 살해를 당하자 톨레다노는 경찰에 신고했고, 그의 이야기는 언론에 보도되었다. 그로부터 얼마 지나지 않은 어느 날 밤, 그가 집으로 걸어가고 있을 때 자동차 한 대가 불을 끈 채 그를 따라 희미한 거리를 내려오고 있었다. 그가 걸음을 빨리하자 차가 그를 향해 다가왔다. 그는 트레스카가 바로 이렇게 죽임을 당했구나라고 생각했다. 하지만 그때 차가 방향을 틀었다. 뒷좌석에는 이탈리아 공산주의자 비토리오 비달리Vittorio Vidali가 앉아 있었다. 아마도 그가 카를로 트레스카의 살해를 계획했을 것이다.

> (…) 트레스카 살해는 반공산주의로 가게 된 역사적 사건이었다. 나는 소련 내무성MVD을 (…) 현장에서 직접 볼 수 있었다. 공산주의에 맞선 나의 전쟁이 갑자기 매우 개인적인 양상을 띠게 되었다.[85]

이뿐 아니라 그에게 깊은 영향을 준 다른 소름 끼치는 경험들로 인해 톨레다노는 1948년 초부터 『뉴스위크』에서 히스 사건을 다루었다. 그는 노련한 반공산주의자였고 인민전선 정신을 거부했지만, 재판이 시작되었을 당시에도 여전히 미약하지만 좌파의 일원이었다. 하지만 오래가지는 않았다. 1939년 A. A. 베를이 체임버스와 나눈 대화를 정치적 동기에서 비겁하고 솔직하지 못하게 설명했다고 생각한 톨레다노는 이에 격분해 베를이 당시 의장을 맡고 있던 뉴욕주 자유당New York state Liberal Par-

ty**을 탈당했다.** 탈당했다는 이유로—그는 그렇다고 믿었다—톨레다
노는 좌파에 있는 옛 아군들로부터 모욕과 차별을 당했다. 그 역시 논쟁
을 둘러싼 많은 자유주의자들의 반응에 분노했다.

> 범죄자와 자신을 동일시하는 그들은 그가 결백하다고 항변했다. 범죄에 공
> 감하는 그들은 '절대 범죄가 아니며 그 일이 벌어졌던 당시에 흔히 있던 일'
> 이라고 고함을 질러댔다. 그리고 비뚤어진 논리로 의기양양하게 그들은 해
> 악은 암에 있는 것이 아니라 이를 드러내기 위해 피부를 절개한 외과 의사
> 에게 있다고 주장했다. (…)
> '자유주의자들'을 격분시키고 우르르 몰려들게 만든 건 체임버스가 한 일이
> 아니라 체임버스 자체였다. 체임버스는 그들 앞에 선, 정복할 수 없는 진정
> 한 위상을 가진 최초의 인물이었다. (…)
> '자유주의자들'은 체임버스를 신앙심 깊은 사람이라고 인정할 수 없었다. 그
> 들은 애초에 종교를 받아들일 수 없었기 때문에 종교 전쟁이라는 그의 개념
> 도 받아들일 수 없었다. 이것이 그들의 세계를 위협했다. 그들은 단지 하나
> 님과 자유를 믿는다고 말했을 뿐인 한 남자로 인해 당황하고 분노했다.**

논쟁이 점점 더 격렬해지자 톨레다노는 자유주의를 철학으로 다시
논하지 않을 수 없었다. 그는 이것이 순응주의·국가주의·윤리적 상대주
의가 뒤섞여 있는 부적격한 것임을 깨달았다.

•   1944년 5월 미국 노동당의 온건파 지도자들이 공산주의자들이 당에 침투했다는 주장에 반발
해 설립한 뉴욕주의 소수 정당.

새뮤얼 애덤스Samuel Adams부터 해리 S. 트루먼에 이르기까지 자유주의자들에게 이견이 존재할 여지는 없었다. (…)

도덕, 정치, 경제의 측면에서 자유주의는 타락했다. 그리고 자유주의의 타락은 하나의 부도덕한 영향력에서 비롯되었다. 절대국가를 제외한 모든 절대적인 것은 악하다는 교리. 인간 행위에 대한 모든 규제─진리, 정의, 명예라는 가치─를 상대적으로 유지하는 체계에서 (…) 자유주의자들이 균형을 찾을 수 있겠는가[?][88]

톨레다노에게 균형을 가능하게 하는 한 가지 원천은 휘태커 체임버스 그 자체였다. 사건이 소용돌이치는 몇 달 동안 톨레다노는 한때 공산주의자였던 사람들과의 친분을 "내 생에 가장 특별한 우정"으로 만들었다.[89] 『뉴스위크』 기자이자 좌파에 맞서는 반란군에게 체임버스는 "시간은 인간의 것이지만 영원은 하나님의 것이라는 사실을 깨달은, 역사에 대한 변치 않는 의식으로 인해 은혜를 받거나 혹은 괴로워하는 감성이 풍부한 사람"이었다.[90] 랄프 드 톨레다노는 체임버스를 보수주의 지적 부활의 성인 중 한 명이라고 칭송한 최초의 사람 중 한 명이었다. 1950년 톨레다노는 저널리스트 빅터 라스키Victor Lasky와 함께 『반역의 씨앗Seeds of Treason』이라는 제목으로 히스─체임버스 사건에 대한 글을 써서 체임버스에게 우파의 영웅이라는 지위를 부여했다. 이 책은 주요 베스트셀러가 되었고, 미국 대중들이 이 복잡하고 기이한 사건을 이해하는 데 많은 기여를 했다.[91]

1952년 체임버스의 『증언Witness』이 출판되자 톨레다노가 개인적 경험을 통해 겪었던 일을 더 많은 보수주의자들이 이 책을 통해 겪게 되었다. 단번에 "20세기 가장 중요한 자서전 중 하나"[92]로 인정받은 이 책은 즉시 베스트셀러가 되었다.

출판 전에 『새터데이이브닝포스트Saturday Evening Post』가 이 글을 연재했을 때 『포스트』의 발행 부수는 수십만 부로 급증했다.[93] 800페이지 분량의 체임버스 책은 실제로 여러 편—문란했던 가정에 대한 가슴 아픈 이야기, 정부에 침투한 공산주의자들에 대한 폭로, 앨저 히스와의 유명한 대질심문 일화—으로 구성되어 있었다. 무엇보다 이것은 역사상 가장 전면적인 도전—체임버스의 눈에는—에 대해 서구에 경고하려는 필사적인 시도였다. 이것은 체임버스 자신이 겪었다고 믿은 구원의 진리를 무분별한 세상에 전달하기 위한 하나의 노력이었다.

자서전에는 1950년대의 보수 의식에 강력하게 호소하는 세 개의 메시지가 담겨 있었다. 첫째로 체임버스는 미국이 초월적 위기에 직면해 있다는 보수주의자들의 확신—점차 커지고 있던—을 결연하게 표현했다. 그의 책에는 비극적인 정서와 윌리엄 F. 버클리 주니어가 한때 "슈펭글러의 우울함"[94]이라고 불렀던 정서가 스며들어 있었다. 공산주의를 저버리면서 그는 자신이 혼란스럽고 동요하고 있으며, 불행한 운명을 맞게 될 서구를 위해 승자의 편을 떠나고 있다고 확신했다. 어쩌면 그는 당시의 암울한 순간에 하나님이 이 나라의 생존을 더 이상 원치 않는다고 생각했을지도 모른다. 어쩌면 구원 너머의 세상은 돌이킬 수 없는 것이 되었을지 모른다.[95] 그래도 그는 싸움을 계속해야 할 이유를 찾으려 애썼다. 훗날 그는 버클리에게 아래와 같이 편지를 썼다.

> 히스 사건에서 나는 인간의 아이들에게 이미 운명이 거의 결정된 전투를 치르기 위해 조금 더 나은, 그저 조금 더 나은 기회를 주는 것 이상의 일을 하고 싶다고 바란 적이 정말로 단 한 번도 없었습니다. (…)

세상의 대부분이 『증언』의 요점을 놓치고 있는 듯 보인다는 게 얼마나 이상한 일이란 말입니까. 내가 '공산주의를 파괴하면 여러분은 평상시와 다를 바 없는 일상으로 복귀할 수 있다'고 말했다고 생각하는 것 같습니다. 당연히 내가 진짜로 했던 말은 '이 투쟁이 보편적이고 치명적이며, 자신의 믿음을 살릴 수만 있다면 기꺼이 목숨을 바치겠다는 조건하에, 오직 그것을 통해서만 여러분은 인간의 영혼 속에 깃든 위대함을 능히 회복할 수 있다'는 것이었습니다.[96]

둘째로 체임버스는 세상을 뒤덮은 위기라는 해석을 전개했는데, 신앙심 깊은 많은 보수주의 지식인들이 여기에서 공감대를 발견했다. 『증언』의 서문 「내 아이들에게 보내는 편지」에서 체임버스는 공산주의가 기폭제이자 징후였던 20세기의 위기는 신앙의 위기라고 주장했다. 공산주의는 근본적으로 "두 번째로 오래된 인간의 신앙", 인간의 "위대한 대안 신앙", 즉 종교였다. 공산주의의 약속은 "그래, 신과 같이 되리라"였다. 그 전망은 "하나님 없는 인간이라는 전망", "창조적 지성인 하나님을 대체하는 인간의 정신"이라는 전망, "인간의 합리적 지성의 힘만으로 인간의 운명을 재설정하는 인간의 해방된 정신"이라는 전망이었다.[97] 공산주의는 "신이냐 인간이냐, 영혼이냐 정신이냐, 자유냐 공산주의냐"라는 피할 수 없는 선택을 단호하고 끈질기게 선포했다.[98] 체임버스가 보기에 "서구 세계에는 신에게 무관심할 정도로 위기가 실재한다".[99] 그러므로 그가 서구 세계에 절망한 것은 놀라운 일이 아니었다. 그에게는 시대의 거대한 투쟁이 "화해 불가능한 두 믿음" 사이의 억누를 수 없는 갈등이라는 점을 서구가 인식하지 못하는 것처럼 보였기 때문이다.[100]

그의 분석 논리는 부활한 우파에게 결정적으로 중요한 세 번째 지점으로 이어졌다. 공산주의가 종교와 무신론 사이의 투쟁, 하나님과 인간 사이의 투쟁을 표현한 것이라면, 또 다른 형태의 적군은 세속적 자유주의―덜 폭력적이지만 마찬가지로 용인하기 어려운―였다. 실제로 전후 보수주의의 기본 교의 중 하나는 좌파의 철학적 연속성을 다룬 이 이론이었다. 1952년 에릭 푀겔린은 "자유주의를 인간과 사회의 내재적 구원이라고 이해한다면, 공산주의는 확실히 이것의 가장 급진적 표현"이라고 말했다.[101] 좌파에 대한 이러한 해석은 "역동적 중도vital center"라는 실용적인 반공산주의적 자유주의를 소련의 도전에 맞서는 최선의 방어책으로 생각한 아서 슐레진저 주니어 같은 사람들에게 당연히 모욕이었다.[102] 여기에는 또한 많은 자유주의자들이 (그들이 목격한 것처럼) 반역자를 변호하기 위해 몰려든 세태에 대한 보수주의자들의 분노가 반영되어 있었다.

『증언』은 이러한 보수주의 사상의 흐름에 엄청난 기여를 했다. 체임버스는 하나님에 대해 공공연하게 말하고, 독실한 퀘이커 교도였으며, 역사를 종교적 관점에서 해석한 사람이었다. 게다가 그는 붉은 10년에 당혹스러운 새 빛을 비췄다. 대부분의 자유주의자들에게 (적어도 돌이켜 생각해보면) 뉴딜은 자본주의를 보존하기 위한 온건한 개혁운동으로 보였다. 1952년의 체임버스에게 뉴딜 시대는 혁명적으로 보였다. 혁명―"정치권력"에 의한 "재계권력"의 교체로 정의되는―은 확실히 비폭력적이었다. 그러나 그럼에도 불구하고 그것은 혁명이었고, "혁명의 근본 지점"에서 "두 종류의 혁명가들"―자유주의자와 공산주의자―은 견해가 일치했다.[103] 체임버스는 좌파의 이러한 본질적 연속성이 히스 사건을 해명해준다고 주장했다.

자신들이 확고하게 믿고 있던 자유주의가 결국 사회주의가 되었다는 사실을 알지 못했던 사람들에게 (…) 결국 공산주의가 되었다는 사실을 알게 되길 기대하기란 어려울 것이다. 그들은 자유주의자들 같지 않게 그 권력이 쟁점이 될 때마다 맹렬한 혁명가로 반응했다. (…)

공산주의에 반대하는 모든 움직임을 자유주의자들은 자신들에 반대하는 움직임이라고 느꼈다. (…)

단순한 사실은 내가 손에 쥔 작은 무릿매sling*로 공산주의를 겨냥하면서 다른 것도 맞추었다는 것이다. 내가 공격한 건 자유주의라는 이름 아래 (…) 20년 동안 국가를 덮고 있던 만년설을 서서히 움직이게 만들어온 위대한 사회주의 혁명 세력이었다. (…) 권력 투쟁의 시기에 내가 공격했던 건 바로 그 혁명 세력이었다. (…)

10년 동안 히스 사건 (그리고 다른 많은 사건들)을 은폐하고, 1948년에 이를 은폐하기 위해 싸운 것도 이 혁명 세력이었다.[104]

『노예의 길』과 『이념에는 결과가 따른다』처럼 『증언』도 극도로 불안한 시기에 미국 좌파를 공격했다.

『증언』은 다양한 보수주의자들에게 지대한 영향을 미쳤다. 체임버스의 세 가지 본질적인 주제―거대한 투쟁의 의미, 그 투쟁을 하나님 대 인간의 투쟁으로 해석하는 것, 그리고 자유주의와 공산주의의 근본적 연속성이라는 믿음―는 깊은 공감을 불러일으켰고, 1950년대와 그 이후 보수주의 "논거"의 일부가 되었다. 윌리엄 F. 버클리 주니어에 따르면 이 책은 지적인 영향보다는 감정에 영향을 미치는 경향이 있었다. 체임버스의

---

* 성경에서 다윗은 무릿매―중심부가 널찍한 끈에 돌을 얹어 던지는 무기―를 이용해 거인 골리앗을 물리쳤다.

"비미국"이라는 비관론이 그의 영향력을 제한했기 때문이다.[105] 그러나 파멸에 대한 체임버스의 예견을 어느 정도 수용하는지와 상관없이 많은 보수주의자들에게 이 책은 중요한 지적 경험이 되었다. 당시에는 뉴욕의 변호사였고, 훗날 『내셔널리뷰』의 발행인이 된 윌리엄 러셔는 『증언』이 자신에게 "엄청난 영향"을 미쳤다고 말했다. 그것은 그가 미국 공산주의 정신의 본질을 인식하는 데 있어 "알파와 오메가"였다.[106] 깊은 영향을 받은 또 다른 사람은 1930년대의 베테랑 저널리스트이자 반공산주의자였던 존 체임벌린이었다. 1939년 체임벌린은 두 사람이 『타임』지에서 근무하고 있을 때 체임버스를 만났다. 당시 체임버스는 신문조합Newspaper Guild 타임 지부의 반공산주의자들에게 공산주의자들과 지적으로 싸울 것을 촉구했다. 체임버스의 "예언적 통찰력"은 체임벌린과 다른 사람들에게 많은 귀중한 교훈을 주었다. 『증언』이 등장했을 때 체임벌린은 『프리맨』의 독자들에게 그 책을 열성적으로 추천했다.[107]

붉은 10년에 대항하는 반란과 이 반란의 모든 활동은 1950년대 초 자칭 신보수주의자인 피터 비에렉에 의해 강화되었다. 『지식인의 수치와 영광Shame and Glory of the Intellectuals』에서 비에렉은 1930년에서 1947년까지 공산주의에 동조하면서 "매우 실질적인 힘"을 발휘했던―그의 주장에 따르면―지식인들을 박학한 지식으로 재치 있게 질타했다. 그는 인민전선에 대한 "환상"이 제2차 세계대전 말기 "러시아의 침략에 도덕적 사탕 발림"을 했다고 주장했다.[108] 대부분의 지식인들이 히틀러의 도전에는 신속하게 대응했지만(이것이 그들의 "영광"이었다), 많은 지식인들이 공산주의와의 투쟁에 대해서는 그만큼 단호하지도 통찰하지도 않았다(이것이 그들의 "수치"였다). 비에렉은 당대의 지적 전쟁 사례를 인용하면서 "국가 추종정신"을 내세운 좌파 속물들과 "룸펜 인텔리겐치아", 그리고 "중상류층 스탈린주의자들"의 잘못을 가차 없이 폭로했다.[109] 비에렉은 "공산주의자들의 침투에 대한 매카시적 과장"과 "국가 추종 정신에 대한 무관심 혹은 그것에 대한 관용"이 시민의 자유를 위협하고 있다고 믿었다. 그는 계속해서 우리는 무슨 수를 써서라도 히스테리를 물리쳐야 한다고 말했다. "하지만 히스테리에 대한 히스테리에도 저항해야 한다."[110] 비에렉은 앨저 히스에게 "흰 칠"을 하려던 "강박적인" 동조자들을 비판하고, 히스는 "시대 전체가 죄악으로 얼룩진 1930년대 신화적 국가의 상징"이 될 것이라고 예언했다.[111]

죄악으로 얼룩진 1930년대. 비에렉이 학술지와 자유주의 저널들에서 강조했던 주장[112]을 많은 사람이 『플레인토크』, 『아메리칸머큐리』, 『프리맨』 같은 우파 성향의 잡지에서 열정적으로 외쳐댔다. 무작위로 선정한 제목들에서도 이 논제는 뚜렷하게 드러난다. 「동조자들의 10가지 잘못」, 「래티모어: 생략의 대가」, 「중국을 팔아 치운 비평가들」, 「과거 공산주의자의 가치」, 「자유주의의 반역」, 「좌파의 파산」, 「또 다른 해리 화이트는 얼마나 많을까」, 「중국을 침몰시킨 사람들」. 종종 이러한 글들은 과거 공산주의자들과 그 동조자들에 의해 작성되었다.

이러한 반자유주의 정서의 이례적인 급증은 때때로 뉴딜 정책에 대한 편파적이고 소급적인 당파적 공격에 불과하거나, 또는 권력을 되찾기 위해 분투했던 공화당 정치인들의 전략에 지나지 않는다고 평가되기도 했다. 확실히 루스벨트 행정부는 우파의 반공산주의 학자와 정치평론가들의 잦은 표적이 되었다. 그러나 자유주의에 대한 이들의 공격을 단순히 정치적 악의에 의한 것이라고 치부한다면 이는 잘못된 판단이 될 것이다. 많은 반공산주의 보수주의자들이 루스벨트 행정부를 혐오했던 이유는 국내 개혁보다 국내외에서 공산주의자들을 회유하려 했다는 혐의였다.

다시 말해 공산주의라는 쟁점은 뉴딜 정책을 비판하거나 표를 얻기 위한 편리한 구실이 아니었다. 적어도 많은 보수주의 지식인들에게 그것은 정권뿐 아니라 생존을 위한 투쟁에서 뉴딜 정책 관료들과 자유주의자들의 행위를 평가하는 잣대였다. 지적 보수주의자들은 차기 선거에 대한 우려보다 훨씬 더 뿌리 깊은 무언가에 의해 추동되었다. 자유주의가 반역을 의도했다는 건 의심—일부에게는 확신—이었다. 공산주의라는 쟁점은 평범한 문제가 아니었다. 태프트 상원의원의 자문관이자 『프리맨』의 기고자인 포레스트 데이비스Forrest Davis는 다음과 같이 물었다. "무분별한 사회개량주의가 국가주의와 마르크스주의로 기울어져 반역이 분간되지 않을 정도로 뒤섞여 있는 혼합물, 그것이 바로 전통적인 미국과 서구의 가장 끔찍한 적, 20세기 중반을 지배하고 있는 정치적 '자유주의' 아닌가?"[113] 그리고 자유주의뿐만 아니라 자유주의자들, 히스와 래티모어, 그리고 다른 모든 이들과 그들을 용서한 정치인들, 바로 이런 사람들. 보수주의자들은 이들이 적이라고 말했다. 데이비스는 자유주의자들은 "악의 얼굴을 보곤 반쯤은 선하다고 생각했다"고 부르짖었다.[114]

"그래, 우리는 두 개의 나라다."

공산주의자들과 자유주의자들, 그리고 비참한 붉은 10년에 반대하는 주장을 전개할 때 보수주의자들은 실제로 1940년대 후반과 1950년대에 우파 저작의 중요한 양식이 된 의회 위원회—공산주의자들이 미국인들의 삶과 정치에 미친 영향을 조사하는—보고서와 청문회에 대단히 의존했다. 이러한 자료들은 빠르게 유포되었고, 매우 심각하게 받아들여졌다. 이 사실은 이념—그리고 그 제공자들—이 역사의 흐름에 영향을 미친다는 보수주의의 확신을 다시 한번 보여준다. 일례로 제임스 번햄이 위원회—태평양관계연구소와 미국의 중국 정책에 대한 상원 내부보안소위원회Senate Internal Security Subcommittee의 철저한 조사—에서 일하면서 최종보고서의 일부를 작성했을 만큼[115] 의회와 보수주의자들의 관계는 직접적이었다. 이 보고서는 1952년 존스홉킨스대학교의 오언 래티모어 교수—아시아 전문가이자 조셉 매카시 상원의원의 주요 표적인—는 "1930년대 초부터 소련의 음모를 의식적으로 명확하게 표현해온 도구"[116]였으며, 태평양관계연구소는 1949년 국민당이 패하기 전 "중국 공산주의자들의 목표에 유리한" 방식으로 미국 정책에 거의 재앙에 가까운 영향을 미쳤다고 결론지었다.[117] 이러한 문서들의 영향은 명백하고 즉각적이었다. 보수주의자들은 전국 곳곳에서 이를 인용했다. 때때로 이 문서들의 영향력은 더 미묘한 방식으로 감지되었다. 예를 들어 한국전쟁이 발발하자 뉴욕에 살던 제프리 하트라는 젊은이가 해군에 징집되어 해군정보학교로 보내졌다. 그곳에서 그는 "정치에 관심을 갖게" 되었고, 태평양관계연구소에 대한 상원 조사보고서 20권을 모조리 읽었다. 하트에게 이는 모든 면에서 매우 훌륭한 조사 활동처럼 보였고, 그에게 상당한 영향을 미쳤다. 이 보고서를 읽은 하트는 정부 관료집단에 공산주의자들이 대거 침투해 있다는 확신을 갖게 되었다. 이는 하트에게 우파로 가는 길을 열어준 여러 영향들 중 하나였으며, 1960년대에 그는 마침내 『내셔널리뷰』의 수석 편집자가 되었다.[118]

1954년 지칠 줄 모르는 번햄은 1930년대 이후 정부에 침투한 공산주의자들을 조사한 보고서들을 간추려 『전복의 거미줄The Web of Subversion』을 출간했다. 이 책은 『리더스다이제스트』의 지원을 받았고, 유진 라이온스가 원고의 일부를 편집하기도 했다.[119] 다양한 의회 조사를 통해 수집된 방대한 분량의 증언을 토대로 그는 미국 대외 정책에 미친 공산주의의 거대한 영향력을 무시무시한 초상화로 그려냈다. 번햄은 1950년대 초반의 많은 보수주의자들이 열광적으로 믿었던 것들을 요약했다.

> 나는 중국에서 공신주의의 승리가 '필연적'이었다고 생각하지 않는다. 나는 미국의 정책이 붕괴하지 않았다면 그런 일은 벌어지지 않았을 것이며, 전복의 거미줄의 영향이 없었다면 그러한 붕괴는 적어도 충분히 피할 수 있었으리라 믿는다. (…)
> 지하부대들은 소련제국이 동유럽을 의기양양하게 집어삼킬 수 있도록, 공산주의자들이 이탈리아와 프랑스의 노동조합운동을 아무런 방해 없이 장악할 수 있도록, '이적 행위'에 대한 보복이라는 슬로건 아래 수만 명의 유럽 반공산주의자들을 숙청할 수 있도록, 수십만 명의 반공산주의 전쟁 포로와 난민들, 그리고 탈영병들을 동쪽으로 강제 송환할 수 있도록, 미국의 옆구리에서 정치적으로 엄호했다. 지하부대는 인도네시아, 중동, 북아프리카에서 미국의 '반식민지적' 태도를 교묘하게 조작하고, 우리를 지속적으로 마비시켜 과테말라가 공산주의자들의 지배에 서서히 복종하는 사태에 직면하게 만들고, 시민의 자유라는 우리의 진정한 관심을 자신들의 배신행위를 가려주는 방패막으로 교활하게 이용해놓곤 이를 당당하게 자랑스러워했다.[120]

번햄은 "거미줄"이 늘 목표를 달성했던 건 아니지만 많은 것을 얻었다고 생각했다. 그리고 보수주의자들이 말한 바에 따르면 그 과정에서 많은 자유주의자들이 이용당했다.

히스-체임버스 사건과 후속 조사는 아직도 미국인들의 삶에서 사라지지 않은 씁쓸한 여운을 남겼다. 그러나 이 대의는 오늘날 "매카시즘"으로 기억되는 훨씬 더 믿을 수 없고 야만적인 논쟁의 서곡에 불과했다. 히스 사건이 미국 보수주의자들에게 "깊은 균열이라는 관점"—랄프 드 톨

레다노의 용어―을 제공했다면,[121] 이어진 "매카시 시대"에는 많은 보수
주의자들이 이 균열 속으로 맹렬히 돌진했다.

═ ★★★ ═

1950년 1월 25일 앨저 히스는 위증죄로 5년 형을 선고받았다. 무명의 위
스콘신주 초선 상원의원 조셉 매카시는 1950년 2월 9일 웨스트버지니아
주 휠링에서 공화당 여성 당원들에게 자신이 미국의 대외 정책 기구에
소속된 공산주의자들과 공산주의 동조자들의 명단을 입수했다고 공언했
다. 히스―체임버스라는 폭풍에서 가까스로 빠져나오자마자 새로운 정치
적 토네이도가 전국을 휩쓸었다.

매카시 논쟁은 전후 성장하고 있던 보수주의의 지적 운동에 어느 정
도 영향을 미쳤는가? 그 대답은 상당했다는 것이다. 물론 보수주의를 매
카시즘과 동일시하는 것은 큰 오류일 것이다. 보수주의 부활의 지적 뿌리
는 매우 다양했고, 과거 공산주의자들과 열렬한 반공산주의자들은 광범
위한 스펙트럼의 일부에 지나지 않았다. 반공산주의는 매카시 상원의원
에게서 비롯된 것이 아니었다. 자유지상주의나 전통주의도 마찬가지였
다. 그럼에도 불구하고 1950년대 초반의 극심한 양극화 속에서 보수주의
지식인의 많은 분파가 이데올로기적 바리케이드에서 매카시 편에 서게
되었고, 상당수가 자신들을 그의 동맹자라고 선언했다. 조셉 매카시는 미
국 우파에 선명한 자국을 남겼다. 일부 보수주의자들이 매카시와 자신을
동일시하고 있음은 다양한 방식으로 드러났다. 위스콘신주의 의원이 조
지 C. 마셜George Catlett Marshall 장군의 대외 정책 전력을 비난하는 긴 연
설을 했을 때, 수잔 라 폴레트는 『프리맨』에서 그의 연설에 갈채를 보냈

다.[122] 폴레트는 과거 앨버트 제이 녹의 동료였으며, 1930년대 미국 레온 트로츠키방어위원회American Committee for the Defense of Leon Trotsky—모스크바의 숙청 혐의에 반대하기 위해 설립—회원이었고, 『프리맨』의 창립자이자 편집장이었다.[123] 1952년 매카시가 자신의 책 『매카시즘: 미국을 위한 투쟁McCarthyism: The Fight For America』을 출간했을 때, 1930년대의 이데올로기 전쟁에 살아남은 또 다른 생존자 존 체임벌린은 이 책에 공감을 표하며 관심을 나타냈다. 체임벌린은 붉은 10년에 대한 보수주의자들의 표준적인 불만을 되풀이해 토로했다.

> 1930년대 후반, 그리고 1945년과 1946년까지 공산주의자들을 의식적으로 도발한 작가라면 누구나 중상모략에 대해 표준적인 치료를 기대할 수 있었다. (…)
> 1930년대와 1940년대 초반 공산주의자들은 글쓰기를 간접적으로 통제함으로써 국가 전체의 지적 생활을 독살시켰고, 그 독은 아직까지 남아 있다.[124]

그는 이 질병과 이 질병의 "최종 결과"인 정부 내 전복 세력을 소탕해야 할 때가 왔다고 말했다. 체임벌린은 매카시의 책이 "냉철한 인용"으로 가득하고, 예전 "중서부 출신의 소박한 젊은 정치인"이 반공산주의 지도자로 성장하고 있다며 흡족해했다.[125]

두말할 필요 없이 매카시를 옹호하는 가장 체계적인—사실상 유일하게 의미 있는—활동은 1954년 두 명의 젊은 예일대학교 동문 윌리엄 F. 버클리 주니어와 L. 브렌트 보젤Leo Brent Bozell에 의해 수행되었다. 버클리는 이미 『예일에서의 신과 인간』으로 유명했고, 그의 처남인 변호사 보젤은 대학에서 열성적인 반공산주의 로마 가톨릭으로 개종했다. 『매카시와 그의 적들McCarthy and His Enemies』에서 그들은 상원의원과 그의 적들에 대한 기록—1952년까지의—을 검토했다. 두 저자는 최소한 양심적인 공정함을 보여주기 위해 노력했다. 매카시가 받은 혐의에 대한 그들의 분석은 상세하고 광범위한 부록을 통해 뒷받침되었다. 그들은 오히려 매카시가 여기에서는 "터무니없는 실수"를, 저기에서는 "불필요한 선정주의"를, 때때로 "너무나 충격적"이고 "비난받아 마땅"하며 "부끄러운" 행동을 했다고 노골적으로 비판했다. 그러나 버클리와 보젤의 결론은 매카시의 잘못과 실수에도 불구하고 이 상원의원이 근본적으로 옳다는 것이었다. 공산주의자들에 의해 정부는 대규모로 전복되었다. 국무부는 충성도-안보 프로그램에 믿기 힘들 정도로 태만했다. 버클리와 보젤은 특히 초기에 매카시가 받았던 혐의를 조사하기 위해 1950년 상원에서 구성한 타이딩스위원회Tydings Committee의 고압적이고 일방적이며, 당파적인 부당 행위—그들이 생각하기에—에 분노했다. 한 마디로 매카시의 주장은 논박되지 않았다. 그는 "공포 정치"를 조성하지 않았다. 그의 방법도 일반적으로 불쾌하지 않았다. 아무리 나빴어도 그들은 해리 트루먼과 같은 당대의 거칠고 난폭한 다른 정치인들보다 더 불쾌하지는 않았다. 버클리와 보젤은 매카시가 공산주의에 대한 미국의 대응을 하나로 결집시키는 지도자가 되었다고 강조하면서 "매카시의 적들이 그의 신뢰를 떨어뜨리는 데 성공한다면, 결집은 추진력을 잃고 아마도 완전히 사라지게 될 것이다"라고 경고했다.[126] 두 저자는 "공산주의의 침투에 미국이 효과적으로 저항할 수 있다는 희망은 매카시즘에 달려 있다"고 주장했다.[127] 많은 자유주의자들에게 모욕을 안긴 문장에서 그들은 "매카시즘이 현재처럼 목표를 정확하게 고정하고 있는 한 (…), 그것은 선의와 엄격한 도덕성을 갖

춘 사람들의 결속을 강화시킬 수 있는 운동이다"라고 선언했다.[128]

버클리와 보젤의 책이 출판되던 날, 이 젊은 저자들을 위한 축하연이 뉴욕에서 열렸다. 참석한 사람 중에는 매카시 상원의원과 그의 보좌관 로이 콘Roy Cohn도 있었다.[129] 축하연에서 버클리는 논쟁에서 "사실이 대대적으로 왜곡"되었기 때문에 공정한 대우는 기대하지 않았다고 말했다.[130] 확실히 자유주의자들은 비판적이었다.[131] 그러나 보수주의 진영의 반응은 당연히 호의적이었다. 반국가주의자 프랭크 초도로프는 정신총동원 저널인 『믿음과자유』에서 그 책을 칭찬했다.[132] 한때 트로츠키 지지자였던 맥스 이스트먼도 『프리맨』에서 같은 견해를 표명했다. 이스트먼은 매카시의 약점은 반드시 해야 하는 일을 "성숙하고 사려 깊은 방식"으로 수행하지 못하는 "기질상의 결함"이라고 설명했다. 중국과 유럽의 대부분을 잃게 만든 정책과 공산주의와 서구의 필사적인 투쟁을 인정하기 "거부"하는 "매카시 탄압자들"의 죄악은 이보다 훨씬 위험했다.[133]

버클리와 보젤이 매카시의 대의를 위해 힘쓴 활동은 그들이 쓴 책뿐만이 아니었다. 일례로 1953년 버클리는 매카시를 위해 제임스 B. 코넌트James Bryant Conant를 주독일 대사로 임명한 아이젠하워 대통령을 비판하는 연설문을 작성했다. 1954년 매카시는 버클리를 대리인으로 임시 지명해 에드워드 R. 머로우Edward R. Murrow*의 공격을 텔레비전 방송에서 반박했다.[134] 보젤 역시 위스콘신주 상원의원을 위한 연설문을 여러 차례

• 　에드워드 로스코 머로우Edward Roscoe Murrow, 1908~1965. 미국 CBS 방송인. 방송에서 공개적으로 매카시 상원의원을 비판한 것으로 유명하다. 1954년 머로우는 자신의 텔레비전 프로그램《써 잇 나우See It Now》에서 '조셉 매카시 상원의원에 대한 보고서'라는 제목의 특집 방송을 보도했다. 그는 매카시를 초대해 비판에 대응할 기회를 제공했고 매카시는 방송에 출연해 자신을 변호했지만, 방송 이후 매카시의 인기는 더욱 떨어졌다.

작성하면서 많은 활동을 펼쳤다.[135]

『매카시와 그의 적들』의 저자들만이 상원의원을 정력적으로 옹호한 건 아니었다. 1953년 우파의 유격대 28명은 언론이 반공산주의 지도자를 부당하게 대우하고 있다고 비난하는 편지를 700곳의 신문사에 보냈다. 이 28명은 비평가들이 오언 래티모어의 『모략에 의한 시련Ordeal by Slander』은 아낌없이 무분별하게 칭찬한 반면, 『매카시즘: 미국을 위한 투쟁』은 무시했다고 질타하면서 매카시를 비판하는 사람들이 미국 정부 안에 있는 공산주의자들의 위협을 물리치기 위해 어떤 방법을 사용해왔는지 밝혀달라고 요구했다. 그들은 매카시가 "무고한 사람들을 공격하고 해쳤다"는 주장이 얼마나 정확한지 물었다. 서명자 중에는 존 체임벌린·프랭크 초도로프·랄프 드 톨레다노·존 F. 플린·수잔 라 폴레트·유진 라이온스·펠릭스 몰리·『휴먼이벤츠』의 프랭크 해니건·데빈−아데어 출판사의 데빈 개리티와 헨리 레그너리 등 저명한 보수주의 지식인들도 있었다.[136]

1년 후 상원이 매카시에 대한 불신임을 추진하자 많은 보수주의자들이 다시 항의에 나섰다. 그들에게 왓킨스위원회Watkins Committee의 불신임 안 상정은 "대중적이지 않은 사람들과 대중적이지 않은 이념을 탄압하려"는 시도였다. 그들은 의회 역사상 상원의원이 "증인에게 무례를 범했다"는 이유로 불신임된 적은 단 한 번도 없다고 주장했고,[137] 일곱 명의 서명자는 매카시를 상대로 적용된 규정이 언젠가 다시 사용될 것이라 의심했다. 이 일곱 명에게 왓킨스위원회의 보고서는 전체주의 정부임을 명확하게 보여주는 징후인 행정권에 "비굴하게 항복한 것"이었다. 서명자에는 흑인 저널리스트 조지 스카일러George Schuyler*와 프랭크 해니건·유진 라이온스·프레다 유틀리·제임스 번햄·윌리엄 F. 버클리 주니어·존 T. 플린이 포함되어 있었다.[138] 1954년 중반 뉴욕에서 반공산주의합동위원회Joint Committee Against Communism가 로이 콘에게 경의를 표하는 만찬을 열었을 때, 버클리를 비롯한 많은 우익 인사들이 그 자리에 참석했다. 『뉴욕타임스』는 2000명의 청중이 "대단히 열광"했다고 보도했다.[139]

모든 보수주의 지식인들이 매카시 십자군에 가담한 건 결코 아니었다. 피터 비에렉은 자신이 생각하기에 시민의 자유를 위태롭게 하는 신포퓰리즘적 위협에 대해 특히 비판적이었다. 비에렉이 보기에 래티모어는 "공산주의를 방어하는 방식으로", 매카시는 "공산주의를 공격하는 방식으로" 공산주의를 도왔다.[140] 게다가 그는 1955년에 매카시즘은 전혀 보수적이지 않다고 썼다. 그것은 현 상황에 분개하는 "급진적 반보수주의"였고, "영국인스러운 동부의 고학력 엘리트에 맞서는 급진적 과격파 포퓰리스트들의 독일식 반란, 영국인 혐오자들, 늘 한결같은 고립주의자들"의 불타는 복수심의 표현이었다.[141] 이것—신우파—은 "1974년의 위스키반란" 이후 미국인들이 일으킨 가장 반보수주의적인 봉기였다.[142] 비에렉—옥스퍼드에서 대외 정책을 공부한 국제주의자이자 동부에 있는 대학교의 교수—이 동일시한 측면이 무엇인지는 쉽게 추측할 수 있다. 비

•　　조자 새뮤얼 스카일러George Samuel Schuyler, 1895~1977. 미국의 언론인·사회평론가. 한때 사회주의를 지지했으나 매카시 시대에 정치적 우파로 전향했다. 그는 1964년 마틴 루터 킹 목사의 노벨 평화상 수상에 반대하는 글을 쓰기도 했다.

••　　독립전쟁으로 인해 미국의 각 주는 상당한 양의 부채를 감당해야 했다. 1790년 알렉산더 해밀턴 재무장관은 연방정부에 그 부채를 인수할 것을 촉구하고, 위스키에 소비세를 부과할 것을 제안했다. 조지 워싱턴 대통령은 처음에 그 제안을 반대했으나, 지방 관리들이 이 법안을 열광적으로 지지하자 1794년 위스키 세금 법안을 통과시켰다. 그러자 펜실베이니아 지역의 농부와 양조업자들이 봉기를 일으켰고, 워싱턴은 군대를 파견해 이를 진압했다. 이 반란은 연방정부의 권위에 대한 최초의 시험대로 여겨졌고, 연방정부가 세금을 부과하는 것에 반대한 공화당은 지지를 얻게 되었다.

에렉에게 이 신우파는 대중의 반란, "우파 직접 민주주의에 반대하는 평민들의 봉기",[143] "루소식 대중민주주의"의 반란이었다.[144] 진정한 귀족주의적·반민주주의적 보수주의는 여기에 맞서야 할 의무가 있었다. 그에게 보수주의와 매카시즘은 대립물이었다

비에렉의 분석은 존경받는 유대인 사회학자 윌 허버그Will Herberg에 의해 부분적으로 입증되었다. 뉴욕 출신으로 컬럼비아대학교에서 박사학위를 받은 허버그는 1920년대 후반과 1930년대 초반까지 적극적인 공산주의자였다. 이념적 불화로 당에서 제명된 허버그는 결국 국제여성의류노동조합International Ladies Garment Workers Union(1935~1948)의 연구분석관이자 교육국장이 되었다. 작가와 강사로 몇 년을 보낸 후 그는 1955년 드류대학교의 교수진에 합류했다.[145]

1950년에도 그는 여전히 스스로를 자유주의자라고 생각했지만, 허버그는 1950년대에 버크의 보수주의 입장으로 서서히 이동하고 있었다.[146] 그의 변화를 보여주는 한 가지 징후는 1954년 『뉴리더』를 위해 쓴 매카시즘에 대한 에세이였다. 그는 "매카시즘"은 "인민 선동에 의한 통치"라는 위협적인 국가적 현상의 최신 형태에 불과하다고 주장했다. 허버그에 따르면 현명한 건국의 아버지들은 난폭하고 "무책임한 대중민주주의"를 저지하기 위해 설계된 균형 잡힌 정부를 신중하게 수립했다. 그러나 이제는 매스컴—특히 라디오—의 출현으로 정치 지도자들이 심의제도를 거치지 않고 대중들에게 직접 호소하는 일이 가능해졌다. 최초로 커다란 구멍을 만든 인물은 "노변정담"*을 이용해 의회를 압박한 프랭클린 루스벨트 대통령이었다. 허버그는 실제로 루스벨트에서 케포버Kefauver 상원의원—자신의 범죄 조사 활동을 화려한 텔레비전 방송으로 중계한—에 이르기까지 현대 자유주의자들은 "대중 선동에 의한 통치"를 너

무나 아무렇지 않은 것으로 만든 데 대해 큰 책임을 져야 한다고 말했다. 여기저기서 많은 비난이 쏟아졌다.

'매카시즘'은 여기에서 등장한다. '매카시즘'은 뉴딜 시행 첫해에 시작된 대중 선동에 의한 통치 체제의 필연적 귀결이다. (…) 루스벨트처럼 매카시도 적합한 헌법 수단이라는 것들의 제한과 한계를 참지 못한다. (…)
물론 인정하지 않겠지만 사실상 ['자유주의자'와 '국가주의자'] 이 둘은 근본적으로 미국의 입헌민주주의를 전복하는 방식 일체를 취하는 급진주의자들이다.

허버그는 이를 구제할 수 있는 것은 비에렉과 라인홀드 니부어가 제시한 일종의 "선하고 건전하며 책임감 있는 보수주의"라고 말했다.[147] 다시 한번 대중과 "전체주의적 민주주의"에 대한 신보수주의자들의 냉담함이 분명하게 드러났다.

매카시와 거리를 둔 또 다른 신보수주의자는 역사사회학자 로버트 니스벳이었다. 1930년대 후반 버클리대학교 대학원생이던 니스벳은 지역 인민전선의 강력한 영향력에 맞서 싸웠다. 1940년대 중반 그는 자유주의 대오에서 공산주의라는 얼룩을 제거하기 위해 조직된—그가 생각

• 1933년 루스벨트 대통령은 라디오를 통해 국민들에게 미국이 당면한 현안 문제를 설명하는 연설을 시작했다. 루스벨트의 연설은 격식을 갖춘 담화문 형식이 아니라 화롯가에 둘러앉아 친구들과 편안하게 이야기를 나누는 듯한 형식이어서 '노변정담'이라 불렸다. 황금 시간대에 30분가량 진행된 노변정담은 평균 청취자 수 약 5400만 명—당시 미국 성인 인구는 8200만 명이었다—으로 최고의 청취율을 기록했다. 루스벨트는 연설 말미에 "여러분의 어려움을 저에게 이야기해달라"고 요청했고, 백악관에는 45만여 통의 편지가 쏟아졌다고 한다. 노변정담은 루스벨트 대통령 재임 기간(1933~1944) 동안 총 30여 차례 방송되었다.

하기에—민주적행동을위한미국인ADA의 버클리 지부 창립 회원이 되었다. 그 무렵 니스벳은 아서 슐레진저 주니어의 『역동적 중도』에 커다란 관심을 갖게 되었다. 그러나 ADA가 몇 달 사이에 민주당 자유주의 분파의 또 다른 일부가 되었다고 생각한 니스벳은 ADA에서 탈퇴하고 독자적인 길을 걸었다. 1950년대의 혼란기에 그는 중도 노선을 따르려고 했다. 한편으로 그는 확고한 반공산주의자로서 헨리 월리스의 진보당을 "노골적으로 혐오"했고, 그 바로 뒤에는 "하루 24시간 매카시를 비난하는 전문적 비방꾼들"을 "노골적으로 혐오"하게 되었다. 하지만 매카시와 그의 십자군도 혐오스럽기는 마찬가지였다. 비에렉이 그랬던 것처럼 그에게도 매카시와 그의 지지자들은 외국인을 혐오하는 급진적 포퓰리즘의 재연으로 보였다. 양극단을 불신한 니스벳은 자신이 적합하다고 생각하는 입장을 택했다. "너희 두 가문 모두에 저주를"[148]

비에렉과 허버그, 그리고 니스벳이 분명하게 표명한 매카시에 대한 경계는 예상치 못한 곳에서 공감을 얻었다. 바로 보수주의의 상징인 반공산주의 영웅 휘태커 체임버스였다. 『매카시와 그의 적들』이 1954년 등장한 이래 체임버스와 버클리는 1961년 체임버스가 사망할 때까지 서신을 꾸준히 주고받았다. 체임버스는 버클리-보젤의 책에 깊은 인상을 받았지만, 그는 처음부터 매카시를 의심하고 있었다. "우리는 (…) 매카시 상원의원이 언젠가 돌이킬 수 없는 실수를 저지르게 될 것이라는 두려움 속에 살고 있습니다. 이 실수가 우리 공통의 적에겐 직접적인 이익이 될 것이고, 앞으로 오랫동안 반공산주의자들의 노력 전체를 불신하게 만들 것입니다." 편지 속 글자 하나하나마다 그의 우려가 묻어났다. 체임버스가 말한 골칫거리는 매카시에게 "생각할 능력이 없다는 것"이었다. "그는 주먹은 세지만 방어 능력이 거의 없는 권투선수이자 대중선동가입니다. 그는 누군가 토마토를 던졌고 그것이 일반적으로 어느 쪽에서 날아오는지를 알 뿐입니다." 매카시가 1957년 사망했을 때 체임버스는 매카시가 공산주의에 맞서는 투쟁을 전혀 이해하지 못했다고 주장했다. 그에게는 전략이 없었다. 유일한 전술은 "공격"이었다. 그리고 그것만으로는 충분치 않았다.[149]

위스콘신주 출신의 상원의원에 대한 체임버스의 깊은 의구심을 그의 친구 랄프 드 톨레다노도 똑같이 품고 있었다. 매카시가 사망하고 몇 년 후 출판된 자서전에서 톨레다노는 대논쟁에서 자신이 수행했던 불편한 역할에 대해 언급했다. 그가 반대자들의 "악의적인 행동"으로 인해 소용돌이 속으로 내몰린 "매카시 세력의 볼모"였음은 부인할 수 없는 사실이었다. 톨레다노는 만족스러웠던 적이 없었다. 매카시는 마셜 장군이 반역자라고 주장하는 등 무책임한 고발로 보수주의의 대의를 훼손한 "허무주의자"였다. 좌파와 우파에게 시달린 톨레다노는 매카시를 방어할 수도 공격할 수도 없는 상태에 이르렀고, 양측의 격정에 소름이 돋았다.[150]

보수주의 부활의 주요 인물 가운데 한 명인 러셀 커크의 태도는 특히 흥미롭다. 어떤 의미에서 커크는 이 논쟁의 한가운데 있었던 사람이기 때문이다. 그는 비에렉처럼 신보수주의자였지만, 한편으로는 버크·토크빌·오스테가·녹―대중과 희석되지 않은 민주주의, 그리고 "다수의 묵시적 폭정"을 비판하는―의 제자이기도 했다.[151] 그는 비에렉에게 편지를 썼다. "나는"

> 퇴락한 시골 저택들을 배회하며 문학과 사회의 고전적 전통에 전념하고, 모든 일에 있어 보수주의의 대의에 헌신하는 미국의 W. H. 멀록W. H. Mallock*입니다.[152]

지적으로나 기질적으로나 그는 매카시 상원의원과 전혀 달랐다. 커크는 중서부 출신이었고, 제2차 세계대전 당시 미국의 대외 정책을 반대했으며, 1952년 대통령 선거에서 태프트 상원의원을 지지했다.[153] 만약 매카시 동조자들이 지방 출신의 "포퓰리스트"라는 비에렉의 사회학적 프로필이 맞다면, 커크가 그의 전성기에 위스콘신주 상원의원을 지지했을 것이라는 추측에는 일리가 있다.

그의 다양한 지적 배경 때문인지 매카시 사건에서 커크의 입장은 한마디로 규정하기 어렵다. 커크는 확실히 상원의원을 존경하지 않았다. 그는 비에렉에게 "조셉 매카시에 대한 내 생각은 클로드 페퍼Claude Pepper** 에 대해 내가 가지고 있던 생각과 실질적으로 같습니다"라고 말했다.[154]

두 사람은 모두 선동정치가였다. 그렇지만 커크는 매카시와 그의 지지자들이 제기한 모든 혐의를 완전히 무시할 각오는 되어 있지 않았다.[155] 그는 타이딩스위원회가 "진실에 관심이 없다"고 비난했고, 『전복의 거미줄』과 『매카시와 그의 적들』을 심각하게 받아들였음을 시사했다.[156] 특히 그는 미국이 파시스트에 가까운 히스테리에 사로잡혀 있다는 생각—헨리 스틸 코메이저Henry Steele Commager***와 해롤드 테일러Harold Taylor**** 같

• 윌리엄 허렐 멀록William Hurrell Mallock, 1849~1923. 영국의 작가. 로마 가톨릭을 옹호하고, 실증주의 철학과 사회주의를 비판했다. 또한 그는 진정한 다수를 얻는다는 것은 환상이며, 민주주의는 실용적인 것일 뿐 이론적으로는 불가능하다고 주장했다.

•• 클로드 덴슨 페퍼Claude Denson Pepper, 1900~1989. 미국 민주당 정치인. 1936년부터 1951년까지 플로리다주 상원의원을 역임했다. 그는 1938년 「공정근로기준법Fair Labor Standards Act」이 제정되는 데 기여하고, 최저임금과 시민권 및 투표권 관련 법안을 지지하는 등 의회 내 대표적인 자유주의 정치인이었다.

••• 1902~1998. 미국의 역사학자. 헌법을 자유주의의 관점에서 해석하고, 개인의 자유와 권리를 옹호했다. 1950년대 초 그는 반공산주의라는 미명하에 시민의 자유를 침해하고 있다고 매카시를 비판하면서 우파의 주요 표적이 되었다.

은 "교조적 자유주의자들"이 퍼뜨린—을 유쾌하게 비웃었다. 그는 "충성도 논쟁으로 인한 실제적인 부당함이나 탄압이 아직까지 미국에서는 전혀 일어나지 않았다"면서 이를 "호기심을 가장한 매카시 상원의원에 대한 테러"라고 주장했다.[157] 다른 보수주의자들과 마찬가지로 커크 역시 "위협적 존재" 매카시는 과장된 것이라고 믿었다.[158]

충성–안보라는 쟁점에 대한 커크의 견해는 1954년 『컨플루언스Confluence』에 쓴 글에서 상세하게 전개되었다. 커크는 버클리–보젤의 공적을 "냉철하고 잘 쓰인 책"[159]이라고 칭했지만, 자신을 매카시와 분리시켰다. 매카시는 특권을 "남용"했고, 이는 다른 상원의원들도 매한가지였다.

> 그러나 어떤 '자유주의자들'이 선의에서 그렇게 하고 있는 것처럼, 해외에 있는 미국 친구들에게 매카시 상원의원이 미국 사회와 인류의 미래를 위협하는 무서운 존재라고 설득하려 노력하는 것은 괜한 소동을 일으키고, 미국 정치의 진실을 왜곡하는 일이다. 그에 대해 어떻게 생각하든 조 매카시 상원의원은 비민주적이지 않으며, 산별노조협의회(라 폴레트에 반대해 그를 지지한)가 미국에 준 선물이고, 자신의 주에서 엄청난 인기를 누리고 있다. 그에게 전체주의 강령은 존재하지 않는다. 그에게는 어떤 강령도 없다. 도리어 그는 좋든 나쁘든 미국 의회 안에서 정부의 행정 기구를 괴롭히는 기능을 수행하는 파괴적 비판자들의 낡은 노선에 속해 있다.[160]

••••   1914~1993. 사라로렌스대학교 총장. 1953년 사라로렌스대학교 교수 11명은 공산주의자라는 혐의를 받고 상원 내부보안소위원회로부터 청문회에 출석하라는 소환장을 받는다. 이에 테일러는 변호사를 고용해 고발당한 교수들을 변호했으며, 이를 학문의 자유에 대한 공격이라고 비판했다. 1954년 사라로렌스대학교 교수와 학생들은 매카시 퇴진 청원운동을 벌이기도 했다.

매카시는 사실 태프트의 죽음으로 상원에 생긴 공백의 산물이었다. 1930년대에는 "죽음의 상인들"을 폭로한 나이위원회Nye Committee* 같은 선동적인 조사에 환호해놓고,[161] 이제는 공산주의에 대한 조사에 경종을 울렸다고 주장하는 자유주의자들을 커크는 맹렬히 비판했다. 그는 실제로 어느 정도까지는 많은 죄를 저지른 자유주의자들의 잘못으로 인해 매카시가 부상할 수 있었음을 강력하게 시사했다. 1950년대에 미국인들은 "미국 사회의 규범적 가치에 대한 충성심"을 간절히 지키고자 했다.

이것은 조롱받을 충성심이 아니다. (…) '충성'에 대한 미국인들의 주장에서 이미 추악하고 불길한 경향이 감지되었더라도, 나는 이것이 지난 몇 년간 자칭 많은 현인들 사이에서 충성이 비웃음거리가 되고, 대중에게 무거운 책임을 부여받은 많은 이들이 국가 전통에 대한 충성이 무엇인지를 전혀 생각하지 않는다는 인식이 커진 결과라고 의심한다.[162]

피터 비에렉은 당연히 커크의 견해를 납득하지 못했다. 비에렉이 매카시에 반대하는 보수주의 지식인들을 조직하려 했을 때 커크는 이를 거절했다. 나중에 커크는 비에렉의 지나친 "역逆매카시즘"에 거부감이 들었다고 말했다.[163] 몇 년 후 비에렉은 커크와 그의 "그룹"이 "변질된 매카시"가 되었으며, 위스콘신주 출신의 "위험한" 상원의원과의 관계를 완전히

---

* 1930년대 대공황기에 미국의 군수·금융 업체는 자신들의 이익을 위해 미국의 제1차 세계대전 참전에 영향을 미쳤다는 혐의를 받고 있었다. 1934년 미국 상원은 이 문제와 관련해 특별위원회—제럴드 나이Gerald Nye 상원의원이 의장을 맡은—를 결성하고 18개월 동안 200명 이상의 증인을 소환·심문했다. 위원회는 특별한 결론을 내리지 못하고 갑자기 중단되었지만, 이는 제2차 세계대전 초기 미국이 중립을 지키는 데 중요한 대중적·정치적 요소로 기능했다.

단절하지 못했다고 비난했다.[164]

상당수의 보수주의 지식인들—특히 신보수주의자들—은 매카시와 다양한 거리를 유지했다. 그러나 논쟁의 압력이 너무나 거세 이를 피하기 란 사실상 불가능했다. 많은 경우 이는 지적 우파를 단단하게 만들어주었 다. 윌리엄 러셔와 제임스 번햄, 이 두 사람의 이력이 그 결과를 보여주는 본보기다.

1923년 시카고의 공화당원 부모—그의 어머니는 앨프레드 랜던Al-fred Landon*의 고향 사람이었다—사이에서 태어난 러셔는 어린 시절 뉴욕 으로 이주해 온건한 자유주의 공화당원으로 성장했다. 1936년에는 랜던 을, 1940년에는 웬델 윌키Wendell Willkie**를 대통령 후보로 지지했던 러셔 는 1943년 프린스턴대학교 졸업논문을 윌키에게 헌정했고, 1948년에는 듀이Dewey***를 지지했다. 전후 몇 년 동안 그는 정부 내부의 공산주의를 폭로한 하원 비미활동조사위원회의 활동에 "매료되고 놀랐다". 그는 앨저

• 　앨프레드 모스먼 랜던Alfred Mossman Landon, 1887~1987. 미국의 정치인. 1936년 공화당 대통령 후보였지만, 루스벨트에게 참패했다. 루스벨트의 뉴딜과 린든 존슨의 위대한 사회를 지지하기도 했다.

•• 　웬델 루이스 윌키Lewis Wendell Willkie, 1892~1944. 미국의 정치인. 1940년 공화당 대통령 후보 였지만, 루스벨트에게 패배했다. 1930년대 초반에는 민주당 당원이었지만, 기업의 정부 규제에 반대해 공화당으로 당적을 옮겼다. 1941년 독일과 전쟁 중인 영국을 적극적으로 지원할 것을 촉구하고, 전쟁 후 평화를 유지하기 위해 국제 협력을 강화해야 한다는 '하나의 세계'라는 개념을 제시했다. 그는 미국 이 고립주의에서 벗어나는 데 기여했다는 평가를 받고 있다. 1944년 공화당 대통령 후보에 도전했지 만, 공화당의 우경화로 인해 지명을 받지 못했다.

••• 　토머스 에드먼드 듀이Thomas Edmund Dewey, 1902~1971. 미국 공화당 정치인. 뉴욕주 검사 시절 마피아 조직범죄를 소탕하는 데 성공해 전국적인 인기를 얻었다. 1944년 공화당 대통령 후보였지만, 루스벨트에게 패배했다. 1946년 뉴욕 주지사로 재선되어 주립대학을 설립하고, 고용·교육 등에서 인 종차별을 폐지하는 법률을 미국 최초로 제정했다. 그는 공화당 내 온건 자유주의 세력의 지도자로 태 프트 상원의원의 보수주의 세력과 대립했다. 듀이의 온건 자유주의를 지지하는 주요 지지층은 미국 북동 부의 기업가와 엘리트였고, 이들은 훗날 '동부 기득권층'이라고 불리게 된다.

히스에 대한 유죄 판결과 트루먼이 한국전쟁 사령탑에서 맥아더 장군을 해임한 사실, 그리고 특히 『증언』에 영향을 받았다. 그러나 1952년 러셔는 아이젠하워 공화당원이었다. 그는 결코 고립주의자가 아니었으며, 『프리맨』의 자유방임 경제학에도 거의 관심이 없었다.

매카시 논쟁은 러셔를 우파로 밀어붙이는 데 기여했다. 비록 매카시에게 기질적으로 동조한 적은 없지만, 러셔는 자유주자들이 매카시에게 행한 "부정한" 공격에 "완전히 넌더리가 났다". 1954년 무렵 러셔는 부분적으로 매카시 사건에서 대통령이 수행한 역할 때문에 아이젠하워에게도 환멸을 느꼈고, 『내셔널리뷰』의 창간을 "준비"했다. 그는 1955년 『내셔널리뷰』의 창립 회원이 되었다. 변호사 러셔는 『내셔널리뷰』의 발행인이 된 1956년과 1957년에 상원 내부보안소위원회의 특별검사로 복무했다. 동부 성향의 자유주의적인 공화당원은 매카시즘 덕분에 헌신적인 보수주의자가 되었다.[165]

이 논쟁이 번햄에게 미친 영향도 마찬가지로 가혹했다. 제2차 세계대전 직후 번햄은 여전히 자신을 시드니 훅과 같은 반공산주의 좌파라고 생각했다.[166] 그는 우파 저널에 기고하고, 의회 조사를 돕는 동안에도 『파르티잔리뷰』에 남아 있었다. 그러나 1953년 번햄은 『파르티잔리뷰』에 있는 게 더 이상 편치 않았다. 좌파와의 마지막 인연을 끊는 편지에서 그는 많은 사람이 그곳에 있는 자신의 존재를 "이상하다고" 느끼고 있으며, 저널이 "매카시즘"을 "가장 중요한 쟁점"으로 여기는 것 같다고 말했다. 그러나 그는 가장 중요한 문제는 매카시즘이 아니라고 주장했다. 사실 "매카시즘"은 "공산주의 전술가들의 발명품이며, 그들이 이것을 세상에 내놓고 부당하게 이용했다". 번햄은 매카시를 "지지"하지도 "반대"하지도 않는다고 공개적으로 선언했다. 모든 정치인들의 전력과 다르지 않게 매카시의 전력에도 좋은 것과 나쁜 것이 섞여 있었다. 그러나 번햄은 붉은 10년을 끔찍하게 연상시키는 동부 성향의 지적 반매카시 십자군의 일원이 되길 거부했다. 그래서 그는 『파르티잔리뷰』를 그만두고[167] 2년 후 전투적 보수주의 저널인 『내셔널리뷰』의 창립 편집자가 되었다.

그렇다면 매카시 사건은 충성심을 위태롭게 만드는 요소와 기밀정보 접근 허가, 그리고 매카시의 방법을 둘러싼 일상적인 논쟁을 훨씬 뛰어넘어 미국의 지적 우파에게 정신적 외상을 초래할 정도로 대단히 중요했음이 분명하다. 이 몇 년 동안, 그리고 한참 후까지 많은 보수주의 지식인들이 그 소동의 의미를 더 깊이 이해하려 애썼다. 윌리엄 러셔에게 이 분쟁의 실마리는 1950년의 특수한 상황에 있었다. 그는 히스에 대한 유죄 판결이 자유주의 "최악의 순간"이었다고 주장했다. 죄책감에 시달리고 방어적인 태도를 취하던 자유주의자들은 "자신들을 괴롭히는 사람들에게 역습을 가할 수 있는 근거가 될 쟁점이 절실하게 필요했다". 그들이 생각하기에 매카시가 휠링에서 한 연설이 그 쟁점을 만들어주었다. 그러나 놀랍게도 매카시가 조금도 물러서지 않자 자유주의자들은 갈등을 증폭시키고 "어떤 상징적인 심판 행위"를 하도록 내몰렸다. 마침내 그 심판—상원의 불신임—이 내려지자 매카시즘을 둘러싼 광기는 사라졌다.[168] 다른 이들은 이 소동의 중요한 요소로 지식인과 국민들 사이의 분열을 강조했다. 이는 부분적으로 비에렉의 분석이었고, 또한 부분적으로는 버클리의 분석이기도 했다. 버클리에게 국가는 "대학의 군중"과 "대학이 아닌 곳의 군중"이라는 두 개의 집단으로 구성되어 있었다. 조 매카시는 후자의 군중에게 호소했다. 버클리는 그래서 그가 대학원생의 "격식"을 차릴 수 없었다고 주장했다. 그는 자신의 논지를 입증하기 위해 직설적이고 대담해야만 했다.[169] 다른 많은 사람들도 이 논쟁을 절충적 엘리트

대 국민 대중이라는 관점에서 해석했다.[170]

사건이 진정되고 몇 년 후 제임스 번햄은 이 사건의 의미를 더 깊이 있게 평가했다. 정부 내 공산주의자들의 숫자 말고도 명백히 위태로운 것이 존재했다. 번햄에 따르면 1930년대와 1940년대 대부분의 기간 동안 공산주의는 "우리 공동체의 기구 대부분에서 정당화"되었다. 공산주의자라고 알려진 그 누구도 곤란을 겪지 않았다. 그러나 냉전이 격화되자 미국은 의도적으로 공산주의─미국인들의 삶에서 정당한 세력이었던─를 몰아내기 위해 계획된 "비폭력적인 범인 색출"에 나섰다. "기층의 시민들"은 공산주의자가 여기에 어울리는 사람이 아니며, "어딘가에 반드시 선을 그어야 한다"는 결론에 도달했다. 번햄은 자유주의자들이 이러한 결정에 저항했다고 말했다. 1950년대의 위기는 여기에 있었다.

> 우리는 어떤 공동체인가? 쟁점은 철학적이고 형이상학적이었다. 그리고 합리적 반공산주의 자유주의자들을 포함해 자유주의자들이 매카시에게 적이라는 꼬리표를 붙이고, 그를 제거한 일은 옳았다. 자유주의자─세속주의자, 평등주의자, 상대주의자─의 관점에서는 선이 그어져서는 안 되며, 상대주의는 마땅히 절대적이어야 한다.[171]

번햄의 글에서 드러나듯 매카시즘은 1945년 이후 보수주의 사상의 주요 요소 중 하나가 된, 열린사회라는 자유주의 이론에 대한 비판이 등장하는 배경이 되었다. 어떤 의미에서 매카시즘이 바로 이 비판이었다. 늘 그렇듯 버클리와 보젤이 용감하게 앞장섰다. 그들은 어떤 사회도 그 중심 가치에 완전히 무관심하거나 완전히 "개방적"일 수 없다고 주장했다.

제도를 만들고 제재를 통해 그 제도를 보호하는 것이 사회의 유일한 특성은 아니다. 사회란 모름지기 그렇게 해야만 한다. 그렇지 않으면 사회는 더 이상 존재할 수 없게 된다. 사회가 결속되려면 그 사회의 구성원들은 반드시 특정 가치들을 공유해야 한다. 그리고 살아남으려면 사회는 반드시 결속해야 한다. 이러한 가치를 확고히 하고 영속화하려면 경쟁하는 가치와 끊임없이 싸워야 한다. (…)

자유와 관련해 지워지지 않는 엄연한 사실은 일종의 순응이 항상 지배적이라는 것이다. (…) [따라서] 자유인의 주된 관심사는 자신이 거부하는 가치보다 자신이 소중히 여기는 가치를 따르는 순응이 되어야 한다.[172]

그들은 이어 자유주의자들이 모든 정통성에 반대하는 척 위선을 떨고 있다고 말했다. 사실 자유주의자들은 단지 자신들의 "자유주의에 순응"하기를 강요하고 싶어 했을 뿐이었다.[173]

두 저자는 정통성이라는 문제가 매카시 쟁점의 핵심이었다고 주장했다. 그래, 그들은 미국이 정말로 "정통성을 중심으로 결집하고" 있다고 말했다. 그것은 국민의 삶 속에서 공산주의에 대한 존중과 영향력을 몰아내는 것이었다. 그렇다, 그들은 매카시즘이 "공산주의 문제에 대한" "순응"을 확고하게 만들고 있었음을 흔쾌히 인정했다. 이것이 스미스법과 맥캐런법McCarran Act*, 그리고 국내의 공산주의자들과 그 동조자들에게 부과된 "다양한 사회적 제재"의 의미였다. 버클리와 보젤은 미국인들이 공

---

* 1950년 비非미국적이고 전복적인 활동으로부터 미국을 보호하기 위해 공산주의 조직의 등록을 법률화한 「내부보안법Internal Security Act」. 표현 및 결사의 자유를 명시한 수정헌법 제1조에 반한다는 비판을 받았고, 1972년 폐지되었다.

산주의의 주장을 신중하게 검토했고 이를 "단호하게 거부"해왔다고 주장했다. 이제 공산주의에 대항하는 세계전쟁에 휘말린 그들은 동화될 수 없는 철학과 "우리 땅에서 적들을 돕고 있는 자들"을 처벌하고 축소시키기 위해 움직이고―의도적으로 적절하게, 그리고 매카시즘을 통해―있었다.[174]

때때로 버클리와 보젤은 자신들의 주장이 암시할 수 있는 의미에 대해 불안해하는 듯 보였다. 어쨌든 버클리는 자유지상주의의 영향을 받았고, 앨버트 제이 녹과 프랭크 초도로프를 개인적으로 알고 있었다. 그렇다면 그는 어떻게 "순응"을 제안할 수 있었을까? 두 젊은 작가는 매카시즘은 "새로운 사상이 아니라 공산주의 사상을 겨냥"했고, 그 한계를 벗어날 가능성은 없다고 강조했다. 게다가 그들은 매카시즘은 "9할의 사회적 제재와 1할의 법적 제재"였으며, 자유를 법적으로 제안하는 것조차 "의무병역이라는 완전한 폭정"에 비하면 사소하다고 말했다. 그들은 "균형 잡힌 자유지상주의자들"에게 "긴급한 상황"이 요구할 때만 법적 제한을 가하라고 경고했다. 하지만 그때가 바로 지금이었다―그리고 이것이 이행 논쟁이었다[175]

"열린사회"에 대한 버클리와 보젤의 공격은 그들의 예일대학교 스승이자 친구였던 정치학자 윌무어 켄달의 이론에 분명히 근거하고 있었다. 실제로 켄달이 『매카시와 그의 적들』의 일부를 집필했을 수도 있음을 시사하는 증거도 있다.[176] 1930년대 로즈 장학생 Rhodes Scholarship* 이었던 오클라호마 출신의 켄달은 붉은 10년 동안 극좌파 인사였다. 그러나 1940년대 후반 그는 휘태커 체임버스의 옹호자이자 자유주의를 맹렬하고 논리적으로 비판하는 사람으로 유명했다.[177]

신중함과는 거리가 먼 켄달은 1941년 자신의 논문에서 존 로크는 양도할 수 없는 자연권의 신봉자가 아니라 실제로 다수결 민주주의자였다고 대담하게 주장했다.[178] 다수결 민주주의자는 냉전 초기에 켄달이 자신을 칭했던 명칭이었고, 그는 1949년 편지에서 이것이 의미하는 바를 분명히 했다. 민주주의 구성원들의 "권리이자 의무"는 "공공정책을 자신의 가치가 요구하는 사회를 만들기 위한 도구로 사용하는 것이다". "구식의 다수결 민주주의자"인 그는 권리를 나열한 목록을 통해 다수를 제한하려는 어떠한 노력도 본질적으로 비민주적이라며 거부했다. 공산주의를 억제하기 위해 발의된 닉슨-문트 법안Nixon-Mundt bill** 에 대해 논하면서 켄달은 공산주의자들에게 가할 수 있는 제재로 추방을 제안했다. (1930년대로 돌아간다면 나치에게도 동일한 제재가 가해졌을 것이다.) 켄달은 "소수자 제거"가 매우 신중한 작업이라는 점을 인정했다. 그러나 그는 두 가지 원칙을 고집했다.

a) 보존해야 할 의미가 있는 민주사회―나는 우리 사회가 여전히 그런 사회라고 생각한다―는 그러한 결단을 내릴 준비가 되어 있어야 하며, b) 그의미를 잃게 되는 가장 확실한 방법은 스스로와 잠재적 반체제 인사들에게체제에 반하는 것인 한 거기에는 한계가 없다고 말하는 것이다.

몇 년 후 다른 편지에서 켄달은 자신의 주장을 보다 상세하게 설명했다. 공산주의자에 맞서는 그의 캠페인은 버클리와 보젤의 캠페인이 궁극적으로 그랬던 것처럼, 국내 공산주의자들이 명백하고 현존하는 위협이라는 것을 입증하는 데 있지 않았다. 실제로 그 당시 그들은 명백하고 현존하는 위협이 전혀 아니었다. 그의 주장은 달랐다. "우리가 우리 안에 있는 공산주의자와 친공산주의자들을 관용하는 한, 우리가 공동체라는 것은 말이 되지 않는다." 또는 그가 다른 경우에 대해 말한 것처럼 "[국내] 공산주의자들을 공격하는 이유는 그들이 위험하기 때문이 아니라 그들에게 민주주의 정부에 참여할 능력이 없기 때문이다".[17] 긴장감을 유발하는 켄달의 다수결주의는 자유지상주의적 보수주의의 부활을 상당 부분 뒷받침해준 자연권 철학과 판이하게 달랐다. 말할 필요도 없이 매카시 시대의 시민 자유지상주의 좌파에게 이는 저주나 다름없었다.

매카시 사건이 역사 속으로 사라지고 몇 년 후 켄달은 매카시즘의 진정한 의미를 설명하려 노력했다. 근원적인 문제는 매카시 자신이 아니었다. 사람들은 매카시의 말을 듣기 훨씬 전에 히스 사건에서 서로에게 "미친 듯이 분노"하고 있었다. 또한 문제는 이것이 단순히 공산주의라는 위협의 심각성에 대한 이견 중 하나였다는 것도 아니었다. 이러한 답변은 분쟁의 강도—실제로 이는 "내전의 차원"이었다—를 해명해주지 못한다. 이 문제는 행정부와 입법부의 대결도 아니었다. 사람들은 추상적인 "권력 분립"에 대해 그렇게까지 분노하지 않는다. 오히려 적합한 해명의 실마리는 양측이 서로를 "이단"이라고 비난하고 있었다는 데 있다. 이 전투는 미국 사회의 근본적 성격—"진짜 내전의 가능성이 있는지"—을 둘러싼 논쟁이었다. 우리 사회는 "열린사회"인가 아닌가? 미국은 당장의 위험이 존재하지 않더라도 공산주의와 같이 "정당성 없는" 운동을 금지하고 "탄압"할 수 있을까? 미국은 법적 제재뿐 아니라 다른 제제들을 통해 방어할 수 있다는 합의—정통성—가 되어 있는가? 모든 질문에 대한 답은 아직 해결되지 못했는가, 아니면 논쟁의 여지가 없는 확실한 진실이 우리에게 있는가? 켄달은 "매카시즘"(대체로 우파)과 "반매카시즘"(좌파)은 전투의 온갖 혼란 속에서 책략을 부리며 서로 다른 방향에서 이 질문들에 대한 답변을 내놓았다고 말했다. 따라서 매카시 사건은 가장 심각한 차원의 지적·정신적 위기였다.[180]

켄달만이 정통성을 주장하고 순수하게 열린사회를 공격한 보수주의 지식인은 아니었다. 같은 시기에 피터 비에렉은 시민의 자유를 염려하고 "사상을 통제하는 국가주의자들"을 적대시하면서 미국을 "반半폐쇄적" 사회라고 불렀고, "코뮤나치의 군사적 음모"가 "정치 '정당'"의 기능을 수행할 수 있도록 허용한 "자유주의의 자살행위"를 비판했다.[181] 보수주의 망명 사회학자 어니스트 반 덴 하그도 이와 유사하게 체제전복적이고 전체주의적인 목표를 가진 집단을 사회에서 추방하는 것은 민주주의의 원칙에 부합한다고 주장했다.[182] 그러나 자유주의 이론에 대한 이러한 근본적인 도전을 가장 체계적으로 표현한 사람은 켄달이었다. 이는 전후 미국 보수주의 사상에 그가 기여한 주요 공적 중 하나였다.

확실히 매카시 시대에 벌어진 내부의 시민전쟁은 보수주의자들에게 그것이 의미하는 바가 무엇인지에 대한 다양한 해석을 이끌어냈다. 그들이 강조한 것은 서로 달랐다 하더라도, 많은 보수주의자들이 적어도 한 가지 점에는 동의했을 것이다. 조셉 매카시의 십자군은 격렬한 공동 투쟁속에서 그들 중 많은 사람을 결집시켰으며, 보수주의 운동의 일부를 구축하는 데 일조했다.

그러나 어쩌면 많은 보수주의자들이 이것은 자신들이 당한 패배에 대해 충분한 보상이 되지 못한다는 사실을 깨달았을지 모른다. 엄청나게 격렬했던 매카시 사건[183]은 더 큰 의미에서 패배였다.[184] 1960년 이를 감지한 랄프 드 톨레다노는 비통해하며 "우리는 유격대가 되었고, 상황의 변증법에 의해 우리 적들의 특징 중 일부를 인계받게 되었다—그로 인해 우리가 그때까지 누려왔던 도덕적 우월감은 상실되었다"고 썼다.[185] 그러나 그보다 더 많은 것이 결부되어 있었다. 매카시즘은 보수주의 지적 운동을 형성하는 데 도움이 되었지만, 동시에 그 운동을 약화시키고 수세적이게 만들었다. 매카시의 유령은 여전히 무거운 짐이었다. 1971년 윌리엄 F. 버클리 주니어는 이 사실을 성찰했다. 그는 1954년까지 대부분의 보수주의자들이 "유난스럽게" 매카시를 지지해왔다고 주장했다. 그러나 그러고 난 뒤 그들은 특히 매카시가 아이젠하워 대통령을 공격하자 등을 돌리기 시작했다.[186] 위스콘신주 상원의원의 몰락이라는 소용돌이 속에서 "역풍"이 보수주의의 대의를 매카시 이전 시대로 되돌려놓았다. 버클리에 따르면 많은 자유주의자들이 매카시를 옹호했던 보수주의자들을 "집단 학살하고 싶다는 충동"을 느끼고 있었다. 우파 칼럼니스트 조지 소콜스키George Sokolsky와 풀턴 루이스 주니어Fulton Lewis Jr는 상원의원을 지지했다는 이유로 일자리를 잃었다. 거의 20년이 지난 후에도 버클리는 초기에 그가 위스콘신주 상원의원을 지지했다는 이유로 여전히 비판을 받았다. 따라서 그는 이 모든 논란이 보수주의에 "상당한" 상처를 입혔다고 결론 내렸다.[187]

좋든 싫든 국내의 냉전은 한 세대 동안 미국 우파에게 낙인을 찍었다.

═ ★★★ ═

1955년 보수주의의 외관은 여러 면에서 15년 혹은 심지어 10년 전과도 상당히 달라져 있었다. 전 세계적인 반공산주의가 "고립주의"를 물리쳤고, 냉전의 긴박함은 때때로 우파의 특징인 결연한 반국가주의와 충돌을 일으켰다. 이러한 변화의 규모는 1955년 당시 많은 보수주의자들—가장 호전적인 반공산주의자 일부를 포함해—이 진주만 이전에 "고립주의자"—심지어 어떤 경우에는 미국 우선주의 지지자—였다는 사실로 인해 훨씬 더 극명하게 드러났다. 이 명단에는 존 체임벌린·프랭크 초도로프·윌리엄 헨리 체임벌린·헨리 레그너리·데빈 개리티· 윌리엄 F. 버클리 주니어·러셀 커크·에드먼드 오피츠가 포함되어 있었다. 따라서 두 가지 의문이 제기된다. 변화는 얼마나 쉬웠는가? 그리고 보수주의자들은 이를 어떻게 합리화했는가?

"구우파" 민족주의와 "신우파" 국제주의 사이의 긴장은 전후 10년 동안 반복적으로 뚜렷하게 나타났다. 예컨대 1947년 제임스 번햄은 종전 직후의 신속한 동원 해제에 반대했지만,[188] 불과 3년 전만 해도 군대에 있던 러셀 커크 병장의 제대를 열렬히 환영했고, 군 지도부가 공산주의자들을 불신하는지 의심스럽다고 말했었다. 1944년 커크는 뉴딜 정책 관료들이 추축국의 패배 이후 번영을 유지하기 위해 전쟁 상태를 연장시키려 할 것이라고 예측했다. 그들은 러시아라는 적을 만들어 남자들—그리고 실직 중인—의 무장 유지를 정당화할 것이었다.[189] 1947년 전 세계적 전략을 수립한 번햄은 징병제를 전적으로 필요한 것으로 여겼지만, 커크를 비롯한 많은 사람들은 징병제를 "노예제"로 간주했다.[190] 1947년 고립주의자이자 수정주의자인 해리 엘머 반스는 번햄의 『세계를 위한 투쟁』을 "올해의 가장 위험하고 '비미국적인' 책"이라고 비난했다. 반스는 이 책이 "침략 전쟁을 위한 청사진"이자 제2차 세계대전으로 인해 "이 나라에서 히틀러식 사고방식과 정책이 궁극적 승리를 거두게 될 것"이라는 그의 논지를 "확인"시켜주었다고 주장했다.[191] 『휴먼이벤츠』의 편집자 펠릭스 몰리도 비슷한 경고를 했다. 그는 "과거 마르크스주의자"였던 번햄은 미국의 전통과 원칙을 이해하지 못한다고 비난했다. 몰리는 번햄의 반공산주의와 러시아인들을 "달래려는 시도를 멈춰야 한다"는 데는 동의했지만, 번햄의 책은 "(…) 소비에트 러시아의 매우 실제적인 위협이 미공화국의 해체를 옹호하는 데 활용될 것"이며, "그 자리에는 미제국이 수립"될 것임을 보여주었다.[192]

이후 한국전쟁 기간에 경제교육재단의 레너드 리드는 미국이 이 물리적 충돌에 개입하는 것에 대해 비판했다. 유명한 팸플릿 「전장에서의 양심Conscience on the Battlefield」에서 리드는 반공산주의적인 근거만을 토대로 한국의 정당성을 부인했다. 그곳에서 싸울 것을 사람들에게 강요하는 건 잘못이었다. 실제로 강요는 "공산주의의 본질적인 특성"이었다. 리드는 만약 미국인들이 정말로 한국이 자기들 나라의 안보에 매우 중요하다고 생각한다면, 그들은 자신들의 자유의지로 한국에 갈 것이라고 넌지시 말했다. 그러나 "이 전쟁은 비자발적인 병역이 없었다면 일어날 수 없었을 것이다". 더구나 "(…) 낯선 지역에 대한 개입은 여러분을 정의의 수호자가 아니라 폭력의 주창자로 만들 것이다". 그리고 폭력의 시작은 악이었다. "악으로 악에 맞서 싸우는 것은 악을 일반화할 뿐이다."[193] 자신이 쓴 글 중 최고의 작품이라고 생각했던 리드의 글은 우파에 상당한 파문을 불러일으켰다.[194] 그것은 이질적인 분파들이 뒤섞인 보수주의 지적 운동 내부에서 끓어오르던 견해 차이를 극명하게 드러냈다.

구우파와 신우파 사이의 마찰이 만들어낸 또 다른 산물은 1950년 『휴먼이벤츠』의 편집자 펠릭스 몰리의 사임이었다. 고전적 자유주의자·반군국주의자·반제국주의자인 몰리는 1940년대 후반 대외 정책 문제를 둘러싸고 공동 편집자 프랭크 해니건과 잦은 의견 충돌을 겪었다. 몰리는 "공산주의의 동유럽 장악은 흔들리지도, 흔들릴 수도 없을 것"이라는 비극적인 결론을 내리면서 『휴먼이벤츠』에 "공산주의를 막기 위해 독일과 일본의 방벽"은 강화하되 "(…) 러시아에 대한 직접적인 공격은 피해야 한다"는 입장을 지지할 것을 촉구했다. 해니건은 반대했고, (몰리에 따르면) 몰리가 "'공산주의에 관대한' 경향"이 있다고 주장했다. 몰리는 1949년 "냉전의 가치에 대한 의구심"과 완전한 편집권을 확보하려는 열망을 품고 유럽 여행에서 돌아왔다. 1950년 해니건과 헨리 레그너리—두 명 모두 『휴먼이벤츠』의 주주였다—가 자신의 제안을 거절하자 몰리는 사임했다. 한 세대가 지난 후 몰리는 자신과 해니건 사이의 "분열"은 구우파와 신우파 사이—"일반적으로 평화롭고, 심지어 고립되어 있는 미국과 적극적으로 개입하는 미국 사이"—에서 벌어지고 있던 차이가 반영된 것이라고 말했다.[195]

대외 정책을 둘러싼 보수주의자들 사이의 불화는 윌리엄 헨리 체임벌린과 윌리엄 F. 버클리 주니어를 통해 더욱 확실하게 느낄 수 있었다. 1949년 7월에 쓴 편지에서 체임벌린은 로버트 태프트 상원의원의 청렴성과 국내 이력에 대해서는 칭찬했지만, 그가 나토NATO에 반대한 것에는 몹시 아쉬워했다. 태프트는 외교 문제와 관련해 "너무나 잘못된 생각을 고집"하고 있었다. 만약 자유주의적이지만 반공산주의적인 민주당 당원들이 1952년 대통령 선거에서 태프트를 반대한다면, 체임벌린은 그가 "고통스러운 딜레마"에 직면하게 될 것이라고 말했다.[196] 버클리 역시 긴장을 의식하고 있었다. 1941년 열정적인 미국 우선주의자이자[197] 녹과 켄달의 제자였던 그는 보수주의 사상과 상충되는 부분을 구체적으로 보여주는 화신과도 같았다. 1952년 선거 시기에 쓴 에세이에서 버클리의 양면성은 극심했다. 그의 글 전반부는 녹과 허버트 스펜서, 그리고 "리바이어던 국가"에 대한 이야기로 가득 차 있었지만, 후반부에서는 "지금까지 아무도 저지하지 못한 소련의 공격성"이 "우리의 자유", 그리고 심지어 미국의 생존까지 "위협"한다고 공언했다. 그는 공산주의가 우리를 위험에 빠뜨리지 못할 때까지 공산주의를 물리치는 데 필요한 큰 정부를 묵인해야 할 것이라고 다소 침울한 결론을 내렸다.[198] 국외의 위험이 가장 우선적인 고려 사항이었다.

이러한 긴장과 압력은 1954년과 1955년 보수 언론에서 일련의 논쟁으로 폭발했다. 『믿음과자유』에서 머레이 로스바드는 윌리엄 헨리 체임벌린과 헨리 루스Henry Luce*의 전 보좌관 윌리엄 슐람William Schlamm과 논쟁을 벌였다. 『프리맨』에서 슐람과 프랭크 초도로프는 서로 공격을 주고받았다. 고립주의 자유지상주의자들—로스바드와 초도로프—의 주장은 본질적으로 두 가지였다. 먼저 그들은 지금 당장 소련이 미국에 군사적 위협이 된다는 건 사실이 아니라고 말했다. 로스바드는 미국은 공격받은 적이 없다고 말했다. 두 사람 모두 최근 러시아의 영토 점령이 취약해진 원인이라고 주장했다. 둘째로 두 사람 모두 전쟁이 정부의 권력을 강화하고, 국내의 자유를 파괴할 것이라고 우려했다. 그들이 강력하게 선언한 진짜 적은 국가였다. 공산주의는 하나의 변종에 불과했다. 이에 대해 슐람(과거 독일의 공산주의자)과 체임벌린("러시아 실험"의 과거 동조자)은 공산주의의 위협은 긴박하며 불길하다고 강력하게 주장했다. 공산주의는 본질적으

• 헨리 로빈슨 루스Henry Robinson Luce, 1898~1967. 『타임』·『라이프』·『포춘』 등을 창간한 미국 언론계 거물.

로 팽창적이고 전체주의적이며, 달래는 것이 불가능하고 "구제 불능일 정도로 공격적"이었다. 소련의 목표는 세계 정복이었다. 이후 체임벌린은 『뉴리더』에 기고한 글에서 미국이 공산주의자들과 거래를 하고, 국외에 있는 모든 공산주의 근거지를 포기해야 한다고 제안한 로스바드의 견해를 "유화"라고 규정했다. 체임벌린은 자신이 십자군전쟁을 벌이고 있는 자유주의적 국제주의를 옹호하고 있다는 것은 사실이 아니라고 말했다. 그는 국가의 이익이라는 태프트의 보수적 표현을 이용해 국가의 "중대 이익"이 해외에서 위태로운 상황에 처해 있다는 건 틀림없는 사실이라고 주장했을 뿐이었다.[199]

1954년 이 논쟁이 전개되는 것을 바라보던 버클리는 비관적이었다. 그가 "해방 또는 개입주의적 보수주의자들"과 "봉쇄 보수주의자들"이라고 부른 두 분파 사이의 논쟁은 우파의 "거대한 분열"을 대표했고, 그로 인해 운동이 훼손될 것이라고 확신했다.[200] 어떤 의미에서 보면 그 젊은 운동가가 옳았다. 지적인 측면에서 양측은 화해할 수 없었다. 그러나 당면한 현실적 측면에서 재앙적인 분열은 일어나지 않았다. 보수주의 사상의 명백한 경향은 1955년 초 민감한 잣대인 버클리 자신에 의해 분명하게 나타났다. 버클리는 슐람-초도로프 논쟁에 대해 평하면서 미래에는 "전쟁과 노예제 모두" 도래하게 될지 모른다고 수긍했다. 그렇지만 그는 공산주의가 세계를 정복하도록 용인하는 대외 정책을 채택하기보다 나중에 강력한 국내 정부와 함께 기회를 잡기 원했다. 그래서 그는 "상심해하며" 자신이 "신중하게 계획된 결전을 지지하고, 공산주의의 계획을 좌절시키기 위한 전쟁에 나갈 준비가 되어 있는 사람 중 한 명"이라고 생각했다.[201] 반공산주의자들이 버클리와 대다수 우파의 정신을 사로잡았다.

버클리와 로스바드가 나중에 동의한 것처럼[202] 이 변화에서 가장 주목할 만한 특징 가운데 하나는 변화가 쉽게 일어났다는 것이다. 논쟁은 실제로 그리 오래 지속되지 않았다. 운동은 실질적으로 분열되지 않았다. 어떻게 이런 일이 가능했을까? 겉으로 보기에 거대했던 변화가 어떻게 그렇게 순조롭게 일어날 수 있었을까? 이 놀라운 전개는 네 가지 요인으로 설명될 수 있다. 첫째, 로스바드가 지적했듯이 강경한 "고립주의자" 구우파는 1950년대에 그 수가 자연스럽게 줄어들어 약해져 있었다. 태프트 상원의원은 1953년에 사망했고, 반제국주의 언론인 개럿 개릿—로스바드의 영웅 중 한 명—는 그 1년 후 사망했다. 프랭크 초도로프는 1950년대 후반 뇌졸중으로 인한 마비로 고통을 겪고 있었다. 로스바드에 따르면 경제교육재단의 레너드 리드와 그의 동료들은 한국전쟁 논쟁에 뛰어든 후 자신들의 전통적인 비정치 활동으로 물러났다. 로스바드 자신은 표류하고 있었다. 1952년 대통령 선거에서 일리노이주 상원의원 에버릿 덕슨Everett Dirksen—그는 태프트 상원의원을 파렴치한 "사회주의 변절자"라고 생각했다—을 지지한 후, 로스바드는 아이젠하워가 태프트의 후보 지명을 "훔쳐"가자 공화당을 떠났다. 1950년대 중반 그는 대외 정책에 관한 논쟁에 참여했지만, 우파에 어떤 유의미한 영향력도 행사하지 못했다. 둘째, 로스바드에 따르면 구우파의 사회적 기반—중서부의 개신교 신자들—이 떠오르는 동부 도시의 로마 가톨릭 신자들—아마도 버클리 같은 사람들이 말했던—에게 패권을 넘겨주었다.[203] 확실히 이러한 생각에는 어느 정도 진실이 담겨 있었다. 1950년대 보수주의 지식인 중 상당수가 가톨릭 신자였으며, 당시 교황 비오 12세가 이끌던 교회는 강경한 반공산주의였다. 또한 많은 가톨릭 신자들이 동유럽에서 태어났거나 조상이 동유럽 출신이었기 때문에 공산주의를 더 많이 의식하고 있었다는 사실도 간과해서는 안 된다. 이러한 모든 요인은 의심할 여지없이 지적·정치적으로 보수주의를 구우파의 궤도에서 이탈시키는 경향이 있었다.

변화의 세 번째 중요한 윤활유는 대부분의 보수주의 지식인들에게 1955년의 세계는 1940년의 세계와 매우 다르게 보였다는 단순한 사실이었다. 그러므로 미국의 대외 정책도 어느 정도 달라져야 했다. 유럽과 아시아는 더 이상 그렇게 멀게 느껴지지 않았다. 이는 특히 윌리엄 헨리 체임벌린이 고립주의에서 전향하게 된 이유를 설명해준다. 그는 훗날 1940년에는 독일과 러시아라는 두 개의 악마 국가가 있었다고 썼다. 체임벌린은 그들이 균형을 잃고 서로를 파괴하도록 내버려 두기를 바랐다. 제2차 세계대전과 그 결과로 소련이 부상하게 된 일 같은 그러한 "책략"은 이제 불가능했다. "우리가 하지 않는 한 세계에 힘의 균형은 존재하지 않는다."[204] 그 공백은 마땅히 미국에 메워야 했다.

마지막으로 1950년대 초도로프와 로스바드 같은 극단적 반국가주의자들의 불만과 버클리의 양면성에도 불구하고, 국내와 국외의 적극적인 반공산주의는 다면적인 보수주의 지적 부활의 다른 분파들에게 상당히 잘 들어맞았다. 예를 들어 대부분의 자유지상주의자들은 국내에서 개인의 자유—특히 경제적 자유—를 지지하는 것과 국내외의 강력한 반공산주의를 지지하는 것 사이에서 긴박한 모순을 느끼지 못했다. 전자는 후자에 좌우되었다. 실제로 체임벌린·프랭크 메이어·맥스 이스트먼 같은 자유지상주의자들에게 공산주의에 대한 경험—무엇보다 국가의 신격화—은 자유시장·제한된 정부라는 철학을 강화하고 수용하게 된 동기가 되었다. 예컨대 이스트먼의 『사회주의 실패에 대한 성찰Reflections on the Failure of Socialism』은 사회주의와 공산주의에 대한 비난과 "유일한" 대안인 자본주의에 대한 찬사로 가득했다.[205]

가장 순수한 반국가주의자인 초도로프와 로스바드조차 때때로 반공산주의 십자군에 가담했다. 결국 초도로프 자신도 편파적인 매카시 지지자였던 것이다. 그는 매카시가 정부 "어디에나" 공산주의자들이 "존재한다"는 사실을 입증했다고 말했다. 이 최고의 개인주의자는 계속해서 매카시의 유일한 실수는 그가 충분히 멀리 나가지 않은 것이라고 말했다. "만약 당신이 공산주의자들의 관료 체제를 없애고자 한다면, 할 수 있는 유일한 일은 관료 체제를 폐지하는 것뿐이다"라고 말했다.[206] 로스바드도 비슷한 경향을 보였다. 그는 매카시가 행정부의 사기를 떨어뜨리고 있다는 『뉴욕타임스』의 기사를 읽으면서 흐뭇해했다.[207] 과거 공산주의자나 반공산주의자 모두가 자유지상주의 경제학을 채택한 건 아니었다. 누구나 알만한 예외적 인물이 제임스 번햄이었다.[208] 윌무어 켄달 역시 예외적 인물이었다. 하지만 많은 사람이 자유지상주의 경제학을—열광적으로—채택했고, 자신들의 위치에 상당히 편안함을 느꼈다. 어째서 우리는 반공산주의자가 되어서는 안 되는가? 공산주의는 우리가 믿고 있는 모든 걸 부정하는 게 아닌가?

공산주의에 맞서는 반란은 전통주의, 보통 종교적 보수주의와 쉽게 연합했다. 공산주의는 기독교 서구에 대한 세속적·무신론적·구원적 도전이 아니었나? 이것은 루이스 부덴츠와 벨라 도드 같은 과거 공산주의자들이 종교로 귀의함으로써 극적으로 과장된 『증언』의 교훈이 아니었나? 근본적으로 "열린" 사회를 비판한 반공산주의 비판자들은 많은 전통주의자들이 전체주의의 뿌리와 관련해 일제히 주시하고 있던 바를 이야기하고 있지 않았나? 개방적이고 무심하며 관대한 사회는 공허한 사회였다. 가치도 절대적인 것도 합의도 존재하지 않는다면 문명은 도덕적 무정부 상태로, 결국은 독재로 전락하게 될 것이었다. 과거 공산주의자들과 전통주의자들은 자유주의—개방의 이데올로기—가 존 할로웰의 말을 빌자면 "자살로의 초대장"이라는 데 동의했다. 공산주의는 전통주의자들이 두려워했던 모든 것의 훌륭한 본보기가 아니었을까?

간단히 말해 반공산주의는 1950년대의 보수주의 신조에 대체로 쉽게 흡수되었다. 자유지상주의자들과 전통주의자들은 모두 자신들의 가장 깊은 신념에 대한 사례연구를 "실패한 신"에서 포착했다. 공산주의는 자유, 그리고 전통에 대한 위협이었다. 1955년의 보수주의가 혼합물이었다면, 반공산주의는 그것을 하나로 이어주는 접합제의 중요한 일부였다.

국제적 관점, 공산주의에 대한 지식, 지식인들의 "반역"에 대한 비판 외에[209] 반공산주의자와 과거 공산주의자들은 전후 초기 보수주의에 두 가지 주목할 만한 특징을 가져다주었다. 첫째, 이 시기 많은 자유지상주의와 전통주의적 사상에 스며들어 있던 "군중문화"에 대한 경멸과 남은 자라는 엘리트주의적 개념과는 대조적으로, 과거 급진주의자들과 반공산주의자들은 미국의 중산층을 예찬하기 시작했다. 휘태커 체임버스는 보통사람, 겸손한 사람, "국가의 평범한 남녀"가 자신이 곤경에 처했을 때 자신을 지켜주었다고 말했다. 1948년부터 1949년까지 "내향적인" 동부를 떠나 자동차로 대륙을 횡단한 제임스 번햄은 국가를 거의 서정적으로 묘사했다. 그는 "수 세기까지는 아니더라도 미국은 그만둘 준비가 되어 있지 않다"고 결론지었다. 1950년 오클라호마 출신의 윌무어 켄달은 대외 정책은 "미국인 고유의 양심"에 기반해야 한다고 강력하게 권고했다. 버클리-보젤의 책을 소개하면서 윌리엄 슐람은 조셉 매카시가 "미국의 심장부"에서 나왔다고 흐뭇하게 말했다.[210] 미국인들에 대한 이러한 호의는 한때 공산주의자였던 사람들의 마르크스주의적 과거가 무의식적으로 반영된 것은 아니었을까? 이것은 대중의 덕성과 양심에 대한 거의 신비주의적인 믿음이 우파식으로 변종된 것은 아니었을까? 아마도 그럴 것이다. 하지만 그 이상이었다. 냉전의 격정이 일부 다원주의적 보수주의자들을 "포퓰리즘"과 대중사회를 비판하도록 몰아갔다면,[211] 이러한 압력은 이제까지 대중과의 동일시를 금기시했던 일부 보수주의자들 사이에서도 발생했다. 공산주의 문제와 관련해 일부 보수주의자들은 자신이 대중의 편에 서 있다고 느꼈다. 이 새롭고 보다 낙관적인 분위기는 아직 지배적이지 않았다. 그러나 매카시 시대의 맹렬한 폭풍 속에서 "침묵하는 다수"에 대한 훗날의 보수주의적 찬사를 최초로 엿볼 수 있다.

둘째, 과거 급진주의자들과 그 동맹자들은 보수주의의 지적 운동에 복음주의적 활력을 불어넣은 이데올로기적 십자군이었다. 그들은 "열의", "활기", "탄력"을 북돋아주었고,[212] 선명성을 내세워온 우파가 몇 년 만에 처음으로 자신들을 따르는 열성적인 대중을 얻는 데 일조했다. 부분적으로 그들의 종말론적 긴박감은 아마도 전쟁을 예상했기 때문이었을 것이다. 1947년 제임스 번햄은 자신의 책이 대중들에게 알려지기 전에 전쟁이 발발할지 모른다고 생각했다. 1950년 한국전쟁이 시작된 직후 피터 비에렉은, 우리는 눈앞에 닥친 유고슬라비아, 베를린 혹은 이란 침공을 막기 위해 싸울 것이라고 소련에 경고하면서 우리에게는 "평화를 구할 수 있는 시간이 30일밖에 남지 않았다"고 썼다.[213] 1950년대 초반 윌무어 켄달이 쓴 편지들에는 세계대전이 곧 발발할 것이라는 믿음이 자주 표현되어 있었다.[214]

부분적으로 이러한 긴박함은 배신이라는 쓸쓸한 의심을 반영했다.

• 　보수적인 정치적·종교적 신념과 농업 중심의 생활방식 등 주로 전통적 가치를 대표하는 미국 중서부 지역을 가리키는 용어.

게다가 정말로 너무 늦었다면 어떻게 될 것인가? 휘태커 체임버스가 옳았다면, 그렇다면 서구는 정말로 패배한 쪽이었는가?

체임버스는 때때로 암울한 정도로 비관적이었고, 체념에 있어서는 녹과 같았다. 1954년 그는 버클리에게 편지를 썼다

아니요. 나는 더 이상 우리에게 정치적 해결은 가능하다고 믿지 않습니다. (…) 적, 그것은 우리 자신입니다. 그렇기 때문에 서구 문명의 파멸을 막자고 이야기하는 건 소용없는 일입니다. 그것은 이미 내부에서 만신창이가 되었습니다. 그래서 지금 우리가 할 수 있는 건 시간이 흐른 뒤 오게 될 그날을 대비해 화형장에서 성자의 손톱을 겨우 가져와 혹은 불탄 장작더미에서 한 줌의 재를 가져다 화분에 그것들을 몰래 묻어두는 일뿐입니다. 소수의 사람들이 한때 다른 무언가가 있었다는 사실을 감히 다시 믿기 시작하고, 그 다른 것을 상상할 수 있으며, 그것이 무엇이었는지에 대해 약간의 증거만을 필요로 하고, 장엄한 해 질 녘에 희망과 진리를 지키기 위해 애정 어린 고민을 했던 사람들이 있었다는 사실을 확실히 알게 되었을 때, 그날은 올 것입니다.[215]

대부분의 보수주의 지식인들은 체임버스의 절망에 공감하지 않았다. 하지만 그 뒤에서는……

'C'est la lutte finale' - '이것은 최후의 투쟁이니'*

* 세계적으로 유명한 민중가요 〈인터내셔널가〉의 한 구절. 1871년 파리코뮌 당시 프랑스 노동자 외젠 포티에 Eugène Pottier(1816~1887)가 작사하고, 훗날 1888년에 피에르 드게테르 Pierre De Geyter(1848~1932)가 현재의 곡을 붙였다.

〈인터내셔널가〉가 울려 퍼지고 있었다. 부분적으로는 과거 공산주의자들과 그들의 지지자들을 통해 이 십자군 정신이 우파에 스며들게 되었고, 전후 지적 보수주의를 투쟁의 신념으로 만들었다.

주

1 이 제목은 몇 년 전 텔레비전에서 방영된 공산주의 러시아에 대한 다큐멘터리에서 차용했다.

2 제프리 하트, 「우리 전쟁의 양상The Pattern of Our War」, 『내셔널리뷰』 18(1966년 1월 11일), 31쪽

3 앨런 거트만, 『가슴 속 상처: 미국과 스페인 내전The Wound in the Heart: America and the Spanish Civil War』(뉴욕, 1962)

4 머레이 로스바드, 「미국 우파의 변화The Transformation of the American Right」, 『컨티넘Continuum』 2(1964년 여름), 220~231쪽

5 제2차 세계대전 이후 우파 수정주의자들의 주요 저서로는 찰스 A. 비어드, 『루스벨트 대통령과 1941년 전쟁의 도래President Roosevelt and the Coming of the War, 1941』(뉴헤이븐, 1948); 해리 엘머 반스 편, 『영구 평화를 위한 영구 전쟁 Perpetual War for perpetual Peace』(콜드웰, 아이다호, 1953); 윌리엄 헨리 체임벌린, 『미국의 두 번째 십자군America's Second Crusade』(시카고, 1950); 조지 모겐슈턴, 『진주만: 비밀스러운 전쟁 이야기Pearl Harbor: The Story of the Secret War』(뉴욕, 1947); 찰스 C. 탄실, 『전쟁의 뒷거래: 루스벨트의 대외 정책Back Door to War: The Roosevelt Foreign Policy』(시카고, 1952)가 있다. 펠릭스 몰리·프랭크 해니건·헨리 레그너리가 1944년 설립한 『휴먼이벤츠』는 루스벨트의 대외 정책을 비판하는 우파의 주요 그룹 중 하나였다. 수정주의의 의의에 대한 연구는 셀리그 아들러Selig Adler, 『고립주의자의 열망: 이에 대한 20세기의 반발The Isolationist Impulse: Its Twentieth-Century Reaction』(뉴욕, 1957), 384~388쪽; 헨리 레그너리, 「자유주의 세상의 보수주의 출판사A Conservative Publisher in a Liberal World」, 『얼터너티브The Alternative』 5(1971년 10월), 14~16쪽을 참조할 것.

6 반스 편, 『영구 전쟁』, 658쪽

7 체임벌린, 『미국의 두 번째 십자군』, 353쪽

8 러셀 커크가 W. C. 맥캔에게 보낸 편지, 1944년 2월 13일, 러셀 커크 페이퍼스, 센트럴미시간대학교 클라크역사도서관, 마운트플레전트, 미시간

9 체임벌린, 『미국의 두 번째 십자군』, 353쪽

10 유진 라이온스, 『붉은 10년: 스탈린주의의 미국 침투The Red Decade: The Stalinist Penetration of America』(인디애나폴리스, 1941). 라이온스에 대한 간략한 소개는 다니엘 아론, 『좌파의 작가들Writers on the Left』(뉴욕, 1961), 248쪽을 참조할 것.

11 아론, 『좌파의 작가들』, 248쪽

12 라이온스, 『붉은 10년』, 14쪽

13 같은 책, 17쪽

14 이 조약에 대한 라이온스의 입장은 같은 책, 28장을 참조할 것. 공개항의서 요약본은 『뉴욕타임스』 (1939년 8월 14일), 15쪽을 참조할 것. 8월 10일 자 공개항의서 전문은 『네이션』 149(1939년 8월 23일), 228쪽에서 찾아볼 수 있다. 또한 「위원회에 답하며In Reply to a Committee」, 『뉴리퍼블릭』 100(1939년 8월 23일), 65쪽도 참조할 것.

15 프랭크 A. 워렌 3세Frank A. Warren III, 『자유주의와 공산주의: "붉은 10년" 재고Liberals and Communism: the "Red Decade" Revisited』(블루밍턴, 인디애나, 1966)

16 유진 라이온스, 『모스크바의 회전목마』(뉴욕, 1935)와 『유토피아에서의 임무』(뉴욕, 1937)

17 프레다 유틀리, 『우리가 잃어버린 꿈』(뉴욕, 1940); 맥스 이스트먼, 『제복을 입은 예술가들』(뉴욕, 1934)과

『스탈린의 러시아와 사회주의의 위기Stalin's Russia and the Crisis in Socialism』(뉴욕, 1940); 윌리엄 헨리 체임벌린, 『집단주의: 거짓 유토피아』(뉴욕, 1937)와 『어느 개인주의자의 고백The Confessions of an Individualist』(뉴욕, 1940)

18 체임벌린, 『고백』, 159쪽

19 월터 크리비츠키, 『스탈린의 첩보기관In Stalins' Secret Service』(뉴욕, 1941); 벤자민 기틀로, 『나는 고백한다I Confess』(뉴욕, 1940); 얀 발틴, 『야반도주Out of the Night』(뉴욕, 1941)

20 제임스 번햄과의 인터뷰, 켄트, 코네티컷, 1972년 2월 4일

21 유진 라이온스, 「얄타에서의 유화책Appeasement in Yalta」, 『아메리칸머큐리』 60(1945년 4월), 461~468쪽

22 아단 테오하리스Athan Theoharis, 『얄타 신화: 1945~1955년 미국 정치의 쟁점The Yalta Myths: An Issue in U.S. Politics, 1945-1955』(컬럼비아, 미주리, 1970), 1쪽과 2장을 참조할 것.

23 아서 블리스 레인Arthur Bliss Lane, 『나는 폴란드가 배신당하는 것을 보았다I Saw Poland Betrayed』(인디애나폴리스, 1948)

24 제임스 번햄, 『다가올 공산주의의 패배』(뉴욕, 1950), 56쪽

25 조셉 킬리Joseph Keeley, 『중국 로비맨: 알프레드 콜버그 이야기The China Lobby Man: The Story of Alfred Kohlberg』(뉴로셸, 뉴욕, 1969), 194~206쪽

26 프레다 유틀리, 『중국 이야기』(시카고, 1951); 존 T. 플린, 『당신이 잠든 사이: 아시아에서 우리가 겪은 비극과 이를 자초한 사람들While You Slept: Our Tragedy in Asia and Who Made It』(뉴욕, 1951). 두 책은 우파 출판사인 레그너리와 데빈-아데어에서 각각 출간되었다는 점에 주목해야 한다. 두 회사의 수장은 모두 1930년대까지 "고립주의자"였다.

27 예를 들어 테오하리스, 『얄타 신화』; 로버트 그리피스Robert Griffith, 『공포의 정치학: 조셉 R. 메카시와 상원The Politics of Fear: Joseph R. McCarthy and the Senate』(렉싱턴, 켄터키, 1970); 로널드 J. 카리디Ronald J. Caridi, 『한국전쟁과 미국 정치The Korean War and American Politics』(필라델피아, 1968)를 참조할 것. 트루먼 행정부의 대외 정책에 관한 보수주의자들의 비판을 간략히 살펴보려면 윌리엄 F. 버클리 주니어, 「딘 애치슨의 전력Dean Acheson's Record」, 『프리맨』 2(1952년 3월 10일), 378~380쪽을 참조할 것.

28 로버트 스트라우스-후페Robert Strausz-Hupé와 스테판 T. 포소니Stefan T. Possony, 『국제관계International Relations』(뉴욕, 1950); 스테판 T. 포소니, 『갈등의 세기: 공산주의의 세계혁명 기술A Century of Conflict: Communist Techniques of World Revolution』(시카고, 1953); 게르하르트 니에메예르, 『소련의 사고방식에 대한 탐구An Inquiry into Soviet Mentality』(뉴욕, 1956)을 참조할 것.

29 정치학자인 니에메예르는 1907년 독일에서 태어나 1937년에 미국으로 건너왔다. 그 후 13년간 프린스턴대학교와 오그너돌프대학교Oglethorpe University에서 학생들을 가르쳤다. 그는 1950년부터 1953년까지 미국 국무부 기획자문관을 역임했다. 1953년부터 1955년까지는 대외관계자문위원회의 연구분석관이었다. 1955년에 그는 노터데임대학교의 교수진에 합류했다. 빈에서 태어난 포소니는 1933년 20살의 나이에 박사학위를 취득했고, 1940년에 미국으로 건너왔다. 군사 전술 전문가였던 그는 『내일의 전쟁Tomorrow's War』(런던, 1938)으로 유명세를 얻었다. 제2차 세계대전 기간 동안 그는 처음에는 고등연구소Institute for Advanced Study에서, 그 이후에는 미 해군에서 복무했다. 1946년부터는 공군과 조지타운대학교 대학원 교수로 15년을 근무했다. 1961년에 그는 후버연구소의 국제정치연구프로그램 책임자가 되었다. 니에메예르·포소니·스트라우스-후페의 일생에 관해서는 『인명사전』 37번째 편집본, 1972~1973(시카고, 1972), 각각 236, 2529, 3077쪽을 참조할 것. 또한 로버트 스트라우스-후페, 『내 시대에는In My Time』(뉴욕, 1945)과 모튼 A. 카플란Morton A. Kaplan, 「로버트 스트라우스-후페: 학자, 신사, 문필가Robert Strausz-Hupé: Scholar, Gentleman, Man of Letters」, 『오르비스Orbis』 14(1970년, 봄), 58~70쪽을 참조할 것.

30 보그단 라디차, 「봉쇄를 넘어 해방으로Beyond Containment to Liberation」, 『코멘터리』 12(1951년 9월), 226, 227, 231쪽

31 윌리엄 헨리 체임벌린, 『봉쇄를 넘어Beyond Containment』(시카고, 1953), 376쪽

32 피터 비에렉, 『지식인의 수치와 영광』(보스턴, 1953), 164, 163, 162, 185쪽

33 이 구절은 번햄의 인터뷰(1972년 2월 4일)와 그의 책 『경영자혁명』(블루밍턴, 인디애나: 미드랜즈 편, 1960), v ~

vi쪽을 참조했다.

34 제임스 번햄, 『마키아벨리주의자들: 자유의 수호자들The Machiavellians: Defenders of Freedom』(1943; 시카고: 게이트웨이 편, 1963), viii쪽. 이 문장은 번햄이 1963년 출간된 판본의 특별 서문에 쓴 글이다.

35 제임스 번햄, 『세계를 위한 투쟁』(뉴욕, 1947); 번햄과의 인터뷰, 1972년 2월 4일

36 번햄, 『투쟁』, 55쪽

37 같은 책, 127, 181쪽

38 같은 책, 160쪽

39 같은 책, 177쪽

40 같은 책, 182, 184쪽

41 같은 책, 190쪽. 번햄의 제안을 모두 살펴보려면 14~16장을 참조할 것.

42 같은 책, 222~223쪽

43 같은 책, 230쪽

44 같은 책, 240쪽과 247쪽.

45 번햄, 『다가올 공산주의의 패배』, 9쪽 각주

46 같은 책, 137쪽

47 같은 책, 131쪽

48 같은 책, 145~148쪽을 참조할 것. 번햄은 소련을 향해 "즉각적인 총공격"을 개시할 것인가 말 것인가를 결정하는 것은 그저 "편의상의 문제"에 불과하다고 지적했다. 이때의 상황에 따르면 총력전은 좋은 선택이 아니었지만 상황은 변하는 법이다. 번햄은 "공격적인 정치전쟁"이라는 자신의 계획이 전면전을 피하는 유일한 방법이라고 믿었다.

49 같은 책, 143쪽

50 제임스 번햄, 『봉쇄냐 해방이냐?』(뉴욕, 1953), 43쪽

51 같은 책, 41쪽

52 같은 책, 43쪽

53 같은 책, 251~252쪽

54 같은 책, 98쪽

55 같은 책, 112쪽

56 같은 책, 3부를 참조할 것.

57 같은 책, 204쪽

58 같은 책, 205~206쪽

59 같은 책, 206, 207, 209쪽

60 「제국의 청사진Blueprint for Empire」, 『기독교세기』 64(1947년 5월 21일), 646~648쪽; 「파괴의 청사진Blueprint for Destuction」, 『기독교세기』 64(1947년 5월 28일), 678~679쪽; 「트루먼-번햄의 평행선The Truman-Burnham Parallel」, 『기독교세기』 64(1947년 6월 4일), 702~703쪽을 참조할 것.

61 번햄, 『봉쇄냐 해방이냐』, 255쪽. 한 역사학자에 따르면 『다가올 공산주의의 패배』는 1950년대 초 미 국무부와 국방부, 그리고 CIA의 영향력 있는 사람들 사이에서 "상당히 호의적인 반향을 불러일으켰다"고 한다[타운젠드 후프스Townsend Hoopes, 『악마와 존 포스터 덜레스The Devil and John Foster Dulles』(보스턴, 1973), 118쪽].

62 번햄, 『다가올 공산주의의 패배』, 217쪽

63 『뉴욕타임스』, 1951년 7월 23일, 1쪽

64 하비 브라이트Harvey Breit, 「제임스 번햄과의 대화Talk with James Burnham」, 『뉴욕타임스 북리뷰』, 1950년

2월 26일, 16쪽

65 『국가들 간의 게임The Game of Nations』(런던, 1696)에서 영국의 저자 마일스 코프랜드는 번햄이 제2차 세계대전 이후 CIA의 "자문위원"이었다고 말했다. 이와 유사하게 『비밀활동: 어느 미국 비밀요원의 회고록Undercover: Memoirs of an American Secret Agent』(뉴욕, 1974), 69쪽에서 전직 CIA 요원 E. 하워드 헌트는 번햄이 1950년에 개편된 CIA 정책조정국의 "자문위원"이었다고 확인해주었다. 저자와의 인터뷰(1972년 2월 4일)에서 번햄은 이 시기 자신이 정부와 함께 한 일에 관해 이야기하기를 단도직입적으로 거부했다.

66 문화적자유를위한미국위원회를 부정적으로 다룬 연구는 크리스토퍼 래시Christopher Lash, 「문화 냉전: 문화적 자유를 위한 의회의 짧은 역사The Cultural Cold War: A Short History of the Congress for Cultural Freedom」, 『새로운 과거를 향하여: 미국 역사에 이견을 제시하는 글들Toward a New Past: Dissenting Essays in American History』, 바턴 J. 번스타인Barton J. Bernstein 편(뉴욕, 1967), 332~359쪽을 참조할 것.

67 『세계를 위한 투쟁』의 발췌본은 『커먼윌』 48(1947년 3월 14일), 534~538쪽에, 『다가올 공산주의의 패배』의 일부는 『파르티잔리뷰』 17(1950년 1월), 47~63쪽에 실렸다. 확실히 번햄의 사상은 상이한 정치적 관점을 지닌 여러 저널들을 통해 널리 전파되었다. 이는 중요한 사상가의 특징 중 하나다.

68 프랭크 S. 메이어, 「논평 중인 책들Books in Review」, 『아메리칸머큐리』 76(1953년 3월), 73쪽; 유진 라이온스, 「솔선수범하자Let's Take the Initiative」, 『프리맨』 3(1953년 4월 6일), 497~499쪽

69 레이먼드 몰리, 「맹목적인 길의 끝The End of a Blind Trail」, 『뉴스위크』 41(1953년 3월 9일), 92쪽

70 예를 들어 루이스 부덴츠, 『이것이 나의 이야기이다This is My Story』(뉴욕, 1947); 엘리자베스 벤틀리, 『속박에서 벗어나Out of Bondage』(뉴욕, 1951); 벨라 도드, 『어둠의 학교School of Darkness』(뉴욕, 1954); 해데 마싱, 『이러한 기만This Deception』(뉴욕, 1951)

71 리처드 크로스맨Richard Crossman 편, 『실패한 신』(뉴욕, 1950); 줄리안 스타인버그Julien Steinberg 편, 『30년의 판결』(뉴욕, 1950)

72 나다니엘 웨일은 또 다른 실례이다. 1930년대에 공산주의 세포조직의 일원이었던 웨일은 결국 그 조직과 절연하면서 자신의 과거를 털어놓았고, 『프리맨』의 기고자가 되었다.

73 이에 관한 정보는 메이어가 1957년 2월 26일 상원 내부보안소위원회에서 증언한 내용을 근거로 했다. 미국 의회, 상원, 사법위원회, 『내부보안법 및 기타 보안법 검토소위원회 청문회Hearings Before the Subcommitte to Investigate the Internal Security Act and Other Security Laws』 제85회 의회, 1차 회기, 1957년, 3577~3609쪽을 참조할 것.

74 메이어와의 (전화) 인터뷰, 1971년 9월 4일

75 1949년 메이어는 미국 공산당 주요 지도자들의 재판인 데니스 등 대 정부 재판에서 증언을 했다. 메이어, 『청문회Hearings』, 3601쪽

76 프랭크 S. 메이어, 「리처드 M. 위버: 감상Richard M. Weaver: An Appreciation」, 『모던에이지』 14(1970년 여름~가을), 243쪽

77 윌리엄 A. 러셔, 『특별검사Special Counsel』(뉴로셸, 뉴욕, 1968), 164~165쪽

78 저자와의 인터뷰(1971년 9월 4일)에서 메이어는 『아메리칸머큐리』에서 서평가로 잠깐 일한 적이 있다고 말했다. 초기에 그가 『프리맨』에 기고한 글도 서평이었다.

79 이 사건을 대중적으로 설명한 책은 앨리스테어 쿡Alistair Cooke의 『재판 세대A Generation on Trial』(뉴욕, 1950)이지만, 레베카 웨스트Rebecca West의 비판적인 논평, 『시카고대학교 법리뷰University of Chicago Law Review』 18(1951년 봄), 662~677쪽도 참조할 것. 미국 보수주의자의 비판적 논평은 존 체임벌린, 「재판의 시대An Era on Trial」, 『프리맨』 1(1950년 10월 2일), 25~26쪽을 참조할 것.

80 아서 M. 슐레진저 주니어가 편집자에게 보낸 편지, 『아메리칸머큐리』 75(1952년 12월), 64쪽. 체임버스의 견해에 동의한 다른 유명한 자유주의 지식인은 라이오넬 트릴링이었다. 그의 최근 글 「휘태커 체임버스와 여정의 한가운데Whittaker Chambers and the Middle of the Journey」, 『뉴욕타임스 북리뷰』 22(1975년 4월 17일), 18~24쪽을 참조할 것. 또한 레슬리 피들러Leslie Fiedler, 「히스, 체임버스, 그리고 순수의 시대Hiss, Chambers, and the Age of Innocence」, 『코멘터리』 12(1951년 8월), 109~119쪽을 참조할 것.

81 아서 슐레진저 주니어, 「휘태커 체임버스와 그의 '증언'Whittaker Chambers and His Witness」, 『새터데이리뷰』 35(1952년 3월 24일), 9쪽. 이 글은 아서 슐레진저 주니어, 『희망의 정치학The Politics of Hope』(보스턴, 1962), 183~195쪽에 실려 있다.

82 번햄, 『봉쇄냐 해방이냐』, 207쪽

83 휘태커 체임버스, 『증언』(뉴욕, 1952), 793쪽

84 랄프 드 톨레다노, 『한 세대를 애도하다Lament for a Generation』(뉴욕, 1960), 29, 40쪽. 이 구절에 등장하는 톨레다노의 구체적인 개인사는 그의 자서전에서 따왔다.

85 같은 책, 61, 64쪽

86 같은 책, 146~147쪽

87 랄프 드 톨레다노, 「자유주의 해체–보수주의의 관점The Liberal Disintegration - a Conservative View」, 『프리맨』 1(1950년 11월 13일), 109, 110쪽

88 톨레다노, 『애도하다』, 172쪽

89 같은 책, 126~127쪽

90 같은 책, 127쪽

91 랄프 드 톨레다노·빅터 라스키, 『반역의 씨앗: 히스–체임버스 비극의 진짜 이야기Seeds of Treason: The True Story of the Hiss - Chambers Tragedy』(뉴욕, 1950). 체임버스는 후에 『반역의 씨앗』이 미국인들이 그 사건을 이해하는 데 "상당히" 기여했다고 말했다(체임버스, 『증언』, 794쪽). 1961년 체임버스가 사망하자 톨레다노는 추도문을 발표했다. 「오직 소수에게만 그를 대변하도록 허하라Let Only a Few Speak for Him」, 『내셔널리뷰』 11(1961년 7월 29일), 49~51쪽. 또한 같은 곳에 수록된 던컨 노턴–테일러Duncan Norton - Taylor의 「지혜야말로 가장 끔찍한 시련이다Wisdom Is the Most Terrible Ordeal」, 48~49쪽을 참조할 것.

92 시드니 훅Sidney Hook, 「휘태커 체임버스의 신념The Faith of Whittaker Chambers」, 『뉴욕타임스 북리뷰』, 1952년 5월 25일, 1쪽. 아서 슐레진저 주니어는 『증언』을 가리켜 "정말로 중요한 미국인 자서전 중 하나" 라고 말했다(슐레진저, 「체임버스와 그의 '증언'」, 8쪽).

93 존 체임벌린, 「휘태커 체임버스: '증언'」, 『프리맨』 2(1952년 6월 2일), 580쪽

94 윌리엄 F. 버클리 주니어와의 인터뷰, 스탬포드, 코네티컷, 1971년 11월 26일

95 체임버스, 『증언』, 769쪽

96 체임버스가 버클리에게 보낸 편지, 1954년 4월 6일, 『어느 친구의 오디세이: 휘태커 체임버스가 윌리엄 F. 버클리 주니어에게 보낸 편지들 1954~1961 Odyssey of a Friend: Whittaker Chambers' Letters to William E. Buckley Jr., 1954 - 1961』, 윌리엄 F. 버클리 주니어 편,(뉴욕, 1970), 60~62쪽에서 인용.

97 체임버스, 『증언』, 9쪽

98 같은 책, 16쪽

99 같은 책, 17쪽

100 같은 책, 699쪽

101 에릭 푀겔린, 『새로운 정치학The New Science of Politics』(시카고, 1952), 175쪽

102 체임버스의 철학에 대한 좌파적 비판에 관해서는 슐레진저, 「체임버스과 그의 '증언'」, 8~10쪽과 39~41쪽; 시드니 훅, 「휘태커 체임버스의 신념」, 1쪽과 34~35쪽; 필립 라브Philip Rahv, 「휘태커 체임버스의 의미와 무의미The Sense and Nonsense of Whittaker Chambers」, 『파르티잔리뷰』 19(1952년 7~8월), 472~482쪽을 참조할 것.

103 체임버스, 『증언』, 472쪽

104 같은 책, 473, 741~742쪽

105 버클리와의 인터뷰, 1971년 11월 26일. 슐레진저와 라브도 이런 책들을 논평하면서 체임버스 정신의 "비미국적" 특징과 그 정도에 주목했다. 라브는 도스토예프스키를 연상시켰다.

106 윌리엄 A. 러셔와의 인터뷰, 케임브리지, 매사추세츠, 1971년 10월 30일; 러셔, 『특별검사』, 17쪽

107 체임벌린, 『증언』, 579~581쪽

108 비에렉, 『수치와 영광』, 119, 125쪽

109 같은 책, 172, 168쪽

110 같은 책, 170쪽 각주와 175쪽

111 같은 책, 306~307쪽

112 『지식인의 수치와 영광』은 사실 이전에 발표된 논문들을 모아 출판됐다.

113 포레스트 데이비스, 「자유주의의 반역 The Treason of 'Liberalism'」, 『프리맨』 1(1951년 2월 12일), 305쪽

114 같은 책, 307쪽

115 번햄과의 인터뷰, 1972년 2월 4일

116 윌리엄 J. 버클리 주니어와 L. 브렌트 보젤, 『매카시와 그 적들: 기록과 그 의미 McCarthy and His Enemies: The Record and Its Meaning』(시카고, 1954), 153쪽에서 인용. 이 이야기에 관한 래티모어 측의 입장은 오언 래티모어, 『모략에 의한 시련』(보스턴, 1950)을 참조할 것. 훗날 신보수주의자가 된 어느 냉전 자유주의자의 래티모어 비판은 어빙 크리스톨, 「허위에 의한 시련 Ordeal by Mendacity」, 『20세기 Twentieth Century』 152(1952년 10월), 315~323쪽을 참조할 것.

117 제임스 번햄, 『전복의 거미줄: 미국 정부 안의 지하조직망 The Web of Subversion: Underground Networks in the U.S. Government』 (뉴욕, 1954), 219쪽에서 인용.

118 제프리 하트와의 인터뷰, 하노버, 뉴햄프셔, 1971년 9월 10일

119 번햄과의 인터뷰, 1972년 2월 4일. 이 책의 일부는 『리더스다이제스트』에 실렸다.

120 번햄, 『전복의 거미줄』, 219, 221쪽. 과테말라에 대한 번햄의 이야기는 1954년 타도된 "붉은 대령" 야코보 아르벤츠 Jacobo Arbenz의 좌파 체제에 관한 것이다. 번햄이 제시한 증거를 다른 시각에서 바라보는 견해는 로버트 골햄 데이비스 Robert Gorham Davis, 「체제 전복을 바라보는 어느 마키아벨리주의자 A Machiavellian Views Subversion」, 『뉴리더』 37(1954년 5월 10일), 16~18쪽; 어빙 크리스톨, 「현실주의라는 거미줄 The Web of Realism」, 『코멘터리』 17(1954년 6월), 609~610쪽을 참조할 것.

121 이는 톨레다노의 책 『한 세대를 애도하다』의 6장 제목이다.

122 수잔 라 폴레트, 「패배의 전략 The Strategy of Defeat」, 『프리맨』 1(1951년 9월 10일), 793~795쪽

123 드와이트 맥도날드, 「우파의 헛똑똑이들 Scrambled Eggheads on the Right」, 『코멘터리』 21(1956년 4월), 368쪽

124 존 체임벌린, 「어느 논평가의 메모장 A Reviewer's Notebook」, 『프리맨』 2(1952년 8월 11일), 777쪽

125 같은 글, 776쪽

126 버클리-보젤, 『매카시』, 245쪽

127 같은 책, 340쪽

128 같은 책, 335쪽

129 『뉴욕타임스』, 1954년 3월 31일, 16쪽. 버클리에 따르면 매카시는 이 책이 너무 비판적이라고 생각했다고 한다. 『어느 친구의 오디세이』 버클리 편, 47쪽을 참조할 것.

130 『뉴욕타임스』, 1954년 3월 31일, 16쪽

131 예를 들어 존 P. 로체 John P. Roche, 「매카시 해부하기 Explaining away McCarthy」, 『뉴리더』 37(1954년 5월 24일), 24~25쪽; 프랜시스 W. 코커 Francis W. Coker, 『정치학저널 Journal of Politics』 17(1955년 2월), 113~122쪽을 참조할 것. 코커는 유난히 긴 논평을 통해 (이는 그 책이 중요하다는 것을 보여준다) 이 책이 부적절하다는 판단을 내렸지만, 이 책이 미 국무부의 부주의함과 타이딩스위원회의 불법 행위를 증명했다는 사실은 인정했다.

132 프랭크 초도로프, 『믿음과자유』 5(1954년 6월), 32~33쪽

133 맥스 이스트먼, 「매카시에 관한 사실과 논리 Facts and Logic re McCarthy」, 『프리맨』 4(1954년 4월 19일), 534쪽

134 윌리엄 F. 버클리 주니어, 「기록 For the Record」, 『내셔널리뷰』 16(1964년 3월 10일), 188쪽; 『뉴욕타임스』, 1954년 3월 14일, 46쪽과 1954년 3월 15일, 16쪽. 결국 매카시는 머로우에게 답하는 텔레비전 방송을

직접 촬영했다. 『뉴욕타임스』, 1954년 4월 7일, 18쪽을 참조할 것.

135 리처드 로베어Richard Rovere, 『상원의원 조 매카시Senator Joe McCarthy』(뉴욕, 1959), 225, 241, 241쪽의 각주

136 『뉴욕타임스』, 1953년 4월 6일, 7쪽

137 이는 아마도 1954년 육군-매카시 청문회에서 매카시가 지커Zwicker 장군과 만났다는 사실을 가리킬 것이다.

138 『뉴욕타임스』, 1954년 11월 16일, 28쪽

139 『뉴욕타임스』, 1954년 7월 29일, 9쪽

140 비에렉, 『수치와 영광』, 58쪽

141 비에렉의 말은 그의 글, 「엘리트에 맞선 반란The Revolt Against the Elite」, 『새로운 미국의 우파The New American Right』(다니엘 벨 편, 뉴욕, 1955), 91~116쪽에서 발췌했다.

142 피터 비에렉, 『다듬어지지 않은 남자The Unadjusted Man』(보스턴, 1956), 165쪽

143 같은 책, 166쪽

144 같은 책, 178쪽

145 기본적인 자료는 『인명사전』 37번째 편집본, 1972~1973(시카고, 1972), 1411쪽의 허버그 항목을 참조할 것. 허버그는 저자에게 보낸 편지(1973년 1월 19일)에서 자신이 공산주의자였다는 건 사실이라고 확인해주었다.

146 1950년대 허버그의 지적 이력에 관해서는 윌 허버그, 「시금석으로서의 역사주의Historicism as Touchstone」, 『기독교세기』 77(1960년 3월 16일), 311~313쪽을 참조할 것.

147 윌 허버그, 「대중선동에 의한 통치Government by Rabble - Rousing」, 『뉴리더』 37(1954년 1월 18일), 15쪽과 16쪽

148 로버트 니스벳과의 인터뷰, 노샘프턴, 매사추세츠, 1971년 11월 29일

149 체임버스가 버클리에게 보낸 편지, 『어느 친구의 오디세이』, 버클리 편, 52, 102, 57, 177쪽에서 인용.

150 폴레다노, 『한 세대를 애도하다』, 205~213쪽을 참조할 것.

151 러셀 커크, 「순응과 의회 위원회들Conformity and Legislative Committees」, 『컨플루언스』 3(1954년 9월), 343쪽

152 커크가 비에렉에게 보낸 편지, 1952년 10월 3일. 저자 복사본

153 "나는 그[태프트]가 부족하다는 것을 알고 있다. 하지만 그가 이 안쓰러운 시대에 최선의 희망이라고 생각한다. 나는 그가 시카고에서 패배한 것에 깊은 슬픔을 느끼고 있다. 그리고 지금 나는 올림포스산처럼 조용한 슬럼가 뒷골목에서 누가 선거에서 이길지에는 전혀 관심 없이 평온하기만 하다"(같은 책).

154 커크가 비에렉에게 보낸 편지, 1954년 8월 5일. 저자 복사본

155 예를 들어 그가 『학문의 자유』(시카고, 1955) 135쪽에서 오언 래티모어에 대해 한 논평을 참조할 것.

156 같은 책

157 같은 책, 76쪽과 135쪽. 러셀 커크, 『보수주의자들을 위한 강령』(시카고, 1954), 281쪽

158 윌 허버그, 「매카시와 히틀러: 거짓된 평행론McCarthy and Hitler: A Delusive Parallel」, 『뉴리퍼블릭』 131(1954년 8월 23일), 13~15쪽; 어니스트 반 덴 하그, 「매카시즘과 그 교수들McCarthyism and the Professors」, 『코멘터리』 27(1959년 2월), 179~182쪽. 허버그 글의 결론은 다음과 같다. "매카시 신화에 대해 더 일찍 문제제기를 했어야 했다. 조 매카시는 매카시에 반대하는 사람들의 상상력이 만든 초인이 아니다. 그는 미국 파시즘의 히틀러가 아니다. 전체주의적 혁명을 꾀하는 사악한 광신도도 아니다. 그는 그저 위스콘신의 허세 부리는 정치인이며, 거의 우연히 일확천금을 얻었고 그 기회를 있는 힘껏 활용했을 뿐이다. (…) 매카시즘을 끝내는 첫걸음은 조 매카시가 실제로 누구이고 어떤 사람인지를 이해하는 것이다"(15쪽).

159 커크, 「순응과 의회 위원회들」, 345쪽

160 같은 글, 351쪽

161 상원의원 제럴드 P. 나이가 의장을 맡은 상원 군수조사위원회는 이윤에 혈안이 된 은행가와 군수업자들이 미국의 제1차 세계대전 참전을 기획했다는 것을 청문회(1934~1936년)에서 증명하려고 시도했다. 우연

하게도 이 위원회에 열정적으로 조력했던 자문관 중 한 명이 앨저 히스였다.

162 커크, 「순응과 의회 위원회들」, 347쪽

163 러셀 커크와의 인터뷰, 케임브리지, 매사추세츠, 1971년 4월 21일

164 피터 비에렉, 『보수주의 재고찰』 개정판(뉴욕, 1962), 145~146쪽. 이 인용구는 2편 「신보수주의-어떤 실수를 저질렀나?」에서 따왔다.

165 러셔와의 인터뷰, 1971년 10월 30일. 상원의 내부보안소위원회에서 자신이 어떤 일을 했는지에 대한 러셔의 설명은 그의 책 『특별검사』를 참조할 것.

166 번햄과의 인터뷰, 1972년 2월 4일

167 제임스 번햄, 「사직서 A Letter of Resignation」, 『파르티잔리뷰』 20(1953년 11월~12월), 716~717쪽

168 러셔, 『특별검사』, 246~247쪽

169 윌리엄 F. 버클리 주니어, 「상원의원 매카시의 모델? Senator McCarthy's Model?」, 『프리맨』 1(1951년 5월 21일), 531쪽

170 예를 들어 오브리 허버트 Aubrey Herbert(머레이 로스바드의 필명), 「펜실베이니아 거리를 따라서 Along Pennsylvania Avenue」, 『믿음과자유』 6(1955년 2월), 14~15쪽. 로스바드는 매카시에 대한 자유주의자들의 확고한 적대심이 그들의 공포, 즉 보수주의자들이 마침내 대중과 밀접한 관계를 맺게 되었고, 자유주의자들의 권력을 위협하는 사람을 갖게 되었다는 공포에서 기인한다고 보았다.

171 제임스 번햄, 「제3세계 전쟁: 재정당화 The Third World War: Re - Legitimization」, 『내셔널리뷰』 3(1957년 6월 1일), 518쪽

172 버클리와 보젤, 『매카시』, 323~324쪽. 논의 전체는 14장을 참조할 것.

173 같은 책, 326쪽

174 같은 책, 311, 316, 319, 329, 334, 329쪽

175 같은 책, 332, 329, 328쪽

176 켄달은 이 책과 분석의 대부분은 직접적으로든 간접적으로든 자신의 것이라고 주장했다(켄달이 오스틴 래니 Austin Ranney에게 보낸 편지, 1954년 4월 13일, 저자 복사본). 확실히 그 책의 일부 구절과 용어는 켄달의 것처럼 보인다. 1954년 버클리는 켄달에 대해 이렇게 썼다. "내가 가진 모든 정치적·철학적 식견은 그의 지도와 그와의 우정에서 나온 것입니다. 당신도 알겠지만 그는 내가 책을 쓰는 데 엄청난 도움을 주었습니다"(버클리가 헨리 레그너리에게 보낸 편지, 1954년 9월 25일, 버클리 페이퍼스, 예일대학교도서관, 뉴헤이븐, 코네티컷).

177 켄달의 이력은 8장에서 자세하게 검토할 것이다.

178 윌무어 켄달, 『존 로크와 다수결의 원리 John Locke and the Doctrine of Majority Rule』(어배너, 일리노이, 1941)

179 켄달이 편집자에게 보낸 편지, 『예일데일리뉴스』, 1950년 4월 28일; 켄달이 래니에게 보낸 편지, 1954년 4월 13일; 『예일데일리 뉴스』, 1950년 4월 18일

180 윌무어 켄달, 『보수주의 선언 The Conservative Affirmation』(시카고, 1963), 3장을 참조할 것.

181 비에렉, 『수치와 영광』, 191쪽

182 어니스트 반 덴 하그, 「체제 전복 집단 통제하기 Controlling Subversive Groups」, 『미국정치학·사회학연보』 300(1955년 7월): 62~71쪽

183 출판업자인 데빈 A. 개리티는 이 논쟁이 "아주 격렬했다"고 회상했다. 그로 인해 일부 사람들은 어쩌면 다른 사람과 이 논쟁에 대해 이야기하지 않았을 것이다. 개리티는 이 시기 자유주의자들의 "옹졸함"과 "거만함"을 생생하게 기억했다(인터뷰, 사우스해들리, 매사추세츠, 1972년 8월 5일).

184 매카시즘이 보수주의에 끼친 역효과 중 하나는 반공산주의 좌파와의 냉전동맹에 긴장을 불어넣거나 심지어는 그것을 와해시켰다는 점이다. 제임스 번햄이 『파르티잔리뷰』에서 물러난 것도 그러한 균열의 징후였다. 미국 문화자유위원회 내부의 알력 또한 그런 징후 중 하나였다. 1955년 윌리엄 F. 버클리 주니어와 다니엘 벨이 교환한 편지도 참조할 것(버클리 페이퍼스).

185 톨레다노, 『한 세대를 애도하다』, 206쪽

186 일례로 시카고의 보수적 사업가 스털링 모튼Sterling Morton은 버클리에게 쓴 편지에서 다음과 같이 말했다. "매카시를 다룬 당신의 책을 대단히 흥미롭게 읽었습니다만, 그가 대통령을 공격하려는 대단한 유혹에 굴복한 것에는 매우 역정이 났습니다. 매카시가 그런 짓을 할 이유가 없는 건 아니지만, 그 자신에게도 어리석고도 심지어 멍청한 선택이었습니다. 물론 유사-자유주의자들은 매카시의 몰락이 소위 불신임 때문이라고 말하겠지만, 많은 사람들이 보기에는 그처럼 편협한 조치가 오히려 그의 지위를 강화시켜주었습니다. 그 뒤에도 그는 대통령을 공격하는 멍청한 일을 했고, 그 자신의 추종자들 중 상당수를 잃어버리게 되었습니다"(모튼이 버클리에게 보낸 편지, 1954년 12월 30일, 스털링 모튼 페이퍼스, 시카고역사학회).

187 버클리와의 인터뷰, 1971년 11월 26일. 그러나 개리티는 매카시가 보수주의운동을 강화했다고 보았다(개리티와의 인터뷰, 1972년 8월 5일).

188 번헴, 『세계를 위한 투쟁』, 7쪽. 피터 비에렉도 이것을 "실수"로 여겼다. 비에렉, 『수치와 영광』, 159쪽을 참조할 것. 많은 전후 보수주의자들과 다르게 비에렉은 진주만 전까지 개입주의자였다. 하버드대학교 대학원생이던 시절, 그는 동맹국원조를통한미국수호위원회Committee to Defend America by Aiding the Allies의 학생 분과에 활발하게 참여했다(비에렉과의 대화, 1974년 12월 3일).

189 커크가 맥캔에게 보낸 편지, 1944년 4월 16일; 1944년 6월 1일(커크 페이퍼스)

190 번헴, 『세계를 위한 투쟁』, 8쪽; 커크가 맥캔에게 보낸 편지, 1945년 1월 10일, 커크 페이퍼스

191 해리 엘머 반스, 『미국정치학·사회학연보』 252(1947년 7월), 106쪽

192 펠릭스 몰리, 『휴먼이벤츠』 4(1947년 7월 30일)

193 레너드 리드, 『전장에서의 양심』(어빙턴온허드슨, 뉴욕, 1951), 19, 23, 18, 24쪽

194 레너드 리드와의 인터뷰, 어빙턴온허드슨, 뉴욕, 1971년 11월 17일. 이 인터뷰에서 리드는 그 팸플릿으로 인해 그의 경제교육재단이 다른 어느 때보다도 많은 비판을 받았다고 말했다.

195 펠릭스 몰리, 「『휴먼이벤츠』의 초기The Early Days of Human Events」, 『휴먼이벤츠』 34(1974년 4월 27일), 26, 28, 31쪽

196 윌리엄 헨리 체임벌린이 체임벌린 부인에게 보낸 편지, 1949년 7월 17일, 윌리엄 헨리 체임벌린 페이퍼스, 프로비덴스대학교, 프로비덴스, 로드아일랜드

197 버클리가 저자에게 보낸 편지, 1972년 2월 22일. 버클리는 15살 때 미국우선주의 집회에 참석했다.

198 윌리엄 F. 버클리 주니어, 「그 정당과 깊고 푸른 바다The Party and the Deep Blue Sea」, 『커먼윌』 55(1952년 1월 24일), 391~393쪽

199 (출간 순) 오브리 허버트[머레이 로스바드], 「진짜 침략자The Real Aggressor」, 『믿음과자유』 5(1954년 4월), 22~27쪽; 윌리엄 헨리 체임벌린, 「우파의 유화책Appeasement on the Right」, 『뉴리더』 37(1954년 5월 17일), 21쪽; 윌리엄 헨리 체임벌린, 「미국 대외 정책의 위기Crisis of American Foreign Policy」, 『믿음과자유』 6(1954년 9월), 12~15쪽; 프랭크 초도로프, 「1940년의 귀환?The Return of 1940?」, 『프리맨』 5(1954년 9월), 81~82쪽; 윌리엄 S. 슐람, 「하지만 지금은 1940년이 아니다But It Is Not 1940」, 『프리맨』 5(1954년 11월): 169~171쪽; 프랭크 초도로프, 「미국을 공산화하는 전쟁A War to Communize America」, 『프리맨』 5(1954년 11월): 171~174쪽; 윌리엄 슐람 vs. 오브리 허버트[로스바드], 「대만을 위해 싸울 것인가 말 것인가?Fight for Formosa or Not?」, 『믿음과자유』 6(1955년 5월), 6~9쪽; 윌리엄 슐람 vs. 오브리 허버트[로스바드], 「대만을 위해 싸울 것인가 말 것인가? II Fight for Formosa or Not? II」, 『믿음과자유』 6(1955년 6월), 18~21쪽; 저자에게 보낸 편지(1971년 12월 14일)에서 로스바드는 "오브리 허버트"라는 가명을 사용했다고 인정했다. 19세기 후반 허버트 스펜서의 영국인 제자이자 자유지상주의자인 오브리 허버트를 염두에 두었다고 한다.

200 윌리엄 F. 버클리 주니어, 「보수주의자들의 딜레마A Dilemma of Conservatives」, 『프리맨』 5(1954년 8월), 51~52쪽

201 버클리가 편집자에게 보낸 편지, 『프리맨』 5(1955년 1월), 244쪽

202 버클리와 로스바드, 저자와의 인터뷰, 각각 1971년 11월 26일과 1972년 3월 23일

203 로스바드와의 인터뷰, 1972년 3월 23일

204 체임벌린, 「미국 대외 정책의 위기」, 15쪽

205 맥스 이스트먼, 『사회주의 실패에 대한 성찰』(뉴욕, 1955)

206 프랭크 초도로프, 「매카시의 실수McCarthy's Mistake」, 『휴먼이벤츠』 9(1952년 11월 12일)

207 로스바드와의 인터뷰, 1972년 3월 23일

208 번햄은 미제스 스타일의 자유지상주의자가 결코 아니었다(번햄과의 인터뷰, 1972년 2월 4일). 1940년대와 그 이후 번햄은 미국 기업가들이 공산주의에 대해 보여준 "최악의 무지"를 열렬히 비판했다. 그는 공산주의 진영과의 대규모 거래에 반대했고, "공산주의에 맞서 싸우는 최고의 군인들"은 한때 공산주의자였던 사람들이라고 생각했다. 번햄, 『다가올 공산주의의 패배』, 17장을 참조할 것.

209 보수주의 지도자들은 때때로 지식인들에 대해 비판적이기는 했지만, 지성이나 학문 자체를 폄하하지는 않았다는 점에 주목해야 한다. 그들은 하나의 집단으로서 지식인들에게는 속죄할 것이 많다고 보았다. 프랭크 메이어, 「회개하지 않는 좌파The Unrepentant Left」, 『프리맨』 4(1954년 6월 14일), 677~678쪽; 윌리엄 F. 버클리 주니어, 「거대한 실패The Colossal Flunk」, 『아메리칸머큐리』 54(1952 3월), 29~37쪽

210 체임버스, 『증언』, 793~794쪽; 번햄, 『다가올 공산주의의 패배』, 277쪽; 윌무어 켄달, 「양당주의와 다수결 민주주의Bipartisanship and Majority - Rule Democracy」, 『미국의관점American Perspective』 4(1950년 봄), 146~156쪽; 윌리엄 슐람, 버클리-보젤의 『매카시와 그 적들』 서문, xv쪽

211 앨런 J. 마투소우Allen J. Matusow 편, 『위대한 삶을 관찰하다: 조셉 R. 매카시Great Lives Observed: Joseph R. McCarthy』(잉글우드클리프, 뉴저지, 1970), 131~132쪽

212 이는 각각 윌리엄 F. 버클리 주니어·머레이 로스바드·윌리엄 러셔가 사용한 단어들이다(저자와의 인터뷰).

213 번햄, 『세계를 위한 투쟁』, 223쪽; 피터 비에렉, 「평화를 지키기 위한 30일Thirty Days to Svae the Peace」, 『뉴욕 헤럴드트리뷴』, 1950년 7월 21일, 14쪽

214 일례로 켄달이 래니에게 보낸 편지(1952년 1월 29일). 저자 복사본

215 체임버스가 버클리에게 보낸 편지, 1954년 8월 5일, 『어느 친구의 오디세이』, 버클리 편, 67~68쪽에서 인용.

5장

통합

1950년대 중반 프랭크 메이어가 칭한 "20세기의 혁명"에 도전하기 위해 이질적이지만 격렬한 보수주의 지적 운동이 일어났다.[1] 불과 몇 년 전만 해도 지적 우익에게서는 산발적인 저항의 목소리만 들을 수 있었지만, 아이젠하워 대통령의 첫 임기가 끝나갈 무렵 좌파를 명료하게 비판하는 단일한 목소리가 등장했다. 비록 지적 지형을 지배하지는 못했지만, 그들은 존재감을 확립했고 그들 중 많은 이들이 점점 더 간절하게 자신들의 세력을 통합하고 싶어 했다.

서로 다른 경향을 하나의 일관된 운동으로 묶어야 할 필요성은 자명했다. 1950년대 초반 우파의 부활은 단일한 우파의 부활이 아니었기 때문이다. 우파는 관계가 느슨한 세 개의 집단으로 이루어져 있었다. 가치의 잠식과 세속적이고 뿌리 없는 대중사회의 출현에 경악한 전통주의자들 혹은 신보수주의자들, 민간기업과 개인주의에 대한 국가의 위협을 우려하는 자유지상주의자들, 국제적인 공산주의에 환멸을 느끼고 경각심을 갖게 된 과거 급진주의자들과 그들의 동맹자들. 이 세 집단은 견고한 장벽으로 분리되어 있지 않았다. 전통주의자와 자유지상주의자들은 대개 반공산주의자였고, 과거 공산주의자들은 일반적으로 자유시장 자본주의와 서구의 전통을 지지했다. 하지만 발전하고 있는 보수주의운동을 구성하고 있던 충동은 분명히 다양했다.

이러한 보수주의 분파들을 조직화해야 할 필요성은 1950년대 자유주의자들의 대응으로 인해 부각되었다. 지나치게 많은 것을 자유주의자들의 비판의 결과로 여기는 건 잘못이겠지만, 많은 보수주의자들이 좌파의 태도가 진화하고 있다는 사실을 잘 알고 있었다. 우파가 목소리를 높이자 반대자들도 목소리를 높였고, 그로 인해 전후 첫 10년 말기에 미국 보수주의가 처한 상황이 여실히 드러나게 되었다.

═ ★★★ ═

1945년부터 1955년까지의 기간이 보수주의 지식인들에게 더할 나위 없이 행복한 시간은 아니었지만, 그렇다고 최악의 시기도 아니었다. 그들이 인지하고 있었건 그렇지 않았건 간에 적어도 한 가지 사실, 좌파에 대한 환멸과 의심이 확산되고 있다는 사실은 고무적이었다.[2] 뉴딜 이후 권력에 취한 자유주의자들은 전후 유럽에서의 만족스럽지 못한 합의와 아시아의 재앙에 대해 비난을 받고 있었고, 심지어 반역에 가담했다는 혐의를 받았다. 많은 자유주의자들이 의심과 어느 논평가가 "재정립의 난관"이라고 부른 것으로 인해 괴로워했다.[3] 1946년 공화당이 압도적 승리를 거둔 직후 『하퍼스Harper's』에 쓴 글에서 존 피셔John Fischer˙는 자유주의자들이 자신들의 목표를 확신하지 못하는 것 같다고 말했다. 그들에게는 "완전히 새로운 일련의 지침"이 필요했다. 그들은 여전히 이제는 "거의 낡아빠진" 구세대의 이념 뭉치로 연명하고 있었다. 피셔는 뉴딜이 끝나기도 전에 자유주의가 "지적 파산"을 드러냈다고 주장했다. 더욱이 이들은 전후 세계

˙   1935~1967. 『하퍼스』의 편집자. 애들레이 스티븐슨과 존 F. 케네디의 연설문 작성자이기도 하다.

에 맞설 수 있는 "유산"도 남기지 않았다.[4] 자유주의의 또 다른 대변인 아서 슐레진저 주니어도 여기에 동의했다. 1947년 그는 자유주의가 "현실"을 제대로 인식하지 못하고 있다고 썼다. 오늘날 "자유주의의 분석은 대부분 희망적이고 감상적이며 수사적이다".[5]

이 시기 이러한 목소리를 낸 것은 피셔와 슐레진저만이 아니었다. 여러 방면에서 자유주의의 자기성찰과 "권태"의 징후가 급증하고 있었다. 1949년 몇 달 동안 『파르티잔리뷰』는 리처드 체이스Richard Chase · 다니엘 아론 · 윌리엄 바렛William Barrett · 라이오넬 트릴링 같은 사람들 사이에서 활발하게 벌어진 "자유주의 정신"의 강점과 약점에 대한 토론을 기사로 다루었다.[6] 그러한 문제를 보도하는 것 자체가 폭로였다.

1952년 아이젠하워가 승리를 향한 선거운동을 펼치고 있을 때, 조셉 C. 하쉬Joseph C. Harsch*는 『리포터Reporter』에서 자유주의자들이 "한물간 것"은 아닌지 의심스러워했다.[7] 몇 달 후 아이젠하워가 백악관으로 의기양양하게 입성하자 자유주의 역사학자 에릭 골드먼Eric Goldman은 "페어 딜Fair Deal**이후 무엇을 할 것인가?"라고 물었다.[8] 자유주의자들 사이의 새로운 분위기를 보여주는 또 다른 징후는 개신교 신학자 라인홀드 니부어의 인기였다. 뉴욕주 자유당 당원이자 민주적행동을위한미국인ADA의 활동가였던 니부어는 원죄를 근거로 한 인간에 대한 이해, 개혁의 한계,

---

• 1905~1998. 미국의 언론인. 미국이 제2차 세계대전에 참전하기 전 나치의 위협을 분석한 『정복의 패턴Pattern of Conquest』(1941), 소련 진영과 냉전에 관한 책 『장막은 철이 아니다The Curtain isn't Iron』(1950) 등을 썼다.

•• 1949년 트루먼 대통령이 제안한 국내 개혁 프로그램. 사회보장 확대 · 최저임금 인상 · 공공주택 건설 · 고용에서의 인종차별 금지 등을 골자로 했다. 의회 내 보수주의자들의 반대로 이 중 일부만이 법률로 제정되었다.

그리고 인류의 선함과 완전성이라는 순진한 관념의 어리석음을 좌파에 있는 자신의 친구들에게 설파했다. 니부어의 절충적 자유주의는 여전히 자유주의였지만, 그것은 유토피아를 약속하지 않았고 미국의 많은 자유주의자들이 사로잡혀 있던 엄숙하고 불확실한 분위기에 잘 들어맞는 엄격하고 간단명료한 실용주의 철학이었다.'

물론 오랜 정치적 성공을 경험한 뒤 따라온 당황스러울 정도로 충격적인 득표수가 제2차 세계대전 이후 자유주의자들이 자기성찰을 하게 된 유일한 이유는 아니었다. 의심할 여지없이 가장 고통스러운 요인은 해외에서 개시된 냉전과 국내에서 대두된 공산주의 문제였다. 1947년 수백명의 저명한 자유주의 정치인·지식인·노동계 지도자들이 ADA를 결성했다. 소련이 위협적 존재이고, 붉은 10년에서부터 이어져온 인민전선의 환상을 자유주의에서 씻어내야 한다고 확신한 격렬한 반공산주의 ADA는 진보적미국시민Progressive Citizens of America*(훗날의 진보당)과 소련과의 강화講和―적들에게는 양보―를 선호한 그들의 영웅 헨리 월리스와 싸웠다. 1948년 선거에서 월리스가 참패하자 자유주의 진영의 "우파"와 ADA의 승리가 공식화되었다. 이러한 반공산주의 또는 냉전 자유주의의 출현은 아서 슐레진저 주니어가 1949년 출간한 영향력 있는 저서『역동적 중도』에서 열렬한 찬사를 받았다. 그는 미국 우파를 주로 경제적 관점에서 정의하고 기업가와 동일시하면서 비판했지만, 슐레진저의 포문은 대부분

• 냉전이 가열되자 루스벨트를 지지했던 자유주의자들과 좌파가 1946년 결성한 정치 조직. 사회민주주의를 옹호하고, 냉전에 반대하며 소련과의 협력을 촉구했다. 조직가 다수가 1930년대 공산당 활동가들의 주도로 건설된 산별노조회의의 정치위원이었다. 산별노조회의는 1945년 소련 노동조합 대표단과 교류하고, 이들과 함께 세계노동조합연맹에 가입했다.

"줏대 없는 진보주의자들"에게 집중되어 있었다. 그는 진보주의자들이 공산주의는 실패했고, 러시아는 존재 자체가 위협적이며, 1948년의 진보당은 공산주의가 장악하고 있다는 사실을 외면했거나 보지 못했다고 비판했다. 그리고 자유주자들은 반드시 자신들의 집안에서 전체주의자들을 몰아내야 했다.[10] 극좌파에 대한 슐레진저의 비판 중 일부가 우파에서는 어렵지 않게 나왔을 것이다. 실제로 훗날 자칭 보수주의자가 된 로버트 니스벳은 『역동적 중도』가 처음 나왔을 때 그 책을 강력하게 지지했다.[11] 이후 몇 년 동안 공산주의 동조자들과 "얼간이들", 그리고 "반공산주의에 반대하는 사람들"에 대한 유사한 비판이 『코멘터리Commentary』·『파르티잔 리뷰』·『뉴리더』 같은 반공산주의 좌파 저널에 자주 등장했다.[12]

자유주의의 일부가 급진적인 좌파에 반발해 "역동적 중도"로 방향을 전환하자, 몇몇 자유주의자들이 동시대 보수주의에 뜻밖의 호기심을 드러내기 시작했다. 어쩌면 몇몇은 어쨌든 보수주의는 어느 정도 타당할 수 있다고 큰 소리로 인정하기 시작했을지도 모른다. 어쩌면 보수주의적 열망은 자유주의가 위축되는 시대에 어느 정도 유용했을지도 모른다. 어쩌면 온건한 보수주의의 부활은 고지식한 자유주의를 교정하는 방책으로 환영받아야 했을지도 모른다. 예컨대 1947년 슐레진저는 실제로 자유주의의 지적 나약함은 부분적으로 "보수주의 감상성의 환류"라고 주장했다. 보수주의가 실패했기 때문에 "미국의 자유주의도 함께 몰락했다".[13] 이러한 분석의 논리에 포함되어 있는 의미는 책임 있는 좌파에게는 건전한 반대파가 필요하다는 것이었으며, 슐레진저는 그 함의를 놓치지 않았다. 1950년 4월 앨저 히스에 대한 유죄 판결과 매카시 상원의원의 첫 번째 고발 직후 "역동적 중도"의 주창자는 지적 보수주의의 중요성을 인정했다. 그러나 이 하버드대학교 역사학자는 자신이 의미하는 바가 무엇인지를 조심스럽게 설명했다. 그는 진정한 보수주의는 "공공의 이익"·사회복지·시민권·표현의 자유를 지지해야 한다고 주장했다. 그것은 전미제조업협회National Association of Manufacturers*나 리처드 닉슨과 칼 문트Karl Mundt 같은 우익 반공산주의 공화당 지도자들의 소유물이 되어서는 안 되었다. 대외 정책과 관련해서는 공산주의를 비난하는 데 만족하기보다 헨리 스팀슨Henry Stimson**과 웬델 윌키의 건설적인 국제주의적 초당파주의를 따라야 했다. 특수한 이익을 요구하는 것이 아니라 국가의 연속성이라는 정신을 구현해야 했다.[14] 오랫동안 앤드류 잭슨Andrew Jackson***의 열렬한 지지자였던 슐레진저는 같은 시기에 쓴 다른 글에서 자신의 관용 정신을 잭슨의 적들 중 한 명인 존 C. 칼훈에게까지 확장시켰다. 아마도 그는 철의 의지를 지닌 이 남부 보수주의자에 대한 새로운 관심이 "우리 같은 시대에 부적절하기만 한 것은 아니다"라고 생각했을 것이다.

혼돈의 시대는 인간을 침울하고 비극적으로 해석하게 만든다. 그래서 오늘날 우리는 페인보다 버크가, 제퍼슨보다 해밀턴이나 애덤스가, 웹스터Daniel Webster나 클레이Henry Clay보다 칼훈이 더 만족스럽다고 생각한다.[15]

• 　1895년 583개의 제조업체가 모여 결성한 단체. 노동조합을 노골적으로 공격하고, 약화시키기 위해 노력했다. 이들은 전국 규모의 반노조연맹의 설립을 촉구하고, 자신들이 '예수 그리스도와 그 대의를 위해 공개적인 전쟁을 벌이고 있다'고 선언했다.

•• 　헨리 루이스 스팀슨Henry Lewis Stimson, 1867~1950. 미국의 정치가. 공화당 소속이었지만, 제2차 세계대전 당시 루스벨트와 트루먼 행정부에서 전쟁 장관을 역임하기도 했다. 그는 집단 자제력이라는 도덕적 힘으로 통제할 수 있다면 인류 역사상 가장 끔찍한 무기인 원자폭탄이 세계 평화와 우리의 운명을 구원해줄 기회를 제공해줄 것이라고 생각했고, 이를 위해 소련과의 협력을 촉구했다.

••• 　1767~1845. 미국의 제7대 대통령. 의회의 권한을 축소하고, 지주에게만 부여되었던 참정권을 모든 백인 남성에게 확대했으며, 배심원제도를 강화하고, 자유방임주의를 옹호했다.

보수주의를 대하는 슐레진저의 태도 역시 그 혼자만의 것은 아니었다. 1948년 공화당이 권력을 거의 되찾은 듯 보이자, 존 피셔는 당시 진보당과 헨리 월리스가 전형적으로 보여준 "이데올로기 정치"에 맞서 미국을 지키기 위한 방책의 일환으로 칼훈의 합의적 다수concurrent majority 이론을 부활시켰다.[16] 같은 선거에서 듀이의 확실한 승리를 예상한 충실한 자유주의자 체스터 보울스Chester Bowles는 향후 몇 년간 "국가의 안녕"에 필수적인 것이 될 "자유주의적–보수주의적 이해"를 호소했다.[17] 1950년 『자유로운 상상The Liberal Imagination』의 유명한 서문에서 라이오넬 트릴링은 미국인의 삶 속에 지적 보수주의가 부족하다는 사실을 애석해하는 듯 보였다.[18] 따라서 피터 비에렉과 러셀 커크처럼 스스로를 보수주의자라고 인정한 사람들이 등장했을 때, 처음에 많은 자유주의 계열이 경의를 표했다는 사실은 전혀 놀라운 일이 아니었다. 비에렉과 커크는 자유주의자들이 읽는 저널에 자주 기고했고, 학구적인—따라서 일반적으로 자유주의적인—청중들 앞에도 곧잘 서곤 했다. 커크는 심지어 때때로 슐레진저에 대해 논하기도 했다.[19] 적어도 1940년대와 1950년대 초반의 짧은 기간 동안 일부 자유주의자들은 일종의 보수주의에 관심이 있음을 공공연하게 드러냈다.

"우익에게 문을 열어주는" 이러한 행위에는 부분적으로 냉전의 긴박함이 반영되어 있었다. 공산주의라는 적과 맞서려면 우파를 관용—심지어 제한적인 협력까지도—해야 할 필요가 있어 보였다. 아마도 이러한 논리가 1950년 설립된 문화적자유를위한미국위원회의 보수주의 지식인들과 자유주의적 동맹을 맺게 된 동기가 되었을 것이다. 또 다른 주요한 동기는 자신들이 많은 것을 이루어냈고, 그래서 지켜야 할 것이 많다는 자유주의자들의 인식이 커져가고 있다는 것이었다. 그들은 이제 자신들이 예기치 않게 보수적인 위치에 놓여 있다는 사실을 깨닫게 되었다. 이러한 통찰은 1957년 하버드대학교 정치학자 새뮤얼 헌팅턴Samuel Huntington에 의해 가장 강력하게 전개되었다. 보수주의를 봉건제와 귀족정 또는 불변의 보편적 진리와 결부시키는 정의를 거부하면서 헌팅턴은 보수주의란 "(…) 기존의 제도를 향해 근본적인 도전을 하는, 뚜렷이 구별되지만 반복해서 발생하는 역사적 상황에서 생겨나는" 상황적 이데올로기라고 주장했다.[20] 헌팅턴에 따르면 "오늘날 미국에서 보수주의자가 되어야" 하는 건 자유주의자였다. "자유주의적이고 대중적이며 민주적인" 미국의 제도를 수호해야 할 임무는 자유주의자들에게 있었다.

> 공산주의와 소련의 도전이 제거되거나 무력화될 때까지 미국 자유주의자들의 주된 목표는 응당 자신들이 만들어낸 것들을 보존하는 것이어야 한다. (…) 미국 자유주의의 성과를 보존하려면 미국의 자유주의자들은 보수주의에 의지하지 않을 수 없다. 특히나 오늘날 미국에는 보수주의 이데올로기가 뿌리내려 있기 때문이다.[21]

상황적 보수주의는 자유주의의 이익을 보존하는 데 쓰임이 있었다.

그러나 우파에 대한 자유주의자들의 관심을 보여주는 이러한 징후가 보수주의 지적 운동에 대한 자유주의자들의 반응이 대단히 선별적이었다는 사실을 가려주지는 못했다. 1950년대 지적 보수주의의 지도자들은 누구였는가? 슐레진저에 따르면 이들은 어거스트 헥셔, 피터 비에렉, 맥조지 번디McGeorge Bundy,' 웨인 모스Wayne Morse, 헨리 캐봇 로지Henry Cabot Lodge, 제이콥 재비츠Jacob Javits'' 등이었다. 다시 말해 이들은 신보수주의자들 가운데 가장 "자유주의적"이며, 공화당의 좌익이었다. 보수주의를 이렇듯 제한적으로 받아들이는 일은 이례적인 것이 아니었다. 많은 자유주의자들이 학계의 일부 신보수주의자들에게는 최소한 정중한 관심을 기꺼이 기울였지만, 보수주의운동의 자유지상주의 및 반공산주의 진영에 대한 그들의 관용은 그다지 너그럽지 않았다. 1950년 『프리맨』이 창간되었을 때 『네이션Nation』은 지적 보수주의 저널의 필요성을 인정하면서도 창간호에서 발견된 건 "징징대며 우는 소리", "거창하지만 진부한 이야기", "조롱과 비난"뿐이라며 비판하기 바빴다.[22] 1954년 프리드리히 하이에크의 『자본주의와 역사가들』이 등장하자 아서 슐레진저 주니어는 이 오스트리아 학자가 "맹렬한 독단주의자"이며, "토착 매카시즘"에 "광채"를 더해주었다고 비난했다.[23] 1947년 슐레진저는 제임스 번햄의 『세계를 위한 투쟁』에 많은 찬사를 보냈지만, 1953년에는 번햄의 『봉쇄냐 해방이냐』를 "어리석은 사람이 쓴 터무니없는 책"이라고 가혹하게 비난했다.[24] 좌파는 매카시 상원의원을 옹호하는 보수주의 지지자들에게도 관심이 없었다. 전후 시대의 자유주의는 명백히 단일하지 않았지만, 커크와 비에렉을 수용한 자유주의자들이 버클리 · 체임벌린 · 미제스 · 번햄 · 메이어 또는 자유지상주의와 반공산주의적 보수주의 대변인들에게까지 그 범위를 확장하지 않은 것은 분명했다. "역동적 중도"에는 매우 명확한 경계선이 있었다.

●   1919~1996. 존 F. 케네디와 린든 B. 존슨 대통령의 국가안보 보좌관. 미국의 베트남전쟁 개입 확대를 강력하게 옹호하고 설계한 사람으로 알려져 있다. 그는 베트남에서의 철수는 공산주의 독재라는 공포로 베트남인들을 내던지는 일이라고 주장하면서 베트남전쟁 개입에 반대하는 사람들을 비난했다.

●●   웨인 모스(1900~1974)와 제이콥 재비츠(1904~1986)는 미국의 베트남전쟁 참전에 반대했으며, 헨리 캐벗 로지(1902~1985)는 미국의 베트남전쟁 개입을 확대하려는 존슨 대통령의 결정을 지지했다.

이러한 선별적 반응을 보수주의자들은 이해할 수 없었고, 많은 보수주의자들이 이를 보수주의운동을 분열시키고 혼란스럽게 하려는 자유주의자들의 활동이라 여겨 분개했다. 미시간대학교의 젊은 보수주의 역사학자 스티븐 톤소르tephen Tonsor는 보수주의와 기업가계급을 결부 짓는 슐레진저의 집요한 시도를 강력하게 반박했다.

신보수주의의 지도자들은 현재 미국의 재계와 동일시될 수 없으며, 앞으로도 그러할 것이다. 그들과 동일시되는 것은 명백히 자연법 철학과 계시종교이다. 신보수주의가 자리해 있는 곳은 미국에 존재하지 않는 세습 귀족계급이 아니라, 미국인의 삶에서 그 어느 때보다 중요한 역할을 하고 있는 교회와 신학적 교수진이다.

톤소르는 더 나아가 "경제결정론이라는 근시안적 관점"으로는 보수주의의 부흥을 충분히 이해할 수 없다고 주장했다.[25] 1955년 러셀 커크의 『보수주의자들을 위한 강령Program for Conservatives』을 검토한 제임스 번햄 역시 우파의 비평가들에 대해 언급했다. 그는 "몇몇 유행하는 보수주의 표현을 넘겨줌으로써 현재 변화하고 있는 시대정신에 편승하려는 언어주의자들"로부터 보수주의를 "구해냈다"며 커크를 칭찬했다.[26] 이 "언어주의자들"은 누구였는가? 번햄은 이름을 거론하지 않았지만, 다른 보수주의자들이 그 이름을 밝혔다. 윌무어 켄달에 따르면 범인 중 한 명은 사람들에게 "모든 것에 대해 자유주의자들과 의견을 같이 하면서 동시에 보수주의자가 되는 방법"을 알려줄 수 있는 피터 비에렉이었다. 켄달은 『미국의 보수주의』(1955)의 저자인 역사학자 클린터 로시터를 또 다른 범인으로 지목했다. 켄달은 로시터가 당혹감을 불러일으키는 데 매우 능숙하다고 생각했다. "여러분이 자유주의자이자 보수주의자가 아니라면, 그는 여러분 자신을 부끄럽게 만들 것이다."[27] 노터데임대학교의 정치학자 게르하르트 니에메예르는 "스스로를 보수주의자라고 부르는 것이 또 다시 유행하고 있다. 물론 자유주의 진영에서 너무 멀리 벗어나지 않는다면 말이다. 클린턴 로시터가 그렇다"라고 비꼬아 말했다.[28] 프랭크 메이어는 한 걸음 더 나아갔다. 그는 로시터의 "보수주의"가 아서 슐레진저 주니어와 애들레이 스티븐슨의 견해와 잘 맞는다고 생각했을 뿐만 아니라, 러셀 커크에게는 국가주의와 전체주의에 끊임없이 맞설 수 있는 원칙적 토대가 존재하지 않는다고 비난했다. 메이어는 자유주의자들이 신보수주의를 받아들인 것은 놀라운 일이 아니라고 말했다.

> 그들은 어조와 분위기를 강조하고, 명확한 원칙이 없으며, 개인주의와 자유 경제를 격렬하게 거부하는 신보수주의자들이 사원의 기둥에 위협이 되지 않는다는 사실을 잘 알고 있다. (…) 오히려 그들은 신보수주의자들을 상류 사회로 받아들여준 관대함을 통해 제한된 정부와 자유경제를 원칙적으로 옹호하는 투사들을 '괴짜'와 '비주류 인사'로 만들어 바깥의 어둠 속으로 몰아내는 것을 정당화하고 있다.[29]

1950년대 좌파와 우파를 가르는 엄청난 간극을 생생하게 보여주는 또 하나의 사례가 있다. 어떤 이유에서든 일부 자유주의자들은 학계의 몇몇 신보수주의자들에게 공식적인 만남의 기회를 기꺼이 허락했지만, 많은 호전적인 우익 지식인들은 이 정도의 화해조차 의심스러워했다. 1955년 무렵 "역동적 중도"는 다소 흔들리는 듯 보였다.

실제로 1950년대 중반 무렵 자기비판이라는 자유주의적 분위기가 지나가고, 일시적으로 유행했던 "신보수주의" 논의는 사라지고 있다는 징후가 늘어났다. 자유주의 정치학자 존 로슈John Roche는 『뉴리더』에 쓴 글에 "신물 나는 보수주의"라는 제목을 달았다. 만약 보수주의가 역사와 유기적 변화에 대한 버크식의 숭배를 의미했다면, 우리의 전통은 자유주의이므로 미국의 보수주의자들은 당연히 자유주의적이어야 했다. 로슈는 계속해서 보수주의가 단지 일련의 태도나 삶의 방식으로만 이루어져 있다면, 보수주의는 강령적 내용이 부재하고 단순히 "인간의 품위를 확언하는 것"으로 축소될 것이라고 말했다. 어느 쪽이든 현대 미국과는 무관했다.[30]

지적 우파에 대한 자유주의자들의 비판은 기본적으로 두 가지 형태를 취했다. 첫째, 자유주의자들은 버크와 같은 유럽의 인물들을 찬양하는 경향이 있는 전통주의적 신보수주의자들에 맞서 미국의 전통은 본질적으로 자유주의적이라고 선언했다. 1955년 등장한 루이스 하츠Louis Hartz의 『미국의 자유주의 전통The Liberal Tradition in America』에서 용기를 얻은 비평가들은 미국에서 유럽식 보수주의가 설 자리는 없다고 거듭 주장했다. 많은 사람이 "미국에서 보수주의자가 되려면 자유주의를 재천명해야 한다"는 "역설"을 신봉했다.[31] 이것이 맞다면 신보수주의는 슐레진저가 명명한 대로 "향수의 정치politics of nostalgia"임이 분명했다. 슐레진저에 따르면 버크의 보수주의는 단지 "봉건제의 윤리적 잔영"에 지나지 않으며, "미국의 비봉건적이고 비귀족적이며, 역동적이고 진보적인 재계"에 대단히 부적합했다. 이러한 유럽 수입품을 자유방임주의와 융합하려 시도함으로써 신보수주의자들—슐레진저에게는 커크를 의미했다—은 "정신분열증적인" 죄를 범했다. 따라서 그는 운동 전체를 "온실 속에서 성장"한 운동이라고 무시했다.[32]

둘째, 이와는 매우 상이한 자유주의적 비판은 주로 자유지상주의자들과 과거 공산주의자들을 향해 있었다. "봉건제적" 부적합성이라는 쓰레기통에 내버리기엔 이들은 너무나 토착적이었고, 그 수도 많았다. 주로 다수의 중도좌파 사회과학자들이 이들을 심리학적·사회학적으로 분석했다. 이러한 형태의 비판은 T. W. 아도르노Theodor Wiesengrund Adorno와 그의 동료들이 쓴 『권위주의적 성격The authoritarian personality』[33]을 시작으로 1955년 『미국의 새로운 우파The New American Right』─다니엘 벨Daniel Bell·데이비드 리스먼David Riesman·네이선 글레이저Nathan Glazer·리처드 호프스태터Richard Hofstadter·피터 비에렉·탤컷 파슨스Talcott Parsons·세이무어 마틴 립셋Seymour Martin Lipset이 글을 기고한─에서 절정에 달했다.[34] 이 저자들은 자신들이 매카시 상원의원 및 『프리맨』과 결부시킨 소위 미국의 새로운 우파 또는 "유사 보수주의자 반란"에 초점을 맞추어 이 현상을 분석했다. 그들에 따르면 이는 공산주의나 뉴딜 또는 보수주의자들이 분노하는 또 다른 대상에 대한 합리적이고 존중할 만한 반응이 아니라, 좌절하고 부적절하며 사회적 지위를 의식하고 주로 격렬한─그리고 절대적으로 의심스러운─과거 급진주의자들이 이끄는 새로운 포퓰리즘적 급진 우파가 자신들이 대처할 수 없는 복잡한 현대 세계에 대해 보인 반응이었다. 즉 보수주의 지적 운동 대부분은 논박해야 할 심각한 도전이 아니라 설명해야 할 일탈로 해석되었다. 『미국의 새로운 우파』─아무리 그 주장이 옳더라도─의 분위기는 토론의 장이 아니라 진료소 분위기였다.

보수주의를 합리적인 정치가 아니라 비정상적인 심리의 문제로 간주하는 이러한 경향은 1958년 미네소타대학교의 허버트 맥클로스키Herbert McClosky가 "보수주의와 성격"에 대한 자신의 연구를 상세히 기술한 글에서 전형적으로 드러났다. 논란의 여지가 있는 맥클로스키의 결론에 따르면 보수주의의 신념은 주로 "지식이 없고 제대로 교육받지 못했으며, 그리고 (…) 지적이지 못한 사람들"에 의해 고수되어왔다. 보수주의자들은 순종적이고 고립적이며, 자신감이 부족하고 현대 사회에 "당황해하며", 적대적이고 의심이 많으며, 강박적이고 편협하며, 신비주의적이고 변화를 두려워하는 경향이 있었다. 맥클로스키는 "보수주의의 교리"는 어떤 뚜렷한 성격 유형과 "상관성이 매우 높다"고 주장했으며, 그들의 교리는 우리에게 "인간과 사회의 본성에 관해서보다 이 교리를 믿는 사람들에 대해 더 많은 것을 이야기해준다"고 말했다.[35] 그렇다면 이 학자가 의미하는 바—타당성과 상관없이—는 명확했다. 보수주의의 진가는 검토할 필요가 없다. 보수주의자들은 매력이 없는 사람들이었다. 아마 이것만으로도 그들의 논지가 틀렸다는 사실은 충분히 입증되었을 것—맥클로스키가 실제로 한 말은 아니지만—이다.

이러한 연구들에 대한 보수주의자들의 반응은 당연히 냉담했다. 많은 이들이 이러한 형태의 비판을 자신들을 세상으로부터 소외된 사람들로 격하시키려는 오만한 시도라고 여겼다. 예컨대 윌리엄 F. 버클리 주니어는 『권위주의적 성격』의 논지—보수주의자는 "권위주의적 성격"을 가지고 있다—는 "경박"하고 "터무니없다"며 이 책의 "광신적 성격"을 비판했다. 그는 덧붙여 그러나 보수주의적 저항에는 "합리적 근거"가 없다고 주장할 방법을 찾고 있는 사람들에게는 "놀라울 정도로 편리하다"고 날카롭게 말했다.[36] 프랭크 메이어는 자유주의 사회과학자들의 도구를 이용해 그들을 공격하고자 했다. 메이어에 따르면 실제로 자유주의자들은 현실 도피·신경증·"집단 망상"의 희생자였다. 어떤 현실인가? "25년간 복지국가, 듀이식 교육, 그리고 '계몽된 자들'이 언론·라디오·텔레비전을 통제"해왔지만 수백만 명의 미국인들은 여전히 자유주의를 받아들이지 않고 있으며, 여전히 태프트와 맥아더, 그리고 매카시를 단호하게 지지하고 있고, 수년간 해결되었을 것으로 추정되어온 모든 것을 여전히 "원칙에 입각해 반대"하고 있었다. 메이어는 이러한 발견이 자유주의 사회과학자들에게 견딜 수 없는 "트라우마"가 되었다고 주장했다.

> 이념, 원칙, 합리적인 인간이 영향을 받을 수 있는 그 어떤 것도 선과 진리, 그리고 아름다운 (…) 에 완고하게 저항할 이유는 될 수 없다. 일반적으로 인정되는 자유주의 사상의 말뭉치를 구성하고 있는 모든 정치적·경제적·사회적 명제는 지적 의심이나 의문을 초월하기 때문에 자유주의자들의 환상 속에서 반대는, 종종 암시되듯 편집증에 가까운 심리적 결함 때문이라고밖에 설명될 수 없다.[37]

버클리와 메이어는 아도르노의 책에 대한 학술적 비평을 인용해 자신들의 논지를 뒷받침했다.[38]

다른 보수주의자들도 전투에 참가했다. 『미국의 새로운 우파』에 대한 서평에서 러셀 커크는 그 책의 기고자 중 어느 누구도 "공산주의에 대한 반대가 실제로 얼마나 정당한지"를 밝히려는 시도조차 하지 않았다고 불만을 토로했다. 대신 그들은 소위 급진적 우파를 분류하는 "기발"하지만 "전혀 설득력 없는" 수단을 고안해내는 데 만족했다. 게다가 벨과 호프스태터, 그리고 그들의 동료 기고자들은 "우리는 지금 실재하는 공산주의에 자연스럽게 반대하고 있다. 그리고 사회적 재앙에 대한 그러한 반대는 역사의 어느 시기에서건 그 재앙의 기획자들과 그들의 친구들에 대한 건전하고 필요한 분노와 함께 항상 편협함과 경솔함을 보여왔다"는 사실을 거의 무시했다.[39] 커크는 실제로 소수의 과격파만으로 운동을 판단해서는 안 된다고 말했다. 맥클로스키의 연구를 반박하면서 윌무어 켄달은 그가 보수주의를 제대로 검토하지 않았다고 주장했다. 켄달에 따르면 맥클로스키의 방법론에는 심각한 결함이 있으며, 그의 글은 보수주의와 성격의 관계에 대해 아무것도 증명하지 못했다.[40]

보수주의자들의 이러한 반응에도 1950년대 중반 우파를 상대로 점점 명확해지고 있던 자유주의의 적대감이 갖는 역사적 의의는 달라지지 않았다. 잠시 동안 좌파의 일부가 보수주의자들에게 그들의 말을 공정하게 들어줄 기회를 허용했지만, 1955년 무렵 두 갈래로 행해진 자유주의자들의 비판은 보수주의자들이 국가의 지적 삶에 동등한 영향을 미칠 수 있게 되기까지 가야 할 길이 아직 멀다는 사실을 보여주었다. 자유주의적 비판자들은 자유시장·세속주의·상대주의·공산주의에 대한 보수주의의 주장을 반박하기보다, 보수주의 부활의 정당성 자체를 부정했다. 우파의 한 분파는 이질적인 "온실 속 성장"이고, 다른 분파들은 그저 "유사 보수주의 반란"에 불과했다면, 뒤범벅되어 있는 그러한 것은 확실히 외면받고 무시당할 만했다.

그렇다면 반자유주의 세력을 통합해야 할 이유는 더욱 확실했다. 아직 수행해야 할 지적 노동이 너무나 많았다.

═══ ★★★ ═══

1950년대 중반 보수주의자들이 하나의 운동으로서 일관성을 달성하고자 했던 핵심적인 이유 가운데 하나는 자신들이 여전히 소규모의 지적 소수자로 남아 있다는 의식이었다. 러셀 커크는 이데올로기로서의 자유주의가 종말을 고하고 있다고 선언할 수 있었지만,[41] 윌리엄 F. 버클리 주니어는 지적 운동으로서의 좌파는 여전히 활기가 넘치며, 우파는 아직도 충분히 집중하지 못하고 있다고 생각했다. 1954년 후반 그는 "보수주의자들이 간헐적으로 거두고 있는 승리는 목표가 없고 조직적이지 못하며, 명확한 결과에 이르지 못하고 있다. 자유의 철학은 오랜 시간 동안 체계적이고 현명하며, 문제를 해결할 수 있는 역량을 보여주는 방식으로 설명되어 왔기 때문에 이는 너무나 (⋯) 하다"라고 썼다.[42]

이런 약점이 생기게 된 이유는 무엇일까? 1949년 아서 크록Arthur Krock이 말했던 "좌파의 우수한 표현방식"[43]이 5년 후에도 여전히 존재하는 이유는 무엇인가? 버클리를 비롯한 많은 보수주의자들에게 불균형의 주된 이유는 보수주의에 내재해 있는 결함이 아니라, 미국의 대학과 영향력 있는 언론을 자유주의가 압도적으로 지배하고 있다는 데 있었다. 의심할 여지없이 이러한 믿음의 고전적 출처는 1951년 출간된 버클리의 논쟁적인 책 『예일에서의 신과 인간』이었다. 버클리는 이 책에서 대단히 반기독교적이고 집단주의적인 편견이 자신의 모교를 타락시키고 있다는 생각을 입증하기 위해 노력했다. 이 젊은 작가는 서문에서 자신의 책이 "격렬한 적개심"을 불러일으키기를 기대한다고 말했지만,[44] 그는 곧 자신이 "이해할 수 없으리만치 순진했다"는 사실을 깨달았다.

예상치 못한 많은 일들이 일어났습니다. 물론 나는 좀 더 잘 알았어야 했습니다. 왜냐하면 그 기관이 자유주의의 정통성에 반대하는 다른 사람들에게 영향을 미치는 것을 보았기 때문입니다. 그리고 나는 그 기관을 존중했고, (⋯) 경외감을 느꼈습니다.[45]

영향을 미친 것은 확실했다. 예일은 격분했다. 분노한 전국의 자유주의 비판자들이 버클리가 자신이 "학문의 자유라는 미신"이라고 말했던 것을 공격하고, 동문들에게 대가를 지불하고서라도 영속화하기를 바란 정통성을 예일에 확립할 것을 요청했다고 비난했다. 가장 분개한 비판자 중 한 명인 맥조지 번디는 버클리에게 "마크 한나Mark Hanna*에게조차 반동적으로 보였을 경제적 관점을 가진 비뚤어지고 무지한 청년"이라는 꼬리표를 달아주었다.[46] 자유주의자들은 맹렬히 비난했지만 보수주의자들은 환호했다. 『아메리칸머큐리』에서 맥스 이스트먼은 무신론자로서 종교에 관한 장과 "세뇌"라는 버클리의 주장에는 반대했지만, 그 책을 "훌륭한" 책이라고 말했다. 뉴저지주립사범대학교 교수 펠릭스 위트머Felix Wittmer는 『프리맨』에서 버클리가 예일과 미국, 그리고 서구 문명에 기여했다고 역설했다.[47]

반향을 불러일으킨 버클리의 견해는 전 후 몇 년간 되풀이되어온 보수주의 논제 중 가장 널리 알려진 사례일 뿐이었다. 예컨대 1955년 E. 메릴 루트Edward Merrill Root는 공산주의자와 이들의 동조자, 학계를 지배하고 있는 자유주의, 보수적인 학생과 교수에 대한 차별 사례를 모아 『대학가의 집단주의Collectivism on the Campus』[48]를 출간했다. 1년 후 펠릭스 위트머는 『미국 정신의 정복Conquest of the American Mind』[49]을 발표하면서 그 뒤를 이었다. 한편 『프리맨』은 「바사대학의 신과 여성God and Woman at Vassar」─보너 펠러스Bonner Fellers** 준장의 딸이 쓴─과 같은 글들을 통해

• 　1837~1904. 본명은 마커스 알론조 한나Marcus Alonzo Hanna이다. 철강 및 석탄뿐 아니라 철도 등 여러 기업을 소유한 대부호로 공화당의 윌리엄 맥킨리William McKinley가 오하이오주 하원의원이던 시절부터 대통령이 되기까지 그를 재정적으로 적극 후원했다. 미국 정치에서 대기업의 영향력이 커지고 있음을 몸소 보여준 인물로 평가받고 있다.

공격을 이어 나갔다.[50] 『미국의 새로운 우파』의 저자들은 이러한 보수주의자들의 불만을 좌절·반지성주의·"지위 불안"의 증거로 여기는 경향이 있었지만, 보수주의자들은 자유주의가 대학을 지배하고 있다는 것을 부인할 수 없는 사실로 받아들였다. 사실 규모가 작고 보수적인 볼커기금Volker Fund의 관리자들에게 학계는 대단히 자유주의적으로 보였다. 그들은 실제로 1950년대에 오로지 기금에 대해 잘 모르는 보수주의 학자와 보조금을 받을 가능성이 있는 보수주의 학자를 발굴하기 위해 직원을 고용했다.[51]

그러므로 1950년대 초반 지적 좌파의 "우수한 표현방식"과 "야전 진지"에 맞서 많은 보수주의자들이 자유주의와 전투를 벌이고, 학계에서 보수주의 약점을 보완하며, 다종다양한 운동의 에너지를 집중시키기 위해 『프리맨』과 『휴먼이벤츠』, 그리고 『아메리칸머큐리』를 능가하는 새로운 저널이 필요하다고 생각하게 된 것은 놀라운 일이 아니다. 1953년 『휴먼이벤츠』에 쓴 글에서 존 체임벌린은 자유지상주의자들에게 필요한 것은 "새로운 작가"가 아니라 "지원 매체"—특히 『새터데이리뷰』나 "배후지의 서점들에까지 배포할 수 있는 일요일 책 소개 부록이 있는 뉴욕의 신문들"—라고 단언했다.[52] 1953년 케빈 코리건Kevin Corrigan—당시 헨리레그너리 출판사 직원이던—은 버클리에게 보낸 편지에서 최근 제임스 번햄에게 "모든 반공산주의 임무 중 가장 긴급한 과제"가 무엇이라고 생각하는지 물었다고 전했다. 번햄은 곧바로 "잡지"라고 답했다. 가급적이면

•• 보너 프랭크 펠러스Bonner Frank Fellers, 1896~1973. 미 육군 소속으로 제2차 세계대전 당시 심리전을 총괄했으며, 전후에는 일본 군정 사령관 맥아더의 비서로 복무했다. 일본 전범에서 천왕을 제외시킨 인물로 알려져 있다.

뉴딜 전성기 때 『뉴리퍼블릭』과 『네이션』처럼 "매주 전국의 여론 주도자들"에게 배포할 수 있는 주간지면 더 좋았다.[53]

버클리의 『예일에서의 신과 인간』을 출판한 헨리 레그너리는 번햄의 견해에 공감했다. 1953년 "미국 젊은이들이 대학에서 집단적으로 세뇌당하고 있다"[54]고 깊이 우려한 레그너리는 "이 나라의 소통 수단은 좌파에 의해 거의 통제되고 있다"고 말했다. 실제로 레그너리는 "뉴욕 지식인들이 책 출판을 거의 완전히 독점하고 있는 상황, 그리고 이것이 사실상 모든 것의 핵심인데, 이러한 상황을 깨기 위해 누군가 무언가를 해야 할 때라고 느꼈다"는 바로 그 이유로 자신의 회사를 설립했다. 레그너리는 공산주의는 대중운동이 아니라 "이념의 체계"라고 주장하면서 보수주의자들이 "인간은 빵만으로 살지 않는다. (…) 역사를 형성하는 것은 이념이다"라는 사실을 깨닫지 못하고 있다고 한탄했다.

> 지금까지 좌파는 거의 모든 전투에서 승리했고, 여전히 중요한 위치를 장악하고 있다. (…) 그들이 소통 수단을 통제하고 있는 한, 그들은 워싱턴에서의 약간의 후퇴를 크게 걱정할 필요가 없다. 우리가 무언가를 하고자 한다면, 당연히 이념을 바탕으로 해야 한다.[55]

그렇게 하기로 결심한 사람이 보수주의 학자 러셀 커크였다. 1955년에 쓴 글에서 커크는 대부분의 미국 정기간행물들은 사실상 "의례적인 자유주의"의 "강압적 이데올로기"로 가득 차 있다고 비난했다. 미국 전역에서 명백한 보수주의 계간지는 단 하나도 없었다. 당시 최고의 반국가주의자 프랭크 초도로프가 편집을 맡고 있던 『프리맨』도 진정한 보수주의가 아니었다.[56] 다시 말해 보수주의 성향의 보다 문학적이고 장문의 글을 선보일 적절한 배출구가 없었다.[57] 자신의 에세이를 출간하기 얼마 전부터 커크는 이러한 불균형을 바로 잡기 위해 노력했다. 최초의 동기는 시카고대학교 사회사상위원회Committee on Social Thought의 학술지 『메저Measure』를 개조하는 것이었다.[58] 명백히 보수주의적이지는 않았지만, 1951년 폐간되기 전까지 『메저』는 커크·빌헬름 뢰프케·T. E. 유틀리 등 미국과 유럽의 우익 지식인들의 글을 소개했다. 1951년 4월 커크는 버크 학자 로스 호프먼Ross Hoffman에게 보낸 편지에서 자신이 "미국의 보수주의자The American Conservative"라는 격주간지를 창간하려 한다고 썼다. 한동안 그는 잠정적으로 『페더럴리뷰The Federal Review』라는 이름을 사용하다 다시 『보수주의리뷰The Conservative Review』로 그 명칭을 바꾸었다.[59]

1954년 친구들에게 배포한 창립 취지문에서 커크는 자신이 염두에 두고 있는 정기간행물의 유형에 대해 설명했다. 그는 "성찰적이고 여유로우며, 상상력이 풍부하고 진지하며, 선량한 성격의 월간지는 오늘날 미국에서 널리 배포되고 있지 못하다"고 운을 뗐다. 19세기 영국에서 『계간리뷰Quarterly Review』와 『에든버러리뷰Edinburgh Review』가 행사했던 영향력을 가진 탄탄한 저널은 이제 존재하지 않았다. 커크는 30,000~50,000부를 발행하는 잡지를 만들자고 제안했다. 이 잡지의 독자는 "교수, 성직자, 재계 지도자, 정부 관계자, 전문직 종사자, 그리고 사회의 균형을 유지하고 있는, 잘 알려지지 않은 각계각층의 성찰적인 사람들"이 될 것이었다. 그러한 정기간행물의 목적은 명백히 보수주의적인 "미국과 유럽 사상의 최고 요소들을 되살리는 것"이어야 했다.

이 저널은 어제의 '자유주의적', '인도주의적'. '진보적' 패거리의 위선적인 말들을 단호히 거부할 것이며, 나는 이것이 편협하거나 비인도적이거나 반동적이지 않을 것이라 확신한다. (…) 이 저널의 목적은 우리 문명사회의 지적 전통, 자유로운 헌법, 유구한 온정을 보존하는 것이다. 그것은 정치적 집단주의, 사회적 타락, 사상과 문학의 나약함에 정면으로 맞설 것이다. (…) 그것은 종교, 규범적 정의, 법 아래의 자유, 우리 조상들의 지혜, 사상과 사회의 남자다움을 옹호한다는 공공연한 편견을 부끄러워하지 않을 것이다. 하지만 우리 시대의 문제를 직시하는 것을 두려워하지 않을 것이다.

커크는 이러한 일반적인 입장 이외에 새로운 저널에는 세 가지 고유한 특징이 있어야 한다고 말했다. 첫째, "유신론을 숨김없이" 드러내며, 종파에 상관없이 "종교적·윤리적 이념"에 개방적이어야 한다. 그것은 현대 미디어를 지배하고 있는 "편협한 19세기 세속주의"에 맞서야 한다. 둘째, 저널은 "보수주의의 사회 원리"를 분명히 밝히고, "인간과 인간을 연결하는 유대관계에 대한 방대한 문제 일체"를 조사하며, 대부분의 현대 저널리즘을 괴롭히고 있는 "오래되고 확립된 모든 것에 대한 근시안적 경멸"에 반대해야 한다. 마지막으로 커크는 자신의 잡지가 "일반적으로 미국의 심장부와 중서부 문화"를 위한 토론의 장이자, 자유주의적인 동부의 편협함을 일부라도 치유할 수 있는 치료제 역할을 하기를 원했다. 헨리 레그너리─또 한 명의 중서부인─와 앤서니 해리건 등 다른 보수주의 대변인들과 마찬가지로 커크는 지적 리더십과 출판이 북동부 지역에 집중되어 있다는 사실에 경악했다.

미국 동부와 해외에는 중서부의 견해와 삶의 특성 및 기질에 대한 깊은 오해가 존재한다. 왜냐하면 (…) 견해에 대한 동부의 저널들은 우리나라 심장부의 진지한 생각을 매우 단편적으로만 다루거나 전혀 다루지 않기 때문이다. 미국은 감히 현 상황에서 두세 개 도시에 있는 소수의 전문가 집단—의도가 아무리 좋더라도 그들이 국가 전체를 진정으로 대변하고 있다고는 주장할 수 없는—에게 표현 매체의 통제권을 양보할 위험을 무릅쓰지 않을 것이다.[60]

1950년대 우파를 비판한 많은 자유주의 비판자들에게 커크의 창립 취지문은—만약 그들이 봤더라면— 전후 보수주의가 동부 기득권층에 대한 "시골뜨기" 중서부 "포퓰리스트들"의 분노에 찬 외침일 뿐이라는 대중적 논지를 확인시켜주었을 것이다. 확실히 일부 보수주의적 사고에는 이러한 관점이 존재했다. 확실히 보수주의자들은 스스로를 주로 동부에서 등장하는 "합의"—그들에게는 강요된 합의—를 공격하는 외부인이라고 여겼다. 그러나 "지위 혁명"이나 "열등 콤플렉스" 같은 사회학적 또는 심리학적 범주만을 다루는 것은 1950년대 미국인의 지적 삶의 윤곽을 오해할 위험이 있다. 예를 들어 러셀 커크는 제대로 교육받지 못한 시골뜨기가 아니었으며, 어떤 의미에서도 포퓰리스트가 아니었다. 동시기 그는 동부의 자유주의자들에게 대단히 비판적이었다. 여기서 우리는 이 시기 좌파와 우파 사이의 깊은 분열을 다시 마주하게 된다. 커크와 그의 동맹자들에게 동부의 자유주의자들이 미국 문화를 지배하고 있다는 것은 냉철한 분석과 냉철한 대응을 필요로 하는 현실이자 문제였다. 만약 편협하고 지적으로 경직되어 있는 지역이 있다면, 그곳은 자유주의 동부였다. 그렇기 때문에 예컨대 스티븐 톤소르는 아서 슐레진저가 보수주의를 경제적 관점으로 분류하는 것에 반대했다. 얼마나 전형적인 동부 뉴딜 지지자다운 모습인가! 얼마나 구시대적인가!

더욱이 커크는 자신의 저널에서 지역뿐 아니라 국가적—심지어 국제적인―영역까지 다루고자 했다. 커크가 제시한 기고자 목록은 그가 자신의 그물을 얼마나 넓게 던지고 있었는지를 보여준다. 다양한 중서부 작가들 외에 그는 리처드 위버·앨런 테이트Allen Tate·프리드리히 하이에크·로버트 프로스트Robert Frost·버나드 이딩스 벨·라인홀드 니부어·로버트 니스벳·휘태커 체임버스 등 다른 가능한 인물들을 언급했다. 특히 흥미로운 것은 그가 T. S. 엘리엇·허버트 버터필드Herbert Butterfield·로이 캠벨Roy Campbel·더글러스 제럴드Douglas Jerrold, 해롤드 니콜슨Harold Nicholson·베르트랑 드 주브넬·빌헬름 뢰프케와 같은 저명한 유럽 기고자들을 영입하기로 결심했다는 점이다.[61] 그러므로 (동부) 자유주의 저널들의 영향력을 상쇄하고자 했지만, 커크의 모험은 확실히 기득권층에 대한 혐오증이 있거나 영국적인 것을 혐오하는 사람의 공격이라고 설명할 수 없다. 이 시대 우파의 대중적 기반이 어떤 성격이었든 간에 보수주의의 지적 운동은 그 기반보다 복잡하고, 국제적이었으며, 정교했다.

몇 년간의 준비와 헨리 레그너리의 도움으로[62] 1957년 커크의 저널은 계간지로 발행되었다. 『모던에이지: 보수주의리뷰Modern Age: A Conservative Review』라는 이름의 이 저널은 곧바로 미국에서 보수주의 사상을 알리기 위한 목적으로 설계된 주요―사실상 유일한―학술 매체가 되었다. 커크의 사업은 주로 보수주의 부활의 새로운 보수주의 분파나 전통주의자를 대상으로 했다. 27명의 본래 "편집 고문" 가운데 단 두 명―빌헬름 뢰프케와 데이비드 맥코드 라이트David McCord Wright ― 만이 경제학자였으며, 공산주의에서 전향한 유명인사는 아무도 없었다.[63] 대신 이사회에는 버나드 이딩스 벨·로스 호프먼·엘리세오 비바스·리처드 위버·프레더릭 빌헬름센·프랜시스 윌슨과 같은 전통주의 권위자들이 포함되어 있었다. 위버와 농본주의자 도널드 데이비슨, 앤서니 해리건 등 몇몇은 남부인이었다. 보수적인 『리치몬드 뉴스-리더Richmond News-Leader』의 정력적인 편집자 제임스 J. 킬패트릭James Jackson Kilpatrick은 오클라호마 출신이었다. 벨·해리건·호프먼·빌헬름센·윌슨·노터데임대학교의 레오 R. 와드Leo Richard Ward·뢰프케 등 많은 이들이 로마 가톨릭, 영국 가톨릭 또는 "종교개혁 이전의 기독교도"였다. 거의 모든 사람이 대학에 임용되어 있었다. 한 명―감리교 성직자 린 해롤드 허프Lynn Harold Hough―은 1930년 대 초반 신인본주의운동에서 어빙 배빗과 폴 엘머 모어와 친분을 맺었다.[64] 『모던에이지』의 글에는 이러한 전통주의의 영향이 반영되어 있다. 초기 발행호의 학술 토론 코너에는 「오르테가 이 가세트의 업적」, 「기독교와 현재 우리의 불만」, 「미국 학문의 복원」, 「에릭 푀겔린의 업적」, 「인간적 정치경제」라는 제목의 글들이 실렸다. 1959년 여름호에 최초로 『버크뉴스레터Burke Newsletter』―최종적으로 독립 저널이 된―가 등장했다. 자금이나 편집 보조원이 부족하다는 불리한 여건에도 불구하고,[65] 커크는 1959년 사임할 때까지[66] 자신이 원했던 것, 즉 성찰적이고 전통주의적인 보수주의를 위한 권위 있는 토론의 장을 확립했다. 『모던에이지』는 절실한 욕구를 채워주었다. 커크가 떠난 후에도 그것은 여전히 지적 우파의 주요 계간지로 남아 있었다.

커크의 모험은 의심할 여지없이 보수주의운동을 통합하는 데 도움이 되었지만, 확실히 그 자체로는 충분하지 않았다. 우선 『모던에이지』는 주간지가 아닌 계간지였고, 한시적인 정치적 논의를 자제했다. 더욱이 『모던에이지』의 독자들은 대부분 학자였고 전통주의자였다. 따라서 아서 크록이 우파의 열등한 표현방식이라고 부른 문제를 부분적으로만 보완할 수 있었다. 1950년대 초반 많은 보수주의자들이 계속되는 간극을 메우기 위해 치열하게 노력했다.

기묘하게도 새로운 보수주의 주간지가 창간되는 데 있어 결정적인 역할을 한 인물은 윌리엄 S. 슐람이라는 유럽 망명자였던 듯하다. 1904년 오스트리아에서 태어난 슐람은 10대에 공산주의자가 되었다가 25세에 결별하고, 1930년대에 베를린과 프라하에서 유명한 반나치·반스탈린주의 신문의 편집자가 되었다. 1937년 그는 스탈린주의와 트로츠키 재판을 맹렬하게 비판한 『거짓말의 독재Diktatur der Lüge』를 출간했다. 1938년 민주주의적인 유럽의 미래에 실망한 그는 미국으로 건너가 곧바로 『뉴리더』의 칼럼니스트가 되었다.

존 체임벌린과의 친분은 슐람이 1941년 『포춘』의 편집진이 되는 데 도움이 되었다. 2년 후 그는 『타임』·『라이프』·『포춘』의 편집장 헨리 루스의 대외 정책 보좌관이자 비서가 되었다. 1930년대에는 여전히 자신을 "비마르크스주의적 사회주의자"라고 생각했던 슐람은 이 시기 점차 우파로 이동하고 있었다. 그는 이를 "나의 지적 미국화"라고 말했다.[67]

루스와 함께 지낸 시간 동안 슐람은 루스가 그의 출판 제국에 추가하려 계획한 새로운 지식인 중심의 잡지 『메저』—시카고대학교의 저널과는 다른—의 편집자로 지명되었다. 재정을 비롯한 여러 이유로 학술지는 발간되지 못했다.[68] 슐람은 1951년 『타임』을 떠났지만, 저널리즘에 대한 그의 관심은 멈추지 않았다. 그 후 3년의 시간 동안 대부분 그는 『프리맨』의 편집을 도왔다. 그는 "(…) 새로운 유형의 보수주의 저널리즘을 창출하고" 싶어 했다.[69] 1952년 그는 윌리엄 F. 버클리 주니어를 만났고, 젊은 보수주의 작가이자 논쟁가에게서 깊은 인상을 받았다. 어쩌면 무산된 『메저』 창간 계획을 떠올리면서 버클리라는 훌륭한 신병을 찾았다고 완전히 확신한 슐람은 자신의 친구가 "보수주의 입장의 저널"을 창간하는 데 관심을 갖게 만들려 노력했다. 그는 이 아이디어에 "강박적으로 집착하고” 있었다. 슐람의 설명에 따르면 1953년 그는 마침내 버클리의 동의를 얻었다. 그 후 2년 동안 그는 버클리와 긴밀히 협력하면서 이를 위한 활동을 이어나갔다.[70]

슐람의 열정에도 불구하고 『프리맨』이 1952년과 1953년에 심각한 내부 위기를 겪지 않았다면, 새로운 보수주의 잡지는 등장하지 못했을 가능성이 크다. 이러한 위기가 발생하기 전에 우익은 이 저널에 대해 거의 불만을 갖지 않았었다. 그러나 1952년 선거가 한창이던 해에 분위기가 바뀌었다. 폭풍의 중심에는 언론인이자 태프트 상원의원의 고문인 『프리맨』의 새 편집자 포레스트 데이비스가 있었다. 데이비스는 곧 공동 편집자 헨리 해즐릿과 충돌했고, 그의 친태프트 활동은 이사회의 일부 친하이젠하워 성원들을 불쾌하게 만들었다. 이사인 동시에 주주인 일부 성원들은 편집자들의 불협화음에 당혹해했고, 저널의 논조를 바꾸려고 노력했다.

일부 편집자들은 이러한 노력이 성공한다면 『프리맨』은 경제학에만 초점을 맞춘 무미건조한 학술지로 바뀌게 될 것이라고 생각했다. 1952년 10월 조셉 매카시 상원의원에 대해 많은 의구심을 가지고 있던 해즐릿은 『프리맨』이 상원의원을 “신성한 인물”로 만드는 경향에 불만을 표하며 사임했다. 해즐릿의 견해에 따르면 잡지는 지나치게 개인들, 특히 매카시의 사람들을 중심으로 돌아가고 있었다. 그 후 몇 달 동안 이사들이 화해가 불가능해 보이는 파벌로 거의 고르게 나눠지면서 상황은 더욱 악화되었다. 마침내 1953년 1월 『프리맨』이 자금을 조달하거나 어음을 지불할 수 없게 되자 세 명의 수석 편집자—데이비스·존 체임벌린·수잔 라 폴레트—는 사임한 뒤 곧바로 새로운 저널의 창간 가능성을 모색하기 시작했다. 윌리엄 슐람은 그들의 탈출에 동참했다.[71]

1953년 이후『프리맨』의 성격이 바뀌면서 새로운 저널에 대한 욕구가 더욱 강해졌다. 1954년 레너드 리드와 경제교육재단은『프리맨』을 사들여 격주간지에서 월간지로 전환하고, 무정부주의자에 가까운 프랭크 초도로프를 편집자로 임명했다.[72] 우파에게는 또다시 지적 견해를 전달할 주간지나 격주간지가 부족해졌다. 윌리엄 F. 버클리에게 이러한 전개는 과거의『프리맨』이 가졌던 모든 의도와 목적을 "포기"했음을 의미했다. 이에 그는 최종적으로 새로운 잡지의 창간과 편집 계획을 진행하기로 결정했다. 그 후 18개월 동안 그는 필요한 자본을 모으기 위해 노력했다. 버클리가 비교적 젊다는 사실이 도움이 되었다. 아직 서른 살이 채 되지 않은 그는 분명 나이 많은 기성 언론인들—그가 자기 주변으로 모은—에게 경쟁자로 보이지 않았을 것이다. 놀랍도록 쉽게 "기라성" 같은 우익의 다양한 유명인사들이 그의 사업에 함께했다.[73]

버클리의 구상대로 새 잡지의 목적은 "보수주의의 입장을 되살려내고", 국가의 "여론 형성자들에게 영향을 미치는 것"이었다. 1955년 그는 믿기 어렵게도 보수주의자들에게는 입장을 전달할 수 있는 주간지가 하나도 없는 반면, 자유주의자들은 여덟 개나 가지고 있다고 지적했다. "그들은 이념의 힘에 대해 잘 알고 있으며, 지난 30년간 사회주의-자유주의 세력이 그렇게 큰 진전을 이룰 수 있었던 것은 주로 이러한 이유 때문이다."[74] 버클리는 그가 말한 "대중적이고 진부함이 넘쳐나는 방식으로 '풀뿌리'에 호소하는 것"[75]을 강력하게 거부하고, 대신 지식인들에게 다가가는 저널을 만들기 위해 노력했다. 모든 보수주의자들이 이러한 접근법에 동의한 것은 아니었지만, 젊은 편집자 지망생은 단호했다. 어쨌든 "혁명의 산파 역할을 하고, 혁명을 수행한 사람들은 지식인들이었다. 우리는 지식인들 간의 동맹을 맺어야 한다. 그리고 우리는 보수주의를 쇄신하고,

그들 중 일부를 설득할 수 있는지 없는지 확인해볼 것을 제안한다".[76]

마침내 1955년 11월 버클리의 서른 번째 생일을 며칠 앞두고 새로운 정기간행물 『내셔널리뷰』가 등장했다. 형식은 1953년 이전의 『프리맨』과 놀랍도록 유사했다. 실제로 처음 판권면을 장식한 이름 대부분은 『프리맨』에서 일했거나 적어도 기고를 했던 사람들이었다. 그러나 버클리의 저널은 『프리맨』의 단순한 복제품이 될 운명이 아니었다. 그것의 역할은 단지 좌파에 대한 공격을 재개하는 것이 아니라 우파를 통합하는 것이었다.

버클리는 연합을 대단히 성공적으로 결속시켰다. 신보수주의자·자유지상주의자·반공산주의자들이 판권면에 등장했고, 지면을 쉽게 이용했다. 전통주의자 중에서는 러셀 커크가 정기 칼럼을 기고했고, 리처드 위버·도널드 데이비슨·에릭 폰 쿠에넬트-레딘 등 많은 이들이 이 잡지가 탄생하는 데 도움을 주거나 점차적으로 이 잡지에 합류했다. 갑작스러운 죽음이 아니었다면 스페인 철학자 오르테가 이 가세트는 "대중에 맞선 반란"이라는 제목의 에세이를 초기 발행호에 기고했을 것이다.[77] 자유지상주의자들의 영향력은 존 체임벌린·프랭크 초도로프·유럽의 경제학자 빌헬름 뢰프케, 그리고 맥스 이스트먼과 프랭크 메이어 등 국가주의를 비판하는 과거 극렬 급진주의자들이 판권면에 등장하면서 명확하게 드러났다. 특히 눈에 띄는 것은 잡지의 초기 편집자와 동료들 중에서도 공산주의자·트로츠키주의자, 그리고 급진주의라는 과거를 가진 사람들이 여기에 이례적으로 몰두했다는 사실이다. 제임스 번햄·윌무어 켄달·윌리엄 슐람·프랭크 메이어·프레다 유틀리·리처드 위버·맥스 이스트먼·존 체임벌린·휘태커 체임버스는 모두 한때 좌파였고, 때때로 이 새로운 잡지의 형성과 운영에 크게 기여했다. 1955년 이전에 급진주의에서 보수주의로 전향한 이들은 미국 우익의 사고에 영향을 미쳤다. 그들의 영향력은 『내셔널리뷰』라는 매체를 통해 확대되었다. 번햄·메이어·슐람과 같이 전투적이고 의지가 강한 과거 급진주의자들의 노력이 없었다면, 『내셔널리뷰』는 결코 성공하지 못했을 것이다. 『프리맨』이 자유지상주의적이고 『모던에이지』가 전통주의적이었다면, 『내셔널리뷰』의 독특한 특징 중 하나는 과거 급진주의자들이 이 연립정부에서 두각을 나타냈다는 것이다.

저널의 주요 주제들은 다양한 지지층—이 저널이 지지를 이끌어 낸—을 반영했다. 초기에 편집자들은 자신들의 신념을 "사악한" 공산주의와의 전쟁에서 "물러서지 않는 것"이라고 선언했다. 공존은 "바람직하지도 가능하지도 명예롭지도 않다". 미국의 목표는 당연히 승리가 되어야 했다.[78] 이 잡지의 수석 국제전략가 제임스 번햄은 거의 모든 발행호에 「제3차 세계대전」이라는 칼럼을 썼다. 저널은 매카시 상원의원에게도 문호를 개방했다. 그에게 자신의 적수인 딘 애치슨의 책에 대한 서평뿐 아니라[79] 때때로 매카시즘에 대한 변론과 비판자들에 대한 답변을 발표할 수 있도록 했다.[80] 더욱이 편집자들은 "경쟁적 가격 체계"를 "자유와 물질적 진보에 없어서는 안 되는 것"이라고 단언하고, 정부의 성장—"가차 없이 싸워야 하는 자유에 대한 위협"—에 맞선 전투에서 자신들은 "자유지상주의자"라고 주장했다. 또 다른 전선에서 그들은 "과학적 유토피아에 순응하도록 인류를 조정하려는 사회공학자들과 유기적 도덕 질서를 옹호하는 진리의 제자들" 사이의 투쟁에서 자신들은 "보수주의자"—즉 전통주의자—라고 선언했다.[81] 『내셔널리뷰』 계열의 초기 지도자 중 몇몇은 실제로 로마 가톨릭 신자였다. 물론 가장 유명한 사람은 버클리였지만, 두 명의 본보기를 더 들자면 보젤과 켄달도 개종자였다. 초창기 저널의 또 다른 두드러진 특징은 학계를 비판하는 데 할애한 지면의 양이었다. 저널은 두 개의 칼럼— 커크의 「학계로부터」와 버클리의 「상아탑」—을 통해 대학에서 가르치고 운영하는 사람들의 월권행위와 어리석음을 반복적으로 다루었다. 지식인계급에 대한 비판은 여전히 전후 보수주의 사상의 주요한 특징이었다.

무엇보다 처음 몇 년 동안 『내셔널리뷰』는 자유주의가 뛰어난 지적 적수—그리고 그들은 자유주의를 적이라고 노골적으로 주장했다—라는 확신에 사로잡혀 있었다. 버클리는 창간호에서 "이 나라를 운영하고 있는 사람들은 자유주의자들"이라고 말했다.[82] 자신의 칼럼 「자유주의 노선」에서 윌무어 켄달은 정기적으로 적의 전략과 전술을 식별하려 노력했다. 켄달의 칼럼은 다른 편집자들이 공유하고 있는 몇 가지 가정에 근거해 있었다. 자유주의의 신조는 당대의 문제는 인식 가능하다는 것이며, 이러한 자유주의적 관점은 국가의 "선도적인 여론 형성자들"에 의해 유지되고 있고, 이러한 자유주의자들은 대중에게 자신들의 견해를 거침없이 전달하려 했다. 요컨대 자유주의의 강력한 "선전 기계"는

미국 국민의 신중함, 그리고 건전함과 도덕성에 대한 심각한 공격을 끊임없이 지속하고 있다—왜냐하면 그들이 말하는 정치적 현실은 어디에도 존재하지 않는 망상이기 때문에 신중함을, 그들의 가치와 목표는 (…) 미국의 전통에 적합한 가치 및 목표와 가장 첨예하게 충돌하고 있기 때문에 건전함과 도덕성을 끊임없이 공격한다.[83]

공산주의자들이 아닌 좌파에 대한 이러한 근본적인 철학적 적대감은 피터 비에렉의 신보수주의나 아서 슐레진저의 "역동적 중도" 자유주

의외는 거리가 멀었다. 특히 비에렉은 "코뮤나치" 극단주의자들을 물리치기 위해 자유주의자와 보수주의자 사이의 일종의 동맹을 추구했다. 많은 『내셔널리뷰』 보수주의자들에게 그러한 타협은 궁극적으로 가능하지 않은 것이었고, 원칙적인 차원에서는 확실히 불가능한 것이었다. 그들은 좌파가 기본적인 철학으로 결속되어 있다—다른 누구보다 휘태커 체임버스가 그들에게 가르친 바에 따라—고 깊게 믿고 있었다. 윌리엄 러셔가 1957년 출판인이 되었을 때 말했던 것처럼 "자유주의 기득권층은 (…) 공산주의의 유물론적 원칙을 공유하고 있다".[84] 1년 후 프랭크 메이어는 특유의 신랄함으로 보수주의의 논거를 요약했다. 그는 매카시즘이라는 현상을 통해 많은 진실들이 명백하게 규명되었다고 말했다.

1) 현대 자유주의는 가장 본질적인 점—사회주의의 필요성과 온당함—에서 공산주의와 일치한다. 2) 모든 상속된 가치—신학적·철학적·정치적—에는 고유한 덕성이나 권위가 존재하지 않는다고 여긴다. 3) 따라서 현대 자유주의와 공산주의 사이에 화해 불가능한 차이는 존재하지 않으며, 방법과 수단의 차이만 존재할 뿐이다. 그리고 4) 그들 이데올로기의 이러한 특성을 고려할 때 자유주의자들은 자유사회를 지도하기에 적합하지 않으며, 본질적으로 공산주의의 공세에 절박하게 맞설 수 없다.[85]

확실히 좌파와 우파 사이의 내부의 시민전쟁은 조셉 매카시에 대한 불신임으로 끝나지 않았다.

그들이 표명한 타협 없는 원칙은 부분적으로 『내셔널리뷰』의 편집자들이 국가가 허우적대고 있다고 믿었던 절망적인 위기를 반영하고 있었다. 이 잡지가 창간되었다는 사실은 상당한 성과였지만, 앞으로 수행해야 할 과제의 중요성도 부인할 수 없었다. 창간호에서 버클리는 『내셔널리뷰』는 "(…) 멈추라고 외치며 역사를 거스른다"고 선언했다. 이것은 오늘날의 세계에 "어울리지 않는다. 왜냐하면 교양을 쌓은 미국은 성숙기에 급진적인 사회적 실험에 찬성해 보수주의를 거부했기 때문이다". 보수주의자가 된다는 것은 자유주의가 강요하는 거대한 순응의 세계에서 "허가받지 못한 비순응주의자" 집단의 일원이 되는 것이었다. 그러므로 "급진적 보수주의자들"—"무책임"하고 "배부른 우파"에게 무시당하고, 진보주의자들에게 박해받는—을 위한 저널이 필요한 것은 당연했다.[86]

『내셔널리뷰』는 많은 보수주의 지식인들에게 환영받았지만, 그들 모두가 그 어조와 내용에 완전히 만족한 것은 아니었다. 특히 몇몇 전통주의자들은 냉담하거나 비판적이었다. 예를 들어 피터 비에렉과 남부 농본주의자 앨런 테이트는 저널에 글을 기고해달라는 요청을 받았지만 거절했다. 테이트는 『내셔널리뷰』가 매카시 상원의원을 지지한다는 이유로 거절했다.[87] 해외에서는 사실상 신보수주의의 수호성인인 T. S. 엘리엇이 저널의 특정 양상에 반대했다. 그는 러셀 커크에게 『내셔널리뷰』가 "반항하는 소수의 수단이라는 것을 지나치게 의식하고 있다"고 썼다.

아직 버클리 씨의 견해를 백 퍼센트 공유하지 못한 『내셔널리뷰』의 독자들이 갈수록 그것이 편견의 매체이며, 모든 쟁점이 사전에 판정되어 있다는 인상을 받게 될까 봐 우려됩니다.

엘리엇은 매카시 상원의원에게 딘 애치슨의 책을 검토하도록 한 일이 특히 "경솔"했다고 생각했다. 또 다른 편지에서 이 새로운 저널에 대한 자신의 "매우 복잡한 심경"을 거듭 밝히면서 그는 『모던에이지』가 "훨씬

더 환영받을 만하다"고 생각한다고 말했다.[88]

『내셔널리뷰』에 정기적으로 칼럼을 기고하면서 러셀 커크는 이 사업에 대해 확실한 의구심을 갖게 되었다. 첫째로 그는 엘리엇에게 그 잡지는 "예일대학교 학부생 같은 정신"을 보여주고 있다고 썼다.[89] 둘째로 커크는 1955년 7월 『프리맨』에서 프랭크 메이어가 자신을 맹렬히 공격한 데 격분했고,[90] 메이어뿐만 아니라 최근 그가 비판했던 초도로프 같은 주요 개인주의자들을 불쾌하게 생각했다.[91] 특히 커크가 보기에 메이어와 초도로프는 보수주의자들 사이에서 자신의 영향력을 약화시키려는 운동을 벌이고 있는 것 같았고, 이러한 적들과 같은 판권면에 등장한다는 건 용납할 수 없는 일이었다.[92] 결국 커크는 버클리에게 자신의 이름을 판권면에서 빼달라고 단도직입적으로 말했다.[93] 훗날 그는 잡지의 공동 편집 방침에 자신도 일부 책임이 있는 것처럼 간주되고 싶지 않았다고 말했다.[94] 한마디로 커크는 『내셔널리뷰』를 성공시키기 위해 자신이 할 수 있는 일은 기꺼이 하려 했지만, 『내셔널리뷰』 유형의 보수주의와 완전히 동일시되기는 원치 않았다.

돌이켜보면 이러한 논쟁들[95]은 1950년대 후반 저널이 점차 영향력을 미치기 시작했다는 사실보다 덜 중요해 보인다. 1956년 이 잡지가 별로 좋아하지 않던 학자 클린턴 로시터는 "『내셔널리뷰』는 여전히 나의 관심을 끌고, 나를 즐겁게 하고 화나게 한다. 이 잡지에 무엇을 더 바라겠는가? 요즘 어떤 저널도 나에게서 이런 반응을 이끌어내지는 못한다"고 썼다.[96] 확실히 이 잡지의 평균 발행 부수는 여전히 얼마 되지 않았고—처음 3년 동안에는 20,000부 미만, 1960년 무렵에는 30,000부 미만이었다[97]—, 잡지는 지속적으로 재정 위기에 직면했다.[98] 1958년에는 격주간지로 전환할 수밖에 없었다. 그럼에도 불구하고 1958년 버클리는 모금을 호소하면서 자랑스럽게 다음과 같이 주장했다.

『내셔널리뷰』는 미국 사상의 주류에 진입했으며, 이제 미국인들 삶의 제도 적 사실이 되었다. 이것은 더 이상 새롭고 실험적인 잡지가 아니다. 이것은 더 이상 구석기 시대 우파에 의해 순간적으로 일어난 불꽃이 아니다. 이것은 미국 보수주의의 목소리이며, 점점 더 그렇게 인정받고 있다.[99]

2년 후 버클리는 5주년 기념 만찬에서 루이스 스트라우스Lewis Strauss[•] 제독의 말을 인용하며 『내셔널리뷰』는 "미국의 가장 깊은 전통에 뿌리박 고 있고, 그것을 넘어 (…) 서구 문명의 가장 깊은 전통에 뿌리를 두고 있 는, 미국인과 떼려야 뗄 수 없는 것"이라고 똑같이 강조했다.[100]

버클리의 자신감은 전투에서 승리했다는 인상을 심어주기에는 역부 족이었다. 실제로 『내셔널리뷰』에 대한 그의 찬사는 창립 후 몇 개월간 잡지를 겨냥해 퍼부어진 자유주의의 총알 세례와 극명하게 대비되었다. 『하퍼스』의 존 피셔에 따르면 버클리의 새 저널은 전혀 보수적이지 않았 다. 잡지는 급진적이었다. 거기에는 해학이 없었고, 유토피아주의·모 순·박해 콤플렉스와 같이 극단주의를 역력하게 보여주는 징후들이 있었 다. 머레이 켐프턴Murray Kempton[••]은 그 잡지가 지루하고 시시하다고 주

[•]　루이스 리히텐슈타인 스트라우스Lewis Lichtenstein Strauss, 1896~1974. 미국의 해군 장교이자 미 국 원자력위원회 의장. 미국의 핵무기 개발과 원자력 정책을 주도한 인물이다.
[••]　제임스 머레이 켐프턴James Murray Kempton, 1917~1997. 미국의 언론인. 1940년대부터 『뉴욕포 스트New York Post』에 칼럼을 썼고, 1960년대에는 『뉴리퍼블릭』의 편집자였다. 나중에는 버클리와 친한 친구가 되었고 『내셔널리뷰』에 글을 기고하기도 했다.

장했다. 가장 잔인한 사람은 드와이트 맥도날드Dwight Macdonald*였다. 그는 새 저널을 모호하고 기이한 "이중적인 지식인들"이 "지적으로 소외된" 지방 사람들을 위해 제공하는 따분하고 질 낮은 요깃거리라고 혹평했다. 그는 『내셔널리뷰』를 "룸펜 – 부르주아지의 목소리"라고 비난했다.[101]

보수주의자들은 당연히 이러한 비난을 반박했다.[102] 예를 들어 윌무어 켄달은 "자유주의 선전 기계"가 보기에 "'보수주의' 간행물은 그것이 자유주의적이지 않다면 진정한 보수주의가 아니다"라고 비꼬아 말했다.[103] 그러나 윌리엄 러셔에 따르면 보수주의자들은 자유주의의 공격에 매몰되지 않았다.[104] 좌파의 이러한 반응들로 인해 앞으로 긴 오르막을 올라야 한다는 보수주의자들의 인식이 강화되었지만, 『내셔널리뷰』가 소통 경로와 연대 네트워크를 구축하기 시작했다는 사실 또한 분명했다.

이러한 것들은 모든 운동에 필수적이었지만, 특히 "멈춰"를 외치며 역사를 거스르려 하는 운동에는 없어선 안 되는 것이었다. 매주 발행되면서 점점 더 많은 지식인들을 끌어들이고 있던 『내셔널리뷰』는 좌파의 우월한 표현방식을—서서히 착실하게—무력화해나가기 시작했다. 『내셔널리뷰』가 단순히 신도들에게 약간의 뉴스와 논평을 전달하는 또 하나의 정기간행물이 아니었다는 점은 아무리 강조해도 지나치지 않는다. 그것은 논쟁의 장이었고, 흩어져 있는 지식인들이 서로에 대해 배울 수 있는 수단이었으며, 대개 매우 개인주의적인 남성과 여성들로 구성되어 있는 이질적인 집단이 공동의 대의를 함께 수행할 수 있는 틀이었다. 1955년

• 1906~1982. 『파르티잔리뷰』의 편집자. 트로츠키주의자였으나 1921년 트로츠키가 크론슈타트 수병들의 반란을 진압하자 그와 결별했다. 그는 매카시즘에는 반대했지만, 문명에 대한 가장 큰 위협은 스탈린주의와 공산주의이므로 어느 한쪽을 선택해야 한다면 서구를 선택할 것이라고 말했다.

이후 오랫동안 보수주의의 입장을 전달해온 유일한 저널[105]인 『내셔널리뷰』는 우파에게 훨씬 더 필수불가결한 것—자유주의 저널이 좌파에게 그런 것보다—이었다. 모든 보수주의자가 『내셔널리뷰』에 글을 쓴 것은 아니었다. 모든 사람이 이 저널을 인정한 것도 아니었다. 확실히 이 잡지에 기여한 사람들 사이의 의견 충돌은 심각한 것으로 판명되었다. 그럼에도 불구하고 『내셔널리뷰』—혹은 이와 유사한 것—가 창간되지 않았다면, 1960년대와 1970년대 우파에 응집력 있는 지적 세력은 존재하지 못했을 것이다. 1955년 이후 미국의 성찰적 보수주의의 역사는 상당 부분 윌리엄 F. 버클리가 창간한 잡지에 협력했던—또는 발견한—사람들의 역사이다.

1950년대 중후반 『내셔널리뷰』와 『모던에이지』가 마침내 부활한 보수주의에 필수적이었던 중심점을 제공했지만, 전후 첫 10년이 끝나갈 무렵 연합과 "집합체"에서 지적 응집력을 형성해야 한다는 훨씬 더 힘겨운 과제가 등장하고 있었다. 보수주의자들은 그들이 단결하고 있다는 사실에 안심했다. 그렇지만 그들이 옹호한 것은 무엇이었는가? 이 이질적인 사람들을 하나의 운동으로 묶어준 것이 있었다면, 그것은 무엇이었는가? 그들의 운동에는 실제로 어떤 지적 정당성이 있었는가? 사실상 당시의 보수주의란 무엇이었는가? 미국의 보수주의란 무엇인가? 성찰적인 보수주의자들은 이러한 문제들을 숙고하면서 진정한 통합은 언론의 주목과 저널리즘을 넘어서야 한다는 것을 깨달았다. 다른 맥락에서 에릭 푀겔린이 말한 "재이론화"를 지속하고 강화해야만 했다. 그러나 적어도—그리고 마침내—그들은 자신들이 혼자가 아니라는 것을 알게 되었다.

주

1 프랭크 S. 메이어와의 전화 인터뷰, 1971년 9월 4일

2 에릭 골드먼, 『운명과의 랑데부Rendezcous with Destiny』(뉴욕, 1961), 17장을 참조할 것.

3 버나드 스테른셔Bernard Sternsher, 「50년대의 자유주의: 재정의의 고역Liberalism in the Fifities: The Travail of Redefinition」, 『안티오크리뷰』 22(1960년 가을), 315~331쪽

4 존 피셔, 「패배한 자유주의자들The Lost Liberals」, 『하퍼스』 194(1947년 5월), 386쪽

5 아서 슐레진저 주니어, 「추상과 실제성Abstraction and Actuality」, 『네이션』 164(1947년 4월 26일), 489쪽

6 리처드 체이스, 「진보적인 호손The Progressive Hawthorne」, 『파르티잔리뷰』 16(1949년 1월), 96~100쪽; 뉴턴 아빈·로버트 골햄 데이비스Robert Gorham Davis·다니엘 아론·리처드 체이스의 서신 교환, 『파르티잔리뷰』 16(1949년 2월), 221~223쪽; 윌리엄 바렛, 「'자유주의' 정신이란 무엇인가?What Is the 'Liberal' Mind?」, 『파르티잔리뷰』 16(1949년 3월), 331, 333~336쪽; 리처드 체이스·라이오넬 트릴링·윌리엄 바렛, 「자유주의 정신: 두 가지 전언과 하나의 답변The Liberal Mind: Two Communications and a Reply」, 『파르티잔리뷰』 16(1949년 6월), 649~665쪽을 참조할 것.

7 조셉 C. 하르슈, 「자유주의자들은 한물갔는가?Are Liberals Obsolete?」, 『리포터』 7(1952년 9월 30일), 13~16쪽

8 에릭 골드먼, 「미국의 자유주의자: 공정 정책 그 이후, 무엇인가?The American Liberal: After the Fair Deal, What?」, 『리포터』 8(1953년 6월 23일), 25~28쪽

9 니부어와 그가 자유주의자들에게 끼친 영향에 대한 유용한 논의는 휘태커 체임버스, 「음울한 시대를 위한 신앙Faith for a Lenten Age」, 『타임』 51(1948년 3월 8일), 70~72, 74~76, 79쪽과 『증언』(뉴욕, 1952)의 505쪽을 참조할 것. 체임버스는 이를 자신이 『타임』에서 쓴 글과 같다고 생각했다.

10 아서 슐레진저 주니어, 『역동적 중도』(보스턴, 1949)

11 로버트 니스벳과의 인터뷰, 노샘프턴, 매사추세츠, 1971년 11월 19일. ADA의 유래에 관해서는 클리프턴 브록Clifton Brock, 『민주적 행동을 위한 미국인』(워싱턴, DC, 1962)을 참조할 것.

12 특히 유명한 글은 어빙 크리스톨, 「'시민적 자유,' 1952-혼란에 빠진 연구('Civil Liberties', 1952-A Study in Confusion)」, 『코멘터리』 13(1952년 3월), 228~236쪽이다.

13 슐레진저, 「추상과 실제성」, 489쪽

14 아서 슐레진저 주니어, 「지적인 반대편의 필요성The Need for an Intelligent Opposition」, 『뉴욕타임스 매거진』 (1950년 4월 2일), 13, 56~8쪽

15 아서 슐레진저 주니어, 「칼훈의 복권Calhoun Restored」, 『네이션』 170(1950년 4월 1일), 302쪽

16 존 피셔, 「미국 정치의 불문율Unwritten Rules of American Politics」, 『하퍼스』 197(1948년 11월), 27~36쪽

17 체스터 보울스Chester Bowles, 「보수주의자들에 대한 도전The Challenge to the Conservatives」, 『뉴욕타임스 매거진』(1948년 10월 10일), 42쪽

18 라이오넬 트릴링, 『자유주의적 상상력The Liberal Imagination』(뉴욕, 1950), ix쪽

19 아서 슐레진저 주니어와 러셀 커크, 「보수주의자 대 자유주의자Conservative vs. Liberal」, 『뉴욕타임스 매거진』(1956년 3월 4일), 11, 58, 60, 62쪽(슐레진저), 그리고 11, 61~64쪽(커크)을 참조할 것.

20 사무엘 P. 헌팅턴, 「이데올로기로서의 보수주의Conservatism as an Ideology」, 『미국정치학리뷰』 51(1957년 6월),

445쪽

21 같은 글, 472, 473쪽. 헌팅턴의 주장은 우파의 반대에 부딪혔다. 머레이 로스바드, 「헌팅턴의 보수주의: 논평 Huntington on Conservatism: A Comment」, 『미국정치학리뷰』 51(1957년 9월), 784~787쪽. 헌팅턴의 반박에 대해서는 『미국정치학리뷰』 51(1957년 12월), 1063~1064쪽을 참조할 것.

22 『네이션』 171(1950년 10월 21일), 355쪽

23 아서 슐레진저 주니어, 『미국정치학·사회학연보』 293(1954년 5월), 178쪽

24 아서 슐레진저 주니어, 「제3차 세계대전」, 『네이션』 164(1947년 4월 5일), 398~399쪽, 그리고 「뿔 달린 중년 남자 Middle-Aged Man With a Horn」, 『뉴리퍼블릭』 128(1953년 3월 16일), 16~17쪽

25 스티븐 J. 톤소르가 편집자에게 보낸 편지, 『리포터』 13(1955년 8월 11일), 8쪽

26 제임스 번햄, 『미국정치학·사회학연보』 298(1955년 3월), 216쪽

27 윌무어 켄달, 「자유주의 노선: 맥클로스키에게서 벗어나는 율리시스 The Liberal Line: By Ulysses out of McCloskey」, 『내셔널리뷰』 2(1956년 11월 3일), 17쪽

28 게르하르트 니에메예르, 『공법저널 Journal of Public Law』 4(1955년 가을), 441쪽

29 프랭크 S. 메이어, 「집단주의 재세례 Collectivism Rebaptized」, 『프리맨』 5(1955년 7월), 562쪽

30 존 로슈, 「신물나는 보수주의: 보수주의는 오늘날의 미국에 중요하지 않다 I'm Sick of Conservatism: It's Irrelevant to Today's America」, 『뉴리더』 38(1955년 8월 22일), 6~7쪽

31 스튜어트 게리 브라운, 「미국에서 민주주의, 신보수주의, 그리고 자유주의 전통 Democracy, the New Conservatism, and the Liberal Tradition in America」, 『윤리학』 66(1955년 10월), 8쪽. 미국 역사에 대한 해석을 보여주는 동시대의 다른 사례들로는 루이스 하츠, 『미국의 자유주의 전통』(뉴욕, 1955); 버나드 크릭, 「미국 보수주의를 위한 이상한 임무 The Strange Quest for an American Conservatism」, 『정치학리뷰』 17(1955년 7월), 359~376쪽; 아서 슐레진저 주니어, 「미국의 신보수주의: 자유주의적 논평 The New Conservatism in America: A Liberal Comment」, 『컨플루언스』 2(1953년 12월), 61~71쪽; 페레그린 위스트혼 Peregrine Worsthorne, 「미국 역사에 대한 오독 The Misreading of American History」, 『뉴리퍼블릭』 134(1956년 2월 13일), 16~18쪽; 아놀드 로고, 「에드먼드 버크와 미국의 자유주의 전통 Edmund Burke and the American Liberal Tradition」, 『안티오크리뷰』 17(1957년 6월), 255~265쪽을 참조할 것.

32 아서 슐레진저 주니어, 「신보수주의: 향수의 정치 The New Conservatism: Politics of Nostalgia」, 『리포터』 12(1955년 6월 16일), 9~12쪽

33 T. W. 아도르노 외, 『권위주의적 성격』(뉴욕, 1950)

34 다니엘 벨 편, 『미국의 새로운 우파』(뉴욕, 1955)

35 허버트 맥클로스키, 「보수주의와 성격 Conservatism and Personality」, 『미국정치학리뷰』 52(1958년 3월), 27~45. 38, 40쪽에서 인용.

36 윌리엄 F. 버클리 주니어, 『자유주의로부터 깨어나다』(뉴욕, 1959), 59, 62쪽. 전반적으로 59~62쪽을 참조할 것.

37 프랭크 S. 메이어, 「학술적 저널 Scholarly Journals」, 『내셔널리뷰』 1(1956년 2월 8일), 23~24쪽

38 두 사람 모두 리처드 크리스티 Richard Christie와 마리 자호다 Marie Jahoda가 편집한 『권위주의적 성격의 범위와 방법에 대한 연구 Studies in the Scope and Method of The Authoritarian Personality』(글렌코, 일리노이, 1954)를 인용했다. 이 책은 아도르노의 책을 대단히 진지하게 반박했다.

39 러셀 커크, 『미국정치학·사회학연보』 305(1956년 5월), 185쪽. 벨의 책에 대한 다른 보수적 비판으로는 W. T. 코치 W. T. Couch, 『세년도어』 7(1956년 봄), 55~61쪽을 참조할 것.

40 켄달의 비판에 관해서는 『미국정치학리뷰』 52(1958년 6월), 506~510쪽을 참조할 것. 맥클로스키의 연구를 모턴 J. 피셔가 비판한 내용과 두 비판에 대한 맥클로스키의 답변에 대해서는 『미국정치학리뷰』 52(1958년 12월), 1108~1112쪽을 참조할 것.

41 러셀 커크, 「자유주의의 해체」, 『커먼윌』 61(1955년 1월 7일), 374~378쪽

42 윌리엄 F. 버클리 주니어가 C. L. 앤더슨에게 보낸 편지, 1954년 11월 23일, 윌리엄 F. 버클리 주니어 페이퍼스, 예일대학교 도서관, 뉴헤이븐, 코네티컷

43 아서 크록, 「좌파의 우월한 표현방식The Superior Articulation of the Left」, 『뉴욕타임스』 1949년 7월 14일, 26쪽; 크록, 「좌파의 우월한 표현방식 Ⅱ」, 『뉴욕타임스』 1949년 7월 19일, 28쪽

44 윌리엄 F. 버클리 주니어, 『예일에서의 신과 인간: "학문의 자유"라는 미신』(시카고, 1951), xii쪽. 흥미로운 점은 프랭크 초도로프가 버클리의 초고를 출판사에 넘기기 전에 검토했다는 사실이다(윌리엄 F. 버클리 주니어가 데이비드 P. 베렌버그에게 보낸 편지, 1952년 2월 22일, 버클리 페이퍼스). 수년 후 버클리는 초도로프에게 진 빚을 인정했다. "예일대학교를 졸업한 직후 그의 격려가 없었다면, 나는 작가로서의 경력을 추구해야 한다는 사명감을 갖지 못했을 겁니다"(버클리가 E. 빅터 밀리언에게 보낸 편지, 1960년 6월 6일, 버클리 페이퍼스).

45 버클리가 「예일데일리뉴스」 편집장에게 보낸 편지, 1951년 11월 26일, 버클리 페이퍼스

46 맥조지 번디, 「예일에 대한 공격The Attack on Yale」, 『월간대서양』 188(1951년 11월), 51쪽. 또한 윌리엄 F. 버클리 주니어, 「예일의 변화The Changes at Yale」, 『월간대서양』 188(1951년 12월), 78, 80, 82쪽, 그리고 맥조지 번디, 「맥조지 번디가 답하다McGeorge Bundy Replies」, 같은 곳, 82, 84쪽을 참조할 것.

47 맥스 이스트먼, 「버클리 대 예일Buckley versus Yale」, 『아메리칸머큐리』 73(1951년 12월), 22~26쪽; 펠릭스 위트머, 「예일의 집단주의Collectivism at Yale」, 『프리맨』 2(1951년 10월 22일), 58~60쪽

48 E. 메릴 루트, 『대학가의 집단주의: 미국 대학 내 정신을 위한 투쟁Collectivism on the Campus: The Battle for the Mind in American Colleges』(뉴욕, 1955)

49 펠릭스 위트머, 『미국 정신의 정복: 교육제도하의 집단주의에 대한 논평Conquest of the American Mind: Comments on Collectivism in Education』(보스턴, 1956)

50 낸시 제인 펠러스Nancy Jane Fellers, 「바사대학교에서의 신과 여성」, 『프리맨』 3(1952년 11월 3일), 83~86쪽. 이 글은 엄청난 흥미를 불러일으켰다. 또한 「바사대학교가 낸시 펠러스에게 답하다Vassar Answers Nancy Fellers」, 『프리맨』 3(1952년 12월 1일), 160~163쪽과 패트리샤 버클리 보젤, 「바사대학교의 자유주의적 교육Liberal Education at Vassar」, 『프리맨』 3(1953년 1월 12일), 269~272쪽을 참조할 것. 보젤 부인은 윌리엄 F. 버클리 주니어의 누이다.

51 머레이 로스바드와의 인터뷰, 케임브리지, 매사추세츠, 1972년 3월 23일

52 존 체임벌린, 「문예 시장: 1952~1953 The Literary Market; 1952-1953」, 『휴먼이벤츠』 10(1953년 8월 19일), 4쪽

53 케빈 코리건이 버클리에게 보낸 편지, 1953년 4월 25일, 버클리 페이퍼스

54 헨리 레그너리, 「예일대학교의 모든 이에게To All Yale Men」, 날짜 미상, 버클리 페이퍼스. 이 글은 『예일에서의 신과 인간』을 홍보하기 위한 글이었다.

55 레그너리가 알 힐Al Hill에게 보낸 편지, 1953년 3월 23일, 버클리 페이퍼스

56 러셀 커크, 「토론의 시대The Age of Discussion」, 『커먼윌』 63(1955년 11월 11일), 137, 138쪽

57 러셀 커크와의 인터뷰, 케임브리지, 매사추세츠, 1971년 4월 21일

58 커크가 저자에게 보낸 편지, 1971년 9월 29일. 1950년과 1951년에 나온 이 저널은 헨리 레그너리 출판사에서 분기마다 출판되었다. 편집진에는 다니엘 부어스틴·데이비드 그레네·로버트 허친스(편집장)·존 U. 네프·로버트 레드필드·헨리 레그너리·오토 G. 폰 시몬스가 있었다.

59 커크가 로스 호프먼에게 보낸 편지, 1951년 4월 5일; 피터 스탠리스가 커크에게 보낸 편지, 1954년 6월 5일; 부어스틴이 커크에게 보낸 편지, 1955년 6월 10일(러셀 커크 페이퍼스, 센트럴미시간대학교 클라크역사도서관, 마운트플레전트, 미시간)

60 이 두 구절에 포함된 인용구들은 러셀 커크, 「월간 저널의 원칙들The Principles of a Monthly Journal」이라는 6쪽 분량의 날짜 미상 원고에서 따왔다. 커크는 이 취지문의 복사본을 1954년 5월 14일에 피터 비에렉에게 보냈다. 저자 복사본

61 같은 글, 2~3쪽

62 커크가 저자에게 보낸 편지, 1971년 9월 29일. 이 편지에서 커크는 한동안 시카고대학교의 사회사상위원회가 자신의 저널을 후원해줄 듯 보였으나 끝내 성사되지 않았다고 말했다. 그의 제안이 거절된 이유

에 대한 커크의 그럴듯한 설명으로는 커크가 버클리에게 보낸 편지(1957년 9월 10일, 버클리 페이퍼스)를 참조할 것.

63 버클리는 몇몇 사람, 특히 『모던에이지』의 고문에 이름을 올리고 있던 존 체임벌린과 제임스 번햄을 『내셔널리뷰』의 편집진으로 확보하지 못한 것에 대해 "약간 당황했다"고 커크에게 말했다고 한다(버클리가 커크에게 보낸 편지, 1957년 9월 10일, 커크 페이퍼스).

64 전체 명단은 『모던에이지』 1(1957년 여름), 안쪽 첫 표지를 참조할 것.

65 커크와의 인터뷰, 1971년 4월 21일

66 커크가 저자에게 보낸 편지, 1971년 9월 29일. 커크는 부편집장인 데이비드 콜리어와 다툰 후 곧바로 잡지를 떠났다.

67 이 구절에 포함된 정보는 윌리엄 S. 슐람이 저자에게 보낸 편지(1972년 4월 15일)와 존 체임벌린과의 인터뷰(체셔, 코네티컷, 1972년 4월 6일)를 참조했다.

68 체임벌린과의 인터뷰, 1972년 4월 6일. 체임벌린에 따르면 재정이 부족했고, 루스는 『스포츠일러스트레이티드Sports Illustrated』를 창간하는 데 관심이 있었다. 이에 더해 W. A. 스완버그W. A. Swanberg, 『루스와 그의 제국Luce and His Empire』(뉴욕, 1972), 215~216쪽, 그리고 로버트 T. 엘슨, 『타임의 세계The World of Time, Inc.』(뉴욕, 1973), 206~207쪽에서 슐람과 그의 잡지에 대한 간단한 설명을 참조할 것.

69 슐람이 저자에게 보낸 편지, 1972년 4월 15일. 이 편지에서 슐람은 "일부는 개인적인 사정 때문에, 일부는 해리 루스의 정치적 '실용주의'를 받아들일 수 없었기 때문에" 그 자리와 루스를 떠났다고 말했다.

70 이 이야기는 슐람의 편지에 근거했으며, 핵심적인 모든 사항은 체임벌린과의 인터뷰를 통해 검증했다. 1955년 버클리는 슐람과 제임스 번햄을 "이 사업", 즉 『내셔널리뷰』를 창간하는 데 있어 "나와 가장 가까운 두 명의 동료"라고 불렀다(버클리가 프랭크 컬런 브로피Frank Cullen Brophy에게 보낸 편지, 1955년 5월 3일, 버클리 페이퍼스).

71 이 구절은 다섯 개의 자료에 근거했다. 「『프리맨』을 위한 투쟁」, 『타임』 61(1953년 1월 26일), 74~75쪽; 체임벌린과의 인터뷰, 1972년 4월 6일; 슐람이 저자에게 보낸 편지, 1972년 4월 15일; 헨리 해즐릿과의 전화 인터뷰, 1973년 8월 30일; 『프리맨』, 대통령 임기 이후의 사안에 관한 서류철, 허버트 후버 페이퍼스, 허버트 후버 대통령도서관, 웨스트브랜치, 아이오와. 마지막 자료는 두 파벌이 후버에게 보낸 다수의 상세한 쪽지와 편지들이다. 후버는 『프리맨』의 창간과 홍보에 적극적으로 관여했다.

72 레너드 리드, 「새로운 출판사로부터From the New Publisher」, 『프리맨』 5(1954년 6월), 5쪽

73 윌리엄 F. 버클리 주니어와의 인터뷰, 스탬포드, 코네티컷, 1971년 11월 26일

74 버클리가 마가렛 애일시에게 보낸 편지, 1955년 10월 1일, 버클리 페이퍼스

75 버클리가 루스 알렉산더에게 보낸 편지, 1956년 1월 23일, 버클리 페이퍼스

76 버클리가 존 W. 벡에게 보낸 편지, 1954년 12월 2일, 버클리 페이퍼스

77 「오르테가 이 가세트」, 『내셔널리뷰』 1(1955년 11월 26일), 7쪽.

78 「잡지의 신조The Magazine's Credenda」, 『내셔널리뷰』 1(1955년 11월 19일), 6쪽

79 조셉 R. 매카시, 「애치슨이 바라본 애치슨Acheson Looks at Acheson」, 『내셔널리뷰』 1(1955년 12월 28일), 26~28쪽

80 L. 브렌트 보젤, 「그건 한 남자였다This Was a Man」, 『내셔널리뷰』 3(1957년 5월 18일), 468쪽; 프랭크 S. 메이어, 「매카시즘의 의미The Meaning of McCarthyism」, 『내셔널리뷰』 5(1958년 6월 14일), 565~566쪽; 「『에스콰이어』의 세계와 조 매카시의 세계Esquire's World and Joe McCarthy's」, 『내셔널리뷰』 6(1958년 8월 2일), 102쪽; L. 브렌트 보젤, 「누구도 돕지 않는 얼룩진 고발Smear and Unsupported Charges」, 『내셔널리뷰』 7(1959년 7월 4일), 183~184쪽을 참조할 것.

81 「신조」, 6쪽

82 윌리엄 F. 버클리 주니어, 「발행인 성명서Publisher's Statement」, 『내셔널리뷰』 1(1955년 11월 19일), 5쪽

83 윌무어 켄달, 「『『내셔널리뷰』의 편집자들은 믿는다The Editors of National Review Believe」, 『내셔널리뷰』 1(1955년

11월 19일), 8쪽

84 윌리엄 A. 러셔, 「발행인 보고서 Report from the Publisher」, 『내셔널리뷰』 4(1957년 7월 27일), 101쪽

85 프랭크 S. 메이어, 「매카시즘의 의미」, 『내셔널리뷰』 5(1958년 6월 14일), 566쪽

86 버클리, 「발행인 성명서」, 5쪽

87 피터 비에렉과의 인터뷰, 사우스해들리, 매사추세츠, 1971년 9월 21일; 앨런 테이트가 저자에게 보낸 편지, 1971년 11월

88 T. S. 엘리엇이 커크에게 보낸 편지, 1956년 1월 13일 및 1958년 2월 3일, 커크 페이퍼스. 또한 엘리엇이 버클리에게 보낸 편지(1956년 12월 5일 및 1957년 11월 22일, 버클리 페이퍼스)를 참조할 것.

89 커크가 엘리엇에게 보낸 편지, 1955년 12월 22일, 커크 페이퍼스

90 메이어, 「집단주의 재세례」, 559~562쪽; 제프리 하트, 『미국 내의 이견 The America Dissent』(뉴욕, 1966), 199쪽 각주를 참조할 것. 커크와 메이어 사이의 불화는 다음 장에서 논할 것이다.

91 커크, 「토론의 시대」, 138쪽을 참조할 것. 저자와의 인터뷰에서 커크는 자신이 무정부주의적인 자본주의자 머레이 로스바드보다는 사회주의자인 노먼 토머스에 더 가깝다고 느꼈다고 말했다. 커크가 『내셔널리뷰』의 과거 급진주의자들에게 냉담한 태도를 유지했다는 사실도 생각해볼 만한 점이다. 1953년으로 되돌아가보면 커크는 『프리맨』에서 "새로운 정당 노선"을 확립하려는 맥스 이스트먼의 노력을 개인적으로 비판한 적이 있었다. 커크에 따르면 "아주 극소수의 과거 급진주의자들만이 옛날의 전술에서 벗어나려고 노력했다"(커크가 비에렉에게 보낸 편지, 1953년 6월 4일, 저자 복사본).

92 커크가 버클리에게 보낸 편지(1955년 9월 1일, 10월 5일, 11월 29일, 1956년 4월 2일, 버클리 페이퍼스)를 참조할 것. 커크는 9월 1일 자 편지에서 초도로프와 메이어가 그를 비판한 글―메이어가 쓴―이 실린 『프리맨』을 『보수주의리뷰』(나중에 『모던에이지』가 되는)의 모든 편집 고문들에게 보냈다고 말했다. 커크에 따르면 편집 고문들 중 다수가 이를 커크와 자유지상주의자들 사이가 멀어지는 징후로 보고 기뻐했다고 한다. 이런 상황에서 커크로서는 메이어와 초도로프가 준비 중인 잡지의 편집자가 될 수는 없었던 것이다.

93 커크가 버클리에게 보낸 편지, 1955년 11월 29일, 버클리 페이퍼스. 이 편지에서 커크는 『내셔널리뷰』가 1953년 이전의 『프리맨』과 너무 비슷하며, 『내셔널리뷰』는 이전 잡지의 소위 교조적인 스타일과 독자들을 피해야 한다고 촉구했다.

94 커크와의 인터뷰, 1971년 4월 21일. 커크는 이 인터뷰에서 『내셔널리뷰』가 시작부터 "급진적"이고 "불건전한" 영향을 받았을 뿐만 아니라, 그러한 경향이 첫 한두 해 동안 과도하게 커졌다고 지적했다. 발행인 명단 문제에 대한 버클리의 논평과 커크가 프랭크 메이어와 불화를 겪었던 일에 관해서는 버클리가 커크에게 보낸 편지[날짜 미상(1955년 여름?), 1955년 12월 6일, 1956년 2월 13일, 1956년 4월 6일, 커크 페이퍼스]를 참조할 것. 또한 버클리가 커크에게 보낸 편지(1955년 9월 14일, 버클리 페이퍼스)를 참조하 것. 버클리는 커크의 이름을 발행인 명단에 계속 올려놓고 싶어 했고, 그가 이 잡지의 편집진에 큰 책임을 느끼지 않아도 된다고 권했다. 또한 메이어와 초도로프가 커크를 일부러 "괴롭히는" 것은 아니라고 주장했다.

95 때로는 훨씬 기술적인 방식의 유보적인 태도들도 있었다. 예컨대 보수주의 저널리스트 윌리엄 헨리 체임벌린은 『내셔널리뷰』가 네 번째 발행될 때까지 "상당히 아마추어적인 인상을 줬다"고 생각했다(윌리엄 헨리 체임벌린의 일기, 1955년 12월 18일, 윌리엄 헨리 체임벌린 페이퍼스, 프로디벤스대학교, 프로비덴스, 로드아일랜드).

96 클린턴 로시터가 편집자에게 보낸 편지, 『내셔널리뷰』 2(1956년 6월 20일), 22쪽

97 이 잡지의 평균 발행 부수는 첫 해에 18,000부, 둘째 해에는 19,419부, 셋째 해에는 19,080부, 넷째 해에는 25,835부였다. 1960년대 초반 무렵에는 30,000부에 달했다. 윌리엄 F. 버클리 주니어, 「발행인 정례성 명서」, 『내셔널리뷰』 2(1956년 10월 20일), 23쪽; 윌리엄 러셔, 「발행인 정례성명서」, 『내셔널리뷰』 4(1957년 10월 19일), 358쪽; 러셔, 「발행인 정례성명서」, 『내셔널리뷰』 7(1959년 10월 24일), 438쪽; 러셔, 「메모 및 여담 Notes and Asides」, 『내셔널리뷰』 8(1960년 1월 16일), 34쪽을 참조할 것.

98 버클리가 스털링 모턴에게 보낸 모금 편지, 1958년 7월 5일, 스털링 모턴 페이퍼스, 시카고역사협회, 그리고 윌리엄 F. 버클리 주니어, 「작은 잡지가 본전치기를 할 수 있을까? Can a Little Magazine Break Even?」, 『내셔널리뷰』 7(1959년 10월 10일), 393~394, 407쪽을 참조할 것.

99 버클리가 모턴에게 보낸 편지, 1958년 7월 5일, 모턴 페이퍼스

100 윌리엄 F. 버클리 주니어, 『소란스러운 좌파와 우파Rumbles Left and Right』(뉴욕, 1963), 66쪽. 버클리 연설의 본문 전체는 이 책에 수록되어 있다.

101 존 피셔, 「편집자의 안락의자The Editor's Easy Chair」, 『하퍼스』 212(1956년 3월), 16, 18, 20, 22쪽; 머레이 켐프턴, 「버클리의 내셔널한 진부함Buckely's National Bore」, 『프로그레시브The Progressive』 20(1956년 7월), 13~16쪽; 드와이트 맥도날드, 「우파의 이중적인 지식인들Scrambled Eggheads on the Right」, 『코멘터리』 21(1956년 4월), 367~373쪽

102 특히 윌리엄 F. 버클리 주니어, 「발행인 보고서: 『내셔널리뷰』가 자유주의적 기대에 미치지 못한 실패에 대한 성찰A Report from the Publisher: Reflections on the Failure of 'National Reveiw' to Live Up to Liberal Expectations」, 『내셔널리뷰』 2(1956년 8월 1일), 7~12쪽; 머레이 로스바드가 편집자에게 보낸 편지, 『코멘터리』 21(1956년 6월), 584~585쪽; 존 체임벌린, 『『내셔널리뷰』 독자The National Review Reader』의 서문, 존 체임벌린 편(뉴욕, 1957), ix~ xiv쪽을 참조할 것.

103 윌무어 켄달, 「자유주의 노선The Liberal Line」, 『내셔널리뷰』 1(1956년 3월 14일), 14쪽

104 윌리엄 러셔와의 인터뷰, 케임브리지, 매사추세츠, 1971년 10월 30일

105 『모던에이지』는 계간지였고, 『프리맨』과 『아메리칸머큐리』는 월간지였다. 1956년의 『프리맨』은 자유지상주의 경제학자들의 짧은 글들을 소화하는 데 치중했다. 다시 말해 일상적인 정치적 쟁점에 대한 논평은 내놓지 않았다(윌리엄 F. 버클리 주니어와 프랭크 메이어 인터뷰, 1971년 9월 4일). 그리고 다른 보수주의자들의 견해에 따르면 1950년대 후반의 『아메리칸머큐리』는 반유대주의 입장을 취했다. 따라서 이 잡지는 주요 우익 지식인들 간의 의미 있는 공론의 장이 되지 못했다. 1959년 4월 1일 버클리는 『아메리칸머큐리』의 발행인 명단에 오른 사람들은 포함시키지 않을 것이라고 공언하는 『내셔널리뷰』의 제안서를 저자들에게 보냈다. 『내셔널리뷰』가 『아메리칸머큐리』에 기고하는 사람들의 글까지 거부하지는 않을 것이지만, 『내셔널리뷰』의 편집자 모두는 『아메리칸머큐리』가 새로운 운영진을 선임할 때까지 그곳에 글을 기고하지 않기로 의견을 모았다. 이 제안서는 버클리 페이퍼스에서 확인할 수 있다. 또한 버클리가 C. D. 배첼러에게 보낸 편지(1957년 1월 1일, 버클리 페이퍼스)와 버클리가 에델 모스에게 보낸 편지(1959년 6월 15일, 버클리 페이퍼스)를 참조할 것.

6장

분열과 융합
철학적 질서를 향한 탐구

1956년 봄 『내셔널리뷰』는 태어난 지 겨우 몇 달밖에 되지 않았고, 『모던에이지』는 여전히 태어나기 위해 고군분투하고 있었다. 그러나 가능하다는 정서가 이미 보수주의 부활에 영향을 미치기 시작했다. 당시 윌리엄 F. 버클리 주니어는 러셀 커크에게 "보수주의의 본질이 재조명되고 있는 때입니다"라고 편지를 썼다.[1] 우파의 사람들이 자신들의 입장을 가다듬고 공통의 지반을 찾기 시작한 시기였다.

스스로 자기를 정의할 필요성이 시급하다는 것은 1950년대 중반의 지각 있는 보수주의자들에게 점점 더 명백해 보였다. 대학·언론·재단·교회 또는 국가의 지적 삶에 영향을 미치는 다른 주요 중심지에 확고히 자리 잡은, 집중되고 통일된 선봉대가 없었기 때문이다. 그 대신 열정적이지만 궁지에 몰린 소수—사실 하나의 운동이 아니라 세 개의 운동—가 지적 일관성을 얻기 위해 애쓰고 있었다. 1955년 『내셔널리뷰』를 중심으로 등장한 것은 단일한 "보수의 목소리"가 아니라 대개가 서로 경쟁하는 지식인들의 연합이었다.

따라서 1955년 이후 10년 동안 보수주의 사상의 특징 중 하나가 철학적 질서에 대한 거의 끝없는 탐구였다는 것은 놀라운 일이 아니다. 우파 지식인들은 대개 보수주의란 깔끔하게 포장된 이데올로기라는 점을 부인했지만, 많은 지식인들은 규정하기 어려운 그 용어의 의미를 명확히 하고 정체성을 찾기 위해 노력했다. 이것은 버클리가 『내셔널리뷰』를 분파적 소수가 아니라 많은 이들에게 개방함으로써 강화된 도전이었다. 한 때 공산주의자였던 공격적인 사람들, 다양한 순도의 반국가주의자들, 여러 형태의 전통주의자들이 어깨를 맞대고 공동의 노력을 기울이고 있었기 때문에 마찰은 불가피했고, 그 마찰에서 열과 빛이 생겨났다.

처음 4~5년간 『내셔널리뷰』를 읽은 사람들에게는 통합―혹은 화합조차―이 어려워지고 있음이 명백해 보였다. 책임 있는 보수주의의 본질에 대한 논쟁이 반복적으로 일어났다. 이러한 논쟁은 적어도 존경할 만한 우파로 중요한 지위를 갖게 될 『내셔널리뷰』 계열이 받아들일 수 있는 것이 무엇인지를 보여주는 데 도움이 되었다.[2] 자기를 정의하려는 초기의 노력 가운데 하나는 피터 비에렉과 관련이 있었다. 그의 "신보수주의"라는 이름표는 버클리와 그의 동료들이 지지하는 것과 점점 더 달라 보였다. 비에렉에게 보수주의는 로버트 태프트 상원의원, 조셉 매카시 상원의원, "맨체스터 자유주의", 자유방임주의, "사상을 통제하는 민족주의" 혹은 뉴딜에 대한 완전한 적대감을 의미하지 않았다. 그의 보수주의는 좌파와 우파 모두의 교조적이고 궁극적인 극단주의를 배격하는 중도주의 철학이었다. 자유주의 자체는 적이 아니라 전체주의에 대항할 수 있는 잠재적 동맹이었다. 뉴딜은 여러 면에서 불완전하기는 했지만, 혁명이 아니라 혁명을 막은 개혁운동이었다. 1956년에 비에렉은 신보수주의가 "민주당에서는 애들레이 스티븐슨의 철학에, 공화당에서는 클리포드 케이스Clifford Case*의 철학에 가까운 무당파적 철학"[3]이라고 분명하게 밝히면서 스티븐슨의 훌륭한 보수주의적 지도력을 극찬했다.[4]

당연히 이 모든 것이 『내셔널리뷰』를 불쾌하게 만들었고, 프랑크 메이어는 초기 "서평" 섹션에서 절대적 반대를 분명하게 표명했다. 메이어는 비에렉을 우익 대변인으로 지목하는 자유주의 지식인들의 경향에 특히 분개했다. 메이어는 비에렉은 그런 인물이 아니라고 반박했다. 그는 보수주의를 "사칭"하는 "완전히 자유주의적 정서"를 가진 사람이었다.[5] 버클리 계열의 사람들 대부분과 메이어에게 표적은 자유주의 그 자체였고, 뉴딜은 끈질기게 싸워야 할 혁명이었으며, 애들레이 스티븐슨은 보수주의 정치 활동의 모델이 결코 아니었다. 적은 단순히 변방의 극단주의만이 아니라 당시 좌파였다. 『내셔널리뷰』는 뉴딜 이후의 시대정신을 묵인하려는 것이 아니었다. 메이어의 비판이 전달하려는 교훈은 분명했다. 비에렉 같은 방식의 무당파적 "역동적 중도" 보수주의는 지적 우파가 수용할 신조가 되지 않을 것이었다. 비에렉은 1955년 이후에도 지속적으로 자신의 견해를 분명하게 밝혔지만, 그는 더 이상 보수주의 사상의 결정적 논지를 대표하는 인물로 여겨질 수 없었다.

버클리가 칭한 "우리 운동"에서 비에렉의 "추방"은 쉽게 이루어졌다.[6] 양측은 결국 그 거리를 전혀 좁히지 못했다. 이보다 훨씬 심각한 것은 1950년대 후반 아인 랜드의 지위를 둘러싸고 벌어진 격렬한 논쟁이었다. 1905년 상트페테르부르크에서 태어난 랜드는 1920년대 공산주의 러시아라는 암울한 전체주의 세계에서 미국으로 이주했다. 그녀는 『우리, 살아 있는 자들We The Living』과 『마천루The Fountainhead』 같은 격렬한 반집단주의적 소설을 쓰는 작가로 차츰 자리를 잡아나갔다. 그녀는 포괄적인 철학을 발전시키기 위해 부단히 노력했다. 그녀의 그러한 노력의 산물 중

●　　클리포드 필립 케이스Clifford Philip Case, 1904~1982. 미국 공화당 정치가. 민권운동을 옹호하고, 매카시즘에 반대했다. 그는 1941년 공정고용관행위원회―「공정고용법」을 집행·감독하기 위한 기관―창설에 찬성하고, 하원 비미활동조사위원회의 수립에 반대하면서 공화당 내 보수파에게 반발을 샀다.

하나―『아틀라스Atlas Shaugged』[7]라고 하는 위대한 소설―가 1957년에 등장했고, 랜드의 객관주의 철학을 가장 완전하게 발전된 형태로 세상에 소개했다.

랜드의 가치 체계는 "인간은 자기 자신을 위해 존재하며, 자신의 행복을 추구하는 것이 최고의 도덕적 목적이며, 타인을 위해 자신을 희생하거나 나를 위해 타인을 희생시켜서도 안 된다"는 것이었다.[8] 인간의 합리성, 완전한 자립성, 자유를 폄하하는 모든 것이 악으로 간주되었다. 따라서 종교·집단주의, 심지어 이타주의조차 비난의 대상이 되었고, 기독교의 십자가는 "비이상적인 것에 대한 이상적인 희생의 상징"으로 비난받았다.[9] 십자가와 윤리 대신 그녀는 합리적인 자기이익과 "자유무역, 그러므로 자유로운 정신"의 상징으로 달러 기호를 제시했다.[10] 인간의 자유와 양립할 수 있는 유일한 체제는 완전한 자유방임 자본주의였다. 공격성·이기주의·에너지·합리성·자존심·"이기심의 미덕", 이러한 것들이 그녀가 신봉한 가치였다. 랜드는 자수성가한 여성답게 "나는 2500년의 문화적 전통에 도전하고 있다"고 여유롭게 선언했다.[11]

랜드의 강렬한 니체식 소설은 순식간에 엄청난 인기를 얻었다. 몇 년 사이에 책은 백만 부 이상 팔렸다.[12] 많은 보수주의자들, 특히 젊은 보수주의자들에게 이 책은 한 편의 강력한 논문이었다. 확실히 이 책에서 다루는 주제의 일부―모든 형태의 정부 개입과 집단주의, 그리고 복지국가의 간악함과 비합리성, 자본주의의 미덕, 개인의 자기주장에 대한 찬미―는 (다소 덜 과장된 형태의) 자유지상주의적 우파의 주제였다. 그러나 모든 보수주의자들이 『아틀라스』를 마음에 들어 한 것은 아니었으며, 1957년 후반 휘태커 체임버스는 대단히 충격적인 서평에서 아인 랜드에게 전쟁을 선포했다. 체임버스에게 그 책은 문학적·철학적 악몽이었다.

줄거리는 "터무니없고", 등장인물은 "원초적"이고 희화화되었으며, 그 인상의 대부분은 "오만하다"는 것이었다. 사실 그것은 소설이 아니라 "메시지", "철학적 유물론"의 반종교적 복음이었다. "(⋯) 마르크스주의자들처럼 랜드주의자들도 신이 없는 세상의 중심에 서 있다." 게다가 체임버스에 따르면 랜드는 국가를 반대했지만, 자기 소설에 등장하는 우스꽝스러운 영웅들과 유사한 "기술관료 엘리트"가 통제하는 사회를 원했다. 실제로 그녀의 소설에서 느껴지는 것은 "독재자의 어조"였다.

> 내가 기억하기로 내 평생 읽은 책 중에 그토록 집요하게 오만한 어조를 유지하는 책은 없었다. 이 책의 날카로운 목소리에는 망설임 따윈 없다. 이 책의 교조주의에는 호소력이 없다. (⋯) 이 책은 끊임없이 원초적 힘을 용기라고 착각한다. (⋯) 이 책은 자신이 최후의 계시를 가져오는 자라고 생각한다. 그러므로 메시지에 저항하는 것은 용납될 수 없는 일이다. (⋯) 『아틀라스』의 거의 모든 메시지에서 고통스러운 필요에서 나오는 명령을 들을 수 있다. '가스실을 향해 앞으로 갓!'

체임버스의 서평에는 적절한 제목이 붙어 있었다. "여성 독재자가 당신을 지켜보고 있다."[13]

모든 보수주의 지식인들이 체임버스의 판결에 동의한 것은 아니었다. 얼햄대학교 교수이자 『대학가의 집단주의』의 저자인 E. 메릴 루트는 이 소설을 문학적·철학적 역작이라고 선언했다. 랜드는 신을 배척하고 무신론을 설파했지만, 루트는 이러한 일탈은 피상적일 뿐이라고 주장했다. 그녀 자신은 부인했지만, 그녀는 형이상학적 뿌리가 종교를 향해 있는 여전히 "예술적이고 철학적인 아틀라스"였다.[14] 자유시장주의 보수주의자이자 노련한 비평가 존 체임벌린 역시 그 소설에서 장점을 발견했다. 랜드의 "교조적인 윤리적 경직성"과 유물론에는 혐오감을 느꼈지만, 그는 이 책이 보수주의자들의 관심을 받을 만하다고 주장했다. 경제학에 대한 랜드의 이해는 "훌륭"했으며, 그녀는 자유와 자본주의 사이의 "뗄 수 없는" 연결고리를 보여주었다.[15] 미제스학파의 경제학자 머레이 로스바드를 비롯해 다른 자유지상주의자들 또한 『아틀라스』를 옹호하기 위해 나섰다.[16]

그러나 체임버스에게도 지지자들이 있었다. 이들 중에는 러셀 커크도 있었는데, 그는 논란의 여지가 있는 체임버스의 서평을 칭찬했다.[17] 몇 년 후 커크는 다시 랜드에 대해 논했다. 커크는 그녀의 객관주의는 거짓이고, 혐오스러운 "거꾸로 뒤집힌 종교"라고 주장했다. 커크는 자유기업을 지지하고 집단주의에 대한 랜드의 비판에는 동의했지만, 부의 축적은 단순히 "존재의 총체적 목표"가 아니었다.[18] 프랭크 메이어는 훨씬 더 날카로웠다. 아인 랜드는 "계산된 잔인함"과 "인간을 인간 이하의 이미지"로 묘사하는 범죄를 저질렀다.[19] 아마도 랜드와 그녀의 옹호자들을 가장 강력하게 비난한 사람은 젊은 고전학자 게리 윌스Garry Wills일 것이다. E. 메릴 루트에 답하면서 윌스는 랜드 ─ "편협한 고정관념"을 가진 "광신자" ─ 는 결코 보수주의자가 아니라고 부정했다.

> [아틀라스의 영웅] (⋯) 존 골트가 타인에 대한 모든 의무를 거부할 때, 그는 역사는 누군가의 조상과 연결되어 있고, 인간의 모든 경험과 연결되어 있다는 보수주의의 제1 원리를 부정한다. 골트가 인간의 즉각적 완전성(자신의 경우에는 완성된 완전성)을 주장할 때, 그는 역사적 자유주의의 제1 원리를 근거로 하고 있다. (⋯) 아인 랜드의 슈퍼맨은 자유주의자들의 완벽한 사회와 동

일한 원천에서 나온다. (…) 그녀의 신체 건장한 맬서스주의 영웅들은 정치경제적 강령으로 지복을 얻으려 하는 자유주의를 완전하게 표현해주는 형상이다.

윌스는 보수주의와 자본주의는 같지 않다고 강조했다. 교조주의·자유방임주의·유토피아적 객관주의를 보수주의 세력 안에 머물도록 허용한 것이 최악의 과오였다.[20]

아인 랜드를 향한 분노가 마침내 가라앉았을 때 체임버스와 윌스가 승리했음이 분명해졌다. 객관주의는 보수주의자들의 마음을 사로잡지 못했다.[21] 1960년대 초 윌리엄 F. 버클리 주니어가 보여준 것처럼 랜드의 "무미건조한 철학"은 "초월성을 강조하는 보수주의"와 상반되었고, 그녀의 거친 이데올로기적 열정은 매우 불쾌했다.[22] 랜드 자신도 메울 수 없는 간극을 인식하고 있었다. 그녀는 1964년에 공개적으로 『내셔널리뷰』는 "미국에서 최악이자 가장 위험한 잡지"라고 말했다. 종교와 자본주의를 뒤섞은 『내셔널리뷰』는 합리적으로 방어할 수 있는 것—자유와 자본주의—을 불가사의하고 설득력 없는 반계몽주의로 훼손시켰다.[23]

보수주의—특히 자유지상주의의 변종—와 종교적 믿음의 관계를 둘러싼 이 문제는 『내셔널리뷰』 창간 당시 동료이자 기고자 중 한 명이었던 맥스 이스트먼이 잡지 발행인 자리에서 물러났을 때 또 다른 전선에서 불거졌다. 이스트먼은 레닌과 트로츠키를 떠나 자유방임 자본주의에 대한 열렬한 믿음을 찾은 지 오래되었지만, 무신론자로서 "종교의 권위주의"를 불신하고, 실용주의자로서 과학적 실험을 신뢰하는 태도를 결코 버리지 않았다. 이스트먼은 공산주의가 종교였기 때문에—다시 말하자면 공산주의가 충분히 과학적이지 않았기 때문에—공산주의와 결별했다.

따라서 그는 과거 급진주의자였던 많은 사람들이 기독교를 받아들이려는 경향을 배격했다. 그는 종교와 얽혀 있는 모든 동맹과 인간의 자유와 합리성을 위협하는 일체의 것들을 멀리하기로 결심했다.[24] 『내셔널리뷰』의 일부 편집 방향과 특히 그가 정치적 의미에서 비이성적이고 심지어 위험하다고 여겼던 종교적 관점에 크게 실망한 이스트먼은 1958년 결국 『내셔널리뷰』를 떠났다.[25] 그는 그런 이유로 『내셔널리뷰』를 떠난 유일한 사람이었다.[26]

지금까지 언급된 논란들은 자기정의를 가로막는 중대한 장애물로 기술되었지만, 보수주의운동 전체와 관련해서는 여전히 어느 정도 부수적인 문제에 지나지 않았다. 피터 비에렉도, 맥스 이스트먼도 『내셔널리뷰』 형태의 보수주의를 대체할 대중적 대안을 제시하거나 대대적인 이탈은 하지 않았다. 아인 랜드는 그녀의 화려한 불꽃놀이에도 불구하고 대부분의 보수주의자들에게 그저 한 분파의 지도자에 불과했다. 만족스러운 보수주의적 합의를 이루어내기 위한—혹은 합의 지점을 찾거나 분명하게 표현하기 위한—노력을 전개하는 주요 인물은 아무도 없었다. 도리를 벗어난 비에렉과 이스트먼, 그리고 랜드와 관련된 논쟁보다 더 중요한 것은 『내셔널리뷰』 계열 내부에서 벌어진 논쟁이었다.

실행 가능한 보수주의 철학을 찾기 시작한 최초의 사람 중에는 과거 노련한 공산주의자였던 프랭크 메이어가 있었다. 열정적이고 때때로 불같았던 메이어—골초였고, 낮에 잠자고 밤에 일하는—는 제2차 세계대전 이후 공산주의에서 자유지상주의적 개인주의로 자신의 길을 서서히 헤쳐 나가고 있었다. 메이어는 이데올로기적 헛소리를 용납하지 않는 사람으로 유명했다. 그는 『내셔널리뷰』에서 자신의 칼럼을 "원칙과 이단"이라고 불렀고, 그 칼럼에서 이탈자들을 가차 없이 폭로했다.

메이어의 초기 표적 중 한 명은 다름 아닌 러셀 커크였다. 커크의 『보수의 정신』은 전후 보수주의의 부활을 정당화하고 촉진하는 데 그 어떤 책 못지않게 많은 일을 해냈다. 『내셔널리뷰』에 합류하기 전에도 메이어는 1955년 『프리맨』에 기고한 글에서 커크를 비판했다. 메이어는 커크와 신보수주의자들의 문제는 일반적으로 "명확하고 뚜렷한 원칙"에 대한 근거가 부족하다는 것이라고 말했다. 그들이 쓴 글의 어조와 허황된 말들에도 불구하고, 그들은 우리를 집어삼키겠다고 위협하는 국가주의에 맞설 명확한 분석틀을 전혀 제공하지 못했다. 보수주의에는 "만약 신중함과 이성에 의해 거부될 제도가 충분히 확고하게 수립되기만 한다면, 마지못해 일지라도 그러한 제도가 수용되지 않도록 막아줄 내적 방어막이 (…) 존재하지 않는다". 커크는 자신의 목표를 달성하기 위한 기준도 "원칙"도 없었다. 보수주의? 무엇을 보존해야 하는가? 메이어는 커크가 "개인주의"를 비난하는 데 더욱 분노했다. "모든 가치는 개인에게 있다"고 믿는 과거 급진주의자는 커크가 자유사회의 원칙과 제도를 이해하지 못한다고 생각했다. 메이어는 그러므로 일부 자유주의자들이 신보수주의에 박수를 보낸 것은 당연하다고 쓸쓸한 결론을 내렸다. 이 무정형의 운동은 그들에게 위협이 되지 않았다.[27]

『내셔널리뷰』의 초기 발행본에서 메이어는 또다시 커크와 칼을 맞부딪쳤다. 이번에는 메이어의 영웅 중 한 명인 존 스튜어트 밀이 쟁점이 되었다. 커크에 따르면 진보·계몽·합리적 토론에 대한 밀의 믿음은 역사에 의해 "반박"되었다.

추상적 '자유'에 몰두해 모든 주제에 대한 다양한 의견을 모조리 용인하는 것은 완전히 어리석은 짓이다. 의견은 곧 행동으로 표현되며, 우리가 용인한 광신자들이 권력을 잡게 되면 그들은 우리를 용납하지 않을 것이다. (⋯) 억압을 향한 끝없는 열정 또한 자유라는 복잡한 문제에 대한 해답이 아니다. 하지만 (⋯) 자유는 자유로운 토론, 달콤한 합리성, 그리고 단 하나의 단순한 원칙에 대한 추상적 호소로 유지되거나 확장될 수 없다.

커크는 오늘날의 위협은 밀이 생각했던 것처럼 관습에 순응하는 것이 아니라고 덧붙였다. 위협은 바로 "새로움에 대한 욕망"으로 인한 관습과 전통의 파괴였다.[28] 그러나 메이어에게 그러한 비난은 오해이고 정당화될 수 없는 것이었다. 확실히 밀의 사상은 공리주의에 빠져 있었고, "역사를 초월한 가치의 영역에 있는 인간 권리의 근원"을 인정하지 않았다. 밀은 충분히 "절대적"이지 않았다! 그럼에도 불구하고

개별 인격이 국가와 사회라는 집합적 기구의 가치 척도이며, [그리고] 그러한 기구에 맞서는 가치 척도임을 입증하고, 사회의 가치는 개인의 자유를 가능케 하는 정도에 따라 판단되어야 한다고 요구하면서 도덕의 제1 원리(어떤 사람도 악에서 선을 선택할 자유가 없다면 도덕적으로 행동할 수 없다)를 정당화했다.

우리는 여전히 밀에게서 특히, 국가와의 전투에서 많은 것을 배워야만 했다. 메이어는 토론의 시대는 끝났고, 이성의 자유로운 사용은 위험한 정치적 이상이라고 암시한 커크를 혐오했다. 그는 "오류를 제기한 사람에게 무력을 행사하는 것은 옳지 않다"며 그것은 "부당하기 때문이 아니라 인간의 자유와 인간의 본성에 대한 모욕이기 때문"이라고 일갈했다.[29]

"개인의 자유"와 같은 보편적 진리를 호소한 메이어와 역사와 구체

적 상황이라는 명목하에 그러한 추상을 비판한 커크 사이에는 커다란 간극이 존재했다. 커크 자신보다 이를 더 잘 알고 있는 사람은 없었다.[30] 그러나 커크와 메이어 사이의 불화는 실제로 개인적인 문제 이상이었다. 다른 보수주의 지식인들도 지난 시절을 그리워하는 커크의 무분별한 전통주의에 동요하고 있었다. 자칭 "보헤미안 토리"이자 고딕 소설 작가인 커크는 미시간주의 외딴 마을 메코스타에 있는 오래된 가족의 집에서 살면서 자신을 "팔다리가 잘려나간 나라의 마지막 보닛 레어드bonnet laird*"라고 부르며 전통주의자 노릇을 하곤 했다.[31] 리처드 위버는 언젠가 "우리 조상들의 지혜"에 대한 커크의 경배는 당연히 훌륭하다고 주장했지만, 문제는 어떤 조상인가였다. "어쨌든 아담도 우리의 조상이다. (…) 우리에게 조상 대대로 이어져 내려온 지혜의 유산이 있다면, 어리석음이라는 유산도 있다."[32]

이 초기 몇 년 동안에는 커크도 논쟁의 불씨를 지피는 데 주저하지 않았다. 그는 『보수의 정신』에서 "진정한 보수주의, 벤담이나 스펜서의 사상에 오염되지 않은 보수주의는 개인주의의 대척점에서 고양된다. 개인주의는 사회적 원자론이고, 보수주의는 정신의 공동체이다"라고 단호하게 말했다.[33] 또 다른 책에서 그는 "개인주의"를 반기독교적이라고 비판했다. 한 사람이 논리적으로 기독교인이면서 동시에 개인주의자가 될 수는 없었다. 커크는 사유재산과 자유기업—자신이 옹호하는—과 개인주의라는 이데올로기를 구분하면서, 개인주의에 "(…) 삶에는 자아의 만족 외에 다른 의미가 있다는 사실을 부정하는" 이데올로기라는 꼬리표를 달

---

* 스코틀랜드 시골 마을의 소지주. 젠트리가 아닌 사람들이 쓰던 모자(보닛)를 쓰고 다닌 데서 유래했다.

아주었다. 그는 개인주의의 정치적 결과는 무정부 상태라고 주장했다.[34]

커크에 따르면 프리드리히 하이에크와 "맨체스터주의" 경제학자들은 물론이고, 아서 슐레진저 주니어 같은 현대의 많은 자유주의자들 역시 인간의 본성을 피상적이고 그릇되게 상정한 죄를 범했다. 경제적 교리만이 우리를 구원해줄 것이라 기대하는 것은 잘못이었다. 생산과 소비를 인류의 참된 목표라고 생각하는 것은 잘못이었다. 보수주의는 집단주의에 적대적이었지만, 자유방임주의와 같은 것이 아니었고 현재의 경제 구조를 순순히 묵인할 수도 없었다. 커크는 "경제력이 점점 더 강화될수록, 경제의 주인이 국가의 하인이든 사기업의 하인이든, 개인의 자유의 영역은 줄어들게 될 것"이라고 경고했다. 그는 심지어 우리 경제가 "진정한 인간적 규모의 삶을 살기엔 지나치게 효율적"이라고 말하기까지 했다.[35]

커크가 하이에크에게 의구심을 가졌다면 학구적인 오스트리아 경제학자는 보수주의에 훨씬 더 비판적이었다. 1960년에 발표한 「나는 왜 보수주의자가 아닌가Why I Am Not a Conservative」라는 제목의 에세이에서 하이에크는 자신의 "구舊휘그"* 입장과 유럽 우파의 입장을 신중하게 구분했다. 그는 보수주의에는 적들과 싸울 수 있는 일관된 원칙과 강령이 결여되어 있다고 주장했다. 보수주의는 혁신과 새로운 지식에 지나치게 적대적이었고, 자유시장 경제에 무지했으며, 자유를 위협하는 국가를 제한하기보다는 자신의 목적을 위해 국가를 이용하는 경향이 있었다. 보수주의는 종종 지나치게 민족주의적이었고, 심지어 사회주의를 기꺼이 용인했

•　오늘날 보수주의의 아버지라고 일컬어지는 에드먼드 버크는 영국 보수당의 전신인 토리당이 아니라 휘그당 당원이었다. 그는 휘그당 내에서 프랑스혁명을 지지하는 분파와 자신을 구분하기 위해 스스로를 구휘그라고 불렀다. 미국 대통령 에이브러햄 링컨도 자신을 구휘그라고 말한 바 있다.

다. 보수주의는 표류하는 반지성주의 철학이었고, 두려움의 철학이었다.[36]

메이어와 커크·위버·하이에크, 그리고 다른 우익 인사들이 근본 원리에 대해 논쟁을 벌이고 있던 와중에 자유주의 학자 M. 모튼 아우어바흐M. Morton Auerbach가 1959년『보수주의의 환상The Conservative Illusion』을 가지고 싸움에 뛰어들었다.[37]

아우어바흐는 보수주의를 조화와 평온, 그리고 개인적 욕망의 최소화와 공동체의 극대화를 찬양하는 철학이라고 정의하면서 플라톤에서 버크와 커크에 이르기까지 이 철학에는 역사적·논리적 "모순"이 관통하고 있다고 주장했다. 예컨대 미국은 결코 보수적인 국가가 아니었다. 20세기는 "서구 문명사에서 보수주의의 이상에 가장 적합하지 않은 시대"였다. 보수주의는 "공동체"·전통·조화·평온함을 추구한다. 금세기에 보수주의는 조직·폭력·정치권력·혁명적 격변을 찾아냈다.[38] 아우어바흐는 거듭해서 보수주의—즉 전통주의—의 "딜레마"를 맹렬히 비난했다. 보수주의자들이 "역사적 발전"에 "적응"하려 하면, 그들은 보수주의자가 아니게 된다. 그들이 역사의 조류와 싸우기로 결정하면, 그들은 결국 소외와 허무감에 빠지게 된다. 어느 쪽이든 희망은 없다. "적어도 20세기에 보수주의와 현실 사이의 단절은 영구히 지속된다."[39] 1962년『내셔널 리뷰』의 기사에서 아우어바흐는 자신의 공격을 새로운 우파의 고전적 자유주의 진영으로 확대했다. 이러한 모순에 주목하고 있는 학자가 보기에 고전적 자유주의와 "중세적인" 신보수주의를 결합하는 것은 전적으로 "잘못"이었다. 사실 전체 운동은 마구잡이식의 "자발적 보수주의"에 불과했다.[40]

아우어바흐에 대해 보수주의자들은 한목소리로 대응했다. 그는 자신이 무슨 말을 하고 있는지 모른다.[41] 보수주의가 마구잡이식이라는 그의 비난에 대해『인디애나폴리스뉴스Indianapolis News』의 28세 편집자 M. 스탠턴 에반스Medford Stanton Evans는 아우어바흐가 보수주의의 근본 원리와 주어진 시대에 일시적으로 나타나는 특유한 "부수현상"을 구분하지 못했다고 주장했다. 러셀 커크도 이에 동의했다. 아우어바흐의 난점은 그가 "공허한 구호"를 고수하고, "위대한 정치사상은 특정 제도와 시대를 초월한다"는 사실을 깨닫지 못한 채 현실과 갈라놓으려 했다는 데 있었다. 예를 들어 에드먼드 버크는 "중세주의"와 같은 추상적 개념이 아니라 기독교와 위대한 철학의 전통을 옹호한 주창자였다. "귀족정"을 옹호하는 것은 시대에 뒤떨어진 것도 중세적인 것도 아니었다. 어쨌거나 애덤 스미스·제퍼슨·배리 골드워터Barry Goldwater*도 자연적 귀족정을 믿었다. 그렇다면 이들은 "중세주의자"인가? 프랭크 메이어는 아우어바흐가 "서구 문명의 근간인 인간의 본성과 운명에 대한 기독교적 이해가 보수주의자들이 언제, 어디서나 보존하려 노력해온 것"이라는 사실을 인식하지 못했다고 주장했다. 요컨대 이 보수주의자들은 한 시대가 아니라 시대들에 적합한 보수주의에 대한 "자율적" 정의를 이런저런 방식으로 제시하고 있었다.[42]

『내셔널리뷰』의 보수주의자들은 아우어바흐를 격렬하게 반박했지만, 보수주의운동의 통일성과 선명성을 찾는 일이 절실하게 필요하다는 사실이 1950년대 후반과 1960년대 초반 점점 더 분명하게 드러났다. 윌

---

* 배리 모리스 골드워터Barry Morris Goldwater, 1909~1998. 미국 공화당 정치인. 1964년 공화당 대통령 후보였으나 린든 존슨에게 패배했다. 소련에 대한 강경한 외교적 입장을 촉구하고, 민주당이 국내에서 유사-사회주의 국가를 건설하고 있다고 비판한 강력한 반공산주의자였다. 공화당의 풀뿌리 조직을 재편해 1980년대 '레이건혁명'의 토대를 마련했다는 평가를 받는다.

리엄 헨리 체임벌린은 보수주의자들에게는 "인정받는 지적 참모진"이 없다고 한탄했다.[43] 윌리엄 F. 버클리 주니어는 "보수주의를 입증하는 데 실패했다"고 지적하면서 "미국의 보수주의운동은 이론적 식솔들을 정리해야 한다"고 주장했다.[44] 『내셔널리뷰』의 기고자인 유럽인 에릭 폰 쿠에넬트-레딘은 1962년 이 운동은 여전히 "명확한 전망"을 가지고 있지 않으며, "구체적인 강령, 청사진, 일관된 '이데올로기'"도 없다고 결론 내릴 수밖에 없었다. "작위적인 모호함"이 너무나 많았고, "부정에 대한 강조"가 너무나 지나쳤다.[45] 또 다른 보수주의자는 "오늘날 보수주의자들은 서로 합심해 미국을 만든 영국의 식민지 개척자들이 그랬던 것처럼 서로 다른 원칙, 일치하지 않는 신념, 상충되는 이해관계로 인해 절망적일 정도로 분열되어 있다"고 말했다.[46] 새롭게 부상하는 보수주의적 반종교개혁에는 정말로 "중요한 시기"였다.[47]

그래서 같은 질문이 끈질기게 반복적으로 제기되었다. 보수주의란 무엇인가? 무엇이 그 운동을 하나로 묶어주었는가? 일례로 러셀 커크는 단순하고 긍정적으로 수행되었던 모든 것을 의심했다.

어떤 단순한 공식으로도 북부인과 남부인, 농촌의 이익과 도시의 이익, 종교적 보수주의자와 공리주의적인 구식의 자유주의자, 소비에트에 반대하는 사람과 고립주의자—불소화 반대론자anti-fluoridationists,[*] '철학적' 무정부주의자, 보호주의자는 말할 것도 없이—를 불가분한 관계로 연결시킬 수는

• 　수돗물에 불소를 첨가하는 것을 반대하는 사람들을 말한다. 미국에서는 1945년부터 불소로 인한 피해 문제가 제기되면서 논란을 일으켰고, 냉전 초기에 반공산주의자들은 수돗물의 불소화가 정부에 침투해 있는 공산주의자들의 음모라고 주장했다. 이후 '불소화'는 반공산주의 문헌에 자주 등장하는 문구가 되었다.

없다. 가까운 미래에 합리적으로 기대할 수 있는 것은 시대의 집단주의적 경향에 맞서는 반집단주의적 분파들의 동맹과 연합이다.[48]

그러나 커크는 "보수주의의 통일이 더 높은 차원으로" 결국 발전하게 되기를 바랐다. 『내셔널리뷰』가 창간되고 초기 몇 년 동안 보수주의 지식인들은 그 과정에 기여하려 애썼다.

═ ★★★ ═

이러한 마찰과 혼란을 배경으로 1950년대 후반과 1960년대 초반에 보수주의를 지향하는 정치철학의 부활이 전개되었다. 이는 상당 부분 자신들의 공통된 정체성을 규명하려는 보수주의자들의 노력과 관련이 있었다. 특히 에드먼드 버크에 대한 학술적 연구가 증가했다.

1949년 버크의 서신 모음집이 공개되자 이에 일부 자극을 받아 1950년대에 버크에 대한 연구와 그의 업적을 기리는 호의적인 글들이 급증했다. 그중에서 가장 유명한 저작이 러셀 커크의 『보수의 정신』이었다. 1959년 무렵 버크에 대한 관심은 『모던에이지』의 후원 아래 계간지 『버크뉴스레터』가 발간될 정도로 지대했다.[49] 그러나 모든 사람이 이 영국 정치가를 우상화하는 일부 보수주의자들—특히 커크—의 경향에 열광한 것은 아니었다. 예컨대 리처드 위버는 『수사학의 윤리』에서 버크는 우익의 부활을 대변해줄 적절한 인물이 아니라고 주장했다. 위버는 버크의 난점은 그가 정의定義와 고결한 원칙이 아니라 상황과 편의에 따라 논증을 펴고 있다는 점이라고 말했다. 그리고 편의성—휘그의 정치—은 전적으로 마땅치 못한 것이었다.

솔직하게 평가하자면 그것은 전망이 없고, 결과적으로 생존 능력이 없는 정치이다.

상황에 입각해 있는 정당은 그 상황을 오래 버틸 수 없다. (…)

수사적 설득에 목숨을 내걸 각오를 했다면, 그 명분에 추상적인 것이나 심지어 절대적인 것에도 당혹해하지 않을 기본 논거가 있어야 한다. (…) 버크는 장식은 장엄했지만, 분명한 이성적 원리에 대해서는 극도의 불신을 품고 있다.[50]

프랭크 메이어도 1955년 커크를 공격할 때 이와 똑같이 말했다. 버크는 "확고한 정치적 입장"을 배울 수 있는 신뢰할 만한 스승이 전혀 아니었다.[51]

버크에 대한 위버와 메이어의 해석에는 길고 유명한 역사가 있다. 19세기 헨리 버클Henry Buckle˙과 존 몰리John Morley˙˙의 연구를 시작으로 버크는 경험주의자·공리주의자, 유구한 전통과 "편견"의 수호자, 이성을 통한 정치의 탐구와 모든 "형이상학"을 단호하게 거부하는 인물로 묘사되어 왔다.[52] 따라서 메이어와 위버―원칙에 입각한 정치철학을 간절히 찾고자 했던―같은 보수주의자들이 잠재적 촉발 가능성을 지닌 "추상적인 것"을 혐오한다는 사람을 불신하는 건 그리 놀라운 일이 아니었다.

˙   헨리 토마스 버클Henry Thomas Buckle, 1821~1862. 영국의 역사학자. 그는 인간과 사회의 행위는 우연이나 어떤 초자연적 존재가 개입한 결과가 아니며, 한 사회가 달성한 문명의 정도는 부와 이 부의 분배방식에 달려 있다고 주장했다.

˙˙   1838~1923. 영국의 언론인·정치가. 국가가 특정 계층이나 지역의 이익을 보장하는 도구로 사용되어서는 안 된다고 주장하며 국가가 사회·경제 문제에 개입하는 것에 반대했다. 자유무역을 옹호하고, 아일랜드의 자치권을 지지했으며, 제국주의에 반대했다. 그는 스스로를 '기질상 신중한 휘그당원이고, 자유주의자로 훈련받았으며, 관찰과 경험에 의해 철저한 급진주의자가 되었다'고 말했다고 한다.

자신들이 경애하는 버크에 대한 도전에 맞서 일부 전통주의 보수주의자들은 영웅에 대한 비판을 잠재울 수 있는 새로운 관점을 개발하기 시작했다. 이러한 열망을 보여주는 가장 주목할 만한 사례가 피터 J. 스탠리스Peter James Stanlis의 『에드먼드 버크와 자연법Edmund Burke and the Natural Law』이었다.[53] 디트로이트대학교 교수이자 러셀 커크의 절친한 친구였던 스탠리스는 버크를 열성적으로 옹호했다. 버크는 무분별한 처방과 "사회적 효용"의 창시자가 아니라, "서구 문명의 자연법 윤리와 정치를 가장 당당하게 주장하는 심오한 옹호자 중 한 명"이었다.[54] 『자연권과 역사』에서 레오 스트라우스가 구별한 고대와 근대의 차이를 근거로 스탠리스는 버크를 아리스토텔레스·키케로·아퀴나스·토마스 후커Thomas Hooker*의 전통, 다시 말해 홉스·로크·루소식의 "자연권"이 아니라 "자연법"의 전통에 위치시켰다. 실제로 버크는 "자연법을 인간의 의사와 무관하게 인간의 도덕적 의무를 시민사회에 영원히 고정시킨, 신이 정한 명령적 윤리 규범이라고 간주했다".[55] 버크는 우리 문화의 가장 훌륭한 측면에 뿌리를 두고 있는 기독교 인본주의자였다. 그는 수 세대에 걸쳐 존재해왔다는 이유만으로 현재의 상태를 옹호하는 교활한 상대주의자가 아니었다.

버크를 바라보는 이러한 시각은 많은 전통주의적 보수주의자들에게 대단히 매력적이었다. 러셀 커크가 스탠리스의 책 서문에서 버크는 벤담

---

*   1586~1647. '코네티컷의 아버지'로 알려진 저명한 영국계 미국인 식민지 성직자. 1629년 청교도 교리를 설파했다는 이유로 재판에 회부되자 네덜란드로 도망친 뒤, 1633년 미국으로 건너가 일단의 청교도들을 이끌고 코네티컷에 정착했다. 재산이 있는 남성 교인들로 참정권을 제한하는 것에 반대해 보편적 참정권을 요구했으며, 사람들에게는 치안판사를 선택할 권리—신이 주신 권리—가 있다고 주장했다. 훗날 미국 헌법의 형성에 영향을 미친 '코네티컷 기본 조례'(1639)—정부의 권력과 구조를 명시한—를 공식화하는 데 커다란 기여를 했다.

주의자도, "인간의 참된 권리"를 반대하는 사람도 아니라고 의기양양하게 선언한 것이 그 증거였다.[56] 전후 미국에는 버크가 절실하다고 말하는 버크주의자들의 주장을 들을 수 있었다는 사실도 이를 입증해준다. 스탠리스는 그들을 위해 전통과 이성이라는 문제를 해결해주었다. 그는 버크가 특수한 관심사뿐만 아니라 무엇보다 18세기 영국에서 나타난 "부수현상"을 초월하는 사상의 전통, 원리의 본체를 옹호하는 사람임을 보여주었다. 버크는 이론에 반대한 것이 아니라 오직 "나쁜 이론", 교조적이고 사변적이며 추상적이고, 정치적 실천과 무관하고 이에 대해 적절한 언급을 하지 않는 이론에만 반대했다.[57] 다시 말해 인간은 전통주의자이면서 동시에 이성적 인간이 될 수 있었다. 이성적 인간 에드먼드 버크는 결국 보수주의의 현자였다.[58]

스탠리스의 연구에는 당대의 오해로부터 버크를 구해내기 위한 노력 이상의 의미가 있었다. 거기에는 근대 이전의 과거에서 진리를 찾으려는 보수주의자들의 지속적인 탐구가 반영되어 있었다. 이는 레오 스트라우스와 그의 제자들이 수행한 연구에 의해 강력하게 뒷받침되고 발전했다. 『마키아벨리에 대한 사상Thoughts on Machiavelli』과 『정치철학이란 무엇인가What is Political Philosophy?』와 같은 저서에서 스트라우스는 계속해서 "근대"를 고발하고, 실증주의와 역사주의의 맹공에 맞서 고전 정치철학의 가치를 옹호했다. 스트라우스에게 진정으로 사악한 천재이자 근대성의 선지자는 마키아벨리였다. 마키아벨리는 고대와 기독교의 가르침을 상대로 교묘하고 대대적인 공격을 개시했다. 고대인들에게 정치적 삶의 목표는 자유가 아닌 덕성이었고, 정치철학을 "인도하는 것은 최상의 체제에 관한 물음이었다".[59] 그러나 마키아벨리의 대담하고 부도덕한 철학은 "인간이 어떻게 살아가야만 하는지와 구별되는, 인간이 어떻게 사는지에 따라 태도를 결정한다. (⋯) 그것의 상징은 신인God Man과 반대되는 천인Beast Man이다. 그것은 인간을 초인이 아니라 인간 이하의 관점에서 이해한다".[60] 고대인들이 인간의 고정된 본성을 강조한 반면, 마키아벨리와 근대인들은 인간을 통제하기 위해 "인격의 형성"보다는 인간의 순응성과 "제도"의 중요성을 역설했다.[61] 고대인들이 지혜를 추구하는 자―철학자―의 삶을 칭송하고 이러한 초월적 선善의 관점에서 체제를 판단한 반면, 마키아벨리와 그의 추종자들은 자신들의 시야를 낮추고 철학을 "인간의 유산을 없애주거나 또는 인간의 권력을 증대시켜주거나 혹은 인간을 이성적 사회로 인도해주는" 도구로 변형시켰다.[62]

보수주의자들이 스트라우스의 가르침을 현재에 적용하기란 항상 쉬운 일이 아니었지만,[63] 그들은 그의 엄청난 학술적 연구에 담긴 뛰어난 지적 성과를 알아보았다. 스트라우스는 고대인들의 냉철하고 온건하며, 여전히 합당한 지혜와 대비되는 근대성의 근본 가정들을 세심하게 밝혀내고 이를 비판적으로 분석했다. 그리고 근대성을 자유주의와 동일시하는 경향이 있는 사람들에게 스트라우스의 강력한 비판은 확실히 환영받았다.

그러므로 많은 보수주의자들에게 자연법을 비롯한 고전적 가르침들은 권리를 의지와, 그리고 정의를 권력과 동일시하는 현대적 경향―마키아벨리와 홉스가 창시한―에 맞서는 데 이용할 수 있는 무기였다. 그것은 통일성을 파괴하는 자유주의자들의 윤리적 상대주의에 맞서 확고한 절대성을 내세우는 것이었다. 그것은 또한 전통주의자들이 역사에 심취해 어떤 것의 발생도 용인하지 않는다고 비난하는 자유주의자들에 대항해 전통―위대한 전통―을 승인하는 방법이기도 했다.

스탠리스의 책이 대표적으로 보여준 자연법에 대한 관심은 1960년대 초반 보수주의 진영 내에서 현저하게 증가했다. 스탠리스에 대한 학자들의 반응은 확실히 엇갈렸지만,[64] 많은 보수주의자들이 마침내 흐름이 바뀌었다고 느꼈다. 1962년 보수주의 사회학자 윌 허버그는 수십 년간 실증주의-상대주의의 지배를 받아온 후 "실정법보다 상위에 있는 무언가가 실재한다는 사실이 미국인들의 윤리적·법적 사고에서 다시 인식되기 시작했다"고 썼다. 사실 여기에는 중요한 차이가 있었다.

> 히브리 전통이든 그리스 전통이든, 우리 문화의 고전적 전통에 충실한 보수주의자들은 마땅히 자신들의 도덕적·사회적·정치적 철학의 초석으로서 상위법의 교리를 승인한다. 자유주의자들은 특히 지난 세기와 이번 세기 초반에 법적 실증주의, 문화적 상대주의, 도덕적 실용주의에 동조해 이 교리를 보통 거부해왔다.[65]

그러나 여기에서 제시되고 있는 자연법은 보수주의자들이 생각하는 자연법이었다. 또는 보다 정확하게 말하자면 그것은 주관적인 자연적 "권리"가 아니라 당시 일부 보수주의자들이 소중히 생각하던 자연적 법칙—객관적 도덕 규범—이었다. 여러 면에서 이는 유용한 개념이었다. 리처드 위버가 예리하게 경고한 것처럼, "인간의 권리"라는 포괄적이고 매혹적인 자유주의의 교리에 맞서 역사와 신중함이라는 고리타분한 교훈을 옹호하는 것은 수사학적으로 불리했다. 그러나 포괄적이고 보편적인 자연적 법칙을 확고하게 지지하는 것이 보다 대등한 수사적 방식으로 토론에 참여하는 것이었다. 더욱이 버크—오랫동안 편의성과 역사에의 호소를 상징해온—를 자연법 이론과 결합시킴으로써 보수주의자들은 사실상 자신들의 자유지상주의와 전통주의 진영 사이의 간극을 메우려

시도했다.

한편 많은 전통주의자들은 에릭 푀겔린의 새롭고 웅장한 역사철학 모험을 열광적으로 검토하고 있었다. 영지주의에 대한 권위 있는 개념으로 이미 잘 알려진 이 독일 망명 학자는 1956년과 1957년 세 권짜리 저작 『질서와 역사Order and History』를 첫 출간했다. 이 책은 "질서의 역사"에서 "역사의 질서"를 도출하려는 시도였다.[66] 푀겔린에 따르면 "실존은 존재의 공동체에서 동반자관계이다". 공동체 혹은 위계는 비가시적 세계, 즉 초월적이고 신성한 존재를 포함한다. 푀겔린은 인간이 "참여해 있는" "존재의 질서"를 이해할 수 있도록 하기 위해 인간이 노력해온 역사—종교·철학·문학에서의 "상징화"를 통해—를 검토할 것을 제안했다. 이러한 상징화의 역사—그가 고대 근동 지역·이스라엘·그리스 문명에서 추적한—는 "압축"에서 "차별화된" 경험과 상징으로의 이행을 보여주었다. 실제로 인류 역사상 두 번의 놀라운 "존재의 도약", 즉 "초기 우주론적 신화의 압축성을 깨고, 하나님의 가호 아래 그분이 직접 인간의 질서를 확립하는 획기적인 사건"이 있었다.[67] 이 두 번의 사건은 이스라엘이 계시를 경험하고, 그리스가 철학을 발견했을 때 일어났다. 푀겔린에게 형이상학적 존재의 질서를 의미하는 "질서의 진리를 위한 투쟁"은 "역사의 실체 그 자체"였으며,[68] 이 투쟁이 그가 추적할 것을 제안했던 역사였다. 그것은 1950년대에나 수행할 수 있는 거대한 작업이었다. 그제서야 학술적 자료와 도구들이 그 작업에 적합해졌고, 그제서야 "과학이라는 작업을 담보로 억류되어 있던 이데올로기적 볼모"가 사라졌기 때문이다. 푀겔린은 "(…) 다양한 민족주의, 다양한 진보주의와 실증주의, 다양한 자유주의와 사회주의, 다양한 마르크스주의와 프로이트주의 이데올로기, 자연과학을 모방한 신칸트주의 방법론, 생물학주의와 심리학주의 같은 과학적 이데올로기, 빅토리아 시대의 불가지론, 그리고 보다 최근 시대의 실존주의와 신학주의"를 지적 활력이 약해지고 있는 "영지주의 시대의 세력" 중 일부로 제시했다.[69]

퀘겔린의 방대한 학술적 저서는 보수주의 지식인들 사이에서 빠르게 인정받았다. 『모던에이지』는 그의 저서를 위해 특별 심포지엄을 개최했다.[70] 프레더릭 빌헬름센은 이 책을 "슈펭글러 Oswald Spengler와 토인비 Arnold Joseph Toynbee의 저작에 견줄 수 있는 가장 야심찬 경쟁작"이라고 불렀고, 게르하르트 니에메예르는 퀘겔린에게 "서구의 지적 타락에 반격을 가하기 시작한 사람"이라는 찬사를 표했다.[71] 보수주의자들은 이 학자의 난해한 주제와 전문용어에서 어떤 가치를 발견했던 것일까? 우선 그들은 퀘겔린이 정치학의 범위를 방법론으로 확장하는 데 결정적 기여를 했다고 믿었다. 피터 스탠리스가 평했듯이 퀘겔린의 책은 "역사 속 종교적 질서를 깨닫지 못한 현대의 모든 영지주의운동"을 해소하는 데 "필수적인" 해독제였다.[72] 퀘겔린은 하나님·영혼·존재·계시에 대해 이야기하는 당당한 유신론자였다. 더욱이 그는 역사적으로 보수주의는 존재·사회·영혼이 서로 맞물려 있다는 관점에서 질서에 관심을 기울여왔다고 강조했다. 무엇보다 그는 존재의 질서와 조화를 이루는 "조율"이라는 측면에서 인간의 집단적 실존을 이해하는 새로운 해석을 제시했고, 인간이 그 질서를 거부하고 그 대신 "인간 삶의 유한한 조건"을 하찮게 여기는 "영지주의적" 대안을 추구할 때 발생하는 위기에 대해 이야기했다.[73] 이는 서구의 무질서를 이해하기 위해 고군분투하던 많은 종교적 보수주의자들에게 호소력 있는 매력적인 종합이었다.

어떤 의미에서 자연법 보수주의자들과 퀘겔린주의자들—일반적으로 같은 사람들—은 프랭크 메이어가 나중에 "존재론적 토대에 기초한 객관적 도덕 질서"[74]라고 부른, 역사의 흐름을 초월한 질서를 모색하고 있었다. 모든 사회는 마땅히 그러한 질서에 기초해야 하며, 모든 사회는 근본적 진리―정통성―를 고수해야 한다는 것이 이 시기에 정치학자 윌무어 켄달이 지속적으로 탐구한 주제였다. 켄달은 『보수주의 선언The Conservative Affirmation』(1963)에서 뿐만 아니라 뒤이어 발표한 글들에서도 열린 사회라는 자유주의적 관념을 비판했다. 켄달은 정치철학의 위대한 전통에 따르면 "생존 가능한 사회에는 정통성이 존재한다. 삶의 방식에 내재해 있는 일련의 근본적인 신념은 시장의 부침에 굴복할 수 없고 굴복해서도 안 되며, 어떤 경우에도 굴복하지 않을 것이다"라고 주장했다. 보수주의자들은 위대한 전통이 그랬던 것처럼 "어떤 사회도 종교적 신념에 뿌리 깊게 박힌 토대 없이는 살아남을 수 없다―또는 살아남아서는 안 된다"고 강조했다. 미국은 누구나 "(…) 아무런 처벌도 아무런 방해도 받지 않고 자유롭게 생각하고 말할 수 있는 무제한의 권리를 가진" 그런 개방된 사회가 되어서는 안 되었다.[75] 켄달은 특히 존 스튜어트 밀에 대해 비판적이었다. 그는 밀을 궁극적으로 진리에 도달할 수 있다는 사실을 믿지 않는 회의주의자이자 상대주의자로 묘사했다. 실제로 켄달은 밀이 주장한 표현의 자유는 "[그의] 진리에 대한 공격과 (…) 분리할 수 없으"며, 밀은 종교·철학·전통적인 사회를 "완전히 거부"하고 있다고 말했다. 결국 밀의 이상적인 열린사회는 사실상 순전히 편협해질 것이었다. 사실상 "회의주의라는 국가 종교"를 고수하는 밀의 사회는 반대자들을 박해하는 것에 대해 일말의 가책도 느끼지 않을 것이다. 결국 모든 사람의 의견이 똑같이 가치 있는 것이라면 마찬가지로 똑같이 가치가 없는 것일 수도 있는데, 그렇다면 인기 없는 의견을 탄압한다고 해서 걱정할 이유가 무어란 말인가?

진리를 추구하기 위해 관용을 실천하려면 단지 진리를 추구하는 것만이 아니라, 먼저 지금까지 축적된 모든 부富를 지니고 있는 진리 자체를 소중히 여기고 믿어야 한다. 모든 질문이 열린 질문인 사회는 그렇게 할 수 없다. 그러므로 그것에 동의하지 않는 사람들에게 관용을 베풀 수 없다.

그러한 사회가 박해를 가하지 않는다 하더라도, 사회는 "점점 더 심화되는 의견 차이로 인해 필연적으로 가라앉게 될 것이며, 사회란 토론을 통해서만 문제를 해결할 수 있다는 공통의 전제가 서서히 붕괴될 것이고, 따라서 공공의 문제에 대한 중재와 토론의 과정은 폭력과 내전으로 인해 포기될 것이다". 켄달은 자신이 완전히 닫힌사회를 추구하는 것이 아니라고 주장했다. 그러나 그는 무엇보다 미국의 공적 진리 혹은 자의적 해석으로 제시된 열린사회라는 개념이 역사적·논리적·철학적으로 유지될 수 없다는 사실을 확고히 하고자 했다.[76]

켄달과 다른 전통주의자들—주로 켄달 자신과 같은 로마 가톨릭 신자들[77]—이 상대주의적이고 세속적인 사회에서 의지할 수 있는 절대적인 것을 찾기 위해 노력하는 동안, 자유지상주의자들은 보다 일관된 철학을 구축하는 작업에 착수했다. 그들의 성과 가운데 가장 중요한 것은 엄격하게 제한된 정부, 자유시장, 비인격적인 법의 지배, 의식적 계획과 강압이 아닌 자발적 성장에 의한 사회 발전의 지적 논거를 제시한 프리드리히 하이에크의 『자유헌정론The Constitution of Liberty』이었다.[78] 많은 보수주의자들과 달리 하이에크는 자유로운 사회를 요구하면서 보편적인 불변의 진리에 대해 언급하지 않았다. 대신 하이에크는 데이비드 흄·애덤 퍼거슨·애덤 스미스와 같은 영국의 회의주의적 경험론 전통에 기대어 무지라는 불가피한 사실을 자기 논리의 근거로 삼았다. "(…) 어떤 인간의 정신도 사회의 행동을 이끄는 지식을 모두 이해하기란 불가능하다. (…) [그러므로] 개인의 판단에 의존하지 않고 개인의 노력을 조정할 비인격적 장치가 필요하다."[79] 하이에크는 "우리가 문명화될수록 엄청나게 복잡한 사회적 유기체를 관리할 우리의 능력은 저하된다"고 말했다.[80] 결과적으로 "개인의 자유에 대한 옹호는 우리의 목적과 복지의 실현을 좌우하는 많은 요소들에 대해 우리 모두의 불가피한 무지를 인정하는 것을 기초로 한다".[81] 우리가 자유로웠다면 사회는 더 나아졌을 것이다. 하이에크는 무정부주의자가 아니었다. 반대로 그는 예컨대 개인이 통제할 수 없는 고통과 재난으로부터 최소한의 보호를 제공해줄 수 있도록 상당한 정도의 정부 개입을 승인했다. 그러나 그는 그러한 모든 활동이 "모든 인간에게 동등하게 적용 가능한 일반적이고 추상적인 규칙"에 의해 인도되어야 한다고 강조했다.[82] 하이에크의 적은 강압·자의성·차별, 그리고 사회가 비인격적 법의 지배하에서 성장하도록 허용하기보다 진보를 설계하려 했던, 재량이 부여된 행정 행위를 하는 전능한 국가였다.

하이에크의 책에는 모든 보수주의자들이 동의할 수 있는 내용—특히 복지국가에 대한 비판—이 많았지만, 1960년대 초반에는 지금까지 논의된 어떤 노력도 보편적 인정을 받지 못했다. 자유지상주의적 보수주의 학자들과 전통주의적 보수주의 학자들의 이론이 점점 더 정교해졌다는 것은 그들 모두 성숙해졌다는 표시였지만, 충돌하는 관점의 통합은 뚜렷하게 나타나지 않았다. 수정된 에드먼드 버크가 서로에게 수용될 수 있는 보수주의 지혜의 원천으로 제시되지 않았던가? 미시간대학교의 젊은 역사학자 스티븐 톤소르는 『내셔널리뷰』에 기고한 글에서 이러한 접근방식을 단호하게 거부했다. 버크는 새로운 보수주의에 걸맞는 조상이 아니었다. 실제로 톤소르는 버크의 유산이 "모순적"이라고 주장했다. 두 명의 버크가 있었다. "자유를 위험으로 여기고, (…) 도덕적 추상을 두려워하며, 국가를 신의 섭리에 따른 실체라고 간주하는" 보수-반동주의자 버크와 "윌리엄 글래드스턴William Gladstone・이 계승한" 보수-자유주의자 버크.[83] 그렇다면 에릭 푀겔린의 저작은 당시 합의된 집결점이 되지 못했는가? 많은 보수주의자들이 그의 책에 대해 논하고 때때로 그의 문장을 인용하기도 했지만, 그가 전체 운동을 매료시켜 자신을 따르도록 만들었다는 증거는 없었다. 게다가 자연주의적 성향을 지닌 레오 스트라우스 지지자들은 푀겔린의 종교적 범주와 신이 역사에 개입한다는 가정에 비판적이었다. 스트라우스주의자들이 시사한 것처럼 종교적 믿음은 철학자들이 용납할 수 있는 출발점이 아니었다. 이는 일부 유신론적 보수주의자들을 괴롭혔던 쟁점이었다.[84] 논쟁적인 켄달 역시 통합의 원천은 되지 못했다. 예컨대 존 스튜어트 밀과 자유 중심적인 열린사회에 대한 그의 비판은 프랭크 메이어―켄달은 언젠가 메이어를 "위대하지만 사랑스러운 죄인"이라고 부르기도 했다―를 달래기 어려웠다.[85]

프리드리히 하이에크의 권위 있는 『자유헌정론』도 비판을 면치 못했다. 일부 사람들에게 그는 경제학의 세계 너머에 있는 원칙들을 대체로 망각하고 있는 듯 보였다. 오스트리아의 보수주의자 에릭 폰 쿠에넬트-레딘은 하이에크가 "자유가 실용적으로 생산적이지 않다면, 자유에는 어떠한 근거도 없을 것이다"라고 주장하는 것 같다고 강조했다.[86] 프랭

•   윌리엄 유어트 글래드스턴William Ewart Gladstone, 1809~1898. 영국의 정치가. 12년간 영국 총리로 재임했다. 초기에는 강력한 보수당 당원이었지만, 자유주의로 전향해 1866년 자유당 대표가 되었다. 곡물법 폐지에 찬성하고 자유무역을 옹호했으며, 참정권 확대를 주장했다. 작은 정부를 지향한 그는 정부의 권한과 규모를 줄이기 위해 직접세 폐지를 주장하기도 했다. 영국인들이 '위대한 노인Grand Old Man, G.O.M'이라는 별명을 붙여줄 만큼 19세기 영국의 가장 위대한 정치인 중 한 명으로 꼽힌다.

크 메이어도 유사한 문제를 제기했다. 그는 하이에크가 공리주의적 근거가 아니라 "인간의 본성과 존재의 구성 자체"에 근거해 자유를 옹호했어야 한다고 생각했다. 메이어는 "구휘그"인 하이에크가 휘그들의 약점으로 인해 어려움을 겪었다고 말했다. "절대적인 초월적 가치를 인정하기 두려워하지만 그것이 그들 힘의 토대였다."[87] 문제를 더 복잡하게 만들기라도 하려는 듯 하이에크는 보수주의를 강력하게 거부하는 것으로 자신의 책을 마무리했다![88]

따라서 1950년대 후반과 1960년대 초반 보수주의 지식인들은 마땅한 철학적 입장을 규명하기 위해 가치 있는 학술적 노력들을 기울였지만, 성공하지 못한 것이 분명했다. 물론 이 모든 책들에 그러한 특정 목적에 복무하려는 의도가 명시적으로 드러나 있던 것은 아니었다. 그러나 명시적이든 암묵적이든 이것들은 모두 그 목적에 기여했다. 그렇지만 이러한 논지가 제시될 때마다 여전히 많은 사람들이 반대의 목소리를 높였다. 냉철한 학술적 연구가 진행되고 있었음에도 통합에 대한 탐구는 더 많은 논쟁을 불러일으키고 있었다.

═ ★★★ ═

1960년대 초반에 이미 끓고 있던 냄비가 끓어 넘쳤다. 한편에는 질서·합의·도덕·"올바른 이성"·진리·덕성을 옹호하는 전통주의자들이 있었다. 다른 한편에는 개인의 자유·자유기업·자유방임·사유재산·이성, 그리고 또다시 개인의 자유를 "신의 용어god terms"* ─리처드 위버의 개념을 빌리자면─로 여기는 자유지상주의자와 고전적 자유주의자, 그리고 "구휘그"가 있었다.

논쟁의 촉발자들은 주로 공격적인 자유지상주의적 "개인주의자들"
이었고, 그들 중 많은 이들이 젊은 세대였다. 전통주의자들에 대한 가장
날카로운 비난 중 일부는 프리드리히 하이에크의 대학원생들이 1961년
시카고대학교에서 창간한 『신개인주의자리뷰New Personalist Review』에서 등
장했다. 위스콘신대학교에서 박사과정을 밟고 있던 제임스 M. 오코
넬James Michael O'Connell은 자신이 쓴 기사에서 러셀 커크와 신보수주의는
자유지상주의와 완전히 다르다고 주장했다. 커크는 이성 혹은 그가 "불순
물이 제거된 합리성"이라고 부른 것을 경멸했다. 그러나 오코넬은 "이성
을 통해 발견할 수 있는, 인간의 행동을 규제하는 그러한 원칙들"에 부합
할 때만 전통은 유효하다고 주장했다. 더욱이 커크와 신보수주의자들은
개인주의와 자유방임주의를 노골적으로 적대시했고, 진심으로 자유를 지
지하지 않았다. 반대로 그들은 "자본주의의 '비인간성'과 '근본 없는 개인
주의', 그리고 좌파의 집단주의로부터 우리를 구원하기 위해 우파의 집단
주의"와 "귀족적 엘리트"를 추구했다.[89]

『내셔널리뷰』조차 공격을 받았다. 하이에크의 학생이자 『신개인주의
자리뷰』의 부편집장 로널드 하모위Ronald Hamowy에 따르면 버클리의 저
널은 개럿 · 앨버트 제이 녹 · 프랭크 초도로프의 자유지상주의 전통을 배
반하고 있었다. 그것은 국가를 "제한"하는 것이 아니라 "통제"하려는 것이
었다. 『내셔널리뷰』는 반공산주의라는 명목으로 반자유지상주의적이고
호전적인 대외 정책을 추진한 범죄를 저질렀다. 『내셔널리뷰』는 독립선
언문의 보편적 자연권 철학을 위배하고, 국내에서는 시민의 자유를 억압

• 리처드 위버는 긍정적인 사회적 · 역사적 가치를 '신의 용어'라 부르고, 부정적인 가치는 '악마
용어devil terms'라고 불렀다.

하고 해외에서는 인종주의적 제국주의에 흔쾌히 가담했다.『내셔널리뷰』
는 기독교에 대해 오만한 경향이 있었고, 교회와 국가를 기꺼이 합병하려
했다.『내셔널리뷰』는 개인보다 공동체를 더 높이 평가하고, 자유경제에
대한 "미온적" 지지만 규합할 수 있었다.[90]

당시 전후 우파의 역사에 결정적인 순간이 도래했음은 분명했다. 쟁
점은 바로 1950년대 중반에 발전한 연합―『내셔널리뷰』로 상징되고, 그
들이 추진한 연합―의 지적 정당성에 관한 것이었다. 자유지상주의자들
과 전통주의자들이 실제로 서로 어울려 수행할 만한 사업이 있었는가?
독실한 가톨릭 신자들과 세속적인―또는 종교에 무관심한―경제학자
들, 존 스튜어트 밀을 경멸하는 사람들과 그를 찬양하는 사람들, 호전적
개인주의를 비판하는 전통의 애호가들, 그리고 역동적 자유방임주의를
옹호하는 이들을 하나로 묶어주는 유대감은 무엇이었는가? 커크와 메이
어·켄달과 로스바드·스탠리스와 톤소르·푀겔린과 하이에크·빌헬름센
과 초도로프, 이런 지식인들에게 어떤 실질적인 공통점이 있었는가?

1960년대 초 그들은 그러했고, 분파적 차이 아래에는 원칙과 열망에
대한 진정한 합의가 깔려 있다고 확신한 한 사람이 있었다. 그는 다름 아
닌 프랭크 메이어였다. 언제나 경계심을 늦추지 않았던 프랭크 메이어는
몇 년 전 이 깊은 간극을 해명하는 데 큰 기여를 했다. 그는 이제 한 권의
책과 여러 글을 통해 보수주의운동의 분열을 위협하는 균열을 메우기 위
해 정력적으로 노력했다.[91]

메이어가 갑자기 자신의 이전 견해를 버린 것은 아니었다. 그는 여전
히 자신의 개인주의 철학을 고수하고 설파했다. 뉴욕주 우드스톡의 외딴
산간 주택에 거주하면서 그는 종종 전국의 보수주의자들에게 자정이 넘
도록 오랫동안 전화로 자신의 열정적이고 단호한 신념을 설명하는 것으

로 유명해졌다. 격정적이고 유쾌하게 논쟁을 벌이고, 체스 게임을 즐기며, 우편번호를 혐오하는 이 우파의 형이상학자는 지나치게 자주 전화로 의사소통을 했다. 언젠가 윌무어 켄달은 메이어가 그의 친구인 브렌트 보젤에게 건 "긴급 전화"를 두고 "프랭크 메이어가 브렌트 보젤에게 정기적으로 걸던 전화를 차단시키게 만든 전화"라고 정의할 수 있다고 우스갯소리를 하기도 했다.[92] 그는 학교 출석 의무 규정을 무시하고 매해 집에서 두 아들을 성공적으로 교육하고 있었다. 원칙에 관한 한 메이어는 한 치의 양보도 하지 않았다.[93]

그는 어떤 원칙하에 통합을 구성하려 시도했는가? 그는 절대적으로 근본적인 것은 "개인의 자유"이며, 이는 "정치사회의 중심적이고 일차적인 목적"이자 "정치적 행동과 정치 이론의 궁극적 관심사"라고 주장했다.[94] 메이어에게 인간은 "이성적이고 의지적이며 자율적인 개인"이었다. 자유는 "인간 존재의 본질"이며,[95] 실제로 덕성을 추구하는 데 있어 필수 불가결한 것이었다. 정치적 질서는 개인의 자유에 도움이 되는 정도에 따라 판단되어야 했다. 더욱이 정치적 영역은 급격하게 제한되었다. 국가의 기능은 국방, 국내 질서의 유지, 인간과 인간 사이의 정의의 집행이라는 세 가지 기능으로 제한되었다. 이러한 관점에서 메이어는 국가나 "공동체" 또는 사회라는 이름으로 개인과 개인의 이성을 폄하하는 사람들—집단주의적 자유주의자, 그리고 신보수주의자—[96]의 주장을 무너뜨리기 시작했다. 메이어는 사회와 같은 독립적 실체는 존재하지 않는다고 주장했다. 사회는 "신화"이고, 개인이 최상의 존재였다. "사회와 국가는 개인을 위해 만들어진 것이며, 인간은 그것들을 위해 존재하는 것이 아니다."[97] 플라톤과 고대 아테네인들에서부터 20세기 자유주의자들에 이르기까지 너무나 많은 사람들이 국가를 실체화했다. 일부 신보수주의자들조차 기꺼이 국가를 이용해 덕성에 관한 자신들의 사상을 시민들에게 강요했다. 메이어에게 이것은 완전히 잘못된 것이었다. "덕성의 성취"는 결코 정치적인 문제가 아니었다. 그것은 국가가 관여할 문제가 아니었다.[98] 자유―강요받지 않은 선택―는 덕성을 추구하는 데 있어 없어서는 안 되는 절대조건이었다. "인간에게 사악해질 자유가 없다면 인간은 덕스러워질 수 없다. 어떤 공동체도 인간을 유덕한 존재로 만들 수는 없다."[99] 자유는 궁극적인 정치적 목적이었다. 덕성은 인간이 인간으로서 갖는 궁극적 목적이었다. 유감스럽게도 신보수주의자들은 이러한 구별을 이해할 수 없었다. "덕성을 함양하기 위해 정치적 힘을 사용하기를 고집하고, 자유의 조건을 확립하는 것으로 제한된 국가를 옹호한다는 원칙적 입장을 거부함으로써 그들은 자유주의적 집단주의의 효과적 반대자라는 자격을 스스로 박탈하고 있다."[100] 프랭크 메이어는 자신의 인생 중 14년을 공산당에 바쳤다. 독재자를 떠난 그는 보수주의자들이 좋은 사회에 대한 그들의 전망을 강요하도록 내버려 두지 않았다. 사람들이 스스로를 구원할 수 있도록 간섭해서는 안 되었다.

메이어는 특정 신보수주의자들을 겨냥한 공격을 계속하면서 동시에 미국 보수주의자들이 실제로 공유하고 있다고 생각하는 공통의 기반을 명확하게 밝히기 위해 노력했다. 그는 자신의 보수주의는 "19세기의 자유주의"가 아니라고 거듭 강조했다. 그는 19세기의 자유주의가 지나치게 반전통적인 회의주의와 세속주의, 그리고 공리주의에 의해 약화되었다는 것을 인정했다. 메이어에 따르면 미국의 보수주의운동은 19세기 서구 전통의 비극적 "분화分化"의 희생자였다. 한쪽에는 덕성과 질서에 대한 우려를 올바르게 하면서도, 자신들의 목적을 달성하기 위해 기꺼이 정부를 이용하려 하는 잘못된 권위주의적 보수주의자들이 있었다. 그들은 도덕적 영역과 정치적 영역을 혼동했다. 다른 쪽에는 제한된 국가, 자율적 개인, 자유경제에 훌륭하게 헌신한 고전적 자유주의자들이 있었다. 그러나 그들은 점차 "유기적 도덕 질서"에 무관심해졌고, "인간과 제도가 인간의 자유를 억압하는 권위주의와 신과 진리의 권위를 구별할 수" 없게 되었다. 메이어는 극단적 전통주의를 집요하게 비판했지만, 자유주의가 상대주의적이게 되었고, 도덕적 원칙에 대한 확신이 없으며, 기생적이고 궁극적으로 전체주의 이데올로기의 부상을 묵인했다는 전통주의자들의 논지에 대해서도 충분히 잘 알고 있었다.

그래서 그는 유용성이 아니라 "존재의 구성"이 요구하는 자유를 지지했다. 그도 푀겔린의 책을 읽어서 알고 있었다. 메이어는 종교에 대해 회의적이거나 조롱하는 사람이 전혀 아니었다. 그는 "인간의 본성과 운명에 대한 기독교적 이해"가 보수주의자들이 간직하려 노력하고 있는 것이라고 강조했다. 그는 보수주의자들이 분열된 두 보수주의 주류의 장점을 모두 흡수해야 한다고 주장했다. 이것이 서구의 진정한 유산, "전통 안에서 작동하는 이성"이었다. 메이어의 입장은 곧 "융합주의fusionism"라고 불렸지만, 그는 자신이 선천적이며 이미 존재하고 있는 보수주의적 합의—1787년 건국의 아버지들에 의해 훌륭하게 구축된 합의—를 표명하고 있을 뿐이라고 믿었기 때문에 이 이름표를 불만스럽게 생각했다.[101]

자신의 "융합주의적" 종합이 환상이 아니라는 것을 입증하기 위해 메이어는 1964년 출판된 전집 『보수주의란 무엇인가What Is Conservatism』를 편집했다. 양측 모두 이 책에 글을 기고했다. 커크와 켄달은 전통주의라는 그들의 이름표를 옹호했다. M. 스탠턴 에반스—메이어의 융합주의를 따른 제자—와 빌헬름 뢰프케는 자유지상주의를 옹호했으며, 하이에크는 그의 유명한 글 「나는 왜 보수주의자가 아닌가」를 기고했다. 다른 보수주의자들—버클리·스탠리 패리Stanley Parry·스티븐 톤소르·게리 윌스·존 체임벌린·스테판 포소니 등—은 다양한 방식으로 이론적 차이를 초월하거나 종합하고자 했다. 메이어는 책 곳곳에 변형된 형태로 "강조" 되어 있는 내용들 속에서 진정한 합의를 포착할 수 있다고 주장하면서 낙관적인 결론을 내렸다. 메이어는 여러 가지 "기이한" 차이에도 불구하고, 자신이 불러 모은 보수주의 지식인들은 몇 가지 기본적인 원칙들에 대해 같은 의견을 가지고 있다고 말했다. 첫째, 그들은 모두 "객관적 도덕 질서"가 "인간의 행위를 판단하는 불변의 기준"이라고 믿었다. 둘째, 인권과 자유를 강조하든 의무와 책임을 강조하든 이들은 만장일치로 "인간"을 중시하고, 국가를 이용해 "인간에게 이데올로기적 경향을 강요"하려는 자유주의적 시도에 반대했다. 그들은 국가를 제한해야 하는 범위에 대해서는 의견이 일치하지 않았지만, 모두 국가를 제한해야 한다고 생각했다. 그들은 "계획"과 권력을 중앙집중화하려는 시도를 깊이 불신했다. 그들은 "본래 생각한 바와 같이" 헌법을 수호해야 한다는 데 뜻을 같이 했고, "서구 문명"을 위협하는 "메시아적" 공산주의에 대한 혐오감을 공유했다. 메이어에게 이 책은 되살아난 보수주의운동의 지적 응집력을 명백하게 입증해주었다.[102]

그러나 메이어의 노력에 대해 다른 우파 지식인들이 초기에 보인 반응은 그렇지 않다는 것을 시사했다. 예컨대 『보수주의 선언』의 서문에서 윌무어 켄달은 메이어가 교조주의자라고 주장했다.[103] 러셀 커크 역시 1964년 『자유의 수호In Defence of Freedom』를 신랄하게 비판한 글에서 똑같은 혐의를 제기했다. 커크는 메이어가 "권위를 대변하는 모든 이들을 혐오"하고, 보수주의를 이데올로기로 바꾸려 노력하며, "마르크스를 메이어로 대체"하고자 하고, 자유를 추상적으로 신격화하며, 불손한 "열정"을 추구한다고 비난했다.[104] 덜 가혹하지만 비판적이기는 마찬가지였던 사람으로는 듀크대학교 교수 존 할로웰—메이어의 또 다른 신자유주의 표적—도 있었다. 할로웰은 "그는 인간 개인의 절대적 가치에 대해 관심을 표명했지만, 인간의 문제에 대해서는 대단히 무관심하다고"고 비난했다.[105] 메이어가 훗날 『보수주의란 무엇인가』를 헌정한[106] 리처드 위버조차 『자유의 수호』는 너무 멀리 나갔다고 생각했다. 공동체의 가치를 신봉하는 신보수주의자들을 전면적으로 공격하면서 메이어는 "소로의 무정부적인 개인주의를 향해 긴 걸음을 내딛었다".[107] 메이어의 전집을 검토한 펠릭스 몰리 또한 메이어의 "용맹한 노력"에도 불구하고 이론적 합의에는 도달하지 못했다고 결론지었다. 보수주의의 체계는 당장이라도 무너질 듯 여전히 불안정했다.[108]

메이어의 견해를 가장 광범위하게 검토한 사람은 윌리엄 F. 버클리 주니어의 처남인 전통주의적 가톨릭 보수주의자 L. 브렌트 보젤이었다. 날카로운 에세이에서 보젤은 자유주의자들과 소위 융합주의자들은 덕성을 추구하는 조건으로 자유로운 선택을 지나치게 강조하고 있다고 주장했다. 사람들은 외부의 상황에 관계없이 항상 구원을 추구할 도덕적 자유가 있었다. 따라서 덕성을 장려하기 위해 사회는 끊임없이 자유를 극대화해야 한다는 자유지상주의의 주장은 잘못된 것이었다. 실제로 그러한 강령의 논리는 국가의 강압—덕성의 적으로 추정되는—뿐만 아니라 가장 자유로운 선택을 침해하고 있는 모든 제도를 파괴하는 결과를 초래할 것이었다. "요컨대 자유지상주의의 첫 번째 명령—자유를 극대화하라—은 사회의 모든 활동에 똑같은 힘으로 적용된다. 사실상 그 명령의 의미는 이것이다. 덕성을 최대한 어려운 것으로 만들어야 한다." 정치에 대한 기독교적 이해는 그렇지 않다고 보젤은 주장했다. 하나님의 목적에는 "인간의 덕성에 도움이 되는 현세적 조건을 확립하려는 시도, 즉 기독교 **문명을** 건설하려는" 시도가 포함되어 있기 때문이다. 그리고 여기에는 "덕성으로 가는 길을 쉽게" 하려는 공적인 시도도 포함되어 있었다. 다시 말해 정치의 목적은 자유가 아니라 덕성의 증진이었다.

결국 덕성이란 무엇인가? 보젤이 주장했듯 그것이 인간의 본성과 "질서의 신성한 경향"에 순응하는 것을 의미한다면, 자유는 덕성 그 자체에 전혀 필요한 것이 아니었다. 본능적이거나 강요된 행위도 덕스러운 행위가 될 수 있었다. 탐구는 성취보다 중요하지 않았다. 보젤에게 "하나님으로부터 자유로워지고 싶은 충동"으로 정의되는 자유는 최고의 가치가 아니었다. "참된 신성함은 인간이 자유를 잃었을 때에만, 하나님을 분노케 하는 유혹에서 해방될 때에만 달성될 수" 있으므로 이상적으로 말하자면 우리는 그것을 제한하기 위해 노력해야 한다

덕성을 갖춘 기독교 공동체를 건설하는 데 있어 국가는 어디까지 위험을 감수해야 하는가? 보젤에게 이것은 신중함의 문제였다. 각각의 경우는 개별적으로 분석해야만 했다. 그것은 확실히 "의례적인 자유주의"와 메이어의 삼위일체 국가 개념으로 답할 수 있는 질문이 아니었다.[109] 보젤은 자유시장을 높이 평가한다고 공언했지만, 그는 그것이 최고의 선이라고 생각하지는 않았다. 그는 "정치의 주된 목적은 덕성을 추구할 수 있도록 돕는 것"이라는 자신의 논지를 집요하게 강조했다. 국가는 이러한 목적에 적합한 많은 제도들 중 하나였다. "정치적 (그리고 경제적) 자유"는 "신중한 국가가 시민의 덕성에 도움이 되는 정도에 따라 채택할" 것임을 의미했다. 보젤은 끔찍한 20세기를 필연적으로 낳을 수밖에 없었던 19세기를 변호할 마음이 없었다. 그는 자유사회를 찬양하는 데에도 동참하지 않았다. "자유사회가 어떻게 좋은 사회보다 우선시되게 되었는지에 관한 이

야기는 서구의 쇠퇴에 관한 이야기다."[110]

메이어의 융합주의적 노력에 대한 간접적이지만 훨씬 더 총체적인 도전은 예일대학교 시절 윌무어 켄달의 제자였던 노터데임대학교의 교수이자 가톨릭 신부인 스탠리 패리에게서 나왔다. 에릭 푀겔린에게서 많은 부분—그리고 휘태커 체임버스 시대를 연상시키는—을 차용한 패리는 가장 근본적인 무질서—"역사 속에서 진리를 경험하는 공동체의 구조 자체"가 위협받고, 전통이 "실존으로부터 멀어"지는 "문명의 위기"—를 경험한 사회의 특성과 선택지를 분석했다. 이러한 궁극적인 정치상위적metapolitical 위기에서는 어중간한 정치적 조치로 우리를 구원할 수 없다. 새로운 "진리에 대한 공동 경험", "모든 인간의 영혼 안에 있는 신성한 계시의 진정한 부활"만으로도 충분할 수 있다. 그러나 만일 이 마지막 위기가 도래했다면—패리의 글이 암시하는 바와 같이—, 프랭크 메이어의 작업에 제기되는 도전은 명백했다. 자유지상주의–전통주의의 종합을 철저히 논할 수 있다고 하더라도, 그것은 부적절하고 피상적일 것이었다. 패리는 문명의 위기가 발생하면 인간이 스스로를 구원하기에는 이미 너무 늦어버린다고 주장했다. 패리는 또한 "영적 개인주의"도 "경제적 개인주의"도 "올바른 사회 질서"라는 문제를 해결할 수 없음을 명백히 했다.[111]

이러한 도전에 맞서 메이어는 자신의 융합주의적 입장을 굽히지 않았다. 자유와 덕성은 서로 맞물려 있으며, 보젤은 위험할 정도로 권위주의와 신권정치로 방향을 전환했다—보젤 자신은 부인했지만. 그는 하나님의 뜻에 대한 자신들의 불완전한 생각을 동료 인간에게 강요할 수 있는 권한을 몇몇 사람에게 부여할 것이었다. 개인적으로 메이어는 그 논쟁이 실제로 가톨릭과 개신교 사이의 분열을 반영하고 있다고 믿었다.[112] 그러나 공개적으로 그는 보젤이 선과 자유사회를 대비시킴으로써 서구 유산의 "인본주의적 요소"를 포기하고 있다고만 말했다. 메이어는 보젤에 반대하면서 인류와 그 운명에 대한 "균형 잡힌" 관점—자신이 칭한—을 유지했다.[113] 패리 신부에 대해 메이어는 그저 우리 문명은 돌이킬 수 없을 정도로 쇠퇴하지 않았으며, "문명의 위기"는 우리에게 닥쳐오지 않았고, 보수주의는 이 논의와 무관하지 않으므로 중요하며, 사악한 제도를 초월하는 "예언적 대응"이 아직 긴급한 것은 아니라고 주장했다.[114]

메이어가 전통주의자들의 비판을 막아내는 동안 융합주의는 더 극단적인 자유지상주의자들로부터 비난을 받았다. 『모던에이지』에 쓴 글에서 로널드 하모위는 자신의 스승인 프리드리히 하이에크가 이미 표명한 불만을 다시 한번 제기했다. 네오보수주의는 자유지상주의에 "완전히 반대되는 것"이었다. 보수주의는 자유에 적대적이고 반자본주의적이었으며, 이성을 의심했고 고집 센 적들에게 기꺼이—그는 보젤을 인용했다—일련의 특정한 가치들을 부여했다. 하모위는 메이어의 "타협"에는 거의 관심을 기울이지 않았고, 그 대신 커크와 보젤, 그리고 켄달과 같은 사람들을 비판하기를 더 즐겼다. 그러나 그는 융합주의에 대한 불만을 나타냈다. "대답해야 할 중요한 문제가 어떤 전통을 따를지를 선택하는 것과 관련되어 있을 때, 프랭크 메이어처럼 이성은 전통 안에서 작동해야 한다고 주장하는 것은 해결책이 되지 못한다."[115]

이러한 소란과 일제 공격이 보수주의 진영을 혼란에 빠뜨리고 있는 상황에서 『내셔널리뷰』 계열이 아닌 존 할로웰이 1964년 보수주의자들은 "자신들이 지지하는 것이 정확히 무엇인지에 대해 서로 합의하는 데 어려움을 겪고 있다"고 말한 것은 놀라운 일이 아니었다.[116] 보수주의운동의 한 학생이 보수주의 진영에서 흘러나오는 "불협화음"에 대해 불평한 것 역시 놀라운 일이 아니었다.[117] 그러나 다소 놀랍게도 1960년대 중반 무렵 소란이 가라앉기 시작했다. 아마도 메이어가 언급한 것처럼 논쟁에 참여했던 사람들은 할 말이 다 떨어졌을 것이다.[118] 확실히 그들은 다른 주제들—예를 들어 골드워터 상원의원의 부상—을 염두에 두고 있었다. 그리고 상황이 진정되자 많은 보수주의자들은 메이어의 융합주의가 승리했다는 사실을 공통적으로 발견하기 시작했다. 그가 나중에 "삼투"라고 부른 과정을 통해 융합주의는 약간의 팡파르와 함께 조용히 대부분의 『내셔널리뷰』 보수주의자들에게 기정사실이 되었다.[119] 의미심장하게도 메이어의 최대 경쟁자—그러나 가까운 친구이기도 한—L. 브렌트 보젤도 나중에 "융합"이 사실상의 합의가 되었다는 데 동의했다.[120] 『내셔널리뷰』의 발행인이자 자칭 "독실한 융합주의자" 윌리엄 러셔는 1960년대 초반을 되돌아보며 메이어가 시도했던 우익 사상의 "전략적 통합"에 대한 주의를 환기시켰다.[121] 몇 년 후 젊은 보수주의 학자 피터 위톤스키Peter Witonski 역시 메이어를 "미국 보수주의의 특이성을 완전히 이해하고, 보수주의 진영의 일반 구성원들에게 이러한 특이성을 설명한 최초의 보수주의 이론가"라고 평했다.[122] 당연히 융합주의는 지속적으로 비판을 받았지만, 메이어가 아닌 비판자들이 변방에 남아 있거나 심지어 운동을 떠났다는 사실은 메이어의 영향력을 보여주는 징표였다. 1968년 『보수주의의 주류The Conservative Mainstream』를 쓰게 될 사람은 하모위도 보젤도 아닌 메이어였다.

융합주의가 정말로 승리했다면 이 전개가 의미하는 바를 정확히 인식하는 것이 중요하다. 메이어의 정식화가 거둔 성공은 교리나 체계의 수용보다는 특정한 사고방식과 행동방식의 지배적인 영향력과 관련이 있었다. 융합주의의 부상은 세 가지 요인으로 설명된다. 첫째, 많은 보수주의자들이 융합주의를 채택한 이유는—누군가는 미심쩍어 하겠지만—

자신들이 원했기 때문이었다. 그들은 이론적 기반을 찾았다고 믿고 싶어했다. 아마도 그들은 파벌 싸움에 싫증이 났을 것이다. 그들은 자신들의 운동이 전국적인 힘과 존경을 받으려면, 공상적인 반국가주의나 침울한 권위주의를 피해야 할 필요성이 있음을 점점 더 인식하게 되었을 가능성이 크다. 어쨌든 격렬한 논쟁 끝에 메이어의 종합은 사실상 받아들여졌다. "융합"이 관점이 다른 사람들과의 실질적인 협력을 의미했다면, 대부분의 보수주의자들은 이런 의미에서 1960년대 중반 또는 그 이전에도 분명히 융합주의자였다.

둘째, 이론적 조화를 꾀한 시도로서의 융합주의는 수년간의 자기정의 시기 내내 반공산주의라는 접합제의 덕을 톡톡히 보았다. 특히 주목할 만한 점은 전후 보수주의 주류의 3대 지류 중 하나인 반공산주의가 이러한 논쟁 대부분에서 중요한 긴장의 원천이 전혀 아니었다는 사실이다.[123] 도리어 거의 모든 보수주의자들은 치명적인 공통의 적이라는 의식으로 결속되어 있었다. 외부의 적—자유주의도 포함—이 가하는 위협은 결속력의 귀중한 원천이었다. 1949년 독일의 신자유주의 경제학자 빌헬름 뢰프케는 일종의 융합이 출현할 것임을 예견한 바 있었다.

> (…) 이해해야 할 본질적은 것은 지금 우리가 인간의 자유와 존엄을 위해 싸우는 세력과 집단주의(전체주의) 간의 마지막 전투에 참전하고 있다는 사실이다. 이 전투에서 기독교적 사회 교리의 유산을 자유주의의 본질적이고 항구적인 모든 것으로부터 분리시키기란 점점 더 어려워질 것이다.[124]

많은 보수주의자들은 이러한 융합이 일어났다고 믿었다. 공통의 적과의 전투—"최후의 투쟁"—라는 의식은 그들을 단결시키는 데 도움이 되었다.

마지막으로 보수주의자들이 신학이나 역사적 계보에 관한 특수하고 어려운 이론적 논쟁─버크에 대해 어떻게 생각하는가? 밀은?─을 기피하고, "자신들의 몸으로"─켄달의 문구─느끼는 일상적인 보수주의에 대해 고찰하면서, 그들은 결국 자신들이 무엇을 지지하는지를 식별하는 일이 그리 어렵지 않다는 것을 알게 되었다. 『보수주의란 무엇인가』의 마지막에 메이어가 제시한 보수주의 원칙에 반대하는 보수주의자는 거의 없었을 것이다. "보수주의는 언제나, 그리고 모든 나라에서 종교, 애국심, 가족의 통합성, 사유재산에 대한 존중을 건전하고 건강한 사회의 네 기둥으로 지지해왔다"는 윌리엄 헨리 체임벌린의 간략한 정의에 동의하지 않는 사람은 거의 없었을 것이다.[125] 그들은 메이어가 그들의 견해에 대해 제시한 보다 부정적이지만 여전히 명쾌한 설명에 대해서도 의구심을 갖지 않았을 것이다.

미국의 보수주의자들은 정부 권력─소위 복지국가라고 하는─의 확장과 그 권력이 연방 행정부에 집중되는 것에 반대해 단결한다. 그들은 시대의 특징적인 평준화 평등주의에 반대한다. (…) 그들은 공산주의 앞에서 후퇴하고 이들을 달래려는 현재의 확고한 국가 정책을 거부하고, 공산주의의 전진에 강경하게 대항하며, 공화국 미국과 우리 제도 전반의 생존을 보장하기 위한 유일한 방책으로 결연한 반격을 지지한다.[126]

물론 이와 같은 정의로 많은 보수주의자들을 갈라놓았던 강조의 문제가 해결된 것은 아니었다. 그러나 그것은 무의미한 수사의 분출물에 불과한 것도 아니었다. 더욱이 메이어와 다른 보수주의자들은 보수주의가 신성한 문서나 14개 조 평화원칙Fourteen Points*으로 완성된 이데올로기가 아니라고 끊임없이 강조했다. 자신들의 모든 신념을 교리 편람에 담아내려 하지 않는 것이 보수주의의 지혜이자 특별한 재능의 일부였다. 따라서 보수주의 동맹의 역사적 또는 이론적 불일치가 무엇이든 간에, 실천적 신념이라는 차원에서 그것은 대부분의 우익 지식인들에게 매우 자연스럽고 합리적인 것처럼 보였다. 동시에 중앙집권 정부에 반대하고, 비사회주의 경제를 지지하며, 전통적인 도덕을 고수하는 일이 뭐 그리 이상했을까? 기독교인이면서 반공산주의자이고, 동시에 사유재산과 개인의 책임을 믿는 사람들에게 그토록 일관성이 없었던 것일까?

그러므로 융합은 단순히 메이어의 형식주의적 고안물—많은 보수주의자들이 인식한 것처럼—이 아니었다. 이는 보수주의가 "기거할 곳이 많은 집"[127]이며, 일치운동ecumenism이 진정으로 논리적이고 신중한 해결책이라는 인식이었다. 1960년대 중반 무렵 윌리엄 F. 버클리 주니어가 칭한 "공생"[128]의 증거가 점점 더 가까이 다가오고 있었다. 러셀 커크와 『모던에이지』가 총애했던 빌헬름 뢰프케의 저작이 그것이었다. 자유시장을 확고하게 옹호하고, 케인스와 모든 국가주의를 신랄하게 비판한 뢰프케는 자신의 (구식) 자유주의가 기독교와 모순된다고 생각하지 않았다. 적어도 1947년에 그는 이미 진정한 자유주의와 기독교 사이의 깊고 필연적인 연관성을 확신하고 있었다. 진정한 자유주의는 전체주의 국가를 반대했는가?

---

* 1918년 제1차 세계대전 중 미국의 우드로 윌슨 대통령은 전후 평화 정착에 관한 14개 원칙을 선언했다. 여기에는 공개적인 평화협정과 외교·모든 국가 간의 경제적 장벽 제거·러시아에서의 외국 군대 철수와 러시아의 독립적 정책 결정 보장 등이 포함되어 있다.

하나님의 자녀인 사람들을 국가의 억압으로부터 구출해낸 혁명적 행위를 완수한 것은 기독교 교리뿐이었다. (…) 자유의 개념에 관한 한 우리를 고대와 갈라놓은 벽은 기독교이다. 우리는 다음의 말씀에 복종해야 한다. '그러면 황제의 것은 황제에게 돌려주고, 하나님의 것은 하나님께 돌려드려라.'[129]

개인의 존엄성을 확립하고, 제한된 국가의 근거를 만든 것은 기독교였다. 15년 후 프랭크 메이어도 같은 말을 할 것이었다.[130] 더욱이 뢰프케는 같은 글에서 "19세기의 교만한 어리석음으로부터 자유주의를 해방시키려는 우리 중 얼마나 많은 이들이 (…) 가톨릭 사상에 빚지고 있는가"라고 강조했다.[131] 1957년 독일의 경제학자는 "기독교 사회철학의 유산은 (…) 점점 더 (…) 자유주의의 본질적이고 영속적인 모든 것과 통합되고 있다"고 되풀이했다.[132]

3년 후 뢰프케의 책 『인간적 경제A Humane Economy』가 미국에 등장했다.[133] 이 책이 바로 융합주의의 모델이었다. 뢰프케는 경제학자로서 자유시장을 변호하고—자유지상주의자들이 받아들일 수 있는 관점에서—, 이를 기독교 인본주의를 옹호하고 "현대 대중사회"를 공격한 네오보수주의와 수월하게 결합시켰다. 경제 분석의 대부분은 프리드리히 하이에크가 작성했을 수 있고, 사회 비판은 러셀 커크—뢰프케가 오르테가 이 가세트와 다른 전통주의 성인들과 함께 자주 인용했던—가 썼을 수 있다. 뢰프케는 두 주제는 분리될 수 없는 것이라고 몇 번이나 반복했다. "시장경제는 확고한 사회 구조와 확고한 영적·도덕적 환경에 적합한 경제 질서이다."[134] 시장은 중요했지만 그것만으로는 충분하지 않았다.

자기수양, 정의감, 정직, 공정성, 기사도, 절제, 공공 정신, 인간 존엄성에 대한 존중, 확고한 윤리 규범, 이 모두는 사람들이 시장에 나가 서로 경쟁하기 전에 반드시 갖추어야 할 것들이다. 이는 시장과 경쟁이 퇴보하지 않도록 지켜주는 필수불가결한 버팀목이다. 가족, 교회, 진정한 공동체, 그리고 전통이 이것들의 원천이다.[135]

가족·교회·공동체·전통은 신보수주의의 용어였다. 사유재산·경쟁·"분권화"·개입주의의 어리석음은 자유지상주의의 용어였다. 뢰프케는 둘 사이에서 어떠한 모순도 느끼지 않았다. 어쩌면 네오보수주의와 신자유주의는 결국 그렇게 다른 것이 아니었을지 모른다. 자유지상주의자들과 전통주의자들 모두 그를 존경했던 것은 당연하다.

일탈을 한 건 뢰프케만이 아니었다. 한때 러시아의 "실험"에 열광했다 환멸을 느껴『어느 개인주의자의 고백』(1940)을 썼고, 1959년에는『보수주의의 진화The Evolution of a Conservative』를 쓴 윌리엄 헨리 체임벌린도 그랬다. 1930년대에 공산주의에서 빠져나온 체임벌린은 폭정을 혐오했고, 그로 인해 "개인의 정치적·사회적·경제적 자유에 대한 국가의 간섭을 거부"하는 고전적 자유주의에 유대감을 느끼기 시작했다. 소련의 "극단적인 권력 집중"은 그의 개인주의를 강화시켰다. 그러나 러시아의 모험은 또한 그의 전통주의적 측면을 자극하기도 했다. 그는 "교조적인 청사진"과 "변화를 위한 변화"를 불신하게 되었다.[136] 그는 20세기 자유주의의 발전을 연구하면서 불만을 느꼈고, 점차 자신을 버크·토크빌·부르크하르트·존 애덤스의 보수주의와 동일시하게 되었다. 하지만 그렇다 하더라도 그가 자신이 과거에 품었던 근본적인 신념을 포기한 것은 아니었다. 그는 그 신념을 강화하고 있었다. 그가 인식한 보수주의는 자유에 대한 위협이 아니라 "자유의 방패"였고, "인간의 평등이 인간의 자질을 위협할 때 대중의 반란"을 막아주는 방벽이었다.[137] 그는 개인주의라는 신념을 고수했고, 20세기의 보수주의가 "개인주의를 지키는 최선의 방어막"이었기 때문에 신중하게 자신을 보수주의자라고 생각했다.[138] 그는 제한된 정부와 사유재산이라는 신념을 지키면서 보수주의를 이러한 원칙들과 연결시켰다. 체임벌린에 따르면 견제와 균형, 권력의 분권화, 건전화폐sound money,* 조국애, 공산주의에 대한 반대와 같은 것들이 보수주의의 또 다른 원동력이었다.[139] 명백히 그러한 분석은 메이어나 보젤의 형이상적 영역으로 올라가지 않았다. 아마도 바로 그러한 이유 때문에 체임벌린은 실제 보수주의적 합의를 명확하게 보여주는 사례가 될 수 있었을 것이다.

1960년대 초반과 중반에 새로운 화합의 징후들이 크게 증가했다. 예를 들어 1947년 몽펠르랭소사이어티의 첫 회의에는 로마 가톨릭의 교리를 실천하는 사람이 한 명도 참석하지 않았었다.[140] 1961년 러셀 커크는 초기에 소사이어티의 많은 회원들이 "자유주의의 교리"와 "기독교에 대한 이성주의적 적대감"을 옹호한 죄를 범했다고 주장했다. 커크는 이제 이러한 분위기는 사라졌다고 선언했다. 새로운 경향은 빌헬름 뢰프케―"가장 인간적인 경제학자"―가 차기 회장이 되고, 그 전에 오토 폰 합스부르크Otto von Hapsburg**가 등장하면서 구체적인 사실로 나타났다. 커크는 이것이 "어떻게 전체주의적 위협"이 "보수주의와 자유주의 의견 집단 사이의 합의를 만들어내는지"를 보여주는 징표라고 말했다.[141] 한편 1964년

-     장기적으로 구매력이 갑자기 상승하거나 하락하는 경향이 없는, 가치가 안정적인 화폐.
- ••   1912~2011. 오스트리아-헝가리 제국―1918년 해체되었다―의 마지막 왕세자. 열렬한 반공산주의자이자 가톨릭 신자였다. 1979년부터 1999년까지 보수적인 바이에른기독교사회연합당Christian Social Union of Bavaria의 유럽의회 European Parliament 의원을 지냈다.

미국에서는 몽펠르랭소사이어티 같은 단체가 설립되었다. 1965년 처음으로 전국적으로 모인 필라델피아소사이어티Philadelphia Society는 단번에 보수 진영의 다양한 분파들에게 중요한 포럼이 되었다. 첫 대회에서 125명의 우익 지식인들─메이어에서 커크, 밀턴 프리드먼에서 브렌트 보젤에 이르기까지─이 소사이어티의 목적을 달성하기 위해 조직된 토론과 논쟁에 참여했다.[142] "자유롭고 질서 있는 사회의 도덕적 기반을 강화하고, (…) 기본 원칙과 전통에 대한 이해를 넓힌다"가 소사이어티의 목적이었다.[143] 그러한 소사이어티가 번성했다는 사실 자체가 보수주의자들이 실제로 작동하는 합의는 달성 가능하며, 담론의 공통된 틀이 존재한다는 것을 믿었음을 보여주었다.

건강한 협력의 또 다른 징후는 윌리엄볼커기금의 인문과학연구 시리즈가 증가했다는 것이다. 1963년까지 기금의 후원으로 15권의 학술서적이 출판되었다. 주로 경제학─루트비히 폰 미제스의 책이 세 권 출판되었다─에 치우쳐져 있었지만, 이 목록에는 전통주의자들의 관심도 반영되어 있었다. 에모리대학교의 헬무트 쉐크Helmut Schoeck와 제임스 위긴스James Wiggins가 편집한『과학주의와 가치Scientism and Values』(1960)와『상대주의와 인간에 대한 연구Relativism and the Study of Man』(1961)는 자유방임주의 경제학자들뿐만 아니라 엘리세오 비바스와 리처드 위버 같은 전통주의자들도 인용한 저작이었다. 실제로 많은 책들이 실증주의·과학주의·상대주의를 격렬하게 비판했다. 이러한 책들 다수가 등장하게 된 심포지엄으로 다양한 보수주의자들을 끌어모을 수 있었던, 작지만 활기가 넘치는 볼커기금의 능력은 보수주의운동을 지탱해주는 진정한 협력의 신호였다. 더욱이 이렇게 진지하고 학문적으로 존경받을 만한 책들을 꾸준히 제작했다는 것은 우파가 지적으로 성숙·발전하고 있음을 반영했

다.[144]

1966년 『인디애나폴리스뉴스』의 편집자이자 선도적인 융합주의자 M. 스탠턴 에반스는 축하를 전하고자 했다. 그는 마침내 "보수주의적 합의에 대해 말할 수 있게 되었다"고 발표했다. 보수주의 전체를 아우르는 "제3의 세력"—버클리·메이어·톤소르·위버·뢰프케·게리 윌스·제프리 하트·윌리엄 리켄배커William Rickenbacker*를 포함해—이 진격을 주도했다.[145] 에반스는 특별히 칭찬할 사람으로 윌리엄 F. 버클리 주니어를 공정하게 지목했을 것이다. 메이어가 제안한 것처럼 융합주의를 전형적으로 보여준 사람은 다른 누구도 아닌 버클리였다.[146] 버클리의 『예일에서의 신과 인간』은 반국가주의라는 자유지상주의자들의 논지와 기독교 가치의 쇠퇴라는 전통주의자들의 관심을 한 권으로 요약한 책이었다. 두 분파가 자신들의 입장을 분명하게 밝힐 수 있는 장을 마련해준 사람도 『내셔널리뷰』의 일치주의 편집자 버클리였다.

오랫동안 적대관계에 있던 메이어와 커크조차 마침내 약간 누그러지고 있다는 징후가 나타났다. 『자유의 수호』(1962)에서 메이어는 커크를 보수주의 무리에서 배제하려 의도한 것처럼 보였지만, 2년 후 그는 커크를 자신의 전집 『보수주의란 무엇인가』에 포함시켰다. 이는 메이어가 많은 이들이 추구하고 있는 합의 내에서 커크의 전통주의를 인정할 수 있는 "강조"로 수용했음을 암시했다. "전통 안에서 작동하는 이성"에 대한 그의 언급은 때때로 인위적인 것처럼 보였지만, 그럼에도 불구하고 그들은 합의점을 찾고자 하는 강렬한 열망을 보여주었다. 커크의 입장은 여전

---

* 윌리엄 프로스트 리켄배커William Frost Rickenbacker, 1928~1995. 미국의 작가·언론인. 자유지상주의를 옹호했으며, 『내셔널리뷰』의 수석 편집자였다.

히 메이어의 견해와 달랐지만, 그 역시 종파적인 경향은 없었다. 1961년 그는 공개적으로 "100년 전 월터 배젓이 예언한 구舊보수주의와 구자유주의의 최상의 요소들이 결합"되기를 희망했다.[147] 1년 후 그는 더욱 명백해졌다.

최근 몇 년 간 우리가 이 나라에서, 그리고 조금 더 일찍 영국에서 목격한 것은 상당히 일관된 의견으로 (…) 보수주의자들과 구식 자유주의자들의 점진적 융합[!]이었다.[148]

또한 커크의 글에서도 단순히 "우리 조상들의 지혜"에 호소하는 것이 아니라, 역사의 변천을 초월하는 객관적 규범에 대한 호소가 점점 더 두드러지게 나타났다.[149]

그렇다면 1955년부터 1965년까지 보수주의 사상의 특징을 규정했던 자기정의라는 시련은 정말로 조화롭게 마무리되었을까? 그 고역은 실제로—정당하게—끝났을까? 한 가지 측면에서 대답은 분명히 부정적이었다. 10년 동안의 치열한 탐구와 논쟁 끝에도 보수주의자들은 모두가 만족할 만한 통일된 철학을 구축하지 못했고, 어쩌면 결코 그러지 못할 것이었다. 인간의 의지와 욕망의 억제를 강조하는 전통주의와 개인의 자유와 자기주장—암묵적으로—에 열정적인 자유지상주의 사이의 철학적 간극은 여전히 컸다. 아무리 말로 곡예를 부린다 해도 커크와 미제스·메이어와 보젤·켄달과 하이에크의 견해 사이에서 이론적 통일성을 만들어낼 수는 없었다. "강조"에 대해 재치 있게 논한 메이어조차 보수주의 공동체 내의 철학적 차이가 심원하다는 사실을 깨달을 수밖에 없었다.

하지만 따지고 보면 이러한 관점은 적절하지 않다. 한 가지 점에서 보수주의자들은 명백히 옳았다. 인상적인 모든 이론적 어휘에도 불구하고 그들은 일관된 철학 체계를 구축하려 하지 않았다. 격렬하고 때로는 현실과 동떨어진 논쟁을 벌이기도 했지만, 그들은 일반적으로 자신들의 형제들에게 한정된 이데올로기를 강요하려 하지 않았다. 1950년대와 1960년대 미국의 보수주의는 본질적으로 사색적이거나 이론적인 사업이 아니었다. 그것은 분명한 정치적 의미를 지닌 지적 운동이었다. 그것은 단지 세상을 이해하려는 것이 아니라 세상의 일부를 보존하고 정화하며, 심지어 복원하고자 했다. 그러므로 중요한 질문은 다음과 같다. 자신들의 문명과 가장 소중한 가치를 수호하는 사려 깊은 사람들의 동맹을 정당화할 수 있을 정도로, 지적 행위의 중간 단계에서 협력의 조건은 충분히 명확하고 일관성이 있었는가? 대부분의 보수주의자들에게 이 질문에 대한 답변은 단연 긍정적이었다. 그들의 궁극적인 이상이나 그들의 지적 조상은 다를 수 있었지만, 그들의 중간 목적은 다르지 않았다. 보수주의자들은 실천적 문제―『내셔널리뷰』와 『모던에이지』의 창간에서부터 특정 정치 지도자 및 쟁점들에 대한 지지에 이르기까지―와 관련해 서로 협력할 수 있음을 몇 번이고 발견했다. 때때로 "주의"로서의 융합주의는 인위적인 것처럼 보였지만, 개인적인 차원의 융합은 성공하고 있는 듯 보였다. 보수주의의 지적 운동은 단일 세력이 아니었지만, 임시 연합 이상이었다.

그렇다면 불안정한 상태로 내버려 두자. 보수주의운동은 통합되지 못했지만, 정체성을 확립했다는 사실은 알고 있으니 논쟁을 계속하자. 어색하고 버거운 연합이 동반자관계가 되었다.

주

1   윌리엄 F. 버클리 주니어가 러셀 커크에게 보낸 편지, 1956년 4월 6일, 러셀 커크 페이퍼스, 센트럴미시
    간대학교 클라크역사도서관, 마운트플레전트, 미시간

2   『내셔널리뷰』의 초기 역사에 대한 가장 훌륭한 설명으로는 윌리엄 F. 버클리 주니어, 「보수주의의 경험
    적 정의에 대한 메모들Notes Towards an Empirical Definition of Conservatism」, 『보수주의란 무엇인가』, 프랭크 메
    이어 편(뉴욕, 1964), 211~226쪽; 윌리엄 F. 버클리 주니어, 『보석상의 눈: 거부할 수 없는 정치사상에 관
    한 책The Jeweler's Eye: A Book of Irresistible Political Reflections』(뉴욕, 1968), 15~31쪽을 참조할 것.

3   피터 비에렉, 『다듬어지지 않은 남자: 미국인들의 새로운 영웅The Unadjusted Man: A New Hero for Americans』(보
    스턴, 1956), 252쪽

4   같은 책, 4부를 참조할 것. 비에렉에 대한 호의적인 연구는 스스로를 비에렉류의 신보수주의자라고 생각
    하는 정치학자 토마스 I. 쿡, 「비에렉 재검토: 연속성과 가치의 탐구Viereck Revisited: In Search of Continuity and
    Values」, 『계간트라이Tri-quarterly』(1965년 봄), 173~178쪽을 참조할 것. 또한 쿡이 편집자에게 보낸 편지,
    『홉킨스리뷰Hopkins Review』 5(1951년 가을), 88~90쪽과 그의 「보수주의 정화Conservatism Purified」, 『뉴리더』
    39(1956년 11월 5일), 18~20쪽을 참조할 것.

5   프랭크 S. 메이어, 「대중적 가격의 모조품Counterfeit at a Popular Price」, 『내셔널리뷰』 2(1956년 8월 11일),
    18쪽. 비에렉에 대한 우파의 비판은 맥스 이스트먼, 「얼버무리는 보수주의Equivocal Conservatism」, 『프리맨』
    3(1953년 3월 9일), 423~424쪽을 참조할 것. 이스트먼은 비에렉이 "본질적 쟁점을 얼버무리는 것"에 대해
    "자유시장 경제가 우리의 자유 일체를 좌우하게 만들었다"고 비난했다.

6   윌리엄 F. 버클리 주니어와의 인터뷰, 스탬포드, 코네티컷, 1971년 11월 26일

7   아인 랜드, 『아틀라스』(뉴욕, 1957)

8   「『플레이보이』 인터뷰: 아인 랜드Playboy Interview: Ayn Rand」, 『플레이보이』 11(1964년 3월), 36쪽

9   같은 글, 39~40쪽

10 같은 글, 39쪽

11 같은 글, 35쪽. 아인 랜드의 삶과 철학에 대해서는 나다니엘과 바바라 브랜든, 『아인 랜드는 누구인가Who
    Is Ayn Rand?』(뉴욕, 1962)를 참조할 것.

12 「『플레이보이』 인터뷰: 아인 랜드」, 35쪽

13 휘태커 체임버스, 「여자 독재자가 당신을 지켜보고 있다Big Sister Is Watching You」, 『내셔널리뷰』 4(1957년
    12월 28일), 594~596쪽

14 E. 메릴 루트, 「아인 랜드는 어떤가?What About Ayn Rand?」, 『내셔널리뷰』 8(1960년 1월 30일), 76~77쪽. 또한
    편집자에게 보낸 편지, 『내셔널리뷰』 8(1960년 2월 13일), 116~117쪽을 참조할 것.

15 존 체임벌린, 「한 논평가의 메모장A Reviewer's Notebook」, 『프리맨』 7(1957년 12월), 53~56쪽. 그리고 체임벌
    린이 편집자에게 보낸 편지, 『내셔널리뷰』 5(1958년 2월 1일), 118쪽을 참조할 것..

16 머리 로스바드가 편집자에게 보낸 편지, 『내셔널리뷰』 5(1958년 1월 25일), 95쪽. 그 후 로스바드는 자기의
    객관주의적 신념을 버렸다(로스바드와의 인터뷰, 케임브리지, 매사추세츠, 1972년 3월 23일).

17 러셀 커크가 편집자에게 보낸 편지, 『내셔널리뷰』 5(1958년 2월 1일), 118쪽

18 러셀 커크, 『어느 보헤미안 토리의 고백Confessions of a Bohemian Tory』(뉴욕, 1963), 181~182쪽

19 프랭크 S. 메이어, 「왜 자유인가Why Freedom」, 『내셔널리뷰』 13(1962년 9월 25일), 223~225쪽

20 게리 윌스, 「그런데 아인 랜드가 보수주의적인가?But Is Ayn Rand Conservative?」, 『내셔널리뷰』 8(1960년 2월 27일), 139쪽

21 리처드 위버도 아인 랜드에게 별 감흥을 느끼지 못한 보수주의자였다. 1960년 그는 한 친구에게 말했다. "나는 아인 랜드에게 특별한 감정을 느끼지 않는다네. (물론 그녀의 긴 소설을 읽어보지는 않았지만) 확실한 건 그녀가 철학자로서는 상당히 아마추어라는 점일세. 그녀의 작품은 미처 소화되지 않은 진실의 혼합물과 반쪽짜리 비진실로 가득 차 있네. (…) 나는 그녀의 영향력이 오래 갈 거라고 보지 않네. 거대 사상을 설파하는 한 소설가의 신선함에 많은 대학생들이 자극을 받았을 확률이 크네. 그녀의 사상이 홀로 서야 할 때가 온다면, 그 사상의 전반적인 피상성과 세련된 기술의 결여로 인해 실패할 것이라고 본다네. (…) 나는 그녀에 반대하는 운동은 모기를 때려잡는 일이나 마찬가지라고 생각하네"(위버가 루이 드멜로에게 보낸 편지, 1960년 8월 18일, 저자 복사본).
경제교육재단의 에드먼드 오피츠 목사도 랜드에게 비판적이었고, 체임버스의 논평에 찬성했다. 오피츠가 버클리에게 보낸 편지(1958년 1월 17일, 버클리 페이퍼스, 예일대학교 도서관, 뉴헤이븐, 코네티컷)를 참조할 것.

22 버클리, 「메모들」, 214~216쪽

23 「『플레이보이』 인터뷰: 아인 랜드」, 42~43쪽

24 이스트먼의 입장에 관해서는 그의 『사회주의 실패에 대한 성찰』(뉴욕, 1956)과 「나는 보수주의자인가?Am I Conservative?」, 『내셔널리뷰』 16(1964년 1월 28일), 57~58쪽을 참조할 것. 이스트먼은 그의 책 84쪽에서 다음과 같이 썼다: "휘태커 체임버스가 자신의 책 『증언』에서 소련 공산주의와 자유세계 사이의 쟁점이 종교와 무종교 사이의, 혹은 인간에 대한 믿음과 신에 대한 믿음 사이의 문제라고 말했을 때 그는 상당히 심각하게 틀렸다." 윌리엄 S. 슐람은 후에 이스트먼의 자서전 『사랑과 혁명Love and Revolution』에 관해 다음과 같이 논평했다. "한때 공산주의가 잘못된 종교라는 사실을 발견한 공산주의자들이 있었다. 그래서 그들은 공산주의를 떠났다. 그때 진정한 종교를 발견한 공산주의자들이 있었다. 그래서 그들은 공산주의를 떠났다. 또한 공산주의가 종교였다는 사실을 발견한 공산주의자들이 있었다. 그 때문에 그들은 무서워서 당을 떠났다." 슐람에 따르면 이스트먼은 후자의 이유로 공산주의에 환멸을 갖게 되었다. 슐람은 그를 "과학이라는 약속의 땅을 명랑하게 기다리는" "행복한 이교도"라고 불렀다[「이스트먼의 사랑과 혁명Eastman's Loves and Revolutions」, 『내셔널리뷰』 17(1965년 1월 26일), 65~66쪽].

25 이스트먼이 버클리에게 보낸 편지, 1958년 11월 28일, 버클리 페이퍼스; 버클리, 「메모들」, 222쪽에서 인용. 또한 이스트먼이 버클리에게 보낸 편지(1958년 1월 28일, 버클리 페이퍼스)를 참조할 것. 이스트먼은 특히 『내셔널리뷰』가 휴 할튼Hugh Halton 신부를 지지한 것에 마음이 상했다. 휴 할튼 신부는 열성적인 로마 가톨릭 성직자로 (그가 사제로 몸담았던) 프린스턴대학교의 많은 교수들을 공분하게 만들었고, 해고되었다. 이스트먼에 대한 버클리의 논평으로는 버클리, 「메모들」, 222~224쪽과 버클리가 커크에게 보낸 편지(1958년 12월 16일, 커크 페이퍼스)를 참조할 것.

26 버클리, 「메모들」, 222쪽. 『내셔널리뷰』의 발행인에서 사임하기 몇 달 전 이스트먼은 그 저널에 전통주의자들이 끔찍하게 싫어하는 사람 중 한 명인 존 듀이를 옹호하는 글을 썼다. 그의 글 바로 뒤에 러셀 커크의 열성적인 답변이 실렸다. 맥스 이스트먼, 「존 듀이에 대한 반발The Reaction Against John Dewey」, 『내셔널리뷰』 6(1958년 6월 21일), 9~11쪽; 러셀 커크, 「실용적으로 검토해본 존 듀이John Dewey Pragmatically Tested」, 『내셔널리뷰』 6(1958년 6월 21일), 11~12와 23쪽을 참조할 것. 이와 같은 의견 교환은 이스트먼과 우파의 다른 지식인들 사이의 차이점을 설명해준다.

27 프랭크 S. 메이어, 「집단주의 재세례」, 『프리맨』 5(1955년 7월), 559~562쪽. 존 체임벌린 역시 "개인주의"에 대한 신보수주의자들의 폄하로 인해 기분이 상했다. 그의 「어느 논평가의 메모장」, 『프리맨』 5(1955년 8월), 617쪽을 참조할 것.

28 러셀 커크, 「밀의 '자유론' 재고찰Mill's 'On Liberty' Reconsidered」, 『내셔널리뷰』 1(1956년 1월 25일), 23~24쪽

29 프랭크 S. 메이어, 「존 스튜어트 밀을 옹호하며In Defense of John Stuart Mill」, 『내셔널리뷰』 1(1956년 3월 28일), 24쪽. 밀에 대한 또 다른 흥미로운 보수주의적 분석으로는 스티븐 J. 톤소르, 「오늘날을 교육시키기To Educate the Present」, 『내셔널리뷰』 13(1962년 11월 20일), 396~398쪽을 참조할 것.

30 커크와 메이어 사이에 있었던 충돌의 구체적인 내용은 5장을 참조할 것.

31 커크가 T. S. 엘리엇에게 보낸 편지, 1955년 12월 22일, 커크 페이퍼스. 커크의 소설 표본으로는 그의 베스트셀러 소설 『공포의 고택Old House of Fear』(뉴욕, 1961)과 (보수주의적 스타일의) "사회적 함축"을 가득 담은 귀신이야기 『심통스러운 벨The Surly Sullen Bell』(뉴욕, 1962)을 참조할 것.

32 리처드 위버, 「어떤 조상인가?Which Ancestor?」, 『내셔널리뷰』 2(1956년 7월 25일), 21쪽. 이 글은 커크의 『탐욕의 꿈을 넘어서Beyond the Dreams of Avarice』(시카고, 1956)에 대한 서평이었다. 정치학자이자 레오 스트라우스의 제자인 월터 번스Walter Berns는 커크의 『보수주의자들을 위한 강령』에 대해 비슷한 논조로 평했다. "커크 씨는 그 이전의 버크와 마찬가지로 선조들이 제시한 선악의 판단 기준을 정치철학적 기준으로 대체해버렸다"[『정치학저널』 17(1955년 11월), 686쪽].

33 러셀 커크, 『보수의 정신: 버크에서 산타야나까지』(시카고, 1953), 211쪽

34 러셀 커크, 『학문의 자유』(시카고, 1955), 121, 124, 123쪽

35 러셀 커크, 「이데올로기와 정치경제Ideology and Political Economy」, 『아메리카』 96(1957년 1월 5일), 388~391쪽

36 프리드리히 하이에크, 「추신: 나는 왜 보수주의자가 아닌가Postscript: Why I Am Not a Conservative」, 『자유헌정론』(시카고, 1960), 395~341쪽. "보수주의자"라는 딱지를 싫어하는 자유시장 경제학자는 하이에크만이 아니었다. 데이비드 매코드 라이트, 「당신들이 날 보수주의자라고 부를 때 나는 미소 지을 뿐이다When You Call Me a Conservative, Smile」, 『포춘』 43(1951년 5월), 76~77, 190, 192쪽을 참조할 것.

37 M. 모턴 아우어바흐, 『보수주의의 환상』(뉴욕, 1959)

38 같은 책, 85쪽

39 같은 책, 238쪽

40 M. 모턴 아우어바흐, 「직접 스스로 만드는 보수주의?Do-It-Yourself Conservatism?」, 『내셔널리뷰』 12(1962년 1월 30일), 57~58쪽

41 아우어바흐의 책에 대한 보수주의적 비판으로는 M. 스탠턴 에반스, 「보수주의 퇴마하기Exorcising Conservatism」, 『내셔널리뷰』 8(1960년 1월 30일), 81~82쪽; 리처드 위버, 「환상의 환상들Illusions of Illusion」, 『모던에이지』 4(1960년 여름), 316~320쪽; 윌무어 켄달, 『보수주의 선언』(시카고, 1963), 139~142쪽을 참조할 것.

42 M. 스탠턴 에반스, 「기술과 환경Techniques and Circumstances」, 『내셔널리뷰』 12(1962년 1월 30일), 58쪽; 러셀 커크, 「보수주의는 이데올로기가 아니다Conservatism Is Not an Ideology」, 같은 곳, 59, 74쪽; 프랭크 S. 메이어, 「권력의 분리The Separation of Powers」, 같은 곳, 59쪽. 보수주의에 대한 "귀족적", "자율적", "상황적" 정의에 관해서는 사무엘 P. 헌팅턴, 「이데올로기로서의 보수주의Conservatism as an Ideology」, 『미국정치학리뷰』 51(1957년 6월), 454~473쪽을 참조할 것.

43 윌리엄 헨리 체임벌린, 『어느 보수주의자의 진화』(시카고, 1959), 248~249쪽

44 윌리엄 F. 버클리 주니어, 『자유주의로부터 깨어나다』(뉴욕, 1959), 159, 161쪽

45 에릭 폰 쿠에넬트-레딘, 「미국 보수주의자들: 평가American Conservaties: An Appraisal」, 『내셔널리뷰』 12(1962년 3월 13일), 167쪽

46 레빌로 P. 올리버Revilo P. Oliver, 「보수주의와 현실Conservatism and Reality」, 『모던에이지』 5(1961년 가을), 398쪽

47 스탠리 패리, 「보수주의와 사회적 유대Conservatism and the Social Bond」, 『모던에이지』 4(1960년 여름), 306쪽. 패리도 현재의 "이론적 일관성을 위한 투쟁"을 언급했다.

48 러셀 커크, 「자유의 일곱 번째 의회The Seventh Congress of Freedom」, 『내셔널리뷰』 5(1958년 5월 3일), 418쪽

49 「『버크뉴스레터』의 기회와 필요성The Occasion and Need of a Burke Newsletter」, 『모던에이지』 3(1959년 여름), 321~324쪽을 참조할 것. 이 뉴스레터는 결국 독립적인 정기간행물 『버크와그의시대연구Studies in Burke and His Time』가 되었다. 버크가 전후 미국 우파에 상당한 호소력을 갖게 된, 버크 해석에 관한 통찰력 있는 보수주의적 해석은 제프리 하트, 「버크와 급진적 자유Burke and Radical Freedom」, 『정치학리뷰』 29(1967년

4월), 221~238쪽을 참조할 것.

50 리처드 위버, 『수사학의 윤리The Ethics of Rhetoric』(시카고, 1953), 76, 77, 83쪽

51 메이어, 「보수주의 재세례」, 561쪽

52 피터 J. 스탠리스, 『에드먼드 버크와 자연법』(앤아버, 미시간, 1958), ix쪽

53 프랜시스 P. 캐너번, 「정치에서 이성의 역할에 관한 에드먼드 버크의 구상Edmund Burke's Conception of the Role of Reason in Politics」, 『정치학저널』 21(1959년 2월), 60~79쪽, 그리고 그의 『에드먼드 버크의 정치적 합리성The Political Reason of Edmund Burke』(더럼, 노스캐롤라이나, 1960)을 참조할 것.

54 스탠리스, 『에드먼드 버크』, xi쪽

55 같은 책, 73쪽

56 같은 책, viii쪽

57 로널드 F. 호웰Ronald F. Howell, 『정치학저널』 22(1960년 11월), 730쪽

58 스탠리스가 말했듯 "버크는 유럽의 기독교-인문주의적 지혜를 자연법에 근거해 부활시켰다. (…) 서구 역사를 통틀어 자연법은 시민적·종교적 자유를 지키고 확대하는 극적 투쟁에서 중요한 역할을 했으며, 자연법의 원리들을 활용해 신선한 통찰력을 얻고자 하는 사람들은 에드먼드 버크의 정치적 저작에 의존함으로써 자유에 대한 신앙을 갱신할 것이다"(『에드먼드 버크』, 249~250쪽). 버크를 오늘날과 연결시키려는 계속된 시도에 관해서는 피터 J. 스탠리스 편, 『에드먼드 버크의 중요성The Relevance of Edmund Burke』(뉴욕, 1964)을 참조할 것. 버크에 대한 태도가 바뀌어온 흥미로운 사례를 보여주는 학자 거트루드 힘멜파브가 『빅토리아 정신Victorian Minds』(뉴욕, 1968), 3~31쪽에서 버크에 대해 쓴 놀랍도록 다른 두 글을 참조할 것.

59 레오 스트라우스, 『정치철학이란 무엇인가?』(글렌코, 일리노이, 1959), 34쪽

60 레오 스트라우스, 『마키아벨리』(글렌코, 일리노이, 1958), 296~297쪽

61 스트라우스, 『정치철학』, 43쪽

62 스트라우스, 『마키아벨리』, 296쪽

63 프레더릭 빌헬름센, 「고전 정치 이론과 서구 정신Classical Political Theory and the Western Mind」, 『커먼윌』 73(1960년 11월 4일), 152, 154쪽

64 일부 논평가들은 그의 책이 논쟁적이고 편향되어 있다고 생각했다. 스탠리스의 주장에 관한 비판적 논평으로는 스티븐 R. 그라우바드Stephen R. Graubard, 『계간뉴잉글랜드New England Quarterly』 31(1958년 9월), 411~416쪽; 도널드 C. 브라이언트Donald C. Bryant, 「에드먼드 버크: 학문과 발견의 세대Edmund Burke: A Generation of Scholarship and Discovery」, 『영국학저널』 2(1962년 11월), 91~114쪽과 폴 E. 지그문트 주니어Paul E. Sigmund Jr., 『자연법포럼』 4(1959), 166~174쪽을 참조할 것. 이 마지막 글도 레오 스트라우스에 대한 맹렬한 비판에 해당한다. 훨씬 호의적인 평가에 관해서는 바렌 플라이샤우어Warren Fleischauer, 『포드햄 법리뷰Fordham Law Review』 27(1958), 303~306쪽과 윌 허버그, 「버크 사상에서 자연법과 역사Natural Law and History in Burke's Thought」, 『모던에이지』 3(1959년 여름), 325~328쪽을 참조할 것. 스탠리스의 기본적인 논지를 받아들이면서도 그에게 비판적이었던 논평으로는 토마스 H. D. 마호니Thomas H. D. Mahoney, 『계간윌리엄과메리William and Mary Quaterly』, 3번째 시리즈, 15(1958년 10월), 552~554쪽을 참조할 것.

65 윌 허버그, 「보수주의자, 자유주의자, 그리고 자연법 I Conservatives, Liberals, and the natural Law, I」, 『내셔널리뷰』 12(1962년 6월 5일), 422쪽; 허버그, 「보수주의자, (…), II」, 『내셔널리뷰』 12(1962년 6월 19일), 458쪽

66 에릭 푀겔린, 『질서와 역사Order and History』(배턴루지, 루이지애나), 1권 『이스라엘과 계시Israel and Revelation』(1956), 2권 『폴리스의 세계The World of the Polis』(1957), 3권 『플라톤과 아리스토텔레스Plato and Aristotle』(1957)

67 푀겔린, 『폴리스의 세계』 1쪽. 이 구절은 푀겔린이 1권의 서문과 도입부, 그리고 2권의 도입부에서 자신의 기획을 설명한 내용이다.

68 같은 책, 2쪽

69 푀겔린, 『이스라엘과 계시』, xii쪽

70 「에릭 푀겔린의 업적The Achievement of Eric Voegelin」, 『모던에이지』 3(1959년 봄), 182~196쪽. 프레더릭 빌헬름센과 피터 스탠리스가 이 토론회에 이바지했다. 또한 엘리스 산도즈Ellis Sandoz, 「역사적 형태라는 푀겔린의 개념Voegelin's Idea of Historical Form」, 『크로스커런츠Cross Currents』 12(1962년 겨울), 41~63쪽; 단테 제르미노Dante Germino, 「현대 정치 이론에서 에릭 푀겔린의 기여Eric Voegelin's Contribution to Contemporary Political Theory」, 『정치학리뷰』 26(1964년 7월), 378~402쪽을 참조할 것.

71 프레더릭 빌헬름센, 「이스라엘과 계시」, 『모던에이지』 3(1959년 봄), 188쪽; 게르하르트 니에메예르, 「에릭 푀겔린의 업적」, 『모던에이지』 9(1965년 봄), 138쪽

72 피터 스탠리스, 「폴리스의 세계」, 『모던에이지』 3(1959년 봄), 190쪽

73 프랭크 S. 메이어, 「전망 있는 그곳Where There Is Vision」, 『내셔널리뷰』 6(1958년 8월 16일), 137쪽

74 프랭크 S. 메이어, 「보수주의Conservatism」, 『좌파, 우파, 그리고 중도Left, Right, and Center』, 로버트 A. 골드윈Robert A. Goldwin 편(시카고, 1965), 5쪽

75 윌무어 켄달, 「백척간두에 선 셋Three on the Line」, 『내셔널리뷰』 4(1957년 8월 31일), 181쪽. 또한 윌무어 켄달, 「'열린사회'를 정말로 원하는가Do We Want an 'Open Society'?」, 『내셔널리뷰』 6(1959년 1월 31일), 491~493쪽을 참조할 것.

76 윌무어 켄달, 『보수주의 선언』(시카고, 1963), 108, 110, 114, 115, 116, 111쪽. 이 인용문은 6장 「보수주의와 '열린사회'」에서 따왔다. 켄달은 개인적으로 이 글을 "염치없는 헛똑똑이 매카시즘"이라고 명명했다(켄달이 프랜시스 윌슨에게 보낸 편지, 1960년 8월 4일, 프랜시스 윌슨 페이퍼스, 일리노이대학교, 어배너). 켄달의 논제는 그의 친구 프레더릭 빌헬름센에 의해 강조되기도 했다. "사회가 존재하기 위해서는 그 실존을 위협하는 것이 무엇인지 알아야 하며, 누구든 그에 맞서 스스로를 지켜야 한다. 적에 맞서 스스로를 지킬 능력이 없다는 것은 언제나 죽음에 가까워지는 신호이다. (…) 정통성이라는 것은 존재의 법칙에 다름 아니다. (…) 오직 [인간들이] 규약과 관습, 신화와 전설, 조각품과 노래(이 모든 것은 절대적인 것과의 공통적인 대면을 의미한다)를 통해 서로 결속할 때에만 살아남고 함께 행동할 수 있다. 이와 같이 사회의 근저에 존재하는 정통성이 결여되어 있는 곳에서 우리는 하나의 사회가 아니라 격리 구역의 집합체 한가운데에 있을 뿐이다. (…) 미국이 무한히 지속될 수 있는 토론의 의무를 지고 있다는 명제는 미국이 몰락할 운명에 있다는 명제일 뿐이다"[「나의 교리는 정통성이다My Doxy Is Orthodoxy」, 『내셔널리뷰』 12(1962년 5월 22일), 365~366쪽]. 이 구절에서는 푀겔린의 음성—"존재하기 위해서", "존재의 법칙", "절대적인 것과의 대면"—이 큰 소리로 들리고 있는 것이 확실하다.

77 예를 들어 스탠리스와 빌헬름센은 가톨릭 신자였고, 니에메예르는 성공회 신자였으며, 푀겔린은 "종교개혁 이전의 기독교인"이었고, 커크도 (1964년 당시) 가톨릭 신자였다.

78 하이에크의 책을 어느 자유시장 보수주의자가 호의적으로 논평한 것에 대해서는 존 데번포트, 「당당한 구휘그An Unrepentant Old Whig」, 『포춘』 61(1960년 3월), 134~135, 192, 194, 197~198쪽을 참조할 것. 비판적인 반응으로는 시드니 훅, 「전통과 변화에 대하여」, 『뉴욕타임스 북리뷰』, 1960년 2월 21일, 28쪽을 참조할 것.

79 하이에크, 『자유헌정론』, 4쪽

80 같은 책, 26쪽

81 같은 책, 29쪽

82 같은 책, 284쪽

83 스티븐 J. 톤소르, 「버크의 유산에 관한 논쟁Disputed Heritage of Burke」, 『내셔널리뷰』 10(1961년 6월 17일), 390~391쪽

84 단테 제르미노, 「공동체의 위기: 정치 이론에 대한 도전The Crisis in Community: Challenge to Political Theory」, 『노모스 II: 공동체』(뉴욕, 1959), 칼 J. 프리드리히 편, 98쪽 각주를 참조할 것. 윌무어 켄달도 보수주의 철학자들에게서 이성과 계시 사이의 균열이 있다는 사실을 알았다(켄달이 알프레드 발리처Alfred Balitzer에게 보낸 편지, 1965년 8월 26일, 저자 복사본). "고전적 이교도의 관점"에 전적으로 의존하는 스트라우스를 비판했던 기독교적 네오보수주의자가 바로 존 할로웰이었다. 할로웰은 "그리스의 지혜"를 숭상하면서

도 그것이 "불충분"하다고 생각했다. 그는 성바울이 "아리스토텔레스보다 인간의 곤경과 필요에 대해 더 심오한 앎을 줬다"고 단언했다(『미국정치학리뷰』 48, 1954년 6월, 538~541쪽). 게르하르트 니에메예르도 스트라우스가 "기독교 정치철학을 시대 구분에서 빠뜨렸고" "정치사상에서 본질적인 차이를 이룩한 예수 그리스도에게서 나온, 초월성이라는 전적으로 새로운 발상"과 기독교적 계시를 인정하려 하지 않았다고 의미심장하게 지적했다[니에메예르, 「정치적 앎이란 무엇인가?What Is Political Knowledge?」, 『정치학리뷰』 23(1961년 1월), 101~107쪽].

스트라우스 지지자들의 학문적 방법과 전제들, 특히 러셀 커크가 위대한 정치철학자들의 "수사 이면에 감추어져 있는 고대의 교리를 간파해내려는" 성향이라고 불렀던, "비의적 글쓰기"에 관한 스트라우스의 이론도 일부 보수주의자들 사이에서는 의구심을 불러일으켰다. 커크, 「볼링브룩, 버크, 그리고 정치가Bolingbroke, Burke, and the Statesman」, 『케니언리뷰』 28(1966년 6월), 429쪽을 참조할 것.

85 켄달, 『보수주의 선언』, xi쪽

86 버클리, 「메모들」, 224쪽에서 인용.

87 프랭크 S. 메이어, 「자유의 옹호자Champion of Freedom」, 『내셔널리뷰』 8(1960년 5월 7일), 304~305쪽

88 하이에크, 『자유헌정론』, 395~411쪽

89 제임스 M. 오코넬, 「신보수주의」, 『신개인주의자리뷰』 2(1962년 봄), 17~21쪽

90 로날드 하모위 vs. 윌리엄 F. 버클리 주니어, 「『내셔널리뷰』: 비판과 응답'National Review': Criticism and Reply」, 『신개인주의자리뷰』 1(1961년 11월), 3~11쪽을 참조할 것. 또한 랄프 라이코Ralph Raico vs. 로버트 크롤, 「개인주의자, 자유지상주의자 혹은 보수주의자—우리는 어느 쪽인가Individualist, Libertarian or Conservative-Which Are We?」, 『개인주의자The Individualist』 4(1960년 5월), 1, 2, 4쪽. 흥미롭게도 라이코 역시 하이에크의 시카고대학교 대학원생이었다. 『개인주의자』는 프랭크 초도로프의 개인주의자대학연합ISI의 기관지였다.

1960년대 초반 ISI는 스스로가 누구인가를 정의하려는 우파의 파도에 휩쓸렸다. 1960년 9월 1일 윌리엄 F. 버클리 주니어는 이 단체의 이름을 바꾸자고 공식적으로 제안했다. 그의 설명에 따르면 제2차 세계대전 이후 초반 몇 년 동안 이 운동을 어떻게 부를지 여전히 명확하지 않았다. 레너드 리드는 "자유지상주의"라고 이름 붙이길 원했다. 프랭크 초도로프는 "개인주의자"라는 이름을 선호했다. 당시 버클리도 적절한 단어(그에게 "보수주의자"는 충분히 정확한 이름이 아닌 듯 보였다)를 찾고 있었다. 물론 "개인주의"의 "유아론적 함축"에는 유보적인 입장을 취했지만, 1960년 무렵 버클리는 이 운동이 어쨌든 "보수주의"라는 이름표를 달았고, 이제는 이상하게까지 보이는 개인주의자대학연합이라는 이름이 이 단체가 대학가에서 수용되거나 기금을 모으지 못하게 만드는 장애물이 되고 있다고 주장했다(버클리가 E. 빅터 밀리오네E. Victor Milione에게 보낸 편지, 1960년 9월 1일, 버클리 페이퍼스).

이 제안에 대해 보수주의자들의 반응은 엇갈렸다. 프랭크 S. 메이어가 밀리오네에게 보낸 편지(1960년 10월 22일), 프랭크 초도로프가 윌리엄 H. 브래디 주니어에게 보낸 편지(1961년 1월 14일), 버클리가 브래디에게 보낸 편지(1961년 2월 7일, 버클리 페이퍼스)를 참조할 것. 초도로프는 명칭 변경을 받아들였지만, 여전히 "개인주의자"를 선호했고(왜냐하면 이 이름이 자유와 자존, 그리고 제한된 정부라는 철학에 걸맞았기 때문이었다), "보수주의자"는 경멸했다. 버클리의 생각이 곧바로 받아들여지지는 않았고, ISI는 (초도로프가 사망한) 1966년까지 "개인주의자"라는 이름을 유지했다. 그리고 1966년 대학연합연구소Intercollegiate Studies Institute로 이름을 바꿨다.

91 프랭크 S. 메이어, 『자유를 옹호하며: 어느 보수주의자의 신조』(시카고, 1962). 메이어의 이론적 논문들은 『모던에이지』와 『내셔널리뷰』에서 발행되었다. 주요 논문들은 편리하게도 프랭크 S. 메이어, 『보수주의의 주류』(뉴로셸, 뉴욕, 1969), 1장 「보수주의란 무엇인가」로 재출간되었다. 또한 그의 글 「보수주의」, 『좌파, 우파, 그리고 중도』, 골드윈 편, 1~17쪽을 참조할 것.

92 프리실라 L. 버클리Priscilla L. Buckley, 「50번째 생일의 메모들Notes on a Fifth Birthday」, 『내셔널리뷰』 9(1960년 11월 19일), 308쪽에서 인용.

93 1972년 4월 1일 메이어가 폐암으로 사망하자 이를 기리는 엄청난 수의 헌사가 전前 동료들과 친구들로부터 쏟아졌다. 「프랭크 S. 메이어, 고인의 명복을 빕니다Frank S. Meyer, R. I. P.」, 『내셔널리뷰』 24(1972년 4월

28일), 466~473, 475쪽; 존 체임벌린, 「프랭크 메이어의 광범위한 영향력The Pervasive Influence of Frank Meyer」, 『휴먼이벤츠』 32(1972년 4월 15일), 13쪽; 제임슨 G. 캠페인 주니어Jameson G. Campaigne Jr., 「프랭크 메이어, 고인의 명복을 빕니다」, 『얼터너티브』 5(1972년 6월~9월), 14~15쪽; 머레이 로스바드, 「프랭크 S. 메이어, 고인의 명복을 빕니다」, 『자유지상주의자 포럼』(1972년 5월), 8쪽을 참조할 것.

94 메이어, 『자유를 옹호하며』, 1, 10쪽

95 같은 책, 22~23쪽

96 여기서 신보수주의자는 러셀 커크·피터 비에렉·클린턴 로시터·로버트 니스벳·존 할로웰을 일컫는다. 메이어는 에릭 푀겔린·레오 스트라우스·윌무어 켄달·리처드 위버·프레더릭 빌헬름센은 제외했다. 그가 보기에 이들은 전자의 집단보다 더 철저하게 반집단주의적이었고, 이성의 반대편에 있는 전통을 숭배하는 경향이 덜했기 때문이었다. 그의 호의적 평에 의하면 후자의 집단은 보수주의 원칙을 설계하는 데 있어 이성의 사용을 중시했다(같은 책, 38~40쪽).

97 같은 책, 27, 28쪽에서 메이어는 "사회의 신화"에 대해 언급했다.

98 같은 책, 136쪽

99 같은 책, 166쪽

100 같은 책, 137쪽

101 이 구절들은 주로 프랭크 S. 메이어, 「자유, 전통, 보수주의」, 『모던에이지』 4(1960년 가을), 355~363쪽에 근거했다. 이 글은 약간의 수정을 거친 뒤 『보수주의란 무엇인가』 메이어 편, 7~20쪽으로 재출간되었다. "융합"이라는 단어에 대한 메이어의 반대에 관해서는 메이어, 「왜 자유인가?Why Freedom?」, 『내셔널리뷰』 13, 223쪽을 참조할 것. "융합주의"는 메이어의 비판자 중 한 명인 L. 브렌트 보젤이 만든 용어이다.

102 메이어 편, 『보수주의란 무엇인가』, 229~232쪽

103 켄달, 『보수주의 선언』, xi쪽

104 러셀 커크, 「자유의 이데올로그An Ideologue of Liberty」, 『스와니리뷰』 72(1964년 4월~6월), 349~350쪽

105 존 할로웰, 『미국정치학리뷰』 58(1964년 9월), 688쪽

106 이 책은 "미국 보수주의 합의의 선구자이자 주창자"인 리처드 M. 위버에게 헌정되었다. 메이어는 위버가 그러한 합의의 모범적 전형이라고 보았다. 프랭크 S. 메이어, 「리처드 M. 위버: 감사Richard M. Weaver: An Appreciation」, 『모던에이지』 14(1970년 여름~가을), 243~248쪽을 참조할 것.

107 리처드 M. 위버, 「자유의 해부학Anatomy of Freedom」, 『내셔널리뷰』 13(1962년 12월 4일), 444쪽. 결국 위버는 메이어를 잘못 이해했다는 비판을 받았다. 스티븐 J. 톤소르가 편집자에게 보낸 편지, 『내셔널리뷰』 13(1962년 12월 31일), 521~522쪽을 참조할 것.

108 펠릭스 몰리, 「오늘날의 미국 보수주의American Conservatism Today」, 『내셔널리뷰』 16(1964년 3월 24일), 235~236쪽

109 이는 국가의 적절한 기능은 오직 세 가지—국가 방위·국내 질서·정의 집행—라는 메이어의 주장을 참고했다.

110 이 설명은 L. 브렌트 보젤, 「자유인가 아니면 덕성인가?Freedom or Virtue?」, 『내셔널리뷰』 13(1962년 9월 11일), 181~187, 206쪽에서 따왔다.

111 스탠리 패리, 「전통의 복권」, 『모던에이지』 5(1961년 봄), 125~138쪽; 스탠리 패리, 「이성, 그리고 전통의 복권Reason and the Restoration of Tradition」, 『보수주의란 무엇인가』, 메이어 편, 107~129쪽; 「보수주의의 딜레마」, 『내셔널리뷰』 5(1958년 2월 22일), 185~186쪽을 참조할 것.

112 윌리엄 러셔와의 인터뷰, 케임브리지, 매사추세츠, 1971년 10월 30일. 이때 메이어는 특정 종파에 속하지 않은 기독교인이었다. 1972년 4월 1일 그는 사망하기 몇 시간 전에 로마 가톨릭 신자가 되었다. 메이어의 종교적 관점에 대해 더 알고자 한다면 『자유를 옹호하며』, 165쪽 각주와 「프랭크 S. 메이어, 고민의 명복을 빕니다」, 『내셔널리뷰』 24(1972년 4월 28일), 466~473, 475쪽을 참조할 것.

113 메이어, 「왜 자유인가」, 223~225쪽

114 프랭크 S. 메이어, 「보수주의와 위기: 패리 신부에 답하여 Conservatism and Crisis: A Reply to Fr. Parry」, 『모던에 이지』 7(1962~1963년 겨울), 45~50쪽

115 로널드 하모위, 「자유주의와 네오보수주의: 종합은 가능한가? Liberalism and Neo - Conservatism: Is a Synthesis Possible?」, 『모던에이지』 8(1964년 가을), 351쪽. 융합주의에 대한 다른 평가로는 머레이 로스바드, 「보수주 의와 자유: 자유지상주의자의 논평 Conservatism and Freedom: A Libertarian Comment」, 『모던에이지』 5(1961년 봄), 217~220쪽; 랄프 라이코, 「자유주의와 전통의 융합주의자들 The Fusionists on Liberalism and Tradition」, 『신개 인주의자리뷰』 3(1964년 가을), 29~36쪽; M. 스탠턴 에반스, 「자유주의와 종교에 대한 라이코의 입장 Racio on Liberalism and Religion」, 『신개인주의자리뷰』 4(1966년 겨울), 19~25쪽(라이코에 대한 융합주의자의 대답); 랄프 라이코, 「에반스 씨에 대한 대답 Reply to Mr. Evans」, 같은 곳, 25~31쪽을 참조할 것.

116 할로웰, 『미국정치학리뷰』, 687쪽

117 앨런 거트만, 『미국 보수주의의 전통』(뉴욕, 1967), 163쪽

118 프랭크 S. 메이어와의 전화 인터뷰, 1971년 9월 4일

119 이것은 바로 앞에서 인용한 인터뷰에서 메이어가 저자에게 표명한 입장이다. 메이어의 작업을 동경했던 사람은 영향력 있는 윌리엄 F. 버클리 주니어였다. 『자유를 옹호하며』가 출판되기 전에 버클리는 한 친 구에게 말했다. "그 책은 보수주의 형이상학을 발전시키는 데 있어 내가 읽어본 어떤 책보다 멀리 나아갈 겁니다. (…) 내 생각에 그는 왜 우리가 자유를 누려야 하는지에 대해 그 어느 누구보다 만족스러운 철학 적 답변을 해줄 겁니다"(버클리가 헨리 레그너리에게 보낸 편지, 1960년 4월 25일, 버클리 페이퍼스).

120 L. 브렌트 보젤과의 전화 인터뷰, 1972년 4월 26일. 그러나 보젤은 자신의 입장을 버리지 않았다.

121 러셔와의 인터뷰, 1971년 10월 30일

122 피터 P. 위튼스키 Peter P. Witonski, 「그 정치 철학자 The Political Philosopher」, 『내셔널리뷰』 24(1972년 4월 28일), 468쪽

123 그러나 『내셔널리뷰』의 냉전 정책은 『신개인주의자리뷰』의 자유지상주의자들의 비판 대상이 되었다.

124 윌리엄 뢰프케, 「자유주의와 기독교 Liberalism and Christianity」, 『커먼윌』 46(1947년 7월 18일), 332쪽

125 윌리엄 헨리 체임벌린, 「진화하는 보수주의 Conservatism in Evolution」, 『모던에이지』 7(1963년 여름), 254쪽

126 메이어 편, 『보수주의란 무엇인가』, 3~4쪽

127 레이먼드 잉글리시, 『버크뉴스레터』 5(1963~1964년), 296쪽

128 버클리, 「메모들」, 226쪽

129 뢰프케, 「자유주의와 기독교」, 328~329쪽

130 메이어, 『자유를 옹호하며』, 87~89쪽

131 뢰프케, 「자유주의와 기독교」, 329쪽

132 빌헬름 뢰프케, 「자유주의와 기독교」, 『모던에이지』 1(1957년 가을), 134쪽. 의미심장하게도 뢰프케는 이 글에서 주로 조합주의를 옹호한다고 해석되는 교황의 회칙 「사십주년」(10장 각주 참조-옮긴이)이 실제로 뢰프케 자신의 자유시장-신자유주의와 화해 가능하다는 것을 입증하고자 했다.

133 빌헬름 뢰프케, 『인간적인 경제: 자유 시장의 사회 구조 A Humane Economy: The Social Framework of the Free Market』(시카고, 1960)

134 같은 책, 93쪽

135 같은 책, 125쪽

136 체임벌린, 『어느 보수주의자의 진화』, 15쪽. 전반적으로 1장과 4장을 참조할 것.

137 같은 책, 55쪽

138 같은 책, 274쪽

139 같은 책, 15장 「미국 보수주의 선언」을 참조할 것.

140 뢰프케, 「자유주의와 기독교」(1957), 128쪽

141 러셀 커크, 「몽펠르랭소사이어티The Mt. Pèlerin Society」, 『내셔널리뷰』 11(1961년 10월 21일), 271쪽. 커크의 글은 세 명의 "시카고학파" 경제학자(아론 디렉터·밀턴 프리드먼·조지 스티글러)로부터 비판을 받았다[편집자에게 보낸 편지, 『내셔널리뷰』 11(1961년 12월 2일), 390쪽]. 이들은 몽펠르랭소사이어티가 항상 관용적인 자세를 취했으며, 자유주의적 신조나 반기독교적 관점은 첫 토론회에서는 물론 그 이후의 회합에서도 찾아볼 수 없었다고 주장했다. 커크가 감지했다고 주장하는 "전환"이란 그저 관용적 자세를 나타낼 뿐이라는 것이다.
그러나 커크는 자신의 입장을 고수했다. 그는 현재의 상황을 반겼지만, 버클리에게는 그 학회에서 기독교인들과 극단적인 19세기 자유주의자들 사이의 긴장이 계속되었다고 전했다(커크가 버클리에게 보낸 편지, 1961년 12월 20일, 버클리 페이퍼스). 커크의 평가가 타당했는가와 상관없이 그가 1961년에 사태를 이런 식으로 바라보고 있었다는 것, 그리고 새로운 화해의 분위기에 찬동했다는 것이 중요하다.

142 가이 데븐포트, 「문명을 유지해야 할 필요성The Need to Maintain a Civilization」, 『내셔널리뷰』 17(1965년 4월 6일), 283~284쪽. 또한 에릭 폰 쿠에넬트-레딘, 「필라델피아소사이어티Philadelphia Society」, 『내셔널리뷰』 17(1965년 11월 2일), 986쪽을 참조할 것.

143 「필라델피아소사이어티: 창립선언문The Philadelphia Society: Statement of Purpose」에서 인용했다. 저자 복사본

144 이 시리즈의 주요 책 중에는 루트비히 폰 미제스의 『자유롭고 번영하는 사회The Free and Prosperous Commonwealth』(프린스턴, 1962); 펠릭스 몰리, 『자유사회의 필요조건들The Necessary Conditions for a Free Society』(프린스턴, 1963); 헬무트 쇼트 및 제임스 위긴스 편, 『과학주의와 가치Scientism and Values』(프린스턴, 1960), 『상대주의와 인간에 대한 연구Relativism and the Study of Man』(뉴욕, 1961), 『새로운 경제학적 논쟁The New Argument in Economics』(프린스턴, 1963)이 있다. 1963년 당시의 전체 목록에 관해서는 몰리 편, 『자유사회Free Society』, ii쪽을 참조할 것.

145 M. 스탠턴 에반스, 「성숙해가는 보수주의The Maturing of Conservatism」, 『랠리Rally』 1(1966년 7월), 11~13쪽

146 프랭크 S. 메이어, 「보수주의 사상의 성장The Growth of Conservative Thought」, 『내셔널리뷰』 17(1965년 11월 30일), 1097쪽. 1958년 무렵 일찍부터 버클리는 친구에게 "정치적 탈중앙화, 경제적 자유, 그리고 도덕적 절대주의 사이의 호환성이 점점 높아지고 있습니다. 물론 이 융합의 정신이 이 나라를 휩쓸 정도는 아니겠지만, 『내셔널리뷰』의 논설란에도 등장하고 있으며, 미국 네오보수주의를 위한 일관된 토대를 만들어가고 있습니다"라고 말하며 낙관적인 태도를 견지했다(버클리가 랄프 드 톨레다노에게 보낸 편지, 1958년 6월 4일, 버클리 페이퍼스).

147 커크, 「몽펠르랭소사이어티」, 270쪽

148 커크, 「보수주의는 이데올로기가 아니다」, 59쪽

149 이러한 특징은 특히 러셀 커크, 『영구적인 것의 적들Enemies of the Permanent Things』(뉴로셸, 뉴욕, 1969)에서 뚜렷하게 나타난다.

7장

미국의 보수주의란 무엇인가
실행 가능한 유산 찾기

마치 이론적 조화에 대한 탐구 자체는 충분히 곤혹스러운 문제가 아니었다는 듯, 1950년대 후반과 1960년대 초반 보수주의 지식인들은 미국의 환경과 그들 철학의 관계라는 또 다른 도전적 문제에 직면했다. 1945년 이후 첫 10년—최초의 저항과 동요의 시기—동안 지적인 보수주의자들은 그들이 지키고자 했던 유산의 명확한 미국적 특징에 대해 상대적으로 관심이 없었다. 전체주의적 대중사회의 인간과 대중사회에 충격을 받은 전통주의자나 신보수주의자들은 주로 버크·메테르니히·오르테가 이 가세트·T. S. 엘리엇 같은 유럽인들에게서 도덕적·지적 가르침을 기대했다. 이러한 경향은 유럽 이민자들이 미국 보수주의의 부활에 미친 영향에 의해 강화되었다. 자신들 주변의 미국을 살펴볼 때마다 전통주의자들은 급성장하고 있는 "군중문화"에 거부감을 느꼈다. 자유지상주의자들 역시 미국에서 궁지에 몰려 있다고 느꼈고, 프리드리히 하이에크·루트비히 폰 미제스·빌헬름 뢰프케와 같은 유럽인들에게 의지했다. 그들은 또한 뉴딜-페어딜이라는 피리를 부는 사나이를 따라 전체주의 국가라는 어두운 세계로 들어가고 있는 국가에서, 종종 녹의 남은자라는 쓸쓸한 기분을 짊어지고 있었다. 보수주의운동에 십자군운동의 열정을 불어넣었던 과거 공산주의자들 중 일부도 처음에는 미국으로서의 미국에 거의 관심이 없는 듯 보였다. 대신 그들은 미국을 세계 강국, 메시아적 공산주의에 대항하는 전 세계적 투쟁을 마땅히 이끌어야 할 유일한 지도자로 인식하는 경향이 있었다. 이런 관점에서 보면 미국의 국내 문제는 제3차 세계대전보다 훨씬 덜 중요했다.

따라서 많은 중도좌파 비평가들이 전후 우파가 "비미국적", 특히 미국의 경험과는 맞지 않는다고 거듭해서 주장한 것은 전혀 놀라운 일이 아니다. 의심할 여지없이 이러한 비판적 입장 가운데 가장 영향력 있는 사례는 1955년에 출판된 루이스 하츠의 『미국의 자유주의 전통』이었다. 하츠에 따르면 미국의 유일한 전통은 사실상 "로크적" 자유주의였다. 그가 봉건제 및 위계질서와 동일시했던 보수주의는 미국에서 진정으로 토착화된 적이 결코 없었다. 결국 미국에는 봉건적인 사회 구조가 존재하지 않았고, 따라서 그것에 적합한 이데올로기도 없었다. 많은 비평가들이 다양한 방식으로 같은 주제에 대해 상세하게 논했다. 1957년 리처드 체이스는 미국에는 보수적 정서와 자유주의 사상 사이에 "단절"이 존재한다고 주장했다. 미국의 주요 문헌들은 보수적 정서를 드러내면서도 자유주의 사상의 발전에 기여했다.[1] 1962년 엘리샤 그리퍼 Elisha Greifer는 "자유주의 이전의 과거"에 대한 헨리와 브룩스 애덤스의 연구를 검토하면서 그들이 어떤 것도 발견하지 못했다고 결론 내렸다. 왜일까? 그것은 존재하지 않기 때문이었다. 미국의 전통은 하나—자유주의 전통—뿐이었고, 보수주의는 영원히 "이국적인 수입품"이 될 운명이었다.[2]

5년 후 앨런 거트만은 하츠의 비판을 재확인했다. 거트만은 철학적 보수주의를 에드먼드 버크의 사상과 동일시하면서 버크의 견해는 미국인의 삶과 완전히 동떨어져 있다고 주장했다. 버크는 새로운 정부를 구성할 권리를 부정했으며, 평등의 개념을 비판했고, 위계질서라는 이상을 찬양했으며, 과거에 대한 존경을 분명하게 표했다. 거트만은 이러한 모든 면에서 그는 반자유주의적일 뿐만 아니라 미국과도 거리가 멀다고 말했다. 미국혁명은 보수적인 사건이 아니었다. 독립선언문은 혁명의 권리를 주장했다는 사실만으로도 보수주의적인 문서가 아니라 자유주의적 문서였다. 거트만은 왕당파가 도망쳤을 때 미국 사회의 진정한 보수주의적—또는 그가 정의한 바에 따르면 버크주의적—요소들은 영원히 사라졌다고 주장했다. 그때부터 보수주의—그의 특수한 정의에서—는 정치 세력으로 소모되었다. 그러나 순수한 문학적 현상으로서의 보수주의는 살아 있었다. 위계·질서·귀족적 과거에 대한 숭배 같은 보수주의의 중심 사상은 많은 위대한 미국 작가들의 상상력을 자극했다.[3]

　보수주의자들이 미국 우익 명예의 전당에 헌액할 후보를 제시할 때마다 자유주의자들은 그 후보의 입성을 거부할 준비가 되어 있는 듯 보였다. 에드먼드 버크가 그러한 판테온에 적합한 수호성인이었을까? 아놀드 A. 로고우Arnold A. Rogow는 1957년 『안티오크리뷰Antioch Review』에서 아니라고 말했다. 버크는 사유재산에 민감하고 반개혁주의적이며, "혼란스러운" 공화당의 "보수주의"와 거의 공통점이 없었다. 로고우는 실제로 버크는 제퍼슨과 두 명의 루스벨트 대통령, 그리고 애들레이 스티븐슨의 자유주의 전통과 연관되어 있다고 대담하게 주장했다. 버크식 보수주의를 가장 온전하게 반영한 것은 온건하고 관용적이며, 개혁적이지만 급진적이지 않은 운동이었다.[4] 그렇다면 존 애덤스가 미국 보수주의의 창시자인가? 앨런 거트만은 아니라고 말했다. 애덤스는 자연권 철학과 혁명의 권리 같은 반버크적 관념을 믿었던 로크주의자였다. 게다가 그는 군주제와 귀족제를 옹호하는 버크의 사상을 거부했다. 거트만은 애덤스가 보수주의적 성향을 가지고 있었다는 사실은 인정했지만, 그는 여전히 18세기 계몽주의 시대의 비관적 자유주의 철학자—자신도 모르게—에 불과했다.[5] 남북전쟁 이전의 옛 남부가 보수주의적 가치의 원천이 될 수 있을까? 거트만은 다시 한번 아니라고 말했다. 전쟁 전 남부는 경제학적으로는 자본주의, 가족 구조에서는 중산층—귀족이 아닌—, 정치철학에서는 일반적으로 버크가 아닌 제퍼슨주의와 자유주의였다.[6]

미국의 계보를 구성하려는 보수주의의 시도에 특히 비판적이었던 사람은 역사학자 아서 슐레진저 주니어였다. 그의 주된 표적은 『보수의 정신』에서 그러한 조상들을 식별하고자 했던 러셀 커크였다. 슐레진저가 보기에 뿌리를 찾기 위해 "엄청나게 허둥대는" 신보수주의자들은 모두 "이상하고 종종 모순되는 인물들의 집합"을 만들어냈을 뿐이었다.

노예제와 주州의 권리에 관한 위대한 이론가 존 C. 칼훈과 노예제 폐지와 민족주의의 열렬한 사도 존 퀸시 애덤스John Quincy Adams,[*] 도덕적 의무의 옹호자 프랜시스 리버Francis Lieber[**]와 사실주의의 옹호자 브룩스 애덤스, 고답적 전통Genteel Tradition의 대주교 어빙 배빗과 이에 대한 세련되고 날카로운 비판자 조지 산타야나George Santayana[***]. 온갖 인물들을 잡다하게 모아놓는

[*]   1767~1848. 미국의 제6대 대통령. 처음에는 연방당 당원이었으나 1830년대 중반 미국 휘그당에 가입했다. 노예제에 반대하고 언론의 자유를 옹호했다. 대통령으로 당선된 뒤에는 연방 자금으로 도로와 운하 등 공공 인프라를 건설하고, 국립대학·천문대 건립 등을 통해 연방정부가 학문과 과학의 발전을 주도할 것을 촉구했다. 민주당 비판자들은 이를 헌법에 근거한 연방의 권한을 초월한다고 비판했다.

[**]   1798~1872. 독일 태생의 미국 정치철학자. 자유주의 정치 활동가였던 그는 프로이센 정부하에서 두 번의 옥고를 치른 뒤 영국으로 탈출해 1827년 미국으로 이주했다. 미국 남북전쟁 기간 중 그가 작성한 '전시군정규약Code for the Government of Armies in the Field'(1863)—민간인 보호와 전쟁 포로 처우 등을 제도화한—은 1899년 헤이그협약과 1907년 제네바협약의 기초가 되었다.

[***]   1911년 미국의 철학자 조지 산타야나(1863~1952)는 미국의 산업화·개척정신·개인주의를 거부하며 빅토리아 시대의 귀족적 가치와 취향을 옹호하는 백인 엘리트주의 집단을 비판하면서 이들이 옹호하는 전통을 '고답적 전통'이라고 불렀다. 이후 '고답적'이라는 용어는 잘난 체하는 엘리트와 지적으로 진부한 문학을 비판하는 용어로 사용되고 있다.

다고 해서 전통의 위엄에 도달할 수 있는 것이 아니다. 확실히 보수주의 전통의 위엄에는 미치지 못한다.

슐레진저에 따르면 이 모든 것은 신보수주의자들이 "미국인들의 구체적인 삶에" 얼마나 "놀랍도록 무관심한지"를 보여주었다.[7]

보수주의에 대한 자유주의적 비판은 강력하고 타당해 보였고, 그래서 실제로 우파의 많은 지식인들 사이에서 반향을 일으키기에 충분했다. 1955년 독일 망명자이자 『내셔널리뷰』의 "아버지" 윌리엄 슐람은 미국이 항상 보수적이었음을 보여주려 한 러셀 커크의 "필사적인 시도"는 잘못되었다고 주장했다.

(…) 특히 미국인의 삶의 경험은 의심의 여지없이 유토피아적인 입법과 산업 기구에 의해 제도화된 '진보'에 대한 격렬한 열망이다. 칼훈과 애덤스 같은 미국인들은 개인적으로 더 잘 알고 있을 것이다. 물론 미국 종족(실제로 그러한 것이 존재한다면)은 보수적이기보다 포퓰리즘적이며, 그럴만한 매우 강력한 이유가 있다. 미국은 의식적인 인간의 의도에 따라 건설되었으며, (…) 그리고 유럽의 고대 약속에 싫증난 유럽인들에 의해 발전하고, 각자 자신만의 방식대로 '새로운 시작'을 (…) 결정한 유일하게 창조적인 사회이다.

그러나 이는 보수주의가 국가의 미래와 무관하다는 의미가 아니었다. 그것은 보수주의가 "미국의 사회적 부동산에 대한 역사적 저당권을 소유하고 있기" 때문이 아니라, "도덕적이고 심미적으로 우월하기" 때문에 성공하게 될 것임을 의미했다.[8]

랄프 드 톨레다노 역시 이와 비슷하게 "미국" 보수주의의 자기모

순—외견상—에 강한 인상을 받았다. 현대 우파가 "무근성無根性과 기회주의"에 빠져 있다는 것은 사실이었다. 그것은 "교리보다 좌절감에 더 얽매여 있었다". 조셉 매카시 상원의원과 윌리엄 노랜드William Knowland 상원의원 같은 정치인들의 이념적 일탈에도 불구하고, 미국 보수주의는 이들을 지지했다. 그것은 남부가 실제로 뉴딜 정책을 지지하고 인종차별주의에 감염되어 있을 때도 신화적인 남부 보수주의자들을 수용했다. 미국의 정치·문학·종교를 조사하면서 톨레다노는 "보수주의 사상과 행동의 공허함"만을 발견했다. 보수의 "정신"이 부인할 수 없을 정도로 흔들리고 있는 동안, 그는 1956년 이러한 충동이 진정으로 "유기적"이게 될 날은 아직 멀었다고 썼다.' 몇 년 후 톨레다노는 자신의 논제에 대해 상세하게 설명했다. 보수주의적 "요소와 개인들"이 국가의 과거를 빛냈지만, 현시대는 훨씬 더 많은 것을 요구했다. 바로 급진적인 보수주의의 재건이었다. 그는 "미국의 디즈레일리를 위한 시기가 무르익었다"고 썼다. 그리고 얼마 지나지 않아 그는 그러한 지도자를 단 한 명 발견할 수 있었다. 그 사람은 리처드 닉슨이었다.[10]

미국의 과거에 대한 그러한 해석은 결코 1950년대의 짧은 유행이 아니었다. 1972년 미시간대학교의 보수주의 역사학자 스티븐 톤소르는 미국 문화에 스며들어 있는 역동성과 혁신, 그리고 버크식 처방에 대한 적대감에 충격을 받았다. 그는 우리 경험의 가장 강력한 주제 중 하나는 역사에서 벗어나려는 충동이라고 말했다. 실제로 "'새로운 시작'이라는 관념이 국가적 목적의 일부를 차지하고 있다".[11]

미국이 보수주의적이지 않다는 자유주의자들의 일반적 관념의 기저에는 논쟁의 여지가 많은 가정들이 깔려 있었다. 전후 초기에 많은 보수주의자들이 유럽을 지향한 건 분명했지만, 이는 그들을 비판했던 자유주의자들도 마찬가지였다. 미국이 보수주의에 얼마나 적합하지 않은지를 입증하기 위해 비판자들은 버크의 보수주의와 대륙적 보수주의만이 존재하는 유일한 보수주의라고 거듭 가정했다. 하지만 이것이 과연 사실이었을까? 버크와 보수주의를 동일시한 이유는 무엇이었나? 미국에 봉건적 사회 구조가 존재하지 않기 때문에 미국은 "보수주의적"이지 않다고 주장하는 것은 얼마나 유효했는가? 보수주의가 오로지 봉건적이고 위계적인 사회의 이데올로기일 뿐이라는 것을 누가 증명했는가? 보수주의는 "중세의" 제도와 동등하게 간주되어야 한다는 것을 누가 증명했는가? 미국이 독특했다면 아마도 미국의 보수주의—만약 존재한다면—역시 독특할 것이었다. 미국의 경험이 근본적으로 버크적이지 않다고 말하는 것은 미국이 자유주의적임을 규명하는 것이 아니라, 버크적이지 않다는 것을 규정할 뿐이었다. 하지만 그러한 주장조차 실제로 입증되었는가? 버크는 무엇을 옹호했는가? 얼마나 많은 버크가 존재했는가?[12] 본래 버크의 보수주의는 이제는 소멸해버린 지 오래된 18세기의 특정 현상을 옹호하는 것인가, 아니면 점점 더 많은 보수주의자들이 주장하듯 인간과 사회에 대한 영원한 진리를 드러낸 것인가?[13] 보수주의적 열망과 통찰은 일시적인 제도들과 얼마나 관련이 있다고 말할 수 있는가? 오래된 와인은 새 부대에 담아야 하는 게 아닌가? 그리고 미국이 근본적으로—본질적으로—활기차고 역동적인 나라라는 의례적인 주장은 얼마나 정확한가? 사람들이 미국하면 산업 역량과 엄청난 인구 이동, 그리고 사회적 유동성—허레이쇼 앨저Horatio Alger, 자수성가, 모두를 위한 기회, 자유의 땅, "새로운 시작"—을 떠올리는 것처럼, 많은 면에서 그것은 부인할 수 없는 사실이었다. 하지만 이것들이 유일하거나 또는 가장 타당한 요소였을까? 미국의 물질적·물리적 확장성은 정치적·도덕적 또는 종교적 실험에서도 동일한 규모로 일어났는가? 특정한 관습, 태도, 심지어 근본적인 신념에 있어 소위 이 자유주의자라는 사람들도 서구의 유산에 충실했던 것은 사실 아닌가?

누군가 의심하듯 많은 자유주의자들 — 그리고 일부 보수주의자들 — 의 마음속에 잠재해 있던 것은 나다니엘 호손에 대한 헨리 제임스Henry James** — 조국을 떠난 — 의 연구를 통해 훨씬 오래 전에 유명해진 미국에 대한 인식이었다. 제임스는 미국은 유럽이 아니라고 말했다. 그러기에는 부족한 것이 너무나 많았다.

유럽적 의미에서 국가는 없으며, 실제로 명확한 국가의 이름도 거의 존재하지 않는다. 군주도, 궁정도, 개인적 충성심도, 귀족도, 교회도, 성직자도, 군대도, 외교관도, 지방의 대지주도, 궁전도, 성도, 장원도, 오래된 시골 저택도, 사제관도, 초가집도, 담쟁이로 뒤덮인 폐허도 존재하지 않는다. 대성당도, 수도원도, 노르만풍의 작은 교회도, 옥스퍼드·이튼·해로우*** 같은 훌륭한 대학도 공립학교도 없다. 문학도, 소설도, 박물관도, 그림도, 정치사회도, 엡섬Epsom·애스콧Ascot**** 같은 스포츠를 즐기는 계급도 없다![14]

• 　1832~1899. 미국의 작가. 주로 가난하고 불우한 환경에서도 정직함과 인내, 근면을 통해 성공—정당한 보상을 받는—하는 소년들의 이야기를 썼다. 그의 소설은 산업이 급성장하고, 이를 통해 개인이 막대한 부를 축적할 수 있었던 당시 미국에서 엄청난 대중적 인기를 얻었다.

•• 　1843~1916. 미국의 작가. 유럽 귀족 문화의 세속적 타락을 비판하고, 미국을 활기차고 민주적인 사회로 그린 소설을 써서 유럽에서 '미국의 신화'가 형성되는 데 기여했다. 미국이 제1차 세계대전에 참전하지 않는 데 분개해 1915년 영국으로 귀화했다.

••• 　이튼과 해로우는 본래 공립학교였으나 후에 사립학교로 바뀌었다.

•••• 　영국의 대표적인 경마 대회. '엡섬 더비'는 현대 경마 대회의 효시로 불리고 있으며, '로열 애스콧'은 영국 왕실이 주관하는 경마 대회이다.

제임스는 1870년대에 이런 글을 썼다. 1953년이라면 그는 차라리 러셀 커크를 꾸짖고 있었을 것이다. 그러나 다시 한번 말하지만 보수주의 사상을 단일한 유형의 사회, 흥하고 몰락하고 소멸하는 특정 제도와 동일시하는 것이 적절했을까?

미국은 유럽이 아니다. 이것이 자유주의자들의 기본적인 의식이었다. 그렇다면 이와 관련해 무엇을 해야 하는가? 1950년대 중반 보수주의자들은 아직 설득력 있는 답변을 찾지 못하고 있었다. 그러나 어떻게든 답변을 해야 한다는 것이 많은 보수주의자들에게 "주어진 과제"였다고 결론 내리는 게 타당할 것이다. 이는 보수주의 지식인들이 루이스 하츠에게 겁을 먹었다거나, 그들 모두가 지적 비합리성이라는 자유주의자들의 비난을 의식적으로 반박하기 시작했다는 의미가 아니다. 그러나 1950년대와 1960년대에 이 문제와 관련해 보수주의자들이 내놓은 결과물이 무언가를 의미한다면, 그것은 그들이 자신들과 자신들의 전통을 설명할 필요성, 실행 가능한 미국 보수주의를 위한 역사적 근거를 찾을 필요성을 느꼈음을 암시한다. 그들이 자유주의의 도전을 즉각적으로 무시하지 않았다는 사실 자체가 미국인의 삶에서 보수주의의 지위가 문제가 되었고, 그 해결책은 자명하지 않았음을 인정하는 것이었다. 만약 그렇지 않았다면 왜 굳이 그런 노력을 했겠는가?

이러한 노력에는 자유주의자들이 미국인의 삶에서 보수주의의 지위를 문제 삼았다는 사실보다 더 많은 것이 담겨 있었다. 첫째로 "보수주의"라는 용어 자체가 암시하듯, 그 신조를 고수하는 사람은 어떤 의미에서 현재에 존재하거나 아마도 복원 가능한 과거에 존재했던 무언가를 보존하기를 원한다. 이것은 보수주의자들이 결코 현재에 관심이 없거나 미래지향적이지 않다는 의미가 아니다. 누구나 어느 정도는 그렇다. 그러나 진정한 보수주의자라면 마땅히 해석된 과거나 "전통"에 대해 특별한 관심을 기울여야 한다. 좌파—자유주의자나 급진주의자 또는 혁명주의자—는 자신이 원한다면 언제든 전통을 거부할 수 있다. 그들은 전통을 부적절하거나 구식이거나 심지어 위험하다고 여길 수도 있다. 이러한 선택지는 보수주의자들이 결코 이용할 수 없는 것이다. 물론 좌파도 마구잡이식이어서는 안 된다. 좌파는 좋은 것은 받아들이고 나쁜 것은 거부하는 선택을 할 수 있다. 하지만 자기 앞에서 일어난 모든 것을 버릴 수는 없다. 윌리엄 F. 버클리 주니어까지 언급할 필요도 없다. 버클리는 한때 "인간의 경험에서 참으로 중요한 것은 우리 뒤에 있다. 진정으로 중요한 전투들이 (…) 벌어져 왔다"라고 주장했다.[15] 하지만 그는 무언가, 즉 러셀 커크가 "우리 조상들의 지혜"라고 부른 것이 실제로 존재하며, 현명한 사람은 완전한 회의주의나 무사태평한 태도로 세상과 미래를 대면해서는 안 된다는 것을 배웠다고 믿는다. 따라서 보수주의의 지적 부활에서 중요한—그리고 예측 가능한—측면은 미국의 과거를 집중적으로 재조사하는 것이었다. 만약 그들이 보수주의자였다면, 그들은 무엇을 보존하고자 했을까?

미국의 뿌리를 찾으려는 또 다른 이유는 1940년대부터 1960년대 후반까지 보수주의운동 전체가 처한 특이한 상황에 있었다. 1790년대에 뿌리 깊은 정치적·사회적 질서를 옹호하며 혁명적인 프랑스를 비난했던 에드먼드 버크와 달리, 제2차 세계대전 이후 미국의 보수주의자들은 매우 이례적인 입장을 취했다. 그들은 스스로를 보수주의자라고 불렀지만, 그들의 역할은 반대였다.[16] 실제로 몇몇 우익 지식인은 자신들의 입장—특히 버클리가 『내셔널리뷰』에 쓴 첫 번째 사설[17]과 여러 차례 드러난 프랭크 메이어의 입장—이 보수주의적이라기보다 반혁명적—현상

유지라는 협소한 의미에서—이라고 생각했다. 메이어와 다른 많은 이들이 목격했듯 보수주의는 견고한 바리케이드를 깨뜨리는 데 여전히 성공하지 못한 공격이 아니라, 이미 부분적으로 성공을 거둔 급진적 도전에 대응하고 있었다. 보수주의자들은 이미 완전하고 굳건해진 "혁명"에 반대하는 거북한 위치에 있었다. 보수주의자들은 역사를 거스르려는 열망에 사로잡혀 "멈춰"라고 외치며 현대의 끔찍한 위협에 가장 반하는 것처럼 보이는 미국 과거의 특징에 자연스럽게 눈을 돌렸다. 반대하는 운동에 이는 특히나 절박한 것이었다. 과거든 현재든 얻을 수 있는 모든 자원이 필요했다.

자유주의적 비판자들에게는 보수주의자들이 시대착오적으로 보였을지 모르지만, 적어도 한 가지 위안거리가 있었다. 보수주의자들은 오래전부터 "진리는 얼마나 많은 사람이 납득하는지에 관심이 없다"고 말한 폴 끌로델Paul Claudel '의 지혜를 높이 평가해온 소수였다. 첫 번째 과업은 전통이 아무리 낡고 버려진 것처럼 보여도 전통 속의 진리를 명확하게 드러내는 것이었다. 1950년대 중반 이후 보수주의 지식인들은 미국이 자유주의 국가이고, 보수주의는 거기에 속하지 않는다는 주장에 대응하기 위해 다양한 전략을 발전시켰다.

=== ★★★ ===

• 폴 루이스 샤를 마리 끌로델Paul-Louis-Charles-Marie Claudel, 1868~1955. 프랑스의 작가·외교관. 신에 대한 믿음과 인간적이고 신성한 사랑과 구원을 주제로 한 작품들을 썼다. 프랑스의 유명한 조각가 까미유 끌로델의 남동생이다.

미국과 (유럽) 보수주의 사이에 존재한다고 추정되는 격차를 부인하기 위한 한 가지 전략은 명백한 제도적 차이의 중요성을 최소화하고 대서양을 가로질러, 그리고 수 세기에 걸쳐 원리의 초월적 연속성이 실존해왔다고 주장하는 것이었다.

　이러한 접근법에 점차 매력을 느낀 보수주의자 중에는 에드먼드 버크의 열렬한 우익 신봉자 러셀 커크가 있었다. 많은 보수주의자들이 커크는 좋든 나쁘든 서구의 전통을 무차별적으로 옹호한다고 비난했기 때문에 커크에게는 이 전술을 채택할 이유가 충분했다. 예컨대 존 할로웰은 남북전쟁 이전 남부 노예제—분명히 확립된 제도—에 대해 커크는 논의를 "얼버무렸다"고 썼다.[18] 그러나 일부 보수주의자들은 커크를 비판하기보다 그의 스승이 합당한지에 대해 정면으로 이의를 제기하는 데 관심이 있었다. 미시간대학교의 유럽 지성사 교수인 중서부 출신의 스티븐 톤소르에게 버크는 현대 미국 보수주의의 스승이 될 수 없었다. 우리의 환경은 위대한 영국 정치인의 환경과는 "근본적으로" 다른 "환경"이었다. "우리는 더 이상 새로운 사회에서 낡은 질서를 옹호하지 않는다. (…) 우리가 아무리 버크의 선입견을 공유하고 있다고 할지라도, 우리 모두는 그의 해결책을 우리 시대와 무관한 것으로 거부해야 한다."[19] 다른 에세이에서 톤소르는 앨런 거트만의 『미국의 보수주의 전통 The Conservative Tradition in America』이 버크와 보수주의를 동일시하고 있다고 질책했다. 버크는 현대 미국 보수주의의 원천이 아니었다. 실제로 "버크의 유산"은 미국 보수주의와 충돌했다.

　미국의 보수주의자들은 '미국인'이다. 그들은 미국 사회의 반反규범적 선입견, 민주주의 제도에 대한 공동의 약속을 공유한다. 그들의 약속은 사회 질서를 합리적으로 수정하고, 소수 또는 특정 집단이 아닌 모두에게 봉사하는 정치 제도를 창설하는 것이다. 그들은 일반적으로 국가로부터의 혜택을 기대하지만, 국가를 불신하고 긍정적인 정부에 대한 버크식의 존경심도 거의 가지고 있지 않다. 미국의 보수주의자들은 비이데올로기적이다. 그들은 결코 완전히 설득력 있는 체계를 개발한 적이 없다. (…) 현명한 아이는 자신의 아버지가 누구인지 알고 있으며, 나는 약간의 계보 연구 덕택이 아니었다면 미국의 보수주의자들은 에드먼드 버크를 인정하지 않았을 것이라고 의심한다.[20]

때때로 다른 보수주의자들도 톤소르의 주장에 동조했다.[21]

보수주의 공동체 내에서 이러한 도전에 직면하고, 자유주의자들의 공격에 대해서도 잘 알고 있던 러셀 커크는 자신이 "영구적인 것"—정치적·도덕적 행위의 영원한 원칙 같은—이라고 부르는 것과 매우 다양하고 역사적 조건에 따라 제한되는 이것의 제도적 구현—예를 들어 서로 다른 국가의 다양한 형태의 정부와 같은—을 구별하려 노력했다. 특히 그는 자신도 인정했듯 조지 왕조 시대의 영국과는 명백히 다른 나라에서 버크의 통찰이 정당함을 입증하고자 했다. 1962년 클린턴 로시터의 『미국의 보수주의』 2판을 검토하면서 커크는 버크의 글이 아니라, 『연방주의자 논고Federalist Papers』가 현대 보수주의자들의 주요 자료가 되어야 한다는 로시터의 주장을 강력하게 반박했다. 커크는 『연방주의자 논고』를 깊이 존경했지만, 그는 이를 한때 한 국가의 "정부 구조" 문제와 관련이 있으며, 따라서 우리의 혁명 시대에만 한정된 가치를 지닌 임시변통서적이라고 생각했다. 반면에 버크는 "편협하지도" 시대에 뒤떨어진 사람도 아니었다. 그는 여전히 우리를 괴롭히고 있는 위기에 대해 말했다. 더

구나

버크는 미국 전통에서 벗어나 있지 않다. 오히려 그는 미국인의 삶과 기질이 그 일부를 이루고 있는 장엄한 전통과 연속성―우리 문명의 유산―안에 있다. (…) 버크에게 정치적 지침을 구하는 것은 셰익스피어에게 인도적 통찰을 구하거나 성 바울에게서 종교적 지혜를 구하는 것보다 더 이상 미국인들에게 이국적이거나 생경하지 않다.[22]

따라서 버크는 유의미했다. 그는 영향력이 엄청난 "천재"였다.[23] 1950년대와 1960년대에 쓴 많은 글에서 커크는 버크의 영향력이 존 랜돌프[24]에서 우드로 윌슨[25]에 이르기까지, 애덤스 가문에서 앨버트 제이 녹에 이르기까지, 그리고 칼훈에서 어빙 배빗[26]에 이르기까지 미국 사상가들에게 널리 퍼져 있다고 지적했다.

"장엄한 전통과 연속성"이라는 커크의 문구는 1950년대와 1960년대 보수주의자들에 의해 점점 더 많이 언급된 또 다른 "위대한 전통"을 시사했다. 이 용어는 특히 레오 스트라우스와 그의 제자들이 마키아벨리·홉스·로크로 설명되는 열등한 근대와 플라톤·아리스토텔레스·키케로 같은 사람들의 전근대적 정치철학을 대비하는 데 사용되었다. 시간이나 지리적 한계를 알지 못하는 진리의 전통이라는 이 개념은 커크처럼 서구 경험의 지혜와 연속성을 증명하길 열망하는 보수주의자들에게 매력적이었다. 커크는 "초월적 질서, 불변의 인간 본성, 자연법에 대한 믿음"이라는 보수주의적 충성을 요구하는 영원한 진리를 끊임없이 강조했다.[27] 여기에는 확실히 역사와 상황의 흐름에도 불구하고 여전히 진리로 남아 있는 보편성이 존재했다.

그러한 전통의 연속성이 존재하고, 미국이 기독교—심지어 가톨릭 기독교 또한—의 근본 진리와 연결되어 있다는 것은 1960년에 저명한 예수회 학자 존 코트니 머레이John Courtney Murray가 펼친 주장이었다. 머레이에 따르면 미국에는 "서구 기독교 정치 전통의 구조와 관련된 원칙들"을 식별할 수 있는 "대중적 합의"가 존재했다.[28] 가톨릭 신자들—그에게는 보수주의자를 의미했을 수 있다—은 미국 질서의 많은 부분에 진심으로 갈채를 보낼 수 있었다. 이 놀라운 합의의 구성 요소는 무엇이었는가? 첫째, 독립선언문 등에서 미국인들은 "개개인뿐만 아니라 국가에 대한 하나님의 주권"을 확언했다—"우리는 이러한 진리를 간직하고 있다".[29] 우리나라는 "하나님의 가호 아래" 있었다. 둘째, "자연법과 자연권의 전통"—"서구의 중심적인 정치 전통"—은 미국의 합의의 확고한 토대였다.[30] 머레이에게 입헌주의, 제한된 주권, 법의 지배와 같은 미국의 신념은 전혀 현대적인 혁신이 아니었다. 그것은 "중세 시대에 영국 전통에 깊이 새겨진 고대 사상"이었다. 중세 시대! "봉건적" 중세와 미국과의 연속성을 주장하는 것은 확실히 하나의 전환이었다. 더욱이 머레이는 "피지배자의 동의", "대중의 통치 참여", 국가와 사회의 구분을 확고히 함으로써 "미국의 명제"가 실제로 위대한 전통을 고수하고 있다고 대담하게 주장했다. 머레이가 보여준 것처럼 자유주의자들이 간직하고 있는 비보수주의적인 것들은 현대를 넘어 과거로 거슬러 올라가는 유산의 유기적 부분이었다. 그는 또한 "덕성 있는 사람만이 자유로울 수 있다"는 미국의 전제에 흡족해했다.[31] 한마디로 우리의 가장 심오한 자기이해 차원에서 "역사 속에서 행동을 위해 조직된 사람들"인 미국인들은 우리 문명의 "유산"과 단절되어 있지 않았다.

머레이의 책은 일부 보수주의 지식인들로부터 찬사를 받았다. 프랜시스 윌슨은 그를 "우리 시대에 가장 창의적인 기독교 지식인 중 한 명"이라고 불렀다.[32] 윌무어 켄달에게 그의 책은 "미국 정치과학의 주요 돌파구"였으며, 보수주의자들이 마땅히 보존해야 할 것이 무엇인지를 말해주는 그런 책이었다.[33] 윌리엄 F. 버클리 주니어는 20세기 보수주의 사상을 다룬 자신의 선집에 머레이의 글 일부를 수록할 정도로 큰 감명을 받았다.[34]

어떤 의미에서 이 시기 많은 보수주의자들은 행동을 통해 미국이 위대한 전통과 양립할 수 있음을 증명하고 있었다. 1945년 이후 보수주의 지적 운동에서 눈에 띄는 특징 가운데 하나는 대서양을 가로질러 실질적인 관계를 쉽게 구축했다는 점이다. 미국 보수주의 사상이 부활하는 데 유럽 망명자들이 상당한 기여를 했지만, 많은 미국 우익들은 유럽을 모국처럼 느꼈다. 윌리엄 F. 버클리 주니어는 잉글랜드에서 교육을 받은 적이 있었고, 자주 해외여행을 다녔다. 러셀 커크는 스코틀랜드의 세인트앤드루스대학교에서 박사학위를 취득했으며, 결국 파이프의 피텐웜 Pittenweem에 집을 구입하고 유럽 전역을 돌아다녔다.[35] 제임스 번햄은 앙드레 말로 André Malraux와 한 권의 책을 공동 집필했으며,[36] 로즈장학생이었던 윌무어 켄달은 프랑스와 스페인에 여러 차례 거주했다. 실제로 스페인은 켄달·프랜시스 윌슨[37]·프레더릭 빌헬름센·L. 브렌트 보젤—그는 그곳에서 자신의 자녀 중 몇몇을 교육시키기도 했다—등 일부 미국 보수주의자들에게 강력한 영향을 미쳤다.[38] 몽펠르랭소사이어티와 유럽자료정보센터 European Center for Documentation and Information[39] 같은 단체들을 통해, 그리고 오토 폰 합스부르크[40]—오스트리아-헝가리 왕위 계승자이자 때때로 『내셔널리뷰』에 기고하기도 했던—등 유럽인들과의 개인적 친분을 통해 미국의 우익들은 국제적인 시각을 보여주었다. 처음부터 『내셔널리뷰』는 유럽에 특파원을 두고 있었고, 버클리는 『내셔널리뷰』가 "유럽"을

강조하면서 미국의 보수주의자들이 세계를 더 잘 이해하고 더 "세련"돼 졌다고 믿었다.[41]

물론 이 증거는 두 가지 방식으로 해석될 수 있다. 자유주의 비판자들이 이 현상을 조사했다면, 그들은 의심의 여지없이 이를 자유주의 미국으로부터 내부 추방된 사람들의 모습으로 보았을 것이고, 일부 경우에는 그들이 옳았다. 그러나 상황은 그보다 복잡했다. 커크가 1년의 몇 달을 그의 조상이 살았던 스코틀랜드에서 보냈을지라도, 버클리가 매년 스위스를 방문했을지라도, 켄달이 한동안 파리와 스페인에 살았을지라도 등등 이와 유사한 사례에서 중요한 사실은 그들이 돌아왔다는 것이다. 그것은 단순히 "진보적인" 미국으로부터 도피하는 문제가 아니었다. 이와는 거의 정반대였다. 보수주의자들은 고국과 유럽 사이에서 연속성을 느꼈다. 그들 중 많은 이들에게 보수주의는 대서양을 가로지르는 철학이었고, 서구의 유산은 "미국계 유럽American Europe"[42] ─켄달의 문구─을 나머지 서구 문명과 묶어주는 유기적 끈이었다.

그러나 우리의 공통된 유산에 관한 영원한 진리가 상세하게 규명된 후에도 여전히 한 가지 의문이 남아 있었다. 이 유산은 미국에서 어떤 형태로 살아남았는가? 구세계와 신대륙 사이의 친연성을 강조하면서 안심시키기는 했지만, 미국은 명백히 다른 존재였다. 미국은 유럽의 복제품이 아니었다. 많은 우익 지식인들은 당연히 절대적 진리가 존재하는 맥락을 간절히 탐구하고 싶어 했다. 미국에서 위대한 전통의 제도적 매개체는 무엇이었는가? 보수주의자들이 존경해야 할 미국의 영웅은 누구인가?

1950년대 중반 통합이 시작될 당시 우파는 러셀 커크의 『보수의 정신』(1953)과 클린턴 로시터의 『미국의 보수주의』(1955)라는 두 권의 "안내서"를 이용할 수 있었다. 어느 쪽도 보수주의자들에게는 완전히 만족스럽지 않았다. 커크의 책은 뉴라이트New Right의 출현에 결정적인 역할을 했지만, 버크식의 체계 때문에 많은 보수주의자들이 애를 먹었다. 게다가 커크는 미국의 계보를 제시했지만, 랄프 드 톨레다노는 그것이 너무 얄팍한 것은 아닌지 의문을 가졌다. 그는 "미국 보수주의 역사의 절반 또는 거의 대부분은 당연히 애덤스 가문에 대한 이야기다"라는 커크의 말에 당혹해했다. 톨레다노는 "네 사람이 아무리 훌륭해도 전통을 만들어낼 수는 없다"고 응수했다.[43] 마찬가지로 헝가리 망명자 토마스 몰나르 역시 『보수의 정신』은 미국의 "보수주의 사상가들"을 드러내주었지만, "구체적인 사건의 과정"과 "공공철학의 형성"을 전혀 이끌어내지는 못했다고 말했다. 미국은 보수주의의 목소리를 냈지만, 미국 역사에 각인된 "보수주의적 전통"은 없었다.[44] 냉전 전략가 스테판 포소니는 커크의 선정방식에 의구심을 가졌다. 예를 들어 커크는 해밀턴을 비판하면서 포소니에게는 "편협하고 공상적인 반동주의자"로 보였던 존 랜돌프를 칭찬했다.[45]

로시터의 책은 우파에게 훨씬 더 인정받지 못했다. 우선 첫째로 로시터는 자신이 보수주의자인지 확신하지 못한다고 선언했다. 그의 목표는 "미국의 자유주의 전통을 파괴하는 것이 아니라 이를 바로 세우고 강화하는 것"이었다.[46] 둘째로 1962년 판에서 그는 전후 보수주의운동을 신랄하게 비판했다. 그는 러셀 커크가 "150년 늦게 엉뚱한 나라에서 태어난 사람" 같다고 비난했다. 커크가 옹호한 것의 대부분은 "영원히 사라졌다".[47] 로시터는 자신이 보기에 커크·리처드 위버·앤서니 해리건 같은 보수주의자들이 자유주의에 대해 도를 넘는 지나친 적개심을 가지고 있다고 질책했다. 그의 불만 가운데 하나—용서할 수 없는—는 명백했다. 로시터는 보수주의—즉 버크주의—는 미국과 "관련이 없다"는 자유주의의 논제를 이용했다. 로시터는 미국이 "자유주의 [정치] 정신"과 "자유주의 전통을 가진 진보적인 국가"라고 거듭 강조했다.[48] 그가 최대한 기꺼이 받아들일 수 있는 형태의 보수주의는 『연방주의자 논고』—"집단적 버크"—에 기초하고, 원칙 및 분위기가 지배적인 자유주의와 그리 동떨어지지 않은 보수주의였다. 아서 슐레진저 주니어와 마찬가지로 그는 보수주의자들에게 "미국 기업의 이익에 참여해 이에 복무하거나, 아니면 공화국의 미래를 위해 책무를 포기할 것"을 촉구했다.[49]

보수주의자들이 로시터의 책을 배척한 것은 당연했다. 버크와의 관련성에 대한 의문은 차치하고라도 커크는 이를 달가워할 수 없었다. 그는 1954년 자신의 보수주의를 기업가와 동일시할 수 있거나 동일시된다고 한 데 분개하며 이를 부인했었다. 보수주의는 계급이나 자유방임주의 경제학의 구실이 아니었다. 그는 "보수주의적 질서는 자유로운 기업가의 창조물이 아니다"라고 말했다. 보수주의는 어떤 특정 이익집단의 이데올로기가 아니었다.[50] 이는 "중도"를 경멸하고, 자유주의 자체를 적으로 여기는 "반혁명적" 보수주의자들을 만족시킬 수 없었다. 또한 미국이 본질적으로 자유주의 국가라는 사실을 부정하는 사람들 역시 만족시킬 수 없었다.

좌파와 우파의 차이는 무엇이었는가? 그것들은 부분적으로 로시터가 암시한 것처럼 단순히 하나의 "분위기와 편견"에 불과했을까? 이 모두를 단지 자유를 "보존"하려는 보수주의자들의 바람 대 자유를 "확대"하려는 자유주의자들의 바람으로 귀결시킬 수 있을까?[51] 노터데임대학교의 보수주의 정치학자 게르하르트 니에메예르는 전혀 그렇지 않다고 말했다. 그는 로시터에 대해 논하면서 보수주의는—로시터의 주장처럼—본질적으로 과거를 복원하거나 변화에 반대하려는 열망이 아니라고 주장했다. 보수주의는 반드시 다수결 원칙이나 물질적 진보에 적대적인 것도 아니었다. 좌파와 우파를 가르는 것은 자유의 본질에 관한 근본적 견해 차이였다. 이러한 간극은 진정한 보수주의자들을 비미국적인 사람들로 치부하고, 자유주의적 "합의"로 남아 있는 것들을 깔끔하게 동질화함으로써 제거될 수 있는 것이 아니었다.[52] 윌무어 켄달도 이러한 방책에 격분했다. 그것은 미국의 주류가 자유주의였다고 가정하고 있을 뿐만 아니라, 로시터의 계략에 따르면 무슨 일이 있어도 승리할 운명인 자유주의자들과 짝짜꿍 놀이를 하기보다는 주류의 방향을 진정으로 바꾸고 싶어 하는 모든 이들을 파문하는 것이었다.[53]

그러므로 로시터는 절대로 그렇게 하지 않을 것이었다. 그는 트로이 목마였다. 미국에서 보수주의의 문제를 해결해야 한다는 과제는 거의 맨 처음부터 착수되어야 할 것이었다. 프랜시스 윌슨이 말했듯이 "내가 보기에 자유주의자들에게 미국에 있어야 할 보수주의의 유형을 말하도록 내버려 두는 것은 보수주의자들에게 치명적이다".[54]

━━ ★★★ ━━

국가의 삶에서 비자유주의적 요소를 찾기 위해 보수주의자들은 간절한 마음으로 남부를 바라보았다. 우파에게는 이러한 발견이 논리적인 것이었는데, 거기에는 몇 가지 이유가 있었다. 로시터가 지적했듯이 남부는 항상 미국에서 가장 보수적인 지역이었다.[55] 리처드 위버는 남부인을 "이례적인 미국인"이라고 불렀다. 남부인들은 전쟁에서 "패배의 잔"을 맛보았고, 비극의 의미를 배웠을 뿐이었다.[56] 다른 측면에서 남부는 가장 "미국"답지 않은 지역—누군가에게는 가장 자유주의적이지 않다는 의미일 수 있다—이었다. 전통—옛 남부, 딕시Dixie*—, 경제적 "낙후성"과 사회적 안정, 종교적 "경건함"(위버의 표현), 가족에 대한 충성심, 지적 오만과 양키들의 침범 "기질"에 대한 의심, 중앙집중식 정부에 대한 반감과 주의 권리—적어도 이론상—에 대한 헌신, 군사적 전통, 지역사회와 시골 방식에 대한 애착이라는 강력한 의미에서 그랬다. 당시 남부만이 잃어버린 대의라는 오랜 기억을 영광스럽게—또는 부담스럽게—여기고 있었다. 이는 보수주의자들에게 한층 더 호소력을 갖게 된 가슴 아픈 원천이었고, 그들 중 일부는 때때로 반쯤은 자신들 역시 역사의 전쟁터에서 영원히 쫓겨났다고 믿었다.

1950년대와 1960년대에 남부에 대한 보수주의자들의 애정을 보여주는 징후가 급증했다. 1941년 러셀 커크는 듀크대학교에서 석사학위를 받았다. 당시 그는 남부 역사에 지대한 관심이 있었고,[57] 로아노크의 존 랜돌프에 대해 석사 논문을 썼다. 1951년 이는 책으로 출판되었고,[58] 1964년에 보충판으로 재출간되었다. 커크에게 이 기이하고 귀족적인 버지니아인은 "미국 보수주의 사상가 중 가장 웅변적인 사람"이었고, "미국의 버크"였다.[59] 산업주의·사회 혁신·평준화·"형이상학적 광기"에 반대하는 옛 공화주의자이자 용맹한 농본주의자, 주의 권리를 옹호하는 사람, 엄격한 구성주의자strict constructionist"였던 그는 커크에게 더욱 사랑을 받았다. 『모던에이지』의 편집자였던 커크는 초기 발행호에 "미국의 영속성"이라는 제목을 붙여 남부에 헌정했다.[60] 『내셔널리뷰』도 남부에 대한 호의적

• 　미국의 남부 주들, 특히 남부연합(1860~1865)에 속했던 주들을 가리킨다. 1859년 다니엘 디케이터 에밋Daniel Decatur Emmett이 작곡한 남부군 행진곡 '딕시'에서 유래했다.

•• 　미국 헌법의 의미는 그 본문 안에 완전히 규정되어 있으며, 따라서 헌법에는 해석의 여지가 없다고 주장하는 사람들을 말한다. 엄격한 구성주의자들은 연방정부의 권한은 헌법에 따라 엄격하게 제한되어야 한다고 주장하며 주의 권리를 옹호했다.

인 기사를 반겼다. 커크는 『내셔널리뷰』의 초기 기고자 중 한 명인 전 남부 농본주의자 도널드 데이비슨의 『리바이어던에 대한 공격The Attack on Leviathan』(1938)이 "금세기 가장 중요하지만 홀대받은 책"이라고 생각했다.[61] 사실 『내셔널리뷰』는 창간 이후 격동의 10년 동안 보수적인 남부 백인의 관점을 수용한 몇 안 되는 저널 중 하나였다.

남부에 대한 보수주의자들의 관심은 1954년 브라운 대 교육위원회 재판Brown vs. Board of Education*에서 연방대법원이 강제적 인종 분리를 금지한 판결을 내리면서 엄청난 자극을 받았다. 모든 우익 지식인들이 처음부터 이 판결에 반대한 것은 아니었다.[62] 그러나 『내셔널리뷰』의 지배적인 어조는 통합을 위한 정부의 후속 조치—리틀록 등의 지역에서—를 비판하는 것이었다. 일례로 프랭크 메이어는 브라운 재판의 판결이 "관례와 합리성, 헌법상의 의무를 짓밟았다"고 선언했다. 게다가 그것은 "실증주의적 사회학의 주장"에 기반했고, "자유주의적 위선"의 전형적인 사례였다.[63] 리처드 위버는 진정으로 자유로운 사회에 필수적인 재산권을 전복하기 위해 "인종 집단주의"가 점점 더 많이 사용되는 것에 경악했고, 다음과 같은 결론을 내렸다.

1) 통합은 그 자체로 목적이 아니다. 2) 강제 통합은 평등이 같다는 의미가

---

* 1951년 올리버 브라운Oliver Brown은 그의 딸 린다 브라운Linda Brown이 가까운 거리에 있는 백인 초등학교에 입학을 거부당하자 비슷한 상황에 처한 흑인 가정과 함께 캔자스주 토피카 교육위원회를 상대로 집단소송을 제기했다. 캔자스 지방법원의 판사들은 '분리하되 평등하다'는 플레시 대 퍼거슨Plessy v. Ferguson(1892) 사건의 판례를 근거로 위헌이 아니라고 판결했지만, 1954년 미국 연방대법원은 만장일치로 공립학교의 인종차별은 위헌이라고 판결했다. 이 판결은 인종차별을 정당화하는 '분리하되 평등하다'는 논리를 58년 만에 뒤집은 획기적인 판례로 평가받았으며, 남부 짐크로Jim Crow 체제—인종 분리를 합법화한 법률 일체를 지칭하는 용어—의 종말을 알리는 신호로 여겨졌다.

아니라는 진리를 인정하지 않을 것이다. 3) 자유로운 사회에서 교육적·문화적·사회적·사업적 목적을 위한 결사는 정치적 광신주의로부터 자기충실성을 보호할 권리가 있다.[64]

한 번은 『내셔널리뷰』가 직설적으로 선언하기도 했다.

제기되는 핵심적인 질문—그리고 이것은 평등하게 창조된 미국 시민의 권리 목록을 단순히 참조하는 것만으로 답변되는 질문이거나 의회의 질문이 아니다—은 남부의 백인 공동체가 수적으로 지배적이지 않은 지역에서 정치적·문화적으로 우세해지기 위해 필요한 조치를 취할 자격이 있는가이다. 냉정한 대답은 '그렇다'이다. 당분간은 백인이 더 우월한 인종이기 때문에 백인 공동체는 그럴 자격이 있다. (…)
『내셔널리뷰』는 남부의 전제가 옳다고 믿는다. 다수가 사회적으로 격세유전*을 원한다면, 다수를 좌절시키는 것이 비민주적일지라도 현명한 일일 수 있다. (…)
보편적 참정권은 지혜의 시작도 자유의 시작도 아니다.[65]

윌리엄 F. 버클리 주니어의 처남 L. 브렌트 보젤이 보기에 이는 너무 지나친 것이었다. 그는 "남부 문명이 니그로Negro의 선거권 박탈이라는 매우 위태로운 상황에 놓여" 있는 것은 아닌지 의심했고, 『내셔널리뷰』가

---

* 　생물학에서는 '조상의 유전적 특성이 이전 세대의 진화적 변화를 통해 사라졌다가 다시 나타나는 생물학적 구조의 변형'을 의미하지만, 사회적 다윈주의자들은 이 개념을 사회에 적용해 '열등한 인종이 격세유전적 특성을 나타내고, 따라서 다른 인종보다 원시적인 특징을 보인다'고 주장한다.

법과 헌법을 위반하려는 남부 백인들의 노력을 묵인하고 있다고 비난했다.[66] 그러나 이 잡지의 편집자들은 꿈쩍도 하지 않았다. 대신 그들은 흑인과 백인의 선거권을 평등하게 박탈하는 법을 적용해 헌법을 준수할 것을 남부에 촉구했다.[67]

1957년 남부에서 인종 위기가 격화되었을 때 『리치몬드뉴스리더 Richmond News Leader』의 거침없는 젊은 편집자 제임스 잭슨 킬패트릭이 쓴 재치 있는 논쟁적인 서적 『주권을 가진 주들The Sovereign States』이 등장했다.[68] 1776년부터 1860년 이후 공화국의 역사를 탐구하면서 킬패트릭은 헌법에 관한 옛 "협약compact" 이론˙을 대담하게 부활시켰다. 국가는 주들, 주권을 가진 주들의 연합이며, 그 권한은 수정헌법 제10조에 의해 확인되었다.[69] 주로 1789년의 버지니아 및 켄터키 결의안˙˙과 신생 공화국의 주들과 국가 사이에서 벌어졌던 다양한 충돌을 근거로 킬패트릭은 주와 국가 간에 분쟁이 발생했을 때 "최종 판결자"는 연방대법원이 아니라 자신들의 주에서 행동하는 사람들이라고 주장했다. 어떻게 행동할 것인가? 침해에 저항함으로써, 그리고 중앙정부와 주의 시민들 사이에 주의 권한을 개입시킴으로써. 그러나 이것은 급진적이거나 위험하지 않은가? 킬패

˙ 미국에서 헌법과 관련된 협약 이론은 두 가지로 해석된다. 일반적으로 이해되는 협약 이론은 협약을 전체 국민과 맺는 사회적 계약으로 해석하는 반면, 존 C. 칼훈을 비롯한 남부인들은 협약을 주들 간의 협약으로 해석한다. 따라서 이들에 따르면 헌법을 해석할 우선권은 주정부에 있다.

˙˙ 1798년 애덤스 정부가 대통령이나 연방정부를 비판하는 행위를 범죄로 규정하고, 연방에 위협이 된다고 생각되는 외국인을 추방할 권한을 대통령에게 부여한 「외국인규제 및 선동금지법」을 제정하자, 이에 대한 대응으로 켄터키와 버지니아 주의회에서 채택한 결의안. 각각 토머스 제퍼슨과 제임스 매디슨이 초안을 작성했다. 이들은 연방정부의 권한을 구체적으로 열거하고, 각 주는 이에 따라 연방법의 합헌성을 판단하고, 위헌적인 연방법을 거부할 권리와 의무가 있음을 명시했다. 다른 주들이 이 결의안을 거부함으로써 실제적인 효력을 발휘하지는 못했지만, 공화당을 통합시키는 데 도움이 되었다.

트릭은 아니라고 소리쳤다. 그것은 헌법적으로 논리적이고 역사적으로 정당했다. 그의 책의 거의 절반은 치솜 대 조지아주 재판Chisholm vs. Georgia,* 1798년의 「외국인규제 및 선동금지법Alien and Sedition Acts」에 대한 항의, 하트퍼드 회의Hartford Convention,** 체로키 이주 논쟁, 사우스캐롤라이나 무효화,*** 「도망노예법Fugitive Slave Act」****에 대한 북부의 반대 등 주정부가 연방정부에 저항하는 사례에 할애되어 있었다.

하지만 주의 평등―또는 심지어 패권―이라는 원칙은 남북전쟁으로 인해 무효화되지 않았는가? 킬패트릭은 아니라고 말했다. 승리한 북부는 완전한 중앙집권화를 확립할 수 있었지만 그렇게 하지 않았다. 수정헌법 제10조는 여전히 유효했다. 주들은 온전하게 유지되었고, 연방대법

---

* 1777년 미국 독립전쟁 기간에 노스캐롤라이나주 출신의 상인 로버트 파쿠하Robert Farquhar는 조지아주에서 미군에 의해 화물을 징발당한다. 조지아주는 이에 대한 대가를 지불하기로 약속했지만, 전쟁이 끝난 후에도 약속을 이행하지 않았다. 파쿠하는 1784년에 사망했지만, 그의 유산 집행인 알렉산더 치솜Alexander Chisholm이 1791년 주법원에 소송을 제기했다. 그러나 소송은 기각되었고, 이에 치솜은 연방대법원에 직접 소송을 제기했다. 대법원은 사건을 심리하는 데 동의했지만, 조지아 주정부는 주의 동의 없이 연방법원에 소송을 제기할 수 없으며, 연방대법원에는 이 사건에 대한 관할권이 없다고 주장하며 재판 출석을 거부했다. 1794년 연방대법원은 연방은 국민의 동의하에 수립되었으므로 주의 주권은 국민에게 있고, 따라서 주에서 제기된 소송을 연방법원이 관할할 수 있음을 분명히 했다. 그러나 주들이 대법원 판결에 반대하자 미국 하원은 다른 주에 거주하는 개인이 주를 상대로 소송을 제기하는 것을 금지하는 수정안을 헌법에 추가하는 결의안을 통과시켰다. 1795년 상원은 "합중국의 사법권은 합중국의 한 주에 대하여 다른 주의 시민 또는 외국의 시민이나 신민에 의하여 개시되었거나 제기된 보통법상 또는 형평법상의 소송에까지 미치는 것으로 해석할 수 없다"는 수정헌법 11조를 통과시켰고, 주들은 이를 비준했다.

** 1814년 12월 코네티컷·로드아일랜드·매사추세츠·뉴햄프셔·버몬트주의 연방당 대표들은 코네티컷주 하트퍼드에 모여 비밀 회담을 열었다. 당시 미국은 영국과 전쟁 상태에 있었고, 이들은 영국의 금수 조치가 뉴잉글랜드 지역의 경제를 파괴하고 이로 인해 뉴잉글랜드 지역의 주들이 연방에서 탈퇴할지도 모른다고 우려했다. 대표단은 뉴잉글랜드 지역을 보호하고, 이 지역을 재정적으로 지원할 것을 촉구하는 결의안을 채택하고, 전쟁 선포 시 3분의 2의 다수결을 요구하는 조항을 포함해 주의 권리를 옹호하는 몇 가지 헌법 개정안을 제시하려 했으나, 1815년 1월 전쟁이 종전되면서 공식적인 발표는 하지 못했다. 그러나 비밀 회담이 알려지게 되면서 이는 연방당이 몰락하게 되는 주요 원인이 되었다.

원의 일부 판결을 통해 혜택을 받기도 했다. 1937년 연방대법원이 좌파로 바뀌는 역사적 전환이 일어난 후 주의 권리는 위험할 정도로 훼손되었다. 정당화될 수 없는 새로운 법안—브라운 대 교육위원회 판결—이 우리 목전에 다가와 있었다. "정부는 국민과 가까울 때 가장 악하지 않다"[70]고 믿었던 킬패트릭에게 "연방정부의 신격화와 주정부의 지속적인 무효화"라는 경향은 불길한 것이었다. "과감한" 저항이 필요한 시점이었다. 주들은 "연방정부의 조치에 반대할 수 있는 모든 수단"을 이용해 "연방정부의 권리 침해"를 저지해야만 했다.[71]

다양한 자유주의 비판자들에게 격렬한 비난을 받은 킬패트릭은 우파에서 빠른 속도로 명성을 얻었다. 곧 그는 『내셔널리뷰』에 자주 기고를 하게 되었고, 어느새 헌법 문제와 민권을 대표하는 다소 "공식적인 대변인" 중 한 명이 되었다.[72] 프랭크 메이어는 『주권을 가진 주들』을 매우 반겼고, "헌법이 주들 간의 협약이라는 단순하고 합리적이며, 도덕적인 진리"를 승인했다.[73] 1959년 펠릭스 몰리는 킬패트릭의 연구를 이용해 자신

••• 1820년대 후반 미국의 북부는 점점 더 산업화되어가고 있던 반면, 남부는 여전히 농업 중심 사회였다. 1828년 연방의회가 높은 보호관세를 부과하는 법률을 통과시키자 남부는 이것이 산업화된 북부에 일방적으로 유리한 조치라고 반발했다. 실제로 높은 관세로 인해 남부의 면화 수출은 타격을 입었고, 남부의 주들은 사우스캐롤라이나 출신의 부통령 존 C. 칼훈에게 도움을 요청했다. 칼훈은 원래 높은 관세를 지지했지만, 사우스캐롤라이나의 정치적 기반을 잃지 않으려면 자신의 입장을 재고해야 한다는 것을 깨달았다. 그는 연방정부의 조치나 법률이 특정 주에 해가 된다면, 해당 주의 경계 내에서 그러한 조치나 법률을 무효화할 수 있다는 '무효화' 원칙을 주장했다. 1832년 사우스캐롤라이나 주의회는 '무효화 조례'를 제정하고, 높은 보호관세를 폐지했다. 당시 잭슨 대통령은 이 무효화 조례를 심각한 도전으로 받아들였고, 연방군을 동원해 연방에서 제정한 법률을 집행할 수 있도록 허용하는 법안을 제정할 것을 의회에 요청했지만, 의회가 타협안으로 관세를 개정하면서 무력 충돌은 일어나지 않았다.

•••• 한 주에서 다른 주 또는 연방의 영토로 도망친 노예의 압류 및 반환을 규정한 법률. 이 법률에 따르면 도망친 노예는 스스로를 변호할 수 없으며, 배심원 재판 없이 판사의 재량에 따라 그 혐의가 결정되었다. 북부의 주들은 이 법률에 강력하게 반대했고, 일부 주는 이 법률의 집행을 저지하기 위해 도망친 노예로 기소된 자가 항소할 경우 배심원 재판을 받을 수 있도록 하는 법률을 제정했다.

의 『자유와 연방주의Freedom and Federalism』를 보완했다. 접경 도시인 볼티모어에서 자란 몰리는 『워싱턴포스트』의 편집장이자 해버퍼드칼리지Haverford College의 총장이었으며, 『휴먼이벤츠』의 공동 편집자였다. 그는 강력한 주들을 기반으로 하는 진정한 연방적—즉 분권화된—정치 체제를 주장했다. 그는 루소주의적인 "일반의지"에만 반응하는 오만한 중앙집권 정부의 위협이 증대되는 데 강력하게 반대했다. 이러한 상황에서 몰리는 주권우위설Interposition*의 부활을 "미국인들의 사고 속에 연방의 전통이 변함없이 보존되어 있다"는 사례이자 "공화국을 유지하려는 사람들의 병기고에 있는 강력한 무기"라며 환영했다. 이러한 원칙이 없다면 연방대법원은 제한 없이 행동할 수 있고, 미국의 모든 견제와 균형 체계가 위태로워질 것이었다.[74]

남부에 관한 많은 보수주의적 논의들은 명백히 당면한 인종적 논쟁들[75]과 관련이 있었지만—몰리 역시 브라운 재판의 판결에 반대했다[76]—, 이 지역에 대한 보수주의자들의 애정을 현재의 인종차별적 상황을 옹호하는 것으로 축소시키는 건 잘못된 판단이었다. 남부에는 배워야 할 초월적 진리가 있다는 것은 농본주의운동의 가장 인상적인 전후 계승자 리처드 위버[77]가 집요하게 다룬 논제였다. 그는 1954년 통합 결정이 내려지기 훨씬 오래전부터 자신의 고향 지역을 옹호해왔다. 1930년대 후반 사회주의에서 전향한—부분적으로 벤더빌트 농본주의자들의 영향을 받

---

* 주권우위설에 따르면 주정부는 수정헌법 제10조—"본 헌법이 연방정부에 위임하지 않았거나, 각 주정부에 금지하지 않은 권한은 각 주정부나 시민이 보유한다"—에 근거해 위헌이라고 판단되는 연방정부의 조치나 법률의 시행을 막기 위한 조치를 취함으로써 연방정부와 국민 사이에 '개입'할 권리를 갖는다.

아―위버는 박사학위 논문에서 과학·공격적인 기술·물질주의·상업주의·이기적인 북부 근대주의라는 악에 지금도 완전히 굴복하지 않은 전통적인 사회에 대한 활기차고 호의적인 초상을 제시했다. 이 "허무주의적 혁명"에도 불구하고 남부는 오래되고 참된 많은 것들을 올바르지만 무질서하게 유지하고 있었다. 아아, "필요한 건 버크나 헤겔이었지만[,] 변호사와 언론인을 배출했다".[78] 위버는 그렇다고 말하지 않았지만, 그의 이력은 그 간극을 메우는 데 집중되어 있었다.

　제2차 세계대전 이후 몇 년 동안 이 노스캐롤라이나의 아들은 남부와 명백히 농본주의적 가치를 자주 옹호했다.[79] 그는 남부가 "근대주의를 저지하는 장벽이 되어왔다"고 공언했다.[80] 일례로 1952년 그는 "남부의 철학"에는 파괴를 초래하는 "분석"을 견딜 수 있는 내성이 있다고 썼다. 전문가에 대한 남부의 불신은 남부가 "인본주의"를 유지하는 데 도움이 되었지만, 다른 지역들은 "분석과 과학"이라는 잘못된 신을 추종했다. 남부의 수사학 전통―"언어에 대한 존경"―은 "도덕적 허무주의"의 시작인 "언어적 회의주의"에 대한 해독제였다. "본질적으로 계몽주의의 자식"인 북부인과 대조적으로 남부인은 자연을 이기적인 목적을 위해 조작할 수 있는 것이 아니라 신의 섭리로 경건하게 받아들였다. 남부인은 다른 누군가의 재산을 시기하는 질투심이나 평등주의적 충동에 의해 동기를 부여받지 않았다. 마지막으로 "전형적인 미국인"은 명백히 "승리를 거둔 사람"인 반면, 남부인은 "이례적인 미국인"―거듭 말하자면―이었다. 오직 그들만이 자신들의 땅에서 벌어진 패배와 비극에 대해 알고 있었다. 다른 많은 경우와 마찬가지로 이 점에서도 남부는 실제로 북부보다 유럽과 더 유사했다.[81] "유럽의 전승된 제도와 가치 체계를 지닌 남부는 서구 유럽 문화의 연속선상에 있었고, (…) 북부는 일탈했다."[82]

또 다른 곳에서 위버는 자유주의자들이 남부를 싫어하는 것은 당연하다고 썼다. 미국의 다른 어느 지역보다 남부는 "체제"와 "항구적인 형태의 체계", 그리고 "법, 관습, 관용적 행위의 집합체"를 유지했고, 이는 현대 대중을 괴롭히고 우리 시대의 공상적인 사회적 분출을 자극하는 "상실감과 불안, 그리고 목적 없는 경쟁을 억제하는 강력한 수단" 역할을 했다. 남부의 체제가 살아남은 이유는 무엇인가? 그것은 "사회의 구조적 형태", "초월성이라는 관념", "역사의 보존"이라는 세 개의 "강력한 장벽—"아노미를 막아주는"—"을 유지했기 때문이었다. 모든 체제가 그렇듯 생존에 불가결한 "배제의 원칙"을 고수했기 때문이었다. 이러한 모든 면에서 남부는 위버가 "현대 문명의 죽음에 대한 동경"이라고 부른 자유주의에 대한 모욕이었다.

헌신할 능력이 없는 무능함, 허무주의적 접근, 그리고 확고한 원칙에 대한 거의 병적인 두려움 속에서 자유주의는 모든 것을 파괴하고, 아무것도 보존하지 않기 위해 작동한다. (…) 체제는 관대하고 친절하며, 인간적이고 심지어 인도주의적일 수도 있지만, 그것이 계속되어야 하는지에 대한 의문을 끝없이 품어야 한다는 의미에서 자유주의적일 수 없다. (…) 체제는 자기혐오는 말할 것도 없이 오로지 자기성찰만을 주식主食으로 살아갈 수 없다. (…) 자유주의는 어떤 긍정적인 것도 가정할 수 없다. 왜냐하면 그것을 확언하면 그것들이 배제될 것이기 때문이며, 자유주의가 배제를 인정할 수 있는 유일한 근원은 불관용 또는 '편협함'이기 때문이다. 자유주의는 독립적이고 건강한 성장을 보고 나면 악화될 수밖에 없다. 그러한 성장은 그들에게 자신들의 공허함만을 일깨워줄 뿐이다. 체제는 자유주의를 여실히 비춰준다.[83]

그러나 위버는 개인의 자유의 가치에 무관심하지 않았다. 그는 에세이 「문화적 자유의 중요성The Importance of Cultural Freedom」에서 합의와 문화적 통합의 필요성이라는 익숙한 주제를 제기했을 뿐만 아니라 상당한 예술적 자유와 개선을 호소했다.[84] 그러나 개인과 전통은 어떻게 조화를 이룰 수 있는가? 다시 한번 남부는 로아노크의 괴짜 존 랜돌프를 사례로 보여주었다. 위버에 따르면 이 버지니아인은 "'사회적 유대' 개인주의"의 전형이었다. 랜돌프는 인간이 사회적 동물임을 인정했다. 그는 기독교 인문주의 전통에 속해 있었다. 그는 지역의 권리와 제한된 정부를 위해 싸웠다. 그는 풍부하고 소박한 역사의식을 지닌 웅변가였다. 그와 노골적으로 반대편에 서 있는 사람은 랜돌프와 거의 동시대인인 헨리 데이비드 소로였다. 소로는 자신이 원할 때마다 역사와 확고한 사실을 무시하고, 대신 "혁명적이고 파괴적인" "무정부적"이고 완벽주의적인 개인주의를 설파하는 추상적 "변증론자"였다. 우리를 보다 확실하게 인도해준 사람은 남부인이자 보수주의자 랜돌프였다.[85]

과거든 현재든 남부의 적들을 비난하면서 위버는 세속적 자유주의, 과학 및 기술에 대한 비판을 넘어 현대 자본주의를 반대하기까지 했다. 여기에서도 그는 자신의 농본주의 뿌리에 충실했다. 그는 "사회주의는 정의상 반보수주의"이며, 자본주의는 그것이 산업주의에 의존하는 한 진정한 의미에서 보수주의가 될 수 없다고 주장했다. 왜냐하면 산업주의의 본질은 확립되어있는 모든 것을 불안하게 만들고, 기술적 '진보'라는 끝없는 혁신에 착수하기 때문이다.[86] 위버는 대중적 금권정치—미국이 직면한 "가장 큰 위험"—의 성장을 깊이 우려했다. 그는 광고를 신뢰하지 않았고, 인간은 단지 "욕구의 기능"을 수행하는 존재에 불과하며, 여기저기서 제공되는 물질적 재화가 우리를 구원할 수 있다고 생각하는 통속적 관념을 개탄했다.[87] 아마도 이러한 의무감과 자기절제에는 위버 자신의 금욕적인 삶과 시카고대학교 교수라는 다소 어울리지 않는 삶이 반영되어 있었을 것이다. 그는 매년 노스캐롤라이나의 집으로 돌아가 말을 이용해—트랙터는 절대 사용하지 않았다—땅을 갈았고, 나머지 기간에는 시카고의 평범한 호텔 1인실에서 지냈다. 기독교 신앙의 옹호자였던 그는 1년에 딱 한 번 교회에 나갔다. "수줍음 많고 작지만 역경에 굴하지 않는 남자", "작은 땅속 요정",[88] 이 "바빌론의 청교도"는 번영의 세기 중반 미국의 화려하고 광란적인 생활방식과는 정말로 거리가 멀었다.[89] 의무와 자기수양이라는 표현—"권리"도 변덕스러움도 무분별한 방종도 비아냥거리는 냉소도 아닌—은 리처드 위버의 언어였다.

이 점에서 유용한 과거를 찾으려는 보수주의적 탐구에 위버가 기여한 바를 논할 필요가 있다. 그는 단순히 "남부 전문가"이거나 편협한 지역 옹호자가 아니었다.[90] 그는 1940년대 남부를 떠난 농본주의자들을 옹호하면서 "반인본주의적 세력과의 전투에서, 그 전투는 명백히 전 세계적인 전투이므로 자신이 있던 현장을 옮긴다고 해서 도망가는 것이 아니다. (…) 부대는 사라져도 선의와 이해심을 가진 사람들이 있는 곳이라면 그들은 어디서든 동지를 발견한다"고 지적했다.[91] 그의 가장 날카로운 에세이 중 다수는 남부 문화의 장점에 대해 아무런 언급도 하지 않았고, 적어도 보수주의자들은 그가 가르친 교훈—예컨대 수사학에 대한—이 시간과 환경의 변화를 초월한다고 주장할 것이다. 사실 위버는 상황에 기반한 주장을 낮게 평가했고,[92] 보수주의자들에게 "중세나 옛 남부를 지지한다는 구호를 가지고 그것들로 복귀하는 것은 불가능하다. 원칙은 연구되고 활용되어야 하지만, 인류가 전진하고 있다고 느낄 그러한 방식으로 제시되어야 한다"고 경고했다.[93] 위버는 단순히 남부이기 때문이 아니라 진리이기 때문에 자기 지역의 가치와 제도를 소중히 여겼다.

그러나 뿌리 깊고 진정한 미국 보수주의를 찾고자 하는 보수주의자들에게 위버와 여타 지역주의자들의 "남부 전략"은 그들의 요구를 완전히 만족시켜줄 수 없었다. 미국의 대부분은 남부가 아니었다. 그러나 보다 중요한 점은 위버의 역사적 주장이 완전히 만족스럽지 못했던 이유가 그것이 많은 보수주의자들이 가장 부인하고 싶어 했던 것, 즉 미국은 대체로 공격적이고 역동적이며 자유주의적인 국가이고, 남부인—보수주의자—은 "이례적인 사람들"이라는 바로 그 사실을 대단히 솔직하게 인정했기 때문이라는 것이다. 과학·산업주의·자본주의에 대한 위버의 공격은 보수주의는 미국적이지 않다는 하츠-거트만-로시터-슐레진저의 논제를 강조하는 것처럼 보였다! 이러한 반전은 잃어버린 대의에 대해 모든 걸 알고 있고, 자신이 승리하는 편에 저항하고 있다는 사실을 잘 알고 있던 위버에게 문제가 되지 않았던 듯하다. 그에게는 남부가 살아남았다는 사실을 규명하는 것만으로도 충분했던 듯하다. 적어도 미국 어딘가에서 누군가는 "반인본주의 세력"에 대항하는 입장을 취할 수 있었다. 하지만 이것이 다른 보수주의자들에게도 충분할 수 있었을까?

보수주의자들이 미국의 과거에 대한 자신들의 연구와 위버의 "지역주의" 사이에 존재하는 이러한 부조화를 의식적으로 인지하고 있었다는 인상을 받았다면 그건 잘못이다. 그들이 그를 완전히 이해하지 못했을 가능성이 더 크다. "남부"에 관한 그의 에세이 대부분은 1940년대와 1950년대 초반 소규모 학술지들에 게재되었다. 보수주의자들이 그를 높이 평가하게 된 네 권의 저서—『이념에는 결과가 따른다』(1948), 『수사학의 윤리』(1953), 『질서의 전망Visions of Order』(1964), 『편견 없는 삶과 기타 에세이Life Without Prejudice and Other Essays』(1965)—는 농본주의의 기치를 내걸지 않았다. 그의 남부성이 광범위하게 미친 영향력은 그가 사망하고 5년 뒤인 1968년 『궁지에 몰린 남부의 전통The Southern Tradition at Bay』이 출간되면서 온전히 인정받기 시작했다. 보수주의자들이 위버를 의심의 여지없이 자신들의 일원으로 맞아들였을 때, 어떤 이들은 보수주의자들이 그의 역사적 분석에 자신들과 맞지 않는 논리가 있음을 완전히 깨닫지 못한 채 그렇게 했다고 의구심을 가졌다. 위버는 명백히 남부가 보수주의적이라고 주장하고 있었지만, 동시에 미국의 원칙에서 벗어난 남부의 다른 모습도 보여주고 있었다. 위버는 수 세대에 걸쳐 미국이 가장 깊숙한 차원에서 잘못된 방향으로 나아갔다고 말했다. 이것은 처음부터 미국은 본질적으로 옳았다―또는 우파라고―고 주장하는 사람들의 입장이 아니었다.

═ ★★★ ═

따라서 탐구는 명확한 시간 범위나 분석적 범주가 아니라 동시에 여러 분야에서 계속되었다. 그중 하나가 국가의 정치 제도와 전통이라는 분야였다.

　　1950년대 후반과 1960년대 초반에 일반 대중을 대상으로 한 두 권의 책이 당시 미국 체제에 대한 보수주의자들의 지배적인 해석을 보여주었다. 1957년 러셀 커크는 자신이 "미국적 대의"라고 부른 것을 규명하기 시작했다.[94] 커크에 따르면 미국인들은 1776년 이래 놀라운 안정성과 질서와 함께 "보수주의적 기질"을 보여왔다. 그는 이러한 특성을 미국인들이 언제나 동의해온 "원칙"의 실질적 결과로 보았다. 도덕적 영역에서 그들은 그리스-유대-기독교의 종교적 계율을 고수했고, 부인할 수 없는

"기독교 국가"였다. 확실히 미국은 종교적 관용을 실천했지만, 이것은 무관심이 아니었다. 수정헌법 제1조'는 "교회를 침해하는 것이 아니라 종교를 보호"[95]하기 위한 것이었고, 우리의 역사를 통해 스스로가 기독교인임을 드러내왔다. "기독교의 도덕은 미국인의 삶을 결속시키는 접합제"라고 커크는 말했다.[96] 정치적 영역에서 커크는 미국이 영국의 법과 정치 이론, 그리고 관행을 계승했다고 강조했다. 건국의 아버지들의 고전적 교육과 신중한 현실주의, 그리고 그들이 추구한 "규율 있고 전통적이며, 법을 존중하는 건전한 자유"가 그 증거였다.[97] 미합중국은 중앙집권화된 "순수한" 민주주의 국가가 아니라는 커크의 지적은 적합했다. 건국의 아버지들은 대부분의 사람들이 "선천적으로 선하거나 현명하다"는 "환상"을 결코 품지 않았다.[98] 오히려 우리 정치 체제의 본질은 "제한되고 위임된 권력", 견제와 균형, 영토민주주의territorial democracy," 주의 권리, 그리고 이데올로기적이지 않은 정당들이었다. 경제적으로 미국은 "총체적 규제라는 어떤 집단주의적 체제보다 무한히 자유롭고 공정하며, 질서 있는" 매우 성공적인 자유기업 체제를 고안했다.[99] 요컨대 미국 체제의 많은 측면은 근본적 · 계속적으로, 그리고 논쟁의 여지없이 보수주의적이었다.

커크의 기본적인 주장은 몇 년 후 애리조나주 상원의원 배리 골드워터가 쓴 미국 역사상 가장 성공적인 정치 팸플릿 중 하나인 『보수주의자의 양심The Conscience of a Conservative』에서 날카롭게 반복되었다.[100] 4년 동

•　　"연방의회는 국교를 정하거나 또는 자유로운 신앙 행위를 금지하는 법률을 제정할 수 없다. 또한 언론, 출판의 자유나 국민이 평화로이 집회할 권리 및 고충의 구제를 위하여 정부에게 청원할 수 있는 국민의 권리를 제한하는 법률을 제정할 수 없다."

••　　사람들이 특정 장소—미국의 경우 카운티 · 시 · 자치구 · 의회 선거구 등—에 대한 정치적 통제력을 통해 공식적인 정치적 대표성을 얻는 것을 의미한다.

안 20쇄 넘게 출판된[101] 이 신랄하고 논쟁적인 책—실제로는 L. 브렌트 보젤이 쓴[102]—은 동요하는 대중적인 보수주의운동에 활기를 불어넣었고, 골드워터를 전국적으로 유명하게 만들었으며, 우파가 공화당을 장악하는 데 도움을 주었다. 이 베스트셀러는 미국의 어떤 정치적 유산에 대한 이해를 불러일으켰는가? 골드워터는 "우리 공화국을 초기부터 이끌어온 오래되고 검증된 진리"에 대해 열변을 토했다.[103] 「권력의 위험성The Perils of Power」이라는 의미심장한 제목의 장에서 그는 헌법을 "절대주의라는 방향으로 확장하려는 정부의 자연적 경향을 저지하는 억제 체제"라고 불렀다.[104] 헌법의 의도는 민주주의를 수립하려는 것이 아니라 "대중의 폭정"과 "이기적인 선동가"를 좌절시키려는 것이었다.[105] 우리의 체제는 제한된 연방제였으며, 수정헌법 제10조는 주들의 권리를 침해하지 못하도록 금지했다. 골드워터는 헌법의 "엄격한 구성"을 거듭 언급했다. 예를 들어 헌법은 농업이나 교육에 연방이 "간섭"하는 행위를 승인하지 않았다. 그는 또한 보수주의가 "시대에 뒤떨어졌다"는 주장을 무너뜨리고자 했다.

그런 비난은 터무니없으며, 우리는 담대하게 터무니없다고 말해야 한다. 하나님의 법칙과 자연의 법칙에는 날짜를 구분하는 선이 없다. 보수주의적 입장의 기초가 되는 원칙들은 (…) 인간의 본성과 하나님께서 자신의 창조물에 대해 계시하신 진리에서 비롯된다. 상황은 변한다. 상황에 의해 형성된 문제들도 마찬가지다. 그러나 문제의 해결을 좌우하는 원칙은 그렇지 않다. 보수주의 철학이 시대에 뒤떨어졌다고 말하는 것은 황금률이나 십계명 또는 아리스토텔레스의 정치학이 시대에 뒤떨어졌다고 말하는 것과 같다.[106]

골드워터의 책이 엄청난 인기를 얻었고, 커크의 해석과 일치한다는 사실은 우파가 마침내 미국에서 자신들의 고향을 발견했음을 암시했다. 펠릭스 몰리에게 미국의 보수주의는 그저 "유연하게 해석된 입헌주의가 아니라 엄격하게 해석된 입헌주의"였으며,[107] 이러한 유형의 우익 사상은 확실히 토착적이었다. 미국은 제한된 정부라는 전통을 가지고 있었다. 자유주의자들도 이를 인정할 수밖에 없었을 것이다. 자유주의자들은 이 철학을 좋아하지 않았을 수 있다. 그들은 미국과 영국 보수주의 사상의 차이를 강조했을지 모른다. 그들은 보수주의를 시대착오적이라고 불렀을지 모른다. 그러나 반다수주의·주의 권리·제한된 정부·분권주의 철학은 적어도 미국 과거의 일부였고, 보수주의자들에게는 그것이 중요했다. 활동가인 자유주의적 대통령들, "서서히 다가오는 사회주의", 그리고 몰리가 칭한 "서비스국가Service State"*의 시대에 우리의 유산을 바라보는 이러한 관점은 우파에게 분명히 호소력이 있었다. 그것의 장점이 무엇이든 간에 그것은 미국적이었다.

하지만 무언가 잘못되었고, 보수주의자들도 이를 깨달았다. 커크의 『로아노크의 랜돌프』를 검토한 버나드 이딩스 벨은 1951년에 이미 솔직하게 말한 바 있다.

> 랜돌프와 마찬가지로 커크 역시 좋건 나쁘건 미국이 건국의 아버지들이 염두에 두고 있던 정부 이론을 거부해왔음을 잘 알고 있다. 헌법은 느슨한 구성과 사법적 해석에 의해 조작되어왔다. (…) 중앙정부는 오늘날 거의 무제한적인 익명의 권력을 가지고 있다. 그것은 개인의 권리, 그리고 지역에 대

---

* 　모든 경제적·사회적 병폐를 국가의 행정 활동을 통해 해결하려는 국가를 말한다.

한 충성심과 특수성을 무시한다. 그것은 각 주를 지도상의 구획들 이상으로 종속시킨다. 세금을 부과하는 힘을 행사함으로써 그것은 모든 사람, 모든 일을 지배한다.[108]

벨은 대부분의 사람들보다 더 우울해했을지 모르지만, 그의 논점에는 설득력이 있었다. 다수주의에 반대한다는 보수주의의 대의가 역사에 뿌리내렸다 해도 지금은 흔들리고 있었다. 이러한 비관적인 분위기를 보여주는 한 가지 징후는 사실상 정치적 변화를 묘사하는 것이나 다름없는 책들의 등장이었다. 몰리의 『자유와 연방주의』는 남북전쟁 이후 공화정의 전복을 추적했다. 제임스 번햄의 『의회와 미국의 전통Congress and the American Tradition』은 1933년 이후 의회 권력과 권위의 쇠퇴에 관한 기록이었다. 그리고 고트프리트 디체Gottfried Dietze의 『미국의 정치적 딜레마America's Political Dilemma』가 있었다. 고국 독일에서 학생 시절 나치의 박해를 받았던 디체는 1949년 미국으로 이주해 마침내 존스홉킨스대학교의 정치학 교수가 되었다.[109] 그는 20세기 미국의 쇠퇴를 보여주는 징후들을 탐구하면서 그 과정의 주요 흐름을 발견했다. "제한된 민주주의에서 무제한적 민주주의로"의 경향, 이것은 그가 1968년 출판한 책의 부제이기도 했다.

다수주의에 반대하는 보수주의자들은 또한 자유주의자들에게도 전통―자신들의 모든 것에 도전을 제기하는―이 있다는 사실에 대응해야 했다. 독립선언문, 권리장전,* 강력한 대통령에 대한 추종, "대대적인 건

* 수정헌법 제1조에서 제10조를 말한다. 이 조항들은 모두 1791년 12월 15일 비준되었으며, 처음에는 주로 연방정부의 권한을 제한하는 조항들로 해석되었지만, 현재에는 일반적인 의미에서 주정부에게로까지 확대·적용되는 것으로 해석된다.

설", "일반 복지" 조항, 민주주의적 수사—1인 1표—, 이것들 역시 부정할 수 없는 우리 유산의 일부였다. 따라서 미국의 우파는 자신들의 전통이 어떻게 "일탈"했는지를 설명하고,[110] 자유주의 전통의 우월성을 부정하는 이중의 도전에 직면해 있었다.

보수주의자들이 해석해야 할 의무가 있다고 느낀 미국 과거의 여러 "전환점"을 살펴보면 그들이 어떤 노력을 기울였는지 가장 잘 알 수 있다. 첫 번째는 미국혁명 그 자체였다. 많은 자유주의 비평가들이 보기에 미국은 태어날 때부터 자유주의적이었다. 혁명으로 건설된 미국은 반식민주의, 심지어 해외 혁명의 자연스러운 동맹자였다. 폭력으로 잉태되고 보편적 권리에 헌신하는 국가를 어떻게 "보수주의적"이라고 부를 수 있겠는가? 이러한 혐의에 대해 보수주의자들은 쉽고 단정적인—자신들에게—답변을 했다. 다니엘 부어스틴[111] 같은 학자들의 연구를 바탕으로 그들은 미국혁명이 나중에 프랑스에서 일어난 격변과 같은 대재앙은 아니었다고 반복해서 주장했다. 미국혁명은 건국의 아버지들이 "선조로부터 물려받은"—커크의 말에 따르면—전통적 권리와 독립을 위해 싸운 온건하고 제한적인 전쟁일 뿐이었다.[112] 진정한 급진주의자들은 방어적인 미국 식민지 개척자들이 아니라 대영제국 관리들을 혁신해왔다. 사유재산·자유·질서 사이에는 불가분의 관계가 있다고 믿었던 고트프리트 디체에게 미국혁명은 재산권의 가치를 인정했다는 점에서 중요했다.[113] 그것은 "국민 정부"로부터 개인을 보호하고—통제되지 않은 의회라는 형태로—, 법의 지배를 회복하고자 했다. 그것은 극도로 혁신적이지 않았고 대체로 "점진적"이었다.[114] 보수주의자들은 또한 일찍이 1800년에 메테르니히의 비서관 프리드리히 겐트Friedrich Gent가 보수적인 미국혁명과 급진적인 프랑스혁명을 비교한 바 있다며 흡족하게 말했다. 존 퀸시 애덤스가 번역한 겐트의 에세이는 러셀 커크의 서문과 함께 1955년 헨리레그너리 출판사에서 출간되었다.[115] 요컨대 보수주의자들은 미국혁명이 온건하고 신중한 과업이었으며, 혁명은 거의 아니었다고 강조하는 경향이 있었다.

"양도할 수 없는 권리"와 인간의 평등에 관한 광범위하고 보편적인 주장을 하는 독립선언문은 더 골칫거리였다. 보수주의자들은 독립선언문의 수사적 호소력과 자유주의적 개혁가들에게 갖는 현재적 유용성을 날카롭게 인식하고 있었다. 다트머스대학교의 제프리 하트는 자유주의자들에게 독립선언문을 사실상 양보하기도 했다. 그런 다음 그는 독립선언문의 원칙은 헌법에 관한 이론이 아니며, 1787년에는 새로운 정부의 목적 가운데 하나인 "권리"나 "평등"을 헌법 전문에 싣는 데 명백하게 실패했다고 주장했다. 사실 독립전쟁 기간에는 두 개의 정부 이론이 존재했고, 자유주의자들은 그중 하나만 주장할 수 있었다.[116] 그러나 대부분의 보수주의자들은 올바르게 이해된 독립선언문은 자신들의 관점과 양립할 수 있다고 강조하기를 더 원했던 것 같다. 부어스틴처럼 독립선언문의 "기술적·법리적·보수주의적 성격"을 단순히 "제국적 법률관계에 대한 문서"라고 강조한 사람은 없었지만,[117] 해석의 경향은 분명했다. 커크에 따르면 "모든 사람은 평등하게 창조된다"는 문구가 포함된 구절은 서명자들에게 신분에 관계없이 법 앞에서 평등하다는 것을 의미했을 뿐이었다. 그것은 확실히 "국가의 힘을 통해 모든 사람을 세속적 신분이라는 인위적이고 단조로운 평등 속으로 밀어 넣는 것"을 허락하지 않았다.[118] 더욱이 독립선언문은 계몽주의의 산물이 아니라 미국인들의 생활 환경의 산물이었다. 모호한 "행복에 대한 추구"가 아니라 법 아래의 자유가 우리 정체政體의 진정한 토대였다.[119] 커크는 "자연권"의 존재를 인정했지만, 이를 항상 "자연적 의무"와 한 쌍으로 묶는 데 주의를 기울였다.[120] 존 코트니 머레이는 독립선언문의 원칙은 실제로 서구의 전통적인 지혜를 재천명한 것이라고 주장했다.[121] 고트프리트 디체는 독립선언문이 양도할 수 없는 재산권―확실히 찬사받을 만한 요소―을 소중히 여겼다고 지적했다.[122] 보수주의자들은 다양한 방식으로 독립선언문의 폭발적인 수사적 잠재력을 고갈시키려 했다.

보수주의자들이 고려한 다음의 "전환점"은 헌법이었다. 이에 대한 그들의 평가는 열광적이었다. "본래 구상한 대로의"[123] 헌법은 『연방주의자 논고』와 함께 서구인의 가장 고귀한 업적 중 하나였다.[124] 프랭크 메이어는 다수주의에 반대하는 보수주의자들이 이해하는 헌법을 간결하게 설명했다.

적절한 기능으로 정부 제한, 정부 내에서 지방 권력과 중앙 권력 간의 긴장과 균형, 연방정부 내 합동부서 간의 긴장과 균형[125]

헌법이 연합규약Articles of Confederation*에 따른 국가 정부보다 더 강력한 국가 정부를 수립하기 위한 것이라고 믿었던 많은 사람들―일부 건국의 아버지도 포함―과는 극명하게 대조적으로 많은 보수주의자들은 연방 체제하에서의 개인과 주의 권한을 강조했다. 실제로 그들은 거의 연방주의자들에 반하는 이해를 때때로 헌법에 주입하는 것처럼 보였다.[126] 사실상 다수주의에 반대하는 보수주의자들은 엣 진보주의의 교리들을 종

---

* 당시 영국의 식민지였던 13개 주 간의 협약으로 미국 최초의 헌법으로 기능했다. 조항의 기본 원칙은 주들의 독립과 주권을 확립·보존하는 것이었으며, 중앙정부의 권한은 엄격하게 제한되었다. 1781년 3월 발효되어 현재의 헌법이 제정된 1789년까지 시행되었다.

종 간단하게—그리고 유쾌하게—뒤집었다. 그랬다, 그들은 우리 체제가 반민주의적이라고—50년 전 진보학자 J. 앨런 스미스James Allen Smith*가 그랬던 것처럼—말하고 있었다. 그리고 진정한 의미에서는 정말로 그랬다. 커크는 우리 정부는 "민주적이지 않고, 대의적이고 공화주의적이다"라고 주장했다.[127] 디체는 헌법의 주된 목표가 "다수의 폭정"으로부터 재산권과 여타 "개인의 권리"를 보호하는 것이라고 주장했다.[128] 펠릭스 몰리는 억제되지 않은 "순수한" 민주주의가 "원칙적으로 단순히 비민주적이었던 것만은 아닌 본래의 헌법에 의해" 좌절된 것에 기뻐했다. 그것은 또한 처음부터 비민주적인 방식으로 작동해온 비민주적인 정치 제도를 수립했다. 그러한 것들 중에는 상원과 연방대법원도 있었다.[129] 몰리는 민주주의가 항상 사악한 것은 아니라고 서둘러 지적했다. 그러나 그것은 "국지화" 되었을 때 가장 잘 작동했다.[130] 혹은 커크가 오레스테스 브라운슨의 말을 빌려 설명한 것처럼 미국은 "영토민주주의"였고, 앞으로도 그래야 할 것이었다.[131]

　　권리장전에 대한 보수주의자들의 태도는 다소 양가적이었다. 그들이 일반적으로 권리장전에 반대했던 것은 아니었다. 그들—예를 들어 킬패트릭·몰리·골드워터의 경우—은 특히 수정헌법 제10조의 철학을 받아들였다. 나머지 조항들에 대해서는 존 코트니 머레이가 권리장전에는 기본적으로 "18세기 합리주의 이론"이 아니라 "영국인"의 역사적 "권리"가

•　　1860~1924. 미국의 정치학자. 자신의 대표 저작 『미국 정부의 정신The Spirit of American Government』(1901)에서 미국 헌법은 독립선언문의 혁명적 원칙으로부터 반동적이고 비민주적으로 후퇴했다고 주장했다. 그는 국민소환제·대통령과 상원 직선제 등을 도입해 헌법을 보다 민주적으로 만들 것을 제안했다.

포함되어 있다고 선언했을 때, 아마도 일반적 확신이 표명되었을 것이다. 커크와 마찬가지로 그는 국교를 정하지 못하도록 금지한 수정헌법 제1조는 단순히 다원주의적 사회의 합리적인 "평화 조항"일 뿐이라고 주장했다.[132] 그것은 자유주의적 세속주의를 위한 명령이 아니었다. 주의 권리에 더 많은 관심이 있던 보수주의자들은 권리장전의 목적은 본래 중앙정부만을 구속하기 위한 것이었다고 지적했다.[133] 그럼에도 불구하고 수정헌법 제1조—휴고 블랙Hugo Black* 판사와 윌리엄 O. 더글라스William O. Douglas** 판사 같은 사람들이 해석한—는 특히 우파를 불안하게 만들었다. "절대주의적" 자유주의자들이 수정헌법 제1조를 계속해서 논의의 대상으로 만들어왔기 때문에 그것은 적어도 독립선언문만큼이나 논의의 대상이 되지 않은 적이 없었다.

일반적으로 남북전쟁 이전의 정치 체제는 여기에서 고찰한 보수주의자들로부터 승인을 받았다. 그러나 보수주의자들에게는 남북전쟁 자체와 뒤이은 재건이 공화국이 쇠퇴하게 된 두 개의 큰 위기 중 하나였다. 첫째, 몰리가 주장한 것처럼 수정헌법 제14조의 채택은 연방주의를 "심각하고 영구적으로 약화"시켰다. 이 수정안이 "가증스러운"[134] 방식—킬패트릭도 똑같은 지적을 했다[135]—으로 헌법에 함부로 삽입되었다는 것만으로도 충분히 나빴다. 더 나쁜 것은 개정안이 의미하는 바였다. "(…) 기

• 휴고 라파예트 블랙Hugo Lafayette Black, 1886~1971. 미국 연방대법원 판사. 제2차 세계대전 중 법원이 정부 전복 등에 관한 연설을 불법화하는 법률의 제정을 지지하자, 그는 이를 수정헌법 제1조를 명백히 위반하는 것이라고 주장하며 강력하게 반대했다. 또한 그는 수정헌법 제14조를 중앙정부의 권한을 제한하는 것뿐만 아니라 주의 권한 역시 동등하게 제한하는 것으로 광범위하게 해석했다.

•• 윌리엄 올빌 더글라스William Orville Douglas, 1898~1980. 미국 연방대법원 판사. 검열 등 언론의 자유를 제한하려는 모든 정부 조치에 반대하고, 침해받지 않을 개인의 권리 등을 옹호했다.

본적인 목적은 주정부가 아닌 국가에 집행권을 부여함으로써 권리장전의 원래 목적을 무효화하는 것이다." 합병과 국유화라는 심각한 행위가 자행되었다. 주들은 중앙정부에 "종속"되었다.[136]

보수주의자들의 탄식은 미국 정치에서 가장 위대한 민중의 영웅 에이브러햄 링컨에게까지 확대되었다. 많은 우익 인사들은 인신보호영장의 발급 정지, 예산의 무단 지출, 정당한 절차를 따르지 않는 체포, 노예해방선언 등 링컨이 전쟁 중에 취한 이례적이고 헌법적으로 의심스러운 조치들로 인해 어려움을 겪었다. 링컨을 꼼꼼하게 심리한 후 디체는 대통령이 "헌법 모독"에 대해서는 유죄가 아니지만, 그의 행정부는 "헌법적 비극"이었다고 결론 내렸다. 옛 공화국은 무사히 보존되지 않았다. 미래의 "임의적 다수결 원리", "전제적 민주주의", "전능한 국가 행정"의 씨앗이 뿌려졌다.[137] 프랭크 메이어는 이보다 훨씬 더 비판적이었다. 링컨은 "연합이라는 거짓 슬로건 아래" 전통적인 "견제와 균형"의 틀을 의도적으로 파괴한 "선동가"였다. 그는 "억압적인 독재"를 자행했고, 그랜트Grant와 셔먼Sherman의 끔찍한 군사 전술*을 승인했다.

링컨이 헌법에 입힌 상처가 아니었다면 프랭클린 루스벨트가 혁명을 달성하고, 강압적인 복지국가가 탄생해 오늘날 우리가 맞서 싸우고 있는 조건을 형성하기 훨씬 더 어려웠을 것이다.[138]

• 윌리엄 테쿰세 셔먼William Tecumseh Sherman, 1820~1891. '바다를 향한 셔먼의 행진'이라고 불린 초토화 전술로 많은 비난을 받았지만, 그는 "전쟁은 원래 참혹한 것이며 잔혹할수록 전쟁도 빨리 끝난다"며 개의치 않았다고 한다. 율리시스 심슨 그랜트Ulysses Simpson Grant(1822~1885)는 당시 북군 총사령관이었다.

메이어조차 링컨은 "(…) 중앙집권 정부로 가는 열었을" 뿐이라고 생각했다.[139] 보수주의자들이 목격했듯이 남북전쟁 이후 미국은 놀라운 회복력을 보여주었다.[140] 하지만 돌이켜보면 불길한 조짐도 전개되고 있었다. 그보다 먼저 프랭크 초도로프가 그랬듯[141] 펠릭스 몰리 역시 수정헌법 제16조*를 "미국 체제에 대한 정면 공격"이자 주의 주권을 뒤집어엎는 것이라고 맹렬히 비난했다. 그는 이것뿐만 아니라 다른 형태의 민주화와 관련해 특히 윌리엄 제닝스 브라이언William Jennings Bryan**을 비판했다. 1896년의 선거운동은 "민주주의를 향해 돌이킬 수 없는 전환을 하게 된 최초의 계기로 미국 정치사상에 기록되었다".[142] 디체는 재산을 존중하는 제한된 민주주의에 필수적인 반민주주의적 보루, 즉 사법심사를 약화시키는 역할을 한 "사회학적 법리학"—점점 더 대중화되어 가는—이라는 상대주의 이론을 꼭 집어 가리켰다.[143] 실제로 사유재산—자유에 대단히 필수적인—은 다양한 측면에서 지적 공격을 받고 있었다.[144] 많은 보수주의자들의 공격은 올리버 웬델 홈스Oliver Wendell Holmes***판사를 겨냥하고

• "연방의회는 각 주에 소득세를 배당하지 아니하고 국세조사나 인구수 산정에 관계없이, 어떠한 소득원에서 얻어지는 소득에 대하여서도 소득세를 부과·징수할 권한을 가진다."

•• 1860~1925. 미국 민주당 정치인. 상원의원 직선제·누진적 소득세·여성 참정권 등을 옹호하고, 대기업과 금융계를 비판하면서 대중적인 지지를 얻었다. 1896년 브라이언은 민주당 대통령 후보로 지명되었지만, 월트스리트와 대기업으로부터 막대한 선거 자금을 지원받은 공화당의 윌리엄 매킨리William McKinley에게 패배했다. 독실한 기독교 신자였던 그는 말년에 공립학교에서 진화론을 가르치는 것에 반대하는 운동을 펼치기도 했다.

••• 1841~1935. 미국 연방대법원 판사. 표현 및 언론의 자유를 제한하는 유일한 근거로 '명백하고 현존하는 위험'이라는 개념을 제시했다. 그는 "헌법에서 요구하는 가장 절실한 원칙은 자유로운 사상의 원칙이며, 이는 우리가 동의하는 사상에 대해서가 아니라 우리가 싫어하는 사상에 대한 자유"라고 주장했으며, "법률의 제정은 법원이 아닌 입법 기관의 업무이며, 사람들은 선출된 입법부의 결정을 존중해야 한다"고 강조했다. 미국에서 가장 존경받는 법률가로 평가받고 있다.

있었다. L. 브렌트 보젤은 그는 "자코뱅"이거나 개혁가는 아니지만, 자유주의의 성인이자 서구가 낳은 "가장 큰 악당" 중 한 명이라고 말했다. 어째서인가? "왜냐하면 그는 형이상학으로부터 법을 해방시켰기 때문이다. (…) 홈스는 무신론자이자 회의론자이며, 상대주의자였다. 그리고 철저한 실증주의자였다. 그는 옳고 그름에 대한 객관적 기준이 (…) 인간의 선호와 독립해 존재한다는 사상인 자연법에 맞서 무자비한 전쟁을 벌였다."[145]

보수주의자들은 이러한 경향이 1933년 이후 절정에 달했다고 믿었다. 실제로 우파는 드물게 만장일치로 프랭클린 루스벨트 행정부가 미국 정치의 의제와 구조 모두에서 혁명을 일으켰다고 믿었다. 그것은 공화국을 쇠퇴하게 만든 두 번째 큰 위기였다. 실질적으로 이 격변은 메이어가 말했듯 민주적 사회주의의 한 형태를 추구했다.[146] 정치 체제는 구조적으로 완전히 바뀌었다. 대통령과 연방 관료의 권력이 대대적으로 강화되었고, 1937년에는 압박을 못이긴 대법원이 항복*을 했으며,[147] 당연히 개인에게는 족쇄가 채워지고, 주들은 약화되었다. 메이어와 같은 일부 우익들이 사실상 반反혁명적 규모의 조치가 필요하다고 믿은 것은 놀라운 일이 아니었다. 제임스 번햄이 말했듯 우리는 "1933년 이후 시대의 차가운 내전cold civil-war" 속에서 살아가고 있었다.[148]

• 　루스벨트 대통령의 첫 임기 동안 연방대법원은 일부 뉴딜 정책을 위헌으로 판결했다. 이에 루스벨트는 뉴딜 정책에 유리한 판결을 이끌어내기 위해 1937년 '사법절차개혁 법안Judicial Procedures Reform Bill'을 발의했다. 이 법안의 주요 조항은 대통령에게 최대 6명의 대법관을 추가로 임명할 수 있는 권한을 부여하는 것이었다. 그해 봄 대법원은 뉴딜 정책의 일환인 「사회보장법」과 「국가노동관계법」을 지지하는 결정을 내렸다. 보수 성향의 오웬 로버츠Owen Roberts 대법관이 반대표를 던질 것으로 예상되었으나 그는 투표하지 않았고, 법안은 5대 4의 판결로 합헌 판정을 받았다. 루스벨트의 사법절차개혁 법안은 입법화되지 못했지만, 루스벨트는 법원 내에서 뉴딜 정책에 우호적인 다수를 확보하는 데 성공했다.

어떤 조치를 취할 것인가? 아마도 주권州權우위설이었을 것이다. 몰리와 킬패트릭은 이를 승인했다. 그러나 보다 실용적인 것은 급진적 공격에 가장 저항력 있는 것으로 입증된 정부 기관, 의회였다. 보수주의자들 사이에서는 의회에 의존하는 경향이 증가하고 있었다. 일례로 러셀 커크는 여전히 유효한 미국의 유산인 위대한 전통, "영원한 것들"—성숙한 정당 제도, 법 아래의 자유, 자의적 권력에 대한 규제, 자유롭지만 인도적인 경제, 이익집단 사이의 책임, 대외 정책에 대한 의회의 발언권—에 대한 냉정하고 신중한 옹호자, 로버트 태프트 상원의원을 대단히 칭찬하는 저서를 공동 집필했다.[149]

그러나 커크가 태프트를 존경했어도 의회가 약화되고 있다는 것은 메이어와 마찬가지로[150] 그에게도 명백한 사실이었다. 이것은 제2차 세계대전 이후 보수주의자들이 작성한 가장 통찰력 있는 정치 분석 글 중 하나인 제임스 번햄의 『의회와 미국의 전통』에서 잘 입증된 논제였다.[151] 번햄은 보수주의와 자유주의 "신드롬"에 대한 유용한 분석을 통해 대부분의 우파와 좌파는 정치에 대한 접근법이 본질적으로 다르다는 점을 밝혀냈다. 예를 들어 보수주의자들은 일반적으로 헌법 전통의 지속적 가치, 권력의 분산, "대의적이고 매개된 정부"—희석되지 않은 "국민투표 민주주의"에 반대되는—, 주의 권리, 지방 분권화와 지역화, 그리고 행정부보다는 의회와 민간기업을 믿었다.[152] 아아, 이 모든 가치가 가장 심각한 공격을 받고 있었다. 특히 한때 최고였던 의회는 1933년 이후 "행정부의 동료"에서 "단순한 하급 동반자"로 전락했다.[153] 번햄은 행정부의 확대와 의회 부패의 증거들을 줄기차게 긁어모았다. 입법을 주도하는 지배적인 통제력 상실·관료화·막대한 세출·전쟁 수행·조약을 좌우하는 중요한 권력의 상실. 이러한 "헌법 혁명"을 무효화하기 위해[154] 의회는 조사 권한에 주로 의존하고 있었다. 그러나 이 또한 특히 조셉 매카시에게 분노하고 겁먹은 자유주의자들에 의해 점점 더 폄훼되었다.

그러나 이러한 의회의 쇠퇴가 정말로 문제였을까? 번햄이 보기에 강력한 의회를 대신하게 될 냉혹한 대안은 "민주주의"라는 난폭한 이데올로기였다. "민주주의"는 모든 "중재 제도"를 비웃고, 협력적 다수의 가치를 알지 못하며, 한계와 자유를 못 견뎌 하고, 오르테가 이 가세트가 묘사한 "대중사회의 인간"인 국민을 "상징하는" 대통령 카이사르가 휘두르는 민주적 "독재"의 절정이었다. 설상가상이었다. 1959년 번햄은 이 대안이 이제는 실현될 가능성이 있다고 생각했다. 의회—남아 있는 "최고의 중재 기관"—는 아마도 죽음을 맞게 될 것이고, "경영자혁명"의 "정치적 단계"였던 "민주주의적·국민투표적·관료적·중앙집권적·전제적" 경향이 승리할 것이었다. 그러나 그는 "자유가 있다면 의회도 있지만, 의회가 없다면 자유도 없다"고 경고했다.[155]

1950년대와 1960년대 안정을 찾으려던 보수주의자들이 명백히 의지하지 않은 기관이 하나 있었다. 바로 대법원이었다. 과거 1930년대에는 우파가 법원을 옹호하고 사법심리를 칭송하던 시절도 있었다. 고트프리트 디체는 여전히 그랬다. 하지만 법원이 처음에는 "좌파적" 정책을 묵인하다 점차 이러한 정책들을 허용하면서 다수주의에 반대하는 보수주의자들은 이 논리적 방벽을 빼앗기게 되었다. 그러나 대법원은 기이한 방식으로 전후 보수주의 지적 운동에 상당한 영향력을 행사했다. 얼 워렌Earl Warren, 휴고 블랙, 윌리엄 O. 더글라스, 그리고 그들의 동료들은 다른 어떤 자유주의자들 못지않게 미국 보수주의가 부활하는 데 일조했다고 해도 과언이 아닐 것이다. 가장 극적인 사건에서 워렌 법정은 미국인의 삶의 본질과 정치 과정 전체에 관한 가장 심오한 질문 중 일부를 표면화하고, 그러한 가장 중대한 문제를 공개적이고 논쟁의 여지가 있는 문제로 만듦으로써 좌파와 우파를 양극화시키는 데 일조했다. 그리고 양극화는 자기정의를 향해 나아가는 첫걸음이었다.

워렌 법정에서 느낀 경악은 미국 보수주의와 일체화되었다. 보수주의 저널들은 분노에 찬 논평으로 떠들썩했다.[156] "헌법을 해석할 수 있는 연방대법원의 '권한'에 한계가 있다면 그것은 어디까지인가?" 제임스 J. 킬패트릭은 물었다. "견제와 균형의 정부에서 법원을 효과적으로 견제할 수 있는 곳은 어디인가?"[157] 대부분의 주요 보수주의자들이 일제히 법원에 대한 혐오를 표명했지만, 워렌 혁명에 대한 가장 체계적이고 광범위한 비판은 변호사이자 작가인 L. 브렌트 보젤에게서 나왔다. 보젤에 따르면 1954년 이전 미국에는 두 개의 "헌법"이 존재했다. 하나는 고정되고 공식적인 1787년의 성문헌법이었고, 나머지는 타협과 시행착오, 첨부, 합의를 통해 유기적으로 성장한 유동적이고 비공식적인 불문헌법이었다. 이러한 정책 결정 과정에서 연방대법원은 사법심사를 통해 "고정된 헌법이 적용되지 않는 영역에서 작동하는 합의를 발견하고 발전시키는 데 기여했

• 1891~1974. 제14대 미국 연방대법원 대법원장. 하이젠하워 대통령은 워렌을 공화당 온건파로 생각해 그를 대법원장으로 임명했지만, 워렌은 1953년 브라운 대 교육위원회 재판에서 학교의 인종 분리를 위헌으로 판결했고, 이후에도 공공장소와 민간기업 등에서 인종차별을 금지할 권한이 연방정부에 있다고 판결하는 등 민권을 옹호하는 다수의 판결을 내렸다. 특히 그는 1956년 불법 행위를 구체적으로 입증할 것을 요구하며 예이츠 대 미국 재판Yates v. United States—14명의 캘리포니아주 공산당 지도자가 스미스법에 따라 기소되어 유죄 판결을 받은 사건—의 원심 판결을 파기하고, 사건을 지방법원에 환송하면서—결국 예이츠 등 모든 피고인에 대한 혐의는 기각되었다—, 조셉 매카시 상원의원을 비롯한 많은 보수주의자들로부터 거센 비난을 받았다. 워렌 법정은 평등한 정의·자유·민주주의·인권에 대한 믿음을 구현한 자유주의적 '헌법 혁명'을 이루어낸 것으로 많은 사람들에게 인정받았지만, 보수주의자들에게는 주요 표적이 되었다. 아이젠하워 대통령은 훗날 워렌 임명을 "내가 저지른 실수 중 가장 멍청한 실수"였다고 말했다고 한다.

다".[158] 그러나 1954년 이후 극적인 변화가 일어났다. 더 이상 이러한 전통적인 역할에 만족하지 않는 법원은 이제 유동적인 헌법을 재구성하는 심판의 지위를 강조했다. "(…) 이 새로운 형태의 헌법 제정은 현대 공공 정책의 가장 중요한 문제 중 일부에 대한 해결책을 유동적 헌법에서 고정된 헌법으로―사법 판결을 통해―이전시키고자 했다." 법원은 스스로 "헌법 해설자"에서 "해설자"로 변모했다.[159]

이러한 경직된 혁신의 영향은 1954년 학교 통합 결정의 여파에서 분명하게 드러났다. 브라운 대 교육위원회 재판이 있기 전에 이 나라에는 이 문제에 대한 명확한 합의가 존재하지 않았다고 보젤은 말했다. 어떤 쪽도 헌법상의 다수를 차지하지 못했다. 그럼에도 불구하고 실질적이고 영구적인 인종적 진보가 이루어졌다.[160] 그러나 판결 이후 두 인종 모두 "이데올로기적 처방"을 따를 수밖에 없었기 때문에 "합의에 의한 조정과 수용의 가능성은 크게 줄어들었다". "다차원적" 인종 문제―공정성, 연방 체제의 보존, 질서 유지와 같은 고려 사항을 포함해―는 "일차원적" 문제가 되었다. 조정의 유일한 목적은 "니그로들의 주장을 만족시키는 것"이었다. 그런데 만약 "지배받는" 사람들이 "동의"하지 않는다면? 이들은 이제 "아홉 명의 판사가 경성헌법적' 합의의 권한 없이 고정된 헌법 조항을 작성할 수 있지만, 그들의 결정은 경성헌법적 합의의 권한에 의하지 않고는 번복될 수 없다"는 "대이변"에 직면했다.[161]

•   헌법 개정 시 일반 법률보다 개정 절차가 까다로운 헌법을 말한다. 대다수의 국가는 경성헌법을 채택하고 있다. 예컨대 한국·일본·프랑스는 헌법 개정 시 국민투표에서 3분의 2 이상의 찬성을 얻어야 하며, 미국 등의 나라에서는 국회나 의회에서 3분의 2 이상의 찬성을 받아야 한다. 이에 반해 일반 법률과 같은 방법으로 개정할 수 있는 헌법을 연성헌법이라고 한다.

국가의 정치적 동맥이 굳어버린 것은 상당히 유감스러운 일이었다. 워렌 법정이 내린 주요 판결의 근거 자체도 보젤이 비난할만한 것이었다. 그는 헌법 해석의 첫 번째 규칙은 의심의 여지없이 항상 입안자들이 무엇을 의미했는지를 규명하는 것이었다고 주장했다. 브라운 사건의 경우 워렌 법정은—약간 위장을 하기는 했지만—의도적으로 이 확고한 버팀목을 포기했다. 법원의 판결은 1868년 채택된 수정헌법 제14조의 주정부는 "관할권 내에 있는 어떠한 사람에 대하여도 법률에 의한 평등한 보호를 거부하지 못한다"는 조항*에 의거했다. 그러나 당시의 증거들은 수정헌법 제14조가 학교에서의 인종차별을 금지하려는 의도가 아니었음을 강력하게 입증하고 있었다. 개정안을 승인한 그 의회 역시 컬럼비아 교육구에 흑인 전용 학교를 설립했다. 개정안을 비준한 대부분의 주들도 분리된 학교를 허용하거나 요구했고, 이를 지속적으로 유지했다. 실제로 교육은 전적으로 주와 지역의 책임으로 인식되었다.

아, 하지만 워렌 대법관은 의견서에서 "우리는 시계를 1868년"이나 1896년으로 "되돌릴 수 없다"고 말했다. 이것이 보젤에게 최고의 분노를 일으켰다. 1954년 이전의 법원 판결이 항상 적절한 것은 아니었지만, 적어도 판사들은 전통과 혁신을 조화시키려 노력해왔다. 더 이상은 아니었다. 워렌 법정은 주제넘게 "고대 양피지""의 시대착오적 사고로부터의 해

---

* 수정헌법 제14조 제1항 "합중국에서 출생하거나 귀화한 합중국의 관할권에 속하는 모든 사람은 합중국 및 그 거주하는 주의 시민이다. 어떠한 주도 합중국 시민의 특권과 면책권을 박탈하는 법률을 제정하거나 시행할 수 없다. 어떠한 주도 정당한 법의 절차에 의하지 아니하고는 어떠한 사람으로부터도 생명, 자유 또는 재산을 박탈할 수 없으며, 그 관할권 내에 있는 어떠한 사람에 대하여도 법률에 의한 평등한 보호를 거부하지 못한다."

** 미국 독립선언문을 말한다. 미국 독립선언문은 양피지에 작성되었다.

방"을 선언했다.[162] 워렌은 수정헌법 제14조 평등 보호 조항에는 "평등"의 "개념"이 포함되어 있으며, 대법원은 지시된 조건―또는 사회학자들―에 따라 이 개념을 적용하도록 명령받았다고 믿었다.[163] 보젤은 이것이 역사적으로 정당하지도, 헌법적으로 현명하지도 않다고 주장했다.

연방대법원에 수정헌법 제14조 입안자들의 판단을 좋은 사회에 대한 현대의 판단으로 대체할 자유가 있다면―그리고 그러한 현대의 판단에 헌법의 효력을 부여할 자유가 있다면―, 헌법을 해석한다는 미명하에 법원이 자유롭게 할 수 없는 일은 무엇이란 말인가? (…) 브라운 사건은 헌법의 진부화가 '미국 헌법을 지지하고 수호한다'는 선서를 하고, 그러한 책무를 부여받은 법원에 의해 일방적으로 선포될 수 있는지 의문을 제기한다.[164]

브라운 대 교육위원회 재판에 의해 확립된 경향은 다른 판결에 의해 강화되었다. 예를 들어 1963년 학내 기도 행위 관련 재판에서 법원은 국교를 정하거나 주들의 수용에 개입하는 행위를 연방의회에만 명백히 금지한 수정헌법 제1조를 잘못 해석했다. 어쨌건 1789년―그리고 그 이후 몇 년 동안―에는 많은 주들이 여전히 자신들의 종교를 정하고 있었다. 또한 "국교 금지" 조항은 수정헌법 제14조를 통해 현재 주들에 적용할 수 없었다. 제14조가 채택된 지 불과 몇 년 후 주가 종교를 정하지 못하도록 금지하는 또 다른 개정안이 발의되었다. 수정헌법 제14조가 문제를 해결했다면, 이 새로운 노력이 왜 그렇게 많은 지지를 받았겠는가? 왜 새로운 수정안이 필요하다고 생각되었겠는가?

연방대법원의 재할당 판결 또한 우려스러웠다. 특히 웨스베리 대 샌더스 재판Wesberry vs. Sanders*(1964)에서 법원은 하원 선거구―동등한 정부

부서라는 전통적인 문제—는 "1인 1표" 공식에 따라 할당되어야 한다는 점을 확고히 했다. 역사적 사실을 근거로 이를 날카롭게 반박하면서 보젤은 다수의 법원이 미국 전통이 부여한 명백한 권한을 노골적으로 무시했다고 비난했다. 다시 한번 워렌 법정은 "미국의 정치 체제를 설계한 사람들의 명확한 목적에도 불구하고, 그리고 현재 그 체제 아래 살아가고 있는 사람들의 바람과도 상관없이 미국 정치 체제에 평등의 이데올로기를 강요하려 한다"는 것이 분명해졌다. 그리고 또다시 도전이 제기되었다.

연방대법원의 헌법 해석이 아무리 허황되고 터무니없어도, 아무리 국가의 유기적 삶을 훼손한다고 해도, 국민의 대표가 만든 법으로도 이의를 제기할 수 없는 '국법'이라는 것이 진실이라면, (⋯) 그렇다면 허심탄회하게 우리가 있는 곳은 어디란 말인가? 헌법에 대한 사법적 해석이 정의상 그 헌법이라면, 그렇다면 우리는 사법 전제주의의 손아귀에 사로잡혀 있다.[165]

이 지점에서 보젤은 보다 전통적인 우익 사상을 넘어서서 워렌 법정의 판결뿐 아니라 사법의 우월성 자체에 의문을 제기했다.[166] 대담하고 치밀한 분석을 통해 보젤은 1787년 이전에는 입법권에 대한 사법심사라는 전통은 존재하지 않았고, 건국의 아버지들은 사법의 우월성과 유사한 어떤 것도 제시하지 않았으며, 실제로 그 누구도 "입법의 우월성이라는 지배적

• 제임스 웨스베리James Wesberry는 자신이 거주하는 조지아주 선거구의 인구가 다른 선거구에 비해 2~3배나 많은데도 배정된 하원의원은 1명뿐이라며 법원에 의원 할당 법령 무효화 소송을 제기한다. 1964년 연방대법원은 '가능한 의회 선거에서 한 사람의 투표가 다른 사람의 투표와 동등한 가치를 갖도록 보장하기 위해 의회 선거구의 인구는 거의 동등해야 한다'며 할당 법령을 무효라고 판결했다.

전통"에 도전하지 않았다고 주장했다.[167] 1787년에 사법의 우월성이라는 원칙이 확립되지 않았다면,[168] 누가 "최종 심판자"가 되었을 것인가? 아무도! 대신 건국의 아버지들은 "헌법을 해석하고 집행하는 업무가 공동의 과업"으로 유지되는 긴장과 타협의 체계를 신중하게 설계했다. 그는 이 체계가 1954년까지 유지되었다고 믿었다.[169] 헌법은 "복잡한 합의 장치"를 수립했다.[170] 그것은 제약이 아니라 기능의 정력적인 수행을 통해 실행되는 것이었다. 하나의 기구—현재의 법원—가 지배력을 행사할 수 있는 지위를 얻게 되면, 그 체계는 실패할 것이었다.[171]

보젤의 연구는 1960년대 미국 헌법 체계에 대한 보수주의자들의 이해에서 드러나는 다양한 특징을 보여준다. 그는 성문헌법이 초월적 목적을 달성하기 위해 편리한 방식으로 해석될 수 있는 무한히 탄력적인 문서이거나 혹은 "학습 헌장charter of learning"[172]이 아니라는 보수주의자들의 믿음을 반영하고 있었다. 변화가 반드시 있어야 한다면 그것은 "유기적"이어야 하며, 갑작스럽고 암묵적으로 강요되어서는 안 되었다. 그는 권력의 불균형에 대한 보수주의자들의 점점 커지는 우려와 오랜 기간 자만에 차 우쭐대는 행정부뿐 아니라 연방대법원을 다시 헌법 장치로 끌어당기려는 보수주의자들의 열망을 반영했다. 아마 그가 보여준 것은 무엇보다 워런 법정이 미국 우파에 미친 충격적인 촉매 효과였을 것이다. 연방대법원은 보젤을 비롯한 보수주의자들을 미국 정치 경험의 기초가 되는 자금, 즉 미국 헌법의 기원으로 되돌려놓았고, 보수주의자들이 미국의 용어로 자기인식을 명확히 하게 만들었다. 비록 그들이 항상 동의한 것은 아니었지만, 그 과정 자체는 그들이 서야 할 토착적 지반을 찾는 데 유용했다.

═ ★★★ ═

1960년대 중반 무렵 보수주의자들은 "비미국적"이라는 비난에 대응하기 위해 몇 가지 전략을 개발했다. 첫째로 그들은 자신들이 "봉건적" 구조든 현대적 구조든, 낡은 것이든 새로운 것이든 어느 사회 구조에나 "시대를 초월해" 적용 가능하다고 주장하는 일련의 원칙들—자연법·기독교 계시·법 아래의 자유, 그리고 제한된 국가와 같은—을 명확하게 표명했다. 둘째로 그들 중 많은 이들은 부상하는 급진적 조류에 대항하는 비자유주의적 방벽을 궁지에 몰린 남부에서 발견했다. 마지막으로 그들은 뉴딜 이후의 자유주의를 공격할 수 있는, 명백히 미국 고유의 존경할 만한 전통을 찾아내는 데 성공했다.

그들이 복원한 이 전통은 무엇이었나? 이 장에서 논한 보수주의 사상의 지배적인 추진력은 대단히 몰염치하게도 반다수주의, 중앙집권화와 현재의 "국민투표 민주주의"에 대한 의심, 그리고 "시대에 뒤떨어진" 헌법을 못 견뎌하는 개혁적이고 "조급한 자유주의자들"에 대한 불신이었다. 대부분의 보수주의자들이 호소한 전통은 권력—무엇보다 대중 다수가 행사하든, 대통령이 행사하든, 연방대법원의 소수가 행사하든 관계없이 집중된 권력—을 경계하고 심지어 적대시하기까지 했다. 지금까지 검토한 글들의 주요 논지는 개인의 자유, 사유재산 또는 주권을 가진 주들이라는 미명하에 "다수의 폭정"과 국가의 통합에 저항하는 것이었다. 전반적인 분위기는 쇠퇴하는 옛 공화국에 대한 비관론이었다.

곰곰이 생각해보면 이것은 놀라운 일이 아닌 듯하다. 타당성이 어떻든 간에 미국의 정치적 발전을 바라보는 이러한 관점에는 1950년대와 1960년대 초 스스로에 대한 보수주의자들의 인식이 반영되어 있었다. 그들의 시각은 소수의 관점이었고, 동시대 미국인들의 삶에 자리 잡은 많은 관심사와 강력한 경향에 자의식을 가지고 도전하는 저항운동의 관점이었다. 예를 들어 급성장하는 정부는 더 많은 복지국가의 조치—더 많은 사회보장, 더 많은 농산물 가격 지원, 더 많은 보조금, 더 높은 최저임금—를 요구하는 대중에 의해 권력을 유지하는 자유주의자들이 통제하고 있었다. 이것이 보수주의자들이 직면하고 있다고 믿었던 것이었다. 이런 상황에서 그들이 반다수주의자가 되는 것은 지극히 당연한 일이었다. 어쨌든 그들은 소수였거나 혹은 그런 듯 보였다.

프랭클린 루스벨트 시대 이래로 보수주의의 반대자들은 대부분의 시간 동안 다수의 지지를 받는 것처럼 보였다. 정부 권력—특히 워싱턴의 중앙집권적 권력—에 대한 통제와 "일반의지"에 대한 억제는 권력이 적들의 손에 있고, 고작해야 "일반의지"가 변덕스러울 때만 논리적으로 보였다. 현재에 대한 이러한 관점을 보완해준 것이 미국의 보수주의 유산을 매우 유용한 과거라고 보는 관점이었다.

그러나 1960년대 초반에는 시대가 변하고 있었다. 보수주의는 느리고 미묘한 변화를 시작하고 있었다. 그 한 가지 징후는 이러한 반다수주의적 정서와 정통성에 반대하는, 소수지만 강력한 보수주의자들이 등장했다는 사실이다.

주

1 리처드 체이스, 「네오-보수주의와 미국 문학Neo - Conservatism and American Literature」, 『코멘터리』 23(1957년 3월), 254~261쪽

2 엘리샤 그리퍼, 「미국의 보수주의적 태도: 자유주의 이전 과거에 대한 애덤스 가문의 연구The Conservative Pose in America: The Adamses' Search for a Pre - Liberal Past」, 『계간서구정치』 15(1962년 3월), 5~16쪽

3 앨런 거트만, 『미국의 보수주의 전통』(뉴욕, 1967). 특히 서론과 1장을 참조할 것.

4 아놀드 A. 로고, 「에드먼드 버크와 미국의 자유주의 전통Edmund Burke and the American Liberal Tradition」, 『안티오크리뷰』 17(1957년 6월), 255~265쪽

5 거트만, 『보수주의 전통』, 1장 참조.

6 같은 책

7 아서 슐레진저 주니어, 「미국의 신보수주의: 자유주의적 논평The New Conservatism in America: A Liberal Comment」, 『컨플루언스』 2(1953년 12월), 65쪽. 또한 아서 슐레진저 주니어, 「신보수주의: 향수의 정치학The New Conser - vatism: Politics of Nostalgia」, 『리포터』 12(1955년 6월 16일), 9~12쪽

8 윌리엄 S. 슐람, 「세련된 보수주의Civilized Conservatism」, 『프리맨』 5(1954년 12월), 223쪽. 이 글은 커크의 『보수주의자들을 위한 강령』(시카고, 1954)에 대한 서평이었다.

9 랄프 드 톨레다노, 「논쟁에 관한 메모들Notes for a Controversy」, 『내셔널리뷰』 2(1956년 9월 22일), 15~16쪽. 보수주의 동료학자가 톨레다노를 반박한 글은 게르하르트 니에메예르, 「너무 일찍, 그리고 너무 많이Too Early and Too Much」, 『내셔널리뷰』 2(1956년 10월 13일), 19쪽~23쪽을 참조할 것.

10 랄프 드 톨레다노, 『어느 세대를 한탄하다』(뉴욕, 1960), 183, 220, 224쪽. 그리고 전반적으로 9~11장을 참조할 것.

11 스티븐 J. 톤소르, 「산뜻한 출발: 미국 역사와 정치 질서A Fresh Start: American History and Political Order」, 『모던에이지』 16(1972년 겨울), 3쪽

12 스티븐 J. 톤소르, 「논쟁에 휩싸인 버크의 유산Disputed Heritage of Burke」, 『내셔널리뷰』 10(1961년 6월 17일), 390~391쪽

13 후자의 관점에 대한 해설로는 피터 스탠리스, 『에드먼드 버크와 자연법Edmund Burke and the Natural Law』(앤아버, 미시간, 1958)을 참조할 것.

14 헨리 제임스, 『호손Hawthorne』(뉴욕, 1880), 42~43쪽

15 윌리엄 F. 버클리 주니어, 「보수주의」, 『새터데이리뷰』 40(1957년 6월 8일), 37쪽

16 이 논점을 열정적으로 논한 글은 피터 L. 버거Peter L. Berger, 「두 가지 역설Two Paradoxes」, 『내셔널리뷰』 24(1972년 5월 12일), 507~551쪽을 참조할 것.

17 윌리엄 F. 버클리 주니어, 「출판사 성명서Publisher's Statement」, 『내셔널리뷰』 1(1955년 11월 19일), 5쪽. 이 글에서 버클리는 "급진 보수주의자"라는 용어를 이용해 『내셔널리뷰』가 청중으로 삼으려는 사람들을 구별했다.

18 존 할로웰, 『정치학저널』 16(1954년 2월), 150~152쪽

19 스티븐 J. 톤소르, 『버크뉴스레터』 8(1966~1967년 겨울), 684쪽

20 스티븐 J. 톤소르, 『버크와그의시대연구』10(1968~1969년 겨울), 1192~1193쪽

21 특히 다음 장에서 논하게 될 윌무어 켄달이 그러했다.

22 러셀 커크, 『버크뉴스레터』4(1962~1963년 겨울), 190~193쪽

23 러셀 커크, 『에드먼드 버크: 어느 천재에 대한 재검토Edmund Burke: A Genius Reconsidered』(뉴로셸, 뉴욕, 1967), 209쪽

24 러셀 커크, 『로아노크의 존 랜돌프』개정판(시카고, 1964)

25 러셀 커크, 「윌슨: 추상, 원리, 그리고 세계라는 적대자Wilson: Abstraction, Principle, and the Antagonist World」, 『컨플루언스』5(1956년 가을), 204~215쪽

26 예를 들어 러셀 커크, 「버크와 질서의 원리Burke and the Principle of Order」, 『스와니리뷰』60(1952년 봄), 187~201쪽을 참조할 것. 버크가 미국 사상에 미친 영향은 커크의 『보수의 정신』(시카고, 1953)을 관통하는 주제일 뿐만 아니라 『내셔널리뷰』에 그가 쓴 논설에서 계속 거론된 주제이기도 하다.

27 러셀 커크, 『탐욕의 꿈을 넘어 Beyond the Dreams of Avarice』(시카고, 1956), 25쪽

28 존 코트니 머레이, 『우리는 이러한 진리를 간직하고 있다: 미국의 명제에 대한 가톨릭의 고찰We Hold These Truths: Catholic Reflections on the American Proposition』(뉴욕, 1960), 10, 43쪽

29 같은 책, 28쪽. 그 다음 문장에는 다음과 같이 적혀 있다. "이것이 바로 미국의 보수주의적 기독교 전통을 유럽 대륙의 자코뱅식 세속주의 전통과 근본적으로 구별하는 원리이다."

30 같은 책, 30쪽

31 같은 책, 33~36쪽

32 프랜시스 윌슨, 『가톨릭역사리뷰Catholic Historical Review』47(1961년 4월), 43쪽

33 윌무어 켄달, 「자연법과 '자연권' Natural Law and 'Natural Right'」, 『모던에이지』6(1961~1962년 겨울), 93~96쪽

34 윌리엄 F. 버클리 주니어 편, 『20세기 미국의 보수주의 사상American Conservative Thought in the Twentieth Century』(인디애나폴리스, 1970), 4, 37~51쪽. 한 논평에서 버클리는 이 책을 "고결한 선언서"라고 찬사하면서 (머레이가 주장하는) 자연법 철학이 "사람들에게서 잊힌 채로 누더기로만 가려져 있던, 그러나 만약 우리가 파내기 시작한다면 서구 세계를 되살릴 공공철학을 발굴해낼 수 있는 그런 금맥"이라고 선언하는 데까지 나아갔다[「검열통과Nihil Obstat」, 『내셔널리뷰』10(1961년 1월 28일), 56~57쪽].

35 러셀 커크, 『어느 보헤미안 토리의 고백』(뉴욕, 1963), 특히 2부를 참조할 것.

36 앙드레 말로 및 제임스 번햄, 『드골을 위한 변론: 대담The Case for De Gaulle: A Dialogue』(뉴욕, 1948)

37 프랜시스 윌슨, 「스페인의 신보수주의자들The New Conservatives in Spain」, 『모던에이지』5(1961년 봄), 149~160쪽; 프랜시스 윌슨, 「라미오 데 마에즈투: 혁명의 비판자Ramiro de Maeztu: Critic of the Revolution」, 『모던에이지』8(1964년 봄), 174~185쪽을 참조할 것.

38 L. 브렌트 보젤과의 전화 인터뷰, 1972년 4월 26일

39 라파엘 칼보-세레르Rafael Calvo-Serer, 「그들은 기독교 유럽을 대변했다They Spoke for Christian Europe」, 『내셔널리뷰』4(1957년 7월 27일), 109, 112쪽을 참조할 것. 이 글은 스페인의 에스코리알에서 열린, 그리고 오토 폰 합스부르크 대공이 의장을 맡은 이 단체의 6번째 정례 회의에 대한 설명문이다. 이 회합의 주제는 미국과 유럽 사이의 "오해"였다. 저명한 스페인 지식인 칼보-세레르는 번햄과 켄달, 빌헬름센 같은 "미국인 참가자들의 심오한 유럽적 의식과 책임감"에 큰 감명을 받았다.

40 버클리와 오토 폰 합스부르크의 우정에 관한 글은 윌리엄 F. 버클리 주니어, 『순항 속도: 다큐멘터리Cruising Speed: A Documentary』(뉴욕, 1971), 163~165쪽을 참조할 것. 또한 러셀 커크가 그를 호의적으로 묘사한 글은 그의 책 『어느 보헤미안 토리의 고백』, 145~177쪽을 참조할 것.

41 윌리엄 F. 버클리 주니어와의 인터뷰, 스탬포드, 코네티컷, 1971년 11월 26일

42 칼보-세레르, 「그들은 기독교 유럽을 대변했다」, 109쪽에서 인용.

43 톨레다노, 「논쟁에 관한 메모들」, 16쪽

44 토마스 몰나르, 「오늘날 프랑스의 보수주의 사상French Conservative Thought Today」, 『모던에이지』3(1959년 여

름), 283쪽

45 스테판 포소니, 「보수주의 재평가Conservatism Reappraised」, 『뉴리더』 37(1954년 1월 25일), 22쪽

46 클린턴 로시터가 편집자에게 보낸 편지, 『리포터』 13(1955년 8월 11일), 7쪽

47 클린턴 로시터, 『미국의 보수주의』 개정판 2판(뉴욕, 1962), 222, 221쪽

48 같은 책, 262, 269쪽

49 같은 책, 252쪽

50 러셀 커크, 「미국 보수주의의 특징」, 『스와니리뷰』 8(1954년 가을), 255쪽과 그 외 여러 곳

51 로시터, 『미국의 보수주의』, 56, 57쪽

52 게르하르트 니에메예르, 『공법저널』 4(1955년 가을), 441~447쪽

53 윌무어 켄달, 「누가 오고 누가 가는가?Who's Coming and Who's Going?」, 『내셔널리뷰』 13(1962년 8월 28일), 151~152쪽

54 프랜시스 윌슨, 『정치학저널』 18(1956년 5월), 359쪽. 몇 년 후 윌슨은 신보수주의를 정의하고 자유주의자들의 다양한 비판을 논박하고자 했다. 윌슨, 「보수주의자들의 해부학The Anatomy of Conservatives」, 『윤리학』 70(1960년 7월), 265~281쪽. 로시터에 대한 자유지상주의자의 비판은 존 체임벌린, 「한 논평가의 메모장」, 『프리맨』 5(1955년 5월), 484~485쪽을 참조할 것. 체임벌린은 로시터가 "공동체의 우선성"을 거론함으로써 "개인적 다양성"이라는 가치와 공동체라는 명목으로 이루어지는 (거대한 위협인) 강압의 위험성에 주의를 기울이지 않는다고 우려했다.

55 로시터, 『미국의 보수주의』(1962), 227쪽

56 리처드 위버, 「남부 철학의 양상Aspects of the Southern Philosophy」, 『홉킨스리뷰』 5(1952년 여름), 15, 17쪽

57 이 당시 커크가 W. C. 맥캔에게 보낸 편지들(러셀 커크 페이퍼스, 센트럴미시간대학교 클라크역사도서관, 마운트플레전트, 미시간)을 참조할 것.

58 러셀 커크, 『로아노크의 랜돌프: 보수주의 사상에 대한 연구』(시카고, 1951)

59 같은 책, 1, 18쪽

60 러셀 커크, 「규범, 관습, 그리고 남부Norms, Conventions, and the South」, 『모던에이지』 2(1958년 가을), 344쪽

61 도널드 데이비슨, 「새로운 남부와 보수주의적 전통The New South and the Conservative Tradition」, 『내셔널리뷰』 9(1960년 9월 10일), 141~146쪽; 커크, 『어느 보헤미안 토리의 고백』, 154쪽을 참조할 것.

62 자유지상주의 우파의지지 성명은 「모든 인간은 평등하게 창조된다All Men Are Created Equal」, 『프리맨』 4(1954년 6월 14일), 655~656쪽

63 프랭크 S. 메이어, 「위대한 전통 속에서In the Great Tradition」, 『내셔널리뷰』 3(1957년 6월 1일), 528~528쪽

64 리처드 M. 위버, 「통합이 곧 소통이다Integration is Communication」, 『내셔널리뷰』 4(1957년 7월 13일), 67~68쪽

65 「왜 남부가 널리 퍼져야 하는가Why the South Must Prevail」, 『내셔널리뷰』 4(1957년 8월 24일), 149쪽

66 L. 브렌트 보젤, 「해결되지 않은 문제The Open Question」, 『내셔널리뷰』 4(1957년 9월 7일), 209쪽

67 「입장문A Clarification」, 『내셔널리뷰』 4(1957년 9월 7일), 199쪽

68 제임스 J. 킬패트릭, 『주권을 가진 주들: 버지니아 시민의 메모들The Sovereign States: Notes of a Citizen of Virginia』(시카고, 1957)

69 수정헌법 제10조는 다음과 같다. "본 헌법이 연방정부에 위임하지 않았거나, 각 주정부에 금지하지 않은 권한은 각 주정부나 시민이 보유한다."

70 킬패트릭, 『주권을 가진 주들』, ix쪽

71 같은 책, 304, 305쪽.

72 1950년대 중후반 킬패트릭은 버지니아의 정치에 영향력을 갖고 있었고, "거대한 저항"의 주요 이론가이자 언론인이었다. 벤자민 뮤즈Benjamin Muse, 『버지니아의 거대한 저항Virginia's Massive Resistance』(블루밍

턴, 인디애나, 1961), 20~21쪽. 그리고 J. 하비 윌킨슨 3세J. Harvie Wilkinson, III, 『해리 버드와 버지니아 정치의 변화 양상, 1945~1966 Harry Byrd and the Changing Face of Virginia Politics, 1945 - 1966』(샬로츠빌, 버지니아, 1968), 127~129쪽을 참조할 것.

73 메이어, 「위대한 전통」, 527쪽. 반대편의 논평은 로버트 J. 해리스Robert J. Harris, 『정치학저널』 20(1958년 2월), 229~232쪽; 찰스 블랙 주니어Charles Black Jr., 「오늘날 헌법적 쟁점Constitutional Issues Today」, 『예일리뷰』 47(1957년 9월), 117~125쪽을 참조할 것.

74 펠릭스 몰리, 『자유와 연방주의』(시카고, 1959), 187~188쪽

75 예를 들어 킬패트릭은 연방대법원이 "남부의 개성을 유지시켜준 불변의 법을 깨라"는 "명령을 남부에 내렸다"고 주장했다. 그는 남부에서 학교의 인종 통합이 "사람들 사이의 관습에 의해 금지된 관계"를 만들어낼 것이고, "20년 혹은 30년 후에 그로 인해 광범위한 인종적 혼혈과 사회 전반의 퇴락이라는 위험을 겪게 될" 것이라고 믿었다(『주권을 가진 주들』, 280~281쪽). 또한 윌리엄 D. 워크맨William D. Workman, 『남부를 위한 변론The Case for the South』(뉴욕, 1962); 제임스 J. 킬패트릭, 『학교 인종 분리를 위한 남부인의 변론The Southern Case for School Segregation』(뉴욕, 1962)을 참조할 것. 리처드 위버는 전자의 책에 대한 논평을 썼다[「남부의 시각에서 본 사태As the South Sees It」, 『내셔널리뷰』 8(1960년 2월 13일), 109~110쪽]. 그리고 후자의 책은 L. 브렌트 보젤이 논평했다[「비극적인 잘못 바로잡기To Mend the Tragic Flaw」, 『내셔널리뷰』 14(1963년 3월 12일), 199~200쪽]. 두 논평 모두 남부인의 입장을 이해하는 모습을 보이면서도 그에 비판적이었다. 수년 후 킬패트릭은 브라운 대 교육위원회 판결의 사회적 결과에 대한 자신의 입장을 수정했다. 브라운 판결 20주년에 쓴 신디케이트 칼럼에서 그는 1954년의 인종차별 폐지 소송들에서 흑인 아이들은 "흑인들의 보다 나은 삶에 (…) 영속적인 기여를" 했다고 말했다. 비록 "옛 방식을 근절하는 과정에서 긴장과 고난, 새로운 남용이 생겨나기도 했지만, 이 방식이 더 낫다고 해야 한다. 완벽하지는 않지만 한결 더 좋다". 그러나 킬패트릭은 여전히 브라운 판결이 "법학적"으로는 잘못되었다고 믿었다. 그 부작용 중 하나가 학교의 인종 균형을 위해 내려진 "기괴"하고 "불명예스러운" 판결을 포함해 교조적이고 정당하지 않은 사법적 결정이 늘어났다는 것이었다(「워런이 웨인스타인에게From Warren to Weistein」, 『스프링필드 선데이리퍼블리컨Springfield Sunyday Republican』, 1974년 5월 12일, 39쪽).

76 몰리, 『자유와 연방주의』, 183~187쪽

77 위버의 이러한 측면에 대한 탁월한 연구는 M. E. 브래드포드, 「리처드 위버의 농본주의: 시작과 완성The Agrarianism of Richard Weaver」, 『모던에이지』 14(1970년 여름~가을), 249~256쪽을 참조할 것.

78 리처드 M. 위버, 『궁지에 몰린 남부의 전통: 남북전쟁 이후 사상사The Southern Tradition at Bay: A History of Postbellum Thought』, 조지 코어 및 M. E. 브래드포드 편(뉴로셸, 뉴욕, 1968), 389쪽

79 위버는 여러 번 자신의 농본주의 스승을 검토하고 칭찬했다. 예를 들어 그의 「망명 중인 농본주의Agrarianism in Exile」, 『스와니리뷰』 58(1950년 가을), 586~606쪽; 「테네시 농본주의자The Tennessee Agrarians」, 『셰넌도어』 3(1952년 여름), 3~10쪽; 「남부의 불사조The Southern Phoenix」, 『조지아리뷰』 17(1963년 봄), 6~17쪽 참조. 마지막 글은 1940년의 농본주의 선언문 『나는 내 입장을 취하겠소』를 검토한 것이다. 위버 저작의 서지 목록은 『남부의 전통』에 거의 포함되어 있다.

80 위버, 「남부의 불사조」, 9쪽

81 위버, 「양상」, 5~21쪽을 참조할 것.

82 위버, 「테네시 농본주의자」, 4쪽

83 이 구절의 모든 인용구는 리처드 M. 위버의 「남부의 통치 체제The Regime of the South」, 『내셔널리뷰』 6(1959년 3월 14일), 587~589쪽에서 따왔다. 또한 위버의 「자유주의적 자기안주의 뿌리Roots of the Liberal Complacency」, 『내셔널리뷰』 3(1957년 6월 8일), 541~543쪽을 참조할 것.

84 리처드 M. 위버, 「문화적 자유의 중요성The Importance of Cultural Freedom」, 『모던에이지』 6(1961~1962년 겨울), 21~33쪽

85 리처드 M. 위버, 「미국 개인주의의 두 가지 유형Two Types of American Individualism」, 『모던에이지』 7(1963년 봄), 119~134쪽. 이와 관련된 글로는 리처드 M. 위버, 「두 연설가(웹스터와 하이네)(Two Orators Webster and Hayne」, 『모던에이지』 14(1970년 여름~가을), 226~242쪽을 참조할 것. 이 두 글은 위버가 1963년 사망할 당시

쓰고 있던 책의 일부가 될 예정이었다. 책의 내용은 랜돌프 대 소로·윌리엄 버드 대 코튼 매더 등을 비교했던 것처럼 남부와 뉴잉글랜드의 문화를 비교하는 것이었다. 제멋대로인 "변증법"에 대한 위버의 불신과 "수사"의 균형이 필요하다는 믿음은 그의 저서에서 반복적으로 다루어진 주제였다. 위버, 『수사학의 윤리』(시카고, 1953), 특히 1~2장을 참조할 것. 위버, 『질서의 전망』(배튼루지, 1964), 특히 4장을 참조할 것. 그리고 리처드 요한네슨 외 편, 『언어가 곧 설교다: 수사의 본성에 대한 리처드 M. 위버의 생각Language Is Sermonic: Richard M. Weaver on the Nature of Rhetoric』(배튼루지, 1970)을 참조할 것.

86 위버, 「남부의 불사조」, 8쪽. 보수주의와 자본주의 (그리고 기술) 사이의 대립은 휘태커 체임버스도 자주 강조했던 바였다. 윌리엄 F. 버클리 주니어 편, 『어느 친구의 오디세이: 휘태커 체임버스가 윌리엄 F. 버클리 주니어에게 보낸 편지, 1954~1961 Odyssey of a Friend: Whittaker Chambers' Letters to William F. Buckley Jr, 1954 - 1961』(뉴욕, 1969), 79~84, 227~231, 246~247쪽을 참조할 것.

87 리처드 M. 위버, 「대중적 금권정치Mass Plutocracy」, 『내셔널리뷰』 9(1960년 11월 15일), 273~275, 290쪽

88 이는 러셀 커크와 버나드 이딩스 벨이 각각 위버를 묘사한 내용이다. 리처드 M. 위버의 『질서의 전망: 우리 시대의 문화적 위기』(배튼루지, 1964), vii~viii 쪽에 커크가 쓴 서문을 참조할 것.

89 여기서 다룬 위버의 삶에 대한 정보는 위버에게 헌정된 두 글에서 빌렸다. 커크, 『어느 보헤미안 토리의 고백』, 193~196쪽; 유진 데이비슨, 「리처드 말콤 위버ㅡ보수주의자Richard Malcolm Weaver - Conservative」, 『모던에이지』 7(1963년 여름). 226~230쪽. "바빌론의 청교도"라는 표현은 윌리엄 앨런 화이트가 캘빈 쿨리지에게 처음으로 사용했다.

90 M. E. 브래드포드는 그에게는 "국가주의자"의 면모가 있다고 지적했다. 리처드 M. 위버, 「갱생된 존재로서의 미국인The American as a Regenerate Being」, 『남부리뷰』 4(1968년 여름), 633~646쪽. 이 글은 조지아대학교의 조지 코어George Core가 편집했다. 저자와의 인터뷰(케임브리지, 매사추세츠, 1971년 4월 21일)에서 러셀 커크는 위버를 남부의 휘그 전통에 위치시켰다.

91 위버, 「망명 중인 농본주의」, 601~602쪽

92 『수사학의 윤리』(시카고, 1953), 리처드 M. 위버가 버크를 비판한 3장을 참조할 것.

93 위버, 『남부 전통』, 394~395쪽

94 러셀 커크, 『미국의 대의The American Cause』(시카고, 1957). 1966년 존 더스 패소스John Dos Passos의 서문이 실린 이 책의 특별판이 출판되었다.

95 같은 책, 40쪽. 커크는 윌리엄 O. 더글라스 판사의 허락하에 1951년 대법원 판결문 중 그가 쓴 선고문을 이 책에 인용했다(41쪽). "우리는 최고의 존재를 전제로 하는 제도를 가진 종교적 국민이다."

96 같은 책, 36쪽

97 같은 책, 67쪽

98 같은 책, 73쪽

99 같은 책, 111쪽

100 배리 골드워터, 『보수주의자의 양심』(셰퍼즈빌, 켄터키, 1960)

101 1964년 8월까지 22쇄가 출판되었다.

102 F. 클리프턴 화이트, 『스위트룸 3505호: 골드워터 운동의 초고 이야기Suite 3505: The Story of Draft Goldwater Movement』(뉴로셸, 뉴욕, 1967), 21쪽. 보젤이 이 책의 실제 저자였다는 사실은 당시 거의 "상식"으로 통했다. 리처드 로버Richard Rovere, 「보수주의의 몰지각성The Conservative Mindlessness」, 『코멘터리』 39(1965년 3월), 38쪽. 골드워터 상원의원 본인도 보젤을 이 책을 "인도할 손"이라고 불렀다. 그의 논평은 보젤의 책, 『워렌 혁명: 합일된 사회에 대한 고찰The Warren Revolution: Reflections on the Consensus Society』(뉴로셸, 뉴욕, 1966)의 겉표지에서 찾아볼 수 있다.

103 골드워터, 『양심』, 5쪽

104 같은 책, 18쪽

105 같은 책

106 같은 책, 5쪽

107 펠릭스 몰리, 「오늘날 미국의 보수주의」, 『내셔널리뷰』 16(1964년 3월 24일), 236쪽

108 버나드 이딩스 벨, 『커먼윌』 54(1951년 9월 21일), 579쪽

109 고트프리드 디츠, 『재산을 옹호하며 In Defense of Property』(볼티모어, 1963), 2쪽

110 윌무어 켄달의 표현이다.

111 다니엘 부어스틴, 『미국 정치의 귀재 The Genius of American Politics』(시카고, 1953). 주목할 점은 1950년대에 보수주의 지적 운동이 출현하고, 세계에서 미국의 역할이 본질적으로 보수적이었다는 정서가 만연해 있을 때 일부 역사학자들이 미국혁명의 보수주의적 특징을 강조했다는 사실이다.

112 커크, 『미국의 대의』, 53쪽

113 디츠, 『재산을 옹호하며』, 59쪽

114 디츠, 『미국의 정치적 딜레마』(볼티모어, 1968), 7~9쪽

115 러셀 커크 편, 『프랑스혁명과 미국혁명 비교 The French and American Revolutions Compared』(시카고, 1955)

116 제프리 하트, 「보수주의: 문학 및 정치 Conservatism: Literary and Political」, 『케니언리뷰』 30(1968), 697~702쪽을 참조할 것.

117 부어스틴, 『미국 정치의 귀재』, 82, 84쪽. 그는 미국의 독립선언문이 프랑스혁명의 "인간과 시민의 권리선언"과는 다르다고 강조했다.

118 커크, 『미국의 대의』, 62~63쪽

119 러셀 커크, 「보수주의, 자유의 방패 Conservatism: The Shield of Liberty」, 『가톨릭세계』 189(1959년 8월), 381~386쪽을 참조할 것.

120 커크, 『미국의 대의』, 30~33쪽

121 머레이, 『우리는 이러한 진리를 간직하고 있다』, 서문과 1장을 참조할 것.

122 디츠, 『재산을 옹호하며』, 59~60쪽. 디츠는 또한 다음과 같이 말했다. "이 선언문의 가장 중요한 원리는 평등이 아니라 자유이다"(60쪽).

123 프랭크 S. 메이어, 「보수주의와 공화당 후보들 Conservatism and Republican Candidates」, 『내셔널리뷰』 19(1967년 12월 12일), 1385쪽

124 고트프리드 디츠, 『연방주의자: 연방주의와 자유정부의 고전 The Federalist: A Classic on Federalism and Free Government』(볼티모어, 1960)

125 메이어, 「보수주의와 공화당 후보들」, 1385쪽

126 젊은 보수주의 역사학자 클라이드 윌슨 Clyde Wilson은 반연방주의자들이야말로 1787년의 진정한 보수주의자였으며, 연방주의자들은 비보수주의 세력이 대통령직과 사법부를 장악할 가능성을 고려하지 못하고 추상적인 통치 체제를 구축한 "땜쟁이"이자 '혁신가'라고 주장했다. 연방주의자들에 대한 윌슨의 관점은 전형적이지 않다. 클라이드 윌슨, 「제퍼슨주의적 보수주의 전통 The Jeffersonian Conservative Tradition」, 『모던에이지』 14(1969~1970년 겨울), 36~48쪽을 참조할 것.

127 러셀 커크, 「미국에서 영토민주주의의 가능성 The Prospects for Territorial Democracy in America」, 『주들의 국가 A Nation of States』 로버트 A. 골드윈 편(시카고, 1963), 45쪽

128 디츠, 『미국의 정치적 딜레마』, 14~15쪽

129 몰리, 『자유와 연방주의』, 14쪽

130 같은 책, 53쪽

131 커크, 「영토민주주의」, 42~64쪽을 참조할 것. 커크는 19세기의 보수주의로 전향한 급진주의자이자 자신이 대작이라고 평가했던 『공화국 미국 The America Republic』(1865)의 저자 오레스테스 브라운슨을 동경했다. 1955년 커크는 브라운슨의 『선집 Selected Essays』을 편찬해 헨리레그너리 출판사에서 출판했다. 많은 해가 지난 뒤 그는 브라운슨이 "미국 국민이 경험한 10명 혹은 20명의 가장 중요한 사상가"에 속한다고 평했다「오레스테스 브라운슨이여 영원하라 The Enduring Orestes Brownson」, 『대학가서적상 University Bookman』

13(1973년 봄), 51쪽].

132 머레이, 『우리는 이러한 진리를 간직하고 있다』, 38~39쪽과 2장

133 몰리, 『자유와 연방주의』, 66쪽을 참조할 것.

134 같은 책, 59, 68쪽. 전반적으로 6장을 참조할 것.

135 킬패트릭, 『주권을 가진 주들』, 258~261쪽. 킬패트릭은 "명백히 비헌법적인" 비준 절차를 맹비난했다. 또한 「입장문」, 『내셔널리뷰』 4(1957년 9월 7일), 199쪽을 참조할 것.

136 몰리, 『자유와 연방주의』 67, 92쪽. 몰리는 "중앙에 집중된 권력이 확장되고, 민주주의 이론이 힘을 얻는 과정에서 미국 남북전쟁이 우리 통치 형태에 심대한 영향력을 미쳤다"고 보았다(80쪽). 또한 디츠, 『미국의 정치적 딜레마』, 108~116쪽을 참조할 것.

137 같은 책, 2장

138 프랭크 S. 메이어, 「수사 없는 링컨Lincoln Without Rhetoric」, 『내셔널리뷰』 17(1965년 8월 24일), 725쪽. 링컨의 영지주의 혐의와 "천년왕국" 수사에 대한 현대판 농본주의 보수주의자의 맹렬한 비판은 M. E. 브래드포드, 「링컨의 새로운 전선: 혁명을 계속하기 위한 수사Lincoln's New Frontier: A Rhetoric for Continuing Revolution」, 『트라이엄프Triumph』 6(1971년 5월), 11~13, 21쪽, 그리고 6(1971년 6월), 15~17쪽을 참조할 것.

139 메이어, 「수사 없는 링컨」, 725쪽

140 몰리, 『자유와 연방주의』, 7장을 참조할 것. 킬패트릭, 『주권을 가진 주들』, 15~16장을 참조할 것.

141 예를 들어 프랭크 초도로프, 「듀이가 해밀턴을 탈중앙화하다Dewey Out-Centralizes Hamilton」, 『휴먼이벤츠』 4(1947년 11월 26일), 1~4쪽, 그리고 『소득세: 만악의 근원The Income Tax: Root of All Evil』(뉴욕, 1954)을 참조할 것. 초도로프는 이 글에서 다음과 같이 말했다. "독립된 주들을 하나의 연방으로 묶는 미국의 독특한 실험은 내전을 통해서가 아니라 오히려 수정헌법 제16조를 통해 완결되었다. '주들 간의 전쟁'으로 분리 독립의 권리라는 문제는 해소되었고, 주들의 자치권 문제는 예전 그대로 남겨졌다. 그러나 연방 소득세가 '연방국가' 지위를 무효화함으로써 주들의 통합성을 파괴했다."

142 몰리, 『자유와 연방주의』, 79, 83쪽. 전반적으로 7장을 참조할 것.

143 디츠, 『재산을 옹호하며』, 특히 4장과 『미국의 정치적 딜레마』, 152~160쪽을 참조할 것. 앞의 책, 159쪽에서 디츠는 "민주주의적 집단행동으로부터 자유를 지키기 위해 수행된" 사법심사권을 "미국 통치 체계의 탁월한 특징"이라고 칭찬했다. 디츠는 보수주의자들의 주된 공격 대상이었던 "워런 법정"의 쟁점에 관해 남다른 입장을 갖고 있었다.

144 디츠, 『재산을 옹호하며』, 4장

145 L. 브렌트 보젤, 「법적 방임Legal Libertine」, 『내셔널리뷰』 11(1961년 11월 18일), 340~341쪽

146 프랭크 S. 메이어, 「보수주의」, 『좌파, 우파, 그리고 중도』, 로버트 A. 골드윈 편(시카고, 1965), 4쪽

147 이는 특히 디츠가 두 책에서 주로 다룬 주제였다.

148 제임스 번햄, 『의회와 미국 전통』(시카고, 1959), 331쪽

149 러셀 커크 및 제임스 매클레란, 『로버트 A. 태프트의 정치적 원칙The Political Principles of Robert A. Taft』(뉴욕, 1967)

150 프랭크 S. 메이어, 「의회에 대한 반란The Revolt Against Congress」, 『내셔널리뷰』 1(1956년 5월 30일), 9~10쪽; 「의회에 대한 공격The Attack on the Congress」, 『내셔널리뷰』 16(1964년 2월 11일), 109~110쪽; 「법원이 의회에 도전하다The Court Challenges the Congress」, 『내셔널리뷰』 16(1964년 3월 24일), 233쪽을 참조할 것.

151 15년 뒤 워터게이트 사건이 터지자 어빙 크리스톨(이때는 신보수주의자로 변신한 후였다)은 번햄의 책을 "최근의 제왕적 대통령제"에 대한 여전히 가장 통찰력 있고 생각할 점이 많은 비판적 분석"이라고 칭찬했다(크리스톨, 「행정부의 거침없는 부상The Inexorable Rise of the Executive」, 『월스트리트저널』, 1974년 9월 20일, 12쪽).

152 번햄, 『의회』, 121~123쪽

153 같은 책, 128쪽

154 같은 책, 259쪽

155 같은 책, 344쪽. 앞서 요약된 내용은 그의 책 3장을 참조했다.

156 『모던에이지』와 『내셔널리뷰』 모두 워렌 법정의 판결을 비판하는 다수의 내용으로 꾸려졌다.

157 제임스 J. 킬패트릭, 「보수주의와 남부 Conservatism and the South」, 『영원한 남부』, 루이스 D. 루빈 및 제임스 J. 킬패트릭 편(시카고, 1957), 204쪽

158 보젤, 『워렌 혁명』, 29쪽

159 같은 책, 25, 30쪽

160 이는 『주권을 가진 주들』, 285~286쪽에서 킬패트릭도 지적한 내용이다. 킬패트릭은 브라운 판결이 실제로 남부 백인들의 비타협적 태도를 증대시키고 인종 문제의 진전을 가로막았다고 주장했다.

161 보젤, 『워렌 혁명』, 33~34쪽

162 같은 책, 54쪽

163 같은 책, 56쪽

164 같은 책, 57쪽

165 같은 책, 110~112쪽

166 사법심사(즉 우위권)를 제대로 기능하는 연방 체계의 확고한 구성 요소라고 주장한 디츠와 대조된다.

167 한 가지 예외가 있었다. 헌법 제6조에 따라 주 판사는 과거와 달리 주의 입법부에 종속되지 않았다. 보젤에 따르면 이는 "연방이 그 구성 요소인 주들보다 우위권을 가지려는 목적으로" 만들어졌다(『워렌 법정』, 331쪽).

168 보젤은 1787년 이후의 발전 과정을 두 번째 책에서 검토하겠다고 약속했다. 그러나 그는 약속을 지키지 못했다. 그 이유는 10장에서 논하게 될 것이다.

169 보젤, 『워렌 법정』, 340쪽

170 같은 책, 336쪽

171 보젤의 책에 대한 보수주의자들의 평가는 찰스 E. 라이스 Charles E. Rice, 『포드햄 법리뷰』 35(1967년 5월), 760~765쪽; 마틴 다이아몬드 Martin Diamond, 「법원에 대한 도전 Challenge to the Court」, 『내셔널리뷰』 19(1967년 6월 13일), 642~644쪽을 참조할 것.

172 이는 로버트 허친슨이 1954년의 학교 인종 통합 판결에 관해 보젤과 대중적 토론을 했을 당시 미국 헌법을 묘사하면서 사용했던 말이다. 이 토론의 원문은 『아메리카니즘 대화록 Dialogues in Americanism』(시카고, 1964), 65~100쪽을 참조할 것.

8장

미국의 보수주의란 무엇인가
스트라우스주의자들과 윌무어 켄달, 그리고 "고결한 사람들"

1957년 코넬대학교 정치학 교수 월터 번스Walter Berns는 수정헌법 제1조에 대한 자유주의적 해석에 강력한 이의를 제기했다.[1] 검열·표현의 자유·공산주의와 관련된 최근의 여러 사례들을 분석하면서 번스는 연방대법원이 혼란스럽고 왜곡되며, 부당한 판결을 내렸다고 비난했다. 법원의 오류는 특정 개인이 아니라 미국의 전통이 된 자유주의라는 유해한 정치철학에서 기인했다.[2] 이 "자유주의"란 어떤 자유주의인가? 번스는 "자연권"과 "개인주의" 철학, 그리고 토머스 홉스가 창안하고 존 로크가 영속시킨 "적대적 국가"라는 신념이라고 말했다. 이들과 그 이후의 모든 자유주의자들은 이른바 양도할 수 없는 선행된 인간의 권리—국가에 맞서 아슬아슬하게 균형을 이루고 있는—로부터 정치적 탐구를 시작했다. 자유 대 정부. 이것이 자유주의의 신념이었고, 독립선언문과 권리장전은 이것의 미국식 표현이었다. 확실히 미국인들은 어떤 권리—예를 들어 재산 또는 표현—를 강조해야 할지를 둘러싸고 때때로 의견 충돌을 일으키기도 했다. 그러나 그들은 항상 "문명화된 사회"와 "정부" 사이의 대립을 가정했다. 더욱이 자유주의는 끊임없이 자유를 최고의 이상으로 상정했다.

이러한 "현대" 정치철학의 문제는 그것이 근본적으로 잘못되었고, 실행 불가능하다는 것이었다. 시민의 자유에 관한 재판에서 연방대법원이 보여준 혼란스러운 기록이 입증해주었듯이, 그러한 비현실적인 교리를 실제로 유지하는 것은 불가능했다. 만약 블랙 판사와 더글라스 판사—수정헌법 제1조의 해석과 관련해 대표적인 "절대주의자"—를 따라 무엇이 옳은지를 판단하지 않고, 통제되지 않은 자유가 만연하도록 내버려둔다면 우리는 "유해한 교리"가 실제로 "민주주의적 교리"보다 우세해질 가능성—20세기에는 그다지 허무맹랑하지 않은—을 무시하게 될 것이다. 진리는 시장에서 상실될지도 모른다. 그러나 자유지상주의자들은 이러한 일이 일어날 것이라 믿지 않았다고 번스는 조소하듯 말했다. 그들은 분명히 "그레셤의 법칙Gresham's law*과 반대되는 작용"을 믿고 있었다. 그들은 "진보"를 믿었다. 그들은 인간이 선하다고—인간이 정부에 의해 "타락"하지 않는 한—믿었다. 만약 이러한 가정이 진실이라면 자유는 참으로 "정부를 위한 적절한 정책"이 될 것이며, 정부는 대대적으로 제한되어야만 할 것이었다. 하지만 그러한 것들이 사실이었을까? 자유는 궁극적인 정치적 선이었는가? 정부는 자유를 위협하는 주요 원천이었는가? "자유에 대한 가장 중대한 위협은 국민들 자신에게서 나올 수 있다." 후자의 사실로 인해 번스는 프랑크푸르터 대법관이 신봉한 "사법 소극주의judicial restraint**"라는 반대 철학—그렇지만 역시 자유주의적인—을 거부하게 되었다. 논리적으로 그것은 사법심사의 종말과 종종 의심스러운 "지방 당국

• "악화가 양화를 구축한다." 즉 화폐의 명목가치와 실질가치 사이에 괴리가 발생할 경우 실질가치가 높은 통화가 시장에서 축출되고, 실질가치가 낮은 화폐가 통용된다는 법칙이다. 엘리자베스 1세의 재정 고문 토머스 그레셤이 여왕에게 영국의 화폐 가치 하락에 대해 조언하면서 한 말에서 유래했지만, 이 용어를 만든 사람은 스코틀랜드의 경제학자 헨리 더닝 매클라우드Henry Dunning Macleod였다. 오늘날에는 '나쁜 것이 좋은 것을 몰아낸다'는 의미로 정치·사회 등 여러 영역에서 광범위하게 사용되고 있다.

•• 사법부가 입법부나 행정부 등에서 내리는 결정에 개입하는 것을 자제하는 것을 말한다. 이와 반대로 사법 적극주의란 사법부가 사법심사의 영역을 확대하고 판결을 통해 입법부나 행정부의 결정에 적극적으로 개입하는 것을 말한다.

의 선의와 분별력"에 굴복하는 것으로 귀결되었다.[3]

번스는 적극적인 대법원을 지지했다. 그러나 대법원은 자유주의와 근본적으로 반대되는 철학을 채택해야만 했다. 번스는 "고대인들"의 입장을 취하면서 자유가 아니라 덕성이 최고의 선이라고 선언했다. 정부가 마땅히 가져야 할 목적은 "자연권"이 아닌 정의였다. 정부와 법은 이러한 목표를 달성하는 데 필수적인 것이었다. 왜냐하면 "인격 형성이 정부의 주된 의무"이기 때문이다. "법은 (…) 시민의 덕성과 관련이 있다." "인간은 본질적으로 양도할 수 없는 권리를 가진 개인이 아니라 정치적 존재이며, 인간의 본성과 목적은 적어도 폴리스에서만 달성 가능하다."[4] 번스는 이것이 헌법에서 인정되는 법에 대한 이해라고 주장했다. 실제로 법원의 임무는 헌법이 정의正義에 부합하도록 만드는 것이지 그 반대가 아니었다.[5] 당연히 많은 실질적인 문제들이 있었고, 번스는 자신이 표현의 자유를 지지한다고 주장했다. 그러나 자유는 주로 "인격이 훌륭한 좋은 시민들"로 구성된 공동체에서만 가능하고 바람직했다.[6]

번스의 학문적 논쟁은 의심할 여지없이 전후에 일어난 자유주의 반대 움직임에 기여했다.[7] 그는 확실히 시민의 자유를 옹호하는 좌파가 아니었지만, 그의 반자유지상주의적 입장 때문에 많은 우익 인사들이 그를 높이 평가하지는 않았다. 프랭크 메이어는 몇 가지 점에서 번스와 날카롭게 대립했다. 메이어에 따르면 덕성은 가족·교회·지식인―정부가 아니라―이 고취시켜주어야 했다.[8] 실제로 헨리네그너리 출판사에서 출간된 번스의 책은 덕성과 좋은 사회를 강조한다는 점에서 1962년 메이어에 대한 L. 브렌트 보젤의 입장과 유사한 형태의 보수주의를 정교화한 것이었다. 더욱이 그것은 보수 공동체 내에서 미국 보수주의의 토대에 관한 "소수 의견"의 등장을 알리는 데 일조했다.

이 "의견"의 핵심은 번스와 다른 사람들이 1963년 『주들의 국가A Nation of States』에 기고한 에세이에 담겨 있었다.[9] (다수주의에 반대하는 "주류" 보수주의와의 대조적인 측면은 두 명의 반다수주의자 러셀 커크와 제임스 J. 킬패트릭의 글이 이 책에 포함되면서 더욱 부각되었다.) 일례로 클레어몬트대학교의 마틴 다이아몬드Martin Diamond 교수는 1787년의 제헌회의는 "연방주의"—느슨한 주들의 연맹—와 국가주의 지지자들 사이의 갈등으로 얼룩져 있었지만, 뒤이은 타협은 명백한 국가주의자들의 승리였다고 해석했다. 이 회의는 국가주의적 방향으로 진행되었고, 자유는 작은 공화국에서만 가능하다는 오랜 관념을 약화시켰다. 대신에 "현명한 헌법 아래 통제되는 유능한 국가 정부가 있는, 크고 강력한 공화국"[10]이라는 새로운 이론이 등장했다. 또 다른 에세이에서 다이아몬드의 동료 해리 자파Harry Jaffa는 보다 강력한 국가 정부를 지지한다고 과감하게 주장하면서 특히 엄격한 구성주의자 킬패트릭을 비판했다.[11] 번스는 킬패트릭과 같이 주의 주권을 옹호하는 사람들이 숭배하는 수정헌법 제10조는 "수정 조항이 추가되지 않은 본래 헌법"에서 권력 분립을 "선언"한 것에 지나지 않는 "공리公理"로만 해석될 수 있다고 주장했다. 그는 초기 헌법이 다양하게 해석될 수 있다는 점을 인정했지만, 역사는 빠른 속도로 문자 그대로의 해석에 구애받지 않는 정부와 민족주의자들의 편에 서기로 결정했다.[12] 다소 쓸쓸하게도 커크와 킬패트릭의 글을 제외하고 이 책의 다른 모든 에세이들은 "강한 정부"라는 입장을 옹호했다.

이러한 유형의 보수주의는 머지않아 지배적인 정통파와 충돌할 수밖에 없었다. 1965년 해리 자파와 프랭크 메이어 사이의 주목할 만한 논쟁에 에이브러햄 링컨을 둘러싼 논란이 가세했다. 클레어몬트대학교의 정치학자이자 링컨의 열렬한 숭배자인 자파[13]에게 미국의 전통을 형성한 문서—원칙의 원천—는 독립선언문의 "모든 인간은 평등하게 창조된다"는 구절이었다. 자파는 세속적 평준화를 옹호하지 않았다. 그는 단지 정치적 평등이 우리를 규정하는 원칙이라고 주장했을 뿐이었다. "왜냐하면 인간은 본질적으로 평등하기 때문이다. 다시 말하자면 어떤 누구도 본질적으로 다른 사람의 통치자가 아니며, 정부는 동의, 즉 피지배자의 의견에서 정당한 권력을 얻기 때문이다." 그러한 동의를 얻기 위해서는 실질적으로 다수결 원칙이 필요하지만, 다수결 원칙은 "모든 인간의 정치적 권리라는 자연적 평등 원칙"과 분리될 수 없었다. 이것은 결코 포기할 수 없는 것이었다. 그것은 우리 국가가 자기 자신을 이해하는 토대였다. 건국의 아버지들은 선언문의 원칙을 고수했다.[14] 에이브러햄 링컨도 마찬가지였다.

링컨에 대한 프랭크 메이어의 비난에 대응해 자파는 세 가지 주요 논점을 제시했다. 미국 역사 속 국가주의자들의 편에 선 자파는 링컨이 "본래의" 헌법을 위반하지 않았다고 말했다. 사실상 "미국 정치력의 지배적인 전통"은 반분열주의였다. 둘째, 자파는 대통령 정책의 신중하고 비교조적인 측면을 강조하면서 링컨이 독재자라는 비난을 막아냈다. 셋째, 남북전쟁 이전 노예제를 무시한 메이어를 질책하면서 자파는 링컨을 다음의 사실을 깨달은 "우리 전통의 위대한 선지자"라고 예찬했다.

자유롭고 대중적이며, 헌법에 따라 수립된 정부와 '모든 인간은 평등하게 창조된다'는 강력한 명제 사이의 내적 연관성. 헌법 해석에 관한 문제는 체제 전체에 생명과 의미를 부여한 원칙에 절대적으로 종속되어 있었다.[15]

메이어는 이를 반박하면서 자파의 "광범위한 구성주의"만이 미국의 과거를 이해할 수 있는 유일한 관점은 아니라고 지적하고, 여느 때처럼 "권력 분립"이라는 논제를 반복했다. 더욱이 메이어는 미국의 유산에서 평등이 차지하는 위치에 대한 자파의 주장을 노골적으로 부정했다. "개인의 평등이 아니라 정부로부터의 개인의 자유가 (…) 우리 헌법적 합의의 핵심 주제이다. 자유와 평등은 (…) 대립한다."[16]

링컨과 평등에 대한 자파의 변명에 놀란 보수주의자는 언제나 논쟁을 즐겼던 프랭크 메이어만이 아니었다. 윌무어 켄달은 자파가

정치적 미래에 (…) 자신이 건국의 아버지들보다 현명하며 우월한 덕성을 갖추고 있다고 타이르고, 평등의 기준을 새롭게 적용하는 것에 이래저래 반대하는 사람들이 자치의 가능성을 부정하고 있다고 주장할 준비가 되어 있으며, 궁극적으로 자신의 주장을 양보하기보다 미국을 내전에 빠뜨리려 하는, 끝없이 이어지는 에이브러햄 링컨들로 구성되고, (…) 그리고 물론 마지막에는 아무도 그들을 구별할 수 없을 정도로 평등해질 사람들의 협동적 연방이 될[17]

국가를 "출범"시킬까 봐 두려워했다.

프랜시스 윌슨은 자파가 독립선언문에 들어 있는 평등사상의 "역사적 뿌리"를 찾는 데 실패했다고 비난했다. "그는 독립선언문에 관한 링컨의 교리가 역사적으로 정확했는지의 여부를 진지하게 조사하고 싶어 하지 않은 것이 틀림없다."[18]

그리하여 쟁점이 하나로 모아졌다. 한쪽에는 국가—특히 링컨에 의해 주조된—가 가치의 중심지인 보수주의자들이 있었다. 다른 쪽에는 커크·메이어·위버·킬패트릭 같은 사람들이 있었다. 이들에게는 1865년

이전의 보다 귀족적인 초기 공화국이 일종의 황금기였다. 만약 "국가주의자들"과 주들의 권리를 옹호하는 사람들 및 광범위하고 엄격한 구성주의자들 사이에서 벌어진 이 모든 논쟁을 먼 과거에 대한 논쟁으로 축소시킬 수 있다면, 누군가는 이를 실질적인 결과가 거의 없는 논쟁이라고 치부할 수도 있을 것이다. 확실히 두 진영은 모두 실존적으로 우파였다. 번스·다이아몬드·자파는 모두 『내셔널리뷰』에 적어도 한 번쯤 기고를 했었다. 자파는 1964년 공화당 전당대회 대선 후보 수락 연설에서 배리 골드워터 상원의원이 한 유명한 "극단주의" 발언*의 저자로도 널리 알려져 있다.[19]

그러나 역사를 경쟁적으로 해석하는 것보다 위태로운 무언가가 있었다. 여기에는 중요한 단서 하나가 암시되어 있다. 번스·다이아몬드·자파, 그리고 그들의 견해를 공유한 사람들은 모두 레오 스트라우스 교수의 제자들이었다. 확실히 이는 우연이 아니었다. 스트라우스 사상의 근본적인 신조는 "고대인"이 "근대인"보다, "자연법"이 개인주의적인 "자연권"보다 우월하다는 것이었다. 이러한 관점이 미국 역사 해석에 미친 영향은 엄청났다. 미국은 항상 "로크적"이었다는 것을 인정하지 않으려면, 어딘가에서 비로크적인 요소를 찾아야 했다. 그리고 자유지상주의, 주들의 권리, 제한된 정부라는 전통이 항상 좋은 출발점도 아닌 것 같았다. 이러한 견해는 스트라우스주의자들이 엄청난 오류라고 믿었던 권리에 대한 근대의 강조, "자유주의"로 꽉 차 있었다. 그것은 정부보다 자유분방한 개인을 옹호하는 경향이 있었고, 연방정부보다 지방정부와 주정부에 우호적이었

* "나는 여러분에게 자유를 수호하는 데 있어 극단주의는 악이 아니라는 점을 상기시켜드리고 싶습니다. 그리고 정의를 추구하는 데 있어서 중용은 미덕이 아니라는 점도 상기시켜 드리고자합니다."

다. 종종 그것은 자신의 권리 다발을 움켜쥐고 "우리의 적, 국가"를 피해 자급자족하는 사람들을 칭송했다. (『내셔널리뷰』의 초기 발행호에는 소득세의 일부가 외국 원조에 사용되었다는 이유로 납세를 완강하게 거부한 유타주 주지사 조지프 브래컨 리Joseph Bracken Lee를 칭찬하는 글이 실렸었다.[20]) 다른 한편 스트라우스주의 또는 고전 정치철학은 폴리스를 개선하고, 덕성을 고취하며, 인간이 자기 "본연의" 목적을 달성하도록 돕기 위해 설계된 정력적인 정부와 논리적으로 상통했다. 연합과 강력한 정부라는 국가주의 사상은 스트라우스주의에 매우 부합하는 "과제"를 실행에 옮기려는 결의였다. 그러한 정치 개념에서는 국가와 사회, 개인과 폴리스—연합—사이의 자유지상주의적 구분이 사라지기 때문이다.

"이단"을 결코 지나치지 못했던 프랭크 메이어는 대립을 명확하게 인식했다. 자신의 책『자유를 수호하며In Defense of Freedom』에서 그는 국가를 "특수하고 제한된 기관"으로 인지하지 못한 고전 정치철학을 노골적으로 공격했다. 고대 그리스인들—그리고 암묵적으로 스트라우스를 포함해 그들을 숭배하는 현대인들—은 "개인을 세포에 불과한 유기적 존재로 여기는 폴리스로부터 스스로를 해방"시키지 못했다. 메이어는 기독교의 성육신 교리와 개인의 무한한 가치에 대한 강조, 그리고 국가의 "탈신성화"를 통해 기독교의 우월성을 강조했다.[21] 메이어는 미국 체제에 대한 스트라우스주의자들의 해석도 마음에 들어 하지 않았다. 그들은 개인의 자유와 제한된 정부가 최고이며, 수정헌법 제10조가 "공리"보다 훨씬 가치 있는 것이라고 생각하는 사람들을 만족시키기에 지나치게 해밀턴적이고, 심지어 권위주의적이었다.[22]

따라서 미국 역사에 적용된 스트라우스주의의 교리는 다수주의에 반대하는 보수주의에 날카로운 도전을 제기했다. 지난 장에서 논한 많은 보수주의자들은 정부에 대한 자연권 이론을 암묵적 또는 명시적으로 묵인했기 때문이다.[23] 때때로 존 로크는 노골적으로 일종의 성인으로 간주되기도 했다.[24] 그러나 로크와 근대인이 틀렸다고 대담하게 주장하는 집단도 있었다. 어느 쪽이 옳았는가? 이러한 입장들은 조화를 이룰 수 있는가? 미국은 근본적으로 로크적이었는가, 아닌가? 결국 대부분의 보수주의자들은 숨은 자유주의자들이었는가? 미국의 진정한 의미는 무엇인가?

스트라우스주의적 해석과 반다수주의적 해석이 불러일으킨 혼란과 문제는 관심 있는 사람이라면 모두 알아볼 수 있었다.[25] 일부 보수주의자들이 미국 정치 전통의 위대한 해석자라고 평가한 놀라운 인물, 윌무어 켄달도—아마도 천재적인 통찰력으로—이를 간파했다.

═ ★★★ ═

윌무어 켄달을 만나본 사람 중 그를 기억하지 못하는 사람은 거의 없었다. 그는 1909년 오클라호마주 코나와에서 시각장애인인 남부감리교 목사의 아들로 태어났다. 켄달은 그의 아버지가 설교를 했던 코나와·이다벨·맨검 같은 작은 초원 마을에서 어린 시절을 보냈다. 그는 두 살 때 타자기를 가지고 놀면서 글을 익힌 신동이었다. 그는 13세에 고등학교를 졸업하고 같은 해 노스웨스턴대학교에 입학했으며, 18세에 오클라호마대학교를 졸업했다. 20세가 되었을 때 그는 야구에 관한 책을 출판했고, 프렙스쿨prep school˙에서 학생들을 가르쳤다. 한 친구의 말에 따르면 그는

• 　이른바 명문 대학 진학을 목표로 교육하는 사립학교.

"오클라호마의 천재"였다.[26]

일리노이대학교에서 로망스어 전공으로 박사학위 과정 — 학위 논문을 제출하지 않는 — 을 모두 수료한 후 켄달은 1932년 로즈장학생이 되었다. 이후의 4년은 여러 면에서 그의 인생을 통째로 바꿔놓았다. 그가 철학 · 정치학 · 경제학Philosophy, Politics, and Economics, P.P.E. 융합전공 과정에 등록하고, 자신의 향후 지적 열정, 정치철학을 발견한 것은 옥스퍼드대학교에서였다. 그의 스승 중에는 로빈 조지 콜링우드Robin George Colling-wood˙도 있었는데, 나중에 켄달은 그가 자신에게 지대한 영향을 미쳤다고 말했다. 영국에서의 시간은 흥분과 도전, 지적 탐구의 시간이었고, 이러한 분위기 속에서 켄달은 크게 성장했다. 그는 논쟁적이었고, 심지어 다투기도 했으며, 사람들에게 충격을 주어 논쟁으로 끌어들이기를 즐겼고, 논쟁에 참가한 사람들을 밤늦게까지 붙잡아두곤 했다. 켄달의 여동생은 그와 아버지 사이의 논쟁에 관한 이야기를 통해 켄달이 옥스퍼드건 어디를 가건 한결같은 모습이었음을 엿볼 수 있게 해주었다.

> 오빠와 아버지가 정치적 문제에 대해 열띤 논쟁을 벌이다 결국 어느 한쪽이 화를 내며 방을 뛰쳐나가는 걸로 끝나는 건 드문 일이 아니었어요. 그러다 몇 시간 후 같은 주제를 놓고는 전에 토론에서 주장했던 것과는 반대되는

˙   1889~1943. 영국의 철학자 · 역사학자. 역사적 인물의 내적 사고 과정을 육체적 감각으로 인식할 수 없고, 과거의 역사적 사건을 직접 관찰하는 것은 불가능하므로 역사는 자연과학과 같은 방식으로 연구할 수 없다고 주장했다. 그는 역사적 자료를 통해 얻은 정보와 증거를 바탕으로 '역사적 상상력'을 이용해 역사를 재구성하고, 역사적 인물의 사고 과정을 재연할 것을 제안했다. 또한 그는 예술을 인간 정신의 필수 기능으로 묘사하고, 예술을 공동작업, 인간의 사회적 활동으로 간주했다. 그의 역사학은 현대 역사학자들에게 커다란 영향을 미쳤다고 평가된다.

입장에서 이야기하는 하는 걸 듣게 되죠. 내 생각에 그건 두 사람에게 매우 자극적인 일종의 정신 운동이었던 것 같아요. 그리고 그 두 사람 모두 논쟁의 기술이 뛰어난 예술가가 되었죠.[27]

옥스퍼드에서 논쟁을 즐기며 탐구하는 켄달의 모습은 일반적으로 유쾌했지만, 그의 기질은 나중에 문제가 된 별나게 강박적인 이 남자의 개인적 삶과 학문적 삶을 이해하는 데 도움이 된다.

1930년대에 해외에 있는 동안 켄달은 좌파, 심지어 트로츠키주의 좌파—어떤 이들은 그렇게 믿었다—로 알려지게 되었다. 이 시기 그의 신념이 정확히 어떻게 진화했는지에 관해서는 논란의 여지가 있지만,[28] 옥스퍼드에서 그를 알고 지낸 사람들의 증언은 한 가지 점에서 확실했다. 그는 스페인공화국의 열렬한 숭배자였다. 1935년 그는 옥스퍼드대학교를 떠나 합동통신United Press 특파원으로 마드리드에 체류했다. 1936년 7월 18일 내전이 발발하기 직전에 끝난 이 경험은 정치적인 면에서 의심할 여지없이 그의 경력에 결정적인 순간 중 하나였다. 좌파 스페인공화국을 열렬히 지지한 켄달은 마드리드에서 다수의 저명한 스페인 트로츠키주의자들과 가까이 지내게 되었다.[29] 1935년에 결혼한 켄달의 첫 번째 부인에 따르면 그가 트로츠키주의자들에게서 느낀 동질감은 대부분 스탈린주의에 대한 반감이었다. 스페인의 혼란스러운 정치 전쟁터에서 스탈린과 모스크바를 지향하는 공산주의자들에 대한 켄달의 혐오는 커져갔다.[30] 그는 공산주의의 독재적·전체주의적·반민주주의적 측면에 경악했다. 그는 나중에 한 친구에게 스페인이 내전으로 접어들 당시에는 공산주의자들이 반대편 신문사를 폭파한 일을 용인할 수 있었다고 말했다. 하지만 그들이 계획적으로 반대편 신문배달원 소년들을 죽였을 때, 이것은 도를 넘어선 일이었다.[31] 훗날 한 친구는 스페인공화국에서의 경험은 "월무어에게 정말로 큰 충격"이었고, 몇 달 사이에 "그의 생각은 열렬한 반공산주의로 확고해졌다"고 회상했다.[32] 이 주제―공산주의에 대한 전투적이고 단호한 적대성―는 그의 사상에서 가장 중요한 특징 가운데 하나가 되었다. 내전의 끔찍한 망령, 스페인의 붕괴는 환멸에 빠진 남자를 우파로 가는 길로 인도했다. 전후 보수주의운동의 다른 많은 이들과 마찬가지로 켄달의 과거에도 실패한 신―그의 경우에는 신격화된 통치자에 불과했을―이 있었다.[33]

켄달의 반스탈린주의가 장차 보다 일반적인 반공산주의의 기원이 되었다 하더라도, 그가 곧바로 보수주의자가 된 것은 아니었다. 1936년 가을 일리노이대학교로 돌아온 켄달은 여전히 좌파의 일원이었다. 그는 공화주의 스페인의 대의를 지지했으며, 에이브러햄링컨여단Abraham Lincoln Brigade*을 위해 학생들을 모집했다는 혐의를 받기도 했다. 1930년대 후반 그가 발표한 최초의 학술적 글들은 확실히 좌익적 성향을 띠고 있었다. 예를 들어 그는 정부의 언론 소유를 옹호하고,[34] "경제적 과두제"가 항상 미국의 정치권력을 장악해왔다고 주장했다.[35] 엘리트를 불신한 켄달은 급진적인 민주주의적 관점―1930년대 후반 연방대법원에서 다수결 대 "아홉 노인"** 논쟁이 벌어질 동안 다소 유행했던 입장―을 분명하게 드러냈다. 1938년 그는 국민투표를 실시할 때까지 미국은 공식적으로

• 　스페인 내전(1936~1938)에서 프랑코의 파시즘에 맞서 싸운 미국 자원병 부대. 코민테른이 조직한 7개 국제여단 중 하나였다. 유럽 여단과 마찬가지로 미국 여단도 대부분 공산주의자들로 구성되어 있었지만, 유럽과 달리 미국 자원병 대부분은 학생이었다. 약 2800명의 지원병 중 900여 명이 전사한 것으로 알려졌다.

•• 　루스벨트의 뉴딜 정책 일부를 위헌으로 판결한 아홉 명의 대법관을 말한다. 7장 각주 참조.

전쟁을 일으킬 수 없다―침략당한 경우는 제외하고―는 루드로우 수정안Ludlow Amendment을 지지했다. 그는 "우리 중에는 그 나라에 사는 사람이 나라의 안녕을 가장 잘 판단한다고 믿는 사람들이 있다. 그리고 그 믿음이 무시되었을 때, 소수에 의한 지배라는 가장 과도한 폭력에 문이 활짝 열리게 된다"고 단호하게 말했다.[36]

한편 켄달은 정치철학에 대한 연구를 계속했고, 1940년 일리노이대학교에서 정치학 박사학위를 취득했다. 그의 논문 지도교수는 전후 보수주의의 부활을 이끈 선구자 중 한 명인 프랜시스 윌슨이었다. 1년 후 출판된 켄달의 박사학위 논문은 그의 기질대로 자신의 주장을 대담하고 집요하게 논증했으며, 비정통적이었다.[37] 존 로크가 양도할 수 없는 자연권의 옹호자라는 통념에 도전하면서 켄달은 실제로 로크는 "다수결" 민주주의자라는 주장을 치밀하게 전개했다. 로크가 자연권에 대해 말한 것은 틀림없지만, 최종 분석에서 그는 "개인의 권리를 규정하는 권한을 다수에게 위임할 것이다".[38]

"(…) 로크의 자연권은 다수를 책임지는 입법부가 보증하는 권리일 뿐이다."[39] 사회는 개인이 아니라 주권자이며, 개인의 권리는 사회에 대한 "제약이 아니라" 사회의 "기능"이다.[40] 로크에게는 어떻게 "권리"와 다수에 의한 지배가 양립 가능한가? 왜냐하면 로크식의 다수결에는 "개인이 가져야 할 권리는 절대 철회되지 않는다"는 "내적 전제"가 있기 때문이라고 그는 말했다.[41]

로크 "문제"에 관한 중요한 학술적 탐구로 인정받은 켄달의 연구는 그의 생에 가장 특이한 학문적 경력 중 하나가 시작되었음을 알리는 것이었다. 제2차 세계대전과 그 이후에 정부―중앙정보부 고위직 포함―에서 복무한 뒤[42] 켄달은 1947년 예일대학교 교수가 되어 14년 동안 격동의 쓰라린 세월을 보냈다. 이 시기 그의 편지에는 부서 간 전쟁에 대한 이야기로 가득 차 있었다. 그는 종신재직권을 가지고 있었지만, 예일은 그에게 부교수 이상의 승진을 허락하지 않았다. 1961년 켄달은 자신이 예일대학교에서 더 높은 자리로 승진하지 못할 것이 확실하다고 생각했고, 결국 예일이 자신의 종신재직권을 "매입"한다면 학교를 떠나겠다고 제안했다. 예일대학교는 이에 동의하고 그에게 수만 달러의 금액을 지불했다. 켄달은 친구에게 "예일이 교수직에서 사임시키기 위해 돈을 지불한 유일한 사람"이 자신이라고 말했다.[43]

예일대학교 시절 초기에[44] 켄달은 자신을 "구식 다수결 민주주의자"라고 불렀다. 그의 주요 학문적 관심은 "열린사회"와 관련된 비판과 "다수결 민주주의"였다.[45] 어째서 그는 자연권 철학에 그토록 집요하게 적대적이었을까? 그가 가장 좋아했던 표적 중 한 명인 존 스튜어트 밀을 비판한 구절이 실마리를 제공해준다.

> 밀의 원칙에서 시작하면 밀 자신이 그랬던 것처럼, 사회가 견딜 수 있고 생존을 유지할 수 있는 '다양성'의 정도에는 제한이 없다는 무정부주의적 관점으로 끝난다(그러므로 오늘날 우리는 예를 들어 우리 이웃의 반유대주의적 발언을 용인해야 한다. 금지는 표현의 자유라는 그들의 '권리'를 침해하는 것이기 때문이다).[46]

켄달은 글과 토론의 장에서 모든 질문은 열린 질문이라는 "이설異說"을 반복해서 비난했다. 그는 모든 사회—민주주의를 포함해—는 자신들이 소중히 여기는 것의 핵심에 근본적으로 도전하는 사람들에 맞서 정당하게 방어할 수 있는 정통성과 합의, 그리고 생존 의지를 가지고 있고 가져야 하며, 마땅히 가져야 한다고 주장했다.[47]

켄달에게 이러한 고찰은 공허한 이론적 공상이 아니었다. 이는 1940년대 후반과 1950년대 초반 미국인의 삶에서 공산주의의 지위와 영향과 관련해 국내에서 벌어진 가장 큰 논쟁에 해당되는 진실이었다. 그는 특유의 활력과 현란한 언변으로 이 싸움에 뛰어들었고, 곧 그가 개인적으로 알고 지내던 조셉 매카시 상원의원의 가장 유능한 학계 옹호자 중 한 명으로 부상했다. 그는 매카시의 십자군과 휘태커 체임버스, 그리고 공산주의자들은 공적 보호의 경계 너머에 있다고 선언한 많은 미국인들의 결정을 쉼 없이 옹호했다. 그는 앨저 히스와 J. 로버트 오펜하이머Julius Robert Oppenheimer를 비난했다.[48] 이러한 활동들은 좌파에 있는 그의 일부 적들의 흥분을 가라앉힐 수 없었을 것이다.

매카시 논쟁이 진정되고 오랜 뒤 켄달은 자신이 깨달은 미국의 가장 깊은 의미를 옹호하기 위해 고군분투―다소 무모해 보이는― 했다.[49] 그의 오디세이에는 정통성이라는 대의를 호소하는 반대자, 절대적 권리라는 개념을 혐오하는 개인주의자, 자유주의적인 예일의 지역적 정통성을 거스른 죄로 고통을 겪는 반역자라는 아이러니와 어쩌면 파토스pathos가 있었다. 켄달은 또한 자신의 냉혹하고 열의에 가득 찬 우상파괴운동iconoclasm의 대가에 대해서도 잘 알고 있었다. 예일의 적대감과 직업적 성공을 가로막는 장벽, 그리고 파시스트·권위주의자·전쟁광이라는 그에 대한 비난. 누군가 궁금해하듯 그는 왜 그토록 집요하고 강박적일 정도로 "변화에 반대하는 사람"이 되었을까? 켄달의 비범한 성격―누군가 적절하게 말한 것처럼 켄달은 정신분석하기에는 너무나 복합적 인물이었다―에 대해서는 캐묻지 않고, 그리고 그의 철학을 조금도 "설명해주기" 바라지 않는다면, 그의 삶에 결정적 영향을 미친 두 가지 중요한 경험이 우리의 관심을 끈다. 첫째, 그는 소년 시절 오클라호마의 폐쇄된 작은 마을들에서 민주주의에 대한 가장 심오한 교훈을 배웠다고 말했다.[50] 둘째, 스페인의 충격적인 악몽은 그에게 합의가 없는 사회, 자기 자신과 전쟁을 벌이는 사회, 모든 사람이 자유롭게 말할 수 있는—그래서 스스로를 설득해 전쟁을 하게 한—사회에 대한 공포를 가르쳐주었다. 이는 학자로서의 평온한 삶을 위해 포기하기에는 너무나 소중한 진리였다.

그의 반공산주의에는 그 이상의 것이 있었다. 누군가 강력하게 혐의를 제기하듯 켄달은 공산주의가 미국을 위협하고 있으며, 이를 폭로해야 한다고 진심으로 믿었다. 그의 논문 지도교수 프랜시스 윌슨은 켄달의 신념을 다음과 같이 설명했다.

> 자유주의적이고 선량한 미국인들은 모든 인간이 선하며, 약간의 우호적인 대화를 통해 모든 문제를 해결할 수 있다고 믿고 있는 게 분명하다. 그러므로 공산주의자들은 어떤 경우에도 미국의 안보에 위협이 될 수 없다. 그러나 켄달 (그리고 공산주의를 비판하는 모든 보수주의자들)은 그것이 사실이 아니라고 주장해왔다. 공산주의자들은 그렇지 않다. 그들은 모든 곳에서 공산주의 혁명을 일으키려는 전 세계적 음모에 가담하고 있다. 그리고 제2차 세계대전 이후 공산주의의 전진에 가장 큰 적은 미국이었고, 현재도 미국이다.[51]

이 집요한 반공산주의는 당연히 그를 좌파에서 우파로 전환하게 만든 핵심적인 요소였다. 물론 1930년대—그리고 그 이후에도—에는 한 사람이 좌파이면서 동시에 반스탈린주의자가 될 수 있었다. 제임스 번햄이 믿었듯 실제로 이는 켄달이 "트로츠키주의자"가 된 동기였다.[52] 1940년대 후반과 1950년대 초반에 좌파는 더 이상 안식처가 될 수 없었다. 그가 격렬하게 비난했던 헨리 월리스의 진보주의는 분명히 그랬다. 비판자들이 보기에는 성공하지 못한 "봉쇄" 자유주의도 마찬가지였다.[53] "해방" 전략을 지지한 켄달에게[54] 트루먼-애치슨 대외 정책은 절망적일 정도로 부적합한 것이었다.[55]

켄달의 격렬한 반공산주의는 1940년대에 그를 보수주의로 몰아간 여러 요인 중 하나에 불과했다. 시간이 흐를수록 그가 자유주의로부터 멀어졌다는 징후가 늘어갔다. 초기에 쐐기를 박아준 한 가지 요인은 1939년부터 1941년까지 대외 정책을 둘러싸고 벌어진 대논쟁이었다. 확고한 반개입주의자─당시 국내 문제에 대해선 여전히 좌파였지만─켄달은 좌파의 많은 친구와 영웅들이 독일과의 전쟁을 지지하기 시작하자 점점 애통해했다. 1942년 초 친구에게 보낸 편지에서 켄달은 미국의 정치 체제에 대한 환멸을 드러냈다.

> 말하자면 내가 잃어버린 건 다수에 대한 나의 믿음이 아니라네. 지난 몇 년간 제시된 증거에 따르면 다수는 내가 거부할 것이라 정당하게 예상할 수 있었던 결론에 도달한 적이 없었네. 나의 우려와 환멸은 또 다른 증거를 제시해줄 수 있었던 사람들에 대한 것이라네. 뭐랄까, 가장 거대하고 용서할 수 없는 건 지식인들의 배신일세. 역사가 모든 걸 기록해줄 테지. 이를 생각하면 정말로 마음이 아프다네.[56]

루스벨트를 격렬하게 반대한 켄달은 1940년 윌키에게 투표했고, 1944년 공화당이 승리하기를 바랐다. 1946년 선거에서 공화당이 승리하자 그는 기뻐했다. 그는 친구에게 자신이 그토록 오랫동안 갈망해온 것, "행정부에 대한 권한을 실제로 행사하는 의회"를 마침내 보게 될 것이라고 말했다.[57] 켄달의 이러한 입장 중 어느 것도 정통 보수주의는 아니었다. 실제로 그의 서신들은 그가 적어도 1946년까지는 여러 면에서 좌파의 일원이었음을 보여준다.[58] 그러나 그의 입장은 확실히 특이한 좌파적 입장이었다. 그러므로 1940년대 후반 충성심과 공산주의를 둘러싸고 거대한 "내전"이 발발했을 때, 켄달이 명백히 좌파에서 우파로 쉽게 이동한 것은 그리 놀라운 일이 아니었다. 이미 좌파에는 그의 적들이 많았다.

그리고 무엇보다 최고의 적은 자연권과 시민의 자유라는 자유주의 철학이었다. 어떤 의미에서 1940년대 후반의 켄달은 근본적으로 전혀 변하지 않았다고 말할 수 있다. 좌파도 그랬다. 조셉 매카시 시대에 미국의 많은 좌파들은 새로운 열정으로 시민의 자유·개인의 권리·정당한 법 절차·견제와 균형·"다원주의"의 가치를 강조했다. 연방대법원, "경제적 왕당파", 스펜서식의 자연적 "권리"가 적이었던 1930년대에는 국민 주권과 전면적 다수결에 쉽게 갈채를 보낼 수 있었다. 그러나 매카시를 비롯한 열성적인 반공산주의 입법자들이 등장하면서 순수한 다수주의는 많은 매력을 잃게 되었다. 아마도 사람들은 선동가에 의해 오도될 수도 있을 것이다. 어쩌면 우리에게는 순치되지 않은 일반의지를 제한할 제도와 엘리트가 필요한지도 모른다.

윌무어 켄달—루소의 제자[59]이자 엘리트주의의 적, 그리고 존 스튜어트 밀의 적수—은 이러한 자유주의 사상의 재정립에 영향을 받지 않았다. 다른 사람들은 희석되지 않은 자신들의 다수주의를 포기했을 수 있다. 윌무어는 아니었다. 1950년대까지 그는 자신의 예전 입장을 완강히 고수했다.[60] 이러한 완고한 이론적 일관성은 자유주의에 대한 켄달의 적대감을 심화시킨 또 다른 요소였다.

그래서 켄달은 우파에서 끝을 맺었다. 처음에 태프트 상원의원을 지지했던 그는 1952년 "애들파이Addlepai" 스티븐슨Adlai Stevenson, "아이비리 그 윌 로저스Will Rogers**** 대신 아이젠하워에게 투표했다. 심지어 그는 한때 "지식인들에 대한 선전포고"가 될 책, "미 제국주의 반동분자의 고백"이라는 제목의 책을 쓸 계획을 세우기도 했다—그는 너무 많은 계획을 가지고 있었다.⁶¹ 예일대학교에서 그와 가장 친했던 학생들 중 많은 이들—버클리 F. 주니어·L. 브렌트 보젤·스탠리 패리 등—이 보수주의의 대변인이 되었다. 1955년 켄달은 『내셔널리뷰』의 수석 편집자가 되었다.

그리고 그는 항상 불가능해 보이는 대의를 옹호하기 좋아하는 우상파괴자의 역할을 수행했다. 예컨대 1950년대 후반 플라톤의 『소크라테스의 변명』과 『크리톤』에 대한 놀라운 분석에서 켄달은 소크라테스가 무지한 군중들에 의해 부당하게 박해받은 흠결 없는 영웅이라는 견해를 정면으로 반박했다. 아테네인들에게 정말로 아무런 근거도 없었다면, 소크라테스는 왜 일부러 그곳에 머물며 죽음을 선택했을까? 법이 그에게 정당한 주장을 한 것이 아니라면, 그는 왜 도망치지 않았을까? 플라톤 드라마의 진면목은 소크라테스 "실패의 순수한 필연성", 진리들의 충돌이라는 비극이었다. 한쪽에는 신에게서 영감을 받은 사람, "신성한 사명"을 가진

•　켄달은 스티븐슨의 본명 애들레이Adlai와 발음이 비슷한 단어 애들팟addlepate—아둔한 사람이라는 뜻—을 합성해 스티븐슨을 '애들파이'라고 불렀다.

••　애들레이 스티븐슨을 말한다. 윌리엄 펜 아데어 로저스William Penn Adair Rogers(1879~1935)는 미국의 배우이자 저널리스트이다. 그는 소박한 유머와 풍자를 통해 사회를 비판하기로 유명했다. 루스벨트를 지지하는 민주당 당원이었지만, "분명한 사실은 어느 당이건 선거가 끝난 뒤에도 여러분에게 신경을 써줄 거라고 믿는 사람이 있다면 그 사람 턱에 주먹을 날려줄 필요가 있습니다", "정치인들이 뒤에서 속닥거리는 소리가 그들이 큰 소리로 말하는 것보다는 덜 나쁩니다"라고 말하는 등 정당 정치를 비판하기도 했다. 명망 있는 정치인 가문에서 태어나 프린스턴대학교를 졸업한 애들레이 스티븐슨은 로저스처럼 유머가 풍부한 사람이었다. 당시 스티븐슨에게 비판적인 한 언론인이 그의 귀족적이고 지식인스러운 태도를 비꼬면서 그에게 '달걀머리'라는 별명을 붙여주었는데, 그는 한 연설에서 마르크스의 『공산당선언』의 한 구절을 바꾸어 "만국의 달걀머리여 단결하라, 잃을 것은 노른자뿐이다"라며 자신의 별명을 웃음거리로 삼기도 했다.

사람, 폴리스의 삶의 방식에 솔직하고 근본적인 질문을 제기한 "혁명적 선동가"—민회가 보기에—가 있었다. 다른 쪽에는 그를 잔인하게 박해하지는 않았지만, 먼저 그의 이야기를 충분히 듣고도 납득하지 못한 아테네인들이 있었다. 그게 아니라면 어떻게 그럴 수 있었을까? 소크라테스는 도시의 전복—사실상—을 설파하는 일을 중단할 수 없을 것이고, 중단해서도 안 된다는 점을 분명히 했다. 그는 무해하지 않았다. 그에게는 이미 헌신적인 많은 젊은 추종자들이 있었다. 그러므로 플라톤은 소크라테스의 형벌이 불가피했다고 말하고 있었다. 아테네는 그에게 가능한 모든 것—법률, 스스로를 변호할 자유, 심지어 도망갈 기회까지—을 제공했고, 여전히 살려두었다. 그리고 소크라테스는 이 사실을 이해하고 있었다. 소크라테스는 다른 것은 고려하지 않고 말할 수 있는 자신의 절대적 "권리"를 주장하는 근대의 자유주의자가 되기를 거부했다. 대신 그는 존재하지 않는 진리를 찾으려는 상대주의적이고 "편견 없는" 자유로운 토론이라는 미명이 아니라 산산조각 난 진리, 신의 이름으로 말했다. 켄달은 우리가 소크라테스를 더 좋아할 수도 있지만, 그에게 유죄 판결을 내리도록 강요한 사람들의 선택이 아니라 실제로 보다 "현실적인" 차선을 선택한 아테네도 마땅히 "용서"해야 한다고 결론지었다.[62]

한편 켄달의 삶은 1950년대에 또 다른 방향을 향해 근본적으로 전환되기 시작했다. 이는 초기에 좌파에서 우파로 전환한 것만큼이나 중요한 변화였다. 1954년 윌리엄 F. 버클리 주니어는 헨리 레그너리에게 자기 스승의 "변신"에 대해 말했다.

1949년에 그는 당신이 우리 사회를 깨우치기 위해 당신 삶을 바쳐 헌신한 위대한 진리에 다소 냉소적이었습니다. 천천히, 그러나 가차 없이 그는 옥스퍼드의 조숙한 학자로서, 그리고 격동의 30대에 젊고 재능 있는 스승으로서 갖게 된 냉소주의를 버렸습니다. 내 경험에 따르면 그는 우리 시대의 몇 안 되는 훌륭하고 매우 도덕적인 인물 중 한 명이 되었을 정도입니다.[63]

오랫동안 종교적 회의주의자였던 켄달은 1956년 로마 가톨릭 신자가 되었다. 그는 부분적으로 교회의 오랜 역사와 수 세기에 걸친 교회의 전통에 매료되었다고 말했다.[64] 교회의 반공산주의도 그의 개종과 관련이 있었을 수 있다.[65]

켄달이 점차 상세하게 설명하게 될 이 "위대한 진리"란 무엇인가? 1950년대에 그는 "정치 이론 연구에 혁명"을 일으킨—켄달이 생각하기에—두 사람, 에릭 푀겔린과 레오 스트라우스의 사상에 깊은 영향을 받았다.[66] 그가 거리낌 없이 인정했듯 이 두 사람은 그의 학문적 이력을 극적으로 바꿔놓았다. 켄달은 스트라우스를 "우리 시대만이 아니라 마키아벨리 이후 모든 시대의 위대한 정치철학 스승"이라고 불렀다.[67] 스트라우스의 영향 아래 켄달은 존 로크에 대한 자신의 견해를 수정했고,[68] 실제로 "혁명"의 영향을 너무나 많이 받은 나머지 학문적 기준마저 "급격하게" 바뀌었으며, 연구 속도도 둔화되었다. 그는 스트라우스가 정치학의 "사생아"라고 부른 분파—행동주의·상대주의·"가치중립"—와 싸워야 할 의무를 느꼈다.[69] 무엇보다 켄달은 위대한 전통, 그리고 마키아벨리·홉스·로크에 의해 시작된 이에 대한 반란을 근본적으로 구분하는 스트라스주의의 관점을 수용했다.[70]

켄달은 여러 측면에서 근대인이 정치적 인간이라는 보다 우수하고 오랜 개념에서 벗어나 있다고 주장했다. 위대한 전통은 인간과 사회가 "동시에 태어났다"고 주장했다. "사회계약론자들"은 사회를 마음대로 바꿀 수 있는 "인공물"로 보았다. 위대한 전통은 인간이 본질적으로 사회적임을 강조했다. 사회계약론자들은 단지 자신이 "동의"한 "계약"이나 협약을 맺었을 뿐인 자연 상태에서 고립되고 두려워하는 독립적 개인을 강조했다. 위대한 전통은 인간의 "완전성" 혹은 "목적"을 강조했다. 사회계약론자들에게 인간은 존재했던 그대로—추정상—의 인간에 지나지 않았다. 위대한 전통은 특히 자연법과 인간의 의무를 강조했다. "근대"의 반란은 의무나 또는 어떠한 도덕적 의무에도 전혀 구속되지 않는 자연적 "권리"에 대해서만 언급했을 뿐이었다. 유일한 궁극적 권리는 실제로 자기보존 또는 자기이익—근대인이 말한—에 불과했다. 사회계약론 철학자들은 상위의 법이 존재한다는 사실을 명백히 부정했다. "인간 간의 합의나 계약과는 무관한 상위의 법이 존재하는가", 이것이 켄달이 제기한 문제였다.[71]

이 새로운 방향의 켄달 사상은 외견상 곤혹스러워 보일 수 있다. 자연법·진리·정의, "합의"에 대한 폄하, 이를 강조하는 것이 어떻게 과거 그의 절대적 다수주의와 양립할 수 있는가? 그를 스트라우스주의적 관점으로 떠민 추진력은 적어도 정신적으로는 반민주주의 아니었나? 아마 그랬을 것이다. 그러나 켄달의 사상은 복잡했고, 그의 초기 단계와 후기 단계—좌파와 우파—사이의 긴밀한 연속성에 주목해야 할 필요가 있다. 예컨대 두 시기 모두 그는 "개인의 권리"를 주장하는 철학을 혐오했다. 초기에 그는 정통성을 만들고 유지하기 열망하는 다수—공식적인 권리장전에 의해 제약을 받지 않는—라는 이름으로 그러한 철학을 혐오했다. 스트라우스의 영향하에 그는 자연법과 의무를 소환했다. 어쩌면 정의와 덕성을 자유와 이기심보다 우선시하는 것과 절대적 다수주의 사이에는 연관성이 있을지도 모른다. 어쨌든 그는 1950년대 후반 절대적 다수주의를 버렸지만, 다수가 통치해야 한다는 신념은 포기하지 않았다. 대신에 이제 그는 어떤 다수는 선하고, 어떤 다수는 악하다고 하는 다수의 유형에 대해 말하기 시작했고, 이러한 전환은 1960년 그가 쓴 「두 개의 다수The Two Majorities」에 반영되었다.[72] 아마도 전환은 이게 전부였을 것이다. 대중의 정통성이 갖는 정당성을 옹호하는 사람들은 지켜야 할 정통성을 찾았다.

그의 생애 마지막 10여 년 동안 켄달은 자신의 정치철학을 미국의 전통에 적용하는 새로운 과제에 점점 더 몰두하게 되었다. 물론 『내셔널 리뷰』가 창간되기 훨씬 전부터 켄달은 미국의 정치 제도[73]와 이를 공산주의와 자유주의로부터 구해내는 데 관심을 기울였다. 그러나 우리의 유산이 위대한 전통과 조화를 이룰 수 있음을 입증하는 것은 그의 말년에 와서야 지배적인 논제가 되었다.[74] 그의 글에 활기를 불어넣은 것은 전통적인 미국이 "침략 전쟁", "마키아벨리의 표현에 따르면 새로운 방식과 질서"를 수립하려는 "자유주의 혁명"에 맞서 싸우고 있다는 확신이었다.[75] 보수주의는 경험적으로 이러한 혁명에 맞선 저항이라고 정의할 수 있었다. 자유주의적 위협은 무엇으로 이루어져 있는가? 첫째, 완전히 "열린"사회를 만들려는 노력. 둘째, 헌법을 단순한 국민투표제로 바꾸려는 끊임없는 시도. 셋째, 조야한 평등주의를 제도화하려는 시도.[76] 켄달은 체제를 평가하는 참되고 보수주의적인 기준—정의·공동선—과 거짓되고 자유주의적인 기준—개인의 권리·평등—을 대조했다.[77] 사실상 "궁극적인 쟁점"은 자연법 대 상대주의·이기주의, 위대한 전통 대 자유주의였다. 자유주의는 곧 로크주의였으므로 보수주의는 양쪽 모두에 반대해야 했다.[78]

그래서 전후 보수주의운동을 자주 괴롭혔던 문제가 다시 한번 불거졌다. "공식 문서"—켄달의 문구를 빌리자면—는 미국의 전통이 본질적으로 자유주의적이라고 가르쳤다. 공식 문서에 따르면 로크는 미국 건국의 아버지들에게 결정적인 영향을 미쳤으며, 미국은 열려 있고 평등하며, 자연권을 갈망했다—또는 갈망해야 했다. 켄달은 동의하지 않았다.

일례로 독립선언문에 대한 그의 해석을 생각해보라. 자유주의자들이 종종 말했듯 "모든 인간은 평등하게 창조되었다"는 구절이 1776년 국가의 찬란한 약속이었다면, 어째서 겨우 11년 뒤인 헌법 전문에는 평등이 언급되어 있지 않은가? 당연히 건국의 아버지들은 누구나 나머지 모든 것의 근저라고 알고 있는 바를, 헌법을 규정하는 최상의 목적에 포함시키는 것을 잊지 않았다. 그런데 왜 『연방주의자 논고』와 권리장전은 평등을 무시했을까? 어쨌든 "평등"이라는 단어가 의미하는 것은 무엇인가? 켄달에게 그것은 정의에 대한 보편적 권리, 법 아래 정부에 대한 보편적 권리, 인간으로서의 대우에 대한 보편적 권리를 의미했다. 평등은 인간을 물질적인 방식으로 평등하게 만들어야 한다는 관념, 자유주의적 평등주의를 의미하지 않았다. 그러한 관념은 한참 뒤 켄달이 독립선언문은 "헌법적 지위"를 갖는다고 주장했다는 이유로 에이브러햄 링컨에게 우리 전통의 비극적 "타락"에 대해 유죄를 선고하면서 등장했다. 아니, 그것은 국가를 수립한 것이 아니라 단지 "13개*의 새로운 주권"을 확립했을 뿐이었다. 서명자들은 실제로 독립선언문에 노예제를 비난하는 문구를 싣기 거부

---

* 원문의 표현은 '제빵사의 한 다스baker's dozen'이다. 이 표현이 12개가 아닌 13개를 의미하게 된 이유에는 몇 가지 설이 있지만, 가장 널리 받아들여지는 설은 다음과 같다. 13세기 영국에서는 정량보다 빵을 작게 만들어 속여 파는 경우가 많았고, 이로 인해 헨리 3세는 표준적인 무게와 크기 이하로 빵을 팔거나 너무 비싸게 팔면 벌금이나 태형, 징역형에 처하는 엄격한 법을 통과시켰다. 제빵사가 빵을 아무리 신중하게 만든다 해도 모든 빵이 같은 크기로 나오도록 하는 것은 어려웠고, 당시 제빵사 중 많은 이들은 반죽의 무게를 잴 수 있는 저울조차 가지고 있지 않았다. 실수로 부족해져 나중에 처벌을 받을까 봐 제빵사들은 표준 정량인 12개 대신 13개를 만들었다고 한다.

했고, 문서의 구절들에는 구속력이 있거나 강력한 의미가 없다는 암시를 주었다. 켄달은 독립선언문의 평등 구절을 패러다임적 슬로건으로 만드는 것은 제한된 의도를 기괴하게 왜곡하는 일이라고 주장했다.[79]

헌법도 권리장전도 절대적 자연권 이론을 구체적으로 명시하지 않았다. 다시 말하지만 헌법 전문은 절대적 개인의 "권리"가 아니라 정의와 안녕, 그리고 기타 목표의 보장에 관한 서술이었다. 게다가 놀랍게도 1787년 필라델피아 제헌회의는 권리장전을 포함시키자는 조지 메이슨George Mason의 제안을 만장일치로—그리고 적절하게—거부했다! 건국의 아버지들이 그렇게 철저한 로크주의자였다면, 어떻게 그럴 수 있었겠는가? 더욱이 권리장전에 대한 진정한 대중의 요구나 "권한"도 없었고, 채택된 문서는 훗날 휴고 블랙 판사가 생각했던 그런 종류의 문서가 명백히 아니었다. 그것은 미국을 열린사회라고 선언하지 않았다. 1787년에는 그러한 질문이 제기조차 되지 않았다. 심지어 수정헌법 제1조는 표현의 자유라는 권리도 선언하지 않았다. 그것은 단지 의회를 제한하고, 주들에게 "억압"의 독점권을 부여했을 뿐이었다! 수정헌법 제1조는 주들의 권리를 수정한 것에 지나지 않았다.[80]

뿐만 아니라 켄달은 레너드 레비Leonard Levy의 학술적 연구[81]를 근거로 역사가 자신의 분석을 입증해주었다고 흐뭇하게 주장했다. 레비는 성스러운 건국의 아버지들이 활짝 열린 "이기적인" 사회를 건설하려는 의도가 없었음—그리고 마치 그런 의도가 있는 것처럼 행동하지도 않았다—을 보여주었다. 당시에는 수정헌법 제1조가 선동적 명예 훼손에 관한 관습법*을 폐지하는 것이라고 여겨지지도 않았다. 실제로 켄달은 말했다.

대표자들이 표현의 자유를 명백하게 보장하는 첫 번째 수정안을 작성하고 비준한 '국민'에게는 표현의 자유나 언론의 자유라는 전통이 없었고, 이를 보장해야 할 필요성을 촉구하는 정치인도, 그것의 정당성을 입증해줄 정치 철학자도 없었다.[82]

제퍼슨에게는 레비―켄달은 아니었다―가 말한 "어두운 면"이 있었다. 이 말뿐인 자유주의자는 "재임 중 어떤 정부도 정책을 저지시킬 개인의 권리를 저해해서는 안 된다"는 원칙에 따라 행동하는 것처럼 보였다.[83] 비판자들은 제퍼슨과 건국의 아버지들이 20세기 자유주의자가 되지 못했다고 비난했을지도 모른다. 아니면 공직에서 물러나겠다는 "신중하지 못한" 거창한 선언[**]으로 재임 중 "신중한 고려"라는 시험을 통과할 수 없었다고 제퍼슨을 질책했을 수도 있다. 켄달은 후자의 경로를 택했다.[84]

사실 그는 표현의 자유와 열린사회라는 개념이 어디에서 온 것인지 궁금했다. 분명히 평범한 미국인들에게는 그러한 이해가 없었다. 예컨대 1955년 당시 미국인의 3분의 2는 공산주의자와 무신론자가 자신들의 마을이나 고등학교에서 연설하는 것조차 허용하지 않았을 것이다.[85] 이것

[*]   선동적 명예 훼손이라는 개념은 식민지 시절 영국에서 도입되었다. 영국법에 따르면 정부를 비판하거나 불만을 불러일으키려는 의도로 글을 진술·발표하는 것은 형사 범죄였다. 그러나 초기 미국 식민지 주민들은 이러한 견해를 공유하지 않았다. 그들은 폭정에 가까운 이러한 법이 미국의 자유와 독립에 적합하지 않다고 생각했다. 하지만 1798년 애덤스 정부는 대통령이나 연방정부를 비판하는 행위를 범죄로 규정하고, 연방에 위협이 된다고 생각되는 외국인을 추방할 권한을 대통령에게 부여한 「외국인규제 및 선동금지법」을 제정했다.

[**]   연방당은 알렉산더 해밀턴의 주도하에 대통령과 사법부를 중심으로 강력한 중앙정부를 수립하고자 했지만, 공화당은 이에 반대했다. 양당은 신문을 통해 서로를 비난하는 설전을 벌였고, 공화당의 토머스 제퍼슨은 조지 워싱턴 대통령에게 사직서를 제출했다. 하지만 이내 이를 철회했고, 딸에게 쓴 편지에서 "남아서 계속 투쟁하기로 했다"고 말했다.

이 편협함의 표현이든 더 높은 지혜의 표현이든, 켄달은 미국인들이 표현의 자유라는 존 스튜어트 밀의 사상을 유의미하게 받아들인 적이 있었는지 의문을 자아낸다고 주장했다. 켄달에게 미국의 진정한 전통은 "자유의 선호"가 아니라 "막대기에 태워 마을 밖으로 쫓아내는 것"* —익살스럽기는 해도 극단적인 표현—으로 보였다.[86] 그리고 그것이 핵심이었다. 미국은 이론적으로나 실제적으로나 열린사회가 아니었다. 자유주의자들은 틀렸다. 건국의 아버지들, 권리장전, 우리의 일상에서 작동하는 전통에 대해서도 그들은 잘못 알고 있었다. 그들 철학의 장점이 무엇이건 그들은 미국의 전통을 지지한다고 주장할 수 없었다. 그 전통은 우리 —보수주의자— 의 것이었고, 자유주의는 기껏해야 최근에 생겨난, 유기적이지도 실행 가능하지도 않은 부가물·이물질에 지나지 않았다.

어떻게 좌파가 아니라고 말할 수 있겠는가? 켄달은 자유주의적 제안에 맞선 끊임없는 투쟁이 미국 정치라는 바로 그 사실이 전통 그 자체가 보수주의적임을 입증해준다고 말했다.[87] 자유주의자들은 우리의 국가를 열린 국가 혹은 평등한 국가로 만들지 않았다. J. 앨런 스미스에서 제임스 맥그리거 번스James MacGregor Burns** 에 이르기까지 그들은 헌법을 직접 다수결 원칙에 관한 문서로 바꾸는 데 성공하지 못했다. 프랑스혁명은 미국

---

* 　원문은 'riding somebody out of town on a rail'이다. 이는 19세기 초로 거슬러 올라가는 미국의 고전적인 표현이다. 실제로 당시 미국에서는 범죄를 저지른 사람을 길고 거친 나무 막대기에 말을 타는 자세로 태운 뒤, 마을 경계까지 들고 가 범죄자를 도랑 등지에 버리고 다시는 돌아오지 말라는 경고를 하는 관습—20세기 초까지 유지되었다고 한다—이 있었다. 여기서 유래한 이 비유적 표현은 '공개적인 조롱이나 비난을 통해 엄하게 처벌하고, 특정 분야에서 완전히 추방한다'는 의미로 사용되고 있다.

** 　1918~2014. 미국의 정치학자. 강력한 국가 지도자를 옹호하고, 견제와 균형 시스템에 비판적이었다. 특히 그는 대통령 임기를 두 번으로 제한하는 수정헌법 제22조 제1항의 폐지를 주장했다.

에서 아직 일어나지 않았다.[88] 자유주의의 반란은 바리케이드를 점령하지 못했다.

어떤 바리케이드인가? 켄달은 미국의 전통이 전적으로 혹은 대부분 자유주의적이라는 사실을 부인하는 것으로 만족하지 못했다. 그는 우리의 전통이 어떤 점에서 보수주의적인지를 보여주어야 했다. 자유주의자들의 소굴에서 멀리 떨어진 미국에서 일어난 일이, 아집이나 무지가 아니라 지혜라는 것을 우리는 어떻게 알게 되었는가?

기존의 이론으로는 설명할 수 없는 어떤 일이 실제로 일어나고 있었다. 이것이 켄달의 혁신적인 글「두 개의 다수」의 주제였다. 켄달은 최근 수십 년 동안 "자유주의적" 대통령과 "보수주의적" 의회 사이의 갈등이라는 익숙한 사실에 주목하면서 "설명할 수 없는 수수께끼", "동일한 유권자들이 해마다 워싱턴에서 숭고한 원칙과 계몽에 헌신하는 대통령, 그리고 (⋯) 이 두 가지 모두를 소홀히 하는 의회를 유지시켜주고 있다"는 사실을 이해하려 노력했다.[89] 물론 자유주의자들은 이러한 행위를 쉽게 설명했다. 의회는 비민주적이었다. 첫째로 그들은 헌법 자체가—양원제, 시차임기제,* 지역의 과대대표성 같은 수단으로—대중의 정서가 단호한 조치로 전환되는 것을 방해했다고 말했다. 둘째로 의회 내부의 절차—필리버스터와 선임우대제** 같은—가 다수결 원칙을 더욱 훼손시켰다. 켄달에게 이러한 분석은 피상적이고 오해의 소지가 다분했다. 그러한 제도가 아직 알려지

---

* 　상원의원 선출제도를 말한다. 미국 상원의원은 100명이고 임기는 6년이지만, 이를 한꺼번에 선출하지 않고 2년마다 3분의 1씩 선출한다. 1789년 제헌회의는 상원을 안정화하고, 상원의원들이 불순한 목적으로 담합하는 행위를 방지할 목적으로 이 제도를 도입했다.

** 　다수당의 최고참 의원이 위원회 위원장으로 자동 선임되는 일종의 불문율이다.

지도 않았을 당시에 건국의 아버지들이 국민투표제를 가로막는 장벽을 세웠다고 비난할 수 있는가? 게다가 우리가 알고 있는 대통령제는 나중에야 우리 제도에 "접목"되었다. 『연방주의자 논고』의 수많은 구절들을 인용하면서 켄달은 건국의 아버지들은 다수주의자였지만, 그들은 특별한 부류의 다수주의자였다고 주장했다.

건국의 아버지들이 실현하고자 했던 것은 다수결 원리였지만, 그것은 "잠재적 충돌 가능성과 여하간 다른 '가치'와 이익을 대표하는 선량한 사람들 사이의 숙고 과정"을 거친 후 명확해진 다수의 결정이었다. 이러한 숙고 과정은 현대 자유주의자들이 원하는 것처럼 선거라는 의례적인 절차에서는 생겨나지 않는다. 그것은 공허한 원리와 공상적 프로그램 사이에 놓인 선거를 통한 결정과는 관련이 없다. 그것은 투표를 통해 구속력 있는 "권한"을 부여하는 것과도 관련이 없다. 우리의 제도는 영국 정부의 제도—일반적으로 그 제도로 간주되는—가 아니었다. 가장 중요한 과정은 의회—구조화된 지역의 선거구민들에 의해 선출되고, 그들로부터 지시받지는 않지만 항상, 그리고 필연적으로 그들을 의식하는 선량한 사람들의 의회—자체의 숙고였다. 의회의 임무는 잘 포장된 선거 공약을 이행하는 것이 아니라, 지역 공동체로부터 "피드백"을 받아 따지고 헤아려보는 것이었다. 요컨대 숙고하는 것이었다. 무슨 목적을 위해? "공동체의 신중한 뜻"을 실현하기 위해. 합의는 거창한 원칙들이 날카롭게 충돌한 후 형성된 남루하고 공허한 다수결이 아니었다. 이 제도가 본래 작동되는 방식을 표현하는 것이 극적이지 않은 의회의 다수결이었다. 그리고 당연히

(…) 대통령 선거가 유권자들로 하여금 도덕적 원칙에 대한 헌신을 과대평가하도록 조장하는 한에 있어 의회 선거는 그들로 하여금 그들 자신에 대해

보다 현실적인 관점을 취하고, 보다 현실적인 그러한 관점을 대표하고 그에 따라 행동할 후보를 내도록 그들을 장려, 아니 의무를 부과한다. 입안자들이 의도한 바를 거의 그대로 유지함으로써, 다시 말해 접목된 대통령 선거라는 맥락에서 의회 선거는 우리의 대통령 선거에 내재해 있는 공상적 이상주의 경향을 교정하는 데 있어 대단히 필수적인 수단이다. (…) 그리고 그들이 하는 것이 좋다. 그렇지 않다면 국가 정책은 대통령 지망자들이 유권자들에게 부여한 숭고한 목표를 위해 유권자들이 희생을 치를 준비가 되어 있다는 완전히 잘못된 그림에 기초하게 될 것이다. 그리고 행정부와 입법부 사이의 긴장은 스스로를 교정하는 수단이다.[90]

이러한 견해가 유행하기 훨씬 전부터 켄달은 "제왕적 대통령제"를 비판했다.

대통령과 중앙집권적 자유주의자들에 맞서 의회와 지역 유권자들의 편을 든 켄달은 당연히 대부분의 다른 보수주의자들과 같은 진영 안에 있게 되었다. 그러나―그리고 이 점이 매우 중요하다―그는 "구식 다수주의"라는 방식으로 그러한 입장에 도달했다. 거기에는 자연권에 대한 자극인 호소도, 큰 정부에 대한 골드워터식의 맹렬한 비난도,[91] 추상적인 개인의 자유에 대한 찬양도, 보통선거권이나 "다수의 폭정"에 대한 비난도 없었다. 도리어 켄달은 헌법이 본질적으로 비민주주의적이라는 J. 앨런 스미스의 주장 ― 많은 보수주의자들이 암묵적으로 인정하고 있는―을 거부했다.[92] 그는 헌법이 다수결 원칙 자체에 적대적이지 않다고 주장했다. 심지어 권리장전도 대중의 주권을 실제로 견제하지 않았다.

정확하게 이해된 매디슨의 권리장전은 (…) 미국 공동체의 신중한 뜻은 신뢰되어야 하며, 양피지 장벽을 설치하려는 어떤 시도도 당연히 유효하지 않을 것이라는 일반적인 연방주의 원칙에 따라, 블랙 판사가 중요하다고 올바르게 간주하는 영역에 자연권을 남겨두었다. (…) 만약 사람들이 스스로 손상시키려 한들—혹은 우리가 안전하게 덧붙일 수 있다고 한들, 어느 것이든 좋다—누가 안 된다고 할 것인가? 그리고 그 누구에게도 중요한 영역에는 미국 제도에 대한 해답이 없는 듯 보일 것이다.[93]

하지만 어떤 **종류**의 다수가 우세해야 하는가? 그는 한 글에서 국민투표에 입각한 것들은 "공공정책을 수립하는 데 있어 훌륭한 도구가 아니"며, 더욱이 "우리를 분열시키고 우리를 서로 나쁜 친구로 만드는" 경향이 있다고 주장했다.[94]

우리 보수주의자들은 문제가 '민주주의적'인지 아닌지가 아니라 '민주주의'에 대한 두 가지 상충되는 정의—선출된 대표자를 통해 행동하는 사람들의 '신중한 뜻'을 따르는 정부와 동일시되는 민주주의와 직접 다수결 원칙 및 평등과 동일시되는 민주주의—중 어느 것이 승리해야 하는지를 배우고, 그를 통해 자신들이 제안하는 개혁이 민주주의라는 이름으로 마땅히 옹호될 수 있다는 자유주의자들의 주장이 거짓임을 폭로하는 법을 배워야 한다.[95]

1964년 제임스 맥그리거 번스와의 열띤 토론에서 켄달은 자신이 이해하는 미국 정치 체제가 "대중의 의지를 행동으로 옮기"거나 "정부가 국민을 위해 일하도록 만드는" 데 효과적인 도구가 아님을 기꺼이 인정했다. 하지만 정확히 이것이 미국 정치 체제의 의도와 미덕이었다.

우리 체제는 무엇보다 순수하고 노골적인 의지의 정치 활동을 두려워하고 싫어하는 사람들에 의해 고안되었다. (…) 그것은 '국민의 의지' 같은 단순한 공식과는 아무런 관련이 없는 목적을 위해 고안되었다. (…) 그것은 사람들의 의지가 아니라 오히려 『연방주의자 논고』에 언급된 바와 같이 무엇을 해야 하고, 어떤 정책을 채택해야 하는지에 대한 공동체, 전체 공동체의 신중한 뜻을 실현하기 위해 고안되었다.[96]

켄달은 자신이 급진적인 시절에 주장했던 다수주의에서 미묘하고 "매디슨적인" 다수결 입장으로 이동했다.

켄달은 헌법 어디에도 "신중한 뜻"이나 "합의된" 다수에 대한 요구는 명시적으로 쓰여 있지 않다고 거리낌 없이 인정했다. 실제로 문서 자체에는 이례적인 "국민투표의 잠재적 가능성"—서류상으로 보면—이 담겨 있었다.[97] 단어만 생각해보라. 이 문서에는 "권력의 분리"라는 개념이 명시적으로 포함되어 있지 않았다. 반대로 이 문서는 사실상 의회에 최고 권한을 부여했다. 의회에서 다수의 지위를 오래 유지해온 각성된 다수는 원할 경우 이른바 동등한 다른 두 부서를 함부로 다룰 수 있었다. 이들은 탄핵과 돈의 힘으로 대통령을 통제할 수 있었다. 이들은 원할 경우 대법원 재구성이나 항소 재판권 규제와 같은 전술을 통해 대법원을 굴복시킬 수 있었다. 그 어떤 것도 "위임통치" 제도의 등장을 막지는 못했다. 사실상 헌법 제5조˙는 가장 과감한 헌법 수정까지 국가가 채택할 수 있도록 허용했다. 확실히 켄달은 평범하고 엄격한 구성주의자가 아니었다.

그러나 이 가장 보수주의적이지 않은 헌법의 잠재력은 실현된 적이 없었다. 의회는 매번 다수결을 통과하는 수단이 되고자, 또는 정부를 지배하기 위해 자신의 모든 권력을 사용하는 일을 자제해왔다. L. 브렌트 보젤이 이제 "결론적으로 입증"한 것처럼, 켄달은 헌법을 작성한 사람들 눈에는 헌법이 입법 행위가 위헌이라고 선언할 권한을 법원에 부여하지 않은 것처럼 보이겠지만, 우리 체제는 사법심사의 등장을 수용했다고 말했다. 그러나 켄달은 "우리 국민"이 우리의 지혜로 필리버스터, 선임우대제, 양극화된 이념 정당의 방지, 대대적인 헌법 수정과 같은 목적을 위해 "동원되는 것"에 저항하는 등 다양한 정치적 "관행"을 채택해왔다고 주장했다. 요컨대 우리는 특정한 "헌법적 도덕성"을 수용했다.[98] 그것의 목적―"관행"의 목적―은 다수결 원칙을 좌절시키는 것이 아니라 특정한 유형의 다수결 원칙을 수립하는 것이었다.

그렇다면 이러한 도덕성은 어디에서 왔는가? 무엇보다 이는 켄달이 "신성한" 문서라고 끊임없이 격찬한 『연방주의자 논고』에 명시되어 있었다. 헌법에 대한 특정 해석과 국가를 통치할 특정 절차를 받아들이도록 미국인들을 설득한 사람은 바로 퍼블리어스Publius[**]였다. 켄달은 자신의 독특한 가르침을 빛나는 문장으로 요약했다.

(···) 내가 옹호하는 것은 『연방주의자 논고』의 테제이다. 즉 세계에서 미국의 사명은 자치―정의상 명령을 내리는 대의 기구인 의회를 통해 국민이

•   "연방의회는 양원 의원의 3분의 2가 본 헌법에 대한 수정의 필요성을 인정할 때에는 헌법 수정을 발의하여야 한다. 또는 주 중 3분의 2 이상의 주의회의 요청이 있을 때에는 수정 발의를 위한 헌법회의를 소집하여야 한다. 어느 경우에 있어서나 수정은 연방의회가 제의한 비준의 두 방법 중의 어느 하나에 따라 4분의 3의 주의 주의회에 의하여 비준되거나, 또는 4분의 3의 주의 주 헌법회의에 의하여 비준되는 때에는 사실상 본 헌법의 일부로서 효력을 발생한다."

••   연방주의자들은 각 주가 새로 작성된 연방헌법을 비준하기 꺼리자, 각 주의 주민들을 설득하기 위해 새로운 미국 헌법안과 공화정의 성격에 관한 85편의 연작 논고를 퍼블리어스라는 필명으로 뉴욕시의 신문에 발표했다. 이 가운데 77편의 논고를 모아 1788년 출간한 것이 『연방주의자 논고』이다.

행하는 정치―가 가능하다는 것을 세계에 증명하는 것이다. 내가 옹호하는 것은, 아무리 정당하고 올바르다 하더라도 소수의 즉각적인 요구보다 미국 정치 체제―자치가 가능하다는 것을 세계에 증명하기 위해 고안된 체제―의 건전성을 중시해야 한다는 미국인으로서의 엄숙한 의무이다. 내가 옹호하는 것은 합의에 의한 정부이다. 거듭 말하자면 급격한 변화를 요구하는 소수에게 여론―단순히 다수가 아닌―이라는 장벽 앞에서 자신들의 주장을 성공적으로 변호할 수 있을 때까지 기다릴 것을 요구하는 정부이다. 내가 옹호하는 것은 정의와 국내의 평안에 동등한 지위를 부여하고, 따라서 우리에게 그것을 동시에 추구할 것을 약속하며, 항의하는 소수에게 '가장 간절한' 듯 보이는 '경우'에조차 국내의 평안을 정의에 종속시키지 않는 헌법 전문이다.[99]

켄달에게 미국 체제의 가장 큰 강점 중 하나는 "위기를 초래하는 소수 실지회복주의irredentism˙ 세력"의 부상을 방지하는 능력이었다.[100] 아마도 그는 마음속으로 스페인을 떠올렸을 것이다.

상황 판단이 빠른 켄달은 선전으로 치부될 수 있는 한 권의 책만으로는 전통을 옹호할 수 없음을 깨달았다.[101] 사후에 출간된 책에서 그는 미국 유산의 "기본적인 상징"을 밝히고자 했다.[102] 에릭 푀겔린의 방법론을 이용해 켄달은 한 사회의 신화와 상징―미국의 경우 메이플라워 서

˙ 민족·인종·역사에 근거해 다른 국가의 영토를 병합하려는 운동을 말한다. 1800년대 말과 1900년대 초 스위스와 오스트리아-헝가리제국에서 이탈리아어를 사용하는 지역을 분리시키고, 이를 이탈리아 국가로 통합하려는 이탈리아 정치운동Italiairidenta에서 유래했다. 오늘날에는 국가의 이름 앞에 '위대한'이라는 수식어를 붙이고 싶어 하는 경향을 지칭하는 용어로 사용되고 있다.

약Mayflower Compact*에서 권리장전에 이르기까지 미국을 형성하는 데 있어 중요한 공문서들―을 면밀히 조사하면 그 사회의 자기이해를 탐구할 수 있다고 주장했다. 켄달에 따르면 진정한 전통―올바르게 해석된 독립선언문도 포함[103]―은 "하나님의 가호 아래 숙고하는 대의 기구인 의회, 신앙심이 두텁고 그리하여 초월적 진리를 추구하는 과정에 헌신하는 고결한 사람들"이었다.[104]

그리고 켄달은 이러한 헌신은 결코 포기된 적 없다고 주장했다. 켄달은 대중에 대해 매우 회의적이었던 당시 대부분의 보수주의자들과 분명히 달랐다. 그는 우리 국민이 건국의 아버지들의 신념을 지키기 위해 끊임없이 "덕성"을 갖추어왔다고 거듭 강조했다. 아, 그런데 국민은 이를 명확하게 표현하지 못했다―그는 그렇다고 생각했다. 그러나 그들은 전통(위대한 전통)을 "몸으로"―켄달이 즐겨 사용한 링컨 스테픈스Lincoln Steffens**의 문구―기억하는 데 성공했다. 켄달은 자신을 "애팔래치아산맥에

• 1620년 메이플라워호는 폭풍우로 인해 원래 의도한 허드슨강 유역에 도착하지 못하고 매사추세츠주의 코드곶Cape Cod에 정박한다. 이로 인해 메이플라워호는 버지니아회사Virginia Company―북아메리카 동부 해안을 식민지화할 목적으로 설립된 영국의 무역회사―의 관할권에서 벗어나게 되었고, 그러자 청교도가 아닌 일부 승객들―버지니아회사에 고용된 사람들―이 '자유권'을 내세우며 무리에서 벗어나 독자적으로 정착하겠다고 위협한다. 이에 청교도 지도자들은 분쟁을 진압하고 단합을 유지하기 위해 상륙하기 전 단일한 정치 기구와 공동체를 건설하고, 식민지의 이익을 위해 제정될 모든 법률과 규정을 준수할 것을 맹세하는 서약서를 작성한다. 11월 21일 메이플라워호의 모든 성인 남성―승객 102명 중 41명, 전체 승객 중 청교도는 35명에 불과했다―이 이 서약서에 서명하고, 매사추세츠에 식민 도시(플리머스)를 건설한다. 차지와 다수결을 기본 원칙으로 하는 이 서약은 미국 민주주의의 초석이 되는 중요한 문서로 평가된다.

•• 링컨 오스틴 스테픈스Lincoln Austin Steffens, 1866~1936. 미국의 저널리스트. 정부·정치·기업의 부정을 폭로하는 기사와 글들을 썼다. 그는 대중을 상대로 한 강연에서 도덕적 분노가 아닌 유머와 풍자를 통해 경제적 성공과 도덕적 가치, 국가의 발전과 개인의 이익을 연결 짓는 이데올로기를 비판하면서 많은 인기를 얻기도 했다. 1919년 러시아를 방문한 그는 혁명을 직접 목격한 뒤 볼셰비키혁명의 성공에 감명받아 자신의 친구에게 "미래를 보았다"고 말했다고 한다.

서 로키산맥까지의 애국자'라고 불렀다. 1964년의 암울한 시기에도 그는 "미국 국민의 압도적 다수"가 보수적이라고 주장했다.[105] 그의 글 저변에는 대개 여전히 지역 공동체에서 정치적 지혜를 발견할 수 있다는 확신이 깔려 있었다. 그는 "이웃 의식"이 "교조주의자가 되는 경향을 완화"시켜준다고 믿었다.[106] "자유주의 혁명"—특히 미국 정치의 실체가 아니라 구조에 대한 공격으로 해석되는—은 완수되지 않았다. 미국인들은 여전히 합의에 묶여 있었다. 미국인들은 우리의 체제를 "다수의 순수하고 노골적인 의지에 의존"하는 체제로 바꾸지 않았다.[107] 미국인들은 자신들이 옳다는 것을 몸으로 알고 있었다.

켄달은 그의 마지막 에세이 중 하나에서 민권운동도 여전히 활력 넘치는 미국 체제에 순응해야 할 의무가 있다고 말했다. 사망하기 몇 년 전인 1964년, 켄달은 이른바 혁명 세력이 "남북전쟁을 촉발시킨 것과 유사하지만 더 중대한 헌법 위기"를 초래할 것이라고 예측했다.[108] "합의" 또는 "공동체의 신중한 뜻"에 의해 행해지는 정치를 기반으로 하고, "정부가 주도하는 급격한 변화"[109]를 바람직하지 않게 여기는 미국의 정치 체제는 그러한 변화를 요구하되 거부는 수용하지 않을 집단과 충돌할 것이었다. 3년 후 미국의 도시들이 폭동에 휩싸였을 때도 켄달은 민권운동이 "죽임을 당했다"고 선언했다. 헌법 위기가 초래될 것이라는 그의 초기 예측은 실현되지 않았다. 어째서 사태가 이런 예상치 못한 방향으로 전개되었을까? 첫째, 많은 백인 자유주의자들이 민권운동을 "버렸고", 그로 인해 운동은 "힘"을 잃었다. 둘째, 민권운동의 위대한 승리—1964년과 1965년의 의회 입법—는 늘어나는 반대와 전장을 남쪽에서 북쪽의 "더 험난한 지역"으로 옮기는 희생을 감수하면서 얻어낸 것이었다. 셋째, 민권운동은 법적 평등에서 흑인의 "실질적" 평등으로 목표를 변경함으로써 더 이상의 성공을 가로막는 장애물을 증대시켰다. 즉 급진적이 될수록 승리할 가능성이 낮아졌다. 마지막으로 민권 세력은 "미국의 전통적인 정치 체제, 그러므로 합의의 정치에 매인 포로"가 되었기 때문에 위기를 모면할 수 있었다—이것이 켄달이 가장 좋아하는 설명이었다. 민권운동은 "미국 정치 체제의 균형을 회복하기 위해 약화되었다". 어떻게? 사실상 보수주의자들 사이에서 유일하게 켄달만이 "위대한 보수주의의 승리"라고 환호했던, 정확히 1964년과 1965년의 입법에 의해 민권운동은 약화되었다. 의회는 교묘하게 민권 옹호자들을 승자로 보이게 만들었고, 실제로는 그 운동이 원칙적으로 동의했던 것들을 행하지 않음으로써 운동을 길들였다.[110] 체제는 여전히 유지되었다.

그럼에도 불구하고 미국이 대규모 반란에 직면해 있다는 사실은 부인할 수 없었다. 켄달은 이러한 반란이 일찍이 에이브러햄 링컨에 의해 시작되었고, 링컨의 "합법적 후손"인 오늘날의 자유주의자들은 "링컨처럼 국민 다수로부터 나오는 명령에 의해 승인된 평등주의적 개혁에 헌신했다"고 말했다.[111] 켄달에게 링컨은 현대적이고 자유주의적인 "강력한" 대통령의 전형이었다. 켄달은 "자유주의적 선전 기계"[112]가 반란을 부추기고, 워렌 법정이 이를 키웠다고 말했다. 그러나 "미국 정치 체제의 생존"을 위협하는 "암 덩어리"는 사법심사—전통이 승인한—가 아니라 수정헌법 제14조의 "정당한 절차"와 "평등 보호" 조항이었다. 예컨대 그러한 조항이 없었다면 인종차별 철폐와 학내 기도 금지 결정은 결코 내려지지 않았을 것이다.[113] 심지어 그는 수정안의 폐지 또는 그에 대한 "해명"을 요구하거나 또는 대법원의 관할권 중에서 위배되는 조항을 의회에서 폐지할 것을 요구하기도 했다.[114] 나중에 그는 수정헌법의 모호함에 대해 지적했다. "수정헌법 제14조는 기존 법률과 동등한 보호를 요구하는가? 아니면 기존의 법률이 동등한 보호를 보장할 때까지 이를 개정할 것을 요구하는가?"[115] 켄달에게는 전자의 의미가 옳은 것이었으며, 수십 년 동안 대법원에 의해 수용되어온 것이었다.[116]

그러나 켄달은 우리 체제 전체에 대한 대법원의 새로운 해석에 담긴 의미에 비해, 수정안의 원래 의도를 규명하는 데는 그다지 관심이 없었다. 그는 본래 헌법은 참정권·교육·종교·하원 의석 배분이라는 부문에서 주에 독점권을 명백히 부여했다고 지적했다. 법원을 포함해 본래 정부는 "(…) 간섭해서는 안 되었다". 켄달이 독특한 관용구로 표현했듯 이것이 수정헌법 제10조가 "망치로 고정시킨" "본래의 합의"였다. "시간이 지나도 수정할 수 없는" 합의에는 "신성한 (…) 아무것도 없다". 그는 계속해서 수정헌법 제14조의 평등 보호 조항이 단지 "모든 사람에게 기존의 법을 공정하게 적용받을 자격이 있다"는 의미라면, "(…) 본래의 합의는 여전히 유효하다"고 말했다. 그러나 다른 의미가 시행 중이라면 사실상 제10조는 제14조에 의해 폐기되었다! 연방대법원은 이 다른 의미를 선택함으로써 합의를 끔찍하게 바꾸어놓았다. 대법원은 헌법 개정이라는 적절한 절차를 무시함으로써 그렇게 했다.[117] 그러나 그는 보수주의자들에게 사법심사의 적법성에 대해 논쟁하는 데 시간을 낭비하지 말라고 경고했다. 대신 법원 결정의 타당성에 도전하라. 그리고 "부지런히 수정헌법 제14조를 개정하라".[118]

하지만 좌파의 위협이 그토록 엄청났다면, 켄달은 어떻게 우리 국민이 "유덕한" 상태를 유지할 것이라고 확신할 수 있었을까? 리처드 위버에 대한 에세이에서 그는 "선택된 소수"―오르테가의 표현―가 마땅히 그들 문화의 진리를 수호하고 가르치는 역할을 해야 한다고 답했다. 켄달에게 위버는 그 본보기였고, 위버의 『질서의 전망』(1964)은 실제로 『연방주의자 논고』에 "누락되어 있는" 부분, 즉 공화정 자치에 필요한 덕성이 어떻게 유지될 것인지를 알려주었다.[119] 켄달은 위버를 가장 위대한 현대 보수주의 지식인 중 한 명으로 꼽았다.[120] 켄달의 글에서는 레오 스트라우스 역시 명백히 그런 스승이었다. 그리고 또 다른 사람은 틀림없이 켄달 자신이어야 했을 것이다.

켄달은 유덕한 사람들의 교사 역할을 해야 하는 이들, 당시 보수주의의 지적 운동을 조사하면서 완전히 좌절했다. 켄달은 몇 번이고 우파 동료 지식인들에 대한 분노를 드러냈다. 켄달이 생각하기에 그들은 대개 "신뢰할 수 없는 자들"[121]이었고, "가짜 교사"[122] 투성이였다. 운동은 그들이 옹호해야 할 체제의 본질에 관한 견해 차이로 인해 불안할 정도로 갈라져 있었다. 실제로 그것은 때때로 "자유주의 혁명의 다음 추진력에 지적으로 대비할 생각이 없는" 것처럼 보이기까지 했다.[123] 예를 들어 프랭크 메이어는 "우드스톡"(뉴욕)의 "거짓 현자"였으며,[124] 존 체임벌린과 다른 모든 자유지상주의자들은 우리의 전통이 "개인의 권리" 중 하나라는 자유주의적 "거짓말"을 영속화했다.[125] 어떤 이들—그는 프랭크 초도로프와 메이어를 거론했지만, 거의 모든 사람이 유죄였다—은 큰 정부, 심지어 정부 자체를 선천적 악이라고 맹렬히 비난했다. 『연방주의자 논고』는 그들을 달리 가르쳤어야 했다.[126] 어떤 사람들은 우파가 좌파에게 지고 있다고 끊임없이 한탄했다. 진실은 우파가 전혀 궤멸되지 않았다는 것이다.[127] 그는 메이어의 영향력 있는 저서 『자유를 수호하며』를 "다소 섬뜩하다"고 생각했다.[128] 그는 1962년 현대 보수주의에 대한 M. 모튼 아우어바흐의 비판에 대해 메이어·러셀 커크·M. 스탠턴 에반스가 『내셔널리뷰』에 게재한 답글을 보고 "두려움을 느꼈다".[129] 그는 권리장전에 대한 자신의 수정주의적 글로 인해 자신이 "결국 지적 보수주의 집단에서 추방당하게 될 것"이라고 생각했다. 그는 『내셔널리뷰』가 한때 자신이 독립선언문에 대해 쓴 글을 싣기 거부한 적이 있었다고 말했다.[130]

게다가 켄달은 자유방임주의 경제학에 상대적으로 무관심했다. 아마도 이는 그가 1930년대 옥스퍼드에서 케인스 경의 사상에 몰두했었기 때문일 것이다.[131] 그는 자신의 보수주의는 "(…) 폰 미제스 같은 식으로 자유기업에 (…) 절대적 충성을 맹세하지 않았다"고 공언했다.[132] 그는 정치적 자유와 자유기업이 불가분의 관계에 있다는 광범위한 보수주의적 믿음을 공격하기도 했다. "적절한 대중의 의견을 고려하면 자유로운 정치 체제와 사회화된 경제 체제가 하나의 동일한 토지 위에 공존하지 못할 이유는 없다."[133] 켄달은 다른 보수주의자들과 마찬가지로 "민간의 주도권"과 경제적 자유를 확고하게 믿었다. 그는 평등주의적 사회주의자가 아니었다. 그러나 많은 보수주의자들과 달리 그는 "민간의 주도권"을 위협하는 주된 요소가 정부에서 기인한다고 결코 생각하지 않았다.

> (…) 개인의 주도성의 미래가 원칙에 입각한 평등주의, 평준화를 위해 평준화의 진전을 억제하는 (…)에 달려 있다면, (…) 우리는 예측 가능한 미래에 민간의 주도성이 위험에 처할 일은 없을 것이라 말해도 무방하다. 왜냐하면 이러한 위협에 관한 한 미국에는 매우 긴박한 위험 상황이 닥쳤을 때 평준화에 반대하는 건전한 여론이 존재하기 때문이다.[134]

실제로 가장 심각한 위험 중 일부는 민간 영역에서 발생했다. "기업의 관료화"와 "능력주의의 부상".[135] 우리는 그들이 어디에 있건 엘리트를 평생 의심했던 켄달의 불신을 다시 한번 목격하게 된다.

이 자칭 "애팔래치아산맥에서 로키산맥까지의" 보수주의자가 자신이 "메코스타의 자비로운 현인"이라는 부른 러셀 커크에게 종종 격분한 것은 놀라운 일이 아니었다.[136] 사적으로 그는 자신의 『보수주의 선언』을 러셀 커크—보수주의운동에 미치는 영향력 때문에 반드시 배척해야 하는—에 대한 "선전 포고"라고 불렀다.[137] 무엇보다 켄달은 커크가 반복적으로 에드먼드 버크를 불러내는 것을 싫어했다. 켄달은 몇 가지 문제와 관련해 버크가 유용한 지침을 발견하기는 했지만,[138] 미국의 보수주의는 미국인의 용어로 표현되는 미국의 경험에 기반을 두어야 한다고 거듭 강조했다. 그는 "버크 '광신도들'"과 완전히 절연했다.[139] 버크의 사상은 "과거 경험을 통해 검증된 것"을 보수주의의 "본질"이라고 너무나 자주 강조했다. 그러나 "(…) 변화에 대한 원칙적이고 일반적인 반대는 우리 건국의 아버지들의 특징이 아니었으며, 미국 상황에 존재한 적이 없고 오늘날 가능한 정치적 태도도 아니다".[140] 또한 많은 면에서 버크주의자들의 사상은 미국의 유산과 아무런 관련이 없었다.[141] 더욱이 커크는 "반권력이라는 신비"를 주입하고 있었는데, 이는 보수주의적인 것이 아니라 자유주의적인 것이었다.

> (…) 미국 정치 전통의 본질은 인간 활동의 특정 영역에서 정치권력 자체를 배제하는 데 있으며, 따라서 권력의 '분리'나 '분할'이 아니라 (…) 제한된 정부에 있다. 거듭 말하지만 정당하게 정부에 할당된 영역에서의 권력을 신비화하는 데 있지 않다. (…) 현대 보수주의운동은 권력을 도덕적으로 중립적인 것으로 간주하는 법을 배워야 한다.[142]

언젠가 켄달은 사적으로 커크는 실제로 자유주의자라고 주장하기도 했다.[143] 또한 그는 커크의 "문학적" 보수주의를 자신의 "그다지 고상하지

않은 장터 보수주의"와 대비했다.[144]

한마디로 켄달의 보수주의는 독특했다. 그는 특정 강령보다 의사 결정 과정에 관심이 많은 정치적 보수주의자였다. 그가 말했듯 그는 쟁점들이 정치판에서 "그것들의 옳고 그름에 따라" 해결되도록 기꺼이 내버려 두었다.[145] 그는 제임스 J. 킬패트릭과 러셀 커크가 『주들의 국가』에서 표현한 "수정헌법 제10조의 불안"과 자신은 관련이 없음을 분명히 했다. 그에게 이는 "주와 국민에게 유보된 권력을 언제 '선을 넘어' 이동시켜야 할지를 결정하는 미국 헌법 체계 고유의 과업" 중 일부였다. 실제로 "거기에는 한계가 없다. (…) 만약 (…) 하더라도 우리는 (…) 헌법상의 위기에 빠지지 않는다."[146] 그가 그토록 보수주의적 사고에서 벗어나 있고, 그토록 우익의 우려에 놀라울 정도로 무관심했던 데에는 아마도 더 깊은 이유가 있었을 것이다. 1930년대부터 1960년대 후반까지 미국 우파는 종종 두려움에 시달렸다. 대다수의 사람들이 우리가 소중히 여기는 진리를 회복 불가할 정도로 포기한다면 어떻게 될 것인가? 미국 중부 오클라호마 출신의 소년, 윌무어 켄달은 마음속 깊은 곳에서 그런 두려움을 느껴본 적이 없었던 듯하다. 그렇다. 코나와·이다벨·맹검, 그리고 유덕한 사람들.

그리고 그가 생의 말년에 돌아온 곳은 이곳, 심장부였다. 1963년 그는 보수적인 로마 가톨릭 기관 댈러스대학교의 교수직을 수락했다. 그곳에서 그는 마침내 행복해 보였다. 그는 우상화되었다. 성 윌무어, 그들은 그를 이렇게 불렀다. 일부 학생 티셔츠에는 "켄달 왕"이 선포되기도 했다. 두 번의 결혼 실패 후 그는 마침내 행복한 결혼생활을 하게 되었다.[147] 켄달 역시 자신이 집으로 돌아왔음을 실감했다. 1963년 봄 댈러스를 방문해 채용 제의를 확인한 직후 그가 쓴 글에서는 안도감과 자부심이 느껴졌다.

댈러스에서 나는 40년이라는 준비 기간을 거쳐 그의 백성들 사이로 돌아온 모세가 될 수 있었다. 지친 사람이 따뜻한 목욕물에 몸을 담그듯 나는 40년 전 내가 썼던 현지 사투리에 젖어들었다.[148]

그는 프랜스시 윌슨에게 "(…) 그 무엇에 대해 어떠한 타협도 (…) 하지 않고 나는 살아남았습니다"라고 말했다.[149] 그는 "버클리의 세계"에서 탈출해 "고향의 따뜻함과 애정에 둘러싸여 있다"고 느꼈다.[150]

윌무어 켄달은 1967년 사망했다. 그가 사망하기 몇 년 전 레오 스트라우스는 켄달에게 그의 세대 최고의 미국 정치 이론가라고 말했다.[151] 거의 모든 사람─친구든 적이든 똑같이─이 그가 자신들이 만났던 사람 중 가장 훌륭하고 놀라운 사람 중 한 명이라는 데 동의했다.[152] 그는 누구에게나 독보적인 스승으로 여겨졌다. 그의 삶 또한 불안하고 기이했다. 훗날 윌리엄 F. 버클리 주니어는 그를 "내가 (…) 알던 사람 중 가장 어려운 사람"이라고 불렀다. 『내셔널리뷰』에서 그는 한 번에 한 명 이상의 동료와 대화를 나눈 적이 없었다고 한다.[153] 그의 가장 가까운 친구들조차 그를 "삐뚤어진 사람"이라고 생각했다.[154] 어떤 이는 "당장에 건전한 원칙에 대한 인식을 강요하고, 오류를 폭로하려는" 켄달의 "격렬한 충동"에 대해 언급하기도 했다.[155] 부분적으로는 그의 호전성 때문에, 부분적으로는 그의 손상된 학문적 이력 때문에 1967년 당시 학계와 보수주의운동에 대한 켄달의 영향력은 제한적이었다. 이러한 이유들과 더불어 그의 열렬한 "책상물림 매카시즘"[156]은 그가 생선에 학계의 동료들로부터 마땅히 받아야 할 세심하고 충분한 관심을 받지 못하게 만들었다.[157] 그러나 곧 일부 보수주의자들과 정치학자들은 그가 시대를 앞서나갔다고 느끼기 시작할 것이었다.[158]

일부 보수주의자들은 그에 대한 의혹을 제기했다. 프랭크 메이어는 자신의 초기 좌익 절대적 다수주의와 후기의 우익 "매디슨주의적" 다수주의를 조화시키려 했던 켄달의 노력을 "실수"라고 생각했다.[159] 러셀 커크는 켄달이 지나친 다수주의자이며, "일반의지"—보수주의에 "치명적인" 입장—라는 루소의 개념에 너무 많은 영향을 받은 "태생적 반대주의자"라고 강조했다.[160] 커크는 1954년 피터 비에렉에게 쓴 편지에서 켄달은 루소와 매카시 상원의원의 "신봉자"라고 말한 뒤 "대단히 그러합니다"라고 덧붙였다.[161] 루소를 "근대 정신의 진정한 악마"[162]라고 여겼던 사회학자 로버트 니스벳도 이와 유사하게 켄달의 견해에 냉담했다.[163]

동료 보수주의자들의 이러한 평가는 켄달의 보수주의가 갖는 독특한 특징 가운데 하나를 부각시켜주었다. 켄달의 보수주의에는 "포퓰리즘"이 함축되어 있었다. 확실히 이 단어는 온갖 의미가 담겨 있는 까다로운 단어이며, 켄달 자신은 궁극적으로 포퓰리즘적—즉 순수하고 구속되지 않으며, 국민투표적이고 숙고하지 않는—민주주의를 거부했다.[164] 그의 관점에는 다수주의적 관점과 반다수주의적 관점이 특별하게 혼합되어 있었다. 그럼에도 불구하고 민주당 성향의 오클라호마 시골에서 태어난 이 남자의 사상에는 일반적으로 "포퓰리즘"이라고 불리는 특정 주제가 등장한다. 한때 그가 "버클리의 세계"라고 칭했던 것과 동부에 대한 서부인들의 불신, 표현을 제대로 하지 못하는 보통사람에 대한 믿음과 생애 내내 그의 사상에서 나타난 특징인 "비민주적" 엘리트에 대한 불신,[165] 미국의 심장부에 여전히 존재하는 덕성에 대한 믿음. 이러한 점에서 켄달은 포퓰리스트이자 보수주의자였다.[166] 전후 시기 귀족적, 심지어 노골적인 반포퓰리즘적 보수주의와는 눈에 띄게 달랐다.[167]

그가 우리에게 남긴 것은 무엇인가? 이 우파의 거성은 제2차 세계대전 이후 미국의 정치적 유산을 가장 포괄적이고 대담하게 재해석했다. 어떤 이들에게는 그 이상이었다. 다트머스대학교의 제프리 하트 교수는 "윌무어 켄달은 제2차 세계대전이 끝나고 20여 년 사이에 등장한, 여전히 넘볼 수 없는 가장 중요한 정치 이론가이다"라고 썼다.[168] 그는 미국의 위대한 전통에 맞서는 "반역자들"에게 "로크적이지 않은" 타당한[169] 답변을 제시했다. 1945년 이후 미국의 보수주의는 종종 유럽 모델에 의존해 정체성을 찾으려 했고, 이것이 운동의 중요한 유산이 되었다는 사실은 부인할 수 없다. 그는 한때 친구에게 당대에 에드먼드 버크와 같은 미국인이 되고 싶다는 뜻을 내비치기도 했다.[170] 적어도 당시 다른 어떤 보수주의자 못지않게 윌무어 켄달에게도 이런 주장을 할 권리가 있었다.

=== ★★★ ===

이제 한 걸음 물러서서 미국의 정체성에 대한 보수주의적 탐구의 결과를 평가해야 할 때이다.

이러한 탐구에서 가장 직접적으로 드러나는 특징은 우파가 이를 수행할 필요성을 느꼈다는 사실 자체일 것이다. 부분적으로 이 과제는 불변의 진리가 과거에서 발견되었고, 전통 속에 구체화되어 있다고 주장하는 명백히 보수주의적인 사고 구조에 의해 추동되었다. 그러나 그것은 또한 자신들 나라와 자신들의 정확한 관계가 자명하지 않다는 보수주의자들의 인식에도 좌우되었다. 자유주의자들은 보수주의자들에게 그것이 문제라고 말했다. 대부분의 우파는 미국에서 편안함을 느꼈을지 모르지만, 영향력 있는 비판자들은 이 운동이 역사적·철학적으로 정당하지 않다고 생각했다. 따라서 해명해야 할 것이 너무나 많았다.

상상컨대 물론 일부 보수주의 지식인들은 말했을지도 모른다. 그래서 어쩌라고. 결론적으로 우리 대부분이 어떤 형태의 "자연권" 이론을 고수하고 있다고 가정해보자. 우리가 버크주의자나 "고대인"이 아니라 로크주의자라고 가정해보자. 그러면 어떻다는 것인가? 역사상 자유주의는 그 의미가 여러 번 바뀌었다는 사실을 잘 알면서도 우리 모두를 자유주의자로 만들려는 의미론적 책략에 관계없이, 우리는 우리 자신일 뿐이다. 우리는 우리 자신이며, 우리의 전통에는 본래부터 어떤 진리—어떤 이름표를 붙이든—가 내재해 있다고 믿는다. 언젠가 프랭크 메이어도 그러한 정서를 표현한 적이 있었다.

> 우리는 버크의 전통—혹은 중세적 종합—이나 플라톤의 전통이 아닌 것은 보수주의라고 부를 수 없다는 이야기를 듣는다. '정당한' 보수주의적 신념에 덧붙여 정치적·경제적 영역에서 자유를 주장하는 사람은 반은 자유주의적이고 반은 보수주의적인, 정말로 지적 정신분열증을 앓고 있는 서글픈 환자라는 이야기도 듣는다. 그러한 비판에는 유럽의 지적 역사가 우리에게 은총이든 그렇지 않든, 이것이 보통의 현대 미국 보수주의자들이 생각하고 느끼는 방식이라고 주장하는 현실을 단순히 지적함으로써, 또는 공화국의 건국 문서를 권위—또 다른 미국 지적 역사의 권위—로 내세움으로써 대응할 수 있다.[171]

다시 말해 우리는 풀뿌리에서부터 우리만의 길을 가야 한다. 미국인들이 순수주의자들을 좌절시킨 것이 이번이 처음은 아닐 것이다. 더욱이 보수주의는 정돈된 이데올로기가 아니다.

많은 보수주의자들이 그렇다고 생각했을지는 모르지만, 그들은 대개 이를 입 밖에 내지 않았다. 대신 그들은 누군가 그 단어의 의미를 명확하게 규정했다고 하더라도, 미국이 자유주의적이지 않다―완전히―고 주장하기를 즐겼다. 그들의 노력에는 제대로 이해된 미국의 전통이 자신들이 정의한 진리와 실제로 일치한다는 믿음이 내포되어 있었다. 하지만 이 행복한 믿음이 근거 없는 것으로 판명된다면 어찌 할 것인가? 예컨대 누군가 미국에서 로크는 철학적으로 건전하지는 않지만, 역사적으로 단단히 자리 잡았다고 결론 내린다면 어찌할 것인가? 진리와 전통이 궁극적으로 양립하지 못할 가능성은 『내셔널리뷰』가 창간되고 10여 년 동안 많은 보수주의자들―켄달은 확실히 아니었다―에게 문제가 되지 않는 것처럼 보였다. 그러나 시간이 지나면 그러한 의구심은 몇몇 부분에서 표면화될 것이었다.

그렇다면 이 대대적인 보수주의적 노력의 주요 논제는 무엇이었는가? 제2차 세계대전 이후 10년 동안에는 명백했다. 켄달은 미처 의식하지 못했지만, 그것은 반다수주의―미국의 정치 체제는 전통적으로 견제와 균형, 권력의 분산, 다수결과 권력의 제한 등과 같은 원칙을 지지했고, 또 지지해야 한다는 믿음―였다. 많은 보수주의자들이 "권력은 부패하는 경향이 있다. 절대권력은 절대적으로 부패한다"는 액턴 경의 말을 만족스러워하며 인용했다. "자유주의자"가 그렇게 말했다 해도 그것은 여전히 지혜였다.[172] 켄달이 보기에 프랭크 메이어와 러셀 커크―이러한 가르침을 옹호한 훌륭한 두 명의 지지자―는 "거짓 성현"이었을 수 있지만, 그들은 적어도 이 분야에서 보수주의 지적 운동의 중심에 있었다.

그러나 스트라우스주의 반대파와 비범한 윌무어 켄달의 등장은 1960년대 후반과 1970년대 초반 보수주의운동의 주요한 전환을 예고했다. 반다수주의라는 보수주의의 정체성이 한 가지 방식으로 독특하게 확립되었기 때문이다. 진실이든 거짓이든, 그것은 초기에 궁지에 몰린 남은 자라는 지위에 있던 집단의 소수자 의식을 보호하는 교리였다. 더욱이 전체주의와 거대 정부의 시대에 "개인 대 권위"라는 공식은 한결 타당성을 얻었다. 가까운 거리에서 폭정을 경험한 메이어 같은 과거 공산주의자들에게 개인과 개인의 침해받지 않을 권리는 특별한 가치가 있었다. 따라서 초기에 보수주의자들이 대중에 맞서, "민주적 독재"에 맞서, 다수주의에 맞서, 국가에 맞서 반란을 일으킨 데에는 실제로 논리가 있었다.

그러나 1960년대 중후반 무렵 몇 가지 요인이 한층 다수주의적인 보수주의의 성장을 촉진했다. 첫째, 케네디 대통령과 존슨 대통령 집권기에 팽창하는 연방정부의 권력이 꾸준히 강화되고 민권 "혁명"이 진행되면서 위대한 사회Great Society*가 급속히 커지자, 주의 권리와 간섭 같은 개념이 더 이상 자유주의의 공격을 성공적으로 막아주는 방벽이 아니라는 사실이 점점 더 분명해졌다. 둘째, 보다 중요한 점은 자신의 권리를 주장하고 권력을 요구하는 민권운동과 여타 소수자운동의 출현에 충격을 받은 보수주의자들이, 문명의 구조에 대한 외견상 유토피아적이고 호전적인 영지주의적 공격을 비판하게 되었다는 것이다. 순전히 반정부적이고 개인주의적이며, 자유지상주의적인 수사는 더 이상 보편적으로 의의가 있거나 설득력 있어 보이지 않았다. 개인들이 시민불복종에 대한 권리를 말할 때는 더 그랬다. 사람들이 폭동을 일으키거나 자신의 징집통지서를 불태우며 정부에 저항할 때는 더 그랬다. 갑자기 새로운 수사가 필요해 보였

• 　1964년 린든 존슨 대통령이 주창한 슬로건이자 국내 사회 개혁 프로그램. 최저임금 인상·빈민 식량 지원·무주택자 주택 공급 확대·흑인 민권 향상 등 빈곤과 인종차별을 없애기 위한 정책 등을 골자로 하고 있다.

다. 프랜시스 윌슨이 말했듯 "(…) 개인의 권리보다 공공의 질서가 점점 더 우리 시대의 문제가 되고 있다".[173]

마지막으로 다수주의 경향은 보수주의 지식인뿐만 아니라 광범위한 대중—우파가 마침내 관계를 구축할 수 있게 된—을 자극한 일련의 대법원 판결에 의해서도 엄청나게 고취되었다. 여기에는 범죄자의 "권리"를 보호하는 대법원 판정에 격분한 경찰과 법 집행관들, 무신론자의 "권리"를 위해 어째서 공립학교에서 자발적으로 주기도문과 성경 읽기를 금지해야 하는지 이해할 수 없었던 수백만 명의 미국인들, 음란물에 대한 대법원 판결과 "관대함"에 분노한 미국인들, 대법원의 재할당 판결에 큰 충격을 받은 정치인들, 그리고 의회 조사와 냉전 입법을 지속적으로 무효화시킨 법원에 놀란 반공산주의자들이 포함되었다. 1930년대에 자유주의자들이 "아홉 노인"을 비판했듯이, 이제는 많은 보수주의자들이 2억 명의 미국인들을 위해 판결을 내리기보다 법률을 제정했다고 주장하는 워렌 법원의 "이데올로그들"을 비난했다. 이러한 분위기를 보여주는 한 가지 징후가 사법심사 자체를 공격한 L. 브렌트 보젤의 『워렌 혁명The Warren Revolution』이었다. 그러나 이것은 진화하는 보수주의적 입장을 규명해주는 하나의 단서에 지나지 않았다. 이제 위험의 근원으로 여겨지는 것은 대중이 아니라 계급들—엘리트—이었다. 그리고 한때 신뢰받지 못했던 대중들이 이제는—부분적으로 연방대법원 덕분에—우파에 접근할 수 있게 되었다. 반다수주의·제한된 정부·"주류" 보수주의는 결코 권력을 얻을 수 없을지 모르는 소수의 구미에 특히 잘 들어맞는 관점이었다. 윌무어 켄달의 관점은 "침묵하는 다수"의 시대를 예견했다.

온갖 신념을 가진 보수주의자들이 일반적으로 동의하는 한 가지 지점은 미국 보수주의에 대한 자유주의적 관점이 대개 피상적이고 사실이 아니라는 것이었다. 현 상황을 무분별하게 방어하는 것과 보수주의를 동일시하는 것은 오류였다. 만약 중세주의나 버크주의가 일시적인 제도적 형태를 의미한다면, 보수주의를 이것과 동일시하는 것은 오류였다. 미국의 과거를 획일적으로 좌파로 인식하는 것은 오류였다.

그렇다면 보수주의자들은 스스로에 대해 알게 되었을까? 일관성이 우리의 유일한 지침이라면 대답은 '아니오'일 것이다. 예를 들어 일부 보수주의자들은 로크식 자유주의의 요소를 받아들였지만, 다른 이들은 아니었다. 단일하고 일관된 보수주의의 목소리는 존재하지 않았다. 단일한 목소리는 결코 없었지만—"보수주의는 이데올로기가 아니다"—, 어찌된 일인지 보수주의운동은 지속적으로 성장했다. 따라서 다른 기준을 적용해야 할 것이다. 보수주의는 단순한 지적 운동이 아니었다. 그것은 정치적 열망을 지닌 지적 운동이었다. 그러한 현상을 평가하는 데 있어 가장 적합한 척도는 미국의 오랜 기준, 성공일 것이다. 이러한 관점에서 바라보면 다른 결론이 등장한다. 세월이 흐르면서 미국 보수주의의 역사적 근거를 명확히 해야 할 필요성은 어느 정도 덜 시급해진 것처럼 보였다. 보수주의라고 불리는 것이 지지자들을 얻고 있었고, 이러한 상황에서 미국 역사의 주요 흐름에 속하지 않는다고 질책하기란 점점 더 어려워졌다.

어쨌든 많은 자유주의적 비판은 1950년대에 발전했다. 그때는 보수주의의 부활이 아직 시작되지 않았고, 지적 문헌의 부족에 시달리던 보수주의자들은 유럽 지식인들에 대단히 의존하고 있었다—그리고 영향을 받았다.[174] 1940년대 후반 무렵 보수주의는 "언어의 힘을 거의 상실했다"고 러셀 커크는 말했다.[175] 그런 시대는 이제 지나갔다.[176] 어떤 면에서 시간은 실제로 보수주의의 편이었다. 운동이 오래 지속되고, 학술적인 문헌들이 더 많이 생산될수록 이 운동은 한층 더 정당한 것으로 보였다. 국가—윌무어 켄달의 국가—에서 더 많은 지지를 받을수록 보수주의운동은 더 단단하고 유기적으로 되었다.

주

1 월터 번스, 『자유와 덕성, 그리고 수정헌법 제1조Freedom, Virtue, and the First Amendment』(시카고, 1957)

2 같은 책, 46쪽

3 이 구절은 같은 책, 8장을 참조했다.

4 같은 책, 253, 226, 27쪽

5 같은 책, 162쪽

6 같은 책, 256쪽

7 데이비드 스피츠, 「자유와 덕성, 그리고 새로운 스콜라주의Freedom, Virtue, and the New Scholasticism」, 『코멘터리』 28(1959년 10월), 313~321쪽

8 프랭크 S. 메이어, 「자유와 덕성, 그리고 정부Freedom, Virtue, and Government」, 『내셔널리뷰』 4(1957년 10월 12일), 329쪽; 「한 유령이 예일을 떠돌고 있다A Specter Is Haunting Yale」, 『내셔널리뷰』 5(1958년 2월 15일), 160쪽을 참조할 것.

9 로버트 A. 골드윈 편, 『주들의 국가: 미국 연방체제에 대한 글A Nation of States: Essays on the American Federal System』(시카고, 1963)

10 마틴 다이아몬드, 「헌법 입안자들이 의미하는 연방주의란 무엇인가What the Framers Meant by Federalism」, 같은 책, 37쪽

11 해리 자파, 「더 강력한 연방정부를 위한 변론The Case for a Stronger National Government」, 같은 책, 106~125쪽

12 월터 번스, 「수정헌법 제10조의 의미The Meaning of the Tenth Amendment」, 같은 책, 126~148쪽

13 자파는 링컨과 더글러스 사이의 논쟁을 날카롭게 분석한 『분열된 집안의 위기Crisis of the House Divided』(가든시티, 뉴욕, 1959)를 썼다.

14 해리 자파, 『평등과 자유Equality and Liberty』(뉴욕, 1965), 82~84쪽. 자파는 독립선언문에서 (번스와는 달리) 완전히 로크적인 의미의 양도 불가능한 권리라는 이론을 발견한 것이 아니었다. 다만 하나의 영구적인 진리, 즉 모든 인간이 정치적으로 평등하게 창조되었다는 것을 진리로 보았다는 점에 주목해야 한다. 이는 자파가 꾸준히 인용한 독립선언문의 유일한 구절이었다.

15 해리 자파, 「링컨과 자유의 대의Lincoln and the Cause of Freedom」, 『내셔널리뷰』 17(1965년 9월 21일), 827~828과 842쪽을 참조할 것. 다른 곳에서 자파는 "미국 정치인 가운데 링컨보다 시민적 자유에 관한 보통의 계율을 위반한 사람은 없었다"고 인정했다. 그러나 그는 계속해서 다음과 같이 말했다. "시민적 자유란 그 이름에서 알 수 있듯이 시민사회에 속한 사람의 자유다. 그 자체로 시민적 자유는 시민사회에 속한 사람이 지켜야 할 의무와 상호연관되어 있다. 또한 그 자유는 그들의 권리를 확립해주는 정치체를 보존해야 한다는 사람들의 의무와 일치하는 해석 방식에 종속된다. (…) 링컨에게 연방의 보존이란 (…) 무엇보다 독립선언문의 원리에 헌신하는 사람들의 영혼을 보존하는 것을 뜻했다"(『평등과 자유』 170, 172~173쪽).

16 프랭크 S. 메이어, 「다시 링컨Again on Lincoln」, 『내셔널리뷰』 18(1966년 1월 25일), 71, 85쪽을 참조할 것.

17 윌무어 켄달, 「미국 케사리즘의 근원Source of American Caesarism」, 『내셔널리뷰』 7(1959년 11월 7일), 462쪽

18 프랜시스 윌슨, 「정치학과 문학Politics and Literature」, 『모던에이지』 10(1966년 가을), 424쪽

19 윌리엄 F. 버클리 주니어 편, 『20세기 미국의 보수주의 사상American Conservative Thought in the Twentieth Century』(인디애나폴리스, 1970), 214쪽. 논쟁의 대상이 된 구절은 다음과 같다. "극단적인 자유 옹호가 나쁜 건 아니다. 적당한 정의 추구가 좋은 것이 아니듯 말이다." 아마도 자파는 후자의 구절은 아리스토텔레스의 가르침을 고려해볼 때 받아들일 수 없는 것으로, 그리고 전자의 구절은 링컨이 정확히 실천적으로 했던 것에 대한 원리를 표현한 것으로 보았던 듯하다.

20 샘 M. 존스Sam M. Jones, 「워싱턴에서 곧바로From Washington Straight」, 『내셔널리뷰』 1(1956년 5월 30일), 2, 11쪽

21 프랭크 S. 메이어, 『자유를 수호하며』(시카고, 1962), 83, 86, 87~89쪽

22 메이어가 윌리엄 F. 버클리 주니어에게 보낸 편지, 1964년 2월 8일, 윌리엄 F. 버클리 주니어 페이퍼스, 예일대학교 도서관, 뉴헤이븐, 코네티컷. 이 편지에서 그는 번스·다이아몬드·자파가 『주들의 국가』에 쓴 글들을 특히 비판했다.

23 이런 묶인은 특정한 수사적 경향성에 해당하므로 일반화하는 데는 조심해야 한다. 존 코트니 머레이는 자연권과 자연법을 모두 강조하면서 로크에게 상당히 비판적이었다. 그의 『우리는 이러한 진리들을 간직하고 있다』(뉴욕, 1960), 286쪽과 그 다음을 참조할 것. 로크가 말하는 권리가 유일한 권리는 아니었다. 러셀 커크는 종종 권리와 의무를 한데 묶었고, 버크를 인용해 인간의 진정한 권리 중에는 제한과 구속이 있다는 말을 하기도 했다. (누군가는 하버드대학교 로스쿨의 학위 수여식에서 한 표현을 떠올릴 것이다. "현명한 제한이 인간을 자유롭게 한다.") 다른 한편, 프랭크 메이어는 권리의 행사는 의무의 수행 혹은 덕성의 실천에 달려 있지 않다고 보았다. 그의 『자유를 수호하며』와 메이어가 편집자에게 보낸 편지, 『내셔널리뷰』 6(1958년 9월 13일), 190쪽을 참조할 것.

24 이는 대체로 많은 사람들이 생각하듯 그가 사유재산권을 정당화했기 때문이다. 고트프리드 디츠, 『재산을 옹호하며』(발티모어, 1962), 26~28쪽과 존 체임벌린, 『진취적인 미국인The Enterprising Americans』(뉴욕, 1963), xvi쪽을 참조할 것. (안보, 내부 질서, 정의의 집행을 도맡는) 제한된 정부라는 메이어의 영향력 있는 개념은 정부란 개인의 생명, 자유, 재산을 보호하기 위한 제도라는 로크의 신념을 강하게 상기시켰다.

25 개인적인 일화가 많은 것을 말해줄 것 같다. 1971년 저자는 하버드대학교의 보수주의 사상 세미나에 참석했다. 한 세션에서 두 보수주의자(한 사람은 아리스토텔레스와 폴리스에 대해 이야기했고, 다른 사람은 아주 철저한 자유지상주의자였다)가 마약에 대한 정부 규제와 관련해 의견을 달리했다. 다음과 같은 질문이 불거졌다. "우리가 우리 형제들을 지켜야 하는가?" '그렇다'라고 아리스토텔레스주의자가 답했고, 자유지상주의자는 '아니다'라고 말했다. 이는 "고대인"과 "근대인" 사이의 거리를, 그리고 서로 다른 보수주의 정치철학파 사이의 거리를 보여주는 또 다른 삽화이다.

26 그의 일생에 관한 묘사는 매우 다양한 출판물과 미출간 자료를 참조했다. 그의 일생에 대한 개개의 자료들을 일일이 인용해 글의 부담을 늘리기보다는 여기에 저자가 이용한 자료들의 목록을 제시하고자 한다. 출판된 정보로는 조지 W. 캐리, 「윌무어 켄달, 1909~1967Willmoore Kendall, 1909-1967」, 『계간서양정치』 20(1967년 9월), 799쪽; 닐 B. 프리먼, 「불가능의 남자에 대한 회고Recollections of an Impossible Man」, 『랠리』 2(1967년 9월), 22, 28쪽; 제프리 하트, 「윌무어 켄달: 미국인Willmoore Kendall: American」, 『독불장군 윌무어 켄달Willmoore Kendall Contra Mundum』, 넬리 D. 켄달 편(뉴로셸, 뉴욕, 1971), 9~26쪽; 찰스 S. 하이네만, 「추모하며In Memoriam」, 『추신: 미국정치학협회 뉴스레터PS.: Newsletter of the American Political Science Association』 1(1968년 겨울): 55~56쪽; 「켄달, 윌무어Kendall, Willmoore」, 『인명백과사전Encyclopedia of Biography』(일자 미상, 넬리 D. 켄달이 전해준 복사본). 댈러스대학교의 전임 동료인 레오 폴 S. 데 알바레즈 교수는 출간되지 않은 헌사 "윌무어 켄달: 미국 보수주의자Willmoore Kendall: American Conservative"를 저자가 읽어볼 수 있도록 허락해주었다. 아래의 사람들은 대부분 서신 교환과 인터뷰를 통해 켄달에 관한 정보를 제공해주었다. 후안 안드라드 및 마리아 안드라드(스페인의 오래된 두 친구)·알프레드 발리처(정치학자이자 그의 제자)·라일 H. 보렌(그의 죽마고우)·L. 브렌트 보젤·R. F. 브레더턴(옥스퍼드대학교 시절 켄달의 경제학 스승)·크리스 브룩스(LSU와 예일대학교 시절 켄달의 친구)·윌리엄 F. 버클리 주니어·제임스 번햄·조지 W. 캐리(말년에 그와 친하게 지냈던 동료)·존 체임벌린·찰스 H. 커몬스(사촌)·글렌 D. 커몬스(사촌)·마틴 다이아몬드(친구이자 정치학자)·존 피셔(옥스퍼드대학교에서 사귄 친구)·E. A. 그랜트(옥스퍼드대학교에서 만난 영국인 친구)·에드워드 해리슨(오클라호마 친구)·허버트 험프리·찰스 하이네만(친구이자 정치학자)·베르트랑 드 주

베넬(프랑스 정치 이론가이자 친구)·캐서린 켄달(그의 첫 번째 아내)·넬리 D. 켄달(그의 세 번째 아내)·러셀 커크·에브론 킬패트릭(정치학자이자 친구)·아서 라손(옥스퍼드대학교 시절의 룸메이트)·이보나 K. 메이슨(켄달의 누이)·R. B. 맥컬럼(옥스퍼드대학교 시절 켄달의 정치학 스승)·프랭크 S. 메이어·로버트 니스벳·에드먼드 오피츠·오스틴 래니(켄달과 책을 함께 쓴 저자)·멀포드 Q. 시블리(정치학자이자 친구)·헨리 웰스(정치학자이자 친구)·프랜시스 윌슨(켄달의 박사학위 논문 지도교수). 다수의 켄달 편지는 프랜시스 윌슨 페이퍼스(일리노이대학교, 어배너)와 예일대학교에 있는 버클리 페이퍼스를 참조했다. 이에 더해 발리처·하이네만·래니·웰스 교수는 그들이 가지고 있던 편지를 저자가 검토할 수 있게끔 매우 친절하게 허락해주었다. 당연히 이 글의 사실성과 해석에 대한 책임은 전적으로 저자의 몫이다.

켄달을 "오클라호마의 천재"라고 불렀다는 이야기는 아서 라손이 저자에게 보낸 편지(1971년 12월 29일)에서 따왔다.

27 이보나 K. 메이슨Yvona K. Mason이 저자에게 보낸 편지, 1972년 4월 20일

28 켄달의 누이와 라일 H. 보렌은 (저자에게 보낸 편지에서) 켄달이 결코 완숙한 "트로츠키 추종자"가 아니었다는 의견을 피력했다. [그러나 메이슨 부인은 그가 스페인에서 돌아온 뒤 얼마간 "그(트로츠키주의적) 철학의 특정 측면들을 옹호하는 주장"을 했다고 말했다.] 반면, 옥스퍼드대학교에서 그와 친분을 쌓았던 몇몇 사람들은 그가 좌파였으며, 심지어 (어쨌든) "트로츠키 추종자"였다고 회상했다. 켄달 자신도 헨리 웰스에게 보낸 편지(1942년 4월 20일)에서 자신이 "1935년부터 1938년까지 악명 높은 트로츠키주의에 공감했었다"고 말했다(저자 복사본). 제임스 번햄은 저자에게 보낸 편지(1973년 1월 7일)에서 1940년대 후반 켄달은 트로츠키주의자의 일원이 아니었을지라도, "트로츠키주의 분파에 동조적인 사람들"로 이루어진 느슨한 집단의 "주변부"에 속해 있었다고 회상했다. 번햄에 따르면 이러한 "위성집단"에는 시드니 훅·수잔 라 폴레트·매리 매카시·드와이트 맥도날드가 있었다고 한다. "이러한 지식인들 대부분이 트로츠키주의로 방향을 전환했는데, 이는 주로 (이들 중 다수에게, 그리고 나에게도 실제로 잠재적인 반공산주의나 다름없었던) 트로츠키주의의 반스탈린주의, 그리고 이와 관련해 벌어진 모스크바 재판 사건으로 인해 일어났다. 켄달을 포함한 이들 다수가 멕시코에서 반박 재판을 준비하던 위원회를 후원했다." 아마도 멀포드 Q. 시블리가 이 문제를 가장 정확하게 요약해준 것 같다. "그가 실제로 트로츠키주의자는 아니었다 해도 대략 그에 가까운 위치에 있었다"(시블리가 저자에게 보낸 편지, 1972년 1월 6일).

29 그와 친한 친구 중에는 트로츠키주의 정당이나 마찬가지인 마르크스주의통일노동당Partido Obrero de Unificación Marxista, POUM의 지도자 후안 안드라데Juan Andrade가 있었다.

30 캐서린 켄달과의 전화 인터뷰, 1973년 10월 21일

31 찰스 하이네만과의 인터뷰, 워싱턴 D.C., 1974년 3월 8일

32 라일 H. 보렌이 저자에게 보낸 편지, 1972년 5월 17일. 제임스 번햄은 다음과 같이 회상했다. "그가 스페인 내전에 강하게 관심을 보이던 것을 똑똑히 기억한다. 내 생각엔 거기서 그는 공산주의의 실제 모습을 알게 되었고, 또 모스크바 재판이 겹쳐지면서 그때까지 자신이 걸어왔던 자유주의에서 어느 정도 벗어나게 되었으며, 강고한 반공산주의 노선, 그리고 몇 년 후에 그의 독특한 보수주의로 향하는 길을 가게 된 것 같다"(번햄이 저자에게 보낸 편지, 1973년 1월 7일).

33 위스콘신대학교의 오스틴 래니는 켄달이 스페인에서의 경험이 자신에게 엄청나게 중요한, 그가 반공산주의자가 되는 데 있어 커다란 영향을 미쳤다고 말했다고 회상했다(전화 인터뷰, 1971년 12월 30일).

34 윌무어 켄달, 「정부가 언론을 통제해야 하는가?Should the Government Control the Press?」, 『깃펜Quill』 27(1939년 5월), 10~12쪽을 참조할 것.

35 켄달, 「미국에서 민주주의의 보존에 대하여On the Preservation of Democracy in America」, 『남부리뷰Southern Review』 5(1939년 여름), 53~68쪽을 참조할 것.

36 켄달, 「하원의원에게 보내는 편지A Letter to a Congressman」, 『아메리칸옥소니언The American Oxonian』 25(1938년 4월), 93쪽

37 켄달, 『존 로크와 다수결 교리John Locke and the Doctrine of Majority-Rule』(1941; 재편집, 어배너, 일리노이, 1965)

38 같은 책, 54쪽

39 같은 책, 58쪽

40 같은 책, 101쪽

41 같은 책, 135쪽

42 그는 중앙정보부CIA 보고·평가 부서의 라틴아메리카 지부 책임자였다. 켄달의 이력서를 제공해준 넬리 D. 켄달에게 감사한다.

43 존 피셔가 저자에게 보낸 편지, 1972년 1월 20일. 켄달은 5년 치 봉급에 달하는 42,500달러를 지급받은 것으로 보인다.

44 실제로 이 시기 대부분 그는 휴직 중이었다. 예컨대 1950년부터 1954년까지 그는 주로 공군의 심리전을 전담했다. 그는 자신이 맡은 업무(선전활동의 효과를 분석하고 매뉴얼을 마련하는 등)로 인해 자주 극동 지역으로 파견을 나갔다. 켄달이 예일대학교와 마찰을 빚어서 어떤 이득을 보았는지를 여기서 저울질하는 것은 불가능하며, 또한 어쨌든 당면한 쟁점과도 거의 상관없다. 이 사건은 교수직 내부에서 상당한 논란을 불러일으켰다. 1950년대 후반 무렵 켄달은 한때 절망에 빠져 많은 학문적 동료들에게 자신의 학문적 평판을 입증해주는 편지를 예일대학교로 보내달라고 했다. 일설에 따르면 예일대학교는 그의 학술적 업적이 부족하다고 주장했다고 한다. 게다가 그가 『내셔널리뷰』의 편집 차장을 맡는 등 "비전문적인" 일에 몰두해온 것도 약간의 반감을 샀던 것 같다. 의심의 여지없이 개인적인 요소 또한 중요하게 작용했다.

45 켄달, 편집자에게 보낸 편지, 『예일데일리뉴스』, 1950년 4월 28일 자를 참조할 것.

46 켄달, 『정치학저널』 8(1946년 8월), 427쪽. 켄달이 밀을 가장 길게 비판한 글은 『보수주의 선언』(시카고, 1963), 6장을 참조할 것.

47 이는 그의 초기 및 후기 글 모두에서 유지되는 주제이다. 예를 들어 켄달, 『보수주의 선언』, 특히 3, 4, 6장을 참조할 것. 또한 프레더릭 빌헬름센 및 윌무어 켄달, 「키케로와 공적 정통성의 정치학Cicero and the Politics of the Public Orthodoxy」, 『대학연합리뷰』(1968~1969년 겨울), 84~100쪽을 참조할 것.

48 윌리엄 F. 버클리 주니어 편, 『어느 친구의 오디세이: 휘태커 체임버스가 윌리엄 F. 버클리 주니어에게 보낸 편지들, 1954~1961』(뉴욕, 1970), 53~54쪽. 또한 버클리, 「상아탑: 켄달 교수가 하버드대학교에서 오펜하이머에 관해 말하다The Ivory Tower: Professor Kendall Speaks at Harvard on Oppenheimer」, 『내셔널리뷰』 3(1957년 5월 4일), 430쪽을 참조할 것.

49 켄달의 누이가 저자에게 보낸 1972년 11월 25일 편지에 따르면, 그는 사람들이 매카시즘이라는 것을 더 이상 옹호하지 않게 된 뒤에도 여전히 이를 옹호했다. 프랜시스 윌슨은 다음과 같이 말했다. "그는 삶의 막바지에 대학 청중들 앞에 서고자 하면서도 공산주의의 위험성과 공산주의자들을 폭로해야할 필요성을 단언하는, 아주 극소수에 속하게 되었던 것 같다"[「윌무어 켄달의 정치학The Political Science of Willmoore Kendall」, 『모던에이지』 16(1972년 겨울), 45쪽].

50 켄달의 동료인 댈러스대학교의 레오 폴 S. 데 알바레즈에 따르면 켄달은 자주 이렇게 말했다고 한다. 데 알바레즈, 「어렵고 특이하며 전설적인Difficult, Singular, and Legendary」, 『내셔널리뷰』 23(1971년 8월 24일), 935~936쪽

51 윌슨, 「윌무어 켄달의 정치학」, 44쪽

52 제임스 번햄과의 인터뷰, 켄트, 코네티컷, 1972년 2월 4일. 번햄 또한 켄달의 정치적 전향을 자신이 반스탈린주의적 좌파에서 반공산주의 우파로 전향한 것과 유사하다고 보았다.

53 많은 사람의 주목을 받았던 1957년 유럽문서및정보센터에서의 연설에서 켄달은 다음과 같이 말했다. "미국의 유럽은 미국 자신과 유럽의 나머지를 공산주의에 종속된 모든 형태로부터 해방시킴으로써 자유로워질 수 있으며, 유럽이 언제나 생각해오던 좋은 삶에 생기를 다시 불어넣을 수 있다. 그리고 이는 소련의 군사적 힘을 격퇴함으로써만 가능하다"[라파엘 칼보-세레르, 「그들은 기독교적 유럽을 지지했다They Spoke for Christian Europe」, 『내셔널리뷰』 4(1957년 7월 27일), 109쪽에서 인용].

54 켄달의 오랜 친구인 찰스 하이네만은 인터뷰(1974년 3월 8일)에서 냉전 초기에 켄달은 예방적 전쟁을 옹호했다고 회상했다. 전쟁과 평화, 기독교에 대한 켄달의 입장은 켄달 및 멀포드 Q. 시블리, 『전쟁과 무력의 사용: 도덕적인가 비도덕적인가, 기독교적인가 비기독교적인가War and The Use of Force: Moral or Immoral, Christian or Unchristian?』(덴버, 1959)를 참조할 것. 이 책은 1959년 스탠퍼드대학교에서 열린 활발한 토론의 인쇄본이다.

55 해당 시기 자유주의적 대외 정책과 공산주의에 관한 생각들을 켄달이 비판한 중요한 사례는 A. 로시의 『행동하는 공산당A Communist Party in Action』(뉴헤이븐, 코네티컷, 1949년), v ~ xxiv쪽을 참조할 것. 켄달은 이 책의 프랑스어판 원본을 직접 번역했다.

56 켄달이 헨리 웰스에게 보낸 편지, 1942년 4월 20일. 저자 복사본

57 켄달이 웰스에게 보낸 편지, 1946년 11월 6일. 저자 복사본

58 예를 들어 1940년대 중반의 많은 보수주의자들과 상당히 대조적으로 켄달은 사회주의에 대한 프리드리히 하이에크의 영향력 있는 비판서『노예의 길』을 싫어했다. 대신 그는 허먼 파이너Herman Finer가 논박을 위해 쓴『반동의 길The Road to Reaction』(보스턴, 1945)을 칭찬했다.

59 존 로크에 관한 박사학위 논문을 완성한 뒤 켄달은 루소를 똑같이 수정주의적으로 다루는 연구서를 집필하려고 계획했다. 그러나 생애 내내 이 프랑스 철학자를 연구하고 루소의 책 두 권을 번역했음에도 불구하고, 그는 계획했던 저작을 결코 완성하지 못했다. 루소에 대한 켄달의 분석은 그가 번역한『사회계약론』(시카고, 1954)과『폴란드 정부The Government of Poland』(인디애나폴리스, 1972) 서문을 참조할 것.

60 예를 들어「다수결 원칙에 관한 향후 연구를 위한 서문Prolegomena to Any Future Work on Majority Rule」,『정치학저널』12(1950년 11월), 694~713쪽을 참조할 것.

61 켄달이 웰스에게 보낸 편지, 1952년 10월 24일. 저자 복사본

62 윌무어 켄달,「대중 대 소크라테스 재고찰The People Versus Socrates Revisited」,『모던에이지』3(1958~1959년 겨울), 98~111쪽

63 버클리가 헨리 레그너리에게 보낸 편지, 1954년 9월 25일, 버클리 페이퍼스.

64 이 점에 관해 본 저자는 위의 목록에서 소개한 데 알바레즈 교수의 미출간 추도문에 빚을 졌다. 켄달의 제자 중 한 명인 스탠리 신부가 그의 종교적 회심에 중대한 영향을 미쳤던 것으로 보인다.

65 라일 보렌은 이것이 사실이라고 생각했다(보렌이 저자에게 보낸 편지, 1972년 5월 17일).

66 켄달,『미국정치학리뷰』59(1965년 6월), 473쪽

67 켄달,「누가 정치철학을 죽였는가Who Killed Political Philosophy?」,『내셔널리뷰』8(1960년 3월 12일), 175쪽. 켄달도 근대 정치철학에 대한 스트라우스의 해석을 "마키아벨리 이후 현대 정치철학의 결정적인 발전"이라고 말했다[『철학리뷰Philosophical Review』75(1966년 4월), 251~252쪽].

68 켄달,「존 로크 재고찰John Locke Revisited」,『대학연합리뷰』2(1966년 1~2월), 217~234쪽을 참조할 것.

69 켄달이 프랜시스 윌슨에게 보낸 편지(1960년 3월 4일에 수령), 윌슨 페이퍼스. 스트라우스와 푀겔린은 이 시기 켄달이 글쓰기에 집중하지 못했던 이유로 "규준"을 급격하게 바꾼 사건을 거론했다. 이 편지에서 켄달은 스트라우스의『마키아벨리』(글렌코, 일리노이, 1958)가 "우리 시대의 가장 전복적인 저작"으로 세상을 뒤흔들고 있다고 썼다.

70 특히 켄달,『보수주의 선언』83~99쪽을 참조할 것.

71 같은 책, 99쪽. 이 구절은 윌무어 켄달,「사회계약Social Contract」,『국제 사회과학 백과사전International Encyclopedia of the Social Science』(뉴욕, 1968), 14권, 276~381쪽을 참조했다.

72 윌무어 켄달,「두 개의 다수」,『미드웨스트 정치저널』4(1960년 11월), 317~345쪽

73 다수결 원칙을 절대적 기준으로 삼아 통치 체제를 정당화한 설명은 오스틴 래니 및 윌무어 켄달의 책, 『민주주의와 미국 정당 체계Democracy and the American Party System』(뉴욕, 1956)를 참조할 것. 켄달은 이 책을 『내셔널리뷰』에 합류하기 몇 년 전에 집필하기 시작했다.

74 이와 같은 방향 전환은 켄달이 여러 가지에 대해 자신의 마음을 바꿔야 했다는 것을 뜻했다. 예를 들어 그는 급진적이었던 젊은 시절 J. 앨런 스미스의『미국 정부의 정신The Spirit of American Government』(1907)을 높게 평가했다. 1950년대 후반과 1960년대 들어 켄달은 스미스의 책을 "미국이 이어받은 정치 체제에 대한 '자유주의적 공격'"의 20세기적 기원으로 간주했다. 윌무어 켄달 및 조지 W. 캐리 편,『자유주의 대 보수주의: 미국 정부에 관한 계속되는 논쟁Liberalism versus Conservatism: The Continuing Debate in American Government』(프린스턴, 1966), xvi쪽을 참조할 것. 또한 켄달,『독불장군』, 285~286쪽을 참조할 것. 켄달이 주고받은 편지들에 따르면 그는 스미스의 책에 대한 완전한 답변을 말년에 내놓으려 했다.

75 켄달,『보수주의 선언』, 8, 10쪽 참조. 전반적으로 1~20쪽을 참조할 것.

76 윌무어 켄달,「위태로운 세 가지Three on the Line」,『내셔널리뷰』4(1957년 8월 31일), 179~181, 191쪽을 참조할 것.

77 윌무어 켄달,「사람 잡는 치료약The Cure that Kills」,『내셔널리뷰』11(1961년 11월 18일), 346쪽

78 켄달,『보수주의 선언』, 99쪽

79 켄달은 이 문제에 관해 자주 이야기했다. 특히 켄달,『보수주의 선언』, 17~18, 249~252쪽; 켄달 및 조지 W. 캐리,『미국 정치 전통의 근본 상징들The Basic Symbols of the American Political Tradition』(배튼루지, 루이지애나, 1970), 5장 및 6장; 켄달,『독불장군』, 350~352쪽을 참조할 것.

80 윌무어 켄달,「권리장전과 미국적 자유The Bill of Rights and American Freedom」,『보수주의란 무엇인가』프랭크 S. 메이어 편(뉴욕, 1964), 41~64쪽

81 레너드 레비,『억압의 유산Legacy of Suppression』(시카고, 매사추세츠, 1960),『제퍼슨과 시민적 자유: 그 어두운 면Jefferson and Civil Liberties: The Darker Side』(케임브리지, 매사추세츠, 1963)

82 켄달,『스탠포드 법리뷰』16(1964년 5월), 759쪽

83 같은 글, 764쪽

84 같은 글, 765쪽

85 사무엘 스토퍼,『시민적 자유, 공산주의, 그리고 순응Civil Liberties, Communism, and Conformity』(가든시티, 뉴욕, 1955)을 참조할 것. 켄달은 이 책을 "내가 제일 좋아하는 책"이라고 불렀다(『보수주의 선언』, 81쪽).

86 켄달,『보수주의 선언』, 82쪽. 켄달은 언론의 자유에 반대하지는 않았다. 사실 그는 "기질적으로" "입을 다무는" 사람보다 "마음껏 말하는" 사람의 편을 들었다(같은 책, 77쪽). 그러나 그는 자신이 선호하는 사항을 보편적으로 옳고, 항상 적용 가능한 어떤 절대적인 원리로 삼지는 않았다.

87 켄달,「위태로운 세 가지」, 180쪽

88 이는 윌무어 켄달과 조지 W. 캐리가「'보수주의'를 정의하기 위하여Towards a Definition of 'Conservatism'」,『정치학저널』26(1964년 5월), 406~422쪽에서 전개한 주요 논지이다.

89 켄달,「두 개의 다수」, 328쪽

90 같은 책, 344쪽

91 1964년 켄달은 제임스 맥그리거 번스와의 논쟁에서 자신은 "정부가 커질수록 자유가 줄어든다"고 믿는 그런 류의 보수주의자가 아니라고 명백히 부인했다[『미국적인 것에 관한 대화Dialogues in Americanism』(시카고, 1964), 112쪽].

92 이는 켄달이 여전히 좌파 편에 서서 "경제적 과두제"가 항상 미국의 정치권력을 통제해왔고, 헌법은 "현재 드러나고 있듯이 민주주의적 경향이라는 겉모습을 포기하지 않고 할 수 있는 최소한의 정도에서만 적합하다"고 생각했던 1930년대 후반부터 시작된 변화였다[켄달,「미국의 민주주의 보존에 대하여」,『남부리뷰』5(1939년 여름), 54, 58쪽].

93 켄달,「권리장전」, 63~64쪽

94 켄달,「위태로운 세 가지」, 181쪽

95 켄달,『독불장군』, 417쪽

96 켄달,『미국적인 것에 관한 대화』, 136쪽. 번스가 자신과 켄달의 차이점에 대해 어떻게 생각하고 있었는지는「보수주의 부정The Conservative Negation」,『뉴리더』46(1963년 9월 30일), 16~17쪽을 참조할 것.

97 켄달,「위태로운 셋」, 181쪽.

98 이 구절은 주로 켄달의「위태로운 세 가지」와 켄달의 글「『연방주의자 논고』를 읽는 법How to Read 'The Federalist'」(켄달,『독불장군』, 403~417쪽에 수록)을 참조했다. "헌법적 도덕성"이라는 켄달의 개념은 보젤의 "불문헌법" 착상과 유사하다. 보젤의 "결정적인" 연구에 대한 켄달의 견해는『독불장군』, 413쪽을 참조할 것.

99 윌무어 켄달,「무엇이 민권운동을 죽였는가?What Killed the Civil Rights Movement?」,『팔랑크스Phalanx』1(1967년 여름), 43쪽

100 윌무어 켄달 및 조지 W. 캐리,「'강도' 문제와 민주주의 이론The 'Intensity' Problem and Democratic Theory」,『미국정치학리뷰』62(1968년 3월), 22쪽. 미국의 정치 체제가 지닌 탁월한 요소 중 하나는 켄달이 열정적으로 지지한 정당 제도였다. 켄달 및 래니,『민주주의와 미국의 정당 체제』를 참조할 것. 예를 들어 "그러므로 합의를 촉진하는 것은 우리 정당들이 (…) 최선을 다하는 대중적인 협의의 단계이다"(517쪽). 켄달은 합의를 통한 정치라는 믿음에 헌신했고, 미국 사회 내의 "내전 가능성"에 상당히 깊은 인상을 받았다(같은 글, 464~467쪽). 정당은 이런 위험을 상쇄하는 데 기여한다.

101 이는 그가『연방주의자 논고』에 대한 글에서 논박하고자 했던 혐의였다. 켄달,『독불장군』, 403~417쪽을 참조할 것.

102 켄달 및 캐리,『근본 상징들Basic Symbols』, 앞에서 인용. 켄달이 네 개의 장을 쓰긴 했지만, 캐리가 그 부분들을 편집하고 몇몇 장은 덧붙이기도 했다. 하지만 캐리가 가까운 친구이자 동료였기 때문에, 그리고 캐리가 쓴 장들이 켄달의 강의 노트를 활용했기 때문에 이 논평자들처럼 이 책을 켄달의 저작 중 하나라고 불러도 될 것이다.

103 켄달은 독립선언문을 자주 공격하는 것처럼 보였지만, 그가 겨냥한 대상은 약간 달랐다. 그것은 바로 이 문서에 대한 자유주의적 (또한 그가 생각하기에 링컨식의) 해석과 이 문서 (혹은 그 문서의 어느 한 조항)를 다른 모든 것들을 희생시켜서라도 지켜야만 할 미국의 유일한 절대적 원리로 만들려는 시도였다. 가끔은 독립선언문을 보수적인 관점에서 예찬할 수도 있었다. 그가 "우드스톡의 진정한 성자"(메릴랜드)라고 불렀던 존 코트니 머레이를 따라 켄달 역시 미완성 글에서 자유주의자들의 상대주의에 반대해 독립선언문을 절대적 진리로 강조하는 견해를 받아들이는 것처럼 보였다. 켄달,『독불장군』, 74~89쪽, 특히 88~89쪽을 참조할 것.

104 켄달 및 캐리,『근본 상징들』, 154쪽

105 켄달,『독불장군』, 360쪽. 저자가 들은 바에 따르면 켄달은 1964년 린든 존슨에게 투표했다. 그는 골드워터 상원의원에게 동의하지 않은 것이 분명했다. 그는 이 상원의원을 "대의에는 매우 좋지 않은 사람"이라고 여겼다(켄달이 버클리에게 보낸 편지, 1963년 7월 17일, 버클리 페이퍼스). 또한 켄달이 버클리에게 보낸 편지(1963년 7월 23일에 수령, 버클리 페이퍼스)를 참조할 것. 이러한 비판에 관한 출판물은 켄달,「배리, 어디로 가시나이까?Quo Vadis, Barry?」,『내셔널리뷰』10(1961년 2월 25일), 107~108, 127쪽을 참조할 것.

106 켄달,「미국 보수주의와 '기도 시간' 판결American Conservatism and the 'Prayer' Decision」,『모던에이지』8(1964년 여름), 258쪽

107 켄달,『미국적인 것에 관한 대화』, 141쪽

108 켄달,「민권운동과 다가오는 헌법적 위기The Civil Rights Movement and the Coming Constitutional Crisis」,『대학연합리뷰』1(1965년 2~3월), 54쪽

109 같은 글, 60, 57, 61쪽. 그러나 켄달은 미국이 모든 변화를 거부한다고 생각하지 않았다. 실제로 그는 나중에 우리 정치 체제는 "급격한 변화(이런 변화들이 미국에서는 실제로 일어나며 대개 다른 어느 곳보다도 더 빠르게 일어난다)를 미국 사회를 이루는 개인들의 자유롭고 자발적인 행위에 내맡기는" 성향을 가졌다고 말했다(『무엇이 민권운동을 죽였는가?』, 41쪽).

110 켄달,「무엇이 민권운동을 죽였는가?」, 37~43쪽

111 켄달,「미국 케사리즘의 근원」, 462쪽

112 그가『내셔널리뷰』의 사설에서 자주 사용했던 표현이다. 켄달은 이 용어를 문자 그대로의 음모론적 의미로 사용하지 않았다. 대신에 그는 이 용어를 통해 나중에 보수주의자들이 사용한 "자유주의 기득권"이라는 말과 같은 의미를 전달하고자 했다.

113 켄달,「'기도시간' 판결」, 254쪽

114 같은 글

115 켄달,『독불장군』, 354쪽

116 같은 책, 354~355쪽을 참조할 것.

117 같은 책, 354~357쪽

118 켄달, 「'기도시간' 판결」, 255, 259쪽. 때때로 논쟁의 여지가 있는 보수주의적 입장을 신선하고 매력적인 관용구로 전환시키는 켄달의 능력은 그가 수정헌법 제1조의 종교 관련 조항을 논의하는 곳에서 확연하게 드러난다. 그는 이 조항이 교회와 국가 사이에 "분리의 장벽"을 세웠다는 관념은 "어리석은 믿음"이라고 말했다. "사실상 미국의 분리 장벽에는 부엌의 체처럼 무수한 구멍이 항상 나 있다. (…) 여기서 양다리를 걸치고 있는 문제에 대한 미국적 답변, 곧 우리가 안타깝게도 말로 옮기려는 노력조차 거의 하지 않았던 전통적인 미국적 답변이란 '장벽을 유지하라'였다. 중국의 만리장성을 결코 침범할 수도 침범해서도 안 되는 어떤 장벽인 것 마냥 신화와 노래로 찬양했듯, 이를 신화와 노래로 찬양하라, 그러나 그 벽에 나 있는 무수히 많은 구멍도 허용하라"(같은 글, 256~257쪽).

119 윌무어 켄달, 「리처드 위버를 읽는 법: '우리 (고결한) 국민'의 철학자(How to Read Richard Weaver: Philosopher of 'We the Virtuous People')」, 『대학연합리뷰』 2(1965년 9월), 77~86쪽을 참조할 것.

120 같은 글, 83쪽. 켄달은 위버의 『이념에는 결과가 따른다』가 1948년에 출간되었을 때 열렬히 찬동했다. 이 책에 대한 서평을 쓰면서 켄달은 위버를 스스럼없이 "반자유주의 팀의 주장"으로 지명했다[『정치학리뷰』 11(1949년 2월), 259~261쪽].

121 켄달, 『미국정치학리뷰』 57(1965년 6월), 473쪽

122 켄달, 「리처드 위버를 읽는 법」, 81쪽

123 켄달, 「'기도시간' 판결」, 250쪽

124 이것은 켄달이 메이어를 부르는 별칭이었다. 켄달은 미완의 책 『보수주의의 성인들Sages of Conservatism』에서 이 별칭을 메이어에 관한 장의 제목으로 쓰려고 했다. 프랭크 메이어와의 전화인터뷰, 1971년 9월 4일

125 켄달, 「리처드 위버를 읽는 법」, 81쪽

126 같은 글. 그리고 켄달, 『보수주의 선언』, xi쪽

127 켄달, 「리처드 위버를 읽는 법」, 81~82쪽

128 켄달이 윌슨에게 보낸 편지(1962년 8월 17일 수령), 윌슨 페이퍼스

129 켄달이 윌슨에게 보낸 편지, 1962년 2월 3일, 윌슨 페이퍼스. 아우어바흐의 보수주의 비판과 다양한 반박들은 『내셔널리뷰』 12(1962년 1월 30일), 57~59, 74쪽을 참조할 것.

130 켄달이 윌슨에게 보낸 편지(1962년 12월 4일 수령), 윌슨 페이퍼스. 1957년 켄달은 『내셔널리뷰』에 독립선언문과 헌법을 비판하는 글 한 편을 제출했다. 그의 글은 게재가 거부되었는데, 이 잡지의 독자들이 보기에 그의 글은 가독성이 떨어지고 너무 전문적이었던 데다, 버클리가 켄달의 글이 설득력이 없을 뿐만 아니라 켄달 자신의 기준에도 미치지 못한다고 보았기 때문이었다. 윌리엄 F. 버클리 주니어, 『내셔널리뷰』 편집진 제안서(1957년 11월 19일)와 그가 L. 브렌트 보젤에게 보낸 메모(켄달에게 보낸 메모 복사본과 함께)(1958년 2월 5일, 버클리 페이퍼스)를 참조할 것. 켄달은 『내셔널리뷰』가 그런 우상 파괴적인 기사를 감히 출판하지 못할 것이라 생각했을지도 모른다. 그는 종종 『내셔널리뷰』를 "기득권 우익 기관"(켄달이 버클리에게 보낸 편지, 1964년 1월 16일, 버클리 페이퍼스)에 불과하다고 주장하곤 했는데, 이 거부 사건으로 인해 이러한 주장이 더욱 강화되었을 것이다.

131 이 사실을 저자는 켄달의 스승인 R. F. 브레더튼R. F. Bretherton과 R. B. 맥칼럼R. B. McCallum과 주고받은 편지를 통해 알게 되었다.

132 켄달, 『보수주의 선언』, xi쪽

133 켄달, 『독불장군』, 601쪽

134 같은 책, 600쪽

135 같은 책, 605쪽. 전반적으로 594~608쪽(1966년 켄달의 연설)을 참조할 것.

136 커크의 보수주의에 대한 켄달의 분석은 켄달, 『독불장군』, 29~57쪽을 참조할 것.

137 켄달이 윌슨에게 보낸 편지(1963년 4월 11일 수령), 윌슨 페이퍼스

138 켄달 및 캐리, 「'보수주의'를 정의하기 위하여」, 406~422쪽을 참조할 것.

139 켄달, 「리처드 위버를 읽는 법」, 83쪽. 또한 『보수주의 선언』의 서문을 참조할 것.

140 켄달, 『독불장군』, 37쪽. 전반적으로 29~57쪽을 참조할 것.

141 같은 책, 46~47쪽

142 같은 책, 53~54쪽

143 켄달이 윌슨에게 보낸 편지(1963년 3월 7일 수령), 윌슨 페이퍼스

144 켄달이 윌슨에게 보낸 편지(일자 미상, 1963년 3월로 추정), 윌슨 페이퍼스

145 켄달, 『미국적인 것에 관한 대화』, 112쪽

146 켄달, 「헌법적 위기」, 53~54쪽. 켄달은 우리 정치 체계하에서 무엇이 가능한가를 논했지, 무엇을 해야 하는가에 대해서는 이야기하지 않았다는 점에 주목해야 한다. 아마도 당시 거의 대부분의 정책적 쟁점들에 대해 켄달은 동료 보수주의자들과 뜻을 같이 했을 것이다.

147 심지어 개인적인 삶에 있어서도 켄달은 특이했다. 세 번 결혼했던 그는 로마 가톨릭교회 역사에서 동시에 두 번의 결혼을 무효화한 유일한 사람일 것이다.

148 켄달이 윌슨에게 보낸 편지(일자 미상, 1963년 봄), 윌슨 페이퍼스

149 켄달이 윌슨에게 보낸 편지(1963년 5월), 윌슨 페이퍼스

150 켄달이 윌슨에게 보낸 편지(1964년 1월 13일 수령), 윌슨 페이퍼스

151 레오 스트라우스가 켄달에게 보낸 편지(1961년 5월 14일), 윌슨 페이퍼스

152 윌리엄 F. 버클리 주니어, 『순항 속도―어느 기록』(뉴욕, 1971), 73쪽

153 점점 소외감을 느끼게 된 켄달은 1963년 『내셔널리뷰』의 수석 편집자 자리에서 물러났다. 켄달이 버클리에게 보낸 편지(1963년 9월 22일, 버클리 페이퍼스)를 참조할 것.

154 프랭크 메이어와 조지 W. 캐리는 켄달을 묘사할 때 이 단어를 사용했다(그러나 확실히 그를 폄하하려는 것은 아니었다). 프랭크 메이어와의 전화 인터뷰, 1971년 9월 4일; 조지 캐리, 「윌무어 켄달을 읽는 법How to Read Willmoore Kendall」, 『대학연합리뷰』 8(1972년 겨울~봄), 63쪽

155 찰스 S. 하이네만, 「추도하며」, 『추신: 미국 정치학 학회 뉴스레터』 1(1968년 겨울), 56쪽

156 켄달은 이 "뻔뻔한 책상물림 매카시즘"이라는 표현을 그의 글 「열린사회와 그 적들」을 묘사하는 데 사용했다(켄달이 윌슨에게 보낸 편지, 1960년 8월 4일, 윌슨 페이퍼스).

157 언젠가 켄달은 다음과 같이 썼다. "현재 미국의 가장 우울한 현실은 소위 '서구 세계의 덕성'을 가장 완전히 체화한 사람들, 누구나 알고 있는 가장 세련된 남성들과 여성들이 (…) 결국에는 이 나라의 주요 교육 제도, 정부 기관, 여론 형성 단체들의 외부에서 자신들의 운명을 찾으면서 그런 기관들이 주관하는 칵테일 파티를 꺼리고, 그들이 내놓는 문건들을 무시한다는 것이다"[「하늘 끝까지To High Heaven」, 『내셔널리뷰』 2(1956년 12월 22일), 20쪽]. 그가 자신을 떠올렸던 것도 무리는 아니다.

158 하이네만은 켄달을 회고하며 쓴 글에서 "앞으로 다가올 수십 년 동안 미국 정치학 분야에서 그와 같이 관심을 요구할 수 있는 동시대 인물은 거의 없을 것이다"라고 말했다(56쪽).

159 메이어와의 인터뷰, 1971년 9월 4일

160 러셀 커크와의 인터뷰, 케임브리지, 매사추세츠, 1971년 4월 21일

161 커크가 피터 비에렉에게 보낸 편지, 1954년 8월 5일, 저자 복사본

162 로버트 니스벳이 커크에게 보낸 편지, 1953년 9월 10일, 러셀 커크 페이퍼스, 센트럴미시간대학교 클라크역사도서관, 마운트플레전트, 미시간

163 니스벳이 커크에게 보낸 편지, 1963년 1월 3일, 커크 페이퍼스. 다른 한편, 니스벳은 그의 저작을 알고 있는 사람들에게 켄달은 "가공할만한", 그리고 "대단히 뛰어난" 인물임을 인정했다(니스벳과의 인터뷰, 노샘프턴, 매사추세츠, 1971년 11월 29일).

164 그가 늘그막에 조지 W. 캐리와 함께 쓴 「'강도' 문제와 민주주의 이론」, 특히 4장을 참조할 것.

165 그가 초기에 쓴 「다수결의 원칙과 과학적 엘리트The Majority Principle and the Scientific Elite」, 『남부리뷰』

4(1939년 겨울), 463~473쪽을 참조할 것.

166 이런 언급들은 켄달이 여하튼 복잡하거나 까다로운 사람이 아니었다는 것을 의미한다.

167 예를 들어 피터 비에렉이 『조정되지 않은 사람: 미국인들의 새로운 영웅The Unadjusted Man: A New Hero For Americans』(보스턴, 1956)에서 "포퓰리즘적" 매카시즘을 비판한 것과 비교해보라.

168 제프리 하트, 「윌무어 켄달: 미국인」, 『독불장군』, 9쪽. 이스트캐롤라이나대학교의 정치학자 (나중에 상원의원이 된) 존 P. 이스트는 하트의 평가에 동의했다. 이스트는 켄달이 "제2차 세계대전 이후 가장 중요한 정치학자의 명단에" 반드시 포함되어야 한다고 말했다. "더욱이 미국의 정치적 전통에 비추어 보았을 때, 켄달은 시대를 막론하고 가장 독창적이고 혁신적이며 도전적인 해석자였다"[「윌무어 켄달의 정치사상The Political Thought of Willmoore Kendall」, 『정치학리뷰어Political Science Reviewer』 3(1973), 201쪽].

169 켄달의 사상이 지닌 강점에 대한 분석은 별도의 색다른 연구를 필요로 할 것이다. 개리 윌스가 말했듯이 "우리는 책 속에서 켄달에게 답해야만 한다. 이는 중요한 사상가의 특징이다"[『커먼윌』 93 (1970년 12월 18일), 306쪽]. 여기서 우리의 관심사는 켄달의 사상이 지닌 타당성이 아니라 그 발달 과정과 영향력이다.

170 따라서 켄달이 버크를 "싫어했다"고 결론 지어선 안 된다. 그는 오히려 버크를 미국적 어휘에 알맞게 "번역"하고자 했다. 켄달은 열렬한 미국인이었기 때문에 그가 유럽을 불편하게 여겼다고 생각해서도 안 된다. 그는 해외에서 많은 시간을 보냈으며, 예를 들어 스페인에 깊은 관심을 표했다. 프레더릭 빌헬름센 (친한 친구)에 따르면 켄달은 스페인의 에스코리알을 보면서 "이게 내가 기독교 세계에서 제일 좋아하는 교회라네"라고 말했다고 한다[빌헬름센이 편집자에게 보낸 편지, 『내셔널리뷰』 24(1972년 6월 23일), 672~673쪽].

171 프랭크 S. 메이어, 『자유를 수호하며: 어느 보수주의자의 신조』(시카고, 1962), 6쪽

172 일부 보수주의자들은 공개적으로 액턴을 숭상했다. 스티븐 J. 톤소르, 「보수주의의 정체성 추구The Conservative Search for Identity」, 『보수주의란 무엇인가?』 프랭크 S. 메이어 편(뉴욕, 1964), 133~151쪽을 참조할 것.

173 프랜시스 윌슨, 「정치학과 문학Politics and Literature」, 『모던에이지』 10(1966년 가을), 424쪽

174 이 점에 관해서는 클라이드 윌슨, 「제퍼슨주의적 보수주의 전통The Jeffersonian Conservative Tradition」, 『모던에이지』 14(1969~1970년 겨울), 36쪽을 참조할 것.

175 러셀 커크, 『탐욕의 꿈을 넘어서』(시카고, 1956), 19쪽

176 이는 미국 보수주의가 정교해져갈수록 유럽을 벗어나거나 거부해나갔다는 뜻이 아니다. 반대로 미국 보수주의는 구세계에 대한 헌신을 환영했다. 그중에서도 가장 주목할 만한 사례는 미국의 지적 우파에게 존경을 받았던 영국 보수주의 철학자이자 『정치학에서의 합리주의와 기타 에세이Rationalism in Politics and Other Essays』(뉴욕, 1962)를 쓴 마이클 오크숏이었다. 프랜시스 윌슨, 「오크숏과 보수주의Oakeshott and Conservatism」, 『대학가서적상』 4(1963년 가을), 19~23쪽; 해리 자파, 「전통에 대한 찬양A Celebration of Tradition」, 『내셔널리뷰』 15(1963년 10월 22일), 360~362쪽; 버클리, 『순항 속도』, 250쪽을 참조할 것. 1970년 버클리는 오크숏의 글을 자신의 문집 『20세기 미국의 보수주의 사상』(인디애나폴리스, 1970)에 실었다. 이 영국 철학자에 대한 최근의 평가는 거트루드 힘멜파브, 「보수적 상상력: 마이클 오크숏The Conservative Imagination: Michael Oakeshott」, 『아메리칸스콜라』 44(1975년 여름), 405~420쪽을 참조할 것.

9장

준비의 시간

1956년 선거운동이 끝나갈 무렵 드와이트 아이젠하워의 압도적 승리가 점차 현실로 다가오자, 윌리엄 F. 버클리 주니어는 20년 만에 최초로 등장한 공화당 대통령의 전력을 곰곰이 돌이켜보았다. 이는 즐거운 일이 아니었다. 1952년에도 버클리는 공화당에 "국가를 국내의 적으로 인정"할 것을 촉구했지만, 공화당이 그렇게 하리라고 믿지는 않았다.[1] 1956년 현재 그의 우려는 확증되었다. 아이젠하워는 첫 임기 동안 "뉴딜 정책이라는 위대한 국가주의적 유산"을 "쉽게, 그리고 진심으로 수용"하는 모습을 보여주었다. 공화당의 강령은 기껏해야 "신중한 사회주의" 가운데 하나에 불과했다. 버클리는 자유주의적인 민주당 후보 애들레이 스티븐슨이 아이젠하워를 많은 보수주의자들에게 매력적으로—스티브슨 자신에 비해—보이게 만들었다고 생각했다. 그럼에도 불구하고 그는 1956년의 선택은 어느 악을 고를지를 결정하는 것에 지나지 않는다고 경고했다.[2]

1958년 버클리는 또다시 아이젠하워 행정부를 비난했다. 대통령이 "현실에 범한" 주된 "죄악"은 "공산주의에 대한 이해가 부족"하다는 것이었다. 아이젠하워도 미국 국민도 우리의 적이 세계를 지배하는 데 몰두하고 있다는 사실을 실제로 믿지 않았다. 아이젠하워 집권하에 서구는 계속해서 "공산주의자들의 잔악 행위를 덮어주는 덮개" 노릇을 할 것이었다. 아이젠하워의 "평온한 세계"에서 공산주의는 계속 발전할 것이었다. 공산주의와 국내의 국가주의 위협에 직면한 아이젠하워는 "문제를 해결하는 것이 아니라 근본적으로 문제가 존재한다는 인식을 거부하고, 그래서 그러한 문제들을 무시하도록 설계된 접근법"을 채택했다. 대통령의 "정치철학"에는 스스로 인정했듯 "일관성이 없었다". 공화당은 그를 "거부"해야 한다.[3]

버클리가 아이젠하워 행정부에 반대한 것은 개인적 일탈이 아니었다. 1950년대에 많은 보수주의 지식인들이 국내에 "몰래 숨어들고 있는 공산주의"를 비롯해 무산된 "제네바 정신",* 수에즈 위기,** 1956년 실패한 헝가리 구조,*** 1959년 흐루쇼프의 미국 초청과 같은 대외 정책의 전개에 아연실색했다. 버클리의 『내셔널리뷰』는 공화당의 현직 대통령을 자주, 그리고 날카롭게 비판했다[4]—여러 우익 논객들도 이러한 비판에 동참했다. 아이젠하워 행정부는 1954년 전통주의자 앤서니 해리건이 말한 것처럼 보수적이지 않았다. 종교적인 삶의 방식과 "과거와의 연속성"

•   1955년 냉전 종식을 위해 열린 정상회담(제네바회담)을 계기로 등장한 사상. 미국·프랑스·영국·소련의 정상들은 제네바에 모여 군축·독일 통일·경제적 협력 등의 문제를 논했지만, 합의에 이르지는 못했다. 그러나 제네바회담은 냉전의 긴장을 완화하기 위한 중요한 첫 단계로 평가된다.

•• 수에즈 위기는 1956년 7월 26일 이집트 대통령 가말 압델 나세르Gamal Abdel Nasser가 영국이 소유하고 있던 수에즈 운하를 국유화하면서 촉발되었다. 나세르가 운하를 폐쇄하고 페르시아만에서 서유럽으로 이어지는 석유 수송로를 차단할 것을 두려워한 영국과 프랑스는 비밀리에 운하 통제권을 되찾고, 나세르를 퇴위시키기 위한 군사 작전을 준비했다. 이집트와 적대적이었던 이스라엘을 동맹군으로 끌어들인 영국과 프랑스는 1956년 10월 29일 이집트를 침공해 운하 지역을 점령했다. 그러나 미국과 소련을 중심으로 유엔이 11월 2일 즉각적인 정전을 요구하는 결의안—부분적으로는 미국의 주도 하에 소련의 개입을 저지할 목적으로 작성된—을 채택하고 세계 여론이 악화되자, 영국과 프랑스는 12월 22일에, 이스라엘은 다음해 3월에 이집트에서 철군했다.

••• 1956년 헝가리에서 스탈린주의 정책에 반대해 민중봉기가 일어나자 수상 너지 임레Nagy Imre는 주둔해 있던 소련군의 진압에 맞서 그해 11월 1일 헝가리의 중립과 바르샤바조약기구의 탈퇴를 선언하고, 유엔에 지지를 호소했다. 하지만 서구 강대국들은 개입을 꺼렸고, 11월 4일 소련은 헝가리를 침공해 무력으로 봉기를 진압했다. 당시 헝가리인들 중에는 미국이 자신들을 구하러 올 것이라 믿는 사람들이 있었고, 봉기의 지도자 중 일부는 군사적 지원을 하지 않은 미국을 비난했다고 한다.

을 피력하지 않는 아이젠하워 행정부는 물질주의적이고, 심지어 변화를 갈망하는 "미국 재계의 산물"이었다. 하이젠하워 행정부는 귀족적인 보수주의자들이 아니라 "돈 많은 자들과 장사치들"로 구성되어 있었다.[5] 보다 대표적인 인물은 역시 일찍이 환멸을 느낀 프랭크 메이어였다. 메이어는 아이젠하워가 집단주의와 싸우라는, 선거에서 받은 명령을 완수하는 대신 "다소 억제된 뉴딜주의"로 표류하고 있다고 말했다. 아이젠하워는 "우리나 그들[공산주의자] 중 하나는 반드시 말살되어야 한다"고 인정하는 대신, "크렘린의 전복"이 우리의 목표여야 함을 인정하는 대신, 전임자들의 대외 정책을 암묵적으로 인정하고 있었다.[6] 1950년대 말 메이어는 아이젠하워 시대의 유산을 "6년 전 기본적으로 보수적인 유권자들의 지지로 권력을 잡은 행정부가 1959년에 보유하고 있는 잔고 계정에는 공산주의에 저항하려는 우리의 의지와 공산주의에 비해 우리의 지위가 엄청나게 하락했다는 기록만이 남아 있다"고 평가했다.[7] 몇 달 후 그는 "(…) 아이젠하워는 그저 조류에 떠밀려 다녔을 뿐이다"라고 선언했다.[8]

실용주의보다 원칙을 강조한 메이어와 다른 보수주의자들[9]에게 온화함과 중용은 결코 만족스러운 태도가 아니었다.[10] 그들은 백악관에 있는 그 인물과 달리 철의 장막과 "루스벨트 혁명"을 모두 "되돌리고" 싶어 했다. 그것이 자유주의 시대에 보수주의가 수행해야 할 급진적 명령이었다. 메이어는 "급진주의의 역할이 보수주의자들에게는 기질적으로 낯설지만 우리가 처해 있는, 자유주의가 지배하고 있는 상황에서는 그러한 역할이 요구된다"고 생각했다.[11] 당연히 『내셔널리뷰』는 1960년 대통령 후보에 대한 지지를 거부했다. 메이어는 존 F. 케네디가 아니라 리처드 닉슨을 선택해야 할 근거를 찾을 수 없었다.[12]

인기가 대단히 많았던 아이젠하워 대통령을 멀리했다는 사실만큼

1950년대 보수주의 지적 운동이 미국 정치에서 고립되어 있었음을 잘 보여주는 증거는 없을 것이다.[13] 만일 전후 보수주의가 단순히 분위기였거나 극히 일부의 사람들만 이해할 수 있는 이념의 집합체였다면, 누군가는 보수주의의 정치적 태도를 논외의 문제라고 말하고 싶었을지 모른다. 게다가 러셀 커크가 말했듯이[14] 이념 운동은 하룻밤 사이에 승리할 수 있는 것이 아니다. 여기에는 보통 한 세대의 기간이 필요하다. 그러나 1950년대와 1960년대에 대부분의 보수주의자들에게 정치는 중요했고, 시간은 부족했다.

자신들의 이상을 선포하고 어둠의 세력을 저주하는 것만으로는 충분하지 않았다. 서구 문명을 수호하려면 자신들의 이념을 구현해야 했고, 학술지나 『내셔널리뷰』에서만 전쟁을 벌여서는 안 되었다. 보수주의 지적 운동이 조만간 성공하기를 원한다면 정치 세력을 형성하고, 정치 시장에서 우세한 지위를 점해야 할 것이었다. "멈춰"라고 외치며 역사를 거스르는 것이 아닌 그 이상의 무언가를 해야 할 것이었다.

실용적이고 대중적인 보수주의의 필요성은 1950년대 후반 점점 더 명확해졌다. 1958년 공화당이 선거에 참패한 직후 젊은 역사학자 스티븐 톤소르는 다음과 같이 경고했다.

우리가 미국 유권자들이 자신의 건전한 이성으로 보수주의적 관점의 장점을 발견해주길 기다리기만 한다면, 그런 일은 결코 일어나지 않을 것이다. 나는 태프트 상원의원이 사망한 이후 새로운 이념이 존재하지 않았기 때문에 당이 극단주의에 빠졌다고 생각한다. 당은 영속적인 원칙이라는 관점에서 위험을 무릅쓰고라도 현대의 문제에 대한 해법을 제시할 수 있는 창의적인 지도력의 부재로 고통받고 있다.

우리는 표류하고 있다. (…)

지난 선거에서 패배한 쟁점은 완전 고용이었다.

공화당과 보수주의는 현실적인 예산의 틀 안에서 완전 고용 문제를 해결하기 전까지 선거에서 이길 수 없다.[15]

톤소르의 우려를 휘태커 체임스도 공유하고 있었다. 1954년 그는 한 친구에게 러셀 커크의 『보수의 정신』을 즐겁게 읽었지만, "만약 자네가 상륙정을 타고 있는 해병이라면, 그런 보수주의적 입장을 위해 타라와* 해변을 힘겹게 걸어 올라갈 텐가? 나는 절대 아니라네"라고 말했다.[16] 체임버스는 버클리에게 공화당이 현실을 직시하지 않고, 프로그램을 개발하지 않는다고 하더라도 "군중에게는 무익하지 않습니다. 왜냐하면 다른 누군가가 그렇게 할 것이기 때문입니다. 여기에는 논쟁의 여지가 없습니다. 유권자들은 그저 특이하다는 점에서만 공화당에 투표할 것입니다"라고 말했다.[17] 체임버스는 종종 자신이 "대단히 반보수주의적"이라고 생각하는 기술과 자본주의 고유의 역동성을 우파가 이해해야 한다고 주장했다.[18] 그는 "기계와 대량 생산이라는 현실, 그리고 이것이 정부와 정치에서 낳은 결과를 직시하지 못하는 보수주의는 결국 무익하고 조급해지게 될 것이다"라고 공언했다.[19] 1959년 버클리는 보수주의자들이 복지국가의 위험성과 보수주의의 원칙이 갖는 타당성을 아직 대중에게 납득시키지 못했음을 스스로 시인했다.[20]

그러므로 1960년대의 의제는 명백했다. 보수주의 지식인들이 자신

* 제2차 세계대전 당시 미국과 일본이 격렬하게 맞붙은 타라와전투가 벌어졌던 태평양의 작은 섬.

들의 게토에서 벗어나려면, 그들의 세력을 통합하는 것 이상의 무언가를 해야 했다. 그들이 단결해 실제로 작동하는 연합을 구축했다고 가정해보자. 그들이 그럴듯한 미국의 계보와 역사적 근거가 있는 원칙들을 개발했다고 가정해보자. 이러한 내부의 문제들이 수년간의 토론과 연구 끝에 어느 정도 만족스럽게 해결된 것처럼 보였다고 가정해보자. 그랬다면 어떻게 되었을까? 그 운동은 무엇을 하고자 했을까?

1945년 이후 10년은 전후 우파의 탄생을, 1955년 이후 10년은 점진적인 자기정의의 과정을 특징으로 했다면, 1960년대 초반과 중반은 동시에 준비의 해가 될 것이었다. 케네디 대통령과 존슨 대통령의 시대에는 보수주의가 점점 더 좌파를 면밀하게 비판하고, 자유주의적 프로그램에 대한 구체적인 대안을 정교하게 만들어내며, 보수주의 지식인 기득권층이 발전하는 모습을 보게 될 것이었다. "실용화되어 가는" 우파는 황무지에서 벗어나 첫 번째 중대한 도전을 하게 될 것이었다.

═ ★★★ ═

국가적 지도력을 얻기 위해 노력하는 보수주의 지식인들은 여전히 하나의 주된 표적, 자유주의에 집중했다. 대외 정책과 국내 정책 모두에서 "자유주의 기득권층"[21]의 성과와 철학은 가차 없이 비판을 받았다.

1950년대 후반과 1960년대에 세계 위기를 조망하던 보수주의자들에게 중요해 보였던 한 가지 근본적인 사실은 메시아적이고 혁명적인 공산주의가 서구를 인정사정없이 집요하게 공격하고 있다는 것이었다.[22] 일상적인 사건들이 소용돌이치는 덧없음 속에서 이 초월적인 도전만이 변함없었다. 우리는 전쟁 중에 있었다─프랭크 메이어는 이를 "억제할 수 없는 충돌"이라 불렀고,[23] 제임스 번햄은 자신이 쓴 『내셔널리뷰』 칼럼에 "제3차 세계대전"이라는 제목을 붙여 이를 표현했다. 메이어를 비롯한 보수주의 냉전 전사들에 따르면 이 투쟁에서 선택할 수 있는 것은 오직 두 가지뿐이었다. "공산주의의 파멸이냐, 미국과 서구 문명의 파멸이냐."[24] 『모던에이지』의 기사와 『내셔널리뷰』의 발행호에서 이러한 신념은 노골적으로 표현되거나 세계적인 위협에 대한 관심 속에 암묵적으로 반영되어 있었다. 공산주의자들이 쿠바와 칠레, 잔지바르,˙ 라오스 혹은 미국의 민권운동과 평화운동에서 벌이고 있는 일들은 의미심장하게 여겨졌다. 침투와 전복 행위에 대한 의회 조사에서 밝혀진 사실들을 경멸스럽다는 듯이 묵살하거나 의기양양해하며 무시해서는 안 되었다. 공산주의의 사업은 실제였다. 이는 부다페스트에서의 죽음, 베를린의 철조망, 아바나에서의 장광설,˙˙ 베트남 진창 속의 해병대처럼 현실이었다.

물론 자유주의자들은 이러한 불쾌한 현실을 자각하지 못할 것이라고 보수주의자들은 말했다. 자유주의자들은 어쩌면 지금, 어쩌면 이번에, 어쩌면 머지않아 공산주의자들이 자신들의 지위를 바꾸어 헌신적인 혁명가가 되기를 그만두고 진정하게 되리라는 희망을—조용히, 애처롭게,

---

˙   19세기 중엽부터 영국의 지배를 받아오다 1963년 영국에서 독립한 후 이슬람 술탄이 통치하는 왕정국가가 되었으나, 1964년 공산주의자 존 오켈로John Okello가 이끄는 게릴라군이 수도를 점령해 왕정을 폐지하고 잔지바르인민공화국을 수립했다. 같은 해 4월 탕가니아공화국―1962년 영연방에서 독립―과 연합해 현재의 탄자니아연합공화국이 되었다.

˙˙   1959년 1월 8일 아바나에 입성한 피델 카스트로는 그를 환영하는 쿠바인들 앞에서 혁명의 의의와 앞으로의 전망을 솔직하게 전하는 긴 연설을 했다. "(…) 우리는 진전을 이뤘고, 아마도 큰 진전을 이뤘을 것입니다. (…) 이 혁명의 주인공인 우리가 스스로에게 가장 먼저 물어야 할 것은 무엇을 성취하고자 했는가 입니다. (…) 우리는 그 질문을 해결해야 합니다. 왜냐하면 그러한 성찰은 쿠바와 우리 자신, 국민의 미래에 커다란 영향을 미칠 수 있기 때문입니다. (…)"

끝없이, 헛되게―품기로 택했을지 모른다. 아마도 우리는 마침내 평화롭게 공존할 수 있게 될 것이다. 그렇게 되기까지 우리는 협상하고, "화해하고", 문화적 교류에 참여하고, 정상에 오르도록 하자. 다 함께 모여 판단해 보자.

보수주의자들은 터무니없는 생각이라고 말했다. 어리석은 망상이었다. 1955년의 "제네바 정신"은 1956년의 헝가리 악몽을 막지 못했다. 1959년 "캠프 데이비드의 정신"*은 1960년 파리 정상회담**에서 폭발했다. 1961년 빈에서 열린 케네디-흐루쇼프 회담은 베를린 장벽의 건설과 쿠바 미사일 배치 위기로 이어졌다. 1967년 "글래스보로 정신"***에 뒤이어 1968년 체코슬로바키아 침공이 일어났다. 자유주의자들은 한 번이라도

• 1959년 아이젠하워 미국 대통령과 흐루쇼프 소련 총리는 캠프 데이비드에서 만나 냉전 문제를 논의하고, 이번 회담이 '양국의 입장을 더 잘 이해하고 정의롭고 지속적인 평화를 이루는 데 기여하기를 희망한다'는 공동성명을 발표했다. 이후 흐루쇼프가 '캠프 데이비드의 정신'을 언급했을 때, 이것이 의미하는 바가 무엇인지를 묻는 기자의 질문에 아이젠하워는 "나는 그런 용어를 사용한 적이 없다"고 말하면서 "그것은 단순히 우리가 서로를 가혹하게 대하지 않고 함께 이야기를 나눌 수도 있다는 의미로만 이해되어야 할 것"이라고 답했다.

•• 1960년 5월 17일 소련·미국·영국·프랑스의 지도자들은 파리에서 만나 베를린 상황에 대해 논의했다. 소련은 베를린을 다른 강대국의 군사 주둔을 최소화하는 '자유 도시'로 지정하고, 동독과 평화조약을 체결하기를 원했다. 반면 서구 열강은 서베를린이 소련의 영향력 아래 놓이는 것을 허용하지 않기로 결의하고, 전시 정상회담에서 이루어진 합의를 거듭 지적했다. 파리 정상회담은 일종의 타협과 합의를 시도할 수 있는 기회였지만, 정상회담은 거의 진행되지 않았다. 5월 1일 소련은 소련에 침투한 미국의 U2 정찰기를 격추했다고 발표했고, 미국은 그 주장을 전면 부인했다. 흐루쇼프는 아이젠하워에게 사건에 대한 공개 사과와 미국이 다시는 소련 영공을 침범하지 않겠다는 약속을 할 것을 요구했지만, 아이젠하워는 이를 거부했다. 그리고 회담은 결렬되었다.

••• 1967년 린든 존슨 미국 대통령과 알렉세이 코시긴 소련 총리는 미국 글래스보로에서 만나 소련-미국 관계, 핵무기 경쟁, 베트남전쟁 등에 대해 논했다. 구체적인 합의에는 이르지 못했지만 존슨 대통령은 "앞으로도 이견과 어려움이 있을 수 있지만, 서로에 대해 새롭게 알게 되면 이러한 문제는 줄어들 것이라 생각한다"면서 양국의 관계가 개선되었음을 시사했고, '무거운 책임을 부여받은 지도자들 간의 직접적인 대면 교류'를 글래스보로 정신이라고 설명했다.

세상이 날마다 모든 면에서 점점 더 좋아지고 있는 건 아니라고 생각해 본 적이 있을까? 냉전—종종 열전熱戰이기도 했던—은 끝나지 않았다. 메이어는 "표면적 현상"에 반응하는 좌파는 "공산주의 전투 계획의 견고한 영속적 실체를 인식하지 못하는 것 같다"고 말했다.[25] 1967년 러시아에서 볼셰비키가 권력을 장악한 지 50주년이 되는 기념일에 제임스 번햄은 혁명은 죽지 않았다고 말했다. 공산주의자들은 "부르주아화의 법칙"에 굴복하지 않았다. 그들의 혁명에는 임의로 멈출 수 없는 추진력이 있었다. 정부가 대외무역을 독점하고, 국내에 정치적 반대가 존재하지 않으며, "세계적인 (…) 혁명 기구"와 같은 특징을 지닌 체제와는 "정상적인 국제관계"가 "불가능"했다.[26] 더욱이 펜실베이니아대학교의 로버트 스트라우스-후페는 크렘린이 "줄어들지 않은 식욕"을 드러냈다고 주장했다. "냉전에 성역이란 존재하지 않는다." 공산주의자들은 "냉전의 무기고"에 "막대한" 투자를 했고, "선의와 합리적 양보"로는 결코 그들의 목적을 단념시키지 못할 것이다.

> 공산주의 체제는 대립 체제이다. 그 이데올로기는 대립과 전쟁의 이데올로기다. (…)
> 내부의 권력 투쟁이라는 우여곡절에도 불구하고 공산주의 체제는 외부의 압력이 내부의 긴장을 악화시키고, 체제를 붕괴시키지 않는 한 지속될 것이다.[27]

"외부의 압력"이 필요한 이유는 무엇인가? 어째서 공산주의는 점차 순화되고 진화하지 못했는가? 보수주의 저작 곳곳에는 공산주의가 외교적 행위의 일반 법칙에서 벗어나 있다는 확고한 믿음이 배어 있었다. 프랭크 메이어는 『공산주의자 만들기The Moulding of Communists』에서 다른 많은 보수주의자들의 결론을 표명했다. 그는 "공산주의자들은 다르다. 그들은 다르게 생각한다"고 주장했다. 그들은 "우리 자신의 거울상"이 아니다.[28] 공산주의는 "공산주의를 위한 세계 정복"이라는 하나의 사명에 전적으로 헌신하는 새로운 인간이 될 때까지 개종자들을 끊임없이 훈련시키는 "세속적이고 메시아적인 유사 종교"이다.[29]

> 공산주의자들의 이러한 전망과 헌신, 그리고 결단에 맞서 타협과 합리성, 평화로운 공존을 호소할 수는 없다. 우리에게 필요한 것은 더 큰 결단뿐이다. 공산주의자들은 우리에게 승리냐 패배냐라는 두 개의 냉혹한 대안만을 제시하기 때문이다.[30]

1956년 노터데임대학교의 게르하르트 니에메예르는 소련 지도자들은 "합리적이지 않다"고 결론 내렸다. 집요하게 고수해온 이데올로기에 의해 지탱되는 그들의 사고 과정과 전제들은 우리와 근본적으로 달랐다.[31] "나머지 인류와 진리도 논리도 도덕도 공유하지 않는" 공산주의 정신과 미국인들이 "교호"할 수 있다고 기대하는 것은 완전히 비현실적이었다.[32] 공산주의자들의 현실관은 근본적으로 "그들의 천년왕국 전망과 (…) 그들의 변증법적 추론에 의해 왜곡되어 있다".[33]

> 서구인들이 소련의 사상이 자신들이 알고 이해할 수 있는 방식으로 소련의 행동과 연결되어 있고, 결국에는 합리적으로 영향을 미칠 수 있다고 믿으며 이러한 믿음을 자신들 정책의 근간으로 삼는다면, 그들은 참담하게도 잘못 판단하고 있는 것이다.[34]

이 체제를 무너뜨리는 방법은 "소련의 비합리성"과 "소련 체제의 극심한 모순"을 이용하는 것이었다. 이것은 "굽힐 줄 모르는 소련의 기세, 그 핵심에 자리해 있는 마르크스-레닌주의의 교리"를 공격함으로써 달성할 수 있었다.[35] 안타깝게도 이러한 접근방식은 서구인들이 자신들에게 생경한 공산주의의 교리를, 공산주의 사도들에게 그 오류를 폭로할 수 있을 만큼 충분히 꿰뚫어 볼 수 있어야 가능했다.[36] 지금은 소수의 "전문가들"과 교화된 과거 공산주의자들만이 이러한 이해를 가지고 있었다.[37]

그리고 도전이 그렇게 절박한 것이라면, 공산주의가 정말로 "서구 문명의 변치 않는 보수주의 정신과 근본적으로 단절"된 것이라면,[38] 적어도 일부 보수주의자들은 적의 승리를 저지할 대안으로 핵전쟁을 고려할 준비가 되어 있었다. 1959년 L. 브렌트 보젤은 즉각적인 "예방" 전쟁을 요구하지는 않았지만, 그것이 생각할 수 없는 방책은 아니라고 지적했다. 그는 "폭탄을 투하하기" 원하면서도 "최후의 승리라는 합당한 희망을 품고" "장기적 소모전"을 먼저 시도할 "새로운 지도력"을 원했다. 그러나 이 희망이 사라질 경우 우리에게는 "정의를 추구할 때 그 대가는 하나님이 정하신다는 것"을 알고 "뜻하지 않을 때일지라도" 적을 멸망시켜야 할 "책무"가 있었다.[39] 프랭크 메이어 역시 서구 대의의 정당성은 "절대적"이라고 확신했다. "인류와 하나님의 적이라고 공언된 이 강력한 적에 맞서 반격을 가하고 절멸시켜야 하는 것이 우리의 도덕적 의무라는 데에는 의문의 여지가 없다."[40] 공산주의 체제를 무너뜨리려는 우리의 작전에서도 가능하다면 당연히 핵무기 사용은 자제해야만 한다. 그러나 만약 핵전쟁이라는 문제가 불가피하게 발생한다면 유일한 질문은 다음과 같을 것이다. "우리 대의의 정의와 승리를 위해 핵전력을 사용할 필요가 있다면, 우리는 어떤 전략을 채택해야 하는가?" 선제공격에 열중하고 난 뒤 적에게 남아 있는 유일한 자산인 민간인을 살해하는 "억제" 태세를 수용해야 하는 가?(군사 목표물을 폭격하기에는 너무 늦었을 것이다) 아니면 이러한 최악의 상황에서 적의 군사 시설만을 선제공격하는 "대군사 타격" 전략을 수용해야 하는가? 메이어에게 확실히 도덕적으로 우월한 입장은 후자의 방책—민간인 학살이 아니라 핵기지 파괴를 목표로 하는—이었다. 하지만 그러한 끔찍한 무기를 어떻게 사용하든 이는 과연 정당화될 수 있는가? 메이어에게 답은 '그렇다'였다.

> (…) 핵무기 사용과 관련해 가장 끔찍한 결과가 명백히 예상된다고 하더라도, 자유와 정의와 진리를 수호하는 것이 생물학적 현상으로서 인간의 생명을 보존하는 것보다 훨씬 가치 있는 일이다. 공산주의가 승리한다면 이러한 것들은 파괴될 것이다. 어떠한 대가를 치르더라도 이를 수호하는 것이 우리의 의무이다.[41]

이러한 발언들은 보수주의자들이 전쟁광이었음을 의미하는가? 윌리엄 F. 버클리 주니어는 그렇게 생각하지 않았다. 그는 "모든 문명인은 평화를 원한다"고 말했다. 그러나 평화는 평화주의—"기독교의 이단"—와 같은 것이 아니며, "약탈자들에 의해 야밤에 도시를 점령당한 공동체에서는 생각할 수 없는 것"이었다. 평화가 "인간의 최우선 목표"라면 그저 항복함으로써 얻을 수 있었다. 버클리는 히로시마와 나가사키의 공포는 철의 장막 뒤에 있는 "노예화된 세계의 일상적 고통과 비교할 수 없다"고 주장했다. 말하자면 죽음보다 더 가혹한 운명이 있었다. 지금은 "서구가 포위당하고, 세계가 압제를 받고 있기 때문에" 평화를 "생각할 수" 없다.

우리는 마땅히 전쟁 없이 승리하기 위해 노력해야 한다. 하지만 무엇보다 생물학적으로 정의된 생명이 아니라, 인간 존재의 본질적 특성에 최우선적 관심을 두는 인류를 위해 승리하려 노력해야 한다.[42]

그렇다면 빨갱이가 되느니 죽는 게 나을까? 꼭 그렇지만은 않다. 이것이 유일한 대안은 아니기 때문이다.

(…) 빨갱이가 될 확실성보다 죽을 가능성이 더 높다. 우리가 죽는다면? 우리 모두는 죽기 마련이다.[43]

이러한 발언은 보수주의자들이 인류 최후의 대전쟁이 일어나기를 기대하거나 바랐다는 뜻이 아니었다. 반대로 그들은 강력하고 공격적인 냉전 태세가 미국이 홀로코스트를 피할 수 있는 최선의 희망이라고 믿었다. 예컨대 윌리엄 슐람은 공산주의자들은 전쟁을 원하지 않는다고 주장했다—실제로 핵전쟁을 간절히 피하고 싶어 했다. 그는 "적들은 평화 위에서 번성하며, 평화를 원하고, 평화 속에서 승리한다"고 말했다.[44] 공산주의는 전쟁에 대한 서구의 두려움을 이용해 자신들의 목적을 달성해나간다. 전쟁—적들이 겪었던 바와 같이—이 성공의 유일한 장애물이었기 때문에 "서구의 유일한 합리적 전략"은 "공산주의가 그러한 위험에 지속적으로 직면하도록 만드는 것"이었다.[45] 슐람은 압박을 강화하라고 조언했다. "신뢰할 수 있는" 전투 의지를 유지하라, 그러면 적은 후퇴할 것이다.[46] 이것이 전쟁을 막을 수 있는 유일한 방법이었다. 그렇지 않다면 공산주의는 궁지에 몰린 미국이 최후의 필사적 행위로 자멸을 초래하는 전쟁을 벌이게 될 때까지 계속해서 확장될 것이다.[47]

대외 문제를 이념·종교·문명의 거대한 갈등으로 해석하는 보수주의자들의 이러한 견해는 결정적으로 초기 『내셔널리뷰』 계열을 지배했던 과거 공산주의자들과 트로츠키주의자들에 의해 형성되었다. 프랭크 메이어·제임스 번햄·휘태거 체임버스·윌리엄 슐람·윌리엄 헨리 체임벌린·윌무어 켄달·유진 라이온스·프레다 유틀리·맥스 이스트먼, 이들은 모두 다양한 각도에서 메두사를 보았다. 더욱이 슐람·로버트 스트라우스 후페·스테판 포소니·토마스 몰라르·게르하르트 니에메예르를 비롯한 많은 보수주의 전략가들은 1930년대와 1940년대 전체주의 유럽에서 건너온 망명자들이었다. 많은 이들이 열렬한 로마 가톨릭 신자였다. 일례로 보젤과 켄달은 전향자이기까지 했다. 이러한 놀라운 신상 정보는 많은 의문을 불러일으켰다. 이 보수주의자들은 신뢰할 수 있는 분석가들이었는가? 그들이 일생에 한 번 공산주의에 속은 적 있는 사람들이라면, 지금은 그들을 믿어도 괜찮은가? 혹은 어쩌면 그들은 자신들이 겪은 경험으로 인해 영구적인 상처를 입었고, 그래서 적의 지략을 과장하는 경향이 있지는 않았나? 과거의 죄를 회개하고 속죄하려는 갈망이 그다지 뚜렷했던 것은 아니지 않았나? 전향자의 열정이 지나치쳤던 것은 아닌가? 이 사람들은 절대적인 것—처음에는 공산주의라는, 지금은 기독교와 서구 문명이라는—을 간절히 원하는 광신도는 아니었는가?

자유주의 비평가들이 때때로 제기한 이러한 질문들에는 타당성이 있었다. 공산주의에 대한 우파의 개념은 말하자면 "역사적으로 조건 지어진 것"이었다. 보수주의자들에게 과거 공산주의자들과 유럽 망명자들의 독특한 경험은 전혀 장애가 되지 않았다. 사실 그것은 장점이었다. 아마도 이 개인들은 그들의 과거나 현재의 삶이 아무리 이례적이라 할지라도, 동시대 대부분의 사람들보다 공산주의의 끔찍한 의미를 더 깊이 이해하고 있었을 것이다. 아마도 게르하르트 니에메예르가 시사한 것처럼 그들은 매우 귀중한 전문지식을 가지고 있었을 것이다. 어쨌든 그들은 악의 얼굴을 보았다. 그리고 예술가와 작가들이 때때로 정통적이지 않은 삶을 살아가지만 큰 대가를 치르고 진리를 얻게 되듯, 과거 공산주의자들도 애매한 태도를 취하는 "객관성"이 없다는 바로 그 이유 때문에 공유할 수 있는 특별한 통찰력을 가질 수 있었던 것은 아닐까? 윌리엄 F. 버클리는 다음과 같이 썼다.

> 나는 종종 공산주의의 위협을 이해하려면—진정으로 이해하려면—타락한 정신이 필요하다고 느낀다. 공산주의를 진정으로 이해한다는 것은 똑같이 악해진다는 것이다. 인간을 바라보는 누군가의 관점은 영원히 더럽혀진다. 공산주의를 이해한다는 것은 폭력과 배신을 자행하는 인간의 끔찍한 능력을 이해하게 된다는 것을 의미한다. 이는 인간을 영원히 고통스럽게 만드는 공포이다.[48]

앙드레 말로는 휘태커 체임버스에게 "당신은 지옥에서 빈손으로 돌아오지 않은 사람 중 한 명입니다"라고 쓰기도 했다.[49] 체임버스와 다른 우파에게 공산주의는 지옥 그 자체였다. 공산주의자들이 했던 말은 모두 진심이었다. 그리고 제3차 세계대전은 대항할 힘이 있는 신념과 열정, 용기 없이는 승리할 수 없었다.

보수주의자들은 확실히 지금 이것이 효과적으로 추진되고 있지 않다는 데 동의했다. 자유주의 지도부는 냉전이 끝났다—어째서 쿠바는? 어째서 베트남은?—는 터무니없는 확신 또는 공산주의 진영의 "다중심주의polycentrism"라는 학습된 발언으로는 위장할 수 없는 우울한 퇴각 기록을 수집하고 있었다. 1966년 『인디애나폴리스뉴스』의 보수적인 편집자 M. 스탠턴 에반스는 보수주의의 주장을 날카롭게 진술했다.

사실 공산주의자들이 냉전에서 승리한 것이 아니라 우리가 패배한 것이다. 우리는 다양한 구실로 크렘린의 적에게 꾸준히 세계를 넘겨줘왔다. 대개 자유주의의 추상적 관념이 계속해서 우리에게 전달하고 있는 것은 우리가 전투 중에 있지 않다는 사고이다. 이것이 우리가 전투에서 패배하고 있는 이유이다.[50]

윌리엄 리켄배커―전쟁 영웅 "에디" 리켄배커Eddie Rickenbacker 대위의 아들이자 『내셔널리뷰』의 기고자―도 동의했다.

내가 보기에 최근의 역사는 단 한마디의 끔찍한 구절로 요약될 수 있다. 서구의 후퇴. (⋯) 전 세계적 추세는 명백하다. 공산주의와 반서구 진영은 확장되고 있고, 서구와 친서구 진영은 축소되고 있다.[51]

1950년대 후반과 1960년대 대외 정책과 관련된 모든 위기에 보수주의자들이 어떻게 대응했는지를 검토하는 것은 가능하지도 필요하지도 않다. 보수주의자들이 어째서 자신들이 예민하거나 비합리적이거나 교조적이라고 느끼지 않았는지는 몇 가지 사례를 통해 알 수 있다.[52] 그들에

• 　소련 중심에서 벗어나 각국이 독자적으로 공산주의운동을 전개해야 한다는 주장. 소련이 헝가리 반란을 진압하자 이탈리아 공산주의 지도자 팔미로 톨리아티Palmiro Togliatti가 제안한 개념으로, 그는 이를 통해 이탈리아 공산당을 소련과 분리시키는 데 일조했다.

게 자유주의의 패배는 전력前歷의 문제였다. 보수주의자들은 쿠바, 베를린 장벽, 추정컨대 악화되고 있는 우리의 방어력, 1962년의 라오스 합의,*베트남에 대한 책임이 자신들에게 있다고 생각하지 않았다.

헝가리는 어떤가. 1955년 이후 일어난 모든 세계적 사건 가운데 프랭크 메이어가 "헝가리 학살"[53]이라고 부른 사건은 의심할 여지없이 보수주의 지적 운동에 가장 통렬하고 가슴 아픈 사건이었다. 보수주의자들은 1956년 가을 헝가리 국민이 소중한 며칠 동안 주인에게서 스스로를 해방시켰다고 생각했다. 그 후 압제자들이 돌아오자 사면초가에 몰린 자유의 투사들은 서방에 도움을 간청했지만 소용이 없었다. 침묵. 무기를 보내주시오! 침묵. 너무 늦기 전에 우리를 지원해주시오!

대답이 없었다. 아무런 대답이 없었다.

보수주의자들은 아연실색했다. "소련과의 외교관계를 즉각적으로 중단할 것"[54]을 요구하면서 『내셔널리뷰』의 편집자들은 "헝가리서약"을 채택해 모든 군대가 헝가리에서 철수할 때까지 소련에 대한 완전한 문화적 거부운동을 벌일 것을 촉구했다.[55] 보수주의자들은 미국이 신속하게 개입하면 크렘린의 명백한 약점을 활용할 수 있을 것이라고 믿었다.[56] 훗날 제임스 번햄은 러시아가 군대를 다시 보내기 전에 일주일 동안 망설였다는 사실은 미국이 그들을 저지할 수 있는 최후통첩을 성공적으로 발표할

• 1949년 프랑스로부터 독립한 직후 라오스에서는 공산주의·민족주의 단체 파테트라오Pathet Lao와 정부 간에 내전이 발발했다. 아이젠하워는 공산주의자들이 라오스를 점령하지 못하도록 막기 위해 라오스 정부를 재정적으로 지원했지만 별다른 효과를 보지 못하자, 후임 대통령이 될 케네디에게 미군의 개입이 필요할 수 있다고 조언했다. 하지만 케네디는 소련 및 이해당사자들과의 협상을 통해 문제를 해결하는 것이 최선이라고 생각해 라오스에 미군을 파병해야 한다는 제안을 거부했다. 1962년 제네바에서 열린 평화회의에서 라오스의 중립이 선언되고 이후 친미·친공·중립 파벌로 구성된 연립정부가 수립되었지만, 내전이 다시 발발했고 1975년 파테트라오가 국가를 장악했다.

수 있었음을 보여주는 분명한 증거라고 주장했다.[57]

『내셔널리뷰』에 따르면 미국은 용감한 헝가리인들을 실망시켰을 뿐만 아니라, 동시에 수에즈 지역에서 철수하지 않은 프랑스·영국·이스라엘을 비난하기 위해 유엔UN에 찬성표를 던졌다!

> (…) 우리의 가장 오래되고 가까운 두 동맹국이 굴욕적인 모습을 보이는 동안 우리는 아시아와 아프리카의 바글거리는 이교도 무리의 '선의'를 아무런 부끄럼 없이―그리고 헛되게―바라면서 헝가리 기독교 영웅들을 살해한 자들과 손뼉을 마주쳤다.[58]

프레더릭 빌헬름센―로마 가톨릭으로 개종한 또 한 사람―이 보기에 헝가리를 돕지 않은 미국은 서구 앞에서 헝가리의 "명예를 실추"시켰다. 이것이 "세기 중반의 가장 중요한 사실"이었다.

> 수년간 우리 지식인들은 우리에게 기독교 세계는 멸망했고, 구질서는 서서히 그 명을 다해가고 있다고 말해왔다. 오늘날 우리는 그것이 모두 거짓말임을 안다. 그 아이들을 부다페스트의 거리로 불러 모은 것은 미래와 풍족한 삶에 대한 [자유주의적] 꿈이 아니라, 명예와 죽음의 존엄성이었다.[59]

10년 후 제임스 번햄은 헝가리-수에즈 위기가 제3차 세계대전의 "전환점"이었다고 회고했다. 다른 쓰라린 교훈들 중에서도 그것은 "해방" 정책이 최종적으로 붕괴되었고, 공산주의 진영에 성역의 지위가 부여되었으며, 아프리카에서 유럽의 거점이 사라졌음을 실제로 보여주었다.[60]

1956년 가을 미국이 공포와 자유주의에 마비되어―보수주의자들의

눈에 ─ 다시는 오지 않을 기회를 이용하지 못하는 모습을 보여주었다면,
1960년대 미국의 대아프리카 정책은 최악의 교조적 자유주의 ─ 보수주
의자들의 말에 의하면 ─ 를 보여주었다.⁶¹ 반식민주의와 자결권 같은 용
어에 당황한 미국은 무책임한 유엔과 결탁해 대체로 원시적이고 준비되
지 않은 아프리카 부족들에게 자유를 강요했고, "혼돈과 공산주의, 신식
민주의"를 낳았다.⁶² 소위 가나의 아버지라 불리는 콰메 은크루마Kwame
Nkrumah*는 무자비한 독재자이자 사이비 종교의 조달업자로 밝혀졌다.
아프리카 곳곳에서 부족 전쟁이 일어났고, 1960년대 후반 무렵 대륙 전
역의 끔찍한 독재 정권 ─ 가나의 세쿠 투레Sékou Touré** 정권과 같은 ─ 은
예견된 서구 "제국주의"의 종말이 남긴 유산임이 입증되었다. 보수주의자
들에게 이는 서구가 아프리카에 대한 과거 지배에서 물러난 것이 아니라
그 지역에서 무모하게 후퇴한 것이었고, 정말로 부도덕한 일이었다. 프랭

• 　1909~1972. 가나공화국 초대 대통령. 미국 링컨대학교와 펜실베이니아대학교에서 정치
학 ─ 특히 사회주의와 민족주의 ─ 을 전공한 은크루마는 1947년 가나로 돌아와 회의인민당Convention
Peoples' Party, CPP을 결성하고 비폭력 독립운동을 벌이면서 광범위한 대중적 지지를 얻었다. 1957년 가
나가 영국에서 독립한 후 치러진 1960년 투표에서 그는 가나공화국의 초대 대통령으로 선출되었다.
하지만 가나의 경제 위기는 갈수록 악화되었고, 대규모 파업과 여러 차례의 암살 시도가 이어지자 그
는 1964년 헌법을 개정해 종신대통령을 선포했다. 결국 1966년 은크루마가 베이징을 방문하는 동안
군대와 경찰이 쿠데타를 일으켜 권력을 장악했고, 은크루마는 기니로 망명했다. 범아프리카주의 옹호
자였던 그는 아프리카 국가 간의 정치적·경제적 통합과 탈식민지화를 목적으로 설립된 아프리카통일
기구Organisation de l'unité africaine, OUA의 설립자 중 한 명이었으며, 그가 집권하는 동안 가나는 아프리카
국제관계에서 주도적인 역할을 수행했다.

•• 　1922~1984. 기니공화국 초대 대통령. 기니의 독립운동을 이끈 주요 정치가이다. 1958년 기니
는 프랑스로부터 독립한 최초의 아프리카 국가가 되었고, 이후 선거에서 그가 대통령으로 선출되자 프
랑스는 이동 가능한 모든 장비와 전문 인력을 철수시켰다. 경제 붕괴의 위협에 놓인 기니는 공산주의
진영의 지원을 받아들였다. 투레는 은행·에너지·교통 관련 기업들을 국유화하는 등 사회주의적 경제
정책을 추진했지만, 1978년 공식적으로 마르크스주의를 포기하고 서구와의 무역을 재건했다. 1982년
미국을 방문한 투레는 미국에 가나에 더 많은 투자를 해줄 것을 요청했고, 미국 정치인들은 이를 마스
크스주의의 실패에 대한 고백으로 받아들였다고 한다.

크 메이어는 오랫동안 경멸받아온 "백인의 짐 The White Man's Burden"*은 "고 귀한 목적"일 뿐만 아니라 "서구인들이 간직해온 진리가 인간에게 알려진 최고의 진리라는 확신"을 보여주는 것임을 잊지 말아야 한다고 노골적으로 주장했다. 이 짐을 "포기"한다면 격변과 붕괴, 공산주의의 침투만이 초래될 것이었다.[63] 그것은 도덕적이었는가? 종종 『내셔널리뷰』는 백인이 지배하던 아프리카 남부 국가들의 경제적·정치적 안정과 아프리카 북부 국가들의 혼란을 대조하며 흐뭇해했다.[64] 우파는 궁금했다. 자유주의자들은 언제쯤 자신들의 상투적인 문구가 아프리카의 문제를 악화시켰을 뿐이며, "암흑의 대륙"에 추상적인 이데올로기를 투영함으로써 인종적 편견, 부족 분쟁, 식인 풍습, 정치적 불안정과 같은 다루기 힘든 현실을 도외시해왔다는 사실을 이해하게 될 것인가? 이를테면 자유주의자들은 포르투갈의 앙골라 통치가 당연히 사악한 일이 아님을 이해할 수 있을 때까지 자신들의 고정관념을 무시할 수 있을 것인가? 이데올로기와 달리 포르투갈령 앙골라는 인종차별을 실행하지 않았다. 1961년의 유혈 봉기는 자발적인 것이 아니라 투레와 은크루마의 지원을 받은 잔인한 게 릴라들에 의해 치밀하게 준비된 것이었다.[65] 제프라 하트는 다음과 같이 요구했다.

자유주의자들의 견해가 의회 민주주의는 (…) 소수의 국가에서만 안정된 정부를 만들어냈다는 역사적 사실과 일치하게 될 때, 그리고 그러한 사실을

* 1899년 영국 작가 러디어드 키플링 Joseph Rudyard Kipling이 발표한 시의 제목이다. 1898년 미국-스페인 전쟁에서 승리한 미국이 필리핀을 점령하자 1899년 필리핀-미국 전쟁이 발발한다. 키플링은 이 사건을 두고 "미개한 인종을 올바르게 이끄는 것이 백인의 의무이며, 보답은커녕 비난을 받을지라도 그 고귀한 의무를 다하기 위해 노력해야 한다"고 주장했다.

완전히 인정하게 될 때 자유주의자들은 이 세계의 함네그리들Hamnegris*[러셀 커크의 소설에 등장하는 아프리카 국가 함네그리를 본떠]에서 의회 민주주의가 번성할 것이라는 기대를 더 이상 하지 않게 될 것이다. 자유주의자들은 누군가 그들의 상상력을 현실에 대한 깊은 증오라고 의심하는 것이 정당하다는 사실을 폭로할 때 강력하게 저항한다.[66]

보수주의자들이 보기에 아프리카를 대상으로 한 자유주의 정책의 가장 쓰라린 결실은 1960년대 초반 콩고에서 벌어진 비극**이었다. 프랭크 메이어에게 콩고의 해체는 서구와 특히 미국이 책임져야 할 "인류 역사상 가장 수치스러운 후퇴"였다.[67] 제임스 번햄은 케네디 행정부가 콩고에서 서구의 이익을 보호하는 대신 자유주의 교리에 따라 "이른바 중립주의자들의 이익"을 택했다고 비난했다. 자유주의는 미국에게 절대 좌파

•   러셀 커크가 1966년 발표한 소설 『황혼의 생물A Creature of the Twilight』에 등장하는 가상의 아프리카 국가이다. 소설의 줄거리는 함네그리에서 일어난 공산주의 반란을 진압하는 내용으로 커크는 이를 통해 아프리카의 탈식민지 정치를 풍자했다.

••   1960년 벨기에로부터 독립한 콩고는 카사부부Joseph Kasavubu를 대통령으로 선출하지만, 곧바로 벨기에의 지원을 받은 모이스 촘베가 카탕카주의 분리독립을 선언하고 카탕카국을 수립한다. 카사부부는 이를 진압하기 위해 유엔과 미국에 지원을 요청했지만, 당시 총리 루뭄바Patrice Émery Lumumba를 공산주의자로 의심한 이들은 지원을 거부했고, 이에 루뭄바는 소련에 지원을 요청한다. 이로 말미암아 카사부부 정권과 루뭄바 사이에 갈등이 심해졌고, 같은 해 9월 카사부부는 루뭄바를 총리직에서 해임한다. 그러자 루뭄바를 지지하던 기젱가Antoine Gizenga가 같은 해 스탠리빌에 콩고자유공화국을 수립했고, 루뭄바는 그곳으로 탈출하지만 참모총장 모부투Mobutu Sese Seko와 벨기에 용병부대에 의해 체포되어 1961년 처형당한다. 결국 유엔과 미국의 지원을 받게 된 카사부부는 콩고자유공화국과 카탕카국을 각각 1962년과 1963년에 콩고공화국으로 병합시켰지만—이때 촘베는 스페인으로 망명했다 1964년 다시 콩고로 돌아와 총리가 된다—, 루뭄바 지지자였던 피에르 뮬레Pierre Mulele와 크리스토프 그베니예Christophe Gbenye가 소련과 중국의 지원을 받아 1964년 다시 반란을 일으킨다. 1965년 모부투가 서구의 지원을 받아 쿠데타를 일으켜 정권을 장악한 뒤, 반란을 진압하고 대통령에 즉위해 국명을 자이르로 바꾸고, 32년간 장기 집권을 하게 된다. 1960대 일어난 콩고 내전은 유엔·미국과 소련이 각각 특정 세력을 지원하면서 냉전의 대리전 성격을 띠기도 했다.

에 대항하지 말고 우파에만 대항하라고 명령했다.[68] 콩고에서 "우파"는 친서구 기독교 신자이자 반공산주의자인 모이스 촘베Moïse Tshombe였다. 그의 카탕가 지역은 그 혼돈의 땅에서 유일한 질서의 위요지圍繞地*였다.[69] 미국 보수주의자들은 미국의 재정 지원을 받는 유엔이 촘베의 지역을 침공하자 격분하며 이를 지켜보았다. 1961년 후반 콩고를 방문한 보수주의 사회학자 어니스트 반 덴 하그는 그가 유엔의 전력이라고 생각했던 배신·약탈·민간인 학살·콩고 내정에 대한 노골적 간섭이 사실임을 알게 되었다. 유엔은 "콩고를 20년 후퇴"시킨 이 전력을 은폐하려 필사적으로 노력했다. 반 덴 하그는 자신들의 이데올로기에 갇혀 있는 국무부 "전문가들"에 대해서도 비판적이었다.

(…) 유엔은 옳든 그르든 미국의 지원을 받아야 한다. '좌파'의 무질서가 '우파'의 질서보다 낫다. '좌파'의 독재자들은 선하다(진보적이다). 좌파가 아닌 아프리카 정치인들은 식민주의의 앞잡이다. 유엔은 반공산주의자나 백인이 통치하는 나라가 아닌 한, 어떠한 나라의 내정에도 개입해서는 안 된다. 공산주의자들이 아프리카를 장악하지 못하도록 막는 길은 아프리카의 반공산주의자들과 싸우고, 은크루마, 벤 벨라Ben Bella,** 파트리스 루뭄바Patrice Lumumba(고인인 된) 같은 친공산주의 독재자들을 지지하는 것이다.

• 　영토의 일부 또는 전부가 완전히 다른 나라의 영토 안에 있는 경우 이를 위요지 또는 월경지라고 한다.

•• 　아흐메드 벤 벨라Ahmed Ben Bella, 1916~2012. 알제리 초대 대통령. 알제리 독립운동을 이끈 지도자로 1963년 알제리가 프랑스로부터 독립한 뒤 대통령으로 선출되었다. 이후 그는 유럽인들의 소유였던 모든 토지와 일부 산업을 국유화하는 등 사회주의적 조치들을 취했다.

반 덴 하그가 보기에 유엔의 야만적이고 위험한 대콩고 정책으로 인해 미국은 세계 기구에 대한 정책을 새로이 할 필요가 있었다. "무기력"하고 "퇴화"하도록 내버려 두자. 한편 콩고에 필요한 것은 분권화와 벨기에 관료 및 행정가들의 귀환이었다. 그러나 유엔은 이를 인정하려 하지 않았다.[70]

역설적이게도 모이스 촘베는 결국 콩고의 지도자가 되었다. 그러나 1967년 이 보수주의 영웅은 스페인 상공을 날던 비행기에서 납치되어 알제리로 끌려가 고문을 당하고, 콩고에 있는 그의 적들이 그를 처형하기 위해 본국으로 데려가려 했던 2년 동안 외부와 단절되어 있었다. 그는 1969년 알제리에서 심장마비로—추정에 따르면—사망했다. 윌리엄 F. 버클리 주니어는 이러한 불의를 냉소적으로 표현했다. "유엔이 자신들이 사랑하는 제3세계에 의해 희생된 한 사람의 인권을 변호하기 위해 인류의 인권에 대한 논의를 중단할 것이라 누가 상상이나 할 수 있겠는가?"[71] 버클리를 비롯한 많은 보수주의자들에게는 유엔 자체가 "아프리카 원주민의 진정한 적"이었다.[72]

버클리와 반 덴 하그만이 유엔을 비판한 보수주의자는 아니었다. 유엔에 대한 회의론은 1950년대와 1960년대 우파 논평에서 두드러지게 나타난 특징이었다. 자유주의자들이 유엔을 "평화를 위한 인간의 마지막 최선의 희망"이자 "세계 여론"의 구현체라고 찬양하는 것은 보수주의자들에게 터무니없는 것이었다. 무엇보다 소위 비동맹 국가들의 수가 점점 더 많아져 버거워진 총회는 세계의 권력 현실과 거의 관련이 없었다. 그리고 국제 정치에서 중요한 것은 평등주의적 개념—1국 1표—이 아니라 힘이었다. 제임스 번햄은 "서구 강대국에 대해 일종의 예방적 거부권을 행사하게 된 유엔 총회의 잡다한 무리들", 특히 미국을 가장 집요하게 비판했다.[73] 번햄은 미국이 나토 동맹국 중심의 "서구 전략"을 따르는 대신, 소위 중립국을 달래기 위해 고안된 "아프리카-아시아 전략"에 넋을 빼앗겼다고 되풀이해서 주장했다.[74]

어째서 우리 정부는 신생 주권 국가의 대표로 가장한 테러리스트, 야만인, 혁명가, 파산자, 선동가, 쾌락주의자, 제대로 교육받지 못한 기회주의자 무리가 유엔 회의장에서 날마다 우리 정부에 대해 거짓말을 하고, 비난하고, 비방하는 것을 최소한의 상식이라는 명목으로 허용하고 있는가?[75]

번햄은 세계 기구의 허세를 꺾을 때가 왔다고 주장했다. 이는 미국이 더 이상 유엔의 실질적인 문제에 대해 투표하지 않을 것이라고 선언함으로써 실행할 수 있었다. 간단했다. 이 기구를 지원하는 최대 후원자의 협력이 없다면 유엔의 표결은 "자동적으로 무의미해지고",[76] 해를 끼칠 수 있는 지위도 약해질 것이었다. 그는 유엔을 "탈정치화"하라고 촉구했다.[77]

유엔은 또한 보수주의자들이 대외 정책에서 자유주의의 성가신 오류 중 하나로 여기는 것, 즉 도덕의 이중 잣대를 전형적으로 보여주었다. 아널드 룬Arnold Lunn* 경은 그것을 "선택적 분노"라 불렀고,[78] 제임스 번햄은 "도덕적 비대칭"이라는 꼬리표를 달아주었다.[79] 보수주의자들은 유엔과 "세계 여론", 그리고 미국의 자유주의자들이 앙골라에 대한 포르투갈

---

* 아널드 헨리 무어 룬Arnold Henry Moore Lunn, 1888~1974. 알파인 스키 경기의 규칙을 만든 것으로 유명하지만, 종교와 정치에 관한 글을 쓰는 저술가이기도 했다. 그는 스페인 내전 당시 프랑코를 지지하고 스페인 공화주의를 비판하는 글들을 썼으며, 무솔리니의 파시즘은 지지했지만 히틀러의 나치즘은 과도하다고 비판하며 반대했다. 윌리엄 F. 버클리와 친분을 맺은 뒤 『내셔널리뷰』에 반공산주의 정서가 강한 글들을 기고했다.

의 "식민주의"를 너무나 쉽게 비난한다고 말했다. 하지만 왜 아무도 1961년 올뎅 호베르투Holden Roberto*의 앙골라 테러리스트들이 자행한 극도로 야만적인 봉기는 비난하지 않았는가? 로디지아Rhodesia**의 백인 정부를 비판하는 것은 너무나 쉬웠다. 가나의 암울한 은크루마 독재와 신생 아프리카 국가들의 소수민족 인종차별은 왜 비난해선 안 되는가? 인도의 네루 총리는 제3세계 덕성의 귀감으로 알려져 있다. 1962년 그가 작은 고아Goa를 점령했을 때 어째서 그는 더 강력한 비난을 받지 않았는가? 특히 당시 고아의 많은 원주민들은 합병을 원하지 않았었다. 자유주의자들은 베트남에서 미국이 저지른 만행에 대해서는 신속하게 관심을 기울였다. 어째서 그들은 베트콩의 조직적 고문·암살·여타의 잔혹 행위에 대해서는 상대적으로 침묵했는가? 미국인들은 종종 그리스와 남아프리카의 "부도덕한" 정권을 고립시키라는 권고를 받았지만, 동시에 중국·러시아·동유럽의 훨씬 더 기괴한 정부 사이에 "가교를 놓으라"는 재촉도 받았다. 제프리 하트는 "군부에 의한 우익 쿠데타는 일반적으로 자유주의자들로부터 불신을 받는다. 반면에 좌익 쿠데타는 무한한 희망을 가능하게 하는 능력을 떠올리게 한다"고 말했다.[80] 제임스 번햄은 다음과 같이 평했다.

• 　알바로 올뎅 로베르토Álvaro Holden Roberto, 1923~2007. 앙골라의 독립투쟁을 이끈 정치인. 그는 미국으로부터 재정적 지원을 받아 1960년 게릴라 군대를 조직하고, 1961년 최초로 포르투갈인 정착촌과 정부 건물을 군사 공격했다. 앙골라는 1975년 포르투갈로부터 독립했지만, 다른 아프리카 국가들과 마찬가지로 독립 후 격렬한 내전을 겪었다.

•• 　19세기 영국이 남아프리카회사British South Africa Company를 통해 지배해온 아프리카 중남부 지역을 말한다. 남아프리카회사의 설립자이자 영국의 아프리카 식민지 총리였던 세실 존 로즈Cecil John Rhodes의 이름을 따서 명명되었다. 백인 우월주의자였던 세실은 남아프리카 지역에서 아파르트헤이트라는 인종차별 정책을 시행했다.

우리는 영국과 프랑스를 수에즈에서 몰아내도 되지만, 러시아 탱크를 부다페스트에서 철수시키려는 시도조차 해서는 안 된다. 우리는 트루히요Trujillo*를 상대로 우리의 함대를 집결시켜도 되지만, 카스트로에 대항해서는 안 된다. 우리는 유엔에서 남아프리카공화국의 아파르트헤이트나 포르투갈의 앙골라 지배에 반대하는 투표는 해도 되지만, 베를린 장벽에 대한 안건은 제출해서는 안 된다. 하물며 장벽을 허물라는 간단한 명령도 내려서는 안 된다.[81]

그렇다면 자유주의 대외 정책의 결과는 무엇이었나? M. 스탠턴 에반스는 보수주의의 입장을 간결하게 표현했다. "지구 전역에서 서구의 헤게모니가 청산되고, 10억 명의 인구가 서구 세계에서 무장한 공산주의 진영으로 이송되었으며, 미국 해안에서 145킬로미터 떨어진 곳에 공산주의의 교두보가 세워졌다."[82] 윌리엄 리켄배커도 강력하게 동의했다. 케네디 대통령과 존슨 대통령 집권기에 미국의 "후퇴"는 "가속화"되었다.[83] 쿠바에서 라오스까지, 알제리에서 인도네시아까지, 베를린 장벽에서 남베트남의 지엠Ngo Dinh Diem 암살에 이르기까지 미국의 이력은 끔찍했다.

• 라파엘 레오니다스 트루히요 몰리나Rafael Leónidas Trujillo Molina, 1891~1961. 1930년부터 1961년 암살될 때까지 도미니카공화국을 통치한 독재자. 1916년 미국은 도미니카공화국을 점령하고 질서 회복을 위해 방위군을 창설한다. 이때 방위군에 입대한 트루히요는 1925년 방위군 사령관으로 승진한 뒤, 1927년 방위군을 자신의 독립적인 무장 조직으로 재구성한다. 1930년 산티아고에서 법무부장관 에스트렐라Juan Rafael Estrella Ureña가 쿠데타를 일으키자, 그는 에스트렐라로부터 대통령 후보직을 약속받고 쿠데타를 묵인한다. 1930년 대통령 선거 당시 군은 다른 후보들을 협박해 모두 사퇴하게 만들었고, 트루히요는 99퍼센트의 득표율로 대통령에 당선된다. 당시 미국 대사 커티스Charles Boyd Curtis는 국무부에 보낸 편지에서 "트루히요가 실제 유권자 수보다 훨씬 많은 표를 얻었다"고 말했다.

요컨대 케네디-존슨 체제 아래에서 미국은 세계 전역의 전방 진지를 연이어 포기했고, 우리의 중요한 역사적 동맹국 모두를 불쾌하게 만들려 애썼으며, 모든 대륙에서 사회주의 정권이 부상하는 데 기여했고, 공산주의자들이 카리브해에 진지를 건설하는 데 노골적인 도움을 주지는 않았지만 몰래 숨겼으며, 공산주의에 강경하게 맞서고 있는 전 세계 모든 운동의 사기를 꺾었다.[84]

그러나 믿기 힘든 일—보수주의자들에게는—이었지만 "정신착란"이라는 비난을 받은 이들은 이러한 재앙을 비판한 사람들, 외부인이었다.[85] 이들은 편집증·극단주의·역사 음모론이라는 죄로 기소되었다. 1945년 이후 일어난 세계적 사건들은 대체로 불가피했으며, 미국이 통제할 수 없는 일이었다는 자유주의자들의 일반적 주장에 대해 에반스는 미국의 대외 정책이 서구의 패배에 일조했다고 역설했다. 피그스만에서의 대참패,* 베트남 반공산주의자 지엠의 타도, 오랫동안 가나와 인도네시아의 반미 마르크스주의 독재자를 지탱해준 미국의 원조 등은 필연적인 사건이 아니었다. 그것들은 의도된 정책과 결정이었다. 더욱이 공산주의가 미래의 물결이었다면, 어째서 1960년대에 영국령 기아나와 인도네시아 같은 곳에서 친공산주의 지도자들이 쫓겨났겠는가? 에반스에 따르면 진실은 자유주의자들이 "음모론적 역사 이론" 뒤에 숨어 있다는 것이었다.

* 1960년 미국은 쿠바 혁명정부를 전복하기 위해 아이젠하워 대통령의 승인하에 국무부와 CIA 주도로 쿠바인—쿠바 혁명 당시 미국으로 건너 온—1400명을 모집해 군사 훈련을 시켰다. 1961년 4월 취임한 지 채 석 달도 되지 않은 케네디 대통령은 군사 작전을 승인하고, 쿠바 피그스만을 침공하지만 이들은 사흘 만에 모두 항복했다. 이 사건은 1962년 쿠바 미사일 위기의 결정적 요인이 되었다.

그들은 자유주의의 실패를 역사의 필연성 탓으로 돌리는 경향이 있었다.[86] 친서구파 레바논 정치가 샤를 말리크Charles Malik가 『보수주의 논고The Conservative Papers』에 쓴 바에 따르면

> 만약 당신이 중국, 한국, 인도차이나에서의 투쟁의 결과 (…) 공산주의자들의 아시아, 아프리카, 중동, 라틴아메리카 침투, 공산당을 무력화할 수 있는 실질적인 세력의 부재, 서구의 영향력과 서구의 경제력 및 군사력의 상대적 감소가 (…) 어쩔 수 없는 일이었다고 믿는다면, 당신은 이미 마르크스주의자이다.[87]

보수주의자들은 세계는 단지 복잡하기만 한 것—자유주의자들이 주장하는 것처럼—이 아니라 위험하다고 거듭 강조했다. 그리고 세계는 서구를 매장시키기 위해 쉬지 않고 행동하는 악인들이 실제로 존재한다는 바로 그 이유 때문에 위험했다. 이들은 어디에나 존재하고 전능하다는 보수주의자들의 주장은 어리숙한 것이 아니었다. 정반대였다. 위협이 진짜라고 인정되면 공산주의자들은 패배할 수도 있었다. 위협은 예상치 못한 곳에도 실재했다. 예컨대 필비 사건이 이를 입증해주었다. 1950년대 초 영국 정보부 고위관리였던 해롤드 "킴" 필비Harold "Kim" Philby*는 모스크바로 도망쳤다. 1960년대에 필비가 회고록을 출판하자 『내셔널리뷰』

* 해럴드 에이드리언 러셀 "킴" 필비Harold Adrian Russell "Kim" Philby, 1912~1988. 영국 비밀정보국 MI-6의 요원이자 소련의 이중간첩. 제2차 세계대전과 냉전 초기 소련의 스파이로 활동한 케임브리지 파이브Cambridge Five—5명 모두 케임브리지대학교 출신이라서 붙여진 이름이다—중 한 명이었다. 필비는 MI-6 워싱턴 책임자였고, 영국과 미국 정보국의 민감한 정보 다수를 소련에 제공한 것으로 알려졌다. 1955년 간첩 혐의로 의심받고 해고된 뒤 1963년 소련으로 망명했다.

는 그 교훈들 중 하나를 세상에 널리 알렸다.

서구의 중산층 청년 세대 전체가 대공황과 히틀러의 부상으로 엄청난 충격을 받았고, 소련의 신화에 현혹되었다. (⋯) 미국에서 이들은 히스와 체임버스 세대였다.

매카시 사건으로 돌아가보자. (⋯) 필비 스캔들로 인해 세부적인 사항들은 아니지만 매카시 접근방식의 진수가 정당화되었기 때문이다. 논쟁은 30년대 초반 어리석은 비밀조직에 가입한 냉철하고 존경받는 공무원이 40년대 후반 안보에 위협이 될 수 있는가에 대한 문제에 집중되었다. 좌파의 편견이나 태평스러운 순진함 때문에 매카시 반대자들은 그 조직에 가입한 것은 젊은 시절에 있었던 사소한 일에 지나지 않는다고 말했다. 매카시는 이것이 기질을 보여주는 (물론 결정적인 것은 아니지만) 유의미한 지표라고 주장했다. 그리고 그가 옳았다는 것이 증명되었다.[88]

그러므로 공산주의는 열에 들뜬 사람들이 꾸며낸 가상의 음모가 아니었다. 인간은 미소를 지을 수 있고, 미소를 지으며 악인이 될 수 있었다.

자유주의적 대외 정책 활동을 평가하면서 보수주의 지식인들은 좌파가 실패하게 된 보다 근본적인 원인에 대해 숙고하게 되었다. 메이어는 자유주의자들에게는 공산주의에 맞서 승리를 거둘 수 있는 "능력이 선천적으로 부재"하다고 말했다.[89] 무엇보다 우파는 자유주의의 단조로운 합리주의적 정신으로는 메시아적 공산주의의 종교적·초국가적·비이성적 성격을 파악할 수 없다고 말했다. 너무나 많은 자유주의자들이 구식 민족주의와 지리학을 "진정한 역사적 방해물"이라고 강조했다.[90] 프랭크 메이어는 소련의 위협이 단순히 "러시아"의 위협이라면 구식 외교술을 이용할 수 있고, 최종적으로는 평화적 공존도 실현할 수 있다고 인정했다."
그러나 이것은 적의 본성이 아니었다. 소련은 "세계를 지배하기로 결심한
유물론적 신앙에 사로잡혀 있는 국가 형태"였다." 보수주의자들의 주된
표적은 우익의 많은 이들이 가장 저명한 자유주의 전략가라고 생각한 조
지 케넌이었다. 나치가 다하우에서 저지른 만행에서 살아남은 보수주의
가톨릭 역사학자 토마스 몰나르는 1961년 보수주의자들의 기본적인 불
만을 표명했다. 케넌은 우리 시대에 재현된 "지하의" "유사 종교적 신념"
을 이해하지 못했다. 그의 19세기식 현실 정치는 20세기 권력의 "이데올
로기적 요소"를 놓치고 있었다." 윌리엄 슐람이 말했듯 공산주의는 예사
롭지 않았다. 그것은 "거칠게 휘몰아치는 사상 초유의 역사적 허리케인"이
었다."

　　보수주의자들은 자유주의의 혼란의 뿌리가 훨씬 더 깊다고 생각했
다. 어째서 자유주의자들은 공산주의가 본질적으로 악하다는 것을 인식
하지 못하는가? 어째서 그들은 "공산주의는 변하지 않는다"라는 것이 "형
이상학적 믿음"이라는 것을 이해하지 못하는가?" 왜냐하면 "무슨 일이
있어도" 자유주의는 "싸울 수 있는 선을 믿지도, 싸울 준비가 된 적이 악
에게 아낌없이 헌신할 가능성도 인정하지 않는 실증주의"에 감염되어 있
기 때문이라고 프랭크 메이어는 말했다." 자유주의적 상대주의는 도무
지 선과 악을 구별하지 못했다." 이것은 사실상 "눈 깜짝할 사이에 바뀌
는 곰의 얼굴 변화를 보고 마음을 달래주는 가설을 도출"하기 좋아하는
"망상성 정신증"이었다."

　　그러나 "서구 문명에 대한" 이 "궁극적 도전" 앞에서 자유주의자
들—심지어 이에 매료된—이 보인 무력함은 단순히 자유주의의 이른바
합리주의와 도덕적 상대주의로 간단하게 설명될 수 없었다. 공산주의와

자유주의의 유대관계는 한층 긴밀했다. 윌리엄 슐람이 말한 바에 따르면 공산주의는

> 수 세기 동안 서구 문명에 깊이 스며든 모든 이단적 경향의 최종적 종합이다. 공산주의는 손을 뻗어 세상을 움켜쥐고 피조물을 개조하려는 프로메테우스적 인간이 갖는 자만심의 극치이다. 그것은 정치화된 과학주의이다.[100]

다른 보수주의자들과 마찬가지로 슐람 역시 공산주의가 주로 경제적으로 불만이 있고, 육체적으로 비참한 사람들에게 호소력이 있다고 주장하는 소위 공산주의의 "물질적 욕구"론을 거부했다. 오히려 공산주의는 주로 엘리트, 즉 지식인들에게 매력적이었다. 왜일까? 공산주의는 "정신의 돌연변이, 영적 모험, 수 세기에 걸친 이단적이지만 모든 지적 불안의 종합"이었기 때문이다.[101] 슐람은 "권력을 가진 공산주의"에 대한 자유주의자들의 혐오가 "진심"임은 인정했다. 그러나 자석같이 끌어당기는 공산주의의 근본적인 매력은 여전했다. 좌파 전체는 인간이 "응용과학을 통해 자신의 운명을 정복하고 피조물을 통제하며, 모든 생명과 하나님을 주관하게 될 것!"이라는 과학만능주의적 믿음을 내면 깊이 공유하고 있었다.[102]

요컨대 보수주의자들은 윌리엄 F. 버클리 주니어가 말한 것처럼 공산주의에 대한 "자유주의자들의 여전한 맹목성"은 "우발적인 것"도 단순한 "태만"도 아니며, "마비"를 일으키는 "심각한 심리적 문제"라고 주장했다.[103] L. 브렌트 보젤에게 이러한 마비는 절망의 신호였다. 자유주의는 이단이었고, 지상에서의 구원을 믿는 일종의 영지주의였다. "온건한" 영지주의—즉 자유주의—는 죽어가고 있었고, 자유주의자들은 이를 인식하

기 시작했다.

지상낙원이라는 영지주의적 꿈은 (흐루쇼프도 알고 있듯이) 사회를 변화시킴으로써가 아니라 인간을 변화시킴으로써 — 영혼을 변화시키는 수술을 통해—실현될 수 있다. 만약 영지주의가 승리한다면 그것은 틀림없이 공산주의 형태로 승리할 것이다. 하지만 자유주의자들은 그러한 전망을 알게 되면 본능적으로 뒷걸음질 친다. (…) 적의 승리를 요구하는 세계관에 사로잡혀 있다니 참으로 난감하지 않은가![104]

프랭크 메이어 역시 에릭 푀겔린의 연구를 근거로 이와 유사하게 "집단주의적 자유주의"와 공산주의는 "동일한 혁명운동의 형태들"이라고 강조했다.[105] 1954년에 휘태커 체임버스는 보수주의적 분석에서 근본적인 이 논제를 피력한 바 있었다. 서구의 "계몽되고 논리 정연한 엘리트"는 "믿음의 새로운 질서"를 위해 자기 문명의 "종교적 뿌리"를 "거부"했다. 공산주의는 그것에 대한 "하나의 논리적 표현"이었다.

러시아로부터 현재 서구를 위협하고 있는 것은 서구의 신념 집단이다. 세속적이고 합리적인 서구의 신념 집단, 서구의 지식인들이 이를 공유하고 있고, 따라서 그들은 항상 공산주의와의 은밀한 정서적 공모에 몰두한다. 그들이 싫어하는 것은 공산주의가 아니라 역사상 우연히 러시아가 특별히 덧붙인 것들—강제노동수용소, 숙청, 소련 내무성 등등—뿐이다. 그리고 이는 서구의 지식인들이 그것들을 부당하다고 생각해서가 아니라 그런 것들에 걸려들까 봐 두려워하기 때문이다. 만약 그들이 러시아의 경험이 낳은 잔혹한 통치가 없는 공산주의를 자신들의 것으로 할 수 있다면, 그들은 부수적인 반대만 할 것이다. 어째서 그들이 반대를 해야 하겠는가? 사회주의가 발톱을 오므린 공산주의가 아니면 무엇이란 말인가?[106]

전후 시대 가장 예리한 보수주의 책 가운데 하나에서 명백한 결론을 끌어내는 일은 제임스 번햄의 몫이었다.[107] 『서구의 자살Suicide of the West』은 자유주의 이데올로기―이중 잣대, 죄책감 콤플렉스, 진리에 대한 상대주의적 이론, 세계를 이해하는 데 있어 여러 가지 다른 결함들―를 체계적으로 분석하고 고발한 책이었다. 예를 들어 공산주의는 좌파의 위협이었지만, 자유주의―공산주의에 "감염된"[108]―는 항상 진정한 적이 우파에 있다는 잘못된 가정에 현혹되어 있었다. 실제로 자유주의는 "우파에 반대해서만 효과적으로 기능"할 수 있었다.[109] 번햄에게 자유주의의 기능은 너무나 분명했다. 그것은 서구가 "해체"를 수용하게 만드는 것이었다. 자유주의는 "서구 자살의 이데올로기"에 다름 아니었다.[110]

공산주의는 만족할 줄 모르고, 자유주의는 "집단적 죽음에 대한 동경"[111]―영국 작가 맬컴 머거리지Malcolm Muggeridge가 묘사한―이었기 때문에 우파는 자신들만이 서구 문명을 구할 수 있다고 믿었다. 그렇다. 보수주의자들은 서구 문명이라고 단도직입적으로 말했다. 보젤은 "서구 기독교도인 우리는 역사의 핵심적 사실, 하나님이 인간의 무대에 등장했다는 사실에 우리의 정체성을 빚지고 있다"고 선언했다. "기독교 문명"을 건설하고 수호하는 것이 우리의 임무였다.[112] 서구가 옹호하는 진리의 탁월하고 고유한 가치는 메이어의 글에서도 반복되는 주제였다. 샤를 말리크에 따르면 서구만큼 "인간과 보편에 대해 사고하고 발전시킨" 문명은 없었다.[113] 자유주의자들에게 그러한 판단은 분명히 오만과 우월주의로 비춰졌을 것이다. 보수주의자들에게는 자유주의자들이 그러한 판단을 내리지 못하는 것이 자유주의가 얼마나 병들어 있는지를 보여주는 것이었다. 그들은 "자유주의자는 논쟁에서 자기 자신의 편을 들기엔 마음이 너무나 넓은 자이다"라는 로버트 프로스트의 조롱을 인용했다.[114]

그래서 보수주의자들은 냉전에서 승리할 수 있는 정책을 긴급히 요구했다. 말리크는 봉쇄가 아니라 "적극적 해방 정책"을 촉구했다.[115] 갈수록 미국 권력의 한계를 강조하고, 보다 "고립주의적인" 자세로 나아가라고 국가에 손짓하는 J. 윌리엄 풀브라이트James William Fulbright 상원의원 같은 자유주의자들과는 대조적으로, 말리크를 비롯한 보수주의자들은 서구가 아직 싸움을 시작하지도 않았다고 주장했다. 서구는 그 재원을 한 번도 투쟁에 완전히 투입한 적이 없었다.[116] 번햄은 러시아와의 협력을 시도하는 얄타 전략이나 제3세계-유엔 전략이 아닌 서구의 전략을 추구하라고 촉구했다.[117] 로버트 스트라우스-후페와 그의 동료들은 "전진 전략"을 추구하라고 말했다.[118] 배리 골드워터는 자신의 두 번째 저작—보수주의 냉전 전문가 게르하르트 니에메예르로부터 강력한 영향을 받은 책—에 "어째서 승리는 안 되는가Why not Victory?"라는 제목을 달았다.[119] 때로는 미국 요새Fortress America로 돌아가자는 간절한 요구가 보수주의 진영에서 들려오기도 했다.[120] 그러나 1950년대와 1960년대에는 그러한 발언이 흔치 않았다. 전후 보수주의 지적 운동은 대체로 고립주의적이지 않았다.[121]

보수주의 지식인들은 전투적인 수사에만 자신들을 국한시키지 않았다. 우파가 제시한 모든 대외 정책을 나열하기란 불가능하지만, 몇 가지 사례를 통해 보수주의 사고의 윤곽을 엿볼 수 있다. 첫째, 미국은 군사적 우위—등등하거나 "자족自足"이 아닌—를 유지해야 한다. 보수주의자들은 군축 계획, 1963년의 핵실험 금지조약, 로버트 맥나마라Robert Mc-Namara 국방장관의 군사 정책을 불신했다. 그들은 탄도탄 요격미사일 개발을 지원했다. 미국은 공산주의 진영과의 교역을 확대하거나, 우호적이지 않은 제3세계 국가들에 원조를 제공하거나, 스파이가 가득한 "문화 교류"를 장려하거나 또는 어떤 식으로든 공산주의를 지원해서는 안 된다. 미국은 식민주의라는 혐의에 개의치 말고 동맹국을 지원해야 하며, 중립국들의 환심을 사려는 행위를 중단해야 한다. 베트남전쟁 초기에 일부 보수주의자들은 존슨 행정부의 단계적 확대 전략과 달리 하이퐁 봉쇄 등 엄중한 조치를 촉구했었다. 보수주의자들은 쿠바의 카스트로 정권을 무너뜨리려는 활동을 거듭해서 옹호했다. 한때 제임스 번햄은 이를 최우선 과제로 여기기도 했다.[122] (보수주의자들은 피그스만 침공의 문제는 시도했다는 데 있는 것이 아니라 실패—"허둥대며 마지못해 시도한 대참사"[123]—했다는 데 있다고 생각했다). 우파는 베트남과 쿠바에서의 성공적인 공격적 행동만이 전 세계에 반향을 불러일으킬 것이라고 믿었다. 더 이상 공산주의의 영토를 "평화지대"나 특권적인 성역으로 간주해서는 안 된다. 미국의 정책은 더 이상 무기력하고 목표가 없고 굼떠서는 안 된다.

스트라우스 후페·스테판 포소니·윌리엄 킨트너William Kintner는 미국의 정책은 "역량이 커지고 있고, 우리를 파괴하려는 무자비한 의지를 가진 정치 체제의 생존을 용인할 수 없다는 전제를 바탕으로 해야 한다. 우리에게는 '카토식 전략'을 채택하는 것 외에 선택의 여지가 없다"고 말했다.[124] 보수주의자들은 냉전이 "해빙"되거나 비스탈린화되거나 혹은 중·소 분열이 일어난다 하더라도 "긴장이 완화"되거나 위협이 종식되지는 않을 것이라 믿었다.[125]

물론 자유주의자들에게 그러한 선언은 지나치게 단순하고 무책임해 보였다. 그러나 대외 문제에 관한 보수주의적 접근방식의 타당성이 무엇이었든 간에 1950년대와 1960년대에 중요한 발전이 이루어졌다. 바로 대외 정책에 정통한 보수주의 전문가 네트워크의 성장이었다. 조지타운 대학교의 전략연구소Center for Strategic Studies, 스탠퍼드대학교의 후버연구소Hoover Institution, 미국안보회의American Security Council는 학술적으로 훌륭한 보수주의적 냉전 분석의 전초기지였다. 특히 영향력 있는 곳은 1955년 설립되고, 오스트리아 망명자 로버트 스트라우스-후페가 이끌었던 펜실베이니아대학교의 대외정책연구소Foreign Policy Research Institute였다. 1959년 스트라우스-후페와 몇몇 동료들은 공산주의 전술과 전략에 대한 주목할 만한 분석 글『장기 갈등Protracted Conflict』을 발표했다. 이 책은 우파에 지대한 영향을 미쳤고, 많은 자유주의자들에게도 깊은 인상을 남겼다.[126] 후속 저작인『미국을 위한 전진 전략A Forward Strategy for America』(1961) 또한 많은 보수주의자들에게 높은 평가를 받았다. 8년 후 리처드 닉슨 대통령은 스트라우스-후페를 실론 주재 대사―풀브라이트 상원의원이 모로코 주재 대사 부임을 거부한 후―에 임명했다.[127]

점점 더 많은 보수주의 학자들의 목소리가 들려왔다. 후버연구소의 스테판 포소니·리처드 V. 앨런Richard Vincent Allen·밀로라드 드라츠코비치Milorad Drachkovitch, 버지니아대학교의 워렌 누터Warren Nutter, 예일대학교의 데이비드 넬슨 로우David Nelson Rowe, 미국안보회의의 프랭크 J. 존슨Frank Jamison Johnson, 펜실베이니아대학교의 윌리엄 킨트너와 스트라우스-후페, 조지타운대학교의 레브 도브리안스키Lev Dobriansky, 노터데임대학교의 게르하르트 니에메예르, 뉴욕대학교의 프랭크 트래거Frank Trager, 사우스캐롤라이나대학교의 리처드 워커Richard Walker, 메릴랜드대학교의 월터 다넬 제이콥스Walter Darnell Jacobs, 워싱턴대학교의 카를 비트포겔Karl Wittfogel, 캘리포니아대학교의 에드워드 텔러Edward Teller. 단순한 정치평론가나 슬로건 창작자가 아니라 학술적 분석에 종사하는 전문가들은 이들

외에도 많았다. 이들의 견해에는 논란의 여지도 많았지만, 이들은 우파에게 필요한 지적 지위와 정교함을 제공해주었다. 1960년대 후반 무렵 보수주의자들은 항상은 아니지만 자신들을 진지하게 받아들여야 한다고 주장할 수 있었다. 그들의 학술적 성과는 늘어나고 있었고, 『모던에이지』·『내셔널리뷰』·『오르비스Orbis』— 펜실베이니아대학교 대외정책연구소에서 발행하는 계간지 —같은 잡지들을 통해 더 많은 청중에게 다가가고 있었다. 쿠바·베트남·체코슬로바키아, 그리고 러시아가 중동에 대규모로 침투하고 있는 세계에서 자유주의적 대외 정책에 대한 보수주의의 비판은 타당성을 획득했다. 다른 미국인들도 공산주의자들이 갑자기 유순해졌다는 데 의구심을 가졌다.[128]

═ ★★★ ═

미국의 대외 정책 이력에 대한 보수주의자들의 공격이 탄력을 얻으면서 뉴딜 이후 자유주의가 국내에서 거둔 성과에 대한 비판도 가속화되었다.

　물론 국가에 대한 합리적 의심과 자유시장에 대한 옹호는 1960년대 보수주의에 새로운 것이 아니었다. 이는 수년 전 녹과 초도로프·하이에크와 미제스·해즐릿과 버클리 같은 사람들이 전개한 논제였다. 그러나 1950년대 후반에는 확실히 무언가를 놓치고 있었다. 오스트리아 경제학자들과 그 제자들의 모든 학술적 작업에도 불구하고, 정치평론가들의 논쟁에도 불구하고 1959년 버클리는 "보수주의적 논증"이 실패했음을 인정하지 않을 수 없다고 느꼈다. 보수주의자들은 경제적 자유—우리의 일상적 생활 및 선택과 밀접한 관련이 있는—가 "가장 소중한 현세적 자유"임을 국민들에게 납득시키지 못했다. 보수주의자들은 "개인의 자유와 재산

권 사이의 연관성"을 보여주지 못했다.[129]

온건한 복지국가는 부유한 사회를 마비시키는 경제적 또는 정치적 결과를 가져온다는 사실을 보수주의자들은 대중이나 학계 어느 쪽도 만족시킬 만큼 '증명'하지 못했다. (…)
정치 문제에 관한 보수주의적 논증의 실패는 주로 복지국가가 수립되면 사소한 자유를 하나씩 하나씩 포기할 수밖에 없게 되며, 이것이 모두 합쳐지면 우리 존재의 모습 자체가 변할 수 있다는 것을 우리가 확신하지 못한 데서 기인한다.[130]

따라서 자유지상주의의 원칙과 하이에크주의자들의 예언을 반복하는 것을 넘어서는 새로운 관점의 분석이 필요했다. 1960년대 보수주의는 점차 그러한 관점을 획득해나갔다. 국가에 대한 반란은 덜 추상적이고 덜 교조적으로 보이기 시작했다. 실제로 그것은 대담하게 구체화되었다.

보수주의자들의 주장에 따르면 패러다임적 접근법에서 좀 더 실용적인 접근법으로 전환하게 된 이유는 매우 간단했다. 현실이 마침내 그들 비판의 타당성을 입증해주고 있었기 때문이다. 더 이상 복지국가가 미래에 끼칠 영향에 대해 경고할 필요가 없었다. 복지국가의 현재 결과를 보여줄 사례가 점차 가까이 다가오고 있었다. 초기의 우상파괴 사례연구 중 하나는 컬럼비아대학교의 젊은 교수 마틴 앤더슨Martin Anderson이 도시 재개발 프로그램을 분석한 『연방 불도저The Federal Bulldozer』였다.[131] 앤더슨에게 도시 재개발은 원칙적으로 부당한 것이었다. 다른 누군가가 바람직하다고 생각하는 사적 용도로 토지를 사용하기 위해 엄청나게 많은 수의 사람에게 자신들의 집을 버리도록 강요하고, 토지를 수용해 그들의 집을 파괴하는 것은 잘못된 일이었다. 그러나 그의 분석의 핵심은 연방 프로그램이 작동하지 않았다는 대단히 충격적인 통계적 증명이었다. 1949년과 1962년 사이에 약 28,000채의 주택이 지어졌지만, 12만 6000채가 파괴되었다. 건설된 주택보다 네 배 이상 많은 주택이 철거되었다.[132] 도시 재개발은 주택 문제를 완화시키지 못했다. 주택 문제는 악화되었다. 도시 재개발은 빈민가를 없애지 못했다. 빈민가는 단지 "이전"되었고, 더 급속하게 커졌다. 도시 재개발은 부유한 엘리트 집단의 미적 욕구를 위해 많은 중소기업을 죽이고 저소득층을 희생시켰다. 그것은 도시의 과세표준을 개선하거나 경제를 자극하지 못했다. 1960년대 초반까지 166만 5000명의 사람이 어떤 타당한 이유도 없이 쫓겨났다.[133]

이 암울한 기록과 대조적으로 앤더슨은 대담하게도 민간기업 체제를 높이 평가했다. 1950년대 도시 재개발이 허우적대고 있는 동안 자유기업을 통해 "미국에서 본 적 없는 최대의 주거의 질 개선"이 이루어졌다.[134] 민간부문이 부적합하다는 것은 전혀 사실이 아니었다. "미국의 비백인 인구에 관한 한, 그들의 주거 환경은 연방 도시 재개발 프로그램에 의해 악화되었고, 시장의 자유로운 작동에 의해 실질적으로 개선되었다."[135] 정부의 개입 자체가 범인이었다. 그 일은 자유기업이 할 수 있는 것이었다. 그러므로 앤더슨은 지금 당장 도시 재개발 프로그램을 완전히 폐지하라고 촉구했다.[136]

앤더슨의 학술적 역작은 도시 재개발을 자유주의의 어리석음을 보여주는 주요 사례로 자주 인용해온 보수주의자들 사이에서 찬사를 받았다. 그 이유는 쉽게 알 수 있다. 그의 책을 단지 장황한 보수주의적 비난서—아마도 레그너리나 데빈-아데어에서 출판했을 법한—라고 설명할 수는 없다. 앤더슨은 자신의 자유지상주의 원칙을 공개적으로 선언했고 공분을 불러일으켰을 수 있지만, 그의 책은 쉽사리 무시할 수 없는 확실한 데이터들로 가득 차 있었다. 게다가 그의 책은 MIT · 하버드대학교의 유명한 도시공동연구소Joint Center for Urban Studies의 후원을 받았다. 그 책은 진지하게 받아들여질 수밖에 없었다.

앤더슨의 연구는 시작에 불과했다. 1960년대가 지나면서 보수주의의 학술적 폭로라는 강력한 장르가 점점 더 번성해나갔다. 이전 시대의 추문 캐기와 달리 그 대상은 기업이 아니라 정부였다. 임대료 제한, 공공주택,[137] "메디케이드Medicaid",* 복지, 농산물 가격 지원, "빈곤과의 전쟁" 등 자유주의적 인도주의 이데올로기에 의해 창안된 연방 프로그램이 표적이 되었다. 예컨대 최저임금에 대해 생각해보라. 고통에 무감각한 사람이 아니라면, 누가 사람의 직업 소득에 하한선을 설정하는 프로그램에 반대할 수 있겠는가? 누가 그러한 계획의 명백한 인도주의적 혜택을 부인할 수 있겠는가? 시카고대학교의 존경받는 보수주의 경제학자 예일 브로젠Yale Brozen은 그랬다. 통계표로 무장한 브로젠은 최저임금이 "빈곤층을 해치고 미숙련 노동자의 실업률을 증가시킨다"고 주장했다.[138] 제2차 세계대전 이후 법정 최저임금이 인상될 때마다 십대의 실업률이 증가했다. 왜 그랬을까? 인위적인 임금 인상이 미숙련 노동자의 저임금 일자리를 파괴했기 때문이다.

다시 말해 많은 십대들, 특히 흑인 십대들에게 최저임금은 그들이 기술과 규율을 습득해 일반적으로 자신들의 생산성을 높일 수 있는 첫 일자리를 파

---

* 미국 연방정부가 65세 미만의 저소득층과 장애인에게 제공하는 의료보장제도.

괴하는 것이었다. (…)

최저임금이 인상되는 시간과 생산성이 이를 따라잡는 시간 사이에 (…) 수만 명의 사람들이 실직하고, 수천 개의 기업이 도산하지만 회생하지 못하며, 십대들(특히 흑인 십대들)은 전통적으로 기회와 발전의 디딤돌이었던 저임금 일자리를 얻지 못하게 된다.

게다가 이러한 법률들은 자동화를 촉진하고 인종차별을 영속화했으며, 더 많은 남부 시골의 흑인들을 이미 과부하된 북부 도시들로 대이동하게 만들었다.[139] 다시 한번 교훈 — 보수주의자들에게 — 은 분명했다. 경제적 · 사회적 혼란을 야기한 것은 자본주의도, "인종차별적인" 백인 미국도 아닌 정부의 자유주의였다.

주간통상위원회Interstate Commerce Commission, ICC · 연방거래위원회Federal Trade Commission, FTC · 연방전력위원회Federal Power Commission, FPC · 민간항공국Civil Aeronautics Board, CAB 등 수십 개의 연방 규제 기관을 생각해보라. 이들은 정말 유용하거나 여전히 필요한 기관이었는가? 증거를 조사한 후 예일 브로젠은 "실제로 이러한 규제 기관 대부분은 소비자를 보호하기 위한 가격 상한선이 아니라 산업을 보호하기 위한 가격 하한선을 설정했으며, 그 결과 규제를 받는 산업은 더욱 비효율적이게 되는 경향이 있었다"고 결론지었다.[140]

보수주의자들은 이 강력한 관료들이 오히려 경제를 정체 · 왜곡시켰다고 주장했다. 하지만 대기업의 독점력은 어떠한가? 브로젠의 시카고대학교 동료인 밀턴 프리드먼은 독점이 미국 경제에 미치는 영향은 상당히 과장되어 있다고 단언했다. 소수의 "기술적" 또는 자연적 독점과 일부 일시적이고 불안정한 사적 계약을 제외하면, "독점의 가장 중요한 원천"은 관세·세금 감면·독점적 노동조합에 대한 반독점 법률 적용 면제와 같은 특혜를 베푸는 정부 자체였다.[141] 보수주의 지식인들은 그러한 전력을 언급하며 자신들의 주장을 집요하게 납득시켰다.

> (…) 부분적으로는 자유시장에 대한 지나친 개입과 부분적으로는 이러한 프로그램을 지원하는 데 필요한 세금으로 인해 우리가 우려하는 상당한 고난과 빈곤을 야기하는 것은 정부 자신이다.[142]

1964년 복지국가에 대한 보수주의의 비판은 사실상 미국 정치에서 신성불가침한 영역이라고 생각해 우파가 원통해하던 사회보장제도로까지 확대되었다. 보수주의자들은 오랫동안 이 프로그램으로 인해 애를 먹었지만, 종종 경험적 반대보다는 철학적 반대를 강조하는 경향이 있었다. 예컨대 윌리엄 F. 버클리 주니어는 1959년 사회보장제도의 "강제적 성격"이 이를 반대하는 "가장 중요한 논거"라고 말했었다.[143] 밀턴 프리드먼의 일부 주장 역시 이러한 도덕적 근거에 기반해 있었다.[144] 그러나 시간이 지남에 따라 이러한 반대는 프로그램 자체의 매커니즘을 겨냥한 다른 사람들에 의해 보완되었다. 1962년 프리드먼은 사회보장제도의 실제적 결함 일부를 개괄적으로 설명했다.

> 그것은 정부 업체로부터 구입하는 특정한 방식으로 퇴직 연금이라는 특정 용도에 우리의 수입을 헌납하도록 요구함으로써 수입의 상당 부분에 대한 우리의 통제권을 박탈했다. 그것은 연금 판매와 은퇴 저축 계획의 개발 경쟁을 방해했다. 그것은 (…) 먹고 사는 것을 통해 성장하는 경향을 보이는 거대한 관료국가를 낳았다. 그리고 이 모든 것은 소수의 사람이 대중들에게

비난받게 될 위험을 피하기 위한 것이다.[145]

이것이 전부가 아니었다. 사회보장제도에 관심이 많은 또 다른 보수주의자, 다트머스대학교의 경제학자 콜린 캠벨Colin Campbell은 통계를 인용해 이 제도의 수많은 결함을 보여주었다. 예를 들어 세율은 특히 가난한 사람들에게 끔찍할 정도로 역진적이었다. 한 개인의 사회보장 계획 비용과 그가 받을 것으로 기대되는 혜택은 "매우 느슨하게 결부"되어 있을 뿐이었다. 특히 제도 안으로 막 들어온 젊은 노동자들은 그들 삶의 대부분 동안 투입한 것을 나중에 돌려받을 수 있을 것이라 기대할 수 없었다.[146] 1960년대 후반과 1970년대 초반 의회가 기계적으로 보이는 일정한 방식에 따라 선거 연도에 혜택을 증대시키기로 결정하고, 그 결과 사회보장세가 치솟자 보수주의 지식인들은 사회보장 프로그램을 원칙적으로 부당할 뿐만 아니라 사실상 "사기"—에반스의 말에 의하면—라고 더욱 확신하게 되었다.[147] 프로그램 전체가 완전히 통제 불능인 것 같았다. 1972년 M. 스탠턴 에반스는 1950년 이후 사회보장세가 일곱 배 증가했다고 지적했다. 1974년 무렵에는 소득 12,000달러에 대한 사회보장세가 1320달러에 달하게 돼 의무가 여전히 자산을 훨씬 초과할 것이었다. 에반스는 노동자들이 훨씬 적은 비용으로 민간 재원으로부터 훨씬 많은 연금을 받을 수 있다는 연구들을 인용했다.[148] 1972년 밀턴 프리드먼은 배리 골드워터가 한 번도 가본 적 없는 곳에 공개적으로 발을 내디뎠다. 그는 자유주의 성향의 『월간워싱턴Washington Monthly』에서 사회보장제도의 폐지를 촉구했다.[149] 그런 생각은 더 이상 그다지 충격적이지 않아 보였다.

자유주의 프로그램들이 우파로부터 지적 포위를 당하자, 보수주의 학자들은 정부 조치의 도덕성뿐만 아니라 버클리가 사회적 병폐를 치유할 수 있는 "국가의 역량"이라고 부른 것에도 이의를 제기했다.[150] 보수주의자들은 주로 1960년대에 가장 파괴적이었던 국내 문제, 흑인 미국과 백인 미국의 관계에 눈길을 돌렸다. 많은 저명한 우익 지식인들은 처음부터 민권운동에 비판적이었다. 『내셔널리뷰』는 초기에 여론의 분위기가 불리했음에도 통합주의자들의 전술과 궁극적 목표에 지속적이고 강력하게 맞섰다. 보수주의 지도부는 흑인은 선천적으로 열등하다는 관념을 힘들게 포기했다. 『내셔널리뷰』와 『모던에이지』는 큰소리로 고함을 치지는 않았지만, 저속한 인종차별로 명성이 더럽혀졌다. 배리 골드워터는 『보수주의자의 양심』에서 자신의 판단에 따르면 통합 학교가 "현명하고 정의롭다"고 선언하기도 했다.[151] 보수주의자들은 골드워터가 애리조나 주방위군 공군과 피닉스스카이하버 공항을 통합하는 데 기여했다고 말했다.[152] 프랭크 메이어는 모든 사람에게는 "본래의 가치"가 있으며, 모든 시민은 "법 앞에 평등한 대우"를 받을 권리가 있다고 주장했다. 게다가 메이어는 "니그로들이 심한 학대를 받아왔다"는 사실—다른 보수주의자들과 마찬가지로—을 의식하고 있었다. 그러나 그는 흑인들의 불만은 "자유로운 입헌사회의 기반을 파괴하는 것을 통해" 해결될 수 없다고 덧붙였다—그리고 이는 의심할 여지없이 보수주의자들이 합의하고 있는 견해를 표명한 것이었다. 분리 폐지를 위한 합법적 강요는 분리를 위한 합법적 강요만큼이나 "흉물스러운 것"이었다. 사적 관계에 대한 정부의 규제는 항상 "자유사회에 재앙"을 가져왔다.[153]

정부의 강압에 대한 보수주의자들의 적대감과 민권법이 위헌적이라는 믿음은 깊이, 그리고 진심으로 느껴졌다. 그러나 1960년대 이러한 원칙적 반대는 실용적인 주장을 통해 보완되었다. 통합은 합헌이었지만 제대로 실행되지 않았다. 아마도 학교 통합을 가장 학문적으로 비판한 보수주의자는 뉴욕대학교의 사회학자 어니스트 반 덴 하그였을 것이다. 반 덴 하그에 따르면 브라운 대 교육위원회 재판의 "사실적" 근거는 완전히 쓸모없는 것이었다. 연방대법원은 분리로 인해 흑인 아이들이 정신적 피해를 입었으므로 인종적으로 분리된 학교는 "본질적으로 불평등하다"는 점을 증명하기 위해 "현대의 권위"—흑인 심리학자 케네스 클라크Kenneth Clark가 인용한 연구들—에 의존했다. 그러나 반 덴 하그에게 클라크의 연구는 이를 전혀 입증해주지 못했다.[154] 그의 학문적 연구는 단연 의심스러울 정도로 왜곡되고 잘못되었다.[155] "분리 자체가 흑인에게 불리하다거나 그로 인해 피해를 입었다는 (…) 증거"는 없었다.[156] 반 덴 하그는 "현재 명백한 흑인 아동들의 교육 문제는 흑인 아동을 백인 학교에 보낸다고 해서 해결될 수 있는 것이 아니다"라고 말했다. 그러한 "혼합 교육"은 두 집단 모두의 학습을 "저해할" 것이었다. 당시 흑인 아이들은 "보통의 백인 학교에서 주는 자극"에 백인 아이들만큼 "평균적인" 반응을 하지 않았다. 따라서 흑인 아이들은 "따로" 교육받아야 하며, 흑인 학교는 "문화적으로 결핍된" 흑인 청소년들의 "가정 환경"을 극복하기 위해 노력해야 했다. 모두에게 더 좋은 교육은 능력에 따른 분리에 달려 있었다. 그리고 반 덴 하그는 이것이 "인종에 따라 그 의미가 대단히 크다"고 솔직하게 말했다.[157]

이 사회학자가 통합 학교가 인종 문제의 해결책이라는 주장을 약화시키는 동안, 다른 보수주의자들은 두 명의 정치적 자유주의자, 네이션 글레이저와 다니엘 패트릭 모이니한Daniel Patrick Moynihan이 쓴 『인종의 용광로 너머Beyond the Melting Pot』에 대단히 의지하고 있었다. 이 두 저자는 뉴욕시에서 인종 집단은 결코 동질적인 형태로 완전히 "통합"된 적이 없었다는 사실을 보여주었다. 보수주의자들은 이 연구를 통합주의 정신을 철저하게 공격하는 데 이용했다. 제프리 하트는 통합은 현재 우리가 알고 있는 동질성이라는 "신화"에 기반을 두고 있다고 주장했다. "완전한 니그로 통합"을 실행하려는 시도는 다른 어떤 인종 집단에도 맞지 않는 "기이하고 추상적인 형태"를 만들려는 노력이었다.[158]

이에 대해 『내셔널리뷰』는 1967년 "진정한 인종 통합을 이룬 나라는 없다", 그리고 흑인들도 더 이상 이를 원치 않는다는 사설을 내보냈다. "블랙파워"* 운동을 보라. 혁명적 관점을 상실한 블랙파워는 "흑인의 책임"을 고취시켰다. 예를 들어 대다수의 흑인 학부모들이 진정으로 원했다면 어째서 흑인들이 운영하는 흑인 학교를 실험해보지 않았는가? 통합이라는 진부한 표현에 얽매이는 이유는 무엇인가?[159]

상투적 표현, 공허하고 위험한 상투적 표현. 이는 1968년 3월 보수주의자들이 시민무질서에대한국가자문위원회National Advisory Commission on Civil Disorders(일명 커너위원회Kerner Commission)**의 보고서에 대해 강력하게 표명한 견해였다. 위원회의 인종 위기 조사와 관련해 보수주의자들은 그 어느 때보다 자신들의 주장을 열정적으로 피력했다. 그들은 한목소리로 그 보고서가 재앙이고, 자유주의의 지적 파산과 무책임함을 설득력 있게

•   1966년 인종차별 철폐와 흑인 투표권 등록을 요구하며 미시시피주에서 흑인들이 벌인 행진에서 학생비폭력조정위원회Student Nonviolent Coordinating Committee, SNCC 의장 스토클리 카마이클Stokley Carmichael이 비폭력 저항의 한계를 비판하고, 흑인들 스스로 정치적·경제적 힘을 갖고 문제를 해결해야 한다고 주장하며 내세운 슬로건이다. 이후 블랙파워는 미국 흑인 민권운동의 새로운 조류로 자리 잡게 된다.

••   1964년부터 160개 이상의 도시에서 폭동이 이어지자 린든 존슨 대통령은 정부 주도하에 불안의 근원과 가능한 해결책을 모색하기 위해 1967년 위원회—일리노이 주지사 오토 커너 주니어Otto Kerner Jr.가 의장이었다—를 구성한다. 위원회는 7개월간의 조사 끝에 보고서를 발표하고 인종차별, 유색인종에 대한 경찰 폭력, 사회보장 프로그램의 실패, 일자리 부족, 백인 중심의 언론 등을 폭동의 원인으로 지적했다. 당시 존슨 대통령은 이 보고서를 은폐하려 했지만, 보고서는 미국에서 단행본으로 출간돼 베스트셀러가 되었다.

보여주는 증거라고 말했다. 1966년 미국의 도시 폭동 물결이 거세지자 프랭크 메이어는 흑인 저항운동이 "민권"에서 "몰수 사회주의"를 위한 혁명적 선동으로 바뀌고 있다고 주장했다.[160] 암울했던 1968년 초, 마틴 루터 킹은 "미국이 응답할 때까지" 실제로 미국의 수도를 "대대적으로 혼란스럽게"—그의 말 그대로—만들 계획을 공공연하게 수립하고 있었다.[161] "자유사회의 생존"을 위협하는 "고질적인 무질서"에 맞서 "이제 막 일어난 혁명" 앞에서 커너위원회는 단기적으로 무엇을 권고했는가? 아무것도 없었다. 대신 위원회는 "책임이 있는 곳을 제외한 모든 곳을 비난했다". "추상적인 이념을 가진" 자유주의자들이 "사회 질서를 경멸하고, 유토피아적이고 평등주의적인 유혹과 선동으로 폭동으로 나아갈 길을 닦았"고, 폭도들은 이러한 자유주자들에게 사주를 받은 것이었다. 위원회는 내부의 폭력적 위협을 잠재우지 못하면 자유사회는 존재할 수 없다는 기본적인 사실을 무시한 채, "피나는 노력 없이도, 선의를 베푸는 사회로 변화하는 데 항시 필요한 시간적 여유 없이도, 정부의 조치를 통해 즉각적으로 유토피아를 건설할 수 있다는" "헛된 희망"을 흑인들에게 불러일으키는 자유주의적 접근법의 중대한 오류를 "거창한" 규모로 반복했다. 이것이 폭동의 근본적인 원인이었다.[162]

더욱이 M. 스탠턴 에반스는 위원회의 일부 제안에도 결함이 있다고 강조했다. 보고서는 "후생주의"의 실패에 아랑곳하지 않았다. 그래서 보고서는 후생주의의 확대만을 제안할 수 있었을 뿐이었다. 보고서는 빈민가 십대 청소년의 실업을 우려했지만, 문제를 확대시킬 최저임금 인상을 옹호했다. 이 프로그램들이 실패하고 있다는 증거에도 불구하고, 보고서는 더 많은 공공주택과 더 많은 도시 재개발을 원했다. 에반스는 의아했다. 표준적인 자유주의적 처방이 유효했다면, 어째서 1967년 자유주의적인 디트로이트—연방정부로부터 막대한 자금을 지원받고 빈곤과의 전쟁을 정력적으로 수행한—에서 최악의 폭동이 일어났는가? 에반스는 "가난 때문에 디트로이트 폭동이 일어났다거나 후생주의가 폭동을 막을 수 있었을 것이라는 증거는 어디에도 없다"고 결론지었다.[163]

커너위원회의 보고서를 보다 광범위하게 분석한 사람은 어니스트 반 덴 하그였다. 이 보수주의 사회학자는 보고서에서 강조하지 않은 사실을 부각했다. "모든 물질적인 측면에서 니그로들의 운명은 (…) 그 어느 때보다 빠르게 개선되었다." 실제로 "과거 200년보다 지난 20년 동안 더 많은 개선이 이루어졌다". 그러나 주목할 만한 진보가 일어나고 있는 동안에도 심각한 문제들은 여전히 남아 있었다. 위원회는 "폭동을 일으킨 사람들"에 대한 폭동을 비난함으로써 문제를 악화시키는 경향이 있었다. 설상가상으로 일부 흑인들 사이에서 백인들과 싸우려는 욕망이 커지자 위원회는 "그들이 불만을 가지고 있다면 우리에게 잘못이 있음이 틀림없다"는 이론을 바탕으로 폭도들을 매수하자는 회유책을 권고했다. 마치 폭동이 "합리적인 현상"이라도 되는 것 마냥. 마치 이제는 "물질적 결과와 무관한" 폭력에 대한 갈망을 보상을 통해 제거할 수 있다는 듯. 많은 흑인들이 백인 자유주의자들의 "가련한" 비굴함에 의해 격분하게 된 것은 당연했다. 반 덴 하그는 폭동에 대한 열망을 야기하는 조건을 바꾸려면 오랜 시간이 걸릴 것이라고 말했다. 더욱이 정부는 늘 이러한 조건을 바꾸기만 하면 되는 기관이 아니었다. 그러는 동안에도 정부는 단기적으로 통치를 해야만 한다. 정부는 신속하고 엄격한 법 집행을 통해 폭동에 대한 경비를 증가시켜야만 한다.[164]

제프리 하트 역시 커너보고서에 똑같이 비판적이었다. 다른 보수주의자들과 마찬가지로 그는 폭동을 "백인 인종주의" 탓으로 돌리고, 폭도들에게는 아무런 책임도 묻지 않은 위원회에 분노했다. 메이어처럼 그도 "법과 공공질서에 대한 관심이 약화"되었다고 우려했다. 이러한 약화는 1960년대 초반 민권을 위해 징역형을 선고하는 것이 명예롭고, 어쩌면 정치적으로도 이익이 된다고 제안한 애들레이 스티븐슨 같은 자유주의자들의 "경솔한 태도"와 "시민불복종"의 확산에 의해 가속화되었다. 하트는 "놀라울 정도로 태평스러운" 그러한 논의들을 중단해야 할 것이라고 경고했다. 더욱이 백인 인종주의가 흑인들이 겪는 고통의 근본적인 원인이라는 것도 사실이 아니었다. 예를 들어 직업적 차원에서 흑인들은 빠르게 발전하고 있었다. 법적 차별의 벽은 전반적으로 무너지고 있었다. 다른 인종 집단은 육체노동에서 유의미한 화이트칼라 지위로 이동하는 데세 세대 이상이 걸렸지만, 새로운 도시 북부의 흑인 소수자들은 이러한 전환을 훨씬 빨리 달성할 것이라는 징후가 나타나고 있었다. 하트는 "냉철하게 현실적인"—그가 말한—접근법을 채택해 흑인들이 처해 있는 곤경의 더 깊고 다루기 어려운 측면을 강조했다. 부분적으로 문제는 결코 "백인 인종주의"가 아니라, 과거 농촌 집단이 도시 환경에 적응하려고 노력할 때 발생하는 자연스러운 "지체"였다. 게다가 흑인들은 추가적으로 많은 불리한 조건에 시달렸다. 그들은 푸에르토리코인·중국인·기타 소수민족처럼 안정된 기관—기업을 포함해—과 "집단 결속력"을 발전시킬 수 없는 것처럼 보였다. "니그로 가족의 만성적 불안정성"이 그들을 가로막고 있었다(다시 한번 모이니한의 영향력이 명백하게 드러났다). 하트는 이러한 문제들이 신속하게 해결되지 않을 것이라고 주장했다. 단순히 돈을 지출하거나 거리 시위를 더 많이 한다고 해서 해결되지 않으리라는 것은 분명했다.[165]

그렇다면 인종 문제는 어떻게 해야 하는가? 가장 즉각적인 차원에서 보수주의 지식인들은 질서의 회복과 폭력의 진압을 단호하게 요구했다. 이것은 품위 있고 자유로운 사회에 매우 적합한 전술이었다. 워싱턴 D.C.를 마비시키려는 마틴 루터 킹의 계획을 분석한 후 윌리엄 F. 버클리 주니어는 "억압은 달갑지 않은 도구지만 질서와 인권을 믿는 문명엔 절대적으로 필요하다. 나는 히틀러와 레닌이 억압당했길 진심으로 바란다"고 말했다.[166] 그러나 보수주의자들은 여기서 멈추지 않았다. 그들은 계속해서 자신들만의 해결책을 구체적으로 제시했다. 반 덴 하그는 최저임금법을 없애고, 복지수당을 조정해 노동에 대한 포상이 줄어들지 않도록 해야 한다고 권고했다.[167] 하트는 임대료 규제를 없애고, 인종을 제한하는 노동조합의 관행을 공격하라고 촉구했다. 또한 하트는 더 많은 흑인 소유의 기업, 더 많은 도시의 흑인 경찰, 교육—아마도 유치원 수준에서의—을 통한 더 많은 안정적인 니그로 중산층의 개발을 강력하게 요구했다. 어쩌면 흑인들의 자의식이 그렇게 나쁜 것은 아닐지도 몰랐다.[168] 하트는 흑인들에게 스스로를 조직화하고, 스스로에게 보다 의존하라고 촉구한 유일한 보수주의자가 아니었다. 버클리는 백인들이 "분리주의 충동을 묵인하고 있다"고 말했다. 아마도 그는 흑인 노동조합이 조직되어야 한다고 덧붙였을 것이다.[169] 1965년 뉴욕 시장 후보였을 당시 버클리는 보수주의의 근본 신조 중 하나를 간명하게 진술했다. "오늘날 니그로들이 직면하고 있는 주요 문제는 (…) 정부에 의해 해결되지 않는다. 그것은 자신들의 지도력에 의해 해결되는 문제다."[170]

마지막으로 보수주의자들은 끝없는 약속의 수사를 피하라고 호소했다. 당장 이루어질 수 없는 희망을 자극하지 말라. 알려지지 않은 자유기업 체제의 놀라운 성과를 간과하지 말라. 그들은 하트의 말처럼 "단기간에 눈부신 결과를 기대할 수는 없다"고 거듭 강조했다.[171] 1967년 『내셔널리뷰』가 공표한 개선의 길은 "노고와 자기훈련이 필요한" 주로 경제적인 길이었다.[172] 프랭크 메이어는 "일자리 접근권과 존중은 흑인 스스로 얻어야 한다"고 말한 부커 T. 워싱턴Booker Taliaferro Washington*의 "위대한 통찰"에 대해 언급했다.[173] 그는 다수의 "견실한 니그로 가족들"은 그렇게 하고 있다고 말했다.[174] 제프리 하트는 보수주의자들에게는 불쾌하지만 명백한 진실을 말했다. "어떤 문제는 너무나 복잡하고 다루기 어려워 즉각적인 해결책이 없다는 사실을 인정해야 한다. 그러한 문제는 해결될 수 없고 (…) 견뎌야 할 뿐이다."[175] 커너보고서는 최소화하고 있는 듯 보이지만, 보수주의자들은 개선이 소리 없이 꾸준히 진행되고 있다고 주장했다. 극적으로 보이기 쉽지 않다고 해서 부정할 수 있는 건 아니었다.

이러한 보수주의적 제안과 접근법의 장점이 무엇이든 간에 그들에게는 한 가지 분명한 수사적 취약성이 있었다. 인내·신중함·자립에 대한 호소는 고통에 대한 도덕적 무관심으로 치부되기 쉬웠다. 보수주의자들은 그들이 이기적이고 동정심이 부족하다는 말을 얼마나 자주 들어왔는가. 이러한 비판에 대해 잘 알고 있던 보수주의자들은 우월한 감수성이라는 자유주의의 주장을 해명하고자 노력했다. 『서구의 자살』에서 제임스 번햄은 가장 체계적인 분석을 전개했다. 그는 자유주의자들을 "끊임없이 추동하는 것"은 "모든 사회악을 치료"하고자 함으로써 해소하려는 비이성적 죄책감이라고 말했다.

• 부커 탈리아페로 워싱턴Booker Taliaferro Washington, 1856~1915. 아프리카계 미국인 교육자. 그는 흑인들에게 완전한 시민권과 정치적 권력을 얻기 위한 투쟁을 잠정적으로 포기하고, 그 대신 산업·농업 기술을 연마해 경제적 안정을 먼저 추구할 것을 촉구했다. 그는 흑인들이 교육을 받고 부를 얻게 되면 백인 공동체가 흑인 공동체를 받아줄 것이며, 이를 통해 두 인종 사이의 장벽이 사라질 것이라고 주장했다.

(…) 그는 자신이 하는 일을 통해 문제를 해결할 수 있다고 믿을 만한 객관적 이유가 없을 때에도 사회적 문제에 대해 무언가를 해야만 한다. 실제로 그 것은 문제를 해결하는 대신 문제를 악화시킬 것이다. (…)

자유주의자에게 동기를 부여하는 실제적인 문제는 빈곤이나 불의 또는 객관적인 세계에 존재하는 문제가 아니라 자신의 가슴에 있는 죄책감을 달래는 것이다. 그리고 필요한 것은 (…) 어떤 프로그램, 어떤 해결책, 어떤 활동이다. 프로그램, 해결책, 활동이 올바른지 아닌지는 상관없다. (…) 자유주의자는 자신보다 부유하지 않다고 생각되는 사람들 앞에서 도덕적으로 무장해제된다.[176]

보수주의자들은 이러한 분석이 1960년대 후반 인종적 격변으로 입증되었다고 믿었다. 명백한 사회적 불의에 의해 "도덕적으로 무장 해제된" 커너위원회는 "애처로운 죄책감"—반 덴 하그가 칭한 바에 따르면—에 사로잡혀 있었을 뿐이었다.[177] 그것은 그저 "백인 인종주의"만을 비난할 수 있었다.

좌파와 우파 사이의 분열은 참으로 깊었다. 보수주의자들은 사방에서 프로그램을 거부했을 뿐 아니라 의분義憤의 정치, 도덕적 십자군, 뉴프런티어New Frontiers,* 위대한 사회, 빈곤과의 전쟁, 가난한 사람에 대한 연민의 감정을 알리려는 끊임없는 충동과 같은 정치 방식 일체—적어도 국

• 　1960년 존 F. 케네디가 민주당 대통령 후보 수락 연설에서 미국이 직면한 과제들을 설명하면서 사용한 슬로건이다. 케네디는 초기 미국 개척자들이 치러야 했던 희생에 대해 언급한 뒤 미국 국민들은 "알려지지 않은 위험과 기회를 개척하기 위해" 앞으로 몇 년간 희생할 각오가 되어 있어야 한다고 주장했다.

내 문제에서―를 거부했다. 자신의 선한 의도를 끝없이 말로 표현하도록 요구하는 방법이 사회를 개선하는 유일한 방법인가? 선한 의도만으로 충분한가? 정치적 열정의 부재가 동정심의 부재를 의미하는가? 시장에 대한 의존이 가난한 사람들에게 무관심하다는 뜻인가?

그러나 자유주의의 비판에는 힘이 있었고, 정통적이지 않은 보수주의자 리처드 코뉴엘Richard Cornuelle은 그것을 알고 있었다. 1940년대 젊은 시절 코뉴엘은 프리드리히 하이에크의 『노예의 길』을 읽고 사회화의료socialized medicine*에 대한 막연한 믿음을 버렸다. 제한된 정부와 자유기업의 적극적 지지자인 그는 경외할만한 자유주의 저널리스트 개럿 개릿의 편집 조수가 되었고, 나중에는 볼커기금의 임원이 되었다. 코뉴엘의 "단정한 이데올로기"에 짜증이 난 개릿은 이 열렬한 젊은 지지자에게 켄터키의 탄광을 다녀오라고 말했다. 그곳에서 본 고통은 그를 크게 뒤흔들어놓았고, 그는 "나의 보수주의적 입장에 인간성이 결여"되어 있음을 발견하게 되었다.[178] 딜레마는 고통스러웠다. 인간성과 자유는 양립할 수 없는 것처럼 보였다.

수년간의 치열한 탐구 끝에 코뉴엘은 그 문제를 해결할 방법을 찾았다. 1965년 그는 보수주의자들이 제한된 정부에는 올바르게 헌신했지만, 구체적이고 설득력 있는 프로그램은 제시하지 못했다고 주장했다. 반면에 자유주의자들은 대규모 연방 프로그램을 기획했지만 이 프로그램들은 1960년대에 실패를 거듭하고 있었다. 대안은 오랫동안 무시되어왔지만 여전히 실행 가능한 미국의 전통이었다. 이는 이윤도 권력도 아닌 "타

---

* 정부가 의료 시설을 소유·운영하고, 의료 전문가를 고용해 모든 의료서비스 비용을 지불하는 의료 체제를 말한다.

인에게 봉사하려는 욕구"에 의해 동기가 부여되는 자발적 행동의 "독립적 영역"이었다.[179] 알렉시스 드 토크빌이 훌륭하게 분석한 이 영역—그는 이를 "결사체"라고 불렀다—은 정부와 경쟁할 능력이 자체적으로 있었고, 선을 행하려는 미국인의 거대한 욕구를 이용할 수 있었다. 예를 들어 교회와 재단은 많은 일을 하고 있었고, 더 많은 일을 할 수 있었다. 정부만이 무관심과 방치를 해결할 수 있는 유일한 대안은 아니었다. 코뉴엘은 "독립적 영역"이 무엇을 할 수 있는지에 대한 사례를 연이어 인용했다. 소아바미를 실제로 근절한 것은 정부가 아닌 민간기구였다. 익명의알코올중독자들Alcoholics Anonymous*은 그 분야에서 상당한 성과를 거두고 있었다. 코뉴엘의 미국학생지원기금United Student Aid Funds, Inc.은 대학생들을 위한 대출이 연방정부의 책임일 필요가 없음을 보여주고 있었다. 남부 도시들에서 "독립적 지도력"은 인종 화합을 위한 힘이었다. 인정하고 열정적으로 재조직한다면, 이 영역은 대공황 이전에 했던 일을 다시 할 수 있었다. "인간적인 사회와 자유로운 사회를 함께 건설하자."[180]

코뉴엘의 생기 넘치는 소책자는 보수주의 진영과 사울 알린스키Saul Alinsky** 및 어빙 크리스톨Irving Kristol***과 같이 당시에는 예상치 못한 사람들에게서 빠른 찬사를 받았다. 윌리엄 F. 버클리 주니어도 코뉴엘의 "신선한 글"을 칭찬했다.[181] 프랭크 메이어는 코뉴엘의 아이디어가 국가주의 환경에서는 활성화될 수 없으며, 보수주의 원칙과 양립 가능하다고 강조

---

* 알코올중독자들이 함께 모여 금주를 할 수 있도록 서로 돕는 모임. 1935년 기독교 부흥주의의 일파인 옥스퍼드 그룹의 빌 윌슨Bill Wilson과 밥 스미스Bob Smith에 의해 설립되었다. 다른 치료법보다 비용이 적게 들고 금주에 효과가 있는 것으로 평가받고 있다. 현재 한국을 비롯해 전 세계 180개국에 약 200만 명 이상의 회원이 있는 것으로 추정된다.

했다. 그는 코뉴엘이 그의 자발적복지재단Foundation for Voluntary Welfare과 책을 통해 자유사회에 대한 "대체로 일반적이고 무미건조한"—메이어가 인정했듯—보수주의의 변론을 구체적으로 보완해주고 있다며 기뻐했다.[182]

아마도 메이어는 버클리가 1959년『자유주의에서 깨어나다Up from Liberalism』에서 느꼈던 것을 감지했을 것이다. 자유시장의 자명한 이치를 단순히 반복하는 것은 보수주의자들에게 정치적으로나 지적으로나 만족 스럽지 않았다. 자유사회에 대한 보수주의의 논거는 1960년대에 새롭고 실용적으로 수정되어야 할 필요가 있었다. 운동을 위해 다행스럽게도 이는 정력적이고 뛰어난 경제학자 밀턴 프리드먼과 부상하고 있던 시카고 경제학파로부터 조만간 등장하게 될 것이었다.

1912년 루테니아 출신의 이민자 부모에게서 태어난 프리드먼은 1930년 대 초 뉴저지주립 럿거스대학교Rutgers University를 졸업했다. 프리드먼은 그곳에서 훗날 아이젠하워 대통령의 고문이자 연방준비제도이사회 의장이 된 흥미로운 교수 아서 번스Arthur Burns의 영향을 받았다. 1932년 프리드먼은 시카고대학교에서 경제학 대학원 과정을 시작했고, 프랭크 나이

•• 사울 데이비드 알린스키Saul David Alinsky, 1909~1972. 미국의 사회 운동가. 주로 가난한 지역사회에서 주민들을 대상으로 풀뿌리운동을 조직하면서 명성을 얻었다. 2000년대 보수 진영과 공화당 정치인들이 중산층 조직을 위해 그의 책『급진주의자를 위한 규칙: 현실적인 급진주의자를 위한 실용적 지침서Rules for Radicals: A Pragmatic Primer for Realistic Radicals』(1971)를 티파티운동—오바마 대통령 집권기에 정부의 경기부양 자금 지출에 반대하며 등장한 보수운동—지도자들에게 배포하면서 다시금 주목 받았다.

••• 어빙 윌리엄 크리스톨Irving William Kristol, 1920~2009. 미국의 언론인. 미국 네오보수주의의 대부라고 불린다. 1960년대 후반 공화당의 부활과 1980년대 레이건 대통령의 정책에 많은 영향을 미쳤다. 2002년 조지 W. 부시 대통령은 그에게 "보수주의운동을 발전시킨 지적 선구자"라는 찬사를 보냈고, 대통령 자유훈장을 수여했다.

트·제이콥 바이너·헨리 시몬스 등 20세기 최고의 자유시장 경제학자들이 주도하는 열정적인 분위기에 즉시 빠져들었다. 또 다른 미래의 보수주의 경제학자 조지 스티글러George Stigler는 대학원 동료였다. 제2차 세계대전 기간 동안 대부분 미국 재무부에서 근무한 뒤 프리드먼은 시카고로 돌아와 시몬스와 나이트, 그리고 프리드먼의 처남인 아론 디렉터Aaron Director*가 속해 있는 집단―경험과 이론에 쏠려 있던 이 경제학자의 관심을 정부 정책에 대한 문제로 전환시킨 집단―의 일원이 되었다. 전쟁 직후 프리드먼은 새로운 동료 프리드히 하이에크를 만났다. 이 젊은 경제학자는 하이에크의 『노예의 길』을 "매우 통찰력 있고 선견지명이 있는 책"이라고 평가했다. 1947년 프리드먼은 몽펠르랭소사이어티의 창립 회의에 참석했고, 이를 통해 그의 인맥은 해외로까지 상당히 넓어졌다.

1950년대에 보수주의의 지적 부흥이 서서히 진행되면서 프리드먼은 여러 회의에 참석했고, 그는 훗날 그 회의들이 자신과 분투하는 운동 모두에 "매우 유의미했다"고 회상했다. 대개 규모는 작지만 매우 유용한 볼커기금의 후원을 받은 이 회의들은 와바시대학교와 클레어몬트칼리지 등 몇몇 기관에서 개최되었으며, 하이에크·데이비드 맥코드 라이트·영국의 존 쥬크스John Jewkes·이탈리아의 브루노 레오니Bruno Leoni 같은 자유지상주의 학자들이 한 자리에 모여 강연과 토론을 했다. 프리드먼은 나중에 이러한 회의들을 통해 참가자들이 자신들의 관점을 분석하고 다듬을 수 있었으며, 이는 그 당시에 절실하게 필요한 작업이었다고 회고했다.[183]

• 1901~2004. 러시아 출신의 미국 경제학자. 연구 자금뿐 아니라 학자를 모집하면서 시카고학파의 발전에 중심적인 역할을 수행했다. 프리드먼과 스티글러도 그가 영입한 학자 중 한 명이었다.

1962년 프리드먼은 이러한 회의의 결과물 중 하나를 압축해 『자본주의와 자유Capitalism and Freedom』라는 제목의 신랄한 책을 출간했다. 이는 1960년대의 보수주의 학술서 가운데 가장 중요한 저작 중 하나였다.[184] 책의 첫 두 장에서 그는 19세기 자유주의 철학을 명쾌하게 설명했다. 자유는 궁극적인 사회적 이상이었다. 정부 권력은 필요하지만 제한되고 분권화되어야 했다. 개입주의는 해롭고 위험했다. 경제적 자유, 즉 자본주의는 정치적 자유를 위해 없어서는 안 되는 필수 조건이었다. 이와 반대로 중앙집권화된 사회주의 국가에서는 개인의 노력과 정치적 반대가 매우 어려울 것이었다. 예를 들어 국가사회주의 자체를 거부하는 반대자들이 어디에서 자금을 조달받을 수 있겠는가? 완전히 사회주의화된 국가에서는 정부가 모든 일자리를 통제할 것인데, 체제에 대한 중대한 지적·정치적 도전이라는 위험을 누가 감수할 수 있겠는가? 국가가 이를 허용하겠는가? 프리드먼은 자본주의와 자유는 불가분의 관계라고 주장했다. 정부는 경기의 참여자가 아니라 규칙을 집행하는 심판의 역할을 해야 한다.

물론 이러한 생각을 비롯해 프리드먼의 견해는 1962년 보수주의자들에게 새로운 것은 아니었다. 예컨대 하이에크와 시몬스 역시 몇 년 전에 비슷한 주제를 발표한 적이 있었다.[185] 정말 놀라운 것은 프리드먼이 『자본주의와 자유』에서 지속적으로 수행한 과제였다. 그는 전통적인 20세기 자유주의의 신념을 대담하고 강력하게 공격하고, 자유주의의 실패를 예리하게 고발했다. 그는 연방정부가 우편사업에 대한 독점권을 유지해야 하는 이유가 무엇인지 물었다. 법으로 경쟁을 금지한 이유는 무엇인가?

우편물 배달이 기술적 독점이라면 어느 누구도 정부와의 경쟁에서 이길 수 없을 것이다. 그렇지 않다면 정부가 이 사업에 종사해야 할 이유가 없다. 찾을 수 있는 유일한 방도는 다른 사람들이 자유롭게 입장할 수 있도록 하는 것이다.[186]

어째서 정부가 금 가격을 통제해야 하는가? 유동적인 변동환율제를 채택하지 않는 이유는 무엇인가?[187] 교육 분야에서 국가가 최소한의 학교 교육을 요구하고, 재정 지원을 하는 것은 정당했다. 하지만 국가가 학교를 직접 관리—"국유화"—해야만 하는가?

'승인된' 교육 서비스에 지출할 경우 정부는 연간 아동 1인당 지정된 최대 금액과 교환할 수 있는 바우처를 부모에게 제공함으로써 최소 수준의 학교 교육을 요구할 수 있다. 교육 서비스는 영리를 목적으로 운영되는 민간기업이나 비영리기관에 의해 제공될 수 있다. (…)
효과 측면에서 국가가 학교 교육을 독점하지 않는다면 부모들이 선택할 수 있는 범위가 넓어질 것이다. (…) 부모는 자녀를 한 학교에서 자퇴시키고 다른 학교로 보냄으로써 학교에 대한 자신들의 의견을 직접적으로 표명할 수 있다. (…)
경쟁을 주입하면 학교의 건전한 다양성을 촉진하는 데 많은 도움이 될 것이다. 또한 학교 시스템에 유연성을 도입하는 데에도 큰 보탬이 될 것이다.[188]

유해한 정부 행동주의의 또 다른 사례는 조세제도였다. "불평등을 줄이고 부의 분산을 촉진하기 위해 도입된 소득세는 실제로 기업 이익의 재투자를 장려해 대기업의 성장에 유리하며, 자본 시장의 운영을 방해하고, 새로운 기업의 설립을 저해하고 있다."[189]

농산물 가격 지원에서부터 사회보장에 이르기까지, 최저임금에서 도시 재개발에 이르기까지 자유주의적 해결책은 그 목표를 달성하지 못했다고 프리드먼은 말했다. 1920년대와 1930년대 대부분의 지식인은 자본주의에 "결함"이 있고, 정부의 통제를 만병통치약이라고 당연하게 믿었지만, 시대는 마침내 변하고 있었다. 이제는 개입의 기록이 있었다. 경험은 국가주의의 꿈이 허위임을 보여주었다.[190]

프리드먼은 또한 자유시장에 대한 다양한 비판을 반박하려 애썼다. 예를 들어 자본주의는 "인종차별적"이지 않았다. 자본주의의 등장으로 차별은 줄어들고, 소수자를 위한 새로운 기회는 극적으로 개방되었다.[191] 실제로 자본주의의 위대한 "성과"는 다른 어떤 경제 체제보다 기회가 증가하고 불평등이 적어졌다는 것이었다.[192] 그러나 단연 프리드먼의 가장 중요한 주장은 대공황기에 자유시장이 실패로 판명되었다는 표준적인 자유주의의 주장에 대한 그의 답변이었다. 자본주의가 그토록 칭찬받을 만했다면, 어째서 1930년대의 재앙이 일어났는가? 프리드먼은 훗날 자신의 기념비적인 저서 『미국 화폐사, 1867~1960 Monetary History of the United States, 1867-1960』의 일부로 출판된 연구를 근거로 이 끈질긴 조롱을 반박했다. 대공황은 자유기업 체제가 아니라 "정부의 잘못된 관리"로 인해 초래되었다.

통화 정책에 대한 책무를 부여받은 곳은 정부가 설립한 기관―연방준비제도―이었다. 1930년과 1931년에 연방준비제도는 이 책무를 너무나 서툴게 수행해 그렇지 않았더라면 온건한 위축이 되었을 것을 대재앙으로 바꿔버렸다. (…)

증거가 내게 보여준 바에 따르면, 주요 경기 위축기―1920~1921년,

1929~1933년, 1937~1938년—의 심각성은 직접적으로 연방준비제도 당국의 과실과 태만 행위에서 비롯된 것이었으며, 이전의 통화 및 은행 협정 하에서는 이러한 문제가 발생하지 않았을 것이다. (…)

미국의 대공황은 민간기업 체제의 내재적 불안정성을 보여주는 징후가 아니라, 소수의 사람이 막대한 권력을 이용해 통화 시스템을 휘두를 때 그들의 실수로 얼마나 큰 피해가 발생할 수 있는지를 보여주는 증거이다.[193]

프리드먼의 제약 없는 수정주의는 빠른 속도로 보수주의의 학술적 무기 중 하나가 되었다.

『자본주의와 자유』의 출판, 그리고 프리드먼이 보수주의자들 사이에서 탁월한 경제학자로 등장한 것은 전후 우파의 진화에서 주요한 이정표가 되었다.[194] 그는 학계에서 점점 더 명성을 얻어갔고, 반대자들조차 그를 학식과 재치를 절묘하게 결합해 보수주의의 관점을 명확하게 표현한 미국 최고의 경제학자 중 한 명으로 존경했다. 1967년 그는 전미경제학회American Economic Association 회장으로 선출되었다. 1960년대 말 그는 아마도 미국에서 가장 영향력 있고 높이 평가받는 보수주의 학자이자, 국제적 명성을 가진 몇 안 되는 학자 중 한 명이었을 것이다.[195]

여러 면에서 프리드먼과 시카고학파는 보수주의자들에게 하이에크·미제스·해즐릿·로스바드·오스트리아학파를 능가하는 진보를 대표했다.[196] 금본위제와 화폐 문제를 바라보는 특정 관점의 차이를 제외하면,[197] 시카고 경제학자들은 "오스트리아인들"보다 실용적이고, 예를 들어 "계량경제학"을 특히 미심쩍어했던 미제스보다 수학을 더 많이 사용하는 경향이 있었다.[198] 수학을 중심으로 하는 전문 분야가 늘어나면서 이는 장점—부분적으로 시카고학파의 학문적 위상이 커지게 된 이유이기도 하다―이 되었다. 미제스가 원칙적으로 개입주의에 반대하는 거대한 인간 행동 철학을 연구하는 동안, 프리드먼·조지 스티글러·예일 브로젠 같은 사람들은 특히 정부 프로그램이 현실에서 제대로 작동하지 않는 방식에 관심을 기울였다. 연방준비제도이사회에 대해 연구하고, 통화 이론에 기여하면서 프리드먼은 "오스트리아인"이 하지 않았던 방식으로 새로운 영역을 개척했다. 두 학파는 자유시장에 헌신한다는 점에선 일치했지만, "현대 경제사상의 선봉장"은 시카고학파였다.[199] 시카고학파의 경험적이고 회의적인 성향은 1960년대 보수주의 사상의 일반적인 "실용화" 경향과 잘 맞았다.

프리드먼이 우파에 영향을 미칠 수 있었던 또 다른 이유는 자유지상주의 원리에 기초해 일련의 우수한 프로그램들을 창안해낸 그의 능력에 있었다. 1960년대 모병제라는 개념이 널리 수용되게 된 데에는 프리드먼에게도 어떤 지식인 못지않은 책임이 있었다. 1968년 영향력 있는 책『왜 징병제인가Why the Draft?』의 편집자는 "만약 이 책에 있는 아이디어의 기원을 단 한 명의 개인에게서 찾을 수 있다면, 그 사람은 바로 밀턴 프리드먼 교수이다"라고 썼다. 1970년 프리드먼은 일부 보수주의자들로부터 닉슨 대통령의 의용군위원회Commission on an Volunteer Armed Force를 설득해 이 개념을 지지하도록 한 공로를 인정받았다.[200] 다른 한편 전국의 많은 학교가 인종 폭력에 시달리고, 학교의 세속주의가 승리한 것처럼 보이자 많은 보수주의자들이 프리드먼의 교육 바우처 계획에 점점 더 많은 관심을 기울이게 되었다.[201] 그의 세제 개혁 프로그램은 버클리의 지지를 받았다.[202] 그의 "음의 소득세negative income tax"* 개념은 1960년대에 제안된 다른 계획들처럼 도발적인 빈곤 완화 계획이었다.[203]

물론 프리드먼의 아이디어가 항상 보수주의자들의 마음을 사로잡았던 건 아니었다. 예를 들어 모든 우익이 모병제를 지지하지는 않았다.[204] 음의 소득세는 헨리 해즐릿에게서 격렬한 비난을 받았다. 그는 프리드먼의 생각에 "경제적으로뿐만 아니라 도덕적으로도 옹호할 수 없는" 정치적으로 순진한 연간소득 보장 계획이라는 꼬리표를 달아주었고, 이에 대해 회의적인 많은 이들의 목소리를 대변했다.[205] 그러나 요점은 프리드먼과 그의 제자들이 쓴 글들에는 자유주의 프로그램에 대한 구체적이고 논쟁의 여지가 있는 대안들이 가득했다는 것이다. 시대에 뒤떨어진 사상에 대한 거부증과 물신숭배주의라는 혐의에 맞서 싸워야 했던 반체제 세력에게 이러한 발전은 가장 반갑고 요긴했다. 1968년 버클리는 변화하는 분위기를 감지했다.

자신들의 시대가 다가오고 있다고 믿을 만한 이유가 있는 보수주의자들 사이에 커다란 흥분이 감돌고 있다. 지난 몇 년간 보수주의 공중인들의 다락방에서 발전하고, 급진적이고 부적절하다며 철저하게 무시되어왔던 아이디어들이 갑자기 고급스러운 정치 진열대에 등장하기 시작했다.[206]

그가 감사를 표할 단 한 사람이 있다면 그건 바로 밀턴 프리드먼이었다.[207]

하지만 프리드먼은 혼자가 아니었다. 오히려 조지 스티글러·예일

• 　특정 소득 수준 이상의 가구는 소득세를 내고, 그 이하의 가구는 소득세를 내지 않고 정부로부터 보조금을 받는 제도이다. 프리드먼이 제안한 이 제도에 따르면 보조금을 받는 가구는 기존의 복지제도에서 배제된다. 2022년 오세훈 서울시장은 프리드먼의 음의 소득세를 기초로 한 '안심소득'을 제안했다.

브로젠·콜린 캠벨·어니스트 반 덴 하그·제임스 위긴스·고든 털럭Gor-
don Tullock·워렌 누터·제임스 뷰캐넌James Buchanan[*] 등 보수주의 학자들
의 수는 증가하고 있었다.[208] 하이에크·미제스·해즐릿·로스바드·존 체
임벌린과 같은 개인들의 지속적인 공헌도 무시할 수 없다.[209] 보수주의 학
문이 확산되고 있었고, 경제학을 비롯해 다른 분야에서도 영향력 있는 네
트워크가 구축되고 있었으며, 존재감이 느껴졌다. 이 개인들은 1960년대
중요한 지적 흐름 가운데 하나인 정부에 대한 환멸과 "신고전파" 경제학
의 괄목할 만한 부활에 기여하고 있었다.[210]

━ ★★★ ━

1960년대 초반 무렵 좌파에 대한 지적 도전이 강화되자 그에 따라 보수
주의의 부활을 알리는 징후도 늘어났다. 보수주의자들은 이를 감지했다.
1961년 M. 스탠턴 에반스는 자유주의적 순응과 집단주의에 맞서 "대학
가에서 일어난" 보수주의의 "반란"을 포착했다.[211] 자유주의자들 역시 이
를 감지했다. 보수주의, 골드워터 상원의원, "급진적 우파", 존버치소사이
어티John Birch Society[**]에 관한 기사가 인기를 끌며 넘쳐나고 있었던 것이
다. 이렇게 갑자기 급증한 이유는 무엇일까? 설명은 다양했다. 어떤 이들

---

*   고든 털럭(1922~2014)·워렌 누터(1923 ~1979)·제임스 뷰캐넌(1919~2013)은 경제학의 원리와
방법을 정치에 적용해 의사결정 과정 등을 분석하는 공공선택 이론으로 유명한 버지니아학파 경제학
자들이다. 공공선택 이론에 따르면 정부 관료나 정치인, 유권자 등은 시장에서와 마찬가지로 사회의 복
지를 극대화하려는 도덕적 욕구보다 자기이익에 의해 더 많은 동기를 부여받으므로, 선거나 투표 결과
가 더 좋은 정부나 더 좋은 정책으로 이어지는 경우는 거의 없다.

••   1958년 미국의 기업가 로버트 헨리 윈본 웰치 주니어Robert Henry Winborne Welch Jr(1899~1985)
가 설립한 우익 정치단체. '우익의 지적 종자 은행'이라고 불린다.

은 "아이크 시대Ike Age"*가 끝나고 좌파와 우파 모두 동요하고 있다고 주장했다. [212] 자유를위한젊은미국인들Young Americans for Freedom, YAF이 1960년 버클리의 집에서 결성되었고, 민주사회학생회Students for a Democratic Society, SDS는 1962년에 조직되었다. 많은 적대적인 비평가들은 이러한 부활을 단지 좌절하고 불안해하며 분개한 극단주의자들이 쉬운 해답과 간단한 해결책, 그리고 순수하고 오래된 대체로 신화적인 미국을 추구하는 것이라 여겼다.

보수주의자들의 생각은 당연히 달랐다. 에반스는 아이젠하워가 물러나기 전부터 운동이 동요를 일으키고 있었다고 지적했다. 그는 대학가의 보수주의는 "세대에 맞선 세대의 반란"이 아니라 "'내부를 지향하는 지하조직'—방향이 다른 시대에 전통적인 가치를 고수하고, 이를 자신의 자녀들에게 몰래 전수해온 부모 세대—"의 출현을 의미한다고 말했다. [213] 부모의 신념에 충실하고, 지배적인 자유주의적 풍토에 저항하는 이 젊은 이들은 1950년대 보수주의 사상의 성장을 통해 지탱되었다. "그러므로 보수주의적 봉기의 핵심은 자유주의의 정통성을 대체할 방안을 제공하는 지적 공동체의 발전과 그 공동체를 장래의 반란군과 통합시킬 수 있는 기관의 발전이었다." [214] 이 기관이 프랭크 초도로프의 조용하지만 매우 중요한 개인주의자대학연합ISI이었다. ISI는 1953년 설립된 이후 8년 만에 우편물 수신자 수를 600명에서 13,000명 이상으로 늘렸고, 약 40,000명의 학생들에게 보수주의 문헌들을 배포했다. 에반스가 적합하게 본 바와 같이 ISI는 우익 학자들과 대학생들 사이에 없어서는 안 될 연결고리였다. [215]

• 　아이젠하워 대통령 집권기를 뜻한다. '아이크'는 아이젠하워의 애칭이다.

ISI는 YAF와 여타의 경로들을 통해 대의에 대한 지적·정치적 지지자가 될 젊은 보수주의자들의 "느슨한 연합"[216]을 결성했다. 1940년대와 1950년대에 고립되어 있던 학자들에 의해 뿌려지고, 『내셔널리뷰』와 『모던에이지』 같은 저널들에 의해 길러진 씨앗이 마침내 열매를 맺기 시작했다.

1960년대 초반 보수주의는 배리 골드워터 상원의원의 1964년 대통령 선거운동에서 최상의 두각을 나타냈다. 여기서 우리의 관심사는 골드워터 후보의 엄밀한 정치적 입장이 아니라 급성장하고 있던 보수주의 지적 운동과의 관계이다. 첫 번째 중요한 점은 오랫동안 정치와 지식인 사이에 존재하지 않았던 수준의 관계를 양자가 맺었다는 사실이다. 당연히 모든 선거 조직에는 "아이디어맨"과 연설문 작성자, 그리고 학계의 지지자가 있다. 그렇지만 골드워터의 경험은 평범한 현상이 아니었다. 초기부터 저명한 보수주의 지식인들이 애리조나주 상원의원을 대대적으로 지원하고 나섰다.[217] 『내셔널리뷰』는 그의 후보 출마를 열정적으로 홍보했다. 러셀 커크는 그가 연설을 준비하는 것을 도왔고, 그를 처음부터 지지했다.[218] 해리 자파는 수락 연설문의 일부를 작성했다. 밀턴 프리드먼은 그의 경제 고문을 역임했다.[219] 윌리엄 러셔는 처음부터 깊이 관여하고 있었다.[220] 커크·메이어·버클리·보젤, 심지어 아인 랜드[221]까지 거의 모든 분파의 우익이 골드워터를 지지했다.[222] 애리조나주 상원의원의 선거운동은 전후 뉴라이트가 대통령 선거 정치에 처음으로 뛰어든 계기가 되었다. 실제로 지적 우파의 꾸준한 기초 작업이 없었다면, 1960년대 보수주의의 정치운동은 체계적이지 못하고 패배한 상태로 남아 있었을 것이다. 1964년까지 350만 부가 팔린 『보수주의자의 양심』—실제로는 L. 브렌트 보젤이 쓴—이 없었다면,[223] 골드워터는 아마 전국적인 위상을 얻지 못했을 것이다. 리처드 위버가 오래전에 말했듯 이념에는 결과가 따랐다.

보수주의의 지적 운동은 확실히 전후 초기의 게토와 같은 고립 상태에서 벗어나 있었다. 태프트 상원의원의 시대와 얼마나 대조적인가! 1953년 한 기자가 오하이오주 상원의원에게 러셀 커크의 책 『보수의 정신』을 읽었는지 물었다. 그는 안 읽었다는 표시로 빙그레 웃으며 덧붙였다. "서버Thurber*의 『네 마음을 내버려둬Let Your Mind Alone』가 생각나는 군요." 같은 상황에서 태프트는 "내가 별로 생각해본 적 없는 질문이 몇 가지 있습니다. 하지만 나는 철학자가 아니라 정치인입니다"라고 답했었다.[224] 11년 후 마침내 보수주의자들은 철학자로서의 역할을 겸하고, 지식인들을 자신의 편으로 끌어모은 색다른 정치 투사를 갖게 되었다.

1964년의 십자군운동은 물론 압도적인 선거 패배로 끝났다. 그러나 보수주의 지식인들에게 이는 대단히 교육적인 경험이었다. 그들 중 많은 이들이 끌어낸 한 가지 교훈은 선거운동이 언론의 막강한 힘과 노골적인 편견, 그리고 책임이 있다고 생각되는 그들의 적, 자유주의자들의 파렴치함을 드러냈다는 것이었다. 버클리의 말에 따르면 이것은 "비열한 선거운동"이었고,[225] 보수주의자들은 깊은 상처를 받고 비통해했다. 풀브라이트 상원의원은 "골드워터의 공화주의는 미국에서 러시아의 스탈린주의와 가장 유사한 것"이라고 말했다. 마틴 루터 킹은 "우리는 골드워터의 선거운동에서 히틀러주의의 위험한 조짐을 보고 있다"고 말했다. 캘리포니아 주지사 브라운Jerry Brown은 "[공화당 전당대회에서] 우리가 들어야 했던

• 제임스 그로버 서버James Grover Thurber, 1894~1961. 미국의 만화가·작가. 그는 『네 마음을 내버려둬』(1937)에서 당시 미국에서 유행하던 심리학과 자기계발서를 비판하면서 소위 전문가들의 말에 따라 "마음을 가지고 장난치는 짓을 그만두고 그냥 내버려두면 더 나아질 것"이라고 말했다.

것은 '히틀러 만세Heil Hitler'가 전부였다"고 평했다. 샌프란시스코 시장은 "[공화당은] 『나의 투쟁Mein Kampf』을 성경으로 삼고 있다"고 비난했다. 월터 루터Walter Reuther*는 "골드워터는 정신적으로 불안정하다. 그에게는 정신과 의사가 필요하다"고 말했다. 책임 있는 자유주의자들의 이러한 발언들[226]은 지적 우파에게 혹독하고 지속적인 충격을 주었다.[227] 예컨대 M. 스탠턴 에반스는 1965년 『자유주의 기득권층The Liberal Establishment』에서 한 장을 할애해 1963년과 1964년 전국의 주요 언론사들이 골드워터의 견해와 성과를 의도적으로 왜곡했다고 썼다.[228] 프랭크 메이어는 선거 직후 "자유주의자들이 장악하고 있는 매스컴 네트워크는 보수주의자들이 생각했던 것보다 훨씬 더 강력한 상대"라고 이야기했다.[229] 이것은 확고한 신념이 되었다. 1964년의 사건들은 야당의 힘과 반체제 운동으로서 자신들의 지위에 대한 보수주의자들의 인식을 강화시켰다.

그러나 그들은 패배를 인정하지 않았다. 프랭크 메이어는 당연히 해야 할 일이 많다는 사실을 인정했다. 보수주의자들은 보다 효과적으로 자신들의 원칙을 쟁점으로 "전환"시킬 필요가 있었다. 그들은 우파가 "기존 제도의" 즉각적이고 "급진적인 해체"를 원한다는 자유주의자들의 비난을 반박할 방법을 찾아야 했다. 그러나 그와 다른 보수주의자들은 한 가지 점에서 단호했다. 미국은 보수주의 철학을 거부하지 않았다. 이 입장은 지적으로 파산한 것으로 입증되지 않았다.[230]

로널드 레이건이 『내셔널리뷰』에 쓴 것처럼 보수주의는 궤멸되지 않

---

*　　월터 필립 루터Walter Philip Reuther, 1907~1970. 전미자동차노조UAW 위원장(1946~1970)이자 미국노동총연맹-산별노조협의회AFL-CIO 공동 설립자. 반공산주의 단체인 국제자유노동조합연맹의 부의장이기도 했다.

았다. 보수주의에 대한 "거짓 이미지"만이 있을 뿐이었다.[231] 모든 불리한 여건에도 불구하고 보수주의는 1964년 "놀라운 진전"을 이루었다고 제임스 번햄은 주장했다. 10년 전 "수백 명의 머릿속에만 있던 아이디어"가 이제 수백만 명의 의식적 지지자들을 갖게 되었다.[232] 게르하르트 니에메예르는 "개울"이 한데 모여 "거대한 줄기"가 되었다고 강조했다. "미국의 보수주의는 이제 명확하고 포괄적인 대중운동이 되었다."[233]

니에메예르가 확실히 옳았다. 지적·정치적 운동으로서 보수주의는 골드워터로 인해 절정에 달했던 것이 아니며, 그 이후에도 사라지지 않았다. 돌이켜보면 가장 주목할 만한 사실은 1964년 선거에서 운동이 얼마나 크게 패했는지가 아니라 빠른 회복 속도였다. 우파의 놀라운 회복력은 지식인과 정치인 사이의 유대관계가 증가한 데서 분명하게 드러났다. 뉴욕에서는 1961년 창당된 보수당Conservative Party ─ 명백한 보수주의 정당 ─ 이 꾸준히 성장하고 있었고, 프랭크 메이어와 같은 저술가들이 그 활동에 깊이 관여하고 있었다.[234] 1965년 윌리엄 F. 버클리 주니어는 뉴욕 시장 선거에 출마해 자유주의의 요새에서 자신의 철학을 전례 없이 드러냈다 ─ 그리고 13퍼센트의 득표율을 달성했다.[235] 10년 전이었다면 그러한 모험은 불가능했을 것이다. 또한 정치인들 ─ 특히 1966년 이후 로널드 레이건 ─ 은 보수적 열정의 진원으로 부상하고 있었다. 이들 정치인 중 다수는 학계의 형제들과도 기꺼이 협력했다. 보수주의 사상과 정치 활동 사이의 장벽은 무너지고 있었다. 양자를 분리하는 일은 점점 더 어려워졌다.

1964년 이후 지적 우파가 정치적으로 정교해지고 있음을 보여주는 또 다른 징후는 우익 극단주의의 대표적인 상징 존버치소사이어티와의 분리를 점차 확고히 해나가고 있다는 것이었다. 1961년 전국 언론에 존

버치소사이어티가 등장한 이후부터 많은 보수주의자들은 이 소사이어티의 지도자 로버트 웰치의 거침없고 무책임한 발언에 당황했다. 윌리엄 F. 버클리 주니어는 웰치의 공개된 활동을 자유주의 언론이 "미국 우익 전체를 파문"하는 데 악용하고 있다고 믿었다.[236] 몇 년간 『내셔널리뷰』 계열은 웰치에게 집중 사격을 가했지만, 소사이어티 전체를 비난하지는 않았다.

1961년 버클리는 웰치와 자신의 "심각한 차이"를 강조하고, 아이젠하워 대통령이 공산주의자라는 그의 주장을 비난했다. 다른 한편 그는 소사이어티 자체—웰치의 거친 비난에 주의를 기울여본 적 없는 회원이 대부분인—가 성공하기를 바랐다. 한 개인의 "주관적 동기"와 "객관적 결과"를 구별할 수만 있다면 말이다.[237] 1962년 초반 몇몇 보수주의 지도자들이 마이애미에서 모임[238]을 가진 직후 여러 보수주의자들이 버치 문제를 다시 덮으려 했다. 러셀 커크는 『커먼윌』에서 "책임이 막중한 보수주의"에 공산주의자들보다 더 큰 해악을 끼치고 있는 다수의 극단주의자들, 특히 웰치를 맹비난했다. 많은 점잖은 사람들이 이 소사이어티에 속해 있었지만, 소사이어티는 "소수 과격파", 즉 웰치에 의해 통제되고 있었다.[239] 거의 동시에 『내셔널리뷰』는 웰치—협회 전체가 아니라—가 "반공산주의라는 대의를 훼손"하고, 보수주의의 활동을 위험에 빠뜨리고 있으며, "적극적인 친공산주의자"와 "무능력한 반공산주의 자유주의자"의 차이를 여전히 인지하지 못하고 있다고 격렬하게 비판했다.[240]

그러나 1965년 무렵 웰치와 그의 추종자들을 구별하기란 더 이상 쉽지 않아 보였고, 『내셔널리뷰』의 편집자들은 특집 기사에서 소사이어티 전체를 비난했다.[241] 웰치의 편집증적 입장—편집자들은 이를 자세하게 인용했다—은 단순히 그의 견해일 뿐이라고 치부할 수 없었다. 그것이

소사이어티를 지배하고 있었고, 회원들은 그를 지지한다는 증거를 보여주고 있었다. 편집자들은 이들의 주장은 사실이 아니며, 정보에 입각한 반공산주의에 점점 더 해를 끼치고 있다고 믿었다. 따라서 소사이어티는 단지 "잘못 인도되고 있다"—메이어의 말에 따르면—고 여길 수만은 없었다. 소사이어티의 "음모라는 정신병"—미국의 "60~80퍼센트"를 공산주의자들이 지배하고 있다는 새로운 주장 등—은 미국의 국익을 수호하는 데 위험했다.[242]

존경할 만한 우파가 버치주의를 거부하는 동안 우파가 지적으로 성숙하고 인정받고 있다는 증거도 늘어났다. 1960년대 초반 분열을 초래한 철학적 논쟁은 융합주의에 의해 정당화된 일종의 휴전—적어도 일시적으로—에 자리를 양보하고 있었다. 보수주의자들은 이곳저곳에서 서서히 "성공을 거두고" 있는 듯 보였다. 1960년 약 30,000부였던 『내셔널리뷰』의 발행 부수는 1963년 60,000부로 급증했고, 1964년에는 90,000부를 넘어섰으며, 1964년 선거 이후 침체기를 거친 뒤 1965년에는 약 95,000부, 1960년대 후반에는 10만 부 이상을 기록했다.[243] 1962년 38개 신문사와 계약을 맺고 시작된 버클리의 신디케이트 칼럼syndicated column [244]은 신문사가 꾸준히 늘어나 1970년대 초반에는 미국에서 가장 광범위하게 판매된 2~3개의 칼럼 중 하나—구매하는 신문사가 300곳이 넘었다—가 되었다. 1966년 버클리는 인기 있는 텔레비전 토론쇼《파이어링 라인Firing Line》을 성공적으로 시작했다. 같은 해 말 밀턴 프리드먼은 『뉴스위크』의 정규 칼럼니스트가 되었다.[245] 한편 ISI는 대학가에서 보수주의 지식인들의 강의를 다수 조직하고, 수십 곳의 보수주의 클럽을 지원했다. 1965년 창간된 『대학연합리뷰Intercollegiate Review』는 1967년 무렵 45,000부를 발행하면서 빠른 속도로 주요 보수주의 저널이 되었다.[246] 1964년 4월에는 보수주의 북클럽Conservative Book Club이 결성되었다. 북클럽의 회원 수는 8개월 만에 25,000명이 되었고, 1965년에는 30,000명에 달했다.[247] 거의 모든 주요 보수주의 인사의 책이 이 클럽을 통해 소개되었고, 클럽의 제휴사인 알링턴하우스Arlington House — 역시 1964년 설립되었고, 곧바로 선도적인 보수주의 출판사가 된—에서 출판되었다.[248]

1967년 보수주의 성향의 청년들을 대상으로 하는 잡지 『랠리rally』는 이러한 발전을 조사하면서 다음과 같이 평했다.

(…) 1964년 이전에는 느슨하게 묶여 있던 출판물과 이익집단을 이제는 단단하게 묶어주는 이데올로기적 인프라의 발전이 (…) 지난 3년간 목격되었다. 언론, 활동가, 학계는 정교한 내부 소통과 분업을 통해 보수주의 공동체로 통합되었다.[249]

수년간 준비해온 통합의 단계가 끝나가고 있다는 분위기가 감돌았다. 보수주의자들은 더 이상 학계에서 따돌림받는 사람들이 아니게 되었다. 1964년 넬슨 록펠러와 "자유주의 기득권층"은 보수주의자들에게 말했다. 그들은 미국인들 삶의 "주류"에 속하지 않는다고. 4년의 시간이 숨 가쁘게 지나간 뒤 바로 이 보수주의자들이 미국 대통령직을 차지하는 데 일조했다.

═ ★★★ ═

권력은 손이 닿을 거리에 있는 듯 보였지만, 땅은 흔들리고 있는 것 같았다. 베트남과 빈민가의 고통, 커져가는 대학가의 무질서, 감각을 마비시키는 도시 범죄에 대한 공포 등은 1960년대 후반 많은 보수주의 지식인들이 정말로 심각한 위기가 닥쳤다고 느끼게 된—아마 그 어느 때보다 강렬하게—직접적인 요인들이었다.[250] 그들은 국내와 해외에서 자유주의의 실질적 실패라고 여겼던 것보다 문명의 정신적·도덕적 기반의 붕괴와 무질서를 더 심각한 위협으로 인식했다. 허무주의적 상대주의[251]와 문자 그대로 체제전복적인 시민불복종 교리[252]에 의해 조장된 도덕적 붕괴에 놀란 보수주의자들은 물었다. 불만이 의미하는 바는 무엇인가?

폭동을 분석한 제임스 번햄은 "지배 엘리트들의 목적의식 붕괴"[253]라는 한 마디로 답을 제시했다. 서구에서 권위와 가치의 위기를 초래한 것은 와해되고 있는 엘리트, 자유주의 기득권층—무엇보다 급진화된 지식인—이었다. 존경받는 보수주의 종교사회학자 윌 허버그에 따르면 미국은 질서 있는 사회에서 "스스로를 추방"하고, 자신의 전통에 대항하는 전쟁을 이끌고 있는 몰락한 지식인들의 "변절"을 목격하고 있었다. 그 옛날 반대는 기본적인 합의 안에서의 불일치를 의미했다고 그는 말했다. 더 이상은 아니었다. 이제 반대는 표류하는 지식인들에게 그들이 추구하는 권력을 내어주기 거부하는 사회에 대한 분노와 혁명을 위장해주는 "가면과 도구"—"확고한 내용 없는"—일 뿐이었다.[254]

그러나 1968년 스티븐 톤소르는 아마도 이 먹구름 뒤에는 한 줄기 은빛이 있을 것이라고 말했다. 미국인들 모두가 "타락"한 것은 아니기 때문이었다. 우리 사회 전체가 "병을 앓고" 있는 건 아니었다. 벌어지고 있는 일은 이런 것이 아니었다. "위대한 자유주의 패권의 최후의 시간." 지배적인 자유주의 엘리트들—체 게바라나 말콤 엑스 같은 혁명적 삶의 방식에 정서적으로 도취되어 생존 의지가 결여된 타락하고 "종말을 갈망하는"—이 죽어가고 있었다. 톤소르는 이를 "한 시대의 종말"이라고 말했다.[255] 1960년대 후반과 1970년대 초반의 충격적인 시기에 보수주의자들은 그 공백을 메우려 애썼다.

주

1　윌리엄 F. 버클리 주니어, 「정당과 깊고 푸른 바다The Party and the Deep Blue Sea」, 『커먼윌』 55(1952년 1월 25일), 391~393쪽

2　윌리엄 F. 버클리 주니어, 「선거 전날 밤의 성찰Reflections on Election Eve」, 『내셔널리뷰』 2(1956년 11월 3일), 6~7쪽

3　윌리엄 F. 버클리 주니어, 「드와이트 D. 아이젠하워의 고요한 세상The Tranquil World of Dwight D. Eisenhower」, 『내셔널리뷰』 5(1958년 1월 18일), 57~59쪽

4　이 저널이 초기에 아이젠하워와 "진보적 온건의 시대"를 비판한 내용은 존 체임벌린 편, 『『내셔널리뷰』 독자The National Review Reader』(뉴욕, 1957), 185~213쪽을 참조할 것.

5　앤서니 해리건, 「우리 행정부는 보수적인가Is Our Administration Conservative?」, 『가톨릭세계』 179(1954년 4월), 24~28쪽. 같은 맥락에서 해리건의 글, 「미국적 상황의 실재The Realities of the American Situation」, 『가톨릭세계』 184(1957년 3월), 458~464쪽을 참조할 것.

6　프랭크 S. 메이어, 「아이젠하워는 어디로 가고 있는가Where Is Eisenhower Going?」, 『아메리칸머큐리』 78(1954년 3월), 123~126쪽

7　프랭크 S. 메이어, 「미끄러짐과 차악의 이론Slippage and the Theory of the Lesser Evil」, 『내셔널리뷰』 6 (1959년 2월 28일), 556쪽

8　프랭크 S. 메이어, 「'불가능한 것'의 정치 Ⅱ: 1960년의 딜레마The Politics of 'The Impossible' Ⅱ: 1960 Dilemma」, 『내셔널리뷰』 7(1959년 12월 19일), 555쪽

9　모든 보수주의자들이 메이어에 동의한 것은 아니었다. 나중에 리처드 닉슨의 전기를 집필한 랄프 드 톨레다노는 편집자에게 보낸 편지(『내셔널리뷰』 4(1957년 12월 21일), 573쪽]에서 정치란 어쨌든 권력을 잡는 일이라고 강조했다. "교훈: 민주당이 선거를 이긴 것은 그들이 사태가 어떻게 흘러가는지를 주시했기 때문이다. 공화당은 트로츠키 분파마냥 이념적인 순수성에서 만족감을 찾았을 뿐이다." 메이어의 반론에 관해서는 그의 「어떤 공을 따를 것인가On What Ball?」, 『내셔널리뷰』 5(1958년 1월 4일), 17쪽을 참조할 것.

10　리처드 위버도 아이젠하워식의 "온건함"을 거부한 보수주의자였다. 위버에 따르면 "정확하게 말하자면, 중도의 길을 걷는다는 주의는 결코 정치철학이 될 수 없다. 이는 오히려 정치철학의 부재 혹은 어떤 철학을 갖는 일을 피하는 것과 같다"[「중도: 어디로 가는가The Middle of the Road: Where It Leads」, 『휴먼이벤츠』 12(1956년 3월 24일)]. 또한 위버, 「중도의 길: 정치적 성찰The Middle Way: A Political Meditation」, 『내셔널리뷰』 3(1957년 1월 18일), 63~64쪽을 참조할 것. 이글에서 그는 다음과 같이 선언했다. "'중도'란 상대주의라는 가면을 뒤집어쓴 허위임이 명백해 보인다. 그리고 상대주의는 자유주의가 무지한 상태로 빠져들게 된 통로이다."

11　프랭크 S. 메이어, 「'불가능한 것'의 정치」, 『내셔널리뷰』 7(1959년 11월 7일), 459쪽. 언젠가 메이어는 다음과 같이 말한 적이 있었다. "보수주의자들은 정의상 [서구] 문명의 수호자이다. 그리고 이는 혁명적 시대에 저들은 반혁명가가 되어야만 한다는, 그리고 실제로 그렇다는 뜻이다."

12　「『내셔널리뷰』와 1960년 선거 National Review and the 1960 Election」, 『내셔널리뷰』 9(1960년 10월 22일), 233~234쪽. 프랭크 S. 메이어, 「1964년까지 불과 4년밖에 남지 않았다Only Four More Years to 1964」, 『내셔널리뷰』 9(1960년 12월 3일), 344쪽
1960년 선거에 대한 『내셔널리뷰』의 침묵 뒤에는 리처드 닉슨을 지지할 것인지 말 것인지를 둘러싼 편

집자들 간의 논쟁이 있었다. 당연히 메이어는 강경하게 이에 반대했다. 그가 윌리엄 F. 버클리 주니어에게 보낸 제안서(1960년 5월 10일, 윌리엄 F. 버클리 주니어 페이퍼스, 예일대학교 도서관, 뉴헤이븐, 코네티컷)를 참조할 것.『내셔널리뷰』의 발행인 윌리엄 러셔도 닉슨에 대한 지지를 공식적으로 표명하는 것에 반대했다. 그가 1960년 9월 14일과 10월 10일에 버클리에게 보낸 제안서(버클리 페이퍼스)를 참조할 것. 반대편에는 (닉슨에게 개인적인 호감이 없었음에도 불구하고) 제임스 번햄이 있었다. 번햄이 버클리에게 보낸 편지(1960년 10월 9일, 버클리 페이퍼스)를 참조할 것.

13 예를 들어『내셔널리뷰』초창기부터 중요 인사였던 윌리엄 S. 슐람은 아이젠하워를 싫어했다. 슐람에 관한 재밌는 일화로는「기밀: 우리끼리 Confidential: Among Ourselves」,『내셔널리뷰』2(1956년 12월 1일), 15쪽을 참조할 것. 슐람이 휴가를 갔을 때 이 잡지의 직원이 장난으로 그의 사무실 전체를 아이젠하워 대통령 사진으로 장식했다고 한다.『내셔널리뷰』는 슐람이 두 정당 모두에게 드와이트와 밀턴 아이젠하워를 대통령과 부통령 후보로 지명하라고 촉구했다는 가짜 기사가 실린『내셔널리뷰』를 준비하기도 했다. 또한 아이젠하워를 가혹하게 비판한 내용은 윌리엄 S. 슐람,『독일과 동서 위기 Germany and the East-West Crisis』(뉴욕, 1959), 199~202쪽을 참조할 것. 슐람은 아이젠하워가 "전쟁은 생각할 수도 없다"라고 말한 데 특히 분노했다. 슐람은 이 발언에 대해 "논리상 아무 생각 없고, 도덕적으로 나약하며, 정치적으로는 자살에 가깝다"고 평했다.

14 러셀 커크가 하버드대학교에서 한 강연, 케임브리지, 매사추세츠, 1971년 4월 21일

15 스티븐 톤소르가 편집자에게 보낸 편지,『내셔널리뷰』6(1958년 12월 20일), 412쪽

16 휘태커 체임버스,『냉혹한 금요일 Cold Friday』(뉴욕, 1964), 221쪽

17 체임버스가 버클리에게 보낸 편지, 1958년 11월 [23일?],『어느 친구의 오디세이: 휘태커 체임버스가 윌리엄 F. 버클리 주니어에게 보낸 편지, 1954-1961』, 윌리엄 F. 버클리 주니어 편(뉴욕, 1970), 216쪽에서 인용.

18 체임버스가 버클리에게 보낸 편지, 1959년 5월 7일(같은 곳), 247쪽에서 인용.

19 체임버스가 버클리에게 보낸 편지, 1954년 9월(같은 곳), 79쪽에서 인용.

20 윌리엄 F. 버클리 주니어,『자유주의에서 깨어나다』(뉴욕, 1959), 2부를 참조할 것.

21 보수 진영에서 흔히 쓰이던 용어다. 특히 M. 스탠턴 에반스,『자유주의 기득권층 Liberal Establishment』(뉴욕, 1965)을 참조할 것.

22 휘태커 체임버스에게 러시아혁명은 "20세기 전반부의 주요 사건"이었고, 공산주의는 20세기 전체의 "주요 문제"였다(『냉혹한 금요일』, 109쪽).

23 프랭크 S. 메이어,「'새로운 아이디어'냐, 오래된 진리냐 New Ideas' or Old Truth」,『내셔널리뷰』3(1957년 2월 2일), 108쪽

24 같은 글

25 프랭크 S. 메이어,「U-2 정찰기에 의해 구조되다 Saved by the U-2」,『내셔널리뷰』8(1960년 6월 4일), 365쪽

26 제임스 번햄,「혁명은 끝났는가 Is the Revolution Dead?」,『내셔널리뷰』19(1967년 10월 31일), 1162, 1164, 1220쪽

27 로버트 스트라우스-후페,「결코 줄지 않는 크렘린의 욕망 The Kremlin's Undiminished Appetite」,『내셔널리뷰』20(1968년 2월 27일), 180~182, 205쪽

28 프랭크 S. 메이어,『공산주의자 만들기: 공산주의 간부의 훈련법 The Moulding of Communists: The Training of the Communist Cadre』(뉴욕, 1961), 4쪽

29 같은 책, 5쪽

30 같은 책, 171쪽

31 게르하르트 니에메예르, 존 S. 레세타 주니어 도움,『소련의 정신 구조에 대한 탐구 An Inquiry into Soviet Mentality』(뉴욕, 1956). 이 책은 로버트 스트라우스-후페가 설립한 펜실베이니아대학교 외교정책연구소의 후원을 받아 출판되었다. 니에메예르는 이 책의 도입부에서 스트라우스-후페와 스테판 포소니의 도움에

공개적으로 감사를 표했다.

32 같은 책, 70쪽

33 같은 책, 69쪽

34 같은 책, 72~73쪽

35 같은 책, 74쪽

36 같은 책

37 같은 책, 72쪽

38 슐람, 『독일과 동서 위기』, 172쪽

39 L. 브렌트 보젤, 「그들이 질서를 부여했다 II They gave the Orders, II」, 『내셔널리뷰』 7(1959년 10월 24일), 419쪽

40 프랭크 S. 메이어, 「핵무기 시대의 정당한 전쟁 Just War in the Nuclear Age」, 『내셔널리뷰』 14(1963년 2월 12일), 105~106쪽

41 같은 글, 112쪽

42 윌리엄 F. 버클리 주니어, 「평화와 평화주의 Peace and Pacifism」, 『내셔널리뷰』 7(1959년 10월 24일), 427쪽

43 윌리엄 F. 버클리 주니어, 「빨갱이들의 시체 위에서 On Dead - Red」, 『내셔널리뷰』 13(1962년 12월 4일), 424쪽

44 슐람, 『독일과 동서 위기』, 184, 169쪽

45 같은 책, 183쪽

46 같은 책, 170, 184쪽

47 같은 책, 170쪽

48 버클리, 「고요한 세상」, 57~58쪽

49 버클리 편, 『어느 친구의 오디세이』, 78쪽에서 인용.

50 M. 스탠턴 에반스, 『굴복의 정치학 The Politics of Surrender』(뉴욕, 1966), 21쪽

51 윌리엄 F. 리켄배커, 『네 번째 집: 글 모음집 The Fourth House: Collected Essays』(뉴욕, 1971), 37쪽. 리켄배커는 1945년에서 1965년까지의 시기를 설명하고 있다.

52 전후 시기 대외 정책 현황에 대한 보수주의자들의 태도를 대표적으로 요약한 내용은 같은 책, 36~59쪽을 참조할 것.

53 메이어, 「'새로운 아이디어'냐, 오래된 진리냐」, 107쪽

54 「그 일주일 The Week」, [익명의 사설], 『내셔널리뷰』 2(1956년 11월 3일), 3쪽

55 「헝가리 서약」, 『내셔널리뷰』 2(1956년 12월 8일), 5쪽

56 예를 들어 프랭크 S. 메이어, 「미국적 비극 An American Tragedy」, 『내셔널리뷰』 2(1956년 12월 8일), 12쪽을 참조할 것.

57 제임스 번햄, 「국가들의 감옥 Prisonhouse of Nations」, 『내셔널리뷰』 20(1968년 9월 10일), 897쪽

58 「추상이 서구를 죽인다 Abstractions Kill the West」, 『내셔널리뷰』 2(1956년 12월 6일), 6쪽

59 프레더릭 D. 빌헬름센, 「미국 낙관주의의 파산 The Bankruptcy of American Optimism」, 『내셔널리뷰』 3(1957년 5월 11일), 449, 451쪽. 빌헬름센은 몇 년 후 공산주의와의 "공존이라는 이설"을 다루는 글을 썼다. 「생존의 신학을 향하여 Towards a Theology of Survival」, 『내셔널리뷰』 17(1965년 1월 12일), 17~19쪽

60 제임스 번햄, 『우리가 하고 있는 전쟁: 마지막 10년과 그 다음 The War We Are In: The Last Decade and the Next』(뉴로셸, 뉴욕, 1967), 15~19쪽

61 보수주의자들은 아프리카에서 벌어진 일을 광범위하게 비판했다. 『내셔널리뷰』는 이 주제와 관련된 사설을 자주 실었다. 또한 프랭크 S. 메이어 편, 『아프리카 쐐기풀: 신생 대륙의 딜레마 The African Nettle: Dilemmas of an Emerging Continent』(뉴욕, 1965), 그리고 토마스 몰나르, 『아프리카: 정치적 여행기 Africa: A Political Travelogue』(뉴욕, 1965)를 참조할 것.

62 번햄, 『우리가 하고 있는 전쟁』, 19쪽

63 프랭크 S. 메이어, 「책임 방기Abdication of Responsibility」, 『내셔널리뷰』 10(1961년 4월 8일), 218쪽

64 예를 들어 제임스 J. 킬패트릭, 르네 알버트 보름스René Albert Wormser, 월터 다넬 제이콥스Walter Darnell Jacobs, 「로디지아: 역사적 사례Rhodesia: A Case HIstory」, 『내셔널리뷰』 19(1967년 5월 16일), 512~526쪽 참조.

65 번햄, 『우리가 하고 있는 전쟁』, 225~226쪽

66 제프리 하트, 「아프리카 고딕African Gothic」, 『내셔널리뷰』 18(1966년 7월 26일), 733쪽

67 메이어, 「책임 방기」, 218쪽

68 제임스 번햄, 「엉망으로 꼬인 카탕가Tangle in Katanga」, 『내셔널리뷰』 11(1961년 12월 30일), 446쪽

69 촘베에 대한 버클리의 찬사는 윌리엄 F. 버클리 주니어, 『통치자는 듣거라: 영성에 찬 정치적 계시에 관한 책The Governor Listeth: A Book of Inspired Political Revelations』(뉴욕, 1970), 403~405쪽을 참조할 것. 이는 촘베를 향한 보수주의자들의 존경심을 전형적으로 보여준다.

70 어니스트 반 덴 하그, 「콩고의 교훈The Lesson of the Congo」, 『내셔널리뷰』 16(1964년 9월 8일), 771~773, 785쪽을 참조할 것. 또한 어니스트 반 덴 하그, 「카탕가에서 유엔의 전쟁The UN War in Katanga」, 『내셔널리뷰』 12(1962년 3월 27일), 197~202쪽, 그리고 「유엔의 아둔한 콩고 정책The UN's Idiot Policy in the Congo」, 『내셔널리뷰』 17(1965년 1월 26일), 61~62쪽을 참조할 것.

71 버클리, 『통치자는 듣거라』, 404쪽

72 윌리엄 F. 버클리 주니어, 「우리는 포르투갈을 싫어해야만 하는가Must We Hate Portugal?」, 『내셔널리뷰』 13(1962년 12월 18일), 468쪽

73 제임스 번햄, 「유엔의 계산Arithmetic of the United Nations」, 『내셔널리뷰』 8(1960년 2월 13일), 99쪽. 또한 『아프리카 쐐기풀』(메이어 편)에 실린 번햄의 글, 243~253쪽을 참조할 것.

74 제임스 번햄, 「근본 오류Root Fallacy」, 『내셔널리뷰』 12(1962년 1월 16일), 24쪽. 「친구 출입 금지No Friends Allowed」, 『내셔널리뷰』 12(1962년 1월 30일), 60, 73쪽

75 제임스 번햄, 「왜 우리가 그것을 맡는가Why Do We Take It?」, 『내셔널리뷰』 17(1965년 1월 12일), 20쪽

76 제임스 번햄, 「유엔과 관련해 무엇을 할 것인가What to Do About the UN」, 『내셔널리뷰』 12(1962년 4월 24일), 284쪽. 또한 번햄, 「노예해방 선언Emancipation Proclamation」, 『내셔널리뷰』 13(1962년 11월 6일), 348쪽을 참조할 것.

77 번햄, 「유엔의 계산」, 99쪽

78 아놀드 런 경, 「선택적 분노Selective Indignation」, 『내셔널리뷰』 19(1967년 10월 3일), 1081~1082쪽

79 제임스 번햄, 『서구의 자살』(뉴로셸, 뉴욕, 1964), 205쪽

80 제프리 하트, 『미국 내의 이견: 현대 보수주의의 10년The American Dissent: A Decade of Modern Conservatism』(가든시티, 뉴욕, 1966), 102쪽

81 번햄, 「엉망으로 꼬인 카탕가」, 446쪽

82 에반스, 『굴복의 정치학』, 531쪽

83 리켄배커, 『네 번째 집』, 49쪽

84 같은 책, 58쪽

85 에반스, 『굴복의 정치학』, 531쪽

86 같은 책, 521~525쪽

87 찰스 말리크, 「서구 문명이 직면한 도전The Challenge to Western Civilization」, 『보수주의 논집』 멜빈 레어드 편(가든시티, 뉴욕, 1964), 4쪽

88 「필비의 교훈The Lesson of Philby」, 『내셔널리뷰』 19(1967년 10월 31일), 1155쪽. 당연히 보수주의자들은 국내와 국외에서 공산주의자들의 전복 음모 행위를 조사한 의회 조사 활동을 계속해서 지지했다. 예컨대 윌리엄 F. 버클리 주니어 외, 『위원회와 비판자들: 하원 비미활동조사위원회에 대한 차분한 검토The Commit-

tee and Its Critics: A Calm Review of the House Committee on Un - American Activities』(시카고, 1962)를 참조할 것.

89 프랭크 S. 메이어, 「침대 밑에 뭐가 있는가What Is Under the Bed?」, 『내셔널리뷰』 12(1962년 4월 10일), 244쪽

90 제임스 번햄, 「공산주의는 쓰러지고 있는가Is Communism Folding Up?」, 『내셔널리뷰』 17(1965년 7월 27일), 631쪽. 번햄은 이를 "케넌-드골-모겐소-리프먼 접근법"이라고 불렀다.

91 프랭크 S. 메이어, 「적의 본성 Nature of the Enemy」, 『내셔널리뷰』 3(1957년 3월 23일), 283쪽

92 프랭크 S. 메이어, 「대외 정책의 딜레마Dilemmas of Foreign Policy」, 『내셔널리뷰』 5(1958년 3월 29일), 303쪽

93 토마스 몰나르, 「너무나도 성급한 지혜All - Too - Hasty Wisdom」, 『내셔널리뷰』 11(1961년 7월 15일), 20~21쪽

94 슐람, 『독일과 동서 위기』, 172쪽

95 프랭크 S. 메이어, 「공산주의는 변하지 않는다Communism Remains Communism」, 『내셔널리뷰』 2(1956년 10월 13일), 11, 12쪽

96 같은 글, 12쪽

97 프랭크 S. 메이어, 「상대주의자가 악을 '재평가하다'The Relativist 'Re - evaluates' Evil」, 『내셔널리뷰』 3(1957년 5월 4일), 429쪽

98 프랭크 S. 메이어, 「미국적 비극」, 『내셔널리뷰』 2(1956년 12월 8일), 12쪽

99 슐람, 『독일과 동서 위치』, 174쪽

100 같은 책, 172쪽

101 같은 책, 173쪽

102 같은 책, 174~175쪽

103 윌리엄 F. 버클리 주니어, 『보석상의 눈: 거부할 수 없는 정치사상에 관한 책』(뉴욕, 1968), 48~49쪽

104 L. 브렌트 보젤, 「서구를 확대하라Magnify the West」, 『내셔널리뷰』 12(1962년 4월 24일), 286쪽

105 프랭크 S. 메이어, 「지금이 어느 때인가What Time Is It?」, 『내셔널리뷰』 6(1958년 9월 13일), 180쪽

106 체임버스, 『냉혹한 금요일』, 225~226쪽

107 제임스 번햄, 『서구의 자살: 자유주의의 의미와 운명에 대한 글』(뉴욕, 1964). 영국의 저명한 노동당 당원 R. H. S. 크로스만R. H. S. Crossman은 이 책을 "해로운 것이 분명한" "강력한" 저작이라고 평가했다. 크로스만은 좌파에게 번햄의 책을 과소평가하지 말라고 경고하면서 번햄이 주로 자유주의, 특히 자유주의의 "도덕적 비대칭성"을 상대로 점수를 올렸다고 인정했다. R. H. S. 크로스만, 「우파의 급진주의자들Radicals on the Right」, 『파르티잔리뷰』 31(1964년 가을), 555~565쪽을 참조할 것.

108 "공산주의가 하는 일은 자유주의 원리를 그들의 논리적이고 실천적인 극단으로 끌고 가는 것이다. 그것은 세속주의, 전통과 관습에 대한 거부, 과학에 대한 강조, 인간 존재를 새로이 주조해내는 일이 가능하다는 확신, 기존의 제도를 모두 변화시키겠다는 결심, 모든 사회적 차이를 청산하겠다는 목표, 국제주의, 복지국가가 전체주의 국가에서 그 궁극적 형태를 갖는다는 믿음이다"(번햄, 『서구의 자살』, 289쪽).

109 같은 책

110 같은 책, 305, 297쪽

111 맬컴 머거리지, 「위대한 자유주의의 죽음-갈망The Great Liberal Death - Wish」, 『내셔널리뷰』 18(1966년 6월 14일), 573~574쪽

112 보젤, 「서구를 확대하라」, 287쪽

113 말리크, 「서구 문명이 직면한 도전」, 14쪽

114 가이 데빈포트, 「최초의 전국적 시 축제: 보고서First National Poetry Festival: A Report」, 『내셔널리뷰』 14(1963년 1월 15일), 26쪽

115 말리크, 「서구 문명이 직면한 도전」, 5~6쪽

116 같은 글, 16쪽

117 이와 같은 대안에 대한 분석은 번햄, 『우리가 하고 있는 전쟁』, 특히 3장을 참조할 것.

118 로버트 스트라우스-후페, 윌리엄 R. 킨트너, 스테판 T. 포소니, 『미국을 위한 전진 전략A Forward Strategy for America』(뉴욕, 1961)

119 배리 골드워터, 『어째서 승리는 안 되는가』(뉴욕, 1962), 19쪽. 골드워터는 "공산주의 전쟁에 대한" 니에메예르의 "관점이 나의 연구에 귀중한 도움을 주었다"고 말했다. 골드워터의 참고문헌 목록은 당시 대외 정책에 관한 영향력 있는 보수주의적 견해를 보여주는 책들이다.

120 프랭크 메이어의 칼럼은 때때로 그가 선호하는 보다 공격적인 정책에 대한 암울한 대안으로 이런 가능성을 제시했다.

121 제임스 번햄, 「새로운 고립주의The New Isolationism」, 『내셔널리뷰』 17(1965년 1월 26일), 60쪽을 참조할 것.

122 제임스 번햄, 「요충지The Choking Point」, 『내셔널리뷰』 12(1962년 3월 27일), 203쪽

123 번햄, 『우리가 하고 있는 전쟁』, 17쪽

124 스트라우스-후페 · 킨트너 · 포소니, 『전진 전략』, 405~406쪽

125 1960년 『내셔널리뷰』는 중국과 러시아에 관한 여덟 편의 학술적인 글을 특별 부록으로 출간했다. 이들은 중국과 소련 사이에는 아무런 분열도 일어나지 않을 것이라고 결론 내렸다. 1966년 제프리 하트는 『미국 내의 이견』, 157~158쪽에서 이 여덟 명의 보수주의자들이 실수를 저질렀다고 말했다. 그럼에도 하트는 보수주의의 주류 의견을 고찰하면서 중 · 소 분열이 서구 세계에 얼마나 "중요한"지 의문을 제기했다. 어쨌거나 그는 러시아와 중국은 여전히 우리의 불구대천의 이데올로기적 적이고, 기껏해야 우리를 묻어버리는 가장 좋은 방식에 관해서만 서로 의견을 달리할 뿐이라고 보았다.

126 로버트 스트라우스-후페 외, 『해묵은 분쟁Protracted Conflict』(뉴욕, 1959). 이 책의 표지는 딘 애치슨 · C. L. 설즈버거C. L. Sulzberger · 스튜어트 사이밍턴Stuart Symington 상원의원 · 헨리 해즐릿 · 헨리 키신저 · Adm. 알레이 버크Adm. Arleigh Burke. 제독 등 서로 다른 정치적 견해를 가진 여러 사람들의 대단한 찬사로 장식되었다. M. 스탠턴 에반스는 이 책이 "제임스 번햄의 『세계를 위한 투쟁』 이후 내가 본 대외 정책에 관한 논의 중 가장 중요한 논의"라고 선언했다[「승리를 위한 모스크바의 공식Moscow Formular for Victory」, 『내셔널리뷰』 7(1959년 8월 1일), 248~249쪽]. 제임스 번햄도 결국 칼럼의 제목을 "해묵은 분쟁"으로 바꿨고, 이를 "탁월한 저서"라고 말했다[「헝가리, 티베트 그리고 캐리비안Hungary, Tibet and the Caribbean」, 『내셔널리뷰』 7[(1959년 7월 18일), 203쪽]. 이 학자에 대한 보수주의자들의 존경을 보여주는 다른 증거로는 러셀 커크, 「스트라우스-후페 박사의 총명함The Sagacity of Dr. Strausz-Hupé」, 『내셔널리뷰』 19(1967년 11월 14일), 1276쪽을 참조할 것.

127 『뉴욕타임스』 1969년 12월 23일, 11쪽

128 자유주의자들이 유엔을 점차 환멸하게 되었다는 점에 대해서는 하트, 『미국 내의 이견』, 158~161쪽을 참조할 것.

129 버클리, 『자유주의에서 깨어나다』, 179~183쪽

130 같은 책, 181, 184쪽

131 마틴 앤더슨, 『연방 불도저: 도시 재개발 사업에 대한 비판적 분석, 1949~1962 The Federal Bulldozer: A Critical Analysis of Urban Renewal 1949-1962』(케임브리지, 매사추세츠, 1964)

132 같은 책, 67쪽

133 관련된 내용을 요약한 결론은 같은 책, 219~233쪽을 참조할 것.

134 같은 책, 219~220쪽

135 같은 책, 213쪽

136 같은 책, 230쪽

137 1962년 한 젊은 변호사가 『프리맨』에 연방정부가 제안한 도시 내 주택단지 조성사업을 성공적으로 저지시킨 코네티컷주 윈스테드 주민들의 집단행동에 관한 글을 썼다. 주민들은 주민투표를 이용해 이 제안을 세 번이나 단호하게 거부했다. 이 변호사는 공공주택사업이 자유, 사유재산, 그리고 주택 문제를 악화시키는 방식에 대해 상세하게 기술했다. 그는 "거대 정부는 권력 남용과 사적 영역에 대한 침해를 제약하기 위해 고안된 제도의 능력을 넘어섰다"고 경고했다. 그는 윈스테드의 사례를 "복지국가"에 저항하는 고무

적인 사례로 소개했다. 이 변호사가 바로 랠프 네이더Ralph Nader였다. 네이더, 「윈스테드인 주민들은 어떻게 온전할 수 있었나How Winstedites Kept Their Integrity」, 『프리맨』 12(1962년 10월), 49~53쪽

138 예일 브로젠, 「겉으로 명백해 보이는 것들의 비진리성The Untruth of the Obvious」, 『공화주의 논집Republican Papers』, 멜빈 레어드 편(뉴욕, 1968), 145쪽. 전반적으로 144~153쪽을 참조할 것.

139 같은 책, 149~150, 152~153쪽

140 같은 책, 157쪽

141 밀턴 프리드먼, 『자본주의와 자유』(시카고, 1962), 129쪽. 전반적으로 8장 「독점 그리고 기업 및 노동계의 사회적 책임Monopoly and the Social Responsibility of Business and Labor」을 참조할 것.

142 브로젠, 「겉으로 명백해 보이는 것들의 비진리성」, 159쪽

143 버클리, 『자유주의에서 깨어나다』, 177쪽

144 프리드먼, 『자본주의와 자유』, 185~189쪽

145 같은 책, 189쪽

146 콜린 D. 캠벨, 「사회보장제도: 지난 30년Social Security: The Past Thirty Years」, 『공화주의 논집』 레어드 편, 325~337쪽을 참조할 것.

147 프랭크 S. 메이어, 「사회보장제도는 금기인가Is Social Security a Sacred Cow?」, 『내셔널리뷰』 17(1965년 6월 1일), 463쪽

148 M. 스탠턴 에반스, 「국내에서At Home」, 『내셔널리뷰 회보National Review Bulletin』 24(1972년 7월 28일), 118쪽

149 밀턴 프리드먼, 「중산층에게 주는 빈곤층의 복지급여The Poor Man's Welfare Payment to the Middle Class」, 『워싱턴 먼슬리』 4(1972년 5월), 11~12, 15~16쪽. 같은 호(14쪽)에서 유명한 자유주의 칼럼니스트이자 점점 (특히 머레이 로스바드가 표명했던) 자유지상주의의 영향을 받고 있던 니콜라스 폰 호프먼은 프리드먼의 제안을 지지했다.

150 버클리, 『보석상의 눈』, 34쪽

151 배리 골드워터, 『보수주의자의 양심』(셰퍼즈빌, 켄터키, 1960), 37쪽

152 롭 우드 및 딘 스미스, 『배리 골드워터』(뉴욕, 1961), 79쪽

153 프랭크 S. 메이어, 「니그로 혁명The Negro Revolution」, 『내셔널리뷰』 14(1963년 6월 18일), 496쪽

154 윌리엄 F. 버클리 주니어, 「브라운 대 교육위원회 사건에 대한 주해Footnote to Brown v. Board of Education」, 『내셔널리뷰』 10(1961년 3월 11일), 137쪽

155 어니스트 반 덴 하그, 「인종차별 폐지 소송에 관한 사회과학적 증거-케네스 클라크 교수에 대한 답변Social Science Testimony in th eDesegregation Ceses - A Reply to Professor Kenneth Clark」, 『빌라노바 법리뷰』 6(1960년 가을), 69~79쪽

156 어니스트 반 덴 하그, 「니그로와 백인: 요구, 권리, 그리고 전망Negros and Whites: Claims, Rights, and Prospects」, 『모던에이지』 9(1965년 가을), 358쪽

157 어니스트 반 덴 하그, 「지성인가 편견인가Intelligence or Prejudice?」, 『내셔널리뷰』 16(1964년 12월 1일), 1061쪽

158 제프리 하트, 「도시의 니그로The Negro in the City」, 『내셔널리뷰』 20(1968년 6월 18일), 604쪽

159 「통합의 대가는 무엇인가What Price Integration?」, 『내셔널리뷰』 19(1967년 8월 22일), 887~888쪽

160 프랭크 S. 메이어, 「니그로 혁명-새로운 국면The Negro Revolution - A New Phase」, 『내셔널리뷰』 18(1966년 10월 4일), 998쪽

161 프랭크 S. 메이어, 「반란과의 마지막 결전Showdown with Insurrection」, 『내셔널리뷰』 20(1968년 1월 16일), 36쪽

162 프랭크 S. 메이어, 「자유주의가 폭동을 일으키다Liberalism Run Riot」, 『내셔널리뷰』 20(1968년 3월 26일), 283쪽

163 M. 스탠턴 에반스, 「국내에서」, 『내셔널리뷰 회보』 20(1968년 4월 16일), 62쪽. 에반스의 분석은 모이니한에 의해 확정되었다. "디트로이트에는 지방자치를 바라는 위대한 사회의 모든 것이 있다. 훌륭한 시장

과 훌륭한 주지사. 그리고 정부의 재정 정책 덕분에 높은 임금을 받으며 호황을 누리고 있는, 전 세계 자유주의적 노동조합을 선도하는 후손들에 의해 문명화되고, 이들과 연합한 산업이 있다."
"게다가 디트로이트는 니그로 주민들이 이 지역의 정부와 경제에서 차지하는 지위를 자랑스러워할 만한 이유가 충분한 도시였다"(『자유주의자들은 무엇을 잘못했나Where Liberals Went Wrong』, 『공화주의 논집』, 레어드 편, 132쪽).

164 어니스트 반 덴 하그, 「시민 소요를 막지 않는 법How Not to Prevent Civil Disorder」, 『내셔널리뷰』 20(1968년 3월 26일), 284~287쪽

165 하트, 「도시의 니그로들」, 603~606, 623쪽

166 버클리, 『보석상의 눈』, 137쪽

167 반 덴 하그, 「시민 소요」, 286~287쪽

168 하트, 「도시의 니그로들」, 606, 623쪽. 반 덴 하그도 노동조합의 흑인 차별을 강하게 비판했다.

169 버클리, 『통치자는 듣거라』, 101쪽

170 윌리엄 F. 버클리 주니어, 『어느 시장의 실패한 탄생』(뉴욕, 1966), 147쪽

171 하트, 「도시의 니그로들」, 623쪽

172 「통합의 대가가 무엇인가」, 188쪽

173 메이어, 「자유주의가 폭동을 일으키다」, 283쪽; 메이어, 「반란과의 마지막 결전」, 36쪽

174 메이어, 「자유주의가 폭동을 일으키다」, 283쪽

175 하트, 「도시의 니그로들」, 606쪽

176 번햄, 『서구의 자살』, 195, 196~197쪽

177 반 덴 하그, 「시민 소요」, 287쪽

178 리처드 C. 코누엘레, 『아메리칸 드림의 재생Reclaiming the American Dream』(뉴욕, 1965), xiii쪽. 이 구절에 나온 그의 일대기에 관한 정보는 「개인사 요약A Personal Summary」, xi~xv쪽을 참조했다. 또한 코누엘레의 일생에 대한 개략적인 설명은 이 책의 마지막 장을 참조할 것.

179 같은 책, 55쪽

180 같은 책, 26쪽

181 그의 책 문고판 뒤표지는 알린스키와 크리스톨, 그리고 버클리의 찬사로 장식되었다.

182 프랭크 S. 메이어, 「리처드 코누엘레와 제3의 영역Richard Cornuelle and the Third Sector」, 『내셔널리뷰』 17(1965년 2월 9일), 103쪽

183 이 두 구절에 제시된 인용구와 일대기에 관한 정보는 저자가 보낸 질문에 대한 프리드먼의 녹음 답변(1972년 2월 26일)을 참조했다. 또한 존 데이븐포트, 「밀턴 프리드먼의 급진적 경제학The Radical Economics of Milton Friedman」, 『포춘』 75(1967년 6월 1일), 131~132, 147~148, 150, 154쪽을 참조했다. 『자본주의와 자유』(시카고, 1962)의 서문에서 프리드먼은 볼커재단의 학술대회가 "내 삶에 가장 큰 지적 자극을 준 것" 중 하나라고 말했다.

184 그가 저자에게 보낸 녹음 내용에 따르면 프리드먼은 자신을 보수주의자라고 생각해본 적이 결코 없었다고 강조했다. 하이에크의 글 「왜 나는 보수주의자가 아닌가」와 같은 이유를 들면서 프리드먼은 때때로 자신은 보수주의자가 아니라고 항변하기도 했다. 보수주의 꼬리표를 싫어했다고 해서 그가 우파와 관계가 없었던 것도, 그가 우파에 미친 영향력이 줄어든 것도 아니다. 프리드먼은 명백히 "보수주의" 진영에 속해 있었다.

185 특히 프리드리히 하이에크, 『자유헌정론』(시카고, 1960)과 헨리 C. 시몬스, 『자유사회를 위한 경제 정책』(시카고, 1948)을 참조할 것.

186 프리드먼, 『자본주의와 자유』, 29쪽

187 같은 책, 4장을 참조할 것.

188 같은 책, 89, 91, 93쪽

189 같은 책, 198쪽

190 같은 책, 196~198쪽

191 같은 책, 108~109쪽

192 같은 책, 169쪽

193 같은 책, 38, 45, 50쪽. 1963년 프리드먼과 안나 슈와르츠는 『미국 화폐사, 1867~1960』(프린스턴, 1963)를 발표했다. 이 책의 7장은 1929년부터 1933년까지 연방준비제도이사회의 조치를 준엄하게 비판하고 있다. 1965년에는 이 책의 7장이 『대긴축, 1929~1933 The Great Contraction』(프린스턴, 1965)이라는 제목의 문고판으로 출판되었다. 이 책 서문 ix쪽에서 프리드먼와 슈와르츠는 그들의 결론을 요약해 보여주었다. "이 시기 화폐량의 급격한 감소와 전례 없이 엄혹한 수준의 금융공황은 여타 경제적 변동의 불가피한 결과가 아니었다. (…) 경기 침체기에 연방준비제도는 통화 수축과 은행 도산의 비극적 과정을 단축시킬 수 있는 충분한 역량이 있었다." 1931년 중반 무렵 연방준비제도는 성공적인 활동을 통해 경기 수축을 완화하고, 심지어는 "훨씬 더 일찍" 종료시킬 수 있었다.

194 물론 프리드먼이 학자로서 누렸던 명성은 『실증경제학 에세이 Essays in Positive Economics』(시카고, 1953)와 『소비함수 이론 A Theory of the Consumption Function』(프린스턴, 1957), 그리고 『화폐사』 같은 책들 덕분이기도 했다.

195 프리드먼의 『자본주의와 자유』(최근에 프랑스어로 번역됨)에 대한 논의로는 세르게-크리스토프 콜름, 「자유주의의 유용성 De l'utilité du liberalisme」, 『르몽드』, 1971년 12월 7일, 18쪽을 참조할 것.

196 가장 중요한 "오스트리아" 경제학자와 "시카고" 경제학자 사이에서 드러난 마찰에 관해서는 프랭크 H. 나이트, 「절대적 윤리학으로서의 절대적 경제학 Absolute Economics as Absolute Ethics」, 『윤리학』 76(1966년 4월), 163~177쪽; 헨리 해즐릿, 「프랭크 나이트에 대한 답변 A Reply to Frank Knight」, 『윤리학』 77(1966년 10월), 57~61쪽; 프랭크 H. 나이트, 「설명의 말 A Word of Explanation」, 『윤리학』 78(1967년 10월), 83~85쪽을 참조할 것. 이와 같은 의견 교환은 나이트가 해즐릿의 『도덕성의 토대 The Foundation of Morality』(뉴욕, 1964)를 비판적으로 논평하면서 일어났다. 전체적으로 보아 나이트는 해즐릿보다 "사회가 오로지 개인들 간의 교환을 통해서만 조직될 때 발생하게 될 (…) 자유시장의 심각한 일탈과 (…) 심각한 결과들을, '순수한' 경제학 이론에 따른 완전 경쟁시장에 가장 가깝고 가능한 접근법을 통해 예방할 수 있도록" 정부의 보다 광범위한 경제 개입을 선호했다. 해즐릿은 나이트의 사고 "흐름"이 "지난 30년간 이 나라에서 일어난 정부 권력의 엄청난 증대를 옹호하는 것처럼 보인다"면서 경계심을 표했다.

오스트리아학파가 시카고학파보다 반정부적인 성향을 띠었다는 것은 명백하다. 미제스에게서 상당한 영향을 받은 경제학자가 프리드먼을 비판한 것에 대해서는 머레이 N. 로스바드, 「밀턴 프리드먼 풀어보기 Milton Friedman Unraveled」, 『개인주의자』 3(1971년 2월), 3~7쪽을 참조할 것. 로스바드는 프리드먼을 "기득권층에 아부하는 자유지상주의자"라고 비판하면서 "국가주의의 반대자이자 자유시장의 옹호자가 아니라, 국가가 어떻게 더 효율적으로 자신의 사악한 업무를 해낼 것인가를 조언해주는 기술자 역할을 할" 뿐이라고 보았다. 로스바드는 프리드먼의 많은 잘못 중에서 "가장 끔찍한 것" 중 하나는 제2차 세계대전 중 미 재무부에서 "현재 미국의 리바이어던 국가"의 핵심이나 다름없는 소득세 원천징수 체계를 확립하는 역할을 그가 수행했다는 사실이라고 지적했다. 또 다른 잘못은 프리드먼이 "본질적으로 물가 인상을 조장하는" 제안, 즉 정부가 화폐 공급을 완전히 통제하는 시스템을 옹호했다는 것이었다.

197 프리드먼은 금본위제를 포기하고 변동환율제를 채택할 용의가 있었고, 이는 우익 경제학자들 사이에서 논쟁거리가 되었다. 저자의 질문에 대한 녹음 답변에서 그는 이 쟁점이 1947년 이래 몽펠르랭소사이어티의 정례 모임에서 가장 오랫동안 논의된 주제였다고 말했다. 미국의 통화 공급을 고정된 통상 비율로 늘려야한다는 (이를 통해 연방준비제도이사회의 재량권을 줄이자는) 프리드먼의 제안 역시 "오스트리아인들"과 케인스주의자들의 비판을 받았다. 두 진영의 비판자들은 프리드먼이 통화 정책의 중요성을 과장하고 있다는 데 의견을 같이 했다. 밀턴 프리드먼 및 월터 헬러, 『통화 정책 대 재정 정책: 대담 Monetary vs. Fiscal Policy: A Dialogue』(뉴욕, 1969), 그리고 로스바드, 「밀턴 프리드먼 풀어보기」, 5~6쪽을 참조할 것. 보수주의 경제학자들에 대한 유용한 탐구로는 피터 P. 위톤스키 Peter P. Witonski, 「보수 경제학자들 사이의 소란 Rough and Tumble among Conservative Economists」, 『내셔널리뷰』 24(1972년 2월 4일), 91~95, 114쪽을 참조할 것.

198 루트비히 폰 미제스, 「경기 예측의 어려움 The Plight of Business Forecasting」, 『내셔널리뷰』 1 (1956년 4월 4일), 17~18쪽. 이 글에서 그는 "계량경제학 같은 것은 있지도 있을 수도 없다"고 말했다.

199 위튼스키, 「소란」, 93쪽. 오스트리아학파와 시카고학파 사이의 차이점에 대한 연구는 이즈라엘 M. 커즈너 Israel M. Kirzner, 「자유지상주의 경제학 사상 내의 상이한 접근법들Divergent Approaches in Libertarian Economic Thought」, 『대학연합리뷰』 3(1967년 1~2월), 101~108쪽을 참조할 것. "보수주의자들은 케인스를 거부해야만 하는가?"라는 물음에 관한 헨리 해즐릿과 어니스트 반 덴 하그 사이의 흥미로운 의견 교환에 관해서는 『내셔널리뷰』 8(1960년 6월 4일), 361~364쪽을 참조할 것. 해즐릿은 그렇다고 답했고, 반 덴 하그는 아니라고 답했다. 해즐릿은 『케인스 경제학의 비판자들The Critics of Keynesian Economics』(프린스턴, 1959)의 편집자이자 『새로운 경제학의 실패The Failure of the New Economics』(프린스턴, 1959)의 저자였다.

200 제임스 C. 밀러 편, 『왜 징병제인가: 모병제를 위한 변론Why the Draft?: The Case for a Volunteer Army』(발티모어, 1968), 5쪽; 「그 일주일」, 『내셔널리뷰』 22(1970년 3월 10일), 236쪽

201 예를 들어 윌리엄 F. 버클리 주니어, 「플랫폼 위원회를 위한 메모들: Ⅲ. 시민불복종, 교육, 주거 문제, 노동 Notes for the Platform Committees: Ⅲ. Civil Disobedience, Education, Housing, Labor」, 『내셔널리뷰』 22(1968년 6월 4일), 571쪽을 참조할 것. 물론 프리드먼이 이런 아이디어를 지지한 유일한 보수주의자는 아니었다. 이는 오스트리아 경제학자 콜린 클라크가 1958년 무렵 주장했던 바이기도 했다. 클라크, 「갤브레이스 씨의 무시무시한 제안들The Horrible Proposals of Mr. Galbraith」, 『내셔널리뷰』 6(1958년 10월 11일), 239쪽. 그러나 프리드먼이 『자본주의와 자유』에서 바우처 계획을 적극적으로 옹호한 것이 적어도 이 문제에 대한 전국적 관심을 불러일으키는 데 있어 다른 어떤 영향력만큼이나 중요했다고 말해도 무방할 것이다.

202 윌리엄 F. 버클리 주니어, 「플랫폼 위원회를 위한 메모들: Ⅱ. 재정 정책 및 빈곤Notes for the Platform Committees: Ⅱ. Fiscal Policies & Poverty」, 『내셔널리뷰』 20(1968년 6월 4일), 570쪽. 이 계획은 모든 개인적 공제의 폐지, 1200달러까지 세금 면제 한도를 높일 것, 그리고 약 20퍼센트의 일률 (누진적이지 않은) 과세를 주장했다.

203 밀턴 프리드먼, 「음의 소득세를 위한 변론The Case for the Negative Income Tax」, 『공화주의 논집』 레어드 편, 202~220쪽, 그리고 프리드먼, 「음의 소득세를 위한 변론」, 『내셔널리뷰』 19(1967년 3월 7일), 239~241쪽을 참조할 것. 프리드먼은 『자본주의와 자유』, 190~195쪽에서 이 제안을 처음 제시했다.

204 『내셔널리뷰』의 발행인 윌리엄 러셔는 모병제에 반대했다(인터뷰, 케임브리지, 매사추세츠, 1971년 10월 30일). 1967년 제임스 번햄은 혈기왕성한 좌-우파의 반징집 연합이 현재 미국의 국익을 위협하고 있다고 비판했다[「반징집 운동The Anti-draft Movement」, 『내셔널리뷰』 19(1967년 6월 13일), 629쪽].

205 헨리 해즐릿, 「복지에 도래할 위기The Coming Crisis in Welfare」, 『내셔널리뷰』 19(1967년 4월 18일), 416쪽. 『내셔널리뷰』도 프리드먼의 제안을 비판했다. 「그 일주일」, 『내셔널리뷰』 18(1966년 8월 23일), 814쪽을 참조할 것. 머레이 로스바드는 프리드먼의 계획을 "재앙"이라고 일컬었다. 로스바드에 따르면 "복지 문제에 대한 자유지상주의적 접근법은 모든 강압적인 공공복지를 철폐하고, 그 대신 자립을 촉진한다는 원칙에 입각한 사적 자선을 도입하는 것이다. 이는 또한 사회 전반적으로 자립성과 독립성이라는 미덕을 교육시킴으로써 강화된다. 그러나 프리드먼의 계획은 그와 달리 정확히 반대의 방향을 향하고 있다. 그의 계획은 복지 급여를 자동적으로 주어지는 권리로 확립시킬 뿐만 아니라 생산자들에게 강요한다"(「밀턴 프리드먼 풀어보기」, 5쪽).

206 버클리, 『통치자는 듣거라』 127쪽. 이 글은 버클리가 1968년 1월 13일에 쓴 칼럼의 일부이다.

207 프리드먼이 "새로운 경제학"을 비판한 내용을 두 경제학자는 다음과 같이 요약했다. "첫째, 그는 화폐수량설을 꼼꼼히 재구성하고 검토했다. 둘째, 그는 통화 정책의 힘을 다시금 강조했다. 셋째, 그는 재정 정책의 유연성과 잠재력에 관한 러너의 관점과 물가 상승과 고용률 사이의 균형이라는 러너-사무엘슨의 믿음에 의문을 제기했다. 넷째, 그는 대공황에 관한 통상의 해석이 부정확하다고 주장하면서 미래에 그와 같은 파국을 막기 위한 자신만의 방안을 제시했다. 다섯째, 그는 베블런과 체임벌린의 방법론이 지닌 타당성에 이의를 제기했으며, 마지막으로 고전적 자유주의 철학을 자신의 시대에 알맞은 용어로 재정립했다"[윌리엄 브레이트William Breit 및 로저 L. 랜섬, 『학계의 잡기장: 서로 충돌하는 미국 경제학자들The Academic Scribblers: American Economists in Collision』(뉴욕, 1971), 227쪽]. 프리드먼의 입장에 관한 명쾌하고도 적극적인 해설로는 「『플레이보이』 인터뷰: 밀턴 프리드먼Playboy Interview: Milton Friedman」, 『플레이보이』 20(1973년 2월), 51~54, 56, 58~60, 62, 64, 66, 68, 74쪽을 참조할 것.

208 6장에서 언급한 볼커재단 시리즈는 자유방임철학이 학계에서 부활하고 있다는 또 다른 징조였다. 이 시리즈는 미제스·해즐릿·로스바드 같은 사람들의 글로 채워졌다. 정부에 의해 촉진된 독점과 그 결과의

역사에 관해서는 윌리엄 울드리지, 『독점자, 엉클 샘Uncle Sam, the Monopoly Man』(뉴로셀, 뉴욕, 1970)을 참조할 것.

209 예컨대 머레이 로스바드의 대작 『인간, 경제, 그리고 국가Man, Economy, and State』 2권(프린스턴, 1962)을 참조할 것. 헨리 해즐릿은 "1949년 루트비히 폰 미제스의 『인간행동론』이 출간된 이래 경제학 원칙에 관한 가장 중요한 종합연구서"라며 이 책을 극찬했다[「자유의 경제학The Economics of Freedom」, 『내셔널리뷰』 13(1962년 9월 25일), 232쪽]. 또한 해즐릿의 서평 「경제사상의 발전The Development of Economic Thought」, 『내셔널리뷰』 17(1965년 11월 30일), 1102, 1104쪽을 참조할 것. 이 글에는 1955년부터 1965년까지 자유지상주의의 주요 기고문들이 열거되어 있다.

210 나이트, 시몬스, 프리드먼에 대한 연구로는 브레이트 및 랜섬, 『학계의 잡기장』, 4부 「새로운 신고전주의The New Neoclassicism」를 참조할 것.

211 M. 스탠턴 에반스, 『대학가의 반란Revolt on the Campus』(시카고, 1961). 또한 패트릭 라일리, 「대학가의 보수주의Conservatism on the Campus」, 『아메리칸머큐리』 84(1957년 4월), 39~42쪽을 참조할 것.

212 유진 V. 슈나이더, 「급진 우파The Radical Right」, 『네이션』 193(1961년 9월 30일), 199~203쪽; 「대학가의 보수주의」, 『뉴스위크』 57(1961년 4월 10일), 35쪽을 참조할 것.

213 에반스, 『대학가의 반란』, 54~55쪽

214 같은 책, 58쪽

215 같은 책, 65~66쪽

216 같은 책, 71쪽

217 보수적인 미국기업연구소American Enterprise Institute 소장 윌리엄 바루디William Baroody가 그의 핵심 조언자였다. 이 선거운동에서 그를 도왔던 다른 중요한 지식인 중에는 게르하르트 니에메예르·후버연구소 책임자 W. 글렌 캠벨·렘Rehm재단의 리처드 웨어Richard Ware·데이비드 넬슨 로·스탠리 패리·칼 브란트·스테판 포소니·워런 너터·예일 브로젠 등이 있었다. 칼 헤스, 『승리할 대의를 위하여In a Cause That Will Triumph』(가든시티, 뉴욕, 1967), 28, 34~37쪽을 참조할 것.

218 센트럴미시간대학교 클라크역사도서관의 러셀 커크 페이퍼스(마운트플레전트, 미시간)는 커크와 골드워커 사이에 주고받은 흥미로운 편지들을 보관하고 있다. 골드워터는 커크에게 보낸 1963년 7월 12일 자 편지에서 노터데임대학교 연설에서 중대한 역할을 맡아준 커크에게 감사를 표했다. 골드워터가 후보로 지명되고 얼마 지나지 않은 1964년 8월 22일 커크에게 보낸 편지에서 그는 선거운동 초기부터 커크가 관여해온 일에 대해 말했다. 커크는 저자에게 보낸 1972년 4월 29일 자 편지에서 골드워터 상원의원은 자신이 이런 역할을 맡아서 도와준 유일한 보수 정치인이라고 말했다. 그는 노터데임 연설뿐 아니라 1962년 골드워터의 하버드대학교 강연에서도 "손을 거들었다"고 말했다. 커크는 1963년 7월 19일에 윌리엄 F. 버클리 주니어에게 보낸 답장(커크 페이퍼스)에서 「배리 골드워터의 정신The Mind of Barry Goldwater」[『내셔널리뷰』 15(1963년 8월 27일), 149~151쪽]에 대해 썼다.

219 데이븐포트, 「밀턴 프리드먼의 급진적 경제학」, 148~150쪽

220 F. 클리프턴 화이트F. Clifton White는 러셔의 활동을 여러 측면에서 검토했다(『스위트 3505: 골드워터 징병제 운동 이야기Suite 3505: The Story of the Draft Goldwater Movement』, 뉴로셀, 뉴욕, 1967).

221 랜드의 지지 선언은 『룩Look』 28(1964년 11월 3일), 53쪽에서 찾아볼 수 있다.

222 골드워터를 지지한 학계 인사 명단은 『시카고트리뷴Chicago Tribune』, 1964년 9월 29일, 1부, 6쪽에서 찾아볼 수 있다.

223 화이트, 『스위트 3505』, 21쪽 각주

224 던컨 노턴-테일러, 「로버트 태프트의 의회Robert Taft's Congress」, 『포춘』 48(1953년 8월), 145쪽

225 윌리엄 F. 버클리 주니어, 「비열한 선거운동The Vile Campaign」, 『내셔널리뷰』 16(1964년 10월 6일), 853~856, 858쪽. 이 글에서 버클리는 보수주의자들과 골드워터의 오점이라고 생각한 것들에 대해 논했으며, 조지 미니George Meany가 『새터데이이브닝포스트』에 쓴 글과 반명예훼손연맹의 자료들을 참조했다.

226 이러한 기타 인용구들은 케네스 폴 쇼리Kenneth Paul Shorey, 「미국인에게 보내는 편지Letter to an American」,

『모던에이지』 10(1966년 봄), 131~145쪽에서 발췌했다.

227 아마도 가장 유명한 논쟁에는 『팩트Fact』의 발행인 랠프 긴츠부르크Ralph Ginzburg도 참여했을 것이다. 긴 츠부르크는 이 잡지와 수많은 팸플릿을 통해, 그리고 『뉴욕타임스』와 그 외 여러 곳에 광고를 내면서 "배 리 골드워터가 심리적으로 미국의 대통령에 적합한가"라는 제목으로 정신과 의사들을 대상으로 실시한 사적 "설문"을 공론화시켰다. 이 제목의 설문에 정신과 의사들은 (이들 중 어느 누구도 골드워터를 검사하지 않 았으면서도) 아니라고 답했다. 쇼리, 「편지」, 145쪽을 참조할 것. 1970년 골드워터는 75,000달러에 달하는 명예훼손 재판에서 긴츠부르크에게 승소했다(『뉴욕타임스』, 1970년 1월 27일, 32쪽).

228 에반스, 『자유주의 기득권층』, 33~50쪽을 참조할 것. 또한 라이오넬 로코스, 『히스테리, 1964년: 배리 골 드워터에 대항하는 공포의 선거운동Hysteria, 1964: The Fear Campaign Against Barry Goldwater』(뉴로셀, 뉴욕, 1967) 을 참조할 것.

229 프랭크 S. 메이어, 「보수주의 다음은 무엇인가What Next For Conservatism?」, 『내셔널리뷰』 16(1964년 12월 1일), 1057쪽

230 같은 글.

231 로널드 레이건, 논평, 『내셔널리뷰』 16(1964년 12월 1일), 1055쪽. 그가 논평한 내용은 토론회, 「공화당과 보수운동The Republican Party and Conservative Movement」, 1053~1056쪽의 일부였다. 참가자 중에는 조지 부 시·존 데이비스 로지·러셀 커크·게르하르트 니에메예르·레이건 등이 있었다.

232 제임스 번햄, 「보수주의자들은 반드시 공화당원이어야 하는가Must Conservatives Be Republicans?」, 『내셔널리 뷰』 16(1964년 12월 1일), 1052쪽

233 게르하르트 니에메예르, 「공화당」 글에 대한 논평, 1056쪽

234 보수당 역사에 관해서는 설립자 중 한 명인 다니엘 마호니의 『실천의 소리가 더 크다Action Speak Louder』 (뉴로셀, 뉴욕, 1968)를 참조할 것.

235 버클리의 선거운동에 관한 이야기는 그가 쓴 『어느 시장의 실패한 탄생』을 참조할 것.

236 윌리엄 F. 버클리 주니어, 「소동The Uproar」, 『내셔널리뷰』 10(1961년 4월 23일), 243쪽. 러셀 커크는 그 광적 인 소동이 찻잔 속의 태풍에 불과하다고 생각했다. 러셀 커크, 「보수주의자들과 환상Conservatives and Fantas-tics」, 『아메리카』 106(1962년 2월 17일), 644쪽

237 버클리, 「소동」, 241~243쪽을 참조할 것.

238 1961년 12월 골드워터·커크·버클리·윌리엄 바루디·제이 고든 홀Jay Gordon Hall 박사는 마이애미에서 모임을 가졌다. 이 모임의 주요 안건 중 하나는 존버치소사이어티와 웰치로부터 골드워터를 확실히 떼어 내는 것이었다. 이 모임의 결과로 『아메리카』(236번 각주 참조)와 『내셔널리뷰』(240번 각주 참조)의 글들이 발 표되었다. 이 정보는 커크가 저자에게 보내준 1972년 4월 20일 자 편지를 통해 알게 되었다.

239 커크, 「보수주의자들과 환상」, 644쪽. 또한 커크가 존버치소사이어티의 프랜시스 X. 개넌에게 보낸 편지 (1962년 1월 20일과 29일, 윌리엄 F. 버클리 주니어 페이퍼스, 예일대학교 도서관, 뉴헤이븐, 코네티컷)을 참조할 것.

240 「로버트 웰치에 관한 의문The Question of Robert Welch」, 『내셔널리뷰』 12(1962년 2월 13일), 83~88쪽을 참조할 것. 또한 버클리가 윌리엄 S. 슐람에게 보낸 편지(1962년 1월 2일, 24일, 2월 1일, 버클리 페이퍼스)를 참조할 것.

241 「존버치소사이어티와 보수주의운동The John Birch Society and the Conservative Movement」, 『내셔널리뷰』 17(1965년 10월 19일), 914~920, 925~929쪽

242 메이어, 같은 글, 920쪽

243 1964년 발행 부수의 근사치는 하트, 『미국 내의 이견』, 31쪽의 각주를 참조할 것. 또한 프리실라 L. 버클 리, 「10번째 기념일에 대한 메모들Notes on a Tenth Anniversary」, 『내셔널리뷰』 17(1965년 11월 30일), 1115쪽을 참조할 것.

244 「소리 지를 기회A Chance to Holler」, 『타임』 79(1962년 4월 6일), 49쪽

245 이 소식에 관해서는 『뉴스위크』 68(1966년 9월 12일), 15쪽을 참조할 것. 프리드먼은 6년 후 그가 『뉴스위 크』에 썼던 글을 묶어서 책으로 출판했다. 그의 『어느 경제학자의 저항: 정치경제학 칼럼들An Economist's Protest: Columns in Political Economy』(글렌리지, 뉴저지, 1972)을 참조할 것.

246 M. 스탠턴 에반스, 『보수주의의 미래The Future of Conservatism』(뉴욕, 1968), 107쪽

247 닐 맥카프리Neil McCaffrey가 저자에게 보낸 편지, 1971년 8월 3일. 맥카프리는 보수주의 북클럽의 설립자이자 회장이었다. 그 모임의 회원 수는 1975년을 지나면서 약 30,000명에 이르렀다.

248 앤 에드워즈, 「보수주의 북클럽 이야기The Story of the Conservative Book Club」, 『휴먼이벤츠』 27(1967년 5월 20일), 8~9쪽, 그리고 「닐 맥카프리와의 인터뷰An Interview with Neil McCaffrey」(같은 곳)을 참조할 것. .

249 「투쟁 요청The Call to Battle」, 『랠리』 2(1967년 6월), 80쪽

250 프랭크 메이어가 보낸 제안서에서는 이행기의 불안감이 느껴졌다(1966년 5월 23일, 버클리 페이퍼스). 메이어는 보수주의적 분석을 긴급하게 요하는 엄청난 변화가 미국 정계와 사회에서 일어나고 있다고 보았다. 그는 미국 사회의 기득권층이 분열하고 있으며, 그 균열이 대외 정책 문제에만 국한되지 않는다고 지적했다.

251 예를 들어 M. 스탠턴 에반스, 「국내에서」, 『내셔널리뷰 회보』 18(1966년 6월 21일), 6쪽을 참조할 것.

252 보수주의자들은 주로 이 체제전복적 철학을 공격했다. 예를 들어 윌 허버그, 「종교적 '우파'가 법을 위반하는가A Religious 'Right' to Violate the Law?」, 『내셔널리뷰』 16(1964년 7월 14일), 579~580쪽을 참조할 것. 이 글은 마틴 루터 킹의 시민불복종주의가 기독교적이지 않으며, 이단적이라고 주장했다. 또한 해리 자파, 「이견의 한계들The Limits of Dissent」, 『내셔널리뷰』 20(1968년 9월 10일), 911~912쪽을 참조할 것.

253 제임스 번햄, 「우파가 폭도들에게The Right to Riot」, 『내셔널리뷰』 20(1968년 10월 8일), 1000쪽

254 윌 허버그, 「소외, '이견,' 그리고 지성Alienation, 'Dissent,' and the Intellectual」, 『내셔널리뷰』 20(1968년 7월 30일), 738~739쪽. 허버그는 "지성"이라는 말을 전문적인 학자가 아니라 "고상한 특권 의식을 자화자찬식으로 느끼며, 실존하는 질서를 파괴하려 이리저리 나풀거리는 언론인, 먹물들, 혹은 젊은 학자들"을 지칭하는 데 사용했다(739쪽).

255 스티븐 J. 톤소르, 「시대의 종말에서 살아남으려면On Living at the End of an Era」, 『내셔널리뷰』 20(1968년 7월 30일), 756~758쪽

10장

모든 것이 무너져 내리다

린든 존슨·위대한 사회·"합의", 그리고 배리 골드워터에 대한 반대가 엄청났던 1964년 바로 그 해에 자유주의란 서구의 자살 이데올로기라는 제임스 번햄의 주장은 보수주의자들에게조차 다소 공상적으로 들렸음이 틀림없다. 조류는 거침없이 좌파로 이동하는 것처럼 보였다. 그러나 5년 사이에 자유주의적 분위기와 자유주의적 조류는 서서히 사그라졌다. 보수주의자들은 자신들의 시간이 다가오고 있으며, 일관된 지적·정치적 세력으로서 자유주의가 파편화되고 소멸하고 있음을 점점 더 확신하게 되었다. 그러나 잿더미 속에서 훨씬 더 불길한 도전이 등장하고 있었다. 1968년 여름 제프리 하트는 "이제 미국에서 혁명적 성격의 정치적 폭력이 확산되는 건 불가피해 보인다"고 예언했다.[1]

아이러니하게도—보수주의자들에게는—그 근원은 1960년대 초반 "급진 우파"처럼 널리 알려진 현상이 아니었다. 그것은 존버치소사이어티나 기독교반공주의십자군Christian Anti-Communist Crusade,* 혹은 케네디 대통령 시대에 대중매체가 끈질기게 밝혀온 여타의 비주류 세력이 아니었다. 보수주의자들은 진정한 혁명적 위협은 정확히 좌파에게서 기인했다고 주장했다. 그것은 민주사회학생회, 블랙팬서,** 『뉴욕 북리뷰New York

---

* 호주 출신의 의사 프레드릭 찰스 슈왈츠Frederick Charles Schwarz(1913~2009)가 미국에 설립한 반공산주의 정치단체.

Review of Books』, 헤르베르트 마르쿠제Herbert Marcuse ••• 와 같은 단체와 개인
에게서 비롯되었고, 이들은 모두 좌파였다. 여느 때와 마찬가지로—보수
주의자들의 말에 따르면—자유주의자들은 적이 나타났을 때 적을 알아
볼 수 없었다. 그들이 어떻게 알 수 있겠는가? 그들은 적의 관점을 너무
나 많이 공유하고 있었다. 제임스 번햄은 이를 『서구의 자살』에서 다음과
같이 요약했다. 자유주의자들이 보기에 그들의 좌파에는 달랠 수 없는 적
이란 결코 존재하지 않았다. 그들이 발탁한 적은 우파여야만 했다.[2]

파산한 자유주의와 급진적 신화의 뿌리는 무엇이었는가? 무엇보다
그들의 핵심 기관은 1960년대 자유주의가 가장 지배적이었던 두 기관,
대학과 대중매체였다. 보수주의가 지적 또는 정치적 운동으로 성공하려
면 자유주의의 몰락, 좌파의 급진화, 그리고 좌파 지향적인 미국의 지
적·문화적 중심지에 여전히 존재하는 거대 세력에 대항해야 할 것이었
다. 보수주의자들은 전개되고 있는 혁명을 고조시키고 있는 것은 미국의
방대한 "생산자 다수"—프랭크 메이어가 칭한[3]—가 아니라고 주장했다.

•• 1965년 말콤가 암살된 후 대학생 휴이 뉴턴과 바비 실Bobby Seale이 1966년 창립한 아프리카계
미국인 정치조직. 초기에는 도시의 흑인 지역사회에서 경찰을 따라다니며 감시하는 활동을 주로 벌였
지만, 가난한 흑인들에게 식료품·교육·교통·법률·의료 등을 지원하는 사회 프로그램을 제공하고,
정치적·경제적 평등을 요구하는 정치 활동을 하면서 인기를 얻었다. 총기를 소지하고 경찰에게 호전
적으로 맞서면서 폭력적인 집단이라는 명성을 얻었지만, 당시에도 미국은 총기 소지가 합법이었고 이
들은 총기가 자기 방어용임을 분명히 했다. 최절정기인 1960년대 후반에는 회원수가 2000명을 넘었
고, 필라델피아·시카고·로스앤젤레스·뉴욕 등 여러 주요 도시에서 지부를 운영했다. FBI 국장 에드
거 후버는 창립 당시부터 블랙팬서를 국가 안보에 가장 큰 위협이라고 여겼고, 1967년부터 지속적으
로 파괴 활동을 벌였다.

••• 1898~1979. 독일계 미국인 철학자이자 정치 이론가. 마르크스주의와 헤겔 철학을 기초로 정
신분석학·사회학·실존철학 등을 사회 이론에 적용해 자본주의·문화의 산업화·현대 기술 등을 비판
한 프랑크푸르트학파의 대표 학자이다. 마르쿠제는 특히 신좌파에게 커다란 영향을 미친 것으로 평가
된다.

이 사실은 1960년대 후반과 1970년대 보수주의 지적 운동의 성격과 전망이 형성되는 데 있어 대단히 의미심장했다.

1960년대 후반 무렵 미국의 고등교육 상황은 국가 정치의 주요 쟁점이었고, 보수주의가 지속적으로 쏟아낸 분석의 대상이었다. 당시『내셔널리뷰』는 거의 끊이지 않고 대학가 소식을 특집 기사로 다루었고,『모던에이지』와『대학연합리뷰』는 "학생 소요", "대항문화", 그리고 이와 관련된 현상들을 빈번하게 기사에 포함시켰다. 사실상 모든 주요 보수주의 지식인들이 한 번씩은 위기를 분석했다. 몇몇은 1969년 학교 무질서를 보수주의적으로 해석한 책에 기고하기도 했다.[4] 이러한 글들이 넘쳐나고 있다는 것은 점증하는 격변을 대단히 심각하게 여기고 있음을 의미했다. 보수주의자들은 베트남전쟁과 인종차별을 비롯해 미국 사회의 병폐에 대한 정당한 분노에 저항의 뿌리가 있다는 설명을 거부했다. 그들은 새로운 세대가 미국 역사상 최고의 교육을 받은 사람들이라는 사실을 부인했다. 그들은 학내에서 경찰력을 사용하는 것에 대해 자유주의자들이 반사적으로 공포 반응을 보인다고 비난했다. 윌리엄 F. 버클리 주니어가 말했듯이 "(…) 경찰은 특정 상황에서 문명과 인류의 대리인이다. 경찰력을 이용할 수 있다는 것은 이성과 계몽 세력이 개탄해야 할 일이 아니라 찬양해야 할 일이다".[5]

직접적 인과관계와 전술이라는 문제 너머에는 더 깊은 문제가 자리해 있었다. 어째서인가? 학내에서 험악한 소요가 발생하고 있는 이유는 무엇인가? 어째서 특히 대학에서 그런 일들이 벌어지고 있는가? 1960년대 말 대학들이 게토를 대신해 반란과 폭력의 현장이 된 이유는 무엇인가? 보수주의자들은 다양한 가설을 제시했다.『내셔널리뷰』의 정기 칼럼「대학에서From the Academy」의 저자이자, 앨버트 제이 녹과 버나드 이딩스 벨의 엄격한 교육론을 신봉하는 러셀 커크에게 학생 시위는 거의 20년간 이어져온 학계에 대한 신랄한 비판을 정당화해주는 것이었다. 1953년 커크는 입학생 수를 늘리기 위해 의도적으로 기준을 낮추는 것에 굴복하지 않고 미시간주립칼리지—현재 미시간주립대학교—교수직을 사임했다.[6]

그 이후 그는 "베헤모스대학교Behemoth University"[•]의 무의미하고 과장된 홍보를 가차 없이 비판했다. 커크는 문제의 근원은 권태에 있다고 말했다.[7] 준비가 안 된, 뿌리내리지 못한 엄청난 수의 학생들—꾸준히 증가하는—이 교육이 우리 모두를 구원해줄 것이라는 "미국의 펠라기우스Pelagian"[••] 이단"에 물들어[8] "직업주의와 친목에 집착하는" 전형적으로 비인격적이고 대중적인 대학에 등록했다. 평범함, 지적 무관심, 윤리적 무의미함의 바다에서 목적 없이 표류하면서 방임적으로 양육된 이 버릇없는 학생들은 당연하게도 실증내고 분노하며 반항적이 되었다. 문제가 발생하는 것은 이상한 일이 아니었다. 커크는 대학의 규모를 줄이고, "진짜 학생"만 입학시키며, 커리큘럼을 개정할 것을 권고했다("골동품 연구", 입문 수업, 학부생을 대상으로 한 호텔 경영, 대부분의 교육 및 사회학 수업을 폐지하라). 사실상 커크는 철저한 교양교육 커리큘럼—이로부터 유익함을 얻을 수 있는 사람들을 위해—을 다시 시작하자고 간곡하게 호소했다. 다양한 관심사를 가진 젊은이들은 다른 종류의 학교에 수용하면 되었다. 지루함을 없애

[•] 러셀 커크는 진보주의와 유토피아적 환상, 산업적 대량 생산 등 20세기의 모든 미덕이 결합된 거대주의를 대표한다고 비꼬면서 미시간주립대학교를 베헤모스대학교라고 불렀다. 베헤모스는 구약성경에 등장하는 거대한 괴물이다.

[••] 인간의 본성은 본질적으로 선하며—원죄설 부정—, 하나님이 인간에게 선과 악을 선택할 자유를 부여했고, 따라서 죄는 하나님의 법에 반해 인간이 자발적으로 저지른 행위라고 주장한 기독교 분파이다. 418년 카르타고 공의회에서 이단으로 정죄되었다.

고, 학습에 대한 "도덕적 상상력"과 "윤리적 목표"를 회복하면 학내의 불안을 제거하는 데 도움이 될 것이었다.'

1969년 월 허버그도 아마 그렇게 말했을 것이다. 하지만 허버그는 커크가 단순히 현재의 위기에 "자신의 개인적 경험"을 투사하고 있는 건 아닌지 의심스러워했다. 문제는 그 보다 훨씬 더 심각하지 않은가? "(…) 오늘날 우리가 목격하고 있는 것은 일반적으로 모든 사람이 사회 안에 자신의 자리를 가지고 있으며, 자신의 소속으로 정체성을 정의하는 데 어려움이 없었던 서구 중세 성기의 특징이라 여겨지던, 안정되고 조직적이며 통합된 사회가 도덕적·사회적으로 붕괴된 최종 결과이다." 소외와 사회적 격변에 대처하지 못하고 있는 것은 프롤레타리아—"보수적이고 반反분열적인" 노동조합에 의해 지탱되고 있는—가 아니었다. "기존의 사회 질서"를 전복하고 파괴하려는 시도를 통해 압력을 행사하며 대응하고 있는 것은 지식인들—제멋대로 요동치는 언론인·문학가·신입 학자들—이었다. 처음에는 유럽에서, 그 다음에는 라틴아메리카에서 드러난 지식인들의 이 독특한 "취약성"이 마침내 미국에 도달했다. 미국은 결국 "유럽화"되고 있었다.¹⁰ 1년 후 노터데임대학교의 게르하르트 니에메예르는 격변을 일으키는 것은 "젊음"이 아니라고 말했다. 격변의 원인은 젊음이 아니라 "사이비 종교"를 구성하고 있는 "급진적 이데올로기", "관념", "슬로건"에 있었고, 이는 뿌리 뽑힌 서구 인텔리겐치아—쥘리앙 방다Julien Benda*의 지식인—의 특징이었다.¹¹

점차 발전하고 있던 이 보수주의 논제는 1970년 『내셔널리뷰』 15주

•　1867~1956. 프랑스의 철학자·문화비평가. 그는 『지식인의 배반Trahison des Clercs』(1927)에서 인종적·정치적 문제 등으로 진리와 정의를 배반하는 지식인들을 도덕적 반역자라고 비판했다.

년 기념호에서 제프리 하트에 의해 효과적으로 설명되었다. 하트의 출발 점은 지식인들이 "그들 주변 사회"와 맺고 있는 "특유의 적대적이고 때로 는 반역적이기까지 한 관계"였다. "이 고착화된 적대감, 이 내부 배반이라 는 정신이 가장 농축된 형태로 존재하는 곳이 학계이다(전적으로 자유주의 자들에 의해 운영되고 있는 유일한 미국 기관이자, 필연적으로 해체를 향해 가장 가까이 다가가고 있는 기관이라는 사실에 주목하라)." 하트에 따르면 진정으로 "근본적 인 적대감"이라는 이 "대항"의 자세는 서구 문화에선 비교적 새로운 발전 이었다. 19세기 초반에야 비로소 예술가와 지식인들이 그러한 입장을 취 하기 시작했다. 말라르메Mallarmé*에서 마르크스에 이르기까지, 매튜 아놀 드Matthew Arnold**에서 보들레르에 이르기까지, 『파르티잔리뷰』에서 T. S. 엘리엇에 이르기까지, 이는 좌파와 우파 모두에게 점차 공통적인 것이 되 었다. 그들의 적은 누구였는가? 교양 없는 속물들, 부르주아지, "존경할 만한" 사회였다. 하트는 계속해서 제2차 세계대전이 일어나기 전까지 "대 항 작가들"은 사회에 거의 알려지지 않았다고 말했다. 그러나 이제 상황 은 완전히 달라졌다. 이제 우리는 "대중적 지식인"과 "대중적 적대문화"를 갖고 있었다.

지난 25년간 일종의 문화적 폭발이 일어났다. 저렴한 종이 표지 책, 중서부 축구 경기장에 모인 50,000명의 학생들 앞에서 자신의 시를 낭독하는 엘리

• 스테판 말라르메Stéphane Mallarmé, 1842~1898. 프랑스의 시인·비평가. 상징주의운동의 선구자 로 평가받는다. 그는 시인의 임무는 현실 너머에 있는 본질—혹은 이상세계—을 인식하고, 이를 시어 로 창조하는 것이라고 주장했다.

•• 1822~1888. 영국의 시인이자 문학·사회비평가. 정치인들의 오만함과 부도덕함, 선정적인 언 론을 비판하고, 성경을 실제로 존재했던 역사가 아니라고 주장했다.

엇, LP 레코드, 민주당 전당대회를 '취재하는' 메일러Mailer*와 주네Genet,**
대중적으로 유통되는 저널에 등장하는 메일러와 주네, 그리고 드 사드de
Sade,*** 옵아트op-art와 팝아트, 그리고 포르노 현상.

풍요와 함께 등장한 이 모든 것들과 「제대군인원호법GI Bill」,**** 그리고 민주
주의 이론에 함축되어 있고 점점 더 정부 조치의 전제가 되어가고 있는 가설,
즉 전적으로 모든 사람이 대학에 가야 한다는 가정이 오늘날 거대한 학생 프
롤레타리아를 낳았다. 25년 전에는 대학생 연령 인구 중 약 10퍼센트가 대
학을 다녔다. 오늘날 그 비율은 50퍼센트에 근접하고 있고 계속 증가할 것
이다. 이 프롤레타리아 대부분이 (…) 적대문화의 태도를 흡수하고 있다.

그러므로 점점 더 많은 수의 학생이 하트가 말한 현재의 "고착되고
만성적이며 거친" 현상에 노출되어 있었다.[12]

하트가 적대문화라고 부른 것을 게르하르트르 니에메예르는 1970년대
중반 『내셔널리뷰』에 게재한 기사에서 "대항문화"—시어도어 로작Theo-

---

dore Roszak*을 따라—라고 명명했다.[13] 그는 신좌파란 "서구 국가의 모든 사회 질서를 파괴하고 모든 가치의 전복"을 추구하는 운동이라고 주장했다. 그것은 "부정"이라는 "사이비 종교"를 만든 "대항문화"—또는 반문화—에 크게 의존했다. 니에메예르는 반란의 절대적 완전성, 광신도들의 "무한한 불만"을 강조했다.[14] 그리고 그는 사회 엘리트 지도층—예컨대 대학의 관리자들과 법원—의 도덕적·지적 불안이 심화되고 있다고 지적했다. 실증주의에 젖어 있는 그들은 옳고 그름·자유와 방종·"합리적 대화와 불합리성의 충돌"을 구별하지 못하는 것처럼 보였다. 이러한 합리성의 쇠퇴가 중단되지 않는 한 포틴브라스Fortinbras**가 질서를 회복하기란 요원하지 않을까?

혁명적 위협의 이데올로기적 원천은 무엇이었는가? 실로 독특한 이 허무주의는 어디에서 생겨났는가? 보수주의 분석가들은 그들이 일반적으로 구좌파와 신좌파 사이의 표면적 차이로 간주했던 것들을 더 이상 언급하지 않았다. 대신에 그들은 좌파의 근본적 연속성이라는 오래된 논제에 매달렸다. 보수주의자들은 개개의 자유주의자는 급진적인 젊은이들의 파괴적 행동을 용기 있게 비난할 수 있을지 모르지만, 자유주의는 그 후예들에 대한 책임을 피할 수 없다고 주장했다. 많은 사회학적 연구에서 급진적인 학생들은 대개 자유주의적이거나 급진적인 부모의 자녀들이라는 사실이 밝혀지지 않았는가? 실제로 M. 스탠턴 에반스는 1966년 "신좌

• 　　1933~2011. 미국의 역사학자. 문화가 행동에 미치는 영향을 연구하고, 과학이 지배하는 현대 문화를 비판하면서 1960년대의 저항운동을 대항문화운동이라고 정의했다.

•• 　　셰익스피어의 비극 『햄릿』에 등장하는 노르웨이의 왕자. 햄릿의 유언에 따라 덴마크의 왕위를 물려받고 햄릿의 장례식을 정중하게 치러준다. 아버지가 햄릿의 아버지에 의해 살해당하고 햄릿처럼 왕위 계승에서 밀려나지만, 햄릿과 달리 바로 복수를 위한 행동에 나서는 인물이다.

파는 결코 (…) 반란이 아니다"라고 썼다.

> (…) 신좌파의 근본 전제에는 집단주의에 대한 막연한 헌신, 도덕적 방종, 전
> 투적 평등주의, 애국심에 대한 적대감, 그리고 결연한 평화주의가 포함되어
> 있다. 공교롭게도 이것들은 자유주의 정통파의 근본 전제이기도 하다. 모든
> 교리 문제에 있어 신좌파는 명백히 미국의 자유주의에 지나지 않는다.[15]

1970년 시드니 훅의 『학문의 자유와 학문의 무질서Academic Freedom and Academic Anarchy』를 검토하면서 러셀 커크는 훅이 몸소 모범을 보여주었다며 칭찬했지만, 그의 사회민주주의적 전제에는 의문을 제기했다. 훅이 능숙하게 해부한 의례적 자유주의는 단지 훅 자신의 "'현실적 자유주의'에 수반되어 있는 부조리"는 아니었는가? 훅과 젊은 좌파 모두 "마르크스주의의 교리"와 "듀이의 민주주의 이론"을 지지하지 않았는가?[16] 프랭크 메이어에게도 혼란의 근본적인 추진력은 분명했다. "학생 반란"은 자유주의에 의해 야기된 서구 문명의 침식을 "빙하 침식과 같이 급격하게 가속화"시켰을 뿐이었다.[17] 급진주의는 자유주의 고유의 평등주의와 상대주의의 "논리적 귀결"이었다. 히피 대항문화는 "당신이 원하는 대로 하라"고 외치지만, 서구의 진리에 대한 자유주의의 상대주의적 공격이 "극단적으로 확장된 것"은 아니었는가?[18]

보수주의자들에게 이 위기의 두렵고 애통한 측면 중 하나는 때때로 위기가 너무나도 불가피해 보인다는 것이었다. 수년간 그들은 대학에 단단히 자리 잡고 있는 엘리트들이 옹호하는 유해한 교리를 맹렬히 비판해왔다. 보수주의자들은 이제 뿌린 대로 거두게 되었다고 비난했다. 붕괴가 겉으로 드러나기 훨씬 이전인 1960년대 초반, 리처드 위버는 우리 문화

의 토대를 훼손하고 있다고 추정되는 지적 이단을 날카롭게 폭로했다. 50년간 미국의 교육은 존 듀이를 "위엄 있는 권위자"로 만든 "혁명가들"에 의해 통제되어왔다.[19] 50년간 미국은 전례 없는 시도의 희생자였다.

일반적으로 사회의 전통과 신념을 유지하는 데 이용되는 교육기관을 통해 이를 약화시키려는 조직적인 시도. (…) 그 결과 교육 시스템은 본질적으로 형편없어 졌을 뿐만 아니라 여기에 권한을 부여하는 공동체의 목표와 점점 더 전쟁을 벌이게 되었다.[20]

소위 이 진보주의자들은 "서구의 유대-기독교-고전적 유산"에 어떤 방식으로 도전했는가?[21] 위버는 그들의 전복적 교리를 열거했다.

1. 현실의 구조를 반영하는 지식 체계는 존재하지 않는다. (…) 지식은 그것이 구체적인 상황에 적용되는 방식이나 개인의 요구에 부응하는 방식에 따라 참 또는 거짓이 되는 도구로 간주된다. (…) 어떤 것에 대한 절대적 지식이란 존재하지 않는다.
2. 그러므로 교육의 목적은 지식을 가르치는 것이 아니라 '학생을 가르치는 것'이다.
4. 권위는 악한 것이기 때문에 교사는 자신에게 권위가 있다고 생각해서는 안 된다.
6. 정신을 감각보다 고양시켜서는 안 된다.
8. 때때로 그들의 말에서 유추할 수 있듯이 일반적인 목표는 학생들을 단순히 기존 사회에 적응하도록 하는 것이 아니라, 사회민주주의로 간주되는 사회에 적응하도록 훈련시키는 것이다.[22]

위버는 20세기의 진보주의자들은 고대 영지주의자들과 대단히 유사하다고 주장했다. 예를 들어 양자 모두 인간을 선천적으로 신성한 존재라고 여겼다.[23] 둘 다 법과 전통을 억압적인 것으로 보았고, 물질세계는 악하지만 개선할 수 있다고 생각했다. 그리고 교육자들의 진정한 목표는 자신들 환경의 불완전성─추정컨대─을 교정하고, "세속적인 공산주의 국가"를 건설하는 것─그들이 알았건 몰랐건─이었다.[24] 이러한 목표를 위해 신병이 필요했고, 그 신병은 학생들이어야 했다. 이 "교육의 영지주의자들"의 "진정한 목표"는 "정치적 목적을 위해 젊은이들을 훈련시키는 것"이었다.[25] 몇 년 후 많은 보수주의자들은 "영지주의자들"이 성공했는지 궁금했을 것이다.

대부분의 보수주의자들은 극단주의와의 싸움에서 시드니 훅과 같은 사람들을 적어도 일시적 동맹자로 기꺼이 받아들이는 것처럼 보였다. 그러나 그들은 그러한 전술적 필요성이 진실을 가려서는 안 된다고 생각했다. 메이어의 말을 빌리자면 철학으로서의 자유주의는 "여전히 적─그보다 더 급진적인 자손을 낳는─이다".[26] 1949년 전후 보수주의의 부활 초기에 피터 비에렉은 "보수주의가 우려하는 것은 자유주의보다 그 자손이다. 자유주의자는 당신이 원하는 대로 잘 행동하는 온화하고 쾌활한 영혼이다. 왜냐하면 자유주의는 여전히 과거의 보수주의가 축적해놓은 도덕적 자본으로 살아가고 있기 때문이다"라고 썼다.[27] 그러나 2세대 상대주의의 등장 이후 3세대 허무주의가 찾아왔다……

보수주의 사회학자 로버트 니스벳에 따르면, 그 결과 1960년대는 "미국 고등교육이 역사상 가장 위태롭고 위기에 휩싸인 10년"이 되었다.[28] 한때 우리의 "분산된 자본" 역할을 했던 전국의 칼리지와 대학들이 이제는 "분산된 시에라마에스트라Sierra Maestra"로 개조되고 있었다.[29] 안정을 유지해주는 보수주의적 장치가 존재하지 않자 통제되지 않은 자유주의가 만연했다. 한 보수주의 정치학자는 거대한 평등주의적인 "다원화 대학multiuniversity"을 발전시키고, 학생들에게 정치적으로 헌신할 것을 촉구한 사람들은 자유주의자들이라고 말했다.[30] 스티븐 톤소르가 시사한 것처럼 학생 급진주의자들은 교수들로부터 폐쇄적인 사고방식을 배우고 있는 것은 아닐까?[31] 그는 확실히 학계를 어리석게 만드는 특징 중 하나는 철학적·정치적 다양성의 부재라고 주장했다.

> 미국 고등교육의 이데올로기적·문화적 획일성은 수치스러운 일이다. 어째서 우리 대학들은 지난 20년간 세속적 자유주의의 정통성에 순응해왔는가? 공개 토론을 점점 더 적대시하는 분위기가 형성된 이유는 무엇인가?[32]

또 다른 사례와 관련해 톤소르의 입장은 훨씬 더 단호했다. 그는 많은 지식인들이, 대학이 "열린 광장"이 되길 원치 않는다고 주장했다. 대부분의 주립대학은 커리큘럼에서 종교를 경시했으며, 최근까지 로마 가톨릭을 차별하는 경향이 있었다. 이뿐만이 아니었다.

> 내가 소속되어 있는 역사학과의 50명이 넘는 교수들 가운데 단 한 명만이 분간할 수 있는 공화당원이라는 게 말이 되는가? (…) 나는 거의 60년 동안 선택과 배제라는 절차가 진행되어왔고, 그로 인해 이제는 믿기 어려울 정도로 관점이 동일해졌다는 (…) 믿는다.[33]

•   쿠바에 있는 산맥으로 1956년 피델 카스트로는 86명의 혁명군과 함께 이곳으로 잠입해 3년간 게릴라전을 벌였다.

보수주의 지식인들은 단순한 음모가 작용한 것이 아니라, 많은 제도적 압력이 정치적 불균형을 초래하는 경향이 있음을 깨달았다.[34] 톤소르는 종신재직권이라는 제도가 "대학 내 사상의 획일화"와 "자유주의 기득권층"의 영속화를 조장한다고 믿었다.[35] 그러나 총체적이고 바람직하지 않은 불균형이 존재한다는 관념은 우파에게 신념이었다. 많은 이들이 보수적인 교수들은 흔히 "신성한 자유주의 종교재판"—에릭 폰 쿠에넬트-레딘이 칭한—에 의해 차별받고 있다고 믿었다.[36] 그들은 대부분의 학자가 좌파 성향이며, 대부분의 학생들이 대학을 다니는 동안 좌파 쪽으로 이동하고 있음을 보여준 사회학자 세이무어 마틴 립셋의 연구를 인용했다.[37] 윌리엄 F. 버클리 주니어는 1968년 프린스턴대학교의 교수들이 리처드 닉슨보다 코미디언 딕 그레고리Dick Gregory*에게 더 많은 표를 주었다는 사실에서 "이데올로기 세뇌"의 위험성을 포착했다.[38] 제임스 번햄은 자유주의자들이 혁명가를 대하는 태도와 보수주의자를 대하는 태도를 비교했다.

거의 모든 자유주의자들은 공산주의자들이 대학 캠퍼스에서 연설하는 것을 허용해야 한다고 믿으며, 대부분의 자유주의자들은 공산주의자들이 대학에서 가르칠 수 있어야 한다고 믿는다. (…) 파시스트나 또는 자신들이 '급진적 우파'라고 부르기 좋아하는 부류에 속하는 사람들에게 자유주의자들은 그에 비할 만한 어떤 배려도 하지 않는다.[39]

• 리처드 클랙스턴 그레고리Richard Claxton Gregory, 1932~2017. 아프리카계 미국인 코미디언이자 민권 운동가. 인종차별과 베트남전쟁에 반대했다. 1968년 미국 대통령 선거에 자유평화당 후보로 출마해 47,097표를 얻었다.

1971년 『내셔널리뷰』는 1966년부터 1970년까지 12개 미국 대학 학부생들을 상대로 실시한 여론조사 결과를 발표했다. 그 결과는 보수주의자들에게 매우 실망스러운 것이었다. 예컨대

[응답자의] 5분의 3은 스스로를 정치적 자유주의자라 부르며, 17퍼센트는 자칭 급진주의자이고, (…) 거의 절반이 모든 기초산업의 사회화를 지지한다. 10명 중 7명이 미국의 일방적인 핵무기 개발을 중단할 것을 원한다. 40퍼센트는 미국 사회가 '병들어 있다'고 말한다. 절반 이상이 제도화된 종교는 해롭거나 나쁘다고 믿는다. 소련과의 대결에서 전쟁을 할 것인지, 항복을 할 것인지 고르라고 하면 54퍼센트는 미국의 항복을 선택할 것이다.

대학가에서 보수주의적 견해는 급격하게 위축되고 있었다.[40]

그러나 보수주의 지식인들은 이 조사 결과에 그다지 놀란 것 같지 않았다. 당연하게도 그들은 적어도 수치상으로 자신들이 학계에서 유지하고 있는 발판이 작다는 사실을 이미 알고 있었다. 그들은 자신들의 운동이 학문적 정통성을 거부하면서 성숙해지고 있다고 생각했다. 아이러니하게도 지식인들 사이에서는 보수주의의 바로 그 약점이 어떤 면에서 장점이 되기도 했다. 대학이 무질서에 빠졌을 때 많은 이들이 이를 자유주의의 실패로 여겼다. 그 누구도 대학을 잘못 관리했다고 보수주의자들을 비난할 수 없었다. 학생 급진주의자들에게 인기 있는 항복의 상징은 캘리포니아주립대학교의 클라크 커Clark Kerr · 코넬대학교의 제임스 퍼킨스James Perkins · 예일대학교의 킹맨 브루스터Kingman Brewster 같은 "자유주의적인" 대학 총장들이었다. 갑자기 보수주의자들—외부인 · 성가신 사람—은 국가적 쟁점에서 대중들의 편에 서게 되었고, 확실히 그 어느 때

보다 미국인 삶의 주류에 가까워져 있었다.

대학에서는 무슨 일이 벌어지고 있었던 것인가? 아마도 고등교육을 받을수록 현명해진다는 미국인들의 믿음이 미국 역사상 유례없이 흔들리고 있었을 것이다. 많은 부모들이 대학에 다니고 있는 자녀들을 우려했다. 그들은 어떻게 될까? 마약, 급진주의, 종교적 믿음의 상실, 성적 관습의 변화, 소원해진 가족과의 관계, "세대 간의 갈등"—혹독하고 불행한 시간이었다. 대학에서는 무슨 일이 벌어지고 있었던 것인가? 문화, 시민의식, 그리고 학문이 우세해야 했던 곳에서 많은 미국인들이 이제는 야만성을 보았다. 그리고 많은 사람들이 원인과 결과에 대해 보수주의 지식인들과 같은 결론을 내렸다.

때때로 윌리엄 F. 버클리 주니어는 하버드대학교 전체 교수진보다 보스턴 전화번호부에 처음 나오는 사람 2000명이 통치하는 편이 더 나을 것이라 말했다고 한다.[41] 1960년대 후반과 1970년대 초반의 격정적이고 양극화된 분위기 속에서 많은 미국인들은 의심의 여지없이 이에 동의했을 것이다.

고등교육의 위기는 1970년대 보수주의가 강력한 지적·정치적 세력으로 등장하게 되는 속도를 가속화했다. 실제로 부분적으로 전후 보수주의는 1945년 이후 풍요로워지고 규모가 엄청나게 커졌으며, 명성이 높아진 대학들과 지식인—자유주의적—에 대한 비판이었다고도 볼 수 있다.[42] 그러나 미국인의 마음속에 반지성주의가 각인되어 있다고 믿는 일부 역사학자들처럼, 전후 보수주의를 반지성주의가 또다시 폭발한 것이라고 본다면 이는 안이하고 부정확한 설명이 될 것이다. 우선 우리가 지금 검토하고 있는 불만들은 당연히 교양 없는 "포퓰리스트"—1950년대에 유행했던 고정관념—가 아니라 지식인, 주로 교수들에게서 나왔다.

이보다 중요한 사실은 보수주의자들이 자유주의 지식인은 가혹하게 비판하면서도 지성을 그렇게까지 폄하하지는 않았다는 점이다. 그들이 자신의 재능과 엄숙한 책임을 남용한 사람들—보수주의자들이 보기에—을 질책하는 것은 그들 정신의 힘을 높이 평가했기 때문이었다. 사상도 학문도 아닌 지적 무책임함과 오만이 보수주의의 공격 대상이었다. "사상, 이론, 교리가 (…) 인간의 행위를 이끈다"[43]는 신념은 우파의 모든 분파에 깊게 자리해 있는 신념이었다. 그들이 지식인에게 가장 엄격한 책임을 물은 것은 지성에 바치는 그들의 찬사였다. 그리고 그들의 입장은 닉슨 행정부 1기에 대한 국민 정서에 점점 더 부합했다.

학계만이 아니었다. 우파에게 인기 있던 또 다른 표적은 전국 규모의 강력한 뉴스 매체, 특히 텔레비전 네트워크와 동부 대도시의 자유주의 언론이었다. 자유주의가 지배하는 고등교육에 대한 적대감과 마찬가지로 언론에 대한 적대감 역시 보수주의 비판의 새로운 특징은 아니었다. 언론에 대한 적대감은 1964년 공화당 전당대회에서 아이젠하워 전 대통령이 "자극적인 것을 추구하는 칼럼니스트와 논평가"를 비난했을 때 극명하게 드러났다. 이는 그해 골드워터 상원의원의 패배에 대한 보수주의자들의 설명에서도 중요한 논지였다. 1966년 M. 스탠턴 에반스는 어째서 언론이 신좌파는 "끊임없이 홍보"하면서 수적으로 더 큰 우파는 무시하고 있는지 물었다(당시 SDS의 회원은 약 2000명이었지만, 자유를위한젊은미국인들의 회원은 28,000명이었다). 그가 제시한 답변은 자유주의적 언론이 미래는 자유주의적이어야 하며, 젊은이 특유의 반란은 좌파에서만 나올 수 있다는 가정에 사로잡혀 있다는 것이었다.[44]

보수주의의 지적 부활이 정치적 동력을 얻으면서 언론 편향은 점점 더 긴급한 논제가 되었다. 1969년 부통령 스피로 애그뉴Spiro Agnew가 텔레비전 네트워크를 비판하자 우파는 의기양양해졌다. 『다수의 양심The Conscience of a Majority』에서 배리 골드워터는 두 개의 긴 장을 할애해 언론의 불공정한 보도를 상세하게 검토했다.[45] 칼럼과 심지어 모든 책마다 우익 대변인들은 뉴스와 보수주의에 대한 "자유주의적" 왜곡 사례를 기록하고자 했다.[46] 보수주의자들에게 특히 환영받은 책은 1971년 등장한 에디트 에프론Edith Efron의 논란이 된 『뉴스 왜곡자들The News Twisters』 —1968년 대통령 후보에 대한 텔레비전 보도를 통계분석한 책—이었다.[47] 그녀의 연구 결과에는 오해의 여지가 없었다. 세 곳의 방송사가 휴버트 험프리Hubert Humphrey와 조지 월리스George Wallace*를 거의 동등하거나—균형적으로—다소 부정적으로 보도한 반면, 리처드 닉슨의 경우에는 호의적인 보도보다 불리한 보도가 열 배나 더 많았다. 네트워크 뉴스**는 그야말로 압도적인 반닉슨이었다. 더욱이 에프론에 따르면 선거운동과 "관련된 쟁점"은 자유주의적인 방식으로 편향 보도되었다. 예컨대 보도되는 견해는 사실상 베트남전쟁 반대라는 관점이 전부였다. 백인 중산층은 인종차별적이고 권위주의적이며 진부한 존재로 묘사된 반면, "키즈kids***"는 단지 "반대자"와 "시위자"로 불리었고, 호전적인 좌파는 "무해하고 친숙하며, 이상주의적이고 젊으며, '변화를 원하고' 신뢰할 수 있는 존재"로 비쳐졌다. 보수주의자들에게 에프론의 베스트셀러—그래프와 도표가 가득한—는 지난 10년 동안 그들이 계속해온 비판의 정당성을

• 　휴버트 험프리Hubert Horatio Humphrey Jr.(1911~1978)는 1968년 대통령 선거 당시 민주당 대통령 후보였으며, 민주당 출신의 조지 월리스George Corley Wallace Jr.(1919~1998)는 민주당을 탈당하고 보수 정당인 미국독립당 대통령 후보로 출마했다.

•• 　ABC·CBS·NBC 등 3대 네트워크에서 보도하는 뉴스.

••• 　성소수자들이 다른 성소수자 집단을 지칭할 때 사용하는 용어.

반박할 여지없이 강력하게 입증해주었다.[48] 보수주의자들의 불만은 『공익The Public Interest』의 편집자 어빙 크리스톨의 서평에서 반향을 불러일으켰다. 에프론의 책을 검토한 크리스톨은 『포춘』에서 "텔레비전 뉴스 방송의 이데올로기적 편향"은 앤드류 부통령의 "악의적인 발명품"이 아니라고 말했다. 이는 시어도어 H. 화이트Theodore Harold White, 하워드 K. 스미스Howard Kingsbury Smith, 다니엘 패트릭 모이니한 같은 좌파 평론가들도 이전에 제기했던 문제였다. 언론에는 독선적이고 자유주의적인 편향—"극단적 편향"—이 존재했고, 이는 "대단히 심각한 문제"였다. 에프론의 책은 "표적을 제대로 조준해 정확하게 명중시켰다".[49]

따라서 우파에게 국가 위기의 윤곽은 점점 더 명확해졌다. "환자"는 미국 자체가 아니라 자유주의였다. 보수주의자들은 자신들이 치르고 있는 전쟁이 미국과의 전쟁이 아니라 그들이 지배 엘리트라고 생각하는 자들과의 전쟁이라고 믿었다. 국가를 괴롭히는 심각한 질병의 근원은 자유주의적인 대학과 유행을 쫓는 언론, 그리고 일부 재단과 교회였다. 제임스 번햄은 이들을 "떠버리"라고 불렀다. 급진화된 자유주의 기득권층. 보수주의자들은 이것이 신드롬은 아닌지 물었다. 좌익 성향의 사람들, 블랙팬서를 위한 파티를 개최한 레너드 번스타인, 『뉴욕 북리뷰』, 명사 대접을 받는 엘드리지 클리버Eldridge Cleaver,* 안젤라 데이비스Angela Davis,** 우드

• 리로이 엘드리지 클리버Leroy Eldridge Cleaver, 1935~1998. 미국의 작가이자 블랙팬서 활동가. 1968년 오클랜드에서 벌어진 블랙팬서와 경찰 간의 총격전으로 수감된 뒤 보석금을 내고 풀려나 쿠바와 알제리로 도피해 7년간 망명생활을 했다. 1975년 미국으로 돌아온 그는 공화당 당원이 되어 공화당 행사에 모습을 드러냈다.

•• 안젤라 이본 데이비스Angela Yvonne Davis, 1944~. 아프리카계 미국인 마르크스주의자이자 페미니스트 활동가. 인종·성·계급 차별에 강력하게 저항한 전투적 활동가이다. 미국 공산당에서 오래 활동했으며, 1979년 소련으로부터 레닌평화상을 받기도 했다.

스톡 네이션Woodstock Nation,[•] 찰스 라이히Charles Reich,[••] 《헤어 Hair》,[•••] 찰스 맨슨Charles Manson,[••••] 시카고 7인Chicago Seven,[•••••] "키즈", 마약, "당신이 원하는 대로 하라",《이지 라이더Easy Rider》,[••••••] 시민불복종, 포르노, "방임주의". 보수주의자들은 이러한 현상들이 철학적으로 연관되어 있다고 믿었다.[50]

1972년 여름, 로버트 니스벳은 자신이 생각하는 중대한 도전에 대해 분석했다. "권위에 맞선" 현대의 "반란"이 "어쩌면 이미 서구에서는 로마 제국 말기 이후 그 어떤 때보다 절정에 달했는지 모른다."[51] 반란은 언어에 맞서, 문화적 형식에 맞서, 객관성과 합리성이라는 관념 자체에 맞서 다양한 형태로 나타났다. "나는 그토록 많은 야만성 — 모든 형태의 문화

• 본래 1969년 뉴욕주에서 열린 우드스톡 음악 축제에 참가한 사람들을 지칭하는 용어였지만, 일반적으로는 1960년대와 1970년대 미국 대항문화의 가치를 옹호하는 세대 — 우드스톡 참가자들과 성향이 비슷한 — 를 가리킨다.

•• 찰스 앨런 라이히Charles Alan Reich, 1928~2019. 미국의 법률가·작가. 미국 세계관의 진화를 추적한 1970년 저서 『미국의 녹색화The Greening of America』를 통해 대항문화의 지적 틀을 제공한 것으로 평가받고 있다.

••• 1967년 첫 공연된 록 뮤지컬로 베트남전쟁 반대와 대항문화를 옹호하는 세대의 이야기를 담고 있다. 뮤지컬 수록곡 중 일부가 반전·평화운동의 대표곡이 될 정도로 인기가 높았다.

•••• 찰스 마일스 맨슨Charles Milles Manson, 1934~2017. 맨슨패밀리라는 사이비 종교 집단의 교주. 여덟 건의 연쇄 살인으로 1971년 사형 판결을 받았다. 당시 히피 문화의 슬로건 중 하나인 '사랑'을 이용해 집단을 유지했다는 주장이 제기되면서 히피 문화의 종말을 이끌었다는 평가를 받기도 한다.

••••• 1968년 시카고에서 열린 민주당 전당대회 기간 동안 벌어진 대규모 시위를 계획한 혐의로 기소된 7명을 말한다. 베트남전쟁 반대 분위기가 고조되던 당시, 민주당이 베트남전쟁 지속을 공약으로 내건 휴버트 험프리를 대통령 후보로 지명하려 하자 10,000여 명의 시위대가 시카고에 모여 일주일간 이에 항의하며 경찰과 충돌했다. 이들은 국가 전복·선동 혐의로 기소되어 1970년 7명 중 5명이 유죄 판결을 받았지만, 1972년 연방대법원이 사건을 파기 환송하면서 1973년 모두 무죄 판결을 받았다.

•••••• 1969년 개봉한 미국의 독립영화. 1960년대 히피운동과 공동체 생활 등 당시 미국의 대항문화와 시대상을 획기적으로 그린 것으로 평가되는 영화. '미적·역사적·문화적 중요성'을 인정받아 1998년 미국 의회도서관이 선정한 국립영화등기부에 등재되었다.

와 관습에 대한 계획적 공격, 그리고 문화와 개인의 급격한 타락—이 인쇄물과 음악, 예술의 일부가 되고, 그리고 미국이라는 무대로 전해진 1960년대의 10년과 같은 10년을 서양 문화의 역사에서 단 한 차례도 찾아보기 어려울 것이라 생각한다." 그는 이어서 "적대적 문화"가 1960년대에 "문화에 대한 전면적 허무주의"가 되었다고 말했다. 전개되고 있는 위협은 "대학의 사명이 교육의 사명에서 사회 질서에 기여하고, 이를 구제·치유·개혁하고 심지어 혁명하는 것으로 완전히 바뀌었을 때" 발생한 "학문적 권위의 붕괴"와 관련이 있었다. "전통적 권위"를 의도적으로 훼손하고 있는 바로 그 지식인들이 동시에 권력—십자군에 의해 획득되고, "카리스마 있는 한 사람에게" 맡겨진 권력—을 추구하고 있었다.

> 권위에 대한 반란, 무질서의 신성화, 폐허, 그리고 전통적 사회의 무정부 상태, 이것이 실로 오늘날 모든 좌파 지식인의 우상이다. (…) 규모와 강도가 커져가고 있는 지금, 우리가 예상할 수 있는 것은 상관관계에 있는 논제들이다. (…) 자유—평등이라 불릴 엘리트를 위한 자유—라고 불릴 권력에 대한 호소와 인도주의라 불릴 집단주의에 대한 호소.[52]

니스벳이 명망 있는 학술 저널에서 분명하게 밝힌 내용은 "리무진 자유주의자"와 "포르쉐 포퓰리스트"에 대한 일반인들의 신랄한 발언에서부터 애그뉴 부통령의 연설에 이르기까지, 모든 부류의 우파들에게 점점 더 보편화되었다. 1969년 애그뉴는 이 문제를 날카롭게 정의했다. "스스로를 지식인이라고 자처하는 뻔뻔스러운 속물들의 무기력한 집단이 조장하는, 국가의 피학성이라는 정신이 만연해 있다."[53] 좌파가 터무니없는 비방과 냉소적인 정치 전술이라고 인식한 것에 대해 우파가 단순한 진실이라며 갈채를 보낸 것은 시대의 양극화를 보여주는 징표였다.

좌파의 도전이 정말로 근본적인 것이었다면 우파도 똑같이 근본적인 대응을 해야 했다. 이것이 1960년대 후반의 보다 본능적이고 새로운 인식이었다. 1971년 윌리엄 F. 버클리 주니어는 10년이 끝나갈 무렵 보수주의자들은 보다 기본적인 가치를 옹호하지 않을 수 없게 되었다고 회고했다. 미국의 생존과 덕성 자체가 위태로웠다. 지식인들에 의해 미국의 가치가 폄하되었다는 혐의 때문에 우파는 뉴딜 프로그램에 대한 반대보다 더 근원적인, 국민 다수의 "근본 원리 보수주의"로 돌아갔다. 보수주의자들은 이제 "미국을 포기하지 않을 각오가 되어 있는" 사람들로 구성된 새로운 "기득권층"을 옹호하고 있었다.⁵⁴ 1969년 버클리는 다음과 같이 썼다.

> 나는 자신들의 전통적인 관심을 저버리지 않고, 미국의 행동방식을 직관적으로 긍정해야 할 필요성을 받아들이는 것이 신보수주의자들의 역사적 임무라고 생각한다. 미국의 행동방식 중 일부는 전통적으로 자유주의자들과 진보주의자들의 지지를 받아왔고, (…) 그에 대한 현대의 불확실성으로 인해 보수주의자들은 특별한 짐을 지게 되었다.⁵⁵

좌파의 반역에 맞서 이제 민주주의와 적법 절차를 수호하고, 상향이 동을 촉진하기 위해 노력해야 하는 건 보수주의자들이었다. 버클리는 이것이 우파가 점해야 할 고유한 위치라고 생각했다. 어쨌든 "[정부에 의한] 적법 절차의 남용이 횡행했지만, 마르쿠제 지지자들의 분노에 비해 적법 절차는 얼마나 가치 있는가".⁵⁶ 이제 그것을 수호하는 것은 보수주의자들—주로 20세기 미국을 비판하는 사람들—의 몫이었다. "어떤 희생을 치르더라도. 외국이든 국내든 모든 적에 대항해."[57]

하지만 폭정에 굴복하지 않고 어떻게 질서―국가와 영혼의―를 회복할 수 있을 것인가? 권위에 대한 존중과 "영원한 것"에 대한 사랑을 어떻게 심어줄 것인가? 1969년 러셀 커크가 학문과 기술에 대해 그랬던 것처럼 "규범"의 회복에 대해 가르치고 전파할 수 있었다.[58] 그러나 설득만으로 충분한가? 시간은 충분히 있는가? 보수주의운동이 할 수 있는가?

적어도 몇몇은 침울한 성찰에 잠기지 않을 수 없었다.

═ ★★★ ═

1970년 『내셔널리뷰』의 창간 15주년 기념호에는 제임스 번햄의 날카로운 글이 실렸다. 당연히 그의 분석 대부분은 보수주의자들에게 충분히 익숙한 것이었다. 자유주의는 자신감과 창의력이 결여된 "빈사 상태"에 있었고, 신좌파와 부도덕함이라는 "악폐"에 대처할 수 없었다. 자유주의의 "세속적 상대주의와 방임"은 부적절한 "형이상학적 토대"였다. 크리스토퍼 도슨Christopher Dawson과 T. S. 엘리엇의 통찰을 바탕으로 번햄은, 자유주의는 자유주의 이전의 권위에 기생적으로 의존하고 있다고 주장했다. "그 권위는 이제 해체되고 있다." 그리고 자유주의는 이를 막을 수 없었다.

그러나 여기서부터 번햄은 새로운 영역으로 대담하게 발을 들여놓았다. 미국 정부 자체가 붕괴 직전에 있는 것은 아닌가, 보수주의와 자유주의가 모두 지지하는 체제 자체―아리스토텔레스적 의미에서―가 "빈사 상태"에 있는 것은 아닌가?

다원적 경쟁—협상—의 타협 원칙 아래 미국의 정부 형태는 자유주의의 붕괴에서 살아남을 수 있을 것인가? 방임의 시대에 야기된 도덕적·정치적 혼란 속에서 어떻게 권위를 다시 주장할 수 있을 것인가? 자유주의 이후 정부는 권위주의적이지 않으면서 권위를 가질 수 있을 것인가? (…) 자유주의 이후 헌법의 틀 안에서 효율적인 정부를 구성할 수 있을 것인가?

번햄은 입에 발린 답변을 하지 않았고, 발언의 어조도 낙관적이지 않았다.[59]

명백해 보이는 자유주의 붕괴의 암울한 의미를 진지하게 고찰한 최초의 보수주의자는 번햄이 아니었다. 1969년 후반 서스캐처원대학교 교수 도널드 애트웰 졸Donald Atwell Zoll은 자유주의의 "죽음에 대한 동경"과 혁명적 좌파를 통제할 수 없는 무능함에 맞서 보수주의자들이 무엇을 해야 하는지 직설적으로 물었다.

따라서 보수주의의 문제는 자유주의라는 병에 걸려 공통의 가치에 집착하고 전통적인 게임의 규칙을 따를 것인가, 아니면 방법에 있어 자유주의적 예절이나 자유주의적 죽음의 본능에 구애받지 않고 싸움을 선택할 것인가이다. 이는 쉬운 선택이 아니다.

보수주의는 당연히 극단적인 조치를 취하기 꺼리면서 "문화적 가치를 보존"하는 데 전념했다. 만약—1969년 졸에게는 상당히 가능해 보였던 것처럼—"온건하고 다원적인" 미국 체제가 향후 몇 년 안에 혁명의 성공이라는 위험에 처하게 된다면, 그 궁극적인 위기에서 보수주의가 수행해야 할 임무는 명백할 것이었다. "원시적 우파" 신파시스트를 물리치려면 "사회 보존의 우선성을 인정"하고, 자유주의의 "반권위주의적 제약"에서 벗어나 "일반적으로 현대 서구 보수주의자들이 무시하고 있는 기술"을 사용해야 할 것이다. "(…) 비스마르크가 로베스피에르보다 훨씬 더 우선시 되어야 한다."[60]

불안감을 야기하는 졸의 에세이는 몇 달 간 프랭크 메이어와의 격렬한 논쟁을 촉발시켰다. 융합주의의 수석 설계자인 메이어에게 졸의 분석은 잘못되었고 위험했다. 메이어는 졸이 명백히 질서 자체를 위해 질서에 집착하고, 개인의 자유와 시민의식을 성취하기 위해 설계된 질서를 거부하면서 사실상 미국의 전통 자체, "건국의 아버지들과 헌법의 전통"을 거부하고 있다고 말했다. 대안은 무정부 상태나 "철의 국가"가 아니었다. 미국의 보수주의자들이 보수주의자가 되려면, 마땅히 그들은 보수주의로부터 물려받은 역사적 자유지상주의 체제를 수호해야만 했다.[61]

졸 역시 격렬하게 반박했다. 그는 메이어가 자랑스러워하는 바로 그 "미국의 전통"을 거부한다고 말했다.

대부분의 보수주의자들과 마찬가지로 나 또한 보수주의적 기질에 거의 어울리지 않는 영향력이 지배하는 '미국 전통'의 상당 부분을 기꺼이 거부할 것이다.

메이어의 "꿋꿋한 진부함"에 짜증이 난 졸은 실제로 질서란 "모든 문명화된 정치적 대안을 받쳐주는, 이론에 선행하는 조건"임에도 불구하고 모든 자유주의자들처럼 메이어도 질서를 많은 경쟁적 가치 중 하나로 보는 고전적 자유주의자라고 비난했다. 시민의식과 자유는 질서에 기초한 것이지 그 반대는 아니었다. 졸은 자신이 "철의 국가"가 아니라 존재론적 질서를 지지하며, 억압적인 급진 우파를 통제할 "하이 토리주의high Tory-ism"*를 원한다고 주장했다.[62]

메이어는 여전히 진정되지 않았다. 우선 졸은 "자유를 경멸"했고, "개인의 자유"가 "우리의 질서가 지향하는 조건"임을 인식하지 못했다. 성육신을 통해 알려진 서구 문명은 "개인"을 "사회적 존재의 근원이자 목적이며, 질서를 구성하는 원리"라고 여겼다. 미국의 보수주의는 "토리와 휘그, 그 둘 모두"였다.[63] 더욱이 졸은 가까운 미래에 대해 가장 냉혹한 대안만을 상정하고, 미국의 "법 아래의 자유"에 반감을 표하면서 주어진 현재의 자원을 무시했다. 메이어는 국가를 구하는 데 "헌법 이외의 급진적 조치"는 필요하지 "않다"고 주장했다. 법과 헌법상의 제재는 "그것이 시행되더라도 (…) 공화국을 수호하려는 의지가 주어지면 발동될 수 없다". 그러고 나서 메이어는 긴 제안 목록을 열거했다.[64]

졸을 원시 우파와 싸우는 자코뱅 무리의 망령이라고 규정한 이러한 설명에 모든 사람이 만족한 것은 아니었다. 브루클린대학교의 전통주의 가톨릭 신자 토마스 몰나르 교수는 메이어의 "주술"을 비난했다. "메이어는 만약 헌법과 법률이 시행된다면 그러한 [법과 권위의] 회복이 가능하다고 진술하고 있을 뿐이다. 그러나 전체 논쟁은 그것들이 왜 시행되지 않는가라는 질문에 달려 있다."[65] 논쟁의 강도와 기간, 그리고 제기된 질문의 심오함은 이것이 일상적으로 주고받는 논쟁 이상임을 시사했다. 실제로 메이어-졸 논쟁은 1960년대 후반과 1970년대 초반의 암흑기에 보

---

* 전통적인 위계사회와 귀족의 가치를 옹호하고, 조합주의와 보호주의를 선호하는 영국의 보수주의분파를 말한다. 이들은 신자유주의와 대처주의에 반대했으며, 현대 자본주의가 지나치게 개인주의적이고 공동체를 파괴하며, 탐욕스럽고 비종교적이라고 비판한다.

수주의운동에 깊은 균열이 다시 등장하고 있음을 보여주었다. 1960년대 초반에 구축된—또는 메이어가 주장한 바와 같이 연결된—모든 융합주의적 종합은 한동안 전례 없는 강도의 압력에 의해 금이 가고 있는 듯 보였다.

관계가 소원해진 진영의 중심에는 L. 브렌트 보젤과 그가 편집한 잡지 『트라이엄프Triumph』가 있었다. 1966년 창간된 보젤의 저널은 자유주의 가톨릭과 보수주의 가톨릭 사이의 오랜 불화—1951년 윌리엄 F. 버클리 주니어의 『예일에서의 신과 인간』의 출판으로까지 거슬러 올라가는—의 산물이었다. 출판 당시부터 버클리는 자유기업의 신봉자로서, 동료 가톨릭 신자들로부터 교회의 반자본주의적 사회 교리, 특히 회칙 「새로운 사태Rerum Novarum」(1891)* 및 「사십주년Quadragesimo Anno」(1931)**과 심각하게 모순된다는 비난을 지속적으로 받아왔다.[66] 버클리를 비롯한 다른 보수주의자들 역시 기독교와 자유시장이 양립할 수 없다는 주장을 거듭 부정했다.[67] 이 논쟁은 1961년 교황 요한 23세가 많은 보수주의자들에게 공산주의의 위협과 자유국가의 경제적 진보를 무시하고 복지국가를 지지하는 것처럼 보였던 회칙 「어머니요 스승Mater et Magistra」을 공표하면서 새로운 국면에 이르렀다. 1961년 7월 29일 자 『내셔널리뷰』는 글쓴이의 이름을 밝히지 않은 짧은 사설에서 회칙 「어머니요 스승」을 "이

• 　1891년 5월 교황 레오 13세가 발표한 회칙. 교회 역사상 최초로 사회 문제만을 다룬 회칙이다. 노동계급의 비참한 현실을 개선할 필요성을 강조하며 노동조합 결성 및 파업 등 노동권 보장을 옹호했다. 「노동 회칙」이라고도 불린다.

•• 　1931년 5월 「새로운 사태」 반포 40주년을 기념해 교황 비오 11세가 발표한 회칙. 사회주의·공산주의와 무절제한 자본주의가 인간의 자유와 존엄성을 위협하고 있다고 비판하고, 연대와 보조성의 원리—국가는 국가만이 수행할 수 있는 고유의 임무를 효율적으로 수행해야 한다—에 기초해 사회 질서를 재건할 것을 촉구했다. 「사회 재건 대헌장」이라고도 한다.

특정한 역사적 시기에 등장한 하찮은 모험"이라고 비판했다.[68] 다음 호에서 『내셔널리뷰』는 「어머니는 맞지만 스승은 아니다」라는 비꼬는 기사를 실었고, 이는 곧 유명해졌다.[69]

즉시 폭풍우가 몰아쳤다. 『아메리카America』와 『커먼윌』의 주도하에 자유주의 가톨릭 신자들은 버클리와 그의 저널이 교회를 비방하고 모욕하는 행위를 저질렀다고 비난했다. 심지어 『아메리카』는 『내셔널리뷰』의 광고를 더 이상 싣지 않기까지 했다. 보수주의·교회·성직주의, 그리고 관련 문제를 둘러싼 논쟁이 거의 1년 동안 계속되었고, 결국 이에 대한 책이 쓰였다.[70]

이 논쟁에서 『트라이엄프』가 등장했다. 보젤은 교회에서 발행하는 정기간행물들을 자유주의가 지배하고 있다고 생각했고, 이에 대한 대응책을 절실히 필요로 한 보수적인 가톨릭 신도들을 위해 『트라이엄프』를 창간했다.[71]

그러나 얼마 지나지 않아 보젤—기독교 문명을 건설해야 할 필요성에 지대한 관심이 있었고, 스페인의 기독교 사회 질서에 감명을 받은[72]—은 메이어의 보수주의적 합의의 경계—그는 1962년에도 이에 반대했었다—를 훨씬 넘어서게 되었다. 1968년 초 『트라이엄프』의 에세이에서 그는 『워렌 혁명』의 후속편을 절대 쓰지 않겠다고 선언했다. 첫째, 의회가 헌법상 베트남전쟁을 선포하지 못한 것과 다른 많은 사건들이 증명했듯이 미국 헌법은 더 이상 "효력을 가진 정부 헌장"이 아니었다. 그것은 단지 "때때로 『바틀렛 명언사전Bartlett's Quotations』*을 보충해주는 편리한 부록"에

• 　서점을 운영하던 존 바틀렛John Bartlett이 1855년에 쓴 미국에서 가장 오래되고 가장 널리 이용되는 인용문 모음집이다. 2022년까지 19판이 출판되었다.

불과했다. "헌법적 윤리"인 견제와 균형이 해체되고 있었다. 정말 아무도—심지어 보수주의자들조차—신경을 쓰지 않은 것처럼 보였다. 어째서일까? 이것이 보젤의 두 번째 요점으로 이어졌다. 미연방은 타락했고—처음부터—, "실패할 수밖에" 없었다. 왜냐하면 그것은 의도적으로 하나님을 정치 질서에서 배제하고, 그 대신—기독교가 가르쳤던 것과 달리—하나님이 아니라 오로지 국민에 기초한 이기적인 자치 공화국에 의존했기 때문이다. 하나님은 헌법에서 주권자로 언급되거나 인정조차 되지 않았다. 건국의 아버지들은 "세속적 자유주의가 (…) 기거할 수 있는 집을 지었다".[73]

그리고 몇 달 후 『트라이엄프』는 "자유 공화국이 무너지고 있다"는 사설을 게재했다. 사설은 프랭크 메이어가 "국가의 덕성과 건전함"을 회복하기 위해 "국가 기원의 원천을 재사용할 방책"을 옹호하고 있다고 질책했다. 메이어는 미국이 항상, 그리고 여전히 자유주의적이라는 사실을 보지 못했다. 건국의 아버지들은 "아주 정당하게도" 스스로를 "자유주의자"라고 생각했다.

> 어제나 오늘이나 자유주의의 핵심 신조는 인간이 자립적이라는 것이다. 인간의 개인적 삶은 외부의 권위에 의존하지 않으며, 이에 대해 어떠한 책임도 지지 않는다. 자신의 영역에서 그가 구축하는 것은 공공질서가 아니다. 그러므로 환멸과 절망에 대한 필수적인 해독제로서 인간의 삶과 인간 사회는 인간의 대리자에 의해 완성될 수 있다는 결론에 이르게 된다. (…)
> 이 (…) 자유주의의 (…) 시놉시스는 미국 신념의 시놉시스이기도 하다. 그것은 신에 대한 반란으로 귀결된다. (…) [메이어처럼] 도덕적 권위를 하나님과 명백히 동일시하지 않으면서 도덕적 권위를 요구하는 것은 하나님의 부

성父性을 인정하지 않으면서 인간의 형제애를 요구하는 것만큼이나 무의미하고 유해하다. 창시자가 없다면 도덕적 권위는 인간의 권위를 의미한다. 그리고 이것이 우리가 겪고 있는 모든 곤경의 시작이자 끝이다.[74]

1969년 봄 대부분의 보수주의자들은 새로운 공화당 행정부에 여전히 동조하고 있었지만, 보젤은 자신의 과거 벗들에게 그들의 운동—반국가주의·민족주의·반공산주의·입헌주의—은 죽었다고 말했다. 모든 핵심적인 속성은 리처드 닉슨에 의해 거부되었다. 확실히 "세속적 자유주의" 역시 죽었지만, 보수주의자들이 그것을 물리쳤다고 믿는 사람은 아무도 없었다. 사실 보수주의자들은 두 가지 거대한 환상의 희생자였다. 첫째로 그들은 여전히 미국의 보수주의와 자유주의가 본질적으로 다르다고 믿었지만, 실제로는 "같은 나무에서 자란 가지들"이었다. 전통주의와 자유지상주의를 융합하려는 실패한 시도에도 불구하고, 보수주의운동에 영향을 미치기 위한 러셀 커크와 다른 전통주의자들의 투쟁에도 불구하고, 마음속에는 여전히 "19세기 자유주의"가 남아 있었다. 그것은 세속적 자기실현이라는 관념에 당혹해하고, 경제와 물질적인 것에 몰두하며, "공적 삶"에는 무관심했다. 보수주의의 두 번째 환상은 "정치—공적 삶의 질서—는 신과 무관하게 추진할 수 없다"는 것이었다. 보젤은 공적 삶이 "인간이 그리스도에게 마음을 여는 데 도움"이 되고, "은총의 기회와 덕성으로 인도해준다"고 주장했다. 현재의 공적 삶은 "덕성을 가로막는 엄청난 장애물"이자 "사탄의 사나운 대리자"였다.[75] 보젤은 기독교 자체가 문명이 아님을 인정했다. 그러나 "기독교 정치"는 하나님의 주권을 받아들이고, "한 사람이 기독교 신자가 되도록 도와야" 하며, 새로운 기독교세계를 건설하려 노력해야 한다.[76] 보젤에게 현대의 보수주의는 더 이상 적합하지 않았다. 그것은 문제의 일부였다. 합법화된 낙태의 증가는 미국의 도덕적 타락을 깨우쳐주는 또 다른 계시였다. 1970년 보젤과 천둥의 아들들sons of thunder*이라고 알려진 그의 추종자 중 일부는 워싱턴 D.C.에 있는 조지워싱턴대학교 병원에서 낙태 반대 시위를 하다가 체포되었다.[77] 보젤과 그의 절친한 친구 프레더릭 빌헬름센, 그리고 『트라이엄프』의 편집자들에게 미국은 점점 더 적대적이고 파멸을 피할 수 없는 운명에 처한 듯 보였다.

유일하게 논리적인 것은 『트라이엄프』가 더 이상 성립될 수 없다고 생각한 융합의 상징 윌무어 켄달을 향해 비난의 포문을 돌린 일이었다. 켄달은 가톨릭 신자이자 미국인들과 그들 체제의 선함을 독실하게 믿는 신봉자였다. 켄달과 조지타운대학교의 조지 캐리George Carey는 사후에 출간된 책에서 "미국 전통의 기본적인 상징"에는 하나님의 가호 아래 "초월적 진리"를 찾는 유덕한 사람들이 포함된다고 주장했다.[78] 1970년에 쓴 글에서 『트라이엄프』의 편집자 마이클 로렌스Michael Lawrence는 미국의 전통에 대한 켄달의 설명을 받아들였다. 하지만 이 전통이 기독교인에게 "만족스러운" 것이었을까? 로렌스는 아니라고 단호하게 대답했다. 켄달의 말에 따르면 미국 "신화"의 중심부에는 정치와 종교 영역 사이에, 정부와 사회 사이에 "쐐기"를 박은 "독특한 미국인"이 있었다. 로렌스는 이러한 분리가 "기독교 전통의 심장에 꽂힌 칼"이라고 말했다. 보젤의 생각을

---

* 성경에 등장하는 구절이다. 사마리아인들이 예수님을 반기지 않자 야고보와 요한 형제가 "주여 우리가 불을 명하여 하늘로부터 내려 저들을 멸하라 하기를 원하시나이까"(누가복음 9:54) 묻자 예수님이 그들을 꾸짖었고, 그들의 과격한 성격을 보고 "이 둘에게 보아너게 곧 우레의 아들이란 이름"(마가복음 3:17)을 붙여주었다.

반영해 그는 다음과 같이 선언했다.

그러므로 정치의 목적은 덕성을 갖추려는 인간의 노력을 돕는 것이다. 이것은 구체적으로 세계의 정치 및 사회 제도에 기독교를 주입하고, 이 제도들이 본질적으로, 그리고 유기적으로 (…) 기독교가 되도록 함으로써 완수해야한다. (…)

이러한 관점에서 미국의 '쐐기'는 그러한 이상理想에 대한 명시적이고 공식적인 포기라고 볼 수 있다. (…)

쐐기는 (…) 또한 정부—인간 제도 중 가장 중요하고, 하나님 권위의 대리자라는 칭호를 명시적으로 부여받은—가 기독교를 주입해서는 안 되며, 신의 은총을 전하는 매개체가 되어서는 안 된다고 공개적으로 선언하는 것이다. 기독교 정치 전통의 최고 상징을 이보다 더 직접적으로 거부하는 일은 있을 수 없다.

그렇다면 무엇을 해야 하는가? 우리는 다시 시작해야 한다. 우리는 이 "신세계"에서 "하나님의 은혜"를 전파하기 위해 우리 자신과, 그리고 하나님과 "새로운 언약"을 맺어야 한다.[79]

주류 보수주의는 소수의 호전적 가톨릭 전통주의자들로부터 공격을 받는 동시에 또 다른 전선에서 급진적인 자유주의적 무정부주의자들의 반란에도 직면했다. 이 변절자들을 이끈 사람은 주로 미제스학파의 경제학자 머레이 로스바드와 1964년 배리 골드워터의 주요 연설문을 작성한 뒤 4년 후 "좌익 무정부주의자"임을 자인한 칼 헤스Karl Hess였다.[80] 오랫동안 『내셔널리뷰』의 반공산주의 보수주의자들을 비판해온 로스바드[81]는 1968년 신좌파 저널 『램파츠Ramparts』에 자신의 "고백"을 발표했다. 그는 1940년대와 1950년대 초 미국 우파는 징집, 군국주의, 한국에서 트루먼 대통령이 자행한 "제국주의적 침략 행위", 그리고 국내의 국가주의에 열렬히 반대하는 자유지상주의자이자 고립주의자였다고 주장했다. 그 위인들은 제퍼슨, 페인, 소로, 허버트 스펜서, 라이센더 스푸너Lysander Spooner,* 벤자민 R. 터커Benjamin R. Tuckerm,** H. L. 멩켄, 앨버트 제이 녹, 프랭크 초도로프 같은 사람들이었다. 그러나 그 뒤 끔직한 변화가 일어났다. 매카시즘과 『내셔널리뷰』의 부상과 함께 구우파는 "반공산주의라는 병폐"에 굴복했다. 격렬한 과거 공산주의자 집단, 가톨릭 광신도—보젤과 켄달 같은—, "불쾌한 유럽 보수주의"의 신봉자들이 우파의 지도부를 장악했다. 로스바드는 『내셔널리뷰』계열이 핵전쟁으로 소련을 파괴하기 바라고, 정치적 인정을 받으면서 자유지상주의의 자취를 포기하고 있다고 비난했다. 그는 "확실히 무언가 잘못됐다"고 주장했다. "우익은 질서와 군국주의라는 유럽 보수주의의 이상을 추구하는 엘리트와 신봉자들, 마녀사냥꾼과 세계적인 십자군, '도덕성'을 강요하고 '내란 선동'을 진압하려는 국가주의자들에게 점령당했다."[82]

1970년대 초반 무렵 급진적 자유지상주의는 적잖은 관심을 받고 있었고, 로스바드는 우파의 "급격한 분열"을 기대하며 글을 집필하고 있었

•   1808~1887. 미국의 개인주의적 무정부주의자. 미국 헌법은 노예제를 금지한다고 주장하며 노예제 폐지를 강력하게 옹호하고, 자본주의와 임금 노동을 비판하며 소기업·소농·노동자 협동조합을 지지했다. 미국의 자유지상주의자들에게 지대한 영향을 미친 것으로 평가받는다.

••   벤자민 리켓슨 터커Benjamin Ricketson Tucker, 1854~1939. 미국의 개인주의적 무정부주의자. 무정부주의 저널 『리버티Liberty』(1881~1908)의 발행인이자 편집자였다. 그는 마르크스주의식 사회주의를 '개인의 선택과 상관없이 정부가 인간의 모든 행위를 관리하는 것'이라고 정의하고 이에 반대했으며, 자신이 무정부 사회주의라고 부른 자유주의적 사회주의—개인이나 자발적 단체가 사회를 관리하는—를 지지했다.

다.[83] 『뉴욕타임스』,[84] 로스바드의 『자유지상주의자 포럼Libertarian Forum』,
제롬 투실Jerome Tuccille*의 선언문 『급진적 자유지상주의Radical Libertarian-
ism』[85] 같은 책에서 무정부-자본주의자들은 어쨌든 목소리를 내고 있었
다. 1969년 자유를위한젊은미국인들YAF 대회에서 일어난 격렬한 충돌은
호전적인 자유지상주의자들의 탈퇴를 촉발시켰고, 그 직후 개인의자유를
위한협회Society for Individual Liberty, SIL가 설립되었다.[86] 얼마 지나지 않아
공격적인 새 회사 리버테리언 엔터프라이즈Libertarian Enterprises는 엄청난
양의 자유지상주의 문헌들을 판매하고 있었다.[87] 1972년 무렵 이 운동은
대통령 후보—서던캘리포니아대학교 철학과 학과장 존 호스퍼스John Hos-
pers—와 함께 자유당을 조직하기에 충분한 지지자들을 얻었다.[88]

소책자와 논문이 쏟아져 나왔지만 반란의 메시지는 단순하고 직접
적이었다. 순수한 자유방임, "급진적 탈중앙화"—투실의 표현—, 주의주
의voluntarism, 무정부 상태.

자유지상주의의 교리는 보수주의 공동체나 국가가 아니라 개인으로부터 시
작한다. 모든 개인은 독립적 행위의 주체로서 '자기 소유권', 즉 다른 사람의
방해 없이 자신의 인격에 대한 절대적 권리를 갖는다. (…) 자유지상주의자
는 국가란 영구적 침략이며 무질서라고 주장한다.[89]

정부의 강압을 극도로 적대시하는 전형적인 자유지상주의자들은 때
때로 정말 놀라운 제안을 하기도 했다. 일례로 투실은 정부가 국방을 독

•   1937~2017. 미국의 작가. 자유지상주의 활동가였으나, 1977년 『내셔널리뷰』에 「자유지상주의
의 실패」라는 글을 발표하고 자신을 보수주의자라고 선언했다.

점하도록 허용해서는 안 된다고 주장했다. 개인과 단체, 그리고 심지어 국가 역시 자신들의 고객을 보호하기 위해 경쟁할 민간기업과 자유시장에서 계약을 맺도록 하라.⁹⁰ 일부는 고속도로를 민영화하고, 경찰 기능을 민간기업이 수행하도록 해야 한다고 주장했다. 징병제 폐지·낙태금지법·마약법 같은 아이디어들은 보다 관행적이었다. 물론 이러한 제안의 밑바탕에는 너무나도 순수한 자연권 철학—자연권에 대해 이야기하는 모든 사람을 성가시게 했던 윌무어 켄달조차 대단히 놀랐을—이 깔려 있었다.

이러한 순수함은 아마도 이 운동이 젊은이들에게 매력적으로 보였던 한 가지 이유가 되었을 것이다. 급진적 자유지상주의—또는 무정부주의 혹은 급진 자본주의, 이 두 이름은 서로 바꿔 사용할 수 있는 듯하다—는 기존의 우익 지식인이 아니라 대학생들로부터 대부분의 지지를 얻었다. 대학가에서 이러한 현상은 종종 추종하는 차원—예를 들어 아인 랜드와 공상과학 소설가 로버트 하인라인Robert Heinlein을 통해 얻게 된 열렬한 추종자들⁹¹과 꽉 쥔 붉은 주먹 위에 "자유방임"이라는 단어가 겹쳐져 있는 배지·스웨터·포스터의 급증—으로 나타나기도 했다. 무정부–자본주의자들의 반감은 그들의 슬로건에서 명백하게 드러났다(그들은 많은 슬로건을 가지고 있었다). 무정부 상태여, 영원하라! 국가에 저항하라! 네 일이나 신경 써라Mind Your Own Business, MYOB! 우리를 내버려둬라! 나는 국가의 적이다! 세금은 도둑질이다! 주의–병역은 건강에 해로울 수 있다. 분명히 로스바드와 그의 추종자들은 1960년대 후반 미국 젊은이들이 널리 공유하고 있던 반체제 충동에 호소하고 있었다. 실제로 급진적 자유지상주의는 그 시대에 일어난 소요에 대한 반발이라기보다 그것의 산물이었다. 투실은 "본질적으로 비공격적이고 자발적인 한 모든 삶의 방식을

철저하게 완전히 관용하는 것, 이것이 무정부-자유지상주의의 근사한 점이다"라고 말했다.[92]

무엇보다 이러한 현상은 베트남전쟁과 냉전 반공산주의가 쇠퇴한 결과였다. 칼 헤스는 아시아에서 일어난 분쟁 때문에 보수주의운동에서 내쳐졌다.

나와 같은 보수주의자들은 일생을 연방 권력에 반대하는 논쟁—한 가지 예외를 제외하고—을 벌여왔다. 우리는 전 세계 공산주의와 싸울 수 있는 막강한 힘을 가진 워싱턴을 신뢰했다. 태프트가 나토에 반대했을 때 예견했던 것처럼 우리는 틀렸다. (…) 어떤 이유로든 큰 정부를 믿을 때마다 보수주의자들은 머지않아 대량 살상을 변호하는 처지에 놓이게 된다는 사실을 베트남은 모든 보수주의자들에게 다시 한번 일깨워줄 것이다.[93]

수정주의 역사학자 D. F. 플레밍Denna Frank Fleming의 영향을 받은 머레이 로스바드는 베트남 이전에도 "냉전에서의 잘못은 오로지 미국에만 있으며, 러시아는 피해 당사자"라고 결론 내린 바 있었다.[94] 로스바드의 친구이자 시티칼리지의 수정주의 역사학자 레너드 리지오Leonard Liggio는 다음과 같이 설명했다.

버클리는 주로 반공산주의에 관심이 있기 때문에 큰 국가를 지지한다. 그는 기독교 서구가 공산주의와 유색인종 이교도들에게 포위되어 있다고 생각한다. 우리는 데탕트의 필요성을 보았다.[95]

당연히 징병제—그리고 전쟁—반대는 급진적 자유지상주의 강령

의 주요 특징이었다. 징병에 저항하는 문제는 1969년 YAF가 분열되는 데 일조했다.[96]

보수주의 기득권층에 대한 이러한 도전이 등장하면서 반공산주의는 전후 보수주의 지적 운동의 접합제로서 그 중요성이 부각되었다. 이 통합의 힘이 호소력을 잃게 되었을 때, 대연합의 구성 요소 중 하나가 궤도에서—최소한 주변부에서—벗어나기 시작했다. 배리 골드워터에게서 반공산주의가 사라지자 무정부주의자 칼 헤스가 되었다.[97] 1960년대 후반 SDS의 대다수 회원은 1964년에 골드워터를 지지했던 사람들이었다. 요점을 달리 말하자면 반공산주의는 결코 로스바드를 납득시키지 못했다. 급진적 자유지상주의는 험난한 전쟁이 새로 일어났을 때 냉전이 점차 시급한 현실이 아니게 된 새로운 세대의 젊은이들이 등장했을 때, 비로소 깨어날 수 있었다.

극단적 전통주의자들과 극단적 자유지상주의자들의 측면 공격에 보수주의 주요 인사들은 강력하게 대응했다. 대부분의 주요 우익 지식인들은 미국이 늘 세속적 자유주의였다는 L. 브렌트 보젤의 신하츠주의적 neo-Hartzian 주장을 거부했다. 윌리엄 F. 버클리 주니어는 보젤이 비난한 헌법에는 존 코트니 머레이에 의해 "본질적으로 기독교 사상", "기독교 역사의 산물"임이 입증된 권리장전이 포함되어 있다고 지적했다.[98] 대부분의 보수주의자들 역시 미국에 대한 기대를 포기하려는 것 같지 않았다. 제프리 하트가 초기 닉슨 행정부의 희망찬 발전을 시사했을 때 『내셔널 리뷰』의 편집위원회는 다음과 같이 선언했다.

미국에는 우리의 것이 있다. 그것이 우리의 것이 아니었을지라도, 어쩌면 우리에게 있을지 모르는 무언가보다 나쁜 것도 아니다. 현대 미국을 영원한

우리 영혼의 생존을 저해하려는 하나의 거대한 음모로 치부하는 것은 이원론적이고 신물 나는 일이다.[99]

많은 보수주의자들은 특히 보젤의 주장에 함축되어 있는 신정주의적이고 "천사 숭배적"*인 의미를 경계했다.[100] 가톨릭 신자이자 보수주의 북클럽의 회장 닐 맥카프리Neil McCaffrey는 "그의 왕국은 현세에 있지 않다"고 경고했다.[101] 게르하르트 니에메예르는 "(…) 사회의 구원은 우리의 권한이 아니다"라고 충고했다.[102] 1970년 보젤과 추종자들이 스페인 카를로스파Carlists**의 붉은 베레모를 쓰고 "그리스도 왕 만세!Viva Christo Rey!"를 외치며 낙태 반대 시위를 벌였을 때, 『내셔널리뷰』는 그들의 "외래적인 행태"와 경찰과의 폭력적인 대립을 비판했다.[103] 『순항 속도Cruising Speed』에서 윌리엄 F. 버클리 주니어는 매제와의 관계가 "소원해졌다"고 인정했다. 『트라이엄프』는 "이제 (…) 전투적인 반미주의 기관과 동일시되었다".[104]

무정부주의자들의 도전에 비판적이지 않은 주요 보수주의자들은 없었다. 그들은 반공산주의가 시대에 뒤떨어지고 부도덕하며, 국가주의의 변절임을 부정했다. 제임스 번햄과 다른 사람들이 끊임없이 주장했듯 세계는 평온한 곳이 아니었다. 공산주의는 유순하지 않았고, 소멸되지도 않았다. 버클리는 지난 수십 년간 미국의 "국가주의"가 "공격적인 세력"을

---

* 천사를 하나님과 인간 사이를 이어주는 매개자로 여기고 천사를 숭배하는 기독교 신앙. 대부분의 기독교인들은 이를 예수 그리스도로부터 인간을 멀어지게 만드는 이단으로 간주했다.

** 왕정을 지지한 스페인의 극단적 전통주의운동. 이들은 스페인 내전이 발발하기 전부터 스페인 산악지대에서 붉은 베레모를 쓰고 군사 훈련을 했으며, 1930년대 팔랑헤당Falange—파시즘과 나치즘을 결합한 이념을 토대로 1933년 창당—과 함께 프랑코의 강력한 지지 기반이 되었다.

억제하지 않았다면 로스바드는 "동물원"에 살고 있을 것이라고 신랄하게 비난했다.[105] 프랭크 메이어 ― 항시 이단의 기운을 감지하고 경계하는 사람 ― 는 로스바드와 헤스의 문제는 그들이 "이데올로그"이자 "자유파liber-tines**"라는 점이라고 말했다.

> (…) 자유지상주의로 가장한 자유파의 본능은 모든 도덕적 책임을 무시하고, 사회 질서의 최소한의 필요성에도 반대하며, (…) 개인의 자유를 절대적 목적으로까지 고양시킨다.

그러나 그것은 "절대적 목적"이 아니었다. 메이어에게 그것은 최고의 정치적 목적이었다. 어쨌든 정부의 강압에서 해방된 사람들은 그들의 자유로 무엇을 할 수 있을 것인가? "자유파는 자신들이 원하는 대로 해야 한다고 답한다." 메이어는 그러한 대답이 "문명은 인간을 잔혹한 출발점으로 되돌려 보내려는 어둠의 세력에 의해 끊임없이 위협받고 있는 연약한 생장물이라는 (…) 역사의 냉혹한 현실을 무시하는 것이다"라고 말했다.[106] 버클리 역시 "자유의 절대화"는 "가장 오래되고 가장 유혹적인 이단"이라고 경고했고, 로스바드의 "유쾌한 어리석은 짓"을 비웃었다.[107]

> 내가 가장 좋아하는 것은 폭풍우에 휩싸인 배를 맞아주는 등대를, 모든 선박에게서 돈을 받고도 불빛을 약하게 비추어 소유자 개인의 전기를 사용해

• 본래 16세기 프랑스 출신의 종교개혁가 칼뱅의 개혁에 반대하는 사람들 ― 종교가 생활의 자유를 규제하는 것에 반대 ― 을 일컫는 용어였으나, 18세기와 19세기에는 사회의 도덕적 원칙과 책임감 등을 무시하는 사람들을 비난하는 용어로 사용되었다. '방종파'라고 불리기도 한다.

방향을 지시했음을 입증해 보이는 등대지기 개인의 소유로 만들어야 한다는 로스바드 씨의 제안이다.[108]

버클리에게 더욱 "혐오스러운 것"은 "소련은 베리야Beria*를 처형했고, 우리에게는 여전히 J. 에드거 후버J. Edgar Hoover**가 있기 때문에 소련이 미국보다 약간 더 낫다"고 말한 카를 헤스의 진술이었다.[109] 버클리를 비롯한 다른 보수주의자들은 급진적 자유지상주의자들의 경제 분석을 대체로 공유했다. 양측은 모두 하이에크·해즐릿·미제스 같은 학자들을 존경했다.[110] 많은 보수주의자들이 로스바드가 징집에 반대한 데 동의했다. 그러나 공통적인 견해는 제한적이었다. 버클리는 보수주의는 국가의 팽창에 반대한다는 "전제"하에 국가를 인정한다고 말했다.[111] 그러나 자본주의의 패러다임을 모든 영역에 교조적으로 적용하는 것은 안 될 일이었다.

이러한 논쟁과 보수주의 주류로부터의 이탈—잘 알려진—이 의미하는 바는 무엇이었는가? 물론 이는 융합주의적 통합—보수주의 부활의 핵심—이 수년간의 시험 후에도 여전히 긴장 상태에 있다는 사실을 지적으로 보여주었다. 운동을 구성하고 있는 다양한 경향들이 부각되었고, 얼마나 쉽게 집단에서—지적으로—벗어날 수 있는지도 입증되었다. 그러

• 　라브렌티 파블로비치 베리야Lavrenty Pavlovich Beria, 1899~1953. 스탈린 집권기 소련의 내무인민위원회NKVD 위원장으로 스탈린에 반대하는 사람들을 숙청하는 데 중요한 역할을 했다. 스탈린 사망 후 1953년 제국주의 첩자이자 반국가 활동 혐의로 유죄 판결을 받고 처형당했다.

•• 　존 에드거 후버John Edgar Hoover, 1895~1972. 미국 연방수사국FBI 초대 국장. 매카시즘의 강력한 동조자로 민권 운동가들을 감시·탄압하고, 정치인들을 불법 감시·도청해 수집한 증거를 자신의 지위를 유지하는 데 개인적으로 유용한 것이 드러나 많은 비판을 받았지만, 1972년 사망할 때까지 35년간 FBI 국장을 역임했다.

나 "급격한 분열"을 둘러싼 모든 목소리와 분노, 그리고 논의에도 불구하고 한 가지 변치 않는 사실이 눈에 띄었다. 보수주의의 중심은 실질적으로 해제되지 않았다. 반대자들은 여전히 반대자로 남았고, 극단주의자들은 중심이 아닌 극단으로 남았다. 프레더릭 빌헬름센과 딜 유명한 몇몇 인물들을 제외하면, 보수주의 지식인들은 보젤의 전투적인 방향으로 이동하는 것처럼 보이지 않았다. 제프리 하트와 러셀 커크 같은 많은 가톨릭 보수주의자들이 간혹 『트라이엄프』에 기고를 하기도 했지만, 그들이 『트라이엄프』의 정신 전체를 공유하지 않았음은 분명했다.[112] 로스바드-호스퍼스 그룹이 버클리나 메이어 혹은 밀턴 프리드먼과 같은 위상과 국가적 영향력을 가진 지도자들을 끌어들이거나 만들어내지는 못했던 듯하다.[113] 1969년 YAF 대회에서 급진적 자유지상주의자들은 분명한 소수파였다. 우파는 명백히 반국가주의적 경향이 매우 강했지만, 급진적인 자유지상주의적 형태의 반국가주의 경향은 아니었다.

물론 시대는 변할 수 있다. 가능성은 거기에 있었다. 몇 년 전 휘태커 체임버스는 서구의 대의는 가망이 없다고 결론지었었다. 만약 1970년대에 엄청난 국가적 재난이 발생하거나 도덕적 붕괴의 속도가 가속화된다면, 만약 미국이 혁명적 좌파에 굴복하는 것처럼 보인다면, 보젤의 관점은 새로운 지지자를 발견할 수도 있을 것이다. 만일 국가에 대한 반란이 새로운 동력을 얻는다면, 만일 미국의 야심찬 "녹색화"와 "네가 원하는 대로 하라"는 삶의 방식이 확산된다면, 만일 미국의 다원주의가 양극화된 종파주의로 발전한다면, 무정부주의 경향은 그 어느 때보다 번성하게 될 것이다. 그러나 이러한 것들은 아직 가능성일 뿐 역사는 아니었다. 1970년대 초반에 대부분의 보수주의 지식인들은 패러다임적 순수성에서 벗어나 상식적인 중도 노선이라는 것을 추구하는 데 만족하는 것처럼 보였다. 그러나 접근방식은 아마도 철학적으로 명료하지 않았을 것이다. 그것은 그들이 이데올로그라고 낙인찍은 사람들을 만족시키지 못했을 것이다. 그러나 어쨌든 보수주의는 이데올로기가 되어서는 안 되었다.

그리고 원칙에 관한 모든 이론적 주장이 완전히 공개된 후에도 보수주의자들은 두 가지 추가적인 이유에서 비판자들의 유혹에 빠지지 않았다. 많은 영향력 있는 자유주의자들이 우파로 중대한 이동을 했고, 마침내 보수주의가 국가를 지도할 수 있는 신뢰할 만한 경쟁자로 등장한 것이다.

주

1 제프리 하트, 「다가오는 미국의 혁명The Coming Revolution in America」, 『내셔널리뷰』 20(1968년 7월 2일), 646쪽

2 제임스 번햄, 『서구의 자살』(뉴로셸, 뉴욕, 1964), 11장을 참조할 것.

3 프랭크 S. 메이어, 「소용돌이 제전Reaping the Whirlwind」, 『내셔널리뷰』 22(1970년 1월 27일), 89쪽

4 프레더릭 빌헬름센 편, 『무정부주의의 씨앗: 대학가 혁명에 대한 연구Seeds of Anarchy: A Study of Campus Revolution』(달라스, 1969). 이 책에는 로널드 레이건 · 러셀 커크 · 제프리 하트 · 존 C. 메이어(프랭크 메이어의 아들) · 토마스 몰나르 · M. 스탠턴 에반스 · 에릭 폰 쿠에넬트-레딘 · 제인 브렛 · 마이클 로렌스(『트라이엄프』의 편집자)가 참여했다.

5 윌리엄 F. 버클리 주니어, 「하버드대학교와 경찰Harvard and the Police」, 『내셔널리뷰』 21(1969년 5월 6일), 455쪽

6 그가 미시간주립대학교와 얼마나 달랐는지, 그리고 그의 교육철학이 무엇이었는지에 대한 설명으로는 러셀 커크, 「권태에 맞선 반란Rebellion Against Boredom」, 『무정부주의의 씨앗』 빌헬름센 편, 26~37쪽을 참조할 것.

7 고등교육에 대한 커크의 글 모음집은 러셀 커크, 『무절제한 교수와 다른 문화적 짜증거리들The Intemperate Professor and Other Cultural Splenetics』(배튼루지, 루이지애나, 1965), 1~70쪽을 참조할 것.

8 이 구절은 커크가 어니스트 반 덴 하그에게서 빌린 것이다. 커크, 「권태에 맞선 반란」, 27쪽

9 이 구절은 같은 글, 26~37쪽을 참조했다. 또한 커크가 『내셔널리뷰』에 쓴 여러 칼럼들을 참조할 것.

10 윌 허버그, 「학생 좌파: 원인과 결과The Student Left: Cause and Consequence」, 『내셔널리뷰』 21(1969년 7월 29일), 754~756쪽

11 게르하르트 니에메예르, 「신좌파의 향수병The Homesickness of the New Left」, 『내셔널리뷰』 22(1970년 7월 28일), 783쪽

12 제프리 하트, 「지식인들의 분리 독립Secession of the Intellectuals」, 『내셔널리뷰』 22(1970년 12월 1일), 1278~1282쪽

13 니에메예르, 「신좌파의 향수병」, 779~783, 800쪽. 『내셔널리뷰』는 이 글을 "지금까지 발표된 것들 중 신좌파 이데올로기의 철학적 토대를 가장 설득력 있게 분석한 글"이라고 소개했다. 「그 쟁점에 관해In This Issue」, 『내셔널리뷰』 22(1970년 7월 28일), 763쪽을 참조할 것.

14 신좌파의 근본적 허무주의를 강조한 또 다른 보수주의자는 『내셔널리뷰』의 발행인이자 대학에서 자주 강연했던 윌리엄 러셔였다. 러셔, 「신좌파에 대한 단상Memo on the New Left」, 『내셔널리뷰』 21(1969년 8월 12일), 803~804, 817쪽을 참조할 것.

15 M. 스탠턴 에반스, 「정통 반란자들Orthodox Rebels」, 『내셔널리뷰』 18(1966년 7월 12일), 687쪽

16 러셀 커크, 「학문의 자유 1970년Academic Freedom 1970」, 『내셔널리뷰』 22(1970년 1월 27일), 91~92쪽

17 프랭크 S. 메이어, 『내셔널리뷰』 22(1970년 4월 7일), 348쪽

18 메이어, 「소용돌이 제전」, 89쪽

19 리처드 M. 위버, 『질서의 전망: 우리 시대의 문화적 위기』(배튼루지, 루이지애나, 1964), 114, 116쪽

20 같은 책, 114쪽

21 같은 책, 115쪽

22 같은 책, 115~116쪽

23 같은 책, 119~125쪽

24 같은 책, 133쪽

25 같은 책, 132쪽

26 메이어, 「소용돌이 제전」, 89쪽

27 피터 비에렉, 『보수주의 재고찰: 반란에 맞선 반란』(뉴욕, 1949), 129쪽

28 로버트 니스벳, 「학계의 암울한 10년Dismal Decade for the Academy」, 『내셔널리뷰』 22(1970년 12월 29일), 1409쪽

29 하트, 「미국의 혁명」, 647쪽

30 존 P. 이스트, 「대학가에는 왜 보수주의자가 거의 없는가?Why So Few Conservatives on Campus」, 『월스트리트 저널』, 1970년 7월 2일, 6쪽

31 스티븐 J. 톤소르, 「소외와 타당성Alienation and Relevance」, 『내셔널리뷰』 21(1969년 7월 1일), 638쪽

32 같은 글, 661쪽

33 스티븐 J. 톤소르, 「한심한 고등교육 상태에 대한 교수들의 책임Faculty Responsibility for the Mess in Higher Education」, 『대학연합리뷰』 6(1970년 봄), 86쪽

34 이에 관해서는 이스트, 「대학가에는 왜 보수주의자가 거의 없는가」, 6쪽을 참조할 것.

35 톤소르, 「교수들의 책임」, 89쪽

36 커크의 『무절제한 교수』, 13쪽에서 인용. 커크는 스탠퍼드대학교 후버연구소 소장 W. 글렌 캠벨W. Glenn Campbell의 사례를 인용했다. "그가 도착하자마자 지역의 자유주의 이단 심판관들이 그에게 이 연구소의 창립자인 허버트 후버의 정치적·경제적 관점에 동의하는지 캐물었다. 캠벨이 후버 씨와 견해를 같이 하기엔 너무나 이단적이라는 사실을 알게 된 이들은 스탠퍼드대학교 교수평의회에 요청해 아주 근소한 차이의 다수결로 캠벨 박사의 지명을 비판하는 성명서를 통과시켰다"(같은 글).

37 이스트, 「대학가에는 왜 보수주의자가 거의 없는가」, 6쪽을 참조할 것.

38 윌리엄 F. 버클리 주니어, 「브라운스빌 사건: ⅡThe Brownsville Affair: Ⅱ」, 『내셔널리뷰』 21(1969년 1월 14일), 41쪽

39 번햄, 『서구의 자살』, 214쪽

40 「대학가에 관한 의견Opinion on the Campus」, 『내셔널리뷰』 23(1971년 6월 15일), 635, 637쪽. 어느 보수주의 대학원생이 버클리대학교에서 어떤 삶을 살았는지를 생생하게 묘사한 글로는 존 R. 코인 주니어John R. Coyne Jr., 『금귤 선언The Kumquat Statement』(뉴욕, 1970)을 참조할 것.

41 윌리엄 F. 버클리 주니어, 『소란스러운 좌파와 우파: 골칫거리인 사람들과 사상들에 관한 책Rumbles Left and Right: A Book About Troublesome People and Ideas』(뉴욕, 1963), 134쪽

42 로버트 니스벳, 『학술적 도그마의 퇴화The Degradation of the Academic Dogma』(뉴욕, 1971)를 참조할 것. 하나의 사회적 유형으로서 지식인의 역사와 그 비판에 대해서는 토마스 몰나르, 『지식인의 몰락The Decline of the Intellectual』(클리블랜드, 1961)을 참조할 것. 일부 보수주의 학자들은 "지식인"이라는 말을 너무나 싫어한 나머지 그와 같은 취급을 받기 거부했다. 이들은 지식인에 대해 대개 근본 없고 피상적이며, 거들먹거리기 좋아하면서 아는 체하는 자라는 인상을 가지고 있었다. "지식인"에 대한 윌 허버그의 신랄한 비판은 이 장과 다음 장에 인용되어 있다. 또한 러셀 커크, 『탐욕의 꿈을 넘어서』(시카고, 1956), 5~15쪽을 참조할 것.

43 루트비히 폰 미제스, 『계획된 혼란Planned Chaos』(어빙턴온허드슨, 뉴욕, 1947), 62쪽

44 에반스, 「정통 반란자들」, 687~688쪽

45 배리 골드워터, 『다수의 양심』(뉴욕, 1970), 7~8장을 참조할 것.

46 예를 들어 조셉 킬리, 『좌파로 기운 안테나The Left-Leaning Antenna』(뉴로셸, 뉴욕, 1971)와 존 코인, 『무례한 속
물들: 애그뉴 대 지적 기득권층The Impudent Snobs: Agnew vs. The Intellectual Establishment』(뉴로셸, 뉴욕, 1972)을 참
조할 것. 의미심장하게도 1970년대 초반 『내셔널리뷰』는 구독을 장려하기 위한 방편으로 애그뉴 부통령
의 1969년 연설모음집 『솔직히 말해Frankly Speaking』를 제공하기 시작했다.

47 에디트 에프론, 『뉴스 왜곡자들』(로스앤젤레스, 1971). 에프론은 『TV가이드』 작가였다.

48 에프론 책에 관한 어느 보수주의자의 열렬한 서평으로는 존 체임벌린, 「에디트 에프론의 살기등등한 계
산기Edith Efron's Murderous Adding Machine」, 『내셔널리뷰』 23(1971년 11월 5일), 1225~1226, 1253쪽을 참조할
것.

49 어빙 크리스톨, 「TV 뉴스는 사실을 그대로 보도하는가Does TV News Tell It Like It Is?」, 『포춘』 84(1971년 11월),
183, 186쪽. 에프론이 자료를 통해 제시한 편향을 대부분 인정하지만, 다른 방식으로 설명한 또 다른
논평으로는 폴 위버Paul Weaver, 「텔레비전 뉴스는 편향되어 있는가Is Television News Biased?」, 『공익』, 26호
(1972년 겨울), 57~574쪽을 참조할 것. 에프론 책에 대한 예리한 비판으로는 넬슨 W. 폴스비Nelson W. Pols-
by, 「뉴스의 진실 그리고/혹은 공정성Truth and/or Fairness in the News」, 『하퍼스』 244(1972년 3월), 88~89, 91쪽
을 참조할 것.

50 예를 들어 대단히 보수적인 가톨릭 잡지 『트라이엄프』는 히피운동을 "인간은 근본적으로 선하며 훈육은
필요치 않다는 기본 희망에 기대고 있는 근대 와스프White Anglo-Saxon Protestant, WASP 문화의 최종적 표현"
이라고 해석했다. "이들은[히피들은] 로크와 밀에서 시작해 존 듀이와 로버트 케네디에 이르기까지 자유
주의가 지속적으로 뚜렷하게 보여온 우둔함에 대한 치욕이다"[「히피, WASP의 아들Hippie, Son of WASP」,
『트라이엄프』 3(1968년 2월), 37쪽].

51 로버트 니스벳, 「권위의 천벌The Nemesis of Authority」, 『인카운터』 39(1972년 8월), 11쪽

52 같은 글, 16, 17, 19, 20쪽

53 코인, 『무례한 속물들』, 248쪽에서 인용.

54 윌리엄 F. 버클리 주니어와의 인터뷰, 스탬포트, 코네티컷, 1971년 11월 26일

55 윌리엄 F. 버클리 주니어, 『통치자는 듣거라』(뉴욕, 1970), 137쪽

56 같은 책, 138쪽

57 같은 책, 139쪽

58 러셀 커크, 『영구적인 것들의 적』(뉴로셸, 뉴욕, 1969)

59 제임스 번햄, 「권위, 도덕성, 권력에 대한 단상들Notes for Authority, Morality, Power」, 『내셔널리뷰』 22(1970년
12월 1일), 1283~1289쪽

60 도널드 애트웰 졸, 「미국이 죽도록 놔둘 건가Shall We Let America Die?」, 『내셔널리뷰』 21(1969년 12월 16일),
1261~1263쪽. 정치학자인 졸은 『20세기 정신』(배튼루지, 1967)의 저자였다.

61 프랭크 S. 메이어, 「어떤 종류의 질서인가What Kind of Order?」, 『내셔널리뷰』 21(1969년 12월 30일), 1327쪽

62 도널드 애트웰 졸, 「질서와 억압Order and Repression」, 『내셔널리뷰』 22(1970년 3월 10일), 259~260쪽

63 프랭크 S. 메이어, 「졸 교수에 관하여: Ⅰ-질서와 자유In Re Professor Zoll: Ⅰ-Order and Freedom」, 『내셔널리뷰』
22(1970년 3월 24일), 311쪽

64 프랭크 S. 메이어, 「졸 교수에 관하여: Ⅱ-질서와 자유In Re Professor Zoll: Ⅱ-Defense of the Republic」, 『내셔널
리뷰』 22(1970 4월 7일), 362, 373쪽

65 토마스 몰나르가 편집자에게 보낸 편지, 『내셔널리뷰』 22(1970년 5월 19일), 529쪽

66 초기 가톨릭 진영의 대표적인 비판으로는 크리스토퍼 풀만Christopher Fullman, 「신과 인간, 그리고 버클리
씨God and Man and Mr. Buckley」, 『가톨릭세계』 175(1952년 5월), 104~108쪽을 참조할 것. 풀만 신부는 버클
리가 "신과 인간 사이의 균열에 쐐기"를 박았다고 비판했다(108쪽). "1장에서 그는 전적으로 예수에게 찬
동했으나, 그 책의 나머지 다른 장들에서는 애덤 스미스에게 찬동하는 것처럼 보인다"(105쪽). "엄중한 불
화"라는 표현은 케빈 코리건, 「『내셔널리뷰』에서의 신과 인간God and Man at 'National Review'」, 『가톨릭세계』
192(1961년 1월), 206~212쪽에서 찾아볼 수 있다. 어빙 크리스톨은 버클리의 『자유주의로부터 깨어나다』

(1959)를 논평하면서 버클리가 "경건한 가톨릭 신자이면서 동시에 허버트 스펜서라는 두 개의 화해 불가능한 방식으로 자유방임 자본주의의 옹호자라는 이상"을 고집하고 있다고 단언했다[「불타는 갑판에서On the Burning Deck」, 『리포터』 21(1959년 11월 26일), 47쪽].

67 예를 들어 윌리엄 F. 버클리 주니어, 「풀만 신부의 공격Father Fullman's Assault」, 『가톨릭세계』 175(1952년 8월), 328~333쪽과 「나의 비판자들에게 보내는 매우 개인적인 답변A Very Personal Answer to My Critics」, 『가톨릭세계』 192(1961년 3월), 360~365쪽을 참조할 것. 버클리는 자신이 공리주의자라거나 스펜서식의 개인주의자가 아니라고 단호하게 부인했다. 버클리에 따르면 교황들은 우상숭배적인 "19세기 자유주의"와 개인주의를 규탄하면서 당시 허버트 스펜서와 관련된, 그리고 지금은 아인 랜드와 연관된 "자유시장 경제학의 만연"을 비판했다. 버클리는 자신이 교회의 사회적 가르침을 아주 잘 알고 있다고 주장했고, 교황의 회칙들이 사회주의를 고발했으며, 사유재산을 명백하게 변호했음을 지적했다. 버클리는 자신은 교조적인 반국가주의자가 아니라고 부인했다. 물론 특정한 일부 기능으로 국한되어야 하지만, 정부가 담당해야 할 필수적인 기능이 존재했다. 버클리는 스스로를 "보충주의자subsidiarist"라고 불렀고, 정부의 거대 기구들은 더 작은 기구들이 할 수 없는 것이 분명한 업무들만 맡아야 한다는, 교황의 보충성 원칙과 뜻을 같이 했다. 이는 "연방화의 열망"에 반대할 정당한 근거가 아닌가? 그는 자유기업 경제학자 콜린 클라크를 비롯한 많은 가톨릭 신자들이 『내셔널리뷰』의 입장을 승인했음을 지적했다. 그가 풀만 신부를 향해 "경제적 자유가 미국에 적용된 위대한 형태는 곧 근본적으로 인본주의적이고, 위엄 있으며 현실적인 경제 행위 체계가 고도의 호소력을 갖추고 있다는 증거"라고 말했다(330쪽). 어빙 크리스톨의 비판에 관해 제프리 하트는 그의 비판이 "절망적인 혼란"을 겪고 있다고 보았다. "누군가 기독교 신자이면서 또한 사회 속에서 살아가고 있다는 사실을 인정한다면, 어떻게 사회적 삶을 가장 잘 꾸려낼 것인가라는 질문이 제기된다. 명백하게도 논점은 기독교와 자유시장이 아니라, 두 개의 경제적 신조 사이에 있다. 그리고 이는 더 나은 혜택을 산출하는, 그리고 더 공정한 경제적 신조가 무엇인가라는 물음에 달려 있다"[『미국 내의 이견』(가든시티, 뉴욕, 1966), 232~233쪽]. 물론 하트와 대부분의 보수주의자들이 가지고 있는 "전제"(하트의 표현)는 "중앙 통제와 '위'로부터의 계획"을 전제로 하는 좌파와 달리, "자유시장이 더 선호된다는 것"이다(같은 책, 227쪽).

68 「그 일주일」, 『내셔널리뷰』 11(1961년 7월 29일), 38쪽

69 「기록For the Record」, 『내셔널리뷰』 1 (1961년 8월 12일), 77쪽. 이 말장난은 보수적인 가톨릭 신자들이 교회를 어머니로 떠받들 뿐, 적어도 이 경우 스승으로 받들지는 않는다는 의미를 담고 있다..

70 개리 윌스, 『정치학과 가톨릭 자유』(시카고, 1964)를 참조할 것. 1부에는 이 논쟁에 대한 탁월한 논평이 제시되어 있다. 1960년대 『내셔널리뷰』에서 주로 논한 주제는 로마 가톨릭교회의 (특히 현대화와 자유주의-보수주의 균열이라는) 발전 과정이었다. 예를 들어 1965년 5월 4일 자 『내셔널리뷰』에는 「가톨릭교회에서는 신의 이름하에 무슨 일이 벌어지고 있는가What in the name of God is going on in the Catholic Church?」라는 제목으로 몇 편의 글이 실렸다. 이 잡지는 또한 때때로 개신교 국가에 대한 논평을 싣기도 했다. 예를 들어 해롤드 O. J. 브라운Harold O. J. Brown, 「개신교적 기형The Protestant Deformation」, 『내셔널리뷰』 17(1965년 6월 1일), 464~466쪽을 참조할 것.
1961년 『내셔널리뷰』는 유대인 철학자이자 사회학자인 윌 허버그를 종교 분야 편집자로 임명했다. 1960년대 내내 그는 보수주의와 종교에 관한 다수의 통찰력 있는 글을 발표했다. 그중 「보수주의자와 종교: 딜레마Conservatives and Religion: A Dilemma」, 『내셔널리뷰』 11(1961년 10월 7일), 230, 232쪽; 「라인홀드 니부어, 버크식 보수주의자Reinhold Niebuhr, Burkean Conservative」, 『내셔널리뷰』 11(1961년 12월 2일), 378, 394쪽; 「보수주의, 자유주의, 그리고 종교Conservatism, Liberalism, and Religion」, 『내셔널리뷰』 17(1965년 11월 30일), 1087~1088쪽을 참조할 것. 제프리 하트는 니부어에 대한 허버그의 글에 이견을 표했다. 하트는 니부어와 버크가 여러 점에서 상당히 다르다고 주장했다. 하트가 편집자에게 보낸 편지, 『내셔널리뷰』 12(1962년 1월 16일), 34~36쪽을 참조할 것.

71 1960년대 보젤과 다른 보수주의 가톨릭 신자들의 활동에 관한 훌륭한 정보는 다음 두 개의 자료를 통해 얻을 수 있다. 보젤이 러셀 커크와 주고받은 편지(러셀 커크 페이퍼스, 센트럴미시간대학교 클라크역사도서관, 마운트플레전트, 미시간); 「가톨릭 보수주의자들, 1965~1966 Catholic Conservatives, 1965 - 1966」(프랜시스 윌슨 페이퍼스, 일리노이대학교, 어배너)

72 저자와의 전화 인터뷰(1972년 4월 26일)에서 보젤은 스페인의 기독교적 사회 질서가 자신에게 끼친 영향을 강조했다. 보젤에 따르면 그는 "분석적 기법"과 관련해서는 월무어 켄달의 영향을 받았고, 프레더릭 빌헬름 센으로부터는 더 엄청난 "내용적" 영향을 받았다. 보젤은 배리 골드워터의 1964년 패배가 그의 지적 경로에 아무런 영향도 미치지 않았다고 진술했다.

73 L. 브렌트 보젤, 「헌법의 죽음The Death of the Constitution」, 『트라이엄프』 3(1968년 2월), 10~14쪽

74 「이 나라의 가을The Autumn of the Country」, 『트라이엄프』 3(1968년 6월), 7, 9쪽

75 L. 브렌트 보젤, 「여러분에게 보내는 편지Letter to Yourselves」, 『트라이엄프』 4(1969년 3월), 11~14쪽

76 L. 브렌트 보젤, 「가난한 자들의 정치Politics of the Poor」, 『트라이엄프』 4(1969년 4월), 11~13쪽

77 「낙태Abortion」, 『내셔널리뷰』 22(1970년 6월 30일), 658~659쪽. 또한 이 사건에 관한 보다 긴 분량의 논의에 관해서는 1970년 7월과 1970년 10월 자 『트라이엄프』를 참조할 것.

78 월무어 켄달 및 조지 W. 캐리, 『미국 정치 전통의 근본 상징들The Basic Symbols of the American Political Tradition』(배튼루지, 루이지애나, 1970), 154쪽

79 마이클 로렌스, 「미국적 신화는 무엇이 잘못되었나What's Wrong with the American Myth?」, 『트라이엄프』 5(1970년 12월), 16~19쪽

80 헤스의 매혹적인 지적 행보는 제임스 보이드, 「극우에서 극좌로, 그리고 신부가 되기까지-칼 헤스From Far Right to Far Left - and Father - With Karl Hess」, 『뉴욕타임스 매거진』(1970년 12월 6일), 48~49, 152, 154, 156, 159, 161, 164, 166, 168쪽에서 찾아볼 수 있다.

81 1950년대 대외 정책을 둘러싼 입장에 대한 로스바드의 분석은 4장을 참조할 것.

82 머레이 로스바드, 「어느 우익 자유주의자의 고백Confessions of a Right - Wing Liberal」, 『램파츠』 6(1968년 6월 15일), 47~52쪽

83 머레이 로스바드, 「새로운 자유지상주의 신조The New Libertarian Creed」, 『뉴욕타임스』 1971년 2월 9일, 37쪽. 또한 머레이 로스바드, 『새로운 해방을 위하여For a New Liberty』(뉴욕, 1973), 1장을 참조할 것.

84 로스바드, 「새로운 자유지상주의 신조」, 37쪽. 또한 스탠 레르Stan Lehr 및 루이 로제토 주니어Louis Rossetto Jr., 「새로운 우파 신조-자유지상주의The New Right Credo - Libertarianism」, 『뉴욕타임스 매거진』(1971년 1월 10일), 24~25, 86~88, 93~94쪽을 참조할 것. 제롬 투실, 「우익 내의 균열A Split in the Right Wing」, 『뉴욕타임스』, 1971년 1월 28일, 35쪽을 참조할 것.

85 제롬 투실, 『급진적 자유지상주의: 우익의 대안Radical Libertarianism: A Right Wing Alternative』(인디애나폴리스, 1970)

86 중요했던 1969년 YAF 대회를 바라보는 급진 자유지상주의자들의 인상적인 시각에 관해서는 같은 책의 후기를 참조할 것. 반대자들이 지닌 상당수의 약점을 강조했던 평가에 관해서는 데이비드 킨David Keene, 「자유지상주의에서 무정부주의로Libertarian into Anarchist」, 『내셔널리뷰』 22(1970년 10월 6일), 1065~1066쪽을 참조할 것. 킨은 YAF의 전국의장이었다. YAF의 문제에 관한 가톨릭 전통주의자의 관점에 관해서는 브래드 에반스, 「젊은 보수주의자들: 제 정신인가The Young Conservatives: Coming Unglued?」, 『트라이엄프』 5(1970년 11월), 11~15쪽을 참조할 것.

87 1972년까지 리버테리언 엔터프라이즈가 출간한 책은 200권이 넘었다. 이 책의 저자들 중에는 루트비히 폰 미제스·헨리 해즐릿·프레더릭 바스티아·머레이 로스바드·밀턴 프리드먼·아인 랜드·해리 엘머 반스 등이 있었다. (리버테리언 엔터프라이즈를 창립한) F. A. 하퍼에 의해 1959년 캘리포니아에서 창설된 인문과학연구소Institute for Humane Studies도 이와 같은 역할을 수행했다. 레르와 로제토에 따르면 미제스는 이 운동의 "우두머리 경제학자"였다(「새로운 우파 신조」, 94쪽).

88 「정치, 72: 자유당Politics 72: Libertarian Party」, 『휴먼이벤츠』 32(1972년 8월 5일), 14쪽. 호스퍼스는 『자유지상주의』(로스앤젤레스, 1970)의 저자였다. 그와 그의 러닝메이트는 수천 표를 받았다. 그리고 버지니아주에서는 리처드 닉슨에게서 이탈한 유권자로부터 한 표를 받았다. 1975년에 이 유권자 로저 리 맥브라이드Roger Lea MacBride는 자유당의 1976년 대통령 후보로 지명되었다(『뉴욕타임스』, 1975년 8월 31일, 20쪽).

89 로스바드, 「새로운 자유지상주의 신조」, 37쪽

90 투실, 『급진적 자유지상주의』, 5장 「합리적인 대외 정책을 위하여: 비국가 수호하기(Toward a Rational Foreign Policy: Defending the Nonstate」를 참조할 것.

91 (당시 컬럼비아대학교 졸업반이었던) 레르 및 로제토는 아인 랜드를 자유지상주의의 "핵심 철학자"로 꼽았다 (『새로운 우파 신조』, 94쪽). 『급진적 자유지상주의』 4쪽에서 투실은 후에 이러한 사태를 "폭발"시킬 "씨앗"을 아인 랜드의 『아틀라스』(1957)가 심었다고 말했다. 일부 자유지상주의자들은 결국 아인 랜드에 대한 환상에서 벗어났다. 투실, 『급진적 자유지상주의』, 6쪽, 그리고 그가 연속해서 발표한 『그것은 대개 아인 랜드에게서 출발한다It Usually Begins with Ayn Rand』(뉴욕, 1971)를 참조할 것.
로버트 하인라인의 소설 『달은 무자비한 밤의 여왕The Moon Is a Harsh Mistress』은 대학가의 많은 자유지상주의자들에게 인기가 있었다. 이 소설에 등장하는 머리글자 TANSTAAFL There Ain't No Such Thing as a Free Lunch(공짜 점심 같은 건 없다)가 탈퇴운동의 대중적 슬로건이었다.
경제학자의 아들 데이비드 프리드먼David Friedman은 무정부주의-자본주의 활동가였다. 1971년 12월 강연(저자도 참석한)을 위해 하버드대학교를 찾은 프리드먼은 목에 커다란 메달을 걸고 있었는데, 그 위에는 달러 문양과 머리글자 TANSTAAFL이 새겨져 있었다. 1973년 프리드먼은 『자유의 기구: 급진 자본주의 지침서The Machinery of Freedom: A Guide to a Radical Capitalism』(뉴욕, 1973)를 출판했다.

92 투실, 『급진적 자유지상주의』, 51쪽

93 보이드, 「칼 헤스」, 49쪽에서 인용.

94 로스바드, 「고백」, 51쪽

95 제임스 디킨슨, 「정부를 폐지하라Abolish Government」, 『내셔널옵저버National Observer』, 1971년 3월 1일, 18쪽에서 인용.

96 투실의 『급진적 자유지상주의』 후기에 따르면 극단적으로 되어가는 이 운동은 어느 급진적 자유지상주의자가 반항의 의미로 징병통지서를 불태워버리고, 이를 통해 폭동이 촉발되면서 정점에 달했다.

97 헤스는 골드워터가 "위대한 무정부주의자가 됐어야 했다"고 주장했다. 그러고는 "나는 스탈린주의에 열중하고 있었는데, 공산주의가 그저 단순한 스탈린주의가 아니라는 사실을 깨닫게 되면서 나머지 것들은 손쉽게 여겨졌다"고 말했다(디킨슨, 「정부를 폐지하라」, 18쪽에서 인용).

98 윌리엄 F. 버클리 주니어가 편집자에게 보낸 편지, 『트라이엄프』 3(1968년 4월), 3쪽. 뒤쪽에 인용된 구절은 머레이의 것이다.

99 하트와 『내셔널리뷰』의 반응은 「여러분에게 온 편지들Letters from Yourselves」, 『트라이엄프』 4(1969년 6월), 17, 40쪽에 나타나 있다. 존 체임벌린·존 데번포트·윌 허버그·게르하르트 니에메예르도 여기에 참여했다.

100 "천사 숭배적"은 『내셔널리뷰』가 사용한 표현이다(같은 곳, 40쪽).

101 '닐 매카프리가 편집자에게 보낸 편지, 『트라이엄프』 3(1968년 4월), 6쪽

102 「여러분에게 온 편지들」, 40쪽

103 「낙태」, 658~659쪽을 참조할 것.

104 윌리엄 F. 버클리 주니어, 『순항 속도』 (뉴욕, 1971), 236쪽. 버클리는 이 책의 몇 쪽을 할애해 특히 스페인에서 열린 하계학회에서의 보젤의 운동을 다뤘다. 그는 이 학회에 환멸을 느낀 한 참가자의 편지를 꽤나 길게 인용했다. 이 참가자는 그 학회가 존 코트니 머레이, 윌무어 켄달, 그리고 미국의 "유산이 적절한 의미에서 기독교적이고 헌법적"이라는 생각에 강렬한 적대감을 가지고 있다는 사실을 알게 되었다(238쪽).

105 윌리엄 F. 버클리 주니어, 「보수의 응답The Conservative Reply」, 『뉴욕타임스』, 1971년 2월 16일, 33쪽

106 프랭크 S. 메이어, 「자유지상주의인가, 자유사상인가?Libertarianism or Libertinism?」, 『내셔널리뷰』 21(1969년 9월 9일), 910쪽

107 윌리엄 F. 버클리 주니어, 「우파-급진주의자들The Right-Radicals」, 『내셔널리뷰』 23(1971년 2월 9일), 162쪽

108 버클리, 「보수의 응답」, 33쪽

109 버클리, 「우파-급진주의자들」, 162쪽

110 버클리가 로스바드를 "재능 있는" 경제학자로 여긴 것은 사실이다(같은 글). 1972년 M. 스탠턴 에반스는 부통령 애그뉴가 밀턴 프리드먼과의 "혹은 그 문제와 관련한 머레이 로스바드와의" 토론에서 이익을 얻었다고 말했다[「스피로 T. 애그뉴의 정치 오디세이The Political Odyssey of Spiro T. Agnew」, 『내셔널리뷰』 24(1972년 8월 18일), 900쪽]. 리버테리언 엔터프라이즈가 배포한 경제학 책 다수를 전통적인 입장에 있는 보수주의자들이 완벽하게 수용할 수 있었다는 것은 특기할만한 점이다.

111 버클리, 「보수의 응답」, 33쪽

112 일례로 하트는 윌무어 켄달의 주요 제자였다. 의미심장하게도 (그리고 다시 놀랍지 않게도) 『트라이엄프』는 스페인에 지대한 관심을 보였다. 빌헬름센은 왕당파였고(러셀 커크와의 인터뷰, 케임브리지, 매사추세츠, 1971년 4월 21일), 기독교국가Christian Commonwealth의 정기하계학회를 위한 회합은 마드리드의 장엄한 에스코리알 궁전에서 열렸다. 1970년 이 학회를 홍보하는 글에는 에스코리알이 "기독교 공화국의 상징"으로 묘사되었다[『트라이엄프』 5(1970년 4월), 31쪽].

113 그러나 특히 언급하자면 프리드먼이 저자의 질문지에 대한 답변으로 보내준 녹음테이프(1972년 3월)에서 그는 정부 정책의 실효성에 대한 자신의 동료 조지 스티클러의 연구가 자신을 자유지상주의적, 심지어 무정부적인 방향으로 이끌었으며, 정부에 의한 사회 변화가 얼마나 효과적인지에 관해 이전보다 더 비판적인 태도를 취하게 만들었다고 말했다. 일부 급진 자유지상주의자들은 오리건의 마크 햇필드Mark Hatfield 상원의원이 자신들과 같은 당당한 탈중앙화 입장을 공유하는 국가적 정치 지도자라고 생각했다는 점 역시 흥미로운 사실이다.

11장

역동적 중도는 유지 가능한가

1966년 젊은 보수주의 학자이자 다트머스대학교 교수인 제프리 하트는
『내셔널리뷰』계열의 이념을 조사한 『미국의 이견The American Dissent』을
출간했다. 책의 마지막 부분에서 그는 미국 자유의의의 미래를 과감하게
예측했다.

> (…) 세계 혁명의 압박 속에서 모순과 회피가 훨씬 더 광범위하게 폭로됨에
> 따라 자유주의는 틀림없이 분열을 겪게 될 것이다. 많은 자유주의자들이 자
> 신들이 간직하고 있던 서구 문화에 대한 애착을 버리고 좌파로 이동할 것이
> 다. 그 밖의 사람들은 필연적으로 우파로 이동해 더 보수적이 될 것이다.[1]

그가 예상했던 것을 뛰어넘어 하트는 예언자임이 입증되었다. 이후
10년 동안 보수주의자들은 점점 더 많은 수의 저명한 자유주의 학자들이
보수주의적인 사상을 표명하기 시작하는 것을 흥미롭게 지켜보았다.

새로운 태도를 보여주는 초기 징후 가운데 하나는 자유주의 사회학자
다니엘 패트릭 모이니한이 1967년 9월 민주적행동을위한미국인들ADA의
전국위원회에서 한 연설이었다. 그 암울한 가을, 아시아에서는 전쟁이 발
발하고 국내에서는 폭동이 일어나자 모이니한은 동료 자유주의자들
—미국에서 권력을 잡고 있는—에게 몇 가지 특별한 교훈을 배울 것을
간곡히 요청했다.

1. 자유주의자들은 자신들의 본질적 관심이 사회 질서의 안정에 있다는 점을 보다 분명하게 인식해야 한다. 그리고 그 안정을 위협하는 현재의 상황을 고려할 때, 그들은 (…) 자신들과 관심을 공유하는 정치적 보수주의자들과 훨씬 더 효과적인 동맹을 모색하고 구축해야 한다.
2. 자유주의자들은 국가―그리고 특히 국가의 도시들―를 워싱턴의 기관들이 운영할 수 있다는 생각을 버려야 한다.

마지막으로 모이니한은 자유주의자들에게 "아무리 부당하다고 해도" 흑인들이 자행한 모든 일에 대해 변명하려는 시도를 중단하라고 경고했다. 테러리즘의 물결은 이제 불가피했다. 백인이건 흑인이건 무장 세력을 달랠 수 있는 일은 아무것도 없었다. 위기에 대한 모이니한의 제안 중 특히 눈에 띄는 것은 질서를 유지하려면 "지식을 갖춘 보수주의자"가 필요하다는 주장이었다. 모이니한은 "안정의 정치"를 단도직입적으로 요구했다.[2]

이 하버드대학교 사회학자는 오랫동안 선봉에 있던 사람이 아니었다. 이 어려운 시기에 점점 더 많은 자유주의자들이 질서·전통·확고한 기준이라는 미덕을 재발견했다. 예를 들어 1971년 「사회 정책의 한계」라는 의미심장한 제목의 글에서 모이니한의 동료 네이선 글레이저는 "전통적인 행동양식의 붕괴가 우리 사회가 겪고 있는 문제의 주된 원인"이며, "우리 사회의 문제를 해결할 수 있는 방책의 중요한 일부 요소는 (…) 전통적인 제약에 있다"고 말했다.[3] 같은 해 자칭 "보수주의적 자유주의자"[4] 어빙 크리스톨은 『뉴욕타임스 매거진』에 쓴 「포르노, 음란물, 그리고 검열」이라는 제목의 글에서 스트라우스학파의 보수주의 학자 월터 번스의 영향을 받았음을 명시적으로 인정했다.[5]

무엇보다 보수주의적 가치에 대한 이러한 새로운 인식은 1960년대 후반과 1970년대 초반 대학가에서 일어난 학생 반란의 극심한 양극화 결과로 이해해야 한다. 캠퍼스마다 격렬한 대립과 폭동이 폭발하면서 적어도 학계의 일부에게는 질서, 자제, 그리고 탁월함의 기준이 필요하다는 사실이 더욱 분명해 보였다. 대학들은 급진적인 공격을 받고 있었다. 하트가 예상한 대로 교수들은 선택을 강요받았다. 일부는 자신들이 급작스럽게 "보수적인" 상황에 처하게 되었음을 깨달았다. 물론 이것이 기본적인 질서·학문의 자유·직업적 기준·열린 대학·인간의 순수한 시민의식의 수호가 어떤 의미에서든 보수주의자들만의 관심사였다는 뜻은 아니다. 그러나 이러한 가치들을 수호하려는 행위 자체─그렇게 해야 할 필요성─는 많은 자유주의 지식인들 완전히 "보수화"하는 효과를 가져왔다. 이번에 적은 좌파에 있었다.

버클리대학교와 하버드대학교의 소요에 참가했던 네이선 글레이저만큼 이 과정을 쉽게 판별할 수 있는 사람은 없었다. 그는 "1950년대 후반에는 자유주의적 작가와 정치가보다 더 급진적이라고 생각했던 급진주의자, 정확히는 온건한 급진주의자들이 어떻게 1970년대 초반에는 스스로를 자유주의자라고 부르는 사람들보다 스스로를 보수주의자라고 부르는 사람들에 더 가깝다고 느끼는 보수주의자, 온건한 보수주의자가 되었는가?"라고 물었다.[6] 일련의 탁월한 에세이에서 그가 제시한 한 가지 주요 답변은 1960년대에 전개된 학생 반란이었다. 이러한 경향은 다른 곳, 예를 들어 1969년 시드니 훅, 오스카 핸들린Oscar Handlin,[*] 루이스 퓨어Lewis Feuer,[**] 등 극단주의자들을 막아내기 위해 노력한 많은 교수들에 의해 설립된 합리적대안을위한대학센터University Center for Rational Alternatives, UCRA 같은 곳에서도 분명하게 나타났다. 자유주의자들이 UCRA를 후원한 것은 분명했지만, 특히 흥미로운 점은 밀턴 프리드먼·윌 허버그·레오 스트라우스·어니스트 반 덴 하그를 포함해 몇몇 보수주의자들도 참여하고 있었다는 사실이다.[7] 여기에 새로운 무언가가 있었다. 공동의 적, 급진주의자들에 맞서는 보수주의자들과 온건한 자유주의자들의 연합. 프랭크 메이어는 훅의 활동을 "모범"이라고 불렀다.[8]

한편 외교 문제와 관련된 특정 동향 역시 일부 자유주의자들이 우경화되는 데 영향을 미치고 있었다. 베트남전쟁으로 좌파가 분열되고, 냉전 시대의 자유주의적 국제주의가 약화되면서[9] 적어도 몇몇 반공산주의적 자유주의자들—자신들 무리와 관계가 소원해진—은 우파에서 뜻밖의 동조자들을 발견했다. 한때 존슨 행정부의 관리였던 유진 V. 로스토Eugene V. Rostow***는 1969년『내셔널리뷰』에서 일부 "종전" 제안을 비판했고,[10] 10년 후에는 그의 동생 월트Walt가 쓴 전쟁에 관한 논평이『휴먼이벤츠』에 실렸다.[11] 점잖으면서도 신랄한 딘 애치슨—한때 많은 보수주의자들이 대단히 싫어했던—은 그의 생애 말년에『내셔널리뷰』로부터 호의적인 서평을 받았고, 논평도 인정받았다.[12] 특히 흥미로운 사람은 브랜다이스대학교의 정치학자이자 ADA의 전임 회장, 그리고 존슨 대통령의

• 　1915~2011. 미국의 역사학자. 1960년대 백인우월주의를 비난하면서 동시에 통학버스 운행 등 차별 폐지 조치를 지지한 좌파도 비판했다. 그는 1979년 출간한『역사 속의 진실Truth in History』에서 학문의 과도한 전문화 및 단편화, 대학원 교육의 결함 등 미국 대학의 문제와 신좌파 역사학자들을 비판했다.

•• 　루이스 새뮤얼 포이어Lewis Samuel Feuer, 1912~2002. 미국의 사회학자. 처음에는 마르크스주의를 지지했으나, 버클리대학교 시절 급진적 정치 활동을 경험한 뒤 이데올로기의 부정적 영향, 현대 세계의 폭정과 권위주의에 대항하는 보루로서 미국의 역할 등을 강조하는 네오보수주의자가 되었다.

••• 　유진 빅터 로스토Eugene Victor Rostow, 1913~2002. 미국의 법학자. 소련과의 데탕트는 소련의 군사적 확장주의를 경시한 위험한 허구라고 비판했으며, 트루먼 대통령의 한국전쟁 참전 결정을 공산주의에 대응하는 서구 정책의 본보기이자 가장 큰 성과라고 평가했다.

고문이었던 존 로슈였다. 로슈는 자신의 기본적인 세계관은 변하지 않았다고 주장했다. 그는 1961년 존 F. 케네디를 따르는 자유주의적 국제주의자였고, 10년 후에도 여전히 그러했다. 그러나—아니면 그래서였을까?—1968년 이후 몇 년 동안 로슈는 자신이 쓴 신문 칼럼에서 학생 행동주의를 신랄하게 비판하고, 종종 닉슨 대통령의 대외 정책을 지지하는 사람으로 등장했다. 한 번은 『내셔널리뷰』가 애그뉴 부통령의 반대자들을 비판한 로슈의 글을 다시 싣기도 했다.[13] 또한 보수주의자들은 때때로 탄도 미사일 개발 지지, 미국의 소리Voice of America에 대한 자금 지원, 그리고 유럽 주둔 미군의 대대적 감축 반대와 같은 문제에 대해 냉전 자유주의자들과 느슨하게 협력하기도 했다.

한 점으로 수렴되는 이러한 경향은 부분적으로 1970년대 초반 보수주의적 대외 정책의 미묘한 변화를 반영했다. 여전히 공산주의를 경계하고 군사력 증강과 팽창주의적 경향—보수주의자들이 생각하기에—을 우려하고 있었지만, 우파는 1950년대와 1960년대 초반의 많은 대변인들과 달리 더 이상 승리에 대해 자주 혹은 큰소리로 이야기하지 않았다. "해방"이나 "후퇴"에 대해서도 더 이상 진지하게 논하지 않았다.[14] 아마도 이렇게 조용한 방식으로 골드워터의 패배, 베트남전쟁, 닉슨 대통령의 대외 정책 구상이 보수주의운동에 각인되었을 것이다. 그러나 이러한 암묵적 변화가 일어나면서 보수주의의 대외 정책은 자유주의의 오랜 봉쇄 정책을 점점 더 닮아갔다! 한 보수주의자는 적절하게도 "애치슨 씨의 국제주의—그 문제에 있어서는 트루먼의 국제주의—는 많은 면에서 유진 매카시와 그를 지지하는 사람들의 좌익 고립주의보다 오늘날의 보수주의 입장에 더 가깝다"고 말했다.[15] 그러므로 대학가 문제에서와 마찬가지로 대외 정책에서도 많은 보수주의자들은 한때 아서 슐레진저 주니어가 "역동

적 중도"라고 불렀던 것을 옹호했다. 한편 많은 자유주의자들—베트남전
쟁에 격분하고, "신좌파"의 냉전 수정주의 역사학에 영향을 받았으며, 국
가의 우선순위를 재조정하고자 했던—은 (적어도 비판자들이 보기에) 신고립
주의로 진화하고 있는 듯 보였다. 이런 상황에서 보수주의자와 자유주의
적 국제주의자들은 좌파의 적, 반제국주의자들에 맞서 동맹을 구축할 수
있었다.

　이러한 형태의 동맹은 1972년 조지 맥거번George McGovern˙ 상원의원
의 대통령 선거운동과 함께 빠르게 발전했다. 어빙 크리스톨과 오스카 핸
들린 같은 오랜 냉전 자유주의자들은 헨리 월리스를 존경하는 한 남자에
맞서 닉슨 대통령의 재선을 지지했다.[16] 노동운동계의 가장 충실하고 "냉
혹한 전사" 중 한 명인 조지 미니George Meany˙˙는 대외 문제에 관한 맥거
번의 입장을 맹렬히 비판한 반면, 존 로슈는 맥거번이 "지난 25년간 이어
져온 자유주의 전통을 거부했다"고 비난했다. 이 사우스다코타주 상원의
원은 "1930년대 자유주의적 고립주의로 후퇴"했다. 로슈는 "나는 적어도
해리 트루먼과 딘 애치슨이 공식화한 자유주의적 대외 정책을 자랑스럽
게 생각한다"고 말했다.[17]

　이보다 가혹한 사람은 1972년 가을 사회당 신문 『뉴아메리카』에서
맥거번을 비난한 오랜 사회민주주의 전사 시드니 훅이었다. 그는 "공개서

˙　조지 스탠리 맥거번George Stanley McGovern, 1922~2012. 미국의 역사학자·정치인. 자유주의의
가치를 옹호하고, 베트남전쟁에 반대했다. 그는 베트남과의 즉각적인 휴전과 미군의 완전한 철수를 주
장했지만, 반전 시위는 역효과를 불러올 것이라며 반대했다. 1972년 대통령 선거에서 민주당 후보로
출마했으나 공화당 후보 리처드 닉슨에게 패배했다.

˙˙　윌리엄 조지 미니William George Meany, 1894~1980. 미국의 노동조합 지도자. 1955년 AF-LCIO
를 창립한 핵심 인물이며, 창립 당시부터 1979년까지 초대 회장을 역임했다. 강력한 반공산주의자였으
며, 닉슨의 베트남전쟁 정책을 지지하고 반전 시위를 강력하게 비판했다.

한"에서 대외 정책에 관한 맥거번의 입장을 1948년 헨리 월리스의 "환상"에 기초한 "유화 정책"이라고 묘사했다.

> 크렘린이 현재 데탕트를 모색하고 있다는 것이 사실이라면, 그것은 미국이 공산주의의 침략을 저지하기 위해 조치—당신이 비난한 조치—를 취한 덕분입니다. (…) 나는 정말로 당신이 공산주의 체제가 무엇인지 알고 있는지 의심스럽습니다. (…) 당신은 미국의 의도치 않은 민간인 폭격을 규탄하지만, 상대방이 [북베트남에서] 자행하는 고의적이고 조직적인 테러에 대해서는 아무런 비난도 하지 않습니다.
> 그렇다면 많은 자유주의자들과 민주주의자들이 당신의 대외 정책에서 (…) '뮌헨 정신'*의 기운을 느끼는 건 당연하지 않겠습니까?

혹은 또한 맥거번의 "(…) 대학을 바라보는 무지하고 비자유주의적인 태도"에 "경악"을 금치 못했다. 그는 맥거번이 "자기도 모르는 사이에 수업과 실험을 비폭력적으로 중단시키는 사태를 조장했을 것이다"라고 비난했다. 결과적으로 혹은 생애 처음으로 공화당 대통령 후보에 투표하기로 결심했다. 리처드 닉슨은 "차악"이었다.[18]

학생 문제와 대외 정책만이 이른바 우익 자유주의의 유일한 원천은

---

* 1938년 프랑스와 영국은 나치 독일과의 직접적인 충돌을 피하기 위한 방책으로 체코슬로바키아의 영토 일부를 독일에 편입시키는 데 합의한 뮌헨협정—협정 체결국은 프랑스·영국·독일·이탈리아였다—을 체결한다. 이들은 지속적인 평화가 보장될 것을 기대하고 독일에 양보하는 유화책을 썼지만, 협약 1년 후 제2차 세계대전이 발발하면서 많은 비난을 받았다. 이후 뮌헨 정신과 유화 정책은 국가의 중요한 이익을 공허한 약속과 교환하는 순진하고 비겁한 의지를 의미하는 부정적인 용어로 사용되고 있다.

아니었다. 1960년대 후반 우익 자유주의가 형성되는 데 작용한 모든 요인들 가운데 아마도 보수주의자들에게 가장 고무적이었던 것은, 자유주의자들이 정부와 사회 개혁에 대한 전통적인 자유주의적 접근법에 환멸을 느끼고 있다는 증거가 많아지고 있다는 사실이었다. 10년 동안 보수주의가 이끌어온 "국가에 대한 반란"은 자유주의 프로그램들의 기록을 실리적으로 검토하면서 새로운 의미와 타당성을 획득했다. 이제 많은 자유주의자들이 스스로 동참하고 있었다. 1967년 케네디 대통령과 존슨 대통령의 보좌관이었던 리처드 굿윈Richard Goodwin은 최근 수십 년간 연방 권력이 엄청나게 성장했다며 개탄했고, 개인의 무력감과 좌절감이 우려스러울 정도로 확산되고 있는 것을 막아야 한다며 긴급한 분권화를 촉구했다.[19] 같은 해 ADA 연설에서 모이니한은 워싱턴이 국가를 통치할 수 있다는 믿음뿐 아니라, "국가 정부와 국가 정치"가 "자유주의적 사회 혁신의 주요 원천"이라는 통념을 비판했다.[20]

이 하버드대학교 사회과학자는 다른 곳 —『공화주의자 논집Republican Papers』의 에세이(모이니한의 출연 자체가 주목할 만한 사건이었다) — 에서 "보수주의자들에게는 천부적인 것처럼 보이는 것, 즉 선을 행하는 정부 기관의 권력에 의문을 표하는 건전한 회의론을 어떤 이유에서인지 자유주의자들은 삶에서 얻을 수 없었다"고 지적했다.[21]

이것은 단지 시작에 불과했다. 10년이 끝나갈 무렵 마이클 오크숏Michael Oakeshott*이 말한 "정치적 합리주의"에 환멸을 드러내는 일은 거

---

* 마이클 조셉 오크숏Michael Joseph Oakakeshott, 1901~1990. 영국의 철학자·정치 이론가. 정치와 같은 인간의 실천을 합리적인 모델에 따라 분석·조직화할 수 있다고 여기는 합리주의를 비판하고, 정치가 이상을 추구할 때 개인의 자유는 위협받는다고 주장했다.

의 일상화된 듯 보였다. 1970년 피터 슈래그Peter Schrag는 실망하며 다음과 같이 썼다.

> 10년이 지난 지금, 위대한 꿈은 끝이 났다. 우리는 가난, 인종차별, 불공정, 무지 등 모든 것을 해결할 수 있는 해법이 있다고 생각해왔다. 그것은 시간과 돈, 적절한 프로그램, 대규모 폭력의 문제일 뿐이라고 여겨왔다. (…) 이제 분명한 것은 신뢰는 사라졌고, 우리가 알고 있던 많은 것들이 더 이상 확실하지도, 심지어 가능성조차 없어 보인다는 사실이다.[22]

자유주의 사회과학자들을 비롯한 비평가들은 종종 프리드리히 하이에크의 『자유헌정론』을 연상시키는 용어로 겸손함과 전문성의 부족을 고백했다. 모이니한은 "우리는 우리가 완전히 이해하지 못하고, 해결할 방법도 확실히 모르는 문제에 직면해 있다"고 말했다.[23] 그는 『있을 수 있는 최대의 오해In Maximum Feasible Misunderstanding』에서 빈곤과의 전쟁이라는 지역사회 행동 프로그램의 당혹스러운 실패를 분석했다. 급진적 활동가·자유주의 개혁가·관료들은 특별히 좋은 성과를 내지 못했다. 본질적으로

> 이해되지도 설명되지도 않은 프로그램이 시작되었고, 이로 인해 발생하지 않아도 될 사회적 손실이 발생했다. (…) 정부는 자신이 무엇을 하고 있는지 몰랐다. 이론이 있었다. 아니 그보다는 일련의 이론들이 있었다. 그것뿐이었다.[24]

모이니한은 "어려움을 과소평가하고 결과를 과장하며, (…) 비양립성과 갈등의 증거를 회피하는" 동료 자유주의자들을 질책했다.[25] 그는 "현

상을 유지하려는 정치"혹은 대의를 옹호하는 대신 "세심한 배려"를 옹호
했다.[26] 몇 년 후 해리 슈워츠Harry Schwartz는 『뉴욕타임스』에서 MIT의 제
이 W. 포레스터Jay W. Forrester*가 발견한 "법칙"을 소개했다. "(…) 복잡한
상황에서 상황을 개선하려는 노력은 종종 상황을 악화시키는 경향이 있
으며, 때로는 훨씬 더 나쁘게 재앙을 초래하는 경향이 있다."[27] 사회 개혁
은 달성하기 쉽지 않았다.

이와 유사하게 1969년 유명한 경영 컨설턴트 피터 드러커Peter Druck-
er는 1930년대 이후 정부의 실제 성적은 "참담하다"고 주장했다.[28] 복지·농
업·도시 위기 등 여러 분야에서 정부 정책은 실패했다.

지난 30년간 연방정부가 대도시에 지출한 금액은 모든 종류의 프로그램과
비교해 거의 백 배 증가했다. 그러나 도시로 엄청난 양의 돈이 흘러들어간
결과는 특별히 인상적이지 않다. 인상적인 것은 행정적 무능함이다. 현재 우
리에게는 도시 문제와 관련된 정부 기관이 1939년보다 열 배나 많다.[29]

오늘날의 정부는 크지만 무능했다. 최근에 정부가 잘 해낸 일이라곤
"임금 전쟁"과 "통화 팽창"[30]뿐이었다. 정부는 단순히 "실행자"가 아니라고
드러커는 주장했다. "정부가 앓고 있는 질병"에 대한 그의 분석은 윌리엄
F. 버클리 주니어의 지대한 관심을 받았다.[31]

• 제이 라이트 포레스터Jay Wright Forrester, 1918~2016. 미국의 선구적인 컴퓨터 공학자. 공학의
제어이론을 적용해 사회 및 경제 문제를 분석하고 해결책을 모색하는 동태적 체계이론·System Dynamics
을 창시했다. 그는 1961년 출간한 『산업 동태론Industrial Dynamics』에서 공급망이 소비자의 실수요를 과
소 또는 과대평가하는 오류가 발생하는 경우, 소비자의 수요가 살짝만 변해도 공급망의 상위로 올라갈
수록 그 오류가 커지는 '채찍 효과bullwhip effect'가 발생한다고 주장했다.

1972년 무렵 학문적 환멸은 당시 위대한 자유주의의 약속 중 하나—인종 균형을 달성하기 위한 통학버스 운행—로 확장되었다. 1966년 유명한 콜먼보고서 Coleman Report*가 발표된 이후, 학교 환경이 불우한 배경을 가진 아이들의 학업 성취도를 향상시킬 수 있는 수단이라는 자유주의적 믿음은 흔들리고 있었다.[32] 『코멘터리』에 쓴 장문의 글에서 네이선 글레이저는 "통학버스 운행이 필요한가?"라고 물었다. 그는 아니라고 결론 내렸고, 이 저널의 편집자 노먼 포드호레츠 Norman Podhoretz도 그의 의견에 동의했다.[33] 이 문제와 관련해 『공익』의 1972년 여름호에 실린 하버드대학교 데이비드 아머 David Armor의 새로운 연구는 점점 커져가는 이러한 회의론을 확증해주는 듯 보였다. 그의 사례연구에 따르면 통학버스 지지자들의 목표는 거의 달성되지 않은 것으로 나타났다. 아머는 대규모 통학버스 강제 운행은 현재 정당화될 수 없다고 결론지었다.[34]

이러한 추세를 요약해서 보여주듯 1972년 5월 브루킹스연구소 Brookings Institution는 국가 우선순위에 대한 연구를 발표했다. 다음 날 잭 로젠탈 Jack Rosenthal은 『뉴욕타임즈』에서 그 결과를 분석했다.

위대한 사회의 영광의 날들은 (…) 끝났다. (…) [브루킹스연구소의 경제학자들은] 현금과 프로그램을 대대적으로 늘림으로써 (…) 해결책이 아니라 딜레마를 키웠다고 결론지었다. 그리고 이제 그 딜레마는 파멸을 위협하고 있다. 결국 그들은 결정적으로 부족했던 것은 돈이 아니었다고 주장한다. 연방의

• 1966년 미국 정부가 '교육 기회의 평등'이라는 제목으로 발표한 연구 보고서. 학생들의 학력은 가정환경뿐 아니라 다른 학생들의 학력과도 관련이 있으며, 학교의 재원은 중요하지 않다는 보고서의 결론을 둘러싸고 첨예하게 대립되는 해석을 낳아 논란이 일었다.

사회적 지출이 (…) 10년 만에 300억 달러에서 1100억 달러로 급증했는데, 어떻게 그럴 수가 있겠는가?

근본적으로 부족한 것은 지식이었다.[35]

몇 달 후 『월스트리트저널』의 앨런 오튼llen Otten은 "자유주의 지식인 사회 전체에서 창의적이고 새로운 아이디어가 나오지 않고 있다"고 보도했다. 너무나 많은 자유주의적 "해결책"이 "확실히 실패"했거나 "점점 커져가는 비판"에 직면해 있었다. "지난 수십 년 동안 사회적 질병에 대한 전통적인 자유주의적 처방약은 막대한 양의 연방 기금이었다. (…) 이제 증거가 늘어남에 따라 대부분의 자유주의자들은 과거의 만병통치약이 너무 단순했다는 사실을 깨닫고 있다." 빈곤과의 전쟁·공공주택·교육 지원·인력 양성 등 재난 영역의 목록이 증가하고 있었다.[36]

이렇듯 급증하는 학문적 환멸의 중심에는 발행 부수는 적지만, 미국의 여론 형성자들과 지배계급 사이에서 상당한 독자층을 보유하고 있던 저널이 있었다. 1965년 "수정주의적 자유주의"의 사업으로 설립되고, 어빙 크리스톨과 사회학자 다니엘 벨이 편집한 『공익』은 곧 논제를 개발하고, 틀에 박힌 자유주의적 가설을 뒤집는 연구 결과들을 발표했다.[37] 일례로 1971년 포르노와 관련해 "검열을 옹호"하는 월터 번스의 글이 잡지에 실렸을 때, 크리스톨은 "2~3년 전에는 다루지 않았을 주제"라고 말했다.[38] 또는 1960년대 초반 개혁가들 사이에서 낙관주의의 원천이 되었던 의석 재분배에 대한 증거를 조사한 『공익』은 "재분배에 걸고 있는 큰 기대는 대부분 물거품이 될 것이다"라고 결론지었다.[39] 개혁의 어려움과 관료화의 위험, 이 두 가지는 저널에서 집요하게 다룬 주제였다(관료주의의 "발견"은 확실히 자유주의자들이 환멸을 느끼게 된 핵심적 요소 중 하나였다).[40] 또는 대학의 혼란과 "권위의 황혼기".[41] 때때로『공익』은 자유주의 지도자들을 신랄하게 비판하기도 했다. 1969년 크리스톨과 하버드대학교 정치학자 폴 위버는 뉴욕시의 잘난 체하는 UESSE Upper East Side and Suburban Elite*를 맹렬하게 비난했다. 세상의 종말을 지향하는 대중매체를 포함해 이 "범세계주의적 자기집단 중심주의자들"은 오만하게도 자신들이 이끌고 있다고 여기는 도시의 실체에 대해 믿을 수 없을 정도로 무지했다.[42]

환멸에 빠진 자유주의자들을 위한 또 하나의 주목할 만한 공간은 노먼 포드호레츠가 편집한『코멘터리』였다. 뉴욕시 교사 파업—흑인들이 유대인에 맞섰던—, 일부 대학에 대한 소수인종 입학할당제 요구—많은 유대인들이 불쾌해했던—, 신좌파의 반유대주의와 이스라엘에 대한 적대감 등 1967년의 파국에 대응해 미국의 많은 유대인들이 1960년대 후반 우파로 이동하기 시작했다.

이러한 추세를 보여주는 징후 중 하나가 점점 높아져가는 포드호레츠의 위상이었다. 많은 비평가들에게 그의 저널은 급진적인『뉴욕 북리뷰』의 경쟁자로 보였다.[43] 1971년과 1972년 무렵『코멘터리』가 발행한 거의 모든 호에는 사회 문제에 대한 우익 자유주의적 분석이 적어도 하나 이상 실렸다.「사회 정책의 한계」,「통학버스 운행이 필요한가」,「자유와 자유주의자」,「성장과 그 적들」,「자유주의 대 자유주의적 교육」과 같이 유의미한 지략이 담긴 기사들. 미국시민자유연맹American Civil Liberties Union의 급진적 편향과 대학이 여성을 같은 수로 고용하지 않으면 연방 지원을 받지 못하도록 한 보건교육복지부Department of Health, Education, and

---

* 뉴욕시의 어퍼이스트사이드와 교외 지역은 미국 최고의 부유층과 엘리트들이 거주하는 동네이다.

Welfare의 활동을 비판하는 기사들, "인구 억제"와 "종말론적 사고"를 지지하는 사람들을 비판하는 기사들."

1972년 무렵 일부 유대인 지식인을 포함해 미국 유대인들 사이에서 점증하는 보수주의는 전문가·여론조사원·정치인의 관심 주제가 되었다. 이러한 경향에 대해 어빙 크리스톨은 유대인들이 스스로 우파로 이동한 것은 아니라고 주장했다. 그보다는 좌파가 더 왼쪽으로 이동했다. 이는 "아마도 지난 15년 사이에 일어난 중대한 정치적 발전"이었을 것이다.

"인본주의적"이었던 구좌파와 달리 신좌파는 "자유주의적 가치를 완전히 경멸"하는 설교를 했다. 유대인들은 그들이 이러한 자유주의적 가치에 여전히 헌신하고 있다는 바로 그 이유 때문에 "보수주의자"가 되어야할 필요가 있었다. 크리스톨은 흥미로운 추측을 통해 유대인들은 "슬프게도 지금까지 부족했던 지적 활력과 문화적 생기"를 미국 보수주의에 가져다줄 것이라고 결론 내렸다."

유화된 자유주의가 부상—특히 사회과학자들 사이에서—하면서 개혁에 관한 보수주의적 접근법에 대한 관심도 동시에 증대되었다. 예컨대 1966년 하버드대학교 사회학자 크리스토퍼 젠크스Christopher Jencks는 밀턴 프리드먼을 공개적으로 인용하면서 학교를 위한 바우처 계획 아이디어를 지지했다. 프리드먼은 재빨리 그의 새로운 동맹자를 환영했다." 1966년 MIT 정치학자 앨런 알트슐러Alan Altshuler는 다음과 같이 언명했다.

좌파는 최근 몇 년 동안 여러 이유로 우파의 원칙(혹은 예전에 그랬던 것)을 도용해왔다. 다시 말해 평등주의적 목적에 헌신하는 사람들은 사회 정책 도구인 정부—시장 유인책과 현금 지원을 구조화하는 정부가 아니라, 적어도

직접 통제하는 정부―에 대한 '보수주의적' 비판을 점점 더 높이 평가하고
있다.

알트슐러는 프리드먼이 제안한 음의 소득세가 인기를 얻고 있다는
사실이 이러한 추세를 보여주는 "전형적인" 사례라고 말했다.[47] 다른 사
례도 있었다. 1970년 언론은 당시 닉슨 대통령의 보좌관이었던 다니엘
모이니한이 인종 문제와 관련해 "선의의 무시"* 기간을 촉구한 건의서를
공개했다.[48] 많은 저명한 자유주의자들은 경악했다.[49] 이들의 분노는 새
로운 사회과학을 압축해놓은 듯 보이는 책, 에드워드 밴필드Edward Banfield
의 『천국이 아닌 도시The Unheavenly City』가 등장하자―거의 동시에―더
욱 커졌다.

우상파괴적인 책이 있다면 바로 이것이었다. 한 비평가는 이 책을
"정치학자가 쓴 밀턴 프리드먼의 『자본주의와 자유』"라고 불렀다.[50] 사실
밴필드―하버드대학교의 또 다른 정치학자―는 보수주의자였고, 프리
드먼의 절친한 친구―프리드먼은 그 책이 출판되기 전에 원고를 읽었
다―였으며, 닉슨 대통령의 전임 보좌관이었다.[51] 밴필드는 당시의 지배
적인 가설에 체계적으로 도전했다. 예를 들어 모든 도시 문제가 악화되고
있다거나 재앙적인 위기가 임박했다는 것은 사실이 아니었다.

분명한 사실은 압도적으로 많은 도시 주민들이 예전보다 편안하고 또 편리
하게 살고 있다는 것이다. (…) 여전히 빈곤과 인종차별이 만연해 있다. 그러

•　 처리해야 할 책임이 있다고 여겨지는 문제에 대해 아무것도 하지 않고 문제가 저절로 해결되
기를 바라는 태도나 정책.

나 그 어느 때보다 심하지는 않다.[52]

(물론 그는 커지는 기대와 함께 위기에 대한 이야기가 끊임없이 나오면서 다른 종류의 위기가 초래될 수도 있다고 덧붙였다.) 인종적 편견—또 다른 예를 들자면—이 흑인의 진출을 가로막는 주된 장애물이라는 것은 사실이 아니었다. "인종적 편견이 전혀 존재하지 않았다고 하더라도 대부분의 니그로들이 처해 있는 (…) 상황은 근본적으로 달라지지 않았을 것이다."[53] 밴필드 분석의 핵심은 병리적이고 방향을 상실한 채 현재 중심적 사고를 하는 "하층계급"이 존재한다는 주장이었다. 이들은 일상적인 개혁을 받아들이지도, 금세 사라지지도 않을 것이었다. 밴필드는 도시 문제는 가라앉지 않을 것이며, 특히 정부가 문제를 개선할 수 있으리라 기대할 수 없다고 거듭 강조했다. (정부는 종종 문제를 악화시켰다.) "이 책에서 말하고 있는 요점은 (…) 해결할 수 있는 문제는 거의 없다는 것이다."[54]

그렇다고 그가 절망과 무관심을 권고했다는 의미는 아니다. 마지막에 그는 열두 가지의 권고안을 제시했다. "비합리적이고 실현 불가능한 수준으로 기대치를 높이는 경향이 있는 미사여구를 지양하라." 노동조합의 독점력을 보호하는 법안과 최저임금법을 폐지하라. 의무 교육 완료 연령을 14세로 낮춰라. 빈곤의 척도인 "상대적 박탈"이라는 "탄력적 개념"을 버려라. "무능한 가난한 사람들"에게는 산아 제한을 조언하라. "문제가 있는 가정"에 돈을 주고 아이들을 "정상적인 문화"를 접할 수 있는 보육시설에 보내라. "마약중독자들을 감금하고 치료하라." 폭도들을 엄중하게 처벌하라.[55] 밴필드는 자신의 생각이 받아들여질 가능성이 거의 없음을 솔직하게 인정했다. 정부는 기대치를 높이고, "백인 인종주의"의 의미를 과장하며, 최저임금을 인상할 가능성이 높았고, 강력한 "비토 집단"—민

권 운동가·노동조합·교사·사회복지사—은 그의 제안에 반대할 것이었다.[56]

무엇보다 밴필드는 자신이 뿌리 깊게 박혀 있고 강력하며, 위험한 미국의 기풍에 도전하고 있기 때문에 실패할 것이라고 믿었다. 그것은 죄책감에 사로잡힌 상위 중산층 활동가들의 자유주의적 개혁이라는 기풍—정의로운 분노의 정치—이었다. 밴필드의 책이 분노를 산 이유는 당연히 다음과 같은 구절 때문이기도 했다.

> 무서운 사실은 많은 사람들이 빠른 속도로 상류층에 동화되고 있으며, 그들이 '봉사'라는 취미를 즐길 수 있고 정치적으로 선한 일을 행할 수 있는 소득—돈뿐만 아니라 시간도—을 벌어들이고 있다는 것이다. (…) 선을 행한다는 것은 다른 형태의 대중오락과 마찬가지로 성장산업이 되고 있으며—이미 그렇게 되었다—, 원칙에 대한 비타협적 충성과 정의로운 분노가 정치적 헌신의 동기가 되고 있다.[57]

어떤 보수주의자도 밴필드의 책이 무시당했다고 불평할 수 없었다. 광범위하고 격렬하게, 때로는 증오에 찬 비난을 받은[58] 『천국이 아닌 도시』는 이러한 논란 덕분에 빠른 성공을 거뒀다. 1972년까지 책은 10만 부 이상이 팔렸다.[59] 한 보수 평론가에 따르면 이 책은 출판되기 전 백악관에서 회람되었다.[60] 당연히 보수주의자들은 이 책을 반갑게 맞이했다. 제프리 하트는 이 책을 "진정한 고전이자 천재적인 작품"이라고 선언했다.[61] 로버트 니스벳도 똑같이 찬사를 보냈다.[62] 좌파와 우파는 밴필드가 현재의 정통성을 고발하는 강력한 고소장을 준비했다는 데 동의하는 것 같았다.[63] 이러한 맥락에서 특별한 관심을 끄는 것은 어빙 크리스톨이 『천국이 아닌 도시』를 "분명 미국의 '도시 위기'에 대해 기술한 가장 계몽적인 책"이라고 평가했다는 사실이다.⁶⁴ 하지만 크리스톨이 보수주의 학자의 책을 반겼다는 건 놀라운 일이 아니었다. 밴필드는 1970년에 이미 크리스톨·글레이저·모이니한·제임스 Q. 윌슨James Quinn Wilson 등 『공익』의 기고자들이 속해 있던 확장된 집단의 일원이었다.⁶⁵ 이견을 가진 교수들이 좌파라는 "적"에 학문적으로 맞서 결집하면서 또다시 이데올로기적 경계가 모호해졌다.

이 점에서 주의해야 할 것이 있다. 우익 자유주의라는 현상을 정통 『내셔널리뷰』 보수주의와 동일시해서는 안 된다. 여기에서 논의된 사람들 중 일부는 여전히 자신을 자유주의자라고 생각했고,⁶⁶ 복지에 대한 모이니한의 아이디어—닉슨 대통령의 가족 지원 계획에 반영된—는 확실히 많은 보수주의자들에게 인기가 없었다. 그럼에도 불구하고 이러한 현상이 심화되면서 1970년대 초반 중대한 지적 재편이 일어나고 있다는 징후가 점점 더 많이 나타났다. 1972년 제임스 번햄은 환멸에 빠진 자유주의는 여전히 "과도적 상태"에 있지만, "보다 통합된 관점으로 한층 발전할 수밖에 없다"—많은 부분이 그 자체로 시대에 맞지 않는 기존의 보수주의로 발전할 필요는 없지만—고 말했다.⁶⁷ 번햄의 말이 옳았다 하더라도, 좌파의 난민들이 우파에 활기를 불어넣은 것은 보수주의 지적 운동의 역사에서 처음 있는 일이 아니었다. 1945년 이후 보수주의의 부활을 만들어낸 놀라운 수의 과거 공산주의자들을 생각해보라. 물론 최근의 이러한 경향은 부분적으로 자유주의 내부의 반란이라기보다 급진주의에 대한 반발이었다. 그러나 추진력—왼쪽에서 오른쪽으로—은 동일했다.

새로운 유입의 징후는 보수주의 진영 내에서 증가했다. 새로운 "온건 보수주의자" 네이선 글레이저는 기나긴 여정을 거쳤다. 1955년 그는 다니엘 벨의 비평적 에세이집 『미국의 새로운 우파』에 기고를 했다. 1972년 여름에는 처음으로 그의 글이 『내셔널리뷰』의 표지에 등장했다.[68] 무슨 일이 있었던 것일까? 물론 주로 1960년대에 일어난 학생 반란과 사건들 때문이었다.[69] 그러나 또한 어느 정도는 크리스톨과 밴필드, 그리고 공산주의에서 보수주의로 전향한 월 허버그 같은 사람들이 몸소 보여준 바 때문이기도 했다.[70] 만약 이러한 사람들이 보수주의적인 사고나 성향을 가지고 있었다면 틀림없이 보수주의를 진지하게 받아들였을 것이다. 프랭크 메이어와의 우정도 글레이저에게 어느 정도 영향을 미쳤다. 글레이저를 윌리엄 F. 버클리에게 소개시켜준 메이어는 1955년 글레이저가 다니엘 벨의 선집에 글을 쓴 이후 그가 "심리학적 분석"을 멀리하게 되는 데 "일조했다". 매카시 상원의원 시대에 글레이저는 이 상원의원에 대한 버클리의 변호를 "완전히 터무니없다"고 생각했고, 『매카시와 그의 적들』을 "끔직한" 책이라고 간주했었다. 그러나 1972년 무렵 (구)좌파와 우파는 모두 온건해지고 있었다. 글레이저는 이제 버클리의 칼럼을 "일관되게 합리적"이고 "지적"이라고 여겼다.[71]

글레이저는 이례적인 사례가 아니었다. 1972년 글레이저·시드니 훅·루이스 퓨어·세이무어 마틴 립셋이 『내셔널리뷰』에 등장한 것은 확실히 우연이 아니었다.[72] 이들의 공통점은 무엇이었는가? 이전에 보수주의자라고 알려진 사람은 아무도 없었다. 이들은 모두 유대인이었다. 세 명—글레이저·퓨어·립셋—은 1960년대 초반에 버클리대학교—학생 혁명의 발상지—에 있었다. 모두가 학생 소요에 대해 광범위하게 글을 썼다.[73] 아마도 가장 흥미로운 점은 이들 모두가 한때는 사회민주주의적 의미에서 "급진적이었다"는 사실일 것이다. 과거 스탈린주의자들과 트로츠키주의자들이 전후 초기 보수주의에서 두각을 나타냈던 것과 마찬가지로,—글레이저가 보기에—공산주의에 반대하는 옛 사회주의자들은 급진파에 대한 새로운 반대가 고조되면서 주목을 받았다.[74]

새로운 동조의 또 다른 산물—이자 기여자—은 『얼터너티브The Alternative』였다. 1967년 인디애나대학교의 보수주의 학생들에 의해 창간된 이 활기 넘치는 월간지—R. 에밋 타이렐 주니어Robert Emett Tyrell Jr가 편집한—는 1975년 무렵 전국 발행 부수가 약 25,000부에 달했으며, "30세 이하"가 보는 가장 중요한 보수주의 정기간행물 중 하나—나머지 하나는 『대학연합리뷰』였다—라는 지위를 얻었다. 주로 학부생과 대학원생들을 대상으로 제작된 『얼터너티브』는 당당하게—그리고 재치 있게—보수주의를 표방했다. 또한 헨리 잭슨Henry Jackson 상원의원이 쓴 기사와 그에 관한 기사가 보여주듯, 이 잡지는 우익 자유주의자들에게도 열려 있었다.[75]

1971년 가을 『얼터너티브』는 매사추세츠주 케임브리지에서 열린 대학생을 위한 "민주주의 교육"을 후원했다. 레오 스트라우스의 제자이자 『연방주의자 논고』의 연구자 마틴 다이아몬드·『코멘터리』의 편집자 노먼 포드호레츠·허드슨연구소Hudson Institute의 개릿 스칼레라Garrett Scalera·예일대학교 법학대학원 법학 교수 알렉산더 비켈Alexander Bickel[76]·하버드대학교 정치학자 폴 위버·보수주의 사회학자 로버트 니스벳 등 강연자 명단은 힘이 모이고 있는 선들을 명확하게 보여주었다. 이 콘퍼런스의 주요 기획자 중 한 명—『얼터너티브』의 수석 편집자이기도 한—이 어빙 크리스톨의 아들 윌리엄—당시 하버드대학교 학부생—이었다는 사실은 상징 이상을 의미했다.

어빙 크리스톨이 발전하고 있는 재편의 주요 인물이라는 사실이 실제로 드러나기 시작했다. 예를 들어 『얼터너티브』의 1972년 6월호에는 네이선 글레이저와 윌리엄 F. 버클리 주니어의 헌사를 포함해 그에 관한 기사가 네 편이나 실렸다.[77] 버클리는 크리스톨이 "내가 생각하기에 요즘 『공익』의 어떤 사람들보다 더 의미 있는 글을 쓰고 있다"고 말했다.[78] 『월스트리트저널』의 부편집장 로버트 바틀리Robert Bartley는 통찰력 있는 분석에서 크리스톨과 그의 저널이 허먼 칸Herman Kahn*과 레오 스트라우스 같은 사람들을 포함해 "경험적 사회과학자와 고전적 정치철학자의 동맹"을 네오보수주의운동으로 구축하고 있다고 주장했다. 바틀리에 따르면 이 네오보수주의는 때때로 교조적인 자유방임적 순수주의와 구우파의 "종말론적" 반공산주의를 기피했다. 그것은 또한 1970년대 미국이 직면한 가장 심오한 문제들을 일관되게 다루었다.

지적으로 네오보수주의가 다루고 있는 주제가 바로 우리 시대의 중심 주제이다. 가치의 붕괴. 변화의 시대에 전통이 차지해야 할 자리. 외형적인 물질적 진보뿐만 아니라 참된 사회에 필요한 삶의 내적 만족. 『공익』이 우리에게 신중하게 말하듯 성인의 11퍼센트만이 4년제 대학을 졸업한 이 나라에서 지적 엘리트의 지위.

바틀리는 "새로운, 그리고 새로운 의미를 갖게 된 보수주의의 진화"가 아마도 1960년대 지적 역사에서 가장 주목할 만한 사건으로 평가될 것이라고 조심스럽게 말했다.[79]

1972년 크리스톨은 1970년대의 가장 중요한 보수주의 책 중 하나가

• 1922~1983. 미국의 물리학자·미래학자. 1961년 설립된 미국의 보수 싱크탱크 허드슨연구소의 창립 멤버였다. 냉전 기간에 게임 이론을 적용해 핵전쟁 시나리오를 개발하고, 소련에 대한 미국의 억지력을 강조했다.

될 에세이 모음집을 출판했다.[80] 『미국의 민주주의 사상On the Democratic Idea in America』 서문에서 크리스톨은 라이오넬 트릴링과 레오 스트라우스에게 많은 빚을 졌음을 인정했다.[81] 고전 정치철학의 영향은 모든 장에서 분명하게 드러났다. 그는 책의 주제를 간단하게 설명했다.

> 본래의 활기찬 원칙에서 (⋯) 벗어나고, 그 결과 도덕적·정치적 질서에 중대한 위기를 촉발시켜온 민주 공화국의 경향.
> 미국에서는 이 본래의 원칙이 개별 시민의 입장에서 자치(즉 자기수양)라는 공정한 척도를 국민정부와 확고하게 연결해주었다. 이러한 원칙으로부터의 이탈은 경제·정치·교육·문화의 영역에서 개인적·집단적 자아의 '해방'—이기심, 개인적 열망, 개인적 환상의 자유—이라는 형태로 나타났다. 인간 본성과 인간의 역사에 관한 다양한 선량한 이론들에 기초해 이기적인 인간의 행동이 한데 모이면 공동선이 되고, 개인이 사회적 제약으로부터 해방되면 보다 완벽한 공동체가 될 것이라 추정되고 있다. 나는 '보이지 않는 손'이라는 관념이 시장에서 어느 정도 효용이 있다고 생각한다. (⋯) 나는 그것이 정치 전체로 확장된다면 그 결과는 참담할 것이라고 생각한다. 정치는 단번에 파산할 수 있고, 그 운명은 결국 열정을 다스리고 그렇게 함으로써 항구적인 공공의 이익을 올바르게 이해할 수 있는 시민들의 능력에 의해 결정된다고 믿는다.[82]

크리스톨은 전통주의적 신보수주의자들과 유사한 방식으로 미국에서 부상하고 있는 상대주의와 허무주의, 그리고 "당신이 원하는 대로 하라"는 기풍을 거듭 비난했다. "이 공화국의 기본 원칙인 자치는 사리사욕과 방종, 그리고 그저 적극적인 이기심에 무자비하게 잠식되고 있다."[83]

자유지상주의의 가설에 대담하게 도전한 크리스톨은 무엇보다 음란물에 대한 신중한 검열을 촉구했다. 민주주의는 가치와 스스로를 통치하려는 사람들의 성격에 달려 있다. 이는 건국의 아버지들이 말한 "공화주의적 덕성"에 달려 있으며, 우리는 그것을 보존하기 위해 노력해야 한다. "민주주의 국가 미국에서의 삶의 질에 관심이 있다면 검열에 찬성해야만 한다."[84] 크리스톨은 윌무어 켄달을 연상시키는 방식으로[85] 미국의 "초월주의 포퓰리즘", 일련의 허황된 유토피아주의를 건국의 아버지들의 신중하고 온건한 민주주의 철학과 비교했다. 그는 미국의 지식인들—우려스러울 정도로 허세가 늘어가는 "대중운동"—을 자주 비판했다.[86] 그는 항상 공공철학·좋은 사회·문명을 소환해 "어째서 안 되는가?'라는 궁극적으로 불온한 질문"에 단호하게 답할 수 있었다.[87]

그리고 1970년대 초반 어빙 크리스톨이 새롭게 활성화된 보수주의 운동의 지도자가 되었다고 한다면 이는 상징적으로 적절했다. 다른 많은 사람들과 마찬가지로[88] 크리스톨 역시 한때 극좌파의 일원이었다. 1940년에 시티칼리지를 졸업한 크리스톨은 젊은 트로츠키주의자였다. 1930년대 후반과 1940년대 초반 그는 점차 극좌파와 거리를 두었다. 그는 1942년부터 자신이 우파로 꾸준히 이동했다고 말한 적이 있었다.[89] 1940년대와 1950년대에 그는 『코멘터리』·『인카운터』·『리포터』의 편집자로 일하면서 냉전 자유주의자가 되었다.[90] 1952년 그는 반공산주의에 반대하는 좌파에 동조하는 행위를 맹렬하게 공격하면서 『코멘터리』에 큰 파문을 불러일으켰다.[91] 궁극적으로 우파로 이동한 다른 많은 자유주의자들처럼 1950년대에 크리스톨 역시 당시 등장한 보수주의에 비판적이었지만,[92] 1960년대의 극단화가 그의 관점을 바꾸어놓았다. 제프리 하트가 예언했듯이 좌파·우파 온건파 사이의 장벽은 무너지고 있었다.

1970년에 프랭크 메이어는 자유주의가 현재 "빈사 상태"에 있다면, "그 원인의 적지 않은 부분은 (…) 보수주의의 힘이 커지고 있다는 데 있다"고 주장했다.[93] 당연히 이는 과장된 표현이었다. 보수주의가 힘을 얻고 있다는 것은 사실이었지만, 이와 별개로 많은 자유주의자들을 우파로 몰아간 것은 보수주의 사상 그 자체가 아니라 그보다 큰 현실의 압력이었다.[94] 그러나 중요한 점은 자유주의 진영 내에서 극단화가 심화되고 있는 동안, 보수주의적 대안은 이미 존재하고 있었다는 사실을 인정하는 것이다. 좌파로부터 새로운 동맹자를 얻고 심지어 신병을 모집했다 하더라도, 마침내 우파는 스스로 미국 사상과 정치의 주류에 진입하고 있었다.

═ ★★★ ═

대학가에 재앙이 닥치고, 국가 해체가 우려되던 1970년은 보수주의 지적 운동이 상징적인 성공을 거둔 해이기도 했다. 이 해에 윌리엄 F. 버클리 주니어의 동생 제임스는 예상을 뒤엎고 자유주의의 요새인 뉴욕에서 미국 상원의원으로 당선되었다. 자유를위한젊은미국인들YAF은 창립 10주년을 기념했다. 1960년에는 회원이 100명 이하였던 조직 YAF─윌리엄 F. 버클리의 거실에서 처음 모였던─는 이제 회원이 50,000명이 넘었고, "미국에서 가장 큰 비정당 정치 활동 단체"가 되었다.[95] 1970년에 창립 15주년을 맞이한 『내셔널리뷰』는 구독자 수가 10만 명이 넘었다. 『내셔널리뷰』의 기념호는 그해 불확실한 국가의 운명을 집중적으로 다루었지만, 에세이 중 하나는 많은 것을 축하했다. 젊은 보수주의 역사학자 피터 위톤스키는 현대 보수주의 사상의 다양성과 규모를 조사하면서 "보수주의운동의 지적 성숙도가 높아지고 있으며, 그 운동에 미치는 『내셔널리뷰』의 영향력 역시 커지고 있다"고 지적했다. "보수주의 저자와 글들은 더이상 희구의 대상이 아니다. 지금 우리는 그러한 글들을 읽을 수 있다."[96]

의심할 여지없이 위톤스키가 옳았다. 1970년대 초반 무렵 보수주의 저작들이 물밀듯이 쏟아져 나왔다. 자유지상주의·전통주의·반공산주의―전후 보수주의 사상의 기본 구성 요소―가 지속적으로 학술서에서 표명되었다. 특히 주목할 만한 것은 기독교 교회의 혼란에 대한 보수주의적 분석이 증가했다는 사실이다.[97] 에드워드 밴필드의 『천국이 아닌 도시』와 윌리엄 F. 버클리 주니어의 책을 포함해 몇 권의 보수주의 책이 베스트셀러가 되었다. 앨버트 제이 녹에 대한 관심이 새롭게 생겨났다.[98] 보수주의자들은 책과 정기간행물에서 자신들의 다양한 전통을 계속해서 탐구했다.[99] 1970년과 1971년에만 보수주의 사상을 다룬 선집이 세 권이나 출판되었다.[100]

또한 보수주의자들을 고무시킨 것은 자신들의 아이디어를 전파하는데 성공했다는 사실이었다. 『내셔널리뷰』·『모던에이지』·『대학연합리뷰』·『얼터너티브』는 방대한 분량의 훌륭한 문헌들을 지속적으로 발표했다.[101] 건전함의 또 다른 징후는 워싱턴에 기반을 둔 『휴먼이벤츠』였다. 1944년 창간 당시 127명의 독자로 시작한 『휴먼이벤츠』는 20년 후 발행부수가 10만 부 이상이 되었다.[102] 편집장 토마스 윈터Thomas Winter 아래 『휴먼이벤츠』는 1960년대 후반 그 명성이 빠르게 성장했고, 닉슨 시대에 워싱턴 정계에서 가장 영향력 있는 보수주의 저널이 되었다.[103] 저널은 매주 정치를 다루었고, 점점 더 많은 수의 보수주의 칼럼니스트들―여러 저널에 동시에 글을 기고하는―을 위한 매체 역할을 했다. 실제로 저명한 윌리엄 F. 버클리 주니어뿐만 아니라 존 체임벌린·제프리 하트·제임스 J. 킬패트릭·러셀 커크·케빈 필립스Kevin Phillips·조지 F. 윌George Frederick Will 등 수많은 칼럼니스트들은 이 운동에 내려진 축복이었다. 보수주의 북클럽은 30,000명의 회원에게 여전히 빠른 속도로 책들을 배포했고, 캘리포니아의 후버연구소와 미국기업연구소American Enterprise Institute―워싱턴 D.C.에 있는 유명한 보수주의 성향의 "싱크탱크"―는 보수주의 학자들의 연구를 출판했다.[104] 골드워터의 대참패 이후 설립된 미국보수주의연합American Conservative Union은 1970년대 초반 60,000명의 회원이 확장 활동을 지원하면서 워싱턴의 유력한 로비단체가 되었다.[105]

텔레비전 방송국들―많은 보수주의자들에게 분노의 대상이었던―도 보수주의 대변인들에게 약간의 문호를 개방하는 듯 보였다. 입담이 뛰어난 세 명의 우익 언론인―M. 스탠턴 에반스·제프리 St. 존·제임스 J. 킬패트릭―은 CBS 라디오 프로그램《스펙트럼Spectrum》의 해설자가 되었다. 미국교육방송National Educational Television의 토론 프로그램《애드보케이츠The Advocates》는 당대의 쟁점을 둘러싼 좌파와 우파의 대립을 다루었고, 『내셔널리뷰』의 윌리엄 러셔와 J. 다니엘 마호니John Daniel Mahoney―뉴욕주 보수당Conservative Party of New York 의장―가 자주 출연해 보수주의 진영을 옹호했다. 그리고 다재다능한 보수주의의 화신이자 세련된 전도사 윌리엄 F. 버클리 주니어도 있었다. 대중에게 쉽게 알리는 재능을 타고난 이 사람이 없었다면 운동이 어떻게 되었을지―또는 어디로 갔을지―상상하기 어렵다. 그가 진행한《파이어링 라인》은 1969년 에미상 시상식에서 "텔레비전 부문 최우수 프로그램" 상을 받았다.[106] 1년 후 월 허버그는 의기양양하게 말했다.

(…) 이제 상황은 역전되었다. (…) 이 나라에서 윌리엄 F. 버클리 주니어보다 이러한 반전을 효과적으로 가져온 사람은 없다.[107]

분명히 1960년대의 격변은 자유지상주의자와 전통주의자 모두에게 이익이 되었다. 정부에 대한 회의론이 급증하면서 시카고학파[108]에 대한 관심이 다시 생겨났고, 밀턴 프리드먼의 실질적인 영향력이 유지되는 데 도움이 되었다.[109] 피터 드러커는 매년 통화량을 일정한 규칙에 따라 자동으로 늘려 경제를 조절할 수 있다는 프리드먼의 견해를 "애덤 스미스 이후 경제학에서 가장 급진적인 제안"이라고 불렀다.[110] 공공정책에 관한 제안을 구체적으로 창안해내는 자유지상주의자들의 능력 또한 보수주의자들의 영향력이 지속되는 데 기여했다.[111] 1972년 몽펠르랭소사이어티는 창립 25주년을 기념했다. 존 체임벌린은 "되돌아보면 몇 가지 매우 중요한 승리가 있었다"고 주장했다.[112] 가장 기쁜 일 중 하나—그리고 보수주의자들에게는 가장 예상치 못한—는 1974년 프리드리히 하이에크가 노벨 경제학상 공동 수상자로 선정된 것이었다. 득의만만해진 자유지상주의자들은 이를 그들에 대한 존경과 영향력이 커지고 있음을 상징적으로 인정받은 것으로 여겼다.

그러나 러셀 커크·로버트 니스벳·레오 스트라우스·어빙 크리스톨을 비롯한 많은 이들이 가르쳤듯이 위기는 경제보다 인간 행동에 더 깊이 스며들어 있었다. 1960년대 후반 "국가에 대한 반란"은 관습과 권위에 대한 반란—로마 가톨릭교회에서, 학계에서, 인종적·성적 관습에서, 미국 사회의 모든 영역에서 일어난 듯 보이는—이라는 보다 광범위한 현상과 병합되었다. 많은 미국인들이 보기에 갑자기 전통·질서·권위·구속·의무·도덕·공동체와 같은 관념들이 시대의 진정한 근본적 당혹감을 해소해주는 듯 했다. 어빙 크리스톨은 "해방"과 "평등"이라는 보편화된 수사의 이면에는 "질서와 안정에 대한 절실한 열망"이 깔려 있다고 믿었다.[113] 또한 보수주의자들이 "영지주의" 운동이라고 여기던 운동이 확산되자, 많은 우익 지식인들은 공상적인 적들에 맞서 그 어느 때보다 푀겔린의 "존재의 구성"을 옹호하게 되었다.[114] 전통주의자들은 대규모의 급진적 반대—가족 구조, 사유재산, 그리고 객관성과 합리성이라는 이상에 대한 공격으로까지 확장된—에 대해 똑같이 근본적인 차원에서 답변을 제시했다. 크리스톨의 사례만으로도 알 수 있듯 레오 스트라우스의 저작은 일부 보수주의자들에게 지속적으로 강력한 영향을 미쳤다. 윌리엄 F. 버클리 주니어는 스트라우스를 "의심할 여지없이 그의 세대에서 가장 영향력 있는 스승 중 한 명"이라고 평가했다.[115]

　이러한 지적 경향과 나란히 정치에서도 상서로운 발전이 일어났다. 전후 보수주의의 부흥이 시작된 이래 처음으로 보수주의자들은 1969년에 대통령직에 접근할 수 있었다. 자칭 "디즈레일리 보수주의자"[116] 리처드 닉슨은 러셀 커크와 같은 보수주의자들의 친구였으며, 커크의 『보수주의자들을 위한 강령』을 칭송했다.[117] 적어도 한동안 많은 우익 학자들이 닉슨 행정부에서 자신에게 꼭 맞는 자리를 찾았다. 그중 가장 눈에 띄는 사람은 연방준비이사회의 아서 번스·국방부의 워렌 누터·헨리 키신저Henry Kissinger*의 비서가 된 후버연구소의 리처드 V. 앨런·백악관 비서실의 마틴 앤더슨—『연방 불도저』의 저자—등이었다. 윌리엄 F. 버클리 주니어는 미국공보처 자문위원으로 임명되었다. 스피로 애그뉴의 연설문을 작성한 젊은 작성자 중 일부는 보수주의자였다. 그중에는 1971년 『내셔널리뷰』를 떠나 잠시 부통령을 위해 일했던 존 코인John Coyne도 있었

• 　헨리 알프레드 키신저Henry Alfred Kissinger, 1923~. 미국의 정치인. 닉슨 행정부와 제럴드 포드 행정부에서 국무장관을 역임하면서 미국의 대외 정책을 이끌었다. 소련과의 데탕트 정책을 주도하고, 1972년 미·중 정상회담을 개최하면서 중국과의 관계를 개선했다.

다. 애그뉴는 한동안 보수주의의 영웅이 되었다.

그러나 권력에 행사하게 된 이 전례 없는 영향력도 1971년과 1972년 닉슨 대통령에 대한 보수주의자들의 환멸이 급격하게 심화되는 것을 막지 못했다. 국내 문제와 관련해 많은—그러나 전부는 아닌—보수주의 지식인들은 막대한 재정 적자, 임금 및 물가 통제, 관료주의의 확대, 가족 지원계획Family Assistance Plan으로 상징되는 닉슨의 명백한 좌파 경향과 기회주의에 동요되었다.[118] 더욱 우려스러운 것은 어느 작가가 "데탕트의 환상"[119]이라고 부른 그의 중국 정책과—무엇보다—"악화된 미국의 군사적 지위에 대해 대중의 주의를 환기시키지 못한 일"이었다. 보수주의자들은 미국의 군사적 지위가 지속적으로 심각하게 약화되고 있다고 생각했다. 이에 따라 1971년 7월 26일 버클리·번햄·메이어 등 몇몇 저명한 보수주의자들은 행정부에 대한 "자신들의 지지를 공식적으로 철회했다".[120] 미국보수주의연합과 많은 주요 우익 논객 및 학자들은 1972년 초 항의의 의미로 하원의원 존 애쉬브룩John Ashbrook*의 대통령선거 출마를 지지했다.[121] 거의 모두가 결국 닉슨의 재선을 지지하기는 했지만, M. 스탠턴 에반스는 그해 여름 닉슨의 해가 우익에게 "특별히 행복한 해는 아니었다"고 선언하면서 다소 만연해 있던 정서를 표명했다.[122]

이러한 정치적 낭패—이는 보수주의가 거둔 승리, 특히 연방대법관 임명과 같은 승리로 부분적으로 상쇄되었다—에도 불구하고, 닉슨 시대

• 　존 밀란 애쉬브룩John Milan Ashbrook, 1928~1982. 미국의 공화당 정치인. 뉴라이트와도 관련이 있는 인물로 닉슨이 보수주의의 원칙을 저버렸다고 비판하면서—특히 데탕트 정책과 중국과의 관계 개선—1972년 공화당 대통령 후보 경선에 출마했다. 그의 선거 슬로건은 "No Left Turns(좌회전 금지)"이었다.

에 미국 보수주의자들은 자신들이 지적·정치적으로 비약적인 발전을 했다고 믿었다. 새로운 자신감에 찬 그들은 자신들이 "해냈다"는 사실에 대단히 흐뭇해했다. 1969년 스티븐 톤소르는 "보수주의가 성년이 되었다"고 공표했다.

> 권력의 밖에 있어 자연발생적이고 지각 없는 모든 보수주의가 속해 있는 정당에서조차 거부당하고, 주된 재정적 지원도 받지 못했으며, 학계와 교회, 언론에서 유지되고 있는 독점 체제에 의해 대중에 대한 접근이 허락되지 않았던 보수주의가 논거가 있고, 사람들이 있음으로 해서 누구나 들을 수 있는 목소리를 스스로 낼 수 있게 되었다.[123]

베테랑 저널리스트 존 체임벌린도 이에 동의했다. "우리 시대의 위대한 이야기는 보수주의의 대항문화가 스스로 새로운 분위기를 만들어내는 데 성공했다는 것이다."[124]

지위에서 감지된 이러한 변화는 보수주의 수사학의 흥미로운 변화로 나타났다. 클린턴 로시터의 표현을 빌자면 1940년대와 1950년대에 보수주의는 주로 "보람 없는 설득"을 하는 것처럼 보였고, 우파의 수사법은 처량해 보이는 소수자의 지위를 반영하고 있었다. 일부 보수주의자들은 남은자라는 녹의 개념에서 위안을 찾았고, "'멈춰'라고 외치며 역사에 맞서야 한다"고 말했다. 『내셔널리뷰』는 심지어 남부에서 보통선거권의 타당성에 의문을 제기하기도 했다.[125] 1961년 윌리엄 F. 버클리 주니어는 보통선거권을 "진정한 민주주의에 대한 조롱"이라고 불렀다.[126] 대중에 맞선 귀족의 반란이라는 멩켄의 정신은 『내셔널리뷰』의 초기 발행호에 뚜렷한 영향을 미쳤다.[127] 1960년대 초 배리 골드워터의 등장과 함께 보수주의의 소수자 의식은 희미해지기 시작했다. 그렇지만 수사에는 여전히 궁지에 몰린 패배자의 표현이 남아 있었다. 골드워터의 패배 이후 범퍼 스티커에 적힌 "2700만 미국인이 틀렸을 리 없다"는 문구가 이를 분명하게 보여주었다. 도전적인 언어는 맞지만 승리의 언어는 아니었다.

1960년대 후반과 1970년대 초반에도 이 오래된 수사법은 사라지지 않았지만, 낙관적인 새로운 주제로 대체되었다. 보수주의자들은 더 이상 따돌림당하는 자들이 아니라 미국 국민 중 "침묵하는 다수"의 목소리였다.[128] 1970년 알링턴하우스는 광고에서 자신들을 "침묵하는 다수를 위한" 출판사라고 소개했다.[129] 1970년 배리 골드워터는 『다수의 양심』을 출간했다. 1970년 선거일 밤 제임스 버클리 상원의원 당선자는 "내가 새로운 정치의 목소리"라고 의기양양하게 말했다.[130]

대부분의 보수주의자들이 미국 전체는 여전히 건강하며, 오직 엘리트만이 타락했다고 굳게 확신하게 되면서 케빈 필립스가 적절하게 이름 붙인 "포퓰리즘 보수주의"가 등장했다.[131] 1971년 프랭크 메이어는 "서구 문명의 마지막 계승자는 미국 중부이다"라고 강력하게 주장했다.[132] 그러므로 유덕한 사람을 봉축하는 오클라호마의 사제 윌무어 켄달에 대한 관심이 다시 일어난 것은 우연이 아니었다. 1971년에는 그의 많은 글들이 한 권의 책으로 엮어 출판되었다. 제임스 번햄이 "자구에 집착하는 사람들"을 비판하고, 심장부를 존경한 것은 우연이 아니었다.[133] 보수주의자들은 지적 운동으로서 자신들이 그들 앞에 놓인 모든 것을 휩쓸었다는 환상을 갖고 있지 않았다. "포퓰리즘"에 대한 논의 역시 그들이 이 나라의 주요 "포퓰리스트"인 조지 월리스를 포용했다는 의미가 아니었다.[134] 그러나 그들은 이제 그 어느 때보다 "국민"에게 다가갈 수 있다는 자신감을 갖게 되었다.[135]

그러나 내부의 긴장은 여전히 사라지지 않은 채 남아 있었다. 주변부에서는 보젤과 로스바드, 그리고 그들의 각 진영이 활동하며 결코 사라지지 않은 균열을 드러냈다. 여전히 아인 랜드를 열성적으로 추종하는 사람들이 있었고, 1967년 『내셔널리뷰』는 그녀를 다시 비판해야 할 필요성을 느꼈다.[136] 스스로 대부분의 우파와 오랫동안 관계를 단절해온 피터 비에렉은 1971년 그가 보기에 전혀 보수주의적이지 않은 "우익 호객꾼"과 권위주의자들을 격렬하게 비난했다.[137] 운동의 실제 중심부에 가까울수록 반복되는 논쟁이 계속되었다. 미국은 진정한 자유주의 국가라는 주장이 집요하게 제기되었다.[138] 자본주의 모델의 한계를 규정하는 문제가 되풀이되었다. 윌리엄 F. 버클리 주니어는 자유방임주의를 "독단적 신학"으로 만드는 경향이 있다고 밀턴 프리드먼과 그의 아들*을 질책하기도 했다.[139] 기독교 도덕과 자유시장이 실제로 양립 가능하다는 것을 여전히 입증해야 할 필요가 있었다.[140] 때때로 미국의 보수주의 전통―그리고 그 안에서 링컨의 위치―을 정의하는 해묵은 문제가 새로운 논쟁을 불러일으켰다.[141] 보수주의자들은 또한 대륙의 보수주의가 신세계와 어느 정도 관련이 있는지에 대해서도 여전히 의견을 달리했다.[142] 자유지상주의자들과 전통주의자들은 음란물과 검열, 그리고 특정 약물의 합법화―예컨대 마리화나를 합법화해야 하는가[143]―와 같은 문제를 둘러싸고 충돌했다.[144] 논쟁은 사라지지 않았다. 그것들은 희미해졌다가 다시 나타났다.

이러한 견해 차이는 얼마나 중요했는가? 보수주의는 단지 어울리지 않는 일시적 연합이었는가, 아니면 실질적인 공통의 지반이 있었는가?

---

* 데이비드 디렉터 프리드먼David Director Friedman, 1945~. 미국의 경제학자. 법을 포함해 정부가 관여하는 모든 영역을 점진적으로 사유화하는 무정부 자본주의를 주장했다.

1971년 도널드 애트웰 졸은 프랭크 메이어의 융합주의를 노골적으로 공격했다. "(…) 그는 편리한 절충주의와 화합이 가능한 통합을 혼동하고 있다." 졸은 "일치운동"을 정당화하기엔 우파의 분열이 너무나 깊다고 말했다.[145] 이와 유사하게 로버트 니스벳 역시 보수주의자들―"동질적인" 자유주의자들보다 훨씬 더 개인주의적인―이 현재의 불안정한 연합 속에서 지속적인 운동을 창출해낼 수 있을지 의심스러워했다.[146] 출판인 데빈 개리티는 운동이 "전통주의"와 "무정부주의"로 분열되고 있다고 믿었다.[147]

반면에 영향력 있는 많은 우익 지식인들은 합의가 존재했고, 프랭크 메이어가 그것을 증명했다고 깊이 믿었다. 1969년 버클리는 "이것['본능적 합의']을 유지하려는 어떤 사람의 노력도 프랭크 메이어의 노력보다 중요하지 않다"고 말했다.[148] 피터 위톤스키는 "보수주의적 합의는 존재한다. (…) 우리는 모두 자유지상주의자다. 우리 모두는 전통주의자다"라고 주장했다.[149] 독실한 융합주의자인 M. 스탠턴 에반스는 의견 차이가 명백하고 몰두하는 것도 다르지만, 보수주의자들 사이에는 "연속체"가 존재한다고 강조했다.[150] 이 사람들의 입장이 가진 철학적 타당성이 무엇이든 간에, 역사적으로 주목할 만한 사실은 많은 보수주의자들이 공통적인 지반이 존재한다고 확고하게 생각했다는 점이다. 버클리는 실제로 융합주의는 보수주의적 합의 그 자체라고 말했다.[151]

분명히 많은 사람들이 이것을 사실이라고 믿고 싶어 했다. 1972년 『내셔널리뷰』에 게재된 프랭크 메이어에 대한 수많은 헌사에서 그러한 열망을 느낄 수 있었다. 1972년 4월 1일 사망하기 몇 시간 전, 프랭크 메이어―열정적이고 논쟁적인 자유지상주의자이자 보수주의가 부활하는데 개인적으로 중요한 영향을 미친 사람―는 로마 가톨릭교회 신자가 되었다.[152] 많은 보수주의자들에게—누군가는 의심스러워하겠지만—그의 전향은 위대한 화해의 상징이자 궁극적인 융합이었다.

그렇다면 우리는 그 문제를 어떻게 해결해야 할 것인가? 첫째, 순전히 철학적 또는 "이데올로기적" 차원에서 미국 보수주의는 한목소리를 내지 않았다. 그들은 결코 그런 적이 없었고, 아마 앞으로도 그럴 일은 절대 없을 것이다. 자기조절과 의지의 제한이라는 전통주의적 기풍과 자기주장·자기수양·국가에 맞선 저항이라는 자유지상주의적 기풍 사이에는 항구적인 간극이 존재했다.[153] "공익"에 전념하는 저널과 "공익"과 기업의 "사회적 책임"이라는 개념 자체를 의심하는 자유지상주의 사이에는 적어도 수사적 간극이 존재했다.[154] 어빙 크리스톨은 "(…) 전통을 위하고, 동시에 개인주의라는 무제한적 덕목을 찬미하기란 대단히 어렵다"고 말했다.[155] 1950년대와 그 이후에 등장한 신보수주의는 대부분 "공공철학"을 명확하게 표명하려 노력했다. 자유지상주의의 핵심에는 "사적 철학"과 간섭받고 싶지 않다는 바람이 있었다.

이러한 열망은 전후 보수주의의 가장 대중적인 상징인 윌리엄 F. 버클리 주니어의 보수주의에서 분명하게 나타났다. 로마 가톨릭 신자로서, 그리고 녹·켄달·체임버스·커크의 제자로서[156] 버클리는 보수주의의 자유지상주의적 특징뿐만 아니라 전통주의와 반공산주의의 변종을 구현했다. 그러나 버클리의 유명한 "스타일"에 결정적인 영향을 미친 것은 자유지상주의적 기풍이었다. 유명인사이자 우파의 칼잡이라는 그의 대중적 명성에도 불구하고, 그가 공인이 되는 데 도움이 된 재치와 기품에도 불구하고, 버클리는 실제로 "선봉장" 역할을 하려고 하거나 이를 중요하게 생각하지 않았다. 오히려 이것은 환영받지 못한 역사의 조류로 인해 그가 받아들여야만 했던 역할이었다. 그가 공개 석상에서 보여주는 모습에는 종종 귀족적 신중함이 묻어났다. 일부 사람들은 이를 보고 거만하다고 생각했고, 일부는 그의 초연함, 심지어 때로는 절망감을 오만이나 자만으로 오해했다. 1976년 버클리는 보수주의자들에게 "공공의 전망보다 개인의 전망을 우선시해야 할 필요성"을 가르쳐야 한다고 말했다.[157] 그는 몇 년 전 현대 보수주의자들이 처해 있는 곤경에 대해 충심에서 우러나온 소신 발언을 했다.

정치는 교육받은 4분의 1의 선점물이라는 말이 있다. 나는 그 견해를 가장 확고하게 지지하며, 따라서 무엇보다 스스로 정치에 몰두하는 것 외에 모든 지각 있는 존재에게 대안을 거의 제시하지 못하는 금세기를 저주한다.

그는 "타인에게 간섭받지 않을 권리에 반하는 금세기 가장 독특한 공격성이 공공연히 용인되고 있다"고 개탄했다. 그는 해리 트루먼의 유명한 주방*에 열기를 견딜 수 있는 대안이 없다는 사실에 분개했다.[158]

보수주의는 분명 단일하지 않았다. 그러나 그것의 다양한 내적 차이에만 집착하면 문제의 많은 부분—아마도 본질—을 놓치게 될 것이다. 참으로 놀라운 사실은 대부분의 보수주의자들이 쉽게 단결하고 협력을 유지했다는 점이다. 토마스 몰나르는 운동으로서의 보수주의는—다른 운동과 마찬가지로—의견 차이로 인해 분열되었지만, 활동을 하는 데 있어 보수주의는 여전히 유효하다고 말했다.[159] 실제적인 일상적 문제와 관

• 1942년 해리 트루먼은 상원의원이던 시절 상원 전쟁계약조사위원회의 조사 속도에 반대하는 의원들에게 "열기를 견딜 수 없다면 부엌에서 나가시오"라고 말했다고 한다. 이 말은 일반적으로 '감당할 수 없다면 자리에서 물러나 다른 사람에게 맡기라'는 의미로 사용된다.

런해 우파―가장 극단적인 비주류를 제외하고―는 놀라울 정도로 결집했다. 그래서 러셀 커크―철저한 전통주의자―는 바우처 계획과 의용군을 지지했다.[160] 자유지상주의자와 전통주의자는 모두 도시 재개발에 반대했지만, 그 이유가 항상 같은 것은 아니었다.[161] 이 논제에 관한 가장 통찰력 있는 논평 중 일부는 친자본주의적인 자유지상주의 저자 존 체임벌린에게서 나왔다. 체임벌린은 종교적 보수주의자들과 비종교적 보수주의자들 사이에는 실질적인 충돌이 없음을 발견했다. 양자는 공통된 도덕률을 공유하고 있었다. 또한 "전통"과 해법이 체임벌린의 "원칙"과 잘 맞았던 러셀 커크 같은 사람과 합의의 영역을 찾는 일도 어렵지 않았다. 그는 보수주의자들이 "제일의 원칙"에서 "제일의 실천"으로 옮겨갔을 때 많은 "갈등"이 사라졌다고 지적했다.[162] 존 스튜어트 밀과 허버트 스펜서 등을 초기 우상으로 삼았던 또 다른 자유지상주의 권위자 헨리 해즐릿은 1970년 「순응을 옹호하며」라는 글에서 전통주의자들이 갈채를 보낼만한 견해를 제시했다. 해즐릿은 항상 자신을 자유지상주의자라고 생각했지만, 이제 그는 "필요하다고 생각된다면 우리의 도덕규범, 법, 정치 제도를 바꾸자. 그렇지만 (…) 신중하게 점진적으로 조금씩 그렇게 하라"고 가르치는 보수주의도 지지했다. 해즐릿은 파괴적인 "반대" 숭배를 비난하고, "상호협력"과 "진정한 진보"를 달성하기 위해 "일반적 순응"의 필요성을 선언했다. 예절·도덕·언어와 같은 영역에서 "기본적인 순응"이 존재하지 않는다면 "문명화된 사회는 살아남기 힘들다".[163] 그리고 보수주의의 다양성뿐만 아니라 단결을 보여주는 모범은 항상 윌리엄 F. 버클리 주니어였다. 버클리는 특히 초기에 운동을 단결시키기 위해 많은 일을 수행한 교섭에 능한 사람이었다.[164]

아마도 면밀히 살펴보면 운동의 다양한 강조점은 일부 사람들이 생각하는 것보다 더 밀접하게 연관되어 있을 것이다. 예컨대 자유지상주의자와 전통주의자는 모두 "지식인"에 대한 강한 불신을 드러냈다. 이 점에는 하이에크에서부터 크리스톨에 이르기까지 모든 사람이 동의할 것이다. 하이에크와 커크는 오만한 합리주의에 반대하고 겸손함이라는 복음을 전파했다. 이들 모두는 "영지주의"와 유토피아적 "사회공학"을 혐오하고,[165] 사회 질서의 복잡성이라는 인식을 공유하고 있었다.[166] 정책과 방식은 달랐지만 아무도 국가를 숭배하지 않았다. 자유지상주의자들은 국가가 개인의 자유와 경제적 진보를 위협한다고 생각했다. 이러한 비판의 많은 부분을 공유하면서 전통주의자들은 또한 도덕적·영적 권위의 붕괴를 나타내는 국가 전체에 저항했다. 버크는 "의지와 욕구를 통제할 수 있는 힘이 어딘 가에 자리해 있지 않다면 사회는 존재할 수 없다. 그리고 그 힘이 내부에 적게 있을수록 외부의 힘이 더 많아져야 한다"[167]고 말했다. 전통주의자들은 그의 말에 공명했다. 반공산주의자들은 현대에 가장 전제적이고 불길한 형태의 국가인 소련과 중국에 대항했다.

이뿐만이 아닐 테지만 요점은 분명하다. 보수주의 사상에는 대단히 흥미로운 이질성이 존재했지만, 대부분의 우익 지식인들은 기본적인 "편견"에 기꺼이 동의했고, 그들은 이를 다양한 방식으로 표현하고 정교화했다. 사유재산과 자유기업 경제를 옹호하는—격렬함의 정도는 달랐지만—가설, 공산주의·사회주의·모든 종류의 유토피아적 체제에 대한 반대, 강력한 국가 방위에 대한 지지, 기독교나 유대교에 대한 믿음—또는 적어도 그러한 믿음의 유용성—, 전통적 도덕의 수용과 완고한 도덕규범의 필요성, 실증주의와 상대주의에 대한 적대감, 미국과 서구의 선함에 대한 "직관적 확신". 이러한 것들은 보수주의의 합의를 구성하는 일부 요소에 불과했다.

그래서 보수주의자들은 그들 앞에 놓인 생애 최대의 기회와 함께 미래를 맞이했다. 과거는 종종 쓰라렸고, 보수주의자들은 오랫동안 패배를 받아들여야만 했다. 1970년 12월에 쓴 일기에서 윌리엄 F. 버클리 주니어는 자신을 "승리가 우리를 위한 것이 아님을 알고 자란 보수주의자"라고 묘사했다.[168] 아마도 그는 휘태커 체임버스가 한때 그에게 했던 잊히지 않는 말을 떠올렸을 것이다.

세상에 남아 있는 자들이 세상의 조건에 굴복하지 않으려면, 세상의 조건에 따라 행동해야 합니다. 보수주의자들은 결정해야만 합니다. 생존을 위해 얼마나 내주어야 하는가. 기본 원칙을 포기하지 않으려면 얼마나 많은 것을 내주어야 하는가. 그리고 물론 그 결과 벼랑 위에서 춤을 추게 되겠지요. 많은 사람이 떨어질 것이고, 절벽 위에서 춤을 추는 사람들은 항상 떨어지는 사람들이 외치는 저주의 소리를 듣거나, 함께 춤을 추지 않을 아마도 더 고귀한 영혼들의 침울한 침묵에 망연자실해질 것입니다.[169]

성숙함과 기회가 성공을 보장해주지는 않았다. 1971년 가을 윌리엄 러셔는 보수주의는 상당한 "산물"을 낳았지만, 그 "영향력"은 여전히 미미하다고 말했다.[170] 프랭크 메이어는 보수주의운동이 아직 미국인들의 삶에 유의미한 영향을 미치지 못했고, 국가를 장악하지도 못했다는 점을 인정했다. 보수주의운동의 주요 공적은 여전히 자유주의에 대한 비판이었다.[171] 토마스 몰나르도 여기에 동의했다. 보수주의자들은 국가에 대한 대안을 제시하는 데 성공했고, 미국 무대에 "새로운 색채"를 도입했지만 아직 승리하지는 못했다.[172] 20년 전 학계는 많은 보수주의자들을 "기이한 사람들"로 여겼다고 로버트 니스벳은 말했다. 이제는 1950년대의 많은 신보수주의 입장들이 수용되었고, 심지어 상투적인 것이 되기까지 했다.[173] 그럼에도 불구하고 보수주의자들은 자신들이 지식인들 사이에서 여전히 소수라는 사실을 알고 있었다―그리고 이는 그들을 고통스럽게 만들었다.

닉슨 대통령의 첫 임기가 끝나갈 무렵 보수주의 지적 운동이 "표류"하고 있고,[174] 중요한 성찰의 시기가 다가오고 있음을 알리는 징후가 나타났다. 1972년 선거 직후 정치평론가 케빈 필립스는 대통령의 정책에 놀란 동료 보수주의자들에게 말했다. 그는 보수주의자들이 1968·1970·1972년 선거에서 승리했지만, 이는 소극적이고 결정적이지 않은 승리로 판명되었고, 좌파에 대한 단순한 거부에 불과했다고 주장했다. 우파가 결정적 돌파구를 마련할 수 있으려면 "고전적 보수주의를 고수하는 것이 아니라 (⋯) 사회 변화에 열광하는 사람들과 도덕관념이 없는 활동가들 중 신흥 자유주의 엘리트에 대한 적대감을 이데올로기적 이점의 버팀목으로 삼아야 한다는 점을 인정해야만 한다". 우파는 임금-물가 통제나 대통령의 모스크바·베이징 방문과 같은 "잘못된 문제"에 대해 같은 말을 되풀이하는 일을 중단해야 한다. 우파는 무엇보다 "활동가"가 되어야 하며, "긍정적"이어야 한다.[175]

이 처방은 유효했을까? 보수주의운동의 각 분파들은 많은 생각을 하게 한다. 자유지상주의자들을 보라. 그들은 급성장하는 관료주의 국가와 윌리엄 F. 버클리 주니어가 한때 "집권화에 대한 열정"이라고 불렀던 것을 창의적으로 저지할 수 있었는가?[176] "연방의 대규모 실패라는 예상치 못한 행복"[177]에 힘입어 자유기업 체제의 우월성이라는 자신들의 주장을 수백만 명의 사람들에게 설득력 있게 증명할 수 있었는가? 밴필드-크리스톨-『공익』의 사회과학자들은 "선을 행하려는"—밴필드의 말대로—정부의 노력에 대한 회의론을 실행 가능한 대안적 접근으로 전환할 수 있었는가?

전통주의자들을 보라. 점점 더 유목적이고[178] 다원주의적이며, 쾌락주의적이 되어가는 국가에서 네오보수주의의 논제가 아무리 적절했다 하더라도 효과적인 행동의 토대가 될 수 있었는가? (여기에 자유지상주의자들의 이점이 있었다. 경제학에 치중해 있는 그들의 원칙은 정책 방안으로 쉽게 전환될 수 있었다.) 정부는 국가의 영적 건강을 유지하기 위해 어떤 역할—만약 있다고 한다면—을 해야 하는가? 권위·도덕·전통·진리에 대한 보수주의의 논거는 권위·도덕·전통·진리가 대중적으로 수용되는 결과를 낳을 수 있었는가? 아니면 서구의 쇠퇴가 도를 지나쳤던 것인가? "영지주의" 지식인들을 억제할 수 있었는가? 타라와 해변에 있던 체임버스의 해병뿐 아니라 베트남전쟁과 함께 성장한 세대에게도 "보수주의의 지혜"가 전달될 수 있었는가?

특히 문제가 되는 것은 반공산주의의 미래였다. 운동의 가장 큰 통합력이 붕괴된다면 운동은 어떻게 될 것인가? 대부분의 보수주의자들은 의심의 여지없이 여전히 공산주의가 사악하고, 서구를 위협한다고 믿고 있었다.[179] 그러나 닉슨 대통령의 중국 방문, SALT 협정,* 베트남전쟁 반대 정서, 동-서 무역 확대 등이 보여주듯 데탕트와 여론의 흐름은 전통적인

---

* 전략무기제한협정 Strategic Arms Limitation Talks. 1969년부터 미국과 소련은 전략 무기 제한과 관련해 두 차례 협정을 진행했지만, 1979년 초반 소련이 아프가니스탄을 침공하자 미국은 조약에 서명하지 않기로 결정했고, 소련 역시 비준하지 않았다.

보수주의의 입장에 역행하는 것 같았다. 우파는 이런 비우호적인 상황에 어떻게 대응할 것인가? 예를 들어 1970년대 후반에 고단한 미국 위로 운명의 먹구름이 내려앉았다고 가정해보자. 보수주의자들은 제때 국가를 규합할 수 있었을까? 보수주의자들이 공산주의의 위협에 대해 잘못 생각하고 있었고, "다극화" 세계가 지난날의 극명한 단순함을 대체했다고 가정해보자. 냉전의 산물이었던 운동은 냉전이 종식된 후에도—만약 냉전이 끝났다면—살아남을 수 있을 것인가? 제임스 번햄이 조언한 것처럼 보수주의는 단호한 신메테르니히주의적 힘의 균형 전략으로 되돌아갈 수 있을 것인가?[180] 미국은, 민주주의 자체는 이러한 종류의 대외 정책이 성공할 만큼 충분히 안정적이고 인내심이 있는가?

보수주의자들은 혁명적 시대에 살고 있었고, 선거에서의 승리라는 새로운 쾌감에도 이러한 사실에 대한 불안한 인식을 떨쳐버리지 못했다. "혁명"이 미국과 로마 가톨릭교회를 정복하는 데 성공한다면 "그렇다면 서구는 끝장이다"라고 토마스 몰나르는 예측했다.[181] 보수주의자들이 이런 관점에서 생각할 수 있었다는 사실 자체가 간극이 얼마나 깊은지를 보여주었다.

사람을 현혹하는 허무주의자의 외침, "왜 안 되는가"는 너무나 매혹적이었고 여기에 굴복하는 일은 계속될 것이었다. 모든 가치는 상대적이다. 왜 안 되는가? 신은 죽었고 모든 것이 허락되었다. 왜 안 되는가? 미국과 서구는 공산주의 러시아와 중국보다 나을 것이 없다. 왜 안 되는가? 국내외 테러리스트들이 항복을 요구하면 왜 안 되는가? 미국 보수주의자들은 답했다. 왜냐하면 우리는 우리를 초월하고 문명이 무너지지 않도록 반드시 지켜야 하는 어떤 것들—"영원한 것들"—을 옹호하기 때문이다. 윌무어 켄달은 강력하게 말했다.

생존 그 자체는 최고의 가치가 아니다. 반대로 서구 문명의 핵심 교리를 통해 우리에게 계시된 서구 문명의 기풍에 따르면 생존은 상대적으로 낮은 가치이다. 예를 들어 그 위에는 진리가 있다. 예를 들어 그 위에는 아름다움이 있다. 그보다 훨씬 위에는 정의가, 그리고 정의와 함께하는 참된 종교가 있다. 마지막으로 그 위에는 (…) 자유가, 그리고 자유와 함께하는 합리적 숙고와 토론의 과정이 있다. (…) 우리는 이것이 진정한 시민사회의 특징임을 알고 있다.[182]

1965년 윌리엄 F. 버클리 주니어는 엄숙한 성찰의 순간에 다음과 같이 선언했다.

당연히 가끔은 이빨을 드러낼 필요가 있다. 그리고 할 수만 있다면 우리는 미소를 지으며 그렇게 한다. 그러나 슬픔이 밀려오면 미소는 얼어붙는 법이다. [보수주의의 대의를 위해] 전쟁을 벌이는 기쁨은 승리라는 최종적인 평온함을 전제로 한다. 내가 아는 한 그것은 우리가 도달할 수 없는 것이다. 어쩌면 그렇게 의도된 것일지 모른다.[183]

그럴지도 모를 일이었다. 그러나 누군가는 **저항해야만** 한다. 이것 또한 보수주의의 교훈이었다. 드라마는 끝나지 않았기 때문이다. 보수주의─그리고 미국─는 여전히 "여정의 한가운데" 있었다. 1970년대 초반 보수주의자들은 마침내 기회를 얻었다. 하지만 무엇을 할 수 있는 기회였는가? 버클리에게 보낸 마지막 편지에서 휘태커 체임버스는 "시대마다 영원한 의미를 표현할 수 있는 자신만의 언어를 찾아냅니다"라고 썼다.[184] 1970년대 미국인에게 호소력 있는 언어로 불변의 진리를 옹호하는 것, 이것이 과제였다. T. S. 엘리엇의 말을 빌리자면 이것이 잃어버린 대의가 아니라면 결코 획득한 대의도 될 수 없었다. 그토록 야심찬 노력을 해야 할 보수주의자들은 때때로 로버트 프로스트의 말을 기억해야 할 것이었다.

아아, 사물의 흐름에 순응하거나

(…)

인간의 마음에

반역이 아니었던 적이 있었던가[185]

주

1 제프리 하트, 『미국의 이견』(가든시티, 뉴욕, 1966), 106쪽

2 다니엘 P. 모이니한, 「안정성의 정치The Politics of Stability」, 『뉴리더』 50(19677년 10월 9일), 6~10쪽 참조. 이 글은 그가 ADA에서 한 연설을 출판용으로 각색한 것이다. 여기의 인용구는 모이니한 연설의 출판본에 서 따왔다.

3 네이선 글레이저, 「사회 정책의 한계」, 『코멘터리』 52(1971년 9월), 54쪽

4 크리스톨은 이 표현을 『뉴욕타임스』와의 인터뷰 때 사용했다(1970년 11월 12일, 45, 48쪽).

5 어빙 크리스톨, 「프르노, 외설, 그리고 검열을 위한 변론Pornography, Obscenity, and the Case for Censorship」, 『뉴 욕타임스 매거진』(1971년 3월 28일), 24~25, 112~114, 116쪽. 크리스톨은 번스가 『공익』에 기고했던 글을 참조했다.

6 네이선 글레이저, 『그 답들을 기억하기: 미국인에 대한 에세이. 학생 반란Remembering the Answers: Essays on the American. Student Revolt』(뉴욕, 1970), 3쪽

7 이들은 단체의 헌장을 승인한 후원자로 UCRA의 비망록에 등재되었다. 1969년 5월 5일 자, 저자 복사본

8 프랭크 S. 메이어, 「혁명이 부모를 삼키다The Revolution Eats Its Parents」, 『내셔널리뷰』 21(1969년 6월 3일), 541쪽

9 버클리가 "좌파 반공산주의자"라고 불렀던 세력의 몰락에 대한 보수주의자들의 반응은 윌리엄 F. 버클리 주니어, 『보석상의 눈』(뉴욕, 1968), 50~52쪽을 참조할 것.

10 유진 V. 로스토, 「브루스터 총장과 리 시장에게 묻는 세 가지 질문Three Questions for President Brewster and Mayor Lee」, 『내셔널리뷰』 21(1969년 11월 4일), 1113~1114, 1127, 1129쪽

11 월터 W. 로스토, 「왜 우리는 도망칠 수 없는가Why We Can't Cut and Run」, 『휴먼이벤츠』 30(1970년 7월 18일), 8, 13~14쪽

12 1956년 조셉 매카시 상원의원은 애치슨의 책을 『내셔널리뷰』에서 논평했다. 재러드 C. 롭델Jared C. Lobdell, 「옛날의 애치슨과 새로운 애치슨The Old Acheson and the New」, 『내셔널리뷰』 21(1969년 12월 30일), 1330~1331쪽을 비교·참조할 것. 또한 데이비드 브루드노이David Brudnoy, 「진실이 무엇이든Whatsoever Things Are True」, 『내셔널리뷰』 23(1971년 11월 19일), 1310~1311쪽을 참조할 것. 칭찬과 비판이 뒤섞인 평가로는 「딘 애치슨, 고인의 명복을 빕니다Dean Acheson, RIP」, 『내셔널리뷰』 23(1971년 11월 5일), 1219~1220쪽을 참조할 것.

13 존 로슈, 「스피로를 반대하는 전임 ADA 의장의 초조함을 진단하다A Diagnosis of the Anti-Spiro Jitters by a Former Chairman of ADA」, 『내셔널리뷰』 22(1970년 8월 25일), 878쪽

14 1969년에 쓴 에세이에서 윌리엄 F. 버클리 주니어는 미국에서 "복음주의적" 반공산주의의 쇠퇴와 그로 인해 발생한 보수주의의 문제에 대해 다음과 같이 언급했다. "느슨하게 표현하자면 미국에서 가장 정통 적인 반공산주의자 (…) 보수주의자들은 자신을 표현할 수 있는 새로운 형식을 찾고 있다. 소련은 반공산 주의의 일반적인 쇠퇴와 1959년의 거대한 상징적 파열[흐루쇼프의 미국 방문]로 인해 매번 조금씩 더 거칠어지겠지만, 그것들에 명분을 부여하지 않은 채 많은 시간이 흘러가도록 내버려둘 수는 없다"[윌리 엄 F. 버클리 주니어, 『통치자는 듣거라』(뉴욕, 1970), 135쪽].

15 롭델, 「옛날의 애치슨과 새로운 애치슨」, 1331쪽

16 1972년 닉슨을 지지한 학자들의 명단은 『뉴욕타임스』, 1972년 10월 15일, 섹션 4, 7쪽을 참조할 것.

17 존 로슈, 「맥거번은 집으로 돌아가라! Go Home McGovern!」, 『뉴아메리카』 10(1972년 10월 25일), 3쪽

18 시드니 훅, 「조지 맥거번에게 보내는 공개서한An Open Letter to George McGovern」, 『뉴아메리카』 10(1972년 9월 30일, 4~5, 7쪽

19 리처드 N. 굿윈, 「미국 정치의 모습」, 『코멘터리』 43(1967년 6월), 25~40쪽

20 모이니한, 「안정성의 정치」, 8쪽

21 다니엘 P. 모이니한, 「자유주의자들이 잘못하고 있는 것Where Liberals Went Wrong」, 『공화주의 논집』 멜빈 레어드 편(뉴욕, 1968), 138쪽

22 피터 슈랙, 「불가능한 꿈의 종말End of the Impossible Dream」, 『새터데이리뷰』 53(1970년 9월 19일), 68쪽

23 모이니한, 「자유주의자들이 잘못하고 있는 것」, 142쪽

24 다니엘 P. 모이니한, 『있을 수 있는 최대의 오해』(1969; 문고판, 뉴욕, 1970), xiii ~ xiv, 170쪽. 인용한 쪽수는 문고판을 참조했다. 이 문고판에는 더 긴 분량의 서문이 수록되어 있다.

25 같은 책, iv쪽

26 같은 책, 192쪽

27 해리 슈와르츠, 「포레스터의 법칙Forrester's Law」, 『뉴욕타임스』, 1971년 6월 14일, 37쪽

28 피터 드러커, 『단절의 시대The Age of Discontinuity』(뉴욕, 1969), 217쪽

29 같은 책, 219쪽

30 같은 책, 217쪽

31 윌리엄 F. 버클리 주니어, 「닉슨의 '실행 가능한' 제안들Nixon's 'Workable' Proposals」, 『내셔널리뷰』 21(1969년 5월 6일), 454쪽

32 다니엘 패트릭 모이니한 및 프레더릭 모스텔러 편, 『교육 기회의 평등에 관하여On Equality of Educational Opportunity』(뉴욕, 1972)를 참조할 것.

33 네이선 글레이저, 「통학버스 운행이 필요한가Is Busing Necessary?」, 『코멘터리』(1972년 3월), 39~52쪽; 노먼 포드호레츠, 「학교 인종통합과 자유주의의 주장School Integration and Liberal Opinion」, 같은 호, 7쪽

34 데이비드 아머, 「통학버스 운행의 흔적The Evidence on Busing」, 『공익』, 28호(1972년 여름), 90~126쪽

35 잭 로젠탈, 「위대한 사회의 묘비명An Epitaph for the Great Society」, 『뉴욕타임스』, 1972년 5월 25일, 32쪽

36 알랜 L. 오튼, 「정치와 사람들: 지적 빈약Politics and People: Intellectual Aridity」, 『월스트리트저널』, 1972년 12월 7일, 28쪽

37 크리스톨에 따르면 그와 벨에게 발전적 영향을 미친 것은 존슨 대통령의 자동화위원회Commission on Automation에 참여한 경험이었다. 이 경험을 통해 공공정책에 관한 진부한 표현—당시 여러 방면에서 인기가 있었던 위대한 사회와 같은—을 엄격하게 분석하고 비판할 필요가 있다는 인식이 강화되었다. 또한 『공익』의 창립자들은 실제로 세계에서 일어나고 있는 일에 대해 더 많이 배우고, 중요하지만 거의 알려지지 않은 사회과학이라는 학문을 발굴하고 사람들에게 이를 알리고자 했다. 어빙 크리스톨과의 인터뷰, 뉴욕시, 1973년 11월 9일

38 월터 번스, 「포르노와 민주주의: 검열의 논거Pornography and Democracy: The Case for Censorship」, 『공익』 22호(1971년 겨울), 3~24쪽; 어빙 크리스톨, 「편집진 메모Editorial Note」, 같은 호, 3쪽을 참조할 것.

39 「시사 읽기: '1인 1표-그래서 어쩌라고' Current Reading: 'One Man, One Vote - So What?'」, 『공익』 7호(1967년 봄), 124쪽

40 이 점에 관해서는 모이니한, 『있을 수 있는 최대의 오해』(1970년판), xviii ~ xxvii 쪽을 참조할 것. 또한 제임스 Q. 윌슨, 「관료주의의 문제The Bureaucracy Problem」, 『공익』 6호(1967년 겨울), 3~9쪽과 알랜 알츠슐러, 「낙수 효과'의 잠재력The Potential of 'Trickle Down'」, 『공익』 15호(1969년 봄), 46쪽을 참조할 것.

41 예를 들어 로버트 니스벳, 「권위의 황혼The Twilight of Authority」, 『공익』 15호(1969년 봄), 3~9쪽을 참조할 것.

42 어빙 크리스톨 및 폴 위버, 「누가 감히 뉴욕을 잘 안다고 하는가?Who Knows New York?」, 『공익』 16호(1969년 여름), 41~59쪽

43 포드호레츠의 이력과 그의 라이벌 제이슨 엡스타인Jason Epstein(『뉴욕 북리뷰』 편집자)에 관한 흥미로운 이야기는 멀 밀러Merle Miller, 「노먼과 제이슨은 왜 대화하지 않는가Why Norman and Jason Aren't Talking」, 『뉴욕타임스 매거진』(1972년 3월 26일), 34~35, 104~111쪽을 참조할 것.

44 언급된 기사들은 다음과 같다. (게재 순) 네이션 글레이저, 「사회 정책의 한계」, 『코멘터리』 52(1971년 9월), 51~58쪽; 사무엘 맥크레켄, 「묵시록적 사상Apocalyptic Thinking」, 『코멘터리』 52(1971년 10월), 61~70쪽; 조셉 W. 비숍, 「정치와 ACLU Politics and ACLU」, 『코멘터리』 52(1971년 12월), 50~58쪽; 노먼 포드호레츠, 「자유와 자유주의자들Liberty and the Liberals」, 『코멘터리』 52(1971년 12월), 4, 6쪽; 폴 시베리, 「보건교육복지부와 대학들HEW and the Universities」, 『코멘터리』 53(1972년 2월), 38~44쪽; 네이션 글레이저, 「통학버스 운행이 필요한가?」, 『코멘터리』 53(1972년 3월), 39~52쪽; 사무엘 맥크레켄, 「인구 억제자The Population Controllers」, 『코멘터리』 53(1972년 5월), 45~53쪽; 루돌프 클라인, 「성장과 그 적들Growth and Its Enemies」, 『코멘터리』 53(1972년 6월), 37~44쪽; 제임스 Q. 윌슨, 「자유주의 대 자유주의 교육Liberalism vs. Liberal Education」, 『코멘터리』 53(1972년 6월), 50~54쪽

45 어빙 크리스톨, 「유대인들이 보수주의로 돌아서는 이유는 무엇인가Why Jews Turn Conservative」, 『월스트리트 저널』, 1972년 9월 14일, 18쪽

46 크리스토퍼 젠크스, 「공립학교는 한물갔나Is the Public School Obsolete?」, 『공익』 2호(1966년 겨울), 18~27쪽; 밀턴 프리드먼, 「교육계의 자유시장A Free Market in Education」, 『공익』 3호(1966년 봄), 107쪽

47 알츠슐러, 「낙수효과」, 46쪽

48 모이니한의 건의서는 『뉴욕타임스』(1970년 3월 1일, 69쪽)에 게재되었다. 논쟁을 불러일으킨 구절은 다음과 같다. "인종 문제가 '선의의 무시'라는 시대적 혜택을 누릴 수 있는 시간이 온 것일지도 모르겠다. 이 주제는 상당히 많이 논의되어왔다. 그 논의는 사방에서 온 히스테리·피해망상 환자들과 뇌물에 찌든 자들에 의해 장악되었다. 니그로들의 상황은 계속해서 나아지고 있지만, 인종주의 수사가 바래지려면 시간이 필요할 것이다."

49 민권운동 지도자들의 답변은 『뉴욕타임스』, 1970년 3월 6일, 27쪽을 참조할 것. 이 유명한 건의서에 대한 호의적인 반응은 「모이니한 씨의 변절Mr. Moynihan's Apostasy」, 『월스트리트저널』, 1970년 3월 13일, 8쪽을 참조할 것.

50 T. R. 마모르, 「밴필드의 '이단설'Banfield's 'Heresy'」, 『코멘터리』 54(1972년 7월), 86쪽

51 밴필드는 『내셔널리뷰』에 『자본주의와 자유』에 대한 서평을 기고했다. 에드워드 밴필드, 「자유와 시장Freedom and the Market」, 『내셔널리뷰』 13(1962년 11월 20일), 401~403쪽을 참조할 것. (하지만 그는 『내셔널리뷰』 계열과 유사하지 않았다.) 1968년 그는 닉슨 대통령 당선자의 도시문제실무단Task Force on Urban Affairs을 총괄했다. 이 조직의 권고안에 대해서는 『뉴욕타임스』, 1969년 1월 15일, 1, 35쪽을 참조할 것.

52 밴필드, 『천국이 아닌 도시: 우리 도시 위기의 성격과 미래The Unheavenly City: The Nature and Future of Our Urban Crisis』(보스톤, 1970), 3~4쪽

53 같은 책, 85쪽

54 같은 책, 261쪽

55 같은 책, 245~246쪽

56 같은 책, 246~248쪽

57 같은 책, 253~254쪽

58 이 열띤 논쟁에 대한 논의는 마모르, 「밴필드의 '이단설'」, 86~88쪽을 참조할 것.

59 같은 곳, 86쪽.

60 J. 버나드 번햄, 「생각이 곧 현실이 될 것이다Thinking May Make It So」, 『내셔널리뷰』 22(1970년 4월 21일), 420쪽

61 제프리 하트, 「도시와 연금술사The City and the Alchemist」, 『내셔널리뷰』 22(1970년 5월 19일), 520쪽

62 로버트 니스벳, 「도시 위기 재고찰The Urban Crisis Revisited」, 『대학연합리뷰』 7(1970년 가을), 3~10쪽

63 "만약 밴필드가 옳다면 적어도 지난 30년간 이어져온 가장 고귀한 노력들이 잘못되었고, 과거에 비한 진보도 우연에 불과하며, 감각을 180도 전환해야만 우리가 구제될 수 있음을 의미할 것이다"[리처드 토드, 「하층계급의 이론: 에드워드 밴필드: 도시학의 독불장군A Theory of the Lower Class: Edward Banfield: The Maverick of Urbanology」, 『대서양』 226(1970년 9월), 52쪽].

64 어빙 크리스톨, 「도시들: 두 계급에 관한 이야기The Cities: A Tale of Two Classes」, 『포춘』 81(1970년 6월), 197쪽

65 『보스턴: 앞으로 해야 할 일Boston: The Job Ahead』에 대한 마틴 메이어슨과 에드워드 밴필드의 논평은 「그 도시의 지식인들Intellectuals for the City」, 『공익』 7(1967년 봄), 127~128쪽을 참조할 것.

66 네이션 글레이저는 1972년 대통령선거에서 상원의원 맥거번을 지지했다. 네이션 글레이저, 「맥거번과 유대인들: 논쟁McGovern and the Jews: A Debate」, 『코멘터리』 54(1972년 9월), 43~47쪽 참조.

67 제임스 번햄, 「선택적, 그렇다. 휴머니즘, 글쎄Selective, Yes. Humanism, Maybe」, 『내셔널리뷰』 24(1972년 5월 12일), 516쪽

68 네이션 글레이저, 「곧은 뿌리 찾기Seeking the Tap Root」, 『내셔널리뷰』 24(1972년 8월 18일), 903~904쪽

69 네이션 글레이저와의 인터뷰, 케임브리지, 매사추세츠, 1972년 12월 4일. 글레이저가 환멸을 느끼게 된 것 중 하나는 빈곤과의 전쟁이었다. 또 다른 하나는 도시재개발사업을 맹렬하게 비판한 제인 제이콥스의 『위대한 미국 도시들의 죽음과 생명The Death and Life of Great American Cities』(뉴욕, 1961)이었다. 의미심장하게도 윌리엄 F. 버클리 주니어 역시 이 책의 일부를 발췌해 자신의 문집 『20세기 미국 보수주의 사상』(인디애나폴리스, 1970)에 수록했다. 그는 제이콥스를 '끈질기게 도전하는 도시의 추상파 화가'라고 칭했다(220쪽).

70 허버그는 1920년대에 청년공산주의자동맹Young Communist League에 가입했고, 당에서 영향력 있는 자리에도 올랐다. 당의 스탈린주의화에 저항하다가 제이 러브스톤Jay Lovestone과 함께 제명된 뒤, 허버그는 1930년대 초반 한동안 "우파-반대" 공산주의자로 활발하게 활동했다. 1934년 그는 국제여성복노동조합의 교육 담당자가 되었고, 계속해서 점차 우파로 이동했다. 1950년대 무렵 그는 스스로를 "버크주의 보수주의자"라고 생각했다. 그러나 그는 노조 활동가들과의 우정을 계속해서 유지했다(허버그가 저자에게 보낸 편지, 1973년 1월 19일).

71 글레이저와의 인터뷰, 1972년 12월 4일

72 시드니 훅, 어니스트 반 덴 하그에 대한 소개문, 「시민불복종Civil Disobedience」, 『내셔널리뷰』 24(1972년 1월 21일), 29쪽; 네이션 글레이저, 「곧은 뿌리 찾기」, 『내셔널리뷰』 24(1972년 8월 18일), 903~904쪽; 루이스 포이어, 「민주당원 대 민주주의Democrats versus Democracy」, 『내셔널리뷰』 24(1972년 10월 27일), 1178~1180쪽; 세이무어 마틴 립셋, 「간단치 않은 답변No Easy Answers」, 『내셔널리뷰』 24(1972년 12월 22일), 1411, 1413쪽을 참조할 것.

73 글레이저, 『대담 기억하기』; 시드니 훅, 『학문의 자유와 학문의 무정부 상태』(뉴욕, 1970), 루이스 포이어, 『세대 갈등Conflict of Generations』(뉴욕, 1969); 세이무어 M. 립셋 편, 『버클리의 학생 반란』(가든시티, 뉴욕, 1965). 그리고 이후에 출간된 책들을 참조할 것.

74 글레이저와의 인터뷰, 1972년 12월 4일

75 1972년 여름 『얼터너티브』의 자문위원회에는 에드워드 밴필드·제임슨 G. 캠페인 주니어·조지 캐리·필립 크레인·마틴 다이아몬드·M. 스탠턴 에반스·네이션 글레이저·로버트 니스벳·헨리 레그너리·윌리엄 러셔·C. H. 시몬스·어니스트 반 덴 하그·폴 H. 위버 등이 속해 있었다(저자가 가지고 있던 편지 주소록). 『얼터너티브』는 결국 이름을 『아메리칸스펙테이터The American Spectator』로 바꿨다.

76 얼 워렌 시대의 많은 주요 결정을 비판한 알렉산더 비켈의 저서 『연방대법원과 진보의 이념The Supreme Court and the Idea of Progress』(뉴욕, 1970)은 우익 자유주의의 또 다른 표현이었다. 월터 번스는 「워렌 법정은 무엇이 잘못되었는가What Was Wrong with the Warren Court」, 『내셔널리뷰』 22(1970년 4월 21일), 414~415쪽에서 이 책에 대해 호의적인 반응을 나타냈다.

77 네 개의 글은 다음과 같다. 로버트 바틀리, 「어빙 크리스톨과 『공익』의 무리Irving Kristol and The Public Interest Crowd」, 『얼터너티브』 5(1972년 6~9월), 5~6쪽; 네이션 글레이저, 「크리스톨과 뉴욕의 지식인 기득권층Kristol and the New York Intellectual Establishment」, 같은 호, 6~7쪽; 윌리엄 F. 버클리 주니어, 「어빙 크리스톨에 관하여Re Irving Kristol」, 같은 호, 7~8쪽; R. 에밋 티렐 주니어, 「미국의 민주주의 개념On the Democratic Idea in America」, 같은 호, 8~9쪽

78 버클리, 「어빙 크리스톨에 관하여」, 7쪽

79 바틀리, 『『공익』의 무리』, 5~6쪽. 이 글은 바틀리, 「어빙 크리스톨과 친구들Irving Kristol and Friends」, 『월스트리트저널』, 1972년 5월 3일, 20쪽을 개작한 것이다.

80 어빙 크리스톨, 『미국의 민주주의 개념』(뉴욕, 1970). 이 책의 표지는 세이무어 마틴 립셋과 로버트 니스벳의 엄청난 찬사로 장식되었다. 니스벳은 이 책이 "근대의 고전"이 될 것이라고 예상했다. 또한 이 책에 대한 호의적인 논평으로는 M. 스탠턴 에반스, 「여정의 한가운데The Middle of the Journey」, 『내셔널리뷰』 24(1972년 7월 21일), 800~801쪽을 참조할 것.

81 크리스톨은 저자와의 인터뷰(1973년 11월 9일)에서 트릴링의 글[「필요하지만 부족한 요소들Elements That Are Wanted」, 『파르티잔리뷰』 7(1940년 9~10월), 367~379쪽]이 자신에게 지대한 영향을 미쳤다고 말했다.

82 크리스톨, 『미국의 민주주의 개념』, vii~viii쪽

83 같은 책, 27쪽

84 같은 책, 43쪽

85 크리스톨이 서문에서 가까운 친구인 마틴 다이아몬드를 언급한 것은 아마도 우연이 아닐 것이다. 스트라우스주의 정치학자인 마틴 다이아몬드는 켄달의 숭배자이자 친구였고, 미국 정치 체제의 본성에 관한 켄달의 입장을 대부분 공유했다.

86 크리스톨은 "현대 삶의 압박 아래" 대부분의 대중, 특히 "교육받은 계층"은 "정확히 임상적 의미에서 유아퇴행의 단계라고 말할 수밖에 없는 단계에 들어서고 있다"고 보았다(『미국의 민주주의 개념』, 104쪽).

87 같은 책, 20쪽

88 크리스톨의 친구 마틴 다이아몬드도 젊은 시절에는 좌파였다. 한때 노먼 토머스와 함께 사회당을 위해 일했던 적도 있었다. 다이아몬드에 대해서는 「열정적으로 공언하다To Profess with a Passion」, 『타임』 87(1966년 5월 6일), 84~85쪽을 참조할 것.

89 『뉴욕타임스』 1970년 11월 12일, 41쪽에서 인용. 크리스톨은 저자와의 인터뷰에서 1940년대 초반 자신에게 그 누구보다 중요했던 두 작가로 존 듀이와 라인홀드 니부어를 언급했다.

90 크리스톨의 생애에 관해서는 그의 글 「어느 '냉전 전사'의 회고록Memoirs of a 'Cold Warrior'」, 『뉴욕타임스매거진』(1968년 2월 11일), 25, 90, 92, 94~97쪽을 참조할 것.

91 어빙 크리스톨, 「시민의 자유,' 1952년: 혼란 속 탐구Civil Liberties, 1952 - A Study in Confusion」, 『코멘터리』 13(1952년 3월), 228~236쪽

92 어빙 크리스톨, 「불타는 갑판 위에서On the Burning Deck」, 『리포터』 21(1959년 11월 26일), 46~48쪽. 그리고 「오래된 진리와 새로운 보수주의Old Truths and the New Conservatism」, 『예일리뷰』 47(1958년 3월), 365~373쪽을 참조할 것.

93 프랭크 S. 매이어, 「권위적인가, 아니면 권위주의적인가Authoritative or Authoritarian?」, 『내셔널리뷰』 22(1970년 12월 29일), 1407쪽

94 제프리 하트와 러셀 커크 두 사람 모두 저자와의 인터뷰에서 이 점을 지적했다.

95 「자유를위한젊은미국인들 10YAF 10」, 『뉴가드New Guard』 10(1970년 9월), 7쪽. 『뉴가드』의 이 발행호는 단체의 기념일을 되새기는 데 할애되었다.

96 피터 P. 위튼스키, 「보수주의의 합의The Conservative Consensus」, 『내셔널리뷰』 22(1970년 12월 1일), 1307쪽

97 예를 들어 해롤드 O. J. 브라운, 「곤경에 처한 개신교의 저항The Protest of a Troubled Protestant』(뉴로셸, 뉴욕, 1969); 『기독교와 계급투쟁Christianity and the Class Struggle』(뉴로셸, 뉴욕, 1970); 아놀드 런 및 가스 린, 『기독교의 반격Christian Counterattack』(뉴로셸, 뉴욕, 1970)을 참조할 것.

98 마이클 레진, 『잉여의 무정부주의자The Superfluous Anarchist』(프로비덴스, 로드아일랜드, 1971). 그리고 에드먼드

오피츠, 「우리 상황에 대해 말하기Speaking to Our Condition」, 『내셔널리뷰』 24(1972년 6월 23일), 701~702쪽을 참조할 것.

99 일부 중요한 사례들은 다음과 같다. 제프리 하트, 「데이비드 흄과 회의주의적 보수주의David Hume and Skeptical Conservatism」, 『내셔널리뷰』 20(1968년 2월 13일), 129~132쪽; 바이런 C. 램버트, 「폴 엘머 모어와 역사의 구원Paul Elmer More and the Redemption of History」, 『모던에이지』 13(1969년 여름), 277~288쪽; 조지 캐리, 「미국의 '새로운' 정치 전통The 'New' American Political Tradition」, 『모던에이지』 15(1971년 가을), 358~369쪽; 머레이 로스바드, 「루트비히 폰 미제스와 우리 시대의 패러다임Ludwig von Mises and the Paradigm for Our Age」, 같은 호, 370~379쪽; 도널드 애트웰 졸, 「러셀 커크의 사회사상The Social Thought of Russel Kirk」, 『정치학리뷰어』 2(1972년 가을), 112~136쪽; 존 P. 이스트, 「프랭크 스트라우스 메이어의 보수주의The Conservatism of Frank Straus Meyer」, 『모던에이지』 18(1974년 여름), 226~245쪽

100 윌리엄 F. 버클리 주니어 편, 『20세기 미국의 보수주의 사상』(인디애나폴리스, 1970); 로버트 슈팅거 편, 『유럽 사상의 보수주의 전통The Conservative Tradition in European Thought』(뉴욕, 1970); 피터 P. 위톤스키 편, 『보수주의의 지혜The Wisdom of Conservatism』 총 4권(뉴로셸, 뉴욕, 1971). 1973년에 또 한 권의 책이 출판되었다. 데이비드 브루드노이 편, 『보수주의적 대안The Conservative Alternative』(미니애폴리스, 1973)

101 1971년에 창간된 연간지 『정치학리뷰어』는 보수주의 학문을 소개하는 또 다른 창구가 되겠다고 약속했다. 조지타운대학교 교수이자 한때 윌무어 켄달의 동료였던 조지 캐리가 공동 편집자였다. 창간호에는 프리드리히 하이에크와 에릭 푀겔린에 대한 글들이 실렸다. 기고자는 캐리와 게르하르트르 니에메예르 등이었다. 신중한 보수주의의 또 다른 영향력 있는 원천은 『월스트리트저널』이었다. 『공익』의 부편집장 폴 위버는 저널의 사설은 "미국의 어느 일간지만큼이나 합리적 정치 담론이라는 이상에 가깝다"고 말했다 [「공적 담론」, 『얼터너티브』 6(1972년 11월), 18쪽]. 1972년 가을, 어빙 크리스톨이 『월스트리트저널』에 매달 글을 기고하기 시작했다는 사실은 의미심장하다. 보수주의 언론으로 추가된 또 다른 매체는 1972년 힐스데일대학교의 건설적대안연구소Center for Constructive Alternatives, CCA 기관지로 창간된 월간지(뉴스레터 형식) 『임프리미스Imprimis』였다. 1975년 무렵 발행 부수는 18,000부였다. CCA는 힐스데일대학교의 젊은 보수주의 총장 조지 C. 로쉬 3세George C. Roche III에 의해 창간되었으며, 보수주의 지적 활동을 알리는 주요 창구로 급부상했다. 힐스데일대학교는 1844년 설립된 이래 정부 지원을 받은 적이 한 차례도 없었다.

102 『뉴욕타임스』, 1964년 1월 11일, 23쪽. 이 기사는 『휴먼이벤츠』의 설립자 프랭크 해니건(1900~1964)의 부고 기사였다.

103 「우파의 길The Right Way」, 『뉴스위크』 78(1971년 9월 6일), 75쪽

104 미국기업연구소AEI 소장 윌리엄 바로디는 1964년 선거 이전부터 배리 골드워터 상원의원의 측근이었다. 1970년대 후버연구소와 미국기업연구소의 중요하고도 광범위한 활동에 관한 탁월한 설명으로는 다니엘 J. 발즈Daniel J. Balz, 「워싱턴의 압력/닉슨 시대의 정책 논쟁에서 미국기업연구소와 후버연구소의 목소리가 커지다Washington Pressures/AEI, Hoover Institution voices grow in policy debates during Nixon years」, 『내셔널저널리포트National Journal Reports』(1973년 12월 22일), 1893~1901쪽을 참조할 것.

105 미국보수주의연합의 월간지 『전선Battle Line』은 보수주의 사상과 정치 활동 사이의 연관성이 커지고 있음을 보여주는 증거였다.

106 『내셔널리뷰』 21(1969년 7월 1일), 649쪽

107 윌 허버그, 「사람 잡는 말, 해결하는 지혜Words that slay, Wisdom that Mends」, 『내셔널리뷰』 22(1970년 7월 14일), 739쪽

108 레너드 실크Leonard Silk, 「프랭크 나이트와 '시카고학파'Frank Knight and the 'Chicago School'」, 『뉴욕타임스』(1972년 5월 21일), 섹션 3, 3쪽 참조.

109 밀턴 비오스트Milton Viorst, 「프리드먼주의와 가장 대담한 미국 경제학자의 신조; 특히 '통화가 유일한 문제'라는 이론friedmanism, n. Doctrine of most audacious U.S. economist; esp. theory 'only money matters'」, 『뉴욕타임스 매거진』(1970년 1월 25일), 22~23, 80, 82~84쪽

110 드러커, 『단절의 시대』, 167쪽

111 이 점에 관해서는 제프리 하트의 안목이 돋보이는 논평, 「버크의 중요성The Relevance of Burke」, 『내셔널리

뷰』19(1967년 9월 19일), 1023쪽을 참조할 것.

112 존 체임벌린, 「25년 후를 전망하며The View Twenty - Five Years later」, 『내셔널리뷰』 24(1972년 10월 13일), 1127쪽. 이 학회의 기념회에 기념사를 보낸 사람 중에는 어빙 크리스톨도 있었다.

113 크리스톨, 『미국의 민주주의 개념』, 105쪽

114 에릭 푀겔린은 일부 보수주의자들에게 지속적으로 지대한 영향을 미쳤다. 예를 들어 커크, 『영구적인 것들의 적』 253~281쪽; 게르하르트 니에메예르, 『공허와 낙원 사이에서Between Nothingness and Paradise』(배튼루지, 루이지애나, 1971)를 참조할 것. 또한 단테 제르미노, 『이념을 넘어서: 정치 이론의 부활Beyond Ideology: The Revival of Political Theory』(뉴욕, 1967)도 참조할 것. 이 책은 사회과학 분야의 실증주의와 행동주의를 비판한 레오 스트라우스 등뿐만 아니라 푀겔린을 대단히 칭찬했다. 푀겔린의 끊임없는 저작 활동에 관해서는 특히 『과학, 정치학, 그리고 영지주의Science, Politics, and Gnosticism』(시카고, 1968)와 『일치운동 시대The Ecumenic Age』(배튼루지, 루이지애나, 1974) 4권(『질서와 역사』)를 참조할 것. 푀겔린의 통찰에 근거해 보수주의를 예리하게 분석한 글로는 스티븐 J. 톤소르, 「영지주의자, 낭만주의자, 그리고 보수주의자Gnostics, Romantics, and Conservatives」, 『사회연구Social Research』 35(1968년 겨울), 616~634쪽을 참조할 것.

115 버클리 편, 『미국의 보수주의 사상』, 398쪽. 어느 논평가는 스트라우스를 "미국에서 가장 중요한 정치철학자"라고 불렀다[프레더릭 K. 샌더스, 「우리의 세속적 키르케Our Secular Circe」, 『스와니리뷰』 78(1970년 겨울), 193쪽]. 스트라우스주의의 맥락에서 가장 정교한 책 중 하나는 해리 M. 클로어Harry M. Clor, 『외설과 공적 도덕성Obscenity and Public Morality』(시카고, 1969)이다. 이 책은 그 쟁점에 관한 자유지상주의적 관점을 논박하고, 월터 번스와 크리스톨이 지지하는 입장에 따라 절제된 검열을 요청했다. 클로어의 조언자 중 한 명은 스트라우스주의 정치학자인 시카고대학교의 조셉 크랍시Joseph Cropsey였다. 1973년 레오 스트라우스가 사망했을 때, 『내셔널리뷰』는 그의 제자 네 명의 매우 흥미로운 헌사를 실었다. 월터 번스·허버트 J. 스토링Herbert J. Storing·해리 자파·베르너 J. 단하우저Werner J. Dannhauser, 「레오 스트라우스의 업적The Achievement of Leo Strauss」, 『내셔널리뷰』 25(1973년 12월 7일), 1347~1349, 1352~1357쪽을 참조할 것. 앨런 블룸, 「레오 스트라우스: 1899년 9월 20일~1973년 10월 18일」, 『정치 이론』 2(1974년 11월), 372~392쪽도 매우 귀중한 자료이다.

116 이것은 『뉴욕타임스』(1972년 11월 10일, 20쪽)에 실린 인터뷰 기사에서 닉슨 대통령이 스스로를 가리킨 표현이다.

117 닉슨-커크 사이에 주고받은 편지를 참조할 것(러셀 커크 페이퍼스, 센트럴미시간대학교 클라크역사도서관, 마운트플레전트, 미시간). 커크는 1968년 닉슨의 공화당 대통령 후보 지명을 지지했다. 『보수주의자들을 위한 강령』에 대한 닉슨의 평가에 대해서는 닉슨이 커크에게 보낸 편지(1966년 6월 22일, 커크 페이퍼스)를 참조할 것. 1972년 4월 커크는 닉슨 대통령과 만났다. 닉슨은 『보수주의자들을 위한 강령』을 다시 읽고 참모들에게 복사본을 나누어주었다(커크가 저자에게 보낸 편지, 1972년 4월 20일).

118 일부 보수주의자들, 특히 프랭크 메이어는 "디즈레일리 보수주의"를 전혀 좋아하지 않았다. 메이어는 오랜 기간 닉슨의 비판자였으며, 1968년 대통령 선거 당시 캘리포니아 주지사 로널드 레이건을 지지했다. 프랭크 S. 메이어, 『나는 왜 레이건을 지지하는가Why I Am for Reagan』, 「뉴리퍼블릭」 158(1968년 5월 11일), 17~18쪽 참조. 메이어는 한때 "디즈레일리나 닉슨 모두 원칙을 확고하게 따른 적이 결코 없었다"고 말하기도 했다[「원칙 없는 개혁 Reform Without Principle」, 『모던에이지』 5(1961년 봄), 196쪽].

119 「존 애쉬브룩의 '선언문'John Ashbrook's 'Manifesto'」, 『전선』 6(1972년 1월), 1쪽

120 「성명서A Declaration」, 『내셔널리뷰』 23(1971년 8월 10일), 842쪽 참조. 미국보수주의연합도 한 달 후에 합류했다. 「ACU 지지를 보류하다ACU Suspends Support」, 『전선』 5(1971년 10월), 4쪽

121 「우리는 애쉬브룩을 지지한다We're for Ashbrook」, 『전선』 6(1972년 1월), 1쪽

122 M. 스탠턴 에반스, 「스피로 T. 애그뉴의 정치적 오디세이」, 『내셔널리뷰』 24(1972년 8월 18일), 894쪽

123 스티븐 J. 톤소르, 「우현으로의 표류The Drift to Starboard」, 『모던에이지』 13(1969년 여름), 330쪽

124 존 체임벌린, 「보수주의 칼럼니스트의 주임 사제Dean of Conservative Columnists」, 『내셔널리뷰』 22(1970년 7월 14일), 742쪽

125 「남부가 승리해야만 하는 이유Why the South Must Prevail」, 『내셔널리뷰』 4(1957년 8월 24일), 148~149쪽

126 윌리엄 F. 버클리 주니어, 「윌리엄 F. 버클리 주니어와의 인터뷰」, 『마드모아젤Mademoiselle』 53(1961년 6월), 121쪽.

127 윌리엄 S. 슐람, 「멩켄을 위하여 ─ 그의 정신을 기리며To Mencken - In His Spirit」, 『내셔널리뷰』 1(1956년 2월 15일), 25쪽. 그리고 존 애벗 클라크, 「또 다른 멩켄을 길러내자! Bring on the Menckens!」, 『내셔널리뷰』 1(1956년 2월 29일), 22~23쪽을 참조할 것.

128 골드워터는 1960년대 초반 "잊힌 미국인"을 호소하면서 이 논제를 간략하게 다루었지만, 관심을 받지는 못했다. 골드워터, 『다수의 양심』(뉴욕, 1970), 1장 참조. 1960년대 보수주의자들은 종종 자신들을 "잊힌 미국인"으로 취급했고, 이들의 지지를 얻으려 노력했다. 1960년대 후반과 1970년대 초반에 가서야 비로소 그들은 자신들이 "침묵하는 다수"를 대표한다고 느끼는 듯 했다.

129 『내셔널리뷰』 22(1970년 2월 10일), 107쪽의 광고 문구를 참조할 것.

130 『뉴욕타임스』 1970년 11월 4일, 1쪽.

131 반체제 보수주의와 정치적 재편성 과정을 다룬 주요 논의는 케빈 필립스, 『공화당 다수의 등장The Emerging Republican Majority』(뉴로셸, 뉴욕, 1969), 1장을 참조할 것.

132 프랭크 S. 메이어, 「개리 윌스가 걷는 길The Course of Garry Wills」, 『내셔널리뷰』 22(1970년 7월 28일), 791쪽.

133 "(…) 뉴욕 같은 도시에서 벗어나 광활한 배후지로 나가보면 누구든 어쨌든 상황이 그렇게 나쁘지만은 않다는 것을 ─ 내가 종종, 그리고 다소 완전히 그런 것처럼 ─ 깨닫거나 느끼게 된다. 우리가 항상 말했던 것처럼 미국은 위대한 나라이고, 미국인은 놀라운 사람들이다"[제임스 번햄, 「권위, 도덕성, 권력에 대한 단상Notes on Authority, Morality, Power」, 『내셔널리뷰』 22(1970년 12월 1일), 1288쪽].

134 『내셔널리뷰』는 윌리스 주지사를 자주 비판했다. 예를 들어 프랭크 S. 메이어, 「조지 윌리스의 포퓰리즘」, 『내셔널리뷰』 19(1967년 5월 16일), 527쪽; 존 애쉬브룩, 「어쨌든 윌리스가 보수주의자이거나 한가And Anyway Is Wallace a Conservative?」, 『내셔널리뷰』 20(1968년 10월 22일), 1048~1049쪽; 배리 골드워터, 「윌리스에게 표를 낭비하지 마라Don't Waste a Vote on Wallace」, 같은 호, 1060~1061, 1079쪽; 「조지 윌리스: 진실의 순간George Wallace: Moment of Truth」, 『내셔널리뷰』 22(1970년 4월 7일), 344~345쪽을 참조할 것. 또한 윌리엄 F. 버클리 주니어가 존 A. 티에르에게 보낸 편지(1968년 10월 31일, 윌리엄 F. 버클리 주니어 페이퍼스, 예일대학교 도서관, 뉴헤이븐, 코네티컷)도 참조할 것.

135 M. 스탠턴 에반스는 다양한 쟁점과 관련해 우파가 지속적으로 대중적 인기를 얻고 있음을 보여주는 여론조사 결과를 반복해서 인용했다. 에반스, 「스피로 T. 애그뉴의 오디세이」, 894쪽 참조. 그러나 모든 보수주의자가 "침묵하는 다수"를 신격화한 것은 아니었다. 일례로 토마스 몰나르의 말에 따르면 침묵하는 다수는 아무 말도 하지 않았다. 우리는 이들에 대해 무엇을 알고 있는가? 이들은 때때로 선동가들에 의해 오도되지 않았는가? 이들이 항상 올바른 투표를 했는가? 유럽인인 몰나르는 인간이 "지혜의 원천"이라는 것을 믿을 수 없다고 말했다(몰나르와의 인터뷰, 체스트넛힐, 매사추세츠, 1972년 11월 4일). 몰나르는 침묵하는 다수는 "점점 줄어들 것"이라고 믿었고, "침묵하는 다수"에 대한 믿음을 고결한 야만인Noble Savage에 대한 믿음과 비교했다(보스턴칼리지 강의, 1972년 11월 4일).

136 M. 스탠턴 에반스, 「아인 랜드가 전하는 복음The Gospel According to Ayn Rand」, 『내셔널리뷰』 19(1967년 10월 3일), 1059~1063쪽. 에반스는 반공산주의 및 자유시장 경제학에 대한 랜드의 "탁월한 이해"를 칭찬했으나, 자본주의가 작동하는 데 필요한 도덕적 기본 구조, 다시 말해 "우리의 모든 자유에 생명을 불어넣는 기독교 문화"를 공격한 것은 비판했다.

137 피터 비에렉의 비평(피터 P. 위톤스키 편, 『보수주의적 지혜』), 『뉴욕타임스 북리뷰』, 1971년 10월 31일, 56~57쪽.

138 피터 버거Peter Berger, 「두 가지 역설Two Paradoxes」, 『내셔널리뷰』 24(1972년 5월 12일), 507~511쪽 참조. 그에 대한 답변으로는 제프리 하트, 「피터 버거의 '역설'Peter Berger's 'Paradox'」, 같은 호, 511~513쪽을 참조할 것.

139 이 논쟁에서 버클리가 극단적인 사례라고 생각했던 중독성 마약의 합법화를 자유지상주의자들은 반드시 이루어내야 할 지상명령이라고 믿었다. 버클리는 프리드먼에게 마약 중독이 "전염병"처럼 퍼져나가고 있는 할렘의 "실상"을 들여다보라고 권했다. 버클리는 "초월성을 추구하는 자유지상주의 이론이 도덕적 문제의 존재를 부인하는 것 외에 어떻게 도덕적 문제를 다룰 수 있단 말인가?"라고 물었다. 그는 자유지

상주의 이론의 건전한 주요 주장을 "광신적으로 만드는 것"에 대해 경고했다(『통치자는 듣거라』, 129~134쪽).

140 에드먼드 오피츠, 『종교와 자본주의: 적이 아닌 동맹군Religion and Capitalism: Allies, Not Enemies』(뉴로셸, 뉴욕, 1970). 그리고 M. 스탠턴 에반스, 「자유의 종교적 뿌리The Religious Roots of Liberty」, 『내셔널리뷰』 22(1970년 7월 28일), 796~797쪽을 참조할 것.

141 클라이드 윌슨이 편집자에게 보낸 편지, 『내셔널리뷰』 22(1970년 11월 3일), 1139쪽; 해리 자파, 「열린 물음: 일기예보관과 섬터 요새The Open Question: Weathermen and Fort Sumter」, 『내셔널리뷰』 22(1970년 12월 29일), 1403, 1419쪽; 클라이드 윌슨이 편집자에게 보낸 편지, 『내셔널리뷰』 23(1971년 2월 9일), 116, 118쪽을 참조할 것.

142 스티븐 J. 톤소르, 「아테나의 박쥐Athena's Bat」, 『내셔널리뷰』 22(1970년 2월 10일), 160~161쪽; 토마스 몰나르가 편집자에게 보낸 편지, 『내셔널리뷰』 22(1970년 3월 10일), 230쪽

143 1972년 후반 『내셔널리뷰』는 마리화나 관련 법률에 대한 논쟁을 공론화했다. 이는 현대 미국 보수주의 정신의 많은 부분을 둘러볼 수 있는 매력적인 논쟁이었다. 리처드 C. 크라운, 「미국 보수주의자들은 마리화나에 대한 입장을 수정해야 한다American Conservatives Should Revise Their Position on Marijuana」, 『내셔널리뷰』 24(1972년 12월 8일), 1344~1346쪽; 제임스 번햄, 「무엇 때문에 그렇게 서두르는가What's the Rush?」, 같은 호, 1346~1348쪽; 제프리 하트, 「마리화나와 대항문화Marijuana and the Counterculture」, 같은 호, 1348쪽; 윌리엄 F. 버클리 주니어, 「법의 정신The Spirit of the Law」, 같은 호, 1348, 1366쪽을 참조할 것.

144 데이비드 브루드노이, 「콤스톡의 천벌Comstock's Nemesis」, 『내셔널리뷰』 23(1971년 9월 14일), 1064~1066쪽

145 도널드 애트웰 졸, 「미국 정치적 우파의 철학적 토대Philosophical Foundations of the American Political Right」, 『모던에이지』 15(1971년 봄), 126, 128쪽

146 로버트 니스벳과의 인터뷰, 노샘프턴, 매사추세츠, 1971년 11월 29일

147 데빈 개리티와의 인터뷰, 사우스해들리, 매사추세츠, 1972년 8월 5일

148 윌리엄 F. 버클리 주니어, 「뒷방 늙은이The Old man in the Back of the Room」, 『내셔널리뷰』 21(1969년 3월 21일), 288쪽. 스티븐 톤소르도 같은 결론에 도달했다. "보수주의 내부의 암묵적 분파주의가 억제되고 제한될 수 있었던 것은 적지 않게 프랭크 메이어의 가톨릭 지도력 덕분이었다"(톤소르, 「우현으로의 표류」, 330쪽).

149 위튼스키, 「보수주의의 합의」, 1305~1306쪽

150 M. 스탠턴 에반스, 「보수주의 경험의 여러 변수들Varieties of Conservative Experience」, 『모던에이지』 15(1971년 봄), 137쪽

151 윌리엄 F. 버클리 주니어와의 인터뷰, 스탬포드, 코네티컷, 1971년 11월 26일

152 「프랭크 S. 메이어, 고인의 명복을 빕니다Frank S. Meyer, RIP」, 『내셔널리뷰』 24(1972년 4월 28일), 466~473, 475쪽. 메이어의 사상을 호의적으로 평가하고, 메이어에게 영향을 받은 젊은 보수주의자의 논평은 데이비드 브루드노이, 「살아있는 전설, 프랭크 S. 메이어The Living Legacy of Frank S. Meyer」, 『얼터너티브』 6(1973년 4월), 16~20쪽을 참조할 것.

153 보수주의를 비판하는 대부분의 사람들은 이 간극을 강조했다. 예를 들어 진 워렐 와드Jean Worrall Ward, 「현대 미국 보수주의의 가치 모순Value Contradictions in Contemporary American Conservatism」(미출간 박사학위 논문, 미네소타대학교, 1967)을 참조할 것.

154 밀턴 프리드먼, 「사회적 책임: 체제전복적 교리Social Responsibility: A Subversive Doctrine」, 『내셔널리뷰』 17(1965년 8월 24일), 721~723쪽. 또한 프리드먼의 『자본주의와 자유』(시카고, 1962), 1~2쪽을 참조할 것. 여기서 프리드먼은 존 F. 케네디의 "온정주의적"이고, "유기체적인" 발언("국가가 여러분을 위해 무엇을 해줄 수 있는지 묻지 말고, 여러분이 국가를 위해 무엇을 할 수 있는지를 물으시오")을 열성적으로 논박했다.

155 「어빙 크리스톨과의 대화A Conversation with Irving Kristol」, 『얼터너티브』 2(1967년 5~6월), 10쪽. 크리스톨은 프리드리히 하이에크에 대해 비판적이었다. 그의 『미국의 민주주의 개념』, 6장을 참조할 것.

156 버클리가 녹·켄달·체임버스에게 큰 빚을 졌다는 사실은 이미 지적한 바 있다. 커크에 대한 그의 존경심은 그가 커크에게 보낸 편지, 특히 1968년 9월 17일 자 편지를 참조할것(커크 페이퍼스).

157 윌리엄 F. 버클리 주니어, 「태초에……In the Beginning……」, 『내셔널리뷰』 22(1970년 12월 1일), 1265쪽

158 윌리엄 F. 버클리 주니어, 「기념 만찬 축사Remarks at the Anniversary Dinner」, 『내셔널리뷰』 17(1965년 11월 30일), 1128쪽

159 몰나르와의 인터뷰, 1972년 11월 4일

160 러셀 커크, 「자유로운 선택: 바우처 계획Free Choice: A Voucher Plan」, 『내셔널리뷰』 21(1969년 6월 17일), 599쪽. 그리고 커크, 「반란과 권태Rebellion and Boredom」, 『무정부주의의 씨앗: 대학가 혁명에 대한 연구』, 프레더릭 빌헬름센 편(달라스, 1969), 36쪽을 참조할 것. 커크는 이후의 글에서 다른 이들과 마찬가지로 학생들을 징집하거나 "아니면 누구도 징집하지 않고 의용군을 고안해야" 했다고 말했다.

161 전통주의자들은 유기적 공동체에 역효과를 미친다는 이유로 도시재개발사업을 반대했다. 자유지상주의자들은 개인적 자유에 대한 침해와 도시재개발사업이 주택 공급을 늘리는 데 실패했음을 강조했다.

162 존 체임벌린과의 인터뷰, 체셔, 코네티컷, 1972년 4월 6일

163 헨리 해즐릿, 「순응을 옹호하며In Defense of Conformity」, 『대학연합리뷰』 7(1970년 가을), 25~29쪽

164 제프리 하트에 따르면 『내셔널리뷰』는 초기 10년 동안 메이어·켄달·보젤·슐람 같은 사람들 사이의 격한 갈등으로 몸살을 앓았다. 그럼에도 불구하고 하트에 따르면 『내셔널리뷰』의 초기 선임 편집자들 다수는 "가시 돋친" "지하인사들"이었다. 이 초기의 국면이 마침내 지나가자 조화가 자리를 잡았다. 제프리 하트와의 인터뷰, 하노버, 뉴햄프셔, 1971년 9월 10일

165 유토피아적 사상에 대한 가장 체계적이고 통찰력 있는 보수주의적 분석 가운데 하나는 토마스 몰나르의 『유토피아, 끝나지 않는 이단설』(뉴욕, 1967)이었다. 몰나르가 보기에 완벽한 사회라는 유토피아적 망상, "지상 위의 신의 도시"는 "자기신격화"와 "신에 대한 부정"이라는 "이단설"로 향하는 "조증에 빠진 이상"일 뿐이었다(vii쪽).

166 어빙 크리스톨은 이러한 보수주의의 입장을 잘 표현했다. "지난 수년간 사회적 행동의 기대치 않은 결과들이, 의도했던 결과들보다 항상 더 중요했고 대개는 선뜻 동의하기 어려운 것들이었다"(『미국의 민주주의 개념』, ix쪽). 1972년 크리스톨은 의미와 목적을 상실한 채 덩치만 불려나가는 지식인 계층에서 발견되는 "급진적 평등주의"의 부상을 "영지주의"의 분출이라고 개탄하는 글을 썼다. 「평등에 관하여About Equality」, 『코멘터리』 54(1972년 11월), 41~47쪽 참조.

167 에드먼드 버크, 『국민의회 구성원에게 보내는 편지A Letter to a Member of the National Assembly』, 『우파의 성인 에드먼드 버크 전집The Works of the Right Honorable Edmund Burke』 개정판(보스턴, 1866) 4권, 52쪽

168 윌리엄 F. 버클리 주니어, 『순항 속도』(뉴욕, 1971), 158쪽

169 휘태커 체임버스가 버클리에게 보낸 편지, 1954년 9월, 『어느 친구의 오디세이』 윌리엄 F. 버클리 주니어 편(뉴욕, 1970), 83쪽에서 인용.

170 윌리엄 러셔와의 인터뷰, 케임브리지, 매사추세츠, 1971년 10월 30일

171 프랭크 S. 메이어와의 전화인터뷰, 1971년 9월 4일

172 몰나르와의 인터뷰, 1972년 11월 4일

173 니스벳과의 인터뷰, 1971년 11월 29일

174 R. 에밋 티렐 주니어가 편집자에게 보낸 편지, 『내셔널리뷰』 24(1972년 12월 8일), 1330쪽. 또한 선거 직후에 나온 사설, 「다음은 무엇인가」, 『내셔널리뷰』 24(1972년 11월 24일), 1287쪽을 참조할 것.

175 케빈 필립스, 「미국 정치의 미래The Future of American Politics」, 『내셔널리뷰』 24(1972년 12월 22일), 1398쪽

176 버클리, 「인터뷰」(1961), 120쪽

177 버클리와의 인터뷰, 1971년 11월 26일

178 밴스 패커드, 『이방인들의 나라A Nation of Strangers』(뉴욕, 1972)

179 예를 들어 조지 F. 윌, 「적의 의도The Intentions of the Enemy」, 『내셔널리뷰』 23(1971년 4월 6일), 374~375쪽을 참조할 것. 윌은 소련의 지도자들이 공산주의의 "정통성"을 계속 고집하고 있다고 강조하면서, 우리 통치 체제에 어떤 "형태 변화"가 일어나지 않는 한(그리고 아직은 아무런 변화도 일어나지 않았다) "미래는 과거와 마찬가지로 위험한 상태가 될 것"이라고 예측했다.

180 제임스 번햄, 「왜 어떤 양키 교역은 안 되는가Why Not Some Yankee Trading」, 『내셔널리뷰』 24(1972년 9월 15일), 998쪽. 번햄은 동-서의 접촉, 특히 무역이 증가할 것이라는 전망을 받아들였다. 그러나 그는 미국이 소련 진영에 원조를 제공하는 대가로 적어도 약간의 양보를 얻어내야 한다고 말했다. 최소한 공산주의 진영을 "개방하려" 시도해야 한다.

181 몰나르와의 인터뷰, 1972년 11월 4일. 또한 토마스 몰나르, 『반혁명The Counter-Revolution』(뉴욕, 1969), 202쪽을 참조할 것.

182 윌무어 켄달, 『독불장군 윌무어 켄달』 넬리 D. 켄달 편(뉴욕, 1971), 631쪽

183 버클리, 「기념 만찬 축사」, 1128쪽

184 체임버스가 버클리에게 보낸 편지, 1961년 4월 9일, 『어느 친구의 오디세이』 버클리 편, 293쪽에서 인용.

185 「망설임Reluctance」, 『로버트 프로스트의 시』에드워드 코네리 라뎀Edward Connery Lathem 편, Copyright 1934, ⓒ1969, 홀트라인하르트앤드윈스턴Holt, Rinehart and Winston, Inc. Copyright ⓒ1962 로버트 프로스트. 홀트라인하르트앤드윈스턴 출판사의 허락하에 시의 일부 구절을 인용했다.

12장

비상하는 보수주의
레이건 시대와 그 이후

이 책 앞의 장들이 처음 출판된 지 30년이 지났다. 시간은 결코 멈추지 않듯 이 기간 동안 미국 보수주의의 지적 운동도 그랬다. 1970년대 중반 무렵 보수주의자들은 미국 공론의 장에서 힘들게 얻은 지위를 확고히 하고, 국가의 운명을 만들어나갈 기회를 확보했다. 그러나 그것은 단지 기회일 뿐이었고, 과거의 고난을 알고 있는 보수주의자라면 누구도 역사가 "멈춰!"를 외치며 저항하던 사람들의 말을 마침내 들어줄 것이라 확신할 수 없었다. 그러나 이 시대의 역사는—미국 유권자라는 형태로—응답했다. 1980년 한때는 달성할 수 없을 것 같았던 일이 현실이 되었다. 로널드 레이건이 대통령에 당선되면서 이 책에 기술된 지적 세력은 정치적·문화적 영향력을 얻는 데 결정적인 돌파구를 마련했다.

19세기 이탈리아 민족주의자 주세페 마치니Giuseppe Mazzini는 "이념이 세상과 세상의 사건을 지배한다. 혁명은 이념이 이론에서 실천으로 옮겨가는 것이다. 사람들이 뭐라 하든 물질적 이해는 결코 혁명의 원인이된 적이 없었고, 앞으로도 그러할 것이다"라고 말했다. 1981년 미국은 곧바로 "레이건 혁명"이라고 부르는 시대에 접어들었다. 물론 이러한 표현은 과장된 것이었다. 그러나 어떤 의미에서—마치니가 말한 의미에서—"혁명"이라는 단어의 사용은 정확히 옳았다. 1980년대 미국은 이념이 이론에서 실천으로 옮겨가는 것을 목격했다. 그 이념, 그 철학은 보수주의라고 불렸다.

이 책의 독자들은 이미 알고 있듯 레이건 시대의 여명기에 보수주의는 단일체가 아니었다. 사실 보수주의는 늘 일관되지 않았던 다양한 충동의 합성물이었다. 보수주의의 각 분파가 공유하고 있던 것은 20세기 자유주의에 대한 깊은 반감이었다. 자유지상주의자들에게 현대 자유주의는 점점 팽창하는 관료주의적 복지국가의 이데올로기였다. 이를 억제하지 않는다면 개인의 자유와 사유재산—사회 번영의 원천—을 파괴하는 전체주의 국가가 될 것이었다. 전통주의자들에게 자유주의는 마치 산酸처럼 서구 문명의 윤리적·제도적 토대를 부식시켜 전체주의의 거짓된 신들이 들어갈 수 있는 광대한 영적 공백을 만들어내는 붕괴의 철학이었다. 냉전 시대의 반공산주의자들에게 현대 자유주의—합리주의·상대주의·세속주의·반전통주의·유사사회주의—는 본질적으로 좌파라는 적에게 강력하게 저항할 수 없는 것이었다. 그들에게 자유주의는 좌파의 일부였으며, 많은 기본 전제들을 공유하고 있는 적을 효과적으로 격퇴할 수 없는 것이었다. 제임스 번햄이 말했듯 자유주의는 본질적으로 자신의 파멸을 서구가 감수하도록 하는 수단이었다. 자유주의는 서구 자살의 이데올로기였다.

1970년대와 1980년대에 보수주의 연합에 가입한 것은 현재 "네오보수주의"—이 책의 앞부분에서는 "우익 자유주의"라고 불렀던—라고 알려진 네 번째 분파였다. "네오보수주의자는 현실에 의해 강제로 빼앗긴 자유주의자다"라는 어빙 크리스톨의 정의는 이들의 본질을 잘 말해준다. 또 다른 정의에 따르면 네오보수주의자는 자본주의를 위해 만세를 세 번이 아니라 두 번만 외치는 사람들이었다. 여기에는 많은 네오보수주의자들이 젊은 시절 확고한 뉴딜 민주당원이었거나 사회주의자였다는 사실이 반영되어 있다. 어쨌든 1980년대의 눈에 띄는 발전 가운데 하나는 다양한 자유주의자와 사회민주주의자들이 보수주의 진영으로 꾸준히 이동했다는 점이다. 레이건 시대의 10년이 끝나갈 무렵 크리스톨·노먼 포드호레츠·미지 덱터Midge Decter·진 커크패트릭Jeane Kirkpatrick 같은 네오보수주의 작가들은 미국 우파의 저명한 지식인이 되어 있었다.

부분적으로 네오보수주의 현상은 선한 의도만으로는 좋은 정부 정책을 보장할 수 없으며, 1960년대와 1970년대 자유주의적 사회행동주의의 실제 결과가 파괴적이었음을 인정한 것으로 해석될 수 있다. 네오보수주의는 또한 1960년대의 양극적 격변—특히 대학가에서—, 세계적 긴장에 대해 미국을 먼저 비난하는 경향, 해외 주둔 미군에 대한 적대감과 함께 신좌파가 충격적으로 부상한 데 대한 온건 자유주의자들의 반응이기도 했다. 실제로 많은 네오보수주의자들은 1972년 조지 맥거번 상원의원의 추종자들이 민주당을 장악한 이후 정치적 고향을 빼앗긴, 해리 트루먼-휴버트 험프리 계열의 반공산주의적 "역동적 중도" 자유주의자들이었다.

환멸을 느낀 자유주의자들의 우경화만이 1980년대 미국 보수주의의 지적 구조를 근본적으로 변화시킨 유일한 발전은 아니었다. 또 다른 하나—엄청난 정치적 결과를 가져올—는 소위 뉴라이트 또는 일반적으로 종교적 우파라고 불리는 보수주의의 급속한 등장이었다. 처음에 뉴라이트는 기본적으로 지식인들의 운동이 아니었다. 오히려 이는 개신교 근본주의자·복음주의자·오순절주의자, 그리고 일부 로마 가톨릭과 정통 유대교 신자 등 각성한 시민들에 의한 풀뿌리 저항운동이었다. 제리 팔웰Jerry Falwell과 팻 로버트슨Pat Robertson˙ 같은 뉴라이트 지도자들은 대개 다른

•   제리 팔웰과 잭 로버트슨은 모두 미국의 개신교 목사이다.

보수주의자들의 대외 정책과 경제적 관점을 공유했지만, 이와 달리 그들을 이끄는 지배적 관심사는 낙태·학교에서의 예배 시간·음란물·마약 복용·범죄·성적 일탈·대중오락의 천박함 등 "사회적 문제"라고 알려진 것들이었다. 미국 사회가 심각한 도덕적 타락 상태에 있고, 세속적 인본주의 —다른 말로 현대 자유주의—가 이러한 타락의 근본 원인이라고 확신한 뉴라이트는 지금까지 정치적으로 잠잠히 있던 추종자들에게 전통적인 도덕적 가치를 수호하기 위해 공적 영역으로 들어갈 것을 촉구했다.

매우 현실적인 의미에서 1980년대와 1990년대 종교적 우파의 관심사는 이 책의 앞부분에서 설명한 전통주의적 보수주의의 관심사와 가장 비슷했다. 그러나 1940년대와 1950년대의 전통주의자들이 주로 세속화된 대중사회에 맞서 반란을 일으킨 학자들이었다면, 뉴라이트는 세속적 바이러스와 국가 엘리트라는 공격적인 보균자에 맞선 "대중"의 반란이었다. 그리고 1945년 이후 보수주의의 지적 운동이 지금까지 주로 국가 문제와 정치에 집중해왔다면, 뉴라이트는 본질적으로 일상생활에서 "평범한" 사람들이 겪는 트라우마의 산물이었다. 이는 그들의 자녀가 학교에서 콘돔을 제공받고, 동성애 행위는 또 다른 생활방식에 불과하며, 옳고 그름에 대한 성경적 기준이 "상대적"이고 "성차별적"이며 "동성애 혐오"라고 배우고 있음을 알게 된 부모들의 고통이었다. 무엇보다 종교적 보수주의자들은 그들 대부분이 자기 시대에 가장 혐오스러운 것으로 여기는 문제—1973년부터 1990년대 중반까지 3000만 명 이상의 태어나지 않은 미국 아이들의 생명을 앗아간 관행, 낙태 합법화—에 맞서 끊임없이 투쟁하면서 열정을 이끌어냈다.

시간이 지나면서 뉴라이트는 종교 영역 밖에서 지적으로 영향력 있는 목소리—특히 1993년 베스트셀러가 된 모음집 『미덕의 책The Book of

Virtues』을 편찬한 네오보수주의자 윌리엄 베넷William Bennett ─를 얻었다. 다른 많은 보수주의 작가들도 종교적 우파의 불안을 공유하고 이를 분명하게 표현했다. 이러한 현상은 부상하는 복음주의 개신교의 하위문화와 유기적으로 연계되면서 한층 추진력을 얻었다. 어느 비평가는 이를 기독교 계열의 대학들과 학교·정기간행물·텔레비전 및 라디오 방송국·출판사·자선단체·서점의 "평행우주"라고 불렀다.[1] 정치적 영역에서는 도덕적다수파Moral Majority(1979~1989)와 기독교연합Christian Coalition(1989년 창설)이 선봉에 선 종교적 우파는 1964년 골드워터 선거운동 이후 볼 수 없었던 차원의 도덕적 강도와 포퓰리즘을 미국 보수주의에 가져왔다.

레이건 대통령의 두 번째 임기가 끝나갈 무렵 미국 우파에는 자유지상주의·전통주의·반공산주의·네오보수주의·종교적 우파라는 다섯 개의 뚜렷한 충동이 망라되어 있었다. 그리고 반 세대 전에 윌리엄 F. 버클리 주니어가 보수주의자들을 위해 했던 일을 1980년대에는 로널드 레이건이 똑같이 했다. 그는 상징적이고 일치운동을 위한 기능을 수행했다. 보수주의 대변인으로서 레이건의 성공은 상당 부분 이러한 모든 충동을 동시에 구현한 데서 비롯되었다.

그리고 이러한 이질적 요소들이 하나의 정치적·지적 힘으로 합쳐지면서 그들은 관념의 세계에서 정치적 행동주의의 세계로 옮겨가는 감격적인 이동을 경험했다. 이 위대한 전환을 보여주는 무수한 책과 쟁점들, 그리고 인물과 논쟁들을 여기에서 자세히 논하기란 불가능하다. 그러나 2006년의 관점에서 볼 때 일부 측면은 주목할 만한 가치가 있다.

1980년대 보수주의의 지적 활동 가운데 가장 직접적으로 눈에 띄는 특징은 너무나도 많은 활동이 있었다는 것이다. 보수주의 책과 에세이,

기사, 신디케이트 칼럼들—1970년대에 이미 그 양이 상당했던—이 레이건 시대에 마치 눈사태처럼 쏟아졌다. 라이오넬 트릴링이 자유주의가 미국의 "유일한 지적 전통"이라고 주장할 수 있었던 시대는 지나갔다. 이제 미국 문화와 정치를 진지하게 연구하는 학생들이 깨어 있는 시간을 모조리 보수주의 지식인의 글에만 할애하는 일이 가능해졌다.

『내셔널리뷰』·『모던에이지』·『휴먼이벤츠』·『프리맨』이 사실상 미국 지적 보수주의 저널의 전부나 다름없던 시대도 지나갔다. 1980년대 후반과 그 이후 보수주의운동의 모든 분파에는 자신들만의 간행물—이를 테면 족보상 자신들만의 문헌 계파—이 있는 듯했다. 자유지상주의자들에게는 『리즌Reason』과 『카토저널The Cato Journal』 같은 정기간행물이 있었다. 호전적인 전통주의자들에게는 『클로니클스Chronicles』가, 전투적인 남부 전통주의자들에게는 『남부파르티잔Southern Partisan』이, 네오보수주의자들에게는 『코멘터리』, 『공익』, 『국익The National Interest』, 『새로운기준New Criterion』이 있었다. 사회적·종교적 문제에 관심이 있는 보수주의자들에게는 『위기Crisis』(과거 『위기의 가톨릭Catholicism in Crisis』), 『미국의가정The Family in America』(과거 『살아있는신념Persuasion at Work』), 『휴먼라이프리뷰Human Life Review』, 『퍼스트띵스First Things』 같은 정기간행물들이 있었다. 보수주의 역사학자들에게는 『연속성: 역사저널Continuity: Journal of History』이 있었고, 스트라우스주의 정치철학자들에게는 『클레어몬트 북리뷰Claremont Review of Books』가 있었다. "정치적 올바름"이라는 전염병과 대학에서 기준이 잠식되는 것에 놀란 보수주의—그리고 자유주의—학자들에게는 전미학술학회National Association of Scholars에서 발행하는 『학문적질문Academic Questions』이 토론의 장을 제공했다. 미시간주에 있는 힐스데일대학교—연방정부의 고등교육 개입에 원칙적으로 저항하면서 보수주의자들 사이에서 영예를 얻은—는 『임프리미스Imprimis』라는 월간지를 발행했다. 이 잡지의 발행 부수는 수십만 부가 넘었다.

1980년대에도 말 그대로 수십 개의 보수주의 학생 신문이 우파 재단의 재정적·기술적 지원을 받아 전국 대학에서 생겨났다. 이러한 다수의 간행물들—특히 『다트머스리뷰Dartmouth Review』—은 확고히 자리를 잡았고, 어떤 의미에서는 보수주의 빅리그의 2군—나이든 활동가들과 떠오르는 "3세대" 사이의 가교—이 되었다.

번성했던 보수주의 언론은 자신들을 경계가 명확한 틈새시장에 가둬놓지 않았다. 1980년대 중반 R. 에밋 타이렐 주니어가 편집한 『아메리칸스펙테이터The American Spectator』(과거 『얼터너티브』)는 사무실을 인디애나주 블루밍턴에서 워싱턴 D.C. 근처로 옮겼다. 유머와 인습타파적 성격이 혼합되어 멘켄을 연상시키는 타이렐의 월간지는 오랫동안 학생과 젊은 보수주의자들뿐만 아니라 네오보수주의자들의 관심을 받았다. 1980년대 후반 무렵 이 저널은 자신의 출신을 뛰어넘을 채비가 되어 있었다.

1990년대 초 클라렌스 토머스Clarence Thomas*의 대법관 지명을 둘러싸고 벌어진 격렬한 싸움이 기회가 되었다. 이 논란을 탁월하게 다룬 기사와 러시 림보Rush Limbaugh의 보수적인 라디오 토크쇼에서 시의적절하게 홍보된 덕분에 『아메리칸스펙테이터』의 구독자 수는 몇 달 사이에 40,000명에서 20만 명으로 늘어났다. 1967년 인디애나주의 한 농가에서

• 　서굿 마셜Thurgood Marshall(1908~1993)에 이어 두 번째로 연방대법원 판사가 된 아프리카계 미국인. 인종차별 폐지와 민권을 옹호하고, 법원의 보수화에 반대한 마셜과 달리 평등을 실현하기 위한 조치들에 반대한 보수적인 인물이다. 민권·페미니스트 단체뿐만 아니라 성범죄와 인사 청문회에서의 위증 혐의 등으로 그의 임명에 반대하는 사람들이 많았지만, 투표에서 역사상 가장 근소한 차이—52대 48—로 1991년 판사로 임명되었다.

창간된 뒤 마침내 성공을 거둔 이 잡지는 한때 미국에서 가장 널리 읽히는 보수주의 저널이 되었다.

이러한 보수주의 문헌의 쇄도는 두 번째 가속화 추세와 밀접한 연관이 있었다. 포토맥강변에서 미국의 가장 먼 구석에 이르기까지 보수주의 언론·재단·연구소·지적 압력단체의 네트워크가 개발·급성장했다. 후버연구소와 미국기업연구소처럼 이들 중 일부는 1970년대 초반에 이미 자리를 확실히 잡고 있었다. 로널드 레이건이 권력을 잡았을 때 그들은 신흥 보수주의 공공정책 기관의—말하자면—선임연구원이 되었다. 그러나 대부분은 이들보다 훨씬 뒤에 생겨났고, 1980년대 후반에는 그 수가 셀 수 없을 정도로 많았다. 이러한 기관에는 헤리티지재단, 카토연구소Cato Institute, 윤리·공공정책연구센터Ethics and Public Policy Center, 맨해튼 공공정책연구소Manhattan Institute for Public Policy Research, 전미저널리즘센터National Journalism Center, 클레어몬트정치·정치철학연구소Claremont Institute for the Study of Statesmanship and Political Philosophy, 자유세계위원회The Committee for the Free World, 국제전략문제연구소Center for Strategic and International Studies, 힐스데일대학교 샤바노연구소Shavano Institute, 일리노이주 락포드연구소Rockford Institute 등이 있었다.

다시 한번 시장 전문화 원리가 작동하는 것 같았다. 예를 들어 법조계에서는 태평양법률재단Pacific Legal Foundation과 워싱턴법률재단Washington Legal Foundation 등 점점 더 많은 공익 법률사무소들이 법정에서 거만한 정부에 도전했다. 법대생과 법학자 중에서는 연방주의자협회Federalist Society와 사법연구소Center for Judicial Studies가 법학 및 헌법 해석에 관한 보수주의적 접근법을 분명하게 표명했다. 환경 및 천연자원 정책 분야—레이건 시대에 점점 더 논란이 된 분야—에서는 몬태나주 보즈만에 기반을 둔 정치경제연구소Political Economy Research Center가 자유시장 환경주의라고 알려진 패러다임의 전환을 옹호했다. 종교적 우파 활동가들과 사회 문제에 관심이 있는 다른 사람들에게는 제임스 돕슨James Dobson의 가족조직에초점Focus on the Family organization과 게리 바우어Gary Bauer의 가족연구위원회Family Research Council가 정보의 병기창이 되었다.

이 모든 지적 에너지 클러스터가 미국 수도에 사무실을 두고 있었던 건 아니었다. 1980년대에 주목할 만한 경향 중 하나는 자유시장 지향적 싱크탱크의 확산이었다. 학교 선택과 지역 규제 정책 등 가족과 밀접한 관련이 있는 문제들을 집중적으로 다루는 주써 차원의 싱크탱크들은 보수주의적 사고를 새로운 영역으로 옮겨놓았다. 1990년대 중반 무렵 이들은 전체 주의 거의 4분의 3에 교두보를 세웠다.

이러한 경향은 지속되었다. 1970년대 중반 이후 미국 보수주의가 행사하는 영향력의 범위와 방향에서 나타난 놀라운 변화를 보여주는 통계가 있다. 1966년 헤리티지재단은 미국 우파의 『공공정책 조직 목록Directory of Public Policy Organizations』을 최초로 발간했다. 그 목록에는 놀랍게도 288개의 단체가 기재되어 있었다.

이들 중 하나는 무엇보다 점점 더 전문화되어가는 보수주의 지식인 사회와 독특한 관계를 맺고 있었다. 1973년에 설립된 헤리티지재단은 1980년대 "레이건 혁명"의 중추가 되었다. 재단─에드윈 풀너Edwin John Feulner Jr.가 이끄는─은 의도적으로 보수주의적 공공정책 네트워크 전체를 위한 조력자·연락 창구·정보센터 역할─기존의 싱크탱크보다 훨씬 더 많은─을 떠맡았다. 재단은 마침내 전 세계 2000명 이상의 중도우파 학자와 활동가로 구성된 자원은행Resource Bank˙을 설립했다. 재단은 매년 『공공정책 전문가를 위한 지침서Guide to Public Policy Experts』를 발간하고,

발표·출판된 글의 초록을 모아 『인사이더The Insider』라는 모음집을 매달 발행했다. 이는 국내외 보수주의 활동가들에게 귀중한 지침서였다. 헤리티지재단은 보수주의 학자들의 강의와 "제3세대" 활동가들을 위한 보수주의 역사 세미나, 그리고 국내외 공공정책 전문가들을 위한 포럼을 무수히 많이 개최했다. 잡지 『정책리뷰Policy Review』를 통해서는 다양한 성향의 보수주의자들에게 자신의 의제를 제시하고, 진영 내 이견에 대해 토론할 기회를 정기적으로 제공했다. 그러므로 자의식 강한 "운동"보수주의자들**에게 헤리티지재단은 당연히 "순환로 내부"의 아이디어를 능숙하게 전파하는 존재에 불과한 것이 아니었다. 재단은 로널드 레이건과 마찬가지로 일치운동을 수행하는 기관이었다.

1980년대가 되자 앞으로의 정치적 상황이 어떻게 변하든 간에 보수주의는 일시적인 발작적 저항이 아님이 분명해졌다. 그렇다고 하기에는 너무나 잘 조직되어 있었다. 운동이 제도적으로 성숙해짐에 따라 보수주의 문헌에서 정서와 초점의 변화가 감지되었다. 제2차 세계대전 이후 첫 20년 동안 우파의 수많은 담론에 활기를 불어넣었던 자기정의와 철학적 일관성을 찾으려는 쉼 없는 탐구는 거의 사라졌다.

대신 보수주의적인 글쓰기는 점점 더 계획적으로 되었다. 1970년대 후반 이후 등장한 보수주의의 특징적인 표현 양식이라고 한다면, 그것은 보통사람들이 이해하기 어려운 정치철학이나 문화 비판을 다루는 어려

•　　헤리티지재단이 보수 네트워크를 강화하기 위해 전국 각지의 보수 싱크탱크 지도자들과 활동가들을 초청해 보수주의의 가치와 정책에 대한 정보를 교류하는 연례행사.

••　　운동보수주의movement conservatism는 20세기 중반 이후의 미국 보수주의와 뉴라이트를 지칭하는 용어이다.

운 책이 아니라 정책 연구였다.

이러한 전환을 자극한 것은 보수주의 지식인들, 그리고 이들과 생각이 비슷한 정치인들 간의 긴밀한 협력이었다. 물론 오래전부터 이데올로기적 영역의 반대편에서는 그러한 공생이 흔한 일이었다. 프랭클린 루스벨트의 뉴딜에서부터 존 케네디의 뉴프런티어, 그리고 린든 존슨의 위대한 사회에 이르기까지 저명한 학자들이 미국 좌파에게 "이념의 힘"을 제공했다. 1980년대에 그 규모가 커지면서 우리 정치의 "지성화"는 미국 우파에게로까지 확장되었다.

1970년대 서던캘리포니아대학교의 아서 래퍼Arthur Laffer 교수가 최초로 규명한 "공급경제학"이라는 보수주의적 사상의 출현보다 이러한 경향을 극적으로 보여주는 사례는 없었다. 래퍼의 연구는 놀라울 정도로 짧은 시간 안에 여러 영향력 있는 보수주의 저자들에 의해 열정적으로 소개되었고, 잭 켐프Jack Kemp 하원의원과 윌리엄 로스William Roth 상원의원이 발의한 감세 법안의 형태로 공화당의 공식적인 조세 정책이 되었다. 로널드 레이건 대통령은 재임 초기에 이 제안을 진심으로 지지했고, 수정된 형태의 법안에 서명했다. 더 이상 보수주의 정치인들을 참신한 아이디어가 부족한 진부한 반동주의자라고 비난할 수 없었다. 반면에 그들 중 많은 이들—특히 하원의 젊은 의원들—은 이념을 갈망했고, 공급경제학에서 지적 공세를 취하는 방법을 발견했다. 공급경제학에서 이론과 실천은 하나가 되었다.

1990년대에 보수주의 이념을 수용하는 공화당의 역량은 미국과의 계약Contract with America *이라고 알려진 1994년 선거 공약에서 또 한 번 절정에 달했다. 실로 한 세대 만에 공화당은 얼마나 멀리 왔는가. 1994년 공화당이 1950년대 이후 처음으로 하원을 장악했을 때, 그들은 관습적이고 상상력이 부족한 정치인이 아니라 보수주의 이념의 세계에 정통한 전 직 대학 교수 뉴트 깅리치Newt Gingrich를 의장으로 선출했다. 깅리치가 박 사학위 소지자—박사학위를 받은 역사상 최초의 하원의장—이고, 새로 운 하원 다수당 원내대표 리처드 아미Richard Armey가 경제학 박사학위를 받은 전직 대학 교수라는 사실은 많은 것을 의미했다. 깅리치가 진보와자 유재단Progress and Freedom Foundation이라는 싱크탱크와 밀접하게 연관되어 있다는 것 역시 상징적으로 걸맞았다.

이는 그렇다고 해서 보수주의 지식인들이 전적으로 현재 지향적이 되었다는 뜻은 아니다. 『모던에이지』와 『대학연합리뷰』 같은 저널에서 우파 학자들은 덧없는 시사 논쟁에 깔려 있는 철학적·문화적 질문들을 여전히 냉정하게 다루었다. 이와 유사하게 대학연합연구소Intercollegiate Studies Institute와 자유재단Liberty Fund은 전통주의와 자유지상주의적 논제 를 진지하게 다룬 일련의 책들을 계속해서 보급했다. 그리고 1988년 트 랜잭션Transaction 출판사는 러셀 커크가 선별하고 편집한 보수주의 고전 모음집, 보수주의 사상 총서를 발간하기 시작했다. 1994년 커크가 사망 할 때까지 시리즈는 30권으로 늘어났다. 이러한 각각의 프로젝트들은 갈 수록 일상적인 정치 논쟁에 휩쓸리는 운동에 깊이와 역사적 관점을 제공 했다.

1980년대의 10년 동안 조지 길더George Gilder의 『부와 빈곤Wealth and

• 1994년 선거 당시 일부 공화당 의원들이 국회의사당 앞에서 발표하고 서명한 개혁안. 이들은 중산층 세금 감면·정부 규모 축소·복지 개혁 등 8가지 개혁안을 제시했다. 위원회 위원장의 임기 제 한을 제외한 모든 안이 하원에서 통과되었지만, 대부분은 상원에서 부결되었다. 1953년 선거 이후 40년 만에 공화당이 상·하원을 장악하고, 주지사 선거에서도 민주당을 압도하는 데 도움이 되었다고 평가된다.

Poverty』· 마이클 노박Michael Novak의『민주자본주의의 정신The Spirit of Democratic Capitalism』· 찰스 머레이Charles Murray의『1950~1980년대 미국 사회 정책의 후퇴Losing Ground: American Social Policy』· 리처드 존 노이하우스Richard John Neuhaus의『무방비 상태의 대중 광장: 미국의 종교와 민주주의The Naked Public Square: Religion and Democracy in America』· 토머스 소웰Thomas Sowell 의『전망의 충돌A Conflict of Visions』등 중요한 중도우파의 책들이 출판되었다. 보수주의자들은 또한 "도덕적 상대주의의 부상, 도덕적 책임감의 쇠퇴, 유대-기독교 가치의 부정", 지적 자만, 이데올로기적으로 추동된 제약 받지 않는 국가에 의해 엄청난 폐해가 초래되었다고 강조하면서 20세기의 역사를 대담하게 재해석한 영국인 동료 폴 존슨Paul Johnson의 방대한 저서『모던타임스Modern Times』를 극찬했다.[2] "거대해진 국가가 인간 행복의 총량을 증대시킬 수 있다"고 믿는 사람들에게 과거 사회주의자 존슨은 다른 가르침을 주었다.

그 실험은 셀 수 없이 많은 방법으로 시도되었다. 그리고 거의 모두 실패했다. 국가는 스스로 만족할 줄 모르는 지출자이자 타의 추종을 불허하는 낭비자임을 입증했다. 그것은 또한 역사상 가장 위대한 살인자임을 스스로 증명했다.[3]

1990년대 들어 존슨은 그의 책 2판에서 "국가의 행동은 (⋯) 세기 동안 약 1억 2500만 명의 폭력적이거나 비정상적인 죽음에 책임이 있다. 국가의 비인간적 악의는 국가가 성장하는 규모와 이를 확대하는 수단보다 빠른 속도로 발전했다"고 선언했다.[4]

그러나 1980년대에 미국 우파가 알려지게 된 것은 학술적 글들 때문이 아니라 격렬한 정치적 논쟁의 불길 속에서 형성된 **실용적 보수주의** 때문이었다. 우파의 모든 사람이 그 결과를 만족스러워했던 것은 아니었다. 레이건 혁명이 역사의 뒤안길로 사라지면서 일부 지적 설계자들—특히 자유지상주의자들—은 그 혁명을 통해 실제로 무엇이 성취되었는지 궁금해했다. 8년 동안 자유시장이라는 수사를 사용하고 복지국가를 비판했지만, 1989년에도 거대한 정부는 여전히 그 자리에 있었고 심지어 그 규모마저 어느 때보다 컸다. 1980년대 중반 학문 지향적인 많은 전통주의자들은 보수주의가—그들의 판단에 따르면—정치적 책략으로 전락하고, 윤리적 전망을 빼앗겼으며, 문화 재생이라는 더 큰 사명에서 벗어나고 있다고 개탄했다.

우파에서 가장 심각한 불만의 원천은 단연 네오보수주의자라고 알려진 과거 자유주의자들이 우파 내에서 수행한 역할이었다. "고古보수주의자paleoconservatives"라는 이름으로 불리는 전통주의자 집단의 분노는 점차 커졌고, 이들에게 "네오콘"은 최근의 우경화 여정에도 불구하고 본질적으로 세속적이고 윌슨주의적이며, 철학적으로 여전히 복지국가주의자인 "침입자"이자 "사기꾼"이었다.[5] 다시 말해 그들은 전혀 보수주의적이지 않았다. 예컨대 보수주의자들이 서구 문명의 이름으로 공산주의에 저항했다면, 1980년대의 네오보수주의자들은—우파 비판자들에 따르면—"지구적 민주자본주의"라는 신윌슨주의 이데올로기의 이름으로 공산주의에 저항했다. 마치—혐오스러워하는 "고보수주의자들"에 따르면—"자본주의"와 "지구적 민주주의"가 보수주의 대의의 총체이자 실체라도 되는 듯. 가장 거침없이 말하는 고보수주의 작가 폴 고트프리드Paul Gottfried와 토마스 플레밍Thomas Fleming은 네오보수주의가 1980년대 보수주의자들의 재정 기반을 상당 부분 장악했고, 현 상황에 대한 진정한 보

수주의적 대안을 "약화하고 고갈시켰다"고 비난했다.[6]

두 파벌 사이의 갈등은 많은 상처를 남긴 격렬한 로비 전투 끝에 1981년 레이건 대통령이 네오보수주의 학자 윌리엄 베넷—남부 전통주의자인 M. E. 브래드포드Melvin E. Bradford 교수를 제치고—을 국립인문재단National Endowment for the Humanities 의장으로 선출하면서 표면화되었다. 이 불화는 1986년 브래드포드와 그의 동료들이 필라델피아소사이어티 연례회의와 『대학연합리뷰』에서 네오보수주의자들을 맹렬히 비난하면서 다시 불거졌다.[7] 1989년과 1990년에, 그리고 1992년 대통령 선거운동 와중에 사라지지 않은 적개심이 분출되면서 이는 보수 대동맹의 단결을 위협하는 불기둥이 되었다. 고보수주의자들은 "네오콘"을 자신들의 우파에서 누군가를 소외시키고자 열망하는 강경한 자유주의자로 여겼지만, 유대인들이 압도적인 네오보수주의자들 역시 나름의 불만을 품고 있었다. 동요하던 네오보수주의자들은 고보수주의자들의 격렬한 분노와 노여움의 목소리에서, 그리고 이스라엘에 대한 고보수주의 칼럼니스트 조셉 소브란Joseph Sobran과 패트릭 뷰캐넌Patrick Buchanan의 발언에서 한 세대 동안 주류 우파에서 볼 수 없었던 어떤 징후를 감지했다고 생각했다. 드문 경우기는 했지만 그것은 반유대주의가 가미된 신고립주의적 토착주의였다.[8]

개개의 인물들은 차지하고라도, 비난을 두려워하지 않는 고보수주의가 보수주의 진영에 불협화음의 요소를 도입한 것은 틀림없었다. "지구적 민주주의"와 외국과 얽히는 관계에 회의적이고, 제3세계 이민자들이 미국의 유럽 지향적 문화에 미치는 영향을 두려워하는 맹렬하고 도전적인 "민족주의자"—"국제주의자"가 아닌—이자, 자유무역의 교리를 공개적으로 비판하는 뷰캐넌적인 고보수주의는 1945년 이전, 즉 냉전이 시작되기 이전의 미국 우파와 점점 더 닮아갔다. 뷰캐넌 자신이 1992년 "미국 우선주의America First"라는 제2차 세계대전 이전의 반개입주의 기치 아래 대통령 선거운동을 했을 때, 그 상징성은 의도적이고 완벽해 보였다.

네오보수주의자들과 고보수주의자들 사이의 논란이 거세지자 좌파와 우파의 많은 비평가들은 보수연합이 죽었거나 절망적인 혼란에 빠졌다고 평가했다. 확실히 일부 고보수주의 전략가들은 이를 믿었고, 그들의 분리주의적 신념에 따라 행동하고 있었다. 마치 일치운동 성향의 필라델피아소사이어티에 대항이라도 하듯, 일단의 고보수주의자들은 그들만의 조직인 존랜돌프클럽John Randolph Club을 결성했고, 심지어『내셔널리뷰』가 지배하는 주류 우파에서 오랫동안 벗어나 있던 "고古자유지상주의pa-leolibertarian" 경제학자 머레이 로스바드에게 손을 내밀기까지 했다.

상징성은 다시 한번 꼭 들어맞았다. 네오보수주의 "침입자"에 맞선 열성적인 고보수주의자들은 1980년 이전의 상황으로 돌아가거나 초기에 『내셔널리뷰』가 몸소 보여준 융합주의로 되돌아가려 하지 않았다. 고보수주의자들에게 자신들의 지적 조상은 버클리 계파가 지배력을 행사하기 이전에 존재했던 구우파였다.

보수주의자들 사이의 몰상식한 다툼이 유럽의 공산주의 붕괴, 그리고 냉전의 놀라운 종식과 동시에 일어났다는 사실도 주목을 받았다. 당연히 의문이 제기되었다. 반공산주의와 동일시되는 운동이 크렘린에서 적이 사라진 후에도 살아남을 수 있을 것인가? 아니면 구소련 제국에서 그랬던 것처럼, 이제 보수주의 공동체에서도 바깥으로 빠져나가려는 경향—고보수주의자들의 이탈처럼—이 팽배해질 것인가?

어떤 면에서 이러한 의문들은 곧바로 해소되었다. 일부 비평가들의 두려움—그리고 기대—과 달리 보수주의 지적 운동은 1990년대 초반에 와해되지 않았다. 이 운동의 소멸에 관한 보도는 과장된 것으로 판명되었다. 1945년 이후 보수주의는 항상 지정학적 반공산주의 이상의 무언가를 포괄해왔다. 소련의 붕괴로 하이에크·위버·푀겔린·스트라우스·커크의 보다 심오한 문명사적 우려가 쓸모없어진 것도 아니었다. 게다가 1989년부터 1992년까지의 "대논쟁"에서 대부분의 보수주의 기득권층은 뷰캐넌 계열의 경향에 반대하거나 의구심을 표했다. 고보수주의의 특정 논제—특히 미국 해안을 통해 무제한적으로 들어오는 이민자들—가 보수주의 진영의 일부에게 반향을 불러일으켰지만, "구우파"가 보수주의 담론을 지배하지는 못했다. 의미심장하게도 『클로니클』의 발행 부수는 『내셔널리뷰』와 『아메리칸스펙테이터』에 비해 여전히 적었다.

그럼에도 불구하고 반공산주의가 1945년 이후 보수연합을 통합하는데 결정적인 역할을 했고, 유럽에서 공산주의가 몰락하면서 미국 보수주의자들에게 요구되었던 융합주의 명령이 약화되었다는 사실은 부인할수 없었다. 탈냉전 시대가 정착되자 많은 보수주의자들은 새로운 "역동적 중도"를 찾는 듯했다. 그러면서 많은 질문들이 남겨졌다. 보수연합이 너무나 성공적으로 성장했고, 너무나 다양해져서 더 이상 "역동적 중도"란 있을 수 없는 것인가? 외부의 적에 의해 갖게 된 선명성 없이도, 냉전에 의해 부여된 생사가 걸린 심각성 없이도, 그토록 다양한 기원을 가진 운동이 "운동 의식"과 미국을 통치할 능력을 상실하지 않을 수 있을 것인가? 아니면 좌파의 다른 공격들—다문화주의, 복지국가의 변화, 희생자 의식 정치와 정체성 정치, "문화 전쟁"—이 우파를 결집시켜주는 또 다른 접착력이 될 것인가? 누구도 확신을 갖고 말할 수 없었다.

그래서 1990년대 중반 미국 보수주의자들은 최고의 시대이자 최악의 시대라고 묘사하기에 가장 적합한 불편한 시기에 접어들었다. 확실히 이 시기는 40년 전의 관점에서 볼 때 최고의 시간 중 하나였다. 러셀 커크라는 미시간 출신의 젊은 수장이 본래 제목을 "보수주의자의 참패The Conservatives' Rout"*라고 하려 했던 책을 내놓은 1953년보다 세상은 보수주의자들에게 훨씬 덜 외로운 곳이었다. 1966년 무렵 지적 보수주의는 한 세대 전에는 존재하지 않았던 정교한 인프라를 구축했다. 보수적 정서의 표현은 전문화되었다. 더욱이 조직된 보수 엘리트와 한때 "침묵하는 다수"로 알려졌던 방대한 유권자들 사이에는 이제 비범한 러시 림보가 이끄는 중재자 집단이 번성해 있었다. 1992년 림보의 책 『마땅히 가야 할 길The Way Things Ought to Be』은 짧은 시간 안에 200만 부 이상이 팔려 역사상 가장 많이 팔린 양장본 책이 되었다.

성숙과 성공을 보여주는 다른 징후들도 많았다. 1995년에는 러셀 커크의 자서전 『상상력이라는 칼The Sword of Imagination』과 어빙 크리스톨의 『네오보수주의: 이념의 자서전Neoconservatism: The Autobiography of an Idea』이 출판되었다. 제임스 번햄·프리드리히 하이에크·레오 스트라우스·에릭 푀겔린·리처드 위버와 같은 저명한 우파 인사들이 점차 학문적 관심의 대상이 되었다. 실제로 보수주의 자체—지적·풀뿌리 표현 형태 모두—가 빠른 속도로 역사 연구의 한 분야가 되었고, 그 지속성과 중요성을 인정받았다.

그러나 우파의 많은 사람들에게 이는 대단히 충격적인 역설로 보였다. 미국 보수의 정신은 그 어느 때보다 명확하게 표명되었고, 워싱턴의 보수 정치인들은 과거보다 그 수가 많아졌지만, 보수주의가 미국 문화에

• 1952년 발표한 러셀 커크의 박사학위 논문. 커크는 이 논문의 제목 그대로 책을 출간하고 싶어했지만, 책은 헨리 레그너리에 의해 1953년 『보수의 정신』이라는 제목으로 출간되었다.

미치는 영향력은 줄어들고 있는 것처럼 보였다. 이념에는 결과가 따를 테지만—보수주의자들이 주장한 바에 따르면—, 실망스럽게도 보수주의 이념이 탈냉전 시대에 유포된 유일한 이념이 아님은 너무나도 분명했다. 보수주의의 부활이 탄력을 얻었음에도 불구하고 한 세대 전체에 걸쳐 미국의 주요 부문들은 우파가 아니라 좌파로 이동했다. 특히 "생활양식"이라는 영역—마약 복용·성적 관습·음란물 허용·대중오락 취향—에서 대중의 태도와 행동은 눈에 띄게 자유방임적으로 바뀌었다. 어떤 사람들은 이를 "해방"이라 불렀고, 일부는 "표현적" 개인주의라고 불렀다. 무엇이라 부르든 간에 확실히 사회 변화의 진로는 보수주의적 방향을 가리키고 있지 않았다.

이러한 사실이 의심스럽다면 1993년 윌리엄 베넷이 작성한『문화선행지수The Index of Leading Cultural Indicators』를 참조하기만 하면 된다. 그는 이 책에서 많은 보수주의 사회비평가들이 오랫동안 주장해온 것을 경험적으로 입증했다. 격동의 1960년대부터 자기도취에 빠진 1990년대까지 미국은 "실질적인 사회적 퇴행"을 경험했다.' 이러한 쇠퇴의 원인이 무엇이었든 이에 대한 보수주의의 비판은 그러한 사태를 되돌릴 수 없었다.

1996년 초 보수주의자들 사이에서는 "자유주의의 60년"이 미국의 "사회 구조"를 "누더기"로 만들었고, "큰 정부의 해체"와 같은 부정적인 구제책만으로는 그것을 복원하기 충분하지 않다는 합의가 확대되었다.『정책리뷰』에서 애덤 메이어슨Adam Meyerson은 보수주의자들이 이제는 그야말로 처음부터 완전히 "시민사회를 회복"시키려 노력해야 한다고 썼다. 이 작업에는 한 세대가 소요될지도 모를 일이었다. 그는 "가정의 붕괴", 만연한 범죄, 공교육의 실패라는 대재앙이 사라지려면 통상적인 공공정책 범위에서 벗어나 "완전히 새로운 제도"를 수립하고, 다른 제도를 재건해야 한다고 주장했다.[10] 다른 보수주의자들은 사회 쇄신을 위한 처방을 훨씬 더 전면적으로 제시했다. 1995년 11월『코멘터리』의 50주년 기념호에서 상당수의 보수주의 지식인들은 18세기 대각성운동Great Awakening과 유사한 종교적 부흥이 미국에 임박했거나 심지어 진행 중이라는 데 동의했다.[11] 우파의 많은 이들에게 이 외에 미국의 회생을 가능하게 할 다른 방법은 없어 보였다. 지금은 자유주의적 상대주의와 "전염성 허무주의"가 만든 황무지가 너무나 광활하고 퇴락해 있었다.[12]

미래가 어찌 되든 탈냉전 시대의 보수주의자들은 반세기도 더 전에 오르테가 이 가세트가 한 말의 진의를 새롭게 깨달아가고 있었다. "우리의 현재 문명을 보존하는 단순한 과정은 지극히 복잡하며, 헤아릴 수 없을 정도의 미묘한 힘을 필요로 한다." 때때로 투쟁이 아무 소용없는 것처럼 보일 수도 있었지만, 보수주의자들은 1945년 이후 자신들의 역사에서 용기를 얻을 수 있었다. 현재의 악이 아무리 확고부동하고 무시무시하더라도 극복할 수 없는 것은 아니다. 미래가 항상 현재에 있는 것만은 아니다.

주

1   더그 밴도우, 「기독교의 평행우주Christianity's Parallel Universe」, 『아메리칸 엔터프라이즈American Enterprise』 6(1995년 11~12월), 58~61쪽

2   폴 존슨, 『현대: 20년대부터 80년대까지의 세계Modern Times: The World from the Twenties to the Eighties』(뉴욕, 1983), 개정증보판 『현대: 20년대부터 90년대까지의 세계Modern Times: The World from the Twenties to the Eighties』(뉴욕, 1991). 이 문구들은 개정판 784쪽의 문장에서 인용했다.

3   존슨, 『현대』(개정판), 783쪽

4   같은 책

5   고보수주의자 클라이드 윌슨 교수와 M. E. 브래드포드는 『대학연합리뷰』 21(1986년 봄), 7, 15쪽에서 "사기꾼"과 "침입자"라는 단어를 사용했다.

6   폴 고트프리드 및 토마스 플레밍, 『보수주의운동The Conservative Movement』(보스턴, 1988), 73, 108쪽. 또한 폴 고트프리드, 『보수주의운동』(개정판: 보스턴, 1993), 특히 6장과 7장을 참조할 것.

7   「보수주의의 국가: 토론회The State of Conservatism: A Symposium」, 『대학연합리뷰』 21(1986년 봄), 3~28쪽

8   네오보수주의자와 고보수주의자들 사이의 논쟁을 간략하게 설명한 글로는 사라 다이아몬드, 『지배권으로 향하는 길: 미국 우익 운동과 정치권력Roads to Dominion: Right-Wing Movements and political Power in the United States』(뉴욕 및 런던, 1995), 279~289쪽과 존 어만, 『네어보수주의의 부상: 학술적 및 외교적 사안들, 1945~1994The Rise of Neoconservatism: Intellectuals and Foreign Affairs, 1945-1994』(뉴헤이븐, 1995), 185~186쪽을 참조할 것. 이 논쟁을 고보수주의 입장에서 보다 상세하게 설명한 글로는 폴 고트프리드의 『보수주의운동』(주 6)을 참조할 것. 네오보수주의의 입장에 대해서는 노먼 포드호레츠, 「뷰캐넌과 보수의 정신분열Buchanan and the Conservative Crackup」, 『코멘터리』 93(1992년 5월), 30~34쪽을 참조할 것. 이 소란의 와중에 윌리엄 F. 버클리 주니어는 반대자들이 제기한 반유대주의를 다루는 데 책 한 권을 통째로 할애했다. 『반유대주의에 대한 탐구In Search of Anti-Semitism』(뉴욕, 1992)

9   윌리엄 F. 베넷, 『문화선행지수The Index of Leading Cultural Indicators』(워싱턴, D.C., 1993) 베넷의 모음집은 헤리티지재단과 미국에게힘을Empower America이라는 단체가 공동 출판했다.

10   애덤 메이어슨, 「독자들에게 보내는 편지Letter to Our Readers」, 『정책리뷰: 미국 시민의 저널Policy Review: The Journal of American Citizenship』 75호(1996년 1/2월), 5~6쪽

11   「국가적 전망: 토론회The National Prospect: A Symposium」, 『코멘터리』 100(1995년 11월), 여러 페이지; A. J. 바세비치A. J. Bacevich, 「『코멘터리』가 갑자기 종교에 관심을 갖다Commentary Gets Religion」, 『위클리스탠다드』(1995년 12월 4일), 34~35쪽

12   이 구절은 미지 텍터가 『코멘터리』 토론회에 기고한 글의 각주 11번에서 인용했다.

결론

보수주의는 어디로 향하고 있는가

20세기 말과 21세기 초 미국의 보수주의 지식인 사회는 중년이 되었다. 그리고 이 시기의 삶에 도달하는 많은 사람과 운동이 그러하듯, 이들 역시 자부심과 의식적인 기념 행위를 통해 과거를 되돌아보기 시작했다. 2003년 대학연합연구소 ISI는 러셀 커크의 역작 『보수의 정신』과 나란히 창립 50주년을 기념했다. 2005년 보수주의운동의 대표 저널 『내셔널리뷰』는 창립 반세기를 기념하고, 윌리엄 F. 버클리 주니어의 80번째 생일을 축하했다. 2006년 ISI 출판부는 오랫동안 기다려온 『미국 보수주의 백과사전 American Conservatism: An Encyclopedia』―거의 1000페이지에 달하는 인상적인 학술적 참고도서―을 출간했다. 어느 보수주의 역사학자는 "이 책의 무게를 느껴보십시오"라고 외쳤다. 이는 한때 소외받던 소수가 성숙해지고 존경받게 되었음을 보여주는 가시적인 증거였다. 『뉴욕타임스』는 1면에서 이 책에 대한 관심을 표했다.[1]

확실히 21세기 초반은 미국 보수주의자들에게 최고의 시기였으며, 그들의 광야의 시대가 끝났음을 보여주는 징후가 넘쳐났다. 벨트웨이 Beltway*에서 블로고스피어 blogosphere**에 이르기까지, 출판 산업에서 인터넷

* 워싱턴 D.C.의 외곽순환도로. 수도를 허리띠처럼 감싸고 있어 '벨트웨이'라고 불린다. 이 도로를 기준으로 도로 안쪽에는 부유층이 거주하는 동네가, 바깥쪽에는 빈민층이 거주하는 동네가 형성되어 있다. 이를 빗대어 사회적 약자에게 관심이 없는 정치인들을 '벨트웨이 베이비'라고 부른다.

웹사이트에 이르기까지, 홈스쿨링운동에서 고전적 기독교 학교에 이르기까지, 진정한 보수주의적 대항문화가 그 어느 때보다 번성하고 있었다. 그러나 보수주의가 2006년 미국의 지형에 뿌리를 내리고 있다 하더라도, 기념하고 싶어 하는 우파의 마음에는 불안감이 뒤섞여 있었다.

보수주의 진영의 많은 사람들 사이에서는 레이건 시대 이후 그들의 정치적 성공이 미국인들의 삶의 방식에 어울리는 변화와 동떨어져 있다는 인식이 커지고 있었다. 두 세대 동안 자유주의적 복지국가에 대한 비판은 보수주의 담론의 필수 요소였지만, 정부의 규제와 지출은 계속 확대되었다. 보수주의자들은 도덕적 상대주의 경향을 열성적으로 비판했지만, 그들은 해가 갈수록 서구 문명의 도덕적 기반이 더욱 공허해지고 있다고 생각했다. 더욱이 보수주의 지식인 사회의 일부는 "저 늙은 당나귀는 예전 같지 않다네"***, 즉 보수주의운동이 권력을 장악하는 과정에서 부패했다고 느끼고 있었다.

초초해하는 분위기는 단지 중년의 또 다른 징후인가, 아니면 보다 심각한 무언가를 암시하는 것인가? 정치적 또는 지적 운동이 성숙해졌다는 것은 그 영광의 날이 얼마 남지 않았음을 의미하는 것인가? "희망의 봄"이 "절망의 겨울"****에 자리를 내주어야—찰스 디킨스의 말대로—하는

•• 　인터넷상의 모든 블로그 또는 블로거 집단을 의미하는 용어로 모든 블로그는 연결된 공동체 또는 소셜 네트워크로서 존재한다는 의미를 담고 있다.

••• 　미국 민요 〈늙은 당나귀Old Gray Mare〉의 구절. 무언가 또는 누군가가 구식이 되었거나 늙었다는 뜻으로 오늘날에는 다소 경멸적인 의미로 사용된다.

•••• 　찰스 디킨스의 『두 도시 이야기』의 첫 문단에 등장하는 구절이다. "최고의 시절이자 최악의 시절, 지혜의 시대이자 어리석음의 시대였다. 믿음의 세기이자 의심의 세기였으며, 빛의 계절이자 어둠의 계절이었다. 희망의 봄이면서 곧 절망의 겨울이었다. 우리 앞에는 무엇이든 있었지만 한편으로 아무것도 없었다. 우리는 모두 천국 쪽으로 가고자 했지만 우리는 다른 방향으로 걸어갔다."

가?

2006년 무렵 그 누구도 미국 보수주의가 번성했다는 사실을 부인할 수 없었다. 그러나 연합의 다양한 분파들이 각자의 의제를 추구하면서 번영과 더불어 정치적 타협, 형제 간의 경쟁, "운동 의식"의 약화라는 위험이 수반되었다. 2006년 무렵 "우익의 거대한 음모vast right-wing conspiracy"는 너무 크고 분산되어 있어, 『내셔널리뷰』가 초기에 할 수 있었던 것과 같은 작전 참모 역할을 단일 기관이 수행하기란 불가능했다. 더 이상 미국 보수주의에는 버클리나 레이건 같이 일치운동을 지휘할 인물이 존재하지 않았다.

보수주의 세계가 확장되면서 지지자들을 더 작은 그룹과 파벌로 분류하는 경향이 생겨났다. 보수주의자들은 오랫동안 자유지상주의와 전통주의 사이에서 긴장하며 살아왔다. 2006년 무렵 네오콘, 팔레오콘paleocons, "데오콘theocons"―신학적 또는 종교적 보수주의―, 레오콘Leocons―레오 스트라우스의 제자들―이 이 범주에 포함되었다. "녹색" 감성과 대항문화적 취향을 가진 전통주의적 보수주의자들은 "크런치콘crunchy cons"으로 알려졌다. 25세 미만의 보수주의자들은 미니콘minicons이라고 불렸다.[2] 이 모든 것이 다소 장난스럽고 재미있기는 하지만, 파벌을 나누려는 충동이 작동하고 있음을 암시했다.

지적 우파 내부에서 종파주의가 성장―부분적으로 전례 없는 번영의 결과―하자, 소련 공산주의에 맞서던 냉전의 종식이 보수주의자들의 의식에 심오하고 지속적인 영향을 미쳐왔음이 부각되었다. 1990년대 중

• 미국의 보수 싱크탱크와 언론 등이 음모를 생성·확산시키는 것을 말한다. 1998년 르윈스키 스캔들 당시 힐러리 클린턴이 남편 빌 클린턴 대통령을 방어하기 위해 사용하면서 대중화되었다.

반 이후 미국 보수주의의 지적 활동은 보수주의적 열망의 새로운 종합—말하자면 새로운 시대를 위한 새로운 융합주의—을 공식화하려는 일련의 노력으로 특징 지어졌다. 클린턴 대통령의 첫 임기 동안 "우리를 가만히 내버려둬라Leave Us Alone" 연합이 갑자기 무대에 등장했다. 그들은 더 높은 세금이나 힐러리 클린턴의 의료보험 계획, 총기 규제 또는 개인 재산권의 침해와 같은 형태로 개입하는 정부에 대한 혐오로 단결했다. 그것에 활기를 불어넣는 원리는 개인의 자유—자유지상주의적 패러다임—였다. 얼마 지나지 않아 『위클리스탠다드』의 일부 네오보수주의자들은 2001년 9·11 이후 조지 W. 부시의 강력한 대외 정책을 요약해서 보여주는 "자국의 위대함national greatness" 보수주의를 제시했다. 부시는 2000년 대통령으로 선출되기 전에 자신이 칭한 "자비로운 보수주의"에 대해 자세하게 설명했다. 그것은 무엇보다 1990년대 중반 대립을 일삼던 뉴트 깅리치 하원의장의 지도 스타일과 "우리를 가만히 내버려둬라" 운동의 반국가주의적 추진력을 의도적으로 비난하는 것이었다.

보다 최근에는 전쟁의 은유—단합을 지속적으로 촉구하는—가 보수주의 담론으로 되돌아왔다. 클린턴과 부시 행정부 시절 급진 이슬람에서 새로운 적이 나타났고, 이는 보수주의자들에게 새로운 존재의 이유가 되었다. 9·11 이후—찰스 크라우트해머Charles Krauthammer가 말한 10년간의 "역사로부터의 휴가" 이후—대중 의식의 중심에 외국의 위협이 재등장하면서 미국 보수주의는 국가 안보라는 근본 원리에 기반한 새로운 사명을 부여받았다. 전 세계적 테러와의 전쟁에서 대부분의 미국 보수주의 지식인과 활동가들은 공산주의에 맞섰던 냉전의 기능적 대체물을 발견했다.

국내 최전선에서 한때 반공산주의에 의해 제공되었던 보수주의의 결속력은 점차 또 다른 "전쟁"—보수주의 정체성에 더욱 필수적으로 보이는—에서 나왔다. 이는 로마 가톨릭·복음주의 개신교·정통 유대교 신자들의 동맹이 자신들의 가장 두터운 신념에 매우 적대적이라고 여기는 탈기독교, 심지어 반기독교, 세속적 엘리트에 대항하는 소위 "문화 전쟁"이었다. 이 단층선을 따라 날마다 새로운 진동—낙태, 안락사, 동성 결혼, 줄기세포 연구, 테리 샤이보Terri Schiavo 사건,* "크리스마스와의 전쟁",** 연방대법원의 구성 등—이 발생하는 것 같았다. 이는 문자 그대로 옳고 그름의 의미를 둘러싼 투쟁이었고, 교황 베네딕토 16세가 "상대주의의 폭정"이라고 불렀던 것에 맞선 투쟁—보수주의를 위한—이었다. 적어도 갈수록 정치를 전쟁의 한 형태로 여기는 미디어와 수다쟁이계급chattering classes*** 사이에서 이는 가라앉을 조짐이 보이지 않는 장기적이고 억제할 수 없을 것 같은 갈등이었다. 그 결과가 어떻든 간에 끝나지 않는 "문화 전쟁"은 대부분의 보수주의자들에게 새로운 목적의식을 부여하고 전투 태세를 갖추도록 했다.

그러나 우파에 대한 모든 도전이 일상의 적들에게서만 나온 것은 아니었다. 미국의 보수주의는 전 세대에 걸쳐 자유지상주의·전통주의·국

• 　1990년 심각한 뇌 손상으로 장기 의식불명 상태에 있던 샤이보의 안락사를 둘러싸고 안락사를 요구한 그녀의 남편과 이에 반대한 부모 사이에 법정 다툼이 벌어진다. 공화당 정치인들이 안락사에 반대하면서 샤이보 사건은 삶의 질과 죽을 권리뿐만 아니라 국가가 이러한 개인의 문제에 어디까지 개입해야 하는지에 관한 대중적 논쟁을 불러일으켰다.

•• 　기독교의 전통적인 축일인 크리스마스가 세속적 다원주의 세력—주로 정부와 학교—의 공격으로 인해 그 가치가 훼손되고 있음을 비판하는 표현으로, 2000년대 초반 보수 언론인들에 의해 대중화되었다. 이들은 종교의 다양성과 정치적 올바름을 명목으로 크리스마스를 단순한 '휴일'로 만듦으로써 미국의 전통을 무시하고 있다고 비난한다.

••• 　정치·문화·사회 문제에 대해 자신의 의견을 표현하기 좋아하는, 교육 수준이 높은 대도시 중산층을 비꼬는 표현.

가안보 강경파·네오보수주의·종교적 우파—각각은 좌파에 의해 제기된다고 생각한 외부 위협에 맞선 대응이었다—라는 다섯 개의 뚜렷한 분파로 이루어진 연합체로 성장했다. 21세기의 첫 몇 해 동안 보수주의 지적 운동은 역사상 최초로 예상치 못한 이유—조지 W. 부시의 대통령직—로 인해 내부 도전에 직면했다.

종교적 우파와 네오보수주의자들에게 부시 시대 초기는 비교적 마음이 잘 맞는 시기였다. 기독교 신자로 거듭난 텍사스 출신의 대통령은 종교적 보수주의자들을 부지런히 양성했고, 대법관 지명과 다양한 공공정책 발의를 통해 그들에게 보답했다. 이 핵심 지지자들에게 그는 "우리 중 한 명"이었다. 종교적 우파와 함께 많은 네오보수주의자들 역시 부시 행정부의 대외 정책에 강력한 영향을 미쳤으며, 마찬가지로 그들이 착용한 수사적·이론적 복장에도 중요한 영향을 미쳤다. 2005년 『퍼스트명스』의 편집자 조셉 보툼Joseph Bottum은 생명 존중pro-life* 종교적 보수주의자와 네오보수주의자들이 보수연합의 새로운 중심—미국의 삶과 대외 정책의 재도덕화를 목표로 하는 "새로운 융합주의"를 담아낼 그릇—이 되었다고 말하기까지 했다.[3]

보수연합의 다른 분파와 더 오래된 분파들은 보다 양가적이었고, 때때로 크게 실망했다. 행정부의 법관 임명과 세금 감면 정책에는 충분히 만족했지만, 그들은 부시 정권하에서 메디케어Medicare** 의약품 혜택이 확대되고, 국가가 교육 정책을 장악했으며, 연방 지출이 무제한적으로 치

---

* 태아의 생명을 존중한다는 의미로 낙태 반대를 말한다. 이와 반대로 산모의 권리를 존중한다는 의미의 선택 존중pro-choice은 임신 중단을 뜻한다.

** 미국 연방정부가 65세 이상의 고령자에게 제공하는 의료보장제도.

솟게 허용했다고 불평했다. 지적 뿌리가 1980년대 이전에 있고, "제한된 정부"가 궁극적 주문呪文이었던 보수주의자들에게 2006년 워싱턴 D.C.의 광경은 그리 좋아 보이지 않았다. 그들에게는 부시 행정부의 "큰 정부" 보수주의가 보수주의의 가장 뿌리 깊은 전통 중 하나—지속적으로 확대되는 국가에 대한 저항—에서 탈선하는 것처럼 보였다.[4]

때로는 이단적인 국내 정책보다 외교 문제—특히 이라크—에 대한 부시 행정부의 접근방식이 보수연합에 새로운 부담을 안겨주었다. 테러와의 전쟁에서 집행권을 대담하게 행사한 대통령은 행정권 제한을 확고한 첫 번째 원칙으로 하는 자유지상주의자와 전통주의자들을 당황스럽게 만들었다. 부시는—우드로 윌슨과 달리—열렬한 초국가주의자가 아니었지만, "강경한 윌슨주의"라는 표현을 전면에 내세우는 그가 일부 우파에게는 전혀 보수적으로 보이지 않았다. 그러나 실제로 이는 보수적인 애국자들을 그의 깃발 아래 끌어들이는 데 도움이 되었다. 당연히 대통령의 적극적인 민주적 보편주의와 그의 외교·안보 정책 기구에 있는 네오보수주의자들의 명성은 고보수주의자와 네오보수주의자들 간의 전투에서 소규모 접전이 더 빈번하게 촉발되는 데 일조했다.[5]

패트릭 뷰캐넌과 잡지 『미국의 보수주의American Conservative』(2002년 창간)와 관련 있는 고보수주의자들을 제외하고, 대부분의 보수주의 지식인과 활동가들—특히 젊은층의—은 부시 대통령이 수행하는 테러와의 전쟁을 지지하는 것으로 나타났다. 테러 위협의 심각성, 그리고 반전 좌파의 격렬함과 거의 신경증적 반응은 백악관 인사들과 관계를 끊으려 했던 우파가 진정되는 데 커다란 역할을 했다. 그러나 2006년이 되자 조지 캐리와 제프리 하트 같은 일부 "구식" 보수주의 지식인들은 부시 행정부가 과연 보수적인지에 관해 공개적으로 의문을 제기했다.[6] 우파의 반대 목소리가 더 커지게 될지의 여부는 아마도 중동 사건에 달려 있을 것이다.

이 모든 분란의 징후는 보수주의자들에게 두 세대에 걸쳐 진화해온 그들의 지적·정치적 운동이 여전히 해체 가능성을 안고 있는 연합—모든 연합이 그렇듯—이라는 사실을 상기시켜주었다.

그렇다면 보수주의 제국의 태양은 지고 있는 것인가? 2006년 무렵 적지 않은 수의 보수주의자들은 오랫동안 예견되어온 "보수주의의 붕괴"가 눈앞에 닥쳐올지 모른다고 두려워했다—적지 않은 수의 좌파 비평가들은 이를 기대했다. 한 저명한 보수 언론인은 냉전이 종식되자 운동이 신경쇠약에 걸렸다는 말에 동의했다. 2006년 이민 개혁을 둘러싸고 우파에서 분출된 대논쟁은 한편의 자유시장 자유지상주의자와 맞은편의 문화적 전통주의자·신냉전 전사 간에 지속되어온 분열을 드러냈다. 차기 대통령 선거가 가까워지면서 우파에서는 보수주의가 누구도 확신하지 못하는 쪽으로—또는 사람을 향해—방향을 전환하고 있다는 인식이 커지고 있었다.

부시 시대의 국정 운영에 좌절감을 느끼고, 그 시대의 역사를 특징짓는 내재적인 철학적 긴장과 내부 분쟁에도 불구하고 미국 우파의 붕괴는 가까운 시일 내에 일어날 것 같지 않았다. 무엇보다 운동의 각 진영은 성장하는 학자·세련된 미디어·싱크탱크의 네트워크를 통해 완전히 제도화되었다. 이것은 분노로 인해 촉발된 지적 충동이나 정치적 충동의 발현이 아니었다. 게다가 점점 더 미디어가 포화되어가는 문화 속에서 보수주의자들은 러시 림보·숀 해니티Sean Hannity·로라 잉그레이엄Laura Ingraham·마이클 메드베드Michael Medved 같은 라디오 토크쇼 터줏대감들에서부터 저널리즘의 마빈 올라스키Marvin Olasky·윌리엄 크리스톨·리처드 로리Richard Lowry, 그리고 떠오르는 블로고스피어의 휴 휴이트Hugh Hewitt

에 이르기까지 자신들을 지지하는 유명인사들을 배출하면서 스스로 존립하고 있었다. 지식인과 관련 엘리트들에게 명성을 만들어주고 나누어주는 일은 더 이상 자유주의 기관들만이 할 수 있는 일이 아니게 되었다.

문화 전쟁의 모든 언어적 난장판 속에서도 문화적 쇄신의 징후는 계속해서 나타났기 때문에 보수주의가 붕괴될 가능성은 없어 보였다. 확실히 성공하는 기독교 영화가 늘어나고, 미국 사회—강인한 풀뿌리의 자비로운 보수주의—의 도덕성 회복을 추구하는, 신앙에 기초한 다양한 정책들이 발의되고 있었다. 어느 저자가 "선교사 세대"라고 부른, 기독교와 정통 유대교 고등교육 기관에서 배출된 대학생들의 수도 분명히 증가하고 있었다.[7] 미국 대학에서 일어나고 있는 정통 종교로의 회귀가 지속된다면 15년 안에 미국은 다른 나라가 될지도 모른다.

무엇보다 보수연합을 분노하게 만드는 외부의 자극이 대부분 사라지지 않았기 때문에 보수연합은 버틸 수 있는 운명인 듯 보였다. 어떤 면에서 이 자극들은 더 강력해졌다. 베를린 장벽이 무너졌고 사회주의 경제학이 신뢰를 잃었을지 모르지만, 2006년의 세계에서 미국인의 삶의 상당 부분은 꾸준히 보수주의적 신념과 정반대의 방향으로 움직였다. 사실 1960년대의 "문화 혁명" 이후 미국은 우경화와 좌경화를 동시에 진행해왔다. 특히 사회 문제와 생활방식이라는 영역—마약 복용, 성적 관습, 음란물 허용, 대중오락 취향—에서 엘리트와 대중의 태도는 최근 수십 년 동안 자유방임적이고, 심지어 새로운 이교도적 방향으로 급격히 전환되었다.

2006년 무렵 보수주의자들이 보기에 미국인들의 삶을 추정할 수 있는 많은 표본—대부분의 대학·주요 미디어·엔터테인먼트 산업 등—이 기독교 신앙과 도덕규범에 점점 더 무관심해지고 심지어 적대적이 된 듯했다. 유대교-기독교 윤리의 옹호자들—대부분의 보수주의자들을 포함해—에게는 아직까지 해야 할 일이 많았다. 좌파에는 여전히 강력한 적이 있었다.

이 불안정한 상황은 앞으로 몇 년간 보수주의자들이 해결해야 할 냉정한 문제를 제기했다. 그렇게 깊이 분열된 국가가 스스로를 효과적으로 다스릴 수 있을 것인가? 우파가 선거 결과와 공공정책의 구상을 장악하고, 좌파가 국가의 관습과 문화 전달 벨트를 장악하고 있는 체제가 잘될 수 있을 것인가? 보수주의자들이 우리 문화를 둘러싼 경쟁에서 승리하지 않고도 무한히 번성할 수 있을지의 여부는 어쩌면 미국 정치에 중요하지만 해답이 없는 질문일지 모른다.

그러나 그들이 매번 투표에서 승리를 하든 그렇지 않든, 2006년의 미국 보수주의자들은 자신들의 미래가 미리 결정되어 있지 않다는 사실로부터 위안을 얻을 수 있었다. 인간의 법칙이나 자연의 어떤 법칙도 그들의 운동이 쇠퇴해야 한다고 규정하지 않았다. 1945년 이후 그들 자신의 역사는 그러한 숙명론을 반박해왔다. 1981년 로널드 레이건이 동료 시민들에게 촉구했듯이 그의 보수 후계자들도 "우리 자신을 믿고, 위대한 일을 해낼 수 있는 우리의 능력을 믿는다"고 새롭게 다짐했을지 모른다.

어쨌든 그들은 레이건의 말을 되풀이하며 덧붙였을 것이다. 어째서 그 말을 믿어서는 안 되는가? 우리는 미국인이다.

주

1 『뉴욕타임스』, 2006년 6월 21일, 1쪽

2 로드 드레어 Rod Dreher, 『크런치콘』(뉴욕, 2006)

3 조셉 보툼, 「새로운 융합주의 The New Fusionism」, 『퍼스트띵스』 154호(2005년 6~7월), 22~26쪽

4 최근에 이러한 관점을 표명한 글은 스티븐 무어, 「우리 모두는 이제 포스트-레이건주의자이다 We Are All Post-Reaganites, Now」, 『아메리칸스펙테이터』 39(2006년 4월), 30~33쪽을 참조할 것.

5 사소한 사례로는 데이비드 프룸 David Frum, 「애국심 없는 보수주의자들 Unpatriotic Conservatives」, 『내셔널리뷰』 55(2003년 4월 7일), 32~40쪽; 패트릭 J. 뷰캐넌, 『우파가 잘못 들어선 길: 네오보수주의자들은 어떻게 레이건 혁명을 뒤집고 부시 대통령 자리를 장악했나 Where the Right Went Wrong: How Neoconservatives Subverted the Reagan Revolution and Hijacked the Bush Presidency』(뉴욕, 2004); 스테판 A. 할퍼 및 조나단 클라크, 『미국 고립주의: 네오보수주의와 국제 질서 America Alone: The Neo-Conservatives and the Global Order』(케임브리지, 2004); 개리 로즌 Gary Rosen 편, 『정의로운 전쟁? 이라크 전쟁에 대한 보수적 논의 The Right War? The Conservative Debate on Iraq』(케임브리지, 2005)를 참조할 것.

6 조지 W. 캐리, 「보수주의의 미래 The Future of Conservatism」, 『모던에이지』 47(2005년 가을), 291~300쪽; 제프리 하트, 『미국 보수의 정신의 만들기 The Making of the American Conservative Mind』(윌밍턴, 델라웨어, 2005), 347~57쪽

7 나오미 쉐퍼 라일리 Naomi Schaeffer Riley, 『4인실의 하나님 God on the Quad』(뉴욕, 2005)

부록

서신 및 인터뷰 명단

I

서신

다음은 저자에게 보내준 편지를 통해 기억과 일화를 공유하고 사실을 확인해주었거나 귀중한 정보를 제공해준 사람들이다.

글렌 D. 커먼스·넬리 D. 켄달·닐 맥카프리·다니엘 부어스틴·데이비드 N. 로우·라일 H. 보렌·러셀 커크·로버트 니스벳·루이스 렘로우·마틴 다이아몬드·머레이 로스바드·멀포드 Q. 시블리·모리스 콕스·배리 골드워터·베르트랑 드 주브넬·사보이 로틴빌·스티븐 톤소르·아서 라슨·앨런 테이트·에드워드 오피츠·에드워드 해리슨·어니스트 반 덴 하그·엘리세오 비바스·오스틴 레니·윌 허버그·윌리엄 F. 버클리 주니어·이보나 K. 메이슨·제임스 번햄·조지 캐리·조지 코어·존 앨비스·존 피셔·찰스 H. 커먼스·찰스 하이네만·칼 알버트·캐서린 켄달·크리스 브룩스·토마스 몰나르·토마스 윈터·토마스 쿡·폴 바넬·폴리 위버 비튼·프랜시스 윌슨·프랭크 S. 메이어·헨리 웰스·헨리 해즐릿·후안 안드레드와 마리아 안드레드·휴버트 험프리·E. A. 그랜트·L. 브렌트 보젤·M. E. 브래드포드·R. B. 맥컬럼·R. F. 브레더튼

II

인터뷰

네이선 글레이저 1972년 12월 4일

데빈 개리티 1972년 8월 5일

러셀 커크 1971년 4월 21일

레너드 리드 1971년 11월 17일

로버트 니스벳 1971년 11월 29일

머레이 로스바드 1972년 3월 23일

밀턴 프리드먼(테이프 녹음) 1972년 3월

어빙 크리스톨 1973년 11월 9일

에드먼드 오피츠 1971년 11월 17–18일

에드워드 밴필드 1970년 12월 8일

에브런 커크패트릭 1973년 10월 24일

오스틴 레니 1971년 12월 30일

윌리엄 F. 버클리 주니어 1971년 11월 26일

윌리엄 러셔 1971년 10월 30일

제임스 번행 1972년 2월 4일

제프리 하트 1971년 9월 10일

존 체임벌린 1972년 4월 6일

찰스 하이네만 1974년 3월 8일

캐서린 켄달 1973년 10월 21일

크린스 브룩스 1973년 12월 1일

토마스 몰나르 1972년 11월 4일

폴 프와로 1971년 11월 16일

프랭크 S. 메이어 1971년 9월 4일

피터 비에렉 1971년부터 1975년까지
　　　비공식 인터뷰 및 여러 차례의 면담

허버트 코넬 1972년 11월 17일

헨리 웰스 1973년 11월 9일

헨리 해즐릿 1973년 8월 30일

L. 브렌트 보젤 1972년 4월 26일

W. M. 커티스 1971년 11월 18일

참고문헌에 관하여

(1976)

최근 미국의 보수주의를 고찰하고 있는 사람이라면 누구나 곧바로 풍요
와 결핍이라는 역설을 이해하게 될 것이다. 주제가 너무나 동시대적이고,
많은 전후 보수주의 지도자들이 여전히 살아 있기 때문에 그들이 발표하
고, 또 그들에 관해 발표된 자료들이 방대하며 계속해서 늘어나고 있다.
그러나 유의미한 글들 중에서 사적인 문서를 포함해 공개되지 않은 글들
은 거의 없다. 그중에서도 탁월한 가치와 중요성을 지닌 세 개의 자료는
윌리엄 F. 버클리 주니어 페이퍼스(예일대학교, 뉴헤이븐, 코네티컷)와 러셀 커
크 페이퍼스(센트럴미시간대학교 클라크역사도서관, 마운트플레전트, 미시간), 그리
고 프랜시스 윌슨 페이퍼스(일리노이대학교, 어배너)이다.

버클리 페이퍼스는 방대하고 체계적이며 매우 귀중한 자료이다. 내
가 처음 연구를 시작할 당시에는 그중 일부만이 학자들에게 제공되었다.
이는 『예일에서의 신과 인간』과 관련된 서신 및 자료를 스크랩하는 데 유
용했으며, 버클리의 텔레비전 프로그램 《파이어링 라인》의 비디오테이프

같은 것들이 있었다. 보다 최근에 버클리 페이퍼스는 『내셔널리뷰』를 중심으로 1954년부터 1973년까지의 매우 흥미롭고 방대한 일련의 신규 자료들로 확충되었다. 이 다양한 신규 자료들에는 (무엇보다) 버클리의 신디케이트 칼럼 「우파에서On the Right」의 사본과 몇 년간의 『내셔널리뷰』 클리핑 파일, 《파이어링 라인》 테이프, 그리고 1954년에서 1973년까지 버클리가 주고받은 상자 80개 이상 분량의 서신들—가장 중요한—이 포함되어 있다. 여기에는 지난 20년 동안 거의 모든 주요 보수주의 인사들과 주고받은 귀중한 서신들이 포함되어 있다. 또한 1950년대부터 1969년까지 『내셔널리뷰』 직원들이 작성한 사내 비망록도 색다른 관심거리이다. 이러한 알려지지 않은 정보들은 『내셔널리뷰』의 지적 역사와 발행 역사, 잡지 기고자들의 다양한 관점과 활동들, 그리고 때때로 폭풍처럼 일어났던 보수주의운동의 발전과 관련해 많은 것들을 보여준다.

이 책이 출간될 당시 버클리 페이퍼스에 있는 1954년부터 1973년까지의 원고는 아직 연구자들에게 공개되지 않았었다. 그러나 나는 원고의 최종 초안을 준비하기 전에 윌리엄 F. 버클리 주니어의 허락을 받아 이 자료를 모두 제한 없이 검토할 수 있었다. 이를 통해 책의 많은 부분들을 확증하고, 보다 명확히 하며, 상세하게 기술할 수 있었다.

커크 페이퍼스 역시 풍부하고 광범위하며, 버나드 이딩스 벨·L. 브렌트 보젤·윌리엄 F. 버클리 주니어·T. S. 엘리엇·배리 골드워터, 로버트 니스벳을 비롯해 저명한 여러 보수주의자들과 주고받은 유익한 서신들이 포함되어 있다. 제2차 세계대전 이전과 전시에 커크가 쓴 상당한 양의 편지 파일 또한 귀중한 자료이다. 이는 전후 유명 보수주의자 가운데 한 사람의 지적 관심사와 태도가 어떻게 진화해갔는지를 자세하게 보여준다.

월슨 페이퍼스 또한 마찬가지로 보젤·버클리·스탠리 패리·피터 비에렉·윌무어 켄달—가장 주목할 만하고 광범위한—등과 주고받은 가치 있는 서신들이 포함되어 있다.『트라이엄프』의 설립으로 이어진 로마 가톨릭 보수주의자들의 활동에 관한 서신 파일 역시 매우 유용한 자료이다.

가치는 덜할지라도 몇몇 유의미한 아카이브들도 있다. 프로비던스대학교(로드아일랜드주, 프로비던스)의 윌리엄 헨리 체임벌린 페이퍼스에는 흥미로운 편지들과 그가『월스트리트저널』에 쓴 기사 스크랩, 그리고 때때로 유용한 일기가 포함되어 있다. 대학공동보존자료관(테네시주, 내슈빌)의 도널드 데이비슨 페이퍼스에는 리처드 위버에게 받은 12통 가량의 편지가 포함되어 있다. 1975년 초부터 대학공동보존자료관의 특별자료수집과는 리처드 M. 위버 페이퍼스라는 컬렉션에 포함시킬 문서들을 수집해오고 있었다. 그러나 자료를 취합하고 처리하는 작업이 아직 완료되지 않았다. 버클리·켄달·커크가 허버트 후버와 주고받은 서신—대부분 사소한—일부는 후버 대통령 기념도서관(아이오와주, 웨스트브랜치)의 전임 대통령 문서에서 찾아볼 수 있다. 후버 페이퍼스의 대통령 임기 이후 파일들에는 1952년과 1953년『프리맨』이 겪은 내부 곤경에 관한 방대한 자료와『휴먼이벤츠』관련 자료들도 포함되어 있다. 시카고역사학회의 스털링 모턴 페이퍼스에는『내셔널리뷰』가 초기에 겪은 재정 문제를 논한 버클리의 중요한 편지 일부가 포함되어 있다. 예일대학교 도서관의 찰슨 파슨스 페이퍼스에는 비교적 덜 중요한 버클리의 몇몇 서신이 있다.

주제의 성격 때문에 두 가지 중요한 방식으로 추가적인 기본 자료를 구할 수 있었다. 첫째, 많은 보수주의 지식인과 여타의 사람들—저명한 보수주의자의 친척을 포함해—이 내가 보낸 서신에 관대하게, 그리고 종종 여러 차례 답변해주었다. 그들의 편지 덕분에 나는 오래된 사건과 문제, 그리고 인물들에 대한 소중한 추억과 새로운 시각으로 공개된 자료를 보완할 수 있었다. 또한 알프레드 발리처·폴리 위버 비튼·루이스 뎀로우·찰스 하이네만·넬리 D. 켄달·이보나 K. 메이슨·에드먼드 오피츠·오스틴 래니·피터 비에렉·헨리 웰스는 친절하게도 자신이 소장하고 있던 자료—편지와 스크랩 포함—를 검토할 수 있도록 허락해주었다.

둘째, 많은 전후 보수주의 지식인들이 여전히 살아 있고, 또 활동하고 있다는 사실은 그 자체로 확실히 이점이 되었다. 나는 그들 중 상당수를 인터뷰—때때로 매우 길게—할 수 있었다. 대부분의 경우 이러한 인터뷰는 대면으로 진행되었고, 일부 경우에는 전화로 해야만 했다. 서신과 마찬가지로 인터뷰를 통해서도 풍부한 자전적 정보와 일화, 그리고 발표된 자료들에서는 찾아 볼 수 없는 후일담을 알 수 있었다. 인터뷰 대상자와 서신을 주고받은 사람들의 명단은 부록에 있다.

발표되지 않은 자료는 그 수가 비교적 적지만, 발표된 주요 자료의 양은 계속해서 증가하고 있다. 이는 그 자체로 1945년 이후 미국 지적 우파의 부활을 알리는 신호이다. 보수주의 학자와 비평가들은 놀라울 정도로 다작을 했다. 책을 제외하고 그들의 주요 글들은 편리하게도 대부분 몇 개의 정기간행물에 집중되어 있다. 그중 가장 유명하고 귀중한 것은 1955년에 창간되고 윌리엄 F. 버클리 주니어가 편집한 『내셔널리뷰』이다. 창간 이후 『내셔널리뷰』는 보수주의 부활의 중요한 양상을 늘 주의 깊게 살폈다. 거의 모든 저명한 보수주의 지식인들이 이에 관한 글을 적어도 한 편 이상 썼고, 많은 이들이 『내셔널리뷰』의 정기 기고자였다. 『내셔널리뷰』에서도 보수주의 사고와 전략에 관한 중요한 내부 토론이 다수 진행되었다. 1950년대 중반 이후 우파의 발전을 반영하고, 심지어 주도하기까지 한 출판물이 있다면 그것은 바로 『내셔널리뷰』였다.

또한 『내셔널리뷰』보다는 덜 유명하지만 무시해선 안 되는 유용한 간행물들이 있다. 1950년에 부활한 『프리맨』은 1950년에서 1954년까지, 특히 자유지상주의와 민족주의적 반공산주의 관점의 신랄한 우익 논평이 흘러나오는 핵심 원천이었다. 이후 경제교육재단의 지원을 받으면서 『프리맨』은 매달 존 체임벌린·에드먼드 오피츠·레너드 리드와 같은 자유지상주의자들의 짧은 글을 싣는 "자유 철학"의 『리더스다이제스트』가 되었다. 이들 중 대부분은 자유시장 원칙을 다루었으며, 당면한 논쟁에는 관여하지 않았다. 아마도 이는 정치 활동보다 교육을 강조한 리드를 따랐기 때문인 것으로 보인다.

『내셔널리뷰』가 등장하기 이전까지는 『믿음과자유』, 그리고 『아메리칸머큐리』도 유용했다. 1950년에 영적총동원 기관으로 설립된 『믿음과자유』는 일반적으로 자유지상주의적 성격의 기사를 다루었고, 1950년대 초에는 냉전을 둘러싼 우익 논쟁을 공개하기도 했다. 『아메리칸머큐리』는 몇 년간 유진 라이온스·윌리엄 헨리 체임벌린·맥스 이스트먼·랄프 드 톨레다노와 같은 반공산주의—그리고 종종 과거 급진주의—언론인을 위한 포럼 역할을 했다. 1944년 창간된 『휴먼이벤츠』는 결국 가장 성공적이고 정치적으로 영향력 있는 우파 저널 중 하나가 되었다. 매주 보수주의 정치 논평을 낸 이 잡지는 특히 훗날 점점 늘어나는 보수주의 칼럼니스트들의 발산 수단이 되었다. 역시 1944년에 창간된 프랭크 초도로프의 『분석』은 사실상 몇 년 동안 중요한 개인주의자 단 한 사람이 기울인 노력의 산물이었다.

보수주의 사상의 전통주의 진영에 없어서는 안 될 저널은 1957년 러셀 커크가 창간한 『모던에이지』이다. 이 저널과 『대학연합리뷰』—1963년 이후부터 대학연합연구소에서 발행―는 여전히 가장 중요한 보수주의 학술 계간지이다. 이들은 꾸준히 진지하고 성숙한 보수주의 사상의 중요한 원천이 되고 있다. 본래『모던에이지』의 일부로 발행되었던『버크뉴스레터』―훗날『버크와그의시대』로 발행―는 이러한 계열의 보수주의 학문에 불을 밝혀주었다. 1960년 러셀 커크가 창간한『대학가서적상』은 전통주의 노선에 따라 고등교육을 개혁하는 데 전념했다. 1971년 창간된『정치학리뷰어』는 주로 보수주의자들이 편집한 연간지로, 정기적으로 보수주의 지식인들이 쓴 학술 논문과 보수주의 지식인들에 관한 귀중한 학술적인 글들을 실었다. 힐스데일대학교 건설적대안연구소에서 발행하는 월간지『임프리스』는 1972년 창간되었으며, 성찰적인 보수주의적 글을 쓰는 또 다른 매체로 성장했다. L. 브렌트 보젤과 그와 같은 계열의 가톨릭 초전통주의자들―보수주의 진영과 관계가 소원해진―의 주요 공간은 1966년 설립된『트라이엄프』였다.

보수적인 젊은이들을 대상으로 한 몇몇 간행물들은 검토할 만한 가치가 있다. 1961년 시카고대학교 대학원생들―프리드리히 하이에크의 제자―에 의해 설립된『신개인주의자리뷰』는 1960년대 후반 폐간되기 전까지 하이에크-프리드먼류의 훌륭한 글들을 발표했다. 1961년 자유를 위한젊은미국인들의 기관으로 설립된『뉴가드』는 발전하고 있는 "30세 미만" 운동의 역량을 보여주는 지표 역할을 했다. 특히 흥미로운 것은 창간 10주년 기념호(1970년 9월호)였다.『랠리』(1966~1967)는 수명은 짧았지만 젊은 보수주의자들이 발간한 활기찬 월간지였고, 1976년 창간된『얼터너티브』는 빠른 속도로 보수주의자와 우익 자유주의자의 융합―증대되고 있는―을 반영·장려하는 중요 저널이 되었다. 보수주의자들은 엄청난 양의 글을 쓰면서 이러한 정기간행물들을 유지했다. 그들은 또한 방대한 양의 책들을 출판하기도 했다. 여기에서 특정 책과 에세이를 되풀이해서 언급하는 것은 불필요할 것이다. 대부분의 주요 저작들은 이미 본문에서 다루었거나 주석에 인용되어 있다. 이 저작들은 1945년 이후 미국의 지적 보수주의를 연구하는 데 있어 필수적인 자료들이다. 물론 보수주의 지식인들의 보다 한시적인 글들—예컨대 일상적인 정치 논평—을 검토하고자 하는 사람이라면, 이 책에 언급되어 있지 않은 글을 발굴해야 할 것이다. 보수주의 정기간행물은 이를 시작하기에 가장 좋은 출발점이다. 또 다른 훌륭한 출처는 버클리·커크·존 체임벌린·제프리 하트·랄프 드 톨레다노·제임스 J. 킬패트릭·케빈 필립스 등이 쓴 신디케이트 칼럼이다. 이 칼럼들을 주 단위로 선별해서 볼 수 있는 최고의 출처는 『휴먼이벤츠』이다. 1950년대와 1960년대에 보수주의 저널리스트 헨리 체임벌린은 『월스트리트저널』에 서평과 에세이들을 자주 기고했다. 그는 『뉴리더』에도 종종 글을 썼다. 밀턴 프리드먼은 1966년부터 『뉴스위크』에 정기 칼럼을 쓰기 시작했다. 어빙 크리스톨은 『포춘』에 서평을 썼고, 1972년 가을부터는 매달 『월스트리트저널』에 칼럼을 기고했다. 1970년대 초반 『뉴욕타임스』의 "사설란"에는 우익 대변자들의 글이 자주 실렸다.

미국 우익이 생산한 방대한 양의 문헌을 검토하고자 하는 사람들에게는 다행스럽게도, 많은 선도적인 보수주의자들이 자신의 주요 에세이를 모아 한 권의 책으로 출판했다. 이 분야에서 윌리엄 F. 버클리는 특히 부지런했다. 그는 주기적으로 자신의 글을 모아 흥미로운 제목의 책들—베스트셀러가 된—을 출간했다. 『좌우의 좌충우돌-골칫거리인 사람들과 사상들에 관한 책』(뉴욕, 1963), 『보석상의 눈-거부할 수 없는 정치사상에 관한 책』(뉴욕, 1968), 『통치자는 듣거라-영성에 찬 정치적 계시에 관한 책』(뉴욕, 1970), 『비난을 듣더라도 우리는 갈 것이다』(뉴욕, 1972), 『처형 전날-그리고 다른 현대 발라드』(뉴욕, 1975)를 보라. 1955년부터 1960년대 중반까지 제임스 번햄이 대외 정책과 관련해 쓴 칼럼들은『우리가 하고 있는 전쟁-마지막 10년과 그 다음』(뉴로쉘, 뉴욕, 1967)으로 출판되었으며, 밀턴 프리드먼이 1966년부터 1972년까지『뉴스위크』에 쓴 글들은『어느 경제학자의 저항-정치경제학 칼럼들』(글렌리지, 뉴저지, 1972)로 출판되었다. 프리드리히 하이에크가 쓴 훌륭한 글의 일부도 선집으로 출간되었다.『개인주의와 경제적 질서』(시카고, 1948),『철학, 정치학, 경제학 연구』(시카고, 1967)를 보라. 윌무어 켄달의 중요한 글을 모아놓은 선집으로는『보수주의 선언』(시카고, 1963)과『독불장군 윌무어 켄달』(넬리 D. 켄달 편, 뉴로쉘, 뉴욕, 1971)이 있다.『탐욕의 꿈을 넘어서-어느 사회비평가의 글 모음집』(시카고, 1956),『어느 보헤미안 토리의 고백-방랑생활에 관한 이야기와 논의』(뉴욕, 1963),『무절제한 교수와 다른 문화적 짜증거리들』(배튼루지, 루이지애나, 1965)는 러셀 커크의 흥미로운 에세이들을 모아놓은 책이다. 프랭크 S. 메이어의『보수주의의 주류』(뉴로쉘, 뉴욕, 1968)는 1950년대와 1960년대 영향력 있는 보수주의 대변인들이 쓴 주요 글들을 신중하게 선별해 엮은 귀중한 책이다. 레오 스트라우스와 그의 학파에 대한 입문서로는『정치철학이란 무엇인가』(레오스트라우스, 글렌코, 일리노이, 1959),『자유주의, 고대와 근대』(레오스트라우스, 뉴욕, 1968),『정치철학사』(레오 스트라우스 및 조셉 크랍시 편, 시카고, 1963),『정치학에 대한 과학적 연구에 관하여』(허버트 스토링 편, 뉴욕, 1962),『고대인과 근대인-정치철학 전통에 관한 에세이, 레오 스트라우스에게 경의를 표하며』(조셉 크랍시 편, 뉴욕, 1964)가 유용하다. 에릭 푀겔린과 관련해서는 점점 더 지적 우파의 관심 대상이 되고 있는 주제를 다룬 중요한 에세이 모음집『과학, 정치, 그리고 영지주의』(시카고, 1968)를 참조하라. 1963년 리처드 위버가 사망한 뒤, 그의 자전적 글「자

유주의로부터 깨어나다」를 포함해 그가 발표했던 여덟 편의 글을 모아
『편견 없는 삶』(시카고, 1965)이 출판되었다.

내 연구에 유용했던 몇몇 참고문헌들은 전후 보수주의를 공부하는
학생들에게도 도움이 될 것이지만, 여기에서 다시 언급할 필요는 없을 것
이다. 그중 가장 유용한 글은 클린턴 로시터의 책『미국의 보수주의-실속
없는 신념』(개정판 2쇄, 뉴욕, 1962)의 부록이다. 로널드 로라의『미국 보수의
정신』(시카고, 1971)의 참고문헌 목록 또한 참고할 만한 가치가 있다. 윌리
엄 F. 버클리 주니어가 편집한『20세기 미국의 보수주의 사상』(인디애나폴
리스, 1970)에는 버클리의 보수주의 입장이 반영된 참고문헌 목록이 수록
되어 있다. 따라서 이 책은 현대 미국 보수주의의 글들을 간략하게 추려
놓은 개론서일 뿐만 아니라 매우 유용한 1차 자료이기도 하다. 로버트 슈
팅거가 편집한『유럽 사상의 보수주의 전통』(뉴욕, 1970)에는 대서양 건너
편의 보수주의에 관한 훌륭한 참고문헌 목록이 수록되어 있다. 리처드 위
버 저작의 거의 완벽한 참고문헌 목록—위버에 관한 글들 목록과 함
께—은 그의 사후에 출판된『궁지에 몰린 남부 전통-남북전쟁 이후 사
상사』(조지 캐리 및 M. E. 브래드포드 편, 뉴로셀, 뉴욕, 1968)에서 찾아볼 수 있다.
레오 스트라우스가 1964년까지 발표한 글들은 앞서 말했던 기념논문집
『고대인과 근대인』을 보라. 데이비드 L. 섀퍼 주니어가『대학연합 리뷰』
9(1974년 여름, 139~148쪽))에 쓴「레오 스트라우스의 유산-참고문헌 개요」
역시 매우 유용하다. 프리드리히 하이에크 저서의 참고문헌 목록 일체는
에리히 스트라이슬러가 편집한『자유의 길-프리드리히 A. 폰 하이에크
기념논문집』(런던, 1969)에 수록되어 있다.

2차 자료의 경우는 사정이 다르다. 전후 보수주의 지식인의 역사 전
체를 다룬 자료가 존재하지 않는다. 가장 비슷한 자료는『내셔널리뷰』계

열의 관점—창간 후 첫 10년 동안의—을 호의적으로 검토한 제프리 하트의 『미국 내의 이견-근대 보수주의의 10년』(가든시티, 뉴욕, 1966)이다. (하트의 책은 『내셔널리뷰』 창간 10주년 기념호에 일부가 실렸다.) 하트의 책은 역사를 본격적으로 다룬 책이 아니라, 동시대 보수주의 사상의 지적 진지함과 탁월함을 입증하려는 시도였다.

보수주의를 역사적 관점에서 다룬 책들도 있다. 주제를 가장 포괄적으로 다루고 있는 책은 여전히 클린턴 로시터의 『미국의 보수주의』(개정판 2쇄, 뉴욕, 1962)이다. 그는 이 책에서 역동적이고 자유주의적인—아마도—국가에서 우파가 직면한 심각한 지적 문제들을 강조하면서 1945년 이후 보수주의를 대개 비판적으로 다루었다. 사실 1945년 이후 보수주의를 다루고 있는 장들은 그에 관한 설명이자 처방전이기도 하다. 당연히 보수주의자들은 그 어떤 처방도 받아들이지 않았다. 로시터에 대한 그들의 기본적인 입장은 「어느 논평자의 메모장」, 『프리맨』 5(존 체임벌린, 1955년 5월, 484~4485쪽), 『버크뉴스레터』 4(러셀 커크, 1962~1963년 겨울, 190-193쪽), 『공법저널』(게르하르트 니에메에르, 1955년 가을, 441~447쪽), 『정치학저널』 18(프랜시스 윌슨, 1956년 가을, 358~360쪽)을 참조하라. 윌무어 켄달은 『보수주의 선언』과 『독불장군 윌무어 켄달』에서 로시터를 날카롭게 비판했다. 존 애덤스 이후 우파를 전반적으로 다룬 로널드 로라의 『미국 보수의 정신』(시카고, 1971)은 러셀 커크·피터 비에렉·윌리엄 F. 버클리 주니어·『내셔널리뷰』에 대해 특히 비판적이다. 로시터의 책이 출간되고 10년 후에 나왔기 때문에 로라의 책에는 전후 보수주의운동에 대한 보다 최근의 내용들이 간략하게 소개되어 있다. 그러나 최근의 보수주의를 다룬 장들은 그 범위가 협소하다. 그래서 리처드 위버는 단 한 문단에서만 다루어지고 있으며, 프리드리히 하이에크·윌무어 켄달·레오 스트라우스는 참조 정도로만 언급되고 있고, 밀턴 프리드먼·에릭 푀겔린·로버트 니스벳에 대한 이야기는 아예 등장하지 않는다.

일반적으로 최근 미국 보수주의에 대한 2차 연구는 비판적인 경향을 띠며, 세 개의 범주로 나뉜다. 가장 대중적인 유형은 미국의 지배적인 자유주의―추정컨대―전통과 보수주의는 양립 가능하지 않다는 주장이다. 로시터와 로라뿐 아니라 본문과 주석에서 언급한 많은 저자들이 이와 같은 주장을 제기했다. 이러한 관점을 가진 책 중에 가장 영향력이 큰 것은 루이스 하츠의『미국의 자유주의 전통』(뉴욕, 1955)이다. 알렌 구트만의 『미국의 보수주의 전통』(뉴욕, 1967) 역시 참조하라. 구트만의 책이 출판되었을 때 그의 책은 일부 보수주의자들로부터 많은 비판을 받았다. 예컨대 「보수주의-문학과 정치」,『케넌리뷰』30(제프리 하트, 1968년, 697~702쪽), 『버크와그의시대연구』10(J. 톤소르, 1968~1968년 겨울, 1188~1193쪽), 「문학적 역사학자의 범람」,『내셔널리뷰』19(피터 P. 위튼스키, 1967년 10월 31일, 1214~1216쪽)을 보라. 윌리엄 F. 버클리 주니어는『20세기 미국 보수주의 사상』의 편집자 후기에서 구트만은 자유주의적 자료들에만 의존했기 때문에 자유주의적 결론에 도달할 수밖에 없다고 비판했다. 전후 보수주의에 대한 이러한 자유주의적 비판은 우파에게 분명한 영향을 미쳤고, 보수주의운동 내부의 긴장을 조명하는 데도 도움이 되었지만, 이는 다면적인 보수주의 부활의 실상을 이해하지 못한 채 보수주의를 묵살하거나 의미론적 승리만을 선언하는 방식이 되기 쉽다.

두 번째 유형의 비판은 소위 보수주의자들의 심리학적·사회학적 결함과 일반적으로 그들 행위의 "비이성적" 근원을 강조한다. 이러한 비판의 가장 대표적인 사례가『새로운 미국 우파』(다니엘 벨, 뉴욕, 1955)와 그 보충판인『급진적 우파』(뉴욕, 1963)이다. 이 두 권의 에세이 모음집에는 자극이 되는 타당한 견해들이 제시되어 있다. 동부 자유주의 엘리트에 대한 서부 "포퓰리스트"의 분노는 1950년대에 일부 보수주의에서 표명된 바 있었고, 이는 1960년대 후반과 1970년대 초반에 점점 강력해졌다. 보수주의자들은 대개 자유주의자들에게 적대감을 품고 있었다. 많은 우익들은 스스로를 "훌륭한" 자유주의 합의를 거스르는 반역자이자 외부인이라고 여겼다. 특히 이는 윌리엄 S. 슐람의 「매카시의 무덤을 가로질러」, 『내셔널 리뷰』 3(1957년 5월 18일, 469~470쪽)에서 생생하게 드러난다.

그러나 이 두 권의 에세이 모음집에도 일부 결함이 존재한다. 보다 진지하게 다루어져야 할 우익 지식인들과 존 버치 같은 사람들을 "급진 우파"로 한데 묶어 보수주의자들의 "지위 불안"을 강조하고, 보수주의를 위험하지는 않지만 기이한 것으로 간주하는 경향이 있다. 이러한 결함으로 인해 지적 보수주의를 충분히 이해하고자 하는 역사학자들에게 이 책들은 그다지 유의미하지 않을 수 있다. 또한 이 책들에서는 비교적 보수주의 사상에 대한 논의가 눈에 띄지 않는다. 그래서 실제로 부당하고 깊은 원한 외에는 아무것도 없다고 느끼게 되기 쉽다. 이 두 권의 책은 우파 이데올로그들에 의해 유발된 대중의 분출에 공포를 느낀 자유주의자들이 비민주적—그러나 자유주의적이고 계몽된—엘리트의 가치를 깨닫게 된 매카시 논쟁의 산물이었다. 이러한 측면에서 이 책들은 역사학자들에게 유용할 수 있다. 그러나 이러한 관점을 대중운동에 적용할 수 있다고 하더라도, "지위 불안"과 같은 사회심리학적 범주를 이용해 고도로 정교하고, 자의식적이며, 종종 우상파괴적인 지식인들의 활동을 설명하는 것은 대단히 위험한 일이다.

벨이 편집한 책들은 급진 우파를 격렬한 논쟁자로 그려내는 세 번째 유형의 비판을 전형적으로 보여주는 사례이다. 연구 초기에 나는 1960년대 초반 『타임』·『뉴스위크』·『룩』·『뉴리퍼블릭』과 같은 정기간행물들에 실린 글들을 상당수 읽었다. 그러나 그중 일부만이 읽을 만한 가치가 있었다. 이는 첫째로 나의 연구 대상이 주로 미디어가 다룬 흥미로운 극단주의 집단이 아니라 지식인이었기 때문이다. 둘째로 이러한 유형의 비판은 냉정한 역사적 탐구라기보다 우파로부터의 위협을 규명하는 데 집중되어 있기 때문이다. 그러한 자료들은 『정기간행물 독자안내서Reader's Guide to Periodical Literature』에서 "보수주의자"라는 제목을 찾아보면 쉽게 발견할 수 있다.

조사를 진행할수록 세 가지 유형의 비판적인 2차 자료들은 두 가지 중요한 전제를 공유하고 있는 것으로 나타났다. 전후 우파는 어떤 의미에서 미국의 사생아이며, 미국인들의 진정한 합의는 기본적으로 자유주의라는 전제. 이러한 유형의 비판은 일부 자유주의자들을 불안하게 만든 성격, 즉 신흥 보수주의, 젊은 보수주의에 대한 반응으로 이해할 수 있다. 그러나 보수주의운동이 성숙해지자, 비판—미국에서 자유주의의 우월성과 자유주의적 합의라는 되풀이되는 거의 반사적 전제—은 잠잠해졌다. 보수주의를 단순히 미국 외부의 것으로 일축하거나 불안정한 "룸펜 부르주아지"—1956년 드와이트 맥도날드가 사용한 용어—의 이념으로 치부하는 것은 확실히 덜 타당해 보이게 되었다. 물론 이러한 변화의 이유가 이 책에서 다루고 있는 주제 중 하나이다. 지적·정치적 경향이 반영되어 있는 사료를 통해 유행하는 방식을 살펴본다는 건 흥미로운 일이다.

전후 보수주의가 분명한 지적·정치적 세력으로 확립되자, 일부 대변인들이 점차 학문적 관심과 인정을 받게 되었다. 특히 프리드리히 하이에크·레오 스트라우스·에릭 푀겔린, 그리고 1945년 이후 미국 정치철학의 부활을 이끌었던 주요 동량들이 그러하다. 이러한 현상을 명쾌하게 분석한 연구가 단테 제르미노의『이념을 넘어서-정치 이론의 부활』(뉴욕, 1967)이다. 최근에 출판된 선집, 앤서니 드 크레스피그니Anthony de Crespigny·케네스 미노그Kenneth Minogue의『현대 정치철학자들』(뉴욕, 1975)에는 하이에크·스트라우스·푀겔린·마이클 오크숏에 관한 탁월한 에세이가 수록되어 있다. 1973년 레오 스트라우스가 사망하자 그의 훌륭한 경력과 연구를 고찰하는 중요한 작업이 이루어졌다.「레오 스트라우스-1899년 9월 20일~1973년 10월 18일」,『정치이론』2(앨런 블룸Allan Bloom, 1974년 11월, 372~392쪽),「레오 스트라우스의 업적」,『내셔널리뷰』25(월터 번스·허버트 J. 스토링·해리 V. 자파·베르너 J. 단하우저, 1973년 12월 7일, 1347~1349과 1352~1357쪽)를 보라. 스트라우스는 사망할 당시 세인트존스대학교(메릴랜드주, 아나폴리스)의 명예교수였다. 이 대학의 잡지『칼리지』는 1974년 1월호를 그의 전임 동료들과 제자들이 스트라우스에 관해 쓴 글들에 할애했다. 또한「레오 스트라우스에 대하여」,『코멘터리』58(밀턴 힘멜파브, 1974년 8월, 61~66쪽)와「레오 스트라우스-뛰어난 철학자이자 스승」,『아카데믹리뷰어Academic Reviewer』(엠마 브로사드Emma Brossard, 1974년 가을~겨울, 1~5쪽)를 참조하라. 후자의 글에는 레오 스트라우스 사후에 발표된 추도사와 그에 관한 글들 목록이 제시되어 있다.

1973년 루트비히 폰 미제스가 사망하고, 같은 해 프리드리히 하이에크의 새로운 삼부작 중 첫 번째 저작이 출간되고 1974년 하이에크가 노벨상을 수상하자 오스트리아 경제학파에 대한 존경과 새로운 관심이 일어났다.「폰 미제스를 향한 헌사」,『내셔널리뷰』25(헨리 해즐릿·F. A. 하이에크·로렌스 퍼티그·이스라엘 커즈너, 1973년 11월 9일, 1244~1246, 1260쪽),「루트비히 폰 미제스」,『얼터너티브』8(랄프 라이코, 1975년 2월, 21~23쪽),「하이에크-스톡홀름으로 가는 길」,『얼터너티브』8(제임스 그랜트, 1975년 5월,

10~12쪽), 「자유지상주의의 거장」(랠프 라이코, 같은 곳, 21~23쪽)을 참조하라.

이 외에 언급해두어야 할 특별한 2차 자료가 있다. 전후 보수주의의 지적 영향력을 평가하면서 나는 비보수주의자들과 학계의 반응을 확인하기 위해 보수주의 저작에 대한 서평들을 검토했다. 프리드리히 하이에크의 『노예의 길』의 경우처럼 이러한 전략은 종종 매우 유익했으며, 나는 이 책에 관한 여러 서평들을 참조했다. 그러나 중도우파 책들에 대한 중도좌파의 반응보다 유용했던 것은 서로의 책에 대해 쓴 보수주의자들의 서평이었다. 이러한 서평은 종종 자기정의라는 요구와 열정을 반복해서 드러낸 매우 다양한 운동을 통찰할 수 있게 해주었다.

1차 자료와 마찬가지로 본문과 주석에서 다룬 제목들을 다시 기재하는 것은 불필요할 것이다. 추가적인 2차 참고문헌들은 버클리·로라·로시터·슈팅거가 작성한 참고문헌 목록을 참고하기 바란다. 이 책을 준비하면서 참조한 주요 자료 목록—주석이 달린—은 나의 박사학위 논문 「벼랑을 따라 춤추기-미국 보수주의의 지적 운동, 1945~1972」(하버드대학교, 1973)에 수록되어 있다.

참고문헌에 관하여
(2006)

이 책의 12장까지 읽은 독자라면 이미 알고 있겠지만, 이 책이 처음 출판된 이후 보수주의에 관한 문헌이 엄청나게 증가했다. 따라서 이 문헌들을 포괄할 수 있는 정교한 참고문헌 목록이 필요할 것이다. 다행스럽게도 여기서는 그러한 노력이 필요하지 않다. 보수주의에 관한 문헌들―이들 중 대부분은 보수주의 저자들이 직접 쓴 글들이다―이 빠르게 늘어난 덕분에 이 책에 연대순으로 기술되어 있는 지적 운동은 그 어느 때보다 연구가 용이해졌다.

1945년 이후 보수주의가 성년이 되면서 이 책이 처음 출판되었을 당시에는 거의 찾아볼 수 없었던 분야, 즉 주요 인사들의 자서전과 회고록이 등장했다. 특히 주목할 만한 책은 프리실라 L. 버클리의 『내셔널 리뷰』의 신명나는 삶-회고록』(달라스, 2005), 윌리엄 F. 버클리 주니어의 『지나온 길-문학적 자서전』(워싱턴, DC, 2004), 존 체임벌린의 『출판계의 삶』(시카고, 1982), 미지 디텍터의 『어느 노파의 이야기-사랑과 전쟁으로 보낸 나의

70년』(뉴욕, 2001), 밀턴 프리드먼·로즈 D. 프리드먼의『운 좋은 두 사람-회고록』(시카고, 1998), 러셀 커크의『상상력이라는 칼날-반세기에 걸친 문학적 투쟁의 회고록』(그래드래피즈, 1995), 어빙 크리스톨의『신보수주의-어느 사상의 자서전』(뉴욕, 1995), 펠릭스 몰리의『기록For the Record』(사우스벤드, 1979), 노먼 포드호레츠의『깽판치기Breaking Ranks-정치적 회고록』(뉴욕, 1979)과『나와 미국의 연애 이야기-열혈 보수주의자의 교훈적 이야기』(뉴욕, 2000), 헨리 레그너리의『어느 반체제 출판업자의 회고록』(뉴욕, 1979)과『완벽한 파종-출판업자의 고찰』(윌밍턴, 델라웨어, 1999)이다. 1960년대에 불어 닥친 엄청난 충격은 다양한 차원에서 우파로 전향한 열 두 명의 좌파가 쓴 자전적 에세이 모음집,『정치적 통로-20년에 걸친 변화의 여정, 1968~1988』(존 H. 번젤 편, 뉴욕, 1988)에 기술되어 있다. 그중 한 명인 데이비드 호로비츠가 쓴『급진주의의 아들-우리 시대의 여정』(뉴욕, 1997)은 휘태커 체임버스의『증언』에 버금가는 영향력 있는 자서전이다. 최근 이 분야에 추가된 책이 마이클 메드베드Michael Medved의『우파로의 전향-논쟁으로 점철된 삶에서 배운 독특한 교훈』(뉴욕, 2004)이다.

몇 년 전 자유재단(인디애나폴리스, 인디애나)은 제임스 M. 뷰캐넌·M. 스탠턴 에반스·밀턴 프리드먼·어니스트 반 덴 하그·프리드리히 하이에크·해리 자파와 같은 보수주의 및 자유지상주의 권위자들을 포함해 선도적인 동시대 사상가들과의 대담을 기록으로 남기는 "지적 초상 시리즈Intellectual Portrait Series"를 시작했다. 이 인터뷰 영상은 현대 미국 보수주의의 진화를 통찰할 수 있게 해주는 귀중한 자료이며, 자유재단에서 구할 수 있다.

회고록이자 역사이기도 한 윌리엄 A. 러셔의『우파의 부상』(뉴욕, 1984, 개정판, 1993)은 오랫동안『내셔널리뷰』의 발행인이자 "내부인"이었던 보수주의자가 들려주는 이야기이다. 러셔의『내셔널리뷰』동료 중 한 명이었던 제프리 하트(선임 편집자)는 최근『미국 보수주의 정신의 탄생-『내셔널 리뷰』와 그 시대』(윌밍턴, 델라웨어, 2005)를 출간했다. 이 책은『내셔널 리뷰』의 역사와 미국 보수주의의 현재 상황을 풍부하고 광범위하게, 그리고 때때로 거침없이 다루고 있다.

2006년 사망하기 2년 전부터 피터 비에렉은 해설과 자전적 성찰을 덧붙여 자신의 초기 저작 일부를 재출간했다. 이 가운데 가장 중요한—이 맥락에서—책이『보수주의 재검토—이념에 맞선 반란』(뉴브런즈윅, 뉴저지, 2005)이다. 여기에는 비에렉을 소개하는 클레이스 G. 린Claes G. Ryn의 장문의 에세이가 포함되어 있다.

보수주의의 지적 운동은 전기와 전기에 중점을 둔 논문들에도 활기를 불어넣었다. 이 분야에서 주목할 만한 책으로는 브루스 콜드웰Bruce Caldwell의『하이에크의 도전-F. A. 하이에크의 학술적 전기』(시카고, 2004), 스티븐 콕스Stephen Cox의『정력적인 그 여성—이사벨 패터슨과 미국의 개념』(뉴브런즈윅, 뉴저지, 2004), 케네스 L. 도이치Kenneth L. Deutsch · 존 A. 멀리John A. Murley가 편집한『레오 스트라우스, 스트라우스 추종자들, 그리고 미국의 통치 체제』(랜햄, 메릴랜드, 1999), 샤디아 드루리Shadia Drury의『레오 스트라우스의 정치 개념』(뉴욕, 1988; 최신판, 뉴욕, 2005)과『레오 스트라우스와 미국 우파』(뉴욕, 1997), 알란 에벤슈타인Alan Ebenstein의『프리드리히 하이에크-전기』(뉴욕, 2001)와『하이에크의 여정-프리드리히 하이에크의 정신』(뉴욕, 2003), 마이클 P. 페더리치Michael P. Federici의『에릭 푀겔린-질서의 복권』(윌밍턴, 델라웨어, 2002), 사무엘 T. 프랜시스Samuel T. Francis의『권력과 역사-제임스 번햄의 정치사상』(랜햄, 메릴랜드, 1984), 윌리엄 홀츠William Holtz,『작은 집의 유령-로즈 와일더 레인의 생애』(컬럼비아, 미주리, 1993),

존 B. 주디스John B. Judis의 『윌리엄 F. 버클리 주니어-보수주의자들의 수호성인』(뉴욕, 1988), 다니엘 켈리Daniel Kelly의 『제임스 번햄과 세계를 위한 투쟁』(월밍턴, 델라웨어, 2002), 이스라엘 M. 커즈너Israel M. Kirzner의 『루트비히 폰 미제스-그 남자와 그 경제학』(월밍턴, 델라웨어, 2001), 테드 V. 맥앨리스터Ted V. McAllister의 『근대성에 맞선 반란-레오 스트라우스, 에릭 푀겔린, 그리고 자유주의-이후 질서의 모색』(로렌스, 캔자스, 1995), W. 웨슬리 맥도널드W. Wesley McDonald의 『러셀 커크와 이념의 시대』(컬럼비아, 미주리, 2004), 존 E. 모저John E. Moser의 『우향우-존 T. 플린과 미국 보수주의의 변형 과정』(뉴욕, 2005), 존 A. 멀리John A. Murley · 존 E. 앨비스John E. Alvis가 편집한 『윌무어 켄달-미국 보수주의의 이단아』(랜햄, 메릴랜드, 2002), 폴 V. 머피Paul V. Murphy의 『역사의 힐책-남부 농본주의자들과 미국의 보수주의 사상』(채플힐, 2001), 제임스 E. 퍼슨 주니어James E. Person Jr.의 『러셀 커크-어느 보수주의 지식인에 대한 비판적 전기』(랜햄, 메릴랜드, 1999), 조셉 스코치Joseph Scotchie가 편집한 『리처드 위버의 전망』(뉴브런즈윅, 뉴저지, 1995)과 『안장에 올라탄 이방인-리처드 M. 위버의 지적 전기』(뉴브런즈윅, 뉴저지, 1997), 케빈 J. 스먼트Kevin J. Smant의 『찬란한 승리-제임스 번햄, 반공산주의, 그리고 보수주의운동』(랜햄, 메릴랜드, 1992)과 『원칙과 이단-프랭크 S. 메이어와 미국 보수주의운동의 형성』(월밍턴, 델라웨어, 2002), 스티븐 B. 스미스Steven B. Smith의 『레오 스트라우스 읽기-정치학, 철학, 유대주의』(시카고, 2006), 브래드 로웰 스톤Brad Lowell Stone의 『로버트 니스벳-공동체주의적 전통주의자』(월밍턴, 델라웨어, 2001), 샘 타넌하우스Sam Tanenhaus의 『휘태커 체임버스-전기』(뉴욕, 1997), 마크 로이든 윈셸Mark Royden Winchell의 『깃발이 나부끼지 않는 곳-도널드 데이비슨과 남부의 저항』(컬럼비아, 미주리, 2000), 프레드 더글라스 영Fred Douglas Young의 『리처드 M. 위버, 1910~

1963』(컬럼비아, 미주리, 1995), 존 P. 즈미락John P. Zmirak의 『빌헬름 뢰프케-스위스 지역주의자, 전 지구적 경제학자』(윌밍턴, 델라웨어, 2001) 등이 있다.

러셀 커크의 일생을 종합적으로 다룬 전기는 아직 없지만, 앞서 언급한 제임스 E. 퍼슨 주니어의 "비판적 입문서"와 그가 편집한 『돈으로 살 수 없는 삶의 품위-러셀 커크를 기리며』(페루, 일리노이, 1994)는 좋은 출발점이 된다. 미국 보수주의에서 커크가 차지하는 지위는 스무 명의 학자가 기고한 글로 채워진 『대학연합리뷰』의 1994년 가을 "헌정호"에서 다양한 관점으로 평가되었다. 1997년 리처드 위버를 재평가하기 위해 많은 학자들이 노스캐롤라이나에 모였다. 테드 J. 스미스 3세가 편집한 『복원을 향한 발걸음-리처드 위버의 사상이 남긴 것들』(윌밍턴, 델라웨어, 1998)은 그 결과물이다. 크리스토퍼 데무스Christopher Demuth와 윌리엄 크리스톨이 편집한 『신보수주의적 상상력-어빙 크리스톨을 기리며』(워싱턴, D.C., 1995)는 네오보수주의의 "대부"를 기리는 기념논문집이다. 머레이 로스바드가 미국의 자유지상주의에 미친 영향은 르웰린 H. 록웰 주니어Llewllyn H. Rockwell Jr.가 편집한 훌륭한 회고집, 『머레이 로스바드-그를 기리며』(오번, 앨러배마, 1995)에서 확인할 수 있다.

이 책―그리고 참고문헌 목록 역시―에서 주요하게 다루는 대상은 정치 활동가가 아니라 보수주의 지식인이지만, 보수주의가 이론과 비판의 영역에서 공적 영역으로 옮겨감에 따라 이들 사이의 경계는 수년간에 걸쳐 점점 더 모호해졌다. 그러므로 이에 대한 이해를 돕는 정치 중심의 연구들도 간과해서는 안 된다. 이러한 책들에는 존 A. 앤드류 3세의 『1960년대의 다른 측면-자유를 갈구하는 미국 젊은이들과 보수주의 정치의 부상』(뉴브런즈윅, 뉴저지, 1997), 닐스 비에르-폴센Niels Bjerre-Poulsen의 『오른쪽으로 향하라-미국 보수주의운동의 조직화』(코펜하겐, 2002), 도널드

T. 크리츠로우Donald T. Critchlow의 『필리스 슐래플리와 풀뿌리 보수주의-어느 여성의 십자군』(프린스턴, 뉴저지, 2005), 리 에드워즈Lee Edwards의 『골드워터-혁명을 일으킨 남자』(워싱턴, D.C., 1995)와 『보수주의 혁명-미국을 재탄생시킨 운동』(뉴헤이븐, 코네티컷, 1995), 조지 L. 말린George L. Marlin의 『고군분투-뉴욕 보수당의 역사』(사우스벤드, 인디애나, 2002), 윌리엄 마틴의 『하나님께서 우리 곁에-미국에서 종교적 우파의 부상』(뉴욕, 1996), 존 미클스웨이트John Micklethwait · 에이드리언 울드리지Adrian Wooldridge의 『우파의 나라-미국의 보수 권력』(뉴욕, 2004), 그레고리 L. 슈나이더Gregory L. Schneider의 『보수주의 간부들-자유를 갈구하는 미국 젊은이들과 현대 우파의 부상』(뉴욕, 1999), 조나단 M. 숀발트Jonathan M. Schoenwald의 『선택의 시간-현대 미국 보수주의의 부상』(뉴욕, 2001)이 있다. 최근에 역사학자들은 로널드 레이건 대통령—보수주의의 영웅이자 1980년대의 "위대한 소통가"—이 자기 시대의 보수주의 문헌들을 폭넓고 유익하게 읽은 일종의 지식인이었음을 알게 되었다. 키론 K. 스키너Kiron K. Skinner와 안넬리스 앤더슨Annelise Anderson, 그리고 마틴 앤더슨이 편집한 『레이건, 자필로 쓰다-미국을 혁명적으로 바라본 로널드 레이건의 글들』(뉴욕, 2001)과 『레이건—편지로 살펴본 그의 삶』(뉴욕, 2003)은 레이건의 지적 호기심과 저작 능력을 상세하게 기술한 책이다.

또한 보수주의 지적 운동은 기관 연구의 대상이 되기 시작했다. 이는 보수주의가 청춘의 반항기를 지나 편안한 중년이 되었다는 신호이다. 주목할 만한 책으로는 리 에드워즈의 『사상의 힘-헤리티지 재단의 25년』(오타와, 일리노이, 1997)과 『자유 교육—대학연합연구소의 첫 반세기』(워싱턴, D.C., 2003), R. M. 하트웰R. M. Hartwell의 『몽펠르랭소사이어티의 역사』(인디애나폴리스, 1995), 존 J. 밀러의 『자유의 선물-존 M. 올린 재단은 어떻게 미국을 바꿨나』(샌프란시스코, 2006)가 있다. 이 책들은 1970년대 이후 보수주의 대항문화가 발전하는 데 있어 보수 재단들이 수행했던 중요한 역할을 강조하고 있다.

보수주의운동이 성숙해졌다는 또 다른 징후는 『휴대용 보수주의 책 자』(러셀 커크 편, 뉴욕, 1982), 『들고 다니는 처방약-현대 미국 보수주의 사 상』(윌리엄 F. 버클리 주니어·찰스 R. 케슬러 편, 뉴욕, 1988), 『보수주의-데이비드 흄에서 현재까지 사회정치사상 모음집』(제리 Z. 멀러 편, 프린스턴, 뉴저지, 1997), 『신보수주의 필수 책자』(마크 거슨Mark Gerson 편, 뉴욕, 1997), 『자유지 상주의 책자-노자부터 밀턴 프리드먼까지 고전 및 현대의 저작들』(데이비 드 보아스David Boaz 편, 뉴욕, 1998), 『1940년 이후 미국 보수주의-책자』(그레 고리 L. 슈나이더 편, 뉴욕, 2003), 『네오보수주의 책자』(어윈 스텔저Irwin Stelzer 편, 뉴욕, 2005)를 포함해 우익 사상과 관련된 유용한 문집들이 등장했다는 사실 이다. 또한 『옥상의 유령-언론인 휘태커 체임버스의 기사 모음집, 1931~1959』(테리 티치아웃Terry Teachout 편, 워싱턴, D.C., 1989), 『전통을 옹호 하며-리처드 M. 위버의 단편집, 1929~1963』(테드 J. 스미스 3세 편, 인디애나 폴리스, 2000), 『평등, 타락, 그리고 근대성-스티븐 J. 톤소르 선집』(그레고리 L. 슈나이더 편, 윌밍턴, 델라웨어, 2005)도 참조할 만한 가치가 있다.

지난 20년간 보수주의 사상을 광범위하게 다룬 연구서들도 많이 등 장했다. 그중 가장 눈에 띄는 책은 패트릭 앨릿Patrick Allitt의 『가톨릭 지식 인들과 미국의 보수정치, 1950~1985』(이타카 및 런던, 1993), 찰스 W. 던Charles W. Dunn·J. 데이비드 우다드J. David Woodard의 『미국의 보수주의 전통』(랜햄, 메릴랜드, 2003), 존 P. 이스트의 『미국의 보수주의운동-철학적 창립자들』(시카고, 1986), 브루스 프로넨Bruce Frohnen의 『덕성과 보수주의의 전망』(로렌스, 캔자스, 1993), 폴 고트프리드, 『역사적 의미의 모색-헤겔과 전후 미국 우파』(디캘브, 일리노이, 1986), 폴 고트프리드·토마스 플레밍의『보수주의운동』(보스턴, 1988), 폴 고트프리드의『보수주의운동』(개정판, 뉴욕, 1993), J. 데이비드 호벨러J. David Hoeveler의『우파를 지켜봐라—레이건 시대의 보수주의 지식인들』(매디슨, 1991), 존 L. 켈리의『시장으로 되돌아가기—시장 자유주의의 정치적 재활성화』(뉴욕, 1997)이다. 미국 보수주의의 반공산주의 진영은 리처드 기드 파워스Richard Gid Powers의『다소간의 명예—미국 반공산주의의 역사』(뉴욕, 1995)에서 주목을 받았다. 보수주의 매체의 부상은 브라이언 C. 앤더슨의『사우스파크 보수주의자들—자유주의 매체 편향에 맞선 반란』(워싱턴, D.C., 2005)에서 자세하게 기술되었다. 헌법을 다룬 현대 보수주의의 연구는 데이비드 F. 포르테David F. Forte와 매튜 스폴딩Matthew Spalding가 편집한『헤리티지 헌법 안내서』(워싱턴, D.C., 2005)에 제시되어 있다. 이 책에는 100명이 넘는 기고자들의 상세한 해설과 논평이 수록되어 있다.

1960년대와 1970년대에 네오보수주의라고 알려진 논란 많은 현상을 다룬 문헌의 수는 꾸준히 증가하고 있다. 피터 스테인펠스Peter Steinfels의『네오보수주의자』(뉴욕, 1979), 게리 도리엔Gary Dorrien의『네오보수주의 정신—문화와 이념 전쟁』(필라델피아, 1993), 존 어먼John Ehrman의『네오보수주의의 부상—지식인들과 국제 문제, 1945~1994』(뉴헤이븐 및 런던, 1995), 마크 거슨의『네오보수주의적 전망—냉전부터 문화 전쟁까지』(랜햄, 메릴랜드, 1996), 머레이 프리드먼,『네오보수주의 혁명—유대인 지식인들과 공공 정책 고안하기』(뉴욕, 2005)는 이를 학술적으로 다룬 책들이다. 현대 미국 보수주의를 유대인과 관련해 고찰한 글은 머레이 프리드먼이 편집한『미국 현황에 대한 논평』(필라델피아, 2005)과 프리드먼, 조나단 D. 사르나Jonathan D. Sarna·조지 H. 내쉬·존 어먼·에드워드 샤피로Edward Shapiro의 에세이가 실려 있는 『미국의 유대인 역사』87(1999년 6월과 9월, 101~215쪽)에서 찾아볼 수 있다.

보수주의운동에서 가장 중요한 두 저널리스트가 탈냉전 시대 초기에 겪은 시련을 다룬 R. 에밋 티렐 주니어의 『보수주의의 붕괴』(뉴욕, 1992)와 데이비드 프룸David Frum의 『뻗어버린 우파』(뉴욕, 1994)는 학술적인 성격은 덜 하지만 재치와 도발적인 통찰로 가득한 책이다. 같은 주제를 고보수주의 관점에서 기술한 책은 사무엘 프랜시스의 『아름다운 패배자-미국 보수주의의 실패에 관하여』(컬럼비아, 미주리, 1993)를 참조하라. 보다 최근에 저널리스트 로드 드레어Rod Dreher는 기백이 넘치는 선언문 『크런치콘』(뉴욕, 2006)을 써서 논란을 일으켰다. 이는 레이건 시대가 지나간 이후에도 우파의 지적 격동이 계속되고 있음을 보여주는 또 다른 신호이다.

마지막으로 1945년 이후 보수주의의 지적 운동은 저작과 참고문헌의 주제가 될 정도로 충분히 오랜 시간을 거쳐왔다. 그레고리 울프Gregory Wolfe의 『우파 정신-미국 보수주의 사상 자료집』(시카고, 1987)은 오래전에 나온 책이지만 여전히 유용하다. 로널드 로라와 윌리엄 헨리 랭턴William Henry Langton이 편집한 『20세기 미국의 보수 언론』(웨스트포트, 코네티컷, 1999)은 약간 시대에 적합하지 않지만 그럼에도 귀중한 자료이다. 윌리엄 F. 미헌 3세William F. Meehan Ⅲ가 편집한 『윌리엄 F. 버클리 주니어-참고문헌』(윌밍턴, 델라웨어, 2002)은 세심한 모음집이다. 보수주의를 연구하는 학자들은 이 책에 오랫동안 빚을 지게 될 것이다. 대학연합연구소는 수년간의 준비 끝에 2006년 초 브루스 프로넨과 제레미 비어Jeremy Beer, 그리고 제프리 넬슨Jeffrey Nelson이 편집한 『미국 보수주의—백과사전』을 출간했다. 이 책에는 626개의 항목이 포함되어 있으며, 거의 1000페이지에 달한다. 이는 미국의 보수주의—그리고 이에 대한 학술적 연구—가 새로운 차원의 정교함에 도달했고, 그 힘이 지속되고 있음을 보여주는 놀라운 성과이다.

그리고 고동은 계속해서 뛰고 있다. 2006년 오늘날에는 인터넷을 참조하지 않고는 어떤 주제에 대한 참고문헌도 온전할 수 없다. 사이버공간에서 미국 보수주의자에 대한, 그리고 미국 보수주의자들이 운영하는 웹사이트는 헤아릴 수 없을 정도로 증가하고 있다. 이 책에서 분석한 인물중 현재 그들에 관한 정보를 제공해주는 웹사이트가 있는 인물은 프리드리히 하이에크www.hayekcenter.org와 러셀 커크www.kirkcenter.org, 레오 스트라우스www.straussian.net, 그리고 루트비히 폰 미제스www.mises.org, 오직 이 네명뿐이다. 방대한 양의 보수주의 논평들은 www.townhall.com, www.jewishworldreview.com, www.heritage.org 등에서 찾아볼 수 있다. Realclearpolitics.com은 보수주의 논객들과 블로거들에 대한 링크를 제공하고 있다. 이러한 출처들에서 접할 수 있는 담론의 대부분은 주로 현재 벌이지고 있는 사안에 대한 것이지만, 때때로 논쟁을 통해 반세기 이상이 된 운동의 지적 유산을 명시적으로 드러내고, 재해석·재평가하기도 한다. 예컨대 2006년 초반 최고의 보수주의 웹사이트 가운데 하나인 내셔널리뷰온라인은 로드 드레허의 『크런치콘』에 의해 야기된 역사적·철학적 문제를 활발하게 다룬 블로그를 몇 주 동안 운영했다. 마찬가지로 지적 우파에 대한 새로운 논쟁이 내부에서 일어날 때마다 그 진동은 블로고스피어를 통해 빠른 속도로 반향을 불러일으키며, 무엇보다 미래의 역사학자들에게 유용한 논제를 제공해준다. 구글이나 야후 같은 검색 엔진이 이러한 서지 기능을 수행할 수 있는 경우에는 이러한 에피소드들을 항목별로 분류할 필요가 없다.

이 짧은 후기에서 언급하지 못한 많은 책과 글들, 그리고 웹사이트가 있음을 잘 알고 있다. 그러나 거듭 말하지만 여기에서 제목 위에 제목을 쌓아올리는 것은 필요 이상의 과도한 일이 될 것이다. 관심 있는 독자라면 이미 인용한 책과 참조 수단들에서 점점 더 복잡해지는 주제에 진입할 수 있는 풍부한 지점들을 발견할 수 있을 것이다. 그러한 연구자로서 확신할 수 있는 한 가지는 이해할 수 있는 읽을거리가 부족하지 않다는 사실이다.

옮긴이 후기

이론을 가지고 역사에 실천적으로 관여하려는 자들은 언제나 어떤 딜레마와 함께하는 것 같다. 이들에게 역사란 한편에서는 변혁해야 할 미완의 무엇이지만 또 다른 한편에서는 그 이론의 타당성을 검증해줄 근본적인 준거이기도 한 까닭이다. 역사로부터 배우고 역사에 도전하며 역사의 판단을 기다리는 이 과정이 순탄하게 이루어지는 일은 없다. 역사는 이론가에게 막대한 노력과 헌신을 요구하면서도 우리의 생각이 틀렸다는 사실을 언제나 뒤늦게 알려줄 뿐인 것처럼 보인다. 하지만 역사가 그렇게 야속하기만 한 것만은 아닌 듯하다. 변화를 요구하는 이론가들의 간절함을 냉담하게 외면하다가도 또 어느 순간에 역사는 그보다 더 나아간 채로 저 이론가들을 시대에 뒤떨어진 자들로 만들어버리기도 하는 것이다. 이처럼 기적과 같은 순간들이 있기에, 이론과 역사가 서로 맞닿는 지점이 있을 것이라는, 그러니까 올바른 이론은 역사에 적중할 것이라는 믿음을 버리지 않을 수 있는 것일지도 모르겠다.

하지만 이 책에서 '이론'과 '역사'만큼이나 중심적인 키워드라고 할 수 있는 '정치'의 세계에서 우리는 혐오와 거짓이 '이론'의 거죽을 뒤집어쓴다거나 자신의 책임을 기약도 없이 미래로 미루어 회피하기 위해 '역사'를 거론하는 일이 드물지 않게 일어나는 것을 본다. 적과 동지를 나누어 우리 편의 이해관계만을 지상목표로 삼는 일을 정치라고 한다면, 이론과 정치적 수사를, 우리 모두를 위하는 것과 일부 집단만을 위한 것으로 서로 구분해야 할 것처럼 보이지만 이는 결코 쉽지 않다. 이 어려움은 개별 사례마다의 맥락과 특수성을 고려해야 한다는 데에만 있는 것이 아니다. 이론 역시도 참과 거짓을 나누고 참을 편든다는, 정치와 동형의 구조를 갖고 있기 때문이다. 그런데 만약 우리가 이 동형성에 사로잡힌다면, 이론은 두 가지 의미에서 정치로 남김없이 환원되어 버릴 것이다. 아군의 (정치적) 관점만이 유일하게 옳다는 독단에 갇히거나, 아니면 그 반대로, 모든 이론이 궁극적으로는 정치적일 뿐이라는, 이른바 올바른 이론 같은 것은 결코 있을 수 없다는 회의에 빠질 것이다. 첫 번째 경우에 우리는 모든 곳에서 우리의 정치적 교설과 역사의 일치만을 발견함으로써, 두 번째 경우에는 모든 곳에서 불일치만을 발견함으로써, 이론과 역사의 관계를 있는 그대로 볼 수 있는 시력을 잃게 될 것이다.

이 책이 다루는 제2차 세계대전 이후 미국의 지적인 보수주의가 한낱 정치적 독단에 불과하다는 판단이, 나는 그다지 부당하다고 생각하지 않는다. 이 책의 저자가 기록하고 있는 미국 보수주의 사상 중 일부는 논쟁의 여지가 상당한 주장을 하고 있을 뿐만 아니라 또 다른 일부는 명백히 시대착오적인 것처럼 보이기 때문이다. 그럼에도 나는 독자들이 이와 같은 독단을 피하려 하다가 그 반대편의 극단에 빠지지 않기를 바란다. 이론과 정치를 너무 쉽게 동일시하는 냉소도 독단의 과열 못지않게 해롭다는 데에 동의할 수 있다면 말이다.

옮긴이 후기의 자리를 빌려 많은 분들께 감사의 말씀을 드린다. 번역의 기회를 주신 출판사 회화나무에 감사한다. 이 책을 번역하면서 외국어와 미국현대사에 밝지 못한 역자 자신의 미숙함을 되돌아보고 반성하는 기회를 얻었다. 또한, 연구모임 아래에 속한 선후배 및 동학들에게 감사한다. 이곳에서 많은 것을 배웠지만 그 중에서도 공부를 대하는 태도에 있어 가장 값진 것들을 배웠다. 마지막으로, 쉽지 않은 길을 응원해주시는 양가 부모님과 아내에게 감사의 말씀을 전한다.

2022년 8월 11일
여수에서

찾아보기

1945년 이후 미국 보수주의의 지적 운동

지은이 조지 H. 내쉬
옮긴이 서세동
펴낸이 강지영
디자인 스튜디오243
펴낸곳 (주)회화나무

출판신고번호 제2016-000248호   **신고일자** 2016년 8월 24일
주소 04072 서울시 마포구 합정동 독막로 8길 16 302호
전화 02-334-9266   **팩스** 02-2179-8442   **이메일** hoewhanamoo@gmail.com

1판 1쇄 인쇄 2023년 6월 23일
1판 1쇄 발행 2023년 6월 30일

ISBN 979-11-983357-0-8 (03340)